Kirchen, Sekten, Religionen

Ein Handbuch

T V Z

Kirchen, Sekten, Religionen

Religiöse Gemeinschaften, weltanschauliche Gruppierungen und Psycho-Organisationen im deutschen Sprachraum

Ein Handbuch
Begründet von Oswald Eggenberger †

Siebte, überarbeitete und ergänzte Auflage.
Herausgeben von Georg Schmid und Georg Otto Schmid

TVZ
Theologischer Verlag Zürich

1. Auflage 1969 («Die Kirchen, Sondergruppen und religiösen Vereinigungen»)
2. Auflage 1978
3. Auflage 1983
4. Auflage 1986
5. Auflage 1990
6. Auflage 1994
7. Auflage 2003 («Kirchen, Sekten, Religionen»)

Umschlaggestaltung
g : a gataric ackermann visuelle gestaltung www.g-a.ch
Satz
Nathanael Busch, Marburg
Druck:
Kösel GmbH & Co. KG, Kempten

Inhalt

Geleitwort zur 7. Auflage 19

Abkürzungen 22

Einleitung 23

I Katholische und orthodoxe Kirchen 33

1. Katholische Kirchen 39
   Römisch-katholische Kirche 39
   Altkatholische Kirchen 40
2. Erneuerung innerhalb der katholischen Kirche – «Movimenti» 41
   Apostolische Bewegung von Schönstatt 41
   Cursillo 42
   Die Neokatechumenale Bewegung (NK) 43
   Die Fokolar-Bewegung 44
   Die Prälatur vom Heiligen Kreuz und Opus Dei 45
   Communitas Agnus Dei 46
3. Charismatische Erneuerungsbewegungen 47
   Erneuerung aus dem Geist Gottes der katholischen Kirche in der deutschen Schweiz 47
   Gemeinschaft der Seligpreisungen 48
   Koinonia Giovanni Battista 49
   Gemeinschaft Emmanuel 49
4. Erneuerung ausserhalb der katholischen Kirche 50
   Priesterbruderschaft St. Pius X. (Fraternitas Sacerdotalis Sancti Pii decimi = FSSPX) 50
   Palmarianisch-katholische Kirche 51
   Neuchristen 52
   Erneuerte Kirche 53
   Engelwerk 53
5. Orthodoxe Kirchen 55
   Orthodoxe Kirchen allgemein 55

   I. Östlich-Orthodoxe Kirchen 56
      1. Ökumenisches Patriarchat von Konstantinopel – Griechisch-Orthodoxe Kirche von Deutschland 56
      2. Griechisch-Orthodoxe Kirche von Antiochien (rum-orthodox) 56
      3. Russisch-Orthodoxe Kirche (Patriarchat von Moskau) 56
      4. Russisch-Orthodoxe Kirche im Ausland 56
      5. Serbisch-Orthodoxe Kirche (Patriarchat Belgrad) 57
      6. Mazedonisch-orthodoxe Kirche 57
      7. Orthodoxe Kirche von Rumänien (Patriarchat von Bukarest) 57

8. Ukrainisch Autokephale Orthodoxe Kirche in der Emigration 57
9. Bulgarisch-orthodoxe Kirche 57

II. Altorientalische (vorchalcedonensische) Kirchen 57
1. Syrische Orthodoxe Kirche (Syrisch Orthodoxes Patriarchat von Antiochien) – «Aramäer» 58
2. Koptische Orthodoxe Kirche und Äthiopische Orthodoxe Kirche 59
3. Armenische Apostolische Kirche (Gregorianische Kirche) 60

II Evangelische Kirchen 61

1. Evangelisch-lutherische Kirchen 65
Evangelisch-lutherische Kirchen weltweit und Lutherischer Weltbund 65
Vereinigte Evangelisch-Lutherische Kirche Deutschlands (VELKD) 65
Evangelische Kirchen in Österreich 66
Evangelisch-Lutherische Kirche in Baden (ELKiB) (Freikirche) 66
Selbständige Evangelisch-Lutherische Kirche (SELK) 67
Evangelisch-Lutherische Freikirche 68

2. Evangelisch-reformierte und presbyterianische Kirchen 68
Evangelisch-reformierte und presbyterianische Kirchen weltweit und Reformierter Weltbund (RWB) (World Alliance of Reformed Churches) 68
Reformierter Bund 69
Schweizerischer Evangelischer Kirchenbund 69
Evangelisch-altreformierte Kirche in Niedersachsen 70

3. Die Evangelische Kirche der Union (EKU) 70
Evangelische Kirche der Union 70

4. Lutherisch / Uniert / Reformiert 71
Evangelische Kirche in Deutschland (EKD) 71

5. Anglikanische Kirchen 72
Kirche von England 72
Anglikanische Kirchengemeinschaft 72

6. Verschiedene 73
Waldenser-Kirche 73
International Protestant Church of Zurich (Internationale Protestantische Kirche Zürich) 73

7. Weltweite interkonfessionelle Vereinigungen 74
Evangelische Allianz (EA) 74
World Evangelical Alliance (WEA) (Weltweite Evangelische Allianz), früher: World Evangelical Fellowship (WEF) 75
Ökumenischer Rat der Kirchen (ÖRK) 75
Internationaler Rat christlicher Kirchen (ICCC) 76
International Ecumenical Fellowship (IEF) 77

III Ältere und evangelikale Freikirchen 79

1. Freikirchen täuferischer (mennonitischer) Herkunft 84
Mennoniten 84
Mennonitische Brüdergemeinde 85

Missionsgemeinden amerikanischer Mennoniten in Deutschland 85
Amische Mennoniten 86
Hutterische Brüder 86

2. Gemeinschaften neutäuferischer Herkunft 86
Evangelische Täufergemeinden (ETG) 86
Gemeinde Evangelisch Taufgesinnter 87

3. Freikirchen baptistischer Herkunft 87
Baptistenkirchen weltweit 87
Bund Evangelisch-Freikirchlicher Gemeinden in Deutschland und Bund der Baptistengemeinden in der Schweiz 88
Bibel Baptisten Gemeinde 88
Siebenten Tags Baptisten 89

4. Gemeinschaften mit Herkunft aus dem Restoration Movement 89
Disciples of Christ 89
Gemeinden Christi 89
Internationale Gemeinden Christi / International Churches of Christ (ICOC) 90
Urchristen-(Christadelphian-) Gemeinde 91

5. Brüderbewegung (Darbysten) 92
Die Brüderbewegung in England und Europa 92
Christliche Versammlungen 92
Freier Brüderkreis 93
Evangelisch Freikirchliche Gemeinden 93
Plymouth Brüder Nr. 4 93
«Ortsgemeinden» 94

6. Quäker 95
Religiöse Gesellschaft der Freunde 95

7. Freikirchen pietistischer Herkunft 96
Brüdergemeinde 96

8. Freikirchen methodistischer Herkunft 97
Methodismus in England und in Amerika 97
Evangelisch-methodistische Kirche 97

9. Heiligungsgemeinden 98
Heilsarmee 98
Gemeinde Gottes (Anderson) 99
Kirche des Nazareners 100
Namenlose 101
Norweger Bewegung 101
Evangelischer Brüderverein 102
Vereinigung Freier Missionsgemeinden (VFMG) 103
Apostolische Glaubensgemeinde 103
Soldaten des Kreuzes Christi – Evangelische Internationale Kirche 103

10. Neupietistische und evangelikale Gemeinden 104
Chrischona-Gemeinden 104
Evangelische Gemeinde Ländli und Züri-Chile 104
Freie Evangelische Gemeinden (FEG) 105

Freie christliche Gemeinschaften 106
Freikirchliche Gemeinde Tulpengasse 106
Action Biblique, Genfer Bibelschule, Genfer Bibelgesellschaft 106
Internationale Vereinigung Christlicher Geschäftsleute (IVCG) 107
Gesprächsforum Leben + Glauben 108
Deutsche Inland-Mission (DIM) 108
Newlife international und Bund Evangelischer Gemeinden (BEG) 108
Missionswerk «Die Bruderhand» 109
Bund Evangelikaler Gemeinden in Österreich (BEG) 109
Missionswerk Mitternachtsruf 109
Hauskirchenbewegung 111

11. Neuere fundamentalistische Sondergruppen 111
Adullam / Christlicher Informationsdienst Wattwil 111
Holic-Gruppen 112
Mission Kwasizabantu 113
Organische Christus-Generation (OCG) 114

IV Pfingstbewegung, Charismatik und Neocharismatik 117

1. Pfingstgemeinden und pfingstliche Werke 125
Aglow International 125
Apostolische Kirche – Urchristliche Mission (AK) 125
Assemblies of God 126
BewegungPlus 126
Biblische Intensiv-Seelsorge Bruno Schär 127
Branham-Gemeinden 128
Bund Freikirchlicher Pfingstgemeinden (BFP) 129
Bund Pfingstlicher Freikirchen der Schweiz (BPF) 130
Christengemeinde 130
Christian Assemblies International (CAI) 130
Christliche Gemeinschaft 131
Christliches Zentrum Berlin (CZB) 131
Christliches Zentrum Zürich 131
Eglise apostolique évangélique romande 133
Eglises Evangéliques de Réveil 133
Evangeliumsgemeinde Menorah 133
Fraternité Chrétienne 134
Freie Christengemeinde Buttikon (FCGB) 134
Freie Christengemeinden – Bund Freier Christengemeinden (BFCG) 136
Freie Christengemeinden in Österreich 136
Freie Volksmission Krefeld 137
Freikirchliches Evangelisches Gemeindewerk (FEGW) 137
Full Gospel Business Men's Fellowship International (FGBMFI) 137
Gemeinde Gottes (GeGo) 138
Gemeinde der Christen, Ecclesia 139
Gemeinde von Christen 139
Internationale Jesus-Gemeinde 139
Missionsbund zur Ausbreitung urchristlichen Evangeliums 140
Missionswerk «Christus für alle Nationen» (CfaN) 140

Missionswerk «Gute Nachricht» 142
Missionswerk Karlsruhe – Der Weg zur Freude 142
Missionswerk und Freikirche «Stimme des Glaubens» 142
Mülheimer Verband freikirchlich-evangelischer Gemeinden (MV) 142
Remar 143
Schweizerische Pfingstmission (SPM) 144
Spätregen-Mission International (SMI) 145
United Pentecostal Church International 146
Vereinigte Missionsfreunde 146
Volksmission entschiedener Christen in Deutschland 146
Volksmission entschiedener Christen in der Schweiz 147
Wahre Jesus Gemeinde 147

2. Wort-des-Glaubens-Bewegung 147
Agape Christliche Vereinigung 147
Christliche Mission Freiamt 148
Christliches Zentrum Aarau 148
Gemeinde auf dem Weg 148
Gospel Life Center 149
Igreja Universal do Reino de Deus (IURD) 149
Zoe Evangelistischer Verein 150

3. Neocharismatische und andere neuere Gemeinden 151
Anskar Kirche International (AKI) 151
Agape-Gemeinschaft München 151
Biblische Glaubens Gemeinde (BGG) Stuttgart 151
Christliche Gemeinde Köln 152
Christus Centrum Ruhrgebiet (CCR) 152
Evangeliumszentrum München 153
His People Christian Ministries 153
ICF-Movement 154
Immanuel-Gemeinde 155
Jugend mit einer Mission (JMEM) 155
Kephas-Gemeinde 156
Neutestamentliche Gemeinde 156
Tübinger Offensive Stadtmission (TOS) 157
Vineyard Christian Fellowship 157

V Endzeitgemeinden 161

1. Adventisten 165
Freikirche der Siebenten-Tags-Adventisten 165
Siebenten-Tags-Adventisten, Reformationsbewegung 166
Sabbatruhe-Advent-Gemeinschaft 166
Evangelische Sabbat-Mission 167
Weitere adventistische Gruppen 167

2. Zeugen Jehovas und freie Bibelforscher-Gemeinden 168
Zeugen Jehovas 168
Freie Bibelgemeinde 171
Vereinigung «Der Engel des Herrn» 171

Amis Sans Frontières 171
Weltweite Kirche Gottes (WKG) 172
The Church of God, the Eternal 173
Church of God International 174
Tempelgesellschaft 174
Judenchristliche Gemeinde 174
Bruderschaft Salem 175
Emma Berger und ihre Gemeinschaft 175
Philadelphia-Bewegung 176

VI Apostelgemeinden 177

1. Katholisch-apostolische Gemeinden 180
Katholisch-apostolische Gemeinden 180

2. Neuapostolische Kirche 180
Neuapostolische Kirche 180

3. Freie Apostelgemeinden 182

3.1. Vereinigung Apostolischer Gemeinden 182
Vereinigung Apostolischer Gemeinden Europa 182
Gemeente van Apostolische Christenen 182
Vereinigung Apostolischer Christen Schweiz 182
Apostolische Gemeinschaft in Deutschland 183

3.2. Andere freie Apostelgemeinden 183
Gemeinschaft des göttlichen Sozialismus, Apostelamt Juda 183
Apostolische Gemeinde 184
Apostelamt Jesu Christi 184
Apostolisch Genootschap 184
Hersteld Apostolische Zendingkerk 185
Wiederhergestellte Apostolische Missionsgemeinde 185
Kleinste Abspaltungen von der Neuapostolischen Kirche 185

VII Mormonentum 187
Kirche Jesu Christi der Heiligen der Letzten Tage (HTL) 193
Reorganisierte Kirche Jesu Christi der Heiligen der letzten Tage 194
Church of Christ (Temple Lot) 196
Die Kirche Christi mit der Elias-Botschaft 196

VIII Neugeist und Christliche Wissenschaft 199

1. Neugeist 202
International New Thought Alliance (INTA) 202
Unity / Silent Unity 202
Studiengruppen Joel Goldsmith 203

2. Christliche Wissenschaft 203
First Church of Christ, Scientist 203
Doorly-Bewegung 204
Kappeler-Institute 205

IX Neuoffenbarer 207
Kreis um Bertha Dudde 211
Concerned Christians 211
Die Familie (Kinder Gottes, Familie der Liebe) 212
Fiat Lux 213
Freundeskreis Bruno Gröning 216
Friedens-Mission 218
Gemeinschaft Hirt und Herde 218
Gemeinschaft in Christo Jesu (Lorenzianer) 219
Gralsbewegung 219
Greater World Christian Spiritualist Association 221
Johannische Kirche 221
«Lebensgemeinschaft Hujetsmühle» (Die Bieberauer Schule) 222
Lichtkreis Christi 223
Jakob Lorber und die Lorber-Kreise 223
Weitere Neuoffenbarungen in der Tradition Jakob Lorbers 224
Pro Beatrice (Geistige Loge Zürich) 225
Geistchristliche Gemeinschaft / Interessengemeinschaft Geistige Loge (IGL) 226
St. Michaelsvereinigung 226
Emanuel Swedenborg und die Neue Kirche 227
Universelles Leben (UL) 228
Vereinigungskirche 230
Bô Yin Râ 232
Frühere Messias-Gemeinden 233
Vassula Ryden 234

X Theosophie und Esoterik 235

Theosophische Gemeinschaften 243
Theosophische Gesellschaften 243
Liberalkatholische Kirche 244
Lucis Trust / Weltumfassender Guter Wille 244
Share International 245
I AM-Bewegung 247
Universale Kirche 247
Anthroposophie 249
Die Christengemeinschaft 251
Yogaschule Heinz Grill 251
Welt-Spirale – Ethische Gesellschaft für Fortschritt und Welterneuerung 252
Universelle Weisse Bruderschaft (UWB) 253
Lifewave 253

Rosenkreuzer 254
Rosenkreuzer-Gemeinschaft 254
Lectorium Rosicrucianum / Internationale Schule des Goldenen Rosenkreuzes 254
Orden vom Rosenkreuz 255
Die Sonnentempler 256
Esoterische Gemeinschaft der Rosenkreuzer Sivas 258
Kleine Rosenkreuzer-Vereinigungen 258

Esoterik ... 259
Esoterische Gemeinschaften ... 263
Michael Barnett 263
Edgar Cayce 263
Damanhur 264
DAN Institut 265
Daskalos 265
Ein Kurs in Wundern (EKIW) / A Course in Miracles (ACIM) / Foundation for Inner Peace (FIP) 267
Findhorn 269
Heide Fittkau-Garthe 269
Jasmuheen 271
Kawwana – die «Kirche des Neuen Aeon» des Thorwald Dethlefsen 271
Komaja 272
Miracle of Love (MOL) 273
Schöpferisches Zentrum Oase 274
Spiritual Human Yoga (SHY) 274
Stamm Füssen Eins / Stamm von Likatien 275
Studienkreis für Gesundheit und Persönlichkeitsentfaltung (Gordon Freeman Fraser) 276
Vereinigung der Seth-Freunde 277
Weisser Lotus 278
New Age ... 279
Die Förderungsgemeinschaft zur Gründung einer Friedensuniversität (FGF) 279
Die Beaulieu-Bewegung 280
Rainbow Familiy of Living Light 281

XI UFO-Bewegungen ... 283
Ancient Astronaut Society (AAS) 284
FIGU (Freie Interessengemeinschaft für Grenzwissenschaften und Ufologie) 284
Raël 285
Ashtar Command 286
Heavens Gate 288

XII Jüdische Gemeinden ... 289
Jüdische Gemeinden in der Schweiz 291
Or Chadasch 291
Jüdische Gemeinden in Deutschland 292
Jüdische Gemeinden in Österreich 292

XIII Islam und aus dem Islam hervorgegangene Vereinigungen ... 293
1. Sunniten und Schiiten ... 300
Verband islamischer Kulturzentren (VIKZ) 301
«Graue Wölfe» 301
Diyanet 301
Kleinere Gemeinschaften 301
Milli Görüs 301
Bosnische Kulturzentren 302
Albanische Muslime 302
«Multinationale» Zentren 302

Deutschsprachige Muslime 302
Zusammenschlüsse und Dachverbände 302
Schiiten 302

2. Ahmadiyya-Bewegung des Islam 303
Ahmadiyya Muslim Mission 303
Ahmadiyya-Anjuman Lahore 304

3. Sufi-Orden 304
Mevleviyye 304
Naqschbandiyya 304
Ni'matullahi-Orden 304
Tidjanyyah-Orden 305
Internationaler Sufi-Orden 305
Idries Shah 306

4. Aleviten 306

5. Baha'i 308
Baha'i-Religion 308

6. Weitere aus dem Islam hervorgegangene Bewegungen 310
Subud-Gemeinschaft 310
Meher Baba und seine Anhänger 310

XIV Hinduismus und Sikhismus 313

1. Die ersten in Europa tätigen hinduistischen Vereinigungen 323
Ramakrishna Mission Vedanta – Zentrum in Genf 323
Krishnamurti Foundation 324

2. Yoga-Bewegung 325
Berufsverband Deutscher Yogalehrer 325
Deutsche Yoga Gesellschaft 325
Schweizerische Yoga Gesellschaft 326
Schweizer Yogaverband, Association Suisse de Yoga 326
Yoga-Schule Yesudian-Haich 327
Self Realization Fellowship (SRF) und Kriya Yoga Schulen 327
Kriya Yoga Centers 328
Kriya Yoga 328
Yoga für Alle 328
Ananda Church of Self Realization 329
Babaji's Kriya Yoga 329
Divine Life Society / Swami Sivananda 329
Sivananda Yoga-Schule 330
Sivananda Yoga Vedanta Zentrum 330
Bihar School of Yoga (International Yoga Fellowship Movement) 330
Chinmaya-Mission 331
Sri Aurobindo Gesellschaft 331
Auroville International 332
Lebensgemeinschaft Mut und Anmut 333
Sahaja Yoga Vereinigung 333
Weitere Yoga-Schulen 335

3. Neuere aus dem Hinduismus stammende religiöse Vereinigungen........ 336
Internationale Gesellschaft für Krishna-Bewusstsein (ISKCON) (Hare Krishna-Bewegung) 336
Vaishnava-Gemeinschaft VRINDA Institute for Vaisnava Culture and Studies 337
Siddha Yoga 338
Sathya Sai Organisation 339
Ananda Marga 341
Divine Light Zentrum 342
Sri Chinmoy Centers 342
Transzendentale Meditation (TM) 343
Osho Rajneesh-Bewegung 344
OM Haidiyakhandi Foundation, Stiftung zur Förderung von Frieden und Haromonie, Babaji-Zentren 347
Freundeskreis Indien / Shantimalai Trust 348
Mata Amritanandamayi Mission 348
Sri Durgumay Ma 350
Mother Meera 350
Avatara Devi 351
Anandamayi Ma Sangha 351
Brahma Kumaris World Spiritual University (BKWSU) 351
Shri Ram Chandra Mission und Sahaj Marg 352
Shri Shri Ganapati Saccidananda Svamiji 353
Die Gesellschaft für inneres Wachstum des Sri Sri Ravi Shankar 354
MahaShanti (Erhabener Friede) 354

4. Die Advaita- oder Satsang-Bewegung 355
Ramesh S. Balsekar 356
Advaita Fellowship 356
Gesellschaft für Selbsterkenntnis durch Meditation (Dr. Bhagwan Awatramani) 356
Samarpan 357
Eli Jaxon-Bear und Gangaji 357
OM C. Parkin 357
Andrew Cohen 358
Madhukar 358
Isaac Shapiro 358
Byron Katie 358

5. Sikhismus 359
Sant Mat 359
Radha Soami Satsang Beas 359
Ruhani Satsang, Wissenschaft der Spiritualität mit Rajinder Singh (früher mit Darshan Sing) / Sawan Kirpal Ruhani Mission 360
Unity of Man – Die Einheit des Menschen 361
Kirpal Ruhani Satsang Society mit Thakar Singh (und Holosophische Gesellschaft) 361
Forum für die universale Religion 362
Divine Light Mission, Verein Evolution 363
Eckankar 363
Kontemplative Studien / Ancient Teachings Of The Masters (A.T.O.M.) 364
Sikh Dharma / Happy-Healthy-Holy-Organisation (3HO) 364

XV Buddhismus 367

1. Buddhistische Dachverbände 376

Internationale Dachverbände 376
INEB (Internationales Netzwerk Engagierter Buddhisten) 376
Deutsche Buddhistische Union – Buddhistische Religionsgemeinschaft (DBU) 377
Schweizerische Buddhistische Union 377
Österreichische Buddhistische Religionsgesellschaft 377

2. Theravada 378

2.1. Theravada-Zentren und Klöster 378

Altbuddhistische Gemeinde (ABG) 378
Buddha-Haus in Oy-Mittelberg 378
Dhammapala Buddhistisches Kloster 378
Kambodschanisches Kulturzentrum 379
Vereinigung Wat Thai 379
Buddhistisches Kloster Wat Puttabenjapon 379
Haus der Besinnung, Dicken SG 379
Gesellschaften mit «überkonfessioneller» Ausrichtung 380

2.2. Theravada – Vipassana – Meditationsgruppen 380

Dhamma Gruppen Schweiz 381
Theravada Schule des Buddhistischen Zentrums Wien 381
Vipassana Meditationsgruppe der Buddh.Union Freiburg i.B. 381
Vipassana Meditation / S.N.Goenka 381
Internationales Meditationszentrum IMC- Österreich und Sayagyi U Ba Khin Gesellschaft 381

3. Mahayana 382

Buddhistische Gemeinschaften Jodo-Shin 382
Hua Yen und Mook Rim 383
Dharma Sah 383

4. Zen 384

Zentren der Association Zen Internationale (AZI) 385
Andere Soto-Zen Zentren (in Auswahl) 386
Zen Institut Deutschland 386
Rinzai Zen Gesellschaft der Schweiz 386
Hakuin Zen Gemeinschaft e.V. 386
Weitere Rinzai Zen Gemeinschaften (Auswahl) 386
HanMaUm Seon 387
Kwan Um Zen Schule 387
International Buddhist Progress Society (Fo-Guang-Shan = Buddhas Lichtberg) 387
Thich Nhat Hanh 388
Sati-Zen-Sangha 390
Christliche Zen-Zentren 390

5. Tibetischer Buddhismus Vajrayana 391

5.1. Nyingmapa 392

Dzogchen Gemeinschaft 392
Rigpa 393
Do Ngag Choeling 393

5.2. Sakyapa 394
Sakya-Zentren 394
5.3. Kagyüpa 394
Shambala 395
Samye Ling und Rokpa 396
Buddhistische Gemeinschaft Longchen 396
Diamant-Weg 397
Karma Kagyü Verein (KKV) 398
Kündröl Ling 399
Drikung Kagyü Linie 399
5.4. Kadampa und Gelugpa 400
Neue Kadampa Tradition (NKT) 401
Das Klösterliche Tibet-Institut/Rikon 402
Rabten Choeling / Mont Pélerin 402
Gemeinschaft Tibetisches Zentrum Hamburg 403
Stiftung zur Erhaltung der Mahayana-Tradition (FPMT) 403
Chödzong Zentrum 403
Orden Arya Maitreya Mandala (AMM) 404
6. Weitere buddhistische Vereinigungen 405
Soka Gakkai Internationale (SGI) und Nichiren Shoshu 405
Naikan-Zentren 405
Buddhistische Gemeinschaft Navayana 406
Aleph 406
Falun Gong («Rad des Gesetzes») 407
FWBO (The Friends of Western Buddhist Order) 409
XVI «Kleine» Religionen 411
Yezidi 412
Mazdaznan-Bewegung 412
Mahikari 414
Ogamisama-Bewegung 415
XVII Neuheidentum 417
1. Neue Kelten 423
Europäisch Keltische Gemeinschaft 424
Gemeinde vom Alten Volk/Der Orden der Kraft 424
Keltenhof Kärnten 424
Avalon Schwesternschaft 425
Weitere Keltenkreise und -zentren 426
Anhang: Deutscher Druiden-Orden und International Grand Loge of Druidism 426
2. Neue Germanen 426
Rabenclan Arbeitskreis der Heiden in Deutschland 427
Armanen-Orden 427
Arbeitsgemeinschaft Naturreligiöser Stammesverbände Europas (ANSE) 428
Heidnische Gemeinschaft e.V. (Berlin) 429
Germanische Glaubensgemeinschaft (GGG) 429
Yggdrasil-Kreis 430

Die Artgemeinschaft – Germanische Glaubens-Gemeinschaft (AG GGG) 430
ASATRU – Gemeinschaften 431
Odinismus, Odinic Rite (OR) 432
Weitere Heidenkreise 433

3. Neue Hexen ... 433
WICCA-Vereinigungen 433
Pagan Federation (PF) 435
Hexen-Online 436
Weitere Hexenkreise 436

4. Neue Schamanen ... 436
Foundation of Shamanic Studies (FSS) 437
Bärenstamm 437
Vision Hill 438
Gaia-Schamanismus 438
Weitere schamanistische Zentren und Kreise 439

XVIII Okkultismus / Satanismus ... 441
Golden Dawn 448
Ordo Templi Orientis (O.T.O.) 448
Fraternitas Saturni (FS) und die Eismagie 449
Die Communitas Saturni (CS) 451
EG-Thelema / MDEs Immortalisten-Site 451
Church of Satan (CoS) 452
Temple of Seth (ToS) 452
«Black Order oft the Trapezoid» und der «Schwartze Orden von Lucifer» 452
In Nomine Satanas I.N.S 453
Akron und sein Templum Baphomae 454
Die Hexenmacht 455
R.A.U.R. 455
Dragon Rouge 456
Voodoo/ Macumba/ Candomblé 456

XIX Freidenkerbewegung und Freireligiöse Vereinigungen ... 459

1. Freireligiöse Organisationen und Gemeinden ... 461
Bund Freireligiöser Gemeinden Deutschlands K.d.ö.R. 461
Deutsche Unitarier Religionsgemeinschaft 461
Dachverband freier Weltanschauungsgemeinschaften e.V. 462
Die Humanistische Union 463

2. Freidenkerbewegung ... 464
Deutscher Freidenker-Verband 464
Freidenkerbund Österreichs 465
Freidenker Vereinigung der Schweiz 466
Bund für Geistesfreiheit Bayern 466
The International Humanist and Ethical Union (IHEU) 467
World Union of Freethinker 467
Humanistischer Verband Deutschlands 468
Internationaler Bund der Konfessionslosen und Atheisten 468
Humanistische Aktion 469

XX Sog. Psycho-, Marketing- und Politgruppen (Gemeinschaften und Bewegungen mit primär nichtreligiöser Orientierung) 471
Scientology Church 474
Freie Zone (Reformbewegung freier Scientologen) 477
Amway 478
AAO (Aktionsanalytische Organisation) 479
ZEGG (Zentrum für experimentelle Gesellschaftsgestaltung) 480
Quadrinity 482
VPM (Verein zur Förderung der psychologischen Menschenkenntnis, Zürich) 483
Dianova 485
Avatar 486
Landmark Education (LM) 487
Yamagishi-Vereinigung 488
EAP (Europäische Arbeiterpartei) und Schiller-Institut, Vereinigung für Staatskunst e.V. 489
Die Humanistische Bewegung 490
Weltanschauungsgemeinschaft Bund für Gotterkenntnis (Ludendorff) 491
Neue Akropolis 492

Register 495

Aktualisierte Adressen 528

Geleitwort zur 7. Auflage

Auch Bücher haben ihre Geschichte. Das lässt sich besonders am vorliegenden Handbuch zeigen. Ich habe das Buch «Die Kirchen, Sondergruppen und religiösen Vereinigungen» von Anfang an, das heisst rund 30 Jahre lang von Auflage zu Auflage geführt und dabei jeweils neu bearbeitet und erweitert. Im Laufe der Zeit hat eine grosse Schar von Interessenten die verschiedenen Kapitel aufgeschlagen. Zurückblickend möchte ich den Weg durch die sechs bisherigen Auflagen kurz rekapitulieren.

Mein Handbuch umfasst Angaben über die Kirchen, Sondergruppen, religiöse Vereinigungen und die New Age-Bewegung. Es ist 1969 zum ersten Mal im Buchhandel erschienen. Ich führte damit in gewissem Sinn die allerdings viel kleinere Broschüre mit dem Titel «Die Kirchen und Sekten» des Kirchengeschichtsprofessors Fritz Blanke weiter. Erfahrungen aus der Jugendzeit wie auch die Nachfrage nach jener Broschüre waren für mich ein Zeichen dafür, dass die Thematik behandelt werden musste. Die neue Veröffentlichung füllte tatsächlich eine Lücke aus. Es gab damals vor 30 Jahren verglichen mit heute nur wenig Literatur zum Thema «Kirchen und Sekten». Interessierte konnten vor allem auf das Buch von Kurt Hutten mit dem Titel «Seher, Grübler, Enthusiasten» zurück greifen. Das Buch von Kurt Hutten ist sehr gründlich gearbeitet und informiert umfassend vor allem, was die traditionellen Sondergruppen betrifft. Die Bücher von Ernst Kalb (1904/1907) und Paul Scheurlen (1912/1930) waren in der Mitte des 20. Jahrhunderts bereits veraltet.

Zum Thema «Kirchen und Sekten» gab es ja damals nicht allzuviel Wesentliches zu berichten. Die Quellen-Literatur, also Veröffenlichungen aus dem Kreis der Sekten selber, war nicht sehr umfangreich. Eigentlich waren in grösserem Ausmasse nur die Zeugen Jehovas verlegerisch tätig. Dementsprechend war die erste Auflage meines Handbuches auch nicht sehr umfangreich.

Die Beschreibung der verschiedenen Kirchen, Sondergruppen und Vereinigungen erfolgte von Anfang an nach einem bestimmten Schema. An die kurze Darstellung der Entstehung und Entwicklung der jeweiligen Gemeinde und Organisation schloss sich eine Kurzfassung der Glaubensansichten an, oftmals mit ein paar kritischen Hinweisen. Statistische Angaben, ein Zeitschriften-Verzeichnis und Adressen bildeten den Abschluss. Der Erfolg des neuen Handbuches stellte sich zuerst eher langsam, dann aber mit einer gewissen Regelmässigkeit ein. Die 70er Jahre waren insbesondere die Zeit der Verbreitung asiatisch geprägter Gruppierungen. 1978 wurde dann auch eine zweite Auflage nötig.

Jede neue Auflage von der Gründung des Handbuches bis zu dessen gegenwärtiger Ausgestaltung trug mir ein beachtliches Mass von Arbeit ins Haus. Eine grosse Zahl von Veränderungen musste für jede Auflage von neuem vermerkt werden. Es galt den Benützern des Buches Angaben zur Verfügung zu stellen, auf die sie sich verlassen konnten.
Für die dritte und die nachfolgenden Auflagen gab ich dem Handbuch eine neue Gestalt. Ich erkannte den Vorteil einer differenzierten Aufteilung des ganzen Stoffes. Für die erste und die zweite Auflage hatte ich eine nur wenig gegliederte Darstellung der Kirchen, Sondergruppen und religiösen Vereinigungen vorgelegt. Eine Dreiteilung schien mir zu genügen. Die dritte Auflage umfasste dann nicht weniger als 17 Kapitel. Gruppierungen und Vereinigungen mit gleicher geschichtlicher Herkunft oder anderswie verwandte Organisationen wurden in je ein eigenes Kapitel zusammengefasst. Die neue Gestaltung des Handbuches verbesserte seine Brauchbarkeit: Die vierte Auflage war schon nach drei Jahren fällig. Hatte auch seine innere Ausrichtung Anteil am Erfolg? Es war und ist mein Anliegen, dass nicht bloss informiert, sondern ebenso der Geist der Toleranz spürbar würde. Das Wachstum hielt auch in der fünften Auflage an. Mehr und mehr beanspruchte die grösser werdende New Age-Szene ihren Platz im Handbuch. Dieses Wachstum bewog mich (schon in der 4. Auflage) zur Abfassung eines Zusatzkapitels: «New Age-Spiritualität» bzw. (ab 5. Auflage) «Esoterik und alternative Spiritualität». Mit der sechsten Auflage des Handbuches hatte sich der relativ schmale Band der ersten Auflage zu einem stattlichen Buch von 360 Seiten entwickelt. So wie die religiöse Szene im allgemeinen sich ausgeweitet und differenziert hat, so war auch das Handbuch sukzessive gewachsen.
Alles in allem habe ich tausend und abertausend Angaben verarbeitet: Namen, Glaubensaussagen, Zahlen, Adressen und weitere Hinweise. Manches erfuhr ich von Mund zu Mund. Anderes fand ich dank zahlreicher Zeitschriftenabonnements. Manchmal erwies sich das eine oder andere Buch als Quelle usf. Wie im freien Gelände die verschiedenen Bächlein zum breiten Strom zusammen fliessen, so sammeln sich im Laufe der Zeit, wie bei jedem, der eine entsprechende Arbeit verrichtet, die vielen Angaben zum hilfreichen Handbuch.

Zur grossen Hilfe wird bestimmt auch die hier unter dem Titel «Kirchen, Sekten, Religionen» vorgelegte siebente Auflage. Zweierlei gibt ihr, wie bereits angetönt worden ist, das Gepräge: Aus Altersgründen lege ich das Handbuch in jüngere Hände. Die Nachfolge übernehmen Georg Schmid und Georg Otto Schmid. Georg Schmid betritt kein Neuland. Er beschäftigt sich schon längere Jahre mit den Kirchen, Sondergruppen und religiösen Vereinigungen sowie mit New Age-Strömungen und deren Entwicklung in unserer Zeit.

Georg Schmid hat jedoch die siebente Auflage nicht allein bearbeitet. Andere Kenner der Szene stehen ihm zu Seite. Die stets wachsende Aufgabe bedingt eine Zusammenarbeit im Team. Die Teamarbeit ermöglicht eine noch bessere Erfassung der Kirchen, Sondergruppen und religiösen Vereinigungen sowie der New Age-Strömungen.

Zürich,
im Jahr der Jahrtausendwende

Oswald Eggenberger
Autor der 1.–6. Auflage

Abkürzungen

A	Österreich	s.d.	siehe dort
CH	Schweiz	s.o.	siehe oben
D	Deutschland	s.u.	siehe unten, siehe unter
d.i.	das ist	sog.	sogenannt
G	Gemeinde(n), Gruppe(n)	Str.	Straße
geb.	geboren	Tel.	Telefon
gest.	gestorben	u.a.	unter anderem
Jhdt.	Jahrhundert	u.U.	unter Umständen
Kap.	Kapitel	usf.	uns so fort
M	Mitglieder	usw.	und so weiter
Mio	Million(en)	V	Vereinigung
n.Chr.	nach Christus	Z	Zentrum, Zentren
rd.	rund	z.B.	zum Beispiel
s.a.	siehe auch	z.Zt.	zur Zeit

Aktualisierte Adressen

Post- und Web-Adressen von religiösen und weltanschaulichen Gemeinschaften wechseln – besonders in den Bereichen Okkultismus und Neuheidentum – erfahrungsgemäss sehr schnell. Deshalb bietet die Herausgeberschaft des Handbuches auf ihrer Website im Rahmen ihrer Möglichkeiten eine Liste mit aktualisierten Adressen an. Sollte eine im Handbuch verzeichnete Adresse nicht mehr zutreffen, konsultieren Sie deshalb bitte das File: www.relinfo.ch/handbuch.html

Einleitung

Entwicklungen in der religiösen Gegenwart

Wer eine Übersicht zur religiösen Gegenwart für eine Neuauflage bearbeitet, fragt mit gutem Grund zuerst nach Veränderungen der religiösen Landschaft innerhalb der letzten Jahre. Denn das sich Wandelnde lenkt seinen Blick, und erst nachdem die Umrisse des Neuen sichtbar geworden sind, skizziert sich sein Programm.
Freikirchen pflegen mit Überzeugungskraft und mit viel Sinn für Gemeinschaft ihre engagierten Geschwister im Glauben. Immer wieder suchen auch Mitglieder der grossen Kirchen menschliche Nähe und konkrete biblische Weisung in der kleineren freikirchlichen Gemeinde. Familiarität wird aber auch von manchen als Enge erlebt. Manche Rückwanderer suchen in den grossen Kirchen wieder die Weite und Offenheit des christlichen Glaubens. Innerhalb der einzelnen sog. Freikirchen verschieben sich die Akzente merkbar in Richtung neocharismatische Bewegungen. Neocharismatik sucht überall neue, unabhängige Gemeinden zu gründen und weitet deshalb die Zahl der Gruppen und Gemeinschaften beinah ins Uferlose aus. Neben dieser Freude an Gemeindegründungen trägt vor allem der neue Anbetungsstil die neocharismatische Bewegung voran. Er ergreift die Herzen der Menschen intensiver als die traditionelle freikirchliche Verkündigung. Wie eh und je verändern Spaltungen, Neugründungen, Zusammenschlüsse und Neubenennungen die freikirchliche Landschaft fast von Tag zu Tag. Alle lokalen Entwicklungen nachzuzeichnen wird zur Unmöglichkeit.
Im Blick auf die eigentliche *Pfingstbewegung* und die ihr nahestehenden neocharismatischen Aufbrüche fällt die Diskrepanz zwischen den sog. Entwicklungsnationen und den sog. Industrienationen der westlichen Hemisphäre auf. Vielleicht ist die Seele des Menschen, die – so eine religionsethnologische Interpretation – den vorchristlichen schamanistischen Erfahrungen noch nahe steht, besonders empfänglich für das ekstatische Ergriffenwerden durch den heiligen Geist. Vielleicht ist Charismatik die Antwort des christlichen Glaubens auf die nie ganz verstummten schamanistischen Hoffnungen in der Seele des Menschen. Was für ein Erleben – dieses Ergriffenwerden durch den göttlichen Geist! Aber vielleicht ist dies Ergriffenwerden auch bloss ein legitimer vorübergehender Ausstieg aus der düsteren Alltagswelt. Wie dem auch sei, die meisten Mitteleuropäer lassen sich nicht auf heilige Ekstasen ein. Die soeben erwähnte «mitteleuropäisch-verhaltene» Neigung zu charismatischen Gebetsweisen, die auch bei manchen christlichen Gemeinschaften und Kirchen in unseren Gegenden feststellbar ist, ist nur ein blas-

ser Abklatsch der Geisterfahrungen in anderen Weltgegenden. Die eigentlichen Pfingstgemeinden überdies liegen hierzulande deutlich weniger im Trend als die neocharismatischen Gemeinschaften. Trotzdem – mit ihrer Freude an unkonventioneller, mediengerechter, dem Lebensgefühl des modernen Menschen entsprechender Verkündigung sind die neocharismatischen Gemeinschaften trotz ihrer Kurzlebigkeit und ihrer nie nur zufälligen Medienpräsenz mitunter die erstaunlichsten Zentren leidenschaftlicher jugendlicher Spiritualität im Herzen Europas. Kurz – auch Mitteleuropa wird vom Geist berührt, und manchmal auch ergriffen. Aber spirituelle Ekstasen überschwemmen uns nicht. Immerhin wurde das Kapitel über Pfingstgemeinden und charismatische Gruppierungen – dies ist kein Zufall – zu einem der umfangreichsten des ganzen Buches.

Die *grossen Kirchen* verändern sich in dieser bunt bewegten religiösen Welt auffallend sachte. Stabilität ist vielleicht geradezu ihr Spezifikum und Teil ihrer zwar verhaltenen, aber immer noch spürbaren Attraktivität. Die grossen Kirchen diversifizieren sanft ihr Angebot, beobachten teils mit Sorge, teils mit Stolz die innerkirchlichen katholikalen, resp. evangelikalen Bewegungen, betonen ihr soziales Engagement und halten sich durchaus nicht glänzend, aber ordentlich im Markt.

Neue Offenbarungen überschwemmen den spirituellen Markt der Gegenwart in einer fast nicht mehr überschaubaren Fülle. Die meisten Prophetinnen und Propheten verkünden ihre Eingebungen aber im kleinen Kreis hingebungsvoller Wahrheitsfreunde. Über erste Anfänge gedeihen die meisten prophetischen Bewegungen nicht hinaus. Soviel himmlische Wahrheit wird allenthalben angeboten, dass jede neue Wahrheit vielen Zeitgenossen nur ein müdes Lächeln entlockt.

Die enorme Zahl heute in Mitteleuropa aktiver *buddhistischer Gruppen* und Zentren, vor allem lamaistischer Provenienz, kann kein Beobachter der religiösen Szene übersehen. Buddhismus ist die eigentliche Trendreligion der gebildeten europäischen Gegenwart, auch wenn das grosse Ansehen, das diese Religion hierzulande geniesst, bisher nicht zu riesigen Scharen von Neubekehrten führte. Aber Zahlen sind überall dort auch kaum aussagekräftig, wo eine religiöse, im konkreten Fall buddhistische Institution oder Vereinigung keine offizielle Mitgliedschaft, sondern nur Freundeskreise, Sympathisanten- und Gönnerlisten kennt. Dem Ruf des Buddhismus als Trendreligion entsprechend wurde das Kapitel über buddhistische Gruppierungen deutlich umfangreicher als in der letzten Auflage.

Im Kreis *hinduistischer Bewegungen* haben sich in den letzten Jahren vor allem sog. Bhakti-Gruppen ausgebreitet. Die Liebe zum persönlich gegenwärtigen göttlichen Freund ersetzt oder ergänzt das mystische Transzendieren ins Alles und Nichts. Daneben verdienen vor allem die vielen neuen Advaita- oder Satsang-Gruppen Erwähnung. Ramana Maharshi, der grosse Heilige von Tiruvannamalai, der Meister des Weges zum göttlichen und einzigen Selbst, fasziniert – vermittelt vor allem durch seinen «Schüler» Poonja und dessen zahlreiche Schüler – 50 Jahre nach seinem Tod europäische Wahrheitssucher mehr denn je. Und was Ramana

sich nicht denken konnte oder wollte, entfaltet sich heute unter alternativen Wahrheitssuchern: Gurubindung und Gruppenideologie unter dem Zeichen der einzigen, unteilbaren Wirklichkeit.
Neben dem Buddhismus ist die zweite deutliche «Erfolgsreligion» der Gegenwart, mitteleuropäisch und weltweit, zweifelsohne der *Islam*. Die immer offenkundigere Präsenz grosser islamischer Bevölkerungsgruppen in Mitteleuropa, verbunden mit eigentlichen islamischen «Ghettos» in den grossen Agglomerationen und das in der weiten islamischen Welt in breiten Bevölkerungskreisen noch einzigartig ungebrochene islamische Selbstbewusstsein machen den Islam neben dem Buddhismus und dem charismatischen Christentum zu einer Trendreligion der Gegenwart, allerdings in einem völlig eigenen, unverwechselbaren Sinn.
Im weiten Feld *esoterischer Angebote* bündeln sich ganzheitliche Wahrheitssuche und der Wunsch nach integraler Heilung immer deutlicher in konkreten Zentren, Gestalten und Studiengruppen. Esoterik, in der klassischen Antike ein vom Geheimnis geschützter ritueller Weg durch alle Schatten der Unterwelt ins neue und wahre Leben, später die geheime Wissenschaft der Alchemisten und anderer elitärer Geheimbünde, verwandelt sich in der 2. Hälfte des 20. Jahrhunderts zum Jahrmarkt ganzheitlicher Selbstfindung und mystischer Alleinheitsfreude, um am Beginn des 21. Jahrhunderts wieder zurückzukehren in den Bund der auserlesenen Freunde, versammelt um den Meister oder die Meisterin, denen sich jedes Geheimnis erschliesst. Logenspiritualität erfreut sich grösster Beliebtheit. Was sich dem Blick der Öffentlichkeit entzieht, gewinnt im Zeitalter der alles beherrschenden Medien gewaltig an Bedeutung. Gemessen an ihrer Geschichte wird Esoterik echter, wenn sie sich wieder in den Kreis der Vertrauten und Erlesenen zurückzieht. Aber sie wird auch sektenhafter und gefährlicher. Das heisst allerdings nicht, dass jede esoterische Gemeinschaft zum Sonnentempel werden muss. Missbrauchte Idealisten finden sich zwar auch in esoterischen Gruppen zuhauf. Aber die Wahnsinnstat ist und bleibt, Gott sei Dank, die Ausnahme.
Die sog. *Psychogruppen* fischen mit Erfolg im weiten Meer seelischer Ungereimtheiten und psychischer Leiden. Sie versprechen zumeist totale Befreiung, und dies oft noch in kürzester Zeit. Die Revolution des verfehlten Menschseins und der Durchbruch ins neue wahre Wesen geschieht in der Optik mancher Gruppen «heute oder nie». Wer Jahre lang an und in sich selber litt und wer in der konventionellen Psychotherapie nur Linderung, nicht Heilung fand, ist ein möglicher Kunde für das Angebot des neuen Menschseins. Gerade dieses Angebot aber rückt die sog. Psychogruppen in die Nähe religiöser Heilsangebote. Religion sucht nie nur Linderung und Korrektur für menschliche Unzulänglichkeiten. Sie sieht sich zuletzt immer als Weg des Menschen ins vollkommene Heil.
Gekonnt bedienen sich die *neuen Heiden* des Internets, allen voran die vielen *Hexen*. Heide zu sein ist in der Zeit der Globalisierung nicht selten eine neoromantische Beschwörung der Götter des eigenen Territoriums, das es um jeden Preis

vor fremdem Einfluss zu bewahren gilt. Neoheidengruppen können heute auch überall dort neue Heiden auf urige, naturmystische Pfade locken, wo die entsprechenden politischen Bewegungen verboten oder doch verdrängt werden. Religiös ist noch erlaubt, was politisch schon lange unerträglich wäre. Die heute populärste Gestalt des Neuheidentums, die Hexe, fasziniert durch ihre – unwahrscheinliche – Mischung von weiser Frau, Heilerin, Priesterin, Magierin, Seherin, Tantrikerin, Tänzerin, Philosophin, Feministin, grüner Politikerin, Romantikerin und Revolutionärin. Alles, was sich frau in der kalten Erfolgswelt und in der diffusen globalen Zivilisation an Alternativen erträumt und ersehnt, begegnet ihr in den Hexen der Gegenwart. Unübersehbar viele Hexen geleiten heute ins magische Reich des vollen Lebens, die meisten von ihnen aber mit schnell wechselndem Kundenkreis. Magie funktioniert nach den Gesetzen der Wahrscheinlichkeit. Enttäuschungen sind nicht zu vermeiden.

Ebenfalls im Internet empfehlen Dutzende von *okkulten Zirkeln* ihre Rituale und Zauberpraktiken. Braucht die rational durchorganisierte Welt die dunkle Magie als Demonstration dafür, dass sie ihre Seele noch nicht ganz verloren hat? Oder feiert sie in ihren dunklen Ritualen ihre der modernen Welt völlig widersprechenden Träume? Vor allem im ungebrochen populären Jugendsatanismus versucht nicht nur jugendliche Ohnmacht sich mit teuflischer Allmacht zu verbinden. Das schauerlich-feierliche Ja zum eigenen teuflischen Wesen zerschmettert alle moralischen Ansprüche der braven Bürgerwelt ebenso radikal wie das gängige Bild vom aufgeklärten, rational funktionierenden und tüchtig seine Welt gestaltenden Menschen. Wie immer wir die Botschaft der Okkultisten deuten wollen, wir Menschen sind jedenfalls nicht nur das, was wir in hellen Stunden spielen.

Was die sog. Sektenszene Mitteleuropas betrifft, so hat die kritische Presse – vielleicht auch verbunden mit der hierzulande schon eifrig gepflegten sog. «Sektenberatung» – sicher dazu beigetragen, dass grosse sektenähnlich sich verhaltende Bewegungen auf breite Ablehnung oder doch grosse Zurückhaltung innerhalb der Bevölkerung stossen. Nach wie vor attraktiv und verlockend sind für Menschen in Identitäts- und Sinnkrisen aber die Angebote der sog. Minisekten, jener Kleingruppen, die noch kein Journalist bisher entdeckt hat und die – dies sei offen eingestanden – zum grössten Teil auch im vorliegenden Buch übersehen oder – weil nur von sehr lokaler Bedeutung – bewusst nicht besprochen werden.

Summa summarum: Die uns umgebende spirituelle Welt wird immer bunter, faszinierender, provokativer. Wie die Kirchen über die erwähnte sanfte Diversifizierung des spirituellen Angebots und ihr soziales Engagement hinaus auf diese andauernde Provokation antworten werden und antworten müssen, dies zu zeigen oder auch nur anzudeuten ist allerdings nicht mehr Aufgabe einer Beschreibung der religiösen Gegenwart. Das sei der Weisheit der Kirchen, ihrer christlichen Reaktionsfähigkeit und dem in ihnen auch heute noch sanft wehenden Geist anheimgestellt.

Zur Auswahl der Gruppierungen

Religiöse Gemeinschaften und Bewegungen in *allen* Spielformen zu präsentieren sprengt den Rahmen jeden Handbuchs. In der Auswahl der besprochenen Gruppen halten wir uns, wie schon Oswald Eggenberger, in erster Linie an Gruppierungen und Bewegungen mit überregionaler Bedeutung. Bei den nur regional auffallenden Gruppen beschränken wir uns auf Organisationen mit besonderen Merkmalen, vor allem Gruppierungen, die immer wieder Anlass zu Anfragen bei Sektenberatern geben. Manche der neuen oder schon etwas älteren, aber in den früheren Auflagen nicht besprochenen Gruppierungen werden über den ihnen zahlenmässig zustehenden Textanteil hinaus detaillierter besprochen, zum einen, weil manche von ihnen den Beobachter auf besondere Weise herausfordern, zum anderen, weil nur bei einer etwas eingehenderen Darstellung verständlich wird, warum auch diese Gruppen in einem Lexikon zur religiösen und spirituellen Gegenwart berücksichtigt werden. Bei wenigen hier besprochenen Gruppen hätte man die Frage, ob ihre Aufnahme in dieses Lexikon berechtigt ist, auch anders beantworten können. Wir wollten im Zweifelsfall lieber eine Gruppe zu viel besprechen als eine zu wenig. Eine ähnliche, bei aller Knappheit ausführlichere Darstellung gebührt auch den überregionalen Gruppen, die oft Anfragen an Sektenberatungsstellen auslösen. Was kaum oder nie in Diskussion steht, wird entsprechend kürzer behandelt.

Subjektive Wertung

Auch wenn nicht nur die Auswahl, sondern auch die Darstellung jeder Gemeinschaft und Gruppe notwendig subjektiv gefärbt ist und selbstverständlich nur der immer begrenzten Perspektive der Verfasser und Herausgeber entspricht, versuchen wir im vorliegenden Text persönliche Beobachtungen und Erwägungen von zwar nie rein objektiven, aber «objektiveren» Feststellungen dadurch zu unterscheiden, dass wir das eindeutig *unserer Sicht* Entsprechende in *Schrägschrift (Kursive)* setzen. Dies erleichtert dem Leser vielleicht den Weg zur eigenen, nicht notwendig der Sichtweise der Verfasser entsprechenden Beurteilung.
Dass solche subjektive Bewertung in einer Übersicht über die religiöse Gegenwart nicht fehlen darf, ergibt sich u.E. beinah von selbst. Wenn wir alle Gruppen nur in Selbstdarstellungen oder in trockener Aufzählung von Daten und Namen präsentieren würden, würden wir unsere Aufgabe als «religiöse Konsumentenschützer» nicht mehr wahrnehmen. Der Leser, der viele Gruppen im besten Fall aus Selbstdarstellungen kennt, darf und soll auch erfahren, wo sich über das Propagandabild der Gruppe hinaus nicht selten Schwierigkeiten mit der entsprechenden Gemeinschaft ergaben und ergeben. Selbstverständlich möchten uns manche Ge-

meinschaften diese mitunter kritische Perspektive am liebsten verbieten. Die Leitungsgremien mancher Gemeinschaften beanspruchen für sich – totalitären politischen Systemen in dieser Hinsicht völlig entsprechend – das alleinige Recht, sich über sich selbst zu äussern. Nur wo es ihnen gelingt, dieses Recht rigoros durchzusetzen, sind die entsprechenden Systeme dann auch vor jeder Kritik geschützt. Dass wir uns dem Verbot kritischer Erwägung durch Aussenstehende nicht fügen wollen und nicht fügen können, versteht jeder, der auf demokratische Meinungsbildung nicht verzichten kann. Was in einer Demokratie sich öffentlich darstellt und öffentlich für sich wirbt, muss auch bereit sein, sich einer öffentlichen Debatte zu unterziehen. Religiöse Gemeinschaften brauchen die kritische Debatte so dringend wie politische Parteien und Programme. Fern aller Kritik erstarren alle menschlichen Institutionen in eisiger Unfehlbarkeit. Auch das mancherorts geäusserte Argument, auf persönliche Erwägungen und kritische Urteile sei deshalb zu verzichten, weil der erwachsene Leser am besten für sich selbst entscheiden könne, vermag uns nur halbwegs zu überzeugen. Wir können nicht von jedem erwachsenen Leser erwarten, dass er die hier dargestellten Gruppen so gründlich kennt, dass er weiss, wo kritische Fragen aufbrechen. Konsumentenschutz ohne die Möglichkeit kritischer Erwägung verkommt zum reinen Warenangebot. Wir erwarten von keinem Leser, dass er unsere Perspektive übernimmt. Das eigene Urteil gilt mehr als die sog. Expertenmeinung. Aber wir sind es unsern Lesern schuldig, die Fragen nicht zu verschweigen, die sich uns im Blick auf manche Gruppen aufdrängen.

Unser Standort

Von welchem Standpunkt aus aber gewinnen die Verfasser und Herausgeber des vorliegenden Handbuches ihre persönlichen und zum Teil kritischen Perspektiven?

Wir fühlen uns 1. dem evangelischen Glauben verbunden, in aller Offenheit, die unseres Erachtens zu diesem Glauben gehört. (Evangelischer Dogmatismus wäre ein Widerspruch in sich selbst.) Der «evangelische Blickwinkel» impliziert also nicht, dass wir von diesem Glauben abweichende Meinungen als gottlos, undenkbar oder gar als unsinnig verwerfen. Aber wir lieben bei aller Freude an sog. fremden Religionen zuerst und vor allen den christlichen Glauben. Der «evangelische Standpunkt» der Herausgeber schliesst auch nicht aus, dass Mitarbeiter an diesem Buch in anderen kirchlichen Gemeinschaften und Konfessionen beheimatet oder konfessionslos sind.

Wir sind 2. immer wieder mit Erfahrungen ehemaliger und direkt Betroffener konfrontiert, die wir in unserer Deutung vieler religiöser Gemeinschaften nicht ausser Acht lassen können.

Wir kennen 3. manche der dargestellten Bewegungen und Gruppen aus eigener Anschauung und direkter Begegnung. Wo unsere persönlichen Erfahrungen in unsere Darstellung einfliessen, greifen wir besonders oft zur Schrägschrift. Unser eigenes Erleben ist selbstverständlich besonders subjektiv.

Zum Begriff «Sekte»

Der Begriff «Sekte», lange Zeit theologisch als diffamierend geächtet, erfreut sich in der Diskussion über religiöse und weltanschauliche Tendenzen der Gegenwart wieder grösster Beliebtheit. Nichts, was diesen Begriff zu ersetzen suchte: «Sondergemeinschaften», «totalitäre Gruppierungen», reicht offenbar an die Aussagekraft des Begriffs «Sekte» heran. In der vorliegenden Publikation verstehen wir Sekte (abgeleitet vom lateinischen «sequi», «nachfolgen») als *Nachfolgegemeinschaft*. Das heisst aber auch: Jede Gemeinschaft mit auch nur leisem Autoritätsgefälle – d.h. mit Vorbildern, Vorläufern, Vordenkern, Lehrern einerseits und Nachfolgern, Lernenden andrerseits – ist grundsätzlich «Sekte». Gemeinschaft völlig ohne irgendwelche Vorläufer und Nachfolger ist kaum denkbar. Die mit jeder menschlichen Gemeinschaft gegebene latente Nachfolgestruktur und Sektenpotenz kann sich selbstverständlich nun auf sehr verschiedene Weise entfalten. Behelfsmässig lassen sich vier Varianten entfalteter Sektenhaftigkeit unterscheiden.

1. *«Debattiergemeinschaften»*: Wo die Vorläufer vorlegen und die Nachfolger debattieren und erwägen, könnten wir von offen geführten Vereinsversammlungen oder Debattiergemeinschaften sprechen. Die Gruppe bewegt sich völlig im Rahmen ihrer demokratischen Struktur. Die Leitung wird periodisch gewählt, ist abwählbar. Austritt aus der Gruppe ist jederzeit möglich. Das Meinungsspektrum über die Ziele und Methoden der Gruppe ist oft sehr breit. Wird über eine Frage abgestimmt, so muss sich die Minderheit der Mehrheit fügen.

2. *«Lerngemeinschaften»:* Wo die Vorläufer nicht nur vorlegen, sondern in erster Linie vordenken, sprechen wir von Lerngemeinschaften. Die Lernenden versuchen, den Vordenkern nachzudenken. In der Grundannahme, dass die Vordenker einen Erkenntnisvorsprung haben, dass das Rad nicht immer wieder neu erfunden werden muss und dass das Nachdenken dem eigenen Leben und Denken dient, sind die Lernenden zumeist zum Nachdenken bereit. In ihrem Nachdenken suchen sie das Vorgedachte sich selber anzueignen. Zu diesem persönlichen Nachdenken gehört selbstverständlich auch das eigene kritische Erwägen und Hinterfragen. Nur was ich hinterfragen kann, kann ich auch wirklich verstehen. Viele der in diesem Buch besprochenen Gemeinschaften verstehen sich in diesem hier erwähnten Sinn als Lerngemeinschaften und laden die Lernenden zu eigenem kritischen Nachdenken ein. Sie sind Sekten auf Stufe 2.

3. *«Fundamentalistische Gemeinschaften»:* Auf Stufe drei gleitet das Nachdenken über ins Nachbeten, ins Wiederholen von vorformulierten Lehren und Floskeln, ins Repetieren offizieller Doktrin. Die der Gemeinschaft geschenkte vollkommene Wahrheit bedarf gar nicht der persönlichen, d.h. immer eigenwilligen Aneignung. Sie ruft nur nach williger Aufnahme. Kritisches Hinterfragen wird als Respektlosigkeit oder gar als Angriff auf göttliche Autoritäten empfunden. Kritikern wird der nötige Respekt beigebracht, oder sie werden aus der Gruppe entfernt. Die unfehlbare, göttliche Wahrheit steht grundsätzlich nicht zur Diskussion. Die gleiche unfehlbare Wahrheit wird allerdings auf dieser Stufe noch anderen, ähnlich ernsthaften Gemeinschaften zugestanden.
4. *«Alleinseligmachende Gemeinschaften»:* Auf Stufe vier geht dieser Rest von Offenheit verloren. Die alleinseligmachende Gemeinschaft sieht sich nicht nur im Besitz der vollkommenen Wahrheit. Sie lebt diese Wahrheit auch als einzige Gemeinschaft vollgültig. Ausserhalb der Gemeinschaft findet sich kein Heil. «Alleinseligmachende» Gemeinschaften – zu Zeiten traten auch Kirchen mit diesem Anspruch auf – binden ihre Mitglieder mit jener Mischung von Liebe zur vorgezeigten Wahrheit und Angst vor dem eigenen Irrtum, die jede Aufforderung zum eigenen Nachdenken zur leeren Floskel werden lässt. Sie können gar nicht mehr wirklich selber nachdenken, selbst wenn sie es möchten. Ich muss dazugehören um jeden Preis, sonst bin ich verloren.
5. *«Arche Noah Gemeinschaften»*: Wenn die alleinseligmachende Gemeinschaft in ihrem Versuch, wachsende Kritik abzuwehren und innere Spannungen in Aggression gegen aussen umzumünzen, die Aussenwelt immer dunkler und die eigene Gemeinschaft immer heller malt, wird die Gemeinschaft zur Arche Noah in der steigenden Flut, zur Insel der Seligen in einem Ozean des Leids oder zum Sonnentempel in einer Welt voller Finsternis. Kontakte nach aussen werden auf Missionsbemühungen und Kampf gegen Kritiker beschränkt. Wer aus der Arche in die Flut springt, kann und wird nicht überleben. Die Gruppe folgt den Führern mit bedingungslosem Gehorsam. Ausstieg hiesse sofortiger Untergang.
Selbstverständlich gehören Gemeinschaften im Verlauf ihrer Geschichte selten nur zu einem dieser hier nur schematisch skizzierten Sektentypen. Auf das grundsätzliche «sequi», «Nachfolgen» wird aber nie völlig verzichtet.

Religiöser Konsumentenschutz

Unser zentrales praktisches Anliegen, angesichts des immensen religiösen Marktes der Gegenwart religiösen Konsumentenschutz anzubieten, kann mit diesem Buch allein nicht erfüllt werden. Welche religiöse Wahrheit welcher Konsumentin oder welchem Konsumenten dienlich ist, oder welche Gruppierung wo und welchen Schaden anzurichten vermag, lässt sich bei vielen Gruppierungen nicht allgemeinverbindlich, sondern nur im Blick auf die konkreten Lebensumstände und die Eigenart der möglichen Adepten oder «Opfer» beurteilen. Religiöser Konsumentenschutz ohne konkretes menschliches Gegenüber verkommt im Blick auf viele Gruppierungen zum Spiel mit Binsenwahrheiten oder zum schematischen Vorurteil. Wer konkreten religiösen Konsumentenschutz sucht, möge sich bitte direkt bei uns melden. Wir versuchen mit ihm konkrete Situationen zu erwägen. Email: info@relinfo.ch., Tel. 01 940 19 73. Eingehendere Informationen zu einzelnen der hier besprochenen Gruppen finden sich bei: www.relinfo.ch.

Dank

Nachdem Oswald Eggenberger das Handbuch «Die Kirchen, Sondergruppen und religiösen Vereinigungen» im Wesentlichen als einziger Verfasser konzipiert und fünf Mal überarbeitet hat, war es den Unterzeichneten bei der nun vorliegenden 7. Auflage unmöglich, ein Ähnliches zu wagen. Wo immer die Gruppen und Bewegungen sich im Wesentlichen nicht geändert haben, übernahmen oder bearbeiteten wir den Text von Oswald Eggenberger. Daneben half uns ein ganzes Team von Mitarbeitern, neue Texte zu verfassen oder alte umzugestalten. (Die religiöse Gegenwart ist inzwischen so bunt geworden, dass ein Einzelner sie kaum mehr zu überblicken vermag.) Die erste Runde der Informationsbeschaffung betreute engagiert und umsichtig Rolf Reimann. Ugo Gervasoni verwandelte in einem Frühstadium diese Informationen zu ersten Textskizzen. Susanne Frey und Anna-Katharina Höpflinger bearbeiteten Texte aus unserer Website www.relinfo.ch für dieses Buch. Über einzelne Gruppen recherchierten und schrieben Barbara Bleisch, Petra Bleisch Bouzar, Andreas Frei, Sonja Friess, Therese Graf, Anna-Katharina Höpflinger, Hanspeter Mathys, Franz Schlenk, Jean-Daniel Strub und Martin Zürcher. Die Beschreibung der einzelnen im eigentlichen Sinn islamischen Gemeinschaften verdanken wir Christoph Peter Baumann. Claude Alain Humbert bereicherte vor allem das Kapitel Hinduismus mit zahlreichen Hinweisen und Ergänzungen. Peter-R. Koenig verdanken wir entscheidende Hinweise zu sog. Okkultorden. Erich Bryner ergänzte unsere Angaben über die orthodoxen Kirchen. Salome Kesselring und Christian Metzenthin korrigierten vorliegende Texte. Erika Zeier ordnete unsere Adresslisten und Angaben zur Statistik. Hermann Maywald half beim Korrekturen-Lesen. Anna Stüssi hat sich als Lektorin mit einzigartigem Engagement und Sinn für guten Stil für unser ganzes Lexikon eingesetzt, ebenso wie die Mitarbeiter des Theologischen Verlages Zürich. Der Zürcher Kirchenrat hat die vorliegende Publikation finanziell unterstützt. Philippe Dätwyler und Alfred Frühauf haben im Auftrag des Kirchenrates unsere Arbeit wohlwollend begleitet. Last but not least erwähnen wir Oswald Eggenberger. Ihm verdanken wir immer noch schätzungsweise einen Viertel des Textinhaltes des vorliegenden Buches. Auch in seinem Grundkonzept folgt unser Lexikon den Vorlagen von Oswald Eggenberger. Er hat uns den Text seiner 6. Auflage in uneigennütziger Weise als Arbeitsgrundlage für diesen Band überlassen. Neben Oswald Eggenberger erwähnen wir gerne auch Joachim Finger, auf dessen Beiträge zur 6. Auflage wir in Auswahl auch zurückgreifen konnten. Allen, die unsere Arbeit unterstützt, begleitet und ermöglicht haben, gilt unser aufrichtiger Dank.

8606 Greifensee,
3. Juli 2002

Georg Schmid
Georg Otto Schmid

I Katholische und orthodoxe Kirchen

Selbstverständnis und Strukturen

Die katholischen und die orthodoxen Kirchen sehen sich beide als Repräsentanten der umfassenden und ungebrochenen christlichen Tradition. Nach beider Verständnis führt eine von grundsätzlichen Irrtümern immer verschonte und die ganze Offenbarung uneingeschränkt vermittelnde Traditionskette von der Offenbarung in Christus über die Apostel und ihre Nachfolger, die Bischöfe, die Patriarchen rsp. die Päpste und die von ihnen geweihten Priester bis in die Gegenwart. Katholische und orthodoxe Kirchen vermitteln das Gefühl umfassender Geborgenheit in gottgeleiteter Geschichte und in einer die Christuswahrheit uneingeschränkt vergegenwärtigenden Liturgie. Irrtümer und abweichende Meinungen, Verkürzungen der Wahrheit und Verzerrungen fanden sich im Verlauf der 2000 Jahre christlicher Geschichte unzählige und finden sich noch heute im Übermass. Katholische und orthodoxe Wahrheit fand und findet sich immer nur eine. Diese eine und einzige Wahrheit allerdings bedarf – so meinen die aufgeschlosseneren katholischen und orthodoxen Gläubigen – der zeitgemässen Interpretation. Die Konservativeren suchen in erster Linie die *eine* zeitlose, umfassende, der Kirche geschenkte Wahrheit der Gegenwart und Zukunft zu erhalten.

Im Konzept der sog. Apostolischen Sukzession hat dieses Gefühl der Geborgenheit in der ganzen, ursprünglichen Wahrheit ihren schönsten theologischen Ausdruck gefunden. Die ununterbrochene Folge der Bischöfe und Päpste einerseits, die entsprechende Folge der Bischöfe und Patriarchen andrerseits, garantiert bis in unsere Zeit hinein die ungebrochene Verbindung mit Petrus oder andern Aposteln. Das westliche Christentum der ersten Jahrhunderte scharte sich allmählich immer offenkundiger um den Bischof von Rom, der bald nicht mehr nur als Bischof unter Bischöfen oder als Patriarch unter Patriarchen galt, sondern als Nachfolger des Apostelfürsten Petrus und damit als Bischof, der eine Vorrangstellung unter seinen Amtsbrüdern einzufordern begann. Parallel zu diesem schon früh sich ausbildenden Selbstbewusstsein des Bischofs von Rom entfaltete sich eine dieses Selbstbewusstsein legitimierende Überlieferung vom Martyrium nicht nur des Paulus, sondern auch des Petrus in Rom. Der Nachfolger des Apostelfürsten residierte nun an den Gräbern der beiden grössten Apostel. Auch wenn sich Ansätze zum späteren Primatkonzept schon lange vorher abzeichneten, die volle Ausprägung fand die Papstidee nicht zufällig erst unter Leo I. (440–461), in jener Zeit, als das Kaisertum im westlichen Teil des römischen Reiches seinen Einfluss verlor und der Bischof von Rom als einziger Statthalter tradierter Ordnung seine Gläubigen durch die politischen und religiösen Wirren der ausgehenden Antike und der Völkerwanderung führte.

Das östliche Christentum orientierte sich dagegen – ohne dem Bischof von Rom die ihm gebührende Stellung als Patriarch abzusprechen – immer an der Gemeinschaft der Patriarchen und der Bischöfe. Ein Jurisdiktionsprimat (Rechtsprimat) im westlichen Verständnis konnte das orthodoxe Christentum dem Bischof von Rom nicht zusprechen. Der Bruch zwischen Westkirche und Ostkirche mit gegenseitiger Exkommunikation der Repräsentanten im Jahr 1054 zeigte, wie weit zwar nicht in der Lehre, aber in der Mentalität und in der Art, Kirche zu leben und zu leiten, West und Ost sich voneinander entfernt hatten. Die lehrmässigen Differenzen, die diesen Bruch begleiteten – vor allem das sog. *filioque*, d.h. die Frage, ob der heilige Geist vom Vater und vom Sohn oder nur vom Vater ausging – werden von modernen, dogmatisch grosszügigen Betrachtern als Bagatellen angesehen.

Dass die Westkirche später zur Selbstbezeichnung **römisch-katholisch** fand, zeigt einerseits ihren Wunsch, katholisch, d.h. umfassend, die Christuswahrheit für alle Zeiten, Nationen und Kulturen zu lehren und zu leben, andererseits ihren Willen, diese umfassende Wahrheit durch den Petrusnachfolger, den Bischof von Rom, anzuleiten und zu erhalten. Durch das Papstamt, verbunden mit der Institution der Konzile, hat sich die römisch-katholische Kirche über viele Jahrhunderte hinweg bei aller Vielfalt der Anbetungsformen, der Ordensspiritualitäten und der lokalen und nationalen Eigenheiten eine einzigartige Einheit der Lehre und des Glaubens erhalten können. Keine andere religiöse Organisation der Welt verbindet so viele Menschen und Mentalitäten. Gerade diese einzigartige Gabe, Vielfalt und Einheit miteinander zu verbinden, stiess und stösst aber – wie der kritische Beobachter meint – in der römisch-katholischen Kirche dort auf ihre Grenze, wo sich Mentalitäten nicht nur bereichernd und ergänzend, sondern offen kritisch ins breite kirchliche Spektrum einbringen. Trotz aller römisch-katholischen Kunst, Einheit in der Vielfalt zu leben, überforderte die Kirchenkritik der Reformatoren den damaligen Integrationswillen der Kirche. Höflicher im Ton, aber in der Sache nicht wirklich entgegenkommender verfuhr und verfährt die römisch-katholische Kirche mit den Kirchenkritikern in eigenen Reihen bis in unsere Gegenwart. Wahrscheinlich – so vermutet der Kritiker – endet die in vielen Bereichen phänomenale katholische Weite am, allerdings nicht nur der katholischen Kirche eigenen, kritikfernen Gottesgnadentum. Wo immer Menschen und Institutionen sich von Gott als besonders geliebt, berufen und begnadet sehen, reagieren sie auf Einwände – genau wie das vorrevolutionäre Gottesgnadentum – konsterniert. Was sich hingegen nicht kritisch, sondern ergänzend und bereichernd in die grundsätzlich weite und umfassende Organisation einbringt, wird gerne akzeptiert und integriert. Nicht mehr in-

tegrierbar erwiesen sich – wie im 16. Jahrhundert die Reformatoren – im 19. Jahrhundert die Gegner des auf dem I. Vatikanischen Konzil verkündeten Dogmas von der Unfehlbarkeit päpstlicher Lehren zu religiösen und ethischen Fragen, die ausdrücklich «ex cathedra», d.h. kraft des päpstlichen Lehramtes, proklamiert werden. Diese Kritik am 1. Vaticanum führte zur Abspaltung der christkatholischen oder altkatholischen Kirche.
Im Unterschied zur römisch-katholischen Kirche, die organisatorisch unter der Leitung des Papstes eine Einheit blieb, bestehen die **orthodoxen Kirchen** aus selbständigen Patriarchaten. Der Patriarch ist Leiter seiner Kirche. Auch der «Ökumenische Patriarch» von Konstantinopel, dem seit dem 5. Jahrhundert ein gewisser Vorrang eingeräumt wird, verfügt deswegen nicht über mehr Macht als die andern Patriarchen. Eine gewisse innere Ähnlichkeit zwischen der Kirche Roms und den orthodoxen Kirchen hat sich aber weit über die Trennung hinaus erhalten. Die orthodoxen Kirchen anerkennen allerdings nur die Beschlüsse der gemeinsamen sieben Konzile zwischen 325 (Nicäa) und 787 (ebenfalls in Nicäa). Sie halten an ihrem eigenen Verständnis des Heiligen Geistes fest und haben auch eine eigene mystische Spiritualität entwickelt, die der Feier der Auferstehung Christi und der Anbetung breiten Raum gewährt.

Entwicklungen innerhalb der römisch-katholischen Kirche im ausgehenden 20. Jahrhundert

Die vielen Besuche des Papstes in beinah allen Ländern der Erde verdeutlichen, was sich schon lange anbahnte: Die römisch-katholische Kirche ist heute eine einzigartig weite Weltkirche mit nur noch relativ bescheidenem Europäeranteil. Innerhalb dieser Weltkirche haben in den letzten Jahren die vielfältigen sog. Erneuerungsbewegungen eine derartige Bedeutung erlangt, dass verglichen damit mancher traditionelle Orden völlig in den Hintergrund trat. (Gerade junge Leute leben und engagieren sich vielfach lieber in den neuen Bewegungen als in den traditionellen Orden und Gemeinschaften.) Vor allem für den protestantischen Beobachter verstärkt hat sich auch die vom Vatikan gestützte und von den nationalen Bischofskonferenzen Mitteleuropas zu einem guten Teil mitgetragene restaurative Tendenz. Ein Dokument dieser Rückkehr zu älteren Positionen ist die von der päpstlichen Glaubenskongregation verfasste und im Jahr 2000 veröffentlichte Erklärung «Dominus Jesus», in der von der Einzigkeit Gottes ausgehend direkt auf die Einzigkeit des Erlösers Christus und die Einzigkeit der sichtbaren, verfassten Kirche geschlossen wird, ein Gedankenbogen, der nicht nur die anderen Kirchen und die Vertreter anderer Religionen ausgrenzt, sondern auch für eine grosse Zahl engagierter Katholikinnen und Katholiken in Mitteleuropa in dieser Ungebrochenheit nicht nachvollziehbar ist. Überhaupt stossen innerhalb der katholischen Kirche die beiden Kirchenverständnisse – Kirche von oben (Hierarchie und Amt) und Kirche von unten (Gemeinschaft der Gläubigen) – immer offenkundiger aufeinander, nicht immer nur zum Schaden der Kirche. Wo noch um das richtige Kirchesein engagiert gestritten wird, ist der Geist des neutestamentlichen Christentums noch nicht verweht, der Geist einer Zeit, als Kirchesein noch kein festgeschriebenes oder gar doktrinär verordnetes Konzept war. Beunruhigend ist viel eher das Ausmass des Priestermangels in der katholischen Kirche Mitteleuropas und die bisher ungebrochen starre Haltung Roms (und anscheinend auch der Bischofskonferenzen) im Blick auf eine mögliche Priesterweihe von verheirateten Männern und von Frauen. Der gegenwärtige Papst versuchte sogar, in einer Erklärung zum Priestertum die momentanen Restriktionen bei der Priesterweihe auch allen seinen Nachfolgern zur Pflicht zu machen. *Ob der Papst allerdings alle seine Nachfolger in deren Entscheidungsfreiheit einschränken kann und ob er das vom kanonischen Recht her besehen auch darf, ist mehr als nur fraglich. Eine grosse Zahl kirchlich engagierter Katholikinnen und Katholiken kann diesen Restriktionen immer weniger Sinn abgewinnen.* Der Rückgriff auf «Import» von Priestern aus Ländern mit Priesterüberfluss kann zwar da und dort Lücken schliessen, gerade diese Aktionen verweisen die katholische Kirche Mitteleuropas aber dringend auf eine notwendige Öffnung des Zugangs zum Priesterberuf, eine Öffnung, die sie wahrscheinlich nicht mehr lange ohne grösseren Schaden aufschieben kann.

Entwicklung innerhalb der Orthodoxie nach dem Zerfall der Sowjetunion

Die orthodoxe Kirche sieht sich als Hort der Stabilität und als Spiegelbild himmlischer Konstanz. Wilder Erneuerungswille und dynamische Wandlungsbereitschaft entsprechen nicht ihrer Art. Im Einflussbereich der ehemaligen Sowjetunion aber sehen sich die orthodoxen Kirchen am Ende des 20. und Anfang des 21. Jahrhunderts von verheissungsvollen und gleichzeitig schwierigen Entwicklungen geradezu überrollt. Positiv fallen die immensen Zahlen von Neugläubigen auf, die sich in den frühen 90er Jahren taufen liessen. Auch werden Klöster und Kirchen, die der orthodoxen Kirche vom Staat zurückgegeben wurden, wieder dem religiösen Gebrauch zugeführt. Die Präsenz der Kirchenvertreter, vor allem der hohen Würdenträger, im öffentlichen Leben zeigt die einzigartige Bedeutung der orthodoxen Kirche für das nachsowjetische Russland. Trotz diesem erfreulichen «Aufschwung» lassen sich die Probleme der neugewonnenen Freiheit nicht verkennen, etwa der nach aussen hin immer deutlicher spürbar werdende Antiökumenismus innerhalb der Orthodoxie. «Ökumenismus» ist im orthodoxen Christentum vor allem Russlands zum Schimpfwort verkommen. 1998 hat die russische-orthodoxe Kirche ihre Zusammenarbeit mit dem ökumenischen Rat auf ein Minimum reduziert. Ursache für diese Entwicklung ist wahrscheinlich die neugewonnene Freiheit der Religionsausübung und das enorme Ansehen, in das die orthodoxen Kirchen nach dem Zusammenbruch des Sowjetkommunismus hineinkatapultiert worden sind. Die Religionsfreiheit konnte im orthodoxen Raum bisher kaum je wirklich eingeübt werden und die neue Würde der Kirche hat Erwartungen geweckt, die auch eine orthodoxe Kirche nicht erfüllen kann. Der Osten Europas sucht seine Identität. Die traditionellen und in vorsowjetischer Zeit kulturell prägenden Kirchen sind zwar ein lebendiges Versprechen auf neue, eigene Identität. Aber die überall aufflackernden Nationalismen und die ihnen entsprechenden Sezessionswünsche zeigen, dass das orthodoxe Christentum, wie im Moment jeder andere Glaube, als identitätsstiftende Kraft allein nicht genügt.

Gegen die neuen Nationalismen können oder wollen aber die orthodoxen Kirchen nicht antreten. Sie waren immer schon byzantinistisch staatstreu und – wie wir Westler sagen würden – aller Obrigkeit gegenüber kritiklos-loyal. (Byzantinismus nennen wir jenes in Byzanz vor der Eroberung durch die Türken gepflegte Verhältnis von Kirche und Staat, das einer völligen Gleichschaltung beider nahekommt, doch mit deutlicher Führung des Staates). In den Zeiten der Sowjetunion ging diese «byzantinistische» Loyalität gezwungenermassen sogar so weit, dass die Kirchen jede Unterdrückung oder Benachteiligung durch den sowjetischen Staat bestreiten mussten – und dies einem Staat gegenüber, der in den Anfangszeiten Zehntausende von Priestern und Mönchen ermorden liess und der auch später, von kurzen Zeiten relativer Toleranz während des 2. Weltkrieges abgesehen, immer bestrebt war, ein eigenständiges Christentum und jegliche kirchliche Kritik an sozialen oder politischen Gegebenheiten im Keim zu ersticken.

Wie sollen – nach Jahrhunderten des Byzantinismus und nach Jahrzehnten der völligen Gleichschaltung – die orthodoxen Kirchen jetzt ihre neugewonnene Freiheit gegen die aufkommenden Nationalismen, Chauvinismen und Antisemitismen einsetzen können? Müssen sie sich nicht aus uraltem Reflex heraus sofort wieder der gerade herrschenden Staatsdoktrin anpassen? Die neue Freiheit wird wahrscheinlich nicht nur als Chance, sondern auch als Bedrohung erlebt. Zu viele religiöse Gemeinschaften missionieren in Osteuropa. Und offensichtlich wollen oder können sich die orthodoxen Kirchen diesem plötzlich sich ausweitenden religiösen Markt nicht stellen. Das neue Religionsgesetz vom 1. Okt. 1997 hat der russisch-orthodoxen Kirche wieder einen Vorrang eingeräumt. Und im Gegenzug – oder in altgedienter Selbstverständlichkeit – verteidigt der Moskauer Patriarch wieder alle wesentlichen Aktionen der russischen Regierung. Er befürwortet selbst den Tschetschenienkrieg. Einen schweren Stand in dieser neuerwachten, nationalgesinnten Orthodoxie haben offener gesinnte Priester, die ihre Nähe zur Masse der Neugläubigen dadurch dokumentieren, dass sie das unverständliche Kirchenslawisch in der Liturgie durch das Russische ersetzen. Schwer tun sich auch die russisch-orthodoxen Auslandskirchen mit den neuen Tendenzen in der Orthodoxie Russlands. Eigentlich wäre jetzt, mit der wiedergewonnenen Religionsfreiheit in Osteuropa, der Grund für das Schisma aus den ersten Jahren der Sowjetunion weggefallen. Aber die lange und intensive Begegnung der exilrussischen Priester mit der westlichen Welt hat zu Unterschieden in der Mentalität und in der Beurteilung des erwähnten Byzantinismus geführt. Die nun grundsätzlich mögliche Vereinigung der russisch-orthodoxen Kirche mit ihren Auslandskirchen steht deshalb wahrscheinlich weiterhin an.

1. Katholische Kirchen

Römisch-katholische Kirche

Die römisch-katholische Kirche umfasst heute etwas mehr als die Hälfte der gesamten Christenheit. Im I. Vatikanischen Konzil (1869–1870) wurde durch die Primats- und Unfehlbarkeitserklärung die Stellung und Bedeutung des Papstes hervorgehoben. Das II. Vatikanische Konzil (1962–1965) brachte die Besinnung über das Wesen der Kirche und über die Aufgaben in und an der heutigen Welt und damit eine bedeutende innerkirchliche Wandlung.

Der Papst ist nach römisch-katholischer Auffassung der Nachfolger von Petrus, Stellvertreter Christi und damit Inhaber des obersten Hirten- und Lehramtes. Zur weiteren von der Kirche festgesetzten Hierarchie mit abgestufter geistlicher Macht gehören Bischof, Priester und Diakon. Ihr Dienst wurzelt im dreifachen Amt Jesu Christi (Prophet/Lehrer, Hirte, Priester). Das Kardinalat ist nicht ein Amt, sondern eine Würdestellung. Die Kardinäle wählen den Papst. Die römisch-katholische Kirche hält sich für den einen Leib Christi und die wahre Kirche. Sie hat darum lange Zeit anderen Kirchen gegenüber grösste Vorbehalte angemeldet. Das II. Vatikanische Konzil und die darauf folgende Zeit öffneten dann den Weg zu einer vielfachen Kontaktnahme mit andern Kirchen. Seit dem Amtsantritt von Papst Johannes Paul II. (1978) gewinnen restaurative Strömungen wieder an Einfluss. Die Offenbarung des Glaubens findet die römisch-katholische Kirche in der Heiligen Schrift und in der «Tradition» (Aussagen von bedeutenden Kirchenlehrern). Der Gottesdienst umfasst neben Gesang und Gebet besonders Schriftlesung, Predigt und Feier des Sakraments. Heute rechnet die römisch-katholische Kirche mit der Präsenz Christi sowohl im Wort der Verkündigung als auch im Mahl der Eucharistie und in den anderen heilsvermittelnden Sakramenten (Taufe, Firmung, Busse, Krankensalbung, Priesterweihe und Ehe). Zum katholischen Verständnis der Eucharistie gehört die Überzeugung, dass sich Brot und Wein in den Leib und das Blut Christi verwandeln (und damit in ihrer Substanz nicht mehr Brot und Wein sind). Damit verbunden ist die Überzeugung, dass die Eucharistie auf unblutige Weise das blutige Opfer, das Jesus erbracht hat, wiederholt. In der Praxis des Busssakraments wurde die Privatbeichte durch gemeinsame Bussfeiern ergänzt oder beinah ersetzt. Für viele ein Ärgernis, für andere Zeichen lebendiger Glaubensgemeinschaft sind die unüberhörbaren Debatten um die rechte oder überzeugende Form katholischen Christentums, Debatten, die von den Konservativen mit Eifer und Nachdruck, von den der Gegenwart gegenüber Aufgeschlossenen oft mit einer besonderen «katholischen» Mischung von Humor und Hartnäckigkeit durchgestanden werden.

Unter den Strömungen, die in der katholischen Kirche sich neuerdings ausbreiten, sind besonders zu erwähnen die charismatische Bewegung, deren Anhänger ähnliche Erfahrungen machen wie die Gemeinden der Pfingstbewegung, und die vielen Formen alter und neuer marianischer Frömmigkeit. Die Intensität der Marienverehrung variiert von verehrender Achtung für Maria als Mutter des Herrn bis zum Verständnis Marias als Miterlöserin und als Gnadenvermittlerin. Bedeutende kirchlich anerkannte Marienwallfahrtsorte sind u.a. Einsiedeln, Lourdes, Fatima, während z.B. Heroldsbach/D, Garabandal/Spanien und Medjugorje (ehem. Jugoslawien, seit 1981) zwar vielfach aufgesucht werden, aber kirchenamtlich nicht anerkannt sind. (Das Erscheinungsgeschehen an gewissen Marienwallfahrtsorten und die dort übermittelten Botschaften Mariens erschweren oder verunmöglichen den kirchlichen Behörden oft

die offizielle Zustimmung. Nicht alles, was sich als Marienverehrung versteht und der Maria dient, dient auch der katholischen Kirche.)
Die römisch-katholischen Missionswerke sind an vielen Orten tätig. Die oberste Instanz für alle Missionsgebiete ist die kuriale Kongregation für die Missionen. Die römisch-katholische Kirche ist nicht Mitglied des Ökumenischen Rates der Kirchen. Das katholische Einheitssekretariat der Christen und das Sekretariat des Ökumenischen Rates in Genf stehen indessen in Gesprächskontakten. Entsprechende mehr oder weniger intensive Kontakte haben sich in Deutschland, in der Schweiz und in Österreich auch auf verschiedenen kirchlichen Ebenen gebildet.
Als Gemeinschaften Gleichgesinnter, als «Orte lebendigen Glaubens» oder «Oasen» verstehen sich verschiedene Vereinigungen innerhalb der katholischen Kirche, die vor allem Laien anziehen. Sie wenden sich an alle Lebensstände und Berufe und suchen zugleich in alle Lebensbereiche der modernen Gesellschaft hineinzuwirken. Man hat auch schon von einem «totalen Apostolat» gesprochen. Zu diesen sehr unterschiedlich geprägten geistlichen Gemeinschaften und Bewegungen gehören nicht zuletzt die weiter unten besprochenen Erneuerungsbewegungen.

Statistik: Weltweit 1 Milliarde M / D: 5 Erzbistümer, 18 weitere Bistümer, 1 Apostolische Administratur, 3 Bischöfliche Ämter, 27 000 000 M / A: 2 Erzbistümer, 7 Bistümer, rd. 5 900 000 M (1999) / CH: 6 Bistümer (und die beiden unabhängigen Abteien Maria Einsiedeln und Saint-Maurice mit 6 G), rd. 3 047 887 M (Volkszählung 2000).
Adressen: Deutsche Bischofskonferenz, Kaiserstr. 163, D-53113 Bonn, Tel. 0228 10 32 90. – Österreichische Bischofskonferenz, Wollzelle 2, A-1010 Wien, Tel. 01 516 113 425. – Schweiz. Bischofskonferenz, Av. du Moléson 30, CH-1700 Fribourg, Tel. 026 322 47 94.
www.vatican.va
www.dbk.de
www.kath.ch

Altkatholische Kirchen

CH: Christkatholische Kirche
Die altkatholischen Kirchen in Deutschland, in der Schweiz, in Österreich und in Tschechien / Slowakei entstanden aus der Opposition gegen die Erklärung der päpstlichen Unfehlbarkeit durch das I. Vatikanische Konzil im Jahre 1870. Die Opposition schritt zur Gründung eigener Kirchen, die die alte, unverfälschte katholische Lehre hochhalten wollten. Die deutschen Gemeinden wählten 1873 Joseph-Hubert Reinkens zu ihrem ersten Bischof, während Eduard Herzog ab 1876 als Bischof die christkatholische Kirche der Schweiz leitete. An der Berner Universität ist bereits 1874 eine christkatholische Fakultät eingerichtet worden.
1889 schlossen sich die deutsche, die schweizerische und die bereits in den Niederlanden existierenden Altkatholischen Kirchen (der Utrechter Bischofssitz, der seit Beginn des 18. Jahrhunderts mit Rom im Schisma ist) zur *Union von Utrecht* zusammen. In den folgenden Jahren traten auch die Altkatholischen Kirchen in Österreich, in Tschechien / Slowakei und die später entstandenen Kirchen in Jugoslawien und Amerika (die Polish National Catholic Church in den USA und Kanada) und deren Tochterkirche in Polen der Utrechter Union bei. Ein paar weitere «altkatholische» Kirchen werden von der Union nicht anerkannt.
Die Altkatholischen Kirchen werden von Bischöfen geleitet, die in Verwaltungsfragen an die Beschlüsse der Synoden gebunden sind. Die Pfarrer (neuerdings auch Pfarrerinnen) werden von der Kirchgemeindeversammlung gewählt und müssen vom Bischof installiert werden.
Der Gottesdienst gleicht in seiner Form der römisch-katholischen Feier. In ihren Glaubensanschauungen unterscheiden sich die altkatholischen Kirchen in folgenden Punkten von der römisch-katholischen Kirche:

Die Mariendogmen von 1854 und 1950, der Jurisdiktionsprimat und die Unfehlbarkeit des Papstes, das «filioque» (s. Einleitung d. Kapitels) und anderes werden abgelehnt. Taufe und Abendmahl werden den übrigen Sakramenten deutlich vorangestellt. Das Abendmahl gilt als kultische Darstellung und reale Vergegenwärtigung des ein für allemal dargebrachten Kreuzesopfers Christi und als geheiligtes Opfermahl. Seit 1931 besteht Abendmahlsgemeinschaft mit der anglikanischen Kirche.
Die Altkatholische Kirche Deutschlands und die Christkatholische Kirche in der Schweiz (wie auch weitere altkatholische Kirchen) sind Mitglieder des Ökumenischen Rates der Kirchen. Auf dem Missionsfeld wird seit 1962 die anglikanische Mission unterstützt.

Zeitschriften: D: Christen heute / CH: Internationale Kirchliche Zeitschrift / Christkatholisches Kirchenblatt / A: Altkatholische Kirchenzeitung.
Statistik: Gesamthaft ca. 250 000 M / D: rd. 50 G, 25 000 M / A: rd. 15 G, 20 000 M / CH: rd. 30 G, 14 000 M.
Adressen: Katholisches Bistum der Alt-Katholiken in Deutschland, Gregor-Mendel-Str. 28, D-53115 Bonn. – Alt-Katholisches Seminar der Universität Bonn, Adenauerallee 33, D-53113 Bonn, Tel. 0228 73 73 30. – Alt-Katholische Kirche Österreichs, Schottenring 17/1/3/12, A-1010 Wien, Tel. 01 317 83 94. – Informationsstelle der Christkatholischen Kirche, Zinggstr. 33, CH-3007 Bern, Tel. 031 372 20 19. – Christkatholische Kirchgemeinde Zürich, Sekretariat, Augustinerhof 8, CH-8001 Zürich, Tel. 01 211 12 75.
www.alt-katholisch.de
www.altkatholiken.at
www.christkath.ch

2. Erneuerung innerhalb der katholischen Kirche – «Movimenti»

Apostolische Bewegung von Schönstatt

(Schönstattbewegung, Schönstattwerk, Schönstattfamilie)
1885 in Gymnich/D geboren, wurde Joseph Kentenich 1910 zum Priester geweiht und zwei Jahre später zum Schulseelsorger eines Gymnasiums ernannt. 1914 führte er ein Grüppchen seiner Schüler in eine kleine Kapelle in Vallendar-Schönstatt/D, lud Maria ein, sich dort geistlich niederzulassen und diesen Ort zu einem Wallfahrtsort zu machen. Dieses als Liebesbündnis mit Maria bezeichnete Ereignis markiert die Gründung der Schönstattbewegung. Zwischen den beiden Weltkriegen breitete sich die Bewegung vor allem durch Exerzitien von Kentenich aus. Ab 1920 bildeten sich auch Frauengemeinschaften. 1941 wurde Kentenich von den Nationalsozialisten verhaftet. Nach einem Jahr Gefängnisaufenthalt in Koblenz wurde er ins KZ Dachau verlegt. Im Konzentrationslager gründete er eine Gemeinschaft für Familien, ein Säkularinstitut für Männer und die Schönstatt-Internationale. 1945 konnte er nach Schönstatt zurückkehren. In den folgenden Jahrzehnten fasste die Bewegung in allen Erdteilen, besonders in Lateinamerika, Fuss. 1951 verfügte das heilige Offizium die Amtsenthebung Kentenichs und seine Ausweisung nach Milwaukee/USA, wo er als Seelsorger wirkte. 1965 hob Papst Paul VI. die Dekrete wieder auf und anerkannte Kentenichs Gründung. Kentenich starb 1968 in Schönstatt.
Grundziel der Schönstattbewegung ist die Förderung des Apostolats, besonders der Laien. Zentraler Aspekt der Bewegung ist das Liebesbündnis mit Maria, das als eine Erneuerung des ursprünglichen Liebesbündnisses zwischen Gott und den Menschen angesehen wird. Diese Weihe an Maria kann privat oder öffentlich sein und ist je nach gewünschtem Grad der Bindung und der Verpflichtung abgestuft. Aus diesem Liebesbündnis entstehen ein Vorsehungsglaube und ein starkes Sendungsbewusstsein der Mitglieder, die sich als wirksame Werkzeuge in Marias Hand sehen, um ihr bei der religiösen und sittlichen Erneuerung der Welt in Christus zu helfen. Kentenich

selber sah die grösste Gefahr für die Welt vor allem im Kommunismus und in allem, was dem Christuskreuz entgegensteht. Die Mitglieder verstehen sich als eine Art Grossfamilie, die sich bemühen, mit Gottes Hilfe den Alltag zu heiligen und sich mit ihrem ganzen Leben in den Dienst von Maria zu stellen. Die Werte der Freiheit und der Persönlichkeit werden hoch geschätzt. Vom Schönstattheiligtum aus, der Kapelle, die Kentenich 1914 mit seinen Schülern besuchte, sollen drei Gnaden geschenkt werden: die Gnade der Beheimatung, die Gnade der Wandlung in Christus und die Gnade der apostolischen Sendung und Fruchtbarkeit. Seit 1943 gibt es auf der ganzen Welt mehr als 120 Filialheiligtümer, die der Originalkapelle nachgebaut worden sind. In ihnen wird ein Marienbild unter dem Titel «Dreimal wunderbare Mutter» angebetet. In Schönstatt selber beten Anbetungsschwestern rund um die Uhr für die Seligsprechung Kentenichs.

Die Schönstattbewegung besteht aus untereinander unabhängigen Gliedgemeinschaften, die streng föderalistisch organisiert sind. Es gibt kein zentrales Weisungsrecht, wohl aber eine Inspirationspflicht der Verbände. Der Kern des Werkes sind sechs Säkularinstitute: Diözesanpriester, Schönstattpatres, Frauen von Schönstatt, Marienschwestern, Marienbrüder, Institut für Familien. Die Laien sind in vier Kreisen, je nach Grad der Bindung durch die Weihe, organisiert: Verbände, Bund, Liga (Mitarbeiter und Mitglieder), Wallfahrtskreis. Die Bewegung bietet eine Vielfalt von Projekten und Tätigkeiten an wie Ausbildungsstätten, Missionsarbeit, Heime und Betreuung im Fürsorge- und Gesundheitswesen. Mitglieder organisieren Wallfahrten, Tagungen, Seminare und Exerzitien. Die Bewegung finanziert sich je nach Unterorganisation selbständig durch Arbeit und Spenden. Die Schönstattbewegung wird von der römisch-katholischen Kirche anerkannt und als tragendes Element bezeichnet. Seit 1947 ist Schönstatt offiziell als kirchlicher, marianischer Wallfahrtsort anerkannt.

Zeitschrift: Bewegung.
Statistik: ca. 100 000 M weltweit (rd. 5000 im deutschsprachigen Europa), dazu über zwei Millionen Wallfahrer. Genaue Zahlen sind allerdings nicht zu nennen. Eine starke Zunahme ist vor allem in der Familienbewegung zu verzeichnen.
Adressen: Zentrale der Schönstatt-Bewegung, Marienland, Bergschönstatt 9, D-56179 Vallendar, Tel. 0261 65 06 0. – Schönstatt am Kahlenberg, Sulzwiese, 1190 A-Wien, Tel. 01 320 13 07. – Schönstätter Marienschwestern, Neu-Schönstatt, CH-8883 Quarten, Tel. 081 739 18 18. – Frauen von Schönstatt, Villa Patris, Schädrütihalde 11, CH-6006 Luzern, Tel. 041 370 47 61. – Schönstatt-Patres, Berg Sion, CH-6048 Horw, Tel. 041 349 50 30.

Cursillo

(Cursillo de Christiandad)
«Cursillo de Christiandad» heisst, wörtlich aus dem Spanischen übersetzt, «Kleiner Kurs im Christsein». Dieser dreitägige Intensiv-Glaubenskurs, der von einem Team aus Priestern und Laien angeleitet wird, öffnet einen Weg zu Vertiefung im Glauben. Cursillo sieht sich als Bewegung und ist in Rom offiziell als eine der katholischen Laienbewegungen anerkannt.

In den Jahren 1947 und 1948 bereitete sich eine Gruppe junger, spanischer Christen mit dem Priester Don Sebastian Gaya auf die jährliche Wallfahrt nach Santiago de Compostela vor. Die jungen Christen empfanden dabei eine Kluft zwischen christlicher Tradition und deren Verkündigung einerseits und der Alltagspraxis, dem Leben als Christ oder Christin andererseits. Sie wollten den anderen Gläubigen das Wesentliche des Christentums in verständlicher Form vermitteln. 1949 fand der erste «Cursillo de Christiandad» im Kloster San Honorato in den Bergen Mallorcas statt. Die Bewegung breitete sich allmählich aus, da die Nachfrage nach den Kursen gross war. 1951 fanden erste Kurse in Kolumbien statt, danach in den USA, in Japan und Portugal. 1960 wur-

de der erste deutschsprachige Cursillo in Wien angeboten. Heute gibt es ihn auf allen Kontinenten, insgesamt in 54 Ländern.
Der Cursillo dauert drei Tage, wobei sich pro Kurs 20–30 Teilnehmer zusammenfinden. Geleitet werden die Kurse von einem ehrenamtlichen Team, bestehend aus Laien und einem oder zwei Priestern. Abwechslungsweise werden Impulsreferate gehalten, Diskussionen geführt (der Dialog in Gruppen hat einen hohen Stellenwert), zum Gebet angeleitet und Eucharistie gefeiert. Somit soll die ganze Palette von Möglichkeiten, das eigene Christsein zu erfahren, abgedeckt werden. Der zentrale Gedanke dabei ist, dass der Mensch sich zuerst mit sich selber versöhnen muss, bevor er mit Gott und den Mitmenschen in einer Einheit leben kann. Dieser Weg wirkt für viele befreiend. Die dreifache Versöhnung (mit sich selber, mit Gott, mit den Menschen) steht deshalb als Motto über dem ganzen Kurs, wobei jeder der drei Tage einer Versöhnung gewidmet ist. Der vierte Tag soll das Glaubens-Erlebnis der drei Cursillo-Tage für ein ganzes Leben verfestigen. Von der Entscheidung für Christus neu begeistert, sind die Kursabsolvierenden aufgerufen, die Verantwortung für die Gemeinschaft der Kirche wahrzunehmen, sie sollen den Geist von Jesus Christus in ihre Familie, ihre Gemeinde und ihren Berufsalltag hineintragen. Um den Geist des Apostolats zu erhalten, wird empfohlen, regelmässig eine der Freundschaftsgruppen zu besuchen und sich in der Gruppe gegenseitig stets aufs Neue im Glauben zu bestärken.

Adressen: Cursillo-Arbeitsgemeinschaft Deutschland (CAD), Sekretariat, Kapellenberg 58, D-89610 Oberdischingen, Tel. 0730 591 95 75. – Arbeitsgemeinschaft der Diözesansekretariate der Cursillo-Bewegung Österreichs (ADC), Bennogasse 21, A-1080 Wien, Tel. 01 40 55 31 8. – Cursillo-Sekretariat, W. und A. Hellstern, Schützenstr. 19, CH-8702 Zollikon, Tel. 01 391 88 34.
www.natl-cursillo.org
www.go4th.org

Die Neokatechumenale Bewegung (NK)

Im Anschluss an das II. Vatikanische Konzil, das von Papst Johannes XXIII. 1962 einberufen worden war, bildeten sich innerhalb der offiziellen Kirche verschiedene Gruppierungen von und für Laien. Auch der «Neokatechumenale Weg» entstand als Folge des Konzils. Die Bewegung der Neokatechumenaten hat sich seit der Gründung in der ganzen Welt verbreitet und zählt heute etwa 13 000 Gemeinden.
Die Bewegung der Neokatechumenaten entstand 1964 in den armen Vorstädten von Madrid. Kiko Arguello, der Gründer des «Weges», lebte mit den Bewohnern der Barackensiedlungen zusammen. Von Anfang an stand an der Seite von Kiko Arguello die ehemalige Ordensfrau Carmen Hernandez. Bis zum Umzug nach Rom im Jahr 1968 nannten sich die entstandenen Gemeinschaften «Kiko-Familien». In Rom fand die Bewegung einflussreiche Förderer bei der katholischen Kirche. Die offizielle Anerkennung wurde 1990 durch Johannes Paul II. gewährt.
Der Neokatechumenale Weg ist in Stufen gegliedert. Diese Stufen werden aber nicht veröffentlicht und sind auch den Neokatechumenaten bis zum Moment des Durchlaufens der Stufen unbekannt. Auf jeder Stufe gibt es Kontrollen und Prüfungen. Das Ziel der Stufe muss erreicht werden. Wer eine Prüfung nicht besteht, muss die Stufe wiederholen. Der Weg dauert zwischen siebzehn und zwanzig Jahren.
Das grosse Ziel der Bewegung ist die Mission, die Verwirklichung einer neuen Evangelisation in einer säkularisierten Welt, in der die christlichen Werte, der Glaube und das Gebet fast verloren gegangen sind. Die Bewegung versteht sich als Retterin ‹wahrer› christlicher Werte in einer vom moralischen Untergang bedrohten Welt. Kiko versteht sich selber als Nachfolger-Apostel des Pet-

rus. Für viele in der Bewegung ist Kikos Wort unfehlbar.
Neokatechumenaten-Mitglieder leben in Gütergemeinschaft. Der Alltag ist geprägt durch Gebet, Gespräche über Bibeltexte, gemeinsame Eucharistiefeiern, die vorbereitet werden müssen, und weitere religiöse Aufgaben, die von der Bewegung vorgeschrieben werden.
Das Zusammenleben von Neokatechumenaten-Gruppen mit «Normalkatholiken» wird oft durch Missverständnisse und durch das ostentative Selbstbewusstsein der Gruppen belastet.

Statistik: Weltweit ca. 13 000 G.
www.christusrex.org

Die Fokolar-Bewegung

Die Fokolar-Bewegung ist eine katholische Laienbewegung und als solche direkt dem Laienrat der katholischen Kirche unterstellt. Ihr Ziel sieht sie darin, das Christentum zu verwirklichen und es in alle Bereiche des gesellschaftlichen Lebens hineinzutragen. Grundlage bildet dabei allein die Bibel, und hier insbesondere die Worte Jesu, nach denen der Alltag gelebt werden soll. Im Zentrum der Lehre steht die Liebe zu Gott und damit verbunden die Nächstenliebe.
Gründerin der Bewegung ist Chiara Lubich. Sie wurde am 22. Januar 1920 in Trient als zweites von vier Kindern einer Arbeiterfamilie geboren, ergriff den Beruf der Primarlehrerin und studierte nebenher Philosophie. 1939 glaubte sie in Loreto ihre Berufung zu erfahren, worauf sie 1943 beschloss, ihr ganzes Leben Gott zu widmen. Ein paar andere junge Frauen hatten sich ihr mittlerweile angeschlossen, und zusammen gelobten sie lebenslängliche Keuschheit, um ganz für Gott zu leben.
Der Name «focolare» wurde den entstehenden Gruppen von der einheimischen Bevölkerung verliehen: Als «focolare» bezeichnet man in der Region um Trient die Feuerstellen in den alten Bauernhäusern, um die sich die Familie versammelt. Ähnlich scheinen die Gruppen um Chiara Lubich auf das Volk zu wirken: als Orte der Versammlung und der gegenseitigen Wärme. Die Bewegung dehnte sich von Europa nach Südamerika und von dort über die anderen Kontinente aus. Es entstand die Idee der jährlichen Sommertreffen, «Mariapoli» genannt, an denen sich Menschen jeden Alters, unabhängig von sozialer Schicht, geographischer Herkunft und Konfession treffen und zusammen Ferien verbringen. 1959 fanden sich am «Mariapoli»-Treffen in den Dolomiten bereits 10 000 Menschen ein.
Im Zentrum der Fokolar-Bewegung stehen Jesus, dessen Worte und der Wille, seine Botschaft täglich zu leben. Dabei kommt dem Begriff der «Einheit» ein besonderer Wert zu. Mit «Einheit» ist zum einen die Verbindung der individuellen Nachfolge Jesu mit der Beziehung zu den Mitmenschen gemeint, zum anderen aber auch das Streben nach Einheit unter den Menschen und in der Kirche und somit auch in der Ökumene. Für diese Einheit, so die Spiritualität der Bewegung, hat Jesus sein Leben hingegeben. Und so wie Jesus für die Einheit leiden musste, so führt auch für die Fokolare der Weg zur Einheit über Schmerz und Leiden. Hierin liegt die Grundbotschaft der Fokolar-Bewegung: Wer Jesus in seinem Leiden liebt, der findet seinen Weg zu Einheit und innerer Zufriedenheit.
Unter den Fokolaren gibt es zwei Gruppen: die ehelos Lebenden und die Verheirateten. Eine Hierarchie scheint es unter ihnen nicht zu geben.
Die ehelos Lebenden bilden eine Wohngemeinschaft innerhalb der Gemeinschaft, der sie angehören (stets nach Geschlechtern getrennt). Sie geloben lebenslänglich Armut, Keuschheit und Gehorsam. Neben den Aufgaben für die Bewegung gehen sie ihrem normalen Beruf nach, geben ihr Gehalt aber gänzlich in die gemeinsame Kasse ihrer Ge-

meinschaft ab. Behalten wird nur das Geld, das die Wohngemeinschaft zu ihrem Lebensunterhalt benötigt; das restliche Geld fliesst über die nationale Kasse der Bewegung in die Zentralkasse in Rom, von wo aus es verteilt wird an Orte, wo das Lebensnotwendige fehlt.
Die verheirateten Fokolare versprechen dasselbe – Keuschheit, soweit in einer Ehe möglich – und sind ebenfalls einer der Fokolar-Gemeinschaften zugeordnet, wohnen aber mit ihrer Familie. Sie verbringen so viel Zeit als möglich in ihrer Gemeinschaft, in der Regel ein bis zwei Abende pro Woche. Auch sie geben Geld an die Bewegung ab. Wie viel sie abgeben, ist eigenes Ermessen – auf jeden Fall behalten sie nicht mehr als sie zum Unterhalt der Familie benötigen.
Kritiker orten hie und da ein sektenhaftes Gruppenbewusstsein bei den Fokolar-Wohngemeinschaften.

Zeitschriften: Neue Stadt (mit Verlag, weltweit übersetzt in verschiedenen Sprachen) / Leben (Schweizer-Ausgabe).
Statistik: CH: etwa 30 000 M, 12 G, weltweit über 3 Mio.
Adressen: Fokolar-Bewegung, Martinstr. 19, D-86316 Friedberg / Hainbuchenstr. 1, D-86316 Friedberg-Ottmarring, Tel. 0821 60 79 20. – Redaktion der Zeitschrift Neue Stadt, Postfach 11 17 68, D-86042 Augsburg, Tel. 0821 3 65 76. – Fokolar-Bewegung, Rotenhofgasse 77/15, A-1100 Wien, 01 60 26 21 0. – Mariapoli-Zentrum, Johann Hörbiger-G. 30, A-1230 Wien, Tel. 01 88 93 09 3. – Fokolar-Bewegung, Feldblumenstr. 146, CH-8134 Adliswil / Wegackerstr. 39, CH-8041 Zürich, Tel. 01 482 85 76.
www.focolare.org
www.fokolare.at
www.fokolar-bewegung.ch

Die Prälatur vom Heiligen Kreuz und Opus Dei

Josemaria Escriva wurde am 9. Januar 1902 in Barbastro in Nordspanien geboren. In einem christlichen Umfeld erzogen, verspürte Escriva bereits mit fünfzehn Jahren erste Vorahnungen seiner Berufung durch Gott, allerdings ohne deren Inhalt bereits erfassen zu können. Er verwarf daher seinen Plan, Architektur zu studieren. Stattdessen wollte der junge Escriva Priester werden. Zu diesem Zweck studierte er von 1918 bis 1925 Philosophie, Theologie und Jura in Logrono und Saragossa, wo er 1925 die Priesterweihe empfing. In den folgenden zwei Jahren arbeitete er als Aushilfspfarrer und ging verschiedenen seelsorgerlichen Tätigkeiten nach. Am 2. Oktober 1928 erfolgte die Gründung des Opus Dei (der Name ist späteren Datums) durch Escriva, der dieses Werk unvermittelt im Auftrage Gottes ins Leben rief. Dies mit dem Ziel, ein Werk für Christen aller sozialen Schichten zu schaffen, das einen «Weg der Heiligung» (verstanden als Leben in christlicher Fülle) inmitten des Alltags fördern sollte.
Die Ausbreitung des Opus Dei erfolgte in raschen Zügen, sie begann 1945 in Portugal, von wo aus sie bald ganz Europa erreichte und dann auf alle Kontinente übergriff. Um die Universalität des Opus Dei zu unterstreichen, siedelte Escriva 1946 nach Rom über, wo das Werk auf fruchtbaren Boden fiel. Der Papst verlieh dem Opus Dei bereits 1947 den Status eines Säkularinstitutes.
Mitglied im Opus Dei können alle Katholiken werden, unabhängig von Berufsstand, Geschlecht oder Nationalität. Unter den Mitgliedern gibt es zum einen die Supernumerarier, die verheiratet sind oder eine Ehe anstreben und deshalb mit ihrer Familie leben. Ihre Aufmerksamkeit gehört besonders der Familie, in der das Evangelium täglich gelebt werden soll. Auf der gleichen Ebene befinden sich die Assoziierten, die ehelos leben, aber bei ihrer Familie wohnhaft bleiben. Zum anderen gibt es die Numerarier, die dank ihrer Ehelosigkeit und ihrer Bildungssituation in der permanenten Lage sind, bestimmte apostolische Initiativen zu betreiben. Sie wohnen zu diesem Zweck in der Art einer Familie zusammen. Der Tagesablauf ist klar strukturiert. Am frühen Morgen soll, die Stirn auf den Fussboden gesenkt, «serviam» («ich will dienen») gesprochen und verinnerlicht werden. Täglich wird auch die Heilige Messe besucht und in

der Bibel oder in einem anderen geistlichen Buch gelesen, z.B. von Escriva, Theresa von Avila oder Katharina von Siena. Gewissensforschungen, Gebete und Opferung der Arbeit für Gott prägen den Tag. Auch die Beichte nimmt einen hohen Stellenwert ein. Am monatlichen Einkehrtag («retiro mensual») werden Vorträge gehört und Meditationen angeleitet. *Zwei Stunden täglich werde – wie Kritiker erwähnen – der schmerzende Bussgürtel getragen. Wöchentliche Selbstgeisselungen werden ebenso kritisch vermerkt. Für private, individuelle Bedürfnisse scheint bei diesem Pflichtenheft kaum mehr Freiraum zu bleiben, was aber vielleicht auch dem Sinn des Opus Dei entspricht, das ein Leben fördern will, das ganz für Gott und die Nächsten gelebt wird. Ehemalige Opus Dei-Mitglieder und Kritiker sprechen von einer rückhaltlosen Gehorsamspflicht gegenüber den Vorgesetzten, von einer Neigung der oft noch jugendlichen Mitglieder zum Selbsthass und zur Körperfeindschaft, von einer ungesunden Leidensbereitschaft, von einer zwanghaften Moral und einem elitären Gruppenbewusstsein innerhalb des Werkes. Sie deuten das Opus Dei hie und da geradezu als Paradebeispiel einer sektenhaften Organisation. Escriva wird von Kritikern – anders als dies die anstehende Heiligsprechung nahelegt – als leidenschaftlich opferbereiter, aber auch äusserst schwieriger Charakter beschrieben, der sich u.U. ausfällig über Andersdenkende äusserte und zu cholerischen Ausbrüchen neigte. Kurz – die römische Kurie einerseits und ehemalige Mitglieder des Opus Dei und immer noch engagierte Mitglieder ihrer katholischen Kirche andererseits zeichnen zur Zeit recht unterschiedliche Bilder des Opus Dei und seines Gründers.*

Zeitschrift: Romana (erscheint halbjährlich).
Statistik: Weltweit ca. 80 000 M, davon etwa 1600 Priester / CH: ca. 250 M.
Adressen: R. v. Frankenberg, Stadtwaldgürtel 71, D-50935 Köln, Tel. 0221 406 00 18. – M. Kugler, Elisabethstr. 42, A-8010 Graz, Tel. 0316 37 11 46. – B. Müller, Informationsbüro der Prälatur Opus Dei in der Schweiz, Restelbergstr. 16, CH-8044 Zürich.
www.opusdei.org
www.mond.at/opus.dei (Kritiker)

Communitas Agnus Dei

Nach dem Studium der Völkerkunde in Tübingen experimentierte Elija (mit bürgerlichem Namen Herbert Grundenberger) mit Drogen, Selbsterfahrungszirkeln, Buddhismus und Esoterik. 1977 hatte er – nach eigenem Bekunden – auf der Suche nach dem Sinn des Lebens eine Begegnung mit Jesus. Er trat 1980 der katholischen Kirche bei. Daraufhin gründete er die Lebensgemeinschaft Agnus Dei, die in Ludwigshafen am Bodensee seit 1982 einen alten Bauernhof und ein ehemaliges Zisterzienserkloster bewohnt. 1984 erhielt er zum ersten Mal Einsprechungen von Maria und Jesus. Seit 1987 unterhält die Gemeinschaft in Belgien ein weiteres Haus. 1995 erfolgte die Gründung des Kommunikationszentrums Jemeal in Breinig bei Aachen, das als Büro- und Kassettenapostolat dient. Agnus Dei versteht sich als katholische Lebensgemeinschaft, die in völliger Besitzlosigkeit, Armut und Entsagung versucht, das Evangelium so konsequent wie möglich zu verwirklichen und den Versuchungen des Teufels zu widerstehen. Ziel ist die Evangelisierung Europas, die Pflege einer Kultur der Liebe und des Lebens.
Der zuständige Weihbischof der Diözese Freiburg erklärte 1994, dass es sich bei Agnus Dei um keine kirchliche Gemeinschaft handle, die Kirchenleitung distanziere sich von ihr. Seit 1997 ist Agnus-Dei mit dem Bischof im Gespräch, um eine Satzung für die Gemeinschaft zu entwickeln, damit sie offiziell als katholische Lebensgemeinschaft anerkannt werden kann.

Statistik: 27 Erwachsene, 29 Kinder.

Adresse: Gemeinschaft Agnus Dei, Kloster Frauenberg / Hof St. Joseph, D-78351 Bodman-Ludwigshafen. www.communitas-agnus-dei.de

3. Charismatische Erneuerungsbewegungen

Erneuerung aus dem Geist Gottes der katholischen Kirche in der deutschen Schweiz

(ehem. Charismatische Gemeindeerneuerung, Geistliche Gemeindeerneuerung, Erneuerung im Heiligen Geist)
1900 erlebte eine Gruppe von Bibelschülern in Kansas/USA die erste, die moderne Pfingstbewegung und die sich ihr anschliessende charismatische Bewegung begründende Ausgiessung des Heiligen Geistes. Beim gemeinsamen Abendgebet bat die 18-jährige Agnes Ozman ihre Lehrer, ihr die Hände aufzulegen und für sie um die Erfüllung mit dem Heiligen Geist zu beten. Sie begann dabei in verschiedenen Sprachen zu sprechen, was als Ausgiessung des Heiligen Geistes oder als Geistestaufe ausgelegt wurde. Die Bewegung verbreitete sich sehr rasch innerhalb der katholischen Kirche in den USA und auf der gesamten Welt. 1975, beim ersten Weltkongress der Erneuerung in Rom, nannte Papst Paul VI. die Bewegung eine Chance für die Kirche und die Welt.

Im Zentrum der Charismatischen Erneuerung steht das Wirken und die Erfahrung des Heiligen Geistes. Grundlegend ist eine lebendige Beziehung zu Jesus Christus, zu der sich jeder Mensch in seinem Leben entscheiden müsse. Diese Entscheidung solle mit persönlichen Worten vor Zeugen ausgesprochen werden, um deren Ernsthaftigkeit zu betonen. Der Mensch sei von Grund auf religiös veranlagt, verfalle aber falschen Göttern, wenn er nicht den wahren Gott finde. Maria ist für die Bewegung die Urgestalt des vom Geist erfüllten Menschen. Der Heilige Geist wird neu verstanden als die lebendige Gnade der Erlösung. Gott schenke durch ihn neues Leben, heile von körperlichen und seelischen Krankheiten und verteile hierarchische und charismatische Gaben.

Die Charismatische Erneuerung kennzeichnet eine neue Liebe zum Beten. Sie will andere Gebetsformen wie lautes freies Gebet, Handauflegung durch Mitbetende, Gesten wie das Erheben der Hände, spontane Lobpreisgebete neu beleben. Sie sieht in ihrem Wirken einen Kampf gegen die Mächte und Gewalten der Finsternis mit den Waffen des Gebets, der Sakramente, der Segnungen der Kirche und dem Leben aus dem Glauben. Das Gebet um die Befreiung von dunklen Mächten bedarf aber nach eigenen Angaben der ausdrücklichen Erlaubnis durch den Ortsbischof. Eine der grundlegenden Aufgaben der Mitglieder ist die Ausbreitung des Evangeliums durch Verkündigung, persönliches Zeugnis und Taten der Gerechtigkeit und der Liebe.

Die Charismatische Erneuerung ist sehr vielfältig und reicht von lockeren Gebetsgruppen bis zu klosterähnlichen Lebensgemeinschaften. Alle Gruppen oder Gemeinschaften sollen in den Pfarreien integriert die Bewegung mittragen.

Die Charismatische Erneuerung sieht Gefahren in der eigenen Bewegung dort, wo es zu einer Überbetonung der Gefühle kommt, so dass einer echten Erfahrung des Geistes die Versuchung folgt. Sie warnt vor einem buchstabengetreuen Verständnis der Bibel und der Ablehnung ihrer historischen Erforschung und der Auslegung durch die Kirche, weil das zu Fundamentalismus führe. Wer an seinen Geist-Erfahrungen festhalte, gerate in die Gefahr religiöser Selbstzufriedenheit und Selbstdarstellung. Theologen der Erneuerung warnen ebenfalls vor der Kultivierung der Geist-Erlebnisse und der damit verbundenen Getto-Mentalität. Konflikte sollten nicht überbetet werden. *Mas-*

sive Kritik an der Charismatischen Erneuerung wird vor allem von ehemaligen Mitgliedern laut, die aus einer der zahlreichen Wohngemeinschaften ausgestiegen sind. Sie werfen einzelnen Gemeinschaften vor, einen autoritären Führungsstil zu praktizieren und das Privatleben des Einzelnen erheblich einzuschränken: Für das einzelne Mitglied werde die charismatische Gemeinschaft zur neuen Familie, die Verbindungen zu Freunden oder Familienangehörigen müsse abgebrochen werden. Die Gründungspersonen würden sich so sehr in Gottes Nähe sehen, dass sich ihre ganze Person wahnhaft göttlich verkläre, es gebe nichts Banales oder Zufälliges mehr, immer und überall sei der Heilige Geist am Werk. Die traditionellen Rollen von Mann und Frau würden zementiert. Kritische Zeitungen zu lesen sei in etlichen der Gemeinschaften tabu.

Zeitschriften: D: CE-Infodienst / C-Magazin / Feuer und Licht / CH: Rundbrief für charismatische Erneuerung in der katholischen Kirche Schweiz Bulletin.
Statistik: Sehr schwierig, ca. 15 Mio Katholiken weltweit / D: 12 000 / CH: 1000.
Adressen: Sekretariat der Charismatischen Erneuerung, Marienstr. 80, D-76137 Karlsruhe, Tel. 0721 37 87 87. – Sekretariat der Charismatischen Erneuerung, Eduard Fenzlstr. 2, A-3375 Krummnussbaum, Tel. 027 57 73 05. – Sekretariat, Peter Romer, Aachläg 12, CH-9323 Steinach. – Arbeitsstelle für Pfarreierneuerung, Mühleplatz 8, CH-6210 Sursee, Tel. 071 446 42 28.

Gemeinschaft der Seligpreisungen

(ehem. Der Löwe von Juda und das geopferte Lamm)
Bereits im Alter von 5 Jahren – so berichtete Ephraim Croissant später – sei er von Gott angesprochen worden. Er studierte in Paris evangelische Theologie und wurde zum Diakon geweiht. Der stark durch die jüdische Tradition geprägte Croissant konvertierte unter dem Einfluss der Mystikerin Martha Robin zum katholischen Glauben. 1973 gründete er in Montpellier/F zusammen mit seiner Frau und weiteren Ehepaaren die «Gemeinschaft der Seligpreisungen», die sich über die ganze Welt ausbreitete.
Die Spiritualität der Gemeinschaft orientiert sich am Gebetsleben nach der Tradition der Karmeliter. Sie ist geprägt durch den Wunsch, das kommende Reich Gottes bereits auf Erden zu verwirklichen.
In der Liturgie finden sich sowohl jüdische als auch orthodoxe Elemente. Die heilige Messe wird jeden Tag gefeiert. Zusätzlich pflegt die Gemeinschaft das Stundengebet, das Rosenkranzgebet, die Anbetung vor dem Allerheiligsten, das Nachtgebet für die Einheit der Gläubigen und die Weihe an Maria im Geiste von Louis Marie Grignion de Montfort (1673–1716, französischer Priester, Volksmissionar, inniger Marienverehrer, «Apostel des Kreuzes und Herold Mariens», Begründer der Gemeinschaft der Montfort-Schwestern).
Unter dem Gebot der Keuschheit und der Armut leben in den Häusern der ordensähnlichen Gemeinschaft der Seligpreisungen Familien mit Kindern, Brüder und Schwestern, Zölibatäre, Diakone und Priester in vollständiger Gütergemeinschaft. Die weltweit über 60 Häuser sind dezentralisiert und sollen mit den Pfarrgemeinden verbunden sein. Die Gemeinschaft finanziert sich durch Spenden. Sie wurde nach der Gründung vom zuständigen Erzbischof von Albi als «Verein von Gläubigen privaten Rechts anerkannt».
Der Gemeinschaft wird vorgeworfen, sie arbeite eng mit der von der Kirche verbotenen Gemeinschaft Leben (ehem. MIR) zusammen. Ehemalige Mitglieder berichten von einem sehr autoritären Führungsstil und stundenlangem Sühnebeten vor dem Allerheiligsten nach angeblichem oder wirklichem Übertreten der Satzung. Croissants mariologisches Buch (Ephraim, «Marie intime», 1991) steht jenseits dessen, was ökumenisch verantwortbar und verständlich ist.

Zeitschrift: Feuer und Licht.
Statistik: Weltweit etwa 1000 M.

Adressen: Gemeinschaft der Seligpreisungen, Maria Langegg 1, A-3642 Aggsbach Dorf, Tel. 0275 33 93 0. – Communauté des Béatitudes, Maison St. Joseph, CH-3973 Venthône, Tel. 027 455 15 54.
www.beatitudes.org

Koinonia Giovanni Battista

(Gemeinschaft Johannes der Täufer)
P. Ricardo Arganaraz wurde 1936 geboren und 1962 zum Bischof geweiht. Er lehrte Philosophie und Kirchenrecht an verschiedenen italienischen Universitäten. Zusammen mit anderen Priestern gründete Arganaraz 1969 eine Priesterbruderschaft des kontemplativen Lebens. In diesem Rahmen machte er 1974 die Erfahrung der Ausgiessung des Heiligen Geistes. Daraufhin zog er sich zurück und lebte während drei Jahren in den Bergen unter Gebet und Fasten. 1978 soll Arganaraz die Weisung von Gott empfangen haben, eine Gemeinschaft zu gründen. Daraus entwickelte sich die Koinonia Giovanni Battista, die sich vor allem über Italien, Deutschland und Polen ausbreitete.
Die Mitglieder der Gemeinschaft treffen sich täglich zum gemeinsamen Gebet. Im Mittelpunkt soll die Erfahrung des auferstehenden Christus und die gelebte Pfingsterfahrung stehen. In den «Oasen» finden regelmässig Verkündigungs- und Heilungsgottesdienste statt.
Das Herz der Gemeinschaft bilden die Oasen, das sind Wohngemeinschaften, in denen ehelose, verheiratete oder verwitwete Mitglieder zusammen wohnen. Jede Oase ist zudem ein Haus des Gebets, ein Zentrum der Verkündigung und Heilung. Die in Familiengemeinschaften lebenden Mitglieder, die verstreut wohnen, sind die eigentlichen Träger der Evangelisation vor Ort.
1990 wurde die Gemeinschaft von Rom als private Vereinigung von Gläubigen päpstlichen Rechts anerkannt.

Adressen: Italien: Sede federale, Tel. 0039 445 320 442. – Charismatische Gemeinde Nathanael, Koinonia Giovanni Battista, Dr. Norbert und Ilse Friedrich, Bargteheiderstr. 21, D-22143 Hamburg, Tel. 040 64 89 15 16, und 040 641 61 60.
www.koinoniagb.org
www.koinoniagb.de

Gemeinschaft Emmanuel

1972 machten der Filmkritiker Pierre Goursat und die Ärztin Martine Catta in Paris die Erfahrung der Ausgiessung des Heiligen Geistes. Sie gründeten eine Gebetsgruppe, die innerhalb eines Jahres auf 500 Mitglieder anwuchs. Zwischen 1973 und 1975 entstanden die ersten Gemeinschaften, die zusammen wohnten und die tägliche Nachtanbetung in einem Kloster übernahmen. Seit 1982 breitet sich die Gemeinschaft über die ganze Welt aus.
Die Mitglieder der Gemeinschaft bemühen sich, Jesus zur Mitte des täglichen Lebens werden zu lassen. Sie verpflichten sich, täglich zu beten und an der täglichen Eucharistiefeier teilzunehmen und regelmässig das Sakrament der Versöhnung zu empfangen; sie verpflichten sich des Weiteren zu den apostolischen Initiativen und Diensten, sowie zu einem Leben in der Gemeinschaft, um so auf den allgemeinen Ruf Gottes zu Heiligkeit zu antworten und der Kirche zu dienen.
In der Gemeinschaft leben Ehepaare, Familien, Zölibatäre, Unverheiratete und Priester zusammen. Fixpunkte des Zusammenlebens sind Gemeinschaftswochenenden, Treffen der Hausgemeinschaft, Einkehrtage am Wallfahrtsort Paray-le-Monial/F und Evangelisationsdienste. Jedem steht ein erfahrenes Mitglied als Begleiter zur Seite. Die Gemeinschaft finanziert sich durch die Abgabe des Zehnten ihrer Mitglieder. Apostolate sind Fidesco (Entwicklungshilfeorganisation), Samuel (Rockband), Präsenz und Zeugnis (Zusammenschluss Berufstätiger), ISBE (Internationale Schule für Bildung und Evangelisation).
1982 wurde die Gemeinschaft vom Päpstlichen Rat für Laien als private Vereinigung

von Gläubigen päpstlichen Rechts anerkannt. Zahlreiche Bischöfe sehen in der Gemeinschaft eine Bereicherung des kirchlichen Lebens.

Statistik: 4000 M weltweit / D: 300 / A: 70.
Adressen: Gemeinschaft Emmanuel, Föhrengrund 3, D-82349 Pentenried, Tel. 0898 50 45 20. – Hugo und Marianne Ölz, Mozartstr. 5, A-6845 Hohenems, Tel. 055 76 73 005.
www.emmanuel.at

4. Erneuerung ausserhalb der katholischen Kirche

Priesterbruderschaft St. Pius X. (Fraternitas Sacerdotalis Sancti Pii decimi = FSSPX)

Marcel Lefebvre, der Gründer der FSSPX, wurde 1905 in einer pointiert katholischen Industriellenfamilie in Tourcoing/Nordfrankreich geboren, studierte Theologie in Rom, wurde 1929 in Lille zum Priester geweiht, trat 1932 dem Missionsorden der «Väter vom Hl. Geist» bei, ging darauf als Professor an ein Priesterseminar nach Gabun, betätigte sich aber auch als einfacher und handwerklich talentierter Missionar im afrikanischen Busch. 1947 wurde Lefebvre zum Bischof geweiht. Ein Jahr später wurde er von Papst Pius XII. als Erzbischof zum Apostolischen Delegaten für das französischsprachige Afrika ernannt, 1955 zum ersten Erzbischof von Dakar. 1960 berief ihn Papst Johannes XXIII. in die Vorbereitungskommission für das II. Vatikanische Konzil. Am Konzil nahm er teil als Generaloberer der «Väter vom Heiligen Geist». Er gehörte dort zu den etwa 450 konservativen Konzilsvätern, die «grosse Gefahren für den Glauben befürchteten durch die auf dem Konzil eingeführten Neuerungen». Weil sich die «Väter vom Heiligen Geist» nach dem Konzil auch diesen Neuerungen anschlossen, trat Lefebvre als Generaloberer zurück. Durch die Neuerungen aufgeschreckte und verunsicherte Priesterkandidaten drängten ihn, eine Priesterausbildungsstätte traditionalistischer Ausrichtung zu gründen. Das erste Priesterseminar der neuen Priesterbruderschaft in Ecône/CH erlebte einen derartigen Zulauf von Priesterkandidaten, dass bald verschiedene Seminare, Schulen, Messzentren und Kapellen auf allen Kontinenten dazukamen. Auch ganze Klöster schlossen sich der Bruderschaft an. Spannungen mit dem Bischof von Sitten (Wallis) und der römischen Kurie führten zur Suspension des Erzbischofs von seinen Bischofsfunktionen. Lefebvre, der in seinen Augen immer das wahre Rom vertrat, liess sich nicht irritieren und weihte angesichts seines Alters und der sich immer weiter ausbreitenden Gemeinschaft 1988 vier Priester zu Weihbischöfen. Ausdrücklich wurde diesen nur die Weihegewalt übertragen. Sie sollten Priester weihen und die Firmung spenden, aber keiner Diözese vorstehen. Lefebvre versuchte mit dieser Einschränkung den Eindruck zu verhindern, er baue eine Parallelkirche zur römisch-katholischen Kirche auf. Nach den erwähnten Bischofsweihen wurde Lefebvre von Rom exkommuniziert.

Genau das, was Lefebvre vermeiden wollte, hat sich eingestellt: Die FSSPX wurde de facto zu einer traditionalistischen Parallelkirche zu Rom.

Die Priesterbruderschaft St. Pius X. (Fraternitas Sacerdotalis Sancti Pii decimi = FSSPX) versteht sich als «Priestervereinigung mit Gemeinschaftsleben ohne Gelübde (d.h. keine Ordensgemeinschaft) nach dem Vorbild der Missionsgesellschaften». Laien können allerdings auch in die Vereinigung aufgenommen oder ihr angegliedert werden.

In ihrer «Liebe zum katholischen Rom» und in Opposition zu den seit dem II. Vatikanischen Konzil wirksamen «neo-modernistischen» und «neo-protestantischen» Tendenzen, bekämpft die FSSPX vor allem die sog. «Neue Messe» des Papstes Pauls VI. (mit Verwendung der modernen Sprachen und Zelebration gegen die Gemeinde, «versus populum»). Diese neue Messe enthält in der Sicht von Erzbischof Lefebvre ein für den Glauben schädliches Gift. «Der Ritus der Neuen Messe ist der Ritus eines protestantisierenden Gedächtnismahles.» Die Priesterbruderschaft feiert in ihren Prioraten und Messzentren die Messe noch immer nach dem vorkonziliaren Ritus in lateinischer Sprache und «versus altare», vom Volk abgewandt.

In jüngster Zeit bahnten sich Gespräche zwischen der FSSPX und der römischen Kurie an. Offenbar sind aber noch lange nicht alle Probleme aus dem Weg geräumt. Wahrscheinlich beharrt die FSSPX auf Forderungen, die die Kurie nicht (oder noch nicht) erfüllen kann. Jedenfalls finden sich zur Zeit auf der Website der FSSPX immer noch radikal kritische Bemerkungen zu Äusserungen des gegenwärtigen Papstes. Die Versöhnung der FSSPX mit der römischen Kurie lässt noch auf sich warten.

Statistik: 353 Priester, 56 Brüder, ebenso viele Schwestern, 182 Seminaristen, Priesterseminare in der Schweiz, Frankreich, Australien, USA, Argentinien und Deutschland, zahlreiche Priorate, Messzentren und Schulen auf allen Kontinenten. Generaloberer der FSSPX ist heute – nach Lefebvres Tod – einer der vier vom Gründer geweihten Bischöfe, Mgr. Bernard Fellay.
Adresse: Pater Markus Heggenberger, Stuttgarter Str. 24, D-70469 Stuttgart, Tel. 0711 89 69 29 29 (Deutscher Distrikt).
www.fsspx.de

Palmarianisch-katholische Kirche

(Heilige, katholische und apostolische palmarianische Kirche; Gemeinschaft um Papst Gregorius XVII.)

1968 kam es in Palmar de Troya/Spanien zu einer Marienerscheinung, die von der katholischen Kirche nie offiziell anerkannt wurde. 1969 besuchte Clemente Dominiguez y Gomez (geb. 23.4.1946) regelmässig diesen Ort und soll ebenfalls eine göttliche Vision erhalten haben. Ab 1970 geschahen verschiedene Wunder und Stigmatisierungen. So soll Clemente einmal 16 Liter Blut verloren haben. Im selben Jahr wurde er vom ehemaligen katholischen Erzbischof von Hue/Vietnam, Pierre M. Ngo Dinh Thuc, zum Priester, zehn Tage später zum Bischof geweiht. Clemente nannte sich von nun an Bischof Primas Pater Clemente. In der Folge begann er selber auch Minderjährige zu Bischöfen und Priestern zu weihen. 1976 erblindete Clemente infolge eines Autounfalls und nannte sich neu, einer Eingebung Marias folgend, Pater Fernando. Am 6. 8. 1978, dem Todestag von Papst Paul VI., liess er sich von seinen Kardinälen aufgrund einer weiteren Vision zum Papst Gregor XVII. krönen.

Maria nimmt in der palmarianischen Kirche eine zentrale Stellung ein. Sie ist Vermittlerin aller Gnaden, Miterlöserin sowie Königin des Himmels und der Erde. In der Eucharistie ist sie auch mit Leib und Blut gegenwärtig. Die Priesterweihe ist eine mystische Vermählung mit Maria. Josef ist ebenfalls Miterlöser der Menschheit und wurde beim Tod Jesu am Kreuz auferweckt. Der heilige Geist sei in der Person des Propheten Malachias im Alten Testament in menschlicher Gestalt erschienen. Die Wiederkunft Christi wird vor dem Jahr 2015 erwartet. Die palmarianische Kirche rechnet mit einem interplanetarischen Endkampf. Ausserhalb der palmarianischen Kirche gebe es kein Heil.

Bei seiner Papstweihe erhielt Clemente den göttlichen Auftrag, alle Häresien, alle Irrlehren und den ganzen Modernismus, der in der katholischen Kirche herrsche, zu verurteilen. Von Maria soll er die Botschaft erhalten haben, dass Palmar de Troya das grösste Marienheiligtum der Welt werde.

Clemente führte die tridentinische Messe und mit ihr die Mundkommunion wieder ein. Die palmarianische Kirche kennt auch

eine Kurz- oder Notmesse, die ca. sieben Minuten dauert und mehrmals am Tag gefeiert werden kann.
Nebst einem eigenen «Orden der Karmeliter» existiert auch ein Laienorden. Die Mitglieder verpflichten sich, die geheiligte Stätte von Palmar de Troya zu verteidigen, sich völlig Papst Gregor XVII. zu unterwerfen und mit der offiziellen katholischen Kirche zu brechen. Ausserdem dürfen sie weder Zeitung lesen noch Tonträger und Radio hören oder ein Fernsehgerät besitzen. Frauen werden zum Tragen von Schleiern und Röcken verpflichtet.
Gregor XVII. gilt als Haupt der Kirche, als Pontifex von Rom und Patriarch von Palmar de Troya. Von Palmar de Troya aus erfolgte der Aufbau einer Diözesanstruktur auf internationaler Ebene. Nebst den Gebäuden in Palmar de Troya gehört der palmarianischen Kirche fast ein ganzes Stadtviertel in Sevilla. Die Kirche finanziert sich aus Spenden, die in erster Linie aus Deutschland, Österreich und der Schweiz kommen.
Von Palmar de Troya haben sich zwei Gruppen abgespalten, die St. Michaelsbruderschaft in München und die Erzdiözese Konstanz.
Die römische Glaubenskongregation erklärte 1983 die Weihen von Clemente für ungültig und exkommunizierte ihn und die von ihm Geweihten.

Statistik: Weltweit 10 000 M (interne Schätzung).

Neuchristen

(Gemeinschaft um den Schwertbischof, ehem. KGS (Kampf gegen Satan), ehem. Kinder-Gebets-Sturm)
Nikolaus Schneider, 1937 in Oberriet/SG geboren, zeitweilig Schweizer Gardist in Rom, verheiratet und Vater von vier Kindern, sammelte 1975 Kinder zu einem weltweiten Kinder-Gebets-Sturm, gründete 1977 ein Zentrum in Holland («Die Arche») und liess sich vom altkatholischen belgischen Bischof Gerard Frank zum Priester und später zum Bischof weihen. Zum Schwertbischof wusste er sich von Jesus selbst berufen. Aufgrund von Zeitungsberichten über die Verhaftung Bischof Franks verliess der grösste Teil der Gläubigen die Arche. Schneider kehrte in die Schweiz zurück, liess sich 1984 zusammen mit seiner Familie in Rehetobel/AR nieder und gründete die Gemeinschaft KGS (Kampf gegen Satan), seit 1990 Neuchristen genannt.
Schneider kämpft in bedrohter Endzeit gegen den Gegenspieler Gottes, der auch vor der römisch-katholischen Kirche nicht halt mache. Vier vom Schwertbischof geweihte Bischöfe und mehrere Priester betreuen die Gläubigen im Mutterhaus, in den Tochterhäusern und bei den Messopferzentren. Die Schwestern des Ordens, dem eine Äbtissin vorsteht, kümmern sich um den Haushalt, die Schneiderei, das Büro und den Religionsunterricht. Die Finanzierung geschieht nach eigenen Angaben ausschliesslich durch freiwillige Spenden.
Die Bischöfe zelebrieren die Messe zum Volk gewandt, die Priester bisher mit Blickrichtung zum Kreuz (seit 2000 auch dem Volk zugewandt). Die Handkommunion wird dem knienden Gläubigen gespendet. Die liturgischen Gewänder sind einfach gehalten, der Gläubige soll Herzensgebete und nicht die Verstandesgebete der tridentinischen Messe sprechen.
Das Priestertum oder gar die Bischofswürde Schneiders werden von der römisch-katholischen Kirche nicht anerkannt.

Zeitschrift: Altes und Neues aus der Schatztruhe des Schwertbischofs.
Statistik: 250 aktive Gläubige / D: 50 / A: 30 / CH: 90 / NL: 50.
Adressen: Neuchristen, Bergstr. 52, CH-9038 Rehetobel, Tel. 071 877 22 22 (Mutterhaus). – Neuchristen, Zeiterweg 3, D-89335 Ichenhausen, Tel. 0822 34 40 0 (Tochterhaus).

Erneuerte Kirche

(Kirche der Glorie)
Michel Collin (geb. 1905) soll – nach eigenem Bekunden – von frühester Jugend an Visionen gehabt haben. 1933 wurde er in der Kongregation der Herz-Jesu-Priester zum Priester geweiht. Zwei Jahre später soll er in einer von Christus gefeierten Messe auf mystische Weise zum Bischof geweiht worden sein. 1950 soll Christus ihn zum Papst erwählt und 1963 zum Papst Clemens XV. gekrönt haben.
1958 gründete Collin die erneuerte Kirche und liess sich zwei Jahre später in Clémery/F nieder. Er berief Kardinäle und Bischöfe. 1967 gründete er die Innerplanetarische Kirche und weihte Millionen von Ausserirdischen zu Priestern. Collin starb 1974, ein Nachfolger wurde nicht ernannt. Die Mitglieder sind überzeugt, dass Collin die Kirche vom Himmel aus durch Schwester Yvette weiter leitet.
Maria spielt in der Lehre Collins eine herausragende Rolle. Sie ist Miterlöserin und wird zusammen mit Jesus dereinst die irdische Rechtsgewalt übernehmen. Joseph gilt als heilig und unbefleckt und sei ebenfalls mit Leib und Seele in den Himmel aufgefahren. Die Lehre der Erbsünde wurde aufgehoben. Die Sakramente der katholischen Kirche wurden wesentlich verändert. So kann die Firmung mehrfach empfangen werden, die Beichte wird durch eine Generalabsolution ersetzt. Nebst zölibatären gibt es auch verheiratete Priester, Laienpriester und das Priesteramt für Frauen. Auf diese Weise ist es möglich, das Abendmahl innerhalb der Familie zu feiern.
Collin erwartete für die Welt die baldige Endkatastrophe. Die Mitglieder würden von Ausserirdischen mit Raumschiffen abgeholt und auf dem Planeten Maria in Sicherheit gebracht.
Collin führte einen regelrechten Kampf gegen Rom und den dortigen Papst, den er als häretisch und als Gegenpapst bezeichnete. Zu den Mitgliedern der Kirche gehörten auch Ausserirdische, die ihn nach eigenen Angaben regelmässig von fernen Sternen besuchten. Abspaltungen von der Erneuerten Kirche sind die St.-Michaelvereinigung in Dozwil/CH und der Kreis um Anton Prestele.
1951 versetzte das Heilige Offizium Collin zurück in den Laienstand. 1968 wurde er exkommuniziert.

Zeitschriften: Die Wahrheit / Marianischer Brief.
Statistik: Ehemals 25 000 M, derzeit wesentlich weniger.
Adresse: Domaine de Marie-Corédemptrice, les 4 Fers, Clémery, F-54610 Nomeny.

Engelwerk

(Corpus Operis Angelorum, COA (ehem. Opus Angelorum, OA))
Gabriele Bitterlich wurde 1896 in Wien geboren. Bereits als Kind soll sie die Gabe besessen haben, ihren eigenen Schutzengel zu sehen. Später – zur Zeit der sogenannten «Offenbarungen der Seele» – wohnte sie mit ihrem Mann und sechs Kindern in Innsbruck. 1947 bekam Bitterlich von ihrem Beichtvater den Rat, eine Art geistliches Tagebuch über die erhaltenen Offenbarungen zu schreiben. 1949 soll sie von einem Engel den Auftrag erhalten haben, ihr erstes Buch «Das Reich des Engels, Teil A» zu schreiben. In den folgenden Jahren schrieb sie mindestens 13 weitere Bücher, dazu angeblich 80 000 Manuskriptseiten und verschiedene Rundbriefe. 1961 gründete sie das Engelwerk, dem anfangs ein Kreis katholischer Priester angehörte, von welchem im Jahr darauf einige die Engel- und Sühneweihe ablegten. Das Engelwerk entwickelte sich zu einer mitgliedstarken Bewegung. 1961 zog Bitterlich mit ihrem engsten Kreis in die Burg St. Petersberg in Silz im Tirol. Im selben Jahr erfolgte die Gründung der Schutzengelbruderschaft. Über Bitterlich wird gesagt, sie erkenne jede Sünde, könne

geweihte Hostien von anderen unterscheiden und sei Trägerin der Wundmale Christi. Sie starb 1978. Ihr Nachfolger wurde Georg Blaskò.

Die streng gehüteten und zum Teil geheimen Schriften Bitterlichs bilden die Grundlage für die Lehre des Engelwerks. Jeder Mensch hat einen persönlichen Schutzengel, dem er sich weiht, und mehrere Geleitengel, die über schwierige Lebenssituationen hinweghelfen. Bitterlich beschreibt Namen, Aussehen, Attribute und Aufgaben von über 300 Engeln. Die Engelschar unterteilt sich in neun Chöre, die jeweils in drei Hierarchien gegliedert sind. Jeder Engel hat einen dämonischen Gegenspieler. Nach Bitterlich leben wir in einer Zeit des apokalyptischen Kampfes zwischen Engeln und Dämonen. Satan sei bereits in die katholische Kirche eingedrungen. Der Mensch finde sein Heil nur, wenn er sich mit seinem persönlichen Engel mittels einer Weihe verbinde und so eine mystische Kampfgemeinschaft eingehe. Nur zusammen bilden sie das wahre Abbild Gottes. Auch jedem Ort, jedem Berufsstand, jeder Gemeinschaft, jedem Tag und jedem Teil der heiligen Messe sei ein Engel zugeordnet. Analog zum Reich der Engel beschreibt Bitterlich das Reich der Dämonen. Besonders empfänglich für Dämonen seien unter anderem Hebammen, Bauersfrauen, Zigeuner, alte rachsüchtige Bauern, schwarze Katzen, schwarze Hennen, glatthaarige Hunde, Schweine, Ratten und Schlangen. Jeder Dämon habe einen bestimmten Machtbereich, wie zum Beispiel gewisse Städte oder jüdische Händlerquartiere.

Der Werdegang eines Mitgliedes verläuft in fünf Schritten: Schutzengelversprechen (eine Art Verlobung mit dem persönlichen Engel), Schutzengelweihe (auf Zeit und Ewigkeit), Aufnahme in den Helferkreis, Engelweihe und Sühneweihe. Die Sühne hat im Engelwerk eine wichtige Bedeutung. Deshalb gehört zum Leben des Mitgliedes die tägliche Beichte und Kommunion. Die Messen sind meist in Latein und die Wandlungsworte in Aramäisch gehalten. Das Engelwerk kennt die Arkandisziplin, d.h. eine Pflicht und Zucht zur Geheimhaltung. Die Mitglieder fühlen sich dem Papst und der Lehre der Kirche treu ergeben.

Das Werk finanziert sich durch Spenden, Schenkungen und Einkassierungen von Renten. Es besitzt weltweit diverse Schlösser, Häuser und Grundstücke.

Im Umfeld des Engelswerks und in enger Verbindung mit ihm wurde auch – weil so keine Neugründung eines Ordens nötig war – ein alter, lange Zeit «stillgelegter» ehemals in Portugal wirkender Orden «reaktiviert»: der Orden der Regularkanoniker vom Heiligen Kreuz. Eine Schwesternschaft vom Heiligen Kreuz («Societas Sororum a Cruce») gibt analog dazu Frauen die Möglichkeit, im Geist des Engelswerks sich ordensähnlich zu engagieren.

Die Mitglieder all dieser Organisationen fühlen sich dem Papst und der Lehre der Kirche treu ergeben. Die katholische Kirche hat ihrerseits durch mehrere Prüfungen und Verordnungen die kirchenfernen Elemente in der Lehre und Praxis des Engelswerks zurückgedrängt, um es auf einen möglichst kirchenkonformen Kurs zu bringen. So hat der Vatikan bereits 1983 und verstärkt 1992 die Verwendung gewisser Schriften verboten, ebenso den Gebrauch der nichtbiblischen Engelnamen, die umstrittenen Engelweihen und die Schweigeversprechen. Auch die Privatoffenbarung an Frau Bitterlich wurde nicht anerkannt. Nach diesen notwendigen Korrekturen gilt das Engelwerk als Erneuerungsbewegung innerhalb der katholischen Kirche.

Zeitschrift: Angelus / diverse Rundbriefe.
Statistik: 1 Mio M weltweit, darunter rd. 50 Bischöfe und mehrere Kardinäle.
Adresse: Engelwerk, St. Petersberg, A-6424 Silz.
www.opusangelorum.org

5. Orthodoxe Kirchen

Orthodoxe Kirchen allgemein

Orthodox (der rechten Glaubenslehre verpflichtet und den rechten Gottesdienst feiernd) nennen sich Kirchen, die im früheren griechischen Kulturraum entstanden oder von dorther gegründet worden sind (darum werden manche von ihnen auch «griechisch-orthodox» genannt).

Den Kern der orthodoxen Kirchen bilden die vier alten Patriarchate: Konstantinopel (auch «Ökumenisches Patriarchat» genannt), Alexandrien, Antiochien und Jerusalem. Durch byzantinische Missionierung nahm die Mehrzahl der Slawenvölker den christlichen Glauben in orthodoxer Ausprägung an. In der Folgezeit entstanden das Patriarchat von Moskau und ganz Russland sowie das serbische, bulgarische und rumänische Patriarchat. Diese Kirchen sind, wie auch die hellenische, die zyprische und verschiedene andere, selbständig (autokephal), d.h. sie wählen und weihen ihr Oberhaupt selbständig. Sie stimmen jedoch in der Verfassung, in der Lehre und im Kult weitgehend überein und besitzen ein starkes Zusammengehörigkeitsgefühl.

Ein Teil der orthodoxen Kirchen war oder ist noch dem Ökumenischen Rat der Kirchen angeschlossen.

Durch Emigration und durch die Ereignisse des 1. und ganz besonders des 2. Weltkrieges kamen viele Bewohner östlicher Staaten und Mitglieder orthodoxer Kirchen nach Deutschland, nach Österreich und in die Schweiz. So entstanden einerseits Auslandsgemeinden, die den heimatlichen Patriarchaten unterstellt sind, und andererseits die unabhängigen orthodoxen Exilkirchen.

Die Ämter der orthodoxen Kirchen sind in der Regel in eine Hierarchie eingebunden: Der Patriarch oder Erzbischof (in der orthodoxen Kirche von Amerika der Metropolit) ist der oberste Leiter der Kirche. Bischof, Priester, Diakon, Subdiakon, Vorleser, Sänger und Türhüter sind die weiteren Ämter.

In ihrem Verständnis Christi deutet das orthodoxe Christentum die Erlösung als eine Art «Vergottung». Der Mensch als gefallenes Geschöpf Gottes erlebt durch Christus eine Verwandlung. Er wird, als was er gedacht war, gottebenbildlich. Mit der Menschwerdung Christi setzt grundsätzlich diese «Verklärung», d.h. die Verwandlung des Seins, ein. Voraussetzung für die auch am Gläubigen einsetzende Wandlung ist die glaubende Verbindung mit Jesus Christus, dessen Auferstehung mehr betont wird als dessen Kreuzestod.

Die orthodoxen Kirchen kennen sieben Sakramente: Taufe, die unmittelbar auf die Taufe folgende Salbung, die Eucharistiefeier (das Abendmahl), Busse, Ordination, Ehe, Krankensalbung. Die Sakramente sind Träger göttlicher Kraft und eine Art Samen des neuen Seins im Menschen. Grosse spirituelle Bedeutung kommt den Ikonen (Tafelbildern) zu, die als Fenster in die ewige, vollkommene Welt erlebt werden. Die Bilderwand (Ikonostase) trennt Chor und Kirchenschiff. In den Wohnhäusern dienen sie der privaten Andacht.

Zeitschriften: Mit den orthodoxen Kirchen beschäftigen sich u.a. folgende Zeitschriften verschiedener Zentren: Orthodoxe Stimme (München) / Orthodoxe Rundschau (Hochberg bei Ludwigsburg) / Orthodoxie heute (Düsseldorf) / Ostkirchliche Studien, hrsg. vom Ostkirchlichen Institut der deutschen Augustiner (Würzburg) / Der Christliche Osten (Würzburg) / Kirche im Osten (Münster) / Glaube in der 2. Welt (Zürich) / Internationale Kirchliche Zeitschrift (Bern).

Statistik: Für die orthodoxen Kirchen gesamthaft werden unterschiedliche Zahlen genannt, 190 Mio oder 120 Mio M.

Adresse: Ökumenisches Zentrum, route de Ferney 150, CH-1211 Genève. Die Mitarbeiter im Stab stammen aus verschiedenen orthodoxen Kirchen.

Orthodoxe Kirchen

Die folgende Übersicht erwähnt orthodoxe Kirchen mit Gemeinden im deutschsprachigen Raum. Nicht aufgeführt werden sog. unierte Kirchen, d.h. orthodoxe und orientalische Kirchen, die sich Rom unterstellten und damit Teil der katholischen Kirche wurden.

I. Östlich-Orthodoxe Kirchen

1. Ökumenisches Patriarchat von Konstantinopel – Griechisch-Orthodoxe Kirche von Deutschland

Die Griechisch-orthodoxe Metropolie von Deutschland, 1963 errichtet, steht heute der drittgrössten christlichen Kirche in Deutschland vor. Viele Mitglieder sind griechischer und rumänischer Herkunft.

Statistik: D: 70 G, 500 000 M.
Adressen: Griechisch-Orthodoxe Metropolie von Deutschland, Exarchat von Zentraleuropa, Dietrich-Bonhoeffer-Str. 2, D-53227 Bonn, Tel. 0228 46 20 41. – Griechisch-orientalische Kirchgemeinde zur heiligen Dreifaltigkeit, Fleischmarkt 13, A-1010 Wien, Tel. 01 533 29 65. – Centre Orthodoxe du Patriarcat Oecuménique, ch. de Chambésy 37, CH-1292 Chambésy/GE, Tel. 022 758 98 60, Fax 022 758 98 61.
www.orthodoxie.net
www.patriarchate.com

2. Griechisch-Orthodoxe Kirche von Antiochien (rum-orthodox)

Rum ist die arabische, im Koran enthaltene Bezeichnung der Byzantiner, d.h. der Oströmer. Die rum-orthodoxe Kirche sieht sich als heute weltweite Gemeinschaft aller arabisch sprechenden orthodoxen Christen, «die dieselbe Konfession haben, die die Byzantiner einst hatten.» Das Oberhaupt der Kirche ist der Patriarch Ignatius IV. mit Sitz in Damaskus (Syrien). In Europa wird die Kirche geleitet von Metropolit Gabriel Saliby mit Sitz in Paris. Zu den Gemeinden in Deutschland gehören orthodoxe Christen aus der Südtürkei (Gebiet von Antakia), aus dem Libanon, dem Irak, aus Palästina, Jordanien und Syrien.

Statistik: D: 8 G, 13 000 M.
Adresse: F-75116 Paris, Av. Kléber 22 (Vikariat für Europa).
www.rum-orthodox.de

3. Russisch-Orthodoxe Kirche (Patriarchat von Moskau)

Zeitschrift: Stimme der Orthodoxie.
Statistik: Gesamthaft 40–100 Mio M / D: 50 000 M.
Adressen: Exarchat Mitteleuropa, Bischof für Deutschland, D-10318 Berlin, Wildensteinerstr. 10. – Russisch-orthodoxe Kirche, Jauresgasse 2, A-1030 Wien, Tel. 01 713 82 50 0. – Russisch-Orthodoxe Auferstehungs-Kirche, Moskauer Patriarchat, Kinkelstr. 36, CH-8032 Zürich, Auskunft: N. Specker, Ilgenstr. 10, CH-8032 Zürich, Tel. 01 262 62 47. – Eglise Orthodoxe Russe, Patriarchat de Moscou, av. Jacques-Martin 11, CH-1224 Chêne-Bougeries, Tel. 022 349 94 54.
www.russian-orthodox-church.org.ru

4. Russisch-Orthodoxe Kirche im Ausland

Nach der Oktoberrevolution von 1917 bildeten die zahlreich ins Ausland geflüchteten Russen ihre eigene orthodoxe Kirche. Sie hat in Sowjetzeiten den Kontakt mit dem Patriarchat von Moskau unterbrochen und untersteht der Jurisdiktion des Metropoliten Vitaly von Montreal und Kanada. Seit dem Jahre 1926 besteht eine «Deutsche Diözese der Russischen Orthodoxen Kirche». In der Zwischenkriegszeit gehörten zur Kirche vor allem Exilrussen. Nach dem 2. Weltkrieg lebten so viele Emigranten aus Osteuropa in Deutschland, dass das Oberhaupt der russisch-orthodoxen Kirche im Ausland seinen Amtssitz von 1945–49 nach München verlegte. Die Zahl der Kirchenmitglieder in Deutschland ging später wieder bis auf 27 000 zurück, hat aber in den letzten Jahren durch neue Auswanderer aus Osteuropa wieder zugenommen.

Seit Mai 1995 gilt für viele Mitglieder der Auslandkirche Erzbischof Sergij von Eukarpien (Kathedrale des heiligen Alexander Nevskij an der Rue Daru in Paris) als das einzige Haupt der russisch-orthodoxen «Ausland-Kirche» in Westeuropa. Er steht in kanonischer und liturgischer Gemeinschaft mit weltweit allen 15 orthodoxen Landeskirchen. Doch nicht alle russisch-orthodoxen Gemeinden der Auslandkirche schlossen sich diesem Entscheid an. Die russisch-orthodoxen Auslandkirchen unterstehen nun z.T. wie vor 1995 dem Metropoliten in Nordamerika, z.T. dem Erzbischof Sergij, dem Metropoliten in Paris, eine Divergenz, die bisherige Kirchgemeinden z.T. schmerzlich auseinanderriss.

Statistik: Weltweit 350 G, 20 monastische Gemeinschaften, ein Priesterseminar / D: 60 G, 40 000 M.
Adressen: Kulmbacherstr.6, D-10777 Berlin, Tel. 030 214 38 23. – Eglise Orthodoxe Russe de Genève, rue de Beaumont 18, CH-1206 Genève, Tel. 022 346 47 09. – Russisch-Orthodoxe Kirche im Ausland, Haldenbachstr. 2, CH-8006 Zürich, Tel. 01 252 98 33. – Russisch-orthodoxe Kirche in Westeuropa – Ökumenisches Patriarchat, 3, rue des Jardins, F-68300 Saint-Louis. – Priester Wladimir Shibaeff, 1, rue des Pins, F-68740 Hirtzfelden, Tel. / Fax 0033 3 8981 2400.
www.roka.germany.net
www.orthodoxie.de

5. Serbisch-Orthodoxe Kirche (Patriarchat Belgrad)

Adresse: Diözese für Mitteleuropa, Bischof Konstantin, Obere Dorfstr. 12, D-31137 Hildesheim-Himmelsthür, Tel. 05121 640 34 oder -640 35, oder 0171 533 73 67, Fax 05121 640 36 oder -641 36. – Serbisch-orthodoxe Kirchgemeinde Hl. Dreifaltigkeit in der Schweiz, Zollikerstr. 76, CH-8008 Zürich, Tel. 01 383 76 50, Fax 01 382 07 67. – Paroisse Orthodoxe Serbe, Case postale 2495, CH-1002 Lausanne, Tel. 021 653 81 61, Fax 021 653 81 66.

6. Mazedonisch-orthodoxe Kirche

Statistik: CH: Zur Zeit leben etwa 16 000 Mazedonier in der Schweiz. Die Christen unter ihnen gehören meist der mazedonisch-orthodoxen Kirche an. In Triengen (LU) wurde ein Grundstück für den Bau einer Kirche gekauft.
Kontakte: Präsident: Bogdan Kocef, Tel. 062 758 35 13. – Kontakt Basel: Mirko Atanasoski, Tel. 061 322 51 20.

7. Orthodoxe Kirche von Rumänien (Patriarchat von Bukarest)

Statistik: D: 80 000 M.
Adressen: Metropolie für Deutschland und Zentraleuropa, Metropolit Dr. Serafim (Joanta) von Deutschland und Zentraleuropa, Fürtherstr. 166–168, D-90429 Nürnberg, Tel. 0911 32 69. – Eglise Orthodoxe Roumaine, av. de la Harpe 2, CH-1007 Lausanne, Tel. 021 729 89 81. – Eglise Orthodoxe Roumaine, Paroisse Saint Jean Baptiste de Genève, église de la Trinité, av. Eugène-Lance 2, CH-1212 Grand-Lancy, Tel. 022 700 49 18,
www.mitropolia-ro.de
www.rumkirche.at

8. Ukrainisch Autokephale Orthodoxe Kirche in der Emigration

Sie ist unabhängig von anderen orthodoxen Kirchen. Oberhaupt ist Metropolit Mstyslav in den USA.

Statistik: D: 3600 M.
Adresse: D-89231 Neu-Ulm, Tel. 0731 739 40.

9. Bulgarisch-orthodoxe Kirche

Bulgarische Diözese von West- und Mitteleuropa

Adressen: Metropolit Simeon von West- und Mitteleuropa, Krausenstr. 73, D-10117 Berlin, Tel. / Fax 030 208 61 46. – Hl.Iwan Rilski Kirche, Kühnplatz 7, Im Hof, A-1040 Wien.
www.rilaeu.com
www.bulgarischekirche.at

II. Altorientalische (vorchalcedonensische) Kirchen

Vor allem wegen der Frage nach der wahren Natur Christi kam es auf dem Konzil von Chalcedon im Jahre 451 zum Bruch zwischen den sog. altorientalischen und den chalcedonensischen Kirchen. Aus heutiger Warte besehen, führten politische und regionale Gegensätze, theologische Missverständnisse und andere Akzente in der Christologie zu jenem das ganze weitere Schicksal des Christentums im nahen Osten bestimmenden Bruch. Die sog. altorientalischen Kirchen anerkennen die Beschlüsse des Konzils von Chalcedon nicht, die von den zwei Naturen – der göttlichen und der menschlichen – in der einen Person Christi sprachen. Ihre Gegner, die Sieger auf dem Konzil von Chalcedon – nannten sie Monophysiten, weil sie nur mit einer einzigen göttlichen Natur in Christus rechnen wollten. Das Menschsein Christi werde von ihnen zu wenig gewürdigt. Die vorchalcedonensischen Kirchen wehren sich heute vehement gegen diesen Vorwurf des Monophysitismus und betonen ihren Glauben an «die zwei Naturen in der einen Natur». Mit anderen Worten: Deutlicher als die chalcedonensischen Kirchen betonen sie die Einheit der göttlichen und der menschlichen Natur in Christus. In letzter Zeit gelang es, sowohl mit der römisch-katholischen Kirche, als auch mit andern orthodoxen Kirchen und auch mit den Kirchen der Reformation, alte Missverständnisse und Unterschiede wenigstens teilweise aus dem Weg zu räumen, z.B. mit der gemeinsamen Christologieformel der römisch-katholischen und der koptischen Kirche vom 12.2.1988: «Wir glauben, dass unser Herr, Gott und Erlöser Jesus Christus, das fleischgewordene Wort, vollkommen ist in Seiner Gottheit und vollkommen ist in Seinem Menschsein. Er machte Sein Menschsein eins mit Seiner Gottheit». Noch deutlicher betont die Einheit der Gottheit und des Menschseins Christi die gemeinsame Erklärung der koptischen mit anderen orthodoxen Kirchen vom Juni 1989: «Er, der ewige und unsichtbare Gott, wurde sichtbar im Fleisch und nahm Knechtgestalt an. In ihm sind alle Eigenschaften der Gottheit und alle Eigenschaften der Menschheit zugleich in einer wirklichen, vollkommenen, unteilbaren und untrennbaren Einheit bewahrt». Das heisst nicht, dass nun alle Unterschiede und Missverständnisse, die sich im Verlauf der Jahrhunderte angehäuft haben, aus dem Weg geräumt wären. Immer noch anerkennen die altorientalischen Kirchen nur drei ökumenische Konzilien, Nicäa (325), Konstantinopel (381) und Ephesus (431). Die übrigen orthodoxen Kirchen anerkennen 7 ökumenische Konzilien. Aber ein wesentlicher Anfang zur Verständigung ist gesetzt. Die schwierige Situation des nahöstlichen Christentums in einer nicht nur islamischen, sondern zunehmend auch islamistisch gesinnten Umwelt drängt geradezu zu weiteren Schritten der Verständigung unter den altorientalischen und orthodoxen Kirchen. Zu den altorientalischen Kirchen zählen vor allem die syrisch-orthodoxe Kirche und die mit ihr verbundene sog. Thomaskirche in Südindien, die koptische Kirche in Ägypten mit ihrer Tochterkirche, der äthiopisch-orthodoxen Kirche, und die armenische Kirche. Durch Flüchtlingswellen oder durch anhaltende Emigration haben diese Kirchen in ihren Stammlanden viele Mitglieder verloren. Gleichzeitig breiteten sich alle diese Kirchen auch im westlichen Kulturkreis aus.

1. Syrische Orthodoxe Kirche (Syrisch Orthodoxes Patriarchat von Antiochien) – «Aramäer»

Die syrisch-orthodoxe Kirche von Antiochien gilt als älteste christliche Kirche überhaupt. 14 Jahre soll der Apostel Petrus in Antiochien gelebt haben und dort im Jahr 42 den Apostolischen Stuhl gegründet haben. Noch heute spricht die syrisch-orthodoxe Kirche als Glaubensgemeinschaft der christlichen Aramäer die Sprache Jesu. Der gegenwärtige Patriarch Ignatius Zakka I. Iwas gilt als 122. Nachfolger des heiligen Petrus. Er residiert aber nicht mehr in Antiochien. 1953 wurde das Patriarchat nach Damaskus verlegt. Stammland der Kirche war der Südosten der Türkei. 1915 wurden im Zusammenhang mit dem Genozid an den Armeniern in der Türkei auch etwa 300 000 Aramäer umgebracht. Heute leben im Südosten der Türkei noch etwa 3000 Aramäer.

Die Diskriminierung der christlichen Minderheit setzt sich bis heute fort. Seit einigen Jahren geraten die Aramäer auch zwischen die Fronten der aufständischen kurdischen Arbeiterpartei PKK und der türkischen Armee. Wer auswandert, kehrt nicht mehr zurück. Viele kamen als Gastarbeiter nach Westeuropa. Andere stellten und stellen im Westen einen Asylantrag. In Deutschland wurde eine eigene Diözese gegründet. Seit Mai 1997 residiert Mor Dionysius Isa Gürbüz als Erzbischof der Diözese Deutschland im Mor-Jacob-Kloster in Warburg. Auch in der Schweiz konnten die Aramäer im ehemaligen Kapuziner-Kloster in Arth ein eigenes Kloster gründen, das dazu beitragen soll, Religion und Sprache der Aramäer in Mitteleuropa zu pflegen.

Die heute fast leeren aramäischen Klöster und Kirchen in Tur Abdin, im Osten der Türkei, möchte der Patriarch als Kulturerbe unter internationale Obhut stellen.

Integrierter Teil der syrisch-orthodoxen Kirche und in der untenstehenden Statistik mitgezählt ist die syrisch-orthodoxe Kirche in Indien, die sog. Thomaskirche, beheimatet vor allem in Kerala. Sie ist die älteste christliche Kirche Indiens, die sich auf eine Gruppe von Christen zurückführt, die 345 n.Chr. von Edessa nach Indien kam. Sie hat in letzter Zeit auch Diözesen in der Golfregion und in Nordamerika gegründet.

Statistik: Weltweit: 2 500 000 M / D: 10 000 M / CH: 5000 M. Thomas-Christen: D: 500 M.

Adressen: Syrisch-orthodoxes Kloster, Klosterstr.10, D-34414 Warburg, Tel. 05641 74 05 64. – Syrisch-Orthodoxe-Gemeinde, Quartierstr. 23, CH-2540 Grenchen, Tel. 032 652 59 69. – Syrisch-Orthodoxe Gemeinde, Pfarramt, Köllikerstr. 32, CH-5036 Oberentfelden, Tel. 062 723 00 79.

www.suryoyo-online.org
www.suroyo.de
www.suryoyo.at
www.suryoyo.ch
www.syrianorthodoxchurch-india.org

2. Koptische Orthodoxe Kirche und Äthiopische Orthodoxe Kirche

«Koptisch», wurzelverwandt mit «ägyptisch» nennt sich die vorchalcedonensische (s.o.) Kirche Ägyptens. Sie sieht sich nicht nur als Kirche der vielen Märtyrer – zuerst verfolgt durch das heidnische Rom, dann durch die christliche Orthodoxie, nun seit Jahrhunderten bedrängt durch den Islam. Die koptische Kirche sieht sich auch als Mutter des christlichen Mönchtums, das auf Einsiedler zurückgeht, die zuerst in der Einsamkeit der ägyptischen Wüste Gott nahe sein wollten.

Das Oberhaupt der ägyptischen Kirche ist der Patriarch der alten Landeshauptstadt Alexandrien. Seit dem 11. Jahrhundert befindet sich sein Amtssitz allerdings in Kairo, im Kloster «Deir el Anba Rueiss». Sein traditioneller Titel lautet «Seine Heiligkeit der Papst von Alexandrien und Patriarch des Stuhles vom heiligen Markus», die Anrede «Seine Heiligkeit». Er zählt sich nach einer auf den altkirchlichen Konzilien festgelegten Ordnung mit dem römischen Papst und dem ökumenischen Patriarchen von Konstantinopel/Istanbul zu den ranghöchsten Bischöfen der Christenheit. Papst Shenouda III. amtiert seit 1971 und gilt als der 117. Nachfolger des Evangelisten Markus, der die Kirche in Alexandrien im Jahr 62 gegründet haben soll.

Die koptische Kirche lebt, zusammen mit ihrer Tochterkirche in Äthiopien, auf dem afrikanischen Kontinent seit bald 2000 Jahren ununterbrochen ein einheimisches Christentum. In Ostafrika wurden verschiedene neue Diözesen errichtet. 1968 sorgten die sog. «Erscheinung der Heiligen Jungfrau Maria» in der Kirche in Zaitun, einem Stadtteil Kairos, für grosses Aufsehen. Über einen längeren Zeitraum hinweg sollen regelmässig Tausende Menschen Erscheinungen gesehen und oft auch Heilungen aussichtsloser Krankheiten erlebt haben.

Durch Auswanderer wurde die Kirche auch in Westeuropa heimisch. Das erste koptische Kloster in Europa besteht seit dem Mai 1980 in Waldsolms-Kröffelbach im Taunus.

Statistik: Ägypten: 8–12 000 000 M / D: 1 G, 2 Klöster, 3000 M.
Adressen:
Koptisch Orthodoxe Kirche:
Lotzenstr. 33, D-60487 Frankfurt a.M., Tel. 069 70 72 00 05. – Koptischer Bischof für Deutschland, Auba Damian, Tel. 0172 564 36 47. – Koptisch-Orthodoxes Kloster, Propstestr. 1, D-37671 Höxter, Tel. 05271 18 90 5. – Kamil Girgis, Rütiwiesenstr. 18, CH-8172 Niederglatt, Tel. 01 850 46 49. – Eglise Copte Orthodoxe de la Vierge Marie, ch. de Bel-Ebat 1, CH-1214 Vernier, Tel. 022 341 33 98.
www.kopten.de

Äthiopische Orthodoxe Kirche:
Statistik: D: 13 000 M.
Adresse: M. Tebege, Priester, Ückeratherstr. 2, D-50739 Köln, Tel. 0221 599 26 23.

3. Armenische Apostolische Kirche (Gregorianische Kirche)

Schon die Apostel Thaddeus und Bartholomäus sollen das Evangelium in Armenien verkündet und dort ihren Märtyrertod erlitten haben. 301 n.Chr. bekehrte Gregorius den armenischen König Tiridates zum Christentum. Armenien wurde so zum ersten Staat, der das Christentum zur seiner offiziellen Religion erhob. Durch die Verfolgungen späterer Jahrhunderte hat sich diese enge Verbindung von armenischem Volk und armenischer Kirche vertieft. Die Kirche wurde zu einem Pfeiler armenischer Identität. Weil sie in einen Krieg gegen die Perser verwickelt waren, konnten die Armenier am Konzil von Chalcedon (s. Einleitung d. Kap.) nicht teilnehmen. Die Ergebnisse dieses Konzils schienen ihnen aber zu wenig in der Linie der drei früheren Konzilien zu liegen. Die Armenier lehnten Chalcedon ab, weil sich «Nestorianismen», früher schon verurteilte Irrlehren, in die Konzilsbeschlüsse von Chalcedon wieder eingeschlichen hätten.
Während des 1. Weltkrieges und der ihn begleitenden Verfolgung und Vertreibung der Armenier in der Türkei wurden etwa 1 500 000 Armenier umgebracht. Viele flohen nach Syrien und Libanon, damals Protektorate Frankreichs. Nicht wenige liessen sich später in Frankreich und in den USA nieder. Die Armeniergemeinden im deutschsprachigen Europa erreichten nie die Zahlen der Gemeinden in Frankreich oder den USA. Immerhin haben der Krieg im Libanon und die politische Situation im Iran die armenischen Gemeinden im deutschsprachigen Europa in den letzten Jahrzehnten deutlich anwachsen lassen. In Deutschland wurde eine eigene Diözese errichtet.

Statistik: D: 35 000 M / A: 3500 M.
Adressen: Armenische Apostolische Kirche, Diözese in Deutschland, Bischof Karekin Bekdjian, D-50735 Köln, Allensteinerstr. 5, Tel. 0221 71 12 85. – Armenische Apostolische Kirchengemeinde, Kolonitzgasse 11/11, A-1030 Wien, Tel. 01 712 31 23. – Eglise Apostolique Armenienne, 2, chemin Lullin, CH-1256 Troinex, Tel. 022 343 13 70.
www.armenien.de
www.armenian.ch
www.cilicia.com

II Evangelische Kirchen

In der Reformationszeit des 16. Jahrhunderts trennten sich grosse Teile von der vom Papst in Rom geleiteten katholischen Kirche. Damals bildeten sich die ersten lutherischen, reformierten und presbyterianischen Kirchen.
Anlass dieser Trennung war vor allem der Wunsch nach einer Erneuerung der Kirche. *Martin Luther* in Wittenberg (1483–1546), *Huldrych Zwingli* in Zürich (1484–1531) und *Johannes Calvin* in Genf (1509–1564), die führenden Männer der Reformation, wollten die Kirche zunächst von innen her erneuern. Die damalige katholische Kirche war stark verweltlicht. Die Reformatoren suchten daher Lehren und Gebräuche von menschlichen Zusätzen zu reinigen. Ihr Bestreben, das Wort Gottes, wie es in der Bibel bezeugt ist, wieder ganz zur Geltung zu bringen, führte indessen zu grossen Spannungen und zur Gründung neuer Kirchen.
Die Reformatoren wollten die *Heilige Schrift als einzige Autorität* für die christliche Glaubenslehre und Lebensführung wieder zur Geltung bringen. Sie distanzierten sich von der in der katholischen Kirche üblichen Verbindung von Bibel und Tradition (überlieferte Aussagen früherer Kirchenlehrer). Lehren und Gebräuche, die nur auf der Tradition beruhten, biblisch aber nicht begründet werden konnten, lehnten sie ab.
Die Reformatoren verkündigten das Evangelium der göttlichen Gnade: Der Christ findet seine Rechtfertigung vor Gott und sein Heil *allein aus Gottes Gnade durch den Glauben an Jesus Christus*. Mit der Betonung der Rechtfertigung allein aus Glauben an die uns in Jesus Christus geschenkte göttliche Gnade stellten sich die Reformatoren gegen die katholische Lehre vom Heil auf Grund des Glaubens *und* der eigenen Werke. Waren die guten Werke bis dahin Bedingung zur Errettung, so wurden sie jetzt zu Früchten des Lebens unter Gottes Gnade.
Weitere Verschiedenheiten traten im Verständnis der Ämter, der Sakramente und des Gottesdienstes zu Tage. Die Reformatoren lehnten die «Apostolische Sukzession» ab. Für sie war die Kontinuität der Lehre, der Sakramente und des Gottesdienstes nicht in erster Linie durch die seit der Apostelzeit ununterbrochen weitergereichte Ordination der Bischöfe verbürgt. Die Kontinuität der Lehre, der Sakramente und des Gottesdienstes wie auch die Ordination zu verschiedenen Ämtern beruhen nach reformatorischer Einsicht auf dem *gegenwärtigen Wirken des Heiligen Geistes*. Die Reformatoren reduzierten auch die Zahl der Sakramente. In ihren Augen liessen sich von den sieben katholischen Sakramenten nur zwei, *Taufe* und *Abendmahl*, biblisch begründen. Schliesslich gaben die Reformatoren

auch die katholische Messe auf. Sie führten den Verkündigungsgottesdienst mit verschiedenen Abendmahlsfeiern ein.
Innerhalb der soeben erwähnten Gemeinsamkeiten fallen bei den aus der Reformation hervorgegangenen Kirchen gewisse Unterschiede auf. Für die im Anschluss an Martin Luthers Tätigkeit entstandenen **evangelisch-lutherischen Kirchen** ist christliche Gemeinde dort, wo das Wort richtig gelehrt und das Abendmahl ausgeteilt wird. Mit der lutherischen Messe ist dem Gottesdienst eine begrenzte liturgische Vielfalt eigen. In verschiedenen lutherischen Kirchen ist im leitenden Kirchenamt ein Bischof tätig. Sein Amt ist indessen nicht Teil einer Hierarchie. Er empfängt sein Amt durch die Wahl der Synode.
Die **evangelisch-reformierten und presbyterianischen Kirchen** sind aus der Tätigkeit Huldrych Zwinglis und Johannes Calvins hervorgegangen. Die Gemeinde hat gegenüber der Gesamtkirche an Bedeutung gewonnen. Die Kirche lebt in den Gemeinden. Im Gottesdienst kommen der Verkündigung und der Austeilung des Abendmahls besondere Bedeutung zu. Liturgische Elemente treten in den verschiedenen Kirchen in unterschiedlichem Ausmass zurück. Für die Leitung der Gemeinden schuf Johannes Calvin das Ältestenamt, den Presbyter (ein Laienamt). Daraus bildete sich die Bezeichnung «presbyterianische Kirche».
Im 18. Jahrhundert schloss der Preussische König *Friedrich Wilhelm III.* lutherische und reformierte Gemeinden in der gleichen Kirche zusammen. Sein Bemühen führte zur Gründung der **Evangelischen Kirche der Union (EKU)**.
1948 haben sich die **lutherischen, unierten und reformierten Kirchen** zur **Evangelischen Kirche in Deutschland (EKD)** (zur Vorgeschichte der EKD s.u.) zusammengeschlossen.
Auch die **anglikanischen Kirchen** gehen in ihren Anfängen auf die Reformationszeit zurück. Den Anlass zur Abspaltung der Kirche Englands von der römisch-katholischen Kirche gab das päpstliche Nein zu den Scheidungs- bzw. Wiederverheiratungsplänen des englischen Königs Heinrich VIII. Beigetragen zur Trennung haben aber auch ein bedeutendes Nationalbewusstsein und die fortgeschrittene Beschäftigung mit Luthers Gedanken vor allem an der Universität von Cambridge. Thomas Cranmer, Erzbischof von Canterbury (1533–1556), betonte die Bedeutung der Heiligen Schrift; daneben setzte er sich für eine Reformation in kleinen Schritten ein. Er ist der Hauptverfasser des Common Prayer Book (Allgemeines Gebetbuch), das in mehrmals revidierter Form bis heute in Geltung steht. Unter Elisabeth I. (1558–1603) fanden reformatorische Anschauungen vermehrt Eingang.
Als einzige der in diesem Kapitel angeführten Kirchen sind die **Waldenser**, die unter **Verschiedene** beschrieben werden, bereits vor der Reformation entstanden. Durch ihre Anliegen, ihren Einsatz und ihre Kontakte stehen sie indessen den aus der Reformation hervorgegangenen Kirchen bis heute nahe. Am Schluss werden diesem Kapitel drei Abschnitte angefügt, in denen nicht Kirchen beschrieben wer-

den, aber Zusammenschlüsse und eine Bewegung, die im Leben verschiedener (auch in den folgenden Kapiteln beschriebener) Kirchen eine Rolle spielen. Es sind als Anhang 1–3 die weltweiten interkonfessionellen Vereinigungen, die Charismatische Bewegung und die Gemeindewachstumsbewegung.

Zur Situation der evangelischen Kirchen am Anfang des 21. Jahrhunderts

Die eigentliche Brennpunkte des evangelischen Christentums verschieben sich in der Gegenwart immer deutlicher nach Nord- und Südamerika, Asien und Afrika. Mitteleuropa ist nur noch die historische Heimat des evangelischen Christentums, eine Heimat allerdings, die ihren evangelischen Glauben immer noch auf ihre besondere Weise pflegt, mit viel theologischer Reflexion, mit ebenso viel emotionaler Zurückhaltung – die evangelischen Kirchen Mitteleuropas wirken recht kühl verglichen mit ihren Schwesterkirchen in Übersee – und mit viel Freude an Selbstkritik. Die Schwesterkirchen rufen ihre kaum reflektierten Botschaften ins oft begeisterte Publikum. Europäische Verkündigung sucht oft selbstkritisch und überlegt nach den richtigen Worten. Sie formuliert mit Worten ringend und nach den rechten Worten suchend für ein nicht selten recht klein gewordenes Gottesdienstpublikum. Sollen die evangelischen Kirchen Mitteleuropas von ihren Schwesterkirchen in Übersee lernen und deren Erfolgsrezepte auch hier anwenden? Die Frage stellt sich allen, die evangelische Gemeinden in anderen Erdteilen besuchen. Doch nur Schwäche greift zur Nachahmung. Die evangelischen Kirchen Mitteleuropas suchen und finden ihre eigene Antwort auf die schwindende Mitgliederzahl und das kleiner werdende kirchliche Engagement. Sie reagieren auf den Mitgliederverlust kontrovers – so kontrovers wie sie auf alle Entwicklungen innerhalb Europas in den letzten Jahrhunderten immer reagiert haben. Einerseits dokumentieren sie einen klaren Wunsch nach mehr Eindeutigkeit. Sie erwägen ihre evangelische Identität, fordern klarere Verkündigung, eindeutigeres Christuszeugnis – kurz mehr Verbindlichkeit. Auch im religiösen Markt der Gegenwart wird nur der wahrgenommen, der ein klares Produkt anbietet, der Profil zeigt. Auf ein Allerweltschristentum oder gar eine Allerweltsreligion kann man gut und gern verzichten. Andererseits – dieser ersten Tendenz scheinbar gegenläufig – bemühen und bemühten sich viele evangelische Christen um mehr Menschennähe und Offenheit. Nur was verstanden wird, nur was den Menschen der Gegenwart berührt, nur was das Leben der Menschen positiv verändert, ist Evangelium. An ewigen, profilierten Wahrheiten mangelt es auch der Gegenwart nicht, aber an dem Wort, das menschliches Leben in seiner Tiefe berührt. Kurz – die rechte Antwort auf die drängenden kirchlichen Fragen der Gegenwart ist wie in der katholischen Kirche, so auch in den evangelischen kontrovers, und hier wie dort führen wir die nötigen

Kontroversen nicht nur zum Schaden der Kirche. Alle im eigentlichen Sinne evangelischen Debatten um rechtes Kirchesein folgen dabei dem zumeist uneingestandenen, aber oft auch offen erklärten reformatorischen Prinzip, wonach absoluter Wert nur Gott zukommt, keiner Institution, keiner Kirche und keiner Lehre. Die innerevangelischen Debatten werden deshalb zwar hie und da mit Inbrunst und Leidenschaft, aber öfter noch mit jener adäquaten evangelischen Gelassenheit geführt, mit der der evangelische Glaube jedes Problem von relativer Bedeutung angeht. *Ob diese evangelische Gelassenheit nicht aber hie und da unvermerkt der Trägheit und Phantasielosigkeit den Weg bereitet? Auf dem bunten religiösen Markt der Gegenwart zeichnen sich durchaus nicht alle etablierten evangelischen Kirchen und Gemeinden durch ein besonderes faszinierendes Angebot aus. Wen wunderts, wenn Freikirchen und andere religiöse Gemeinschaften vor allem junge Menschen weit erfolgreicher ansprechen? Evangelische Gelassenheit ist oder wäre doch auch innerhalb der traditionellen evangelischen Kirche eine ideale Voraussetzung für mannigfache mutige Aufbrüche in zwanglose, menschennahe Formen zeitgemässen evangelischen Glaubens. Mut, heisst es, ist die Grösse der Kleinen. Wir sind als evangelische Kirchen bald klein genug, um mehr Mut zu zeigen.*

1. Evangelisch-lutherische Kirchen

Evangelisch-lutherische Kirchen weltweit und Lutherischer Weltbund

Martin Luther (1483–1546) wollte nicht, dass die Reformationskirche nach ihm benannt werde. Der Name «lutherisch» zur Bezeichnung einer evangelischen Konfession kam erst später auf.
Die lutherischen Kirchen sind vor allem in Skandinavien und Deutschland sowie in den USA beheimatet. Die Evangelisch-Lutherische Volkskirche in Dänemark, die Isländische Nationalkirche, die Norwegische Kirche, die Kirche von Schweden und die Finnische Evangelisch-Lutherische Kirche umfassen alle mehr als 90 Prozent der Einwohnerschaft ihres Landes. Die evangelisch-lutherischen Kirchen haben 1923 in Eisenach den Lutherischen Weltkonvent gegründet. Seit 1947 stehen sie durch den in Lund gebildeten *Lutherischen Weltbund* miteinander in Verbindung. Das Deutsche Nationalkomitee des Lutherischen Weltbundes zählt 13 Mitgliedskirchen. Die *Evangelisch-Lutherische Kirche in Baden* (Freikirche) ist ebenfalls Mitglied des Lutherischen Weltbundes.
Die Kirche und nicht einfach die Einzelgemeinde ist die Stiftung Christi. Sie ist ausgestattet mit dem Wort und den Sakramenten, in denen Christus gegenwärtig ist und durch die er Gemeinde als Volk Gottes schafft.
Die einzelnen Kirchen werden von ihren Synoden geleitet, an deren Spitze ein Bischof steht. Die Verwaltung der Kirche liegt in den Händen der Landeskirchenämter. Der Bischof vertritt die Kirche nach aussen. Er verfügt über das Ordinationsrecht und die Lehraufsicht.
Bibel und Bekenntnis (altkirchliche Bekenntnisse, Augsburger Bekenntnis, Luthers Katechismen u.a., zusammengefasst im Konkordienbuch) sind bestimmend für die Kirche. Die Rechtfertigung allein durch den Glauben bzw. durch Christus wird betont. Die evangelisch-lutherischen Kirchen üben die Kindertaufe und legen Wert auf die regelmässige Feier des Heiligen Abendmahls. *Bei aller grundsätzlich ökumenischen Gesinnung und innerprotestantischen Offenheit der Lutheraner fragen sich nichtlutherische Protestanten angesichts der lutherischen Kirchen manchmal, ob es so etwas wie ein kirchliches Erstgeburtsrecht gebe. Die lutherischen Kirchen sind und fühlen sich hie und da als die Erstgeborenen der Reformation.*

Zeitschriften: Zeitzeichen / Viele kirchliche Blätter in den verschiedenen evangelisch-lutherischen Landeskirchen.
Statistik: Evangelisch-lutherische Kirchen gesamthaft 63 Mio M, Lutherischer Weltbund 131 Mitglied-Kirchen, 59 Mio M.
Adresse: Lutherischer Weltbund (Lutheran World Federation), route de Ferney 150, Le Case postale 2100, CH-1211 Genève 2, Tel. 022 791 61 11, Fax 022 798 86 16.

Vereinigte Evangelisch-Lutherische Kirche Deutschlands (VELKD)

1945
Die VELKD steht innerhalb der evangelischen Kirche in Deutschland und umfasst seit dem 1. Oktober 1991 (nach dem Wiederzusammenschluss Deutschlands) die Landeskirchen von Bayern, Braunschweig, Hannover, Schaumburg-Lippe, Nordelbien, Mecklenburg, Sachsen, Thüringen. Als Gastkirchen haben sich der VELKD zugewandt (und sind neben den erwähnten Kirchen Mitglied des Deutschen Nationalkomitees des Lutherischen Weltbundes) die Evangelische Landeskirche in Württemberg, die Evangelisch-Lutherische Kirche in Oldenburg, die Pommersche Evangelische Kirche, die Evangelisch-Lutherische Kirche in Baden (Freikirche) sowie die Lutherische Klasse in Lippe.
Die leitenden Gremien der VELKD sind die Generalsynode, die Kirchenleitung und die

Bischofskonferenz. Glaubenslehren s.u. «Evangelisch-Lutherische Kirchen weltweit». Die evangelisch-lutherischen Kirchen Deutschlands gehören als Mitglieder der Evangelischen Kirche in Deutschland auch dem Ökumenischen Rat der Kirchen an. Die Missionsarbeit geschieht vor allem durch das Bayerische Missionswerk in Neuendettelsau, das Niedersächsische Missionswerk in Hermannsburg und das Nordelbische Missionswerk in Hamburg. Die württembergische Kirche arbeitet besonders mit der Basler Mission zusammen. Beziehungen bestehen weiter zu den Missionswerken in Berlin, in Wuppertal-Barmen (Vereinigte Mission) und zu verschiedenen anderen Missionen.

Zeitschriften: Zeitzeichen / VELKD-Informationen / Texte aus der VELKD.
Statistik: Evangelisch-Lutherische Landeskirchen (Deutsches Nationalkomitee des Lutherischen Weltbundes) rd. 13,8 Mio M / VELKD rd. 11 Mio M / Bund Evangelisch-Lutherischer Kirchen in der Schweiz und im Fürstentum Liechtenstein 4500 M (nicht eingeschlossen die mehr als 5000 M skandinavisch-lutherischer Kirchgemeinden in der Schweiz: Schwedisch in Zürich, norwegisch, dänisch und finnisch je in Genf).
Adresse: Vereinigte Evangelisch-Lutherische Kirche Deutschlands, Richard-Wagner-Str. 26, Postfach 510409, D-30634 Hannover, Tel. 0511 62 61 1, Fax 0511 62 61 211. www.velkd.de

Evangelische Kirchen in Österreich

In Österreich ist im Laufe der Zeit sowohl die *Evangelische Kirche A.B.* (Augsburger Bekenntnisses, lutherisch) und die *Evangelische Kirche H.B.* (Helvetischen Bekenntnisses, reformiert) entstanden. Die beiden Kirchen sind selbständig organisiert. Beide haben ihre eigene gesetzgebende Synode. Sie arbeiten jedoch eng zusammen; gemeinsame Angelegenheiten werden in der Generalsynode behandelt.
Die ersten evangelischen Gemeinden Österreichs entstanden in der Reformationszeit. In der Mitte des 16. Jahrhunderts bekannten sich mehr als die Hälfte aller damaligen Österreicher zum evangelischen Glauben. Unter den Herrschern aus dem Hause Habsburg wurde Österreich in den Jahrzehnten der Gegenreformation jedoch wieder ein katholisches Land. Alle evangelischen Kirchenorganisationen wurden aufgelöst und die evangelischen Christen waren vor die Alternative «Glaube oder Heimat» gestellt. Im Verborgenen zählte der «Geheimprotestantismus» allerdings zeitweise recht viele Anhänger. Am 13. Oktober 1781 erliess Joseph II. das Toleranzpatent. Damit fand der Protestantismus Glaubensfreiheit und Duldung. Eine gewisse Gleichberechtigung gewährte indessen erst das Protestantenpatent vom 8. April 1861. Heute regelt nach dem Grundsatz «freie Kirche in einem freien Staat» das sog. Protestantengesetz aus dem Jahr 1961 das Verhältnis zwischen österreichischem Staat und evangelischer Kirche.
Obwohl keine Bekenntnisunion gebildet wurde, stehen die lutherische und die reformierte Kirche in Österreich Seite an Seite. Zur Zusammenarbeit gehören Abendmahlsgemeinschaft, Kanzeltausch und Unterricht, ferner, soweit als möglich, gemeinsame Verwaltung sowie gemeinsame diakonische und missionarische Aktivitäten.
Die Evangelischen Kirchen Augsburgischen und Helvetischen Bekenntnisses sind ökumenischen Bestrebungen gegenüber aufgeschlossen. Sie sind u.a. Mitglied des Ökumenischen Rates der Kirchen.

Zeitschrift: Saat / Evangelisch-lutherische Kirchenzeitung für Österreich / Reformiertes Kirchenblatt.
Statistik: Evangelische Kirche A.B. etwa 340 000 M, Evangelische Kirche H.B. etwa 15 000 M.
Adresse: Evangelische Kirche A.B. und H.B. in Österreich, Evangelischer Oberkirchenrat, Severin-Schreiber-Gasse 3, A-1180 Wien, Tel. 01 222 479 15 23 300, Fax 01 222 479 15 23 330.

Evangelisch-Lutherische Kirche in Baden (ELKiB) (Freikirche)

1850
Die Evangelisch-Lutherische Kirche in Baden, eine lutherische Freikirche, ist 1851 als

Folge einer konfessionell lutherischen Erweckung gebildet worden. Ihre Glaubenslehren entsprechen denen anderer lutherischer Kirchen. Sie richten sich nach den Bekenntnisschriften (Augsburger Konfession, Luthers Kleiner und Grosser Katechismus u.a.). Beziehungen bestehen zur Selbständigen Evangelisch-Lutherischen Kirche (SELK) wie auch zur VELKD. Die Evangelisch-Lutherische Kirche in Baden ist Mitglied des Lutherischen Weltbundes. Die Leitung liegt in den Händen der Synode und des Synodalausschusses mit einem Superintendenten an der Spitze.

Zeitschrift: Kirchenblatt der Evangelisch-Lutherischen Kirche in Baden.
Statistik: Gesamthaft 7 G, 4000 M.
Adresse: Evangelisch-Lutherische Kirche in Baden, Superintendent Andreas Heinicke, Stadtstr. 22, D-79104 Freiburg i.Br., Tel. 0761 36 72 3.

Selbständige Evangelisch-Lutherische Kirche (SELK)

1972 haben sich drei evangelisch-lutherische Freikirchen zur Selbständigen Evangelisch-Lutherischen Kirche (SELK) zusammengeschlossen, nämlich die bisherige Selbständige Evangelisch-Lutherische Kirche, die Evangelisch-Lutherische [altlutherische] Kirche und die Evangelisch-Lutherische Freikirche. 1976 hat sich auch die Evangelisch-Lutherische Bekenntniskirche der SELK angeschlossen. (Schliesslich hat sich 1991 die Evangelisch-Lutherische [altlutherische] Kirche auf dem Gebiet der ehemaligen DDR wieder mit der SELK vereinigt. Die Evangelisch-Lutherische [altlutherische] Kirche im östlichen Deutschland hatte bedingt durch die politische Entwicklung ab 1972 mit der dortigen Evangelisch-Lutherischen Freikirche die Selbständige Evangelisch-Lutherischen Kirchen in der DDR gebildet).

Die frühere Selbständige Evangelisch-Lutherische Kirche war 1947 aus einem Zusammenschluss verschiedener kleiner Freikirchen aus der zweiten Hälfte des 19. Jahrhunderts hervorgegangen. – Die Evangelisch-Lutherische [altlutherische] Kirche hatte die Vertreter des strengen Luthertums vereinigt, die sich ab 1830/1840 nicht der durch König Friedrich Wilhelm III. von Preussen durchgeführten Union zwischen lutherischen und reformierten Gemeinden anschliessen wollten. – Die Evangelisch-Lutherische Freikirche war zur Hauptsache aus der Ablehnung der Union in Nassau und der Zulassung Unierter zu lutherischen Altären entstanden. 1908 hatten sich ihr auch die Hermannsburger und 1921 die Süddeutsche Freikirche angeschlossen. Von der Evangelisch-Lutherischen Freikirche stammt die Verbindung mit der lutherischen «Missouri-Synode» in den USA.

Die neue Selbständige Evangelisch-Lutherische Kirche (SELK) hält sich an die Heilige Schrift als an das unfehlbare Wort Gottes und an die Bekenntnisschriften der evangelisch-lutherischen Kirche, in denen sie die schriftgemässe Lehre bezeugt sieht (Bekenntnisse des Konkordienbuches). Eine der Schrift und den Bekenntnissen widersprechende Union mit andern Konfessionen wird abgelehnt. Die SELK ist nicht Gliedkirche der EKD und der VELKD und gehört weder dem Lutherischen Weltbund noch dem Ökumenischen Rat der Kirchen an. Hingegen ist sie Mitglied des ILC (International Lutheran Council), der Dachorganisation der (alt-)lutherischen Bekenntniskirchen. Leitende Organe in der SELK sind die Kirchenleitung und das Kollegium der Superintendenten. In beiden führt der Bischof den Vorsitz. Die Synode tritt in der Regel alle vier Jahre zusammen. Die SELK besitzt in Oberursel eine eigene Lutherische Theologische Hochschule. Die Rundfunkmission «Lutherische Stunde» (über Radio Luxemburg) und die Mission Evangelisch-Lutherischer Freikirchen (mit Missionshaus in Bleckmar über Soltau) sind Zweige der SELK.

Zeitschrift: Lutherische Kirche, Kirchenblatt der Selbständigen Evangelisch-Lutherischen Kirche (monatlich) / SELK-Informationen (11x jährlich) / «Gehet hin!» Missionsblatt der Lutherischen Kirchenmission / Lutherische Theologie und Kirche (vierteljährlich).
Statistik: 188 G, 39 000 M.
Adressen: Selbständige Evangelisch-Lutherische Kirche (SELK), Postfach 690407, D-30613 Hannover, Tel. 0511 55 78 08, Fax 0511 55 15 88. Kirchenleitung an der Schopenhauerstr. 7, D-30625 Hannover, Email: selk@selk.de.
www.selk.de
www.ilc-online.org

Evangelisch-Lutherische Freikirche

Bedingt durch die politischen Gegebenheiten hatten sich die zwei lutherischen Freikirchen im Gebiet der DDR 1972 in einer «Vereinigung selbständiger evangelisch-lutherischer Kirchen» zusammengeschlossen. 1984 ist die Kanzel- und Abendmahlsgemeinschaft wieder suspendiert worden. 1991 hat sich die Evangelisch-lutherische [altlutherische] Kirche im Gebiet der ehemaligen DDR wieder mit der Selbständigen Evangelisch-Lutherischen Kirche (SELK) in Deutschland vereinigt, während die Evangelisch-Lutherische Freikirche ihre Selbständigkeit bewahrt.
Geschichte und Glaubenslehre s.a. unter Selbständige Evangelisch-Lutherische Kirche (SELK). Pluralistische Tendenzen in Lehre und Praxis lehnt die Evangelisch-Lutherische Freikirche ab. Gemeinden in Sachsen, Thüringen, Mecklenburg-Vorpommern, Mark Brandenburg, Hessen und Bayern.

Zeitschrift: Lutherische Gemeindebriefe (monatlich) / Theologische Handreichung und Information (vierteljährlich) / «Gott ist für uns» (vierteljährlich) / «Evangelisch-Lutherischer Volkskalender» (jährlich) / «Würzel» (Jugendbrief, 9x jährlich).
Statistik: D: 2000 M.
Adresse: Kirchenleitung und Verwaltungsstelle, Neudörfler Str. 9, D-08062 Zwickau, Tel. / Fax 0375 78 96 16.

2. Evangelisch-reformierte und presbyterianische Kirchen

Evangelisch-reformierte und presbyterianische Kirchen weltweit und Reformierter Weltbund (RWB) (World Alliance of Reformed Churches)

«Reformiert» ist die nähere Bezeichnung für die Glaubensanschauungen, die in ihren geschichtlichen Wurzeln auf die Reformation Calvins und Zwinglis zurückgehen. «Presbyterianismus» ist der Name für eine bestimmte Art kirchlicher Verfassung (s.u.), wie sie in Anlehnung an das Neue Testament ebenfalls von den genannten Reformatoren vertreten wurde. Die aus den reformatorischen Anfängen entstandenen Kirchen nennen sich heute auf dem europäischen Festland zur Hauptsache «reformiert», im angelsächsischen Gebiet jedoch eher «presbyterianisch».
Die Lehren des Zürcher Reformators *Huldrych Zwingli* (1484–1531) und besonders diejenigen des Genfer Reformators *Johannes Calvin* (1509–1564) verbreiteten sich in der Schweiz, in Frankreich und in weiteren europäischen Gebieten.
Unter der Führung von *John Knox* (1505 – 1572) fand die Reformation in *Schottland* Eingang. Aus jenen ersten Anfängen entstand die Church of Scotland, die bedeutendste reformierte Kirche Grossbritanniens. In Nordamerika schufen Einwanderer eine ganze Reihe reformierter oder presbyterianischer Kirchen. Am bedeutendsten ist die Presbyterian Church (USA) mit 2,9 Mio Mitgliedern. Reformierte und presbyterianische Kirchen bestehen heute hauptsächlich in vielen Ländern der westlichen Welt, aber auch in zahlreichen Ländern Afrikas, Asiens, Australiens, Südamerikas und in Neuseeland.

Die meisten reformierten und presbyterianischen Kirchen haben sich dem 1875 in London gegründeten Reformierten Weltbund angeschlossen, der 1968 total 110 Mitgliedskirchen zählte. Mit dem Anschluss des International Congregational Council im Jahre 1970 ist der neue *Reformierte Weltbund* (presbyterianisch und kongregationalistisch) mit heute 215 Mitgliedskirchen gebildet worden. Während im Kongregationalismus die einzelne Gemeinde keiner höheren menschlichen Autorität unterstellt ist, kennt die presbyterianische Kirchenverfassung, der die Mehrzahl der Kirchen verpflichtet ist, einander übergeordnete, leitende Körperschaften vom Gemeindekirchenrat, Presbyterium, über die Bezirkssynode bis zur obersten Synode. Das eine kirchliche Amt, das presbyteriale, umfasst die Dienste der Wortverkündigung (Pastor, Pfarrer), der Ordnung in der Gemeinde (Ältester, Presbyter) und des Helfenden (Diakon). Die reformierten und die presbyterianischen Kirchen sind zum Teil Volkskirchen. Sie üben in der Regel die Kindertaufe.

Die Glaubensanschauungen der meisten reformierten und presbyterianischen Kirchen wurzeln ursprünglich im calvinistischen Denken: sie betonten die Bibelautorität, die Souveränität Gottes sowie die Rechtfertigung durch Jesus Christus mit deutlicher Verpflichtung zur Heiligung. Durch weitere Einflüsse entstanden zwischen den einzelnen Kirchen gewisse Unterschiede. Eine Reihe reformierter Kirchen verzichtet heute auf eine Bekenntnisschrift.

Der grössere Teil der reformierten und presbyterianischen Kirchen ist Mitglied des ÖRK.

Die hier erwähnten Kirchen führen ihre eigene Missionsarbeit, oder sie beteiligen sich aktiv an weiteren Missionswerken.

Die auffallende Nüchternheit des reformierten Glaubens förderte einerseits eine ausserordentliche Weltnähe, andererseits ein sich Auflösen aller spirituellen Anteile christlicher Existenz und eine Verwandlung des Glaubens in eine reine Bürgerethik oder in eine neue Form scheinbar bibeltreuer Gesetzlichkeit.

Zeitschriften: Reformed World / Up-Date (beide hrsg. vom Reformierten Weltbund) / Viele Blätter einzelner Kirchen.
Statistik: Gesamthaft 215 Mitgliedskirchen in 106 Ländern, ca. 75 Mio M (2001).
Adresse: Reformierter Weltbund/ World Alliance of Reformed Churches, route de Ferney 150, P.O. Box 2100, CH-1211 Genève, Tel. 022 791 62 35, Fax 022 791 65 05.
www.warc.ch

Reformierter Bund

Der 1884 gegründete Reformierte Bund dient der Sammlung der reformierten Kirchen und Gemeinden innerhalb des überwiegend evangelisch-lutherischen Deutschlands. Zu seinen Mitgliedern gehören vor allem die Evangelisch-reformierte Kirche in Nordwestdeutschland, die Lippische Landeskirche und die meisten Gemeinden reformierter Herkunft in Deutschland. Die Mitgliedschaft steht aber auch Synodalverbänden, kirchlichen Vereinigungen und Einzelpersonen offen.

Der Reformierte Bund vertritt die Anliegen der reformierten Gemeinden und fördert ihr Gemeindeleben in jeder Hinsicht. Der Reformierte Bund steht innerhalb der Evangelischen Kirche in Deutschland (EKD).

Zeitschrift: Zeitzeichen.
Statistik: rd. 2 Mio M in rd. 400 evang. G.
Adresse: Sekretariat des Reformierten Bundes, Vogelsangstr. 20, D-42109 Wuppertal, Tel. 0202 75 51 11.

Schweizerischer Evangelischer Kirchenbund

Als Folge der Reformation entstanden in zahlreichen Kantonen der Schweiz evangelisch-reformierte Kirchen. Sie haben alle ihre eigene Kirchenordnung. Entsprechend der unterschiedlichen geschichtlichen Entwicklung ist auch das Verhältnis der Kirchen zum Staat (Kanton) auf vielfältige Art geregelt.

1920 beschlossen die Abgeordneten der Kantonalkirchen die Gründung des Schweizerischen Evangelischen Kirchenbundes als Dachorganisation (erste Verfassung 1924). Im Laufe der Zeit wurden neben den Kantonalkirchen auch die evangelisch-methodistische Kirche und verschiedene Schweizerkirchen im Ausland als Mitglieder aufgenommen. Der Evangelische Kirchenbund nimmt sich der Anliegen an, die für den gesamtschweizerischen Protestantismus wichtig sind.

Statistik: 23 Mitgliedskirchen, 2 569 124 M (Volkszählung 2000).
Adresse: Schweizerischer Evangelischer Kirchenbund, Sulgenauweg 26, CH-3000 Bern, Tel. 031 370 25 25.
www.sek-feps.ch
www.ref.ch

Evangelisch-altreformierte Kirche in Niedersachsen

In den Jahren 1830–1850 machte sich hier und dort im reformierten Niedersachsen das Bestreben bemerkbar, die alten reformierten Grundsätze wieder stark zu betonen. In der Grafschaft Bentheim und in Ostfriesland bildeten sich seit 1837 verschiedene freie Gemeinden. Diese altreformierten Kirchen sind 1923 als selbständige Partikularsynode in die Generalsynode der (zur gleichen Zeit und in entsprechender Situation entstandenen) «Gereformeerde Kerken in Nederland» aufgenommen worden. Gewisse übergeordnete Fragen werden so mit den entsprechenden Kirchen in Holland geregelt. Seit dem 2. Weltkrieg bestehen auch zur Evangelisch-reformierten Kirche in Nordwestdeutschland, einer Gliedkirche der EKD, gute Beziehungen.

Zeitschriften: Der Grenzbote / Der Jugendbote.
Statistik: Insgesamt 14 G, ca. 7180 M (1997).
Adresse: Sekretariat der Evangelisch-altreformierten Kirche in Niedersachsen, Bachstr. 2, D-48527 Nordhorn, Tel. 05921 47 82.

3. Die Evangelische Kirche der Union (EKU)

Evangelische Kirche der Union

Die Evangelische Kirche der Union ist ein Zusammenschluss verschiedener unierter Kirchen innerhalb der EKD. Zu ihr gehören nach der Aufhebung der Bereichsgliederung (seit 1972 in EKU Bereich BRD und EKU Bereich DDR) am 1. Januar 1992 die Evangelische Landeskirche Anhalts, die Evangelische Kirche in Berlin-Brandenburg, die Evangelische Kirche der schlesischen Oberlausitz, die Pommersche Evangelische Kirche, die Evangelische Kirche im Rheinland, die Evangelische Kirche der Kirchenprovinz Sachsen und die Evangelische Kirche in Westfalen.
Der Anstoss zur Bildung einer Union ist 1817 vom preussischen König Friedrich Wilhelm III. ausgegangen. Dessen Absicht, die Gründung einer lutherisch-reformierten Bekenntnis-Union, konnte nicht verwirklicht werden. Seine Bestrebungen führten lediglich zur Bildung einer territorial begrenzten Unionskirche mit lutherischen, reformierten und unierten Gemeinden. Diese «Evangelische Landeskirche der Altpreussischen Union» (kurz «Altpreussische Union», APU) nennt sich seit 1954 Evangelische Kirche der Union.
Die EKU versteht sich als Kirche mit eigener Synode und eigenem Bischof. Die Selbständigkeit der Gliedkirchen bleibt gewahrt. Den Synoden der einzelnen Gliedkirchen steht der Bischof oder ein Präsident als oberster Geistlicher der Kirche vor. (Entsprechende Verfassungen gelten auch in den der EKU nicht angeschlossenen unierten Kirchen Deutschlands.)
Die Gemeinden halten sich entsprechend ihrer Tradition an die lutherischen oder an die reformierten Bekenntnisse oder dann an ihren unierten Bekenntnisstand. Die Grundla-

ge der Union mit Gottesdienst- und Abendmahlsgemeinschaft sehen sie in dem auch in den Bekenntnissen bezeugten Evangelium. Durch ihre Mitgliedschaft in der Evangelischen Kirche in Deutschland ist die EKU auch dem Ökumenischen Rat der Kirchen angeschlossen.

Die Evangelische Kirche der Union ist besonders verbunden mit dem Berliner Missionswerk und der Vereinigten Evangelischen Mission Wuppertal-Barmen.

Statistik: 9,1 Mio M.
Adresse: Evangelische Kirche der Union, Kirchenkanzlei, Jebensstr. 3, D-10623 Berlin, Tel. 030 31 00 10.

4. Lutherisch / Uniert / Reformiert

Evangelische Kirche in Deutschland (EKD)

Die Evangelische Kirche in Deutschland ist der Zusammenschluss der 24 evangelischen Landeskirchen in Deutschland. Ihre Geschichte reicht weit ins 19. Jahrhundert zurück. Nach dem Wittenberger Kirchensonntag (1848) schlossen sich die deutschen evangelischen Kirchenregierungen zur «Eisenacher Konferenz» (1852) zusammen. Es folgten 1903 der «Deutsche Evangelische Kirchenausschuss», nach dem Ende des landesherrlichen Kirchenregimentes der «Deutsche Evangelische Kirchenbund» (1922) und unter dem Zwang der Verhältnisse die «Deutsche Evangelische Kirche» (1933). Nach dem Abschluss des 2. Weltkrieges, als die Verhältnisse neu geordnet werden mussten, entstand die Evangelische Kirche in Deutschland. Die «Grundordnung der EKD» ist in der Kirchenversammlung von Eisenach (1948) angenommen worden. Von 1969 bis 1991, d.h. bis nach dem Zusammenschluss von BRD und DDR bildeten unter dem Druck der gegebenen politischen Verhältnisse die östlichen Gliedkirchen ihren eigenen Bund der Evangelischen Kirchen in der Deutschen Demokratischen Republik.

Die EKD versteht sich nicht als deutsche Superkirche, sondern als Bund der verschiedenen Landeskirchen Deutschlands. Der Schritt vom Kirchenbund zur Bundeskirche ist, da verschiedene Landeskirchen an ihrer Eigenständigkeit festhalten, bis jetzt nicht gelungen. Die EKD ist deswegen nicht einfach ein Zweckverband. In ihr wird die bestehende Gemeinschaft der deutschen evangelischen Christenheit sichtbar. Ihr obliegen wichtige gesamtkirchliche Aufgaben.

Von den 24 Gliedkirchen der EKD sind heute 10 lutherischen Bekenntnisses, 12 sind uniert und 2 sind reformiert. Zur Vereinigten Evangelisch-Lutherischen Kirche Deutschlands, zur Evangelischen Kirche der Union und zum Reformierten Bund, drei Zusammenschlüssen innerhalb der EKD, siehe die entsprechenden Artikel. Anfangs der 70er Jahre haben fast alle Landeskirchen die «Leuenberger Konkordie» unterschrieben und sich, ob lutherisch oder reformiert, zu einem «gemeinsamen Verständnis des Evangeliums» bekannt.

An der Spitze der EKD stehen die Synode und der Rat der Evangelischen Kirche in Deutschland sowie die Kirchenkonferenz. Zu den Glaubenslehren siehe «Evangelisch-Lutherische Kirchen», «Evangelisch-unierte Kirchen» und «Evangelisch-reformierte Kirchen».

Die Evangelische Kirche in Deutschland ist Gründungsmitglied des Ökumenischen Rates der Kirchen. Die missionarischen Aktivitäten der EKD, ihrer Gliedkirchen und der vielen rechtlich selbständigen Missionsgesellschaften waren früher im «Deutschen Evangelischen Missions-Tag» (DEMT) miteinander verbunden. Anfang 1977 ist der DEMT vom «Evangelischen Missionswerk» abgelöst worden. Daneben besteht auch die «Arbeitsgemeinschaft Evangelikaler Missionen (AEM)».

Bedeutende Auswirkungen für das kirchliche Leben gehen von den verschiedenen evangelischen Gesinnungsverbänden innerhalb der EKD aus (Bekenntnisbewegungen, seit 1970 zusammengeschlossen in der «Konferenz bekennender Gemeinschaften in den evangelischen Kirchen Deutschlands»; Evangelischer Bund und andere).

Statistik: Deutschland 27,9 Mio M (1997), 24 Landeskirchen.
Adresse: Evangelische Kirche in Deutschland EKD, Kirchenamt der EKD, Herrenhäuser-Str. 12, D-30419 Hannover, oder: Postfach 210220, D-30402 Hannover, Tel. 0511 27 96 0.
www.ekd.de

5. Anglikanische Kirchen

Kirche von England

Die Kirche von England (Church of England) ist die bedeutendste Kirche Grossbritanniens. Sie hat bei allen im Laufe der Zeit vollzogenen Veränderungen wesentliche Grundzüge aus der Reformationszeit beibehalten. Die vielfältige Verwendung der Bibel in den Gottesdiensten und der Sinn für die Ausgestaltung der Liturgie gehen auf Thomas Cranmer, Erzbischof von Canterbury (1489–1556), zurück. Auch das «Common Prayer Book» ist hauptsächlich sein Werk. Neben der Bibel sind die «39 Artikel» von 1571 massgebend für Glaube und Lehre.

Von Bedeutung sind die drei Richtungen: Die hochkirchliche Richtung, «High Church», betont eher die Verbindung mit der alten Kirche und die Katholizität. Die «Broad Church» lehnt katholisierende Tendenzen ab. Ihre Anhänger werden oft als «Modernisten» bezeichnet. Die Anhänger der «Low Church» werden heute vielfach «Evangelicals» (Evangelikale) genannt. Bei ihnen macht sich der Einfluss der Gebrüder Wesley, der Gründer des Methodismus, bemerkbar. Ohne dass sie aus der Kirche austreten, betonen sie die Notwendigkeit der Bekehrung, des Bekenntnisses zu Jesus Christus und des aktiven Christenlebens. Sie sind die hauptsächlichsten Förderer der Mission. Die Kirche von England versteht sich nicht als Staats- aber als Nationalkirche. Der Königin oder dem König kommt bei der Auswahl von Bischöfen, die durch die Dekane und Diözesankapitel gewählt werden, ein gewisses Mitspracherecht zu. Für bedeutende Änderungen an der Ordnung der Kirche ist die Zustimmung des Parlaments nötig. Die Kirche von England ist Mitglied des Ökumenischen Rates der Kirchen.

Statistik: England über 30 Mio M.
Adresse: The Church of England, Church House, Great Smith Street, London SW1P 3NZ.
www.england.anglican.org
www.archbishopofcanterbury.org

Anglikanische Kirchengemeinschaft

Ausgehend von der Church of England bildeten sich im Laufe der Zeit in verschiedenen Erdteilen weitere Kirchen. Auswanderer gründeten bereits zu Beginn des 17. Jhdt. z.B. in Amerika die Protestant Episcopal Church. Diese Kirchen sind selbständig; sie bilden jedoch zusammen mit ihrer Mutterkirche eine Kirchengemeinschaft. Ihre Zusammengehörigkeit findet in der ca. alle zehn Jahre in Canterbury stattfindenden «Lambeth-Konferenz» der Bischöfe der Anglikanischen Kirchengemeinschaft ihren Ausdruck. Vorsitzender ist der Erzbischof von Canterbury. Die Mitgliedskirchen der Anglikanischen Kirchengemeinschaft entwickelten ihre eigene Theologie. Bei aller Vielfalt der Liturgien wird doch immer wieder deren Herkunft aus dem Common Prayer Book betont. Die Zusammengehörigkeit kommt auch durch das von der Church of England übernommene Bischofsamt zum Ausdruck.

Statistik: Anglikanische Kirchengemeinschaft gesamthaft rd. 70 Mio M.

Adresse: The Anglican Communion, Partnership House, 157 Waterloo Road, London SE1 8UT. – Infos Anglikanische Kirche in den deutschsprachigen Ländern unter: Diocese of Gibraltar in Europe, 14 Tufton Street, Westminster, GB-London SW1P 3QZ. – Anglikan-Episcopal Church St. Andrews, Promenadengasse 9, CH-8001 Zürich, Tel. 01 252 60 24.
www.anglican.org
www.anglicancommunion.org
www.anglicansonline.org

6. Verschiedene

Waldenser-Kirche

Die Waldenser schlossen sich schon in der Zeit vor der Reformation zu einer eigenen Kirche zusammen. Sie vertraten indessen ähnliche Anliegen wie die Kirchen der Reformation und suchten dann auch Beziehung zu ihnen.
In der zweiten Hälfte des 12. Jahrhunderts begannen der Kaufmann Petrus Valdes aus Lyon und einige Gefährten unter Verzicht auf Hab und Gut zu zweit predigend das Land zu durchziehen. Die daraus entstehende Bewegung betonte die Rückkehr zur Bibel. Sie dehnte sich trotz des Widerstandes von Seiten der Kirche z.T. auch in den Ländern West- und Mitteleuropas aus. Die bald einsetzenden und sich mit Unterbrechungen über Jahrhunderte hinziehenden Verfolgungen überstanden jedoch nur die Waldenser in den Tälern Piemonts und auch sie nur unter grössten Leiden. Seit der Einführung der Religionsfreiheit im Piemont im Jahre 1848 kann sich die Waldenser-Kirche in Italien freier entwickeln.
Die Kirche ist die Gemeinschaft der Gläubigen und damit der Erwählten. Die jährliche Synode wählt die Tavola (Kirchenrat) mit dem Moderatore (Präsident) an der Spitze. Die Gemeinde kennt die drei Ämter des Pastors, Presbyters und Diakons.
Die Waldenser öffneten sich im Blick auf ihre Glaubensanschauungen weitgehend reformiert-calvinistischen Einflüssen. Die frühere Betonung der Heiligen Schrift als alleiniger Regel für Glaube und Leben des Christen wird weitergeführt.
Die Waldenser-Kirche ist Mitglied des Ökumenischen Rates der Kirchen und des 1967 gegründeten Bundes der Evangelischen Kirchen in Italien (Waldenser, Methodisten, Baptisten und Lutheraner; Mitarbeit von Pfingstlern, Heilsarmee u.a. bei einzelnen Aufgaben). 1974 schloss die Waldenser-Kirche mit der Methodistenkirche eine Union, die zum schrittweisen Zusammenschluss führen soll.
Die Waldenser sind bis heute in Italien beheimatet. Eine grössere Schar lebt in Uruguay und Argentinien. In Deutschland, Frankreich und New York sind sie bestehenden protestantischen Kirchen angeschlossen. In der Schweiz arbeiten sie als Chiesa Evangelica di lingua italiana.

Zeitschriften: Riforma (zusammen mit den Methodisten und Baptisten Italiens) / Voce Evangelica (Waldenser in der Schweiz, zusammen mit den Protestanen im Tessin und im Italienisch sprechenden Graubünden).
Statistik: Gesamthaft ca. 48 000 M / Italien rd. 27 500 M / CH: 6 G, 400 M / Südamerika rd. 13 300 M. Die deutschsprechenden Waldenser in Deutschland sind innerhalb der Evangelischen Kirchen von Württemberg und Baden organisiert, zusätzlich eine italienische Waldenser Gemeinde in Stuttgart mit 20 M.
Adressen: Chiesa Evangelica di lingua italiana, Sekretariat, Uetlibergstr. 54, CH-8045 Zürich, Tel. 01 462 04 11. – Deutsche Waldenser-Vereinigung, Heinrich-Arnaud-Haus, D-75443 Ötisheim-Schönenberg, Tel. 07041 74 36.

International Protestant Church of Zurich (Internationale Protestantische Kirche Zürich)

In Zürich haben sich 1961, unterstützt von schweizerischen Freunden, einige englischsprechende Familien aus dem Ausland zusammengetan, um für sich Gottesdienste durchzuführen und weitere Dienste einer Kirche zu organisieren. Aus kleinen Anfängen ist heute eine Schar von ca. 180 oft wechselnden Mitgliedern und 170 Freunden verschiedener Konfession und Nationalität geworden.

Die International Protestant Church ist in der Französischen Kirche zu Gast. Die Gottesdienste folgen ungefähr der Liturgie in der amerikanischen Presbyterian Church. Die International Protestant Church steht in ständigem Kontakt mit dem National Council of Churches in den USA und mit dem Free Church Federal Council in England.

Zeitschrift: Newsletter.
Statistik: CH: vor allem Zürich und Umgebung, rd. 300 M.
Adresse: International Protestant Church of Zurich, Zeltweg 20, CH-8032 Zürich, Tel. 01 262 55 25, Fax -41.
www.ipc-zurich.org.

7. Weltweite interkonfessionelle Vereinigungen

Evangelische Allianz (EA)

Auf Anregung von Thomas Chalmers, dem Mitbegründer der Freikirche Schottlands, versammelten sich 1846 in London Vertreter aus 52 Volkskirchen und Freikirchen der westlichen Welt. Sie wollten der Zersplitterung der evangelischen Christenheit entgegenwirken und gründeten die Evangelische Allianz, einen losen Bund von Einzelpersonen aus verschiedenen evangelischen Kirchen. Auch in Deutschland (1851) und in der Schweiz (1847) bildeten sich Allianz-Sektionen mit einem Landesvorstand. Die Satzungen der Evangelischen Allianz betonen die wesentlichen Heilswahrheiten der Heiligen Schrift und die Notwendigkeit eines gläubigen und bekehrten Christenlebens.
Die Evangelische Allianz gab Anstoss zur Gründung des *Christlichen Vereins Junger Männer, CVJM* (1855), des *Weltbundes der Christlichen Vereine Junger Töchter* (1893), des *Jugendbundes für entschiedenes Christentum* (Amerika 1881, Europa 1894), des *Christlichen Studenten-Weltbundes* (1895) und zur Entstehung kleinerer evangelistischer, glaubenvertiefender Werke. Zu Beginn jedes Jahres wird die Allianzgebetswoche durchgeführt.
Die EA in Deutschland erstrebt quer durch alle Kirchen hindurch die geistliche Einheit derer, die von Herzen an Jesus Christus glauben. Mit ihr in Verbindung stehende Werke und Organisationen sind u.a. der Evangeliums-Rundfunk, Arbeitskreis für evangelikale Theologie, Arbeitsgemeinschaft evangelikaler Missionen (AEM), Hilfe für Brüder.
Anfangs der 70er Jahre ist «idea» (Informationsdienst der Evangelischen Allianz) gegründet worden. «idea spektrum» veröffentlicht wöchentlich Nachrichten und Meinungen aus der evangelischen Welt sowie Stellungnahmen von evangelikaler Seite.
Massgebend für die EA in der Schweiz sind die Grundlage der Europäischen EA und die Lausanner Erklärung von 1974. (Das nationale Lausanne-Komitee hat sich 1985 der SEA, der Schweizerischen Evangelische Allianz, angeschlossen). 12 Arbeitsgruppen beschäftigen sich mit aktuellen Themen und Aufgaben wie Theologie, Evangelisation, Medien, Literatur, Mission, Sozialarbeit in der Dritten Welt, Diakonie, Behinderung. Ein Ehrenkodex, den bis heute 50 christliche Organisationen unterzeichnet haben, enthält Richtlinien für die Öffentlichkeitsarbeit und die Verwendung finanzieller Mittel. Die früheren «SAFE-Nachrichten» erschienen nach 1986 unter dem Namen «idea Magazin» als Informationsdienst der schweizerischen EA (angeschlossen ist der idea Pressedienst).
In Österreich bestehen Allianz-Treffen seit 1870.
Gegenüber dem Ökumenischen Rat der Kirchen wird die ganz andere Zielsetzung, die vorgegebene Einheit des Volkes Gottes darzustellen, hervorgehoben.

Zeitschriften: D: idea spektrum / Allianz-Forum / Evangelische Allianz intern / CH: Rundbrief des Zentralkomitees / Season / A: Allianzspiegel.
Statistik: Weltweit: ca. 150 Mio M / D: rd. 1500 Ortsgruppen / CH: rd. 600 Gemeinden mit 1400 M, rd. 50 000 Aktive (1997) / A: ca. 400 Verein-M. (1997).
Adressen: Deutsche Evangelische Allianz e.V. (DEA), Stitzenburgstr. 7, D-70182 Stuttgart, Tel. 0711 24 10 10, Fax 0711 23 64 60 0. – Schweizerische Evangelische Allianz (SEA), Josefstr. 32, CH-8005 Zürich, Tel. 01 273 00 44, Fax 01 273 00 66. – Österreichische Evangelische Allianz (ÖEA), Mag. Fritz Börner, Schumpeterstr. 9, A-4040 Linz, Tel. / Fax 0732 24 80 19.
www.HFE.org
www.ead.de
www.each.ch
www.idea.de
www.ideaschweiz.ch

World Evangelical Alliance (WEA) (Weltweite Evangelische Allianz), früher: World Evangelical Fellowship (WEF)

Im Jahre 1942 ist in den USA die National Association of Evangelicals (NAE) gegründet worden, eine von pietistischen Kreisen getragene Vereinigung von Gemeinschaftschristen. 1951 schloss sich der britische Zweig der Evangelischen Allianz der NAE an. Der Zusammenschluss führte 1952 zur Gründung der World Evangelical Fellowship (WEF). 1968 hat die Mehrzahl der nationalen Verbände der Evangelischen Allianz, unter ihnen auch die Deutsche Evangelische Allianz, die Schweizerische Evangelische Allianz und die Österreichische Evangelische Allianz, ihren Beitritt zur WEF/WEA erklärt. Heute gehören zur WEA 120 nationale oder regionale evangelische Allianzen oder Kirchenverbände als Vollmitglieder. Über 100 Verbände sind assoziierte Mitglieder.
Die Evangelische Allianz ist von ihrer ursprünglichen Zielsetzung her ein Bund von Einzelpersonen. Sie hat sich aber vor allem als WEA zum Bund zahlreicher Gemeindebünde entwickelt.
In der Regel findet alle sechs Jahre eine Vollversammlung statt. Die WEA versteht sich als Zusammenschluss bibeltreuer, evangelikaler Christen. Sie sieht ihre Aufgaben in der Evangelisation der Welt, in der Arbeit an der Jugend und in der Ausarbeitung einer «klaren biblischen Konzeption im Blick auf die theologische Ausbildung».
Kennzeichnend für das von der WEA anvisierte Christentum sind das Wissen um die Bedeutung der Bibel, das Eingeständnis der eigenen Sündhaftigkeit, das Wissen um die Notwendigkeit persönlicher Bekehrung und um die erfahrbare Versöhnung durch Christus und die Sorge um einen neuen, vom Evangelium durchdrungenen Lebensstil.
In der WEA kommen heute Christen aus allen Erdteilen zu Wort. Die Einstellung zum Ökumenischen Rat der Kirchen ist eher distanziert (s.a. unter Evangelische Allianz). Vor einigen seiner Tendenzen wird gewarnt. Das Sozialhilfswerk der WEA mit Namen «World Relief» ist weltweit tätig.

Zeitschriften: Evangelical World / Information interchange.
Statistik: Weltweit ca. 160 Mio M.
Adresse: World Evangelical Alliance, Secretariat, P.O. Box WEF, Wheaton, IL 60189-8004, U.S.A., Tel. 001 630 668 0440.
www.WorldEvangelical.org
www.worldrelief.org

Ökumenischer Rat der Kirchen (ÖRK)

Andere Namen: World Council of Churches (WCC), Conseil oecuménique des Eglises (COE), Consejo Mundial de Iglesias (CMI).
«Ökumenisch» bedeutet im ursprünglichen Wortsinn «auf die ganze bewohnte Erde bezogen». In unserer Zeit verbindet sich mit diesem Wort die Einsicht, dass die Kirchen der ganzen Erde, soweit sie Kirchen Jesu Christi sind, zusammengehören und sich auf diese Zusammengehörigkeit einstellen sollen. Aus diesem Wissen heraus bildeten sich im Laufe der Zeit verschiedene und verschiedenartige ökumenische Bewegungen.

In neuester Zeit werden mit dem Ausdruck «ökumenisch» besonders der 1948 gegründete Ökumenische Rat der Kirchen und die dessen Bestrebungen tragende Bewegung bezeichnet. Wichtige Etappen auf dem Weg zur Bildung des ÖRK waren die erste Weltmissionskonferenz von 1910 in Edinburgh, die Weltkonferenzen für Glaube und Kirchenverfassung (Faith and Order Movement) 1927 in Lausanne und 1937 in Edinburg sowie die Weltkonferenz für Praktisches Christentum (Life and Work Movement) 1925 in Stockholm und 1937 in Oxford.

Die erste Vollversammlung des neugebildeten Ökumenischen Rates der Kirchen war für das Jahr 1941 vorgesehen. Infolge des Krieges konnte sie jedoch erst 1948 in Amsterdam durchgeführt werden. Die nächsten Vollversammlungen traten zusammen 1954 in Evanston, 1961 in New Delhi, wo auch der Internationale Missionsrat dem ÖRK angeschlossen worden ist und die orthodoxen Kirchen aus Osteuropa dem Rat beigetreten sind, sowie 1968 in Uppsala, 1975 in Nairobi, 1983 in Vancouver und 1990 in Canberra.

Weitere Organe des ÖRK sind der Zentralausschuss (laut Satzungen max. 150 Mitglieder plus Präsidenten des ÖRK) und der Exekutivausschuss (max. 18 Mitglieder sowie Präsidenten des ÖRK und Generalsekretär). Der Sitz des Generalsekretariats mit den verschiedenen Abteilungen ist in Genf, Generalsekretär ist z.Zt. der deutsche Theologe Konrad Raiser.

Der Ökumenische Rat der Kirchen ist eine Gemeinschaft von Kirchen, «die den Herrn Jesus Christus gemäss der Heiligen Schrift als Gott und Heiland bekennen und darum gemeinsam zu erfüllen trachten, wozu sie berufen sind, zur Ehre Gottes, des Vaters, des Sohnes und des Heiligen Geistes». Mitglieder sind nicht Einzelpersonen, sondern Kirchen. Die Mitgliedschaft beeinträchtigt jedoch das Eigenleben der Kirchen nicht.

Der Ökumenische Rat der Kirchen zählt heute 324 selbständige, vor allem evangelische, anglikanische und orthodoxe Mitgliedskirchen aus allen Erdteilen. Der Schweizerische Evangelische Kirchenbund, die Evangelische Kirche in Deutschland und die Evangelischen Kirchen Augsburger und Helvetischen Bekenntnisses in Österreich sind ebenfalls Mitglieder (verschiedene deutsche Landeskirchen unterhalten zusätzlich eine direkte Mitgliedschaft).

Zeitschriften: The Ecumenical Review / International Review of Mission / WCC-News (alle hrsg. vom WCC) / Ökumenische Rundschau (Deutschland).

Statistik: 342 Mitgliedskirchen mit gesamthaft rd. 400 Mio M.

Adresse: Ökumenischer Rat der Kirchen, 150 route de Ferney, CH-1211 Genève 2.

Internationaler Rat christlicher Kirchen (ICCC)

The International Council of Christian Churches (ICCC) ist eine weltweite Vereinigung evangelischer fundamentalistischer Kirchen (für die Selbstbezeichnung wird im Deutschen lieber «bibelgläubig» verwendet). Der ICCC ist wie der ÖRK 1948 in Amsterdam gegründet worden – aber in sehr bestimmter Ablehnung der Ökumenischen Bewegung und des ÖRK. Der Anstoss zur Gründung kam aus dem 1941 entstandenen American Council of Christian Churches – einer zum bedeutenden National Council of the Churches of Christ in den USA in Opposition stehenden kleineren Vereinigung. Präsident ist seit der Gründung Carl McIntire.

Der ICCC wirft dem Ökumenischen Rat der Kirchen vor, er dulde viele Ansichten in Bezug auf Christus, er sei eine unheilige Gemeinschaft und erstrebe die Vereinigung aller Kirchen in einer sichtbaren Kirche, er trachte nach einer sozialen Ordnung entsprechend dem Vorbild der wirtschaftlichen Prinzipien des Kommunismus u.a. Demgegenüber betont der ICCC die Trennungsli-

nie zwischen Glauben und Unglauben. Er wendet sich gegen «Modernismus, Liberalismus und Ökumenismus» und will nur Anhänger, welche «die Reinheit der Kirche in Lehre und Leben» aufrechterhalten.
In Deutschland und in der Schweiz besitzt der ICCC bis jetzt keine Mitgliedskirchen. Wohl aber gibt es in diesen Ländern Einzelpersonen etwa aus dem Kreis des Bibelbundes und des Schweizerischen Bundes Aktiver Protestanten, die Mitglieder sind.

Zeitschrift: The Reformation Review.
Statistik: Weltweit 547 in der Mehrzahl kleine Mitgliedskirchen, verbunden in den vier regionalen Räten Nordamerika, Südamerika, Ostasien und Afrika.
Adresse: Dr. K.C. Quek, ICCC First Vice-President and Executive Secretary, Far Eastern Office, 5 Tavistock Avenue, SINGAPORE 555108, Tel. 0065 280 33 38 oder 0065 287 54 66.
www.iccc.org.sg

International Ecumenical Fellowship (IEF)

Die Internationale Ökumenische Gemeinschaft ist eine ökumenische Laienbewegung. Sie möchte, indem sie Christen aus verschiedenen Konfessionen und Nationen sammelt, die geistliche Einheit der Kirche als Volk Gottes erfahrbar machen und so eine Hilfe leisten auf dem Weg zur Einheit der Kirche in Wort und Sakrament. Dementsprechend spielen gelebte Spiritualität und gemeinsames gottesdienstliches Feiern eine bedeutende Rolle. Zu den tragenden Kräften gehören in Deutschland vor allem Mitglieder der Evangelischen Michaelsbruderschaft (Berneuchner), einer evangelischen Gemeinschaft mit besonderem Sinn für geistliches und gottesdienstliches Leben. Aber auch für andere charismatische geistliche Traditionen, vorab für die erneuerte benediktinische Spiritualität, wird Offenheit bewahrt. So soll dem Anliegen wahrer Katholizität Gehör verschafft werden.
Der Gründungsbeschluss der IEF ist 1968 in Gwatt/CH gefasst worden, ohne dass es in diesem Land zur Bildung eigener Mitgliederkreise gekommen wäre. Bis heute sind 9 nationale Vereinigungen vertreten (B, D, F, GB, PL, E, CZ, H, USA), deren Mitglieder sich jährlich eine Woche lang zur International Conference mit Vorträgen, Aussprachen und täglicher Eucharistie treffen.

Zeitschrift: IEF-Rundbrief.
Statistik: Weltweit 350 M / D: 150 M.
Adressen: Secretary of the Fellowship, 27 Drève des Bruyères, B-1630 Bruxelles. – IEF, Deutsche Region, Sekretariat, Eschenbroichstr.30, D-51469 Bergisch-Gladbach, Tel. 02202 53 85 9.

III Ältere und evangelikale Freikirchen

Die in den nächsten zwei Kapiteln beschriebenen Kirchen werden als *Freikirchen* bezeichnet. Sie unterscheiden sich damit sowohl von den Landeskirchen als auch von den Volkskirchen. Anders als die Landeskirchen sind sie frei von irgendwelchen organisatorischen Verbindungen mit dem Staat, in der Schweiz mit dem jeweiligen Kanton. Ihre Mitglieder werden – zumindest in der Theorie – nicht wie in den Volkskirchen sozusagen in die Gemeinden hineingeboren. Sie treten ihrer Kirche durch einen freien Entschluss bei.

Aus den Freikirchen sind – wie aus jeder Tradition – auch Gemeinschaften herausgewachsen, die wegen ihres Absolutheitsanspruchs oder ihrer autoritären Struktur als Sondergruppen oder gar als Sekten angesprochen werden können (siehe dazu die Texte zu den einzelnen Gemeinschaften).

Die Freikirchen lassen sich in zwei Gruppen einteilen, in sog. «nichtcharismatische» und sog. «pfingstlerisch-charismatische», je nachdem, ob sie die sog. Geistesgaben Zungenrede, Prophetie etc. kennen und ihnen eine wesentliche Bedeutung beimessen oder nicht. In diesem Kapitel ist die Rede von Freikirchen, welche die im Neuen Testament beschriebenen Geistesgaben als auf das apostolische Zeitalter beschränkt sehen (sog. cessationistische Auffassung: die Geistesgaben haben am Ende des apostolischen Zeitalters aufgehört).

Nach ihrer Gemeindestruktur lassen sich die «nichtcharismatischen» Freikirchen in zwei Gruppen einteilen: in die Freikirchen täuferischer, baptistischer und darbystischer Herkunft und in diejenigen pietistischen und methodistischen Ursprungs.

Die Kirchen der ersten Gruppe haben in der Regel eine kongregationalistische Kirchenverfassung. «Congregation» heisst im Englischen «Gemeinde». In der Einzelgemeinde kommt bereits die ganze Kirche zum Ausdruck. Sie ist darum ganz und gar selbständig. Die Gemeinden können sich für bestimmte Aufgaben zu Bünden zusammenschliessen. Die leitenden Organe eines Bundes haben indessen keine grössere Autorität als die Vorsteher der Einzelgemeinde.

Den eigentlichen kongregationalistischen Kirchen, die vor allem in den anglikanischen Ländern verbreitet sind, gehen wir hier nicht weiter nach. Zu ihnen gehört z.B. die *Congregational Church of England and Wales* mit ca. 200 000 Mitgliedern. 1891 gründeten verschiedene kongregationalistische Kirchen *The International Congregational Council*. 1970 erfolgte der Zusammenschluss mit dem Reformierten Weltbund.

Gemeinsam ist den Freikirchen der ersten Gruppe auch die Erwachsenentaufe. Sie bilden in der Regel Gemeinden getaufter Gläubiger. Nicht einheitlich ist die Taufe in der Brüderbewegung (Darbysten). Ein Teil der Versammlungen übt Erwachsenentaufe, ein anderer Teil Kindertaufe.

Mit dem Auftreten der **Täufer** während der Reformationszeit entstand ganz allgemein die erste Freikirche der Neuzeit. Täufergemeinden sind, wie die kirchengeschichtliche Forschung festgestellt hat, fast gleichzeitig in verschiedenen Gebieten entstanden: In Zürich, wo 1525 die erste Erwachsenentaufe in neuerer Zeit vollzogen wurde, in Süddeutschland und im norddeutsch-niederländischen Raum, wo Menno Simons der überragende Täufer-Führer war. Sein Wirken führte zur Bezeichnung *Mennoniten*. Durch Verfolgung und Auswanderung erlebte das Täufertum im Laufe der Jahre eine weitere Verbreitung.

In einer gewissen Anlehnung an die Mennoniten stehen die sog. **Neutäufer**, eine im neunzehnten Jahrhundert in der Schweiz entstandene Bewegung, die allerdings bereits von der Erweckungsbewegung mitbeeinflusst wurde und deshalb von den (Alt-)Täufern abzusetzen ist.

Zu Beginn des 17. Jahrhunderts entstand in Amsterdam unter Glaubensflüchtlingen aus England die erste Gemeinde der **Baptisten**. Eine direkte Beeinflussung der Gemeindegründer durch die Mennoniten der Reformationszeit hat sich bis heute nicht nachweisen lassen. Einige Jahre danach nahm in England eine andere Baptistenrichtung ihren Anfang. Die Baptisten verbreiteten sich vor allem in den angelsächsischen Ländern ziemlich rasch. Sie fanden aber in kleinerem Ausmass auch in den deutschsprachigen Ländern Europas Eingang.

Gewisse Anschauungen des Baptismus teilen die Gemeinschaften, die aus dem **Restoration Movement** des neunzehnten Jahrhunderts hervorgegangen sind. Diesem ging es um die Wiederherstellung des ursprünglichen neutestamentlichen Gemeindelebens, auch in Details der Gemeinde- und Lebenspraxis. Herausgewachsen aus dem Restoration Movement sind z.B. die *Disciples of Christ*, die *Churches of Christ* und ihr Ableger, die umstrittenen *International Churches of Christ*.

Bei der **Brüderbewegung** (Darbysten), die in diesem Kapitel ebenfalls beschrieben wird, handelt es sich um eine eigenständige Gründung aus der ersten Hälfte des 19. Jahrhunderts. Gewisse Ähnlichkeiten ermöglichten ihr 1941 in Deutschland den Zusammenschluss mit den Baptisten zum *Bund Evangelisch-Freikirchlicher Gemeinden in Deutschland*. Als nach 1945 der politische Druck nachliess, blieb dennoch ein Teil der Brüderbewegung in diesem Bund. Die Brüderbewegung erstrebt die Bildung von Versammlungen nach dem Vorbild der Apostelzeit. Darum bezeichnen sich ihre Anhänger als «Brüder» oder auch *Christliche Versammlungen*. Mit den weiteren Kirchen dieses Kapitels haben sie auch den Independentismus gemeinsam, d.h. die einzelnen Versammlungen sind selbständig und unabhängig. Zu den verschiedenen englischen Reform-Strömungen, die in

Opposition zur konstituierten Kirche, vor allem zur *Church of England*, die Urkirche wieder herstellen wollten, gehören seit dem 17. Jahrhundert auch die **Quäker**. Die Quäker betonten von Anfang an nicht neue Lehren, sondern die Bedeutung des *inneren Lichts*. Sie bildeten eine Bewegung mit eigenen Versammlungen, jedoch nur mit einem Minimum an Organisation; denn wenn sich die Quäker als «Erleuchtete» dem Hören auf den Heiligen Geist in sich verpflichtet wissen, so brauchen sie weder Dogmen noch Kirchen, Priester und Sakramente. Sie vertreten einen Independentismus in letzter Konsequenz.

Nun zur zweiten Gruppe: Der **Pietismus** ist eine bedeutende Glaubensbewegung des 17. Jahrhunderts. Seine Nachwirkungen sind bis in unsere Zeit herein wahrnehmbar. Innerkirchliche pietistische Kreise bildeten sich sowohl in lutherischen wie in reformierten Gebieten. Ihr Anliegen war die Erneuerung der Kirche, deren Leben damals mancherorts in einem trockenen Lehr- und Verwaltungsbetrieb erstarrt war. Die Anhänger des Pietismus wollten sich nicht mehr allein mit dem Besitz des rechten Glaubens zufriedengeben, sondern diesen Glauben auch leben. Die praxis pietatis, die «Übung der Gottseligkeit», gehörte zu ihren Hauptanliegen. Bibelglaube, Erkenntnis der Schuld und Gewissheit der Vergebung, Bekehrung und Heiligung fanden eine ganz neue Betonung.

Die beiden bedeutendsten Förderer des Pietismus in Deutschland waren *Philipp Jakob Spener* (1635–1705), dessen Buch «Pia desideria» die neue Bewegung recht eigentlich auslöste, und *August Hermann Francke* (1663–1727), der als Professor und Prediger in Halle einen weit über Deutschlands Grenzen hinausreichenden Einfluss ausübte. Zahlreiche in Halle ausgebildete Theologen und viele ehemalige Schüler von Franckes Waisenhäusern und Schulanstalten mit rund 2000 Plätzen brachten die neue Frömmigkeit auch in andere Gegenden und Länder.

Der alte Pietismus blieb, wenn wir von ein paar extremen Erscheinungen absehen, eine innerkirchliche Bewegung. Von ihm gingen indessen auch Anstösse zu einer Weiterentwicklung von Lehren und Frömmigkeit und damit zur Gründung neuer Bewegungen und Kirchen aus. Im Blick auf die Entstehung neuer Gemeinden darf allerdings ein Unterschied nicht übersehen werden: Die Freikirchen täuferischer (mennonitischer), baptistischer und darbystischer Herkunft erstrebten in ihrer Anfangszeit eine Erneuerung der Kirche durch die Ablehnung der bestehenden Kirchen. Sie stellten diesen von Anfang an neue Kirchenformen, andere Lehren und eine andere Frömmigkeit entgegen. Demgegenüber begannen die pietistischen und methodistischen Kirchen sowie die Heiligungsgemeinden in der Regel als Erneuerungsbewegungen innerhalb der traditionellen Kirchen. Erst die Zunahme von Spannungen und die Schwierigkeiten zur Integration der neuen Bewegungen führten zur Bildung neuer Kirchen und Gemeinden.

In Deutschland entstand als Freikirche pietistischer Herkunft die **Herrnhuter Brüdergemeine**. Deren Frömmigkeit wirkte sich im 18. Jahrhundert auch in England aus. *Charles Wesley* (1707–1788) und sein Bruder *John Wesley* (1703–1791) wie auch *George Whitefield* (1714–1770), die Gründer des Methodismus, waren von ihr beeinflusst. Sie entwickelten die von den Herrnhutern empfangenen geistlichen Anstösse zur besonderen methodistischen Verkündigung und Frömmigkeit. Kennzeichnend für den früheren Methodismus war die Bildung von «Klassen», einer Art von Hausversammlungen zum Bibelstudium, sowie der Einsatz von Laienpredigern. Die Methodisten betonten die Freiheit des menschlichen Willens, die unmittelbare Erfahrung Gottes in der Seele des Christen bzw. das Zeugnis des Heiligen Geistes, die Wichtigkeit der Bekehrung und schliesslich die Forderung der Vollkommenheit nach der Liebe.

Die Aussagen John Wesleys und der frühen Methodisten zur christlichen Vollkommenheit führten zu zahlreichen Diskussionen und schliesslich in der Mitte des 19. Jahrhunderts zur Entstehung der amerikanischen **Heiligungsbewegung**. Deren Anhänger machten in Abweichung von den methodistischen Lehren aus der Rechtfertigung des Christen durch den Glauben und aus der Heiligung des Lebens zwei Glaubensstufen. Sie sprachen von der Heiligung und Vollkommenheit als von der «zweiten Segnung», vermochten allerdings dem Perfektionismus nicht immer zu entgehen.

In neuer Zeit blühte der Pietismus vor allem in der deutschen Gemeinschaftsbewegung als **Neupietismus** wieder auf. Durch das Zusammentreffen mit der amerikanischen Erweckungsfrömmigkeit und ihrer Theologie entstand auch in Europa die Bewegung der **Evangelikalen**. Zu den Evangelikalen zählen heute verschiedene Kreise in den evangelischen Landeskirchen, einige Freikirchen und eine grosse Zahl von selbständigen evangelistischen und volksmissionarischen Unternehmen. Die Bewegung der Evangelikalen ist, was Lehren und Frömmigkeit betrifft, allerdings nicht einheitlich. Die Unterschiede dürfen nicht übergangen werden. Die Evangelikalen halten sich in der Regel an die 9 Punkte umfassende *Glaubensbasis der Evangelischen Allianz* von 1846 und an die *Lausanner Erklärung* des Internationalen Kongresses für Weltevangelisation von 1974 in Lausanne. (In der Evangelischen Allianz arbeiten allerdings nicht nur evangelikale Christen und Kreise mit. Die beiden Ausdrücke sind nicht deckungsgleich. Zur Evangelischen Allianz s. Kap. II, 7).

Die Evangelikalen betonen die *persönliche* Heilsaneignung mit der Sündenerkenntnis, dem Sündenbekenntnis, der Busse, der Bekehrung und der Wiedergeburt. Sie reden von der Erfahrung des Heils, aus der ein aktives Christenleben hervorgehen soll. Zum aktiven Christenleben gehören nicht nur die tätige Nächstenliebe, sondern ebenso sehr die Bereitschaft, über seine Bekehrung und Wiedergeburt Zeugnis abzulegen. Das Wort der Bibel wird zum persönlichen Wort für den Leser. Die Bedeutung des Wortes hinsichtlich der Gemeinde wird weniger stark betont. Bibelkritik auch im Sinne einer den Sinn aufhellenden Bibelwissenschaft wird in der Regel abgelehnt. Nicht selten wird in fundamentalistischer Weise an der Verbalinspiration festgehalten.

Evangelikale Gemeinden umfassen, soweit dies möglich ist, Christen, die Bekehrung und Wiedergeburt erlebt haben. Kirchen, die darauf weniger Gewicht legen und z.B. eher Wortverkündigung und Sakramentsausteilung oder ein gemeinsames Bekenntnis als konstitutiv betrachten, sind ihnen suspekt. In vielen Fällen lehnen sie diese ab. Dieses Gemeindeverständnis der Evangelikalen kann allerdings zu einer Zweiteilung in «Gläubige» und «Ungläubige», Zeitliches und Ewiges, Kirche und Welt führen. Den Evangelikalen liegt viel an der Evangelisation der Welt. Ungläubige sollen zur Bekehrung geführt werden. Entsprechend der erwähnten Zweiteilung wird hier und dort nicht so sehr die in der Menschwerdung Jesu Christi begründete Hilfe für die Welt, sondern der Ruf zur Distanz von der Welt betont.

Die Einstellung der evangelikalen Gemeinden zur Taufe, Kindertaufe oder Erwachsenentaufe, ist nicht einheitlich. Der Ökumenische Rat der Kirchen wird auf Grund eines andern Kirchenverständnisses abgelehnt.

Aus dem evangelikalen Milieu, aber ohne Anbindung an eine bestimmte Tradition herausgewachsen sind die verschiedenen **fundamentalistischen Sondergruppen,** die meist auf einen einzelnen Leiter zurückgehen, der – von evangelikalem Glauben bewegt – zusätzliche Sonderlehren entwickelt und seine Gemeinschaft ins Abseits des Allein-Rechthabens und meist auch einer starken Personenbindung führt. Eine Auswahl dieser meist konfliktreichen Gemeinschaften schliesst das Kapitel ab.

1. Freikirchen täuferischer (mennonitischer) Herkunft

Mennoniten

1525

Andere Namen: Altevangelisch Taufgesinnte, Alttäufer.

Die neueste Forschung rechnet mit verschiedenen Entstehungsbereichen der frühen Täufer. Die ersten Gemeinden sind in Zürich entstanden. Dort waren neben anderen Konrad Grebel, Felix Manz und Georg Blaurock der Meinung, Zwinglis Reformation vernachlässige die Bildung wirklich freier Gemeinden, die Selbständigkeit gegenüber der Obrigkeit und die Einführung der wahren Taufe. Sie begannen 1525 selber mit der Taufe Erwachsener und danach mit der Bildung freier Gemeinden. Bedrängnis und Verfolgung konnten in den damaligen Verhältnissen nicht ausbleiben. Dadurch wurden zahlreiche Täufer über weite Gebiete Europas zerstreut.

Auf andere Art bewegt verlief die Geschichte der chiliastischen, endzeitbewegten Täufer. Melchior Hofmann (1495–1543) aus Strassburg verband täuferische Gedanken mit der Erwartung, dass der Anfang des göttlichen Reiches nahe bevorstehe. Der missglückte Versuch, 1534/35 in Münster das Tausendjährige Reich aufzurichten, entstammte mehr chiliastisch revolutionären als täuferischen Gedanken.

Erfolgreicher und auch besonnener waren die in Norddeutschland und den Niederlanden entstandenen Täufergemeinden. Sie fanden im ehemaligen katholischen Priester Menno Simons (1496–1561) ihren Führer. Nach ihm werden die Täufer in Deutschland Mennoniten genannt. Die verschiedenen Entstehungsbereiche der Täufer und Mennoniten, die in ihren Anfängen wahrscheinlich nie gesamthaft organisiert waren, spiegeln sich in den heutigen Verbindungen von Täufergemeinden wider. Die Gemeinden in der Schweiz, im Emmental, im Jura, in Basel, Liestal, Biel und Bern haben sich zur *Konferenz der Mennoniten der Schweiz (Alttäufer)*, zusammengeschlossen (früher: Konferenz der Altevangelisch Taufgesinnten-Gemeinden). In ihrem Gebiet liegt die *Europäische Mennonitische Bibelschule Bienenberg*, CH-4410 Liestal. In Süddeutschland ist der *Verband deutscher Mennoniten-Gemeinden* entstanden. Die Täufer bzw. Mennoniten in der Schweiz und in Süddeutschland haben sich pietistischen Einflüssen geöffnet. Die Gemeinden im Norden Deutschlands gehören zur *Vereinigung der Deutschen Mennonitengemeinden.* Obwohl die Ansichten dieser Zusammenschlüsse hinsichtlich Taufe, Abendmahl und Gemeindezucht auseinandergehen, suchen sie in Konferenzen miteinander Kontakt. Als ein historischer Schritt in die Zukunft wird die Gründung der *Arbeitsgemeinschaft Mennonitischer Gemeinden in Deutschland* in den Jahren 1990/91 bezeichnet. Träger sind der «Verband», die «Vereinigung» und die «Arbeitsgemeinschaft Südwestdeutscher Mennonitengemeinden».

Durch vertriebene Täufer und Auswanderer sowie auf Grund missionarischer Tätigkeit entstanden im Laufe der Zeit in zahlreichen Ländern eine Reihe von Mennoniten- oder Täuferkirchen. Alle bedeutenderen Mennonitenkirchen sind Mitglieder der 1925 gegründeten *Mennonitischen Weltkonferenz* (164 Kirchen in 60 Ländern und gesamthaft 803 000 Gemeindeglieder).

Die Mennoniten sind in selbständigen, vom Staat unabhängigen Einzelgemeinden organisiert, die als Abbild der neutestamentlichen Gemeinde verstanden werden. Sie üben Kirchenzucht. Die Gemeindeleitung liegt (in der Regel) in den Händen von Ältesten, Predigern und Diakonen.

Die Mennonitengemeinden halten sich bei allen bereits angedeuteten Unterschieden

an die Heilige Schrift. Wichtig sind ihnen der Glaube an Christus, die Rechtfertigung allein aus Glauben und die Nachfolge Jesu Christi. Sie lehnen den Eid ab. In der Schweiz wird die grundsätzliche Betonung der Wehrlosigkeit bei gleichzeitiger Bejahung des waffenlosen Sanitätsdienstes neuerdings durchbrochen. In Deutschland gibt es Mennoniten, die Wehrdienst und andere, die als Kriegsdienstverweigerer Ersatzdienst leisten. Die *Mennonitische Heimatmission* mit Sitz in Aichach hat vor allem in den 70er- und 80er-Jahren des 20. Jahrhunderts in Deutschland verschiedene Gemeinden gegründet. Ein Teil von ihnen nennt sich «Freikirchliche Gemeinde».
Die Mennoniten sind Mitglied des Verbandes evangelischer Freikirchen und Gemeinschaften in der Schweiz (VFG) und der Arbeitsgemeinschaft christlicher Kirchen in Deutschland. Die Vereinigung der Deutschen Mennonitengemeinden (nicht aber der Verband in Süddeutschland) gehört dem Ökumenischen Rat der Kirchen an.
Die Mennoniten haben ihre eigene Missionsarbeit, die sich heute mehr und mehr in einen partnerschaftlichen Einsatz für Kirchen anderer Völker und Kulturen wandelt. Eine eigene internationale Hilfswerkorganisation setzt sich in Notgebieten ein.

Zeitschriften: Perspektive / Jugendzeitung / Informationsblätter (Organ des Schweizerischen Vereins für Täufergeschichte) / Brücke / Junge Gemeinde / Mennonitische Geschichtsblätter (Deutschland) / Mennonitisches Jahrbuch.
Statistik (1990): Gesamthaft ca. 1 000 000 (Zunahme auf den Missionsfeldern) / D: rd. 80 G, 13 000 M (s.a. Mennonitische Brüdergemeinde) / CH: 16 G, gegen 3000 M.
Adressen: Arbeitsgemeinschaft Mennonitischer Gemeinden in Deutschland, Werner Fonck, Ringstr. 3, D-67677 Enkenbach. – Vereinigung der Deutschen Mennonitengemeinden, Otto-Heinrich Stobbe, Plaggenhau 9, D-26135 Oldenburg. – Verband deutscher Mennoniten-Gemeinden, Heinrich Funck, Feldkirchner Str. 19 1/2, D-85055 Ingolstadt, Tel. 0841 40 85 71 12. – Markus Rediger, Alpenweg 8, CH-3110 Münsingen, Tel. 031 722 07 55.
www.mennoniten.de

Mennonitische Brüdergemeinde

Auch in Russland entstanden Täufer-Gemeinden. Von ihnen löste sich aufgrund einer Erweckung die Mennonitische (oder Mennonite-)Brüdergemeinde, in der die religiöse Erfahrung neu betont sowie die Fusswaschung vor dem Abendmahl und die Taufe durch rückwärts Untertauchen eingeführt wurden.
Auswanderer brachten die Mennonitische Brüdergemeinde nach Amerika. Dort gründeten sie 1874/76 die heutige *General Conference of Mennonite Brethren Churches* mit heute rd. 17 000 Mitgliedern in den USA und über 23 000 in Kanada. Durch die nach 1945 in Europa einsetzende Mission entstanden auch in Deutschland und in Österreich einige Mennonitische Brüdergemeinden. Sie stehen mit den Mennoniten-Gemeinden in Verbindung.

Statistik: D: 1150 M / A: 7 G, 310 M.
Adressen: Arbeitsgemeinschaft Mennonitischer Brüdergemeinden in Deutschland, Alexander Neufeld, Osterkamp 10, D-33605 Bielefeld. – Arbeitsgemeinschaft der mennonitischen Brüdergemeinden in Österreich, Franz Rathmair, Aigen 28, A-4883 Ampflwang.

Missionsgemeinden amerikanischer Mennoniten in Deutschland

1975 begann die Evangelical Mennonite Conference (EMC) aus Kanada (heutiger Bestand: 48 G, knapp 6000 M) mit Missionsarbeit in Deutschland. Dort sind in Seesen/D und Braunschweig *Evangelische Mennonitengemeinden* (so der Name seit 1987) gegründet worden.
In Bad Pyrmont/D hat die *Rosedale Mennonite Mission* aus den USA 1978 eine weitere kleine Mennonitengemeinde gegründet.

Adressen: Evangelische Mennonitengemeinde, Pastor J. Plett, Nettebergstr. 1, D-38723 Seesen-Herrhausen. – Rosedale Mennonitische Mission, Prediger Heinrich Boschmann, Kiefernweg 25, D-31812 Bad Pyrmont, Tel. 05281 60 62 27.

Amische Mennoniten

1693
Eine besondere Gruppe bilden die Amischen Mennoniten. Sie sind aus einer von Jakob Am(m)ann 1693 im Berner Emmental verursachten Spaltung der Mennoniten-Gemeinden hervorgegangen und in die USA ausgewandert. Die Amischen Mennoniten versuchten die Lebensart des späten 17. Jahrhunderts zu erhalten. Das Aufkommen der Schulen sowie die Entwicklung von Kultur und Technik stellten sie jedoch immer wieder vor neue Fragen. Wie weit sollten sie die Neuerungen übernehmen? Diskussionen führten zu Spaltungen. Am bedeutendsten ist heute *The Old Order Amish Church* mit über 70 000 Mitgliedern. Sie sucht möglichst an den Gebräuchen der ersten in Amerika gegründeten Gemeinden festzuhalten. Die Amischen Mennoniten betonen die Kirchenzucht mit «Meidung» der Gebannten selbst durch die eigene Familie. Sie kennen Vorschriften für Bart und Kleidung und üben die Fusswaschung.

Hutterische Brüder

1529
Die Hut(t)erischen Brüder gehen auf die von Jakob Hut(t)er (gest. 1536) im Tirol gegründete Täufergemeinschaft zurück. Bedrängt durch Verfolgung liessen sie sich in Mähren, später in Russland und 1874 in den Vereinigten Staaten nieder. Die Hutterischen Brüder leben in einer Reihe gemeinsamer Siedlungen, in sogenannten «Bruderhöfen», mit Gütergemeinschaft. Ihr Hauptverbreitungsgebiet sind die USA und Kanada. Seit etwa 1988 leben Hutterer auch in Deutschland.

Statistik: USA 360 Colonies, 37 000 M.

2. Gemeinschaften neutäuferischer Herkunft

Evangelische Täufergemeinden (ETG)

1832
Andere Namen: Bund der Gemeinden Evangelisch Taufgesinnter (bis 1992), Neutäufer, Fröhlichianer, Nazarener.
Im Jahre 1831 setzte die aargauische Regierung Samuel Heinrich Fröhlich (1803–1857), Vikar in Leutwil/CH, ab, weil sie seine erwecklichen Predigten als Schwärmerei verurteilte. Fröhlich sammelte in der Schweiz, in kleinerem Ausmass auch in Süddeutschland und im Elsass, eigene Gemeinden. 1839/40 trug der Schlossergeselle Johann Denkel Fröhlichs Anschauungen in seine ungarische Heimat, wo eine Reihe von «*Nazarener*»-Gemeinden entstanden.
Durch Auswanderer bildeten sich auch in den USA Taufgesinnte-Gemeinden. Sie nennen sich *Apostolic Christian Church (Nazarean)*. Der zur Gemeinde gehörende Evangelische Missionsdienst betreut und unterstützt ca. 100 Missionare auf verschiedenen Kontinenten. – Der 1985 gegründete Bund der Evangelischen Täufergemeinden dient der Koordination und der Förderung des Gemeindelebens.
Jede Gemeinde ist selbständig und wird von Ältesten und Lehrbrüdern, mehrheitlich Laien, betreut. Sie fühlt sich dem weltweiten Leib Christi zugehörig. Voraussetzung zur Mitgliedschaft wie auch zur Teilnahme am Abendmahl sind Bekehrung, Wiedergeburt sowie der Gehorsam dem Wort Gottes und Jesus Christus gegenüber. Die ETG üben die Gläubigentaufe. Den Mitgliedern wird, wenn kein Zivildienst besteht, der waffenlose Militärdienst empfohlen. Der Eid wird verworfen.

Zeitschrift: Info Freuet Euch.
Statistik: D: 11 G, rd. 1500 M / F: 2 G / CH: 23 G, rd. 2000 M.

Adresse: Sekretariat Bund ETG, Brunnenwiesenstr. 20, CH-8610 Uster.
www.etg.ch

Gemeinde Evangelisch Taufgesinnter

1832/1905
1904/05 spalteten sich die von Samuel Heinrich Fröhlich (1803–1857) gegründeten Gemeinden über der Frage des Verhältnisses zur Welt in eine *gemässigte* (s. Evangelische Täufergemeinden) und eine *strenge Richtung* (Evangelisch Taufgesinnte). Die Glaubensanschauungen der beiden Gemeinden unterscheiden sich nicht wesentlich. Die strengere Richtung möchte aber, wie sie sagt, «nach dem Wort Gottes am schmalen Weg festhalten».
Die zahlenmässig klein gewordenen Gemeinschaften Evangelisch Taufgesinnter leben zurückgezogen. Sie sind bekannt für ihre Betonung von Vorschriften moralisch-sittlicher Art.

Statistik: D und USA vereinzelte Versammlungen / CH: mehr als 200 M.
Adresse: Gemeinde Evangelisch Taufgesinnter, Fritz Baumgartner, Sonnhalde, CH-3414 Oberburg, Tel. 034 422 15 25.

3. Freikirchen baptistischer Herkunft

Baptistenkirchen weltweit

1608
In der 2. Hälfte des 16. Jahrhunderts hatten sich in England ausserhalb der Nationalkirche Gemeinden (congregations) von Gläubigen gebildet. Sie wollten ihre Angelegenheiten wie die Ordnung des Gottesdienstes, die Lehre, auch die Wahl ihrer Pfarrer unabhängig (independent) von staatlichen oder irgendwelchen kirchlichen Stellen regeln. Als diese kongregationalistischen oder independistischen Gemeinden bedrängt wurden, wanderten sie nach Nordamerika aus (1620 Überfahrt der «Pilgerväter»), oder sie begaben sich nach Holland. Dort gründete John Smith in Amsterdam 1608 mit der Einführung der Erwachsenentaufe die erste Baptistengemeinde. Die christliche Gemeinde, so sagte er, soll nur gläubig getaufte Mitglieder umfassen. In rascher Ausbreitung bildeten sich, zuerst besonders in den angelsächsischen Ländern, eine grosse Zahl selbständiger Baptistenkirchen. Die verschiedenen Baptistenkirchen Grossbritanniens und Irlands schlossen sich 1891 grösstenteils zur *Baptist Union of Great Britain and Ireland* zusammen.
In Amerika organisierten sich 1845 die Baptisten der südlichen Staaten der USA in den Bund der Südlichen Baptisten, *Southern Baptist Convention*. Ihre theologische Haltung ist eher konservativ-calvinistisch (heute rund 14,9 Mio Mitglieder). Die Baptisten der nördlichen Staaten der USA schlossen sich 1907 zur «Northern Baptist Convention» zusammen und nannten sich von 1950 an *American Baptist Convention*. Seit 1972 heissen sie *American Baptist Churches in the USA*. Sie vertreten dogmatisch freiere Ansichten (rund 1,55 Mio Mitglieder). Amerika zählt noch über zwei Dutzend weitere Baptistenkirchen. Dem 1905 gegründeten *Baptistischen Weltbund* sind 201 Baptistenkirchen (oder Gemeindeverbände) mit rund 44 Mio getauften Mitgliedern angeschlossen. 1966 waren es etwas über 27 Mio in den verschiedenen Erdteilen. Zur *Europäischen Baptistischen Union* (EBU) gehören 750 000 Mitglieder in 50 Ländern.
Die Einstellung zur Ökumene ist unterschiedlich. Die Baptisten Grossbritanniens und Irlands, die *American Baptist Churches in the USA* und andere sind Mitglieder des Ökumenischen Rates der Kirchen. Der «Bund der südlichen Baptisten» der USA und andere halten sich indessen fern.

Adresse: The Baptist World Alliance, 6733 Curran Street, McLean, VA 22101, USA.

www.bwanet.org
www.baptist.org

Bund Evangelisch-Freikirchlicher Gemeinden in Deutschland und Bund der Baptistengemeinden in der Schweiz

1834/1849
Begründer des neueren Baptismus im deutschen Sprachgebiet ist J.G. Oncken (1800–1884). Er stand unter dem Einfluss angelsächsischer baptistischer Kreise und schuf 1834 in Hamburg die erste Gemeinde. 15 Jahre später bildeten die neu entstandenen Gemeinden den ersten baptistischen Gemeindebund. Der zeitbedingte Zusammenschluss mit dem Bund freikirchlicher Christen (Christliche Versammlungen und «Offene Brüder» der Darbysten) im Jahre 1941, dem der Anschluss der Berliner Elim-Gemeinden vorangegangen war, führte zum heutigen Namen *Bund Evangelisch-Freikirchlicher Gemeinden in Deutschland.* Der Bund besitzt in Hamburg ein theologisches Seminar und in Kassel den J.G. Oncken-Verlag.
J.G. Onckens Einfluss reichte auch bis in die Schweiz, wo 1849 F. Maier in Zürich die erste Baptistengemeinde gründete. Seit 1923 bilden die verschiedenen Gemeinden den *Bund der Baptisten-Gemeinden in der Schweiz.* Die Einzelgemeinde ist kongregationalistisch autonom und wird von Predigern, Ältesten und Diakonen geleitet. Die Kirche ist die Schar der Menschen, die zum neuen Leben mit Christus durchgedrungen sind. Die Baptisten verstehen sich als Gemeinde gläubig getaufter Christen. Die inspirierte Schrift gilt ihnen als Massstab für Lehre und Leben. Die Taufe ist ein Akt des Glaubensgehorsams und des Bekenntnisses zu Christus und seiner Gemeinde; sie schenkt dem Täufling im Sinne einer Bundesschliessung die Gemeinschaft mit dem gekreuzigten und auferstandenen Herrn. Das Abendmahl folgt der Vergebungsgewissheit. Es wird als Gedächtnis- und Gemeinschaftsmahl gefeiert.
Die nationalen Bünde sind verschiedenen ökumenischen Arbeitsgemeinschaften sowie dem Baptistischen Weltbund, der Europäischen Baptistischen Föderation und der Europäischen Baptistischen Mission, nicht aber dem Ökumenischen Rat der Kirchen angeschlossen.

Zeitschriften: Die Gemeinde / Friedensbote / Kinderzeitung / Wort und Werk / Gemeindebote (Schweiz).
Statistik: D: deutschsprachig: 625 G, 88 000 M, englischsprachig: 65 G, 4500 M / A: 19 G, 1130 M / CH: 10 G, 1400 M; dazu die Gemeinden in der welschen Schweiz, die einer französisch-belgischen Baptistenvereinigung angeschlossen sind (8 G, 500 M). In Lausanne existiert eine unabhängige Baptistengemeinde.
Adressen: Bund Evangelischer-Freikirchlicher Gemeinden in Deutschland, Bundesmissionshaus, Friedbergerstr. 101, D-61350 Bad Homburg v.d.H, Tel. 06172 80 04. – Bund der Baptisten-Gemeinden in Österreich, A-1030 Wien, Krummgasse 7/4a, Tel. 01 713 68 28. – Bund der Baptistengemeinden in der Schweiz, Bundesvorsitzender Peter Deutsch, Postfach 5860, 3001 Bern, Tel. 031 381 44 25, Fax 031 381 48 21, Email: bundesleitung@baptisten.ch.
www.baptisten.de
www.baptisten.ch

Bibel Baptisten Gemeinde

1981
Die Bibel Baptisten Gemeinde in Hamburg ist von Ray Virtue, Pastor und Missionar einer unabhängigen Baptisten-Gemeinde der USA, gegründet worden. Als freie Baptistengemeinde ist sie dem Bund Evangelisch-Freikirchlicher Gemeinden in Deutschland nicht angeschlossen. Kontakte bestehen zu ähnlichen Gemeinden in Pullheim, Mainz, Mannheim und Koblenz.
Die Gemeinde ist gemäss baptistischem Grundverständnis die Versammlung bekehrter und getaufter Gläubiger (Glaubenstaufe). Sie orientiert sich für Lehre und Leben ganz an Gottes Wort, der im Urtext wörtlich inspirierten Bibel, und übt gegebenenfalls auch Gemeindezucht. Die Geistesgaben wie Zungenrede, Heilungen und Pro-

phezeiungen sind in urchristlicher Zeit wichtig gewesen. Heute kommt ihnen keine Bedeutung mehr zu. Die Bibel Baptisten Gemeinde ruft zur Trennung von Gläubigen, die nicht nach Gottes Wort wandeln, auf. Die Ökumenische Bewegung ist nach ihrer Meinung nicht von Gott und wird abgelehnt.

Statistik: D: 63 M, viele unabhängige Gemeinden (nicht gezählt).
Adresse: Bibel Baptisten Gemeinde, Paul-Sorge-Str. 108–110, D-22459 Hamburg, Tel. 040 552 66 80.

Siebenten Tags Baptisten

Die ersten Seventh Day Baptists-Gemeinden sind im 16. Jahrhundert in England während der englischen Reformation entstanden. Auswanderer gründeten entsprechende Gemeinden in den USA. Diese schlossen sich 1801 zur Seventh Day Baptist General Conference zusammen. Mit der Zeit entstanden auch in andern Ländern, so auch in Deutschland (1932), kleine Gemeinden, die durch die 1965 gegründete Seventh Day Baptist World Federation miteinander in Kontakt bleiben. Sie verbinden baptistische Glaubensanschauungen mit der Heiligung des Sabbats.

Statistik: USA u. Kanada 5200 M / D: wenige M.
Adressen: Seventh Day Baptist World Federation, P.O. Box 1678, Janesville, WI 53547, USA. – Lorenz Bruhn, Ordulfstr. 50, D-22459 Hamburg.

4. Gemeinschaften mit Herkunft aus dem Restoration Movement

Disciples of Christ

1832
Andere Namen: Christian Church, International Convention of Christian Churches.
Die Gründer der Disciples of Christ, Thomas und Alexander Campbell und Barton Stone distanzierten sich schon in den Anfängen des 19. Jahrhundert von den amerikanischen Presbyterian Churches. Sie übernahmen die Erwachsenentaufe und weitere, wenn auch nicht alle baptistischen Glaubenslehren. 1832 erfolgte die Gemeindegründung.
Die Disciples of Christ sind betont kongregationalistisch mit absoluter Selbständigkeit der Einzelgemeinden. Den Gemeinden dienen Älteste, Diakone, Prediger und Hirten.
Die Heilige Schrift ist alleinige Richtschnur für Glauben und Leben. Die Disciples erstreben als «Jünger» ein Glaubensleben im Sinne der Urgemeinde. Sie üben die Erwachsenentaufe und verstehen das sonntägliche Abendmahl als Gedenkfeier.
Sie sind Mitglieder des Ökumenischen Rates der Kirchen und weiterer ökumenischer Körperschaften. Sie setzen sich ebenso für die Mission ein.
In Deutschland nennen sich die durch amerikanische Missionstätigkeit entstandenen Gemeinden *Christliche Gemeinden*. Der Christlichen Gemeinde Tübingen ist als selbständiges Werk ein *«Institut zur Erforschung des Urchristentums»* angegliedert.

Zeitschrift: The Disciple / The European Evangelist.
Statistik: USA: 4100 G, 1 052 000 M / D: 3 G.
Adressen: Christian Church, General Office, 222 South Downey Ave., P.O. Box 1986, Indianapolis, IN 46206, USA. – Christliche Gemeinde, Gennadij Dück, Pastor, Wilhelmstr. 100, D-72074 Tübingen, Tel. 07071 51 47 5.
www.disciples.org

Gemeinden Christi

1906
Um die Mitte des 19. Jahrhunderts vertraten breite Kreise der «Disciples of Christ» die Ansicht, in der Gemeinde dürfe nur eingeführt werden, was bereits in der Bibel stehe. Sie wandten sich gegen die Gründung von Missionsgesellschaften und um 1859 gegen die Benützung des Melodions, einer Art Orgel. Die Meinungsverschiedenheiten führ-

ten zur Gründung der Churches of Christ (Gemeinden Christi), die sich 1906 endgültig von den «Disciples of Christ» loslösten. Ihre Tätigkeit in Mitteleuropa setzte 1947 ein. In Wien haben Mitglieder der Gemeinden Christi das European Christian College gegründet (Lilienbrunngasse 13).
Die Gemeinden Christi folgen zur Hauptsache den z.T. baptistischen Glaubensanschauungen der «Disciples of Christ». Sie betonen ebenfalls die Selbständigkeit der Einzelgemeinde. Eine übergemeindliche Organisation fehlt. Die Kirchenmusik und die Einhaltung der kirchlichen Feiertage werden abgelehnt. Diese seien, so die Begründung, nicht in der Heiligen Schrift vorgezeichnet.
Die Churches of Christ senden Missionare in verschiedene Länder. Diese Missionare werden jedoch nicht von Missionsgesellschaften, sondern von Einzelpersonen oder Einzelgemeinden unterstützt.
Gestützt auf die buchstäbliche Bibelanwendung halten sich die Gemeinden für die wahre Gemeinde Christi des Neuen Testaments. Damit setzen sie sich der Gefahr des Gemeinde-Perfektionismus aus.

Zeitschrift: Das Beste Fundament.
Statistik: Gesamt 2,8 Mio M / D: 30 G, 1500 M / A: 5 G / CH: 8 G, 400 M / Wachstum in Indien, Ghana, Russland.
Adressen: Keine Gesamtleitung, z.B.: Gemeinde Christi, Joergstr. 2, D-80689 München, Tel. 089 56 20 83. – Gemeinde Christi, Sihl-Center, Sihlquai 253, CH-8005 Zürich, Tel. 01 272 99 92 / 01 362 82 06. – Gemeinde Christi, Schleifmühlgasse 6, A-1040 Wien.
www.gemeinde-christi.de
www.gemeinde-christi.ch

Internationale Gemeinden Christi / International Churches of Christ (ICOC)

1979
Ältere Namen: Boston Church of Christ, Boston-Movement
Thomas (Kip) McKean, der Gründer der International Churches of Christ (Internationale Gemeinden Christi), ein 1954 geborener Methodist, schloss sich in seiner Studienzeit in Florida der Crossroads-Bewegung (s.u.) an. 1979 übernahm er die Lexington (Boston) Church of Christ, eine traditionelle Gemeinde Christi, die er im Sinne der Crossroads-Jüngerschafts-Vorstellungen umgestaltete. Durch ein starkes Wachstum der Boston Church of Christ ermutigt, ging Kip McKean daran, an andern Orten Tochtergemeinden zu gründen, so 1988 in München, 1989 in Berlin und 1993 in Zürich. Dabei verliess McKean den Grundsatz der Gemeindeautonomie, der für die Gemeinden Christi bindend war, und strukturierte seinen Gemeindeverband stramm hierarchisch, mit der Boston Church of Christ an der Spitze. 1992 wurde das Zentrum des Gemeindeverbandes von Boston nach Los Angeles verlegt, wo McKean seither wirkt. Die lokalen Gemeinden nennen sich, hierin der Tradition der Gemeinden Christi treu, nach der jeweiligen Stadt, also «Gemeinde Christi München», «Gemeinde Christi Zürich».
Zentraler Begriff der Lehre der International Churches of Christ ist die Jüngerschaft. Nur wer sich entschieden hat, in letzter Konsequenz Jünger zu sein, kann als Christ gelten. Jüngerschaft ist aber kein durch die Umkehr zu Jesus Christus dauerhaft erworbener Status, sondern ein täglich neu zu erringender Zustand, der sich gegen Anfechtungen zu bewähren und sich in Früchten, z.B. missionarischem Erfolg, zu bestätigen hat. In diesem Ringen ist der einzelne Jünger überfordert, er braucht zu seiner Unterstützung Hilfe von der Gemeinde.
Diese Hilfe erfährt das Mitglied in Form des sog. «Discipling»: Jedem Anhänger wird ein Hirte zugeteilt, der sich regelmässig, oft täglich nach dem Befinden des Mitglieds erkundigt und dessen Sünden und Probleme diskutiert. Dem Hirten als reiferem Christen gegenüber wird seitens des Mitglieds Gehorsam geschuldet (1992 wurde die Gehorsamsforderung etwas gelockert, Auswir-

kungen dieser Mässigung auf die Praxis sind aber umstritten).

Das «Discipling» ist nach Ansicht Kip McKeans notwendige Voraussetzung des Jüngerseins, weswegen alle anderen Kirchen und Gemeinden nicht als christlich gelten können. Nur im Rahmen der Jüngerschaftsvorstellung der ICOC ist Erlösung möglich.

Das Jüngerschaftsverständnis Kip McKeans entstammt dem Effizienzdenken der Crossroads-Bewegung: Als christlich gilt, was missionarischen Erfolg einbringt. Mit dem Neuen Testament haben Kip McKeans «Discipling»-Konzeptionen wenig zu tun, McKean muss denn auch äusserst fragwürdige exegetische Tricks anwenden, um die entsprechenden Praktiken mehr schlecht als recht als durch die Bibel abgestützt darzustellen. Die Interpretation des Christseins als täglich neu zu erkämpfenden Zustand führt zu einem spirituellen Dauerstress, der mit der befreienden Kraft des Evangeliums nichts mehr gemein hat.

Kritiker der ICOC weisen insbesondere auf ihren hierarchischen Aufbau, auf die Praxis des Disciplings, das eine äusserst strenge Kontrolle des einzelnen Mitglieds ermöglicht, und auf die aus dem Druck zum «Früchte tragen» resultierende massive zeitliche Verplanung hin, die Kontakte des Mitglieds zu Aussenstehenden erschwert. Die Sektenhaftigkeit der ICOC wird von kritischer Seite allgemein als hoch veranschlagt.

Statistik: Gesamthaft 50 000 M / D: 3 G, 300 M / A: 1 G, 100 M / CH: 2 G, 100 M.
Adressen: Gemeinde Christi München, Thomas Marx, Wessobrunner Str. 6, D-81377 München.
www.icoc.org
www.jgchristi.org
www.reveal.org (Kritiker und Ehemalige)

Urchristen-(Christadelphian-) Gemeinde

1844
John Thomas (1805–1871), ein Arzt aus England, hatte sich nach seiner Übersiedlung nach den USA (1844) den «Disciples of Christ» angeschlossen. Er schlug aber bald radikalere Wege ein und gründete seine eigenen Gemeinden.

In Europa fanden die Christadelphians (Urchristen) hauptsächlich in Grossbritannien, Holland und Deutschland Eingang.

Die kongregationalistischen Gemeinden, auch «Ecclesia» genannt, kennen keine zentrale Leitung. Der Kontakt unter den Gemeinden wird durch die Zeitschrift, den gegenseitigen Besuchsdienst und den Brüderrat aufrechterhalten. Vollamtliche Prediger werden abgelehnt.

Das Evangelium der Kirchen ist nach der Meinung der Christadelphians bereits beim Übergang aus der jüdischen in die hellenistische Umgebung verschüttet worden. Als entscheidend wird die Erwählung Abrahams angesehen, die durch Christi Einsatz Form gewann. Durch die Gläubigentaufe wird man Glied dieser Erwählung und damit Glied der Schar, die bei der nahen Parusie zum Sinai entrückt und von dort mit Christus nach Jerusalem ziehen wird. Dort wird Christus während des Tausendjährigen Reiches auf dem Thron Davids herrschen.

Politik, Teilnahme an Wahlen und die Leistung von Militärdienst werden abgelehnt.

Die Christadelphians (Urchristen) verschieben die heilsgeschichtlichen Schwerpunkte der Heiligen Schrift. Das Resultat ist eine Gesamtschau, die sich von der Botschaft der biblischen Schreiber in etlichen Punkten unterscheidet. Wesentliche Aussagen der Bibel werden übergangen.

Zeitschrift: Prüfet Alles.
Statistik: Hauptverbreitungsgebiet sind die englischsprachigen Länder England, Nordamerika, Australien, Südafrika / D: 3 G / CH: verschiedene Anhänger.
Adresse: Urchristen-(Christadelphian-)Gemeinde, Talstr. 96/1, D-73732 Esslingen.
www.christadelphian.de

5. Brüderbewegung (Darbysten)

Die Brüderbewegung in England und Europa

um 1828
Andere Namen: Christliche Versammlungen, Darbysten, Plymouth-Brüder, Assemblée de Dieu, Assemblée des Frères.
In der ersten Hälfte des 19. Jahrhunderts nahm in England die Brüderbewegung ihren Anfang. Sie wollte durch Konzentration auf die Bibel und einen biblischen Lebensstil die Urkirche wieder erwecken. Ihr Führer war der frühere anglikanische Priester John Nelson Darby (1800–1882). Darby schloss sich bereits bestehenden, der Kirche gegenüber sehr kritischen Kreisen an und gab ihnen Schwung und Gepräge. 1848 spaltete sich die Christliche Versammlung in die «Exclusiven oder geschlossenen Brüder» und in die «Offenen Brüder» mit Georg Müller, dem späteren Waisenvater in Bristol, als geistigem Führer. Die *Geschlossenen Brüder* betonen die Reinhaltung der Gemeinde. Die *Offenen Brüder* achten eher auf die Glaubenshaltung des Einzelnen. Dadurch ergeben sich Unterschiede im Kontakt mit anderen Gemeinden und in der Kirchenzucht. In den anglikanischen Ländern bildeten sich noch weitere Abspaltungen. Die gesamte Brüderbewegung zählt gegenwärtig etliche 100 000 Mitglieder. Aus ihren Reihen stammt die Scofield Reference Bible.
1837 weilte J.N. Darby in der welschen Schweiz, wo anschliessend die ersten Versammlungen entstanden. Ab 1847 wurden darbystische Gedanken auch in Deutschland bekannt. 1854 hielt sich J.N. Darby selber dort auf. Besondere Förderung fand die Brüderbewegung durch Carl Brockhaus (1822–1899) in Elberfeld.
Neben den «Geschlossenen Brüdern» (Christliche Versammlungen) fanden auch die «Offenen Brüder» in Deutschland und in der Schweiz Eingang. In Deutschland schlossen sich die beiden Richtungen 1937 unter dem Druck der politischen Verhältnisse zum Bund freikirchlicher Christen und 1941 mit den Baptisten zum Bund Evangelisch-Freikirchlicher Gemeinden in Deutschland zusammen. Nach dem 2. Weltkrieg bildeten sich drei Richtungen von Brüdern. Diejenigen, die mit den Baptisten im Bund Evangelisch-Freikirchlicher Gemeinden geblieben sind, die Christlichen Versammlungen («Geschlossene Brüder») und der Freie Brüderkreis («Offene Brüder»).

Christliche Versammlungen

Anderer Name: Geschlossene Brüder.
Zur Geschichte s.o. Die Kirche, die Gemeinschaft der Wiedergeborenen, wird hauptsächlich in der sonntäglichen Abendmahlsfeier sichtbar. Eine kirchliche Organisation und Ämter werden abgelehnt. Eine Gesamtorganisation besteht nicht. Der Zusammenhang zwischen den Versammlungen geschieht durch Korrespondenzstellen und Besuche, durch den Verlag und die Zeitschrift. «Dienende Brüder» wirken in den Einzelgemeinden.
Die Christlichen Versammlungen betonen die Anerkennung der inspirierten Bibel als einziger Richtschnur für Leben und Lehre, die Annahme von Jesus Christus als Erretter (Heiland) und die damit verbundene Wiedergeburt, die Hoffnung auf die baldige Wiederkunft des Herrn und auf die Entrückung der Gemeinde.
Sie üben die Glaubenstaufe durch Untertauchen. Die «Exclusiven Brüder» feiern ein geschlossenes Abendmahl. Eine eigentliche Gottesdienstordnung ist nicht bekannt. Die Dienste werden je nach geistlicher Begabung ausgeübt. Die Christlichen Versammlungen lesen die Elberfelder Bibel in der «nicht revidierten» Ausgabe. (Bei der Elberfelder Bibel handelt es sich um die 1855/

1870 von C. Brockhaus und J.N. Darby herausgegebene Übersetzung.)
Verschiedene der «Geschlossenen Brüder» sind als Missionare vorwiegend in südamerikanischen Ländern und in Afrika tätig.

Zeitschriften: D: Ermunterung und Ermahnung / Hilfe und Nahrung / Folge mir nach / Der beste Freund / CH: Halte fest / Friedenstaube / Le Méssager évangélique.
Statistik: D: rd. 250 V / A: 2 V / CH: ca. 75 V.
Adressen: Christliche Schriftenverbreitung, An der Schlossfabrik 30, D-42499 Hückeswagen, Tel. 02192 92 10 0. – Beröa-Verlag, Zellerstr. 61, CH-8038 Zürich, Tel. 01 480 13 13.

Freier Brüderkreis

Der Freie Brüderkreis / Kreis «bundesfreier Brüderversammlungen» betont die Bedeutung der wörtlich inspirierten Heiligen Schrift sowie das allgemeine Priestertum aller Gläubigen. Organisationsformen werden nicht völlig abgelehnt. Der Freie Brüderkreis übt die Glaubenstaufe, das sonntägliche Brotbrechen und Gemeindezucht. Die «Brüder» arbeiten z.T. in der Evangelischen Allianz mit. Zum Freien Brüderkreis gehört die Christliche Verlagsgesellschaft Dillenburg.

Zeitschriften: Die Wegweisung / Das Wort für heute.
Statistik: D: 250 G, 20 000 M.
Adresse: Christliche Verlagsgesellschaft, Moltkestr. 1, D-35683 Dillenburg, Tel. 0277 18 30 20.

Evangelisch Freikirchliche Gemeinden

Früherer Name: Freie Brüderversammlungen; andere Namen: Freie Bürgergemeinde, Freie Christliche Versammlungen, Offene Brüder, Homberg Brüder.
So heissen die «Offenen Brüder» in der Schweiz (Geschichte und Lehre s.o.). Zu Beginn des 20. Jahrhunderts gab eine Erweckung am Homberg oberhalb Thun den Gemeinden Aufschwung. Diese stehen auch in Verbindung mit den Freien christlichen Versammlungen in der französischsprachigen Schweiz sowie mit Bibelschule und Missionswerk Wiedenest (Deutschland).
Die örtlichen Versammlungen sind selbständig und im Verein Evangelisch Freikirchlicher Gemeinden zusammengeschlossen. Die Leitung liegt in den Händen des siebenköpfigen Vorstandes und des von Delegierten aus den örtlichen Gemeinden gebildeten Brüderrats. Die Evangelisch Freikirchlichen Gemeinden sind in Frankreich, Brasilien, Bolivien, Franz.-Guyana und Afrika missionarisch tätig.

Zeitschrift: Saat und Ernte.
Statistik: CH: knapp 40 V.
Adresse: Verein Evangelisch Freikirchlicher Gemeinden, Rütiweg 66, CH-4803 Vordemwald, Tel. 062 752 52 12.

Plymouth Brüder Nr. 4

1890
Anderer Name: Ravensche Brüder. Selber geben sie sich keinen Namen; sie nennen sich einfach «Brüder».
Die Plymouth-Brüder Nr. 4 sind eine vor 1900 entstandene, von den «Exklusiven Brüdern» (s. Christliche Versammlungen) ausgegangene darbystische Gemeinde. Nach dem Tod von F.E. Raven (gest. 1905) übernahmen James Taylor und ab 1953 sein gleichnamiger Sohn, beide Leiter einer Herrenkonfektionsfirma in den USA, die Leitung. Gegenwärtig steht J.S. Hales der Gemeinde vor.
Die Gemeinde wird verstanden als Leib. Im Gottesdienst in englischer Sprache mit sonntäglichem Abendmahl wird aus der von J.N. Darby übersetzten Bibel vorgelesen. Die Anbetung geschieht in einfachster Art ohne Begleitung durch Musikinstrumente. «Die Brüder» üben die Kleinkinder-Haustaufe.
Wichtig ist die strikte Einhaltung der Absonderung. «Die Brüder» essen nur mit Personen, mit denen sie auch am Mahl des Herrn teilnehmen. Auf Gemeinschaft mit andern wird verzichtet. Radio und Fernse-

hen, Politik und Beteiligung an Abstimmungen, weltliche Vergnügungen und Belustigungen, aber auch die Beteiligung an Vereinigungen und der Abschluss von Lebensversicherungen (abgesehen von der gesetzlich vorgeschriebenen Altersvorsorge) werden als Wegbereiter für das, was antichristlich ist, abgelehnt. Die Männer leisten waffenlosen Militärdienst.

Zeitschrift: Notes of meetings.
Statistik: Gesamthaft ca. 30 000 M / D: 6 V, 300–400 M / CH: 1 V, 45 M.
Adressen: Rolf Pfeiffer, Landstr. 29, D-35080 Bad Endbach. – Samuel Manz, Alte Dübendorferstr. 11, CH-8305 Dietlikon, Tel. 01 834 01 82.

«Ortsgemeinden»

Andere Namen: Kleine Herde-Gemeinden, «Die Gemeinde».
Die «Ortsgemeinde» führt ihre Entstehung auf die Tätigkeit des China-Evangelisten Watchman Nee (1903–1972) und auf die von ihm gegründeten Gemeinden zurück. Nach Nees Gefangennahme (1952) gelangte Witness Lee, Leiter der «Gemeinde» in Taiwan, 1960 in die USA. Er gründete weitere Gemeinden, entwickelte die überkommenen Lehren fort und wurde bald der einflussreiche Führer der Bewegung. Seit 1970 sind auch in Deutschland und seit 1976/77 in der Schweiz einige «Ortsgemeinden» gegründet worden. Seit sich 1983/84 bei Witness Lee vermehrt zentralistische Tendenzen zeigen, haben sich vor allem in Europa aber auch in Singapur, Hongkong und Bangkok zahlreiche «Ortsgemeinden» von ihm distanziert und getrennt. Sein Autoritätsanspruch wurde nicht mehr von allen akzeptiert. Die Gemeinden um Witness Lee sind vereint in «Living Stream Ministry».
Witness Lee war, wie vor ihm Watchman Nee, zuerst eine Zeitlang Mitglied einer «Christlichen Versammlung» (Geschlossene Brüder, Darbysten) gewesen. Von J.N. Darby übernahm er den Glauben an die *eine*, von Christus gegründete, universale, alle wahren Gläubigen umschliessende Kirche. In ihr gelten alle Gläubigen, welcher Denomination sie sonst auch angehören, als Geschwister im Herrn. Diese Gläubigen sollen sich an einem Ort versammeln, sich jedoch nicht in verschiedene Denominationen oder Gruppen aufteilen, sondern als sichtbaren Ausdruck der Einheit eine Ortsgemeinde bilden.
Die «Ortsgemeinde» sieht in der Heiligen Schrift Gottes Wort und die durch den Heiligen Geist inspirierte vollständige göttliche Offenbarung. Sie glaubt an den dreieinigen Gott und den Erlösungstod Jesu Christi. Dem «Beten-Lesen», einem Sprechen von Bibelstellen, das Aussenstehenden in seiner Art auffällt, soll, nach Angaben der «Ortsgemeinde», keine prägende Rolle zukommen. Die «Ortsgemeinde» spricht vom Innewohnen des dreieinigen Gottes im Gläubigen sowie vom In-Gott-Sein und verweist dazu z.B. auf Gal. 2,20. Der Mensch wird dadurch nicht zum Gott. Durch Christi Tat ist er aber auch nicht mehr «Schuldner des Fleisches». Zum Tageslauf der Mitglieder in den Familien- und Wohngemeinschaften gehören gemeinsames Singen und Loben. Die gelegentlich aufkommende Kritik, das Beten-Lesen gleiche der Mantra-Rezitation in asiatisch-religiösen Gruppen, wird von der «Ortsgemeinde» zurückgewiesen. Die Fragezeichen zur Lehre vom gleichsam substanzhaften Innewohnen des dreieinigen Gottes im Gläubigen (im Unterschied zur Gemeinschaft des Glaubens zwischen dem Menschen und Gott) sucht sie mit dem Hinweis auf Bibelstellen zu entkräften. Verneint wird auch die Neigung zum Perfektionismus.
Mit dem Anspruch, sie bildeten die eine wirkliche, alle wahren Christen umfassende Gemeinde, stellen sich die «Ortsgemeinden» allerdings über die andern Kirchen. Das Ergebnis besteht nicht in einem Zusammenschluss, sondern in einer weiteren Aufsplitterung der Christenheit.

Statistik: Gesamthaft (inkl. Gemeinden in fernöstlichen Ländern) 200 000 M (nach Angaben von Living Stream Ministry) / D: 9 G, ca. 400 M / CH: 2 G, gegen 50 M.
Adressen: Dienst im Lebenstrom, Postfach 12 03 07, D-10593 Berlin, Tel. 030 313 12 47, Fax -10 98. – Roland Sackmann, Eichelackerstr. 36, CH-8016 Adlikon, Tel. 01 870 23 55.
www.lsm.org

6. Quäker

Religiöse Gesellschaft der Freunde

17. Jahrhundert
Im 17. Jahrhundert wandte sich in England der Handwerker George Fox (1624–1691) vom, wie er sagte, Lehrsatzchristentum seiner Umgebung ab und betonte die Notwendigkeit, in Stille auf den «Christus in uns» zu lauschen. Bald fand er Gesinnungsgenossen. In ihnen lebte der heilige Wille, eine Gemeinde im Sinne der Bergpredigt zu sein. Die Quäker setzten sich für die Religionsfreiheit ein. Eines ihrer Mitglieder, William Penn (1644–1718), gründete in Nordamerika den «Quäkerstaat» Pennsylvania, mit absoluter Religionsfreiheit für jedes Bekenntnis. Der amerikanische Quäker John Woolman war Vorkämpfer für die Abschaffung der Sklaverei im 18. Jahrhundert. Zu den Quäkern gehörten auch der Theologe Robert Barclay (1648–1690) und Elisabeth Fry (1780–1845).
Im Laufe der Zeit bildeten sich vor allem in England und den USA verschiedene Quäkervereinigungen. Unter ihnen sind solche, die dem ursprünglichen Quäkertum mit dem Hören aus der Stille heraus nachleben, und andere, die Gottesdienste mit Lesungen, Verkündigung, Gebeten und Liedern eingeführt haben.
Die eher kleinen Quäkergruppen in Deutschland sind hauptsächlich unter dem Eindruck des sozialen und karitativen Einsatzes der Quäker nach dem 1. Weltkrieg entstanden. Zu den kleinen Schweizer Quäkergruppen gehörten anfänglich vor allem Mitglieder des Internationalen Zivildienstes. Das Internationale Quäkerzentrum in Genf versucht, etwas vom Quäkergeist in die dortigen Internationalen Organisationen hineinzutragen.
Die selbständigen Gruppen gehören in losem Zusammenschluss zur «Jahresversammlung» jedes Landes. Die verschiedenen «Jahresversammlungen» sind ziemlich frei zusammengefasst im *Friends World Committee* mit je einer amerikanischen, einer europäischen und nahöstlichen sowie einer afrikanisch-asiatisch-australischen Sektion. Quäker glauben an «das von Gott in jedem Menschen» lebendig gemachte «Innere Wort». In ihren Gottesdiensten versuchen sie, sich der Gegenwart Gottes zu öffnen. Das geschieht vor allem schweigend, doch können Anwesende auch mit kurzen Worten dazu beitragen. Quäker unterscheiden nicht zwischen «heilig» und «profan». Darum feiern sie keine besonderen Sakramente. Das ganze Leben soll ein Sakrament, auch der Alltag ein Gottesdienst sein.
Die Quäker sind bekannt für ihren aktiven sozialen Einsatz, für die Ablehnung aller Waffengewalt und ihren Einsatz für den Frieden (Friedensnobelpreis 1947) sowie für ihre Bestrebungen zur Schaffung eines Internationalen Zivildienstes für Dienstverweigerer aus Glaubens- und Gewissensgründen.
Die Quäker setzen sich für überkonfessionelle Verständigung ein. Da sie aber niemanden auf irgendwelche Glaubenssätze verpflichten wollen, können sie nicht Mitglied des Ökumenischen Rates der Kirchen sein.
Der Versand von Quäkerliteratur geschieht durch das Quäkerhaus, Bad Pyrmont/D.

Zeitschrift: Der Quäker.
Statistik: Gesamthaft rd. 300 000 M / D 400 M / CH: 8 G, 105 M / A: Die wenigen Quäker gehören zur deutschen Jahresversammlung. Die «Freunde der Freunde» sind in diesen Angaben nicht mitgezählt.

Adressen: Religiöse Gesellschaft der Freunde, Geschäftsstelle, Bombergallee 9, D-31812 Bad Pyrmont, Tel. 05281 44 13. – Quäkerhaus, Rosegger Weg 2, A-2340 Mödling. – Maison Quaker, Av. du Mervelet 13, CH-1209 Genève, Tel. 022 748 48 00.
www.quaker.org
www.quaekerhilfe.de

7. Freikirchen pietistischer Herkunft

Brüdergemeine

1457, erneuert 1722
Ab 1722 nahm Nikolaus Ludwig Graf von Zinzendorf (1700–1760), auf seinem Gut Berthelsdorf (Oberlausitz) Exulanten aus Mähren auf. Diese hatten jahrzehntelang am Glaubensgut der alten, 1457 gegründeten und 1620 verbotenen Böhmisch-Mährischen Brüderkirche festgehalten. Die Ansiedler gründeten im gleichen Jahr Herrnhut. Bald stiessen auch Christen aus andern Gegenden zu ihnen.
Zinzendorf kam vom Pietismus her; er öffnete sich einer Jesus Christus zugewandten Frömmigkeit und nahm später auch reformatorische Gedanken auf. Sein nimmermüder Einsatz galt auch der Belebung einer weithin erstarrten Kirche. Zinzendorf wollte seine Gemeinden innerhalb der Landeskirche belassen. Sein Einfluss und die allgemeinen kirchlichen Verhältnisse führten aber auch zur Bildung freikirchlicher Gemeinden.
Nach 1738 brachten Gesinnungsgenossen Zinzendorfs, allen voran Friedrich von Wattenwyl von Montmirail/Peseux, dessen Verständnis des Evangeliums auch in die Schweiz. Zinzendorf hielt sich ebenfalls mehrmals in der Schweiz auf. Es bildeten sich innerhalb der Kirche Zusammenschlüsse evangelischer Christen, sogenannte «Sozietäten».
Die Gemeinde des Herrn ist die von Christus geschenkte und vom Heiligen Geist durchwirkte Lebensgemeinschaft. In der Brüdergemeine wirken Theologen und Laien. Von der alten Brüder-Unität der Böhmischen Brüder wurde die dreifache Ordination zum Diaconus, Presbyter und Bischof übernommen. Das Bischofsamt ist ein rein geistliches Amt und schliesst keinen Verwaltungs-Auftrag mit ein. Die Verantwortung für die Gemeinde liegt beim Ältestenrat, für die Provinz bei der Synode. Die Brüdergemeine zählt weltweit 19 Provinzen, deren Vertreter alle 7 Jahre zu einer Unitätssynode zusammenkommen. In Deutschland ist die Unterteilung in zwei Bezirke (Herrnhut und Bad Boll) 1992 aufgehoben worden.
Die Brüdergemeine betont die Rechtfertigung und Erlösung durch Christi Tod, ebenso die Heilandsliebe und das Wirken des Heiligen Geistes.
Von der Brüdergemeine sind bedeutende ökumenische Impulse ausgegangen. Sie gehört denn auch dem Ökumenischen Rat der Kirchen und verschiedenen ökumenischen Verbänden und missionarischen Arbeitsgemeinschaften an. Aus der über 250jährigen Missionsarbeit der Brüdergemeine sind junge Kirchen vor allem in der Karibik, in Ost- und Südafrika entstanden, die den Namen «Mährische Kirche» tragen.

Zeitschriften: Herrnhuter Bote / daheim und draussen / Unitas Fratrum (Zeitschrift für Geschichte und Gegenwartsfragen in der Brüdergemeine) / Losungsbüchlein in 46 Sprachen.
Statistik: Gesamthaft ca. 1500 G, rd. 760 000 M / Europa 32 500 M.
Adressen: Europäisch-Festländische Unitäts-Direktion, Hans-Beat Motel, Badwasen 6, D-73087 Bad Boll. – Brüdersozietät, Leimenstr. 10, CH-4051 Basel, Tel. 061 272 74 12.

8. Freikirchen methodistischer Herkunft

Methodismus in England und in Amerika

Mitte 18. Jahrhundert
Die drei bedeutendsten Gründer und Führer des frühen Methodismus, John Wesley, Charles Wesley und George Whitefield (s. Einleitung zum Kapitel), wirkten anfänglich innerhalb der Church of England (s. Kap. II), in der sie ordiniert worden waren. Ihr Anliegen war die Verinnerlichung des Glaubens verbunden mit der Heiligung des Lebens. Als Wanderprediger riefen sie die Zuhörer zur Bekehrung auf. Die Zahl der Anhänger wuchs. Im Todesjahr Charles Wesleys waren es 75 000. Als die Integration in die Church of England nicht richtig gelang und John Wesley auch selber Prediger ordinierte, kam es zur Trennung und zur Bildung einer eigenen, der Methodistischen Kirche. Aus diesen Anfängen ist die heutige wesleyanische *Methodist Church of Great Britain* herangewachsen.
Durch die Tätigkeit George Whitefields und Francis Asburys (1745–1816) breitete sich der Methodismus auch in den USA aus. Mit der Ordination von Francis Asbury zum Superintendenten erfolgte im Jahre 1784 die Gründung der *Methodistischen Bischöflichen Kirche.* Der Superintendent wurde später Bischof genannt. Er verfügt nicht über hierarchische Macht. Seine Aufgabe wird ihm von der alle vier Jahre zusammentretenden Generalkonferenz übergeben.
Durch Trennungen entstanden im Laufe der Jahre einige Dutzend verschiedener, selbständiger Methodistenkirchen. Um 1800 wirkte der Lutheraner und spätere Methodist Jakob Albrecht unter den deutschsprechenden Siedlern in Pennsylvania/USA. Die unter seiner Führung entstandenen Gemeinden nannten sich *Evangelical United Brethren Church/Evangelische Gemeinschaft.*
Die bedeutendste der heutigen methodistischen Kirchen, die *United Methodist Church/ Evangelisch-methodistische Kirche* entstand aus Zusammenschlüssen der ursprünglich fünf grössten Kirchen im Jahre 1968. (Kirchenverständnis und Lehren s. unter «Evangelisch-methodistische Kirche»).
Über 60 selbständige Methodistenkirchen oder mit den Methodisten in Verbindung stehende Gruppen, die in 90 Ländern tätig sind, haben sich dem 1881 entstandenen *Weltbund der Methodistenkirchen* angeschlossen.

Statistik: Weltweit über 26 Mio Methodisten / Methodist Church of Great Britain 492 000 M / United Methodist Church 10 084 000 M.

Adresse: Genfer Sekretariat des Weltbundes der Methodistenkirchen, Ralph C. Young, route de Ferney 150, Case Postale 2100, CH-1211 Genève 2, Tel. 022 791 61 11.

Evangelisch-methodistische Kirche

Mitte 18. Jh./1968.
Die Evangelisch-methodistische Kirche ist der deutschsprachige Zweig der United Methodist Church. Die ersten in Deutschland und in der Schweiz erschienenen Methodisten gehörten zum englischen, wesleyanischen Methodismus. Die heutigen Gemeinden in den beiden Ländern sind jedoch vom amerikanischen, bischöflichen Methodismus gegründet worden. In Deutschland bildete L.S. Jakoby die erste Gemeinde im Jahre 1850 in Bremen. In der Schweiz geht die erste Gemeinde, die Gemeinde in Lausanne, auf die Tätigkeit von Ernst Mann zurück. Sie ist 1856 entstanden und hat 1901 die von früher her bestehende wesleyanische Methodistengemeinde übernommen. Im Herbst des gleichen Jahres begannen Hermann zur Jakobsmühlen in Zürich und 1860 Ludwig Nippert in Basel mit Versammlungen.
1850 begannen C. Link in Deutschland und 1866 J. Kächele und J. Schmidli in der

Schweiz mit der Verkündigung im Sinne der *Evangelischen Gemeinschaft* (s.o.). Wie in Amerika, so haben sich 1968 auch in Europa die Methodistische Kirche und die Evangelische Gemeinschaft zur Evangelisch-methodistischen Kirche zusammengeschlossen.

Die Kirche ist die vom Heiligen Geist gewirkte Gemeinschaft von Menschen, die an Jesus Christus glauben und ihm dienen. Die Methodisten üben die Kindertaufe oder die Erwachsenentaufe. Der eigentliche Beitritt zur Gemeinde geschieht aber durch den freien Entschluss des Glaubenden mit einem Bekenntnis vor versammelter Gemeinde. Eine Stufenleiter von Konferenzen, von der Gemeindekonferenz bis zur Generalkonferenz, entscheidet über die Geschäfte der Kirche. Verflochten in diesen synodalen Aufbau ist eine bischöfliche Ordnung. Älteste, Prediger, auch Laienprediger und Diakone führen die Geschäfte der Gemeinde.

Die Methodisten betonen Bekehrung und Wiedergeburt auf Grund der Rechtfertigung durch Jesus Christus. Wichtig sind ihnen weiter die Heiligung und die Vollkommenheit. Die Vollkommenheit meint die Beziehung zu Christus, durch die der Mensch (auch wenn die Sündhaftigkeit nicht einfach übersehen wird) nicht ein dauernd der Sünde verhaftetes Wesen bleiben muss.

Die Evangelisch-methodistische Kirche ist durch ihre Mutterkirche, die United Methodist Church, am Ökumenischen Rat der Kirchen und an andern ökumenischen Vereinigungen und Arbeitsgemeinschaften beteiligt. Sie ist Mitglied des Schweizerischen Evangelischen Kirchenbundes, der Arbeitsgemeinschaft Christlicher Kirchen in der Schweiz und des Verbandes evangelischer Freikirchen und Gemeinschaften in der Schweiz (VFG) sowie u.a. der Arbeitsgemeinschaft christlicher Kirchen in Deutschland und der Vereinigung evangelischer Freikirchen in Deutschland.

Die Evangelisch-methodistische Kirche verfügt über eigene Verlagshäuser und ist mit verschiedenen Diakonissenhäusern in der Schwesternausbildung und Krankenpflege tätig.

Sie setzt sich auch für die Heidenmission ein. Ihre Missionare sind auf verschiedenen Feldern Afrikas, Asiens und Lateinamerikas im Einsatz. Durch die Mitgliedschaft im Evangelischen Missionswerk in Deutschland bzw. im Schweizerischen Evangelischen Missionsrat geschieht die Zusammenarbeit mit den andern kirchlichen Missionsgesellschaften.

Zeitschriften: Für heute / Die Kinderzeitung / Unterwegs (Deutschland) / Kirche und Welt / Kleks (mit Heilsarmee) / Der Methodist (Österreich).
Statistik: D: 64 081 M / A: 1000 M / CH: 8000 M. Ferner eine bedeutende Zahl am Gemeindeleben teilnehmender Freunde.
Adressen: Bischof Walter Klaiber, Wilhelm-Leuschner-Str. 8, D-60329 Frankfurt a.M, Tel. 069 242 52 10. – Bischof Heinrich Bolleter, Badenerstr. 69, CH-8004 Zürich, Tel. 01 299 30 60.
www.methodisten.de
www.umc-europe.org/ch/index.html

9. Heiligungsgemeinden

Heilsarmee

1865/1878
William Booth (1829–1912) war zuerst Prediger einer methodistischen Kirche. Mit Ausrichtung auf den praktisch-sozialen Einsatz entwickelte er die übernommenen Lehren weiter. Hinzu kamen insbesondere die Aussagen über die Heiligung. 1865 liess sich Booth zusammen mit seiner ebenso einsatzbereiten Gattin Catherine geb. Mumford in Ost-London nieder, um dort mitten im Grossstadtelend zuerst erwecklich, aber bald auch sozial zu wirken. Um die vielen Aufgaben besser anpacken zu können, gab Booth seinem bereits ziemlich gewachsenen Werk 1878 eine «militärische» Organisation. Anfänglich stiess das bedeutende erwecklich-soziale Wirken der Heilsarmee auf Ablehnung. Bald aber überwog die Zustimmung.

1882 begann die Heilsarmee ihre Arbeit in Genf und von dort aus in der ganzen Schweiz. 1886 wurde in Stuttgart zur ersten Versammlung Deutschlands eingeladen.
In Holland, Schweden und in den USA gründeten frühere Mitarbeiter der Heilsarmee eigene, mehr demokratisch organisierte nationale Heilsarmeen, die aber eher klein blieben. Die Heilsarmee versteht sich nicht so sehr als Kirche, sondern eher als militia Christi. Die oberste Leitung liegt in den Händen des Generals, dem seit 1947 ein die wichtigen Angelegenheiten vorbereitender Beirat zur Seite steht. Das ganze Werk ist in Territorien aufgeteilt, an deren Spitze jeweils ein Nationales Hauptquartier steht. In der DDR war die Heilsarmee von 1953–1990 verboten.
Dem Territorialleiter unterstehen die beiden Arbeitszweige: 1. die Evangelisationstätigkeit durch die Korps, von denen je 15 bis 25 in Divisionen zusammengefasst sind; 2. die soziale Tätigkeit in Heimen und Institutionen. 1985 ist in Basel als Ausbildungszentrum für die europäischen Länder eine neue Heilsarmee-Offiziersschule eingeweiht worden.
1878 schuf Booth die Doctrine of the Salvation Army mit 11 Glaubensartikeln. In ihrer eigenen erwecklichen Art ruft die Heilsarmee zur Busse und zur Annahme der Heilstat Christi auf. Wiedergeburt, Heiligkeit des Lebenswandels und Fortschreiten im Stand der Gnade bestimmen das Leben des Christen. Der Heilssoldat kann, wenn er die im «Handbook of Doctrine» aufgezeichneten Lehren der Heilsarmee ernst nimmt, «in den Zustand völliger Heiligung gelangen».
Zur Erfüllung ihres Auftrags hält sich die Heilsarmee an drei verschiedene Arten von Versammlungen, an die evangelistischen Heilsversammlungen, an die hauptsächlich die eigenen Mitglieder erfassenden Soldatenversammlungen und an die zur Vertiefung des geistlichen Lebens dienenden Heiligungsversammlungen. Die Heilsarmee tauft nicht und begeht auch kein Abendmahl. Die Kinder werden eingesegnet. Die Heilsarmee war Mitglied des Ökumenischen Rates der Kirchen. Seit 1978 ruht die Mitgliedschaft; abgelehnt wird die Unterstützung von Befreiungsbewegungen in Südafrika durch den Ökumenischen Rat. Offiziere und Soldaten der Heilsarmee arbeiten in der Evangelischen Allianz mit. Eine ausgedehnte Missionstätigkeit erstreckt sich über viele Länder.

Zeitschriften: Die Zeitung (Kriegsruf) / Salutist / Offiziersforum / Apropos / Kleks (mit EMK).
Statistik: Weltweit (in 108 Ländern) 17 400 aktive Offiziere, 2,5 Mio M / D: 48 Korps, 7 Vorposten, 49 Sozialinstitutionen, rd. 100 aktive Offiziere, rd. 1600 Salutisten / CH: etwa 300 aktive Offiziere, 90 lokale Korps, 8000 Salutisten, 59 Sozialinstitutionen / A: 1 Korps, 2 Sozialwerke.
Adressen: Nationales Hauptquartier der Heilsarmee, Salierring 23–27, D-50677 Köln. – Nationales Hauptquartier der Heilsarmee, Laupenstr. 5, Postfach 6575, CH-3008 Bern, Tel. 031 388 05 91 (ist auch für Österreich und Ungarn zuständig).

Gemeinde Gottes (Anderson)

1880
1793 gründeten reformierte Einwanderer aus der Schweiz, den Niederlanden und Deutschland in den USA die Deutsche reformierte Kirche, eine Vorläuferin der heutigen Evangelical and Reformed Church. 1823 wandte sich John Winebrenner (1797–1860) im Zusammenhang mit einer Erweckung ab und gründete die Churches of God in North America (General Eldership).
Im Bestreben, die ursprünglichen Verhältnisse wieder zur Geltung zu bringen, spaltete sich 1880 von diesen Churches of God unter der Leitung von Daniel S. Warner (1842–1895) die Church of God, die Gemeinde Gottes, ab. Da in den USA eine grosse Zahl der unabhängigen Kirchen den Namen «Church of God» trägt, wird dort zur Kennzeichnung der Name des Zentrums (Anderson) hinzugefügt.
Kurz nach der Jahrhundertwende begann die Gemeinde Gottes mit ihrem Werk in

Deutschland und der Schweiz. Kirche ist die Sammlung der Wiedergeborenen. Die Sammlung geschieht nicht durch eine menschliche Organisation, sondern durch Gott selbst. Die Wiedergeborenen sind die Kirche Gottes. Die kongregationalistisch verfassten Gemeinden mit Predigern, Diakonen und Gemeindehelfern besitzen eine begrenzte Selbständigkeit. Die Gemeinden leben im Bewusstsein, allein den für alle Gläubigen geltenden biblischen Namen zu tragen.

Die Gemeinde Gottes betont die Notwendigkeit einer Bekehrung und Wiedergeburt, einer persönlichen Heilserfahrung aufgrund der in Christus geschehenen Versöhnung sowie eines heiligen Lebens in der Kraft des Heiligen Geistes. Die Gemeinden üben die Gläubigentaufe, das Abendmahl und sehen auch in der Fusswaschung eine Verordnung ihres Herrn.

Die Gemeinde Gottes schliesst sich je nach örtlichen Verhältnissen der Evangelischen Allianz an. Sie hält sich aber vom Ökumenischen Rat der Kirchen fern. Der Prediger- und Diakonenausbildung dient die Bibelschule der Gemeinde Gottes in Fritzlar. Aus Deutschland und aus der Schweiz sind sechs Missionare in Südamerika im Einsatz.

Zeitschriften: Evangeliumsposaune / Jugend aktiv.
Statistik: USA 2338 G, 199 000 M / Missionsgebiete 2115 G, 165 000 M / D: 33 G, 3000 M / CH: 80 M.
Adressen: Missionswerk der Gemeinde Gottes in Deutschland, Fraumünsterstr. 38, D-34560 Fritzlar. – Missionswerk der Gemeinde Gottes in der Schweiz, Zelgstr. 25, CH-8003 Zürich.

Kirche des Nazareners

1895

Die Church of the Nazarene löste sich 1895 von der Bischöflichen Methodistenkirche in Los Angeles, und zwar aus Protest gegen die nach ihrer Meinung vernachlässigte Heiligungslehre. 1958 setzte die Missionsarbeit in Deutschland ein, und 1960 wurde die erste Gemeinde gegründet. 1966 ist in Büsingen (deutsche Exklave in der Nähe Schaffhausens) das European Nazarene Bible College, eine europäische Bibelschule mit Seminar, eröffnet worden. Die Arbeit in der Schweiz begann 1977 und wurde 1987 zu einem eigenen Bezirk ausgestaltet. Die Leitung der Gesamtkirche liegt in den Händen von sechs General-Superintendenten, die alle vier Jahre vom Weltkirchentag gewählt bzw. bestätigt werden müssen. Der Weltkirchentag setzt sich aus Delegierten der sich jährlich versammelnden Bezirkskirchentage zusammen. In den Gemeinden wirken ordinierte Pastoren und Prediger mit Bezirkspredigerscheinen, die vom jährlichen Kirchentag ausgestellt werden.

Die völlige Heiligung ist nach der Rechtfertigung ein zweites Werk der Gnade und geschieht am Wiedergeborenen auf Grund seiner völligen Hingabe. Dabei befreit der Heilige Geist den Gläubigen von Erbsünde oder Verderbtheit und schafft ein reines Herz und völlige Liebe. Das Taufalter ist nicht festgelegt. Die Heilung der Kranken aus dem Glauben schliesst die Hilfe des Arztes nicht aus. Die Kirche des Nazareners unterhält weltweit auch Missions-Krankenhäuser, Schulen und Universitäten.

Die Kirche des Nazareners arbeitet örtlich in der Evangelischen Allianz mit. Sie ist Mitglied der Vereinigung evangelischer Freikirchen in Deutschland. Die bedeutende Missionstätigkeit erstreckt sich über 104 Länder auf allen Kontinenten.

Statistik: Weltweit 1,3 Mio M / D: 20 G, 1300 M / CH: 2 G, 50 M.
Adressen: Church of the Nazarene, International Headquarters, 6401 The Paseo, Kansas City, MO 64131, USA. – Kirche des Nazarener, Nordostdeutscher Bezirk, Glaserweg 6, D-12305 Berlin, Tel. 030 742 41 10. – Kirche des Nazareners, Südwestdeutscher Bezirk, Frankfurterstr. 16–18, D-63571 Gelnhausen, Tel. 060 51 23 70. – Open House, Postfach 673, CH-8200 Schaffhausen, Tel. 052 681 40 89.
www.nazarene.org
www.nazarene.edu
www.nazarener.de
www.nazarener.ch

Namenlose

Ende des 19. Jahrhunderts
Andere Namen: Disciples of Jesus, Jünger Jesu, Christen, Wahre Christen, Freunde, Two-by-Twos, Go-Preachers, Tramp-Preachers.

Die Menge der Bezeichnungen kommt davon, dass sich die Gemeinschaft (mit Hinweis auf 1Kor. 1,10ff.) selbst keinen Namen gibt. Der Gründer dieser Vereinigung war William Irvine. Im Jahre 1900 trat er aus der Faith-Mission, die vor allem in Irland tätig war, aus. Bald breitete sich die Bewegung nach den USA aus, von wo sie durch James Jardin und Otto Schmid nach Deutschland gebracht wurde. Später fand sie auch in der Schweiz Eingang. William Irvine trennte sich nach mehreren Jahren wieder von der Gemeinschaft.

Die «Namenlosen» halten ihre Versammlungen in Privatstuben ab. Sie werden von Ältesten geleitet. Verbindende Glieder zwischen den Gemeinden sind die «Evangeliumsboten». Sie verrichten ihren seelsorgerlichen und missionarischen Dienst meistens zu zweit. Sie haben keinen festen Wohnsitz, keine Familie und arbeiten ohne Lohn. Grössere Jahresversammlungen werden u.a. in Dettingen bei Urach/D und Wahlendorf/CH durchgeführt.

Die «Evangeliumsboten» der «Namenlosen» verkündigen «die Lehre Jesu». Sie benützen ausser der Bibel keine Schriften. Ihr Glaube an die Trinität ist begleitet von der Aufforderung zur Wiedergeburt. Sie rufen zur Heiligung mit dem Ziel der Sündenfreiheit auf. Die Kirche wird abgelehnt. Die «Namenlosen» üben die Erwachsenentaufe.

Die Namenlosen unterscheiden sich von den Kirchen durch ihren Perfektionismus, der u.a. vom Anspruch geistlicher Überlegenheit begleitet ist.

Statistik: Die Namenlosen sind auf allen Kontinenten vertreten. Es werden keine Mitgliederlisten geführt und darum auch keine genauen Zahlen genannt. Schätzungen sprechen von 30–50 000 M / D: ca. 50 V / CH: 40 Versammlungen, ca. 500 M / A: einige V.

Adressen: Eine Adresse für die ganze Bewegung besteht nicht. Geschwister Laderer, Ostendstr. 2, D-78147 Urach (Württ.). – H. Fehr, Kornhausstr. 57, CH-8037 Zürich, Tel. 01 363 05 69.

Norweger Bewegung

um 1910
Andere Namen: Smithianer, Freunde Smiths, Smiths Venner.

Um 1910 sammelte der norwegische Marineoffizier Joh. Oscar Smith (1871–1943), ein Gefährte des Pfingstpredigers T.B. Barratt, mit dem er dann jedoch wegen der Heiligungslehre Meinungsverschiedenheiten hatte, eine eigene Anhängerschar. Ab 1912 gab er zusammen mit seinem Bruder Aksel Smith und mit Elias Aslaksen die Zeitschrift «Skjulte Skatter» (Verborgene Schätze) heraus. Smith galt unter seinen Anhängern als Prophet und grosser Reformator «zum wahren göttlichen Leben». 1976 übernahm Sigurd Bratlie, Schwiegersohn des Gründers (geb. 1905), die Fortführung des Werkes.

Die von Ältesten geleiteten Gemeinden sind selbständig und unterstehen auch keiner Gesamtleitung. Pfarrer oder Prediger im landläufigen Sinn kennen die Gemeinden nicht. Alle haben «Rederecht» innerhalb der Versammlungen. Die Bedeutung der Einheit und der Einordnung des einzelnen Mitgliedes in diese Einheit wird betont. Die Unterordnung der Frau unter den Mann in geistlichen Belangen entspricht der traditionellen Rollenverteilung: «Die Mütter bauen die Heime, und die Männer bauen die Gemeinde.» Kinder gelten als Geschenk Gottes. Kinderreiche Familien sind keine Seltenheit.

Die Smithianer lehnen die Kirchen als irdische Organisationen ab. Sie halten sich für die wahre Anhängerschaft Christi. Der wahre Christ lebt in einem anhaltenden Sieg über die Sünde. «Wir glauben, dass es möglich ist, alle bewusste Sünde zu überwinden und sich in geistlichem Wachstum ständig fortzuentwickeln.»

1954 fand die Bewegung in Deutschland und um 1960 auch in der Schweiz Eingang. In Hessenhöfe bei Ulm entstand ein Konferenzzentrum mit Raum für rund 1000 Teilnehmer.

1992/93 führte eine Reformbewegung innerhalb der Smithianer zu Krisen in den lokalen Gemeinden.

Die Anschauungen der Norweger-Bewegung führen zum Perfektionismus und zur Trennung von der (bösen) Welt. Ehemalige Mitglieder beschreiben die Versammlungen als kleine, geschlossene Gesellschaften, in denen leitenden Personen bedeutende Macht zukommt.

Zeitschrift: Verborgene Schätze.
Statistik: Gesamthaft 211 G in 50 Ländern, über 10 000 M / D: 22 G / A: 6 G / CH: 2 G / Norwegen: 26 G.
Adressen: Verlag «Das Leben», Hessenhöfe 33, D-89143 Blaubeuren, Tel. 07344 70 57. – Christen Zürcher, Stocken 1076, CH-9230 Flawil, Tel. 071 393 20 84.
www.brunstad.org

Evangelischer Brüderverein

1909/1914

Gründer des Evangelischen Brüdervereins ist Fritz Berger (1868–1950), ein ehemaliger Wagner und von der Alkoholsucht befreiter Blaukreuzversammlungsleiter. Er begann 1909 mit seiner eigenen Verkündigung im Berner Emmental, anfänglich unter dem Namen «Freies Blaues Kreuz des Kantons Bern». Der Wechsel des Namens erfolgte 1914. Auch heute befinden sich etwas mehr als die Hälfte aller Versammlungen im Kanton Bern.

Seit 1936 sind auch in Deutschland eine Reihe von Evangelischen Brüdervereins-Versammlungen entstanden. Sie sind heute selbständig organisiert, stehen aber mit dem Evangelischen Brüderverein der Schweiz in Kontakt.

Mitte der 60er Jahre vergrösserte sich die Spannung zwischen der konservativen Leitung des Evangelischen Brüdervereins und einer etwas offeneren Strömung. 1967/68 kam es zur Spaltung. Die offenere Richtung schloss sich zur «Vereinigung freier Missionsgemeinden» zusammen (s.d.).

Die Gesamtleitung des Brüdervereins in der Schweiz liegt in den Händen des «Brüderrates» mit rund 180 Mitgliedern und des dreizehnköpfigen Komitees. Für die Gemeinden sind die Gemeindeältesten und die vom Brüderrats-Komitee für das ganze Gebiet der Vereinigung gewählten Evangelisten zuständig. Der Evangelische Brüderverein betont die christlichen Heilstatsachen, Bekehrung, Wiedergeburt und praktische Heiligung. Der Christ ist, solange er mit Jesus Christus in Verbindung bleibt, von der Sünde frei. Die fünfte Bitte des «Unser Vater» gilt als Erinnerung an Christi Vergebungstat. Die Mitglieder werden zur Trennung von der Welt angehalten. Der Evangelische Brüderverein praktizierte seit jeher die Kindereinsegnung, jedoch ohne spätere Taufe. Seit 1964 werden Erwachsene auf Wunsch getauft. Der Evangelische Brüderverein lehnt die Ökumene und auch die Evangelische Allianz ab. Die eigene Missionsarbeit in Neuguinea (seit 1954) führte 1974 zur Gründung einer einheimischen Gemeinde mit rd. 500 Versammlungsplätzen.

Evangelisten und Älteste, die meinen, auf die Bitte um Vergebung verzichten zu können, weil sie durch Christus voll und ganz gereinigt seien, kennen die biblische Botschaft nur einseitig. Perfektionismus und gelegentlich auch Selbstgerechtigkeit gegenüber anderen Kirchen waren (vor allem früher) die Konsequenzen.

Zeitschrift: Friedensbotschaft.
Statistik: D: rd. 50 V / CH: gut 150 V.
Adressen: Evang. Brüderverein, Geschäftsstelle, Auf dem Kugelwasen 13, Postfach 32, D-74415 Gschwend. – Evangelischer Brüderverein, Sekretariat, Bernstr. 73, 3613 Steffisburg, Tel. 033 437 99 19, Fax 033 438 21 01.

Vereinigung Freier Missionsgemeinden (VFMG)

1967
In den 60er Jahren bildeten sich im Evangelischen Brüderverein (s.d.) zwei Richtungen. Die eher konservativen Glieder des Brüdervereins hielten sich zu dessen Leiter Max Graf und betonten die wichtige Bedeutung der Worte des Gründers Fritz Berger. Die Vertreter der andern Richtung, unter ihnen Peter Zürcher, damals in Zürich, wollten unter Berufung auf die Bibel gegenüber andern bibelgläubigen Gemeinden und ebenso gegenüber der Welt eine etwas freiere Haltung einnehmen.
Dieses Bestreben sowie gewisse Nuancen in den Glaubenslehren und der Wunsch nach freier Wahl der Brüderratsdelegierten durch die Gemeinden führten zum Bruch.
Die Vereinigung freier Missionsgemeinden betont die Rechtfertigung aus dem Glauben, die Notwendigkeit der Vergebung der Sünden sowie die Heiligung des Lebens.
Die Vereinigung freier Missionsgemeinden steht mit verschiedenen anderen Freikirchen und freien Missionswerken in Verbindung. Sie hat Missionsarbeiten in Österreich, Italien und Frankreich eingerichtet und unterstützt hauptsächlich den «Weltweiten Einsatz für Christus» (früher: Weltweiter Evangelisations-Kreuzzug), die Wycliff-Bibelübersetzer und die Schweizerische Schallplattenmission.

Zeitschrift: Christus im Brennpunkt.
Statistik: CH: 50 G / Missionsstationen in Frankreich, Österreich und Italien.
Adressen: Samuel Moser, Holzackerstr. 17, CH-3123 Belp. – VFMG, Sekretariat, Worbstr. 36, CH-3113 Rubigen, Tel. 031 722 15 45.
www.vfmg.ch

Apostolische Glaubensgemeinde

1936/1946
Mitte der 30er Jahre entstand durch die Tätigkeit Philipp Täfflers (gest. 1978) in München eine Bewegung, in der nach Kontakten mit Fritz Berger vom Evangelischen Brüderverein (s.o.) die Wiedergeburt verkündet wurde (Joh. 3,3). 1946 wurde der Name «Apostolische Glaubensgemeinde» eingeführt, der auf die Verbundenheit mit der Lehre der Apostel und Propheten gemäss Eph. 2,20 hinweisen soll. Die Glaubensanschauungen gleichen denen des Evangelischen Brüdervereins.

Statistik: 1 G.
Adresse: Gottfried Klebensberger, Gulbranssonstr. 49, D-81477 München 71, Tel. 089 79 93 36.

Soldaten des Kreuzes Christi – Evangelische Internationale Kirche

Die Soldiers of the Cross of Christ sind vor einigen Jahrzehnten von Ernest William Sellers in Kuba gegründet und nach der dortigen Machtübernahme durch Castro in die USA verlegt worden. Seit einigen Jahren ist eine kleine Anhängerschaft auch in Deutschland tätig. Oberster Leiter ist der Apostel, dem die weiteren Ämter, Bischof, Diakon, Evangelist, Prediger und Lehrer, zugeordnet sind.
Die Soldaten des Kreuzes Christi sehen es als ihre Aufgabe an, die Lehre des Evangeliums Jesu Christi auszubreiten und Missionen und Kirchen zu errichten. Dies geschieht durch Besuche in den Häusern, auch bei Kranken, durch Predigten und Bibelstunden und die Verteilung von Literatur. Die Einstellung ist fundamentalistisch mit Erwachsenentaufe, geschlossenem Abendmahl, Feier des Sabbats, Enthaltung von Alkohol, Tabak und Kaffee, Ablehnung ärztlicher Hilfe. Die weissen Gewänder, die sie tragen, sind möglicherweise ein Ausdruck für die Heiligungsbestrebungen und für die innere Reinheit. Kontakte mit andern Gemeinden werden abgelehnt.
Das Leben in Vollkommenheit (mit Berufung auf 2Tim. 3,16–17) als Resultat des Wirkens Christi im Menschen ist begleitet von der Gefahr des Perfektionismus.

Zeitschrift: Der Bote der letzten Tage.
Adressen: Soldiers of the Cross of Christ, 641 West Flagler St., Miami, FL 33130, USA, Tel. 0013 053 25 96 53. – Soldaten des Kreuzes Christi – Evangelische Internationale Kirche, Am Langen Steg 3, D-92249 Vilseck 2.

10. Neupietistische und evangelikale Gemeinden

Chrischona-Gemeinden

1840/1869
1840 gründete Christian Friedrich Spittler (1782–1867), der Sekretär der «Deutschen Christentumsgesellschaft», die Pilgermission St. Chrischona bei Basel. Sein Nachfolger, Carl Heinrich Rappard, führte die vierjährige evangelistisch biblisch-theologische Ausbildung ein. Heute studieren im Prediger- und Missionsseminar St. Chrischona hauptsächlich Männer aus der Schweiz und aus Deutschland. Nach der Ordination dienen die Absolventen im eigenen Werk, auf den eigenen Missionsfeldern oder in weiteren Gemeinden und Missionsgesellschaften. Die 1909 gegründete Bibelschule für Frauen vermittelt eine zwei- bzw. dreijährige Ausbildung für den Gemeinde- oder Missionsdienst. 1925 wurde das Diakonissen-Mutterhaus dem Werk angegliedert.
1869 sind in der Schweiz die ersten Versammlungen gegründet worden (Chrischona-Gemeinschaften). In Deutschland wurde ab 1878 besonders in Hessen, Saarland und vereinzelt in Süddeutschland mit der Bildung eigener Gemeinschaften begonnen. Im Elsass begann die Arbeit 1913. Ein grosser Teil der Chrischona-Gemeinden in der Schweiz ist freikirchlich geprägt. Zahlreiche Versammlungsbesucher sind gleichzeitig Glieder der Landeskirchen. Die Gemeindeleitung liegt in den Händen des Predigers und des Brüderrates. An der monatlichen Vereinsversammlung der Pilgermission nehmen die Bezirksvorsteher teil.
Die Chrischona-Gemeinden haben mit andern zusammen das Erbe des Pietismus übernommen. Sie stehen auf der Glaubensbasis der Evangelischen Allianz. Das Gemeinschaftswerk sieht seinen Auftrag in der Evangelisation und Gemeinschaftspflege. Dementsprechend ruft es die Menschen zur Bekehrung und Wiedergeburt, zur Heiligung und zur Ausrichtung auf die Wiederkunft Jesu Christi auf. In der Schweiz sind die Chrischona-Gemeinden Mitglied des Verbandes evangelischer Freikirchen und Gemeinschaften in der Schweiz (VFG), in Deutschland gehören sie dem Gnadauer Gemeinschaftsverband an.
Zum Gemeinschaftswerk gehören fünf Stadtmissionsarbeiten im südlichen Afrika. Eine eigene Missionsarbeit in Äthiopien musste 1977 aufgegeben werden. Seither arbeiten die Missionare der Chrischona-Mission in Verbindung mit der Deutschen Missionsgemeinschaft in Kenia, in Äthiopien, in Benin, im südlichen Afrika, in Chile und Peru. Enge Kontakte bestehen auch zur Überseeischen Missions-Gemeinschaft (Fortsetzungswerk der 1865 von Hudson Taylor gegr. «China-Inlandmission»). Darüber hinaus stehen ehemalige Seminaristen und Bibelschülerinnen im Dienst von über 30 Missionsgesellschaften.

Zeitschrift: Chrischona-Magazin.
Statistik: D: 54 G, ca. 9000 Gottesdienst- und Veranstaltungsteilnehmer. Die meisten sind auch Mitglied der Evangelischen Landeskirchen / CH: 101 G und 110 eigene Kapellen, ca. 6000 eingeschriebene Mitglieder, davon sind etliche gleichzeitig Mitglied der Evangelischen Landeskirche (Doppelmitgliedschaft); ca. 10 000 Gottesdienstbesucher / F: 14 G, ca. 1000 Gottesdienstbesucher.
Adresse: Pilgermission St. Chrischona, Chrischonarain 200, CH-4126 Bettingen. Tel. 061 646 41 11 / 061 646 45 02.
www.chrischona.ch

Evangelische Gemeinde Ländli und Züri-Chile

Die Evangelische Gemeinde Ländli in Zürich ist ein Zweig des 1926 gegründeten Diakonieverbandes Ländli mit Zentrum

(Diakonissenmutterhaus) in Oberägeri/CH. Der Anstoss zur Gründung kam seinerzeit aus dem Deutschen Gemeinschafts-Verband. Die organisatorische Verbindung mit Deutschland wurde aber noch unter der ersten Oberin, Diakonisse Wilhelmine Pohlmeier von der Vandsburger Schwesternschaft (1886–1964), aufgelöst. Heutiger Präsident des Diakonieverbandes Ländli ist E. Stettler.

Der Diakonieverband Ländli sieht seine Aufgabe in der Pflege der Kranken und in der Gewinnung von Menschen für Jesus Christus. Im Laufe der Zeit wurden dem Werk einige Aussenstationen angegliedert. 1933 wurde in Zürich ein Altersheim eröffnet und mit dem Aufbau einer Gemeinschaftsarbeit mit Andachten, Evangelisationen, Bibelwochen, Jugendstunden und Blättermission begonnen.

Aus diesen Anfängen hat sich die Evangelische Gemeinde Ländli, seit etlicher Zeit mit eigenem Prediger, entwickelt. Die Mitglieder gehören nur z.T. noch zur Landeskirche. Kindereinsegnung und Glaubenstaufe sind üblich.

1999 erfolgte im Ländli Züri eine Spaltung. Die meisten Ländli-Schwestern wollten innerhalb des Diakonieverbandes keine Gemeinden im eigentlichen Sinne entstehen sehen, dies im Gegensatz zu den meisten der damaligen Besucher der Gottesdienste in Zürich. Im September 1999 verliess Manfred Macher, der langjährige Gemeindeleiter, mit der Mehrheit der Gemeindemitglieder das Ländli Züri und gründete die Züri Chile.

Zeitschriften: Unter dem Kreuz / Volksblatt (beide Blätter hrsg. vom Diakonieverband Ländli).
Adressen:
Ländli Züri, Feldeggstr. 87, CH-8008 Zürich, Tel. 01 383 59 02.
www.laendlizueri.ch
www.laendli.ch

Züri-Chile: Manfred Macher, Ceresstr. 17, CH-8008 Zürich, Tel. 01 380 22 10, Fax - 11.
www.zueri-chile.ch

Freie Evangelische Gemeinden (FEG)

1828
Die erste Freie Evangelische Gemeinde entstand als Nachwirkung des Genfer Réveil in Bern. 1833 übernahm Carl von Rodt die Leitung. Entsprechende Gemeindegründungen gab es in Basel (1834), St. Gallen (1837), in Frankreich (1820), unter Hermann Heinrich Grafe in Deutschland (1854), nämlich in Elberfeld und Barmen (heute Wuppertal), sowie 1856 in Norwegen. Im Laufe der Jahre schlossen sich die Gemeinden in den verschiedenen Ländern zu Bünden zusammen (1877/1910: Bund Freier evangelischer Gemeinden in der Schweiz). 1948 wurde der Internationale Bund gegründet, dem heute 18 Mitgliedbünde angehören. Er hat seinen Sitz in Stockholm.

Die einzelnen Freien Evangelischen Gemeinden sind innerhalb ihres nationalen Bundes selbständig. Die Ältesten und Prediger, diese mit einer Ausbildung z.B. vom Prediger- und Missionsseminar St. Chrischona oder von der FETA in Basel, werden von den Gemeinden gewählt. Die Mitgliedschaft in den Gemeinden beruht auf einer Glaubensentscheidung.

Der Bund FEG vertritt ein evangelikales Christentum. Verbindliche Grundlage für Glaube, Lehre und Leben ist die Bibel, das Wort Gottes. Glaubenstaufe und Abendmahl soll nur empfangen, wer eine Bekehrung und Wiedergeburt erlebt bzw. Jesus Christus als persönlichen Erlöser und Herrn erkannt und angenommen hat.

Der Bund der Freien evangelischen Gemeinden in der Schweiz und ebenso der Bund in Deutschland sind dem Ökumenischen Rat der Kirchen nicht angeschlossen. Hingegen wird in der Evangelischen Allianz, im Verband evangelischer Freikirchen und Gemeinschaften in der Schweiz (VFG) und in der Vereinigung evangelischer Freikirchen in Deutschland mitgearbeitet.

Die FEG der Schweiz missionieren in Europa und wissen sich der Schweizerischen Allianz-Mission sowie der Mission Africa verbunden. Der Bund der FEG in Deutschland hat eine eigene Aussenmission (Allianz-Mission) mit Sitz in Dietzhölztal-Ewersbach.

Zeitschriften: Christsein heute / Das Ziel / PUNKT / Die Kinderzeitung / die junge schar (Deutschland, Bundes-Verlag, Witten/Ruhr) / Impuls (Schweiz).
Statistik: Gesamthaft über 300 000 M / D: 350 G, rd. 27 000 M / A: 2 G, ca. 60 M /CH: 70 G, 30 Zweig-G, rd. 7000 M.
Adressen: Bund Freier evangelischer Gemeinden KdöR, Geschäftsstelle, Postfach 4005, D-58426 Witten. – Bund Freier evangelischer Gemeinden in der Schweiz, Bundessekretariat, S. Äschlimann, Hünigenstr., CH-3504 Niederhünigen. Tel. 031 791 27 37.
www.feg.de
www.feg.ch

Freie christliche Gemeinschaften

1918–1935
Von 1918–1935 bildeten sich in der Ostschweiz unter der Leitung von Werner Gehring, Fürsorger, wohnhaft in Matzingen/CH, mit der Begründung, man hätte in der Landeskirche das Heil nicht finden können, zehn Versammlungen. Etliche von ihnen haben sich über den Tod des Gründers hinaus erhalten. Zur Zeit nehmen ihre Mitglieder auch am Leben der Reformierten Landeskirche teil.
Die Geschäfte der Versammlungen werden von je einem Bruderrat besorgt. Die Verkündigung obliegt Laienpredigern, die in ihrem bürgerlichen Beruf stehen. Wer durch den Glauben an Jesus Christus des Heils gewiss geworden ist, der kann, wenn er es wünscht, die Glaubenstaufe empfangen.
Die Freien christlichen Gemeinschaften haben auch mit Chrischona-Gemeinden (s.d.) Kontakt, und die Versammlung in Matzingen hat sich 1992 diesen angeschlossen.

Statistik: CH: 3 V.
Adresse: Paul Höfflin (Präsident), Enzenbühlstr. 148, CH-9230 Flawil, Tel. 071 393 10 16.

Freikirchliche Gemeinde Tulpengasse

1970/71
Im Anschluss an die Evangelisation von Billy Graham in Deutschland entstand in Wien unter der Leitung des Mennoniten Abe Neufeld aus Kanada ein Hausbibelkreis. Daraus bildete sich bald eine eigene Gemeinde. Die Verantwortung für die Gemeinde liegt in den Händen eines Leitungsteams.
Die Gemeinde Tulpengasse möchte die Menschen durch die Botschaft von Jesus Christus zu einem neuen, sinnvollen Leben rufen. Sie betont die Wichtigkeit von Bekehrung und Glaubenstaufe. Die Gemeinde Tulpengasse gehört der Evangelischen Allianz und der ArgeGÖ (Arbeitsgemeinschaft Evangelikaler Gemeinden in Österreich) an. Aus der Gemeinde Tulpengasse sind im Raum Wien 9 weitere eigenständig organisierte Gemeinden hervorgegangen.

Statistik: Freikirchliche Gemeinde Tulpengasse, rd. 10 V.
Adresse: Evangelikal freikirchliche Gemeinde, Tulpengasse 5, A-1080 Wien.

Action Biblique, Genfer Bibelschule, Genfer Bibelgesellschaft

1919
Gründer der Action Biblique war seinerzeit H.E. Alexander (1884–1957). Er hatte die Erweckung von Wales miterlebt und die Bibelschule in Glasgow besucht. Erfüllt von der dabei empfangenen Frömmigkeit kam er nach Genf. 1919 gründete H.E. Alexander in Cologny/CH eine eigene Bibelschule, an der heute (neu ab 1992) in Zusammenarbeit mit vier französischen Missionswerken ein Vierjahresprogramm angeboten wird. 1926 begann unter dem Namen «Genfer Bibelgesellschaft» der Druck und die Herausgabe von Bibeln in verschiedenen Sprachen. Dem Verkauf der Bibel und anderer christlicher Schriften dienen auch das an verschiedenen Orten eröffnete «Haus der Bibel» so-

wie das Bibelauto, mit dem Städte und Dörfer besucht werden.
Der Hauptsitz der Action Biblique befindet sich auf dem Gelände der Ecole Biblique de Genève. Die Internationale Leitung besteht aus zwei Kammern: Komitee (7 Gemeindeälteste) und Pastoralrat (7 Pastoren). In der deutschsprachigen Schweiz bestehen 4 Gemeinden. In der französischsprachigen Schweiz sind es deren 13. Kleinere Bibelgruppen versammeln sich an verschiedenen Orten. Darüber hinaus verfügt L'Action Biblique über Niederlassungen in Frankreich, Italien, Portugal, Elfenbeinküste, Brasilien und Bolivien. Von den 122 entlöhnten Mitarbeitern (in Gemeinden, Bibelschule und Bibelgesellschaft) sind 22 als Prediger für die Gemeindearbeit in der Schweiz eingesetzt.
L'Action Biblique betont die Bedeutung einer klaren Glaubenshaltung. Die Mitglieder bekennen sich zur göttlichen Inspiration der Bibel, zur Erlösung durch den Glauben an den gekreuzigten, auferstandenen, in den Himmel aufgefahrenen und wiederkommenden Jesus Christus sowie zur Bekehrung, zur Wiedergeburt und zur Glaubenstaufe. Die Ökumene und die Mitarbeit in der Evangelischen Allianz werden abgelehnt. Das schliesst Einzelkontakte mit Mitgliedern anderer Kirchen und Zusammenarbeit nicht aus, sofern eine gemeinsame Glaubensgrundlage in den entscheidenden Lehren der Bibel gefunden werden kann.

Zeitschriften: Action Biblique unterwegs / Immer fröhlich / Mitarbeit bei TEENS (Hrsg. Bund Evangelikaler Schweizer Jungscharen).
Statistik: Gesamthaft 52 G, 3000 M / CH: 17 G, 1000 M.
Adressen: Ecole Biblique de Genève, le Roc, CH-1223 Cologny – Walter Kohli, Optingenstr. 47, CH-3013 Bern, Tel. 031 331 74 45.

Internationale Vereinigung Christlicher Geschäftsleute (IVCG)

1952/1965
Im Jahre 1965 verselbständigte sich der europäische Zweig der pfingstlerischen Full Gospel Business Men's Fellowship International (FGBMFI) (s. Kap. IV) und lud unter dem Namen IVCG zu eigenen Zusammenkünften ein. Die Chapters unter der Leitung des Juristen Ad. Guggenbühl, Zürich (bis 1991), lehnten vor allem die starke Betonung der Geistestaufe und der Zungenrede in der amerikanischen Bewegung ab. Die IVCG trägt heute nicht mehr pfingstlerische, sondern mehr evangelikale Züge. Sie hält am Wort Gottes als Massstab und oberster Autorität fest und am Heiligen Geist, der das Wort lebendig macht. Ziel des göttlichen Wortes ist die Verwirklichung der Liebe.
Die IVCG versteht sich als überkonfessionelle, an keine Gemeinde gebundene Bewegung. Sie lädt zu Treffen mit Essen in guten Hotels ein, an denen engagierte christliche Geschäftsleute und Führungskräfte anhand eines Lebensproblems etwa aus der Wissenschaft oder Wirtschaft die Notwendigkeit einer persönlichen Entscheidung für Jesus Christus und der Wiedergeburt aufzeigen. Die Anlässe gelten als «Orte der Kontaktaufnahme mit Jesus Christus». Die Teilnehmer stammen aus verschiedenen Kirchen, auch aus der Katholischen Kirche. Sie bleiben in der Regel weiterhin Mitglied ihrer Kirchen. Die freiwilligen Mitarbeiter werden durch Seminare («Gesprächsrunden») geschult. Um die Einheit in der IVCG zu bewahren, werden an den Treffen die nicht heilsentscheidenden Fragen, bei denen die Meinungen auseinandergehen können, ausgeklammert. Auf die Empfehlung der einen oder andern Kirche wird verzichtet. Die IVCG ist mit dem Christian Business Men's Committee assoziiert. 1987 löste sich ein Teil der Chapters in der damaligen BRD und bildete unter der Leitung von Kurt Scheffbuch eine eigene Vereinigung mit dem Namen «Gesprächsforum Leben + Glauben».

Zeitschrift: Geschäftsmann und Christ / Menschen in Verantwortung.

Statistik: D: monatliche Zusammenkünfte an gegen 100 Orten / CH: 16 G / A: 4 G.
Adressen: Christoph Wyss, Fürsprecher, Effingerstr. 17, CH-3008 Bern, Tel. 031 381 44 25. – Albrecht Freiherr von Aufsess, D-95490 Mengersdorf. – Günther Reitzner, Ing., Fürstenbrunnerstr. 39a, A-5082 Gröding.
www.ivcg.ch

Gesprächsforum Leben + Glauben

1987
Der Verein «Gesprächsforum Leben + Glauben» spaltete sich unter der Leitung von Kurt Scheffbuch 1987 von der Internationalen Vereinigung Christlicher Geschäftsleute (IVCG) ab. Er führt die Arbeit in ähnlichem Rahmen wie die IVCG (s.o.) weiter und bejaht die Öffnung gegenüber aktiven Gemeinden und freien Werken und die Zusammenarbeit mit Bibel-Hauskreisen.

Statistik: D: 40 örtliche Gruppen, 800 aktive M.
Adresse: Prof. Dr. Hans-Christian Reuss, Steinadlerstr. 8, D-01187 Dresden, Tel. 035 14 03 41 10.

Deutsche Inland-Mission (DIM)

1962
Die Arbeit der Deutschen Inland-Mission begann mit Missionsfreizeiten in Holstein unter der Leitung von Joachim Lagemann. Daraus wurde ein Werk mit zahlreichen Mitarbeitern. Deutschland ist in ihren Augen Missionsland; viele seiner Bewohner kennen das Evangelium kaum. Die DIM sieht den Auftrag, in Gebieten, in denen nach ihrer Meinung wenig missionarische Arbeit getan wurde, Menschen zum Glauben an Jesus Christus zu rufen und biblisch fundierte Gemeinden zu bilden; das sind Gemeinden von Christen, die wiedergeboren sind durch das am Kreuz vergossene Blut Christi.
Durch Pioniereinsätze mit Kinderzusammenkünften, Jugendstunden und Bibelstunden werden an den jeweiligen Orten Kontakte gesucht und die Angesprochenen im Glauben weitergeführt.
Von Holstein hat sich die Arbeit in andere Gebiete Deutschlands ausgedehnt, so sind im Laufe der Jahre eine Anzahl Gemeinden entstanden, die selbständig und eigenverantwortlich weiterarbeiten.
Die Leitung der DIM liegt in den Händen eines Vorstandes, Missionarischer Leiter ist Ulrich Brockhaus.

Zeitschrift: DIM Informationen.
Statistik: 7 Stationen (mit Gottesdiensten und Zusammenkünften).
Adresse: Deutsche Inland-Mission, Postfach 10 03 58, D-57003 Siegen.

Newlife international und Bund Evangelischer Gemeinden (BEG)

1973
Newlife ist ein freies, 1973 als Verein konstituiertes Evangelisationswerk. Ab 1980 gingen die Verantwortlichen daran, an einigen Orten der Schweiz, Deutschlands und Österreichs eigene Gemeinden zu konstituieren. Diese sind im Bund Evangelischer Gemeinden (BEG) zusammengefasst.
Heinz Strupler (geb. 1945), massgeblicher Gründer und anfänglicher Leiter des Werkes, arbeitete schon 1969 im Rahmen der Operation Mobilisation (OM) in einer Teestuben-Evangelisation in Zürich. 1972 erfolgte die Loslösung von der OM und 1974/1975 die Gründung der eigenen Bibelschule zunächst in Hombrechtikon/CH, dann in Walzenhausen/CH. Dort konnten Kurzbibelkurse von drei, acht und zwölf Monaten sowie eine mehrjährige Ausbildung besucht werden. Ab 1993 erfolgte der schrittweise Umzug nach Kehrsatz/CH, wo eine 4-jährige Ausbildung angeboten wird. Die theoretische Ausbildung wird durch Praktiken mit evangelistischen Einsätzen ergänzt. Ziel der Ausbildung sind Evangelisationen, Gemeindeaufbau und Weltmission. Newlife vertritt eine extravertierte und offensive, von einem starken Verkündigungs- und Weltverbesserungswillen geprägte Frömmigkeit.

Neben der Bibelschule Kehrsatz gehören die Bibelschule Kirchberg/D, Christliche Television (CTV), Gefährdetenhilfe Bern, Rehabilitationsarbeit Samachja, Reisegenossenschaft Surprise, Gospel News, Radioarbeiten und weitere Werke dazu. Seit 1990 ist auch die International Christian Fellowship (ICF) unter der Leitung von H. Strupler, mit Gottesdiensten in Zürich (s. Kap. IV), Newlife International angeschlossen.
Die Bibel, so wird gelehrt, ist in ihrem ganzen Umfang inspiriert und unfehlbar. Der Mensch ist seit dem Fall Adams völlig verderbt und verloren. Entscheidend sind für ihn Bekehrung, Busse und Wiedergeburt. Alle Menschen werden leiblich auferstehen, die Gläubigen zur ewigen Herrlichkeit, die Ungläubigen zur ewigen Verdammnis.

Zeitschrift: newlife international.
Statistik: Bund Evangelischer Gemeinden D: 1 G / A: 1 G / CH: 10 G.
Adressen: Bibelschule Kirchberg, Villa Schöneck, D-74592 Kirchberg/Jagst, Tel. 0795 45 91. – Newlife Bibelschule, Sonnenberg 1, CH-9428 Walzenhausen. – Newlife Bibelschule, CH-3122 Kehrsatz. – Bund Evangelischer Gemeinden, Sekretariat, CH-8004 Zürich, Hardstr. 81, Tel. 01 492 39 49.

Missionswerk «Die Bruderhand»

1960
Vor 33 Jahren gründete Prediger Siegfried Lange zusammen mit Evangelist Wilhelm Pahls, seit 1973 Leiter des Werkes, und einigen Gliedern aus verschiedenen Gemeinden das Missionswerk «Die Bruderhand». Das Missionswerk «Die Bruderhand» versteht sich als überkonfessionelles Glaubenswerk und wird von Spenden getragen. Seine Mitarbeiter stellen sich andern Gemeinden für Evangelisationen und seelsorgerliche Dienste zur Verfügung. Sie verkündigen das Evangelium und rufen zur Bekehrung auf. Weitere Zweige sind Kassettenversand und Durchführung von Freizeiten.
Zum Missionswerk «Die Bruderhand» gehört eine eigene Freie Evangelische Gemeinde mit einem 1984 neuerbauten Gemeinde- und Missionszentrum in Wienhausen. Das Werk zählt 8 vollzeitliche Mitarbeiter.

Zeitschrift: ECHO.
Adresse: Missionswerk «Die Bruderhand», Waldweg 3, D-29342 Wienhausen, Tel. 0514 99 89 10.
www.bruderhand.de

Bund Evangelikaler Gemeinden in Österreich (BEG)

1992
In Österreich ist verschiedentlich versucht worden, einen Bund freier, ungebundener, unabhängiger Gemeinden zu schaffen. 1981 ist zur Organisation gemeinsamer Aktivitäten die «Arbeitsgemeinschaft Evangelikaler Gemeinden in Österreich (ArgeGÖ)» gegründet worden, der Mennonitengemeinden, Baptistengemeinden, evangelikal-freikirchliche und evangelisch-freikirchliche Gemeinden sowie Volksmissions-Gemeinden angeschlossen sind.
1992 folgte als weitere Gründung (zur ArgeGÖ hinzu) der Bund Evangelikaler Gemeinden in Österreich (BEG), mit z.Zt. 18 Mitgliedgemeinden zu durchschnittlich etwa 50 Mitgliedern. Der Bund, dessen Mitglieder ihre Selbständigkeit weiterhin behalten, sieht seine Aufgabe in der Missionierung in Österreich, in der Förderung der Auslandsmission und in der praktischen gegenseitigen Hilfe.

Adresse: Bund Evangelikaler Gemeinden in Österreich, Reinhold Eichinger, Ispergasse 22, A-1120 Wien, Tel. 01 292 77 81.

Missionswerk Mitternachtsruf

1955
Das Missionswerk Mitternachtsruf, ursprünglich gegründet als übergemeindliches Werk, ist mit der Gründung einer Trägerkommission und einer Trägergemeinde

(nach 1970) und dem Bau einer «Zionshalle» mit über 1000 Plätzen an der Zürcher Stadtgrenze Richtung Dübendorf zur eigenen kirchlichen Organisation geworden.

Erster Leiter des Missionswerkes Mitternachtsruf war der aus Holland stammende Wim Malgo (1922–1992). Er erlebte während seiner Matrosenzeit eine Wiedergeburt und besuchte darauf von 1947 bis 1949 die Bibelschule Beatenberg/CH (Leitung damals S. u. G. Wasserzug). 1956 begann Wim Malgo seine Tätigkeit als freier Radioevangelist. Im Lauf der Jahre wurden die verschiedenen Zweige des Werkes Schritt um Schritt weiter gefördert, z.B. die Radioevangelisation über Radio Luxemburg, die Herausgabe von 3 Zeitschriften (s.u.), die Vortragstätigkeit, die Schriften- und Tonbandmission, die Überseemission (seit 1962), der Verein für Bibelstudium in Israel u.a.

Das Missionswerk Mitternachtsruf umfasst heute Gemeinden in Dübendorf-Zürich und Bern. Zu ihnen gehören die Mitarbeiter und Freunde des Werkes. In ihnen werden auch Taufen vollzogen und das Abendmahl gefeiert. Das Werk wäre aber nicht denkbar ohne einen nicht organisierten und nicht ohne weiteres abgrenzbaren weiteren Freundeskreis. Er umfasst diejenigen, die Wim Malgos Rundfunksendungen (heute Verkündigung über 60 Radio- und Fernsehstationen in Europa, USA und Lateinamerika) und Vorträge anhören, die Schriften lesen und das Unternehmen mit ihren Gaben unterstützen.

Wim Malgo und das Missionswerk Mitternachtsruf, das von seinen Söhnen und von Norbert Lieth weitergeführt wird, wissen sich dem Fundamentalismus mit strenger Bibelbezogenheit verpflichtet. In der evangelistischen Verkündigung wird die tiefe Verlorenheit und Gottesferne des Menschen sowie die volle Erlösung durch Christus betont. In der prophetischen Auslegung aufgrund von Bibelstellen werden auch Gegenwartsereignisse «geistlich» gedeutet und Gottes Zukunftshandeln mit Israel dargelegt. Zu den Kirchen besteht kein Kontakt. Deren Glaubenshaltung und Tätigkeit werden manchmal sehr kritisch beurteilt. Die Ökumene wird als antichristliches Werk abgelehnt.

Ein wichtiges Anliegen ist dem Missionswerk Mitternachtsruf das sog. «prophetische Wort», d.h. der Versuch, aus prophetischen Stellen der Bibel einen Ablauf der Endzeitereignisse zu erkennen und diese mit Erscheinungen der Tagespolitik zu verbinden. Die Untersuchung des prophetischen Wortes führte Malgo (und führt heute Norbert Lieth) immer wieder neu zur Überzeugung, dass die Endzeitereignisse nahe sind. Dabei wechseln die Begründungen aus der Tagespolitik im Laufe der Jahre, die Schlussfolgerung bleibt jeweils dieselbe.

Die «prophetische Auslegung» der Bibel, vorgebracht in der bestimmten Art Wim Malgos, ist für viele problematisch. Der Gründer des Missionswerkes Mitternachtsruf schreibt (in: «Wenn der Morgen kommt», S. 81), die Bibel habe «vor Jahrtausenden schon das, was die Tageszeitungen heute bringen», berichtet. Eine solche Verwendung der Bibel führt leicht zu einer Vermischung von göttlichem Handeln und menschlichen Gedankenkonstruktionen. In Malgos gut dutzend Büchern finden sich denn auch zahlreiche Fehleinschätzungen der kommenden Geschichte der Menschheit, die in kritischer Sicht weder seiner eigenen Glaubwürdigkeit noch derjenigen der christlichen Botschaft gut tun.

Zeitschrift: Mitternachtsruf / Nachrichten aus Israel / Mitternachtsruf weltweit (Aufl. monatlich rd. 300 000 in 10 Sprachen).

Statistik: Niederlassungen in CH und D. Grössere Arbeitsgebiete in vier südamerikanischen Ländern, Filialen in Israel, Frankreich, A, Holland, Italien, Ungarn, USA, Guatemala, Argentinien, Afrika, Korea und Rumänien.

Adressen: Missionswerk Mitternachtsruf, D-79807 Lottstetten, Postfach 1162. – Missionswerk Mitternachtsruf, Postfach 290, CH-8330 Pfäffikon ZH, Tel. 01 952 14 14. www.mnr.ch

Hauskirchenbewegung

Eine Hauskirche versteht sich im Gegensatz zu einem Hauskreis, welcher Teil einer Gemeinde ist, als eigenständige (kleinere) Gemeinde. Die Gemeinde trifft sich regelmässig in einer Wohnung, d.h. in einem ganz normalen Haus, deshalb der Name Hauskirche. In ihr finden Abendmahl und Taufe, biblische Lehre, Essen, Teilen und Gebet statt.
Die Hauskirche hat ihren Ursprung in den Anfängen des Christentums, als sich Christen in Häusern trafen, um zusammen zu essen, zu feiern und zu beten. Durch die Entwicklung der Amtskirche trat dieses Modell in den Hintergrund, ist jedoch nie ganz verschwunden. Nach der Reformation entwickelte sich eine Vielzahl von Bewegungen, die hauskirchliche Züge trugen, seien es die Waldenser (noch vor der Reformation), die Mennoniten, die Herrnhuter oder der frühe Methodismus.
Die «neue» Hauskirchenbewegung brach vor allem in den 90er Jahren durch. Sie ist auch ein Phänomen der (heutigen) Zeit, in der sich viele Christen nicht mehr in grössere Kirchen einbringen, sondern im persönlichen Rahmen und selbstverantwortlich Gemeinde leben wollen. Im deutschsprachigen Raum gilt Wolfgang Simson als der wichtigste Repräsentant der Hauskirchenbewegung. Die Hauskirchenbewegung steht auf dem Boden der Evangelischen Allianz. Die theologische Ausrichtung ist bei jeder Hauskirche unterschiedlich, vielmals sind charismatische Züge erkennbar. Hauskirchen sind von ihrer Art her sehr in Bewegung und fügen sich kaum in ein allseits gültiges Bild.

Statistik: D: ca. 100 Hauskirchen / A: ca. 50 / CH: ca. 50.
Adressen: D: Wolfgang Simson, Tel. 0049 7745 91 95 28, Email: wolfsimson@compuserve.com. – CH: Reinhold Scharnowski, Elsternweg 1, CH-3612 Steffisburg, Tel. 033 438 88 77, Fax -76, Email: rscharnowski@gmx.ch.
www.hauskirchen.de
www.hauskirchen.ch
www.lukas10.ch
www.dawn.ch

11. Neuere fundamentalistische Sondergruppen

Adullam / Christlicher Informationsdienst Wattwil

Hinter dem Christlichen Informationsdienst (CID, sprich «zid») Wattwil/CH und dem Altersheim Adullam am selben Ort steht der ehemalige Volksschullehrer *Werner Arn*. Reformiert aufgewachsen, trat Arn nach einer Bekehrung und dem vergeblichen Versuch, seiner speziellen Theologie in der reformierten Kirche Nachdruck zu verschaffen, aus dieser aus. Seither wirkt Arn ohne Kontakt zu irgendeiner anderen Gemeinschaft, denn, so Arn, alle Kirchen und Freikirchen seien falsch, von der biblischen Lehre abgefallen und charismatisch unterwandert. Nur in Arns Gemeinschaft würde biblischer Glaube ernst genommen. Arns Anhängerschaft versammelt sich in Hauskreisen in der Ostschweiz und zu Gottesdiensten in den Räumen von Arns Altersheim Adullam in Wattwil, dessen Name von Aussenstehenden in Ermangelung einer anderen Bezeichnung für die Gemeinschaft als ganzes verwendet wird.
Kritiker aus Landes- und Freikirchen nehmen Werner Arns Absolutheitsanspruch, mit welchem er seine Gemeinschaft zur Sondergruppe macht, mit Bedauern zur Kenntnis. Ausserdem fällt unangenehm auf, dass Arns missionarische Bemühungen in erster Linie engagierten Mitgliedern anderer Gemeinden gelten, mitunter wirbt Arn offenbar ganze Hauskreise ab. Angehörige von Mitgliedern der Hauskreise Arns berichten von einem erschwerten Zusammenleben, bewirkt durch ein ausgeprägt elitäres Lebensgefühl von Arns Anhängern.

Statistik: Keine geregelte Mitgliedschaft, ca. 200 M von Arns Hauskreisen.
Adresse: CID – Christlicher Informationsdienst, Werner Arn, Waisenhausstr. 25, CH-9630 Wattwil.

Holic-Gruppen

Gottfried Holic (sprich: Holitsch) geb. 1943 in Wien, Einzelkind, Studium der Germanistik und der Geschichte, mit 23 Jahren bekehrt, ab 1968 für viele Jahre Student der katholischen Theologie, gründete mit anderen Studenten eine Wohngemeinschaft, präsentierte sich zeitweilig als Outsider mit Liebe zur Natur und lebte ehelos. Er entwickelte auf biblizistischer Grundlage Grundsätze wahren Christentums, praktisch angewandt zuerst in einer eigenen christlichen Wohngemeinschaft (in der Wiener Eisvogelstrasse, deshalb der Name «Eisvögel»), und führte, erfüllt von einem grossen Sendungsbewusstsein, seine vor allem jugendlichen Gefolgsleute – junge Leute sind eher bereit zu radikaler Nachfolge – in eine eigene Kirche. Katholische Theologie studierte er weiterhin, wahrscheinlich um seinen Gegner besser aushorchen zu können. Ab 1983 empfahl er seinen Leuten den Kirchenaustritt. Von Wien aus gründete er Gruppen in Linz, Graz und Budapest, ab 1988 wurde die Gruppe in der ehemaligen DDR aktiv, später auch in Polen, Litauen und Tschechien. Auf dem Kirchentag in Stuttgart wurde so massiv geworben, dass seither auch Stuttgart seine Holic-Gruppe hat. Die Holic-Gruppen wenden sich gegen alle anderen christlichen Gemeinschaften und Kirchen und versuchen sich durch radikale Bibeltreue – *die ihrer Gesetzlichkeit widersprechenden Aussagen werden souverän umgedeutet* –, vollkommene Christusnachfolge und besondere Reinheit von den anderen abzuheben. Offizielle Ämter kennen die Gruppen nicht. Zweifeln gilt als schwere Sünde. Wer Jesus wirklich nachfolgt, gibt seine Hobbys auf, wenn es sein muss, auch seinen gottlosen – z.B. kirchlichen – Beruf. Die Welt wird schwarz in schwarz gemalt. Ihr gegenüber gilt keine Toleranz. Ein Christ muss intolerant sein. Die Gäubigen leben zumeist in Wohngemeinschaften (Privathäusern) und schwärmen mit Kleinbussen zu Missionseinsätzen aus. Durch tägliche Treffen in der Gruppe und weitgehende Güterteilung wird das Leben des Einzelnen völlig durch die Gruppe geprägt. Die Gruppe achtet auf radikale Trennung zwischen Gläubigen und Ungläubigen. Ungläubig sind praktisch auch alle Christen ausserhalb der Gruppe. Die Gruppe selber lebt in ihren eigenen Augen auf einem so hohem ethischem Niveau, dass sie Sünder in ihren Reihen nicht duldet. Ausschlüsse auch bei vergleichsweise kleinem Fehlverhalten kommen vor. Die Holic-Gemeinschaft wirbt systematisch vor allem unter den Jugendlichen und jungen Erwachsenen in anderen Kirchen, am liebsten bei Kirchenanlässen. Die Neugewonnenen werden sofort ihrer angestammten Kirche entfremdet. Die radikale Bekehrung ist eine 180-Grad-Wendung. Wer neu in die Gruppe eintritt, wird intensiv umworben (Das sog. «Love-Bombing» ist auch aus anderen Gemeinschaften bekannt.). Später ist der Umgang unter Gruppenmitgliedern eher rational-kühl. Die sofort einsetzende Distanz zur Aussenwelt und das ständige Leben in der Gemeinschaft führen innert kurzer Zeit zu einer sog. Psychomutation, zu einem nach aussen hin völlig neuen Menschen. In seine Gruppe bringt der Einzelne dann, weil alle dies tun, auch sein Vermögen ein. Die Gruppen leben einfach, wandern viel, führen tägliche Bibelgespräche, kennen die offene Beichte (alle gestehen ihr Fehlverhalten). Die meisten Mitglieder gehen einem Beruf ausserhalb der Gemeinschaft nach und leben in der Regel ehelos. Sexualität fördert i.E. Zweierbeziehungen und trennt von der Gruppe und von Gott. In allen Lebensbereichen gilt: Der Einsatz für Gott hat absolut Vorrang.

Die Holic-Gruppen demonstrieren nach Auffassung von Kritikern in ihrer Distanz zur Aussenwelt, ihrem exklusiven Christentum und der legalistischen Radikalität ihrer Nachfolge ausgeprägt sektenhaftes Verhalten.

Statistik: D: 50 M / A: 50 M / insgesamt ca. 500 M. Die Grösse der Gruppen schwankt zwischen 25 und 50 M.

Mission Kwasizabantu

1966 / 1971

Gründer und Leiter der Mission Kwasizabantu ist der deutschstämmige Südafrikaner Erlo Stegen, geb. 1935. Der lutherisch erzogene Stegen wirkte nach einer Bibelschulausbildung ab 1954 als reisender Evangelist in der südafrikanischen Provinz Natal (heute Kwazulu/Natal). Zentral in seiner Verkündigung waren für Stegen die Busse und die Heiligung, das Ablassen von der Sünde und das Ringen um Reinheit. 1966/1967 ereignete sich durch die Wirksamkeit Stegens unter zulustämmigen Südafrikanern am Ort Maphumulo eine Erweckung, die bald weitere Kreise zog. 1971 verlegte Stegen das Zentrum seiner Wirksamkeit und damit der Erweckung ins benachbarte Kwasizabantu. Innerhalb ihres evangelikalen Umfeldes war die Erweckung in Kwasizabantu von Beginn weg umstritten, weil Stegen zwischen antipfingstlerischer und pfingstlerischer Theologie einen Mittelweg beschritt: Einerseits wehrte er Phänomenen wie Zungenrede und Prophetien nicht, andererseits lehnte er deren pfingstlerische Deutung als notwendige, zur Bekehrung hinzutretende Geistestaufe ab. Zudem stützte sich Stegen auf Prophetien, die er über eine Mitarbeiterin in Trance von Gott empfangen haben will. Als Verteidiger Erlo Stegens und seiner Mission tat sich insbesondere der lutherische Pastor Kurt E. Koch hervor.

Durch Vortragsreisen Stegens entstanden auch in Deutschland und in der Schweiz Kwasizabantu-Gemeinden, die allerdings nur ein langsames Wachstum zeigten.

Lehrmässig steht in der Mission Kwasizabantu nach wie vor das Bemühen um Busse und ein Leben in der Heiligung im Mittelpunkt. Dazu sollen dienen 1) eine intensive seelsorgerliche Betreuung der Mitglieder, 2) der sog. «Standard», ein ungeschriebenes Regelwerk rechten Verhaltens, das für Mitglieder als verpflichtend gilt und Kleidervorschriften und insbesondere Regeln für Eheanbahnung und Verlobungszeit umfasst, und 3) der Brauch der «Trennung von der Sünde und dem Sünder», welcher beinhaltet, dass die Gemeinschaft mit Menschen, die sich dem Standard nicht verpflichten wollen, abgebrochen wird.

Aus der Mission Kwasizabantu sind zwei nominell unabhängige Werke hervorgegangen: die Domino-Servite-Schulen, Privatschulen auf christlicher Basis in Südafrika, Deutschland und der Schweiz, und die Vereinigung Christians for Truth (cft) / Christen für die Wahrheit, welche für den Erhalt christlicher Werte in der Gesellschaft kämpft. Beide Vereinigungen sind auch für Menschen offen, die nicht zur Mission Kwasizabantu gehören.

Im Laufe der 90er Jahre ist die Mission Kwasizabantu zunehmend ins Schussfeld der Kritik geraten. Insbesondere ehemalige Mitstreiter von Erlo Stegen haben gravierende Vorwürfe erhoben: So soll das Werk unter Bruch des Seelsorgegeheimnisses mit dem südafrikanischen Geheimdienst zusammengearbeitet haben. Zu Kritik Anlass gaben auch die mit dem Brauch der «Trennung» verbundene sektenartige Abschottung von anderen christlichen Gemeinschaften, die Eheanbahnungsvorschriften, die in ihrer Strenge ein gegenseitiges Kennenlernen des Brautpaares beinahe verunmöglichen würden, die Berichte von rigiden Strafpraktiken und Stegens an spiritistische Gepflogenheiten erinnernde Offenbarungspraktiken. In der Folge dieser Debatte haben im Lauf der Jahre 1999 und 2000 zahlreiche Menschen die Mission Kwasizabantu verlassen. Die Gemeinden in Deutschland sollen so rund die Hälfte ihrer Mitglieder verloren haben.

Statistik: Weltweit rd. 40 000 Anhänger / D: rd. 500 M / CH: 300 M.
Adressen: Hus Lindach, Osterlängstr. 47, D-73527 Schwäbisch Gmünd-Lindach, Tel. 07171 70 04 10. – Haus Waldfrieden, Niederhof 1, D-51674 Wiehl-Bielstein, Tel. 02262 69 93 0. – Haus Druhwald 1, D-29646 Bispingen/Steinbeck, Tel. 05194 98 18 0. – Mission Kwasizabantu, Hof Oberkirch 5, CH-8722 Kaltbrunn, Tel. 055 293 37 11.
www.kwasizabantu.com
www.kwasizabantu.de
www.kwasizabantu.ch

Organische Christus-Generation (OCG)

1984
Andere Namen und verbundene Werke: Obadja, Panorama-Zentrum, Elaion-Verlag.
Ivo Sasek, Gründer und Leiter der Organischen Christus-Generation (OCG), wurde 1956 in Zürich geboren und absolvierte eine Ausbildung als Automechaniker. Aufgewachsen in einem überzeugt atheistischen Elternhaus bekehrte sich Sasek 1977 zu einem Christentum evangelikaler Prägung und schloss sich im Jahr darauf der damaligen Newlife-Bewegung (s.d.) an. Von der Bibelschule der Newlife-Bewegung wurde Sasek allerdings 1982 weggewiesen, weil er sich pfingstlerischen Lehren öffnete. Sasek arbeitete in der Folge in der christlichen Drogenrehabilitation «Villa Akazia» in Zihlschlacht/CH mit und gründete 1984 mit Absolventen dieser Organisation ein eigenes Drogenrehabilitationszentrum unter dem Namen Obadja in Walzenhausen/CH. Seine dortige Liegenschaft wurde unter der Bezeichnung «Panorama-Zentrum» zum Mittelpunkt von Saseks verschiedenen Aktivitäten. Neben die Drogenrehabilitation Obadja trat ein Gemeindelehrdienst: Sasek hält Vorträge in Gemeinden und wirbt dort für seine Auffassung des Christentums. Bücher, Kleinschriften und Audio-Kassetten Saseks erscheinen im hauseigenen Elaion-Verlag. Seine Lehrtätigkeit sieht Sasek im Rahmen eines apostolischen Dienstes, zu welchem er berufen sei. Ziel dieses apostolischen Dienstes wäre eine Unterweisung ganzer Gemeinden im Sinne der Theologie Saseks. De facto verlassen aber die meisten von Sasek überzeugten Menschen ihre Gemeinde und schliessen sich einem Hauskreis an, der im Sinne Saseks wirkt. Für dieses Hauskreissystem ist in den letzten Jahren der Begriff «Organische Christus-Generation» OCG geprägt worden.
Die Sasieksche Theologie zeichnet sich durch eine betonte Radikalität aus: Wichtiges Anliegen ist die Hingabe an Gott und seinen Willen, ausgedrückt mit dem Begriff des Ganzopfers. Alles, was die Gottesbeziehung stören könnte, ist zu lassen, z.B. Hobbys, die dem einzelnen wichtig sind und gerade darum die Gottesbeziehung konkurrenzieren. Das ganze Leben ist allein auf Gott und seinen Willen auszurichten. Ziel ist der Zustand «Christus in uns», welchen Sasek als einen Stand von Heiligkeit entwirft, wo nur noch Gottes Wille im Leben wirkt.
Dabei gestaltet Sasek seine Lehre sehr stark in Abgrenzung zur evangelikalen «Normaltheologie», welcher er mangelnde Radikalität vorwirft. Die anfängliche Anerkennung Saseks in Teilen der evangelikalen Bewegung ist in den letzten Jahren einer weitgehenden Ablehnung gewichen, was Sasek als Rückweisung seines apostolischen Dienstes deutet und wogegen er mit recht schrillen Tönen kontert. Von evangelikaler Seite wird in diesem Zusammenhang angemahnt, dass Sasek nicht bereit sei, Kritik von aussen in irgendeiner Form aufzunehmen.
Wer sich Sasek anschliesst, findet sich in Walzenhausen zu «Bemessungs-Tagen» ein. Hier wird von Sasek und Mitstreitern der Glaubensstand des Einzelnen bemessen, oft mit dem Befund, dass der Gottesbezie-

hung noch Hinderliches im Wege stehe, das fürderhin zu lassen sei. Ein Schwergewicht in der konkreten Ausgestaltung des Glaubenslebens liegt für Sasek in den Fragen von Ehe und Familie. Sasek lehrt die Unterordnung der Frau und – bis vor kurzem – die Züchtigung der Kinder mit der Rute als Glaubenspflicht. Inzwischen wird die Züchtigung nicht mehr öffentlich gelehrt, wohl aber weiterhin geübt.

Ivo Saseks radikale und verhältnismässig durchdachte Theologie vermag auf den ersten Blick zu beeindrucken, geht aber in ihrer absoluten Fassung des «Christus in uns» über die Faktizität des Menschlichen hinweg. Die Folge ist Verdrängung, die sich in säuberungsartigen Psychodynamiken in Saseks Gemeinde und in schrillen Drohreden gegenüber Gemeinden, die sich Saseks vermeintlichem apostolischen Auftrag nicht unterordnen wollen, Bahn bricht. Dass sich mit dem theologischen Anliegen menschliche Geltungswünsche verbinden, kann Sasek nicht sehen, weil er keine Korrektur von aussen anzunehmen bereit ist. Das traurigste Kapitel ist aber die Züchtigung der Kinder mit der Rute, die Sasek nicht nur an seinen eigenen Kindern übt, sondern auch von den Menschen, die sich seinem Werk anschliessen, als Glaubenspflicht forderte.

Zeitschrift: Der Oelbaum.
Statistik: Keine Zahlen bekannt. Wohl ein paar Dutzend Gruppen mit Schwergewicht in Süddeutschland und in der Schweiz, mehrere Hundert Menschen umfassend.
Adresse: Ivo Sasek, Nord 33, CH-9428 Walzenhausen.

IV Pfingstbewegung, Charismatik und Neocharismatik

Die Pfingstbewegung stellt mit der aus ihr herausgewachsenen charismatischen und neocharismatischen Bewegung die weltweit erfolgreichste Strömung des Christentums im 20. Jahrhundert dar. Entstanden ist die Bewegung nach 1901 – im Jahr 2000 sollen insgesamt rund 600 Mio Menschen pfingstlerischen, charismatischen und neocharismatischen Gemeinden angehört haben. Mitverantwortlich für diese Ausbreitung ist der Einbezug emotionaler und enthusiastischer Elemente in Gottesdienst und Lebenspraxis, was insbesondere unter Christen mit einer kulturellen Prägung, die gegenüber Emotionen nicht so zurückhaltend ist wie die europäische, erfolgreich ist. In Europa fiel der Zuspruch zur Pfingstbewegung und ihren Tochterbewegungen denn auch weit geringer aus. Manche Elemente aus Lehre und Praxis der Bewegungen, etwa die Anbetung, wirkten aber weit über die Bewegungen selbst hinaus.

Pfingstbewegung

Die Pfingstbewegung ist der Aufbruch eines enthusiastischen Christentums, das dessen Anhänger mit dem Wirken des Heiligen Geistes in Verbindung bringen. Die Bewegung ist nicht einheitlich. Sie umschliesst eine grosse Zahl verschiedener Gemeinden und Gruppen.

Herausgewachsen ist die Pfingstbewegung aus der Heiligungsbewegung des ausgehenden 19. Jahrhunderts, der es um das Erreichen eines (möglichst) sündlosen Standes im christlichen Leben ging, eines Standes der Heiligkeit, welcher als zweite Stufe zur Bekehrung hinzutrete. In diesem Zusammenhang wurde z.T. intensiv nach einem konkreten Erlebnis gesucht, welches das Eintreten des Standes der Heiligkeit belegen sollte. Die ersten pfingstlichen Erfahrungen wurden denn auch in diesem Sinne gedeutet.

Als Anfangspunkt der Pfingstbewegung werden etwa Versammlungen in Kansas/USA im Jahre 1901 genannt, während die rasche Ausbreitung 1906 mit den Zusammenkünften in der «Azusa-Street-Mission» in Los Angeles einsetzte. Im Jahre 1906 hielt sich auch der norwegische Methodistenprediger T.B. Barratt in den Vereinigten Staaten auf. Er empfing «eine mächtige Geistestaufe» und wurde, nach seinen eigenen Äusserungen, «von solchem Licht und solcher Kraft erfüllt, dass er mit lauter Stimme in einer ihm fremden Sprache zu rufen anfing». Barratt brachte die neue enthusiastisch-emotionale Frömmigkeit nach Norwegen. Von dort dehnte sich die Pfingstbewegung sehr bald auch nach Mitteleuropa aus. In Deutschland fand die pfingstlerische Frömmigkeit in gewissen Teilen der Gemeinschaftsbewegung, die unter dem Eindruck der Heiligungsbewegung und der Erweckung in Wales (1905) standen, zuerst offene Türen. 1909 distanzierte sich jedoch die deutsche Gemeinschaftsbewegung mit der sogenannten «Berliner Erklärung» deutlich von der Pfingstbewegung.

1907 bildete sich auch in der Schweiz, in Zürich, ein erster Pfingstkreis. Zwei norwegische «Missionarinnen» und bald darauf auch T.B. Barratt selbst besuchten die Gemeinden in Deutschland und in der Schweiz.

Die weitere Geschichte der Pfingstbewegung ist durch zweierlei gekennzeichnet: Das emotionale Element, das in der Anfangszeit zu erregten, lauten und z.T. wirren Versammlungen geführt hatte, ist mindestens in den bedeutenden Pfingstkirchen spürbar zurückgetreten. Die Betonung des Geistwirkens, verbunden mit einem begrenzten Enthusiasmus, ist jedoch geblieben.

Anfänglich waren Fragen der Organisation unter dem Eindruck des eigenen Erlebens zweitrangig. Im Laufe der Zeit bildeten sich dann aus pfingstlerischen Aufbrüchen oder durch Abspaltungen eine Reihe grösserer und eine Menge kleinerer voneinander unabhängiger Pfingstgemeinden bzw. Gemeindeverbände. In neuerer Zeit suchen verschiedene Pfingstrichtungen vermehrt Kontakt miteinander. Die Weltpfingstkonferenzen, deren erste 1947 in Zürich durchgeführt wurde, sind zu grösseren Treffen pfingstlerischer Kreise angewachsen. Eine bedeutende Zunahme der Mitglieder verzeichnen in den letzten Jahrzehnten u.a. die südamerikanischen Pfingstgemeinden.

Nach pfingstlerischer Ansicht steht eine Kirche nur dann in der Nähe der neutestamentlichen Gemeinde, wenn sie dem u.U. auch enthusiastischen Wirken des Heiligen Geistes, also der Geistestaufe und den Geistesgaben, Raum gibt. In der Betonung der Bedeutung von Geistesgaben wie Zungenrede, Prophetie, Heilungen vertritt die Pfingstbewegung einen sog. «aktualistischen Standpunkt», d.h. die Berichte über Geisteswirkungen im Neuen Testament sind auch heute Vorbild fürs Gemeindeleben. Dagegen vertreten die reformatorischen und die evangelikalen Gemeinschaften eine «cessationistische» Position, die davon ausgeht, dass Wunder und Geistwirkungen im neutestamentlichen Ausmass mit dem Ende des apostolischen Zeitalters oder mit der Fertigstellung des Neuen Testaments aufgehört haben. (Basis der cessationistischen Lehre ist die alltägliche Erfahrung, dass sich in den Gemeinden Wunder in neutestamentlichem Ausmass nicht ereignen. Dieses Problem stellt sich auch der Pfingstbewegung.) Radikalen Cessationisten war und ist es als Gefangenen ihrer Theorie nicht möglich, die Ereignisse in der Pfingstbewegung auf den Heiligen Geist zurückzuführen. Da auch eine psychologische Erklärung ausschied, blieb als vermeintliche Ursache nur noch der Geist «von unten» übrig (so in der oben erwähnten «Berliner Erklärung» des Gnadauer Verbandes 1909).

Der Anspruch, die eigene Gemeinde stelle allein die wahre Kirche dar, wird zur Hauptsache von extremen Pfingstrichtungen erhoben. Das Verständnis des Heiligen Geistes in der Pfingstbewegung steht zu festen Organisationsformen grundsätzlich in Spannung. Viele Pfingstrichtungen betonen deshalb einfach die Bedeutung der Einzelversammlung, die in manchen Fällen von Ältesten und Predigern geleitet wird. Die Geschäfte grösserer Gemeindeverbände werden in manchen Fällen von Brüderräten besorgt.

Die Glaubensanschauungen der vielen Pfingstgemeinden sind keineswegs einheitlich. In der Regel betonen aber alle die Inspiration und Unfehlbarkeit der Heiligen Schrift, die Erlösung durch Jesus Christus, die nahe Wiederkunft Christi und die offene Bereitschaft für das Wirken des Heiligen Geistes. Darüber hinaus lassen sich bei den verschiedenen Gemeinden folgende Unterschiede feststellen: Der Heilsweg umfasst drei oder zwei entscheidende Erlebnisse, entweder die Bekehrung, die Heiligung und die Geistestaufe oder nur die Bekehrung und die Geistestaufe. Die Taufe wird hauptsächlich den Glaubenden gespendet; einzelne Pfingstrichtungen vertreten die Kindertaufe. Neben der trinitarischen Taufe kommt – beim sog. «Oneness»- oder «Jesus-only»-Flügel der Pfingstbewegung – auch die Taufe allein auf den Namen Jesu vor, meist verbunden mit einem modalistischen Gottesverständnis, welches in Gott Vater, Jesus Christus und dem Heiligen Geist verschiedene Erscheinungsweisen ein und derselben Person sieht. Einzelne Gemeinden halten neben Taufe und Abendmahl auch an der Fusswaschung fest.

Für alle Pfingstgemeinden ist ein Christsein im Vollsinne des Neuen Testaments erst mit dem Erlebnis der Geistestaufe erreicht und das Gemeindeleben nur vollständig, wenn die Geistesgaben wie Weissagung, Zungenrede, deren Übersetzung und Krankenheilung zur Auswirkung kommen. Wesentliche Unterschiede bestehen im Verständnis der Geistestaufe. Sie reichen vom Durchbruch der festen Gewissheit der auf den Glaubenden gerichteten Güte Gottes bis zu stark enthusiastisch-emotionalem Erleben. Nicht als unbedingt notwendig, aber doch als üblich gilt in der grossen Mehrzahl der Pfingstgemeinden, dass die Geistestaufe von der Zungenrede als einem Echtheitsbeweis («initial evidence») begleitet ist.

Seit etlichen Jahren kommt es mehr als früher zu Kontakten zwischen einzelnen Pfingstgemeinden und den grossen Kirchen. An verschiedenen Orten arbeiten Vertreter gemässigter Pfingstgemeinden in der Evangelischen Allianz mit. Zu erwähnen sind auch Gespräche zwischen Pfingstlern und der römisch-katholischen Kirche. Einzelne südamerikanische Pfingstkirchen sowie die Chiesa Evangelica Internazionale (Italien und USA) sind Mitglied des Ökumenischen Rates der Kirchen. Die grosse Mehrzahl der Pfingstgemeinden verhält sich dem Ökumenischen Rat gegenüber jedoch reserviert. Viele Pfingstgemeinden senden eigene Missionare aus.

Charismatische Bewegung

1961 machten verschiedene Glieder einer kalifornischen Episkopalkirche zusammen mit ihrem Pfarrer, Dennis J. Bennett, charismatische Erfahrungen, d.h. unter ihnen zeigte sich ein auffallendes Bewegtsein durch «die Kraft des Heiligen Geistes». Gleichzeitig erwachten die Geistesgaben (griech.: Charismata), wie sie in 1Kor. 12 und 14 beschrieben sind, vor allem Weisheitsrede, Zungenrede, Heilung, Unterscheidung der Geister. Aus diesen Anfängen entstand mehr und mehr eine Bewegung, die Mitglieder lutherischer, methodistischer, baptistischer Kirchen und auch der römisch-katholischen Kirche ergriff. An Konferenzen für charismatische Erneuerung trafen sich bald bis zu 50 000 Teilnehmer.

1962 lernte Arnold Bittlinger, damals Pfarrer im Volksmissionarischen Amt der Evangelischen Kirche der Pfalz, in Amerika die neue Bewegung kennen. Mit andern zusammen machte er bald auch in Deutschland entsprechende Glaubenserfahrungen. Charismatische Gruppen entstanden ebenso in den umliegenden Ländern. Zu den ersten Trägern der neuen Bewegung gehörten u.a. Mitglieder aus dem Marburger Kreis, der Rufer-Arbeit (baptistisch) und der Studentenmission (SMD). Bis 1968 hatten sich rd. 150 charismatische Gruppen gebildet. Aus ihrer Mitte entstand der «Arbeitskreis für Geistliche Gemeinde-Erneuerung in der Evangelischen Kirche (GGE)» (bis 1984: «Charismatische Gemeinde-Erneuerung»). In der Schweiz wurde die Charismatische Bewegung seit 1972 durch Tagungen der «Gemeinde-Gaben-Dienste» bekannt.

Da es sich um eine innerkirchliche Bewegung ohne eigentliche Mitgliederverzeichnisse handelt, sind Zahlenangaben schwierig. In Deutschland rechnet man mit einigen hundert evangelischen und eher noch mehr katholischen Gebets- und Gemeindekreisen. In der deutschsprachigen Schweiz haben sich einige Dutzend evangelische und ca. 120 katholische charismatische Kreise gebildet. Innerhalb der katholischen Kirche Österreichs werden rd. 350 Gebetsgruppen gezählt.

Im Glaubenserleben gibt es zwischen der Charismatischen Bewegung und der Pfingstbewegung deutliche Berührungspunkte. In beiden Bewegungen werden neben der Verkündigung auch der Erfahrung des Heiligen Geistes mit dem Empfang der Geistesgaben wie Zungenrede, Prophetie, Heilungen, Unterscheidung der Geister grosse Bedeutung zugemessen. Die Unterschiede sind indessen nicht zu übersehen. In der Pfingstbewegung wird das Erlebnis des Heiligen Geistes als begehrenswerte Geistestaufe verstanden. Sie hebt den Christen über die Rechtfertigung des Glaubens auf eine höhere Stufe empor und bringt ihm letztlich erst so das wahre Christenleben. Die Charismatische Bewegung rechnet mit einem spontanen Auftreten der Geisterfahrung. Diese hebt aber den Christen nicht auf eine höhere Stufe des Christseins empor. Er bleibt im Stand der Rechtfertigung, des Angenommenseins durch Jesus Christus, das nicht ergänzt werden kann. Die Erfahrung des Geistes und der Geistesgaben ist ein Geschenk und verhilft zur Stärkung des

Glaubens und der Hoffnung. Sie führt zur Vertiefung des Gebets und zum tätigen Einsatz in der Kirche und für den Mitmenschen.

Wort-des-Glaubens-Bewegung

Andere Bezeichnungen: Rhema- oder Glaubensbewegung

Die Wort-des-Glaubens-Bewegung ist ein Seitenflügel innerhalb der Charismatik, welcher eine eigene Theologie entworfen und insbesondere neocharismatische Gemeinschaften und deren Praxis z.T. stark beeinflusst hat. Die Lehre der Wort-des-Glaubens-Bewegung nimmt Ansätze der Neugeist- und Positives-Denken-Bewegung (siehe Kap. VIII) in das pfingstlich-charismatische Weltbild auf. Historische Nahtstelle für diese Kombination ist der Amerikaner Essek William Kenyon (1867–1948), auf dessen Werken das Schrifttum von Kenneth E. Hagin (geb. 1917), dem Vordenker der Wort-des-Glaubens-Bewegung, ganz wesentlich beruht. Zentrum der Bewegung ist Tulsa/Oklahoma, wo Hagin wirkt. Publizistische Vertreter der Bewegung sind etwa Kenneth Copeland und Charles Emmitt Capps, im deutschen Sprachraum vor allem Wolfhard Margies von der «Gemeinde auf dem Weg» in Berlin. Aus der Wort-des-Glaubens-Bewegung hervorgegangen ist die brasilianische Igreja Universal do Reino de Deus / Kirche Universal vom Reich Gottes. Manche Gedanken der Bewegung vertritt auch der Koreaner David (ehemals Paul) Yonggi Cho.
Die Wort-des-Glaubens-Bewegung geht wie die Neugeist-Bewegung von einer schöpferischen Kraft des gesprochenen Wortes aus. Diese Kraft, die im Schöpfungsbericht 1Mose 1 zum Ausdruck kommt, ist nicht Gott allein vorbehalten, sondern steht im Grunde auch dem Christen zu (wie denn überhaupt der Mensch nach Ansicht mancher Wort-des-Glaubens-Lehrer an der Göttlichkeit Gottes Anteil hat oder sogar als «kleiner Gott» bezeichnet werden kann). Zum Ausdruck kommt das schöpferische Wort, das auch «Rhema» genannt wird, durch «Proklamation» oder durch «Bekennen»: Es wird nicht um das Gewünschte gebetet, sondern dessen schon geschehener, aber noch nicht sichtbarer Empfang proklamiert resp. bekannt. Durch die Proklamation, das Bekenntnis, wird der Empfang realisiert. Dies sieht im Fall einer Heilung so aus, dass die schon geschehene Heilung proklamiert wird – im Gegensatz zum «main stream» der Pfingst- und charismatischen Bewegung, welcher Gott um Heilung bittet. Voraussetzung für eine erfolgreiche Proklamation ist allerdings der Glaube – nur ein im Glauben gesprochenes Wort trägt schöpferische Kraft (deshalb der Name Wort-des-Glaubens-Bewegung). Glaube meint hier nicht in erster Linie Vertrauen auf Gott, sondern die unerschütterliche Gewissheit der Wirksamkeit des Wortes. Bleibt das Proklamierte aus, hat offensichtlich der nötige Glaube gefehlt. Im Falle der Proklamation einer Heilung können weiterlaufende Symptome im Extremfall als durchzustehende

Versuchungen Satans gedeutet werden, denen nicht medizinisch begegnet werden darf (da die Inanspruchnahme ärztlicher Hilfe ja den fehlenden Glauben in die Faktizität der Heilung dokumentiert). Die schöpferische Kraft des Wortes darf und soll auch zur Gewinnung materiellen Wohlstands eingesetzt werden. Gläubige Christen im Sinne der Wort-des-Glaubens-Bewegung zeichnen sich deshalb auch durch wirtschaftlichen Erfolg aus. Aus diesem Grund wird für die Bewegung auch der Name «Wohlstandsevangelium» verwendet. (Dieser Begriff meint aber auch Pfingstler, die zwar den materiellen Wohlstand als Glaubenszeichen, nicht aber die Lehre von der schöpferischen Kraft des Wortes vertreten, wie es etwa der Heilungsevangelist Benny Hinn vor seinem diesbezüglichen Widerruf tat.)

Die Wort-des-Glaubens-Bewegung stiess auf vielseitige Kritik, auch aus den Reihen von Pfingst- und charismatischer Bewegung selbst: Hier wird insbesondere darauf aufmerksam gemacht, dass die biblische Abstützung der Wort-des-Glaubens-Lehre schwach, deren Herkommen aus der Neugeist-Bewegung aber offensichtlich ist.

In aussenstehender Sicht besonders problematisch wirkt sich die Wort-des-Glaubens-Lehre im Zusammenhang mit dem Wunsch nach Heilung von Krankheiten aus. Hier kann die Lehre zu einem medizinisch gesehen fahrlässigen Verzicht auf die Inanspruchnahme ärztlicher Hilfe führen, die zumindest in einem belegten Fall mit dem Tod des Betroffenen geendet hat. Jedenfalls ist aber der Mensch, bei welchem eine Heilung ausbleibt, in kritischer Sicht der doppelt Betrogene: Er bleibt nicht nur krank, sondern erhält zusätzlich Unglauben bescheinigt.

In theologischer Sicht ist die Parallelisierung von Gesundheit und Wohlstand mit Glauben und von Krankheit und Armut mit Unglauben unhaltbar.

In der Praxis erweist sich die Wort-des-Glaubens-Lehre als attraktiv für Menschen, die Heilung oder Behebung materieller Not wünschen, was den Gemeinden zahlreiches Publikum zuführt. Allerdings wenden sich viele Menschen nach Ausbleiben des Gewünschten wieder ab, so dass sich ein recht hoher Durchlauf ergibt, vergleichbar demjenigen esoterischer Angebote mit ähnlich hohen Versprechungen.

Neocharismatische Bewegung

Verwandte Bezeichnungen: Dritte Welle des Heiligen Geistes, Gemeindeaufbau-Bewegung, Gemeindegründungs-Bewegung

Die neocharismatische Bewegung ging hervor aus der Gemeindeaufbau-Bewegung der 80er Jahren des 20. Jahrhunderts, der es um die Ausbreitung des evangelikalen Christentums durch Wachstum und Neugründung von Gemeinden ging. Wichtigster Vertreter der Gemeindeaufbau-Bewegung war der Amerikaner Charles Peter Wagner (geb. 1930). Forschungen zur Thematik des Gemeindewachstums brachten Wagner zur Erkenntnis, dass weltweit gesehen pfingstliche und charismatische Gemeinschaften weit stärker wuchsen als nichtcharismatische. Diese Einsicht führte Wagner und seine Mitstreiter dazu, die Einbeziehung der charismatischen Gaben des Heiligen Geistes ins Gemeindeleben zu fordern, ohne eine pfingstliche Theologie zu übernehmen. Die Vorzüge pfingstlerischer Gemeinden sollten also für evangelikale Menschen zugänglich werden, ohne dass diese ihre Bedenken gegen eine pfingstliche Theologie aufzugeben hätten. Die Folge dieser Bemühung ist eine Mittelposition zwischen Evangelikalismus und Charismatik: Die cessationistische Lehre des anticharismatischen Evangelikalismus wird verworfen, aber ebenso die pfingstliche Lehre von der Geistestaufe als ein zweiter, auf die Bekehrung zeitlich folgender Schritt. Vielmehr fallen nach Meinung der neocharismatischen Bewegung Bekehrung und Geistestaufe zusammen, spätere Erfahrungen mit dem Heiligen Geist, die allenfalls mit Zungenrede einhergehen, werden als wiederholbares Erfülltwerden mit dem Heiligen Geist gedeutet. Vertreterin dieser Auffassung von Geistestaufe und Erfülltwerden ist insbesondere die Vineyard-Bewegung des Wagner-Mitstreiters John Wimber.

In ihrer Ausrichtung auf Gemeindewachstum und Evangelisation zeigte sich die neocharismatische Bewegung neuen Trends gegenüber, die eine Stärkung des missionarischen Erfolges zu versprechen schienen, meist offen. So wurde Ende der 80er- und Anfang der 90er Jahre von vielen Neocharismatikern die sog. Geistliche Kriegführung vertreten, eine Lehre, die davon ausgeht, dass die Erde von örtlich wirksamen Dämonen beherrscht wird, die durch eine spezielle Form des Gebetes, Kampfgebet oder offensives Gebet genannt, und durch Märsche und Proklamationen der Herrschaft Christi über ein Gebiet vertrieben werden müssen. Das Weichen der Dämonen soll dann eine deutlich verstärkte Offenheit der Bevölkerung des betreffenden Gebietes für die neocharismatische Botschaft zur Folge haben. Inzwischen ist die geistliche Kriegführung, der manche Neocharismatiker, so z.B. John Wimber oder Wolfram Kopfermann schon immer reserviert gegenüberstanden, weitgehend fallengelassen worden, weil sich insbesondere in Europa keine nennenswerten Resultate zeigten.

Ähnlich begründet sich das Interesse der Neocharismatiker an der sog. Prophetenbewegung, die allenthalben das Ausbrechen einer neuen Erweckung versprach. Als sich dann im Jahr 1994 der Toronto-Segen ereignete, sahen viele Neocharismatiker darin die Erfüllung der diesbezüglichen Prophetien. Diese Erwartungshaltung war für die schnelle Ausbreitung des Phänomens sicher mit verantwortlich. Inzwischen ist der Toronto-Segen, der durch auffällige Verhaltensweisen, die als Wirkung des Heiligen Geistes gedeutet wurden, gekennzeichnet war, weitgehend zum Erliegen gekommen. Aktuelle Trends sind das Konzept der Zellengemeinde oder die Dienende Evangelisation der Vineyard-Bewegung.

Das auffälligste Merkmal der neocharismatischen Bewegung ist aber ihre Betonung der Gründung von neuen Gemeinden. Gemeindegründung ist, so die Sicht vieler Neocharismatiker, die probateste Methode zur Evangelisation. Jeder Mensch soll in seiner Nähe eine Gemeinde finden können, die ihn auch sozial anspricht. Diese neu gegründeten Gemeinden sind deshalb häufig generationen-, schicht- oder ethniespezifisch ausgerichtet und bleiben in Lehrfragen, etwa in den Streitpunkten zwischen Evangelikalismus und Charismatik, bewusst offen. Manche sind auch bezüglich der Wort-des-Glaubens-Bewegung weder auf eine befürwortende noch auf eine gegnerische Position festgelegt. Diese Kombination von recht strikter Ausrichtung auf eine Bevölkerungsgruppe und Verzicht auf lehrmässige Engführung erweist sich nicht selten als äusserst erfolgreich, so im Fall der ICF Church Zürich. Allerdings wird im neocharismatischen Konzept der Gemeindegründung im Allgemeinen keine oder nur wenig Rücksicht auf schon bestehende Gemeinden genommen, was zu Konflikten mit bereits ansässigen Gemeinden, die allenfalls mit Transferverlusten rechnen müssen, führen kann.

Die neocharismatische Bewegung versucht, ein zeitgemässes Christentum zu leben und ist dafür bereit, alte Grabenkämpfe aufzugeben. Das in den letzten Jahren deutlich beobachtbare Näherrücken auch von traditionellen evangelikalen und pfingstlerischen Gemeinschaften ist sicher nicht zuletzt auf den Einfluss der neocharismatischen Bewegung zurückzuführen. Den Mitgliedern wird ein gewisser lehrmässiger Pluralismus zugestanden – so können an manchen Büchertischen sowohl befürwortende als auch gegnerische Werke zur Wort-des-Glaubens-Bewegung eingekauft werden. Diese Offenheit gilt aber, wie gerade im Fall der «Wort-des-Glaubens-Lehre», auch gegenüber umstrittenen und problematischen Lehren, etwa der Geistlichen Kriegführung und dem Befreiungsdienst (Austreibung von Dämonen, die als Ursache für psychische Probleme und Abhängigkeiten gesehen werden), welcher in mancher neocharismatischen Gemeinde zeitweise beinahe bis zum Exzess und bei jedem nur denkbaren Problem geübt wurde. In diesen Punkten, die wegen ihrer mangelnden biblischen Abstützung in Gefahr stehen, die bewusste Bibeltreue der neocharismatischen Theologie zu relativieren, wäre von aussen besehen eine stärkere Abgrenzung wünschbar.

1. Pfingstgemeinden und pfingstliche Werke

Aglow International

1967
Älterer Name: Women's Aglow Fellowship International.
Die Anfänge der Aglow International, kurz «Aglow» (engl. = «brennend» im Geist, nach Röm. 12,11) reichen in die 60er Jahre zurück. Damals entwickelte sich aus einem Frauengebetskreis in Seattle/USA eine neue, sich in viele Länder ausbreitende Aglow-Vereinigung. Ihre Mitglieder treffen sich, ähnlich wie die pfingstlerischen «Full Gospel Business Men's Fellowship International» (s.u.) zu etwa monatlichen Frühstückstreffen. Ende der 70er Jahre begann die Arbeit in der damaligen BRD und ab 1980/81 in der Schweiz.
Aglow gründet keine neuen Kirchen oder Gemeinden und will auch kein Ersatz hierfür sein. Vielmehr werden die Frauen aufgefordert, sich aktiv in ihren eigenen Kirchen und Gemeinden einzubringen.
Die Mitarbeiterinnen kommen aus unterschiedlichen christlichen Hintergründen. Bedingung für eine Mitarbeit ist die Bekehrung. Im Weiteren wird die Heiligung betont: «Wir glauben, dass die Frucht des Heiligen Geistes im Leben eines Gläubigen in zunehmendem Masse sichtbar werden sollte.» (Jytte Nielsen, Präsidentin Aglow International, Schweiz). Die Geistesgaben werden als heute noch gültig und wirksam gelehrt.
Jede Lokalgruppe wird von einem Vorstand geleitet, in welchem mindestens zwei verschiedene Gemeinden vertreten sein sollten. Die lokalen Gruppen eines Landes sind dem Nationalvorstand unterstellt. Ein Kreis von 15 Frauen aus allen Kontinenten bildet den Internationalen Vorstand. Der Hauptsitz von Aglow International befindet sich in Seattle.
Statistik: Weltweit über 3000 Aglow-Gruppen in 138 Ländern / D: über 30 G / A: 1 G / CH: 9 G.
Adressen: Aglow-Schweiz, Jytte Nielsen, Margarethenstr. 76, CH-4053 Basel, Tel. 061 272 58 18.
www.aglow.org
www.bete.net/aglow-ch

Apostolische Kirche – Urchristliche Mission (AK)

nach 1905/1916
Die Apostolische Kirche – Urchristliche Mission (AK) ist ein Zweig der aus der Erweckung in Wales (1904/05) hervorgegangenen, 1916 in Grossbritannien konstituierten und heute in ca. 60 Ländern verbreiteten Apostolic Church, mit Bibelschulen in Penygroes (Südwales) und Kolding (Dänemark).
Zentral für die Apostolische Kirche ist der Versuch, den Gemeindeaufbau und insbesondere die Ämter der Gemeinde möglichst nahe am Neuen Testament zu orientieren. Die Apostolic Church kennt deshalb folgende Leitungsämter: Apostel, Prophet, Evangelist, Hirte und Lehrer, Ältester und Diakon.
1953 konstituierte sich die «Apostolische Kirche» – mit dem Zusatz «Urchristliche Mission», um Verwechslungen mit der Neuapostolischen Kirche zu vermeiden – auch in Deutschland, zuerst in Hamburg und Berlin. Gemeinden bestehen heute in Berlin, Flensburg, Hamburg und Uelzen.
Die Apostolische Kirche – Urchristliche Mission liest das gemeinsame pfingstlerische Monatsblatt «Wort und Geist». Sie arbeitet mit der schweizerischen «Bewegung-Plus», ehemals Gemeinde für Urchristentum, als ihrer Schwesterkirche zusammen. Der Austausch mit den Apostolischen Kirchen anderer Länder erfolgt v.a. über Leitertagungen. Organisatorisch sind die Kirchen in den einzelnen Staaten selbständig. Es besteht keine für alle Länder verbindliche Kirchenordnung.
Zeitschrift: Wort und Geist.

Statistik: Total (inkl. Westafrika) rd. 400 000 M / D: 4 G, 500 M.
Adressen: Apostolic Church, P.O.Box 389, GB-Swansea SA1 1ZH. – Apostolische Kirche. – Urchristliche Mission, Sekretariat, Eddelbüttelstr. 12, D-21073 Hamburg, Tel. 040 77 61 60.
www.apostolische-kirche.de

Assemblies of God

1914
Die Assemblies of God, eine Vereinigung selbständiger Gemeinden, ist die grösste der vielen amerikanischen Pfingstkirchen. Mitgliedsgemeinden bestehen in vielen Ländern.

Statistik: USA rd. 2,2 Mio / Missionskirchen rd. 20 Mio M.
Adresse: Assemblies of God, Executive Office, Boonville Ave. 1445, Springfield, MO 65802, USA, Tel. 001 417 862 27 81.
www.ag.org

BewegungPlus

1927 / 1933
Älterer Name: Gemeinden für Urchristentum (GfU)
Die BewegungPlus stellt den zweitgrössten pfingstlerisch ausgerichteten Gemeindeverband der Schweiz dar. Begründet wurde er vom deutschen Lutheraner Christof Drollinger, welcher 1919 als pensionierter Pfarrer ins Berner Oberland zog und dort in Zusammenarbeit mit der Heilsarmee eine evangelistische Tätigkeit aufnahm. Ab 1927 zeigten sich im Rahmen von Kreisen, die Drollinger betreute, pfingstlerische Manifestationen. Wichtig waren insbesondere Prophetien und Offenbarungen, die auf Sünden Anwesender aufmerksam machten und zur Heiligung, zur Vermeidung von Sünde, dienlich sein wollten. Die pfingstlerischen Ereignisse führten zu einem Zuzug von Menschen zu Drollingers Kreisen, insbesondere aus den ab 1907 gegründeten Pfingstgemeinden, in welchen die Geistmanifestationen sich bereits gelegt hatten. Es entstand so ein Netzwerk pfingstlerisch ausgerichteter Gemeinschaften, welches neben den Pfingstgemeinden einherging und sich 1933 den Namen «Gemeinde für Urchristentum», abgekürzt GfU gab.
Wichtig für die weitere Entwicklung der GfU wurden die beiden Nachfolger Drollingers in der Leitung der Gemeinde, der Apothekergehilfe und methodistische Prediger Johann Widmer und der reformierte Theologe Robert Willenegger. Während Widmer Prophetie und Glaubensheilung betonte, war Willenegger um die Theologie der Gemeinschaft und deren Kontakt zu anderen Gemeinschaften besorgt.
Im Jahr 1946 trat die GfU mit der dänischen «Apostolke Kirke» in Kontakt, einer pfingstlerischen Gemeinschaft, die zur Wiederherstellung des Urchristentums auch die Wiedereinführung der neutestamentlichen Ämter des Apostels, des Lehrers und des Propheten für notwendig erachtete. Unter deren Einfluss gab sich in der Folge auch die GfU apostolische Dienste, ohne aber eigentliche Apostel einzusetzen. Es geht in der GfU vielmehr um die Wahrnehmung der diesbezüglichen Funktionen.
In den 80er und 90er Jahren öffnete sich die GfU neuen Trends innerhalb der Pfingst- und charismatischen Bewegung, so der Arbeit unter Randgruppen und der Gemeindeaufbau-Bewegung. Zur Zeit befindet sich die Gemeinschaft in einem Umgestaltungsprozess, der organisatorische und theologische Bereiche gleichermassen umfasst: Öffnung aller Ämter auch für Frauen, lehrmässige Annäherung an die neocharismatische Theologie, Ausgliederung der Liegenschaften und Abtrennung des Westschweizer Flügels. Per Anfang 2001 erfolgte die Umbenennung in «BewegungPlus – Freikirchen mit Charisma», abgekürzt «Bplus».
Organisatorisch ist die Bplus zentraler strukturiert als die Schweizerische Pfingstmission SPM, mit welcher nach Jahrzehnten scharfer Konkurrenz seit 1974 im «Bund Freikirchlicher Pfingstgemeinden» zusam-

mengearbeitet wird. So erfolgt die Entlöhnung der Prediger über die Zentralkasse, der Verband, zur Zeit geleitet von Tony Nyffenegger aus Burgdorf, entscheidet über Lehrfragen und kann Gemeinden ausschliessen (so trennten sich 1998 die GfU und die Friedenskirche Zürich).

Zusammen mit allen Gemeinschaften, die auf die Erweckungsbewegung zurückgehen, lehrt die Bplus die Unfehlbarkeit der Bibel und die persönliche Glaubensaneignung in der Bekehrung. Wurde früher mit der Pfingstbewegung eine auf die Bekehrung folgende Geistestaufe mit Zungenrede als Zeichen gelehrt, wird heute die Erfüllung mit dem Heiligen Geist schon bei der Bekehrung angenommen. Die Erfahrung der Geistestaufe gilt nun als Erlebnis des Durchbruchs der Präsenz des Heiligen Geistes, das sich wiederholen kann. Damit hat die Bplus weitgehend die Positionen der Neocharismatik übernommen.

Statistik: CH: 5000 M, 32 G.
Adresse: BewegungPlus, Hofstettenstr. 10, Postfach 1137, CH-3601 Thun, Tel. 033 223 11 80.
www.bewegungplus.ch

Biblische Intensiv-Seelsorge Bruno Schär

1979
Andere Namen: Care Center Uzwil, LCA-Kassettenverlag, (namenlose) Gemeinde in Uzwil

Bruno Schär, der Gründer und Leiter der Biblischen Intensiv-Seelsorge, wurde 1951 in einem reformierten, aber wenig kirchlichen Elternhaus in St. Gallen geboren. Während seiner Mittelschulzeit wirkte Schär in der damals charismatisch ausgerichteten VBG (Vereinigte Bibelgruppen in Schule, Universität, Beruf) St. Gallen mit. Schär wurde Exportkaufmann. Nach Depressionen bekehrte er sich im Jahr 1972 zu einem pfingstlichen Christentum. Schnell merkte Schär aber, dass ihm die bestehenden pfingstlichen Gemeinden zu wenig radikal an der Bibel orientiert waren und lebte seinen Glauben deshalb ohne Anschluss an eine bestehende Organisation. Nach einem Jahr der Tätigkeit für ein therapeutisches Haus in Degersheim zog Schär 1979 nach Uzwil um, wo er seine Biblische Intensiv-Seelsorge begründete, die später durch den LCA-Kassettenverlag und eine namenlose Gemeinde in Uzwil ergänzt wurde.

Schärs Ausgangspunkt ist die Ablehnung aller wissenschaftlichen Psychologie und derer Erkenntnisse. Statt dessen habe sich eine christliche Therapie allein an der Bibel zu orientieren: «Die Bibel enthält eine perfekte Logik über die Herkunft und Behandlung von psychischen und psychosomatischen Leiden und über Fragen von Krankheit und Gesundheit.» «Jede Hilfestellung neben der Bibel, sei sie nun offensichtlich antigöttlich oder pseudowissenschaftlich, wird letztlich zur Zielverfehlung führen – auf dieser Erde und bestimmt in Ewigkeit.»

Die Ursache seelischer Störungen sucht Schär in Sünden, sowohl des belasteten Menschen selbst als auch seiner Vorfahren. Diese Sünden sind durch Bekehrung und Reue abzubauen. Manche Verfehlungen können allerdings zu okkulter Belastung führen, die durch ein Lossagegebet oder gar durch Befreiungsdienst bearbeitet werden müssen. Die Liste dieser okkult belastenden Sünden – sie umfasst z.B. das Hören von Popmusik, das Fernsehen und die Teilnahme an Volksbräuchen – ist so lang, «dass nach logischen Gesichtspunkten jeder Mensch belastet ist und Befreiung braucht».

Besondere Aufmerksamkeit kommt in der Arbeit Schärs den Sünden des «Stolzes» und der «Rebellion» zu, so soll etwa Depression auf eine Kombination der beiden zurückgehen. Stolz und Rebellion zeigen sich z.B. in der fehlenden Bereitschaft, sich einem «geistlichen Leiter», wie Schär selbst einer ist, unterzuordnen.

Einbettung in eine Gemeinde ist Voraussetzung für den Erfolg der Therapie. Empfehlenswert wären eigentlich pfingstliche Gemeinschaften, da Schär die Geistestaufe, notwendig verbunden mit Zungenrede, als zweiten Schritt nach der Bekehrung lehrt. Doch Schärs Verhältnis zu den bestehenden pfingstlichen Gemeinden ist spannungsvoll. So schliessen sich die Absolventen von Schärs Intensiv-Seelsorge nicht selten zu eigenen Hauskreisen zusammen. Zur gemeinsamen Feier von Gottesdiensten besteht eine – namenlose – Gemeinde in Uzwil.
Von evangelikaler und pfingstlicher Seite wird Schärs Lehre infolge der zahlreichen Verbote und Vorschriften als gesetzlich abgelehnt – die Freiheit des Evangeliums wird, so die Ansicht der Kritiker – für ein neues Gesetz aufgegeben. Ein Hinweis auf die verstärkte Abschottung von der Aussenwelt, die für gesetzliche Gemeinschaften typisch ist, sind die im Fall Schär nicht ganz seltenen Nachfragen besorgter Angehöriger von Absolventen seiner Intensiv-Seelsorge bei Beratungsstellen. Ehemalige Mitglieder von Schärs namenloser Gemeinde sprechen von einer ausgeprägten Zentriertheit der Gruppe auf die Person Bruno Schärs.
Schärs Projekt, Seelsorge zu betreiben, ohne dafür spezifisch ausgebildet zu sein und ohne irgendeiner Form der Supervision zu unterstehen, kann nur als problematisch bezeichnet werden. Wer therapiert, ohne dafür ausgebildet zu sein, der bearbeitet im Klienten möglicherweise sich selbst: Schärs Betonung von Rebellion und Stolz klingen eigenartig aus dem Mund eines Menschen, dem der Anschluss an eine bestehende Gemeinde nicht gelungen ist. So fordert Schär von seinen Seelsorge-Absolventen genau das, was zu leisten er selbst nicht in der Lage war: Unterordnung unter andere, Einordnung in Bestehendes. Damit verdeckt Schär auch vor sich selbst, was eigentlich vonnöten wäre: dass der Therapeut, wie es sich für Therapeuten gehört, sich erst selbst therapieren lässt.

Statistik: Schärs namenlose Gemeinde in Uzwil umfasst nach eigenen Angaben rd. 20 M. Die Gesamtmitgliedschaft der Hauskreise wird auf 200 geschätzt. Die Zahl der Absolventen von Bruno Schärs Intensiv-Seelsorge wird einige Hundert betragen.
Adressen: Bruno Schär, Alpsteinstr. 13, CH-9240 Uzwil, Tel. 071 951 26 10. – LCA-Kassettenverlag, Bahnhofstr. 97, CH-9240 Uzwil.

Branham-Gemeinden

1946/1962
Der Amerikaner William Marrion Branham (1909–1965) ist in einigen deutschsprachigen Ländern Europas seinerzeit als umstrittener Heilungsevangelist bekannt geworden. Schon damals machte er durch seine Visionen und durch seine, wie er sagte, von Gott empfangenen Weisungen auf manche Besucher einen tiefen Eindruck. 1962 beendete er auf Geheiss von oben seine Tätigkeit als Heilungsevangelist. Für die letzten Jahre seines Lebens wurde er Verkündiger der Endzeit. Immer noch und erst recht war, wie berichtet wird, sein Leben von wunderbaren Erlebnissen begleitet. Selbst Totenerweckungen soll er vollzogen haben.
Ab 1962 begann der *Endzeit-Verkündiger* W.M. Branham, in Anlehnung an Off. 2 und 3, die «Lehre von den Sieben Gemeindezeitaltern» zu entwerfen. Diese nehmen ihren Anfang im Paradies und enden in unserer Zeit. In den Augen seiner Anhänger ist W.M. Branham der Botschafter des letzten Zeitalters, der zweite Elia, der Vorläufer des wiederkommenden Christus. Das Ende des letzten Zeitalters, die damit verbundene Zerstörung der Welt und die Aufrichtung des Tausendjährigen Reiches wurden von W.M. Branham für 1977 vorausgesagt. Daran anschliessend ist das Weltgericht erwartet worden, das auch die Kirchen hätte vernichten sollen.
W.M. Branham ist am 24. Dezember 1965 an den Folgen eines nicht durch ihn ver-

schuldeten Autounfalls gestorben. Seine Anhänger rechneten mit seiner Auferstehung und erwarteten für 1977 den Beginn des Tausendjährigen Reiches.

Bund Freikirchlicher Pfingstgemeinden (BFP)

1907 / 1947 / 1954
Früherer Name: Arbeitsgemeinschaft der Christengemeinden Deutschlands (ACD).
Der Bund Freikirchlicher Pfingstgemeinden wurde unter dem Namen «Arbeitsgemeinschaft der Christengemeinden Deutschlands (ACD)» in den 50er Jahren des 20. Jahrhunderts als Zusammenschluss verschiedener pfingstlicher Gemeinden begründet. Die Wurzeln mancher dieser Einzelgemeinden (Berlin, Velbert) reichen in die Anfangszeit der Pfingstbewegung, ins erste Jahrzehnt des 20. Jahrhunderts zurück. Andere wurden später begründet, so die Elim-Gemeinden in den 20er Jahren aufgrund der Wirksamkeit des Evangelisten Heinrich Vietheer. Die Elim-Gemeinden, schlossen sich 1938 aufgrund der politischen Lage mit den Baptisten und Darbysten zum Bund Evangelisch Freikirchlicher Gemeinden (BEFG) zusammen. Nach dem 2. Weltkrieg lösten sich die meisten Elim-Gemeinden wieder aus diesem Verband und schlossen sich z.T. der ACD an.
Stand schon die Elim-Bewegung den Assemblies of God (AoG) nahe, wurde deren Einfluss auf die ACD vor allem deshalb wichtig, weil sich dem Verband zahlreiche Pfingstler der Freien Christengemeinden der Ostgebiete, welche durch Mission der AoG begründet worden waren, anschlossen.
Im Jahr 1947 trafen sich die nachmaligen Mitgliedsgemeinden der ACD zu einer «Erweiterten Brüderkonferenz» in Stuttgart. Es folgte eine lose Zusammenarbeit, die 1954 zur satzungsmässigen Konstitution der ACD führte. Im selben Jahr übernahm der Verband das Ausbildungsinstitut, das die AoG 1951 in Stuttgart eröffnet hatte, und verlegte dieses als «Bibelschule Beröa» nach Erzhausen. Dort wurde im selben Jahr auch der zum Verband gehörende «Leuchter-Verlag» begründet.
Später kamen weitere Werke des Bundes dazu, so das Aktionskomitee für Verfolgte Christen und die missionarischen Gemeindedienste Evangelium Offensiv.
Im Jahr 1982 gab sich die ACD mit «Bund Freikirchlicher Pfingstgemeinden (BFP)» einen neuen Namen. Ein grösseres Wachstum war 1988 zu verzeichnen, als die Volksmission entschiedener Christen (VMeC) sich als Verband dem BFP anschloss.
Obwohl die Entwicklung im anfänglich recht losen Bund in den letzten Jahrzehnten eher in Richtung einer zunehmenden Zentralisierung führte, finden sich zwischen den Einzelgemeinden z.T. erhebliche Unterschiede. Vertreten wird aber im Allgemeinen eine deutlich pfingstlerische Theologie. Die Geistestaufe wird als besondere Erfahrung im Sinne eines zweiten Erlebnisses mit Gott verstanden. Sie gilt als Ausrüstung zum Dienst. Die Zungenrede gehört in der Regel als Zeichen zur Geistestaufe.
Die Gemeinden werden in der Regel vom Pastor/Prediger bzw. vom Vorstand geleitet, dem ein Ältestenrat zur Seite steht. Für den BFP ist das Präsidium zuständig.
Engere Beziehungen bestehen zu den Assemblies of God und zur Schweizerischen Pfingstmission SPM, mit welcher der BFP auch durch die seit 1972 gemeinsam herausgegebene Zeitschrift «Wort und Geist» verbunden ist.

Zeitschrift: Wort und Geist.
Statistik: D: 554 G, ca. 31 000 M (ohne Kinder u. Zugehörige).
Adresse: Bund Freikirchlicher Pfingstgemeinden in Deutschland KdöR, Vorsitzender: Pastor Reinhold Ulonska, Geschäftsstelle, Postfach, D-64390 Erzhausen b. Darmstadt, Tel. 061 50 97 37 0.
www.bfp.de

Bund Pfingstlicher Freikirchen der Schweiz (BPF)

In der Schweiz trafen sich seit 1962 die Prediger verschiedener Pfingstgemeinden zur *Einheitskonferenz*. Daraus ist der Bund Pfingstlicher Freikirchen der Schweiz entstanden. Mitglieder sind die *Schweizerische Pfingstmission*, die *Bewegung Plus*, die *Freien Christengemeinden*, die *Fédération d'Eglises et Communautés du Plein Evangile* mit dem *Missionswerk Bethel* in Orvin, die *Eglises Evangéliques de Réveil*, die *Fraternité Chrétienne*, die *Assemblées de Dieu* in der französisch sprechenden Schweiz und die *Schweizerische Zigeunermission*. Die Selbständigkeit dieser Organisationen wird durch den Zusammenschluss nicht berührt. 1984 sind aus dem BPF die Schweizerische Pfingstmission, die Gemeinde für Urchristentum und die Freien Christengemeinden in den Verband evangelischer Freikirchen und Gemeinschaften in der Schweiz (VFG) aufgenommen worden.

Zeitschrift: Seit 1969 geben die Schweizerische Pfingstmission, die Gemeinde für Urchristentum/Bewegung Plus und die Freien Christengemeinden – zusammen mit dem Bund Freikirchlicher Pfingstgemeinden in Deutschland und der Apostolischen Kirche – Urchristliche Mission die Monatsschrift «Wort und Geist» heraus.

Christengemeinde

nach 1945

Nach dem 2. Weltkrieg gründete Gottlob Maile (gest. 1969) an einigen Orten am Rande der schwäbischen Alb, so in Unterlenningen, Wendlingen und Beuren Freie Pfingstgemeinden. Bis 1972 gehörten die Gemeinden zum Verein der Pfingstgemeinden in Kirchheim/Teck. Danach konstituierte sich ein eigener Verein, der seit 1984 dem Bund Freikirchlicher Pfingstgemeinden in Deutschland angeschlossen ist.

Statistik: Deutschland 4 V.
Adresse: Ev. Freikirche Christengemeinde, Weinhaldenstr. 4, D-73240 Wendlingen, Tel. 070 24 53 67 5.

Christian Assemblies International (CAI)

1991

Die Christian Assemblies International sind aus den australischen Revival Centers International (RCI) hervorgegangen, die sich 1959 aus Gemeinschaften bildeten, welche sich zuvor von den Assemblies of God getrennt hatten. Im Jahr 1991 trennte sich der CAI-Gründer Scott Williams von der RCI-Gemeinde in Adelaide. Da Williams seit 1976 die Mission der RCI im deutschsprachigen Raum betreute, ging der deutsche Teil der RCI mit Williams. Der deutsche Sprachraum stellt deshalb neben Australien eine wesentliche Basis der CAI dar.

Die CAI lehren eine pfingstliche Theologie mit der Notwendigkeit der Geistestaufe und der Zungenrede als Erweis derselben. Daneben gehen die CAI aber vielerorts über pfingstliche Lehren und Gepflogenheiten hinaus. So wird die Zungenrede nicht nur als Gabe wahrgenommen, sondern intensiv geübt – während mindestens einer Stunde pro Tag, wie empfohlen wird. Ausgeprägt ist auch die Endzeiterwartung: CAI-Vertreter gehen davon aus, zur letzten Generation vor der Wiederkunft Christi zu gehören. Während des Golfkriegs führten diese Erwartungen zur Durchführung von *survival camps* und zum Horten von Lebensmitteln.

Die menschliche Vernunft gilt als Widersacher des Heiligen Geistes: «Aus diesem Grunde werden wir aufgefordert, unseren Verstand abzuschalten und uns Gott ganz auszuliefern.» Diese Auslieferung an Gott beinhaltet u.a. eine Unterordnung unter die Leiterschaft, die nach dem Discipling- oder Sheperding-System organisiert ist: Jedes Mitglied ist einem persönlichen Leiter untergeordnet, der wiederum einem Leiter unterstellt ist, usw. Es ergibt sich so ein Pyramiden-System. Das tägliche Leben und Verhalten des Einzelnen ist bis in Kleinigkeiten hinein geregelt.

Die Zentrale der CAI liegt in Coff's Harbour im australischen Bundesstaat New South Wales. Der Kontakt zu den lokalen Gruppen läuft – verschlüsselt – übers Internet. Kontakte zu anderen Gemeinschaften bestehen nicht.

Die CAI erscheinen wegen der oben beschriebenen Eigenheiten in kritischer Sicht als sehr sektenhaft.

Statistik: Europa ca. 600 M / D: 400–500 M.

Christliche Gemeinschaft

ca. 1960

Früherer Name: Versammlungen von Fritz Schneider.

Um 1960 begannen sich verschiedene Glieder des Evangelischen Brüdervereins (s.d.) mit der Geistestaufe zu beschäftigen. Die neu entstehenden pfingstlerischen Gemeinden fanden in Fritz Schneider aus Schiltach/D einen Betreuer. Nach dessen Tod im Jahre 1981 teilten sich Daniel Schenk und Arthur Mäder zusammen mit andern Brüdern nebenberuflich in die Leitung.

Statistik: D: 5 G / CH: 4 G.
Adressen: Lothar Riegel, Brunnenstr. 255a, D-75059 Zaisenhausen, Tel. 072 58 92 48 40. – Daniel Schenk, Schulhausweg 6, CH-2542 Pieterlen, Tel. 032 377 14 40.

Christliches Zentrum Berlin (CZB)

nach 1950

Anfangs der 50er Jahre evangelisierten Harold Hermann, ein pfingstlicher Kameramann aus Hollywood, und der aus der Pfingstbewegung stammende Schweizer Evangelist Richard Ruff mit einem Zelt in Berlin. Im Anschluss an diese Evangelisation wurde 1954 die Christliche Missionsgemeinschaft gegründet, in der von 1964 bis 1986 Volkhard Spitzer (geb. 1943) als erfolgreicher Prediger wirkte. Anfangs der 70er Jahre erlebte die Gemeinde im Zusammenhang mit der Jesus-Bewegung den Zustrom Jugendlicher. 1971–1980 wurde «One Way», die Zeitung der Jesus-Bewegung, herausgegeben. 1973 wurde V. Spitzer von Yonggi Cho, dem erfolgreichen Prediger aus Korea, beeindruckt und begann ab 1976 nach dessen Vorbild Zellen, Hausbibelkreise, zu gründen. Durch seine Kontakte mit Neupfingstlern und Charismatikern, besonders auch durch seine Grosstagungen in Berlin wurde Spitzer weit herum bekannt. 1978 führte er für seine Gemeinschaft den Namen «Christliches Zentrum Berlin (CZB)» ein. Im gleichen Jahr ging die Christliche Gemeinschaft Charlottenburg im CZB auf. 1982 wurde die Südsternkirche gekauft. Nach seinem Weggang gründete V. Spitzer das kleine evangelistisch und diakonisch in der Dritten Welt tätige Missionswerk «Cross Continental Mission» und siedelte 1989 nach Kanada über.

Seit 1987 ist Pastor Peter Dippl Leiter des CZB und der sich dort versammelnden Gemeinde. 1992 nahm die Gemeinde die Weltmission in ihr Konzept auf (Mitbegründung der AIMS Association of International Mission Services Deutschland). Im gleichen Jahr begann die Gründung neuer Gemeinden sowie die Aufnahme weiterer freier Gemeinden.

Das CZB ist Mitglied des Bundes Freikirchlicher Pfingstgemeinden.

Statistik: Rd. 400 Gemeindemitglieder.
Adresse: Christliches Zentrum Berlin, Postfach 45 01 29, Herwarthstr. 5, D-12207 Berlin-Lichterfelde, Tel. 030 768 90 40.
www.ccbkirche.de

Christliches Zentrum Zürich

1981

früherer Name: Dä Wääg

Der Gründer und Leiter des Christlichen Zentrums Zürich (CZZ), Manfred R. Kron, wurde 1943 in Basel geboren, kam im Alter von 15 Jahren mit seinen Eltern nach Zürich und absolvierte hier eine Ausbildung zum

Elektroniker HTL. Kron wurde Mitglied des Missionswerks «Stimme des Glaubens», welches im Jahr 1960 vom lutherischen Pastor Friedrich Schönemann in Konstanz gegründet worden war, eine pfingstlerische Theologie vertrat und in Zürich Affoltern eine lokale Gemeinde unterhielt, bis sich diese 1997 der Vineyard-Bewegung anschloss.

Im Jahr 1981 trennte sich Kron von der «Stimme des Glaubens» und baute seine eigene Gemeinde auf, die allerdings über die Zahl von 80 Mitgliedern nie herauskam. Hauptschwerpunkt der Arbeit Krons, der im übrigen die pfingstlerische Theologie der «Stimme des Glaubens» übernahm, war die Gassenarbeit, vor allem mit Drogensüchtigen. Für diese Arbeit mit Randständigen firmierte die Gemeinschaft als «Dä Wääg», eine Bezeichnung, die bald auch für die Gemeinde als Ganzes stehen konnte und somit zu einem Wechselbegriff für die offizielle Bezeichnung CZZ wurde. Im Rahmen der Gassenarbeit wirkte «Dä Wääg» mit anderen frei- und landeskirchlichen Institutionen in Zürich zusammen.

Anfang der 90er Jahre übernahm Kron die charismatische Lehre der «geistlichen Kriegführung» und veranstaltete in diesem Zusammenhang Märsche durch Zürich.

Im Jahr 1994 geriet das CZZ resp. «Dä Wääg» in eine Krise. Einerseits wurde Kron aus den Reihen der anderen Gemeinschaften, mit denen er in der Gassenarbeit zusammenwirkte, zunehmend kritisiert. Bemerkt wurden die fehlende Einbindung der Gemeinde Krons in einen übergeordneten Verband, die Tatsache, dass das CZZ selbst kein Ältestengremium kannte, welchem Kron verantwortlich gewesen wäre, und – vor allem – das Faktum, dass es im CZZ keinerlei Kritik an Kron gab.

Andererseits geriet Kron ins Blickfeld der Zürcher Presse, dies insbesondere im Zusammenhang mit einem Zweig von Krons Arbeit: Kron spezialisierte sich zusehends auf die Betreuung von Menschen, die sexuellem Missbrauch zum Opfer gefallen waren, und unterzog in diesem Zusammenhang auch Kinder in zartestem Alter einem Befreiungsdienst, einer Dämonenaustreibung. Ausserdem diagnostizierte Kron sexuellen Missbrauch äusserst grosszügig, in zumindest einem Fall hatte nach Erkenntnis der Gerichte ein Missbrauch nie stattgefunden. Die zunehmende Kritik führte zu einer Distanznahme von Gemeinschaften, die mit Kron in der Gassenarbeit zusammenwirkten. Die äussere Krise zog eine innere nach sich: Es ergab sich unter den Mitgliedern ein Aderlass, welcher Kron veranlasste, im Jahr 1995 einen Neuanfang zu machen: Der Name «Dä Wääg» wurde fallen gelassen, die Zeitschrift gleichen Namens eingestellt und das Gemeindelokal aufgegeben. Das CZZ versammelte sich in der Folge zuerst in den Räumlichkeiten einer methodistischen Gemeinde, dann ab 1998 als Gast bei der Friedenskirche, einer Gemeinde, die sich per Ende 1997 vom Verband der Gemeinden für Urchristentum getrennt hatte.

Lehrmässig öffnete sich Kron gegenüber der neocharismatischen Theologie: Die Geistestaufe kann nun mit der Bekehrung zusammenfallen, die Zungenrede gilt nicht mehr als notwendiges Zeichen derselben. Von der geistlichen Kriegführung hat sich Kron verabschiedet.

Zudem hat sich Kron einem Verband, der in Richmond/Virginia ansässigen «Church of the Nations» von Tony Fitzgerald, unterstellt.

Die problematischen Geschehnisse um «Dä Wääg» können auf zwei zusammenwirkende Wurzeln zurückgeführt werden. Auf der einen Seite steht der Dämonenglaube, der beim CZZ durch Geistliche Kriegführung und Befreiungsdienst an effektiven und vermeintlichen Opfern sexuellen Missbrauchs anfangs der 90er Jahre zunehmend ins Zentrum rückte, auf der anderen Seite ist die Tatsache zu bemerken, dass Krons Autori-

tät in seiner Gemeinde durch nichts eingeschränkt oder auch nur relativiert wurde. Beide Faktoren zusammen ermöglichten eine unkontrollierte Steigerung der Dämonenthematik, die am Ende auch vor Kindern nicht mehr Halt machte und dazu führte, dass unschuldige Menschen schwerster Verbrechen bezichtigt wurden.
Der Neuanfang 1995 hat die Diskussion ums CZZ verstummen lassen. Offenbar hat Kron aus den Ereignissen gelernt und den Missständen gewehrt. Wie weit die problematische Struktur einer Ein-Mann-Gemeinde durch den doch entfernten und scheinbar wenig aktiven Verband aufgebrochen werden konnte, bleibt aber fraglich.

Statistik: 50 M.
Adresse: Manfred Kron, Bergstr. 31, CH-8810 Horgen, Tel. 01 725 46 30.

Eglise apostolique évangélique romande

um 1960
L'Eglise apostolique évangélique romande (EAER, früher L'Eglise apostolique romande) ist heute die welsche Schwesterorganisation der BewegungPlus (ehemals Gemeinden für Urchristentum). Gegründet wurde die EAER als Union pour le Réveil von Fritz de Rougemont, einem Pfarrer der Eglise Réformée de Neuchâtel. F. de Rougemont wollte die pfingstlerischen Anliegen in gemässigter Form auch in der Kirche zur Geltung bringen.
Später nahm Fritz de Rougemont mit der Apostolischen Kirche – Urchristliche Mission Verbindung auf, was zum Anschluss an die Gemeinden für Urchristentum führte. Seit der Umgestaltung der Gemeinden für Urchristentum in die BewegungPlus ist die EAER organisatorisch wieder unabhängig.

Statistik: CH: 11 G, ca. 2000 M / F: 2 G.
Adresse: Eglise apostolique évangélique, Orangerie 1, CH-2000 Neuchatel.
www.eaer.ch

Eglises Evangéliques de Réveil

1934–1936
Les Eglises Evangéliques de Réveil entstanden 1934–1936 durch die Evangelisationstätigkeit des aus der englischen Elim Foursquare Gospel Alliance stammenden Erweckungspredigers George Jeffreys in der französischsprechenden Schweiz. Er betonte das vierfache Evangelium: Jesus errettet, Jesus heilt, Jesus tauft (Geistestaufe), Jesus kommt wieder. Die von G. Jeffreys begonnene Arbeit wurde lange Zeit von Adolf Hunziker und seinen Mitarbeitern weitergeführt. Heute versehen Prediger und weitere vollzeitliche Hilfskräfte den Dienst in den Gemeinden. Die zweimal jährlich zusammentretende Assemblée Générale Romande zählt neben den Predigern im Dienst 60 Mitglieder aus den Gemeinden. Aus den Reihen der Eglises Evangéliques de Réveil ist 1949 Radio-Réveil/Radio-Erweckung hervorgegangen, anfänglich unter tatkräftigem Einsatz von Hermann Parli, der später ohne weitere Verbindung mit den Gemeinden eine andere Aufgabe übernahm. Radio-Réveil wird heute als unabhängiges Unternehmen weitergeführt (Sendungen über Radio Monte Carlo). Neben Pfingstpredigern kommen auch Redner anderer Gemeinden zu Wort. Les Eglises Evangéliques de Réveil sind Mitglied des Bundes Pfingstlicher Freikirchen der Schweiz.

Statistik: Gesamthaft 17 V, ca. 2500 M inkl. Kinder.
Adresse: Union des Eglises Evangéliques de Réveil, CH-1201 Genève, rue du Jura 4, Tel. 022 344 83 20.

Evangeliumsgemeinde Menorah

1986
Die 1986 als Abspaltung von der Schweizerischen Pfingstmission SPM in Wetzikon gegründete Evangeliumsgemeinde Menorah stellt eine pfingstlerische Gemeinschaft traditionellen Stils dar, der insbesondere die Heiligung ein Anliegen ist. Neuere Lehren

und Praktiken der charismatischen Bewegung werden hingegen verworfen. Eine Zusammenarbeit mit anderen Gemeinden gibt es nicht. Gründer und Leiter der Evangeliumsgemeinde Menorah ist Bruno Meyer. Meyer, geb. 1938, ist in Schaffhausen in einer traditionell reformierten Familie aufgewachsen und erlernte den Coiffeur-Beruf. Nach seiner Bekehrung zu einem pfingstlerisch geprägten Christentum wurde Bruno Meyer zum Prediger der Schweizerischen Pfingstmission SPM ordiniert und wirkte in der Folge in den SPM-Gemeinden Rüti ZH, Uster und Wetzikon. Ein von SPM-Gepflogenheiten abweichendes Taufverständnis und die Gründung von lokalen Gruppen in Gemeinden, wo schon eine SPM bestand, führten 1986 zur ansonsten gütlich verlaufenden Trennung Bruno Meyers von der SPM. Meyer gründete die Evangeliumsgemeinde Menorah mit Sitz in Wetzikon.

Bruno Meyer vertritt eine Erwählungslehre, die davon ausgeht, dass nur wenige Menschen im Voraus zum Heil erwählt sind. Das Erwähltsein geschieht nicht aus eigenem Verdienst, sondern allein aus dem Willen Gottes. Diese Erwählung der Wenigen bedeutet für Bruno Meyer nun aber nicht, dass alle anderen verloren wären. Vielmehr entwirft Meyer ein gestuftes Bild der Seligkeit. Die Erwählten werden Gott am nächsten stehen, Menschen, denen das Überwinden der Sünde zu Lebzeiten nicht gelingt, bleiben auf einer tieferen Stufe. Bisweilen kann Bruno Meyer diese Stufenlehre bis zur Allversöhnung, der Erlösung aller Menschen, ausweiten. Erster Schritt des Erwählten zu seiner Bestimmung ist die Bekehrung. Danach wird das neue Mitglied der Menorah-Gemeinde in einer Jüngerschule unterwiesen, welche zur Geistestaufe mit Zungenrede führen soll.

Das Hauptverkündigungselement in Meyers Lehre ist die Heiligung, das allmähliche Ablegen der Sündhaftigkeit. Sie ist eigentliche Aufgabe des Christen, und vor allem des Erwählten. Das Ende der Heiligung ist das völlige Verschwinden des weltlichen Menschen. Konkret besteht Heiligung insbesondere in der Meidung von Dingen und Tätigkeiten, was der Menorah-Frömmigkeit ein gesetzliches Gepräge gibt. So wird von Fernsehen, Rockmusik und Romanen abgeraten, Weihnachts-Brauchtum gilt als heidnisch. Den Stand der Heiligkeit sieht Meyer als durchaus erreichbar an, was seine Theologie zu einer perfektionistischen macht.

Eine besondere Beachtung in der Verkündigung Bruno Meyers findet die Kindererziehung.

Die Menorah-Gemeinde ist, wie Insider berichten, von einer starken Naherwartung des Weltendes geprägt. Bruno Meyer gilt manchen Anhängern als Vollender des Gottesvolkes in der Endzeit.

Zeitschrift: Lebendiges Wohl (Predigten).
Statistik: D und CH: 2 G.
Adresse: Evangeliumsgemeinde Menorah, Bruno Meyer, Ettenhauserstr. 29, CH-8620 Wetzikon, Tel. 01 930 41 34.

Fraternité Chrétienne

Die Fraternité Chrétienne in Yverdon ist eine Gründung von Pasteur de Siebenthal. Nach dessen Tod (1966) übernahmen Pasteur J.-P. Chapuis, dann ein Brüderrat die Leitung. Die Fraternité Chrétienne ist Mitglied des Bundes Pfingstlicher Freikirchen der Schweiz und arbeitet in der Ortssektion der Evangelischen Allianz mit.

Statistik: Gesamthaft 8 V / CH: 6 V.
Adresse: Eglise évangélique la Fraternité Chrétienne, Maison de repos «Fondation Morija», 82, rue de la Plaine, CH-1400 Yverdon, Tel. 024 423 82 50.

Freie Christengemeinde Buttikon (FCGB)

1970 / 1996
früherer Name: Evangelischer Hausgemeindedienst (EHD)
Die Vorgängerorganisation der Freien Christengemeinde Buttikon (FCG), der E-

vangelische Hausgemeindedienst (EHD) mit Sitz in Hirzel/CH, wurde 1970 vom damals 46jährigen Hans Jakob Hartmann begründet und von ihm als Ältestem bis zu Umzug und Namensänderung 1996 geleitet. Die Gemeinschaft vertritt ein pfingstliches Christentum, sie lehrt die Notwendigkeit der Geistestaufe, verbunden mit der Zungenrede als Zeichen des Empfangs derselben.

Besonders wichtig wurde der Gemeinschaft die Heiligung, das Streben nach einem möglichst sündlosen Leben. In diesem Bemühen geriet der EHD in einen moralischen Perfektionismus und Rigorismus, welcher üblicherweise mit dem Wort «Gesetzlichkeit» bezeichnet wird. Das Neue Testament wird zu einem Gesetzbuch, das nach Regeln und Regelchen ausgeschlachtet wird. So ist in der Gemeinschaft für Frauen das Tragen von Röcken selbstverständlich. Ebenso ist ihnen für die Dauer der Gottesdienste das Bedecken der Haare mit einem Kopftuch vorgeschrieben. Fernsehkonsum kommt nicht in Frage.

Besonders aufgefallen ist der EHD durch die strenge Überwachung der Regeln. Zu diesem Zweck kennt die Gemeinschaft ein eigenes Amt, das des «Kreisdieners». Ein solcher hat die ihm unterstellten Familien zu besuchen und auf die Einhaltung der Vorschriften zu achten. Dabei wird von massiven Eingriffen der Kreisdiener in die persönliche Freiheit der Mitglieder, etwa die Kindererziehung oder die Partnerwahl, berichtet.

Zu anderen Kirchen und Gemeinden in der Schweiz wird keinerlei Kontakt gesucht. Alle anderen Gemeinschaften gelten als «lau», was Zusammenarbeit ausschliesst. Beziehungen zu ausländischen Gemeinschaften ähnlichen Zuschnitts kommen aber vor.

Missionarisch war der EHD ausgesprochen aktiv, so wurde eine Sektion in Brindisi, Italien begründet, und von dort aus eine Gemeinde in Tirana, Albanien.

Im Jahr 1996 kam der EHD durch äussere und innere Umstände in eine Krise. Intern wurde Hans Jakob Hartmann als Gemeindeleiter altershalber durch Paulus Fischer abgelöst. Probleme mit dem gesellschaftlichen Umfeld ergaben sich durch kritische Medienberichte, die auf sektenhafte Strukturen beim EHD aufmerksam machten.

Gelöst wurde die Krise durch einen Ortswechsel von Hirzel nach Buttikon/CH und durch eine Namensänderung. Seither firmiert die Gemeinschaft als «Freie Christengemeinde Buttikon». Eine Verbindung zum Verband der Freien Christengemeinden besteht aber nicht.

Durch die Krise ergab sich eine deutliche Verkleinerung der Gemeinschaft, sowohl der Zentrale in der Schweiz als auch der Aussenstationen.

Kritiker der FCGB weisen darauf hin, dass die Überwachungsstruktur des EHD durch die Neubenennung in keiner Weise gemildert wurde. Noch immer zeigt die Gemeinschaft, wie Kritiker und Ehemalige berichten, eine recht sektenhafte Struktur: Kontakt zu anderen Gemeinden in der Schweiz wird nicht geübt, das tägliche Leben wird detailliert geregelt und die Regeln werden eisern durchgesetzt. Sektenhaft wirkt auch der Umgang mit Ehemaligen, wie er sich in deren Berichten zeigt: Verlässt ein Familienmitglied die Gemeinschaft, wird seinen in der FCGB verbleibenden Angehörigen jeder Kontakt mit ihm untersagt.

Die FCGB stellt ein Musterbeispiel dafür dar, wie pfingstliches Bemühen um Heiligung auf problematische Wege geraten kann, wenn es nicht (mehr) bereit ist, sich der Auseinandersetzung mit anderen Gemeinden und der Korrektur durch diese zu stellen. Aus Angst, in Sünde und aus der Heiligung heraus zu fallen, wird das Leben mit einem Wust von Gesetzen umstellt. Die Furcht, durch das Tolerieren von Sünden anderer Gemeindeglieder sich selbst zu versündigen, führt dazu, dass die Glau-

bensgenossen rigidester Kontrolle unterworfen werden. Der Abstand zur Aussenwelt, die das eigene Andrehen der Gesetzesschraube natürlich nicht mitmacht, vergrössert sich zunehmend. Gesetzlichkeit und Kontrolle vermehren aber die Aussteigerquote, immer mehr Menschen sind dem dauernden Druck nicht mehr gewachsen oder erkennen, wie hier die Freiheit des Evangeliums in ihr Gegenteil verkehrt wurde, und verlassen die Gemeinschaft. Diese fühlt sich dadurch in ihrer Wahrnehmung als Versammlung der ganz wenigen Gesetzestreuen bestätigt und muss den Kontakt zu den Aussteigern natürlich umso mehr unterbinden.

Ein Ausweg könnte sich nur durch ein ganz neues Zugehen auf andere Gemeinden ergeben.

Statistik: Rd. 200 M.
Adresse: FCGB, Kantonsstr. 15, CH-8863 Buttikon.

Freie Christengemeinden – Bund Freier Christengemeinden (BFCG)

nach 1933

1933 kam der schwedische Pfingstmissionar Georg Steen, der schon 1927 in St. Gallen eine Versammlung gegründet hatte, nach Aach-Mogelsberg/CH. Dort wurde er von den kleinen Gruppen des unteren Toggenburgs und nahen Appenzellerlandes aufgenommen. Die Leitung der wachsenden Vereinigung übernahmen dann Hans Wyssen (gest. 1964), Aach-Mogelsberg, und Otto Eschenmoser, Rorschach.

1960 wurde das Zentrum nach Ebnat-Kappel (Toggenburg) verlegt. 1989 wurde dort das grosse Gemeindezentrum «Kapplerhof» erbaut. Im Zusammenhang mit diesem Bauprojekt kam es 1993 zum Konkurs des Verbandes. In der Folge schloss sich die Mehrzahl der Gemeinden der Schweizerischen Pfingstmission (SPM) an. Der heutige Bund Freier Christengemeinden (BFCG) umfasst nur noch sieben Gemeinden (vormals 20).

Die Freien Christengemeinden halten die Bekehrung (Wiedergeburt), die Rechtfertigung mit Heiligung und die Geistestaufe für drei Stufen im Glaubensleben des Christen. Das Wirken des Heiligen Geistes soll betont zum Ausdruck kommen.

Der BFCG ist Mitglied des Bundes Pfingstlicher Freikirchen der Schweiz. Die deutschen Gemeinden der FCG haben sich dem Bund Freikirchlicher Pfingstgemeinden (BFP) in Deutschland angeschlossen.

Zeitschrift: Wort und Geist.
Statistik: CH: 7 G, 1600 M.
Adresse: Präsident: Oswald Sulser, Riedstr. 17, CH-7015 Tamins, Tel. 081 641 29 04.

Freie Christengemeinden in Österreich

1946

In Österreich entstanden die ersten Pfingstgemeinden in der Zwischenkriegszeit. Ab 1923 sammelte ein pfingstlerischer Missionar aus Schweden eine «Freie Christengemeinde Filadelfia». 1928 wirkten Vertreter der Schweizerischen Pfingstmission im Salzkammergut, und 1938 gründete Karl Fix aus Deutschland die «Deutsche Volksmission». Während des 2. Weltkrieges kamen jugoslawische Pfingstgläubige deutscher Sprache nach Österreich.

Bleibende Pfingstgemeinden entstanden jedoch erst 1946. Damals kamen Vertreter pfingstlerischer Hauskreise und weitere Anhänger der Pfingstbewegung zu Kontaktgesprächen zusammen. Im Dezember des gleichen Jahres wurde ein Vorstand gewählt und die Arbeitsgebiete der neu entstandenen Freien Christengemeinden in Österreich verteilt. Systematisch wurden in Städten und Dörfern Evangelisationen durchgeführt.

Die Gesamtleitung liegt heute in den Händen eines Ältestenrates. Die Freien Christengemeinden in Österreich unterhalten Kontakte zu den Pfingstgemeinden der Nachbarländer.

Zeitschrift: Lebensbotschaft.
Statistik: 33 G, 1500 M (mit Kindern über 2000).
Adresse: Freie Christengemeinde – Pfingstgemeinde in Österreich, Steinfeldstr.22a, A-9820 Bad Ischl.
www.freiechristengemeinde.at

Freie Volksmission Krefeld

nach 1955
Nach den Grossveranstaltungen W.M. Branhams (s. «Branham-Bewegung») in Karlsruhe im Jahre 1955 bildete sich in Krefeld ein kleiner Anhängerkreis. Daraus ist unter der Leitung von Ewald Frank (geb. 1933) die Freie Volksmission Krefeld entstanden. Sie hat 1974 ihr eigenes Versammlungshaus mit 550 Sitzplätzen und 1978 zwei weitere Missionsgebäude mit Druckerei-, Büro- und Versandräumen eingeweiht. Das Missions-Zentrum steht auf einer Gesamtfläche von 10 000 qm.
Ewald Frank hat 1962, wie er sagt, die Stimme des Herrn vernommen. Daraus leitet er seine Berufung zum bevollmächtigten Dienst ab. Er war zunächst in Gemeinden der Pfingstbewegung tätig. Seit dem Tode W.M. Branhams Ende 1965 sieht E. Frank seine Aufgabe jedoch in der Weitergabe des geoffenbarten Wortes für die Endzeit, so wie es W.M. Branham empfangen hatte. Dies geschieht durch die Verbreitung von dessen Predigten in Druck und auf Kassetten. Über Radio Luxemburg und andere Stationen wie auch durch Vorträge wird die Botschaft Branhams durch E. Franks eigene Verkündigung ergänzt.
E. Frank legt den Gläubigen seiner Gemeinde den Austritt aus Kirchen und Freikirchen nahe. Er übt unter Berufung auf Apg. 2,38 die (Wieder-)Taufe Glaubender auf den Namen des Herrn Jesus Christus und lehnt die Trinitätslehre ab. Der eine Gott offenbart sich als Vater, Sohn und Heiliger Geist.

Zeitschriften: Rundbrief / Das gesprochene Wort.
Statistik: 1 G sowie Vortragstätigkeit in zahlreichen Städten verschiedener Länder.
Adresse: Ewald Frank, Postfach 905, D-47709 Krefeld. – Urs Graf, Postfach 51, CH-8492 Wila, Tel. 052 385 19 94.

Freikirchliches Evangelisches Gemeindewerk (FEGW)

1985
Das FEGW ist Mitglied der 1927 durch die Tätigkeit der Evangelistin Aimee Semple McPherson entstandenen *International Church of the Foursquare Gospel* mit Zentrum in Los Angeles. Sie betont das «Viereckenevangelium»: Jesus errettet, Jesus heilt, Jesus tauft (Geistestaufe mit Zungenrede), Jesus kommt wieder. Diese Kirche zählt in den USA 1400 Gemeinden mit 200 000 Mitgliedern.
Durch eine ausgedehnte Missionstätigkeit sind in mehr als 60 Ländern Gemeinden mit gesamthaft weit über 1 Mio Mitgliedern gegründet worden.
Das FEGW in Deutschland ist 1985 entstanden. Es sieht seine Aufgabe in der evangelikal-charismatisch-pfingstlerischen Evangeliumsverkündigung, in der intensiv angestrebten Gründung neuer Gemeinden und in der Ausbildung geistlicher Amtsträger.

Zeitschrift: FEGW-Aktuell.
Statistik: D: 20 G / A: 2 G.
Adresse: Vorsitzender Hans Mührmann, Leusbergstr. 34, D-45663 Recklinghausen, Tel. 0236 190 71 64.
www.fegw.de

Full Gospel Business Men's Fellowship International (FGBMFI)

1952
Anderer Name: Christen im Beruf.
Im Jahre 1952 gründete Demos Shakarian, Molkereibesitzer in Los Angeles, The Full Gospel Business Men's Fellowship International (FGBMFI). Shakarian ist durch seine Unterstützung fähiger Heilungsevangelisten bekannt geworden. Mit der neuen Vereinigung wollte er besonders Geschäftsleute mit dem Evangelium in Kontakt bringen. Auf Initiative der FGBMFI entstanden 1957 erste Gruppen in der damaligen Bundesrepublik (Stuttgart) und in der Schweiz (Zürich).

In der Folge lehnten diese jedoch die starke Betonung der Geistestaufe und der Zungenrede in der amerikanischen Bewegung ab. 1965 lösten sich die deutschen und schweizerischen Gruppen los und bildeten eine eigene Vereinigung mit dem Namen «Internationale Vereinigung Christlicher Geschäftsleute» (s. Kap. IV/4).
In den Jahren 1975/76 gründete die FGBMFI in Deutschland und in der Schweiz von neuem verschiedene Chapters (Zusammenkünfte) mit dem Namen «Geschäftsleute des vollen Evangeliums Internationale Vereinigung (GDVEIV)». Seit 1997 lautet der Name «Full Gospel Business Men's Fellowship International – Christen im Beruf.»
Die Christen im Beruf kommen in der Regel einmal monatlich zusammen zu ihren Chapter-Treffen, das sind gemeinsame Mahlzeiten mit Ansprachen und Zeugnissen. Als Laienorganisation kennen sie kein Priester- oder Predigeramt. Auf die Bildung eigentlicher Gemeinden wird verzichtet.
Wer Mitglied wird, unterschreibt «the doctrinal statement». Dazu gehören die Bezeugung der persönlichen Heilserfahrung und die Zustimmung zum zehnteiligen Glaubensbekenntnis. Artikel sieben und acht handeln von der Heilung durch den Glauben als einem Teil der Versöhnung durch Christus sowie vom Glauben an die Geistestaufe mit begleitender Zungenrede.

Zeitschrift: Voice (Deutschland) / Stimme (übriges Europa).
Statistik: Weltweit ca. 4200 Chapters / D: rd. 100 Chapters / A: 12 Chapters / CH: 12 Chapters.
Adressen: Full Gospel Business Men's Fellowship International, 3150 Bear Street, Costa Mesa, CA 92626, USA. – Deutschland-Sekretariat, Schlossau 1, D-94209 Regen, Tel. 0992 18 400. – Schweiz-Sekretariat, J. Trachsel, Sonnmatt, CH-3135 Wattenwil, Tel. 033 356 32 83. – Österreich-Sekretariat, Ludwig Reiter, A-2232 Deutsch Wagram.
www.fgbmfi.de

Gemeinde Gottes (GeGo)

1886 / 1907
Englischer Name: Church of God (Cleveland).
Die Church of God (Cleveland) stellt eine der ältesten Pfingstkirchen der Welt dar. Sie beruft sich auf ein pfingstliches Ereignis in ihren Reihen, das früher geschah als die Ereignisse an der Azuza Street in Los Angeles im Jahr 1906, die die Pfingstbewegung begründeten. Gründer der Church of God (Cleveland) ist der Baptistenpastor Richard G. Spurling, der der Heiligungsbewegung (s. Einleitung) angehörte und im Jahr 1886 im Monroe County, Tennessee (USA) eine Gemeinschaft namens «Christian Union» gründete, die sich zehn Jahre später mit einer kleinen Gruppe unabhängiger Baptisten in North Carolina verband, worauf sie ihren Schwerpunkt in diesen Bundesstaat, nach Camp Creek im Cherokee County, verlegte. Dort ereignete sich noch im selben Jahr 1896 eine Erweckung, bei welcher sich pfingstliche Phänomene zeigten. Die Erweckung zog schnell weitere Kreise. Das Zentrum der Gemeinschaft wurde in die Stadt Cleveland im südöstlichen Tennessee verlegt. 1907 erfolgte die Umbenennung der Gemeinschaft in «Church of God» (Gemeinde Gottes). Der Zusatz «Cleveland» dient der Unterscheidung von den zahlreichen weiteren Gemeinschaften in den USA, die sich «Church of God» nennen. Im Jahr 1908 übernahm die Church of God die im engeren Sinne pfingstlerische Lehre von der Geistestaufe, wie sie in der Erweckung um die Azuza Street formuliert worden war, und wurde dadurch zu einem Teil der Pfingstbewegung.
Die Gemeinden in Deutschland gehen zurück auf die Wirksamkeit von Herman Lauster aus Stuttgart, welcher 1926 in die USA auswanderte und dort mit der Church of God in Kontakt kam. 1936 kam er als Missionar nach Deutschland zurück und begann ab 1937 Gemeinden zu gründen.

Als Gemeinschaft, die aus der Heiligungsbewegung herausgewachsen ist, legt die Gemeinde Gottes auch heute noch einen Schwerpunkt auf die Heiligung. Es wird ein dreistufiger Heilsweg mit Bekehrung, Heiligung und Geistestaufe gelehrt. Die Geistestaufe ist nicht heilsnotwendig, soll aber von der Zungenrede als beglaubigendem Zeichen begleitet werden und ist Voraussetzung für das Predigtamt. Im Weiteren werden die Erwachsenentaufe und die Fusswaschung gelehrt.
Die Leitung liegt in den Händen des von der Generalversammlung gewählten Vorstandes.

Zeitschrift: Stimme der Wahrheit.
Statistik: Church of God weltweit ca. 18 000 G, ca. 2 Mio M / D: rd. 100 G, 9 Missionen, rd. 2843 M / A: 16 G, 200 M, CH: 1 Mission, knapp 20 M.
Adressen: Gemeinde Gottes, Bundessekretariat, Schurwaldstr. 10, D-73660 Urbach, Tel. 0718 198 75 70. – Church of God, Keith St. at 25th NW, Cleveland, TN 37320, USA, Tel. 001 4234 78 7116.
www.chofgod.org
www.GemeindeGottes.de

Gemeinde der Christen, Ecclesia

1944
Die Gemeinde der Christen, Ecclesia, ist aus der Tätigkeit des deutschen Heilungsevangelisten Hermann Zaiss (geb. 1889) herausgewachsen. Nach dessen Tod im Jahre 1958 bestanden ca. 300 Versammlungen. Unter der Leitung der Witwe des Gründers, Clara Zaiss, und besonders nach ihrem Tod 1981 war die Gemeinschaft von einem markanten Rückgang betroffen. Inzwischen hat sich die Zahl der Gemeinden bei knapp 80 stabilisiert. Leitende Organe sind der «arbeitende Vorstand» mit 10 Brüdern sowie der «grössere Vorstand» mit ca. 30 Brüdern. Die Gemeinden in Solingen und den umliegenden Orten vertreten eine Gemeinschaftsfrömmigkeit mit Erwachsenentaufe (Glaubenstaufe). Die Gemeinden im Norden Deutschlands sind zur Hauptsache eher pfingstlerisch. Das Gebet um Heilung wird betont. Kontakt mit andern Gemeinden wurde in der Anfangszeit nicht gesucht, in den letzten Jahren aber zunehmend geübt. In der Schweiz ist die Entwicklung etwas anders verlaufen, siehe dazu «Gemeinde von Christen».

Zeitschrift: Fröhliche Nachrichten.
Statistik: Deutschland 76 V.
Adresse: Gemeinde der Christen, Ecclesia, Merscheiderstr. 40, D-42699 Solingen, Tel. 021 233 72 05.

Gemeinde von Christen

1944/nach 1963
Etwa 1963 haben sich die «Gemeinden der Christen, Ecclesia» (s.o.) in der Schweiz aufgelöst. Charles Reichenbach übernahm einzelne von ihnen und schuf die Gemeinde der Christen, mit eigenen Versammlungen (Heute: Gemeinde von Christen). Reichenbach ist Mitglied des «grossen Vorstandes» der «Gemeinde der Christen, Ecclesia» in Deutschland. Sein Werk in der Schweiz führt er jedoch unabhängig davon weiter. Reichenbach weiss sich dem Gemeinschaftschristentum verpflichtet, mit besonderem Interesse an den biblischen Prophezeiungen. Er setzt sich für die Erwachsenen-/Glaubenstaufe ein. Für Kontakte mit gleichgesinnten Christen besteht Offenheit. 1990 ist die Stiftung Quellenhof mit eigenem Therapiehaus in Gundetswil/CH gegründet worden.

Zeitschrift: Freund / Schalom (Hrsg: Ch. Reichenbach, pers. u. finanziell unabhängig).
Statistik: CH: 8 G.
Adressen: Evangelist Charles Reichenbach, CH-8433 Weiach. – Gemeinde der Christen, Hegifeldstr. 6, CH-8400 Winterthur, Tel. 052 245 14 14.
www.gvc.ch

Internationale Jesus-Gemeinde

1923
Die Internationale Jesus-Gemeinde gehört zur Gemeinde Gottes (Church of God of Prophecy). Die Church of God of Prophecy

ist eine Abspaltung von der Gemeinde Gottes/Church of God (Cleveland) unter der Führung von A.J. Tomlinson. Sie hiess denn auch bis 1952 «Tomlinson Church of God». Die Church of God of Prophecy zählt in den USA 75 000 und weltweit knapp 100 000 Mitglieder.
Seit einigen Jahren ist sie auch in Deutschland tätig. Lehren und kirchliches Leben sind ähnlich wie in der Gemeinde Gottes (Cleveland) (s.o.).

Statistik: D: ca. 130 M.
Adressen: P.O.Box 2910, Cleveland, TN 37320, USA. – Pastor Clayton Endecott, Mierendorffstr. 5, D-63225 Langen, Tel. 061 37 99 87.
www.cogop.org

Missionsbund zur Ausbreitung urchristlichen Evangeliums

1946
Anderer Name: Maranatha-Mission.
1946 gründete Paul Mink (1903–1975) den Missionsbund zur Ausbreitung urchristlichen Evangeliums. Heute leitet sein Sohn Paul Gerhard Mink das Werk. Folgende Anliegen werden genannt: Erfahrung der Wiedergeburt, Glaubenstaufe, Bitte um die Gaben des Heiligen Geistes, Erwartung der Wiederkunft Jesu und (in Ablehnung der Volkskirche) Bildung von Gemeinden wiedergeborener Christen nach biblischem Vorbild. Den Gemeinden stehen Älteste vor.
Angegliedert an den Missionsbund ist die Maranatha-(Schriften-)Mission.

Zeitschrift: Maranatharuf.
Statistik: D: ca. 14 V.
Adresse: Prediger Paul Gerhard Mink, Am Hopfenacker 16, D-63697 Hirzenhain, Tel. 060 45 14 02.

Missionswerk «Christus für alle Nationen» (CfaN)

1975
Internationaler Name: Christ for all Nations (CfaN)
Das Missionswerk «Christus für alle Nationen» (CfaN) ist eines der wichtigsten pfingstlichen Werke, bekannt vor allem durch die Massenevangelisationen seines Gründers und Leiters Reinhard Bonnke in Afrika und durch die Aktion «Vom Minus zum Plus», bei welcher im Jahr 1994 alle Haushalte im deutschen Sprachraum mit einer kleinen evangelistischen Schrift beschickt wurden.
Der 1940 geborene Reinhard Bonnke wuchs in Schleswig-Holstein als Sohn eines Pfingstpredigers auf und sah sich schon in Kindheitstagen zum Dienst als Evangelist berufen. Nach dem Abschluss einer Ausbildung als Detailhandelskaufmann besuchte Bonnke für zwei Jahre eine Bibelschule in Wales und wirkte darauf während sechs Jahren als Pfingstprediger in Flensburg. 1967, im Alter von 27 Jahren, wurde Bonnke für die Apostolic Faith Mission (AFM) in Südafrika tätig. In deren Auftrag baute Bonnke in Maseru, Lesotho, eine Pfingstgemeinde auf. Im Rahmen dieser Arbeit entdeckte Bonnke seine Begabung zur Durchführung von Heilungsveranstaltungen.
Bonnke wandte sich nun schwergewichtig dem Dienst durch Gross- und Heilungsevangelisationen und Heilungsgottesdienste zu, verlegte dafür seinen Wohnsitz nach Witfield bei Johannesburg und begründete 1975 mit CfaN seine eigene Organisation. Die Aufgabe von CfaN ist dabei eine zweifache: Einerseits trägt das Missionswerk Bonnkes Grossveranstaltungen, die zuerst in Südafrika, ab Mitte der 80er Jahre aber auf dem ganzen Kontinent stattfinden, zum anderen ermöglicht CfaN die Finanzierung der Aktivitäten durch den Aufbau eines Spendernetzes vor allem in Bonnkes Heimatland Deutschland.
Als Gross- und Heilungsevangelist ist Bonnke, zumindest was die Zahl der Teilnehmer an seinen Veranstaltungen anbelangt, äusserst erfolgreich. Fast immer finden sich bei seinen Evangelisationen zahl-

reiche Menschen, die davon berichten, während der Veranstaltung geheilt worden zu sein. Diese Wunderberichte führen Bonnke weiteres Publikum zu, insbesondere Menschen, die sich eine ärztliche Diagnose und Behandlung nicht leisten können, kommen in Scharen zu Bonnkes Evangelisationen – dies ein Grund, warum sich die meisten Heilungsberichte einer medizinischen Nachprüfung entziehen.

Die Verkündigung Bonnkes ist äusserst zupackend und nicht erfolglos. Dennoch finden die meisten Besucher seiner Evangelisationen nicht zu einer Gemeinde, die ein Christentum im Sinne Bonnkes lebt – deutlich wird dies z.B. durch das Faktum, dass Bonnkes Veranstaltungen in Westafrika auch von Moslems sehr geschätzt und rege besucht werden, ohne dass diese sich durch die Heilungsberichte veranlasst sehen würden, vom Islam zum Christentum zu wechseln.

Theologisch lehrt Bonnke ein pfingstliches Christentum, im Rahmen seiner Missionsfeldzüge ist jeweils ein Abend für den Empfang der Geistestaufe reserviert.

Im Wissen, dass Massenevangelisationen in den westlichen Ländern nicht den gleichen Zuspruch finden wie in Afrika, entwickelte Bonnke für Europa und Amerika eine andere Missionsmethode: die Aktion «Vom Minus zum Plus». Für diese verfasste Bonnke eine kleine evangelistische Schrift, die die Grundzüge des christlichen Glaubens aus der Sicht eines evangelikalen Minimalkonsenses darbot und auf die spezifischen pfingstlerischen Lehren bewusst verzichtete. Wer sich aufgrund der Lektüre (z.B. mit dem in der Schrift vorgegebenen Bekehrungsgebet) zu einem evangelikalen Christentum bekehrte, wurde aufgefordert, sich mittels einer Rückantwortkarte eine nahegelegene evangelikale oder pfingstliche Gemeinde vermitteln zu lassen. (Gemeinden, die sich in diesem Sinne an der Aktion beteiligen wollten, mussten vorgängig ein evangelikal geprägtes Glaubensbekenntnis unterzeichnen.) Der Erfolg der Aktion im deutschen Sprachraum war äusserst gering: Nur 0,001 Prozent aller angeschriebenen Menschen schlossen sich neu einer Gemeinde an – was einen finanziellen Aufwand von 100 000 Mark pro neues Gemeindemitglied bedeutete.

Reinhard Bonnke und seinem Missionswerk ist von verschiedener Seite Kritik erwachsen. Kirchen in Afrika monieren, dass das von Bonnke in Europa reichlich gesammelte Geld sinnvoller in von den Kirchen getragenen medizinischen Projekten eingesetzt wäre – wo es auch eine evangelistische Wirkung entfalten würde.

Stark kritisiert wurde – auch von evangelikaler Seite – Bonnkes Aktion «Vom Minus zum Plus», insbesondere das Missverhältnis der aufgeworfenen Finanzmittel zum geringem Ertrag. Im Weiteren wurde negativ bemerkt, dass den mitarbeitenden Gemeinden ein fertiges Paket vorgelegt wurde, das bloss angenommen oder abgelehnt werden konnte: «Zusammenarbeit geschieht hier unter dem Diktat des Missionswerkes» (Reinhard Hempelmann).

Bonnkes Orientierung an messbarem Erfolg («Er liebt grosse Zahlen», wie sein Biograf Ron Steele bemerkt) und die Betonung von Heilungs-«Erfolgen» ohne Möglichkeit der medizinischen Überprüfung werden ebenfalls kritisiert. Nichtevangelikale Kritiker weisen auf die holzschnittartige Verkündigung und den weitgehenden Verzicht auf Sozialethik hin: Bonnke lebt ein Erfolgsevangelium. Es fehlt die Nachhaltigkeit und – weitgehend – der soziale Einsatz.

Zeitschrift: CfaN-Missionsreportage.
Adresse: CfaN, Missionszentrale, Postfach 600574, D-60335 Frankfurt a.M., Tel. 069 47 87 80.
www.cfan.org

Missionswerk «Gute Nachricht»

1964

Unter dem Namen «Evangelisations-Team» gründete Erich Theis 1964 ein Missionswerk in der Bundesrepublik. Bis 1980 wurden wöchentliche Sendungen über Radio Luxemburg ausgestrahlt. Nach Sitz-Verlegung in die Schweiz, wo Erich Theis ab 1983 vorübergehend als Prediger der Schweizerischen Pfingstmission tätig war, wurde dem Missionswerk später die Bezeichnung «Gute Nachricht» gegeben.

Der heutige Schwerpunkt besteht in vorbereitenden Seminaren für persönliche Evangelisation und der Durchführung von kleineren und grösseren Evangelisationen in der Schweiz, in Deutschland und anderen Ländern.

Zeitschrift: Gute Nachricht.
Adressen: Deutschland: «Gute Nachricht», Marktweg 24, D-35069 Gladenbach, Tel. 064 62 87 19. – Schweiz: «Gute Nachricht», Hochstr. 53., CH-8200 Schaffhausen, Tel. 052 624 23 17
www.gutenachricht.ch

Missionswerk Karlsruhe – Der Weg zur Freude

1974

Unter der Leitung von Prediger Erwin Müller entstand vor 1950 in Karlsruhe sowie in Calw/D und Umgebung die Gemeinschaft entschiedener Christen (Zeitschrift damals: «Die letzte Posaune»). Dazu kamen einige Kontakte in der Schweiz. Die Gemeinschaft entschiedener Christen ging 1974 in der Nachfolge-Organisation, dem Missionswerk «Der Weg zur Freude» auf. Leiter ist Siegfried Müller. Arbeitszweige: Radiomission über Radio Luxemburg, Grossevangelisationen, Telefonandachten in Deutschland und der Schweiz, Unterstützung von Kinder-Tagesstätten und einem Kindergarten in Jerusalem, Literaturvertrieb, eigener Verlag.

Zeitschrift: Der Weg zur Freude.
Statistik: D: 3 G.
Adresse: Missionswerk Karlsruhe, Postfach 10 02 63, D-76232 Karlsruhe, Tel. 0721 95 23 00.
www.missionswerk.de

Missionswerk und Freikirche «Stimme des Glaubens»

1960

Friedrich Schönemann (1921–1967), ursprünglich evangelischer Pfarrer, begann pfingstlerische Gedanken zu verbreiten, was 1958 zur Aufgabe des Pfarrdienstes führte. Er gründete 1960 die «Vereinigung für Evangelisation und Erweckung» und begann 1961 mit der Sendung «Stimme des Glaubens» (über Radio Luxemburg) sowie mit der Herausgabe seiner eigenen Zeitschrift, anfänglich mit dem Namen «Das volle Heil», später «Stimme des Glaubens». Das Missionswerk Stimme des Glaubens hat seinen Sitz in Konstanz.

Die Sendungen über Radio Luxemburg sind Anfang der 80er Jahre eingestellt bzw. durch Sendungen über einzelne Regionalsender ersetzt worden. Zu einem grösseren Werk mit einer Gemeinde und mit Radiomission hat sich die «Stimme des Glaubens» in Brasilien entwickelt. Die europäische Zeitschrift «Stimme des Glaubens» erscheint in einer Auflage von 35 000 Exemplaren, die brasilianische in über 30 000 Exemplaren.

Zeitschrift: Stimme des Glaubens.
Statistik: D: 1 V / CH: 1 V.
Adressen: Missionswerk «Stimme des Glaubens», Marienweg 5, D-78465 Konstanz, Tel. 0753 19 44 50. – Hauptstr. 7, CH-8280 Kreuzlingen, Tel. 071 672 47 39.
www.stimme.org

Mülheimer Verband freikirchlich-evangelischer Gemeinden (MV)

1905/1913

Älterer Name: Christlicher Gemeinschaftsverband Mülheim an der Ruhr (CGV).

Der Mülheimer Verband ist der älteste Pfingstverband Deutschlands. Im Jahr 1905 bildete sich in Mülheim/Ruhr eine pfingstlerische Gemeinschaft unter dem Namen Christliche Gemeinschaft Mülheim, von welcher aus bald weitere Gemeinden in verschiedenen Gebieten Deutschlands gegründet wurden, welche sich 1913 mit dem Christlichen Gemeinschaftsverband Mülheim an der Ruhr einen Dachverband gaben.

Nach anfänglich emotional bewegten Zeiten hat sich der Christliche Gemeinschaftsverband Mülheim bis heute zu einer gemässigten Pfingstrichtung entwickelt: Das Schriftverständnis ist nicht fundamentalistisch, die Zungenrede wird geübt, aber nicht als notwendiges Zeichen der Geistestaufe gesehen. Verstanden sich die Gemeinden des Verbandes in den ersten Jahrzehnten eher als kirchenangelehnte Gemeinschaften, so entwickelten sie sich seit den 70er Jahren immer mehr zu Gemeinden eines freikirchlichen Typus. Im Februar 1998 erreichte dieser Prozess seinen vorläufigen Abschluss mit der Verabschiedung eines neuen Selbstverständnisses und einer neuen Namensgebung.

Seitdem versteht sich der MV als eine evangelische Freikirche in Deutschland auf der Grundlage einer evangelikal-charismatischen Frömmigkeit bzw. Theologie und will selbständigen Ortsgemeinden eine geistliche Lebens- und Dienstgemeinschaft anbieten.

Neben den anfänglichen Schwerpunkten wie die Heiligung des Christen und die Berücksichtigung der vielfältigen Charismen in der Gemeindepraxis werden nun auch die Evangelisation, Gemeindegründungen und die Einheit der Christen vor Ort als Ziel genannt.

Oberstes Entscheidungsgremium des MV ist die Delegiertentagung, die sich aus den Delegierten der einzelnen Gemeinden zusammensetzt und vom Präses des Verbandes geleitet wird.

Zeitschriften: Christliche Gemeinschaft.
Statistik: D: ca. 3500 M.
Adressen: Mühlheimer Verband freikirchlich-evangelischer Gemeinden, Habenhauser Dorstr. 27, D-28279 Bremen, Tel. 0421 83 991 30.
www.muelheimer-verband.de

Remar

Remar tritt im deutschen Sprachraum vor allem als Drogenrehabilitationswerk pfingstlerischer Ausrichtung auf. Im Mutterland Spanien und vor allem im südamerikanischen Raum ist Remar aber intensiv evangelistisch aktiv und als eigener Gemeindeverband konstituiert.

Gründer von Remar ist der Spanier Miguel Díez. Díez wuchs als Sohn katholischer, aber nicht sehr kirchlicher Eltern im Baskenland auf und arbeitete nach verschiedenen beruflichen Versuchen als administrativer Leiter einer Klinik und als Vertreter für Versicherungen. Daneben frönte er dem Glücksspiel. Seine Frau beteiligte sich nach ihrer Bekehrung zu einem Christentum pfingstlerischer Prägung am Aufbau einer Pfingstgemeinde in Vitoria im Baskenland. Acht Jahre später wandte sich auch Díez selbst der Pfingstbewegung zu. Er bemühte sich in der Folge um ein Leben, das möglichst nahe an den Berichten der Apostelgeschichte zur Urgemeinde orientiert ist. Zusammen mit seiner Frau und deren Geschwistern lebt er Gütergemeinschaft und setzt sich für Randständige ein, Remar (abgekürzt aus «rehabilitacion de marginados») war entstanden. Ein Anschluss an eine bestehende Pfingstgemeinde gelang nicht. Remar bleibt selbständiges Werk und eigene Gemeinde.

Die Arbeit von Remar beruht auf vier Säulen: Evangelisation, Jüngerschaft (dazu gehört das Leben in Gütergemeinschaft), Christliche Sozialarbeit (die Rehabilitation) und christliche Unternehmen, deren Gewinn die anderen Säulen finanziert (im deutschen Sprachraum sind dies v.a. Brockenhäuser).

In der Folge konnte sich Remar stark ausbreiten, obwohl bald Kritik laut wurde. Einerseits wird angemahnt, dass bei Díez das Ziel der Rehabilitation die Eingliederung der Menschen in die Organisation Remar ist, nicht deren Entlassung ins Alltagsleben. Zum Zweiten, dass Díez die Überzeugung vertritt, dass er (und die Remar-Pastoren) am besten wissen, welche Remar-Anhänger zusammenpassen und miteinander eine Ehe eingehen sollen. So trennt Díez bewusst Paare und gibt andere zusammen. Zum Dritten vertritt Díez ein äusserst konservatives Bild von der Rolle der Frau. Sowohl in der Gemeinde als auch in der Ehe empfiehlt Díez für die Frau eine ausschliesslich dienende Funktion. Im deutschen Sprachraum denkt Remar in diesen kritischen Punkten offener.

Rehabilitationszentren bestehen im Moment in Augsburg und Harburg/D, in Doren/A und in Schwerzenbach/CH.

Während Remar in Südamerika bereits als eigener Gemeindeverband auftritt, ist eine Tendenz dazu im deutschsprachigen Raum zumindest absehbar: Remar verfügt hier über eigene Pastoren und führt eigene Gottesdienste durch.

Miguel Díez ist ein Radikalist. Was er als wahres biblisches Christentum empfindet, setzt er um, ohne Rücksicht auf Ansehen, Verdienst, finanzielle Absicherung, aber auch mit wenig Rücksicht auf Familie und Mitarbeitende. Wie mancher Radikalist ist Díez ein Getriebener, getrieben von einer Vision, die er, koste was es wolle, umsetzen will. Die Wirkung auf Aussenstehende ist äusserst ambivalent. Beeindruckende Perspektiven sind durchsetzt mit markanten Mängeln.

Die Erkenntnis von der Notwendigkeit des Ineinandergreifens von Verkündigung und sozialer Tätigkeit ist zwar keinesfalls neu, die Heilsarmee verfolgt einen ähnlichen Gedanken, Remar setzt sie aber sehr radikal um. Das Konzept könnte sich als zukunftsträchtig erweisen. Jedoch schlagen die Übergriffe auf den Verantwortungsbereich des einzelnen Menschen – die massiven Eingriffe in die freie Partnerwahl – negativ zu Buche. Auch das therapeutische Ansinnen rückt durch Díez' Absicht, die Rehabilitanden nach der Rehabilitation nicht zu entlassen, sondern in die Organisation auf Dauer einzubinden, in ein problematisches Licht.

Adressen: Remar Schweiz, Schaffhauserstr. 455, CH-8052 Zürich, Tel. 01 301 13 13.

Schweizerische Pfingstmission (SPM)

1907 / 1935

Die Schweizerische Pfingstmission ist der grösste und älteste der pfingstlerisch-charismatischen Gemeindeverbände in der Schweiz. Zur SPM fanden sich Gemeinden zusammen, die ab 1907 durch die Wirksamkeit pfingstlerischer Missionare in der Schweiz entstanden waren. Diese ersten Pfingstgemeinden waren in den ersten Jahrzehnten ihrer Existenz organisatorisch gänzlich autonom. Die Notwendigkeit einer übergemeindlichen Struktur, die 1935 zur Gründung eines Verbandes führte, ergab sich wesentlich aus dem Wunsch der einzelnen kleinen Gemeinden, Missionare aussenden zu können, wozu sie alleine nicht in der Lage waren. Noch immer wird aber in der SPM die Autonomie der Lokalgemeinde gross geschrieben. So ist jede Gemeinde in der Verwaltung ihrer Finanzen und in der Entlöhnung des Predigers frei. Die Ordination von Predigern ist aber Sache des Verbandes, dem seit 1997 Max Schläpfer als Präsident vorsteht. Frauen können als Pastoralassistentinnen Lehrfunktionen wahrnehmen, die Ordination zu Pastoren, welche befugt sind, Gemeinden zu leiten, ist aber Männern vorbehalten.

Die Konkurrenzsituation zur GfU (heute: BewegungPlus, s.o.), die in den 20er Jahren als zweiter pfingstlicher Verband in der

Schweiz neben die SPM trat, ist im Laufe der Zeit einer engen Zusammenarbeit gewichen, so arbeiten die beiden Verbände seit 1974 im Bund Pfingstlicher Freikirchen (BPF) zusammen. Die SPM erlebte im Laufe des 20. Jahrhunderts ein kontinuierliches Wachstum – insbesondere innerhalb der sozialen Schicht des Kleinbürgertums –, verstärkt noch im Jahr 1993, als eine Mehrheit der Gemeinden des damals Konkurs gegangenen Verbandes der Freien Christengemeinden (FCG) zur SPM stiess. Die lokalen Gemeinden machen in ihrer jeweiligen Benennung nur zum Teil vom Begriff Pfingstmission Gebrauch. Zum Teil führen sie den Titel «Freie Christengemeinde», oder andere Namen, wie die grösste Lokalgemeinde der SPM, das Christliche Zentrum Buchegg in Zürich.

In Lehrfragen gibt es, wegen der Autonomie der Lokalgemeinden, zwischen einzelnen SPM-Gemeinden durchaus Unterschiede. In grundlegenden Fragen besteht aber Einigkeit: In der Tradition der Erweckungsbewegung lehrt die SPM die Unfehlbarkeit der Bibel und die Notwendigkeit einer bewussten, biographisch eindeutigen Entscheidung für Gott, im Gefolge des Baptismus wird die Kindertaufe verworfen und Erwachsenentaufe (ab 16 Jahren) durch Untertauchen praktiziert. Spezifisch pfingstlerisch ist die Lehre der Geistestaufe, eines auf die Bekehrung folgenden Erlebnisses, das nach Ansicht von SPM-Theologen üblicherweise genau datierbar und «in der Regel» von Zungenrede, einem Sprechen in unverständlichen Silben, begleitet ist, welches als Wirkung des Heiligen Geistes gedeutet wird. Das Erlebnis der Geistestaufe gehört zum normalen Glaubensweg dazu und wird von SPM-Mitgliedern deshalb gesucht. Voraussetzungen zum Empfang der Geistestaufe sind Bekehrung, Heiligung, Glaube, Gehorsam und Gebet. Heiligung wird heute, so der gegenwärtige Präsident der SPM, Max Schläpfer, «in der SPM als kontinuierlicher Prozess der Umgestaltung des Charakters gemäss den biblischen Vorgaben, sowie Gehorsam und Umsetzung der biblischen Lebensprinzipien für jeden Bereich des Lebens (z.B. Familie, Ehe, Arbeit, Sexualität, Zeiteinteilung, geistlicher Dienst etc.) verstanden». Von neuen Strömungen innerhalb der Pfingst- und charismatischen Bewegung blieb auch die SPM nicht unbeeinflusst, so wurde in den letzten Jahren das Modell der Zellgemeinde, der Einbindung der Mitglieder in kleine Gruppen zur gegenseitigen glaubensmässigen Unterstützung, aufgenommen und weiterentwickelt.

Zeitschrift: Wort und Geist.
Statistik: CH: 65 G, 8900 M.
Adresse: Schweizerische Pfingstmission, Zentralstelle, Postfach 95 CH-6376 Emmetten, Tel. 041 620 38 94. – Generalsekretariat SPM, Bleichemattstr. 2, Postfach 3841, CH-5001 Aarau, Tel. 062 832 20 10.
www.pfimi.ch

Spätregen-Mission International (SMI)

1927

«Spätregen» (Joel 2,23) wird als Ausgiessung des Heiligen Geistes gedeutet. Die Spätregen-Mission International strebt denn auch nach einer andauernden Ausgiessung des Heiligen Geistes. Sie ist von der zur Apostolic Faith Mission gehörenden Mara Fraser (1889–1972) in Südafrika gegründet worden. Die besondere Gemeinschaftsform der Spätregen-Mission ist das Glaubenshaus, in welchem Verheiratete und Unverheiratete in klösterlicher Gemeinschaft zusammenleben. Es gibt heute 34 solcher Glaubenshäuser, davon 24 in Süd- und Südwestafrika (Namibia), 4 in Deutschland (seit 1955) und je 1 in der Schweiz (20 Mitglieder), Holland, Österreich, England, USA und Paraguay. Das Glaubenshaus ‹Libanen› (Deutschland) zählt mit Wirtschafts- und Handwerkszweigen rd. 120 Bewohner. Die meisten Mitglieder der Spätregen-Mission

leben allerdings ausserhalb der Glaubenshäuser.
Die Spätregen-Mission kennt manche speziellen Lehren und Rituale, die sie aus dem weiteren Umfeld der Pfingst- und charismatischen Bewegung herausheben, so erhält z.B. das Blut Jesu eine beinahe magische Rolle. Das «Durchbeten» stellt ein sich mitunter über Stunden hinziehendes Beten wegen der Sünden eines Gläubigen dar, das eine reinigende Funktion haben soll.

Zeitschrift: Rundbrief (in Südafrika und Deutschland).
Adressen: Spaade Reen Sending Internasionaal, RSA-1509 Jatniel-Benoni (South Africa). – Deutsche Spätregen-Mission, Vorstand Robert Maslo, Im Raumaier 1, D-71717 Beilstein. – Spätregen-Mission, CH-5026 Densbüren.

United Pentecostal Church International

1945
Die «Vereinigte Pfingstkirche» ist 1945 aus dem Zusammenschluss zweier amerikanischer Pfingstgemeinden entstanden. Im Zusammenhang mit einer verbreiteten Missionstätigkeit ist es auch in Europa zu Gemeindegründungen gekommen.
Für die United Pentecostal Church folgt auf die Rechtfertigung als weitere Glaubensstufe die Geistestaufe. Die Gemeinden üben Glaubensheilung, Dämonenaustreibung sowie Fusswaschung. Recht streng gehandhabt werden moralische Fragen der Lebenspraxis (Ablehnung von weltlichen Vergnügen, Fernsehen, kurzen Haaren für Frauen; Verpflichtung zu einfacher Kleidung u.a.).

Zeitschrift: The Pentecostal Herald.
Statistik: Gesamthaft gegen 2 Mio M, hauptsächliche Verbreitung in den USA, 500 000 M / europäische Länder einzelne Anhänger.
Adressen: United Pentecostal Church International, Headquarters, 8855 Dunn Rd., Hazelwood, MO 63042, USA. – Vereinigte Pfingstkirche, Pastor H. Kinney, Simmeringer Hauptstr. 2–4, A-1110 Wien, Tel. 01 79 64 68 3.
www.upci.org

Vereinigte Missionsfreunde

1931
Der Bund der Vereinigten Missionsfreunde (VMF) ist 1931 unter dem Vorsitz von Otto Karrenberg in Velbert gegründet worden. Später übernahm Ernst Michel die Leitung, und seit 1972 steht Albert Sänger dem Werk mit neun Gemeinden und Einzelmitgliedern vor. Es handelt sich um eine eigenständige Pfingst-Mission mit einem Missionshaus für Schulung und Tagungen. Missionare der Vereinigten Missionsfreunde arbeiteten ursprünglich in Kamerun (140 G), Nigeria (ca. 50 G), Chile (ca. 20 G), Mexiko (25 G) sowie in Indien. Später wurde auch in Japan und in den USA mit einer Missionsarbeit begonnen, und seit 1989 ist in Südspanien ein Missionar tätig. Die Vereinigten Missionsfreunde stehen auf «pfingstlerischem Boden». Sie unterhalten mit der «Gemeinde der Christen, Ecclesia» und dem Bund Freikirchlicher Pfingstgemeinden enge Kontakte.

Zeitschrift: Das Erntefeld.
Statistik: D: 9 G.
Adresse: Vereinigte Missionsfreunde, Kehler Str. 31, D-79108 Freiburg, Tel. 0761 510 90 95.
www.missionsfreunde.de

Volksmission entschiedener Christen in Deutschland

1934
Die deutsche Volksmission entschiedener Christen (VMeC) ist von Karl Fix (1897–1969) gegründet worden. Seit 1978 steht Gottlob Ling, Pforzheim, dem leitenden Vorstand vor. Ab 1949 bestand mit der Volksmission entschiedener Christen in der Schweiz (s.u.) eine gewisse, heute wieder beendete Zusammenarbeit.
Die Volksmission entschiedener Christen bejaht die Geistestaufe, ohne auf der begleitenden Zungenrede als obligatorischem Echtheitszeichen zu beharren. Sie legt Wert auf die Gaben des Geistes.

1988 ist die Volksmission entschiedener Christen unter Bewahrung ihrer Identität als eigene Bewegung dem Bund Freikirchlicher Pfingstgemeinden in Deutschland beigetreten.

Zeitschrift: Der Volksmissionar (bis 1989) / Wort und Geist (ab 1990).
Statistik: 69 G, ca. 3500 M (gesamthaft rd. 6000 Versammlungsbesucher).
Adresse: Volksmission entschiedener Christen, Sekretariat, Industriestr. 3, D-74321 Bietigheim-Bissingen, Tel. 0714 298 06 07.
www.volksmission.de

Volksmission entschiedener Christen in der Schweiz

1920
Anderer Name: Schweizerische Missionsgemeinde mit Hauptsitz in Aarburg.
Die schweizerische Volksmission entschiedener Christen stammt aus dem Jahr 1920. Ihren heutigen Namen hat sie etwa 1948 angenommen. Nach einem längeren Zeitraum der Zusammenarbeit mit der Volksmission entschiedener Christen in Deutschland (Ab 1949: Deutsch-schweizerische Arbeitsgemeinschaft für Volksmission, 1964 gemeinsamer Missionseinsatz in Kenya) besteht heute keine aktive Verbindung mehr. Als Nachfolger von Hans Lack in Aarburg (Harfe-Verlag) leitet Hans Basler in Roggwil BE zusammen mit einem Ältestenrat die heute noch bestehenden paar Gemeinden. Die Volksmission entschiedener Christen in der Schweiz betont das speziell pfingstlerische Glaubensgut nur mehr wenig. Sie unterhält zu andern Pfingstgemeinden keine Kontakte, arbeitet aber in der Evangelischen Allianz mit.

Statistik: 3 G, 2 Hauskreise, ca. 200 M.
Adresse: Hans Basler, Innerer Gsteigweg 16, CH-4914 Roggwil, Tel. 062 929 11 69.

Wahre Jesus Gemeinde

1917
Die 1917 in China gegründete True Jesus Church ist nach ihrer Auffassung von Jesus selbst als Nachfolgerin der urchristlichen Apostel-Gemeinde gegründet worden. Durch den Einsatz ihrer Glieder entstanden auch in den USA verschiedene Gemeinden. In jüngster Zeit gewannen sie auch in westeuropäischen Ländern einige Anhänger.
Die Wahre Jesus Gemeinde tauft Kinder, glaubt an die Geistestaufe mit Zungenrede, übt die Fusswaschung und begeht das Abendmahl als Gedächtnismahl.

Zeitschrift: Neuer Wein.
Statistik: G in verschiedenen Ländern der Erde. Je eine G in D / A / F.
Adressen: Wahre Jesus Gemeinde, Postfach 106 147, D-69051 Heidelberg, Tel. 0622 16 40 81. – Véritable Jésus Eglise, 1, rue des Pinsons, F-77420 Champs sur Marne.

2. Wort-des-Glaubens-Bewegung

Agape Christliche Vereinigung

1985
Im Herbst 1985 begannen Bill und Marilyn Gregori in Salzburg mit Versammlungen. Gelehrt und erlebt wurden die Geistestaufe mit Zungenrede, Heilungen und Befreiungsdienst. Im Herbst 1989 ist die Agape Bibelschule (Abendkurse, Dauer 10 Monate) eröffnet worden. Als Lehrer wirken auch Wolfhard Margies (Gemeinde auf dem Weg, Berlin), Peter Hasler (Zoe Evangelistischer Verein, Zürich), John Angelina (Gospel Life Center, München) mit.

Zeitschrift: Der Agape Brief.
Statistik: Einige 100 Anhänger.
Adresse: Agape Christliche Vereinigung, Franz-Sauer-Str. 46–50, A-5020 Salzburg, Tel. 0662 435 55 60.

Christliche Mission Freiamt

Die christliche Mission Freiamt mit Sitz in Muri(AG)/CH wurde 1993 von Werner Bruderer, Jahrgang 1952, begründet und gehört dem Wort-des-Glaubens-Flügel der charismatischen Bewegung an.
Werner Bruderer, Absolvent der Fernbibelschule der pfingstlichen Assemblies of God, wirkte 1981–1985 in Kenya, erst als Missionar der Helimission, dann als Bibellehrer in Nairobi. 1993 begründete Bruderer die Christliche Mission Freiamt als Wort-des-Glaubens-Gemeinde in Muri. Sie zählt heute rund 50 Mitglieder, die sich zu Gottesdiensten, Bibelschule und Lobpreis-Veranstaltungen treffen und in Zellen (Hauskreisen) organisiert sind.
Bruderer lehrt neben seiner Wort-des-Glaubens-Lehre eine pfingstlerische Theologie mit Geistestaufe als notwendigem zweiten Schritt nach der Bekehrung samt Zungenrede als üblichem Zeichen derselben.
Wichtig für Bruderer ist der Hauptlehrer der Wort-des-Glaubens-Bewegung, Kenneth E. Hagin aus Tulsa, Oklahoma. Dessen Schriften werden von Bruderer denn auch weiterempfohlen.
Die Christliche Mission Freiamt ist keinem Gemeindeverband angeschlossen, steht aber in Zusammenarbeit mit anderen Wort-des-Glaubens-Gemeinden in der Schweiz, z.B. den Zoe-Gemeinden in Zürich und Basel und dem Christlichen Zentrum «Wort des Lebens» in Brugg und mit weiteren charismatischen Gemeinden, die allerdings nicht der Wort-des-Glaubens-Bewegung zuzurechnen sind, etwa mit der Freien Christengemeinde Rotkreuz und den Pfingstmissionsgemeinden in Thalwil und Brig.

Statistik: rd. 50 M.
Adresse: Christliche Mission Freiamt, Pilatusstr. 32, Postfach 278, CH-5630 Muri, Tel. 056 664 51 44.
www.cmf-church.ch

Christliches Zentrum Aarau

1990
Die charismatische Gemeinde ist vom Pastoren-Ehepaar Siegfried und Heidi Kück aus einem Hauskreis heraus gegründet worden. Sie unterhält freundschaftliche Kontakte mit Zoe Evangelistische Vereinigung und mit der «Gemeinde auf dem Weg» Berlin.

Statistik: Rd. 90 erwachsene Gottesdienstbesucher.
Adresse: Christliches Zentrum, Laurenzenvorstadt 117, CH-5000 Aarau, Tel. 062 823 55 10.
www.cza.ch

Gemeinde auf dem Weg

1981
Älterer Name: Philadelphia-Gemeinde
Die Gemeinde auf dem Weg in Berlin stellt eine der meistbeachteten, aber auch umstrittensten Gemeinden in Berlin dar. Sie wurde 1981 als Philadelphia-Gemeinde gegründet und 1992 in «Gemeinde auf dem Weg. Evangelische Freikirche» umbenannt. Leiter ist der Arzt Wolfhard Margies. Im Jahr 1996 kam es nach internen Konflikten zu einer Abspaltung von zwei Predigern und 70 Mitgliedern, die sich unter dem Namen «Neues Land» formierten.
Die Gemeinschaft versteht sich als der charismatischen Bewegung zugehörig, ja als «ein Wortführer und Pionier der charismatischen Bewegung in Deutschland» (Wolfhard Margies). Sie war von den neueren Trends innerhalb der Neocharismatik stark betroffen: Sowohl Geistliche Kriegführung als auch der Toronto-Segen erlangten eine erhebliche Bedeutung (siehe dazu den Einleitungstext zur neocharismatischen Bewegung).
Die Wort-des-Glaubens-Lehren werden insbesondere im Schrifttum von Wolfhard Margies betont, welches seit 1987 im zur Gemeinde auf dem Weg gehörenden Aufbruch-Verlag publiziert wird.

Die Gemeinde auf dem Weg gilt als umstritten. So wird sie im Bericht «Sekten –Risiken und Nebenwirkungen» des Berliner Senats aus dem Jahr 1997 ausführlich erwähnt – zwischen Fiat Lux und der ICOC. Insbesondere folgende Punkte werden von Kritikern angemahnt: ein extensiver Gebrauch des Befreiungsdienstes, die ausdrückliche Befürwortung von körperlicher Züchtigung als Erziehungsmassnahme und die geistliche Kriegführung.

Statistik: rd. 650 eingetragene M, ca. 1800 Gottesdienstbesucher (inkl. Kinder).
Adresse: Gemeinde auf dem Weg, Wolfhard Margies, Pastor, Babelsberger Str. 37, D-10715 Berlin.
www.gadw.org

Gospel Life Center

1982
Älterer Name: Wort des Glaubens – Christliches Zentrum, München.
Im Jahre 1982 gründeten John und Mirjana Angelina in München die Gemeinde «Wort des Glaubens» und in Verbindung damit ein Evangelisations- und Bibelzentrum. Der Gemeinde ist eine Verlags-GmbH und eine 2-jährige Bibelschule, «eine Schule des Geistes», angeschlossen. Zum Angebot gehören, wie es in einem Prospekt heisst, «Gottesdienste mit vollmächtiger Verkündigung des Wortes, Freiheit im Lobpreis und Erweisung der Gaben des Heiligen Geistes, Gebetsabende, an denen die geistlichen Festungen niedergerissen werden, Creative Kinderarbeit und Dynamische Jugendarbeit» sowie die Ausrüstung für evangelistische Einsätze. Das Gospel Life Center führt jährlich eine grössere Glaubenskonferenz durch, an der Redner aus andern charismatischen/neopfingstlerischen Gemeinden teilnehmen.

Statistik: 400–500 Gottesdienstbesucher.
Adresse: Gospel Life Center, Michael Biegner, Am Kiesgrund 2–4, D-85622 München-Feldkirchen, Tel. 089 903 88 03.
www.gospellifecenter.de

Igreja Universal do Reino de Deus (IURD)

1977
Andere Namen: Eglise universelle du Royaume de Dieu, Kirche Universal vom Reich Gottes (KURG).
Die Igreja Universal do Reino de Deus, eine radikale Vertreterin der Wort-des-Glaubens-Bewegung, stellt die grösste und umstrittenste der inzwischen zahlreichen Pfingstgemeinden Brasiliens dar und ist im deutschen Sprachraum insbesondere unter Menschen brasilianischer Herkunft tätig.
Gegründet wurde die IURD 1977 in Rio de Janeiro durch den ehemaligen Lotterie-Mitarbeiter Edir Macedo, welcher die Gemeinschaft noch heute leitet.
Macedo vertritt eine ausgeprägte Variante der Wort-des-Glaubens-Lehre: «Christsein bedeutet Sohn Gottes und Jesu Miterbe zu sein; der Christ ist durch Erbschaft Eigentümer aller Dinge, die auf dieser Welt existieren, und Besitzer des ganzen Universums. Dies ist weder Anmassung noch Utopie, sondern ganz im Gegenteil das Einnehmen der Stellung, die Gott für uns vorgesehen hat, es bedeutet, im königlichen Rang der Gottessohnschaft zu leben und dadurch Gottes Ruhm und Reichtum zum Ausdruck zu bringen.» Der Weg zu diesem Sein als «Sohn Gottes» führt über das bekennende Wort, die Proklamation der Wort-des-Glaubens-Bewegung. Es ermöglicht Gesundheit, Wohlstand und Erfolg: «Verabschiede dich von Krankheiten, von Elend und von allem Leid, komme wieder zu Gott und nimm erneut deine Position in der göttlichen Familie ein.»
Um Heilung wird, getreu der Wort-des-Glaubens-Lehre, nicht gebeten, es wird die schon erfolgte Heilung festgestellt. Krankheit existiert nicht, sie ist «Lüge des Teufels». Entscheidend ist, den Glauben an das Gesund-Sein festzuhalten. Deshalb ist die Inanspruchnahme medizinischer Hilfe aus-

geschlossen – eine solche wäre ein Zeichen dafür, dass der Glaube ans Gesund-Sein fehlt. Nach der Proklamation der Gesundheit anhaltende Symptome sind durchzustehen, sie sind Anfechtungen des Teufels.

Die Erlangung von Wohlstand geschieht durch die Proklamation des Reichtums und über das Geben des Zehnten, eine Thematik, die das Schrifttum Macedos besonders betont. Wer der IURD den Zehnten gibt, darf damit rechnen, dass Gott ihm das Geld vielfach zurückerstattet. Die offenbar immensen Finanzmittel der IURD in Brasilien finden hierin ihre Erklärung.

Die IURD, die in diesem Punkt der katholischen Kirche ihres Mutterlandes näher steht als der Pfingstbewegung, kennt drei resp. vier Amtsstufen. An der Spitze steht Edir Macedo als «bispo» (Bischof) und «líder» (Führer). Unter ihm stehen die anderen «bispos», unter diesen die bezahlten «pastores» und darunter wiederum die ehrenamtlichen Helfer, die «obreiros» (Arbeiter).

In ihrer Praxis nimmt die IURD vieles aus dem volkstümlichen Katholizismus auf und unterscheidet sich im Stil ihrer Gottesdienste damit z.T. erheblich von anderen pfingstlichen und charismatischen Gemeinden.

Zusammenarbeit mit anderen Gemeinschaften sucht die IURD nicht.

Im deutschen Sprachraum ist die IURD seit Anfang der 90er Jahre aktiv. Das Publikum besteht grösstenteils aus Menschen brasilianischer Herkunft, die IURD ist damit nicht nur Glaubensgemeinschaft, sondern auch ethnische Gruppe, was ihre Attraktivität miterklärt. Die erklärte Absicht der IURD, vermehrt das deutschsprachige Publikum zu erreichen, konnte bisher hingegen kaum umgesetzt werden.

Der IURD ist, vor allem in Brasilien, massive Kritik erwachsen. Insbesondere die offenbar enormen Finanzmittel, die sich aus der Zehntenforderung erklären, und der Aufbau eigener Fernseh- und Radiostationen fallen auf. Auch wird die ostentative Art und Weise, mit welcher die IURD-Spitze gelegentlich ihren Reichtum zur Schau stellt, angemahnt. Aus Sicht der Wort-des-Glaubens-Lehre ist letzteres aber gar erwünscht. Der finanziell erfolgreiche Gläubige erweist ja den «Reichtum Gottes».

Die handfeste materielle Botschaft der IURD macht die Gemeinschaft attraktiv für Menschen, die Heilung und insbesondere Wohlstand suchen. Dass die IURD unter den benachteiligten Bevölkerungsschichten Brasiliens auf Resonanz stösst, ist verständlich. Als kritischer Aussenstehender fragt man sich aber, ob hier nicht ausgebeutete Klassen einer neuen, zusätzlichen Ausbeutung anheim fallen, auch wenn diese nicht vorsätzlich beabsichtigt sein mag, sondern sekundär aus der Lehre folgt.

Statistik: Weltweit rd. 3 Mio M / CH: 200–300 M.
Adresse: Eglise Universelle du Royaume de Dieu, rue de Prieuré 19, CH-1202 Genève, Tel. 022 731 41 17.
www.igrejauniversal.org.br
www.universalchurch.org

Zoe Evangelistischer Verein

1983

Anderer Name: Zoe Gospel Center.

Zoe (von griech. «zoe» = Leben) ist vom Amerika-Schweizer Peter Hasler, einem Absolventen des «Rhema Bible Training Centers» des Wort-des-Glaubens-Vordenkers Kenneth E. Hagin in Tulsa/USA im Mai 1983 gegründet worden. Im Jahr 1985 bezog die Gemeinde ein Lokal in Zürich-Altstetten, welches sie «Zoe Gospel Center» nannte und bis heute als Versammlungsraum nutzt. Zoe lehrt die geistliche Erneuerung (Joh. 3,3–5) als Grund für die persönliche Errettung, die Geistestaufe mit Zungenrede als Ausrüstung mit Kraft sowie körperliche Heilung als ein Teil des Erlösungswerkes Christi.

Das geschieht in den Sonntagsgottesdiensten mit Betonung der Geistesgaben wie Zungenrede, Weissagung und Gebet für

Kranke mit Handauflegung, des Weiteren im Bibeltraining, in Seminaren, in der Verbreitung von Literatur besonders aus der «Wort-des-Glaubens»-Bewegung und durch die «Anwendung des Wortes Gottes» im persönlichen Leben. Die «Anwendung des Wortes Gottes» verbürgt Wohlbefinden und körperliche Heilung. Kontakte bestehen zu weiteren «Wort-des-Glaubens»-Gemeinden, aber auch zu anderen Gemeinden sowie zur Schweizerischen Evangelischen Allianz.

Statistik: 1 V in Zürich, 120 regelmässige erwachsene Besucher plus 30 Kinder. Daneben besteht ein Freundeskreis von rd. 700 Interessenten in der Schweiz.
Adresse: Zoe Evangelistischer Verein, CH-8048 Zürich, Badenerstr. 808, Tel. 01 432 92 72.
www.zoe-online.ch

3. Neocharismatische und andere neuere Gemeinden

Anskar Kirche International (AKI)

1988
Wolfram Kopfermann, Pastor in Hamburg und seit 1978 Leiter des «Koordinierungsausschusses» der «Geistlichen Gemeinde-Erneuerung in der Evangelischen Kirche (GGE)», trennte sich im Herbst 1988 von seiner Hamburger Kirchgemeinde und der Nordelbischen Evangelisch-Lutherischen Kirche. Er gründete die Anskar-Kirche/ Freie Evangelisch-Lutherische Gemeinde. Ein Teil seiner Umgebung folgte ihm.
Mit seinem Schritt wandte sich W. Kopfermann, wie er es selber ausdrückt, gegen den weiten Pluralismus in der Landeskirche. Vertreter der Kirche sehen in seinem Vorgehen einen Mangel an innerkirchlicher Toleranz und ein zu enges Verständnis vom Wirken des Heiligen Geistes.
Mit der Gründung der Anskar Kirche International (1991) wurde ein weiterer Schritt vollzogen. W. Kopfermann schreibt: «Wir sind überzeugt, dass Gott uns den Auftrag gegeben hat, viele neue Gemeinden zu gründen – im Inland und im Ausland». Damit entwickelte sich die ursprünglich unabhängige Einzelgemeinde zur Freikirche mit kirchlichen Strukturen (bis heute fünf Gemeinden). Die konfessionelle Bindung an das Luthertum ist nicht zuletzt mit der Einführung der Glaubenstaufe aufgegeben worden. Die AKI folgt den altkirchlichen Bekenntnissen, steht der Evangelischen Allianz und der charismatischen Bewegung nahe und verpflichtet sich (inspiriert durch die Gemeindewachstum-Bewegung) zur Gründung neuer Gemeinden sowie zur Weltmission. Die Ausbildung zukünftiger Pastoren und Mitarbeiter geschieht im Anskar-Kolleg.

Statistik: D: 5 G / Muttergemeinde Hamburg rd. 350 M.
Adresse: Anskar Kirche, Lippeltstr. 1, D-20097 Hamburg, Tel. 040 32 02 40.
www.anskar.de

Agape-Gemeinschaft München

1979
Die Agape-Gemeinschaft unter der Leitung von Frank Weigert hat sich aus einem Hauskreis entwickelt. Sie ist charismatisch geprägt, steht aber bewusst auch evangelikal orientierten Christen offen.

Statistik: Über 180 Gottesdienstbesucher.
Adresse: Agape-Gemeinschaft, Frank Weigert, Penzoltstr. 7b, D-80997 München, Tel. 089 812 04 81.
www.agape-gemeinschaft.de

Biblische Glaubens Gemeinde (BGG) Stuttgart

1937 / 1953
Die Biblische Glaubens Gemeinde Stuttgart stellt heute eine der grössten neocharismatischen Gemeinschaften Deutschlands dar. Begründet wurde die Gemeinschaft von Paula Gassner (1900–1981), die in England mit dem Forthsquare Gospel in Berührung

kam und eine Geistestaufe empfing. Nach ihrer Rückkehr aus England gründete Gassner die «Stuttgarter Gebetskreise des vollen Heils». Im Frühjahr 1937 ereignete sich die Heilung eines gelähmten Mannes, was heute intern als die Geburtsstunde der BGG gilt. Registriert wurde die Gemeinschaft allerdings erst 1953. Nach dem Tod Gassners übernahm Rolf Cilwik die Leitung der Gemeinschaft, auf welchen 1984 Peter Wenz folgte. Ab 1986 konnte die BGG ein grosses Wachstum verzeichnen. 1988 wurde ein Bibel-Lehrzentrum begründet, 1991 entstand die erste Tochtergemeinde. In den 80er- und 90er Jahren machte die BGG bei manchem Trend in der neocharismatischen Bewegung mit, z.B. der Geistlichen Kriegführung, daneben spielten eine Reihe von Lehren und Praktiken der Wort-des-Glaubens-Bewegung eine Rolle, was sich am Besuch von Konferenzen u.a. zeigte. Von überzogenen und einseitigen Aspekten der Wort-des-Glaubens-Lehre distanzierte sich die BGG aber. Heute präsentiert sich die BGG als recht typische neocharismatische Grossgemeinde ohne Festlegung in innercharismatischen Streitfragen.
Die BGG steht in intensivem Kontakt zu anderen Kirchen und Gemeinschaften, insbesondere zu unabhängigen charismatischen Organisationen wie der «Gemeinde auf dem Weg» in Berlin (s.d.), mit welcher die BGG in einem informellen charismatischen Leiterkreis verbunden ist.

Zeitschriften: Auf Sein Wort.
Statistik: Rd. 500 M / ca. 1800 Gottesdienstbesucher, über 100 Hauskreise.
Adresse: Peter Wenz, Pastor, Talstr. 70, D-70188 Stuttgart, Tel. 0711 48 04 00.
www.bgg-stuttgart.de

Christliche Gemeinde Köln

1982
1982 haben Pastor Terry D. Jones und seine Frau Lisa, unterstützt vom amerikanischen Pastor Donald O. Northrup, Gainesville, einem langjährigen Afrikamissionar, die freie, charismatische (neupfingstlerische) Gemeinde Köln gegründet, mit Gemeinden auch in Aachen und in Übersee. Eine Gemeinde in Leverkusen hat sich abgelöst. Der Gemeinde ist eine Bibelschule angeschlossen.
Vision und Anliegen der Gründer war es, eine Stadt für Jesus zu errichten und dazu «die Heranbildung stabiler, geistlicher Leiterschaft, die in der Dimension und Kraft des Heiligen Geistes ‹Weltbewegendes› leisten wird». Zur geistlichen Kriegführung gehört auch der Kampf gegen den Teufel (Dämonenaustreibung) und die Unterordnung unter die Leitung.

Statistik: Gesamthaft einige hundert M.
Adresse: Christliche Gemeinde Köln, Bremerhavener Str. 23, D-50735 Köln, Tel, 0221 62 56 40.
www.cgk-online.de

Christus Centrum Ruhrgebiet (CCR)

1981
«Die Herausforderung, die geistlich ausgelaugten Menschen (des Ruhrgebietes) mit dem kraftvollen Evangelium zu konfrontieren», war die Basis für die Gründung des Christus Centrums Ruhrgebiet (CCR), eines Interkonfessionellen Centrums für Kommunikation, Evangelisation und Gemeindeaufbau. Die Verantwortlichen des Centrums möchten nur im Ausnahmefall eigene Gemeinden gründen, vor allem aber bestehenden freikirchlichen und landeskirchlichen Gemeinden missionarische Hilfe leisten. Kontakte bestehen zur evangelischen und katholischen Gemeindeerneuerung, zur europäischen und deutschen Evangelischen Allianz und zu den Charismatikern. Das CCR besteht aus der Hauptgemeinde in Duisburg und dem Christlichen Zentrum Wesel sowie aus ca. 25 Haus- und Dienstkreisen an verschiedenen Orten.

Statistik: ca. 190 M.
Zeitschrift: Christliche Allgemeine Zeitung.
Adresse: Pastor Hajo Klösel, Christus Centrum Ruhrge-

biet, Sternbuschweg 360 a+b, D-47057 Duisburg, Tel. 0203 37 86 50.
www.ccr-net.de

Evangeliumszentrum München

1981
Früherer Name: Evangeliumszentrum Maranatha.
Im Jahr 1980 begaben sich Mark und Janet Furlong von den amerikanischen Maranatha Campus Ministries nach München. Durch ihren Einsatz entwickelte sich aus kleinen Anfängen das Evangeliumszentrum Maranatha. Nach dem Abschluss ihres missionarischen Dienstes haben sie die Leitung der Gemeinde Peter Soltan übergeben und sind nach Amerika zurückgekehrt. Heutiger Name: Evangeliumszentrum München.
In den sieben kurzen Abschnitten des Glaubensbekenntnisses wird die Unfehlbarkeit des inspirierten Wortes Gottes festgehalten, ferner die Rettung der Verlorenen durch Jesus Christus und die Erneuerung durch den Heiligen Geist, ebenso die Heilstat Jesu Christi und der «gegenwärtige Dienst des Heiligen Geistes». Zur Feier des Gottesdienstes gehören Singen, Rufen, Klatschen und Tanzen (nach 2Sam. 6 und Psalm 30,12), ebenso das Singen und Beten in der Sprache des Heiligen Geistes und das Gebet für die Kranken.
Das Evangeliumszentrum München unterhält Kontakte zur Philadelphia-Gemeinde in Berlin und zu anderen freien charismatischen Gemeinden.

Statistik: 120–150 erwachsene Gottesdienstbesucher.
Adresse: Evangeliumszentrum, Domagkstr.33, Geb. 40, D-80807 München, Tel. 089 322 70 83.
www.evangeliumszentrum.de

His People Christian Ministries

1989
Paul Daniel, Gründer und Präsident der ursprünglich südafrikanischen Bewegung, fand während seines letzten Jahres an der Universität «aus Agnostizismus und spiritueller Finsternis» zu Christus und wurde Leiter einer Bibelschule, die später ihr Kursangebot weltweit verbreitete. Vorerst (1989) führte ihn eine Vision nach Kapstadt, wo es ihm auf dem Campus der Universität gelang, grosse Scharen von Studierenden anzusprechen. Von Kapstadt aus gründete die Bewegung Studienkreise und Gemeinden zuerst an den Universitäten Südafrikas, dann in andern Ländern Afrikas, in Amerika, Mitteleuropa, Australien und Neuseeland. In Johannesburg gesellte sich 1993 Bill Bennot, US-Amerikaner, aber seit einiger Zeit erfolgreicher Pastor in Südafrika, zu His People. Bennot ist heute Vizepräsident und engagiert sich für die Ausbreitung des Werkes in Afrika. Paul Daniel, gleichzeitig *senior pastor* einer 6000 Mitglieder umfassenden His-People-Gemeinde in Kapstadt, leitet das weltweit immer noch stark expandierende Werk. In Europa kam es zu Gemeindegründungen u.a. in Innsbruck, Salzburg, in der Steiermark, in Augsburg, im Südtirol und in Davos. Rückgrat der Bewegung ist nach wie vor der Bibelkurs. Die Bewegung versteht sich als evangelikal in ihrer Verkündigung, charismatisch in ihren Anbetungsformen und reformiert in ihrem Sinn für die Familie und fürs christliche Engagement in der Welt. Wie es einer jungen, sich rasch ausbreitenden Bewegung entspricht, verbindet sich die Liebe zu Christus mit dem nur leicht verhüllten Stolz aufs bisher Erreichte, auf den in den Gemeinden gepflegten Familiensinn, auf die «multi-kulturelle, multi-ethnische und vielsprachige» Gemeinschaft und auf die «einzigartige Missionsstrategie», die zu missionarischen Aufbrüchen ruft und dabei die lokale Gemeinde durch die weltweit tätige Organisation unterstützt.

Adresse: His People – Christliches Zentrum, Bachlechnerstr. 46, A-6020 Innsbruck, Tel. 0512 28 21 22.
www.hispeople.org
www.hispeople.at

ICF-Movement

1990 / 1996

Andere Namen: International Christian Fellowship, ICF Church, ICF-Bewegung

Das ICF-Movement ist eine vergleichsweise neue Freikirchen-Bewegung, die ausgehend von Zürich insbesondere junge Menschen anspricht. Die Muttergemeinde in Zürich war dabei in den letzten Jahren äusserst erfolgreich. Dieser Erfolg und die missionarische Ausrichtung führten zusammen mit der Tatsache, dass der «Mister Schweiz» 2000 der Gemeinschaft angehört, zu einem regen Interesse der Öffentlichkeit.

Die ICF Zürich kennt gewissermassen zwei Gründungsdaten. Ab 1990 führte Heinz Strupler in der St. Anna-Kappelle in Zürich unter dem Namen International Christian Fellowship (ICF) jeweils am Sonntagabend zweisprachige englisch-deutsche Gottesdienste durch, die evangelikal nicht-charismatisch ausgerichtet waren und insbesondere von jungen Menschen aus Freikirchen intensiv besucht wurden. Struplers ICF verstand sich aber bewusst nicht als eigene Gemeinde, sondern als überdenominationelles Gottesdienstangebot. Der Wunsch nach gemeindlicher Verfestigung führte allerdings zu diversen Gemeindegründungen aus dem Umfeld des ICF heraus, darunter die «Limmatgemeinde». In der Folge war der ICF zu verschiedenen Ortswechseln gezwungen, Spannungen waren die Folge, das trendige Image ging im Laufe der Jahre zunehmend verloren, der ICF verschwand aus der evangelikalen Öffentlichkeit. Im Jahr 1996 übergab Heinz Strupler die Leitung des ICF an den heutigen Senior Pastor Leo Bigger. Der 1968 geborene und als Offset-Drucker ausgebildete Bigger wirkte als Jugendlicher in einem Hauskreis mit, der der Katholischen Charismatischen Erneuerung nahestand. 1992 stiess Bigger zum ICF und absolvierte eine Bibelschule in Heinz Struplers Institut IGW.

Nach der Übernahme der Leitung fusionierte Bigger den ICF mit der von Matthias Bölsterli geleiteten Limmatgemeinde zur ICF Church. Der Zusatz «Church» sollte dabei dokumentieren, dass sich ICF fürderhin als eigenständige Gemeinde versteht. Bigger wurde Gesamtleiter, Bölsterli Co-Leiter. Der Namenszusatz «Church» wurde in den letzten Jahren im Rahmen der Gründung von Tochtergemeinden wieder aufgegeben.

Im Zentrum der Aktivitäten des ICF stehen die Gottesdienste, die bewusst auf Jugendliche oder junge Erwachsene zugeschnitten sind. Musik- und Showaufwand sind beträchtlich.

Ein bis März 2002 bestehendes Netz von Hauskreisen, «Workshops» genannt, wurde auf Anfang April durch ein neues System ersetzt, das als «G12» bezeichnet wird. Jedes Mitglied wird motiviert, durch Evangelisation im persönlichen Umfeld einen Kreis von zwölf gleichgeschlechtlichen Jüngern aufzubauen. Dieser Kreis trifft sich wöchentlich zu sog. «G12-Treffen» in welchen die Botschaft der Predigt des letzten Wochenendes nachbearbeitet wird. Daneben hat das Mitglied die Angehörigen seines G12-Kreises zu «coachen», auf ihrem Glaubensweg zu beraten. Durch die Tatsache, dass jedes Mitglied neben dem von ihm selbst aufgebauten G12-Kreis einem übergeordneten G12-Kreis angehört, ergibt sich ein pyramidenartiges System mit Leo Bigger und seiner Frau Susanne an der Spitze.

In den Streitfragen zwischen evangelikalem und charismatischem Christentum will sich die ICF-Bewegung bewusst nicht festlegen. Vorbildcharakter hat die Willow Creek Community Church von Bill Hybels, zur Vineyard-Bewegung (s.u.) geht man auf Distanz. Klar verworfen wird die Wort-des-Glaubens-Lehre. Als unnütz abgelehnt wird eine organisierte Zusammenarbeit mit anderen Gemeinden, etwa im Rahmen der Evangelischen Allianz. Austausch von Fall zu

Fall und die Mitwirkung an Konferenzen ist davon aber nicht betroffen.
In den letzten Jahren erfolgten Gemeindegründungen in Basel, Bern, Biel, Baden, Chur, Emmental, Genf sowie in Berlin, Bonn, Hamburg und Nürnberg.

Statistik: D: 4 G / CH: 8 G, mehrere Tausend Besucher.
Adressen: icf-zürich, Rönggerstr. 117, CH-8037 Zürich, Tel. 01 272 49 19. – icf-berlin, Am Tempelhoferberg 5a, D-10965 Berlin, Tel. 030 616 20 70 5.
www.icf.ch
www.icf-berlin.de

Immanuel-Gemeinde

1987
Der Gründer und Leiter der Immanuel-Gemeinde in Nürnberg ist Ekkehard Höfig. Nach jahrelanger Tätigkeit in einem freien Hauskreis «verspürte er den Ruf Gottes», eine freie charismatische Gemeinde zu gründen. Zur Tätigkeit der Immanuel-Gemeinde gehört die Bitte um Erweckung wie auch um innere und körperliche Heilung. In ihrer Mitte werden Gebetsnächte mit Schwerpunkt Israel durchgeführt. Wichtig ist ihr auch die Offenheit für den prophetischen Dienst. Ins Schlaglicht der Öffentlichkeit kam die Immanuel-Gemeinde Anfangs der 90er Jahre wegen ihrer damaligen Praxis des Befreiungsdienstes.

Statistik: Rd. 300 erwachsene Gottesdienstbesucher.
Adresse: Immanuel-Gemeinde, Gemeindezentrum, Bernhardstr. 12, D-90431 Nürnberg, Tel. 0911 31 35 03.
www.immanuel-nuernberg.de

Jugend mit einer Mission (JMEM)

Nach 1960
Jugend mit einer Mission (JMEM) ist eine interkonfessionelle, aktive evangelistische Bewegung. Ihre Wurzeln reichen in die amerikanischen Assemblies of God zurück, von denen sich Loren Cunningham 1960 löste, um JMEM zu gründen. Zunächst wurden im deutschsprachigen Europa verschiedentlich evangelistische Sommereinsätze mit vorausgehender Schulung durchgeführt. 1969 entstand in Lausanne ein erstes Schulungszentrum. In Deutschland wurde um 1972 in Schloss Hurlach ein Zentrum für verschiedene Schulungskurse eröffnet. In der Zwischenzeit sind in Deutschland, in der Schweiz und in Österreich verschiedene Zentren gegründet worden, in denen ein verbindlicher geistlicher Lebensstil (z.T. als Lebensgemeinschaft) gesucht wird.
Die drei Schwerpunkte der Arbeit sind: kreative, zeitgemässe Evangelisation, Schulung, die den Grundkurs «Schule für Jüngerschaft» (drei Monate Unterricht, drei Monate Einsätze in aller Welt) sowie verschiedene Aufbaukurse zur Aus- und Weiterbildung von Missionaren umfasst, und soziale Dienste z.B. in einem Flüchtlingslager oder in einem Erdbebengebiet. Wort und Tat sollen eine Einheit bilden. Unter dem Namen «King's Kids International» leisten Knaben und Mädchen zwischen 10 und 18 Jahren evangelistische Einsätze.
Die Leitung des Werkes liegt in den Händen des internationalen Rates. JMEM steht in Verbindung mit verschiedenen evangelistischen Werken und charismatischen Zentren. Mit seinen Einsätzen ist das Unternehmen auch in Freikirchen und Landeskirchen tätig. Als interkonfessionelles Missionswerk hat JMEM Mitarbeiter aus fast allen Konfessionen, für die die jeweilige Glaubensgrundlage ihrer Konfession verbindlich bleiben soll. Leiter von JMEM haben die «Lausanner Erklärung» unterschrieben und stehen theologisch der Evangelischen Allianz nahe.

Zeitschriften: Frontlinien / Auftrag.
Statistik: Weltweit rd. 7000 Mitarbeiter in über 100 Ländern / D: 3 Z / A: 1 Z / CH: 5 Z.
Adressen: Youth with a Mission (YWAM), PACU, 75-5851 Kuakini Highway, Kailua-Kona, HI 96740, USA (internat. Zentrum). – Jugend mit einer Mission, Hauptstr. 17, D-25462 Rellingen. – Jugend mit einer Mission, Poststr. 16, CH-2504 Biel. – Jugend mit einer Mission, Herklotzstr. 1412, A-1150 Wien.
www.ywam.org
www.ywam.de

Kephas-Gemeinde

1989

Nach begonnenem Jus-Studium kam Christian Klammer zur Überzeugung, «dass man als Jurist zumeist zu spät kommt», und entschloss sich, vollzeitlich in christlichem Sinne zu wirken. Nach einigen Jahren Postdienst und dem Besuch einer freien evangelischen Bibelschule in Berlin begann er im eigenen Wohnzimmer mit der Gründung einer freien evangelikal-charismatischen «überkonfessionellen christlichen» Gemeinde. Nach einiger Zeit erfolgte der Umzug in ein eigenes Gottesdienstlokal. Christian Klammer will durch «die Verbreitung des Evangeliums im vollen biblischen Ausmass» zur «Neureformation Österreichs» beitragen.

Zeitschrift: Botschafter der Kephas-Gemeinde.
Statistik: Weniger als 100 M.
Adresse: Kephas-Gemeinde, neutestamentlich-christliche Gemeinde, Michael-Bernhard-Gasse 3, A-1120 Wien, Tel. 01 817 47 00.
www.kephas-wien.com

Neutestamentliche Gemeinde

1981

Die Neutestamentliche Gemeinde (NTG) ist eine neuere schweizerische Gemeindebewegung, welche charismatische Lehre mit einigen Besonderheiten verbindet, so einem apostolischen Dienst und einer Lehre von der Zweiteilung der Christen in der Ewigkeit. Herausgewachsen ist die NTG aus einer Studienbibelgruppe der evangelikalen Vereinigten Bibelgruppen (VBG) an der Universität Bern. Diese öffnete sich unter ihrem Leiter Daniel Moser (geb. 1947), welcher im Evangelischen Brüderverein aufgewachsen ist und in Philosophie promoviert hat, in den 70er Jahren zunehmend einer charismatischen Lehre und trat in Kontakt mit dem ebenfalls charismatisch ausgerichteten Presbyterianer Robert Ewing in Waco/Texas. Ewing war Gründer und Inhaber eines apostolischen Dienstes, d.h. er bereiste interessierte Gemeinden, betreute sie lehrmässig und setzte Amtsträger ein. Er entwickelte darüber hinaus eine eigene Lehre über das Geschick der Christen auf Erden und in Ewigkeit. Ewing meint im Neuen Testament zwei Gruppen von Christen unterscheiden zu können: einerseits die Gläubigen, die weiter Sünder bleiben und erst am Ende der Endzeitereignisse in die Ewigkeit gelangen, und andererseits die sog. «Überwinder», denen schon hienieden ein sündloses Leben gelingen kann und die gute Werke zu leisten vermögen. Diese, die Überwinder allein, werden schon bei der Entrückung in den Himmel aufgenommen und bilden dann die 144 000 Gläubigen, die nach dem Buch der Offenbarung mit Christus während des Tausendjährigen Reiches herrschen werden.

Da Moser und sein Kreis in der Schweiz keine Gemeinde vorfanden, die diese Lehren Ewings vertritt, gründeten sie 1981 die Neutestamentliche Gemeinde als eigene Gemeinschaft. Seither war der NTG ein gewisses Wachstum vergönnt, heute bestehen insgesamt fünf lokale NTG-Gemeinden. Inhaber des apostolischen Dienstes für die NTG-Gemeinden ist Daniel Moser, der sich aus der Leitung der NTG zu diesem Zweck zurückgezogen hat. Seinem apostolischen Dienst haben sich weitere Gemeinden unterstellt, ohne deswegen Ewings Lehren von der Zweiteilung der Christenheit zu übernehmen, so die Freie Christengemeinde Rotkreuz oder die Christliche Gemeinde Volketswil.

Die NTG vertritt ein neocharismatisches Christentum mit der Vorstellung einer üblicherweise mit der Bekehrung zusammenfallenden Geistestaufe und mit Betonung der Geistesgaben Heilung, Prophetie, Zungenrede. Gegenüber den Lehren der Wort-des-Glaubensbewegung (s.d.) besteht Offenheit, die Proklamation einer schon erfolgten Hei-

lung kann neben das Gebet um Heilung treten.
Eine übergemeindliche Organisation besteht nicht, die Gemeinden sind durch persönliche Kontakte und den apostolischen Dienst Mosers verbunden. Als Unterschied zu anderen pfingstlichen und charismatischen Gemeinschaften wird neben den Lehren Ewings insbesondere die Tatsache erwähnt, dass Frauen bei der NTG keinerlei Leitungs- oder Lehrfunktion ausüben dürfen (es sei denn in reinen Frauenkreisen).

Statistik: CH: 5 G, 400 Besucher.
Adressen: NTG Bern, Könizstr. 161, CH-3097 Liebefeld, Tel. 031 972 02 21 – Daniel Moser, Dahliaweg 9, CH-3004 Bern, Tel. 031 301 24 40.
www.ntg.ch

Tübinger Offensive Stadtmission (TOS)

1988
Die Tübinger Offensive Stadtmission ging aus einem 1986 begründeten Hauskreis hervor, in dem sich Christen verschiedener Gemeinden trafen. 1988 wurde sie als Verein konstituiert. Seit 1990 bestehen eigene Gemeinden.
Die TOS vertritt eine neocharismatische Theologie mit Betonung der Geistesgaben. Bei manchen Trends innerhalb der neocharismatischen Bewegung wurde aktiv mitgewirkt, so bei der Geistlichen Kriegführung und der Jesus-Marsch-Bewegung. Daneben ist die TOS, wie es ihr Name programmatisch andeutet, intensiv und öffentlich evangelistisch aktiv. Im Weiteren betont wird eine radikale Hingabe an Jesus.
Leiter der TOS ist Jobst Bittner. Neben zwei Gemeinden in Tübingen bestehen organisatorisch unabhängige «TOS-Dienste» in Leipzig, in Südamerika und Russland.
Die Gemeinschaft steht in enger Verbindung zu anderen (neo-)charismatischen Gemeinden.

Statistik: D: 3 G, 250 M, 500 regelmässige Besucher.
Adresse: Tübinger Offensive Stadtmission, Eisenbahnstr. 124, D-72072 Tübingen, Tel. 070 713 56 00.
www.tos-ministries.org

Vineyard Christian Fellowship

1977 / 1982
Die Vineyard Christian Fellowship (VCF – übersetzt etwa «Christliche Gemeinschaft Weinberg», wobei jedoch stets der englische Name gebraucht wird) stellt einen der am stärksten wachsenden Gemeindeverbände im deutschen Sprachraum dar und vertritt eine neocharismatische Theologie, die mit ihrem Versuch eines Brückenschlags zwischen Evangelikalismus und Pfingstbewegung weit über den Bereich der eigenen Gemeinden hinaus gewirkt hat. Als bewusst moderne Gemeinschaften haben Vineyard-Gemeinden zahlreichen Trends im freikirchlichen Bereich des letzten Jahrzehnts Pate gestanden, so dem Toronto-Segen und der Propheten-Bewegung (s.u.).
Eigentlicher Gründer der VCF ist der Amerikaner John Wimber (1934–1997). Wimber wuchs in einer nichtchristlichen Familie in Kalifornien auf, bekehrte sich aber 1963 und schloss sich einer Quäker-Gemeinde an, wo er sogleich missionarisch äusserst aktiv wurde. In Anerkennung seiner Erfolge in der Evangelisation wurde Wimber 1970 zweiter Pastor seiner Quäkergemeinde und 1975 Dozent am nachmaligen Charles E. Fuller Institute of Evangelism and Church Growth. Daneben wirkte Wimber auf Vortragsreisen als Gemeindeaufbau-Berater. Unter dem Eindruck von Missionaren aus anderen Kulturkreisen entwarf Wimber sein Modell der «Vollmächtigen Evangelisation». Wimber geht davon aus, dass Evangelisation dann erfolgreich ist, wenn sie für Zeichen und Wunder offen und von solchen begleitet ist. 1977 wurde Wimber Pastor einer eigenen Gemeinde, die sich aus einem Hauskreis seiner Quäker-Gemeinde heraus entwickelt hatte und sich dem moderat charismatischen Calvary-Chapel-Gemeinde-

verband von Chuck Smith anschloss. An den Muttertagen 1979 und 1981 machte Wimbers Gemeinde besondere Geisterfahrungen – als Manifestationen des Heiligen Geistes gedeutete Erfahrungen wie «Ruhen im Geiste» und Zungenrede –, was zu einer Betonung von Zeichen und Wundern auch in Gemeindegottesdiensten führte. Dadurch geriet Wimber in einen Gegensatz zu Chuck Smith, der Manifestationen gegenüber eher zurückhaltend war. Im April 1982 kam es zur Trennung, Wimber führte seine Gemeinde aus dem Calvary-Chapel-Verband hinaus und schloss sie dem kleinen Verband namens «Vineyard Christian Fellowship» an, welcher sich schon 1973 von Calvary Chapel getrennt hatte und von Ken Gulliksen geleitet wurde. Schon im Mai 1982 übernahm Wimber von Gulliksen die Leitung des Verbandes. Zentrum ist seit 1983 Wimbers Gemeinde in Anaheim bei Los Angeles. Ermutigt durch ein starkes Wachstum gründete die VCF an zahlreichen Orten Tochtergemeinden, verstärkt wurde das Wachstum des Verbandes durch bestehende Gemeinden, die sich dem Verband anschlossen. Neben der «Vollmächtigen Evangelisation» wurde dem entstehenden Verband der Heilungsdienst wichtig, das Beten um Heilung, das in der VCF durch eigens geschulte Heilungsteams durchgeführt wird. Sowohl «Vollmächtige Evangelisation» als auch den Heilungsdienst vertrat Wimber bei Konferenzen, Vorträgen und Kursen weit über den eigenen Verband hinaus.

In den folgenden Jahren zeigte sich die VCF sehr offen für neue Trends im charismatischen Bereich, z.T. gingen solche gar von VCF-Gemeinden selbst aus: Ab 1989 öffnete sich Wimber für die Propheten-Bewegung und arbeitete eng mit den sog. «Kansas City»-Propheten zusammen. Doch ab 1992 machte sich bei Wimber Ernüchterung breit. Als im Januar 1994 von der Airport Vineyard Gemeinde in Toronto der sog. Toronto-Segen ausging, der durch auffällige Erscheinungen, die als Manifestationen oder Wirkungen des Heiligen Geistes gedeutet wurden, auf sich aufmerksam machte, kam es zu Diskrepanzen um die biblische Deutung von Manifestationen, die in der Bibel nicht vorgesehen sind. Sie führten zur Trennung: 1995 wurde die Airport Vineyard in Toronto aus der Vineyard-Bewegung ausgeschlossen. Ein Jahr später folgte die Trennung von der Metro Vineyard in Kansas City, dem Zentrum der Propheten-Bewegung. In der zweiten Hälfte der 90er Jahre verstärkte sich innerhalb der VCF die Abkehr von der Betonung von Zeichen und Wundern und die Hinwendung zu «irdischeren» Methoden des Gemeindeaufbaus, z.B. zur «dienenden Evangelisation», die Menschen durch konkreten Einsatz und kleine Dienstleistungen gewinnen will.

John Wimber starb am 16. November an einer Hirnblutung im Anschluss an eine Bypass-Operation. Sein Nachfolger als Leiter der weltweiten Vineyard-Bewegung wurde sein langjähriger Weggefährte Bob Fulton. Die Vineyard-Bewegung lehrt mit der pfingstlichen Theologie die bis heute andauernde Bedeutung von Geistesgaben und Wundern, lehnt aber die pfingstliche Lehre von der Geistestaufe als zeitlich von der Bekehrung getrennter Erfahrung ab. Vielmehr wird der Mensch schon bei der Bekehrung im Heiligen Geist getauft, spätere Erfahrungen mit Geistwirkungen werden als «Erfülltwerden mit dem Heiligen Geist» bezeichnet und können sich immer wieder neu ereignen. Bedeutsam für die Praxis der VCF ist insbesondere die Anbetung, die zu einem immensen Musikschaffen innerhalb der Bewegung geführt hat.

Organisatorisch sind die einzelnen Landesverbände der VCF seit 1995 unabhängig, die internationale Organisation, die Association of Vineyard Churches (AVC) hat keinerlei Weisungsbefugnis.

Im deutschen Sprachraum ist die Vineyard-Bewegung seit 1993 vertreten, als sich die

Basileia-Gemeinde Bern, eine charismatische Gruppe innerhalb der Berner reformierten Landeskirche, der Vineyard-Bewegung anschloss. In den folgenden Jahren wurden in der Schweiz und in Deutschland zahlreiche Gemeinden gegründet resp. schon bestehende Gemeinden in die Bewegung integriert. Seit 1998 ist der Verband D.A.CH, der Landesverband für den deutschen Sprachraum, eigenständig, geleitet vom Basileia- und Vineyard-Bern-Leiter Martin Bühlmann.

Statistik: D: 22 G / A: 6 G / CH: 14 G.
Adresse: Vineyard D.A.CH, Postfach 108, CH-3022 Bern.
www.vineyard.ch

V Endzeitgemeinden

Endzeit-Gemeinden rechnen mit dem nahen Ende dieser gegenwärtigen Welt und dem Anbruch einer neuen Welt, verbunden mit der Wiederkunft Christi. Apokalyptische Erwartungen, d.h. Erwartungen eines voraussehbaren und erhofften Endes der gegenwärtigen Welt, brechen schriftlich greifbar schon in der Prophetie des Zarathustra und der dualistisch geprägten Theologie seiner parsischen Nachfolger auf. Vielleicht hat die Erfahrung leidenschaftlicher Gegnerschaft und der Glaube, die mächtigen Prophetenfeinde seien Gottesfeinde, die frühe Zarathustragemeinde zu einer radikal düsteren Deutung der Weltlage und zur Hoffnung auf ein baldiges Ende der gegenwärtigen Welt geführt. Jedenfalls reichen sich in den Endzeittheologien noch heute düstere Weltdeutung und Hoffnung aufs nahe Ende die Hand. In nachexilischer Zeit, als das Judentum während Generationen im persischen Einflussbereich lebte, breiteten sich apokalyptische Erwartungen auch im jüdischen Glauben aus. Das prägnanteste Zeugnis der alttestamentlichen Apokalyptik, das Buch Daniel, wird offensichtlich von persisch-apokalyptischen Perspektiven mitbestimmt. Im Neuen Testament dreht sich nicht nur die ganze Botschaft Jesu um eine bald hereinbrechende oder sich schon hier und jetzt ausbreitende neue Welt. Die mannigfache Gegnerschaft und die unsicheren Zeitläufte lassen das Christentum der ersten Generationen – wie vor allem Matth. 24 und Mark. 13 deutlich zeigen – eigentliche Endzeitperspektiven entwickeln. In der Zeit anbrechender oder wiederaufflammender Christenverfolgungen schreiben Christen gleichzeitig mit manchen jüdischen Zeitgenossen scheinbar nur visionär erschaute, tatsächlich aber literarisch durchkomponierte Apokalypsen. Aus der Zahl der vielen jüdischen und christlichen Apokalypsen hat nur eine – die sog. Offenbarung des Johannes – den Weg in den neutestamentlichen Kanon gefunden. Trotz dieser unübersehbaren Verbindung des frühchristlichen Glaubens mit Endzeithoffnungen werden aber Versuche, die Wiederkunft Jesu Christi irgendwie «berechnen» zu wollen, im biblischen Zeugnis deutlich abgelehnt (Matth. 24,36; Mark. 13,32; vgl. auch Apg. 1,7). Dementsprechend wird auch in der Johannesoffenbarung die Zeit des Endes zwar ins Auge gefasst; von einer eigentlichen Datierung der Wiederkunft wird indessen Abstand genommen. Apokalypsen sind nur oberflächlich betrachtet Fahrpläne für die letzten Tage dieser Welt. Wer genauer hinschaut, entdeckt in ihnen das Abenteuer einer doppelten Weltbetrachtung: Auf irdischer Ebene ist alles in Aufruhr. Auf himmlischer Ebene werden die Ereignisse geplant, vorbereitet und zum guten Ende geführt. Kurz – was immer in der Weltgeschichte vor sich geht, der apokalyptisch Gläubige kann und muss nicht verzweifeln.

Das Rechnen mit dem nahen Ende dieser Welt und die Erwartung der Wiederkunft Christi lebte nach der urchristlichen Zeit in den Kirchen weiter. Perioden erlahmter Zuversicht wechselten ab mit Zeiten lebendiger Erwartung, ja sogar mit Zeiten oder Strömungen eigentlicher Endzeithysterie.
Die Vertreter der Kirche liessen sich zumeist nicht von «Weltend»-Leidenschaften anstecken. Institution – auch kirchliche Institution – ist immer auch auf Bestand und eine gewisse Dauer hin angelegt. Am Rand der Kirche aber liessen sich immer wieder einzelne Propheten von Naherwartungen ergreifen. In düsteren Zeiten stiess ihr leidenschaftlich mahnendes und tröstendes Wort beim Volk auf offene Ohren. Eigentliche Endzeitgemeinden oder Endzeitgruppen sammelten sich um diese Vorboten des nahen Endes; Gruppen, die im Unterschied zur Masse der Ahnungslosen und der Spötter für die Wiederkunft des Herrn gerüstet waren.
Zu den bedeutenden und ebenso sehr umstrittenen Verkündigern des nahen Endes gehörte zu Beginn des 2. Jahrhunderts Montanus, der Führer der Montanisten. Joachim von Fiore (ca. 1132–1202) entwarf unter apokalyptischer Perspektive ein Bild der Weltgeschichte und verlegte den Beginn des Tausendjährigen Reiches – mittelfristig – auf das Jahr 1260. Eigentliche Endzeit-Gemeinden bildeten im 15. Jahrhundert u.a. die Taboriten. Im 16. Jahrhundert erregten chiliastische Täufer Aufsehen. Das erst blutig herrschende und später blutig zerschlagene Täuferregiment in Münster in Westfalen verstand sich als gottgefällige Endzeitgemeinschaft. Auf wieder andere Art erwarteten nach 1830 auch die neu entstandenen Katholisch-apostolischen Gemeinden die Wiederkunft Christi (s. Kap. 6). Die Kette leidenschaftlichen Endzeitglaubens riss und reisst nie ab.
In den letzten 150 bis 200 Jahren hat die Zahl der Endzeit-Gemeinden deutlich zugenommen. Sicher ist es kein Zufall, dass gerade die USA, das Land der tausend Möglichkeiten und des rasanten Aufbruchs in eine immer bessere Zukunft, im 19. Jahrhundert auch zum Nährboden für viele Endzeitgruppen wurde. Die Weltendstimmung begleitete die Aufbruchstimmung wie der Schatten das Licht. Die meisten dieser ursprünglich amerikanischen Endzeitgemeinschaften haben sich später auch in Europa ausgebreitet und manche von ihnen – wie z.B. die Zeugen Jehovas – breiten sich heute mit zahlenmässig gutem Erfolg weltweit aus. Nicht nur in den USA sehen Menschen sich selbst und die Welt gerne in der Weltendperspektive. Wer nahe am Ende dieser Welt lebt, der muss eigentlich nicht mehr «leben», er muss nur noch überleben. Zum Leben im eigentlichen Sinn des Wortes gehört das Wissen um den sinnerfüllten Augenblick. Der Weltendgläubige muss keinen Sinn im Hier und Jetzt mehr suchen und finden. Alle Erfüllung bricht demnächst über ihn und diese ganze Welt herein. Dieses Angebot, nur noch gläubig zu überleben, nehmen heute viele Menschen auf der ganzen Erde dankbar an.
Die in der ersten Hälfte dieses Kapitels beschriebenen Gemeinden wurzeln in ihrer Mehrzahl in der im 19. Jahrhundert in Amerika aufgebrochenen Naherwartung der Wiederkunft Jesu Christi. Breiten Widerhall fanden zunächst die Endzeit-Be-

rechnungen von *William Miller* (1782–1849), einem Baptisten aus Pittsfield (Massachusetts). Unter Berufung auf die 2300 Abende und Morgen aus Daniel 8,14 sagte er die Wiederkunft Jesu Christi auf das Jahr 1843 und – nach einer Korrektur – auf den 21. Oktober 1844 voraus. Das erwartete Ereignis blieb aus. Die bedeutende Anhängerschar Millers erlebte eine tiefe Krise.

Nicht alle Betroffenen resignierten. Verschiedene suchten nach einer Erklärung für das Ausbleiben der Wiederkunft Jesu Christi und damit nach einem Ausweg aus der Krise. Die Suche nach ergänzenden Aussagen und einer besser fundierten Zukunftshoffnung erwies sich jedoch bald als Experimentierfeld für theologische Einfälle und legalistische Deutungen biblischer Texte. Dieses Bemühen um neues, ernsthafteres Bibelverständnis angesichts des ausgebliebenen aber immer noch nahen Endes wurde zum wesentlichen Anliegen der adventistischen Bewegung. So sah ein Teil der **Adventisten** in der Missachtung der Sabbatfeier (im Unterschied zur Sonntagsfeier) einen wichtigen Grund für den Verzug der Wiederkunft. Diese Entdeckung war entscheidend für die Gründung der Siebenten-Tags-Adventisten und ihrer Abspaltungen. Weil die genaue Beachtung des biblischen Gesetzes seit Beginn der adventistischen Bewegung die Wiederkunft Christi vorbereitet, hat sich diese Bewegung in immer wieder neue Gruppierungen und Minigrüppchen gespaltet. Immer wieder entdeckt ein Teil der Bewegung bei anderen Laxheit, Kompromissbereitschaft und Ungehorsam gegenüber dem göttlichen Wort.

Die bekannteste dieser adventistischen Splittergruppen, die Branchdavidian, die Davidianer, die Gemeinde des David Koresh in Waco, Texas, wird in der folgenden Darstellung nicht besprochen. Nach ihrem gewaltsamen Ende (1993) – die Gruppe verbrannte in ihrem «Karmel» nach einem Sturm der Polizei auf das Zentrum – sind nur noch einzelne Gläubige zurückgeblieben, die ihrem Propheten nach wie vor die Treue halten. In Europa hatte David Koresh nur vereinzelte Gefolgsleute. Die unbeirrbaren Nachfolger von David Koresh erläutern weiterhin dessen Deutungen der Geheimnisse des letzten Bibelbuches im Internet unter: www.sevenseals.com, www.branchdavidian.com, www.seventrumpets.com. Die genaueren Umstände dieses tragischen Endes sind weiterhin umstritten. Die Gewaltbereitschaft der Gemeinschaft – sie entwickelte einen eigentlichen Verfolgungswahn – verband sich wahrscheinlich mit dem äusserst massiven Vorgehen der Sicherheitsorgane. Vielleicht führte gebündelte Unvernunft zur Katastrophe.

Auch nicht erwähnt werden im Folgenden naturgemäss die verstreuten einzelnen adventistisch gesinnten Familien, für deren Empfinden sogar die offiziellen adventistischen Gemeinschaften vom Weg «abgefallen» sind, und die in ihrer Distanz zur seit Adam abgefallenen Welt ihren Kindern die öffentlichen Schulen nicht zumuten wollen und sie in ihrer eigenen Familie unterrichten. Sie bilden mit Familienangehörigen und Gesinnungsfreunden im besten Fall noch eigene «Minigemeinschaften».

In den Jahrzehnten nach Millers Irrtum versuchten manche, die Wiederkunft Jesu Christi neu zu berechnen. 1874 erschien eine Schrift von *Charles Taze Russell* (1852–1916) aus Pittsburg (Pennsylvanien) mit dem Titel: «Der Plan Gottes mit der Menschheit» (Auflage 50 000). Drei Jahre später erklärte Russell, die Wiederkunft Jesu Christi hätte 1874 bereits begonnen. Er teilte den Vorgang indessen in zwei Etappen auf. 1874 sei Jesus Christus als Geistwesen in die oberen Luftschichten gekommen; 1914 werde er hervortreten und das Tausendjährige Reich aufrichten. Russell gründete die Internationale Vereinigung der Ernsten Bibelforscher, aus der **Zeugen Jehovas** und die **Bibelgemeinden** hervorgegangen sind.
Andere Kreise kamen zur Überzeugung, dass die wahre Christengemeinde nach 1Kor. 1,2 und anderen Bibelstellen den Namen «Gemeinde» oder «Kirche Gottes» tragen müsse. So entstanden im 20. Jahrhundert vor allem in den USA eine Reihe von Churches of God (adventistisch).
In neuerer Zeit sind auch verschiedene **Endzeit-Gemeinden unter (theoretischem) Einbezug des Jüdischen Volkes oder des Landes Israel** gegründet worden. Die einen lesen an den Vorgängen in Israel das Näherkommen der Wiederkunft ab. Andere messen dem jüdischen Volk oder einer judenchristlichen Gemeinde im Hinblick auf die nahe Heilszeit besondere Bedeutung zu. Und wieder andere haben in Israel ein Zentrum errichtet, sozusagen eine Stätte, um die endzeitlichen Umwälzungen im Heiligen Land selber erleben zu können. Diese Gemeinden sind aber ohne irgendwelche gegenseitige Beziehung entstanden. Das Faktum des Staates Israel weckt immer wieder die apokalyptischen Ahnungen mancher Christen.
In einem letzten Abschnitt werden **weitere Endzeit-Gemeinden**, die nicht zu einer der angeführten Abteilungen gehören, beigefügt. Ausserdem rechnen auch verschiedene in anderen Kapiteln beschriebene Gemeinden mit der nahen Wiederkunft Jesu Christi und den in Kürze beginnenden Endzeitvorgängen. Es sind u.a. die Christadelphians (Urchristen) (s. Kap. 4), einzelne evangelikale Gemeinden (Kap. 3), verschiedene Pfingstgemeinden, nicht zuletzt die sog. Branham Bewegung (Kap. 4), die Neuapostolische Kirche sowie weitere Apostel-Gemeinden (Kap. 6). Vor allem auch die Botschaft des Endzeit-Verkündigers William M. Branham (1909–1965) war Anlass zur Bildung verschiedener, pfingstlich orientierter Endzeitgemeinden.

1. Adventisten

Freikirche der Siebenten-Tags-Adventisten

Gemeinschaft der Siebenten-Tags-Adventisten (STA)
Zwei Monate nach der grossen Enttäuschung Tausender von Amerikanern über die nicht stattgefundene Wiederkunft Christi am 22. Okt. 1844 – von William Miller so vorausberechnet – hatte Ellen G. Harmon (1827–1915) ihre erste einer langen Reihe von Visionen, mit denen Gott oder die Seele der jungen Frau den Gläubigen einen Weg aus der grossen Enttäuschung bahnte. Sie sah, wie die Adventgläubigen – die trotz der grossen Enttäuschung immer noch an Jesu Wiederkunft Glaubenden – auf einem schmalen Pfad hoch über der Erde von Christus geleitet in die hellerleuchtete ewige Stadt geführt wurden. In einer zweiten Vision wurde die Siebzehnjährige aufgefordert, ihre Visionen den Adventgläubigen mitzuteilen. Ellen Harmon begann nun zusammen mit Gleichgesinnten in intensivem, für Aussenstehende etwas intuitivem Bibelstudium nach dem Willen Christi für die Gläubigen ihrer Zeit zu forschen. Zusammen mit James White, den sie am 30. Aug. 1846 heiratete, mit Hiram Edson, der den 22. Okt. 1844 als Anfang der Reinigung des Himmels durch Jesus umdeutete, und mit Joseph Bates, der von den Siebenten-Tags-Baptisten die Sabbatheiligung als wesentliches Zeichen des wahren Christentums übernommen hatte, sammelte Ellen White-Harmon eine kleine, aber ständig wachsende Zahl von Adventgläubigen um sich. Mit ihren Gesinnungsgenossen «judaisierte» sie das Christentum, d.h. sie glich ihr Christentum – in wahlweiser Beachtung dessen, was sie als alttestamentliche Vorschriften verstand – dem Judentum an. Die STA expandierten in der Folge mit zahlreichen Schulen, vielseitigen Sozialwerken, eigenen Zeitungen und Radiostationen über die halbe Erde.
Ellen White gilt noch heute in ihren Schriften und Visionen als von Gott in spezieller Weise geführt. In neuerer Zeit haben Kritiker aber erkannt, dass sie in ihrem grossen Schrifttum zahlreiche andere nichtadventistische Publikationen ohne Quellenverweis paraphrasiert hat (Vgl. Walter T. Rea, The White Lie – die harmlose Lüge, Bad Aibling 1983). Offenbar ist nicht alles, was sie lehrte, von Gott direkt inspiriert.
In jüngster Zeit hat die Gemeinschaft der STA in zahlreichen ökumenischen Gremien und innerkirchlichen Organisationen Mitgliedschaft oder Gastrecht angestrebt und erhalten. Diese Gesprächsbereitschaft darf aber – dies betont die amerikanische Leitung der STA mit ungenierter Penetranz – nicht als ökumenische Offenheit missverstanden werden. Die Weltzentrale der STA will nicht mit anderen Kirchen reden, um von anderen etwas zu lernen oder sich anderen anzugleichen. Noch immer sieht die Zentrale die Gemeinschaft der STA als Volk Gottes der Endzeit, das in dieser Zeit des grossen Abfalls vom wahren Glauben die unverfälschte Heils- und Gnadenbotschaft der Menschheit auszurichten hat. Das Christsein in anderen Kirchen, grundsätzlich zugestanden, ist immer von Verrat, Verfremdung oder Verfälschung bedroht. Wenn nach offizieller Lesart die STA Gespräche mit anderen Kirchen führt, so dienen diese offenbar nur dem gegenseitigen Sich-kennen-Lernen. Mehr darf nicht angestrebt werden. Trotz dieser offiziellen Reserven hat sich in Europa an vielen Orten ein Gesprächsklima eingestellt, in dem STA-Mitglieder in den Augen anderer Kirchen ebenso überraschende wie überzeugende Offenheit an den Tag legen.

Zeitschriften: Adventecho / Zeichen der Zeit / APD: der Adventistische Pressedienst / Am Lagerfeuer: Zeitschrift für Adventistische Pfadfinder in Deutschland.
Statistik: Weltweit: 11 Mio M (2001), 46740 G / D: ca. 35 000

M und 600 G (1995) / A: ca. 3500 M / CH: ca. 4000 M.
Adressen: General Conference of Seventh-day Adventists, World headquarters, 12501 Old Columbia Pike, Silver Spring, Maryland 20904-6600, USA, Tel. 001 301 680 60 00, Fax 001 301 680 60 90. – Kirchenleitung Europa: General Conference of Seventh-day Adventists, Euro-Africa Division (EUD), Schosshaldenstr. 17, P.O. Box. 219, CH-3000 Bern 32, Tel. 031 359 15 15. – Siebenten-Tags-Adventisten K.d.ö.R. (STA) Heidelberger Landstr. 24, D-64297 Darmstadt, Tel. 06151 51 11 2 / 53 76 39. – Kirche der Siebenten-Tags-Adventisten, Österreichische Union, Nussdorferstr. 5, A-1090 Wien, Tel. 01 319 93 01. – Schweizer Union der Freikirche der Siebenten-Tags-Adventisten, Gubelstr. 23, CH-8050 Zürich, Tel. 01 315 65 00.
www.adventisten.de
www.sta.at
www.stanet.ch

Siebenten-Tags-Adventisten, Reformationsbewegung

1915
Von der Gemeinschaft der Siebenten-Tags-Adventisten (STA) hat sich die Reformationsbewegung gelöst. Anlass war die Bejahung des Militärdienstes durch die STA in Deutschland. Nach dem Ausschluss und der Trennung organisierte sie in verschiedenen Ländern eigene Gemeinden. Der Militärdienst wird, sofern nicht ein Ersatzdienst geleistet werden kann, abgelehnt. Die Feier des Sonntags gilt als unbiblisch und wird als Huldigung an die antichristliche Macht des Papsttums verworfen.
Im Laufe der Zeit wurde die Reformationsbewegung durch weitere Abspaltungen geschwächt. Solche Abspaltungen sind (oder waren) die Freiwillige Volksmission Zion (A. Stenzel) ab 1919, die Freie Siebenten-Tags-Adventisten-Organisation (Paul Lange) ab 1922 und von 1922 bis vor den 2. Weltkrieg die Siebenten-Tags-Adventisten, Erweckungsbewegung, Hamburg (C. Jaacks). Zur Missionsvereinigung der Siebenten-Tags-Adventisten (Laubhüttenbewegung, Sach. 14,16–19) s.u.
1951, als die Reformationsbewegung 6100 Mitglieder zählte, kam es zu einer weltweiten Spaltung. So bestehen heute zwei Richtungen: Die STA, Reformationsbewegung, mit Sitz in Roanoke (Virginia), und die Internationale Missionsgesellschaft der STA, Reformationsbewegung, mit Sitz in Mosbach/D.
In der Reformationsbewegung ist die Christusverkündigung teilweise apokalyptisch und legalistisch eingefärbt.

Internationale Missionsgesellschaft der STA, Reformationsbewegung:
Zeitschrift: Sabbatwächter / Herold der Reformation.
Statistik: Weltweit rd. 1500 M / D: ca. 420 M / CH: vereinzelte M.
Adresse: Generalkonferenz, Friedrich-Ebert-Str. 17, D-74821 Mosbach, Tel. 06261 43 57.

Gemeinschaft der STA, Reformationsbewegung:
Zeitschrift: Herold der Reformation.
Statistik: Weltweit ca. 20 000 M / D: rd. 150–200 M / CH: kaum vertreten.
Adressen: Generalkonferenz in Roanoke, Virginia, USA.

Sabbatruhe-Advent-Gemeinschaft

1954
In den 50er Jahren verstand sich der Australier Frederic T. Wright als «Botschafter Gottes». Er vertrat die Auffassung, ein Christ müsse in der Heiligung so weit gelangen, dass er mit Hilfe Gottes sündlos lebt, sonst sei er nicht bereit zur Versiegelung und zur Aufnahme in Gottes Reich bei Christi Wiederkunft. 1954 erfolgte sein Ausschluss aus der Gemeinschaft der STA (s.o.). In der damaligen BRD griff Anfang der 60er Jahre Wolfgang Meyer diese Gedanken auf und gründete eine kleine Gruppe aus ehemaligen Adventisten. Nach dessen Tod übernahm 1978 Andreas Dura die Leitung. Nach der «Evangeliumsordnung» werden die Leiter direkt von Gott berufen und sind daher nur ihm verantwortlich. Den Gemeindegliedern wird keine Rechenschaft gegeben. Die von Wright vertretene «Gesundheitsreform» fordert die Mitglieder auf, sich bei Krankheit nicht vom Arzt, sondern von Gott heilen zu lassen. Nur diejenigen, die die ständig neuen Botschaften, das «neue Licht» von F.T. Wright akzeptieren, werden im Gericht Gottes bestehen können.

Zeitschrift: Botschaft aktuell.
Statistik: ca. 100–150 M in Europa, hauptsächlich in D. Vereinzelte M auch in überseeischen Ländern.
Adresse: Sabbatruhe-Advent-Gemeinschaft, D-57520 Dickendorf, Waldstr. 37, Tel. 02747 92 01 0.

Evangelische Sabbat-Mission

1858/1962
Um die Mitte des neunzehnten Jahrhunderts führte die amerikanische Adventsbewegung die Sabbatheiligung ein. Uneins über die Bedeutung von Ellen G. White und ihren Visionen trennten sich Teile der Adventsbewegung und bildeten die (spätere) Church of God (Seventh Day) mit zur Zeit etwas mehr als 6 000 Mitgliedern.
In Europa steht die 1962 gegründete Evangelische Sabbat-Mission mit der Church of God (Seventh Day) in Verbindung.
Die Evangelische Sabbat-Mission erachtet neben der ganzen Heiligen Schrift besonders die Zehn Gebote als Fundament ihres Auftrages und ruft zur Gottes- und Nächstenliebe auf. Sie lehrt den «Messias – Jesus von Nazareth» und die Aufrichtung seines Reiches auf Erden. Dieses nimmt im Volk Israel seinen Anfang. Die Ausführungen zu Israel und zu den alttestamentlichen auf das Volk bezogenen Verheissungen nehmen in den Traktaten und in der Zeitschrift ziemlich viel Platz ein. Ebenso wird zur Einhaltung des Sabbats anstelle des Sonntags aufgerufen.
Die Evangelische Sabbat-Mission führt nach eigenen Angaben keine Mitgliederlisten. Sie glaubt aber, dass sie einen Auftrag an alle Menschenkinder hat. Tätigkeitszweige sind allgemeine Missionsarbeit, Alters- und Jugendbetreuung, Schriftenmission sowie Bemühung um Versöhnung mit Israel.

Zeitschrift: Missionsbrief.
Adresse: Helmut Strauß, D-29585 Jelmstorf/Bevensen, Gartenstr. 5, Tel. 05821 16 23.

Weitere adventistische Gruppen

Die Missionsgesellschaft zur Erhaltung und Förderung adventistischen Glaubensgutes e.V. (ME FAG) an der Elstergasse 21 in 13505 Berlin, wird vom Arzt Dr. Bernd Korinth geleitet, der 1987 aus der Adventgemeinde Berlin-Wilmersdorf ausgeschlossen wurde. Die Gemeinde zählt etwa 40 Mitglieder.

Die Mission 7, Postfach 1260, D-87729 Ottobeuren tritt auch unter den Namen cMv – adventbotenmission oder APR – Adventist Public Relations auf. Bis ca. 1998 lautete die Bezeichnung: Mission 7, Siebenten-Tags-Advent-Sabbat-Mission. Leiter ist Ed Sheldon, der 1994 aus der Adventgemeinde München-Pasing ausgeschlossen wurde. Die Gruppe zählt etwa 20 Mitglieder und gibt u.a. das Faltblatt «Z.U.K.U.N.F.T J.E.T.Z.T.» und die Broschüre «666 Eine neue Weltordnung» heraus.

Die «Gemeinschaft der Übrigen», Erich Schultze (Leiter), Germanenstr. 19, D-58509 Lüdenscheid, besteht aus ehemaligen Mitgliedern der Adventgemeinde, welche die Gastmitgliedschaft der STA bei der Arbeitsgemeinschaft Christlicher Kirchen in Deutschland (ACK) ablehnen.

Der Kleinst-Verlag «Die Wahrheit», Postfach 1138, D-27295 Langwedel, wird von Heinz Krüger betrieben, der 1993 aus der Adventgemeinde verstossen wurde.

Das Missionshaus Hahnenhof, D-71566 Althütte-Kallenberg tritt auch unter den Namen Siebenten-Tags-Adventchristen oder Institut für Bibelwissenschaften und Kirchengeschichte e.V. auf. Die Gruppe umfasst etwa 15 Personen.

2. Zeugen Jehovas und freie Bibelforscher-Gemeinden

Zeugen Jehovas

Gründer der Zeugen Jehovas war Charles Taze Russell (1852–1916) aus Pennsylvania/USA. Als junger Mann scharte er eine Gruppe zur gemeinsamen «Erforschung» der Bibel um sich. Davon leitete sich später der erste Name der Bewegung ab: «(Ernste) Bibelforscher». Die Begegnung mit dem Herausgeber der adventistischen Zeitschrift «Herald of the Morning», N.H. Barbour, veränderte die skeptische Haltung Russells gegenüber Zeitprophezeiungen.
Am 1. Juli 1879 erschien die erste Ausgabe von Russells eigener Zeitschrift «Zion's Watch Tower and Herald of Christ's Presence» («Der Wachtturm»).
1881 kam es zur Gründung der Vereinigung «Watch Tower Bible and Tract Society» in Pittsburgh mit C.T. Russell als erstem Präsidenten.
1889 entfaltete Russells in seinem Buch «The Time Is At Hand» die folgende Endzeittheologie: 1878 hat Christus seine volle Herrschaftsgewalt auszuüben begonnen. 1914 gilt als Endpunkt, an dem die Beseitigung der irdischen Regierungen und die Vernichtung der «Namenchristenheit» abgeschlossen sein soll.
Ab 1891 bereiste Russell die Welt, unter anderem auch Deutschland, Österreich und die Schweiz. 1914 zog die Wachtturmgesellschaft von Allegheny nach Brooklyn (New York), wo von nun an die Gesellschaft ihren Hauptsitz hat. Russell starb 1916. Sein Nachfolger wurde Joseph Franklin Rutherford (1869–1942). Als 1925 eine erneute Endzeitprophezeiung unerfüllt blieb, was zu einem Rückgang der Anhänger führte, band Rutherford mit neuen Erkenntnissen die verbliebenen Gläubigen fester an die Organisation. 1927 verkündete er das Verbot von Blutgenuss, aus dem 1945 das Verbot von Bluttransfusionen abgeleitet wurde. 1931 wurde der Name «Jehovas Zeugen» zur offiziellen Bezeichnung der Bewegung, die bis dahin «(Ernste) Bibelforscher» (engl. «Bible Students») geheissen hatte. Rutherford teilte zur gleichen Zeit die Mitglieder seiner Organisation in zwei Klassen ein: die obere Klasse, die «Geistgesalbten», umfasst in Anlehnung an Offenb. 7 genau 144 000 Mitglieder. Die untere Klasse ist zahlenmässig nicht limitiert. Während die «Gesalbten» dereinst mit Jehova im Himmel sein werden, gibt es für die untere Klasse bloss eine irdische Paradieshoffnung.
Rutherford starb 1942. Unter seinem Nachfolger Nathan Homer Knorr (geb. 1905) wurde die Gesellschaft zu einem international erfolgreichen Geschäftsunternehmen ausgebaut.
1961 erschien die «Neue-Welt-Übersetzung», eine eigene, umstrittene Bibelübersetzung der Zeugen Jehovas.
Die Zeit zwischen 1966 und 1975 brachte wiederum, wegen der Datierung des nahen Weltendes auf 1975, ein beträchtliches Wachstum der Bewegung mit sich. 1976, nach erneuter Enttäuschung und Rückgang der Anhängerzahl, wurde die neue Organisationsstruktur der «leitenden Körperschaft» eingeführt. Diese wurde zum eigentlichen Führungsorgan. Die zuvor bestehende, fast uneingeschränkte Macht des Präsidentenamtes wurde aufgeteilt.
Nach dem Tod von Knorr (1977) wurde Frederik Wiliam Franz (geb. 1893) Präsident. Er entwickelte die Organisation weiter zu einem gigantischen Multi-Media-Unternehmen. Unzählige Bücher, Zeitschriften, Kassetten, Übersetzungsprogramme usw. bringen seither die Lehren der Gesellschaft weltweit unters Volk. Nach Franz' Tod (1992) zeichnete sich eine gewisse Öffnung der Zeugen Jehovas ab. 1996 durften Zeugen Jehovas erstmals zivilen Ersatzdienst

leisten. 1998 wurde ihnen ein Wahlrecht für sog. «nicht politische» Wahlen (z.B. Wahl zum Klassensprecher in Elternvereinigungen usw.) zugestanden. Vor kurzem wurde von der leitenden Körperschaft festgelegt, dass Zeugen Jehovas, die in Lebensgefahr Bluttransfusionen akzeptiert haben und die nachher dieses Zugeständnis bereuen, nicht mehr aus der Organisation ausgeschlossen werden.

In der Schweiz begannen die ersten Missionsaktivitäten der Gemeinschaft 1900 durch Adolph Weber. 1903 wurde in Yverdon die erste Schweizer Zweigstelle eröffnet; eine zweite folgte in Zürich-Höngg. 1925 wurden beide Zweigstellen in Bern zusammengelegt. Bern war bis 1945 Sitz des «Zentraleuropäischen Büros», danach Sitz des Schweizer Zweiges. 1970 wurde die Schweizer Zentrale nach Thun verlegt.

In Deutschland erschien 1897 zum ersten Mal die Zeitschrift «Der Wachtturm» in deutscher Sprache.

1903 wurde die erste Zweigstelle Deutschlands in Barmen-Elberfeld eröffnet, später kam sie nach Magdeburg und 1984 nach Selters.

In Österreich wurde 1923 das erste österreichische Zweigbüro in Wien eröffnet.

In der Glaubenslehre spielen neben alttestamentlichen Versatzstücken vor allem eschatologische Bibelstellen, solche also, die von einer Ablösung der bestehenden Weltordnung durch die «Königsherrschaft Gottes» handeln, eine entscheidende Rolle. Diese Ablösung wird in einem dramatischen Endkampf stattfinden, der legendären Endzeitschlacht von Harmagedon, von der im Neuen Testament (Offb. 16,16) die Rede ist. Gott wird als Sieger aus diesem Kampf gegen Satan hervorgehen, und unter dem wiedergekehrten Christus wird ein tausendjähriges Reich («Millenium») mit paradiesischen Zuständen Einzug halten. Bezeichnend für die Endzeitlehren der Zeugen Jehovas ist neben dem weitgehend fehlenden Verständnis für die bildhafte Sprache der Bibel das Spekulieren mit datierbaren Prophezeiungen vom Ende dieser Weltordnung. Im Laufe der Geschichte der Zeugen tauchten immer wieder Daten auf, mit denen der Anbruch des neuen Zeitalters der göttlichen Herrschaft verbunden wurde.

Die Verkündigung eines nahe bevorstehenden Endes dieser Welt macht einen grossen Teil des Erfolgs der Zeugen Jehovas aus. Sie lehnen zwar offiziell die Lehre von einer Hölle als Ort der ungläubig Verstorbenen ab, gehen aber doch von einer zweiteiligen Errettung durch Christus aus. So baut man einerseits auf eine «himmlische Hoffnung für die kleine Herde» von 144 000 Menschen. Anderseits existiert eine «irdische Paradies-Hoffnung» für eine zahlenmässig nicht begrenzte Menge von Menschen. Die Zugehörigkeit zu einer der beiden Klassen ist Voraussetzung dafür, beim endzeitlichen Harmagedon von der Vernichtung verschont zu bleiben. Das erklärt den grossen Zulauf, den die Organisation jeweils unmittelbar nach Verkündigung eines nahe bevorstehenden Endes zu verzeichnen hat.

Als Medien der Verkündigung stehen der Organisation in erster Linie ihre Anhänger zur Verfügung, die in genau registrierten wöchentlichen Zeiteinsätzen ihrer Missionstätigkeit auf der Strasse und von Haustür zu Haustür nachkommen. Selten werden Zeugen bei ihrem Missionsdienst ohne ihre Zeitschrift «Der Wachtturm» angetroffen, der als direktes, weltweites, in über 120 Sprachen übersetztes Sprachrohr der Organisation eingesetzt wird.

Die andere Seite der Medaille der erhofften kommenden Zeit ist die gegenwärtige Weltordnung, die gemäss dem Glauben der Zeugen unter der Herrschaft des Satans steht. Aus diesem Grund gehen sie zu allem, was mit Politik zu tun hat, auf Distanz. Mitgliedschaft in politischen Ämtern, Parteien, Gewerkschaften etc. ist tabu. Auch die Teilnahme an Wahlen und Abstimmungen kam bis vor kurzem nicht in Frage. Anfang 1998 wurde die absolute Wahl-Enthaltsamkeit etwas aufgelockert. Bei sogenannt «nicht politischen Wahlen» sollen die Zeugen ein aktives und passives Wahlrecht erhalten.

Ganz allgemein scheint sich bei den Zeugen langsam ein neues Verhältnis zu dieser Weltordnung abzuzeichnen. Das zeigt sich auch daran, dass keine neuen Endzeitdaten mehr errechnet werden. Es scheint, dass die Gesellschaft ihr Image von der «Endzeitsekte» abstreift und sich mehr und mehr als «moralische Alternative» in dieser Gesellschaft versteht. Nicht mehr die totale Abschottung scheint die Devise zu sein, sondern eine vorsichtige Annäherung – eine schwierige Gratwanderung, wenn man bedenkt, dass die Welt gemäss zentralen Glaubenssätzen der Zeugen immer noch unter satanischer Herrschaft steht.

Hingegen scheint es keine Annäherung an die etablierten Kirchen und andere religiösen Gruppen zu geben. Immer noch wird die kirchliche Lehre der Dreieinigkeit als unbiblisch verworfen, sie ist mit ein Grund dafür, dass die christliche Kirche, wie auch alle anderen Religionen, als «Babylon, die Grosse» bezeichnet wird. Ebenso werden kirchliche Feste wie Weihnachten und Ostern wegen ihrer heidnischen Wurzeln abgelehnt. Auch auf private Feiern wie Geburtstag, Muttertag etc. wird verzichtet. Als Rituale kennen die Zeugen nur die Taufe von Erwachsenen (keine Kinder!) und eine spezielle Form des Abendmahls, das «Gedächtnismahl». Dieses wird einmal im Jahr gefeiert, am Tag des jüdischen Passah, und nur von einer Minderheit eingenommen. Das religiöse Leben der Zeugen spielt sich in erster Linie bei ihren Zusammenkünften ab, die 3–5-mal pro Woche in ihrem Versammlungsraum, dem «Königreichsaal», stattfinden.

Die Organisationsform wird von Jehovas Zeugen selber als «theokratisch» bezeichnet. Das heisst nichts anderes, als dass die Watch Tower Society und ihre «Leitende Körperschaft» vom im Himmel herrschenden Christus und somit von Jehova zum offiziellen Mitteilungskanal erwählt wurde. Die Gesellschaft ist somit Statthalter Jehovas auf Erden, was ihrem Vorstand praktisch absolute Macht verleiht. Zu Beginn der Entwicklung waren es vor allem die ersten zwei Präsidenten, die dieser «Theokratie» Gestalt verliehen, seit 1975/76 ist es die Weltzentrale in Brooklyn (New York) in Form der «Leitenden Körperschaft», die aus 10 Mitgliedern besteht.

Besonders problematisch ist der Umgang der Organisation mit Aussteigern, im Jargon der Zeugen «Abtrünnige» genannt. Wer sich nicht an die Weisungen der Zentrale hält und sich auch nicht in einem Gespräch wieder den rechten Weg weisen lässt, gegen den wird ein internes Rechtsverfahren eingeleitet und anschliessend wird er ausgeschlossen («Gemeinschaftsentzug»). Besonders empfindlich reagiert die Gesellschaft, wenn ihre Anhänger mit Ehemaligen in Kontakt treten. Auch dies gilt als schweres, ausschlusswürdiges Verbrechen. Ganz gleich ob freiwillig oder unfreiwillig – wer als Abtrünniger gilt, wird gemieden, ja eigentlich als inexistent erklärt.

Zeitschrift: Der Wachtturm / Erwachet!

Statistk (2001): Weltweit 6 117 666 M, 93 154 V / D: 164 441 M, 2151 V / A: 29 331 M, 300 V / CH: 17 315 M, 287 V.

Adressen: Religionsgemeinschaft der Zeugen Jehovas in Deutschland, e.V., Grünauer Str. 104, D-12557 Berlin, Tel. 030 65 88 04 53. – Jehovas Zeugen in Österreich, Gallgasse 42–44, A-1130 Wien, Tel. 01 80 45 34 50. – Wachtturm Gesellschaft/Vereinigung Jehovas Zeugen der Schweiz, Ulmenweg 45, CH-3604 Thun, Tel. 033 34 61 11.

www.watchtower.org

www.zeugen-jehovas.de

www.infolink-net.de (Kritiker und ehemalige Zeugen Jehovas)

Freie Bibelgemeinde

1931
In Ablehnung der autoritären Führung J.F. Rutherfords (1869–1942) (s. Jehovas Zeugen), trennte sich Ende 1931 fast die ganze Versammlung in Kirchlengern bei Herford/D mit ihrem Leiter Wilhelm Trippler (gest. 1955) von der Wachtturm-Gesellschaft, um an der Bibelauslegung Ch.T. Russells festzuhalten. Seit 1948 gilt der Name «Freie Bibelgemeinde».
Die damals neu gegründete Vereinigung möchte bibelgläubigen Christen eine Gemeinde bieten. Daneben wendet sie sich mit verbreitetem Kleinschrifttum, in dem das Erlösungswerk Jesu Christi einen wichtigen Platz einnimmt, an einen weiteren Kreis. Besonders hervorgehoben werden auch das «prophetische Wort» der Bibel (2Petr. 1,19) in Verbindung mit dem endzeitlichen Geschehen und den «Zeichen der Zeit» (Matth. 24 u.a. Stellen). Chronologische Berechnungen oder Spekulationen werden abgelehnt.

Zeitschrift: Christliche Warte.
Statistik: Verschiedene kleinere Gruppen in D/A/CH.
Adresse: Freie Bibelgemeinde, D-32278 Kirchlengern (Westfalen), Tel. 05223 74 84 3.

Vereinigung «Der Engel des Herrn»

1916
Früherer Name: Menschenfreundliches Werk, Menschenfreundliche Versammlung. Andere Namen: Philanthropisches Werk, Kirche des Reiches Gottes, Kleine Herde.
Alexander Freytag (1870–1947) war von 1898 bis 1920 Mitglied der Zeugen Jehovas. In den letzten Jahren vor seinem Austritt hat er deren Zweigbüro in Genf geleitet. Er verband Überlegungen von Charles Taze Russell, dem Gründer der Ernsten Bibelforscher (s. Jehovas Zeugen) mit eigenen Anschauungen. In seinem dreibändigen Hauptwerk ergänzte er die Hoffnung auf die Vollendung des Reiches Gottes mit seiner Einsicht, dass Gott den Menschen das «Weltallgesetz», d.i. das Gesetz des Altruismus, gegeben habe. Durch die Erfüllung des «Weltallgesetzes» sollen die «Menschenfreunde» am Aufbau des Reiches Gottes auf Erden mithelfen. Von entscheidender Bedeutung ist dabei die Mitarbeit am Erntewerk des treuen «Sendboten» und «Engel des Herrn» (nach Off. 2 u. 3). A. Freytag gilt als der «berufene Prophet Christi der Gegenwart». Die Menschenfreundliche Versammlung gründete verschiedene «Versuchsstationen» mit 10–30 Personen, die auf altruistisch-gemeinschaftlicher (Apg. 2, 42ff.) und vegetarischer Grundlage die brüderliche Harmonie und das bald beginnende Reich Gottes einüben und voraus darstellen sollen, z.B. in Cartigny, Schloss Wart bei Neftenbach, Château Marnand bei Payerne (alle CH), Sternberg und Waldeck in Deutschland und Waldesfrieden bei Mödling/A. Weltweit bestehen etwa zwölf Stationen.
Während das Neue Testament ganz zum Vertrauen auf Jesus Christus einlädt, erwartet die Vereinigung «Der Engel des Herrn» Hilfe und Erlösung durch die Einstimmung in die Ansichten Freytags, dessen Schriften der Bibel mindestens gleichgestellt werden.

Zeitschriften: Anzeiger des Reiches der Gerechtigkeit / Zeitung für alle.
Statistik (Schätzung): D: ca. 3 000 M / A: ca. 1 000 M / CH: ca. 3 000 M.
Adressen: Der Engel des Herrn, D-60015 Frankfurt a.M., Postfach 101 502, Tel. 069 49 26 84. – L'Ange de l'Eternel, Château de Cartigny, CH-1236 Cartigny, Route de Vallière 27, Tel. 022 756 12 08. – Philantropisches Werk, Imfeldsteig 12, CH-8037 Zürich, Tel. 01 362 89 14.

Amis Sans Frontières

1947/1985
Amis Sans Frontières sind (seit 1985) die Nachfolge-Organisation von *Les Amis de l'Homme*. Ihr Ziel ist die Durchführung sozialer und humanitärer Aktionen.
Les Amis de l'Homme bildeten seinerzeit den französischen Zweig der «Menschen-

freundlichen Versammlung» (s. Vereinigung «Der Engel des Herrn»). Nach dem Tod von A. Freytag haben sie sich verselbständigt und ihre eigene Gemeinschaft gegründet. An der Spitze standen lange Jahre Bernard Sayerce (1904–1963) und die «chère Maman» Lydie Sartre (1898–1972). Von 1969 bis zu seinem Tod im Jahre 1981 hatte Joseph Neyrand den Vorsitz inne. Anschliessend bildete sich eine kollegiale Leitung.

Les Amis de l'Homme verstanden sich als «Armee des Ewigen» oder als «Familie». Der «Familie» ist gemäss dem Gesetz des Altruismus Alexander Freytags die Aufgabe übertragen, die Menschen vom egoistischen Verhalten zu befreien. Die «chère Maman» hat durch ihre Lebenshingabe im 20. Jahrhundert alle Jünger repräsentiert, welche seit Christus einander folgten. Dadurch konnte die «Familie» ihre Befreiung besingen. Les Amis de l'Homme haben die Ehre, an Gottes Plan und an Gottes Reich mitzuarbeiten. Wie die «chère Maman» gezeigt hat, bckundet sich der Herr in der gegenwärtigen Zeit nicht durch eine persönliche Wiederkunft, sondern durch die von ihm gewählte «Familie».

Etwa 1950 begannen Les Amis de l'Homme den Altruismus durch soziale Dienste in die Tat umzusetzen. Lydie Sartre gründete in Bordeaux einen Sozialdienst, 1971 begann eine Hilfs-Aktion für kleinere Landwirte. Zentrum dieser Hilfe waren verschiedene Höfe zwischen Villeneuve-sur-Lot und Frespech (Lot-et-Garonne), auf denen Les Amis de l'Homme ein «Paradies» mit biologischer Bodenkultur gestalteten.

Mit der eingangs erwähnten Wende wurde aus der Vereinigung Les Amis de l'Homme neu die soziale und humanitäre Organisation Amis Sans Frontières. Beliefert werden die «Restos du Cœur» in Frankreich und viele andere Betriebe. Nothilfegruppen sind in Katastrophengebieten, auch im Ausland, tätig.

Zeitschrift: La Sphère.
Adressen: Amis Sans Frontières, F-47302 Villeneuve-sur-Lot. – Les amis de l'Homme, rue des Terreaux 13, Metropole, CH-1003 Lausanne, Tel. 021 323 64 34.

Weltweite Kirche Gottes (WKG)

1933/34

Der Gründer der Weltweiten Kirche Gottes, der Amerikaner Herbert W. Armstrong (1893–1986), ein aus einer Quäkerfamilie stammender Werbefachmann und späterer Prediger der adventistischen Church of God (Oregon), begann über der Sabbatfrage die Bibel zu studieren und gründete 1933/34 sein eigenes Werk. Seine Lebenswende war begleitet vom Aufbruch starken Sendungsbewusstseins, von grossem Respekt für alttestamentliche Vorschriften (Speisen, Sabbatgebot) und von prophetischen Eingebungen, die nahe Wiederkunft Christi betreffend.

Herbert W. Armstrong schuf seine eigene Zeitschrift und gab ihr den Namen «Plain Truth» (was für die deutsche Ausgabe anfänglich als «Die reine Wahrheit» übersetzt worden ist). Er dehnte seine Verkündigung mit dem Titel «Die Welt von Morgen» über immer weitere Radiostationen aus. Von 1953 bis etwa 1973 wurden über Radio Luxemburg und über Radio Monte Carlo auch europäische Länder bedient (deutsch ab 1960, Sendeleiter Erhard Klammer). 1965 ist in Frankfurt a. M. die erste eigene Sabbatversammlung durchgeführt worden. Zur Weltweiten Kirche Gottes gehörten die Ambassador Colleges (zur Ausbildung in Theologie) in Dallas/Texas, in London und in Pasadena/Kalifornien, die aus finanziellen Gründen im Zuge des grossen Wandels innerhalb der Kirche geschlossen werden mussten. Neuerdings verfügt die Kirche wieder über ein Ambassador-College an der Azuza Pacific University in Azusa/USA.

Mitte der 50er Jahre wurde der Sohn des Gründers, Garner Ted Armstrong, zweiter Vorsitzender und Mitleiter der WKG. Er wurde 1978 wieder abgesetzt und schuf die Church of God International (s.u.). Im Januar 1986 ernannte Armstrong Joseph W. Tkach zum stellvertretenden Pastor General. Tkach übernahm nach dem Tod von Armstrong (1986) die Leitung der Kirche. Heute ist der Sohn von Tkach, Joseph W. Tkach, jr. Pastor General. In den 70er Jahren hatten sich verschiedene weitere führende Persönlichkeiten von der Weltweiten Kirche Gottes getrennt. Sie gründeten hauptsächlich in den USA ihre eigenen Kirchen.

Unter Armstrong war die WKG eine fundamentalistisch geprägte Endzeitkirche, die die Evolutionslehre als unbiblisch ablehnte, die gottgewollte Unterordnung der Frau unter den Mann lehrte, die Trinitätslehre und die christlichen Feiertage als unbiblisch ablehnte, die Wiederkunft Christi für 1972 und 1977 voraussagte und eine eigenartige Britisch-Israel-Theorie entwarf: England, bzw. die angelsächsische Welt, galt als Nachfolger der 10 verlorenen Stämme Israel und das englische Königshaus als Fortsetzung des Königtums Davids. Nach dem Tod von Armstrong zeichneten sich unter Tkach senior zuerst langsame Änderungen ab, bis zur berühmten Weihnachtspredigt 1994, in der Tkach erklärte, die Kirche stehe von nun an nicht mehr unter dem Alten, sondern unter dem Neuen Bund. Die damit eingeleiteten dramatischen Veränderungen, die seit 1998 auch zu einer Umstrukturierung der ganzen Kirche und zu einer kritischen Überarbeitung aller bisherigen Lehrschriften führten, verwandelten die bisherige fundamentalistisch gesinnte Endzeitgemeinschaft in eine «normale» evangelische Freikirche ohne Sonderlehren, ein Wandel, der allerdings auch zum Verlust fast der Hälfte aller Mitglieder führte. Die WKG versteht sich nun nicht mehr als die einzige wahre Kirche. 1996 bat die Kirche öffentlich um Vergebung für ihr bisheriges Absolutheitsdenken und für andere falschen Glaubensinhalte. Die Mitglieder müssen nicht mehr den Zehnten zahlen. Abgaben gelten nun als freiwillig. Auch das Gebot der Sabbatheiligung ist nicht mehr verpflichtend. In Deutschland wurde 1998 der bisherige Name «Ambassador College der Weltweiten Kirche Gottes in Deutschland» geändert in «Stiftung Weltweite Kirche Gottes in Deutschland». Die WKG vergleicht ihren Wandel in den 90er Jahren mit dem Wandel eines Saulus zum Paulus und steht mit dieser Deutung ihrer eigenen Vergangenheit und mit den durchgeführten Änderungen fast einzigartig da. So kurzfristig, gründlich und selbstkritisch schlägt selten eine religiöse Gemeinschaft neue Wege ein.

Zeitschriften: Plain Truth (Aufl. weltweit früher 8 Mio, jetzt 150 000) / «Klar und Wahr» wurde Ende 1990 eingestellt. Seither erscheint: Nachfolge (10 mal jährlich).
Statistik: Weltweit über 74 000 M (getaufte M) in 120 Ländern / In D/A/CH 13 örtliche G mit etwa 300 M.
Adressen: Stiftung Weltweite Kirche Gottes, Hohe Str. 87, D-53119 Bonn, Tel. 0228 66 89 10, Fax 9 87 68 27. – Stiftung Weltweite Kirche Gottes, Postfach 4, A-5027 Salzburg. – Verein Weltweite Kirche Gottes, Postfach 3005, CH-8049 Zürich.
www.wcg.org/de

The Church of God, the Eternal

ca. 1974

Aufgrund theologischer Auseinandersetzungen (z.B. über die zeitliche Ansetzung von Pfingsten und über die Wiederverheiratung Geschiedener) und aus anderen Gründen machte die Weltweite Kirche Gottes 1974 eine tiefe Krise durch. In der Folge wandten sich verschiedene Prediger ab und gründeten mindestens 4 weitere Kirchen. Von ihnen hat The Church of God, the Eternal, in der französischsprachigen Schweiz einige Anhänger. Sie halten sich an die Lehren Herbert W. Armstrongs (s.o.).

Adresse: The Church of God, the Eternal, P.O.Box 775, Eugene, OR 97440, USA.

Church of God International

1978

Als Garner Ted Armstrong von seinem Vater, dem Leiter der Weltweiten Kirche Gottes, nach vorausgegangenen Spannungen zum zweiten Mal abgesetzt wurde, gründete er die Church of God International. Für diese seine Kirche hat er weitgehend die Lehren der Weltweiten Kirche Gottes übernommen. Das Hauptzentrum befindet sich in Tyler (Texas). Seit 1980 sind auch in Europa einzelne Gemeinden entstanden.

Adresse: Church of God International, P.O.Box 2525, Tyler, TX 75710, USA.

Tempelgesellschaft

1861

Christoph Hoffmann (1815–1885), aufgewachsen in Korntal, von 1853 bis 1855 Inspektor der Pilgermission St. Chrischona, setzte sich das Ziel, Gottes Volk in Palästina zu sammeln. Nach wechselvollem Geschick gelang ab 1869 im Heiligen Land die Gründung einzelner angesehener Siedlungen. Der 2. Weltkrieg setzte der Arbeit in Palästina ein Ende. Die Glieder der Tempelgesellschaft liessen sich in Australien nieder, wohin sie 1941 von den Engländern im Krieg deportiert worden waren, oder kamen nach Deutschland zurück.

Die Tempelgesellschaft in Australien und diejenige in Deutschland sind organisatorisch selbständig. Die Zusammengehörigkeit wird durch Besuchsreisen sowie durch den von beiden Gesellschaften gewählten gemeinsamen Tempelvorsteher aufrechterhalten. Die einzelnen selbständigen Gemeinden werden von einem Ältestenrat geleitet. Kirchenaustritt wird nicht verlangt.

«Tempel» bedeutet nicht ein Bauwerk. Die Bezeichnung meint eine Gemeinschaft von Menschen, die durch brüderliche Gesinnung und Nächstenliebe lebendige Bausteine eines Gotteshauses sein wollen. Die Tempelgesellschaft kennt kein festgelegtes Glaubensbekenntnis. Sie betont den aktiven Einsatz gemäss Jesu Wort Matth. 6,33: «Trachtet zuerst nach dem Reiche Gottes und seiner Gerechtigkeit». Die eschatologischen Verheissungen der Bibel werden auf diese Erde bezogen.

Die Bibel als Glaubensgrundlage wird unter «geschichtskritischem Aspekt» betrachtet. Die Heils-Bedeutung von Jesu Kreuzestod tritt in den Hintergrund. Taufe und Abendmahl sind durch eine Darbringung der Kinder und ein Dankfest ersetzt worden.

1976 ist die Tempelgesellschaft dem «Bund für freies Christentum» beigetreten.

Die Tempelgesellschaft beachtet in der Heiligen Schrift lediglich einzelne Grundzüge. Entscheidende Aussagen über Jesus Christus werden nicht nur übergangen, sondern als unwesentlich dargestellt.

Zeitschrift: Die Warte des Tempels.
Statistik: Total 6 G, D: 1 G.
Adresse: Tempelgesellschaft in Deutschland, D-70597 Stuttgart, Felix-Dahn-Str. 39, Tel. 0711 76 26 72.

Judenchristliche Gemeinde

1949

Andere Namen: Reichsbruderschaft Jesu Christi, Botschaft vom Reich.

Abram Poljak (1900–1963), ein Judenchrist, Enkel eines Rabbiners in Russland, fühlte sich berufen, ein judenchristliches Werk zu gründen und die «Botschaft vom Reich» unter «Judenchristen» und «Heidenchristen» zu verkündigen. Im Jahre 1944 leitete er in England den ersten judenchristlichen Gottesdienst. Anlässlich einer Konferenz in Basel (1952) erhielt das Werk, dem auch «Heidenchristen» angehören, den Namen Judenchristliche Reichsbruderschaft. Ab 1954 galt für längere Zeit der Name Reichsbruderschaft Jesu Christi. Nach Abram Poljaks Tod wurde laut seiner Bestimmung Baron Albert von Springer zum Leiter des Werkes eingesetzt.

Nach den Aussagen von A. Poljak stehen wir in der Endzeit. Damit werden sich die biblischen Verheissungen auch für Israel erfüllen. Nach A. Poljak wird die heidenchristliche Gemeinde vor oder während der «grossen Trübsal» entrückt. Die judenchristliche Gemeinde bleibt hingegen auf Erden, als Vorhut des jüdischen Volkes, das zum Heilsvolk wird, wenn es sich Christus zuwendet.

Das Ziel, die Schaffung judenchristlicher Gemeinden, konnte nur in kleinem Rahmen erreicht werden. Heute versteht sich das Judenchristliche Werk zur Hauptsache als Hilfswerk für äthiopische Einwanderer in Israel. Die Finanzierung soll durch den Verkauf der Patmos-Siedlung in Möttlingen/D geschehen.

A. Poljak spricht entgegen biblischen Aussagen von zwei Heilslinien und ebenso von zweierlei Gemeinden, von der Reichsgemeinde und der Leibesgemeinde. Verschiedene Bücher des Neuen Testamentes seien für die Reichsgemeinde, die anderen für die Leibesgemeinde geschrieben worden. Mit dieser Lehre zerreissen A. Poljak und die Judenchristliche Gemeinde die Einheit der Heiligen Schrift und die Einheit der Gemeinde. Die Kirchen und The International Committee on the Christian Approach to the Jews, die Dachorganisation der Judenmissionen, lehnen darum die Lehren A. Poljaks ab.

Zeitschrift: Judenchristliche Gemeinde (Januar 1991 eingegangen).
Statistik: Kleine Kreise an verschiedenen Orten in D, CH und Frankreich.
Adresse: Frau S. Grundbacher, CH-3122 Kehrsatz, Bernstr. 71, Tel. 031 961 02 60.

Bruderschaft Salem

1957

Die Bruderschaft Salem ist das Werk des Württembergers Gottfried Müller (geb. 1914). Dieser hatte seit 1950 den Stuttgarter Kreis der Judenchristlichen Reichsbruderschaft (s. Judenchristliche Gemeinde) und als Geschäftsführer den dazu gehörenden Patmos-Verlag geleitet. Im Jahre 1954 ging G. Müller eigene Wege. Er gründete, erfüllt von ähnlichen Ansichten wie A. Poljak von der Reichsbruderschaft Jesu Christi, 1957 die Bruderschaft Salem.

G. Müller sucht den bald beginnenden Wirren der Endzeit durch soziale Tätigkeit zu begegnen. Allerdings liess sich längst nicht die ganze Fülle seiner Vorschläge für die Eröffnung von Heimen durchführen. Es galt auch gesetzliche Bestimmungen zu beachten. Heute leitet die Bruderschaft Salem vor allem einzelne Kinderdörfer mit vegetarisch-lebensreformerischen Prinzipien und eigenen biologisch geführten Landwirtschaftsbetrieben. Neuere Zweige sind die Tier-, Natur- und Umweltschutz-Salem-Arbeit, die 1984 gegründete Bio-Kurklinik Lindenhof Salem und ein kleines Salem-Familienwerk in Namibia (Afrika). Die Siedlungen und Heime stellen für G. Müller so etwas wie Inseln dar, um mit den Kindern und Jugendlichen den allgemeinen kulturellen, religiösen und gesundheitlichen Niedergang sowie die kommende Katastrophenzeit zu überdauern.

Zeitschrift: Die Salem-Hilfe.
Statistik: D: 3 Siedlungen / Häuser und Kindersiedlungen in Israel, USA, Kolumbien und einigen Ländern Afrikas / daneben ein gewisser Anhängerkreis in Deutschland und Anhänger in der Schweiz.
Adresse: Salem-Zentrale, D-95346 Stadtsteinach-Frankenwald, Tel. 0922 58 09 0.
www.saleminternational.org

Emma Berger und ihre Gemeinschaft

1958

Nach einer Glaubensheilung und einem damit verbundenen Berufungserlebnis begann Schwester Emma Berger, Kranken die Hand aufzulegen und «Botschaften» zu verkündigen. Schwester Emma Berger war früher Mitglied der Evangelischen Gemeinschaft,

sie liess sich in der Diakonissenanstalt Bethesda in Wuppertal-Elberfeld zur Krankenschwester ausbilden. Mit Hilfe eines Freundeskreises konnte sie 1958 in Korntal bei Stuttgart ihr Glaubenshaus errichten. Emma Berger weist die Versammlungsbesucher nachdrücklich auf Jesus Christus hin. Bei ihr selber sind auch Einflüsse der Pfingstbewegung feststellbar. Zu ihren Anliegen gehört die Heiligung des Christen und der Wille, Spiegelbild der wahren Gemeinde Christi zu sein, verbunden mit der Absonderung von der Welt.
Getragen vom starken Glauben an die baldige Wiederkunft Jesu Christi eröffnete Emma Berger in Israel, in der Gegend von Binjaminah, ihren «Kibbuz Beth-El». Die Gründung soll es anscheinend der Gemeinschaft ermöglichen, die nahen Endzeitereignisse im Heiligen Land mitzuerleben.
Emma Berger ist 1984 gestorben. Das Werk wird in gleicher Weise weitergeführt.

Statistik: 1 G und einige V / Vereinzelte Anhänger in verschiedenen Ländern.
Adresse: Glaubenshaus «Bethanien», D-70825 Korntal b. Stuttgart, Landhausstr. 25, Tel. 0711 83 12 57.

Philadelphia-Bewegung

nach 1945
Dieser auch anderswo verwendete Name meint hier die Heiligungsbewegung des früheren Missionars und zeitweiligen Pfarrverwesers Christian Röckle (1883–1966). Aufgrund einer inneren Schau bekam Chr. Röckle, wie er ausführt, 1942 von Gott den Auftrag, die Gemeinde Jesu auf die Wiederkunft ihres Herrn aufmerksam zu machen und vorzubereiten. Zu diesem Zweck verfasste er, aufgrund göttlicher Offenbarungen, einige Schriften. Er war überzeugt, dass seine Aussagen mit der Heiligen Schrift übereinstimmten. Mit diesen Schriften wandte er sich an Gläubige in allen Kirchen und Gemeinschaften.
Chr. Röckle erklärte, Gott habe ihm am Beispiel des dreigeteilten Tempels (Vorhof, Heiliges, Allerheiligstes) gezeigt, dass nur das Allerheiligste oder die Philadelphia-Gemeinde gemäss Off. 3 zur Entrückung komme. Zu dieser Gemeinde zählte er nur solche Gläubige, die nach ihrer Wiedergeburt eine völlige Hingabe ihres Lebens an Christus vollziehen und diese Hingabe unter der Leitung des Heiligen Geistes täglich vertiefen und vervollständigen. Die «zwölf Merkmale als Prüfstein völliger Übergabe» nennen u.a.: Sieg über die Sünde, Abgabe des Zehnten, Einigkeit im Geist.
Aufgrund dieser durch Schrift und Wort verkündigten Botschaft entstand die Philadelphia-Bewegung, die aber auch in den Augen von Chr. Röckle nicht als zur Vollendung gekommen gilt, sondern erst durch Busse und Hingabe dahin gelangen muss.
Die Philadelphia-Bewegung lebt auch nach dem Tod ihres Gründers weiter. Rechtlicher Träger des Werkes ist der Philadelphia-Verein in Leonberg/D. Er betreibt ein Erholungsheim, Altenheime, eine Kinderheimat und ein Freizeitzentrum. Mit seinen Einrichtungen ist er dem Diakonischen Werk der Evangelischen Kirche in Württemberg angeschlossen.
Die «Gemeinde ohne Flecken und Runzeln», wie sie Chr. Röckle als Ziel beschreibt, kann leicht als menschliches Werk und damit im Sinne des Perfektionismus missverstanden werden. Die erwähnte Dreiteilung der Gemeinde sowie die Überbetonung der Entrückung entsprechen nicht dem Neuen Testament. Die Philadelphia-Bewegung begegnet aber der möglichen Gesetzlichkeit mit Offenheit für den Heiligen Geist.

Zeitschrift: Philadelphia-Briefe (Auflage rd. 3 000).
Statistik: Jährliche Konferenz in Leonberg. Keine eigenen G. Mithilfe im Predigtdienst in rd. 30 Versammlungen in D.
Adresse: Philadelphia-Verein, Postfach 1663, D-71206 Leonberg, Heinrich-Längerer-Str. 27, Tel. 07152 93 95 20.

VI Apostelgemeinden

Zu den überragenden Gestalten des Neuen Testamentes gehören die Apostel. Petrus, Paulus und die anderen prägten nach dem Kreuzestod Jesu Christi das Leben der frühen Christengemeinden. Sie waren in gewissem Sinn die Sachwalter ihres erhöhten Herrn. Mit ihm wussten sie sich besonders verbunden. Von ihm erhielten sie Kraft und Weisung für ihr grosses Werk.
Die jungen Kirchen in der nachapostolischen Zeit haben *das Apostelamt nicht weitergeführt.* Schon die Apostel selber hatten keine Vorsorge für den Weiterbestand dieses Amtes getroffen. Das Neue Testament gibt uns die Erklärung für diese Zurückhaltung. Apostel konnte nur werden, wer den Herrn gekannt hatte, Zeuge seiner Auferstehung war und von ihm den Auftrag erhalten hatte (Apg. 1,21). Schon Paulus erfüllte auf andere Art die beiden letzten Bedingungen. Das urchristliche Apostelamt hatte offensichtlich die Aufgabe, bei der Legung des Fundaments für die Kirche mitzuwirken (vgl. Eph. 2,20). Es war für die Entstehungszeit der Kirche von grösster Bedeutung. Weil später andere Aufgaben wichtig wurden und zudem die Voraussetzungen fehlten, dass jemand Apostel werden konnte, führten die Kirchen dieses Amt im urchristlichen Sinn nicht mehr weiter.
In den Augen verschiedener Gemeinden des 19. Jhdt. war jedoch gerade dieser Verzicht der grosse Fehler der Kirche. Sie führten das Apostelamt wieder ein. Die **Katholisch-apostolischen Gemeinden** machten den Anfang damit. Während einer Erweckung in verschiedenen Kreisen *Englands* erwachte um 1830 die Überzeugung der nahen Wiederkunft des Herrn. Um Jesus Christus richtig empfangen zu können, vollzogen die Katholisch-apostolischen Gemeinden die *Wiederaufrichtung der göttlichen Kirchenordnung mit dem zwölffachen Apostelamt.* Die zwölf Apostel sollten die Welt zur Bereitschaft für die Wiederkunft Jesu Christi aufrufen.
Rund dreissig Jahre später verzichteten jedoch die noch lebenden englischen katholisch-apostolischen Apostel darauf, ihre bereits gestorbenen Amtsbrüder durch neue Berufungen zu ersetzen. Sie hofften zwar nach wie vor auf Christi Wiederkunft, hielten sie aber nicht mehr für unmittelbar bevorstehend. Verschiedene Amtsträger in Norddeutschland und Holland stimmten jedoch diesem Entscheid nicht zu. Sie begannen auf eigenen Entschluss hin mit weiteren Apostelberufungen. Aus den dadurch hervorgerufenen Spannungen ging die **Neuapostolische Kirche** (NAK) mit ihren Lehren und Sonderlehren hervor. Zum Garanten der Einheit und der korrekten Lehrverkündigung und zu einer Art Markenzeichen der NAK wurde der streng hierarchische Aufbau mit dem den Kurs der Kirche wesentlich bestimmenden Stammapostelamt.

Im Laufe der Jahrzehnte hat sich von der Neuapostolischen Kirche eine Reihe von selbständigen **Freien Apostelgemeinden** abgespalten. Konflikte entstanden in der Regel aus dem nicht immer spannungsfreien Verhältnis der in der Neuapostolischen Kirche dominanten zentralen Leitung zu untergeordneten Amtsträgern und lokalen Gemeinden.

Es verwundert nicht, dass die sich abspaltenden Gruppen das neuapostolische Stammapostelamt ablehnen. Das Apostelamt haben sie jedoch beibehalten, nicht zuletzt, weil sie in ihm das Moment der «Sendung» erkannten. Engagierte Christen sind auf ihre Weise immer, wenn nicht Apostel, so doch «apostolisch», d.h. «gesandt», in ihrem Christsein mitten in die Welt hinein geführt.

Die Frage, warum es gerade in der Apostelbewegung im Verhältnis zu ihrer Grösse zu einer kaum mehr überblickbaren Zahl von Abspaltung kam, lässt sich einerseits mit dem Hinweis beantworten, dass das Apostelamt der ganzen Bewegung in keiner apostolischen Sukzession steht und damit seine Hauptfunktion, Garant für die Einheit der Kirche zu sein, bald einmal verliert, ja, in ihr Gegenteil verdreht. In der Frage nach den rechten Aposteln spaltet sich die Apostelbewegung immer wieder neu. Andrerseits nimmt der kritische Beobachter in der Apostelbewegung auch recht häufig einen auffallenden Mangel an Weisheit im Umgang mit Konflikten und mit andersdenkenden Amtsträgern und Gemeindegliedern wahr. In ihrer Liebe zum scheinbar glaubensentscheidenden Amt lernt die Apostelbewegung vielleicht noch weniger als andere religiöse Gemeinschaften die Kunst der kollegialen Konfliktbewältigung (wie sie beispielhaft im Konflikt unter den neutestamentlichen Aposteln etwa in Gal. 2 nachgezeichnet wird). In Konflikten innerhalb der heutigen Apostelbewegung spricht meistens das Amt, innerhalb der neuapostolischen Kirche das sog. Stammapostelamt. Wer sich dem Spruch nicht unterzieht, gründet seine eigene Apostelkirche oder tritt einer dissidenten Apostelkirche bei. Dieses fast zwangsläufig zu Spaltungen führende Verständnis des Amtes provoziert eine Gegenbewegung: In letzter Zeit besinnen sich gerade die abgespaltenen Apostelgemeinden intensiv auf ihre ökumenische Grundhaltung, die grundsätzlich mit der Liebe zur frühen Kirche und deren Ämter und zur katholisch-apostolischen Tradition des 19. Jahrhunderts verbunden ist.

Nachdem schon 1956 die «Vereinigung der Apostel der Apostolischen Gemeinden – Vereinigte apostolische Gemeinden» freie Apostelgemeinden in der ganzen Welt zusammenführte, hat sich diese Verbindung unter dem Namen «Vereinigung Apostolischer Gemeinden Europa» in jüngster Zeit mit ihrer Liebe zu weltnahem Christentum, zu frühchristlichen Bekenntnissen und zur ökumenischen Zusammenarbeit und mit ihrem Verzicht auf jedes Stammapostelamt wieder der kirchenverbindenden Kraft frühchristlicher Tradition und frühchristlicher Ämter geöffnet. Apostel konnten oder könnten auch der Einheit dienen.

Folgende, in anderen Kapiteln beschriebene Gemeinden kennen auf ihre Art ebenfalls ein Apostelamt: Mormonen (Kap. 7); die Apostolische Kirche – Urchristliche

Mission und die ihr verwandte Gemeinde für Urchristentum haben kein besonderes Apostelamt, rechnen aber damit, dass die bestehenden Ämter den apostolischen wie auch den prophetischen und evangelistischen Dienst nach Eph. 4,11 wahrnehmen (s. Kap. 4).

1. Katholisch-apostolische Gemeinden

Katholisch-apostolische Gemeinden

Die Katholisch-apostolischen Gemeinden sind aus Kreisen hervorgegangen, welche die nahe Wiederkunft des Herrn erwarteten und dazu die Wiederherstellung auch der äusseren Züge der Urgemeinde für nötig erklärten. So wurden 1832–1835 in England zwölf Apostel für verschiedene Gebiete der Erde berufen. Sie beabsichtigten nicht so sehr die Gründung eigener Gemeinden, sondern die warnende Vorbereitung der Völker. Ihr bekanntester Prediger war Edward Irving, früher Pfarrer an der schottischen Nationalgemeinde in London. Nach ihm wurden die Katholisch-Apostolischen gelegentlich fälschlicherweise auch *Irvingianer* genannt. Edward Irving war mit den Anfängen des Werkes eng verbunden. Er starb jedoch 1834 und konnte auf die weitere Entwicklung keinen Einfluss mehr nehmen.

In Deutschland fand die Bewegung durch die Apostel Carlyle und Woodhouse Eingang. In der Schweiz wirkte Apostel Drummond. Um die Jahrhundertwende zählten die Katholisch-apostolischen Gemeinden in verschiedenen Ländern rund 60 000 Mitglieder.

Der letzte Apostel ist 1901 entschlafen. Damit wurde nach katholisch-apostolischer Ansicht der Strom des Heiligen Geistes, soweit er durch das verordnete Amt floss, unterbrochen. Neue Amtsträger konnten mangels Apostel nicht mehr eingesetzt werden. Heute bestehen nur noch selbständige Laiengemeinden ohne einheitlichen kirchlichen Mittelpunkt. Die Zahl der Gemeindeglieder geht ständig zurück.

Die Katholisch-apostolischen Gemeinden halten sich an die altkirchlichen Bekenntnisse und leben in der Hoffnung auf die Wiederkunft Christi. Sie feiern die Taufe nach altkirchlicher Tauflehre und das Abendmahl als Hauptsakramente. Priesterweihe, Versiegelung (Verleihung des Heiligen Geistes durch Handauflegen), Privatbeichte, Krankensalbung und kirchliche Trauung galten als sakrale Handlungen. Da 1971 in London auch der letzte von einem Apostel ordinierte Priester gestorben ist, können alle diese Handlungen nicht mehr vollzogen werden. Die Teilnahme an den Sakramenten geschieht in den Kirchen, d.h. die Glieder der Katholisch-apostolischen Gemeinden nehmen je nach Gegend am Leben der betreffenden Landeskirchen teil. Mit dem Ökumenischen Rat der Kirchen besteht keine Beziehung. Die Gemeinden sind ohne zentrale Leitung.

Zeitschrift: Smyrna Stimmen.
Statistik: D: rd. 110 G / A: 1 G / CH: 9 G.
Adresse: Katholisch-apostolische Gemeinde, Freiestr. 107, CH-8032 Zürich, Tel. 01 383 61 47.

2. Neuapostolische Kirche

Neuapostolische Kirche

Die Neuapostolische Kirche ist aus den Katholisch-apostolischen Gemeinden hervorgegangen, die von 1832 bis 1835 zwölf Apostel berufen hatten.

In den Jahren 1860/63 verzichteten die Katholisch-apostolischen Gemeinden dann jedoch auf die Ersetzung der verstorbenen Apostel. Norddeutsche und holländische Teile der Gemeinden hielten sich nicht an den entsprechenden Beschluss. Sie beriefen von neuem Apostel und gaben damit Anlass zu einer neuen, von den Katholisch-apostolischen Gemeinden abgespaltenen Gemeindegründung. Diese nannte sich zuerst Allgemeine Christliche Apostolische Mission. Aus einer weiteren Abspaltung bildete sich dann die Gemeinde, die seit 1907 den heutigen Namen «Neuapostolische Kirche» trägt. Die Entwicklung der Neuapostolischen Kir-

che verlief nicht immer ungestört. Innere Differenzen führten zu einer bedeutenden Zahl von Abspaltungen.
Besonders belastend für die Einheit der Kirche wirkte sich die sog. «Botschaft» des Stammapostels J.G. Bischoff aus, der (damals 80jährig) 1951 zu Weihnachten verkündete, dass Jesus noch zu seinen Lebzeiten auf Erden erscheinen werde. Ab 1954 wurde diese Lehre zum «Dogma» erhoben. Von den Aposteln wurde verlangt, dass sie diese Botschaft ihren Gemeinden verkündeten. Ein paar Apostel (z.B. Otto Gütinger, s. «Vereinigung Apostolischer Christen») weigerten sich jedoch, diese für sie biblisch nicht begründbare Behauptung zu verbreiten. Sie wurden mit ihren Anhängern aus der NAK ausgeschlossen. Nach dem Tod von J.G. Bischoff (1960) erfüllte sich die Hoffnung auf Rückkehr der Verstossenen in die Mutterkirche nicht, da die NAK den Tod des Stammapostels vor der Wiederkunft Jesu damit erklärte, dass Gott seinen Plan geändert habe. Die NAK hat diese sog. «Botschaft» auch seither nie als Irrtum des damaligen Stammapostels verstanden. Sie deutet sie heute als Geheimnis, das sich nicht erklären lässt.
Die Neuapostolische Kirche richtet sich immer noch – wie ihre katholisch-apostolischen Vorläufer – auf die nahe Wiederkunft Christi aus, denkt aber nicht mehr an bestimmte Fristen. Sie fordert von ihren Mitgliedern rege Beteiligung am Gemeindeleben, schenkt ihnen aber auch ein ausgeprägtes Gefühl der Zusammengehörigkeit. Die Neuapostolische Kirche hält sich für die auserwählte Schar und allein wahre Kirche. Zur Begründung dieser besonderen Stellung weist sie auf ihr Apostelamt hin. Oberster Leiter ist der Stammapostel, der von der Apostelversammlung gewählt oder unter Umständen von seinem Vorgänger bestimmt wird. Der Stammapostel ernennt Apostel, die ihrerseits wieder mit seiner Zustimmung die vielen anderen Amtsträger bestimmen. Die Ämterhierarchie umfasst in absteigender Reihenfolge Stammapostel, Bezirksapostel, Apostel, Bischof, Bezirksältester, Bezirksevangelist, Gemeindeältester, Hirte, Gemeindeevangelist, Priester, Diakon und Unterdiakon. Diese Ämter sind – vor allem auf den unteren Stufen – in der Regel ehrenamtlich.
Nach neuapostolischer Ansicht sind die richtige Auslegung der Heiligen Schrift und die Erkenntnis neuer gegenwärtiger göttlicher Wahrheiten nur durch das Stammapostel- und Apostelamt möglich. Ebenso können Gottes Heil und Gaben nur durch das Stammapostel- und Apostelamt empfangen werden. Die Neuapostolische Kirche gilt als Gottes Erlösungswerk in unserer Zeit.
Die Bedeutung des Apostels sehen die Neuapostolischen in einer besonderen Verbindung mit Christus begründet. Christus ist ausschliesslich im Apostel am Werk. Durch die Versiegelung mit Handauflegung verleiht der Apostel, und nur er, dem Gläubigen den Heiligen Geist und damit die wahre Gotteskindschaft. Die Versiegelung gilt neben Taufe und Abendmahl als drittes Sakrament.
Die Neuapostolische Kirche entfaltet eine rege Werbetätigkeit, die an keine Landesgrenze gebunden ist.
Von kirchlicher Seite werden u.a. folgende Ansichten als unbiblisch zurückgewiesen: die Behauptung, das neuapostolische Apostelamt entspreche dem urchristlichen Apostolat; der Anspruch, die Bibel und der zeitgemässe Wille Gottes würden lediglich vom Stammapostel- und Apostelamt richtig ausgelegt, erkannt und weitergegeben; die Meinung, Gott schenke die Kraft des Heiligen Geistes und die echte Gotteskindschaft nur durch das Apostelamt der Neuapostolischen Kirche. Bedauert wird auch die bisher demonstrierte Unfähigkeit der NAK-Leitung, die sog. Botschaft des Stammapostels Bischoff offen als Irrtum zu deuten und damit die Fehlbarkeit jeder Institution,

auch des Stammapostelamtes, anzuerkennen. Dankbar erkennen wir hingegen erste Anzeichen einer Aufweichung des Anspruchs der NAK, die einzig wahre Kirche zu sein. Zu einer echten ökumenischen Öffnung reichen diese ersten Anzeichen allerdings wahrscheinlich noch lange nicht.

Zeitschriften: Unsere Familie / Leitgedanken.
Statistik: Weltweit 7–10 Mio (Zuwachs vor allem in den Dritte-Welt-Ländern) / D: 40 000 M / A: rd. 5000 M / CH: 35 000 M.
Adressen: Neuapostolische Kirche der Schweiz, Postfach 335, Kasinostr. 10, CH-8032 Zürich, Tel. 01 265 55 55, Fax 01 265 54 80. – Verlag Friedrich Bischoff, Gutleutstr. 298, D-60327 Frankfurt a.M., Tel. 069 27 28 10. – Sekretariat NAK, Mittlersteig 10, A-1051 Wien, Tel. 01 586 05 21.
www.nak.org
www.nak.ch
www.nak.de

3. Freie Apostelgemeinden

3.1. Vereinigung Apostolischer Gemeinden

Vereinigung Apostolischer Gemeinden Europa

Gemeinden, Gruppen und einzelne Christen, die aus der NAK austraten oder ausgeschlossen wurden, verbanden sich schon 1956 unter dem Namen «Vereinigung der Apostel der apostolischen Gemeinden – Vereinigte Apostolische Gemeinden» zu einem weltweit tätigen Kirchenverband. Mitglied wurden der Reformiert-Apostolische Gemeindebund (östliches Deutschland), der inzwischen Teil der Apostolischen Gemeinschaft Deutschland wurde, die Apostolische Gemeinschaft (ursprünglich nur westliches Deutschland und Österreich), die Vereinigung Apostolischer Christen (Schweiz), die Union des Chrétiens Apostoliques in Frankreich (8 G), die Gemeente van Apostolische Christenen (Holland), die australische Apostolic Church (23 G), die Apostolic Church (Apostle Unity) in Südafrika (gegr. 1957 nach der Amtsenthebung von drei südafrikanischen Aposteln, 36 G) und die United Apostolic Church in Indien (gegr. 1974).
Alle im Dachverband vereinigten Gemeinschaften berufen sich auf die katholisch-apostolische Erweckungsbewegung des 19. Jahrhunderts, pflegen ihre Liebe zum altkirchlichen Glaubensgut, niedergelegt in den alten Bekenntnissen, und betonen ihre bewusst ökumenische Grundhaltung. Kurz – sie möchten im besten Sinn des Wortes katholisch-apostolisches («umfassendes» und «gesandtes») Christentum leben. Die z.Zt. 13 Apostel wählen regelmässig einen unter ihnen als primus inter pares (kein Stammapostelamt!).

Statistik: Weltweit: 160 G, 40 000–50 000 M (Europa 12 000, Australien 20 000–30 000, Afrika 6000–8000).
www.united-apostolic.org
www.apostolisch.ch

Gemeente van Apostolische Christenen

ca. 1954/55
Die Spannungen in den 50er Jahren innerhalb der Neuapostolischen Kirche führten in Holland zur Bildung der Apostolische Geloofsgemeenschap. Heute nennt sie sich Gemeente van Apostolische Christenen und ist Mitglied der (internationalen) Vereinigung der Apostel der Apostolischen Gemeinden.

Zeitschriften: De Bazuin Sions / Militia Christi.
Statistik: Gesamthaft rd. 20 G / NL: 13 G.
Adresse: Gemeente van Apostolische Christenen, Hoofdweg 495, 1055 SC Amsterdam, Niederlande.

Vereinigung Apostolischer Christen Schweiz

Nach längerem Vorspiel wurde 1954 der schweizerische Apostel Otto Güttinger aus der Neuapostolischen Kirche ausgeschlossen. Dem Ausschluss waren Spannungen im Saarland, an denen Güttinger beteiligt ge-

wesen war, vorausgegangen. Ebenso bedeutsam waren frühere Vorschläge zur Reorganisation des Stammapostelamtes durch Apostel Ernst Güttinger, den Vater von Otto Güttinger, sowie die Kritik an der «Botschaft» des Stammapostels J.G. Bischoff, er werde Christi Wiederkunft noch erleben. Otto Güttinger gründete die Vereinigung Apostolischer Christen, denen heute als Nachfolger von Apostel Erwin Kindler Walter Baltisberger vorsteht.
Dem Apostelamt kommt die gleiche Bedeutung zu wie in der Neuapostolischen Kirche. Das Stammapostelamt wird jedoch abgelehnt.
Ab 1956 haben sich der Vereinigung verschiedene weitere (vor allem australische und südafrikanische) Abspaltungen der NAK angeschlossen. Theologisch hat sich die Vereinigung allmählich geöffnet. Sie will nicht mehr die einzig wahre Kirche sein. Taufe und Abendmahl werden als Sakramente gefeiert. Über das sog. Sakrament der Versiegelung wird unter den freien Aposteln zur Zeit verhandelt, da es nicht mehr als eindeutig biblisch begründet gilt. Vom Anspruch, die einzig wahre Kirche zu sein – ein Anspruch, den sie von der NAK erbte – distanziert sich die Vereinigung immer deutlicher. Die Aufnahme in die Evangelische Allianz und in die Arbeitsgemeinschaft christlicher Kirchen wird nun geprüft.
Die Versöhnung mit der NAK wäre nach wie vor erwünscht. Gespräche mit der NAK sind deshalb im Gange. Ein Haupthindernis für die Versöhnung ist immer noch die sog. Botschaft des seinerzeitigen Stammapostels Bischoff, deren Wahrheitsgehalt für viele NAK-Mitglieder unbestritten bleibt. Weitere Gesprächspunkte betreffen die Versiegelung und den Exklusivanspruch der NAK.

Zeitschrift: Der Herold.
Statistik: CH: 12 G, rd.700 M.
Adresse: Vereinigung Apostolischer Christen Schweiz, Carl Spitteler-Str. 20, CH-8053 Zürich, Tel. 01 381 25 13.
www.apostolisch.ch

Apostolische Gemeinschaft in Deutschland

1955 wurden in Deutschland drei Apostel, Peter Kuhlen, Siegfried Dehmel und Ernst Dunkmann, sowie weitere neuapostolische Amtsträger abgesetzt, weil sie die «Botschaft» des Stammapostels Bischoff, er werde die Wiederkunft Christi noch zu seinen Lebzeiten erfahren, nicht verkündigten. Die Ausgeschlossenen gründeten die Apostolische Gemeinschaft, der heute die Apostel Gassmeyer und Lenser vorstehen.
Die Bedeutung des Apostelamts ist die gleiche geblieben wie in der Neuapostolischen Kirche. Die Apostolische Gemeinschaft verzichtet jedoch auf ein Stammapostelamt.

Zeitschrift: Der Herold.
Statistik: D: gegen 110 G, 8 000 eingetragene M / A: 2 G (mit der deutschen Gemeinschaft verbunden).
Adresse: Apostolische Gemeinschaft, Sekretariat, Cantadorstr. 11, D-40211 Düsseldorf, Tel. 0211 35 03 99.

3.2. Andere freie Apostelgemeinden

Gemeinschaft des göttlichen Sozialismus, Apostelamt Juda

1902
Nach seinem Ausschluss aus der Neuapostolischen Kirche gründete Julius Fischer (1867–1923), der Bezirksälteste von Zehdenick b. Berlin, das «Apostelamt Juda». Julius Fischer lehnte die dinglich-realistische Enderwartung der Neuapostolischen (leibliche Wiederkunft Christi, Reich Gottes auf Erden) ab. Für ihn war Christus im Fleisch der Apostel wiedergekommen. Auch nahm er sozialkritische Elemente in seine Lehre auf.
Nach Fischers Tod spaltete sich die Gemeinschaft in das «Apostelamt Jesu Christi» und in die «Gemeinschaft des göttlichen Sozialismus, Apostelamt Juda» mit Adolf

Tschach als Apostel Juda. Er wird durch drei «Charakterämter» (Prophet, Evangelist und Hirte in Juda) unterstützt. Die einzelnen «Stämme» werden von Aposteln geleitet.

Zeitschrift: Wahrheitskunde.
Statistik: D: Im Gebiet der neuen Bundesländer 1000 M / Anhänger auch in den alten Bundesländern.
Adresse: Willi Seemke, Im Hinterforst 17, D-64367 Mühltal, Tel. 06151 14 62 90.

Apostolische Gemeinde

Nach seinem Ausschluss aus der Neuapostolischen Kirche gründete der Apostel Hermann Gottfried Rockenfelder (geb. 1932) zusammen mit dem Propheten Walter Heubach (gest. 1990) und ihrer Anhängerschaft die Apostolische Gemeinde. (Gründungsdatum 12.2.1989). Prophet ist heute Willi Wittek.
Die Apostolische Gemeinde erstrebt die Rückkehr zur ursprünglichen von den englischen Aposteln vertretenen Apostellehre (s. Katholisch-apostolische Gemeinden) ohne Stammapostelamt. Es ist ihr Ziel, die Gläubigen durch die Wirksamkeit des vierfachen Amtes zu pflegen, zu unterweisen und auf die Wiederkunft Jesu Christi vorzubereiten. Die Apostolische Gemeinde mit Sitz in Wiesbaden trägt als der erste Glaubensstamm durch Prophetenwort den Namen Juda. In diesem apostolischen Glaubensstamm arbeiten ein Apostel, ein apostolischer Prophet, ein apostolischer Evangelist und ein apostolischer Hirte, wobei dem Apostel der Vorrang zukommt. Die Vermittlung des Heiligen Geistes ist sein ausschliessliches Recht.

Adresse: Apostolische Gemeinde, Schillstr. 19, D-65187 Wiesbaden, Tel. 0611 81 06 40.

Apostelamt Jesu Christi

1923
Nach dem Tod von Julius Fischer (s.o. Apostelamt Juda) bildete sich nicht nur die Gemeinschaft des göttlichen Sozialismus, Apostelamt Juda, sondern als selbständige Gemeinschaft das Apostelamt Jesu Christi (bis 1947 «Apostelamt Simeon in Jakobs Geschlecht»). Der damals leitende «Apostel Simeon» (Hermann Krüger) und sein Nachfolger, «Apostel Naphtali» (Albert Trubach) übernahmen zum grösseren Teil die Lehren Julius Fischers. Seit 1981 liegt die Leitung in den Händen des «Apostel Philippus» (Waldemar Rohde). Durch die Rückbesinnung auf die allgemein biblischen Aussagen gewann das Apostelamt Jesu Christi mehr christliche Offenheit. An der Spitze der Gemeinschaft steht der «Stammapostel Jesu Christi». Diesem «Hauptamt» sind die Apostel und weitere Ämter untergeordnet.

Zeitschrift: Jugend.
Statistik: D: rd. 200 G, etwa 20 000 M.
Adresse: Kirche Jesu Christi, Rennbahnring 9, D-06124 Halle, Tel. 0345 695 00 39.

Apostolisch Genootschap

1946
Während des 2. Weltkrieges ist es zwischen Stammapostel J.G. Bischoff auf der einen Seite und holländischen Gemeinden unter der Leitung von J.H. van Oosbree auf der anderen Seite zu Spannungen gekommen. Sie betrafen auch die neuapostolische Abendmahlspraxis. Als dann L. Slok, den J.H. van Oosbree zu seinem Nachfolger bestimmt hatte, vom Stammapostel abgelehnt wurde, kam es zur Trennung. Ziel der Apostolisch Genootschap ist es, durch Wort und Heilstaten bei der Gründung und Verwirklichung des Königreiches Gottes unter den Menschen mitzuwirken. Heutiger Leiter ist Apostel J.L. Slok.

Zeitschrift: Ons Maandblad.
Statistik: Gesamthaft gegen 26 000 M, CH: 1 G.
Adresse: Centrale Administratie van Het Apostolisch Genootschap, Jacob van Lenneplaan, Postfach 116, 3740 AC Baarn (Niederlande). – Krijn de Vos (-Steiger), Guyerstr. 10, Postfach, CH-8304 Wallisellen, Tel. 01 830 07 66.

Hersteld Apostolische Zendingkerk

Deutscher Name: Apostolische Sendungskirche in Deutschland.
Nach dem Tode des holländischen Apostels Schwarz von der «Allgemeinen Christlichen Apostolischen Mission» (s.o. «Neuapostolische Kirche») begannen verschiedene Gemeinden in Holland, gegen den Willen des deutschen (Stamm-)Apostels Krebs, ihren Weg in der bisherigen Selbständigkeit weiterzugehen. Sie gingen als Hersteld Apostolische Zendingkerk aus den Spannungen hervor und erhielten Martinus van Bemmel als Apostel. Später diente A.J. Korff als Apostel für Deutschland. Ihm folgte 1956 L.J. Korff.
Seit einer Spaltung im Jahre 1969 besteht noch eine weitere Hersteld Apostolische Zendingkerk. Ihre Anhänger halten sich an Apostel D.W. Ossebaar.
Die Apostolische Sendungskirche anerkennt theoretisch auch andere Kirchen als vor Gott richtig.

Richtung mit Apostel L.J. Korff:
Statistik: NL: 10 G / D: 3 G / A: vereinzelte Anhänger / CH: keine G.
Adressen: L.J. Korff, Altersheim «Oosterwolde», Reinaldstraat 2, N-6883 HM Velp (Niederlande). – Roland Klessinger, Niddastr. 9, D-38120 Braunschweig. Tel. 0531 84 86 13.

Richtung mit Apostel D.W. Ossebaar:
Statistik: NL: 2 G, 200 M / einige kleine Kreise in D und Südafrika.
Adresse: Hersteld Apostolische Zendingkerk, Kerkgebouw, Bloemgracht 98, NL-1015 TM Amsterdam, Tel. 0031 20 622 04 48.

Wiederhergestellte Apostolische Missionsgemeinde

1930
Die Wiederhergestellte Apostolische Missionsgemeinde ist der deutschsprachige Zweig der Hersteld Apostolische Zendinggemeente, einer Abspaltung von der Hersteld Apostolische Zendingkerk.

Zeitschrift: Maranatha / Frohe Botschaft.
Statistik: NL: 5 G, 600–700 M / CH: 1 G / Australien 1 G.
Adressen: Apostel P.V. Hoek, Nemelaar 46, NL-2036 EG Haarlem (Holland), Tel. 0031 23 533 38 48. – H. Weber, Gotthelfstr. 9, CH-4800 Zofingen, Tel. 062 751 43 66.

Kleinste Abspaltungen von der Neuapostolischen Kirche

Verschiedene Gemeinden hatten nie einen grösseren Bestand, und bei andern sind die Mitglieder bis auf einen kleinen Rest zurückgegangen.

Die Vereinigung *Christen unserer Zeit* sind 1949 unter der Leitung des Bezirksältesten Jakob Bitsch entstanden. Sie umfassten einmal zwei Dutzend Gemeinden in Südhessen und Nordbaden. Die Mitgliederzahl hat stark abgenommen. Ihr heutiger Leiter ist Johann Winterwerber.

Zeitschrift: Wort und Tat. Adresse: Vereinigung Christen unserer Zeit, Willi Vogel, Schlossstr. 25, D-64625 Bensheim.

Im Saarland wurden in den frühen 50er Jahren verschiedene Gemeinden unter dem Bezirksevangelisten Herbert Schmidt von der Neuapostolischen Kirche ausgeschlossen. Sie gründeten 1955 die *Apostolische Gemeinde des Saarlandes,* die bis 1967 unter der geistigen Führung der Apostolischen Gemeinschaft stand. Seither ist sie ganz selbständig. Heutiger Leiter ist Apostel Ortwin Schmidt.

Zeitschrift: Wahrheit. Adresse: Apostolische Gemeinde, Königsberger Str. 1, D-66287 Quierschied.

Die *Gemeinde der Jünger Jesu* ist 1956 aus der Gruppe um Herbert Schmidt hervorgegangen. Der heutige Leiter, Rudolf Quien, hält sich in seiner Glaubensanschauung an Jesus. Mit Hinweis auf Röm. 13,1–4 lehnt er Paulus als Obrigkeitsverehrer und Gründer einer Hierarchie von Ämtern ab.

Adresse: Rudolf Quien, Bliesbolchenstr. 3, D-66271 Bliesransbach.

Zu erwähnen ist weiterhin die *Neuapostolische Gemeinde Schötmar.*
Die 1929 von Eduard Gaidies gegründete *Apostolische Gemeinde Essen* heisst heute *Apostolische Urgemeinde.*

Statistik: 2 G, rd. 100 M.
Adresse: Leiter Günter Jegus, Weidenbruch 54, D-45133 Essen.

VII Mormonentum

Unter den zahlreichen Bewegungen des 19. Jahrhunderts, die der christlichen Bibel neue Offenbarungen zur Seite stellten und deshalb «Neuoffenbarer-Bewegungen» heissen, ist das Mormonentum bei weitem die erfolgreichste. Beeindruckend ist nicht nur die Zahl der einzelnen Gemeinschaften, die zum Mormonentum gerechnet werden können, es sind rund 70 Gruppierungen, sondern auch die Zahl ihrer Mitglieder, die in die Millionen geht. Verantwortlich für diese Summe ist allerdings vor allem eine Gemeinschaft, die «Kirche Jesu Christi der Heiligen der Letzten Tage», die bei weitem grösste der Mormonen-Kirchen, die allein über rund 10 Millionen Mitglieder weltweit verfügt.

Es erstaunt in Anbetracht dieser Tatsache nicht, dass der Name «Mormonen» weithin zu einem Wechselbegriff für die letztgenannte Gemeinschaft wurde, insbesondere in Österreich und der Schweiz, wo nur diese über organisierte lokale Gemeinden verfügt. Tatsächlich ist die «Kirche Jesu Christi der Heiligen der Letzten Tage» zwar die grösste der Mormonen-Gemeinschaften, ob sie aber die originärste ist, bleibt die Frage. Als zum Mormonentum gehörig müssen vielmehr alle Gemeinschaften gerechnet werden, die das Buch Mormon als heilige oder wie auch immer wesentliche Schrift betrachten (auch wenn sie dieses Werk u.U. anders benennen). Im deutschen Sprachraum trifft dieses auf drei Gemeinschaften zu, die schon erwähnte «Kirche Jesu Christi der Heiligen der Letzten Tage», auf die «Reorganisierte Kirche Jesu Christi der Heiligen der letzten Tage» und auf die kleine, aber aktive «Kirche Christi mit der Elias-Botschaft». Die meisten der rund 70 Mormonen-Gemeinschaften sind hingegen bloss in den USA vertreten, was nicht nur damit zu tun hat, dass diese das Mutterland des Mormonentums sind, sondern auch damit, dass die USA im Glauben der Mormonen als Ort der Wiederkunft Christi eine besondere heilsgeschichtliche Bedeutung tragen.

Gemeinschaften, die sich auf das Buch Mormon berufen, kommen nicht umhin, auch einer Person einen herausgehobenen Rang zuzubilligen: Joseph Smith, dem Herausgeber des Buches Mormon, der in der Sicht der Mormonen der Übersetzer dieses Werkes ist, in kritischer Sicht aber dessen Verfasser.

Joseph Smith wurde 1805 in Vermont geboren, seine Familie zog aber im Jahr 1915 im Gefolge des britisch-amerikanischen Krieges von 1812 in den Westen des Staates New York. Dort betätigte sich Joseph Smith als Schatzsucher, wofür er einen Kristall als Wahrsagestein («peepstone») zwecks übersinnlicher Aufspürung verborgener Wertsachen einsetzte, eine Methode, die zu Joseph Smiths Zeiten nicht unüblich war. Trotz dieser aus heutiger Sicht esoterischen Betätigung wurde Smith von einer Erweckungswelle, die im Jahr 1823 seine Wohngegend erreichte, erfasst. Joseph Smith beteiligte sich in der Folge an Veranstaltungen der Methodistenkirche und war dort ein gern gesehener Redner. Im Jahr 1927 behauptete Joseph Smith, durch einen Engel in den Besitz von Goldplatten gelangt zu sein, die antike Schriftzeichen – Smith sprach von einem verbesserten Altägyptisch (reformed Egyptian) – aufwiesen. Mit Hilfe seines peepstones, welchen Joseph Smith nun mit den alttestamentlichen Begriffen «Urim und Thummim» bezeichnete, sei es ihm möglich, die Schriftzeichen zu übersetzen, im Stein erscheine der Text in englischer Sprache. In den folgenden Jahren machte sich Smith an die Übersetzung der Goldplatten, wobei diese – so die Darstellung kritischer Zeitzeugen – allerdings in ein Tuch eingewickelt blieben, während er aus seinem peepstone die Übersetzung ablas.

Was Joseph Smith auf diese Weise übersetzte, stellt für den heutigen Aussenstehenden ein Kuriosum, für seine Zeit aber eine durchaus auch wissenschaftlich diskutierte und keinesfalls neue Hypothese dar: Die Platten berichteten davon, dass Amerika schon lange vor der Entdeckung durch Kolumbus resp. Leif Erikson von Israeliten besiedelt gewesen sei, und zwar in einer ersten «Besiedelungswelle», die gleich nach dem missglückten Turmbau zu Babel stattgefunden habe, gefolgt von einer zweiten Welle nach der Zerstörung Jerusalems zu Beginn des sechsten Jahrhunderts vor Christus. Die Bevölkerung der ersten «Welle», die Jarediten, waren vor der Ankunft der zweiten Welle ausgestorben, so dass diese einen gänzlich unbewohnten Kontinent antraf. Sehr bald schon teilten sich diese zweiten Ankömmlinge, die dem Fall Jerusalems entgangen waren, in zwei Völker, in die gottesfürchtigen Nephiten und die gottlosen Lamaniten. Erstere durften erleben, dass Jesus Christus nach seiner Himmelfahrt in Palästina sich zu ihnen gesellte, ihnen eine Kurzfassung der Evangelien vermittelte, zwölf Apostel bestimmte und sich wiederum in den Himmel erhob. Den so unterwiesenen Christen der Neuen Welt war aber ein übles Geschick bestimmt: im fünften Jahrhundert u.Z. wurden sie von den gottlosen Lamaniten in einer grossen Schlacht bis auf den letzten Mann niedergemacht, allerdings nicht bevor der Letzte der Nephiten, ein gewisser Moroni, die Geschichte seines Volkes auf eben diesen Goldplatten niederschreiben konnte, in deren Besitz Joseph Smith dann gelangte. Die Lamaniten hingegen überlebten, wurden allerdings für ihre Gottlosigkeit mit einer dunklen Hautfarbe bestraft. Sie stellen die Vorfahren der heutigen Indianer dar. Diesen Inhalt präsentiert das Buch Mormon, das 1830 herausgegeben wurde.

Was aus kritischer Sicht wie mässig gute Fantasy-Literatur mit reichlich rassistischem Beigeschmack aussieht, fiel zu Zeiten Joseph Smiths auf fruchtbaren Boden. Zum einen war die Vorstellung, dass es sich bei den amerikanischen Indianern um die verlorenen zehn Stämme Israels handelt, weit verbreitet und wurde heiss diskutiert. Zum anderen litten die Zeitgenossen Joseph Smiths an der in den USA besonders deutlichen Zersplitterung des Christentums: Eine Unzahl von Denominationen lag miteinander im Streit, jede davon überzeugt, dem wahren Christentum am nächsten zu kommen. Wie sollte hier Abhilfe geschaffen werden? Durch Rückbesinnung auf die Sitten und Gebräuche der Urgemeinde, die möglichst originalgetreu wiederhergestellt werden sollten, lautete eine häufig gehörte Antwort, die eine ganze Bewegung stiftete: das Restauration Movement, die Wiederherstellungsbewegung, aus welchen die «Disciples of Christ» und die auch im deutschen Sprachraum tätigen «Gemeinden Christi» entsprangen. Die genannten Gemeinden bemühen sich, bis ins Wort hinein neutestamentliche Gemeindemodelle in unserer Zeit nachzuformen. Joseph Smiths Platten wiesen in die selbe Richtung: Die Geschichte der bisherigen Christenheit ist eine Geschichte eines zunehmenden Verfalles des ursprünglichen Zustandes. Welches dieser ideale Urzustand der Urgemeinde war, dies musste Joseph Smith nun, im Gegensatz zum Restauration Movement, nicht mühsam aus dem Neuen Testament gewinnen, er hatte ja seine Platten, die die unverfälschte Botschaft Christi wiedergaben. Die Wiederherstellung des ursprünglichen Christentums sollte, so die Vorstellung nicht nur Joseph Smiths, sondern auch des Restauration Movements, die Wiederkunft Christi und damit das Ende dieser Welt zur Folge haben. Die Botschaft Joseph Smiths kann deshalb durchaus als Endzeitbotschaft gelesen werden und wirkte attraktiv auf Menschen, die durch den sozialen Wandel angesichts der beginnenden Industrialisierung überfordert waren.

Eine Prüfung von Joseph Smiths Platten ist heute leider nicht mehr möglich, da er dieselben nach erfolgter Übersetzung dem Engel wieder zurückgeben musste. An Beweises statt sind heutigen Editionen des Buches Mormon zwei Zeugnisse beigegeben, eines von drei und eines von acht Zeugen, welche bestätigen, die ominösen Platten mit eigenen Augen gesehen zu haben. Eine historische Prüfung der Aussagen dieser Zeugen erbringt allerdings, dass diese die Platten physisch nur eingewickelt in Decken wahrgenommen haben, dass ihnen allerdings durch geistige Schau die Platten auch unverhüllt gezeigt wurden. Ein simples Auswickeln der Platten aus ihrer Umhüllung wurde Joseph Smith vom Engel offenbar ausdrücklich verboten. Die Sprachproben in «Reformed Egyptian», die Joseph Smith von den Platten abgezeichnet haben will und die ebenfalls jeder Edition des Buches Mormon beigegeben sind, machen jedenfalls für den des Altägyptischen Kundigen keinen Sinn. Es erstaunt angesichts dieser Tatsachen nicht, dass der Vorwurf des Betruges die Mormonen-Bewegung seit ihrer Entstehung begleitet. In letzter Zeit wurde die Problematik um das Buch Mormon verschärft durch die Tatsache, dass die Archäologie in Amerika die Aussagen des Buches Mormon nicht etwa bestätigte, sondern vielmehr massiv in Frage stellte. So finden sich auf dem amerikanischen Kontinent aus präkolumbischer Zeit keinerlei Spuren von Metallgebrauch, welcher im Buch Mormon als selbstverständlich angenommen wird. Ebenso fehlen Überreste von diversen eurasischen Tierarten, die im Buch Mormon erwähnt werden. Von den im Buch Mormon angeführten Städten fand sich bisher ebenfalls keine Spur (dies im Gegensatz etwa zum Alten Testament, das kaum eine Stadt erwähnt, die im Gelände bisher nicht identifiziert werden konnte).

Da das Buch Mormon in vielerlei Hinsicht auf Bedürfnisse der zeitgenössischen Menschen, denen natürlich weder die Erkenntnisse der modernen Amerikanistik noch die Entzifferung der altägyptischen Sprache zugänglich waren, recht geschickt einging, gelang es Joseph Smith, schnell zahlreiche Anhänger seiner neuen Botschaft zu gewinnen. In den Jahren 1829 und 1830 organisierte er diese in einer eigenen religiösen Gemeinschaft, der «Church of Christ», welche in Lehre und Praxis nach den Lehren des Buches Mormon gestaltet war. Dies bedeutete im Einzelnen:

– Die Gotteslehre war modalistisch, das heisst, Gott-Vater und Jesus Christus galten als zwei Erscheinungsweisen («modi») derselben göttlichen Person. Die Lehre von der Dreieinigkeit wurde verworfen.

– Eine Erbsünde oder grundsätzliche Sündhaftigkeit des Menschen wurde abgelehnt. Der Mensch kann sich selbst erlösen, wenn er sich an die Vorschriften des Buches Mormon hält.

– Die Wiederkunft Christi wurde als sehr nahe bevorstehend erwartet. Als das Heilige Land galten nun aber die USA, die Wiederkunft war also dort zu erwarten.

– Die Ämter der Kirche folgten weitgehend dem Neuen Testament, jedoch ergänzt durch das Amt des Priesters, das im Buch Mormon vorgesehen ist.

Die Organisation einer Kirche warf aber bald Fragen auf, die im Buch Mormon nicht vorgezeichnet waren. Joseph Smith empfing nun zur Lösung derselben direkte Offenbarungen von himmlischen Gestalten, die schon früh gesammelt wurden und autoritativen Rang erhielten. Im Jahr 1833 erschien das «Book of Commandments», das die bis dahin an Joseph Smith ergangenen Offenbarungen enthielt. Drei Jahre später erschien eine ergänzte Fassung mit zum Teil auch korrigierten und veränderten Versionen der älteren Offenbarungen unter dem Titel «Doctrine and Covenants» (Lehre und Bündnisse). So heisst auch heute noch die Sammlung, die bis zum Tode Joseph Smiths auf 133 Offenbarungen angewachsen war.

Die weitere Geschichte der frühen Mormonen-Bewegung war durch folgende Entwicklungen geprägt:

– Zunehmender Widerstand der Umwelt machte einen häufigen Ortswechsel von Joseph Smith und den Seinen vonnöten. Eine gewisse Zeit der Ruhe ergab sich erst von 1839 bis 1844 in Nauvoo, Illinois, wo die Mormonen eine eigene Stadt aufbauten.

– Trotz dieses Widerstandes verzeichnete die Mormonen-Bewegung beachtliche missionarische Erfolge und wuchs kontinuierlich an.

– Die fortlaufende Offenbarung an Joseph Smith führte zu einer stetigen Veränderung von Lehre und Praxis der Gemeinschaft. Insbesondere das Gottesbild entwickelte sich erheblich weiter, vom Modalismus – die drei Personen Vater,

Sohn und Geist sind nur verschiedene Erscheinungsweisen des einen Gottes – über den Binitarianismus – Vater und Sohn sind Personen in einer göttlichen Natur, der Geist ist keine Person, nur göttliche Kraft – zum Dyotheismus, welcher Gott und Christus als zwei völlig getrennte Gottheiten betrachtet. Stellte das Buch Mormon noch fest, dass Gott Geist sei, war für Joseph Smith später klar, dass auch Gott über einen Körper verfügt. Im praktischen Bereich wurden die Ämter stärker differenziert und gingen über das Neue Testament immer weiter hinaus. So forderten die Offenbarungen die Einsetzung von zweierlei Priesterschaft, der niedereren aaronitischen und der höheren melchisedekschen, die Einrichtung einer Präsidentschaft und die Verleihung des Titels eines «Sehers, Propheten und Offenbarers» an Joseph Smith selbst. Zusammenfassend kann gesagt werden, dass das Buch Mormon für die Mormonen selbst zum Teil überholt ist.

– Diese fortlaufende Veränderung der Lehre erwies sich als permanenter Quell für Abspaltungen von Teilgemeinschaften, die entweder auf einem früheren Stand der Lehre beharren wollten oder sich um einen Menschen scharten, der sich Joseph Smith gleich zum Propheten berufen fühlte und eigene Offenbarungen erhielt. Schon in den Anfangstagen der mormonischen Bewegung zeigt sich somit ihr Schicksal einer nie enden wollenden Aufsplitterung.

In den letzten Jahren seines Lebens gestaltete Joseph Smith die Praxis der Mormonen nochmals um: Zum einen liess sich Joseph Smith in eine Freimaurer-Loge einweihen und übernahm deren Rituale weitgehend für seine eigene Kirche, ein Unterfangen, das sich zum ursprünglichen Ziel, eine möglichst nahe am Urchristentum orientierte Gemeinde zu schaffen, doch recht widersprüchlich verhielt. Zum anderen führte der Prophet, ehelicher Treue offenbar schon vorher nicht unbedingt verpflichtet, die Polygamie (für Männer) ein und ehelichte diverse z.T. massiv jüngere Frauen. Die diesbezügliche Offenbarung 132 setzte zwar das Einverständnis der bisherigen Frau(en) bei der Heirat weiterer Frauen voraus, mit einer Ausnahme: Josephs Frau Emma. Obwohl ihr das Einverständnis von göttlicher Seite her befohlen wurde, widersetzte sie sich zeitlebens der Lehre von der Polygamie. Zum dritten führten die frühen Mormonen in jener Zeit eine Praxis ein, für die die Utah-Mormonen heute im Bewusstsein der Allgemeinheit am bekanntesten sind: Die postume Taufe verstorbener Vorfahren, was diesen auch Anteil an der Erlösung in mormonischer Sicht geben soll.

Der Kanon der Heiligen Schriften der Mormonen erhielt in den letzten Lebensjahren Joseph Smiths eine weitere Ergänzung durch das «Buch Abraham», eine «Übersetzung» eines Papyrus, den Joseph Smith von einem fahrenden Aussteller erworben hatte. Dieser Papyrus ist heute bekannt und ediert, er enthält das spätägyptische «Buch vom Atmen», eine ptolemäische Kurzfassung des ägyptischen Totenbuches. Mit der angeblichen Übersetzung von Joseph Smith besteht keinerlei Ähnlichkeit. Offensichtlich hatte Joseph Smith von der altägyptischen Sprache keine Kenntnis.

Eine Auseinandersetzung mit einer abgespaltenen Gruppe in Nauvoo führte im Jahr 1844 zur Inhaftierung von Joseph Smith. Am 27. Juni wurde der Prophet von einem aufgebrachten Mob im Gefängnis von Carthage in Illinois erschossen.

Der Tod von Joseph Smith traf die Mormonen-Gemeinschaft unvorbereitet. Ein Nachfolger war nicht bestimmt, verschiedene Mormonenführer stritten in der Folge um diese Rolle. Den grössten Teil der Anhänger vermochte in dieser Auseinandersetzung Brigham Young um sich zu versammeln. Young führte seine Leute in den folgenden Jahren nach Westen ins damals unbesiedelte Salzseetal in Utah. Aus dieser Gruppe erwuchs die «Kirche Jesu Christi der Heiligen der Letzten Tage», welche auch die Spätlehren Joseph Smiths übernahm und die Polygamie bis 1890, inoffiziell sogar noch länger, praktizierte. Die Aufgabe der Polygamie 1890 führte in den folgenden Jahrzehnten zur Abspaltung zahlreicher sog. «polygamer Gruppen», die auf diese Praxis nicht verzichten mochten und ihr da und dort heute noch in abgelegeneren Gegenden der USA nachleben.

Verschiedene im Mittleren Westen verbliebene Gruppen von Mormonen wurden in den 1850er Jahren von Joseph Smiths Sohn Joseph Smith III. zusammengeführt und im Jahr 1860 zur «Reorganisierten Kirche Jesu Christi der Heiligen der letzten Tage» vereinigt, wobei die Reorganisierte Kirche Smiths Spätlehren verwarf.

Verschiedene andere Gruppen bezogen sich bloss auf das Buch Mormon und Joseph Smiths frühe Offenbarungen und gingen davon aus, dass er zu einem unterschiedlich bestimmten Zeitpunkt seiner Biographie vom rechten Weg abgewichen sei.

Die beiden grossen Mormonen-Kirchen, aber auch manche der kleineren Gruppen konnten einen beachtlichen missionarischen Erfolg erleben. Verantwortlich dafür dürfte nicht zuletzt sein, dass der Glaubensernst der Anhänger denjenigen des Propheten selbst bei weitem übertraf. Die eingängige Erlösungslehre, die durch die Tempelrituale vermittelte Heilsgewissheit, das Elitebewusstsein, das sich daraus ergab, die Aufgeschlossenheit der Mormonen gegenüber kulturellen Aktivitäten, die sie vom Puritanismus erheblich absetzt, sowie ihr soziales Engagement sind weitere Gründe zur Erklärung dieses Erfolges.

In der Gegenwart sind alle Gemeinschaften, die sich auf das Buch Mormon und damit auf Joseph Smith berufen, durch die neuen Erkenntnisse bezüglich der historischen Plausibilität des Buches und der menschlichen Glaubwürdigkeit des Propheten kritischen Rückfragen auch aus den eigenen Reihen ausgesetzt. Der Weg, den die verschiedenen Gemeinschaften gehen, ist ein unterschiedlicher: Verteidigung bei den Utah-Mormonen, Übergang zu einem liberalen Offenbarungsverständnis bei der Reorganisierten Kirche.

Für den Aussenstehenden ist die Geschichte des Mormonismus ein Beispiel dafür, wie aus einer doch eher fragwürdigen Quelle eine starke Bewegung hervorgehen kann, wenn diese so gestaltet ist, dass sie auf die Bedürfnisse ihrer Zeit eingehen kann.

Kirche Jesu Christi der Heiligen der Letzten Tage (HTL)

1830 / 1847
Andere Namen: Utah-Mormonen, Mormonen.

Die Kirche Jesu Christi der Heiligen der Letzten Tage (HLT) geht, wie alle mormonischen Gemeinschaften, zurück auf die Wirksamkeit von Joseph Smith (1805–1844) und auf die von ihm 1830 gegründete Kirche (s. dazu das Einleitungskapitel Mormonentum). Nach Joseph Smiths Tod kam es zu Auseinandersetzungen um seine Nachfolge. Dabei konnte Brigham Young (1801–1877) die grösste Gruppe auf sich vereinigen und zog mit dieser 1847 ins damals unbesiedelte Salzseetal. Dort gründete Young, als der zweite Präsident der HLT nach Joseph Smith, einen Mormonenstaat, den nachmaligen US-Bundesstaat Utah, mit Salt Lake City als Hauptstadt, wo sich seither das Zentrum der HLT befindet.

Die HLT ist bei weitem die grösste aus dem Mormonentum herausgewachsene Gemeinschaft, weshalb der Name «Mormonen» mancherorts zu einem Wechselbegriff für die HLT wurde und z.T. auch von der HLT so verwendet wird – obwohl dies sachlich eigentlich nicht gerechtfertigt ist.

Lehrmässig steht die HLT auf der Basis der Spätlehren Joseph Smiths (s. dazu das Einleitungskapitel). Die Polygamie für Männer wurde allerdings 1890 auf Druck der amerikanischen Behörden hin verboten. An ihrer theologischen Richtigkeit wird allerdings weiterhin festgehalten (weshalb geschiedene Männer im Unterschied zu geschiedenen Frauen ohne weiteres wieder heiraten können). Weiterentwickelt wurden die schon bei Joseph Smith belegten Ansätze einer Gottes-Entwicklungs-Lehre, in ihrer bis heute gültigen Endfassung dargestellt in der Kurzform des fünften HLT-Präsidenten Lorenzo Snow: «Wie der Mensch ist, war Gott einst, wie Gott ist, kann der Mensch einst werden.» Nach der Vorstellung der HLT ist es dem Menschen möglich, nach dem Tod selbst Gott zu werden und eine eigene Welt zu erschaffen. Notwendig hierzu ist aber das Endowment, die Versiegelung im Tempel, welche einmal im Leben empfangen wird. Nur versiegelte Menschen gelangen in die gottgleiche höchste Stufe der Seligkeit. Seit 1978 werden, wiederum auf Druck der amerikanischen Behörden, auch Menschen dunkler Hautfarbe zum Priestertum zugelassen. Vorher war dies nicht möglich. Verschlossen bleibt das Priestertum weiterhin den Frauen. Wichtig geworden ist der HLT die Ahnenforschung, betrieben in der Absicht, verstorbenen Menschen durch postume Taufe und Endowment die Gelegenheit zu geben, der höchsten Stufe der Seligkeit, die HLT-Angehörigen vorbehalten ist, teilhaftig zu werden. Inzwischen verfügt die HLT in Salt Lake City über ein gewaltiges genealogisches Archiv.

Offenbarungsrang misst die HLT folgenden Schriften zu: der Bibel (allerdings mit Joseph Smiths Vorbehalt: «soweit sie richtig übersetzt ist»), dem Buch Mormon, dem Werk «Lehre und Bündnisse» mit den Offenbarungen an Joseph Smith, ergänzt durch zwei «Amtliche Erklärungen», betreffend die Abschaffung der Polygamie und die Zulassung Schwarzer zum Priestertum, und schliesslich das Buch «Die köstliche Perle», welches u.a. das «Buch Abraham» enthält (zur Entstehung dieser über die Bibel hinausgehenden Schriften s. das Einleitungskapitel Mormonentum).

Im deutschen Sprachraum ist die HLT schon seit der Mitte des 19. Jahrhunderts tätig (1843/44 Darmstadt, 1851 Hamburg, nach 1850 Genf und Basel). Seit 1955 steht in Zollikofen bei Bern ein Mormonentempel, es war der erste in Europa. Der Öffentlichkeit sind die Tempel, die auch von HLT-Mitgliedern nur mit einem «Tempelempfehlungsschein» der lokalen Gemeindeleitung betreten werden können, normalerweise nicht zugänglich.

Die HLT erlebte im 20. Jahrhundert ein beachtliches Wachstum, das sich z.T. aus der typischerweise grossen Kinderzahl der HLT-Familien ergibt, zum grösseren Teil aber auf dem missionarischen Einsatz beruht, zu welchem junge HLT-Angehörige angehalten werden.
An der Spitze der HLT steht deren Präsident als «Seher, Prophet und Offenbarer». Aktueller Inhaber dieses Amtes ist seit 1995 Gordon B. Hinckley.
Finanziert wird die HLT durch den Zehnten auf dem Einkommen der Mitglieder. Alkohol, Tabak und scharfe Getränke (Tee und Kaffee) werden gemieden.

Zeitschrift: Liahona.
Statistik: Weltweit 11 200 000 M / D: 36 000 M / A: 3400 M / CH: 7200 M.
Adressen: Kirche Jesu Christi der Heiligen der Letzten Tage, Kurfürstenstr. 60, D-60325 Frankfurt a.M. – Österreich Mission, Fürfangstr. 4, A-1190 Wien – Schweiz. Mission der Kirche Jesu Christi der Letzten Tage, Pilatusstr. 11, CH-8032 Zürich, Tel. 01 252 51 14.
www.lds.org
www.mormonen-deutschland.de
www.mormonen.at
www.mormonen.ch
www.mormonen.de (kritisch)

Reorganisierte Kirche Jesu Christi der Heiligen der letzten Tage

1830 / 1860
Die Reorganisierte Kirche Jesu Christi der Heiligen der letzten Tage (Reorganized Church of Jesus Christ of Latter Day Saints, RLDS) ist die zweitgrösste mormonische Gemeinschaft und unterscheidet sich recht erheblich von der grössten Mormonen-Kirche, der Kirche Jesu Christi der Heiligen der Letzten Tage. Die Reorganisierte Kirche wurde durch den protestantischen Liberalismus tief geprägt und sieht ihre heutige Aufgabe vor allem im Eintreten für eine friedlichere und gerechtere Gesellschaft.
Als mormonische Gemeinschaft geht die Reorganisierte Kirche Jesu Christi auf die Wirksamkeit von Joseph Smith (1805–1844), dem Begründer des Mormonentums, und seiner 1830 gegründeten Kirche zurück (s. dazu die Einleitung Mormonentum). Die Reorganisierte Kirche bildete sich in den 50er Jahren des letzten Jahrhunderts aus Anhängern Joseph Smiths, die nach dessen Tod 1844 den Treck der grössten Mormonengruppe nach Utah, wo sich die Kirche Jesu Christi der Heiligen der Letzten Tage entwickelte, nicht mitmachten sondern im mittleren Westen verblieben. Am 6. April 1860 gründeten 300 dieser Mormonen die Reorganisierte Kirche und bestimmten Joseph Smith III., den ältesten Sohn des Propheten Joseph Smith, zu ihrem «Seher, Propheten und Offenbarer», mithin zum Leiter der Kirche. Bis ins Jahr 1996 wurde die Reorganisierte Kirche von Nachkommen von Joseph Smith geleitet, seit 1996 führt sie mit Grant McMurray erstmals ein Mann, der kein direkter Nachkomme von Joseph Smith ist.
In Deutschland vertreten ist die Reorganisierte Kirche seit 1874.
In ihrer Übernahme der mormonischen Tradition nimmt die Reorganisierte Kirche eine mittlere Position ein. Einerseits akzeptiert sie alle Schriften Joseph Smiths und grenzt sich damit von Gemeinschaften, die nur das Buch Mormon und ein paar frühe Offenbarungen gelten lassen, ab. Andererseits verwirft die Reorganisierte Kirche Joseph Smiths Spätlehren und insbesondere deren Weiterentwicklung durch Brigham Young, den Führer des Trecks nach Utah und Nachfolger Smiths bei der Kirche Jesu Christi der Heiligen der Letzten Tage.
So kennt die Reorganisierte Kirche folgende Heilige Schriften:
– Die Bibel in einer «Inspirierten Übersetzung» durch Joseph Smith (dies im Gegensatz zu den Utah-Mormonen, die die King James-Bibel benutzen)
– Das Buch Mormon
– Das Buch «Lehre und Bündnisse», ent-

haltend die Offenbarungen, die Joseph Smith nach Erscheinen des Buches Mormon erhalten haben will, sowie weitere Offenbarungen an die Präsidenten der Reorganisierten Kirche.

Lehrmässig teilt die Reorganisierte Kirche folgende allgemein mormonischen Glaubenssätze:

– Das Prinzip der fortlaufenden Offenbarung, das davon ausgeht, dass der Kanon heiliger Schriften offen ist und Gott immer wieder neue Offenbarungen schenkt.

– Die Wertung der Kirche als Offenbarungsquelle. Die Kirche erhält in der Gestalt ihres Präsidenten zusätzliche Offenbarungen. Daneben gelten der Reorganisierten Kirche als Quellen der Offenbarung die Schriften, die Natur, das Gebet und die Geschichte.

– Die Aufrichtung des neuen Zion auf Erden als Ziel der Kirche. Für die Reorganisierte Kirche wurde dieser letzte Punkt besonders bedeutsam, insofern die Kirche ihre Hauptaufgabe im Einsatz für eine friedlichere und gerechtere Welt sieht.

– Die Ablehnung von Tabak- und Alkoholkonsum.

Die Ämterhierarchie spiegelt die Spätfassung von Joseph Smiths Ämterleiter:

– Die Reorganisierte Kirche ergänzt die neutestamentlichen Ämter durch das Amt des Priesters, wobei sie ein niedereres aaronitisches Priestertum von einem höheren melchisedekschen unterscheidet.

– Die Leitung der Kirche liegt in den Händen des «Sehers, Propheten und Offenbarers».

– Ihm zur Seite steht ein Apostelkollegium.

In diesen Punkten besteht zwischen der Reorganisierten Kirche und der Kirche Jesu Christ der Heiligen der Letzten Tage (Utah-Kirche) kein Unterschied. Jedoch sind in der Reorganisierten Kirche seit 1984 die Frauen gleichberechtigt und zum Priestertum zugelassen.

Zwischen der Reorganisierten Kirche und der Utah-Kirche zeigen sich einige deutliche Unterschiede:

– Die Reorgansierte Kirche hat, nicht zuletzt unter dem Einfluss von Joseph Smiths Familie und insbesondere seiner Witwe Emma, die Polygamie stets abgelehnt.

– Die Lehre von Gott als hochentwickeltem Menschen und von der möglichen Gottwerdung des Menschen, die die Kirche in Utah noch heute vertritt, wird von der Reorganisierten Kirche verworfen.

– Die Reorganisierte Kirche praktiziert keine Totentaufe, stattdessen vertritt sie die Ansicht, dass die Toten auch im Jenseits noch Gelegenheit erhalten würden, sich zur Mormonen-Lehre zu bekehren.

Wesentlicher als diese einzelnen Lehrpunkte ist aber ein gegenüber der Utah-Kirche erheblich anderer Umgang mit der eigenen Tradition. Die Reorganisierte Kirche hat manche Erkenntnisse protestantischer Theologie übernommen und für den Umgang mit der Tradition fruchtbar gemacht:

– Die Offenbarung Gottes wird weniger in Platten und Papyri als in der Selbst-Offenbarung Gottes in Jesus Christus gesehen, die sich in den Schriften niederschlägt.

– Die Schriften gelten als Zeugnisse der Gottesbegegnung von Menschen, weniger als Gottesoffenbarung selbst.

– Die hermeneutische Problematik ist der Reorganisierten Kirche bewusst und wird ähnlich angegangen wie im Rahmen des Protestantismus.

– Zu dieser eher liberalen Auffassung der eigenen Tradition passt die praktische Ausrichtung der Kirche auf eine Veränderung der Gesellschaft hin.

Die Zentrale der Reorganisierten Kirche liegt in Independence, Missouri, wo die Kirche 1994 einen Tempel eingeweiht hat, der im Gegensatz zu den Tempeln der Utah-Mormonen allen Menschen offensteht.

Finanziert wird die Reorganisierte Kirche durch die Abgabe des Zehnten, der allerdings nicht auf dem Einkommen, sondern auf dem Gewinn erhoben wird, das heisst der Zehnte umfasst zehn Prozent dessen, was nach Abzug der Lebenshaltungskosten übrig bleibt. Da die Amtsträger der Reorganisierten Kirche ehrenamtlich tätig sind, halten sich ihre Ausgaben in Grenzen.

Statistik: Gesamthaft 250 000 M / D: 800 M / A und CH vereinzelte Anhänger.
Adresse: Reorganisierte Kirche Jesu Christi der Heiligen der Letzten Tage, Im Reite 1a, D-31832 Springe, Tel. 0568 61 60 8.
www.rlds.org

Church of Christ (Temple Lot)

1852
Nach dem überraschenden Tod Joseph Smiths (s. dazu die Einleitung zum Mormonentum) spaltete sich die Mormonen-Bewegung auf, da Smith keinen designierten Nachfolger hinterliess. Während ein Teil der Mormonen unter der Führung von Brigham Young nach Utah zog und dort die Kirche Jesu Christi der Heiligen der Letzten Tage bildete, blieben andere Mormonen im Mittleren Westen zurück und sammelten sich in verschiedenen Mormonen-Gemeinschaften.
So bildete sich im Jahr 1852 unter der Führung von Granville Hendrick in Illinois eine Gemeinschaft unter dem Namen «Church of Christ», die den letzten Offenbarungen Joseph Smiths vor seinem Tode skeptisch gegenüberstand und deshalb die Lehren von Polygamie und Totentaufe, wie sie die Utah-Mormonen vertraten, verwarf (akzeptiert wurden die Offenbarungen bis 1835, seit 1925 nur noch diejenigen bis 1832). Im Jahr 1863 erhielt Hendrick selbst eine Offenbarung des Inhalts, die Angehörigen seiner Gemeinschaft hätten sich nach Independence, Missouri zu begeben, wo laut einer frühen Offenbarung von Joseph Smith der endzeitliche Tempel auf einer genau bezeichneten Parzelle gebaut werden sollte. Hendricks Anhänger siedelten sich in der Nähe dieses Tempelbauplatzes an und kauften in den Folgejahren den Bauplatz auf. Nach dem Vorbild der frühen Offenbarungen Joseph Smiths wurde die Gemeinschaft von einem Kollegium von zwölf Aposteln geleitet. Zur Unterscheidung von anderen Churches of Christ wird die Gemeinschaft heute «Church of Christ (Temple Lot)» genannt. Sie verfügte 1972 über 2400 Mitglieder in den USA, Mexiko und den Niederlanden.

Die Kirche Christi mit der Elias-Botschaft

1929
Die «Kirche Christi mit der Elias-Botschaft» («The Church of Christ With The Elijah Message») ist eine mormonische Gemeinschaft, wobei sie mit insgesamt 12 000 Mitgliedern eine eher kleine Vertreterin des Mormonentums darstellt.
Als mormonische Gemeinschaft geht die Kirche Christi mit der Elias-Botschaft letztlich zurück auf die Wirksamkeit von Joseph Smith (1805–1844) und die von ihm 1830 gegründete Kirche, (s. dazu die Einleitung zum Mormonentum).
Nach dem überraschenden Tod Joseph Smiths hat sich das Mormonentum aufgespaltet. Eine der aus diesem Prozess entstandenen Gemeinschaften ist die oben beschriebene Church of Christ (Temple Lot). Die Kirche Christi mit der Elias-Botschaft entstammt einer Abspaltung dieser «Church of Christ (Temple Lot)». Am 4. Februar 1927 berichtete Otto Fetting (1871–1933), einer der Apostel dieser Kirche, dass ihm Johannes der Täufer als Engel erschienen sei und ihm eine Offenbarung mitgeteilt habe. Weitere Offenbarungen folgten und wurden von der Kirche vorerst auch akzeptiert. Als aber «Johannes der Täufer» 1929 forderte, dass Übertretende aus anderen Mormonen-Gemeinschaften wiedergetauft werden müssten, verwarf die Mehrheit der

Church of Christ (Temple Lot) Fettings Offenbarungen. Rund ein Drittel der Mitglieder der Kirche gingen mit Otto Fetting und gründeten eine eigene «Church of Christ», zur Unterscheidung mit der Klammerbemerkung «(Fetting)» versehen. Bis zu seinem Tod im Jahr 1933 erhielt Fetting weitere Botschaften, insgesamt deren 30.
Vier Jahre nach dem Tod von Otto Fetting im Oktober 1937 behauptete ein Ältester der «Church of Christ (Fetting)», Wilhelm August Drews oder anglisiert Draves (1912–1994), er bekomme nun Offenbarungen von Johannes dem Täufer. Die Botschaften durch Draves wurden vorerst positiv aufgenommen und zu den Botschaften Fettings hinzugezählt. Im Jahr 1943, bis dahin hatte Draves insgesamt 26 Offenbarungen erhalten, kam es jedoch zu einem Konflikt: Draves wurde verdächtigt, die Informationen, die er durch Johannes den Täufer erhalten haben wollte, auf durchaus irdischem Wege erlangt zu haben. Der Streit dehnte sich auf die Frage der Kontrolle der Kirche aus und endete vor Gericht mit einer Niederlage Draves und seiner Anhänger. Die siegreichen Gegner Draves lehnten seine Offenbarungen nun zur Gänze ab und beriefen sich fürderhin nur noch auf die dreissig Botschaften von Fetting. Im Jahr 1956 führte die Church of Christ (Fetting) die Feier des Sabbats anstelle des Sonntags ein. Die Gemeinschaft verfügte 1988 über 1500 Mitgliedern in den USA und über 500 Mitglieder in Nigeria.
Nach seiner Niederlage um die Kontrolle in der Church of Christ (Fetting) sammelte W.A. Draves seine Anhänger zur Kirche Christi mit der Elias-Botschaft.
Als Gründungsdatum der Kirche Christi mit der Elias-Botschaft wird das Jahr 1929 angegeben, obwohl zugestanden wird, dass die erste Offenbarung an Otto Fetting schon 1927 erfolgte. Das Jahr 1929 ist wichtig deshalb, weil die ersten Offenbarungen an Joseph Smith hundert Jahre vorher erfolgten.
Grundlage der Kirche Christi mit der Elias-Botschaft sind
1. die Bibel
2. das Buch Mormon, das in einer eigenen Ausgabe ediert wird, wobei der Titel «Buch Mormon» verworfen und durch «The Record of the Nephites» ersetzt wurde (die deutsche Übersetzung des Titels ist nicht klar geregelt. Man trifft sowohl «Urkunde der Nephiten» als auch «Bericht der Nephiten» an. «Record» kann beides heissen.)
3. die Botschaften («Messages») von Fetting und Draves, mittlerweile 120 an der Zahl, deutsch ediert in Buchform unter dem Titel «Das Wort des Herrn». Neue Offenbarungen werden jeweils als Broschüre beigelegt.
Von den Offenbarungen Joseph Smiths werden nur die allerersten akzeptiert, wobei festgehalten wird, dass sich Smith selbst nicht an diese gehalten hätte und deshalb von Gott verworfen worden sei. Mit ihm hätte sich das ganze Mormonentum «verhärtet», weshalb Gott hundert Jahre später Otto Fetting berufen habe, um das angefangene Werk der Wiederherstellung der ursprünglichen Kirche zu vollenden.
Lehrmässig repräsentiert die Kirche Christi mit der Elias-Botschaft den Stand des Buches Mormon: Sie vertritt einen Modalismus (Gott-Vater und Christus sind nur verschiedene Erscheinungsweisen ein und derselben göttlichen Person, der Heilige Geist ist unpersönliche Kraft Gottes.), lehnt die Erbsünde ab (Jeder Mensch büsst für seine eigenen Sünden und braucht zu diesem Zweck die Rituale der Kirche. Jesu Opfertod machte diese Abtragung eigener Sünden möglich.) und hält die USA für den Ort der Wiederkunft Jesu Christi.
Über das Buch Mormon hinaus geht die Gemeinschaft da, wo sie die Bedeutung Johannes des Täufers als Engel der Endzeit begründet. Johannes der Täufer, welcher zu Lebzeiten in der Kraft des Elias gewirkt habe, sei mit Jesus auferstanden und würde

nun als Engel kurz vor der Endzeit diese mit seiner «Elias-Botschaft» ankündigen.
Die Erwartung einer baldigen Wiederkunft Jesu Christi spielt für die Gemeinschaft eine grosse Rolle. In ihrem Schrifttum wird die Bibel nach Zeichen der Zeit befragt.
Wie alle Mormonen-Kirchen verwirft die Kirche Christi mit der Elias-Botschaft den Tabak- und Alkohol-Konsum.
Die Leitung der Gemeinschaft liegt nach dem Vorbild der ersten Offenbarungen von Joseph Smith in den Händen eines Kollegiums von Zwölf Aposteln. Die Ämter einer Präsidentschaft und eines «Sehers, Propheten und Offenbarers», wie sie die beiden grossen Mormonenkirchen kennen, werden abgelehnt. Den Aposteln zur Seite steht ein Komitee von Bischöfen, z.Zt. deren fünf. Die Ämter sind die biblischen, ergänzt durch die dem Buch Mormon (oder eben der «Urkunde der Nephiten») entnommenen der Priester.

Zeitschrift: «The Voice of Joy».
Statistik: Weltweit 12 500 M / D: einzelne M.
Adresse: Welt-Hauptquartier, 608 Laxy Road, Independence, MO 64050 USA. – Wolfgang Trambowsky, Gustav-Adolf-Str. 47, D-22043 Hamburg, Tel. 040 656 33 55.

VIII Neugeist und Christliche Wissenschaft

Dynamischer Idealismus

Die seelische und die körperliche Befindlichkeit des Menschen sind selbstverständlich eng miteinander verbunden. Wird dieser Zusammenhang vor allem so verstanden, dass der Geist den Körper bestimmt, entwickeln sich daraus in einer ersten Phase Heilmethoden oder Heilversuche, die in vielem an die Heilungswunder Jesu oder an andere Beispiele für sog. Glaubensheilungen erinnern. In einer zweiten radikalisierten Auslegung dieses erfahrbaren Zusammenhangs finden Menschen nicht selten zur Ideologie des grenzenlosen Optimismus. Wer richtig denkt, durchbricht alle Barrieren. «Unmöglich» existiert nicht mehr in seiner Welt. Das im Vergleich zum «alten, realistischen» Europa immer tendenziell jugendlichere, optimistischere und fortschrittsgläubigere Nordamerika hat immer wieder dem menschlichen Geist besondere Chancen eingeräumt. Die «Heilung durch den Geist» von P.P. Quimby (1802–1866), der «Transzendentalismus» des Philosophen R.W. Emerson (1803–1882) und die «dynamische Psychologie» von P. Mulford (1834–1891) sind nur drei die Nachwelt prägenden Beispiele dessen, was man im weitesten Sinn als dynamischen Idealismus bezeichnen könnte, als im täglichen Leben angewandte Theorie von der souveränen Kraft des menschlichen Denkens.

P.P. Quimby und F.A. Mesmer

Quimby war stark von Franz Anton Mesmer (1734–1815) beeinflusst, der vom magnetischen Fluidum des Menschen und vom animalischen Magnetismus sprach. Nach seinen Ausführungen gibt es eine feine, das Weltall durchdringende und verbindende Kraft. Ist in einem Menschen das Gleichgewicht dieser Kraft gestört, so wird er krank. Durch die Zufuhr der geheimnisvollen Kraft in den Körper des kranken Menschen kommt es zur Heilung. Die Zufuhr wird vom Magnetiseur-Arzt vermittelt, der neben seinen medizinischen Kenntnissen auch mit der Technik des Magnetisierens vertraut sein muss. Er soll die Ströme der erwähnten Kraft durch sich hindurchfliessen lassen, um sie so zu verstärken oder abzuschwächen.

Weder Neugeist noch Christliche Wissenschaft sehen sich als Erben von F.A. Mesmer. Mary Baker Eddy, die Gründerin der Christlichen Wissenschaft, distanzierte sich sogar ausdrücklich vom animalischen Magnetismus. Vermittelt durch P.P. Quimby hat Mesmer aber dennoch – so sieht es der kritische Beobachter – Neugeist und Christliche Wissenschaft mitgeprägt. Offenkundig ist sein Einfluss auf Phineas Parkhurst Quimby. Quimby, durch seine hypnotischen und telepathischen Versuche und seine Heilungen bekannt, vertrat eine Lehre vom «wahren Menschen», schuf eine neue geistige Heilmethode und fand grosse Beachtung.

Quimby, Neugeist und Christliche Wissenschaft

Quimbys Tätigkeit und die Schriften des amerikanischen Quimby-Schülers und Swedenborg-Anhängers W.H. Evans (1817–1889) bahnten dem sog. Neugeist und der Christlichen Wissenschaft den Weg. Neugeist, ein Sammelname für einen Strom verschiedener geistiger und religiöser Aussagen, glaubt an die dem Menschen innewohnende Göttlichkeit und an die Bewältigung des Lebens durch Bejahung. Auch Mary Baker Eddy gehörte zu Quimbys Schülern. Sie schloss sich ihm an und setzte sich für die Verbreitung seiner Science of Health ein. Nach dem Tode Quimbys trennte sich Mary Baker Eddy von seinem Werk und begann ihre eigene **Christliche Wissenschaft** zu lehren und zu praktizieren. In den eigenen Reihen gilt die Christliche Wissenschaft als eigenständige Entdeckung Mary Baker Eddys. *Demgegenüber weisen Kritiker darauf hin, dass ihre Aussagen zum Teil aus den Gedanken Quimbys hervorgegangen sind.* Wie dem auch sei: Die Tätigkeit Mary Baker Eddys führte zur Gründung einer eigenen Kirche, von der sich im Laufe der Zeit wieder einige Vereinigungen abgespalten haben.

Die späten Erben

Neugeist und Christliche Wissenschaft haben in der zweiten Hälfte des 20. Jhdt.s zumal in Europa viel von der Faszination eingebüsst, die früher von ihnen ausgegangen war. Haben die unsäglichen Leiden zweier Weltkriege den Menschen die Grenzen des Menschenmöglichen mit unerbittlicher Deutlichkeit vor Augen gestellt? Oder ist uns in den letzten Jahrzehnten des 20. Jhdt.s einfach das Vertrauen in jede Form von Ideologie abhanden gekommen, auch in die Ideologie des dynamischen und allmächtigen Idealismus? Die einst vollen, heute leeren riesigen Kirchen der Christlichen Wissenschaft erklären sich vielleicht auch aus dem Faktum, dass die Gottesdienste der Christlichen Wissenschaft, wie kaum eine Feier einer anderen religiösen Gemeinschaft, zur orthodoxen Sterilität verurteilt sind. Christliche Wissenschaft neigt – ähnlich wie mancherorts die katholische und die evangelische Kirche – zu phantasieloser Überlieferungstreue. Es dürfen nur Bibeltexte und Abschnitte aus «Wissenschaft und Gesundheit», dem Lehrbuch Mary Baker Eddys, verlesen werden. Die immer mit einem gewissen Mass an Individualität und Spontaneität behaftete Predigt ist tabu. Vielleicht aber erklärt sich die relative Bedeutungslosigkeit von Neugeist und Christlicher Wissenschaft in der Gegenwart aber auch mit der aktuellen weiten Verbreitung des Glaubens an positives Denken und an die Kraft der Bejahung. Einzelne esoterische Gruppen (allen voran die Vereinigung der Sethfreunde, Kap. 10) stehen unverkennbar in der Tradition des Neugeists. In pfingstlerischen Gemeinschaften und im charismatisch geprägten Christentum im weitesten Sinn sind Heilungen Früchte des Glaubens und werden – wahnhaft oder wirklich – in manchen Gemeinschaften fast wöchentlich erlebt. Überdies gehören Leitsätze des sog. positiven Denkens weit herum zu den alltäglichen Kalenderweisheiten, zumal wenn diese Kalender in den USA erscheinen. Dass die Personalausbildung vieler Firmen von ähnlichen Leitideen geprägt ist, verwundert angesichts der in modernen Firmen gepflegten Machbarkeitsmystik in keiner Weise.

Vielleicht haben wir schon so viel dynamischen Idealismus in unsere Alltagsphilosophie einfliessen lassen, dass die ideologische Form dieses Idealismus sich erübrigt. Vielleicht bleiben die Kirchen der Christlichen Wissenschaft leer, weil wir den hilfreichen, den ideologiefreien Teil der Lektionen, die sie uns erteilen könnte, meinen verstanden zu haben.

Direktiv oder Korrektiv?

Auf die in diesen Lektionen verborgene Ideologie verzichten wir als Christen mit guten Gründen. Verglichen mit der christlichen Weltsicht und dem christlichen Verständnis menschlichen Daseins überfordert die Neugeistbewegung und die christliche Wissenschaft die Möglichkeiten des menschlichen Geistes, vor allem des menschlichen Denkens. Leiden und Negativität sind – wie das Kreuz Christi zeichenhaft in Erinnerung ruft – Realtitäten, die sich nicht durch korrektes positives Denken aus dem Weg räumen lassen. Einzig als Korrektiv zu einem Glauben, der nur noch das Kreuz und das Dunkel in dieser Welt wahrnimmt, ist der Aufruf zum positiveren Denken nicht nur sinnvoll, sondern oft auch notwendig. Als Direktiv, als Aufforderung, die Existenz aller Negativität zu leugnen, endet diese Philosophie oft in der Vogel-Strauss-Politik. Was ich nicht für wahr nehme, darf nicht wahr sein und ist auch nicht da. Besonders verhängnisvoll wirkt sich diese Haltung aus, wo ein medizinisch heilbares Leiden so lange als nichtig betrachtet wird, bis es unheilbar geworden ist.

1. Neugeist

International New Thought Alliance (INTA)

2. Hälfte 19. Jh.

Der Vater der Neugeist-Bewegung ist neben dem amerikanischen Philosophen R.W. Emerson vor allem der Uhrmacher Phineas Parkhurst Quimby (1802–1866) in Belfast/USA (s. Einleitung zu diesem Kapitel). Das Anliegen der «Lebensbemeisterung aus der Kraft des Geistes durch richtiges Denken» wurde bald auch durch vielgelesene Schriftsteller wie Prentice Mulford, R.W. Trine und andere weitergegeben.

Im Laufe der Jahre bildeten sich zahlreiche Neugeist-Kreise, aus deren Mitte 1914 die *International New Thought Alliance (INTA)* gegründet wurde.

Um die Jahrhundertwende fand die Neugeist-Bewegung auch in Deutschland Eingang, wo vor dem 1. Weltkrieg viele Neugeist-Kreise und mit ihnen der *Deutsche Neugeistbund* entstanden. Von dorther gelangten die Neugeist-Schriften in die Schweiz und nach Österreich, wo sich ebenfalls eine gewisse Anhängerschaft bildete. Verschiedene Neugeist-Gedanken haben auch bei Yoga-Anhängern und in okkultistischen, spiritistischen, theosophischen und rosenkreuzerischen Kreisen Eingang gefunden.

Die Anhänger sind nicht in Kirchen, sondern hier und dort in Gruppen organisiert. Viel zahlreicher sind die privaten Leser der Neugeist-Schriften, die in verschiedenen Verlagen herausgegeben werden. Von 1925–1969 war K.O. Schmidt aus Reutlingen/D (gest. 1977) ein viel gelesener Autor von «Lebensbüchern». Er war Distriktspräsident der INTA für Deutschland, Österreich und die Schweiz. Gleichzeitig war er als Mitarbeiter der Zeitschrift «Ja», Zeitschrift der Unity-Bewegung (s.u.), tätig. Die heutige Distrikts-Präsidentin, Rosemarie Schneider, ist auch Leiterin der *CSA Europa* (s.u.).

Die Neugeist-Bewegung vertritt einen Optimismus, der immer und überall das Positive und Gute bejaht, denn das Böse, das Nein, hat für sie keinen Bestand. Der Mensch ist ein Strahl aus Gott, dem Allgeist. Des Menschen Aufgabe besteht darin, mit dem so verstandenen Gott in Einklang zu bleiben. Dies geschieht durch richtiges Denken: Die negativen, auf Schlechtes, auf Krankheit und Übel gerichteten Gedanken sind auszuschalten. Statt dessen muss Gott als Liebe, Kraft, Weltgeist stets neu bedacht und bejaht werden. Dadurch soll der Mensch geistig gesunden und das Göttliche in sich zum Ausdruck bringen.

Zeitschrift: Ja, Zeitschrift der Unity-Bewegung.
Statistik: Nur noch vereinzelte Neugeist-Kreise. Stark verbreitet ist jedoch die Neugeist-Literatur.
Adressen: Schriften aus dem Verlag Helmut Theodor Frick, D-75177 Pforzheim, Bernhardstr. 40, Tel. 07231 10 28 42. – International New Thought Alliance, 7314 E. Steson Drive, Scottsdale Arizona, AZ 85251, USA.

Unity / Silent Unity

1891

Unter dem Eindruck von christlich-wissenschaftlichen Gedanken und von Überlegungen P.P. Quimbys (1802–1866) erlebte Myrtle Fillmore 1886 eine Heilung. Nach der Herausgabe einer eigenen Zeitschrift (1889) und durch persönlichen Einsatz des Ehepaares Fillmore bildete sich in Amerika eine neue Bewegung, sozusagen ein eigener Zweig des New Thought Movement mit Zentrum in Lee's Summit, Missouri.

Ab 1955 werden auch in der Bundesrepublik Deutschland und in der Schweiz Schriften verschickt, und seit 1961 sind in den beiden Ländern verschiedene Unity-Studiengruppen gebildet worden. In letzter Zeit offeriert Silent Unity, wie die Bewegung sich als Gebetsgemeinschaft nennt, eine 24-Stunden-Gebetskette, die besorgten Menschen die Chance gibt, ihr Gebetsanliegen in das nie endende Gebet einzubringen. Unity versteht sich in Europa nicht so sehr als Kirche, sondern als überkonfessionelle Bewegung oder als «überkonfessionelles Lehrinstitut für praktisches Christentum» ohne feste Mitglieder. Unity heisst Einssein und meint das Einssein mit dem Schöpfer, das nach den Aussagen der Unity-Bewegung durch denkende Annahme der Wesenszüge Gottes erreicht werden soll. Grundideen der Unity sind: – Gott ist das absolute Gute. – Menschen tragen in sich einen Funken Göttlichkeit, und sind daher auch von Natur aus gut. – Menschen schaffen sich ihre Erfahrungen durch die Qualität ihres Bewusstseins. – Gebet verbindet mit dem Gott-Bewusstsein, das Weisheit, Heilung, Wohlergehen und alles Gute hervorbringt. – Mit andern Worten: Gott ist überall. Er ist die unendliche Harmonie. Gott ist auch im Menschen, und der Mensch muss diesen allgütigen Gott in sich bejahen und ihm so im eigenen Leben zum Ausdruck verhelfen. Die Bejahung Gottes wird auch als Weg zur Heilung von Krankheiten empfohlen. Die Unity-Bewegung lehrt die Wiederverkörperung der Entschlafenen.

Zeitschriften: Ja, Zeitschrift der Unity-Bewegung / Das tägliche Wort.
Statistik: USA: 336 Unity-Kirchen mit zahlreichen Studiengruppen / D: 27 Studiengruppen / A: 3 Studiengruppen / CH: 12 Studiengruppen (auch Silent-Unity genannt).
Adressen: Berliner Unity Freunde, Nikolsburger Str. 8–9, D-10717 Berlin, Tel. 030 883 48 83. – Unity Studiengruppe Linz, Roswitha M.Mayr, Bäckermühlweg. 63, A-4030 Linz. Tel. 0732 37 84 05. – Lichtzentrum Unity Schweiz, Königsweg 1A, CH-3006 Bern, Tel. 031 351 40 38.
www.gebet.com
www.unity-forum.de

Studiengruppen Joel Goldsmith

Die selbständig organisierten Studiengruppen des zu seiner Zeit bekannten amerikanischen Autors Joel Goldsmith (gest. 1964) vertreten ähnliche Anliegen wie Neugeist und Unity. Einzelne Studiengruppen Joel Goldsmith versammeln sich noch in Deutschland und in der Schweiz.

Zeitschrift: Weg der Verwirklichung.
Adresse: Hilde Neuenschwander, CH-8008 Zürich, Niederhofenrain 27, Tel. 01 381 53 57. – Leo Dorn, Harthauserstr.105, D-81545 München.

2. Christliche Wissenschaft

First Church of Christ, Scientist

1866/1879
Anderer Name: Christliche Wissenschaft.
Die Amerikanerin Mary Baker Eddy, geb. 1821 auf einer Farm in Bow, New Hampshire, in puritanischem Milieu erzogen, teilte mit ihrem Vater die Liebe zu theologischen Spekulationen. Psychosomatisch bedingte Leiden weckten in ihr die Frage nach Gesundheit und Heilung. Ihr Gatte G.W. Glover starb ein halbes Jahr nach der Heirat 1843. Ihren Sohn, drei Monate nach dem Tod des Mannes geboren, musste sie aus gesundheitlichen Gründen ihrer Familie überlassen. Nach einer zweiten unglücklichen Ehe begegnete sie dem Hypnotiseur P.P. Quimby, der positiven Gedanken heilende Kräfte zuschrieb. Nach einem Sturz verletzt, erlebte sie bei der Lektüre des NT eine Spontanheilung, für sie ein Beweis des unauflösbaren Zusammenhangs von christlichem Glauben und Heilung. Sie verstand die Heilungswunder Jesu nicht als Ausnahmen, sondern als Bestätigung eines göttlichen Gesetzes. Dieses neue Verständnis des Evangeliums und der Heilungsprozesse erläuterte sie 1875 in ihrem Buch «Wissenschaft und Gesundheit mit Schlüssel zur Heiligen Schrift» («Science and Health»). 1877 verheiratete sie sich in dritter Ehe mit A.S. Eddy, einem ihrer Schüler. 1879 gründete sie in Boston die Church of Christ, Scientist, die sie 1892 neu als The First Church of Christ, Scientist, organisierte. Die neugegründete Kirche sollte die in den übrigen Kirchen verlorenen gegangene Heilkraft

des Glaubens wieder entdecken und pflegen. Sie warb intensiv für ihre Ideen, zuerst im «Christian Science Journal», später im «Christian Science Monitor», der sich weit über den Kreis ihrer Schüler hinaus zu einer viel beachteten Tageszeitung entwickelte. Sie starb am 3. Dezember 1910 in Boston. Der Kirchenleitung fiel es schwer, ihren Tod bekannt zu geben.

Mary Baker Eddy sieht Jesus Christus als ersten Christlichen Wissenschafter an. Gott ist unendliches Gemüt, Geist, Seele, Prinzip, Leben, Wahrheit, Liebe. «Gott ist das göttliche Prinzip von allem (. . .), was wirklich existiert». Etwas Gegenteiliges kann es nicht geben. Sünde, Bosheit, Materie, Krankheit bestehen darum *letztlich* gar nicht. Sie «existieren» (höchstens) als Suggestion, als Folge einer falschen Einstellung.

Wer Gott als alles umfassendes Prinzip, als Liebe richtig denkend bejaht, der durchbricht den Irrtum. Gesundbeten ist die Annahme Gottes, des heilenden Gemüts.

Die Christliche Wissenschaft kennt nur die geistige Taufe und das geistige Abendmahl ohne eigentliche Taufhandlung oder Abendmahlsfeier. In den Gottesdiensten wird aus der Bibel und aus «Wissenschaft und Gesundheit» vorgelesen (keine Predigt).

Die oberste Kirchenleitung liegt in den Händen des sich selbst ergänzenden fünfköpfigen Christian Science Board of Directors (Vorstand der Christlichen Wissenschaft). Die Zweigkirchen haben ihre eigene Verwaltung. Zur Gründung einer Zweigkirche sind mindestens 16 Mitglieder, darunter ein sog. Ausüber, ein hauptamtlicher «Heiler», nötig. Kleinere Gruppen bilden eine Vereinigung.

Indem die Christliche Wissenschaft Gott, Geist, Gemüt als einzige, letztlich unpersönliche (und nur «positive») Wirklichkeit betrachtet, verliert sie die Realität des Materiellen, die Dynamik der Sünde und den Ernst der Krankheit aus den Augen. Zwar verwendet sie diese Ausdrücke ebenfalls, aber diese werden mit den Grundanschauungen der Christlichen Wissenschaft gefüllt. Das gilt auch für die Rede vom Schöpfer und von der Vergebung, bei der nicht die Heilstat Jesu Christi am Kreuz hervorgehoben wird, sondern das immerwährende Wirken von «Christus» in jedem, der Wahrheit, Heil und Rettung auf dem Weg der Christlichen Wissenschaft zu erreichen sucht.

Zeitschriften: Der Herold der Christlichen Wissenschaft / The Christian Science Monitor (Zeitung).

Statistik: Die Christliche Wissenschaft zählt total rd. 10 000 in kurzen Kursen ausgebildete «Ausüber» (Heiler) und Lehrer, davon in D: 100 / A: 1 / CH: knapp 40. Gesamthaft gegen 3000 Zweigkirchen, V und Hochschulvereinigungen in über 50 Ländern / D: rd. 100 Zweigkirchen und V, 2000 M / A: 2 Zweigkirchen / CH: gegen 30 Zweigkirchen und V.

Adressen: Christian Science Church Center, Boston MA 02115. – Christian Science Komitee für Veröffentlichungen, Konrad Voigt, D-60325 Frankfurt a.M., Savignystr. 28. – Komitee für Veröffentlichungen: Prof. Claude Kaspar, Hätterenweg 5, CH-9000 St, Gallen, Tel. / Fax 071 223 59 08, Email: claude.kaspar@bluewin.ch.
www.tfccs.com
www.christian-science.com
www.christian-science.de

Doorly-Bewegung

ca. 1945

John W. Doorly (1878–1950), erfolgreicher Lehrer und «Ausüber» der First Church of Christ, Scientist (Christliche Wissenschaft) in Amerika, zeitweilig sogar Präsident der Kirche, bekannter Vortragsredner innerhalb der Kirche, wurde von Kritikern der Christlichen Wissenschaft immer wieder mit dem Vorwurf konfrontiert, die Christliche Wissenschaft sei keine Wissenschaft. Ihr Lehrbuch («Wissenschaft und Gesundheit», s.o.) sei eigentlich ein Gebetsbuch. Sie lege für ihre Aussagen keine Beweise vor, sondern sie präsentiere nur Behauptungen. Doorly zog sich zeitweilig aus der Öffentlichkeit zurück und versuchte mit systematischer Analyse der Grundbegriffe des Lehrbuches die innere Systematik des Werkes herauszuarbeiten und die Wissenschaftlichkeit der Christlichen Wissenschaft klarer zu erfassen. Seine Arbeit als Interpret und Analytiker des Lehrbuches irritierte die offizielle Christliche Wissenschaft. Man warf ihm eigenmächtige Lehrmethoden und Einführung neuer Lehren vor. 1945 wurde er aus der Kirche ausgeschlossen. Doorly verstand sich nie als Verkünder neuer Lehren. Er wollte nur im nicht sehr systematisch konzipierten Lehrbuch der Christlichen Wissenschaft die eigentlichen wissenschaftlich-systematischen Grundlinien aufdecken und damit der Wissenschaftlichkeit der Christlichen Wissenschaft dienen. *Die Anhänger der offiziellen Kirche, so meinen von Doorly inspirierte Kritiker der Christlichen Wissenschaft, verzichten auf diesen Dienst, weil sie, ähnlich wie konservative Gläubige anderer religiöser Gemeinschaften, gerne einzelne Sätze oder Gedanken aus dem Lehrbuch gläubig wiederholen.*

Adresse: The John W. Doorly Trust, c/o Honorary Secretary, Claudia M. Towers, 25 Raynham Road, London W80 MY, England.

Kappeler-Institute

1950/1973

In der Schweiz führt Max Kappeler (geb. 1910), der 1946 aus der Christlichen Wissenschaft ausgeschlossen worden war, die wissenschaftliche Interpretation der Christlichen Wissenschaft, wie sie John W. Doorly (s.o.) entworfen hat, weiter. In seinem Hauptwerk deckt er den geistig-wissenschaftlichen Aufbau des Lehrbuches von Mrs. Eddy auf. Durch die wissenschaftliche Durchdringung des Seins soll der Christliche Wissenschafter «seine Bewusstseinsstruktur mit der Seinsstruktur in Übereinstimmung» bringen. So wird die Christliche Wissenschaft in einer Zeit, die immer intensiver nach ganzheitlicher Weltbetrachtung sucht und die auch auf dem Feld der Erkenntnis Synergien nutzen möchte, zur Grundwissenschaft erklärt, die eine Interpretation aller Wissenschaften, aber auch neue Methoden zur Heilung des Menschen ermöglichen soll.

M. Kappeler hat seine Forschungsergebnisse in zahlreichen Publikationen veröffentlicht. 1951 eröffnete er in Zürich die «Schule für Metaphysik» und seit 1975 in Zürich und Berlin die Kappeler-Institute für die Wissenschaft des Seins. Er ist auch in den angelsächsischen Ländern tätig.

Zeitschriften: Information / Issues in Science.

Adressen: Kappeler Institut, Untere Heslibachstr. 16, CH-8700 Küsnacht, Tel. 01 912 15 23, Fax 01 912 15 24. – Kappeler-Institut für die Wissenschaft des Seins, Grainauer-Str. 19, D-10777 Berlin.

IX Neuoffenbarer

Erfahrung und Offenbarung

Warum meint das traditionelle Christentum, Gottes Offenbarung habe in Christus seine Vollendung und seinen Abschluss gefunden? Will es sich jede Gottesbegegnung oder Gotteserfahrung nach Christus verbieten? Will es die ganze Glaubensgeschichte nach Christus zur reinen Wiederholung dessen, was in und mit Christus erlebt wurde, degradieren? Das traditionsbewusste, sich am biblischen Zeugnis orientierende und dennoch lebendige Christentum verschliesst sich nicht vor eigener, neuer Gotteserfahrung. Es will nur jede neue Erfahrung mit Gott mit Blick auf die biblischen Erfahrungen prüfen. Es will sich nicht wilder Offenbarungseuphorie anvertrauen. Offenbarung nennt es die im biblischen Zeugnis dokumentierte Gotteserfahrung. Die eigenen Gotteserfahrungen, oft nicht weniger lebendig und vielseitig als das biblische Erleben, nennt es nicht Offenbarung, weil es seine eigene Erfahrung nicht zur Norm für andere machen will. In diesem Sinn anerkennt das traditionelle Christentum, dass Gottes Offenbarung mit dem Wirken, dem Tod und der Auferstehung Jesu Christi ihre Vollendung erlangt hat. So betont der Schreiber des Kolosserbriefes: «In Christus wohnt die ganze Fülle der Gottheit leibhaftig», d.h. als Mensch geboren (Kol. 2,9). Dementsprechend öffnen sich Christen in allen Jahrhunderten eigener, neuer Gotteserfahrung. Sie erwarten aber nicht weitere direkte normative göttliche Offenbarung.

Eigene neue Offenbarung wird überall dort erhofft und erlebt, wo Menschen ihr eigenes Erleben zur Norm für Zeitgenossen und Nachgeborene machen. Pointierter formuliert: Eigene Gotteserfahrung, zur Norm für andere erhoben, wird zur neuen Offenbarung.

Prophetie und Selbstwertempfinden

Hinter diesem Hoffen und Erleben neuer Offenbarung verbergen sich auch menschliche und allzu menschliche Wünsche. Gerade die eindrücklichsten neuen Offenbarungen eröffnen dem kritischen Betrachter nicht den siebten Himmel und die bisher verborgenen Gedanken Gottes, oft aber die geheimen Regungen in der eigenen menschlichen Brust. Die neuen Propheten, Kanäle, Medien, Sprachrohre, Gottgesandten erleben nicht grundsätzlich etwas anderes als manche spirituell wachen und ekstatisch-mystisch veranlagten Menschen ihrer Zeit. Wenn nicht alle von Gott berührten Menschen zu neuen Sprachrohren der göttlichen Wahrheit werden, so liegt dies daran, dass die meisten ihr eigenes Erleben relativieren. Es gilt für sie nicht absolut. Anders ist das bei Menschen, die sich in ihrer Gotteserfahrung über alle anderen Menschen herausgehoben und berufen wissen. Das überraschende und wunderbare Erlebnis persönlicher Gotteserfahrung, das Flüstern oder Rufen einer inneren Stimme oder gar das Aufbrechen einer medialen Fähigkeit lassen vielleicht gerade Menschen mit einem niedrigen Selbstwertgefühl zu Propheten werden mit manchmal ins Grandiose anschwellendem Sendungsbewusstsein. Menschen mit einem gesunden Selbstbewusstsein werden wahrscheinlich auch durch intensive eigene mystische und religiöse Erlebnisse nicht zu neuen Propheten. Aber Menschen mit ausgeprägter Selbstwertproblematik werden durch mystische Erfahrungen in höchste Höhen erhoben und über alle anderen Menschen gestellt. Die meisten dieser neuen Offenbarer werden von vielen Zeitgenossen bloss belächelt. Oft glaubt einzig der Prophet an die ihnen geschenkte Wahrheit. Manchmal aber scharen sich kleine Gruppen von Gläubigen um sie, die durch ihre gläubige Zustimmung eine ganze Offenbarungsserie auslösen.

Offenbarungen in epischer Breite

Erfolglose Propheten senden uns ihre Botschaften auf Postkarten handschriftlich niedergelegt. Propheten umringt von kleinen Gemeinden publizieren Hefte und Rundbriefe. Die erfolgreichsten unter den neuen Offenbarern empfangen himmlische Wahrheit in fast beliebiger Breite und Fülle. Sie füllen heute ganze Kassettenreihen und früher ganze Buchbände mit den ihnen geschenkten göttlichen Erkenntnissen. (Gerade darin unterscheiden sie sich diametral von alttestamentlichen Propheten, denen zumeist knappe poetisch eindrückliche Gottesworte geschenkt wurden.) Diese auffallende Redseligkeit moderner Offenbarer gründet einerseits im Bedürfnis der Gläubigen nach immer wieder neuer göttlicher Erkenntnis, andererseits hängt sie damit zusammen, dass in manchen Gruppierungen der Akt der Offenbarung institutionalisiert ist. Am letzten Sonntag im Monat fällt Uriella, die Prophetin des Fiat Lux Ordens, «in Trance» und lässt Jesus Christus durch sich hindurch sprechen. Andere greifen zum Mittel des sog. automatischen Schreibens. Sie tauchen regelmässig wie seinerzeit Jakob Lorber mit Papier und Schreibutensil oder vor dem Computer sitzend «in Trance» und schreiben auf, was immer der Geist ihnen eingibt. Alle Schreibenden – vor allem die vor dem PC sitzenden – neigen dazu, uns Offenbarungen in epischer Breite vorzulegen.

Leitgestalten unter den Propheten der Neuzeit

Schon *Jakob Lorber*, der «Schreibknecht Gottes», verfasste als Schreibmedium im 18. Jahrhundert 10 Bände: «Das grosse Evangelium Johannis». Nicht weniger bedeutend als Lorber war vor ihm *Emanuel Swedenborg*. Die Schriften der beiden finden bis heute breite Beachtung und haben unzählige spätere Prophetinnen und Propheten inspiriert. Die Reihe der Neuoffenbarer beginnt indessen schon Jahrhunderte vor ihnen, und sie setzt sich bis in die Gegenwart hinein fort.

Neuoffenbarer, Spiritisten und Spiritualisten

Nachfolgend sind vor allem die Neuoffenbarer der neueren Zeit beschrieben. Im Sinne einer sehr behelfsmässigen und fliessenden Unterscheidung besprechen wir im Folgenden zuerst die Neuoffenbarer, die sich auf eine innere oder himmlische Stimme berufen, anschliessend die mehr spiritualistischen Gruppen mit ihrer Berufung auf die Geisterwelt.

Während die Neuoffenbarer von einer himmlischen Wesenheit als Quelle für die durch das Medium vermittelten Erkenntnisse reden, rechnen die **Spiritualistischen Vereinigungen** mit eigentlichen Kundgaben und Botschaften aus der Welt der sog. Geister. (Dabei unterscheiden sich die Welt der Geister und das himmlische Jenseits in der Vorstellung mancher Gruppierungen nur im Sinne einer Stufenordnung voneinander. So channelt Uriella, das Medium des Ordens Fiat Lux, während der Kundgaben zuerst Jesus Christus, anschliessend blickt sie in die geistige Welt.) «Jenseitige Geister» wenden sich in sog. spiritualitischen Gemeinschaften durch Medien an einzelne Menschen oder auch an versammelte Zuhörerscharen. Der neue Spiritualismus entstand aus dem Spiritismus, wie er im 19. Jahrhundert zuerst in Amerika aufkam. Vor allem das amerikanische Medium Andrew Jackson Davis und dann auch die geheimnisvollen Klopfzeichen im Hause des Farmers John Fox in den USA im Jahre 1848 trugen wesentlich zum neu erwachten Interesse am Spiritismus bei. Spiritualistische Vereinigungen versuchen die «Jenseitskundgaben» eines Mediums und die dem Spiritismus verwandte Weltschau mit biblischen Aussagen zu kombinieren. In den Vereinigten Staaten ist es zur Gründung eigentlicher *Spiritualist Churches* und zur Bildung der *Federation of Spiritual Churches and Associations* gekommen. So wie diese «Kirchen» sammeln sich auch unten angeführte Vereinigungen um die Jenseitsbotschaften eines Mediums. Das Medium versinkt in Trance, und dann meldet sich dieser oder jener jenseitige Geist oder in verschiedenen Fällen sogar Jesus Christus selber. Kurz – alle drei, Spiritisten, Spiritualisten und Neuoffenbarer im engeren Sinn des Wortes vermitteln Botschaften aus der geistigen Welt. Aber in der Frage, wer in der geistigen Welt nun mit uns spricht und wie sich diese

Botschaft mit der biblischen Botschaft verbindet, unterscheiden sich die einzelnen Gruppierungen.

Animistische und spiritualistische Deutung

Spricht jedoch durch das Medium tatsächlich ein jenseitiger Geist oder ein göttliches Geistwesen? Neben dem spiritualistischen Deutungsversuch drängt sich oft die animistische Erklärung auf. Diese geht davon aus, dass die Botschaften der Medien nichts grundsätzlich Neues aussagen. Sie bewegen sich in auffallender Weise immer im Umkreis des religiösen Wissens und der Erfahrung des jeweiligen Mediums. Erscheinungen wie Stimmen oder Klopfzeichen werden mit unkontrollierten psychischen Energien und mit abgespaltenen psychischen Komplexen erklärt. In manchen Propheten oder Kanälen meldet sich so verstanden das abgespaltene zweite Ich. Das sog. Jenseits der Spiritisten, Spiritualisten und Neuoffenbarer ist in animistischer Deutung das bizarre Reich der eigenen Seele.

Jesus als Geistlehrer?

Das Geistchristentum der spiritualistischen Vereinigungen hat sich weit vom Evangelium entfernt. In den neuen «Glaubensgrundsätzen unserer jenseitigen Freunde», wie sie Shaw Desmond in seinem Buch «Wie du lebst, wenn du gestorben bist» zusammenstellt, kommt Jesus Christus nicht vor (Kurt Hutten, Seher, Grübler, Enthusiasten, 12. Aufl. S. 735). Im weiteren spiritualistischen Schrifttum und in den Botschaften der Medien wird Jesus Christus zwar erwähnt. Er ist indessen lediglich ein hoher Geistlehrer. Auch wenn sich die spiritualistischen Vereinigungen auf das Neue Testament berufen oder in biblischen Ausdrücken reden, geben sie Jesus nur die Bedeutung eines grossen Geistlehrers. Er brachte ganz ähnlich wie die heutigen Medien, wenn auch in vorzüglicherem Masse, Einblicke in die jenseitige Welt sowie Ermahnungen und Hilfeleistungen für den Menschen auf seinem Weg zur Vollendung. Das Ziel der Vollendung wird aber nur auf dem langen Weg, der eine Reihe von Wiedergeburten (Seelenwanderung) miteinschliesst, erreicht. Dass dieser Geistlehrer-Jesus in seiner blassen Jenseitigkeit nur noch entfernt an den Jesus der Evangelien erinnert, braucht hier nicht eigens betont zu werden.

Kreis um Bertha Dudde

Bertha Dudde (1891–1965) aus Leverkusen empfing in ihrem Innern über 9000 Kundgaben. Sie sieht darin einen Fortgang der göttlichen Offenbarungen über die Zeit der Bibel hinaus. Nach ihrer Überzeugung haben die Kirchen die Lehren Christi verfälscht. Die wahre Kirche ist nicht organisiert, sie umfasst die Menschen, die erfüllt von Liebe ein Leben in der Nachfolge Christi führen. Gottes Liebe bringt den Menschen Erlösung. Bertha Dudde betrachtete sich auch als Seherin zur Vorbereitung der Menschen auf die nahen Endereignisse, weshalb sie als «Endzeitprophetin» bezeichnet wird.
Ein Freundeskreis führt gelegentlich Zusammenkünfte durch und sorgt für die Verbreitung der gedruckten Kundgaben.

Statistik: Gelegentliche Zusammenkünfte.
Adresse: Familie Schuhmacher, Härte 4, D-88456 Ingoldingen, Tel. 08642 67 44.

Concerned Christians

Die von Monte Kim Miller gegründeten und geführten Concerned Christians («besorgte Christen») waren ursprünglich in Denver/ Colorado ansässig, tauchten aber im Oktober 1998 im Zusammenhang mit einer Prophezeiung Millers, welche die Zerstörung Denvers durch ein Erdbeben am 10. Oktober 1998 ankündigte, unter.
Monte Kim Miller wurde am 20. April 1954 in einer nichtreligiösen Familie in Burlington, einem Bauerndorf im US-Bundesstaat Colorado, geboren. Schon früh soll sich bei Miller eine Begabung zur Überzeugung anderer gezeigt haben. Als junger Mann bekehrte sich Miller im Anschluss an eine Veranstaltung des Campus für Christus-Gründers Bill Bright zu einem Christentum evangelikaler Prägung.
In der ersten Hälfte der 80er Jahre trat Miller als evangelikaler New Age-Experte auf und hielt über dieses Thema Vorträge in verschiedenen Kirchen in Denver. Die evangelikale Wahrnehmung des New Age zeigte zu dieser Zeit ein grosses Interesse an der Weltendynamik. Die Erwartung war damals, dass das New Age dem Antichristen den Weg bereiten würde. Das Auftreten der New Age-Bewegung galt somit als ein Zeichen der Nähe des Weltendes.
Im Jahr 1985 begründete Kim Miller zusammen mit Anhängern die Organisation «Concerned Christians». Die Weltend-Erwartung blieb prägend, wobei deren Anknüpfungspunkte wechselten. Die New Age-Thematik trat zurück, an ihrer Stelle führte Miller in der Folge Attacken gegen die katholische Kirche und die charismatische Wort-des-Glaubens-Bewegung. In den Jahren 1988 und 1989 weitete Miller sein Feindbild beträchtlich aus, bis schliesslich alle anderen Kirchen und Gemeinden als abgefallen galten. Die allein wahren Christen sind die «Concerned Christians». *Eine fundamentalistische Sekte war entstanden.*
Der Patriotismus der evangelikalen Szene in den USA führte Miller zu einem weiteren Gedanken: Wenn die als abgefallen verworfenen Kirchen für die Nation einstehen und diese in ihrem Sinne beeinflussen, dann muss auch der Staat verworfen sein.
Als New Age-Experte kennt Miller das Verfahren des Channelings, der angeblichen Durchsagen geistiger Wesenheiten durch den Mund in Trance gefallener Menschen genau. Aber offenbar entzündete sich Millers Kritik nicht am Verfahren, sondern an der jeweiligen Wesenheit, die gechannelt wird. Nur so ist erklärbar, dass Miller selbst mit Channeling begann. Dabei ist sein Anspruch wenig bescheiden: Es soll Gott selbst sein, der (in Ich-Form) durch Miller redet. Wenn «Gott» durch Miller spricht, ist die persönliche Bedeutung Millers ein wichtiges Thema. Miller gilt als der Führer der Gläubigen in der Endzeit, nur wer Miller folgt, kann erlöst werden. *Aus der funda-*

mentalistischen Sekte wurde so eine Neuoffenbarer-Gemeinschaft messianischen Zuschnitts.

www.kimmillerconcernedchristians.com

Die Familie (Kinder Gottes, Familie der Liebe)

Die Kinder Gottes (seit 1983 Familie der Liebe, seit 1992 Die Familie) fand ihre ersten Mitglieder 1968/69 unter den Hippies und Jesus-Freaks Kaliforniens. In David Berg (später Moses David genannt, weil er sich gleichzeitig als Prophet und König verstand) hatte schon seine visionär veranlagte Mutter früh den zukünftigen Propheten erkannt. Seine radikale Frömmigkeit und Persönlichkeit führte ihn frustriert aus dem Dienst seiner evangelikalen Herkunftsgemeinde zu den jungen Randsiedlern der Gesellschaft, unter denen er sofort junge radikale Jünger fand. Seine Bewegung sah sich sofort als Opposition zu allem, was zum «System» gehörte: Eltern, Kirchen, Schulen, Staat, offizielle Kultur usw. Die Kinder Gottes lebten in einer demnächst untergehenden Welt und wollten, abgesehen von ihren Missionskontakten, mit dieser Welt nichts zu tun haben. Mo hingegen, wie sie ihren König und Propheten nannten, gehörte ihre uneingeschränkte Zuneigung und ihr bedingungsloser Gehorsam. *Als unangefochtene Autorität und mystischer Anarchist verfing sich Mo nach Empfinden der Kritiker immer mehr in seinen eigenen Wünschen und Intuitionen, die er als göttlichen Willen verstand. In religiösen Comics und Briefen, den sog. Mo-Briefen, entfaltete er eine gleichzeitig naive, egomane und chaotische Theologie: Jesus wurde zum Leitbild aller Freaks, Ghadaffi zum Mann Gottes für unsere Zeit, die frühen 90er Jahre zur Zeit der Wiederkunft Jesu, sexuelle Aktivitäten zum Spiegelbild der göttlichen Liebe zum Menschen, Sexspiele unter Kindern zum Normalfall, freie Liebe zum göttlichen Auftrag, Absage an alle weltlichen Bindungen zum obersten Gebot, bedingungsloser Gehorsam gegenüber dem Propheten und der Gemeinschaft zur fröhlich geleisteten Pflicht. Kurz – Mos Theologie folgte nach dem Empfinden der Kritiker nur einer Linie: seiner eigenen, impulsiven Intuition.* Die Familienmitglieder gehen keiner geregelten Arbeit mehr nach. Studium der Mo-Briefe, Pflege der Gemeinschaft in der Kommune, Mission oder Bettelei, während mancher Jahren (bis 1987) auch als Mission gedachte Prostitution (flirty fishing) und Gemeinschaft mit den vielen kleinen Kindern, die als Folge dieser Missionsbemühungen geboren wurden, gehören zu ihren mit einer Mischung von Anpassungswillen, kindlicher Freude und Unterwürfigkeit geleisteten Pflichten. Manche Familienglieder, die dieses Opfer ihrer ganzen Person und Zeit auf die Dauer nicht leisten konnten oder wollten, fanden nur mit grosser Mühe und hilfreicher Begleitung ins «normale Leben» zurück. Nach dem Tod von Mo übernahm seine Frau Maria die Leitung der Familie. Die hierarchischen Strukturen werden seitdem periodisch ab- und wieder aufgebaut. Die im Untergrund lebende zentrale Leitung, die sich nie aufgelöst hat, lässt die einzelnen Gruppen manchmal an der langen Leine laufen. Wenn die Gruppen sich zu eigenwillig verhalten, zieht sie die Zügel wieder straffer an. Monatliche Reports berichten der Leitung über die Missionsarbeit der Gruppen. Visiting Servants (Apostel) geben den Gruppen die Weisungen der Zentrale weiter. Trotz dieser und ähnlicher autoritärer Leitungsstrukturen bewegen und verschieben sich einzelne Gruppen anscheinend völlig frei über das weite Missionsfeld, das alle Kontinente umfasst. Wahrscheinlich entsprechen diese Wanderungen nicht selten einem zentralen Plan. Nachdem die Familie zeitweilig vor allem in Indien, dann in Ostasien, dann in der südlichen Hemisphäre missionarisch aktiv war,

betreiben sie heute intensive Mission in Osteuropa und im asiatischen Teil Russlands. Auch innerhalb der einzelnen Gruppen herrscht Gruppendisziplin. Kinder sind – verglichen mit ihren Gleichaltrigen ausserhalb der Gemeinschaft – ständiger Betreuung, Überwachung und offenbar manchmal auch biblisch begründeter Züchtigung ausgesetzt. Dies hat dazu geführt, dass vermehrt Jugendliche in ihrem Freiheitsdrang der Familie den Rücken kehren. Wenn die Familie sie nicht zurückhalten kann, lässt sie die jungen Leute ziehen, bricht aber ihrerseits den Kontakt mit den Abtrünnigen ab. Unter den neuen Lehrentwicklungen fällt dem kritischen Beobachter eine Lehre auf, die sich «Loving Jesus» nennt, eine Art Sex mit Jesus, ein Versuch, sich im Sexualakt Jesus als Partner zu denken. Die Vorwürfe von Elternorganisationen und staatlichen Organen, dass in der Familie Kinder sexuell missbraucht würden, stiessen auf vehementen Protest der Familienvertreter. Eigentliche Polizeirazzien gegen Gruppen der Gemeinschaft in verschiedenen Ländern (z.B. Australien, Frankreich, Spanien), alle vom Vorwurf des sexuellen Missbrauchs Minderjähriger geleitet, bedrängten die Gruppen und zwangen sie noch bewusster zum Leben in der Anonymität.
Prostitution zur Gewinnung neuer Mitglieder ist seit 1987 offiziell abgeschafft. Auch zur Beschaffung finanzieller Mittel für die Gruppe hat Prostitution in den letzten Jahren deutlich an Bedeutung verloren. *Es ist anzunehmen, dass Promiskuität in den Familien üblich war und weiterhin ist, es wird aber – so versichert man uns – darauf geachtet, dass die diesbezüglichen staatlichen Gesetze nicht verletzt werden. Minderjährige dürfen nur unter sich sexuelle Erfahrungen sammeln. Die Vorschrift, sich beim Sexualverkehr nicht zu schützen, wurde – nachdem ältere Mütter auch behinderte Kinder geboren hatten – dahingehend modifiziert, dass Verhütung in besonderen Fällen praktiziert werden darf. Sehr jungen Mädchen gegenüber war dies schon immer vorgesehen. Nicht beachtet wird noch vielfach die Pflicht, sich beim Wohnort anzumelden. Weil die Familie ihre vielen Kinder selber erziehen und schulen will – die Schule des Systems wird abgelehnt – leben in manchen Wohngemeinschaften der Familie Kinder ohne offiziellen Wohnsitz.*
Die Antwort auf die Frage, weshalb einige Tausend ehedem junge Mitglieder inzwischen schon Jahrzehnte in der Familie verbracht und das entbehrungsreiche Leben ohne wirklichen individuellen Freiraum ausgehalten haben, scheinbar ohne je an der Gruppe zu zweifeln, liegt zum einen im Erwählungsbewusstsein der Gruppe und in ihrer Distanz zur negativ gezeichneten Welt, zum anderen in der Methode, bei aufsteigenden Zweifeln mit intensiver, persönlicher Lektüre der Schriften des Propheten sich selbst im Glauben wieder zu bestärken oder – wie dies Kritiker nennen – sich selbst zu indoktrinieren.

Statistik: Wahrscheinlich weltweit gut 10 000, davon mehr als die Hälfte in der Familie geborene Jugendliche und Kinder. G in Mitteleuropa: je nach Missionseinsatz rasch wechselnde Zahlen.
Adressen: Die Adressen wechseln laufend.

Fiat Lux

Erika Bertschinger geb. Eicke, alias Uriella (d.i. der «Von Jesus Christus empfangene Geistname»), geb. 1929, in Zürich in katholischem Elternhaus aufgewachsen, schloss, nach ihren eigenen Angaben, ihre Mittelschulbildung mit der Matura ab und besuchte eine Dolmetscherschule. Bereits in den 50er Jahren hatte sie in Amerika Kontakt mit einem Medium und Sprachrohr des Heilandes. Später beteiligte sie sich kürzere Zeit an den Zusammenkünften der Geistigen Loge Zürich. 1972 erlebte sie ihre erste «Begegnung mit Jesus Christus» und in der Nacht vom 24./25. Dezember 1975 erlangte sie ihren ersten Volltrance-Zustand. *Ihre Offenbarungen wurden ihr – wie sie selber betont – nach einem Reitunfall geschenkt. Gott habe ihr Hirn durchschütteln müssen.* Seither steht sie, wie sie sagt, in geistiger Form in Kontakt mit Jesus Christus und hat schon Hunderte von Kundgaben empfangen und der Menschheit übermittelt. Sie nannte ihr Unternehmen zunächst «Lichtquell Bethanien»; denn in Bethanien (Palästina) hatte Maria Magdalena seinerzeit Jesus empfangen (Joh. 11). Uriella war in einem früheren Leben selber Maria Magdalena.

Am 12. Januar 1980 ist «durch Jesus Christus über Sein Sprachrohr Uriella in Seinem Heiligtum in Egg» als innerer Kreis des Lichtquells Bethanien der «Orden Fiat Lux» gegründet worden. Anfangs der 80er Jahre wurde in Strittmatt/Görwihl (südl. Schwarzwald) eine weitere Niederlassung eröffnet, die bis heute auf 16 Häuser angewachsen ist und die unter der Einwohnerschaft des kleinen Weilers nicht nur Zustimmung gefunden hat. In Strittmatt leben rund 70 «Fiat Lux-Träger» (Ordensmitglieder) in Wohngemeinschaft. 1986 begann die Arbeit in Kärnten. 1988 wurde dort in Sittersdorf ein Zentrum eingeweiht. Seit 1981 gibt es ein Haus in Schwellbrunn, im Kanton Appenzell, wo die Gesetzgebung die Führung von Naturheilpraxen erlaubt (s.u.). Tatkräftige Unterstützung beim Ausbau ihres Werkes fand Uriella in den 80er Jahren bei ihren Ehegatten, vor allem bei Kurt Warter und bei Icordo. Kurt Warter war katholischer Priester in Burladingen-Hausen/D. Sein Abgang vom Pfarramt war von einer Untersuchung wegen finanziellen Unregelmässigkeiten begleitet (Die Untersuchung endete mit einem Vergleich). Die Ehe dauerte rund 4 Jahre; im April 1988 starb K. Warter bei einem Unfall. *Uriellas vierter Gatte Eberhard Bertschinger Eicke, alias Icordo, in früheren Leben u.a. Josef in Ägypten, Ulrich Zwingli und Walzerkönig Strauss, führt in Uriellas Auftrag den Orden mit organisatorischem Geschick und – diesem Eindruck kann sich der Beobachter des Ordens kaum entziehen – mit einer eigenartigen Mischung von überfliessender Freundlichkeit und kompromissloser Härte.*

Wie stellt sich Uriella zu weiteren Neuoffenbarern und Neuoffenbarerinnen? Sie billigt z.B. Frau M. Lämmle in Sigriswil die «innere Stimme» und Frau G. Wittek (s. Universelles Leben) Halbtrance zu. Beide Zustände böten jedoch, so ergänzt Uriella, keine Gewähr, dass sich nicht auch andere Geister meldeten. Sie selber aber erreiche dank ihrer gänzlichen Hingabe und ihrem reinen Wesen die Volltrance, in der ausschliesslich Jesus Christus und hie und da noch Maria zu Worte kämen. Volltrance wird als Zustand geschildert, in dem das Medium ohne zu wissen, was es sagt, als blosses Werkzeug, als Kanal, die Worte des Herrn weitergibt. *(Die Frage, warum denn Uriella während der sog. Volltrance auch schon heimlich auf die Uhr geschaut habe, beantworten Uriella und Icordo mit der Gegenfrage, ob sich denn der in diesem Moment in Uriella anwesende Jesus nicht auch für die genaue Uhrzeit interessieren könne.)* In den erwähnten Kundgaben heisst es dann etwa: «Als Lebendes Kreuz stehe Ich (d.h. Jesus Christus, sprechend durch Uriella) nun vor euch, um euch zu sagen, dass Mein ganzes All erfüllt ist von diesem Heiligen Symbol ... Ich warte auf euch, um euch zurückzuführen, in eine wahre Heimat. Sie ist aus Geist, so wie auch ihr von Mir aus Meinem Heiligen Odem und Meinem Herzensstrahl erschaffen worden seid.» Besonders innig spricht dieser Jesus von seinem Sprachrohr Uriella. Er nennt sie seinen «Herzensdarling». Die Theologie dieser Botschaften folgt in etwa folgendem Erlösungskonzept: Erdenbürger haben sich von ihrer Urexistenz entfernt. Der Herr schenkt jedoch durch Uriella Vergebung. Nur müssen die Menschen, was sie zerbrochen haben, im Laufe verschiedener Leben selbst flicken und reparieren. Von Jesus als der Emanation Gottes ist die Rede und ebenso vom Meer der Liebe, das ununterbrochen (auch durch Uriella) «Athrumsgischt» über die Menschen ausgiesst. In dieses Erlösungskonzept hineinverwoben werden zahlreiche Vorstellungen aus der Esoterik, der Theosophie, der alternativen Medizin, der populären Ufologie und der mancherorts ebenso populären Apokalyptik.

So wie Uriella selber tragen auch die Ordensmitglieder weisse Kleider, weiss als Zeichen der Reinheit und als Farbe Gottes. Sie verpflichten sich beim Eintritt schriftlich zur Einhaltung der zahlreichen Ordensregeln. In der ersten Ordensregel wird «Beugung unter den göttlichen Willen» verlangt; der göttliche Wille kommt in erster Linie durch sein Sprachrohr zum Ausdruck. *(Diese erste Regel gibt Uriella und Icordo weitgehende Verfügungsgewalt über ihre Anhänger. Zweifel an der Echtheit ihrer Offenbarungen und Ungehorsam gegenüber dem monatlich neu offenbarten Willen Gottes werden im Orden nicht geduldet. Der Christus, der sich durch Uriella meldet, verlangt bei Ungehorsam mehr oder weniger rigorosen Ordensausschluss.)* Es gilt weiter u.a.: «Heiligkeit und Vollkommenheit anzustreben»; «Mitgefühl, Mitleid, Barmherzigkeit, Nachsicht zu pflegen»; «Zufriedenheit, Genügsamkeit und Gleichmut zu bewahren»; «Enthaltsamkeit und Entsagung in allen Belangen zu üben»; «Giftfreie Ernährungs- und Lebensweise einzuhalten, d.h. völlige Rohkost ohne Fleisch, Alkohol, Kaffee, Schwarztee, Nikotin, konservierte Lebensmittel und Farbstoffe sowie Pharmazeutika». Verlangt wird auch «Verzicht auf weltliche Lektüre und Vergnügungen jeglicher Art, wie fernsehen, Radio hören». Die Ordensmitglieder haben «tägliche Lichtsendungen durchzuführen» und «sich intensiv in die Geistesschulung zu vertiefen und nach ihr zu leben». Obwohl viele Ordensmitglieder verheiratet sind – viele dieser Ehepaare wurden durch Uriella zusammengeführt –, sind die Paare gehalten, Sex zu vermeiden.

Seit Anfang 1971 ist Erika Bertschinger auch als Geist- und Naturheilerin tätig. Sie vertreibt vor allem von Schwellbrunn/CH aus verschiedene Naturheilmittel, *wobei allerdings auch schon Zweifel laut geworden sind, ob ihre Diagnosen immer richtig sind und ihre Heilmittel sachgemäss eingesetzt werden.* Sie beruft sich auf die Spagyrik, d.i. im ursprünglichen Sinn eine alte, mit feinstofflichen Arzneigaben arbeitende Methode. Ihre Diagnosen stellt Uriella dank ihres «Röntgenblickes» mit irrtumsfreier Präzision. Sie hat, nach eigener Überzeugung, noch nie Fehldiagnosen gestellt. Auf unüberhörbare Kritik stösst ihr Athrums-Wasser, d.i. Leitungswasser, das Uriella in der steril gemachten Badewanne «umgepolt» und mit dem himmlischen Athrums-Strahl aufgeladen hat und das sie anschliessend als Heilwasser weitergibt. Die «Ätherampullen» mit gewöhnlicher Kochsalzlösung, die als Heilmittel selbst gegen Aids, Multiple Sklerose u.a. angepriesen wurden, sollen jetzt aus dem Verkehr gezogen werden.

In den letzten Jahren füllten sich die Offenbarungen durch Uriella immer mehr mit Endzeitvoraussagen. Endzeitkatastrophen, zum Teil detailliert geschildert, standen und stehen immer unmittelbar vor der Tür und werden nicht selten sogar unmissverständlich deutlich datiert. Offenkundige Fehlvoraussagen will Uriella trotz solcher Datierung noch nie gemacht haben. Denn zum einen sind Schrecken in abgemildeter Form auf diesem Globus immer irgendwo aufzuspüren und zum anderen gewährt Christus der Menschheit fast regelmässig auch einen heilsamen oder notwendigen Aufschub.

Parallel zu den Endzeitprognosen entwickelten sich die Medienauftritte. Uriella und Icordo wurden durch zahllose Fernsehauftritte zu eigentlichen Medienstars. *Dass viele Fernsehmoderatoren die beiden verulken, stört sie weit weniger als eine in den Medien angestrebte intensive ehrliche Auseinandersetzung mit der Lehre und Praxis ihres Ordens. Wahrscheinlich führt jeder Auftritt neue Patienten nach Schwellbrunn. Austretende Mitglieder – es sind ihrer in letzter Zeit auffallend viele – fordern nun vermehrt ihre dem Orden gewährten Darlehen zurück. Auch ein Prozess wegen Steuerhinterziehung vor einem deutschen Gericht hat den Orden zu erheblichen Nachzahlungen verurteilt. All diese Rückschläge spiegeln sich in den neuesten Offenbarungen, in denen der Himmel von den noch verbleibenden Ordensgliedern immer kompromisslosere Hingabe an den Orden verlangt.*

Adresse: Orden Fiat Lux, E.+E. Bertschinger Eicke, Lindau 2, D-79873 Ibach, Tel. 07674 358 od. 1066, Fax 8986.

Freundeskreis Bruno Gröning

1949 / 1979
Anderer Name: Bruno-Gröning-Freundeskreis.
Der Freundeskreis Bruno Gröning, eine in den letzten Jahren stark gewachsene Organisation, verspricht Heilung durch die Heilkraft des verstorbenen deutschen Wunderheilers Bruno Gröning, geht aber weit darüber hinaus: Aus Worten Grönings wird eine eigene Weltanschauung zusammengestellt und den Mitgliedern in einem stets wachsenden Schrifttum propagiert.
Ausgangspunkt des Freundeskreises Bruno Gröning ist die Person Grönings selbst. Bruno Gröning wurde 1906 in Danzig als Kind eines katholischen Handwerkers geboren, besuchte bloss fünf Jahre die Schule und begann zwei Berufsausbildungen, die aber zu keinem Abschluss führten. In der Folge arbeitete Gröning in wechselnden Stellungen, meist als Hilfsarbeiter. Nach dem 2. Weltkrieg, in welchem er an der Ostfront diente und verletzt wurde, kam Gröning nach Dillenburg/D. Dort begann man an ihm Heilkräfte wahrzunehmen, die er 1949 in Herford zur Heilung eines an Muskelschwund leidenden Jungen einsetzte. Dessen Zustand stabilisierte sich zwischenzeitlich – was bei Muskelschwund nicht selten ist. Später starb der Junge allerdings an seiner Krankheit. Gröning erlangte durch die «Heilung» in einer breiteren Öffentlichkeit den Ruf eines «Wunderdoktors». Von März bis Juni 1949 strömten Tausende von Menschen zu ihm nach Herford. Nachdem ihm die Regierung Nordrhein-Westfalens eine öffentliche Wirksamkeit verboten hatte, wich Gröning auf den Traberhof in Rosenheim/D aus, wo fortan die Massenveranstaltungen stattfanden. Menschen, die nicht nach Rosenheim reisen konnten oder Grönings Heilkraft mit nach Hause nehmen wollten, wurden die sog. Gröning-Kugeln verabreicht. Es handelte sich hierbei um Kugeln aus Stanniolfolie von Zigarettenpackungen – Gröning war Kettenraucher –, in die er eigene Körpersubstanzen, Haare, Fingernagelschnipsel oder Sperma, zur Übertragung seiner Heilkraft, einwickelte. Heilungsberichte häuften sich, Gröning selbst profitierte davon allerdings nicht: 1949 starb ein Sohn an einer Brustfellentzündung, im selben Jahr trennte sich Gröning von seiner Frau. Zunehmende Kritik erntete Gröning von Seiten der Ärzteschaft und von Teilen der Presse, die vor Scharlatanerie warnte. Verbote staatlicherseits folgten. 1958 wurde Gröning angeklagt, den Tod eines lungenkranken Mädchens verursacht zu haben, indem er die Patientin der ärztlichen Behandlung entzog. Erstinstanzlich wurde er zu Busse und Haft auf Bewährung verurteilt. Das Berufungsverfahren blieb unbeendet: Gröning starb 1959 in Paris an Magenkrebs.
Gröning hinterliess als Organisation den «Verein zur Förderung seelisch-geistiger und natürlicher Lebensgrundlagen in

Deutschland», von welchem sich 1979 der Freundeskreis Bruno Gröning unter der Leitung von Grete Häusler abspaltete. Grete Häuslers Gemeinschaft übertrifft an Mitgliederzahl und Erfolg die Mutterorganisation bei weitem.

Wie Gröning ist es dem Freundeskreis in erster Linie um Heilung von Krankheiten zu tun. Diese geschieht durch den «Heilstrom», der von Gröning ausging und heute vom jenseitigen Gröning vermittelt wird. Zur Übertragung desselben braucht es zweierlei: erstens «Antennen», das können Gröning-Kugeln sein, oder, weil diese knapp werden, auch Fotos von Gröning; zweitens braucht es das «Einstellen», eine Besinnung auf den Heilstrom, die üblicherweise in nicht überkreuzter, sitzender Haltung durchgeführt wird. Für die Heilung gilt Grönings Motto «Es gibt kein unheilbar», im Grunde ist jedes Leiden heilbar. Dazu kommen Elemente positiven Denkens: Von Krankheit und Leiden darf nicht gesprochen werden. Anhaltende Beschwerden werden nicht als Zeichen des Ausbleibens der Heilung gedeutet, sondern als sog. «Regelungsschmerzen», die für die Heilung nützlich und durchzustehen sind. Jederzeit möglich ist ein Verlust der Heilung, insbesondere durch Kontakt mit Kritikern. Diese werden deshalb «satanische Menschen» genannt und sind zu meiden.

Gröning und der Freundeskreis behaupten gegen aussen, in jeder Hinsicht mit kirchlicher Lehre verträglich zu sein, dagegen spricht jedoch die enorme Bedeutung der Person Grönings. Er ist nicht nur Heiler, sondern Vermittler zwischen Gott und den Menschen, insofern er «die Brücke» zwischen ihnen, die vor Tausenden von Jahren eingerissen worden sei, wieder aufgerichtet hat. Ebenso ist die Heilwirkung Grönings nicht auf den Menschen beschränkt, sondern betrifft die ganze Erde, was im Schrifttum des Freundeskreises kommentiert wird mit «Bruno rettet die Erde». Ihm werden an Allmacht grenzende paranormale Fähigkeiten zugeschrieben und sein Leben ist von Legenden umrankt. Die Rolle von Jesus Christus ist demgegenüber diejenige eines Vorbilds und Gesetzgebers. Intern wird auch Reinkarnation und eine offenbar recht ausgeprägte Endzeiterwartung gelehrt. Die Hinweise für die praktische Lebensgestaltung sind von konservativem Geist geprägt, abgelehnt werden Rockmusik, vorehelicher Geschlechtsverkehr, Alkoholkonsum und Rauchen.

Mitglieder des Freundeskreises treffen sich alle drei Wochen zu Gemeinschaftsstunden, wo Erfolgsberichte vorgetragen und das «Einstellen» ausgeübt wird. Daneben werden u.a. Lieder gesungen, die das Heilswerk Brunos schildern. Zugelassen zu Gemeinschaftsstunden wird allerdings nur, wer vorher eine Einführung in die Lehre Bruno Grönings besucht hat und dort auf die Bedeutung seiner Person vorbereitet wurde. Geworben wird insbesondere an esoterischen und alternativmedizinischen Messen. Zur Sammlung von Heilungsberichten besteht eine medizinisch-wissenschaftliche Fachgruppe.

Organisatorisch wird der Freundeskreis getragen von einem «Kreis für geistige Lebenshilfe» mit Sitz in Hennef/Sieg. Präsidentin auf Lebenszeit mit dem Recht der alleinigen Bestimmung der nachfolgenden Person und der Berufung und Abberufung der Mitglieder des Kreises ist Grete Häusler. Daneben führt Häusler den «Grete Häusler-Verlag» der die Mitglieder des Freundeskreises und interessierte Personen mit Literatur und Fotos von Gröning versorgt.

Der Freundeskreis Bruno Gröning hat sich in den letzten Jahren im deutschen Sprachraum enorm ausbreiten können. Insbesondere Menschen mit Beschwerden, aber auch spirituell Suchende stiessen zum Kreis und liessen sich in die recht einfach strukturierte, aber vielleicht gerade deshalb an-

sprechende Lehre Grönings und des Kreises einführen.
Offensichtlich sind die problematischen Punkte: Die Warnung vor Kritikern und «satanischen Menschen», was zu einem Rückzug von bisher wichtigen sozialen Kontakten führen kann; die Deutung anhaltender Symptome als «Regelungsschmerzen»; die vollständige Zentrierung der Gemeinschaft auf Grete Häusler.
Aus religionswissenschaftlicher Perspektive ist die aus den Reihen des Freundeskreises häufig betonte Kirchennähe zu relativieren: Die Übertragung oder doch zumindest Ausweitung der Rolle des Erlösers auf Bruno Gröning macht den Freundeskreis zu einer neo-messianischen Gemeinschaft.

Zeitschrift: Bruno Gröning / Zeitschrift des B. Gröning-Freundeskreises.
Statistik: Weltweit rd. 700 G mit ungefähr 30 000 M / CH: 31 G mit rd. 1200 M, wobei das zweite und insbesondere das dritte Lebensdrittel überproportional vertreten ist.
Adresse: Grete Häusler, Fasanenweg 12, D-53773 Hennef/Sieg, Tel. 0224 290 11 99. – Peter Jud, Im Maiensäss, CH-7243 Pany, Tel. / Fax 081 330 50 80, Email: info@bruno-groening.ch.
www.bruno-groening.ch

Friedens-Mission

Die Friedens-Mission, Peace-Mission, ist die Gemeinde des am 10. September 1965 in Woodmont/Pennsylvanien in hohem Alter gestorbenen *Father Divine*. Sein eigentlicher Name lautete wahrscheinlich George Baker. Heute führt die zweite Gattin des Gründers, eine Kanadierin, das Werk als *Mother Divine* weiter. 1935 fand die neue Botschaft in der Schweiz und 1945 in Deutschland Eingang, verbreitete sich aber nie über wenige Zirkel hinaus.
Father Divine wurde und wird als zweite Menschwerdung Gottes verehrt. Er hielt sich für beauftragt, das Gottesreich auf dieser Erde aufzurichten. Sein wirtschaftlich-sozialer Einsatz (Hotels für seine Anhänger, Handelsgeschäfte u.a.) führten ihm weitere Anhängerscharen zu. Father Divine rief die Mitglieder der Peace-Mission zur Busse, verbunden mit einer Wiedergeburt, auf. Er verlangte ein Leben in Keuschheit. Rauchen, Trinken und Stehlen verwarf er. Die Anhänger fühlen sich als wahre Amerikaner, als wahre Christen, als wahre Menschen, als Brüder und Schwestern aller Menschen. Sie lehnen Gewalt ab, leben keusch und ehelos. (Father und Mother Divine führten eine geistige Ehe.) Sie reduzieren den Kontakt mit dem anderen Geschlecht auf ein Minimum.

Adresse: The Palace Mission Inc., 1622 Spring Mill Road, Gladwyne, PA. 19035-1021, USA, Tel. 001 610 525-5598, Fax 001 610 525-063.
www.libertynet.org/fdipmm/

Gemeinschaft Hirt und Herde

Der Fabrikweber August Hermann Hain (1848–1927) in Meerane/Sachsen lehrte, die Geschichte verlaufe in Perioden von je 2000 Jahren. In jedem dieser Zeitabschnitte werde Gott Mensch. So habe sich Gott in Adam, Melchisedek, Mose, Elia, Christus und schliesslich in August Hermann Hain inkarniert. Mit der letzten Menschwerdung Gottes in der siebenten und letzten Periode erreiche die Erde ihr Ziel. Am Ziel werde dann eine Herde unter einem Hirten sein. Im Mittelpunkt der Lehre steht die Rückführung der gefallenen Schöpfung durch Gebotserfüllung (guter Wandel). Diese ist eingebettet in einen lang andauernden, sich über mehrere Leben erstreckenden Entwicklungsprozess (Reinkarnationslehre).
Die Gemeinschaft wird durch einen «Vorsteher» mit Sitz in Meerane geleitet. Sie ist in zwölf Bezirke gegliedert, wovon zehn im östlichen Deutschland liegen. An der Spitze eines Bezirks steht der Bezirksleiter. Die Gemeinden werden von «Lehrern» geleitet, die durch «Chor- und Musikleiter» sowie durch «Ordnungsbrüder» unterstützt werden.

Die «Christliche Gemeinschaft Hirt und Herde» lehnt nicht nur allen kirchlichen Kultus, sondern auch die Trinität, die Rechtfertigungslehre und die Sakramentslehre ab.

Statistik: D: rd. 2000 M (1998).
Adresse: Günter Hain, Friedhofstr. 28, D-08393 Meerane (Sachsen), Tel. 03764 39 89.

Gemeinschaft in Christo Jesu (Lorenzianer)

1922
Die Gemeinschaft in Christo Jesu beruht auf medial empfangenen Botschaften und eschatologisch-apokalyptischen Aussagen des Drechslermeister *Hermann Lorenz* (1864–1929). Er empfing, ganz ähnlich wie in einer noch weiter zurückgehenden Strömung schon Gottlieb Reichelt und Ferdinand Schneider, seine Offenbarungen von Johannes dem Täufer, aber auch von Petrus, Elias, Jesus Christus und andern. Sie sind in den sog. «Pergamenten» aufgeschrieben und werden von den Anhängern neben der Bibel hoch eingeschätzt. Die Mitglieder gehören gleichzeitig zur Evangelisch-Lutherischen Landeskirche Sachsen.
An der Spitze steht der Vorstand, der auf Vorschlag der Konferenz (erweitertes Leitungsgremium) von der Generalversammlung gewählt wird. In den sieben Bezirken sind folgende Ämter tätig: Oberwächter, Bezirkswächter, Ortswächter, Wächter und Jungwächter. Zentrum ist die «Elias-Burg» in Pockau/D.
Die Lorenzianer erwarten in der nahen Endzeit einen Kampf zwischen den «Urmächten» Gott und Satan, die Sammlung und Errettung der Auserwählten und die Wiederkunft Jesu Christi.

Statistik: D: ca. 4500 M (hauptsächlich ostdeutsche Länder).
Adresse: Gemeinschaft in Christo Jesu, Elias-Burg, Annaberger Str. 7, D-09509 Pockau, Tel. 03736 79 50 0.

Gralsbewegung

Die Gralsbewegung ist das Werk des sächsischen Kaufmanns, Orientreisenden, Poeten und Ordensgründers Oskar Ernst Bernhardt (1875–1941) oder Abd-ru-shin, wie er sich als Ordensgründer auch nannte. In Bischofwerda als jüngstes Kind eines «Schankwirts» geboren, wäre er eigentlich gerne Pfarrer geworden. Auf Anraten seiner Mutter wurde er Kaufmann und arbeitete zumeist als Teilhaber in verschiedenen kleinen Firmen, zuerst in Dresden, dann in Zürich und Bern. Wahrscheinlich war es seine Gutmütigkeit und die mangelnde Vorsicht bei der Wahl seiner Geschäftspartner, die ihn wiederholt in berufliche Krisen stürzte. Einmal musste er wegen angeblichen Betrugs 13 Monate ins Gefängnis. Einer zweiten Verurteilung in Bern im Zusammenhang mit einem weiteren Konkurs einer seiner Firmen entzog er sich durch Weltreisen und Rückkehr in seine deutsche Heimat. Die schwierigen Erfahrungen im Geschäftsleben und die innere Stimme führten ihn zur Schriftstellerei. Er publizierte zuerst Reisebücher, verfasste dann verschiedene Romane und erfolgreich inszenierte Theaterstücke. Er verband Schilderungen aus dem Alltag mit dramatischer Handlung und tiefsinnigen Erwägungen. Immer offenkundiger kreisten seine Publikationen auch um letzte philosophische Fragen. Eine Zeit lang lebte er in New York, 1913 ging er nach England. Von 1915 bis 1919 wurde er in einem Internierungslager für Deutsche auf der Insel Man festgehalten. Sein Sohn starb als Soldat im Krieg. Nach dem Krieg kehrte er nach Deutschland heim. Seiner erste Frau Martha, die in Deutschland geblieben war, hatte er sich schon seit seiner ersten grossen Orient-Reise 1900/01 und seit seiner Haft 1902/03 immer mehr entfremdet. Die Ehe wurde aber erst 1924 geschieden. Seit 1920 sammelte er einen Kreis von Gleichgesinnten um sich, zu dem auch Maria Freyer gehörte, die er später heiratete und die ihn sofort als Herold seiner jetzt sich immer breiter entfaltenden Grals-Botschaft akzeptierte und unterstützte. Seine religiösen Abhandlungen veröffentlichte er 1925–1930 in den «Gralsblättern.» Die Gemeinschaft um Bernhardt zog aus Sachsen zuerst nach Bayern und dann 1928 ins Tirol, wo sich auf dem Vomperberg bei Schwaz noch heute die Gralsburg, das Weltzentrum der Bewegung befindet. Nach dem Anschluss Österreichs an Deutschland wurde die Gralsburg geschlossen und zu einer Nazi-Ausbildungsstätte umfunktioniert. Bernhardt wurde zum Schweigen verdammt und starb 1941. Die Gralsburg wurde nach dem 2. Weltkrieg von der französischen Besatzung der Witwe von O. Bernhardt zurückgegeben.

Bernhardt verbindet in seiner Grals-Lehre christliches Gedankengut mit gnostisch-esoterischen und modernen Perspektiven zu einer umfassenden Weltanschauung, in der alle wesentlichen Fragen zu ihrer gültigen Antwort finden. Seine weit ausholenden Interessen, sein Sinn für theatralische Inszenierung und für poetische Sprache, seine offenkundige spirituelle Intuition und sein gewaltiges Sendungsbewusstsein geben seiner Botschaft und Bewegung ihr eigenes Gepräge. Verehrung seiner Person wies er zurück. Trotzdem verstand er sich als Abd-ru-shin – ein Name aus persischen und arabischen Elementen, gedeutet als «Knecht oder Sohn des Lichts» – als der von Christus, dem Gottessohn, verheissene Menschensohn. Der Gottessohn ist seinerzeit als Verkörperung der Gottesliebe gescheitert. Der Menschensohn verkörpert nun den göttlichen Willen und offenbart die volle Wahrheit.

Bernhardt zeichnet eine Welt in Stufen gegliedert. Auf höchster Stufe steht das Göttlich-Wesenlose, das mit einer gewaltigen Strahlung alle darunter liegenden Stufen beschenkt. Die Gralsburg ist die eigentliche Schleuse, durch die hindurch die göttliche Strahlung sich in die Schöpfung hinunter ergiesst. Der Gral in dieser Gralsburg wird als Schale gedacht, in der göttliche Kraft ununterbrochen wallt. Einmal pro Jahr, am 30. Mai, am Tag der heiligen Taube, am eigentlichen Pfingstfest, erscheint eine Taube über der Schale. Die Schale fliesst über und die göttliche Kraft ergiesst sich abwärts durch das ganze Weltall. Vom Ursprung her sich ergiessend kühlt sich die Gottesstrahlung immer mehr ab, verdichtet sich und wird zuerst feinstofflich und dann grobstofflich. Nach dem Gesetz der Schwere sinkt das Dichtere und Gröbere immer tiefer nach unten und entfernt sich von der Lichtquelle. Auch in jedem Menschen hat sich ein Geistkeim ins Stoffliche hinuntergesenkt. Der Geistkeim muss sich nun seiner Geistigkeit bewusst werden und stufenweise zu seinem Ausgangspunkt zurück aufsteigen. Der Verstand des Menschen ist – anders als der Geist – an diese Erde gebunden. Wer sich nur durch den Verstand führen lässt, wird zum «Gehirnkrüppel». Nur wo der Mensch sich durch seinen Geist führen lässt, wo er in seinen Empfindungen mit den Schöpfungsgesetzen mitschwingt, wird der Mensch selber zu einer kleinen Gralsburg. Göttliches Licht fliesst durch ihn in die Welt und findet durch ihn wieder zurück in den Ursprung. Karmische Belastungen behindern allerdings den Aufstieg, den jeder Mensch selber und aus eigener Kraft antreten muss. Im Jenseits werden wir uns auf genau jener Stufe wiederfinden, die unserer momentanen geistigen Entwicklung entspricht. Von dort aus gilt es die weiteren Stufen emporzusteigen, bis wir zur Quelle, zum Göttlich-Wesenlosen, zurückgefunden haben. Manche Menschen werden wieder auf dieser Erde als Menschen geboren. Das schenkt ihnen die Möglichkeit, Schuld abzutragen. Diesem gnostischen Aufstiegsmodell entspricht auch das Jesusbild der Bewe-

gung: Für leibliche Auferstehung und Himmelfahrt Jesu ist in dieser Weltanschauung kein Raum. Nur das göttliche Wesen des Gottessohnes kehrte ins Göttlich-Wesenlose zurück.
Die Gralsanhänger versammeln sich in ihren «Lichtstätten» (Andachtsräumen) zu sonntäglichen Andachten, wobei aus der «Gralsbotschaft» Abd-ru-shins vorgelesen wird. Die Mahlfeier an den besonderen Festtagen wird mit Brot und Wein begangen und bringt den neuen, durch Abd-ru-shin eingesetzten Bund zwischen Gott und dem Menschen zum Ausdruck. Sog. Gralshandlungen, Trausegen, Ehesegen, Segen für Kinder, resp. Babys, die sog. Versiegelung als ausdrückliches Bekenntnis zur Gralsbewegung und Beisetzung von Verstorbenen begleiten das Leben des Bekenners oder des Freundes der Bewegung. Die Versiegelten erhalten ein Silberkreuz. Durch «Berufung» werden Silberkreuzer zu Goldkreuzern. Durch «Erwählung» werden Goldkreuzer zu «Jüngern», die Edelsteine in ihren Gralskreuzen tragen.
Die offensichtliche gnostische Grundstruktur der Gralsbewegung zeigt ihre grosse Distanz zur Botschaft des NT. Das gewaltige Selbstbewusstsein des Gründers und der Bewegung kann in ein Elitebewusstsein führen, das Aussenstehende als sektenhaft erleben.

Zeitschriften: Im Licht der Wahrheit (in 15 Sprachen, Auflage weltweit beinahe 1 Mio) / Gralswelt, Zeitschrift für Geisteskultur und ganzheitliche Zusammenhänge.
Statistik: Gesamthaft rd. 20 000 Bekenner (davon 8000 in Europa) und eine grössere Zahl von Freunden.
Adressen: Internationale Gralsbewegung, Postfach 19, A-6134 Vomp/Tirol, Fax 05242 7 14 73. – Gralsbewegung in Deutschland, Postfach 1109, D-83094 Brannenburg/Inn, Tel. 08034 86 75. – Gralsbewegung in Österreich, Rappenwaldstr. 30 c, A-6800 Feldkirch/Tisis, Tel. 05522 73 11 1. – Stiftung zur Verbreitung der Gralsbotschaft, Riehen, Fliederweg 10, CH-3007 Bern, Tel. 031 382 53 12.
www.gral.de

Greater World Christian Spiritualist Association

Früherer Name: Greater World Christian Spiritualist League.
Im Jahre 1921 meldete sich in London durch das Medium Winifred Moyes der jenseitige Geistlehrer Zodiac. Er gab später einmal an, er sei während seines Erdenlebens, zur Zeit Jesu, Lehrer am Tempel in Jerusalem gewesen. Er sei es gewesen, der Jesus die Frage gestellt habe: «Welches ist das grösste Gebot?» (Mark. 12,28–34).
Bald sammelte sich ein Kreis Interessierter, und 1931 wurde die Greater World Christian Spiritualist League gegründet. Mit der Zeit bildeten sich an zahlreichen Orten Grossbritanniens und in verschiedenen Städten des Auslandes Zirkel. The Greater World Healing Fellowship ist ein Arbeitszweig der Spiritualist League. Gemäss ihrer «Constitution» setzt sich die Vereinigung ein für die Verbreitung der Wahrheit eines fortdauernden Lebens, für die Zunahme der Kenntnisse anderer Welten und der über das Erdenleben hinaus geltenden Verhältnisse sowie für die Weitergabe der Lehren des Christus-Boten Zodiac.

Statistik: GB: rd. 150 angeschlossene «Greater World Churches» / D/A/CH: verschiedene Interessenten.
Adresse: Greater World Spiritual Center, 3-5 Conway Street, Fitzrovia, London W1P 5HA.

Johannische Kirche

Früherer Name: Die Evangelisch Johannische Kirche nach der Offenbarung St. Johannis.
1903 erlebte der schlesische Maurer, Kutscher, Strassenhändler und Wirt Joseph Weissenberg (1855–1941) nach seinen eigenen Angaben eine Erscheinung Christi. Die Aufforderung des Herrn führte ihn zum Magnetismus, zur Suggestion und zum Spiritismus. Seine Heilungen brachten ihm einen grossen Zulauf. 1907 sammelte Joseph

Weissenberg seine Anhänger in der «Christlichen Vereinigung ernster Forscher von Diesseits und Jenseits, wahrer Anhänger christlicher Kirchen». Seine Verehrer betrachteten ihn als Heiland und als Mensch gewordenen Heiligen Geist.

1926 gründete er unter Berufung auf Off. 21,1–4 die Johannische Kirche. An ihrer Spitze stehen heute Frieda Müller (geb. 1911), die Tochter der zweiten Frau von Weissenberg, Grete Müller (geb. 1882), und die Nachfolgerin Josephine Müller.

Die Johannische Kirche versteht sich als die biblische Urkirche. In der Leiterin Frieda Müller sei ein hoher Geist inkarniert. Ihr untergeordnet wacht das achtköpfige Konsistorium über die Lehre und der vierköpfige Oberkirchenrat über die Gemeinschaft in der Johannischen Kirche.

Die Johannische Kirche räumt den Vorstellungen des Spiritismus breiten Raum ein: Die diesseitige und die jenseitige Welt sind mit Geistern bevölkert. Die Prediger in den Gottesdiensten wirken als Medien, durch die sich jenseitige Lichtfreunde an die Gemeinde wenden.

Die Gemeinschaft kennt vier Sakramente, die ebenfalls Kraftströme aus der jenseitigen Welt übermitteln sollen. Es sind die Kindertaufe durch Handauflegung, das einmal pro Jahr gefeierte Abendmahl, das Sakrament der geistigen Heilung und das Sakrament des Sterbens. Die Seele der Entschlafenen soll nach dem Masse der Gotteserkenntnis und Nächstenliebe einen Platz in einer der sieben Sphären des Lichts (also in Gottesnähe) oder der sieben Sphären der Finsternis (in Gottesferne) erhalten. Gottes Gnade ermöglicht mehrmalige Wiedergeburten (Reinkarnationen; Einkörperung in Tiere wird abgelehnt) zur Verbesserung des Platzes in der jenseitigen Welt.

In der Johannischen Kirche reden «Engel des Lichts» über Menschen zur Gemeinde. Wenn diese Botschaften als Fortsetzung des Pfingstereignisses gedeutet werden, so wird Pfingsten christlich-esoterisch umgedeutet.

Zeitschrift: Weg und Ziel.
Statistik: D: 40 G, rd. 3500 M.
Adressen: Johannische Kirche, St.-Michaels-Heim, Bismarckallee 23, D-14193 Berlin, Tel. 030 896 88 24 60.

Lebensgemeinschaft Hujetsmühle (Die Bieberauer Schule)

Die Bieberauer Schule existiert in der ursprünglichen Art nicht mehr. Sie verstand sich als Lehrstätte, in der Jesus Christus die Menschen direkt durch Mittler anspricht. Sie nahm ihren Anfang mit den Kundgaben des «Vaters» durch Christel Kulenkampff (später verheiratet mit Ulrich Zahnd). Bald halfen auch Angelika Keller, Klaus Moll, Ingeborg Rosin und Ulrich Zahnd die Reden des göttlichen «Vaters» in Ich-Form auszusprechen.

Die Verantwortlichen der Bieberauer Schule legten viel Wert auf die Aussagen Jakob Lorbers (s.u.), vermittelten aber eigene Lehren und Aussagen des «Vaters». Die Zuhörer wurden mit Nachdruck zu ganzer Hingabe aufgefordert. Nach dem Willen des göttlichen Vaters sollte jeder «aussortiert» werden, der falschem Ehrgeiz erlag. Seit Mitte 1985 wurden nur noch Christel Kulenkampff und Ulrich Zahnd (geb. 1938) als Mittler der göttlichen Botschaften erwähnt. Veröffentlicht wurden diese in «Die Bieberauerschule-Kundgaben der ewigen Liebe Gottes» (bis Mitte 1985: «Kundgaben des Vaters an Seine Kinder, Empfangen durch das Innere Wort»).

1986 ist die Bieberauer Schule aufgelöst worden. Die Nachfolge-Organisation ist die von einem Vorstand mit Inge Coenen und Peter Stephan geleitete Lebensgemeinschaft Hujetsmühle. Christel Zahnd wohnt nicht mehr in der Hujetsmühle. Sie hält sich in Frankreich am Fusse der Pyrenäen auf, steht aber weiterhin mit ihrer Anhängerschaft in Verbindung und erwartet von allen, dass sie sich total einbringen. *Anhänger haben, so heisst es, Christel so erfahren, wie die Jünger seinerzeit Jesus erlebt haben; sie sollen darum die von ihr vermittelten Prinzipien im täglichen Leben umsetzen. Somit ist die Hujetsmühle eine Art Glaubensgemeinschaft, eine Grossfamilie, eine Basis- oder Aktionsgruppe mit verpflichtendem Lebenswandel in strenger Nachfolge.*

Statistik: Freundeskreis mit 100–200 Personen.
Adresse: Seminarzentrum Hujetsmühle, Böckingstr. 8, D-55767 Abentheuer, Tel. 06782 40 29 3.

Lichtkreis Christi

Anderer Name: Lichtkreis des Herrn.
Der Lichtkreis Christi versteht sich als überkonfessionelle Offenbarungsgemeinschaft. Unter diesem Namen verbreiten Harald Stössel und Schwester Maria-Ruth ihre «Offenbarungen». Was sie mündlich oder schriftlich weitergeben, gilt ihnen als «Die Stimme des Herrn». Sie knüpften ursprünglich am Offenbarungswerk des Jakob Lorber (s.u.) an, gehen aber weit darüber hinaus. So heisst es etwa im Blick auf die beiden leitenden Personen: «In meinem höchsten Himmel übernahmen als Meine höchsten Kinder Meine Leibesmutter Maria und Mein Fels Petrus ihre gemeinsame grosse Erlösungsaufgabe durch Mich, Den Herrn, für diese Erde...» – «Da wo Ich, der Herr, in Meiner Leibesmutter Maria zusammen mit Meinem Fels Petrus bin, ist die vollkommene Kirche Meiner ewigen Liebe und die unerschütterliche Grundfeste des Neuen Jerusalem». Grundlage ist «Die Neue Bibel», die (nach Aussagen des Lichtkreises Christi) von Gott, dem Herrn, direkt geoffenbart wird. 1976 ist der erste Band dieser Neuen Bibel als «Buch der Liebe» und «als Rettungsanker für die ganze Menschheit erschienen». Geplant sind 12 Bände. Die nicht öffentlichen Veranstaltungen sind allein für Mitglieder und Freunde bestimmt, die sich durch Seine Offenbarungen in der Neuen Bibel hindurchgearbeitet haben und damit einen geistigen Kern für eine neue Menschheit auf Erden bilden.

Zeitschrift: Die Stimme des Herrn (erscheint unregelmässig).
Statistik: Weihnachts- und Ostertagungen, Gipfeltreffen der Liebe / D, CH, A verschiedene Freundesgruppen.
Adresse: Lichtkreis Christi, Feldwieder Str. 84, D-83236 Übersee am Chiemsee, Tel. 08642 67 44.

Jakob Lorber und die Lorber-Kreise

Andere (frühere) Namen: Neusalemsbund, Neulichtfreunde.
Am 15. März 1840 vernahm Jakob Lorber (1800–1864), Musiklehrer aus der Steiermark, eine innere Stimme: «Stehe auf, nimm deinen Griffel und schreibe.» Das Resultat waren 25 Bände, darunter 10 Bände «Grosses Evangelium Johannis». Als dann die Schriften Lorbers mit der Zeit im Druck erschienen, sammelten sich an verschiedenen Orten Anhängerkreise, denen auch Glieder der Kirchen angehörten, ohne dass deshalb der Kirchenaustritt gefordert wurde.
Die Lorber-Anhänger haben sich zu losen Kreisen zusammengeschlossen, verbunden lediglich durch den Lorber-Verlag und die Schriften Lorbers. Diese werden auch in neugnostischen, spiritistischen und UFO-Kreisen geschätzt. Die Lorber-Kreise sind nicht selten auch offen für «Offenbarungen» anderer Leute, vor allem interessierten sich Mitglieder aus Lorberkreisen in letzter Zeit für Swedenborg und die Neue Kirche (s.u.). Lorber beschäftigt sich in seinen Schriften mit dem Kosmos und den Menschen, mit der himmlischen Urgeschichte, dem Leben nach dem Tod u.a. Das Doppelgebot der Gottes- und Nächstenliebe ist ihm das «Reichsgrundgesetz».
Die Lorber-Schriften gelten für deren Anhänger als Neuoffenbarungen, der Bibel ebenbürtig. Die Darlegungen tragen jedoch das Gepräge des 19. Jahrhunderts und erwecken den Eindruck, der Verfasser sei bestrebt, das Evangelium den Leuten der Auf-

klärungszeit geniessbar zu machen. Jesu Wirken wird breit ausgemalt und ergänzt und neben Gottes Gnade wird die menschliche Leistung betont. Einzelne Erkenntnisse wirken äusserst bizarr, vor allem die Aussagen über die Himmelskörper in unserem Sonnensystem haben ausgesprochen mythische Qualität. (Die natürliche Sonne. Seherische Schilderung der Zustände und Bewohner auf unserer Sonne und ihren Planeten, geoffenbart durch Jakob Lorber, Lorber Verlag Bietigheim 1928, 3. Aufl.) Ähnlich beurteilt der wohlwollende Kritiker die 10 Bände «Johannes, das grosse Evangelium». Es ist ein manchmal bibeltextnaher, manchmal hemmungslos spekulativer und immer wieder lehrmässig ausufernder Jesusroman, dessen grösster Fehler wahrscheinlich darin liegt, dass er sich uns nicht als Roman, sondern als Offenbarung präsentiert.

Zeitschriften: Das Wort / Wille und Wahrheit / Geistiges Leben.
Statistik: Gesamtauflage der Bücher Jakob Lorbers über 1 Mio / Lorber-Freundeskreise: D: 15–20 M / A und CH einige M.
Adresse: Österreichische Jakob-Lorber-Gesellschaft, Reinhard Atzl, A-6250 Kundl, Klammstr. 12, Tel. 05338 88 14. – Lorber-Verlag, Friedrich Zluhan, D-76467 Bietigheim/ Württemberg.

Weitere Neuoffenbarungen in der Tradition Jakob Lorbers

Anknüpfend an die Neuoffenbarungen Jakob Lorbers oder beeindruckt von seinem Wirken erlebten verschiedene weitere Männer und Frauen das «innere Wort». Ihre «Offenbarungen» fanden oft über den Kreis der Lorber-Anhänger hinaus Beachtung.
Die nachfolgend genannten Neuoffenbarer haben in der Regel keine Gemeinden gegründet. Ihre Schriften sind aber ziemlich verbreitet. Zu den bedeutendsten «Werkzeugen» kann man zählen:

Gottfried Mayerhofer (1807–1877) hat nach innerem Diktat «Predigten des Herrn» sowie «Lebensgeheimnisse» und «Schöpfungsgeheimnisse» niedergeschrieben.

Johanne Ladner (1824–1886) hat drei Bände «Vaterbriefe» verfasst, die heute noch aufgelegt werden.

Max Seltmann (1882–1972) war als Eisenbahner tätig. Er hat aufgrund seiner Offenbarungen die «Köstlichen Szenen» niedergeschrieben.

Johanna Hentzschel (1901–1981) hat in ihren Andachtsstunden 125 Kundgaben empfangen, die z.T. auch heute noch erhältlich sind.

Breite Beachtung finden in unserer Zeit auch die Neuoffenbarungen durch *Johannes Widmann* (geb. 1940). Er spricht wie Jakob Lorber von der «Urzentralsonne». Für ihn ist die Erde ein Kampfplatz, auf dem der Mensch zwischen Gut und Böse ringt, aber auch Ort der göttlichen Liebe. Johannes Widmann wird allerdings nicht von allen Lorber-Freunden anerkannt.

Als «kleinere Werkzeuge» gelten: *Antonie Grossheim* – sie soll die Haushälterin Jakob Lorbers gewesen sein. Ihr Heft «Die sieben Worte vom Kreuz» ist weiterhin erhältlich.

Ein Freundeskreis bildete sich um *Georg Riehle* (1872–1962). Seine schlichte, menschliche und tiefe Verkündigung gleicht inhaltlich den Aussagen Jakob Lorbers.

Vertreter, die nicht von allen als Übermittler von Gottesworten anerkannt werden, sind u.a.: *Leopold Engel* (1858–1931) fühlte sich gedrängt, den «Schluss» von Lorbers Werk zu schreiben.

Von *Helen Möller* erschienen nach ihrem Tod 1969 sechs Bände «Grosse Gottesoffenbarung», empfangen vom Erzengel Raphael.

Anita Wolf (geb. 1900) lebte zuerst in Hannover, seit 1965 wohnt sie in der Steiermark. Ihr Buch «UR-Ewigkeit in Raum und Zeit» handelt von der Erschaffung der Welt und der Erlösung des Menschen.

Vervielfältigung und Verbreitung von Schriften der genannten Neuoffenbarer besorgt auch der Selbstverlag «Ich bin» von Paula Griessl u. Sohn in Graz.

Zeitschrift: Die in den 70er und 80er Jahren vom gleichen Verlag herausgegebene Zeitschrift «Geistige Sonne» ist eingegangen.
Für die Auseinanderhaltung von «echten» Neuoffenbarungen und «unreinen Quellen» setzt sich seit Jahren *Roland Wölfl* ein.
Adressen: Roland Wölfl, Wilhelm-Kreis-Str. 17, D-40595 Düsseldorf 13, Tel. 0211 70 45 17. – Die Schriften von Neuoffenbarern werden hauptsächlich von der Verlagsgemeinschaft Friedrich Zluhan, D-76467 Bietigheim herausgegeben.

Pro Beatrice (Geistige Loge Zürich)

Früherer Name: Geistige Loge Zürich. Angeschlossene Organisation: Meeting Center (MC).
Pro Beatrice, wie der neue Name lautet, bezeichnet sich selber als «interkonfessionelle Kulturinstitution» zur «Förderung der christlichen Lehre nach dem wahren Gehalt der biblischen Überlieferung gemäss der neu gewonnenen Erkenntnis durch die Mittlertätigkeit von Beatrice Brunner». Im Unterschied zu den Kirchen, die nach der Meinung von Pro Beatrice das Evangelium von Jesus Christus nicht in seinem eigentlichen Sinn verkündigen, enthalten die vom Medium in Tieftrance ausgesprochenen Botschaften das «ursprüngliche christliche Geistesgut».
Beatrice Brunner ist 1983 gestorben. In den Jahren danach kam es zwischen den «Freunden der Pro Beatrice» und der «Interessengemeinschaft für die Erhaltung der Geistigen Loge» wegen Rückstellung von Geldern für einen Saalbau und Urheberrechten an den medialen Aussagen von Beatrice Brunner zu einem gerichtlich ausgetragenen Streit (s.a. «Geistchristliche Gemeinschaft»).
Pro Beatrice führt die monatlichen Zusammenkünfte in Zürich und die Veranstaltungen in Deutschland und in Österreich mittels Video-Wiedergaben früherer Veranstaltungen mit dem Medium weiter. Geplant ist der Bau eines grösseren Zentrums, des «MC Zürich» (Meeting Center).
Nach der Ansicht von Pro Beatrice hat Jesus Christus während seiner Lehrtätigkeit nur die entscheidenden Akzente setzen können. Für das weitere Wachstum der Gemeinde ist die Verbindung zu den Geistern Gottes und zu ihren heutigen Kundgaben wichtig. In den Versammlungen der Geistigen Loge vermittelte das Medium Beatrice Brunner von 1948 bis 1983 in «Tieftrance» die Botschaften des jenseitigen Geistlehrers Josef und seltener auch anderer Geister. Diese beschreiben das Jenseits (wo es allerdings grundsätzlich kaum wesentlich anders aussehen soll als auf dieser Erde) und erteilen Ermahnungen ethischer und religiöser Art, deren Einhaltung den Aufstieg in die höhere, näher bei Gott stehende Geisterwelt gewährleisten soll.
Die biblische Rede vom Heiligen Geist, etwa in Joh. 14,26 oder im 1Kor. 12–14, wird als Wirken dienstfertiger jenseitiger Geister gedeutet. Die Trinitätslehre wird abgelehnt. Das Heilswerk Jesu Christi bewirkt nur gerade die Erlösung aus der Urschuld. Daneben muss der Mensch die Erlösung auf dem Weg durch eine lange Reihe von Reinkarnationen selber, aufgrund eigener Leistungen, erringen.
Nach übereinstimmender Erkenntnis der verschiedenen Kirchen redet die Bibel nicht von Geistern, sondern von dem einen göttlichen Heiligen Geist. Durch Medien in Trance übermittelte fortschreitende Offenbarungen und Jenseitskundgaben sind der Bibel fremd. Das Neue Testament öffnet den Blick nicht nur auf ein Teilerbarmen Gottes, sondern auf seine ganze Gnade, und es verheisst an Stelle einer Seelenwanderung die Auferstehung aus dem Tod.

Zeitschriften: Geistige Welt / Spiritual World. Im gleichen Verlag erscheint seit 1991 die Zweimonatsschrift «Museion 2000».
Statistik: Monatliche Zusammenkünfte mit 300–600 Teilnehmern in Zürich. Anlässe in rd. 12 Städten Ds und an vereinzelten Orten As.
Adresse: Pro Beatrice, Münchhaldenstr. 8, CH-8008 Zürich, Tel. 01 383 60 10.

Geistchristliche Gemeinschaft / Interessengemeinschaft Geistige Loge (IGL)

Nach dem Tod des Mediums Beatrice Brunner (gest. 1983) kam es innerhalb der Geistigen Loge Zürich zu Spannungen, zur Spaltung und zu gerichtlichen Auseinandersetzungen. Es bildeten sich zwei Nachfolge-Organisationen der Geistigen Loge. Beide halten sich an die Durchsagen des früheren Mediums. Die Geistchristliche Gemeinschaft IGL bezweckt als Verein die Pflege und Verbreitung «der unverfälschten, dogmenfreien Geistchristlichen Lehre» aufgrund medialer Durchgaben aus der Geisterwelt Gottes. (Zur Auseinandersetzung, zu Lehren und Beurteilung s.o. «Pro Beatrice»). Es besteht aber keine Verbindung zum Verein Pro Beatrice und zur Geistchristlichen Kirche in Wald-Michelsbach/D.

Statistik: D: Zusammenkünfte in 5 Städten / CH: Zusammenkünfte in 5 Städten.
Adresse: Geistchristliche Gemeinschaft, Postfach 1141, CH-8058 Zürich.

St. Michaelsvereinigung

Andere Namen: Missionswerk St. Michael, Ökumenische Michaelsvereinigung.
Etwa 1964 begann Paul Kuhn (geb. 1920), Gärtner und Lehrer der Coué-Methode (Autosuggestions-Methode), eigene Versammlungen durchzuführen, zu denen er bald Maria Gallati (1919–1988) als Medium beizog. Im Anschluss an eine Fahrt nach Garabandal berichtete er, wie ihm die Muttergottes mehrmals erschienen sei. Ende 1971 wurde das Zentrum in Dozwil/CH vollendet. Heute wird Paul Kuhn von seinen Anhängern als wiedergekommener Apostel Paulus verehrt. Sein gegenwärtiges Medium, Ueli Aeberhard, soll der wiedergekommene Matthäus sein. In der etwa 1000 Personen fassenden Kirche feiert der ursprünglich aus reformiertem Elternhaus stammende Paul Kuhn seine Gottesdienste mit Predigt und Messfeier. Er verwendet dazu alte und neue römisch-katholische Messtexte. Er teilt seinen Anhängern auch die Kommunion aus. Daneben führt er an verschiedenen Orten der Ost- und Zentralschweiz Einführungskurse durch, in denen er auch auf die «wunderbaren Geheimnisse Gottes» zu sprechen kommt.
Zwischen März und Mai 1988 trat Kuhn mit verschiedenen drastisch-apokalyptischen Ankündigungen an die z.T. ärgerlich reagierende Öffentlichkeit. Darin war vom unmittelbar bevorstehenden Weltuntergang die Rede und von der Rettung der Michaelsvereinigung. Seit 1991 ruft er aufgrund einer Botschaft von Johannes dem Täufer zum Kirchenaustritt auf.
Zu den Quellen P. Kuhns gehören die auf seine Art ausgelegte Bibel und die durch das Medium vermittelten Botschaften des Erzengels Michael. P. Kuhn vertritt mystische Vorstellungen und Coué-Gedanken und spricht von Maria als einem Teil der Trinität und von der Wiederverkörperung des Menschen ähnlich einer Seelenwanderung.
Die in mystische Atmosphäre, emphatische Kirchenmusik, ausladende Rituale und geheimnisvolle Himmelsbotschaften eintauchende Gottesdienstgemeinschaft in Dozwil ist sich wahrscheinlich kaum bewusst, wie rasch aus Suggestion, Mystik und frommem Gehorsam eine Bindung erwächst, die alle kritischen Rückfragen ausblendet.

Zeitschrift: Benedicite.
Statistik: Rd. 3000 M und Gottesdienstbesucher aus D/A/CH.
Adresse: St. Michaelswerk, Sekretariat, CH-8580 Dozwil

b. Amriswil TG, Tel. 071 410 02 45.
www.benedicite.ch
www.st-michael.ch

Emanuel Swedenborg und die Neue Kirche

Die Neue Kirche wurde als kirchliche Organisation von Anhängern Emanuel Swedenborgs (1688–1772) 15 Jahre nach dessen Tod als Reaktion auf die schroffe Ablehnung Swedenborgs durch die englische Staatskirche in London gegründet. Swedenborg selbst nannte «neue Kirche», ähnlich wie Joachim von Fiore, das neue geistdurchwirkte Zeitalter des Christentums. Swedenborg, Sohn eines lutherischen Bischofs in Stockholm, Naturwissenschaftler, Erfinder, Gelehrter und Reichstagsabgeordneter, war in seinem Hauptberuf Bergbaufachmann in leitender Stellung. Er besass umfassende natur- und geisteswissenschaftliche Kenntnisse. Im Alter von 57 Jahren begann er, nachdem ihm in einer Vision Christus erschienen war und nachdem ihm in einer zweiten Vision Gott oder ein Engel das innere Auge geöffnet hatte, mit intensivem Bibelstudium, wobei er sich nicht zuletzt auf seine visionären, auditiven und medialen Gaben verliess. Der göttliche Auftraggeber hatte ihn autorisiert, die Bibel und die Welt zu erklären. Dies versuchte er in einer Reihe von Werken, alle von der Überzeugung getragen, dass Gott ihm den inneren Sinn der Schrift erschlossen, ihm Zutritt zur geistigen Welt erlaubt und ihm die Himmel und Höllen gezeigt und sogar Gespräche mit Engeln erlaubt hatte. Kein Wunder, dass der vordem als Wissenschaftler bekannte Swedenborg mit seinen neuen Werken verwunderte und irritierte. Seine Einsichten und Offenbarungen wurden von manchen zurückgewiesen, von anderen aber imitiert und nachempfunden. Swedenborg gilt mit seiner innerlich erschauten jenseitigen Welt als einer der Väter der modernen Esoterik, die die Himmel und Höllen auch gerne als innere Wirklichkeiten deutet.

Swedenborg hielt sich von Gott zum Reformator und Seher berufen. Seine Aussagen umfassen in gewaltiger Schau Himmel und Erde, Vergangenheit und Zukunft. Das Visionäre wuchert jedoch nicht in wilder Selbständigkeit. Swedenborg verliert die Botschaft der Heiligen Schrift, allerdings in seiner eigenen, auf die «Entsprechungen» zwischen Buchstaben und Geist Wert legenden Sicht, nie aus den Augen. Hinter Jesu Kreuzestod verbirgt sich ein gewaltiges Ringen Gottes mit den Mächten der Finsternis, und sein Sieg bewahrt das «Gleichgewicht zwischen Himmel und Hölle». Dadurch sind die Menschen frei geworden, sich für gut oder schlecht, für Himmel oder Hölle zu entscheiden.

Swedenborg war der Ansicht, die Wiederkunft Christi und das Jüngste Gericht hätten sich grundsätzlich bereits vollzogen. Er glaubte, das Jüngste Gericht 1757 als Augenzeuge in der geistigen Welt gesehen zu haben und meinte, auf Erden würden sich seine Auswirkungen in klarer Scheidung von Gut und Böse immer mehr zeigen. Die Wiederkunft Christi sah er in der durch ihn vollzogenen Enthüllung des inneren Schriftsinns erfüllt. Damit nahm nach Swedenborgs Meinung die sich durch alle Konfessionen hinziehende neue Kirche des zweiten christlichen Zeitalters ihren Anfang.

Swedenborg gründete keine eigene Kirchenorganisation. Die Anhänger seiner Schriften schlossen sich jedoch an verschiedenen Orten zusammen, zuerst 1782 in England, wo später die General Conference of the New Church entstand. Ab 1792 fanden sich auch in den USA Swedenborg-Anhänger zu Gemeinden zusammen, aus denen eigene «Kirchen des neuen Jerusalems» gebildet wurden.

In der ersten Hälfte des 19. Jahrhunderts entstanden unter der Führung des Tübinger Universitätsprofessors Dr. Immanuel Tafel auch in Deutschland Versammlungen. Sie sind seit 1922 in der «Deutschen Neuen Kirche» zusammengeschlossen. Der «Schweizerische Bund der Neuen Kirche» ist 1874 gegründet worden. Die 1952 in Zürich entstandene Swedenborg-Gesellschaft setzt sich für die Propagierung und das Studium der Lehren Swedenborgs ein. (Demgegenüber ist das Swedenborg-Institut in Basel von der Neuen Kirche unabhängig.)

Die oberste Instanz der Neuen Kirche ist die Generalkonferenz. Sie wählt die ordinierenden Pfarrer, die ihrerseits die ordinierten Pfarrer oder Pastoren einsetzen. Oberpfarrer für Europa ist Dr. Friedemann Horn, Zürich.

Die «Neue Kirche» nach Emanuel Swedenborg sieht ihre Aufgabe darin, diese umfassende Kirche zu fördern. Taufe und Abendmahl werden gefeiert. Austritt aus den Landeskirchen ist für die Anhänger nicht obligatorisch. Die «Generalkonferenz der Neuen Kirche» missioniert in Afrika (Nigeria, Südafrikanische Union) und hat dort eine Anhängerschar von über 40 000 Gliedern gesammelt.

Swedenborgs Äusserungen – so anregend sie auch sein mögen – führen in ihrer spekulativen Kraft weit über die dem biblischen Menschen anvertrauten oder – wie Immanuel Kant aufzuzeigen suchte – die dem kritischen Verstand sich erschliessenden Erkenntnisse hinaus. Problematisch erscheint dem kritischen Betrachter nicht die Swedenborgsche Schau an sich, sondern die Bedeutung, die Swedenborg und die Neue Kirche dieser Schau zumessen.

Das in letzter Zeit in Berlin und Zürich konstatierte Interesse von Mitgliedern von Lorberkreisen (s.o.) an Swedenborg und der Neuen Kirche wird von manchen traditionsbewussten Swedenborgianern als unfreundlicher Versuch der Lorberfreunde gedeutet, sich die zum Teil nicht unerheblichen finanziellen Mittel der Neuen Kirche anzueignen.

Zeitschriften: Offene Tore / Neukirchenblatt.

Statistik: Weltweit organisierte Swedenborg-Anhänger mindestens 50 000 / D: 4 G (Z), gegen 200 M / Schweiz 3 G (Z), 200–250 M. Daneben gibt es eine nicht fassbare Zahl von Lesern der Schriften Swedenborgs.

Adressen: Neue Kirche in Deutschland, Frau Barbara Schmidt, Rosbaumweg 20, D-79110 Freiburg i.Br. – Neue Kirche der deutschen Schweiz, Apollostr. 2, CH-8032 Zürich, Tel. 01 383 59 44.

www.swedenborg.de

www.swedenborg.ch

www.neuoffenbarung.ch

Universelles Leben (UL)

(früher «Heimholungswerk Jesu Christi»)

Gegründet wurde die Gemeinschaft Universelles Leben von Gabriele Wittek (geb. 1933 in Wertingen bei Augsburg). Gabrieles Vater war Schneidermeister. Das katholische Umfeld prägte ihre Jugend. Trotz regelmässigem Gottesdienstbesuch und Mitgliedschaft im Kirchenchor, fand sie aber nicht zur rechten Andacht. Sie machte eine Ausbildung als Kontoristin und heiratete mit 22 Jahren den Ingenieur Rudolf Wittek. Nach dem Tod ihrer Mutter (1970), mit der sie ein enges Verhältnis verband, begann Gabriele Wittek die ersten «inneren Worte» zu hören. Zuerst war es die Mutter, die ihr erschien, später ein Geistwesen mit dem Namen «Bruder Emmanuel» und schliesslich Jesus Christus persönlich. Bald schon sammelte sie Zuhörer um sich. 1975 formierte sich daraus eine Gruppe mit dem Namen «Heimholungswerk Jesu Christi». 1979 zog Walter Hofmann zu den Witteks. Er kannte sich in Esoterik aus und hatte sich lange u.a. mit «Transzendentaler Meditation» (Maharishi Mahesh Yogi) befasst, womit er die Lehre der Gabriele Wittek stark beeinflusste. 1984 wurde die Gruppe um Gabriele Wittek in «Universelles Leben» umbenannt. Zur selben Zeit wurde der wirtschaftliche Aspekt immer stärker betont: Christus fordere wirtschaftliche und gesellschaftliche Aktivitäten. Erfolg stelle sich als direkte Folge des richtigen Glaubens ein. 1987 wurde ein Leitungsgremium «Urgemeinde Neues Jerusalem» formiert.

Gemäss der Lehre des UL erlebt die Welt im Augenblick eine Zeitenwende: Sie sei vergleichbar mit einem sinkenden Schiff. Es gelte nun, die Rettungsboote ins Wasser zu lassen, um die, welche die gefährliche Situation erkennen und erlöst werden wollen, zu retten. Für diese Geretteten entstehe aus den Trümmern der untergehenden Zivilisation ein Friedensreich Jesu Christi.

Im Hintergrund dieser endzeitlichen Vorstellungen steht ein gnostischer Mythos: Vor der Materie habe eine Kraft existiert, das sog. «Vater-Mutter-Prinzip». Es sandte Energie aus, worauf «Gott Vater» entstand, der einen Sohn «Christus» hatte. Der Vater schuf in sieben Tagen die Schöpfung. Als erstes weibliches Wesen liess er Satana entstehen und krönte sie zu seiner geistigen Frau. Da sie als weibliches Prinzip aber keinen Anteil an der Urkraft erhalten hatte, wollte sie aus Neid ein eigenes Reich gründen. Sie fiel mit ihren Verbündeten aus dem Himmel. Durch ihren Fall verdichtete sich ihre Energie und wurde zu Materie. Menschen sind Fallwesen, deren Ätherleib sich am stärksten verdichtet hat. Als sich die Seelenschwingung der Menschen noch stärker zu verringern drohte, inkarnierte sich Christus. Bei seinem Tod sei ein Erlöserfunke in das Bewusstseinszentrum jedes Menschen gesprungen. Diesen Erlösungsfunken greift das UL auf und lässt ihn zuletzt vollendet aufleuchten.

Mit solchen endzeitlichen Vorstellungen werden von der Gemeinschaft Reinkarnations- und Karma-Ideen (in westlicher Interpretation) verbunden: Der Mensch sei zwar in seinem Handeln frei, aber die Seele müsse in einer folgenden Reinkarnation für jede Tat und jeden Gedanken gerade stehen. Es gibt auf der Welt keinen Zufall: Jedes Leid und jede Krankheit ist selbstverschuldet. Ein gereinigtes Bewusstsein sei frei von Krankheit und Leid. Da jede Wirkung eine Ursache habe, lasse sich von organischen Erkrankungen ausnahmslos auf ein Fehlverhalten schliessen, bzw. jedes Fehlverhalten habe eine bestimmte Krankheit zur Folge. *Weil körperliche Gesundheit als mit seelischem Heil kausal verbunden gilt, interessiert sich das Universelle Leben sehr für die körperliche und seelische Gesundheit, manchmal auch zum Nachteil der Kranken, die nun auch nach spirituellen Ursachen für ihr Leiden suchen.*

Ziel der Lehre des Universellen Lebens ist es, das Bewusstsein zu reinigen, damit Christus im Menschen ungehindert wirken kann. Diese Methode wird «innerer Weg» genannt und führt über vier Stufen: Vergangenheitsbewältigung, Überwindung des Eigenwillens, Ablegung des Individuellen, Befreiung vom Intellekt und Arbeit vom erschlossenen Bewusstsein her.

Zur Erreichung dieser Ziele dienen Meditation und ein Leben in der Gemeinschaft Gleichdenkender, um die Individualität zu überwinden. Ein wichtiges Anliegen ist auch die Erziehung des Nachwuchses im Sinne der Lehre des Universellen Lebens: Als Ideal gilt die in Wohngemeinschaften lebende Grossfamilie. Die Eltern sollen die Kinder nicht an sich binden, sondern in die Gemeinschaft einbringen. In Kindergärten, -krippen und «Vater-Mutter-Häusern» werden die Kinder ganztägig betreut. Seit 1991 besteht ausserdem eine «Christusschule», wo die Kinder im Sinne der Lehre unterrichtet werden.

Die Gemeinschaft Universelles Leben, die mittlerweile auch zu einer beachtlichen wirtschaftlichen Grösse angewachsen ist, erhebt den Anspruch, wahres Christentum zu leben. Die Prophetin Gabriele Wittek «berichtigt» die Bibel und behauptet, mit Christus direkt in Kontakt zu stehen. Von den traditionellen Kirchen setzt sich die Gemeinschaft mit scharfer Polemik ab. Kritiker empfinden den inneren Kreis, die «Bundgemeinde Neues Jerusalem» als Eli-

te, geborgen in der sicheren Arche, geschützt vor der steigenden Flut. Strenge Ordnungen regeln den Alltag der Gemeinschaftsmitglieder. Individualität und eigenes Denken sollen auf dem Schulungsweg, der als Weg zu Gott gilt, aufgehoben werden, ein Vorgehen, das den Vorwurf der Bewusstseinskontrolle laut werden liess. Ob auf einem so autoritativen Weg noch Platz für persönliche Erfahrung bleibt? Und ob der Mensch, der aus der sicheren Arche in die steigende Sintflut hinausblickt, dieser Aussenwelt noch irgend einen positiven Wert abgewinnen kann? Muss er nicht fast zwangsläufig einem sektenhaften Schwarz-Weiss-Denken verfallen? Kritiker der Gemeinschaft gründeten in letzter Zeit in Würzburg die Aktion «Bürger beobachten Sekten» (bbs).

Zeitschrift: «Das weisse Pferd – Den Geheimnissen Gottes auf der Spur – Zeitung für Gesellschaft, Religion, Politik und Wirtschaft» (vor 1997: Gottesstaat).
Statistik: Weltweit ca. 100 000 M, in D: ca. 40 000.
www.universellesleben.de
www.wuerzburg.de/bbs (Kritiker)

Vereinigungskirche

Frühere Namen: Gesellschaft zur Vereinigung des Weltchristentums, Munies. Andere Namen: Unification Church, Mun-Bewegung, Vereinigte Familien, Heilig-Geist-Gesellschaft zur Vereinigung des Welt-Christentums. In Österreich wirken die einzelnen Mitglieder unter den Namen: Vereinigte Familie, Neue Mitte, Neue Aktivität.
Der Gründer der Bewegung, der Koreaner Sun Myung Mun (geb. 1920), ist überzeugt, mit 16 Jahren sei ihm Christus erschienen und habe ihn beauftragt, sein Werk zu vollenden und das Reich Gottes auf Erden zu errichten. Als er 25 Jahre zählte, wurde ihm sein Hauptwerk, die «Göttlichen Prinzipien», geoffenbart. Das Werk ist 1957 zum ersten Mal erschienen (415 Seiten). Spätere Auflagen enthalten gewisse Änderungen. Kritiker sind der Meinung, dass die «Prinzipien» nicht im vollen Umfang von Sun Myung Mun stammen.
1954 gründete Mun in Korea die «Gemeinschaft vom Heiligen Geist für die Vereinigung der Weltchristenheit». Durch grosse Werbeanstrengungen mit Massenversammlungen sammelte er in Korea und dann ab 1958 auch in Amerika eine Anhängerschar. 1964 begann die «Gesellschaft zur Vereinigung des Weltchristentums» (später: Vereinigungskirche) ihre Tätigkeit in der BRD. Es entstanden die Trainingszentren Neumühle bei Camberg im Taunus und Regelsmühle bei Alfeld, Mittelfranken. In der Schweiz und in Österreich sind ebenfalls Gruppen gegründet worden. Als wichtigste Ausbildungsstätte ist 1975 in Barrytown das «Unification Theological Seminary» eröffnet worden.
Die Vereinigungskirche bildet keine Gemeinden, sondern «Familien», das sind Wohn- und Lebensgemeinschaften, für die auf verschiedene Weise unermüdlich neue Mitglieder geworben werden. Nicht selten werden junge Leute aus Europa während eines Amerika-Aufenthaltes angesprochen. Sie werden zuerst in eine frohe Gemeinschaft, in ein «Camp» aufgenommen. *Bald werden sie dann in einer Art Indoktrination mit den Lehren und dem Leben der Vereinigungskirche vertraut gemacht. Mehr und mehr erfolgt die Ausrichtung auf Mun und seine Gattin als auf die «wahren Eltern». Die Verbindung mit den leiblichen Eltern und mit Bekannten wird oft stark abgebaut. Ein Teil der Neueintretenden bricht Ausbildung oder Studium ab.*
Der strenge Tagesablauf umfasst Studium der «Prinzipien», Gebet, Verkauf verschiedener Dinge und Werbung. Die Anhänger begnügen sich mit einem Taschengeld oder einem geringen Lohn. Dadurch fliessen der Leitung erhebliche finanzielle Mittel zu. Von Zeit zu Zeit veranstaltet Sun Myung Mun für seine Anhänger, die er selber für-

einander bestimmt, Massenhochzeiten. Am 25. August 1992 sind gleichzeitig 20 885 Paare getraut worden. Durch ihre Heirat gehören sie mit Mun zusammen und können darum sündlose Kinder haben. Ein jeweils am Sonntag zu wiederholendes Gelöbnis verpflichtet die Mitglieder zum Gehorsam Gott (und damit auch Mun und der Vereinigungskirche) gegenüber.

Die Vereinigungskirche ist hierarchisch organisiert. Mun ist der oberste Führer. Den nationalen Vereinigungen stehen Landesleiter vor.

Die Vereinigungskirche hält sich an eigene Glaubensanschauungen. Danach hat Jesus Christus keine vollständige Erlösung vollbracht. Jetzt aber ist die Stunde der Erfüllung nahe. Sun Myung Mun macht «die Gegenwart Gottes in den Herzen der Menschen zur Realität». 1992 erklärte er, seine Frau und er seien «Messias». Er bringt das Werk, das Jesus Christus begonnen hat, zu seinem Ziel. Dadurch wendet sich die Geschichte zum Guten. Nun nimmt das Reich Gottes durch «den vollkommenen Adam und die vollkommene Eva» auf dieser Erde seinen Anfang. Wer sich ihnen anschliesst, wer mitarbeitet, wer sich ganz in ihren Dienst stellt, dürfe, so heisst es, an diesem Reich Gottes auf Erden teilnehmen und der sei auf dem Weg der Freude und des Glücks. Mit eingeschlossen ist die Verpflichtung zur Liebe und zur Selbstlosigkeit.

Die Vereinigungskirche unterscheidet sich von den Kirchen nicht nur dadurch, dass keine eigentlichen Gottesdienste durchgeführt werden, sondern auch durch die grosse, für Aussenstehende praktisch unüberblickbare Zahl von Organisationen und Aktivitäten, mit denen sie mehr oder weniger verbunden ist.

Sie werden unter der Bezeichnung Vereinigungs-Bewegung (Unification Movement) zusammengefasst und sind von Muns «New Vision» inspiriert, in der er von einer tiefgreifenden Veränderung der menschlichen Gesellschaft auf vielen Gebieten spricht: Erziehung, Wissenschaft, Geschäftsleben, Medien, Politik, Kultur und Kunst. Diese Organisationen umfassen eine bedeutend grössere Anhängerschar als die Vereinigungskirche selber. Neben weiteren Zweigorganisationen stammen auch eine Reihe von Zeitungen und Zeitschriften aus dem Bereich der Mun-Vereinigung. Folgende Organisationen wurden durch Mun gegründet:

Assembly of the World's Religions
Bridgeport University
Federation for World Peace
Hotel New Yorker
International Conference on the Unity of Sciences
International Highway Project
Il Hwa Ginseng
Il Hwa Chonma Soccer Team
Inter-Religious Federation for Peace
International Security Council
Kyung-bok Elementary School
Korean-Japanese Security Seminars
Little Angels
Meetings for Korean People Overseas
Noticias del Mundo
Professors World Peace Academy
Root-finding Association
Sun Moon University
Summit Council for World Peace
Sun-hwa Arts Middle and High School
Sun-jung Women's Middle and High School
Segye Ilbo (Zeitung in Seoul, Korea)
Japanese Segye Times
American Segye Times
Sekai Nippo (Zeitung in Tokyo)
Unification Theological Seminary
Universal Ballet
Ultimas Noticias
Washington Times
Women's Federation World Peace
Women's Federation for Peace in Asia
World Media Conference

World Rally for Korean Freedom
World Culture and Sports Festival
World and I
World Collegiate Association for the Research of the Principle (CARP)
Youth Federation World Peace
Youth Seminar on World Religions

The Collegiate Association for the Research of Principles (CARP) ist die Studentenorganisation. Sie kann auch politisch tätig sein.
The International One World Crusade umfasst die Missionstätigkeit.
Die *Föderation für Weltfrieden und Vereinigung* ist politisch und wirtschaftlich tätig.
The International Conference on the Unity of Sciences (ICUS) und die *Professors World Peace Academy (PWPA)* führen internationale Tagungen durch.
The International Cultural Foundation (ICF) ist auf kulturellem Gebiet tätig (z.B. Aufführungen des koreanischen Kinderballetts «The Little Angels»).
CAUSA Confederation of Associations for the Unity of the Society of the Americans ist politisch-ideologisch tätig (bis zum Zusammenbruch der Sowjetunion vor allem antikommunistisch). Für CAUSA-Schweiz werden über 5000 Interessenten angegeben.
Der *Frauen Föderation für den Weltfrieden* steht Frau Han Mun als Präsidentin vor.

Nach Berichten ehemaliger «Munies» wurde die VK immer mehr zu einer sog. totalitären Gemeinschaft. Strategien, mit der das neue Mitglied in die Gemeinschaft eingeführt und zu restloser Anpassung und ebenso uneingeschränkter Opferbereitschaft geführt wird, machen die VK zum beinah perfekten Manipulierungsinstitut. In christlicher Perspektive wird die Überhöhung Muns zum Messias bedauert, wobei schon der blosse Vergleich dieser zwei Messiasgestalten seltsame Gefühle weckt. Besonders negativ wirkt sich auf das Bild der VK in der Öffentlichkeit in neuster Zeit das Buch der Ex-Schwiegertochter von Mun aus: Nansook Hong, Ich schaue nicht zurück, Bastei-Lübbe-Taschenbuch 66 14 46, 2000. Wenn man den Ausführungen dieses ehemals gläubigen VK-Mitgliedes aus dem Kreis der Messiasfamilie glauben darf, dann hat die nun schon Jahrzehnte andauernde göttliche Autorität, die Reverend Mun zukommt, und der Abglanz, der auf seine Familienangehörigen fällt, im innersten Kreis der VK zu Zuständen geführt, wie wir sie beinah nur aus absolutistisch regierenden Kaiser- oder Königshäusern vergangener Jahrhunderte kennen. Die eigenen schmerzhaften Erfahrungen mögen den Blick der Ex-Schwiegertochter trüben. Wenn aber nur ein Bruchteil dessen zutrifft, was sie beschreibt, so ist der innerste Kreis der Vereinigungskirche in einer Art göttlicher Unfehlbarkeit moralisch degeneriert. Dann müssen wir den neuen Messias weder bewundern noch bekämpfen, sondern bedauern.

Zeitschriften: Weltblick (früher: Vereinigungskirche heute / Vereinigungskirche aktuell / Treffpunkt / Rencontre) / Forum (unregelm. hrsg. v. CAUSA-Schweiz) / Ost-West Perspektiven (Hrsg. Forum Ost, Wien).
Statistik: Wahrscheinlich um die 200 000 M und ein weit grösserer Kreis von Sympathisanten / D: ca. 1000 M (mit CARP zusammen rd. 30 Z) / CH: ca. 5 Z, weniger als 100 M.
Adresse: Unification Church, World Mission Department, 481, 8th Ave., New York, NY 10001, USA. – Pressebüro Schmitten, Schillerstr. 18, D-61389 Schmitten. – Die Vereinigungskirche in Österreich, Graf Seilern Gasse 22, A-1120 Wien, President: Andreas Bauer, Spokesman: Mag. Harald Janisch, Tel. 01 813 53 30, Email: ucatinfo@ping.at.
www.unification.org
www.ettl.co.at/vk/at
www.ettl.co.at/uc/german

Bô Yin Râ

Bô Yin Râ nannte sich Anton Schneiderfranken (1876–1943) als Verfasser religiöser Lehrschriften. In Aschaffenburg/D geboren, zog seine Familie schon bald nach Frankfurt um, wo er eine Malerakademie besuchte und sich anschliessend als freischaffender Künstler betätigte. Nach einem Griechenlandjahr 1912/1913, das ihm nicht nur als Künstler manche Anregungen schenkte, brach er in Wort und Bild immer augenfälliger in geistige oder innere Welten auf und veröffentlichte seine ersten Schriften mit den Initialen B.Y.R. Während des 1. Weltkrieges diente er als Übersetzer in einem Internierungslager für gefangene Griechen in Görlitz/D, wo ihn das Werk von Jacob Böhme zu faszinieren begann, dem er sich innerlich verwandt fühlte. Nach dem Tod seiner ersten Frau heiratete er eine Kriegswitwe in der gleichen Stadt. 1923 zog er zuerst nach Horgen/CH und 1925 nach Massagno/CH, wo er sich später mit seiner Familie auch einbürgern liess. Ein gewaltiges Werk, gleichzeitig mystisch und prophetisch, spekulativ und poetisch, das sogleich einen festen Käuferkreis fand, entfaltete sich unter seiner Feder. Manche Bilder illustrieren auf ihre Weise das in den Büchern beschriebene Erschaute. Bô Yin Râ sah sein spirituelles Werk nicht als Basis für eine neue Religionsgemeinschaft. Dementsprechend widmen sich die Bô Yin Râ-Stiftungen nur der Sammlung und Verbreitung seiner Schriften und Bilder. Auch ohne Gemeinschaftsbildung gewinnt das spirituelle Werk in den Augen seiner Anhänger immense Bedeutung: Die Lehre von Bô Yin Râ erinnert das in jedem Menschen verborgene geistige «Ich» an seinen Ursprung in der göttlichen Ewigkeit und hilft diesem Ich, in Kontakt mit der geistigen Welt, zu seinem Ursprung zurückzufinden. *Dieses grundsätzlich gnostische Erlösungsmodell wird bei Bô Yin Râ durch Anregungen und Bilder aus der östlichen und westlichen esoterischen Mystik angereichert und mit viel Freude an emphatischer Poesie und Verkündigungsdrang vor dem Leser ausgebreitet. Bô Yin Râ war in Bild und Wort ein Künstler, den seine prophetische Schau und mystische Intuition weit über die Grenzen alles Sichtbaren hinaus zu jener geheimnisvollen, pantheistisch verstandenen Quelle alles Wirklichen führte, aus der vor ihm schon viele Gnostiker, Einheitsmystiker und Yogis tranken. Dass Jesus aus derselben Quelle schöpfte, nimmt Bô Yin Râ zwar an. Der Jesus des NT spricht allerdings eine völlig andere Sprache und lebt keinen gnostisch-pantheistischen Erlösungsweg.*

Adresse: Deutsche Bô Yin Râ-Stiftung, Sekreteriat, Ostanlage 21, D-35390 Giessen, Tel. 0641 37 43 3.

Frühere Messias-Gemeinden

Um verschiedene Namen, die früher als Verkörperung Jesu Christi oder Gottes verehrt wurden, ist es seit einiger Zeit wieder still geworden. Heute halten sich nur noch vereinzelte Frauen und Männer an ihre Schriften.

Johann Jakob Wirz (1778–1858) war Seidenweber in Basel. Er empfing Offenbarungen, hielt sich für einen von Jesus eingesetzten Priester und wurde in der Schweiz und bis ins Rheinland von seinen *Nazarener*-Gemeinden als neuer Jesus verehrt. In ihnen verbanden sich gewisse christlich-kommunistische Züge mit einer wachen Wiederkunftshoffnung. Unter den Anhängern von J.J. Wirz wurde die Berleburger Bibel aus dem 18. Jahrhundert mit ihren allegorisch mystischen Auslegungen geschätzt.

Altnazarener und *Neunazarener* nennen sich *heute* kleine Kreise in Deutschland und der Schweiz, die sich an mystische Schriften (Madame Guyon, Jakob Ganz, Gerhard Tersteegen, Biographie von Johann Jakob Wirz u.a.) halten.

Die *Antonianer* im Entlebuch/CH verehrten den Handwerker, Händler, Schulmeister und Kräuterarzt *Anton Unternährer* (1759–1824). Er gab sich auf Grund von Offenbarungen als wiedergekommener Christus oder sogar als die ganze Trinität aus. Die Anhänger Unternährers blieben durch die Hochschätzung seiner Schriften, die zusammen mit der Bibel «Gottes Wort» bildeten, verbunden. Heute lesen nur noch ganz wenige in seinen Büchern.

Seit 1950 wandte sich der holländische Fischer *Louwrens Voorthuizen* (1898–1968), genannt Lou, mit der Botschaft an seine Freunde, er sei der neue Auferstehungskörper Christi. Lou schickte seine Boten auch nach Deutschland und in die Schweiz. Einige Jahre nach seinem Tode ist es um die Lou-Gruppe wieder still geworden.

Vassula Ryden

Vassula Ryden, geb. 1942 in Ägypten, wohnhaft Wallis/CH, Mitglied der griechisch-othodoxen Kirche, hatte schon als Kind Traumvisionen, in denen ihr Christus oder Seelen von Verstorbenen erschienen. 1985 erhielt sie von Gott die Gabe der «inneren Einsprechung». 1988 wurde sie mit Botschaften an die Welt betraut. Ihr Schutzengel Daniel erschien ihr und reinigte sie. In ihren Botschaften wird von der gegenwärtigen geistig toten Welt gesprochen. Durch Vassula Ryden will Gott die Menschen zu sich zurückführen. Unaufhörliches Beten gilt als Zeichen des wahren Lebens in Gott. Der katholischen Kirche prophezeite sie 1994 eine Zeit der Herrschaft des Antichrist, in der ein Drittel der Bevölkerung sterben und Jesus nicht mehr in der Eucharistie anwesend sein wird. Vassula Ryden organisiert weltweit Gebetstreffen, segnet die Zuhörer, unter ihnen nicht selten auch katholische Priester und Nonnen. Verschiedene Priester und Bischöfe haben sich schon positiv über Vassula Ryden geäussert. Die päpstliche Glaubenskongregation hat allerdings die Bischöfe dazu aufgerufen, in kirchlichen Kreisen keine Ausbreitung der Ideen von Vassula Ryden zu erlauben. Vassula Rydens beide Bände «Das wahre Leben in Gott» sind im Miriam-Verlag in D-79798 Jestetten erschienen.

X Theosophie und Esoterik

Die **Theosophie** (theosophia = Weisheit Gottes oder Weisheit der Götter, verstanden als das Göttliche im Menschen), aus dem letzten Viertel des 19. Jahrhunderts stammend, ist der Versuch, aus allen Religionen resp. aus der hinter ihnen stehenden tieferen Weisheit eine einzige vereinigende Menschheitsreligion zu schaffen. Verdeutlicht wird dieses Anliegen im Motto der ursprünglichen Theosophischen Gesellschaft: «Keine Religion ist höher als die Wahrheit». Diese Wahrheit hinter allen Religionen soll zusätzlich verbunden werden mit den Erkenntnissen der modernen Wissenschaft und damit auch skeptischen Menschen zugänglich sein. Hervorgegangen ist die Theosophie aus der Spiritismus-Welle, die nach 1848 insbesondere die USA bewegte. Schon diese war gezeichnet vom Wunsch, religiöse Aussagen, z.B. über die Unsterblichkeit der Seele und das Leben nach dem Tod, mit wissenschaftlichen Methoden überprüfen zu können. Mit Hilfe von technischen Vorrichtungen, aber vor allem auch über menschliche Medien suchten die Spiritisten mit der Totenwelt in Kontakt zu kommen und sich über deren Wesen belehren zu lassen. Als solches spiritistisches Medium, das Durchgaben von jenseitigen Wesen vermittelte, diente auch die Deutschrussin Helena Petrowna Blavatsky, die spätere Gründerin der Theosophie. Blavatsky blieb jedoch nicht bei Aussagen über die Welt der Toten stehen, sondern versuchte, im Kontakt mit ihrem Wahrsagegeist, die Geschichte des Kosmos und der Menschen zu erhellen. Damit war der Spiritismus überschritten und die Theosophie geboren: 1875 erfolgte die Gründung der Theosophical Society. In der Folge siedelte Blavatsky nach Indien über und nahm zunehmend östliches Gedankengut in ihr Weltbild auf. Im Verlauf der nächsten Jahrzehnte entwickelte sie so die auch heute noch gültigen Grundanschauungen aller theosophischen Gemeinschaften:

– Aus der spiritistischen Erfahrung (und aus europäischer Tradition) stammt die Vorstellung einer Geisterwelt, die sich hinter der sichtbaren körperlichen Welt verbirgt. Diese Geisterwelt wird in der theosophischen Lehre nach Ansätzen der europäischen Esoterik weiter unterteilt. Es ergibt sich ein siebenstufiges Modell, worin die physische Welt die unterste Stufe darstellt. Darüber erheben sich Aether- und Astralebene, die «feinstofflich», das heisst materiell, aber aus einer feineren, geistigeren Form der Materie aufgebaut, gedacht werden. Diese feinstofflichen Welten sind es, die den Körpern von Pflanze und Tier das Leben geben. Hier fliessen Vorstellungen der zeitgenössischen Philosophie ein, die für die Entstehung von Leben eine zur Materie hinzu tretende besondere Kraft, etwa als «elan vital» bezeichnet, postulierten, weil die das Leben ermöglichenden biochemischen Prozesse noch nicht bekannt waren. Über den feinstofflichen Ebenen stehen vier geistige.

– Der spiritistische Glaube, dass die Geisterwelt von geistigen Wesen bevölkert ist, wird in der Theosophie mit dem geschilderten Ebenen-Modell verbunden, und zwar unter Zuhilfenahme christlicher Spekulationen über die Engelshierarchien, wonach die Engelswelt über Stufen eingeteilt ist in geistigere, gottnähere Engel und weniger geistige, menschenähnlichere Engel. Die Theosophie fasst diesen Gedanken so, dass die verschiedenen Geistwesen an verschiedenen der genannten Ebenen Anteil haben. So wie der Mensch in der physischen, Aether- und Astral-Welt lebt, so gibt es Wesenheiten, die in Aether-, Astral- und Manas-Ebene existieren (Engel genannt, als unterste Stufe der Engelshierarchie). Darüber stehen von der Astralebene ausgehend die Erzengel. Tier-, Pflanzen- und Mineralreich werden als unter dem Menschen stehend in dieses Schema eingetragen. Es ergibt sich so eine Hierarchie der Lebewesen, welche mit dem Ebenen-Modell in Übereinstimmung steht.

– Mit diesem Ebenen- und Hierarchie-Modell verbindet die Theosophie den Entwicklungs- oder Evolutionsgedanken, der dreissig Jahre zuvor von Charles Darwin formuliert worden war. Dass sich das Leben auf der Erde entwickelt hat, von einfacheren zu komplexeren Formen, ist auch für die Theosophie nicht fraglich. Allerdings wird dieser Entwicklungsgedanke dem theosophischen Weltbild angepasst: Entwicklung findet auf der materiellen Ebene nicht ihr Ende, sie geht weiter in den geistigen Bereich. Auch Geistwesen entwickeln sich und steigen Stufe um Stufe höher.

– Dazu tritt als wesentliches Element der Glaube an Reinkarnation. Übernommen wird dieser allerdings nicht in seiner östlichen Form, welche davon ausgeht, dass sich Seelen in wechselnder Folge als Mensch, Tier, göttliches Wesen, Höllenwesen inkarnieren können. Der Reinkarnationsglaube wird vielmehr mit dem Entwicklungsgedanken verbunden. Die Einzelseele steigt von Leben zu Leben, von Inkarnation zu Inkarnation durch die Stufenleiter der Lebewesen immer höher hinauf. Einen Rückschritt kann es nicht geben, höchstens Stillstand auf derselben Ebene. Ein Mensch kann folglich im nächsten Leben zu einem engelgleichen Wesen werden oder – was weit wahrscheinlicher ist – wieder als Mensch geboren werden, auf die Ebene des Tieres zurückzufallen ist aber nicht möglich.

– Geprägt ist dieses theosophische Lehrkonzept von einer pädagogischen Grundstimmung, die für die Gesellschaft des ausgehenden 19. Jahrhunderts im Zeichen von Fortschrittsoptimismus und Kolonialismus typisch war. Sinn des Seins ist es, dazuzulernen und quasi von Klasse zu Klasse höher zu schreiten. Die einzelnen Stufen des theosophischen Modells erscheinen so als Lebensklassen, ist der Lernstoff absolviert, kann zur nächsten Klasse, der nächsten Ebene fortgeschritten werden. Die theosophische Form der Reinkarnationslehre kann so zusammenfassend als monolinear-evolutives, pädagogisches und fortschrittsoptimistisches Reinkarnationsmodell charakterisiert werden. Da der Sinn der Existenz in der Entwicklung liegt, ist ein Ausstieg aus dem Kreislauf der Wiedergeburt, wie ihn östliche Religionen lehren, in der Theosophie nicht nötig und auch nicht mehr vorgesehen.

– Wenn das Ziel der Reinkarnation ein pädagogisches ist, die Vorleben aber ganz offensichtlich vergessen werden, muss es einen Träger des Lernfortschrittes ausserhalb des individuellen Bewusstseins geben. Hierzu dient der Gedanke des «Höheren Selbst». Das «Höhere Selbst» umfasst die höheren geistigen Ebenen des Menschen, die dieser ja noch nicht entwickelt hat und die deshalb von ihm noch getrennt sind. Sie inkarnieren nicht mit, sondern bleiben in den geistigen Ebenen und steuern von dort aus die Inkarnationen. Die Betonung des Höheren Selbst ist bei den verschiedenen theosophischen Strömungen recht unterschiedlich, mancherorts, insbesondere in manchen esoterischen Schulen der Gegenwart, kann das Höhere Selbst zu einer Art individuellem Gott werden. Die für mich entscheidende Gottheit bin dann ich selbst (auch wenn sich mein Höheres Selbst natürlich meiner Verfügbarkeit entzieht).

– In die Vorstellung vom Höheren Selbst fliessen gnostische Ideen von der Seele als Teil Gottes ein: Zur Evolution hinzu kommt (oder dieser vorangegangen ist – hier denken die verschiedenen theosophischen Richtungen unterschiedlich) die Involution, eine Herabkunft der Seele aus dem Göttlichen in immer materiellere Stufen des Seins hinein, die sich mit den sich entwickelnden unteren Wesensteilen des Menschen zunehmend verbindet. Die noch unverbundenen Ebenen der Seele bilden das Höhere Selbst.

– Die pädagogische und evolutive Ausrichtung der theosophischen Lehre bringt es mit sich, dass theosophische Gemeinschaften entwicklungsförderliches von entwicklungshemmendem Verhalten unterscheiden können. Dabei werden die konkreten Hinweise, was zu tun und zu lassen ist, recht unterschiedlich gefasst. Häufig werden aber genannt der Vegetarismus, Verzicht auf Alkohol und z.T. auf Tabakkonsum und – hier zeigt sich die Herkunft der Theosophie aus dem viktorianischen Zeitalter – eine gewisse Zurückhaltung im Bereich der Sexualität.

– Das theosophische Entwicklungsmodell beinhaltet, dass sich nicht alle Menschen auf derselben Entwicklungsstufe befinden. Manche Seelen sind den anderen weit voraus, andere weit zurückgeblieben. Die fortgeschrittenen Seelen, die sich z.T. nicht mehr in einem physischen Körper inkarnieren müssen, können sich getreu der pädagogischen Grundstimmung der Theosophie in den Dienst der noch zurückgebliebenen Seelen stellen, indem sie die Menschen belehren. Als Menschheitslehrer heissen diese fortgeschrittenen Seelen «Meister», sie lehren entweder recht materiell über Briefe (so bei H.P. Blavatsky, wobei sie in Verdacht steht, die ihr zugegangenen Meisterbriefe selbst verfasst zu haben), durch Visionen oder durch verschiedene Formen der Durchgaben. Am häufigsten sind hier das sog. automatische Schreiben – der Meister führt beim Schreiben die Hand des Mediums – und eigentliches Channeling, wobei der Meister durch den Mund des Mediums selbst spricht.

– Die Quellen theosophischer Erkenntnis sind also das Lehrgut aus den Religionen und, bevorzugt aus den esoterischen Richtungen der Vergangenheit, die spekulative Verknüpfung und Weiterentwicklung derselben und Offenbarungen durch die Meister. Dazu oder an deren Stelle treten kann die visionäre Schau des Theosophen, so im Fall von Rudolf Steiner. Allerdings sind vor allem die beiden letzteren Quellen theosophischer Erkenntnis zumindest in der Praxis einigen wenigen grossen Gestalten der Theosophie vorbehalten. Der «einfache» Theosoph hält sich an deren Lehren. Erträglich wird diese Ungleichheit durch den Entwicklungsgedanken: Der theosophische Lehrer gilt als fortgeschrittenere Seele, in einem späteren Leben wird man vielleicht auch selbst so weit sein, zu direkter Erkenntnis zu gelangen.

– In ihrer Sicht der Geschichte verbindet die Theosophie den Entwicklungsgedanken des Darwinismus mit der Weltzyklen-Vorstellung der östlichen Religionen. Das Resultat ist ein Bild der Geschichte, die durch Zyklen läuft, welche in der Entwicklung stets höher steigen. Das theosophische Geschichtsbild ist also nicht wie das darwinistische einer schrägen Rampe zu vergleichen, sondern einer Treppe mit einzelnen Stufen. Damit werden Epochen, die einzelnen Treppenstufen, wichtig und in Epochenlehren dargestellt. Grösste Einheit sind die planetaren Verkörperungen, wovon es sieben gibt, drei vergangene, eine gegenwärtige und drei zukünftige. Die vergangenen und die zukünftigen planetaren Verkörperungen werden als Welten mit ganz anderer Naturgesetzlichkeit als die heute herrschende dargestellt.

– Innerhalb einer planetaren Verkörperung lösen sich sieben Wurzelrassen ab, für die gegenwärtige planetare Verkörperung sind dies die Polarier, die Hyperboreer, die Lemurier, die Atlantier, die Arier und zwei noch kommende. Dabei gehören die heute lebenden Menschen z.T. noch zu den Lemuriern, z.T. zu den Atlantiern, zum Teil schon den Ariern an. Die Wurzelrassen teilen sich in Unterrassen, die gegenwärtige arische Wurzelrasse zerfällt in die indische, die persische, die ägyptisch-chaldäische, die römisch-griechische, die angelsächsisch-germanische und zwei zukünftige Unterrassen. Dabei herrscht in der älteren Theosophie meist die Vorstellung, dass die Spitze der Menschheitsentwicklung immer von der neuesten Wurzel- resp. Unterrasse getragen wird. Moderne Theosophen denken den Entwicklungsfortschritt meist weniger linear.

– Diese Vorstellung sich abfolgender und in der Entwicklung stets höher steigender Epochen ermöglicht die Erwartung, dass ein solcher Epochenwechsel unmittelbar bevorsteht oder gar schon im Gange ist. Manche theosophischen Richtungen sind zu diesem Schluss gekommen, vgl. etwa Alice Baileys Erwartung eines Neuen Zeitalters, eines New Age, die für die New-Age-Bewegung entscheidend geworden ist. Einige theosophische Gruppen haben sich in diesem Zusammenhang in eine eigentliche Endzeiterwartung hineingesteigert, so die Church Universal and Triumphant oder die Sonnentempler. Ähnliches gilt für die Ashtar-Command-Bewegung.

Mit Ausnahme der Wendezeit-Naherwartung finden sich die dargestellten theosophischen Grundlehren in der einen oder anderen Form in fast allen theosophischen Gemeinschaften wieder. Allerdings erfahren sie mancherorts starke Umgestaltungen (s. dazu die Darstellungen zu den einzelnen Gemeinschaften).

Im Ganzen erwies sich das theosophische Weltbild in den vergangenen 125 Jahren als äusserst erfolgreich. Neben den theosophischen Gemeinschaften im engeren Sinne – als solche zu bezeichnen sind die Organisationen und Strömungen, die alle oben dargestellten Lehren in irgendeiner Form vertreten – finden sich Anleihen aus der Theosophie in den meisten esoterischen Richtungen und Gemeinschaften, so vor allem die theosophische Form der Reinkarnationslehre, aber auch die Vorstellung höherer Wesenheiten und Meister. Auf der Theosophie in ihrer I AM-Variante basiert auch die Ashtar-Command-Bewegung, die die Meister durch U-fonen ergänzt. Ferner haben sich manche Neuoffenbarer-Gemeinschaften durch die Theosophie inspirieren lassen, so Gabriele Witteks Universelles Leben oder Uriellas Fiat Lux, wobei hier die theosophischen Lehren aber z.T. ganz erheblich umgeformt werden. Angesichts dieses enormen Einflusses der Theosophie auf die moderne Religiosität muss Helena Petrowna Blavatsky, auch wenn ihre persönliche Integrität nicht über jeden Zweifel erhaben ist, als eine der grossen Gestalten der Religionsgeschichte des 19. Jahrhunderts betrachtet werden.

In der Diskussion zeigt das theosophische Weltbild grosse Chancen, aber auch einige Problemstellungen.

– Der Versuch, dem verbreiteten Materialismus des 19. Jahrhunderts zu entgehen, ohne die Erkenntnisse der modernen Naturwissenschaft ablehnen zu müssen, gelingt für die Entstehungszeit der Theosophie. Die seither gemachten naturwissenschaftlichen Erkenntnisse gehen aber zumeist nicht in die von der Theosophie vermutete Richtung, so dass sich in der Zwischenzeit ein Gegensatz Theosophie-Naturwissenschaft, der bewusst vermieden werden sollte, recht deutlich aufgetan hat. Vgl. hierzu die völlig andere Naturgesetzlichkeit früherer planetarer Verkörperungen bis hin zur Zeit der Atlantier: Hier zeigt sich deutlich, wie sehr die Theosophie auf die naturwissenschaftliche Erkenntnis ihrer Entstehungszeit bezogen ist. Von Urknall, expandierendem Universum und Aktualismus (d.h. die heute geltenden Naturgesetze gelten seit Anbeginn des Universums) war damals nichts bekannt, deshalb bestand Raum für die genannten Spekulationen. Heute widersprechen sie den naturwissenschaftlichen Theorien.

– Eine Entwicklungstheorie mit monolinearem Entwicklungsverlauf beinhaltet fast zwingend, dass die Träger der Theorie diejenigen Menschen sind, die der Menschheitsentwicklung vorangehen (ansonsten würde sich die Theorie selbst abwerten). Aus diesem Sachverhalt fliesst die Gefahr eines gewissen Elitarismus:

Der einzelne Theosoph kann sich als fortgeschrittene Seele wahrnehmen, während sein Nachbar, der sich für Theosophie nicht interessiert, eben «noch nicht so weit» ist. Allerdings sind die meisten theosophischen Gemeinschaften genau aus dem genannten Grund wenig missionarisch. Die Menschheit zu bekehren macht keinen Sinn. Sie muss für die Theosophie erst reif werden.

– Diese Vorstellung von der Theosophie als der am weitesten entwickelten Weltanschauung in Verbindung mit der Tatsache, dass die Theosophie die Wahrheit hinter allen Religionen umfassen will, macht es theosophischen Gemeinschaften möglich, allen anderen Religionen und Weltanschauungen durchaus einen Wert beizumessen und sie bis zu einem gewissen Grad gelten zu lassen. Ihr Wert ist jedoch im Vergleich mit der Theosophie selbst ein propädeutischer, bloss vorbereitender. Zudem ist es die Theosophie, die entscheidet, welche Elemente anderer Religionen der Wahrheit entsprechen und welche nicht und was mit diesen Elementen eigentlich gemeint ist. Im Dialog weiss der Theosoph deshalb über den Glauben seines Gegenübers im Grunde besser Bescheid als dieser selbst. Hier kann die Theosophie zum Besserwissertum werden, ein Phänomen, das in theosophischem Schrifttum nicht selten begegnet.

– Der in den letzten Jahren im Zusammenhang mit theosophischen Lehren am häufigsten diskutierte Vorwurf war derjenige des Rassismus. Der theosophische Entwicklungsgedanke zeigt jedenfalls, so viel wird festgehalten werden müssen, genau wie der gleichzeitige Sozialdarwinismus, eine Tendenz hin zum Rassismus. Diese Tendenz droht immer, wenn eine monolinear konzipierte Entwicklungstheorie ihren Entwicklungsgedanken in die Diskussion der verschiedenen Subspezies («Rassen») der Mensch hinein verlängert. Bei den frühen Theosophen finden sich denn auch aus heutiger Sicht unannehmbar rassistische Aussagen, die für das Empfinden der Theosophen selbst allerdings dadurch gemildert sind, dass die einzelne Menschenseele in ihrer Entwicklung ja durch die verschiedenen Rassen hindurchgeht. Moderne Theosophen wiederholen, mit wenigen Ausnahmen, diese Rassismen nicht resp. korrigieren sie gar. Allerdings ist die Distanzierung von theosophischen Autoritäten bis jetzt ganz vorsichtig geblieben. Und einige wenige theosophische Gruppen, wie etwa die Universale Kirche, bewegen sich in manchen Äusserungen aus ihrer Mitte auch heute noch am Rande des in dieser Frage problematischen Bereichs.

In ihrer Haltung zum Christentum unterscheiden sich die theosophischen Gemeinschaften untereinander ganz erheblich. Während die traditionellen Theosophischen Gesellschaften dem Christentum wenig abgewinnen können und die östliche Tradition klar bevorzugen, nehmen andere Richtungen wie die Anthroposophie und die I AM-Bewegung christliche Lehren und Anschauungen bewusst in ihr Lehrkonzept auf. Es ist aber in jedem Fall ein verändertes Christentum, welches in theosophischen Gemeinschaften angetroffen werden kann. Der Erlösung in Jesus Christus wird die Selbsterlösung des Menschen im Laufe des pädagogischen Ent-

wicklungsganges durch die Inkarnationen entgegengesetzt, eine Selbsterlösung, welche zwar durch Christus ermöglicht, aber nicht unnötig gemacht wird. Hinter der Vielzahl der Geistwesen droht Gott bei manchen theosophischen Richtungen recht eigentlich zu verschwinden, biblische Nennungen Gottes werden gerne auf verschiedene Geistwesen aufgeteilt. Der Umgang mit der Bibel überhaupt ist ein selektiver und meist stark uminterpretierender. Trotz dieser grossen Differenz zwischen Christentum und Theosophie waren theosophische Lehren in der Vergangenheit auch für zahllose bewusst christliche Menschen attraktiv, weil sie den Widerspruch zwischen Glauben und Naturwissenschaft aufzulösen versprachen. Dieser Vorteil der Theosophie ist aber inzwischen zumindest in Teilen weggefallen.

Das ältere **Rosenkreuzertum** basiert auf den Schriften des lutherischen Theologen Valentin Andreae, der diese einem Christian Rosenkreutz aus dem 14. Jahrhundert zuschreibt. Anliegen der Schriften Andreaes ist die Läuterung des Menschen, dargestellt in der Sprache der Alchemie.
Die heutigen Rosenkreuzer-Gemeinschaften zählen zwar Rosenkreutz und Andreae zu ihren Vorläufern, sind aber aus der theosophischen Tradition herausgewachsen und lehrmässig als theosophische Gemeinschaften anzusprechen. Im Rahmen der Theosophie meint die Selbstbezeichnung als Rosenkreuzer eine Betonung des sog. «westlichen Weges», d.h. der westlichen Esoterik, im Gegensatz zur hohen Bedeutung hinduistischer Lehrelemente innerhalb der Theosophischen Gesellschaften. Allerdings sind die Differenzen zunächst vor allem eine Frage der Terminologie: es geht darum, ob theosophische Lehrelemente mit Sanskrit-Begriffen oder mit westlichem Vokabular bezeichnet werden. (Verzicht auf indische Begrifflichkeit findet sich auch bei andern theosophischen Gemeinschaften, so etwa der Anthroposophie.) Weiter geht das Lectorium Rosicrucianum, das sich vom theosophischen mehrstufigen Entwicklungsmodell ein Stück weit verabschiedet und – auf die Tradition der Gnosis und der Katharer zurückgreifend – bloss zwei Stufen betont. Da der Begriffswahl «theosophisch» oder «rosenkreuzerisch» insgesamt etwas Zufälliges innewohnt, wären die Rosenkreuzer-Gemeinschaften im Folgenden korrekterweise an ihrem entwicklungsgeschichtlichen Ort innerhalb der theosophischen Bewegung zu diskutieren. Ausser ihrem Namen teilen die Rosenkreuzer gegenüber dem Rest der theosophischen Bewegung keinerlei Gemeinsamkeit. Allerdings stellen sich die Angehörigen der verschiedenen Rosenkreuzer-Gemeinschaften gegenüber Aussenstehenden alle gleichermassen als «Rosenkreuzer» vor. Die sachlich ansonsten kaum gerechtfertigte gesonderte Behandlung der Rosenkreuzer soll hier die Zuordnung erleichtern.
Die **Esoterik** hat (abgeleitet von griechisch «esoteros», «innerlich») zum Ziel, die Innenseite des Wirklichen zu erfahren (s. dazu den untenstehenden Text zur Esoterik). **Esoterische Gemeinschaften** präsentieren im Allgemeinen eine Lehre, die sich aus verschiedenen Quellen speist und deshalb gerne mit dem Begriff «synkre-

tistisch» (vermischend) bezeichnet wird. Eine dieser Quellen ist aber fast immer die Theosophie, die bei vielen esoterischen Gemeinschaften das Grundraster abgibt, in welches weitere Elemente eingetragen werden. Soziologisch prägend wurde Bhagwan/Osho – zahlreiche Esoterik-Anbieter sind ehemalige Schüler Bhagwans. Eine Auswahl esoterischer resp. «synkretistischer» Gemeinschaften wird unten dargestellt.

Mit der Esoterik verbunden, aber doch von ihr zu unterscheiden ist die **New-Age-Bewegung**, deren Anliegen ein neues, friedlicheres, ökologischeres und spirituelleres Zeitalter ist. New-Age-Gemeinschaften sind meist von einer grossen weltanschaulichen Offenheit resp. einem Pluralismus gekennzeichnet. Verbindend wirkt das gemeinsame Ziel, weniger eine gemeinsame Dogmatik.

Theosophische Gemeinschaften

Theosophische Gesellschaften

Die verschiedenen im deutschen Sprachraum tätigen Theosophischen Gesellschaften führen sich alle zurück auf die ursprüngliche, von Helena Petrowna Blavatsky (1831–1891) im Jahr 1875 in New York gegründete Theosophical Society. Grundschriften sind Blavatskys Werke: «Isis entschleiert» (1877) und, vor allem, «Die Geheimlehre» (1888). Die Theosophischen Gesellschaften vertreten die im Einleitungskapitel zur Theosophie dargestellten Lehren. Schon bald nach dem Tod von H.P. Blavatsky kam es zur Spaltung der theosophischen Bewegung: 1895 trennte sich die amerikanische Sektion der Theosophischen Gesellschaft unter ihrem Präsidenten, dem Blavatsky-Mitstreiter William Quan Judge, von der internationalen Zentrale der Theosophischen Bewegung in Adyar bei Madras in Indien, welche damals von Annie Besant dominiert wurde.

Im deutschen Sprachraum entstanden schon bald nach dem Erscheinen von Blavatskys Werken theosophische Gruppen, die von den beiden genannten Flügeln der Theosophischen Gesellschaft unabhängig waren. Bis in die Gegenwart hielt sich die von Franz Hartmann 1897 ins Leben gerufene «Theosophische Gesellschaft in Deutschland».

Im Jahr 1902 fasste auch die Theosophische Gesellschaft Adyar in Deutschland Fuss, wo Rudolf Steiner ihr Generalsekretär wurde. Im Jahr 1910 wurde die Tätigkeit in der Schweiz aufgenommen. In den Jahren 1913/1914 verkleinerte sich die Theosophische Gesellschaft Adyar im deutschen Sprachraum ganz erheblich, da Rudolf Steiner mit einem Grossteil der lokalen Logen die Bewegung verliess und die Anthroposophische Gesellschaft begründete. Streitpunkte waren die Betonung östlicher Anschauungen in der Adyar-Theosophie, im Gegensatz zum bewusst «westlichen Weg» Steiners und der Seinen, und insbesondere die Ausrufung Krishnamurtis zum neuen Christus durch Annie Besant und ihren Mitstreiter Charles Webster Leadbeater. Dies konnte Steiner nicht akzeptieren, da für ihn das «Christus-Ereignis» eine einmalige Sache darstellte. Von diesem Aderlass konnte sich die theosophische Bewegung im deutschen Sprachraum nie mehr erholen, sie blieb bis heute weit kleiner als die Anthroposophie.

Gegenwärtig zeigt die theosophische Bewegung im deutschen Sprachraum ein organisatorisch vielseitiges Bild. Neben der Theosophischen Gesellschaft Adyar als der an Mitgliedern weitaus grössten Gemeinschaft und der von Franz Hartmann gegründeten Theosophischen Gesellschaft in Deutschland sind vertreten die Theosophische Gesellschaft Point Loma Covina und die Theosophische Gesellschaft Pasadena, die auf die unter William Quan Judge 1895 verselbständigte amerikanische Sektion der Theosophischen Gesellschaft zurückgehen, sowie lokale Abspaltungen im deutschen Sprachraum. Eine Zusammenarbeit der einzelnen Gemeinschaften ist aber von Fall zu Fall möglich, die Lehrunterschiede sind gering.

Zur Diskussion s. das Einleitungskapitel.

1. Theosophische Gesellschaft Adyar.
Zeitschrift: Theosophie Adyar.
Statistik (nur Adyar): D: 7 G, 200 M / A: 3 G / CH: 3 G, 100–200 M.
Adressen: The Theosophical Society, Adyar, Chennai-600020, India, Fax 0091 44 490 27 06 und 490 13 99, Email: intl.hq@ts-adyar.org. – Föderation der europäischen Nationalgesellschaften, Tran-Thi-Kim-Diéu, 67 rue de pommiers, F-45000 Orléans, Tel. 033 3 884 36 97. – Elisabeth Schmidt, Friedrich-Wilhelm-Str. 54, D-13103 Berlin, Tel. 030 752 69. – Franz Durkowitsch, Almühlweg 5, A-4810 Gmunden, Tel. 076 12 6 78 96; Vortragssaal und Bibliothek, Stumpergasse 40, A-1060 Wien. – Rudolf Hammer, Erdenweg 21, A-1140 Wien, Tel. 0222 979 22 11. – Alwin H. Gerstlauer, Sternengasse 201, CH-7208 Malans, Tel. 081 322 90 20. – Société Théosophique

Suisse, 17, rue Ferdinand Hodler, CH-1207 Genf, Tel. 022 736 66 11.

2. Weitere Theosophische Gesellschaften:
Theosophische Gesellschaft in Deutschland, Bahnhofstr. 15, D-69115 Heidelberg, Tel. 06221 16 93 91.

Die Theosophische Gesellschaft Pasadena
Adressen: Theosopische Gesellschaft Pasadena, Klenzestr. 16, D-80469 München, Tel. 089 26 02 31 80. – Stiftung der Theosophischen Gesellschaft Pasadena, Böhmreute 9, D-71735 Eberdingen, Tel. 07042 7 88 29. – Verlag der Theosophischen Gesellschaft Pasadena, Brunnenstr. 11, D-56414 Hundsangen, Tel. 06435 960 33.
Die Theosophische Gesellschaft Point Loma Covina, Am Goldhammer 9, D-90491 Nürnberg, Tel. 0911 59 99 40.

Theosophische Gesellschaft, Arbeitskreis Unterlengenhardt (in Verbindung mit dem Tempel des Friedens der Theosophischen Gesellschaft, Point Loma, California)
Zeitschrift: «Der Theosophische Pfad», «Theosophische Korrespondenzbriefe».
Adresse: Irmgard Scheithauer, Theosophische Gesellschaft, Landshuter Str. 33, D-10779 Berlin, Tel. 030 2 18 84 24.
www.theosophy.de
www.theosophical.org
www.ts-adyar.org
www.teosofica.it

Liberalkatholische Kirche

1916
Nach 1910 fanden theosophische Anschauungen in altkatholischen und anglikanischen Kreisen Grossbritanniens Eingang. Als der ursprünglich altkatholische Erzbischof Arnold Harris Matthew (der sich schon 1910 von den Altkatholischen Kirchen der Utrechter Union losgelöst hatte) seine Priester zur Begründung einer neuen Richtung mahnte, weihte 1915 einer seiner Hilfsbischöfe die Priester R. Gauntlett und R. King zu Bischöfen. Gauntlett war Sekretär eines theosophischen Heiler-Ordens, Psychologe und Astrologe. 1916 schloss sich die Weihe des Theosophen J.I. Wedgwood (1883–1951) an, der zum Leiter der neu entstandenen Liberalkatholischen Kirche aufstieg. Wedgwood berief seinerseits den ehemaligen anglikanischen Priester Ch.W. Leadbeater, der lange zuvor zur Theosophie übergetreten war, zum Bischof für Australien.

Die Liberalkatholische Kirche hat ihr Tätigkeitsfeld, das sich über viele Länder erstreckt, in 14 Kirchenprovinzen eingeteilt, in denen 30 Bischöfe tätig sind. In Amerika haben sich verschiedene Kirchen mit je ein paar Tausend Mitgliedern gebildet, desgleichen in Holland, Skandinavien, Frankreich, Australien und einigen andern Ländern.
Die Liberalkatholische Kirche hält an der Apostolischen Sukzession ihrer Bischöfe – mit einer eigenen Sukzessionslinie – fest. Sie versteht sich heute bei aller Hochschätzung ihrer theosophischen Herkunft als Esoterische Kirche. Ihre Aussagen zu Gott, Christus, Welt, Mensch, Sünde, Erlösung und zu den sieben Sakramenten wurzeln nicht allein im biblisch-christlichen Glaubensgut, sondern ebenso stark in esoterischen Auffassungen. So fehlt in der «Zusammenfassung der Lehre» die Beschreibung vom Heilswerk Jesu Christi im herkömmlichen Sinn. Die «spirituelle Entfaltung» des Menschen «vollzieht sich unter einem unverletzlichen Gesetz von Ursache und Wirkung» – und zieht sich über verschiedene Leben weiter (Karmagesetz, Seelenwanderung).

Zeitschrift: Die Kirche.
Statistik: Episkopate in rd. 30 Staaten / D: 2 G / A: 2 G, 200 M / CH: vereinzelte M (Aufbau einer G in Genf).
Adresse: Rev. Rud. Hammer, Erdenweg 21, A-1140 Wien.

Lucis Trust / Weltumfassender Guter Wille

1922/1932
Der Lucis Trust ist 1922 in den USA gegründet worden. Er versteht sich als Weltdienst-Organisation zur Förderung rechter menschlicher Beziehungen und weltweiter Zusammenarbeit. Massgebend sind dabei besonders die Lehren von Alice Ann Bailey, geboren 1880 in Manchester und gestorben 1949 in New York.
Alice A. Bailey war ursprünglich Mitglied der Theosophischen Gesellschaft Adyar.

Sie erhielt dann angeblich von Djwhal Khul, einem «geheimen Meister» oder Mahatma, die 24 Bücher über Esoterische Psychologie diktiert. Der «geheime Meister», so wird erklärt, lebte in einem physischen Körper im Himalaya und arbeitete mit Alice A. Bailey durch telepathische Kontakte. Das habe ihre Arbeit vor den gewöhnlichen Durchgaben von Medien ausgezeichnet. Während dieser Zeit kam es zu Spannungen und 1920 zu einer Spaltung der Theosophischen Gesellschaft. Alice A. Bailey gründete mit ihren Anhängern den Lucis Trust.

Nach ihren Vorstellungen erfreuen sich die Menschen auf Erden der Hilfe einer Hierarchie bewusster unsichtbarer Wesen, die auch das Neue Zeitalter vorbereiten. An der Spitze der Hierarchie steht Jesus, überragt von Buddha. Theosophische Lehren herrschen vor.

Der Lucis Trust umfasst folgende Tätigkeitszweige:

– Die *Arkanschule* mit Zentralstellen zur Schulung für erwachsene Menschen in Meditationstechnik und zur Entwicklung des geistigen Potentials in New York, London, Genf, Buenos Aires.

– Die *Leihbibliotheken* mit esoterisch-okkulten Büchern.

– Der *Lucis Verlag* zur Herausgabe der Bücher von Alice A. Bailey.

– Die *Dreiecksarbeit* mit Dreiergruppen, die durch Denkarbeit die Kraft des Gedankens und des Gebets verwenden, um Licht und guten Willen für die ganze Menschheit anzurufen.

– Der 1932 gegründete Weltumfassende Gute Wille zur Herstellung rechter menschlicher Beziehungen durch die praktische Anwendung des Prinzips des Guten Willens zur Unterstützung des esoterischen Standpunktes hinsichtlich der Errichtung der neuen besseren Weltordnung (Literaturherausgabe, Kommentare, Studienkurs).

In Genf wird jeweils an Pfingsten eine jährliche Konferenz der Arkanschule durchgeführt. Der Weltumfassende Wille sucht die Zusammenarbeit mit andern Organisationen, die wie er «zur Welteinheit, Stabilität und rechten menschlichen Beziehungen beitragen.» Er unterstützt u.a. die UNO und alle «Übergangsaktivitäten», die ins neue Zeitalter des Friedens und der Einheit führen.

Zeitschrift: Weltumfassender Guter Wille, Nachrichten (1600 deutschsprachige Abonnenten)
Statistik: Jeden Monat ein Meditationstreffen in London, Genf und New York.
Adressen: Lucis Trust, Suite 54, 3 Whitehall Court, GB-London SW1A, 2 EF. – Weltumfassender Guter Wille, 1, rue de Varembé, CH-1211 Genève 20, Tel. 022 734 12 52, Fax 022 740 09 11.
www.lucistrust.org
www.worldgoodwill.org

Share International

1974

Andere Namen: Transmissions-Gruppen, Tara-Center

Share International repräsentiert eine Weiterentwicklung der Theosophie Alice Baileys, welche die in den 70er und 80er Jahren des 20. Jahrhunderts weit verbreitete Sehnsucht nach einer friedlicheren und gerechteren Welt und einem einfacheren Lebensstil aufgreift und seit 1982 die Gegenwart eines Meisters verkündigt, welcher dabei ist, die Welt im genannten Sinne umzuformen.

Gründer und Leiter von Share International ist der 1922 geborene schottische Kunstmaler Benjamin Creme (sprich: kräm). Creme interessierte sich schon in jungen Jahren für die Lehren von Wilhelm Reich und stiess später auf die Theosophie, wo ihn insbesondere deren Ausprägung durch Alice Bailey ansprach. Um 1957 wirkte Creme in einem Kreis mit, welcher Botschaften von Ufonen empfing, entdeckte dort eine eigene Befähigung zum Heilen, zog sich aber von Ufo-Lehren wieder zurück. Stattdessen will Creme Anfang 1959 auf telepathischem Wege Botschaften eines theosophischen

Meisters empfangen haben. Für die folgenden dreizehn Jahre klafft in den Angaben zu Cremes Leben eine Lücke. 1972 trat der Meister wieder zu Creme in Kontakt und veranlasste diesen im März 1974, eine erste Transmissions-Gruppe zu gründen. In den Transmissionsgruppen werden, so die Vorstellung, positive Energien von den theosophischen Meistern auf die Erde übermittelt («transmittiert»). Im Juni meldete sich bei Creme neben seinem Meister, dessen Name Creme bisher nicht enthüllt hat, auch Maitreya. Der Begriff Maitreya bezeichnet in Spekulationen des Mahayana-Buddhismus den Buddha der Zukunft, der allerdings erst in Tausenden von Jahren zu erwarten wäre. Die Theosophie übernahm den Begriff als Namen für einen ihrer Meister, z.T. gilt er, so schon bei Bailey, als das «Haupt unserer planetaren Hierarchie», also als höchster auf unserem Planeten wirkender Meister. Dieser Maitreya wolle nun, so der Inhalt der Botschaften, die Creme empfing, nächstens wieder auf der Erde auftreten und ein neues Zeitalter einleiten. Am 7.7.1977 war es soweit: Creme erfuhr, dass Maitreya nun wieder körperlich auf der Erde gegenwärtig sei. Er sei aus dem Himalaya, wo er sich durch Schaffung eines erwachsenen Körpers inkarniert habe, nach London gereist, wo er seither als ein Sprecher der pakistanischen Volksgruppe wirke und darauf warte, zu einem günstigen Zeitpunkt vor die Weltöffentlichkeit zu treten und sich zu erkennen zu geben (dieser Termin wird als «Day of Declaration» bezeichnet). Creme selbst hat Maitreya nie zu Gesicht bekommen; Journalisten, die Cremes Angaben überprüfen wollten, gelang es nicht, Maitreya ausfindig zu machen. Am 24. April 1982 wurde von Cremes Anhängerschaft in einer weltweiten Anzeigenkampagne das öffentliche Auftreten Maitreyas binnen zweier Monate angekündigt. Seit dem Nichteintreten dieser Ankündigung konzentriert sich Creme auf zeitweilige Erscheinungen Maitreyas vor Einzelnen und Gruppen, wofür er Wunderberichte aller Art und Qualität heranzieht. Dieweil sie auf den «Day of Declaration» warten, sind die Anhänger von Share International gehalten, sich zu Transmissions-Gruppen zu treffen und darauf hinzuarbeiten, dass die Welt im Sinne Maitreyas umgestaltet wird. Ziel ist eine friedlichere, gerechtere und sozialere Welt, in welcher alle Menschen zum Leben genug haben. Der Weg dorthin führt über das Teilen («Share»), die Menschen, die im Wohlstand leben, sollen die überschüssigen Güter an diejenigen abgeben, die zum Leben zu wenig haben. Creme verstand sein Konzept während des Kalten Krieges als «dritten Weg» zwischen Kapitalismus und Kommunismus. In den letzten Jahren bereitete das Ausbleiben des «Day of Declaration» zunehmend Schwierigkeiten. Ausserdem steht Share International vor dem Problem, erklären zu müssen, warum sich die Welt trotz Wirksamkeit Maitreyas so gar nicht in der angekündigten Richtung entwickelt hat. Der Zuspruch zu Cremes Lehren scheint deshalb deutlich zurückhaltender geworden zu sein.

Benjamin Creme präsentiert eine Variante der Theosophie, welche im Vergleich mit anderen theosophischen und esoterischen Richtungen erstaunlich stark sozial und politisch engagiert ist. Sie kann ihre historische Herkunft aber nicht verbergen und ist, zwar nicht in ihrem sozialen Anliegen, aber in ihrer Argumentation, überholt. In kritischer Sicht negativ auffällig ist bei Creme eine gewisse Neigung zu spirituellem Oberlehrertum: Creme bewertet in seinem Schrifttum und bei Vorträgen alle Traditionen und halbwegs bekannten Menschen nach Wahrheitsgehalt und Einweihungsgrad. Die in der Theosophie ohnehin angelegte Gefahr des Elitarismus begegnet hier in ausgeprägter Form.

Zeitschrift: Share International (englische und deutsche Ausgabe).

Statistik: Eine begrenzte Zahl von kleinen Transmissionsgruppen in verschiedenen Ländern.
Adressen: Benjamin Creme, 59 Dartmouth Park Road, GB-London NW5 1SL, UK. – Edition Tetraeder, D-80008 München, Postfach 200804. – Share, Transmissions-Gruppen Schweiz, Elisabeth von Gunten, Postfach 5, CH-8047 Zürich, Fellenbergstr. 285, Tel. 01 492 48 93.

I AM-Bewegung

1934

Anfang der 30er Jahre nahmen der Bergbauingenieur Guy Ballard (1878–1939) und seine Frau Edna in Los Angeles die aus Indien stammende Theosophie auf. Sie schufen eine weitere, «amerikanische» theosophische Lehre von Gott und seinem Wirken. G. Ballard lehrte, Gott als der «Grosse I AM» gebe seine Kräfte und auch seinen Willen durch sog. «Ascended Masters» an die Menschen weiter. Zu diesen göttlichen «Ascended Masters» gehörte Jesus und in neuerer Zeit ein Graf Saint Germain, der während der Französischen Revolution in Paris gelebt haben soll. Beide sind Ballard, wie er sagte, persönlich erschienen. Ballard fand Anhänger, und die Bewegung wuchs sehr rasch. Schliesslich bildeten sich auch in Europa kleinere Anhängerkreise.

Der Name «I Am» wird mit dem «Ich bin» von 2Mos. 3,14 und den Ich-bin-Worten des Johannesevangeliums in Verbindung gebracht. Es soll angedeutet werden, «dass in dem Bewusstsein des ‹Ich bin› die Individualisierung Gottes und die Gegenwart göttlicher Energie im Individuum zum Ausdruck kommt». Der Mensch besitzt nicht nur dieses Leben. Durch stete Wiederverkörperung muss er seine Erlösung erstreben. Die Anrufung der «Ascended Masters» ist die dazu nötige Hilfe. Diese Hauptgedanken, die nicht im Sinne des Spiritismus verstanden werden sollen, werden durch theosophische Aussagen untermauert und ergänzt.

Die Reading Rooms der I AM-Bewegung sind frei zugänglich. Hingegen sind Versammlungen und Einführungsklassen nicht öffentlich und nur jenen zugänglich, die die Grundwerke der Saint Germain Press in Chicago (nur englisch) gelesen haben.

Statistik: Hauptverbreitungsgebiet ist Amerika. D, CH und A nur vereinzelte kleine Kreise.
Adressen: Saint Germain Foundation, Headquarters, 1120 Stonehedge Drive, Schaumburg, IL 60194, USA. – Saint Germain Foundation, CH-8005 Zürich, Limmatstr. 275. – Saint Germain Foundation I AM Temple of Geneva, Av. du Simplon 1, CH-1225 Chêne-Bourg/Genève, Tel. 022 349 42 55. – Saint-Germain Foundation Stiftung, Limmatstr. 275, CH-8005 Zürich, Tel. 01 271 40 70.

Universale Kirche

1981

Andere Namen: Bruderschaft der Menschheit, Fundament für Höheres Geistiges Lernen, Dritter Franziskanischer Orden

Die Universale Kirche ging über die «Brücke zur Freiheit» aus der I AM-Bewegung hervor und stellt die im deutschen Sprachraum z.Zt. aktivste Vertreterin des I AM-Flügels der Theosophie dar. Der Gründer und Leiter der Universalen Kirche (UK), der 1938 geborene Engländer Peter William Leach-Lewis, erlernte den Beruf des Typographen und war eine Zeitlang als Vertreter für drucktechnische Geräte tätig, wirkte dann aber zu Beginn der 60er Jahre als berittener Polizeioffizier und als Tabakfarmer in der damaligen britischen Kolonie Rhodesien. 1964 siedelte er in die USA über, wo er 1971 zu einem Gottesdienst der Washingtoner Ortsgruppe der «Brücke zur Freiheit», einer von Geraldine Innocente 1953 gegründeten Gemeinschaft in der Tradition der I AM-Bewegung, eingeladen wurde. Leach-Lewis wurde schnell zu einem äusserst aktiven Mitglied der «Brücke» und glaubt seit 1975 selbst Botschaften der Aufgestiegenen Meister zu empfangen – nach der Art des Channelings: die Meister sprechen durch den Mund Leach-Lewis. Im Jahr 1981 trennte sich Leach-Lewis mit einem Kreis von Getreuen von der «Brücke» und gründete seine eigene Gemeinschaft. Diese Trennung wird von Leach-Lewis als Auftrag der aufgestiegenen Meister verstanden und mit der UK-Lehre vom «Sponsoring» erklärt: Die Meister «sponsern» eine bestimmte Organisation nicht auf Dauer, sondern sind in ihr bloss eine Zeitlang, höchstens aber während 20 Jahren wirksam. So kann Leach-Lewis die Theosophische Gesellschaft, die I AM-Bewegung und Alice Baileys Arkanschule als Vorläufer betrachten und deren Lehren verwenden, ohne den heutigen Nachfolgern dieser Richtungen Beachtung schenken zu müssen. Konsequent durchgerechnet hätte die Sponsoring-Lehre allerdings zu einer Selbstauflösung der UK noch im Jahr 2001 führen müssen. Dem wird wohl entgegenstehen, dass die UK nicht nur Offenbarungsorgan der Meister, sondern weit mehr ist: Die UK rechnet damit, dass pro Zeitalter je einer der aufgestiegenen Meister als «Avatar», als «Herabkunft» des Göttlichen in einen irdischen Körper, wirkt. Im angebrochenen Neuen Zeitalter wirkt allerdings nicht ein einzelner Avatar, sondern die ganze UK als «Gruppen-Avatar», als dessen Teil sich das einzelne UK-Mitglied verstehen kann.

Besonders herausgehoben wird in diesem Zusammenhang die Rolle von Peter William Leach-Lewis selbst, der als «Patriarch und vorsitzender Erzbischof der Universalen Kirche» auch in päpstlichen Gewändern auftreten kann und der Gemeinschaft als «Orakel» dient, insofern er Botschaften der Meister channelt, die über das UK-eigene Periodikum «Das innere Licht» den Mitgliedern weitergegeben werden. Leach-Lewis, der als Wiedergeburt des Jakobus, des Bruders von Jesus, gilt, spielte eine fürs Empfinden der UK heilsgeschichtliche Rolle im September 1991, als er, den «Grossen Herrn» (d.h. den aufgestiegenen Meister Jesus) in sich tragend, in Jerusalem auf einem Esel zum Goldenen Tor ritt und damit «die Mission der Rückkehr des Grossen Herrn nach Palästina» durchführte. Den Lehren der Meister gegenüber, vermittelt durch Peter William Leach-Lewis, versprechen die Mitglieder, die nach indisch-theosophischem Brauch Chelas genannt werden, in der jährlich neu zu unterschreibenden «Verpflichtungs-Erklärung» «vorbehaltloses Vertrauen», und sie geloben den Meistern «unerschütterlichen Gehorsam» in allen Angelegenheiten, die mit der «fortschreitenden geistigen Entwicklung» des Schülers verbunden sind. Daneben verpflichtet sich das Mitglied zur Mitarbeit an der Aufrichtung der UK, indem es mit seiner «vorbehaltlosen Hingabe» fortfährt, «Tag für Tag und Stein auf Stein DAS FUNDAMENT zu errichten und zu erweitern, auf welchem sich Die Universale Kirche erheben soll, siegreich – und dazu bestimmt, den höchsten Rang für ein dauerhaftes neues Goldenes Zeitalter einzunehmen!». Dabei anerkennt das Mitglied seine persönliche Verantwortung, zu diesem Zweck die «notwendige finanzielle Unterstützung beizutragen».

Obwohl die UK in den USA offenbar eine recht kleine Gemeinschaft blieb, konnte sie sich schon bald im deutschen Sprachraum, insbesondere in der Schweiz ausbreiten – die zweite Ehefrau von Peter William Leach-Lewis ist eine Schweizerin. Insbesondere an esoterischen Messen und unter esoterisch engagierten Menschen warb die UK recht intensiv und lud interessierte Personen zu einführenden «Primary Lessons» ein, während welcher zu entscheiden ist, ob man durch Unterzeichnung der «Verpflichtungs-Erklärung» die Mitgliedschaft in der UK erlangen will. In den letzten Jahren stiess die UK im deutschen Sprachraum allerdings zunehmend auf Kritik, einerseits wegen Aussagen der «Aufgestiegenen Meister» und von Mitgliedern, die von Gerichten als antisemitisch bewertet wurden, andererseits infolge des starken Engagements von UK-Mitgliedern gegen Mikrowellen-Öfen und Mobiletelefon-Antennen, die im UK-Schrifttum als schädlich gewertet werden. Engagiert in diesen Debatten ist insbesondere das «Weltfundament für Naturwissenschaft», geleitet von Peter William Leach-Lewis und in Europa vertreten von Dr. H.U. Hertel.

Der UK gelang es im deutschen Sprachraum mit ihrer Botschaft von einem angebrochenen neuen, menschlicheren und spirituelleren Zeitalter insbesondere sozial und ethisch engagierte Menschen anzusprechen. In kritischer Sicht wird das ethische Bemühen allerdings in Frage gestellt durch den Elitarismus, insofern sich die UK-Mitglieder als Speerspitze der Menschheitsevolution wahrnehmen, und vor allem durch die als antisemitisch bewerteten Äusserungen, von welchen sich das einzelne Mitglied nur schwer distanzieren kann, da eine solche Distanzierung der «Verpflichtungs-Erklärung» widersprechen würde. Die Anerkennung der von Antisemiten gefälschten «Protokolle der Weisen von Zion» durch die UK und die Mikrowellen- und Mobilfunk-Thematik signalisieren eine verstärkte Hinwendung von UK-Mitgliedern zu Verschwörungstheorien. Daraus kann eine sektenhafte Weltsicht, sich von Feinden umstellt zu sehen, resultieren. Der Anspruch der UK, das wahre Christentum für unsere Zeit zu repräsentieren, kann nur zurückgewiesen werden. Im durch und durch theosophischen Weltbild der Gemeinschaft gibt es bloss Reste christlicher Tradition, etwa in der Benennung einzelner Meister und in der grundsätzlichen Bezugnahme auf ein Göttliches. Vor allem aber die in UK-Kreisen auftretenden Feindbilder und Verschwörungsängste lassen von der Freiheit des Evangeliums nicht mehr viel erkennen.

Zeitschrift: Das innere Licht.
Adresse: Die Bruderschaft der Menschheit, Postfach 12141, D-71070 Herrenberg, Tel. 07032 237 69.
www.universale-kirche.de

Anthroposophie

1913
Die Anthroposophie ist das Werk Rudolf Steiners (geb. 1861 in Kraljevec/Ungarn als Sohn katholischer Eltern, gest. 1925 in Dornach/CH). Steiner war Absolvent der Technischen Hochschule in Wien und aktiver Mitarbeiter am Goethe- und Schiller-Archiv in Weimar (Herausgeber der naturwissenschaftlichen Schriften Goethes). Ab 1902 leitete er das Generalsekretariat der deutschen Sektion der Theosophischen Gesellschaft (Zentrum Adyar/Indien). Als er im Rahmen der theosophischen Weltanschauung den sog. «westlichen Weg» und die Bedeutung Christi und des «Christus-Ereignisses» hervorhob, und als er die Propagierung eines indischen Knaben zum wiedergekommenen Christus ablehnte, wurde er ausgeschlossen.

1913 gründete Rudolf Steiner die Anthroposophische Gesellschaft mit Zentrum in Dornach (ab 1923), dem die Freie Hochschule für Geisteswissenschaft (Goetheanum) eingegliedert ist. Aus ihr sind bis heute weit über 100 Rudolf-Steiner-(Waldorf-)Schulen sowie ca. 250 Sanatorien, Kliniken und heilpädagogische Heime hervorgegangen.

Nach dem Tode Rudolf Steiners ging der Vorsitz des Werkes und der Anthroposophischen Gesellschaft auf Albert Steffen (1884–1963) über. Die Witwe Rudolf Steiners trennte sich von der neuen Leitung und schuf die *Anthroposophische Vereinigung*, die hauptsächlich in der Schweiz vertreten ist. Die Anthroposophische Vereinigung ist der «Gesellschaft» mit Sitz in Dornach nicht angeschlossen. Die Anschauungen der beiden sind jedoch nicht wesentlich verschieden.

«Anthroposophie» (= Weisheit vom Menschen) ist die Bezeichnung einer von Rudolf Steiner «auf Grund seiner Einblicke in die geistige Welt» entworfenen «Geisteswissenschaft». Der Anthroposoph rechnet mit

der methodischen Weiterentwicklung höherer Fähigkeiten, die dem Menschen die Möglichkeit geben, in der geistigen, übersinnlichen Welt zu Wahrnehmungen und Erkenntnissen zu kommen. Diese Schulung ist das Kernstück der anthroposophischen Geisteswissenschaft. Die Stufen der höheren Erkenntnisse, wie sie durch Konzentration und Meditation erreichbar werden, sind Imagination, Inspiration und Intuition.
Rudolf Steiner will seine Lehren über die Welt-, Erd- und Menschheitsentwicklung in der «Akasha-Chronik», einer Art Weltenäther (oder Weltgedächtnis) abgelesen haben. Seine Schau und Erkenntnisse haben den Anstoss gegeben zur Entwicklung der anthroposophischen Theologie (s.u. Christengemeinschaft), Pädagogik, Heilkunde, Landwirtschaft und Baukunst.
Nach anthroposophischer Lehre ist der Mensch aus dem Geistigen hervorgegangen. Er hat als Ziel die Rückkehr in ein geistiges Dasein. Nach Steiners Vorstellungen reift der Mensch entsprechend dem Karmagesetz (Gesetz des Schicksals) durch zahlreiche Wiederverkörperungen (Seelenwanderung) in neuen Kulturepochen und Erdenzeitaltern künftigen planetarischen Verkörperungen entgegen, um schliesslich als rein geistiges Wesen in den oberen Ursprung zurückzukehren.
Christus kommt dem Menschen bei der fortschreitenden Ausbildung des «Geistmenschen» in entscheidender Weise zu Hilfe. Steiner redet allerdings anders als das Neue Testament von zwei zu unterscheidenden Jesusknaben. Im Alter von zwölf Jahren hätten sie sich vereinigt. Im Alter von dreissig Jahren habe Jesus dann Christus, das «Hohe Sonnenwesen», als neue Individualität in sich aufgenommen. Im Geschehen von Golgatha sieht Steiner die grosse Wende, nämlich den geschichtlich-kosmisch errungenen Sieg des Geistes über die Materie.
Der Anthroposophie erlangte im deutschen Sprachraum eine enorme Bedeutung. Eher über ihre praktischen Ansätze als über die geisteswissenschaftliche Theorie selbst vermochte sie weit über die theosophisch engagierten Kreise Interesse zu wecken. Insbesondere die Waldorf-Pädagogik und die anthroposophische Heilkunst werden weitherum geschätzt, auch von Menschen, die Steiners Geheimwissenschaft im engeren Sinne fern stehen.
In den letzten Jahren hat die Anthroposophie allerdings zunehmende Kritik erfahren. Einerseits ist die Waldorf-Pädagogik, lange Zeit als äusserst fortschrittlich gerühmt, von der Entwicklung der universitären Pädagogik in manchen Punkten überholt worden. Manches Element der Steiner-Pädagogik wie die Betonung des Frontal-Unterrichts wirkt heute antiquiert.
Zum anderen wurden rassenkundliche und rassistische Äusserungen, die in Steiners umfangreichem Gesamtwerk (350 Bände) nicht häufig, aber doch öfters anzutreffen sind, zum Thema. Dabei ging es in der Debatte weniger um die Tatsache, dass ein Mensch an der Wende vom 19. zum 20. Jahrhundert aus heutiger Sicht rassistische Ideen vertrat – dies war der Normalfall –, sondern um das Faktum, dass die Distanzierung der heutigen Anthroposophie von diesen Äusserungen Steiners nach Meinung der Kritiker bisher ungenügend ausfiel.
Von aussen besehen spiegelt sich in beiden Problemkreisen die Frage eines «Steiner-Fundamentalismus»: Kann die geistige Schau Steiners auch geirrt haben oder ist sie irrtumslos? Im letzteren Fall ist eine Distanzierung von überholten pädagogischen Anweisungen und von Rassenkundlichem in Steiners Werk natürlich schwierig. Es wird sich weisen müssen, wie weit die Anthroposophie über Steiner hinaus reformierbar ist.

Zeitschriften: Das Goetheanum (Hrsg. Allgemeine Anthroposophische Gesellschaft, Dornach) / Die Drei (Hrsg. Anthroposophische Gesellschaft Deutschland, Stuttgart) / Mitteilungen aus der anthroposophischen Bewegung

(Hrsg. Anthroposophische Vereinigung in der Schweiz). Ferner: Erziehungskunst / Die Gegenwart / Novalis (unabhängige Zeitschrift für geistige und soziale Erneuerung).
Statistik: Landesgesellschaften in 34 Ländern, in 11 Ländern im Aufbau, über 10 000 Einrichtungen weltweit / D: ca. 200 Zweige und Arbeitszentren.
Adressen: Goetheanum, Postfach, CH-4143 Dornach, Tel. 061 706 42 42. – Rudolf Steiner Verlag, Postfach 135, CH-4143 Dornach, Tel. 061 706 91 30, Fax 061 701 25 34. – Anthroposophische Gesellschaft in Deutschland, Landessekretariat – Rudolf Steiner-Haus, Zur Uhlandshöhe 1, D-70188 Stuttgart, Tel. 0711 164 3121, Fax 0711 164 3130. – Allgemeine Anthroposophische Gesellschaft, Landesgesellschaft Österreich, Tilgnerstr. 3, A-1040 Wien, Tel. 01 505 34 54. – Anthroposophische Gesellschaft in der Schweiz, Hauptstr. 12, CH-4143 Dornach, Tel. 061 701 57 85, Fax 061 701 57 17.
www.goetheanum.ch
www.geistesleben.com
www.anthros.online.de (relativ kritische Sicht)

Die Christengemeinschaft

1922
Im Jahre 1922 nahm eine Anzahl junger Theologen unter der Leitung des Berliner Pfarrers Friedrich Rittelmeyer (1872–1938) in Dornach an einem für sie organisierten Kurs Rudolf Steiners teil (s. Anthroposophie). Aus diesem Kurs ist die Christengemeinschaft hervorgegangen. Oberste Instanz der Christengemeinschaft ist der Erzoberlenker, dem die Oberlenker sowie die Lenker und ihre Lenkerbezirke unterstehen. Die Verantwortung für die Einzelgemeinde liegt in den Händen des Pfarrers.
Die Christengemeinschaft sucht die biblische Botschaft anthroposophisch zu verstehen. Der Weg des Menschen verläuft aus dem Rein-Geistigen ins Stoffliche. Christus, der Hohe Sonnengeist, hat die Abwärts-Entwicklung angehalten und umgewandt. Er ist nämlich in die stoffliche Welt eingedrungen und hat sie mit neuer Geistigkeit erfüllt. Durch Christus strebt der siebenstufige Entwicklungspfad des Menschen wieder dem Rein-Geistigen zu.
Die Christengemeinschaft glaubt, dass sie mit Hilfe der Anthroposophie hinter den Worten der Evangelien deren eigentliches Leben finde. Sie feiert ihren Gottesdienst als Menschenweihehandlung. Diese stellt in einer eigenen, hie und da an die katholische Messe erinnernden Liturgie die Wirklichkeit der Christuswelt dar. Durch die Menschenweihehandlung und die weiteren sechs Sakramente (Taufe, Konfirmation, Beichte, Trauung, Priesterweihe und Sterbesakrament) sollen die Teilnehmer in den grossen überpersönlichen Strom des Kultus einmünden, um ihn zu erleben, zu verstärken und zu erfüllen. Die Schriften erscheinen im Verlag Urachhaus, Stuttgart.
Zur Beurteilung s.u. «Anthroposophie».

Zeitschrift: Die Christengemeinschaft.
Statistik: Weltweit in 21 Ländern ca. 35 000 M / D: ca 140 G / A: 6 G / CH: 12 G
Adressen: Stichting de Christengemeenschaap (int) Amsterdam und Stuttgart, Geschäftsführer Dagmar Brockstedt, Uraachstr.41, D-70190 Stuttgart. – Die Christengemeinschaft, Oberlenkung, Ameisenbergstr. 76. D-70188 Stuttgart, Tel. 0711 480 580. – Christengemeinschaft, Mariahilferstr. 49, A-1060 Wien, Tel. 0222 587 12 87. – Christengemeinschaft, Untere Zäune 19, CH-8001 Zürich, Tel. 01 251 15 85.
www.christengemeinschaft.de

Yogaschule Heinz Grill

Heinz Grill, geb. 1960, rebellierte in seiner Jugend gegen ein autoritäres Elternhaus und eine verständnislose Gesellschaft, entwickelte eine Leidenschaft fürs Klettern in den Bergen, wurde Pfleger und Heilpraktiker, fand zum Werk von Rudolf Steiner, dem er sich sofort innerlich verwandt fühlte. Über Steiners Eurythmie kam er zum Yoga, den er in der Folge anthroposophisch einfärbte. Nachdem er in Deutschland keine ihm entsprechende Yoga-Schule gefunden hatte, liess er sich in einem Shivananda-Zentrum in Kanada während 4 Wochen ausbilden, um dann bald seine eigene Yoga-Schule zu eröffnen, nach Meinung der Kritiker weniger basierend auf wirklichen Kenntnissen der Yoga-Tradition, als auf seiner eigenen unmittelbaren Intuition und auf seinem Sinn für die Meisterrolle. Die Meistergestalt ist für ihn wesentlicher als der Yoga selbst.

Grill selbst wurde durch seine vielen Publikationen in kurzer Zeit für viele zum Meister, vergleichbar mit Yogananda und Sai Baba, mit grosser Ausstrahlung, offensichtlichem Gespür für spirituelle Bedürfnisse moderner Sinnsucher und einem ebenso offenkundigen Talent, mit Steinerscher Optik in allen Lebensbereichen den verborgenen Sinn zu erkennen. Andere Yoga-Lehrer und Schulen reagieren auf seine intuitive Schulgründung und seinen «Yoga aus der Reinheit der Seele» mit grösster Zurückhaltung. Heinz Grill gilt bei seinen Schülern als Eingeweihter, und sein Yoga wird als offensichtliches Geschenk der göttlichen Gnade angesehen. Bis Ende 1998 unterrichtete Grill in Bad Häring/A musste dann jedoch angeblich nach Konflikten innerhalb und ausserhalb der Bewegung (auch im Zusammenhang mit Schwierigkeiten mit der katholischen Kirche), das Zentrum verlassen. Zur Zeit unterrichtet er in Arco, Italien. Die frühere Wirkungsstätte von Heinz Grill in Bad Häring wird im Moment von einem Schüler wieder aufgebaut.

Genau wie es auch Steiner schon tat, kümmert sich Grill wenig um historische Fakten oder Quellen. Am Schluss eines Vortrags vor Priestern, in dem er das christliche Sakrament mit den Einweihungen des Yoga vergleicht, meint Grill: «All diese Eindrücke und Erfahrungsschilderungen sind nicht aus der Exegese gewonnen, sondern aus einer fundierten Methode der reinen Geisteserkenntnis und Geistesschau.» Gerade weil dem so ist, bewegt sich Grill in einer Dimension, in der sich keiner seiner Gesprächspartner bewegen kann oder will. Kritik kann ihn nicht treffen. Argumentation kann ihn nicht erreichen. Er wird zum Seher im Stile von Rudolf Steiner und lebt lehrend und schreibend geistreiche Unfehlbarkeit. Aussteiger kritisieren in ähnlicher Weise die «starke Betonung von Heinz Grill, dessen Worte überhaupt nicht hinterfragt werden dürfen, fehlende Möglichkeiten für eine offene Kritik, mangelnde Toleranz gegenüber anderen Gruppen», und im Dienste der geistigen Schau «eine Abwertung der persönlicher Bedürfnisse und Gefühle».

Statistik: Im deutschsprachigen Raum finden sich etwa 30, vorwiegend kleinere Yoga-Schulen, hauptsächlich in D und A, welche Yoga im Sinne von Heinz Grill anbieten. Adressen: Spirituelle Besinnungsstätte, Haus Wilhelmine, Dorf 63, A-323 Bad Häring. – Yogaschule Franziska Loosli, Maienstr. 25, CH-2562 Port, Tel. 032 311 00 14 oder 032 311 82 47.

Welt-Spirale – Ethische Gesellschaft für Fortschritt und Welterneuerung

1963/1971

Der in Österreich geborene Leopold Brandstätter, genannt Leobrand (1916–1968), der spätere Gründer der Welt-Spirale, beschäftigte sich bereits in jungen Jahren mit esoterischen Problemen. Nach 1945 vertiefte er sich in die Lehren des Agni Yoga, wie sie die «geistig hochentwickelte» Russin Helena Iwanowna Roerich (1879–1955) auf medialem Weg vom Führer der «Hellen Hierarchie» als angeblich grösste geistige Offenbarung der Menschheitsgeschichte empfangen hatte. Die «Helle Hierarchie» wird als eine der Menschheit übergeordnete geistige Regierung beschrieben. Der Agni Yoga gilt als Beginn der Feurigen Ära, des Zeitalters des Geistes. Leopold Brandstätter beschäftigte sich insbesondere mit den Aussagen über die «psychische Energie».

In den Jahren nach dem Tode Leopold Brandstätters kam es in der Welt-Spirale zu Auseinandersetzungen und zu einer Spaltung. Die Leitung der ursprünglichen Gesellschaft in Linz/A übernahm Willy Augustat. 1971 ist die selbständige deutsche «Welt-Spirale – Ethische Gesellschaft für Fortschritt und Welterneuerung» in München gegründet worden. Die beiden geben gemeinsam die Zeitschrift «Welt-Spirale» heraus. – Eine weitere Abspaltung (von Linz) ist die Agni-Arbeitsgemeinschaft Salzburg.

Zum Programm der Welt-Spirale gehört die weltpolitische, soziale, technische und religiöse Evolution. Diese letzte umfasst u.a. eine Förderung der «Lebendigen Ethik» als der gemeinsamen und erweiterten Grundlage sämtlicher Weltreligionen und die Anerkennung des Karma, der Wiedergeburt oder Reinkarnation sowie die Anerkennung der «Hellen Hierarchie» (einer Interplanetaren Regierung) und der «Hellen Bruderschaft» als Führung der Menschheit sowie die Anerkennung eines «ewig seienden, universellen Kraftfeldes – UNIVERALO (universelle Allgottheit)» genannt.

Die Welt-Spirale versteht die Agni-Lehre mit ihren theosophischen Elementen als Religion für das Neue Zeitalter (Wassermann-Zeitalter), die das Christentum in sich aufnehmen und erweitern wird. Die Unterschiede zum neutestamentlichen Christentum sind bedeutend.

Zeitschriften: Welt-Spirale / Agni Yoga.
Statistik: A: einige G / D: einige G / CH: 1 G
Adressen: Welt-Spirale, Ethische Gesellschaft für Fortschritt und Welterneuerung, Postfach 493, A-4010 Linz. – Agni Yoga-Gesellschaft, Postfach 81 01 04, D-81901 München.

Universelle Weisse Bruderschaft (UWB)

1937

Die Anhänger der Universellen Weissen Bruderschaft UWB halten sich an das Schrifttum des gebürtigen, später in Frankreich tätigen Bulgaren Omraam Mikhaël Aïvanhof (1900[?]–1986). Sie sehen in ihm gleichsam die Brücke zwischen einer (imaginären) himmlischen Universellen Bruderschaft und ihrem Gegenstück, den Zusammenkünften auf Erden. Die «himmlische» Bruderschaft umfasst nach den von der Theosophie mitgeprägten Vorstellungen Aïvanhofs alle grossen Meister, Eingeweihten, Heiligen und Propheten. Sie wirken durch Aïvanhof auf die irdische UWB ein. Oberster Leiter beider UWB ist Jesus Christus.

Es ist allerdings laut Aïvanhof nicht Jesus, wie ihn Christen verstehen. Er ist vielmehr angeblich mehrere Male erschienen; er wird auch «das Über-Ich» genannt. «Und das Über-Ich, der Heilige Geist, die Weltseele, das Himmelsfeuer, die Himmelsmutter erscheinen dabei als Schattierungen desselben göttlichen Seins» (Aïvanhof: «Weihnachten»).

Die rd. 30 im Prosveta-Verlag erschienenen Bücher Aïvanhofs werden auch in deutschsprachigen Ländern verbreitet und gelesen. Das Zentrum der UWB ist in Sèvres bei Paris.

Zeitschrift: Bulletin d'Information.
Adresse: Universelle Weisse Bruderschaft, Chemin de la Céramone, CH-1808 Les Monts-de-Corsier.
www.fbu.org

Lifewave

1975

Lifewave ist von John Yarr (Ishvara), ursprünglich Anhänger des Guru Maharaj Ji (s.u. Divine Light Mission), gegründet worden. Die Vereinigung dehnte sich von England herkommend auch auf dem europäischen Festland aus und zählte einmal vielleicht 500 Mitglieder. Nach einer internen Krise (1986) umfasst sie jedoch nur noch kleine, ganz im Verborgenen, u.a. in der Gegend von Genf/CH wirkende Anhängerkreise.

Lifewave lehrt u.a. aufgrund theosophischer Gedanken und mittels einer Mantra-Meditation die Zuwendung zum grossen eingeweihten Meister Ishvara, was zur Bewusstseinserweiterung und damit zur vielseitigen Heilung und zum wahren Glück führen soll.

Rosenkreuzer

Rosenkreuzer-Gemeinschaft

1909

Die Rosenkreuzer-Gemeinschaft ist die älteste der im deutschsprachigen Europa bekannten Rosenkreuzer-Vereinigungen. Sie ist in Seattle (USA) entstanden. Ihr Gründer, Carl Louis Fredrik Grasshoff gab sich den Namen Max Heindel (1865–1919). Er interessierte sich früh für Okkultismus und Spiritismus. 1904–1905 war er Vizepräsident der Theosophischen Gesellschaft Adyar in Kalifornien. Er beteiligte sich auch an einem esoterischen Schulungszyklus Rudolf Steiners (damals noch Mitglied der Theosophischen Gesellschaft) in Berlin, distanzierte sich jedoch wieder von ihm und gründete die Rosenkreuzer-Gemeinschaft.

Die Anfänge des neuen Rosenkreuzer-Wissens werden mit Christian Rosenkreutz aus dem 14. Jh. in Verbindung gebracht, der nach den Aussagen der Rosenkreuzer ein hoher geistiger Lehrer war. Er begann, «esoterisches Licht auf die missverstandene christliche Religion zu werfen und die Geheimnisse des Lebens und des Seins vom wissenschaftlichen Standpunkt in Harmonie mit der Religion zu erklären». Der hohe geistige Lehrer verkörperte sich später in weiteren bedeutenden Menschen, z.B. in Goethe und Richard Wagner. Er wirkte auch zur Zeit Max Heindels.

«Die Rosenkreuzer-Philosophie», so heisst es wiederholt in den Schriften der Rosenkreuzer-Gemeinschaft, «steht auf dem Boden des esoterischen Christentums». Sie vermittelt ein umfassendes Wissen über die vergangene Entwicklung, die gegenwärtige Zusammensetzung und die zukünftige Entfaltung der Menschheit und des Kosmos. In der Literatur, die von Max Heindel stammt, ist von sieben Welten oder Zuständen und vier Reichen die Rede. Nach den Lehren der Rosenkreuzer-Gemeinschaft ist die Seele letztlich ein Teil der Gottheit. Sie nahm ihren Weg in die Materie. Von dort soll sie durch eine Reihe von Wiederverkörperungen erneut zur Göttlichkeit aufsteigen. Die Rosenkreuzer-Geheimwissenschaft und das Rosenkreuzer-Mysterium sind die dazu nötigen Hilfen.

Jesus und Christus sind zwei verschiedene Wesen, die sich aber im dreissigsten Lebensjahr Jesu vereinigten. Der Tod am Kreuz bewirkte eine völlige Reinigung des Geistes des Christus, der nun wie ein strahlender Sonnengeist die Welt durchdringt.

Zentrum der Rosenkreuzer-Gemeinschaft ist der «Mount Ecclesia» in der Nähe von Oceanside/Kalifornien. M. Heindel hatte sich nach verschiedenen Reisen dort niedergelassen. 1920 ist am gleichen Ort der Tempel «Die Ecclesia» eingeweiht worden. Die Mitgliedschaft wird durch die Teilnahme an einem philosophischen Einführungskurs erworben. Weitere Bildung wird durch philosophische und astrologische Kurse vermittelt. Interessenten treffen sich in Versammlungen, an Rüstzeiten und Tagungen.

Zeitschrift: Die Strahlen vom Rosenkreuz.
Statistik: D: 3 G.
Adressen: The Rosicrucian Fellowship, P.O.Box 713, Oceanside, CA 92054, USA. – Beatrix Liebe Christan-Pabst-Weg 7, D-83646 Bad Tölz, Tel. 080 41 52 60. – The Rosicrucian Fellowship, Centre Romand, Case postale 203, CH-1211 Genève. – Max Heindel Verlag, Annemarie Giovanoli, CH-7514 Sils-Maria, Tel. 081 834 20 03.
www.heindel-verlag.ch
www.rosicrucianfellowship.org
www.rosen-kreuzer.de

Lectorium Rosicrucianum / Internationale Schule des Goldenen Rosenkreuzes

Die Initianten zur Gründung des Lectorium Rosicrucianum sind die Brüder Z.Wim Leene (geb. 1892) und Jan Leene (Jan van Rijckenborgh) (geb. 1896).

Sie traten im Mai 1924 in die Rosicrucian Fellowship (Rosenkreuzer-Gemeinschaft) von Max Heindel (s.o.) in Amsterdam (NL) ein. Am 24. Dezember 1930 nahm die Gemeinschaft auch Henriette Stok-Huizer (Catharose de Petri), geb. 1902, auf. Nach einer längeren Entfremdungsphase, die 1919 mit dem Tod Heindels begann, löste sich um 1935/36 das Lectorium Rosicrucianum, das – unter anderem Namen – seit 1933 ganz unter der Leitung der Gebrüder Leene stand, von der Rosicrucian Fellowship. 1938 starb Z.W. Leene. Die Leitung der Gemeinschaft übernahmen sein Bruder J. Leene und H. Stok-Huizer.

Während des 2. Weltkrieges wirkte die Schule im Geheimen. Nach Beendigung des Krieges begann eine starke Expansion. Seit 1949 ist die Schule auch im deutschsprachigen Raum tätig.

Am 17.7.1968 starb Jan van Rijckenborgh. Die Leitung des Lectoriums fiel nach einigen Spannungen an Catharose de Petri. Seit ihrem Tod, 1990, liegt die Leitung des Lectorium in den Händen eines internationalen 13-köpfigen Gremiums.

Das Lectorium Rosicrucianum will eine christliche Mysterienschule sein und verbindet dazu gnostisches, astrologisches, theosophisches, anthroposophisches und traditionell christliches Gedankengut. Der Kosmos ist, nach Meinung der Schule, zweigeteilt in eine gute, göttliche (statische) Welt, die sich durch Heilsgestalten für den Menschen bemerkbar macht, und eine schlechte, irdische, polare (dialektische) Welt, in der die Menschen leben. Der Mensch ist aber nicht gänzlich Teil jener materiellen Welt, sondern er trägt einen Funken des göttlichen Lebensprinzips in sich. Die Aufgabe des Menschen ist es, diesen göttlichen Teil in sich zu befreien und damit von der irdischen Ordnung in die göttliche zu wechseln. Dazu ist aber eine «fundamentale Umkehr», welche das Lectorium «Transfiguration» nennt, notwendig. Diese Transfiguration wird erreicht durch das sog. «Endura», womit das Übergehen in das göttliche Selbst, wo der Kreislauf Tod – Leben überwunden ist, gemeint ist. Dies wird einerseits durch Verzicht auf Alkoholika, Fleisch, Nikotin, Drogen, Fernsehen, politische Betätigungen, durch massvolles Leben, andererseits durch das Erkennen der zwei Welten und das Anstreben der göttlichen Ordnung durch Selbstübergabe an das Christusprinzip erreicht, wobei die regelmässige Teilnahme an Tempeldiensten und Konferenzen helfen soll.

Zeitschrift: Pentagramm.
Statistik: Weltweit etwa 15 000 aktive M in 70 Ländern, CH: rd. 1000 / D: 4000 / A: 200 (Zahlen 1996).
Adressen: Hauptsitz: Lectorium Rosicrucianum, Bakenessergracht 11–15, NL-2011 JS Haarlem, Tel. 0031 23 532 38 50, Fax 0031 23 532 72 42. – LR, Querlandweg 5, D-31848 Bad Münder. – LR, Haarlemer Str. 19, D-75365 Calw-Wimberg, Tel. 07051 968 20, Fax 07051 968 244. – LR, Auf der Höhe 16, D-57612 Birnbach. – Lectorium rosicrucianum, Schloss Neustein, A-9754 Steinfeld a/d Drau, Email: info@lectoriumrosicrucianum.org. – Lectorium Rosicrucianum, Foyer Catharose de Petri, CH-1824 Caux, Tel: 021 963 52 41, Fax 021 963 72 38.
www.rosenkreuz.de
www.lectoriumrosicrucianum.org

Orden vom Rosenkreuz

1915

Vollständiger Name: Antiquus Mysticus Ordo Rosae Crucis, AMORC.

Der Orden vom Rosenkreuz erhebt den Anspruch, aus einer etwa in der Mitte des zweiten vorchristlichen Jahrtausends in Ägypten gegründeten Mysterienschule der Geheimen Weisheit hervorgegangen zu sein. Er ist jedoch erst 1915 von H. Spencer Lewis (1883–1936) in New York gegründet worden und versteht sich als weltweit verbreitete kulturphilosophische Bruderschaft. Seit 1951 ist der AMORC auch in Deutschland tätig.

Die alten Weisheiten und die universelle Weltordnung sind nach Angabe der Rosenkreuzer auch für uns heutige Menschen von grösster Bedeutung. Wer sich in diese esoterischen Wahrheiten einführen und einweihen lässt, dem stehen kosmische Kräfte zur Verfügung und er lernt, die Fähigkeiten des Lebens zu gebrauchen. Die im Unterbewusstsein ruhenden Kräfte werden geweckt und das Leben wird schöner gestaltet. Der Lehrplan der Rosenkreuzer umfasst u.a. folgende Themen: die Wahrheit über die Schwingungen und ihre Wirkung auf uns; die Grundgedanken der mystischen Gesetze; Entwicklung des persönlichen Magnetismus.

Wer sich dem Orden vom Rosenkreuz anschliesst, wird zuerst durch «leihweise überlassenes Lehrmaterial» inkl. Lehrbriefe unterrichtet. Er muss alles «vertraulich behandeln». Die Mitgliedschaft wird als mit jeder Konfession und Religion vereinbar dargestellt. Der Glaube des Christen lässt sich jedoch nicht verbinden mit den Bestrebungen, sein Leben rosenkreuzerisch zu meistern und die ewigen Wahrheiten (und letztlich auch Gott) in den Griff zu bekommen.

Das Zentrum des Ordens vom Rosenkreuz mit «der Internationalen Jurisdiktion des Ordens» ist in San José/Kalifornien. Logen und Bruderschafts-Tempel oder Studienzentren befinden sich in verschiedenen Ländern. Es kann aber auch eine Ecke eines Zimmers im eigenen Haus als Tempel oder als Loge gestaltet werden.

Zeitschrift: Crux Rosae.
Statistik: Gesamthaft vertreten in knapp 80 Ländern / D: Gesprächsrunden in 38 Städten / CH: in 4 Städten / A: in 4 Städten.
Adresse: Rosicrucian Order, AMORC, 1342 Naglee Avenue, San Jose, CA 95191, USA, Tel. 001 408-947-3600, Email: rosicrucian@amorcmail.org. – A.M.O.R.C., Stolzenbergstr. 15, D-76527 Baden-Baden, Tel. 07221 66 0 47, Fax 07221 66 0 44.
www.rosenkreuzer.de
www.rosicrucian.org
www.amorc.org

Die Sonnentempler

Der Gründer und Leiter des Sonnentempler-Ordens, Joseph (genannt Jo) Di Mambro, wurde am 19. August 1924 in Pont Saint-Esprit im französischen Département Gard geboren. Di Mambro absolvierte eine Lehre als Uhrmacher und Goldschmied und begann sich schon früh für esoterische Themen zu interessieren. Im Jahr 1956 wurde Di Mambro Mitglied des AMORC (Antiquus Myticus Ordo Rosae Crucis, s.o.), welcher, aus Kalifornien stammend, eine eigenwillige synkretistisch angereicherte Theosophie vertritt und in Frankreich einigen Erfolg verzeichnen konnte. Die Mitgliedschaft Di Mambros im AMORC dauerte mindestens bis ins Jahr 1968, so dass Di Mambro dort entscheidende Prägungen erhalten haben dürfte. Daneben trat Di Mambro in den 60er Jahren in Kontakt mit Jacques Breyer, welcher im Jahr 1952 eine Neugründung des mittelalterlichen Templerordens unter esoterischem Vorzeichen versuchte. Im Jahr 1971 wurde Di Mambro in Nîmes wegen Betrugs angeklagt, er siedelte deshalb nach Annemasse bei Genf über. Dort etablierte er im Jahr 1973 ein «kulturelles Zentrum der Entspannung» und eine Yoga-Schule. Erste Anhänger sammelten sich um ihn und erwarben in Collonges-sous-Salève bei Genf ein «Pyramide» genanntes Haus, worin am 24. Juni 1976 die Gründung des Tempels der Grossen Weissen Universellen Loge, Unter-Loge Pyramide, begründet wurde. Daneben wurde am 12. Juli 1978 in Genf die «Golden Way Foundation» eingerichtet, welche sich in den folgenden Jahren für die verschiedenen Aktivitäten der Gemeinschaft unter verschiedenen Namen verantwortlich zeigte.

Für die weitere Geschichte der Sonnentempler entscheidend wurde der 1982 vollzogene Beitritt des belgischen homöopathischen Arztes Luc Jouret, geboren am 18. Oktober 1947, zur Gemeinschaft. Jouret übernahm schnell die Vertretung der Gemeinschaft gegen aussen und entwickelte eine erfolgreiche Werbetätigkeit, wogegen sich Di Mambro im Hintergrund hielt.

Im Jahr 1983 konnte Luc Jouret einen der

französischen Neo-Templer-Orden übernehmen, den Ordre Rénové du Temple (ORT), welcher vom ehemaligen AMORC-Leiter in Frankreich, Raymond Bernard, mitbegründet worden war und dessen Leiter Julien Origans 1983 verstarb. Jouret wurde Grossmeister des ORT und brachte dessen Anhängerschaft in die Gemeinschaft Di Mambros ein. Wichtigstes Erbe des ORT war die Tatsache, dass diese Organisation über eine Gruppe von Anhängern in Québec, Kanada, verfügte. Damit erhielt die Gemeinschaft ein Standbein in Amerika, welches Di Mambro ausbauen wollte. Dabei verfolgte dieser zwei Ziele: Einerseits wollte er auch die englischsprachige Welt erreichen können, das zweisprachige Kanada sollte hier vermittelnd wirken. (Dieses Vorhaben misslang allerdings, die Sonnentempler blieben eine rein frankophone Gemeinschaft.) Zum zweiten übernahm Di Mambro in diesen Jahren von seinem «Templer-Lehrmeister» Jacques Breyer gewisse apokalyptische Gedanken, welche ihn dazu führten zu glauben, dass ein baldiges Weltende bevorstehe, welches nur in speziell vorbereiteten Zentren zu überleben wäre. Diese Zentren sollten in Kanada eingerichtet werden. In der Folgezeit entwickelten sich die Sonnentempler durch den Aufbau dieser Zentren zu einer Gruppe von «survivalists», zu Menschen, die sich auf das Überleben eines nahe bevorstehenden Weltuntergangs vorbereiten. Für den Bau dieser Zentren wurden die Mitglieder der Gemeinschaft zu grösseren Spenden angehalten, ein Wunsch, dem viele auch mit grossen Beträgen nachkamen.

Im Jahr 1989 erreichte das Wachstum der Sonnentempler seinen Höhepunkt: Die Gemeinschaft zählte 442 Mitglieder (187 in Frankreich, 90 in der Schweiz, 86 in Kanada, 53 in Martinique, 16 in den USA und 10 in Spanien).

Das Jahr 1990 bedeutete den Wendepunkt: Die Basis der Gemeinschaft begann abzubrechen. Zwei Gründe waren für diese Krise verantwortlich: Zum einen wurden einige der Tricks, die Di Mambro zwecks Erzeugung von Meister-Erscheinungen anwandte, in der Gemeinschaft bekannt. Zum anderen wurde offenbar, dass der aufwändige Lebensstil der Leitung einen Teil der Gelder verschlang, die für die Überlebens-Zentren gespendet wurden. Verschiedene Mitglieder distanzierten sich von der Gemeinschaft, manche forderten ihr Geld zurück. Die Krise verstärkte die Weltendängste der Führung zum Verfolgungswahn. Di Mambro sah sich von allen Seiten bedroht, Luc Jouret liess Waffen kaufen und geriet deshalb im Jahr 1993 in Konflikt mit der kanadischen Justiz. Die Presseberichte, die durch dieses Ereignis ausgelöst wurden, waren wiederum geeignet, die Verfolgungsängste der Führung zu fördern.

Angesichts dieser Krisen und zunehmenden Verfolgungsängste der Führung trat in der internen Botschaft der Gemeinschaft ab 1990/1991 ein neues Thema auf: der «Transit», der Übergang in eine andere Welt. Der Gedanke des «survivalism», des Überlebens des Weltendes auf dieser Erde, erwies sich als Illusion. Diese Welt ist so schlecht, dass hier ein Überleben unmöglich ist. Wer «überleben» will, muss in eine andere Welt gehen, in eine, wie es die theosophischen Wurzeln der Gemeinschaft lehren, höhere Welt, in eine höhere Entwicklungsstufe, wo die irdischen Probleme überwunden sein würden. Die Vorstellungen, wie dieser Transit zu geschehen hätte, blieben undeutlich. Bisweilen sprach Di Mambro von einem UFO, das die Sonnentempler abholen würde. Später wurden die Mitglieder über die Form des Transits gänzlich im Unklaren gelassen, aber ermahnt, stets erreichbar zu bleiben, um den Ruf zur Versammlung, die den Transit initiieren sollte, nicht zu verpassen. In der Führung der Gemeinschaft fiel der Entscheid zum Massenselbstmord im Jahr 1993, ein Plan, der in den folgenden

Monaten systematisch vorbereitet und umgesetzt wurde. Das Datum des Transits scheint hingegen kurzfristig bestimmt worden zu sein. Ebenfalls im Jahr 1993 begann die Leitung der Sonnentempler mit einer Politik gegen angebliche Verräter in den eigenen Reihen, die zu bestrafen seien. Beides, der Transit und die Bestrafung der angeblichen Verräter, wurde in den Tagen vom 30. September bis zum 5. Oktober 1994 umgesetzt, in Morin Heights in Kanada und in Cheiry und Salvan in der Schweiz. Diesen Morden und Selbstmorden fielen insgesamt 53 Mitglieder der Sonnentempler zum Opfer, darunter die Führungsriege um Di Mambro und Jouret.

Der Grossteil der zurückgebliebenen Mitglieder des Ordens distanzierte sich als Folge dieser Ereignisse von der Gemeinschaft. Es bildete sich aber ein Kern von Anhängern, welche die Ereignisse im Oktober 1994 neu interpretierten: Die verstorbenen Sonnentempler seien den verbliebenen Mitgliedern vorangegangen und hätten diesen den Weg geebnet, nachzukommen. So starben im Dezember 1995 16 Menschen auf einer Waldlichtung bei Vercors, Frankreich, fünf weitere Mitglieder gingen im März 1997 in Kanada in den Tod.

Esoterische Gemeinschaft der Rosenkreuzer Sivas

1969/1980

Als Jan van Rijckenborgh, der Grossmeister des Lectorium Rosicrucianum (s.d.), 1968 starb, kam es nach Diskussionen über die Organisationsform und die Lehre zur Abspaltung einer kleineren neuen Rosenkreuzer-Gruppe unter der Leitung von *Henk Leene*, des Sohnes von Rijckenborgh. Sie nannte sich Gemeinschaft R & C («Rosae Crucis»), ab 1972 «Esoterische Gemeinschaft Sivas». (Sivas ist der Name des Grundstückes, das in Frankreich gekauft werden konnte).

Seit 1980, nach der weitgehenden Auflösung der bestehenden Vereinigungen, entwickelte sich, ebenfalls vom Lectorium Rosicrucianum herkommend, die Esoterische Gemeinschaft Siegen mit dem heutigen Namen Esoterische Gemeinschaft der Rosenkreuzer Sivas.

Die gnostischen Gedanken Jan van Rijckenborghs betreffend die Erneuerung des göttlichen Geist-Seelen-Menschen auf der Basis des Geistfunkens werden weitergeführt und z.T. mit neuen geistigen Erfahrungen und Überlegungen des Umweltschutzes und der natürlichen Lebensharmonie verbunden.

Nach ihrer Meinung führt die Esoterische Gemeinschaft der Rosenkreuzer Sivas über die andern Rosenkreuzer-Richtungen hinaus. In ihr werde der Prometheus-Mensch geboren, der Mensch für die neue Zeit, für das Aquarius-Zeitalter.

Zeitschriften: Mitteilungen für die interessierte Öffentlichkeit / Prometheus.

Statistik: Ortsgruppen in verschiedenen Städten Ds / Aussenstellen in CH und A.

Kleine Rosenkreuzer-Vereinigungen

Die Geheimnisse um die Rosenkreuzer-Lehren mit den (unterschiedlichen) Einweihungsriten verlockten hier und dort zu weiteren, manchmal nur kurzlebigen Gründungen. So sind in den letzten Jahren etwa folgende kleine Vereinigungen bekannt geworden:

Der *Alte geheime Orden vom Kreuz der roten und goldenen Rose* (Antiquus arcanus Ordo Rosae rubeae aureae Crucis, AAORRAC) bezeichnet sich als Stammorden der Rosenkreuzer.

Die *Internationale Weltloge der Bruderschaft zum Rosenkreuz* hat ihr Zentrum in England. Einer ihrer Zweige ist die «Deutsche Grossloge R & C Seraphim zu den vier Rosen, Fraternität Hamburg». Mystik, Magie, Suggestion, besondere Exerzitien u.a. verhelfen zur Vervollkommnung.

Die *Sieben Rosen-Zentrale* mit Sitz in Hamburg nennt sich «Lehr- und Arbeitsstätte für hermetische Kunst und Wissenschaft». Sie vermittelt eher esoterische und okkulte Gedanken als eine Gesamtanschauung.
Universitas Esoterica für Rosenkreuzmeditation, gegr. 1956 durch Wolfgang Wegener in Berlin, führt ihre Anhänger durch astrologisch, «christlich» und esoterisch unterbaute Meditation zur Transfiguration.
Die Bezeichnung «Rosenkreuzer» wird noch von weiteren in dieser Schrift erwähnten Gruppen als Zusatzname verwendet. Schliesslich wird die Bezeichnung «Rosenkreuzer» hier und dort von kleineren oft nicht lange bestehenden esoterischen Gruppen in Anspruch genommen.

Esoterik

Wer Esoterik erfassen und begreifen möchte, übt seinen Verstand an einem untauglichen Objekt: «Esoterik», abgeleitet vom griechischen «esoteros» (innerlich, nach innen gewandt), rechnet mit einer Innenseite aller Dinge, aller Ereignisse und aller Wesen. Diese Innenseite des Wirklichen lässt sich mit dem üblichen Verstand nicht begreifen. Der Normalverstand erfasst aus esoterischer Perspektive nur die äusserlichen Aspekte der Wirklichkeit. Das innerlich Verborgene aber ist das eigentliche Wesen aller Dinge. Dieses Wesen lässt sich erfühlen, erspüren, erleben. Es offenbart sich in begnadeten Momenten und an besonderen Orten («Kraftorten») der wachen Seele. Es kommuniziert mit den Meditierenden, mit den sich in rituellen Tänzen Wiegenden und vor allem auch mit den Hellsichtigen und Hellfühlenden. Sie, die sog. Channels, die Kanäle, spazieren so mühelos, so spielerisch durch die geheimnisvolle innere Wirklichkeit wie Normalmenschen durch ihren Stadtpark in der Mittagspause. Will man Esoterik, diese Reise in die innere Wirklichkeit, annähernd verstehen, ohne dass sich ihr Geheimnis in Nichts auflöst, so empfehlen sich fünf Wege wohlwollend-kritischer Annäherung: 1. die Besinnung auf die esoterischen Erkenntnismethoden, 2. die Besinnung auf die allerdings nur in Rudimenten erkennbare Geschichte der Esoterik, 3. die Besinnung auf das esoterische Verständnis des Menschen und seiner Welt, 4. die Besinnung auf die Bedeutung der Esoterik für den Esoteriker und die Esoterikerin, 5. die Besinnung auf das Verhältnis der Esoterik zur christlichen Botschaft. Alle diese fünf Besinnungen entsprechen selbstverständlich immer nur der Perspektive des Betrachters. Wenn der Betrachter kein gläubiger Schüler dieser oder jener esoterischen Schule ist, unterscheiden sich diese Besinnungen auch zwangsläufig von allen durch Channels offenbarten, von gewissen Schulen sanktionierten sog. offiziellen Esoteriktheorien.

1. Zu den esoterischen Erkenntnismethoden

In erster Annäherung ist die Esoterik der Versuch des Menschen, mit dem Bauch zu denken oder mit der Seele zu erkennen. Esoteriker orientieren sich nicht am Normalverstand und an der Normalwissenschaft, die die Normalwelt bis zu den grössten Errungenschaften des menschlichen Geistes geführt hat. Der Normalverstand, der sich gerne an das irgendwie Berechenbare hält, muss einer seelennäheren, nur scheinbar viel unsicheren, für esoterisches Empfinden allein zuverlässigen Erkenntnisweise Platz machen: der Erkenntnis durch Bewusstseinswandel, der Einsicht auf höheren oder tieferen Stufen des menschlichen Bewusstseins. Wer sein Bewusstsein verändert, findet – so die esoterische Annahme – zur geistigen Wesensschau, ins spirituelle Erfühlen. Diese Wesensschau und dieses Erfühlen können und sollen geweckt und geübt werden. Esoterische Workshops, Rituale und

Meditationen, die Trommeln der neuen Schamanen, die Mandalas der neuen Buddhas, die Übungen in persönlicher Trance verstehen sich als erste Schritte zu einer transrationalen Erkenntnisweise. Je intensiver die Trance oder die im Ritual erreichte Ekstase, desto offenkundiger wird auch der Bewusstseinswandel und desto überzeugender die Reise durch die innere Wirklichkeit. Auch wiederholte Schulung und intensive Rituale bringen aber viele Esoteriker nicht über ein unsicheres Erahnen oder phantasievolles Intuieren hinaus. Wie kann der Schüler auf esoterischen Erkenntniswegen erkennen, ob das, was er erschaut, in der Tat das innere Geheimnis aller Dinge oder die ewige geistige Welt ist, oder ob er nur eigenen Tagträumen nachrennt? Die Esoterik beantwortet diese Frage zumeist mit Hinweis auf das durch die Kursleiter oder Schulhäupter Erschaute. Wenn meine unsichere Erkenntnis mit dem übereinstimmt, was die Reiseleiter auf dem Weg in die innere Wirklichkeit erschauen, dann und nur dann war mein Weg ins geheimnisvolle Wesen aller Dinge nicht bloss ein Ausflug ins Reich meiner eigenen Phantasie. Mit anderen Worten: Auch wenn die Esoterik jeden Wanderer auf dem Weg in die geistige Welt auf die eigenen Füsse stellt, führen diese Wege nicht selten entweder in wahnhafte Überwirklichkeiten oder in unkritische Meisterbindung. (Wahn nennen wir Einsichten in Wirklichkeiten, die der Erkennende nur noch sich selbst vermitteln kann.)

Die speziellste und in ihren Konsequenzen absurdeste Ausprägung einfühlsamer esoterischer Erkenntnis ist das sog. *Channeling.* Ich lasse mich in Trance oder trancenahe Entspannung gleiten und deute dann alles, was sich als Gedanke oder Bild in mir meldet, als Eingebung aus der inneren Wirklichkeit oder der geistigen Welt. Channeling kann eine Gruppe nur dort zur spirituellen Gemeinschaft verbinden, wo solche Eingebungen kommunizierbar werden. Kommunizierbar ist aber nur das irgendwie in allen Anklingende. Am meisten klingt in allen an, was der Meister oder die Meisterin channelt. Fast zwangsläufig werden Meister oder Meisterin zum namhaften Kanal zur geistigen Welt. In Abhängigkeiten eigener Art führt oft die esoterische Mantik (Zukunftsschau). Aus allen nur möglichen, nur scheinbar zufälligen Umständen heraus, vom Horoskop über die Tarotkarten bis zum Lesen der Handlinien und zu Experimenten mit dem I Ging, sucht Esoterik die Mauern zu durchbrechen, die das Kommende vom Gegenwärtigen trennen. Wer sich einmal intensiv esoterischer Zukunftsschau verschrieben hat, kann oft ohne entsprechende Assistenz keine eigene Entscheidung mehr fällen.

2. Zur Geschichte der Esoterik

Weniger sektennah, aber nicht weniger folgenschwer in seiner Konsequenz ist der intuitive Umgang der Esoterik mit religiösen Schriften, Lehren, Symbolen und Gestalten. Das einfühlende Erschauen erkennt überall Entsprechung, auch dort, wo der Historiker überhaupt keine Zusammenhänge zu erkennen vermag. Esoterik sieht sich als uralte Menschenweisheit, als Urreligion, verborgen in der menschlichen Seele, von offiziellen Religionen immer wieder verfolgt aber nie besiegt. Das verborgene Wissen der alten Ägypter, die Magie der Mesopotamier, die Weisheiten des Hermes Trismegistos (einer gnostischen Schriftgruppe aus hellenistisch-römischer Zeit), die Heilkünste der Schamanen, die Weisheit der Indianer, die Erleuchtungen der Yogis und der tibetischen Meister, die Erkenntnisse Platos und Jakob Böhmes, die Geheimnisse christlicher Mystik, das Christusverständnis des Johannesevangeliums, die Magie der Hexen, die Weisheit der Zigeuner, die Geheimnisse der Rosenkreuzer und der Freimaurer – sie alle gelten als Abschnitte in einem nie endenden Strom esoterischer Erkenntnis, einem Strom, der in unseren Tagen ins Meer der neuen, uralten Esoterik der Gegenwart fliesst. Eine weniger intuitive, aber faktennähere Betrachtung der Geschichte der Esoterik setzt zu all diesen intuitiven Gleichungen ihre Fragezeichen: Die sog. Hexen, die Schamanen, die Priester des alten Ägyptens würden sich wundern, wenn sie wüssten, für was alles sie heute gerade stehen müssen. Esoterik übersieht in ihrem Geschichtsverständnis die unverwechselbaren Eigenheiten der Kulturen und der Jahrhunderte. Alles, was sich nicht in ihre Einheitsschau fügt, kann sie als äussere Wirklichkeit mühelos übersehen. Auf echte, auch den kritischen Betrachter überzeugende esoterische Tradition kann sich die Esoterik aber berufen, wenn sie auf Theosophie, Anthroposophie, C.G. Jung und Osho/Bhagwan verweist. Ohne Helena Blavatskys geistige Weltbetrachtung und intuitiven Synkretismus und ohne ihre auf westliche Bedürfnisse zugeschnittene Karmalehre, ohne Rudolf Steiners Verwandlung des theosophischen Ansatzes zum abendländischen höheren Erkenntnisweg und ohne das von C.G. Jung inspirierte Verständnis der menschlichen Seele als Schatzkammer aller vergangenen Kulturen und Religionen wäre moderne Esoterik nur ein hilfloser Versuch, eigene subjektive Ahnungen metaphysisch auszubeuten. Die erwähnten «Vordenker» geben zahllosen Esoterikerinnen und Esoterikern das vermeintliche Recht, aus der wild gärenden eigenen Phantasie heraus Ewigkeit zu destillieren. Zur Schülerschaft von Osho/Bhagwan Rajneesh gehörte einst aber ein beträchtlicher Teil der heutigen Anbieter auf dem esoterischen spirituellen Markt. Osho als der wahrscheinlich kreativste Synkretist in der zweiten Hälfte des 20. Jahrhunderts verband die Mystik aller Religionen mit Therapieformen fast jeder Schulrichtung zu Erleuchtungserfahrungen von einzigartiger Radikalität, Intensität und Meisterhörigkeit. Die Kombination von Therapie und Mystik – von Osho vorgelebt – wurde zu einem eigentlichen Charaktermerkmal der modernen Esoterik.

3. Zum esoterischen Verständnis des Menschen und der Welt

Esoterik präsentiert uns als Ergebnis ihrer geistigen Erkenntnisbemühungen eine pantheistische, animistische, magische und gnostische Welt. Diese vier Aspekte lassen sich in jeder esoterischen Weltdeutung erkennen, allerdings mit jeweils sehr unterschiedlicher Gewichtung.

– *Pantheistisch*: Die Welt gleicht einem mittelalterlichen Schloss: Wer einmal den Schlüssel zum ersten Tor gefunden hat, der schreitet anschliessend fast endlos durch immer wieder neue geheimnisvolle Räume. Je dunkler diese Kammern sind, desto deutlicher erahnen Esoteriker in ihnen die Gegenwart einer einzigen göttlichen Präsenz. In allem, was ist, ist Gott. In einem Bild aus der Blütengirlanden-Philosophie des Mahayana (Avatamsaka-Sutra) – ein Hinweis, der hie und da in der Esoterik begegnet – gleicht die Welt einer kreisrund aufgehängten Perlenkette. In jeder Perle spiegeln sich alle anderen Perlen. Alles spiegelt sich in allem. Wie oben, so unten, wie aussen, so innen. Das Geheimnis, das diese ganze äusserlich so disparate Wirklichkeit ins Eine bindet, heisst, Geist oder Kraft oder Energie oder Gott.

– *Animistisch*: In allem, was ist, verbirgt sich ein ansprechbares, lebendiges Wesen. Wer nach innen schaut, beginnt mit diesen verborgenen Wesen zu kommunizieren. («Devas» heissen diese Wesen in der esoterischen Modellkommune Findhorn, «Feen», «Elfen», «Engel» heissen sie in anderen Strömungen der Esoterik). Esoteriker sprechen mit den Bäumen, die sie umarmen, mit den Kräutern, die sie in ihrem Garten begiessen, mit den Bergen, mit den heilkräftigen Steinen, mit den Gestirnen am Himmel und nicht zuletzt auch mit der Mutter Erde.

– *Magisch*: Warum aber sich mit den geheimnisvollen Wesen in allen Dingen nur unterhalten? Warum nicht diese Wesen sich dienstbar machen? Der Glaube an die Wirksamkeit magischer Kommunikation mit verborgenen Kräften und Wesen ist in der Esoterik grenzenlos, vor allem dort, wo Menschen vorher in der ganz an Rationalität orientierten Welt nicht die Hilfe fanden, die sie brauchten. Vor allem in ihren Heilkünsten, aber auch als Liebeszauber und Schutzzauber gegen negative Einflüsse entwickelt sich Esoterik in ihren magischen Aspekten zum einträglichen Geschäft.

– *Gnostisch*: Auch wenn der radikale Dualismus der alten Gnosis zur Zeit des frühen Christentums heute ungebrochen kaum mehr vertreten wird – die Schöpfung (oder besser: Die Emanation der Welt aus dem Einen, Göttlichen heraus) wird heute positiver gewertet – so erinnert Esoterik in ihrer eindeutig hierarchisch gestuften Welt und in ihrem Bemühen um den Aufstieg der Seele aus den Schatten des Materiellen ins lautere Licht des rein Geistigen deutlich an ein platonisches oder gnostisches Grundmuster. Diesen Aufstieg schafft die nach Vergeistigung strebende Seele nicht in einer einzigen irdischen Existenz. Aus der Theosophie übernahm die Esoterik das Bild der hierarchisch gestuften Wirklichkeit und die Überzeugung, dass jede Seele sich in zahllosen Inkarnationen stufenweise «emporläutert», bis sie eins wird mit dem reinen Geist, aus dem sie vor Urzeiten hervorgegangen ist.

4. Zur Bedeutung der Esoterik im Leben der Esoteriker

Wenn die dem Normalbewusstsein und der Ratio zugängliche Welt dem Menschen die Antworten nicht mehr schenkt, deren er dringend bedarf, wenn sich in einer Lebenskrise bisherige Lebensperspektiven und gewohnte Selbstverständlichkeiten in Rauch auflösten, versprechen esoterische Erkenntniswege plötzlich neue Perspektiven. In sog. Rückführungen in frühere Leben entdecken in ihrer Identität erschütterte Menschen ihr wahres Sein, ihre phänomenale Vergangenheit. In Lichtmeditation verbinden sie sich mit dem höchsten Licht. In Heilmeditationen erleben sie die heilende Kraft ihrer eigenen Hände. In Versenkungsübungen erahnen sie ihre eigene Hellsichtigkeit. Esoterik erschliesst frustrierten Zeitgenossen das Paradies einer Welt voller Stimmen und Wesen, voller heilender Kräfte und voller göttlicher Liebe. Und vor allem: Esoterik zeigt mir, was für ein Wunder ich selber bin. Ich bin das Schloss mit den vielen Räumen, das ich in Workshops mir erschliesse. Die verdutzte Umgebung wird diesen Durchbruch zu spirituellen Perspektiven und dieses Eintauchen in esoterische Mysterien sicher anders bewerten als die neuen Esoteriker selber. Nicht selten verstärkt die esoterische Wende schon vorhandene Krisen einer Partnerschaft. Die neuen Esoteriker lernen zwar, mit Pflanzen und Steinen und den Wesen in allen Dingen zu kommunizieren. Aber das Gespräch mit dem bisherigen Lebenspartner ist bisweilen völlig blockiert. Der Aussenstehende versteht die Ausflüge ins Reich der Esoterik oft als hilflose Antwort des modernen Menschen auf seine begreifliche Sehnsucht nach Spiritualität. In einer Welt des nur noch Messbaren, herzlos in ihrer Nüchternheit und brutal in ihrer Kälte, lässt sich nicht mehr leben. In der Lebensmitte angekommen, braucht der Mensch neue Perspektiven. Die kirchliche Frömmigkeit liegt vielen zu fern. Esoterik lässt das Kind in uns wieder aufleben und öffnet uns Türen in eine Welt voller Wunder, eine Welt allerdings, die sich mit unserer eigenen Alltagswirklichkeit oft kaum mehr verbinden lässt.

5. Esoterik und christlicher Glaube

Esoterik versteht sich oft als genuin christlich. Das Kirchenchristentum aber habe sich den Zugang zu den wahren göttlichen Geheimnissen in seiner Mystikferne verbaut. Auch die Annahme, dass die Bibel ursprünglich eine Reinkarnationslehre vertreten habe, die die Kirche unterdrückt habe, bestärkt manche Esoteriker in der Überzeugung, die wahren Christen zu sein. Abgesehen davon, dass diese These einer antireinkarnatorischen Überarbeitung der Bibel ein reiner Mythos ist, ist auch das Erlösungskonzept der Esoterik und ihre Liebe zum göttlichen Ein und Alles weit vom biblischen Glauben an den die Menschen erlösenden, persönlichen Gott entfernt. Die Liebe zur eigenen spirituellen Erfahrung verbindet Esoterik und überzeugendes Christentum. Spirituelle Erfahrung und spirituelle Erfahrung sind aber selten ein und dasselbe. Den Ruf der Esoterik nach eigener spiritueller Erfahrung, kann und darf eine wache Kirche aber nicht überhören.

Esoterische Gemeinschaften

Michael Barnett

Michael Barnett wurde 1930 in London geboren, studierte Mathematik und Jurisprudenz an der Universität in Cambridge, war anschliessend als Geschäftsmann tätig und fand nach ausgedehnten Reisen durch ein Buch von R.D. Laing zur angewandten Psychologie. Er gründete 1969 die Laienbewegung «People not Psychiatry» und leitete selber Encounter- und Bodywork-Gruppen. 1974 besuchte er den Rajneesh Ashram in Poona und wurde sofort Sannyasin. 1982 trennte er sich – mit Nebengeräuschen – von der Sannyas-Bewegung und gründete die «Wild Goose». Nachfolgeorganisation ist heute die «Onelife GmbH Company» in der Schweiz (Sitz in Zürich). Von 1988 bis 1993 wohnte er mit einer Gemeinschaft von ca. 50 Leuten in einer Villa am Lago Maggiore, Italien. 1993 bis 1998 zog er mit seiner Gemeinschaft auf ein Schlossgut nach Frankreich, zwischen Poitiers und Tours gelegen. Das neue Kommune-Experiment nannte sich Energy-World. Es musste abgebrochen werden. Barnett kehrte in die Schweiz und nach Deutschland zurück, wo er weiterhin Bücher schreibt und Kurse – vor allem Energietraining – anbietet. Jeder Mensch, so lehrt er, ist in seinem eigentlichen Wesen kosmische Energie. Diese Energie lässt sich wecken, entfalten und übertragen. Wo dies geschieht, eröffnen sich völlig neue Erfahrungen. Barnett weckt und überträgt Energie durch seine suggestive Ausstrahlung, durch seinen Humor, seine unbestrittene Autorität, durch bewusst geleitete gruppendynamische Prozesse. *Eine gewisse kindliche Freude am Auftritt vor Fans und an Selbstinszenierung teilt er mit seinem ehemaligen Vorbild Rajneesh ebenso wie den suggestiven, fast betörend packenden Umgang mit seinen Schülern. Nur dass Rajneesh Tausende in seinen Bann zu schlagen vermochte, während sich bei Barnett die Grösse und wohl auch die Leidenschaft der Fangemeinde in Grenzen hält. Immerhin kann auch Barnett, wie jeder suggestiv wirkende Lebensmeister, in nur scheinbar freiwillig akzeptierte Abhängigkeiten führen.*

Adressen: Onelife GmbH, Marie-Theresia-Str. 15, D-79102 Freiburg, Tel. 0761 70 59 632, Fax 0761 70 59 633. – Onelife GmbH, Dolderstr. 96, CH-8032 Zürich, Tel. 01 262 20 40.
www.wildgoose.net

Edgar Cayce

Edgar Cayce (1877–1945), auch bekannt unter dem Namen «der schlafende Prophet», war wohl Amerikas bekanntester Hellseher und Heiler. Berühmt wurde er durch seine in Hypnose erstellten medizinischen Diagnosen. Es wurden an die 30 000 so genannte «Readings» von Cayce veröffentlicht, in denen er u.a. Visionen über das 21. Jahrhundert hinterlassen hat. *Seine Vorraussagen gingen*

zum Teil in Erfüllung. Cayce verstand sich als gläubiger Christ, fand aber durch seine Eingaben auch zu Perspektiven, die dem christlichen Glauben fern stehen.
In der Schweiz sammelt eine Gruppe eine Bibliothek mit Büchern von und über Edgar Cayce und organisiert einmal jährlich ein Treffen.

Adresse: Edgar Cayce Gruppe Schweiz: Regula Fuhrer, Im Heuried 74, CH-8055 Zürich. Tel. / Fax 01 451 65 67.

Damanhur

Oberto Airaudi (geb. 1950), in seinen jungen Jahren erfolgreicher Atemtherapeut in Turin, schon früh geprägt durch eine in Turin seit dem 19. Jahrhundert lebendige esoterisch-theosophische Tradition und durch die augenfällige Präsenz ägyptischer Kultur (Turin besitzt eine der bedeutendsten Sammlungen ägyptischer Altertümer), gründet 1975 in Valchiusella im nördlichen Piemont zusammen mit Gesinnungsgenossen die Foederation von Damanhur, benannt nach dem im westlichen Nildelta gelegenen Damanhur (Demi-en-Her = Horusstadt). Die in dieser Foederation wie in einem eigenen Staat lebenden ca. 700 Damanhurianer betreiben 40 wirtschaftliche Unternehmungen (sie produzieren vor allem naturnahe Nahrungsmittel und naturnahe Textilien resp. Kleider). Manche Damanhurianer arbeiten ausserhalb der Foederation. Die Foederation hat eine eigene Regierung, ein eigenes Gericht, eigene Schulen, eigenes Geld, einen eigenen Sicherheitsdienst, eine eigene Zeitung, ein eigenes Fernsehen und gut 60 eigene Wohnhäuser auf einer Fläche von 185 ha. In der Spiritualität von Damanhur fliessen viele Quellen zusammen: Ägyptischer Sonnenkult (Oberto Airaudi liess sich zeitweilig «der Falke» nennen, der Falke ist das Tier des Gottes Horus, welcher präsent ist im regierenden Pharao), theosophisches Menschenbild, rituelle und symbolische Anleihen aus den alteuropäischen und altamerikanischen Kulturen, alte Kraftplatzmagie (Damanhur gilt als der Kraftort par excellence), Anleihen aus dem Hellenismus – vor allem aus den sog. Mysterienreligionen. Dies verbindet sich mit einem utopischen Verständnis des menschlichen Geistes: In Damanhur lernt der Geist des Menschen sich auf mehrfache Weise aus seinem Körper zu lösen. Er kann – mittels einer eigens konstruierten Zeitmaschine – sich auch auf Zeitreisen begeben. Die Sexualität in Damanhur unterliegt keinen Restriktionen. Neue Bürger werden erst nach einer langen Probezeit in die «Lichtstadt» aufgenommen. Wer sich anschliessend den Prinzipien von Damanhur nicht unterwirft, kann wieder ausgeschlossen werden. Oberto – der einzige Damanhurianer, der heute nicht mit einem Tiernamen, einer Art Totemnamen angesprochen wird – will in dem theoretisch basisdemokratischen Damanhur in keiner Weise Guru oder Chef sein. Er wird aber bei den Regierungswahlen regelmässig wieder in die Regierung gewählt. Die Weltpresse wurde auf Damanhur aufmerksam, als 1992 bekannt wurde, dass Damanhur in einem naheliegenden Berg seit 1977 einen unterirdischen Tempel baut. Der Tempel, an dem immer noch weitergebaut wird, soll dem Besucher eine initiatische Reise ermöglichen, eine Art moderne Mysterienerfahrung, die dem Geist erlaubt, sein wahres Selbst zu finden und zu entfalten. Die einzelnen Tempelhallen, Räume und Gänge sind reich bemalt mit Symbolen verschiedenster Herkunft. Geheimnisvolle «Apparaturen» sollen dem Menschen helfen, seine Zeitreisen anzutreten oder andere paranormale Erfahrungen zu machen. Seit 1994 wirbt Damanhur mit einem Zentrum in Berlin für seinen Weg zum neuen und höheren Menschen. Adepten können nun auch zu Damanhur stossen, ohne in Damanhur selbst zu leben.

Statistik: 800 M.
Adressen: Popolo Spirituale – Damanhur, c/o Lepre Vio-

la, Via Pramnarzo 3, I-10080 Baldissero Canavese (TO). – OROME'Damanhur, Nürnberger Str. 16, D-10789 Berlin, Tel. 030 2815488.
www.damanhur.org

DAN Institut

(Stiftung für ganzheitliche Menschenlehre)
Die Beschäftigung mit Bachblüten und Reiki und der Umgang mit ihren vier Kindern haben Judith (geb. 1953) und Urs (geb. 1956) Parolo zur Erkenntnis gebracht, dass es noch mehr Dinge zwischen Himmel und Erde gibt, als unsere Schulweisheit sich träumen lässt. Sie gaben ihre Berufe als Kindergärtnerin bzw. Sekundarlehrer auf und gründeten 1991 in Brunnen/CH die Schule für ganzheitliche Menschenlehre, in der verschiedene Kurse angeboten werden. Judith und Urs Parolo unterscheiden zwischen verschiedenen Energien und Ebenen, auf welche die Energien jeweils «transformiert» und so zugänglich gemacht werden müssen. Je nach seinem «Stand des Bewusstseins» könne der Mensch die verschiedenen Ebenen nutzen. Eine solche Ebene sei die Sonnenkraft: Sie könne und müsse von allen Lebewesen genutzt werden, sie sei für alle die körperliche und seelische Nahrung. Doch sie genügt nicht: Um «Krankheiten und Wunden der Menschen als Ganzes und der Erde» zu heilen, brauche es mehr, nämlich die sog. Heilkraft der Sonne, die DAN Energie. Das Wort «DAN» stammt aus dem Hebräischen und bedeute «jemand, der über der Sache steht», woraus sich später die Bedeutung «Richter» entwickelt habe.
Parolos unterscheiden vier verschiedene Arten von Wirkungen der Sonnenenergie: Zunächst das «Aktivieren von Lebensenergie», das dann hilfreich sei, wenn man sich ausgelaugt und kraftlos fühle, dann das «Auflösen von Blockaden», die körperlicher oder emotionaler Natur sein können und die den Energiefluss hemmen. Diese Blockaden können schon in früheren Inkarnationen entstanden sein, sei es durch traumatische Erlebnisse, Ängste oder durch Verwünschungen oder Eide. Krankheiten gelten als äussere Zeichen tiefer liegender Blockaden. Als drittes könne mit der DAN Energie das Harmonisieren von Körper, Geist und Seele unterstützt werden. Mit der «Harmonie» ist eine umfassende Heilung und Ganzwerdung gemeint, für die jeder und jede selbstverantwortlich ist. Schliesslich dient die DAN Energie der Erweiterung des eigenen Bewusstseins. Sie fördere das Verständnis dafür, dass wir ein grosses Ganzes seien und an der Heilung der Erde mitwirken können und sollen.

Zeitschrift: DAN Infos (halbjährlich).
Statistik: rd. 2500 Interessierte.
Adresse: DAN Institut, Gewerbebau Gsell, Pilatusstr. 1, Postfach 44, CH-5630 Muri.
www.dan.ch

Daskalos

Daskalos («Lehrer»), mit bürgerlichem Namen Stylianos Atteshlis, Zypriote mit griechischen und englisch-schottischen Vorfahren, galt trotz oder wegen seiner vielseitigen Begabung und seinen offensichtlichen mystischen Neigungen den einen als Magier und Okkultist, den andern als einzigartiger Wunderheiler und als Meister der Exomatose, des willentlichen Austritts aus dem Körper und der freien Reisen durch Raum und Zeit. Wieder andere sahen in ihm den Meister eines esoterischen Christentums und Begleiter auf dem Weg der Theosis, der bewussten Verwirklichung unseres eigenen Gottseins. Auf Zypern 1912 geboren, kehrte er nach seinem Studium in England wieder nach Zypern zurück. Hier führte er bis in die letzten Jahre seines Lebens hinein als Leiter der staatlichen Druckerei ein normales bürgerliches Leben. Gleichzeitig sammelte er als Heiler, Magier und spiritueller Meister einen immer grösser werdenden interessierten Freundeskreis um sich, der ihn in seinem Haus in Strovolos, einem Vorort von Nikosia, aufsuchte. Vorwürfe verängstigter orthodoxer Christen schadeten seiner Popularität kaum. Erzbischof Makarios protegierte ihn trotz seiner zu einem guten Teil nicht mehr orthodoxen Lehren. Das Buch seines Schülers Kyriacos. C. Markides machten Daskalos in den 80er Jahren weltweit bekannt, liessen die Besucherzahlen in Strovolos anschwellen und führten zur Gründung vieler Daskalos-Studienkreise vor allem in Europa und den USA. Daskalos besuchte nun seinen Schüler- und Freundeskreis auf verschiedenen Reisen und beeindruckte westliche esoterisch interessierte Kreise durch seine Einsichten, seine «Wunderheilungen», seine Hellsichtigkeit, und vor allem auch durch seine unverwechselbare Mischung von äusserster Bescheidenheit und unmittelbarer Wahrheitsschau. Er wollte nicht einmal «Lehrer» genannt werden und führte doch in die letzten Höhen oder Tiefen esoterisch christlicher Wahrheit. Esoterisch ist sein Weg, insofern er den Menschen in seinem Wesen als Teil des göttlich Absoluten versteht. Nach langen Inkarnationsreihen und Schulung durch Meister und erwachte Seelen entdeckt und entfaltet der Mensch seine Göttlichkeit und findet heim zu Gott, mit dem er, auf höherer Ebene betrachtet, immer eins war. Manche Menschen wissen um ihre früheren Inkarnationen. So war Daskalos selbst – nach drei oder vier Inkarnationen als ägyptischer Hohepriester – in einem weiteren früheren Leben auch Mitglied in einem essenischen Kloster in Palästina, genau zu der Zeit, als auch Jesus sich in diesem Kloster kurze Zeit aufhielt. (Daskalos kannte also Jesus persönlich. Er war aber erst 17 Jahre alt, als Jesus gekreuzigt wurde.) Esoterisch können wir den Weg des Daskalos und seine Spiritualität auch nennen wegen seiner Liebe zu ursprünglich indischen resp. theosophischen oder anthroposophischen Karmavorstellungen und seinem Verständnis der Theosis, der Rückkehr ins Göttlich-Absolute, als Weg der Erkenntnis und der Läuterung. Christlich ist im Denken und Lehren des Daskalos sicher seine Liebe zu biblischen Texten, christlichen Traditionen und Symbolen, die er alle gerne aufgreift und mit esoterischen Einsichten füllt. *Was aber soll man vom Meister halten, wenn er sich als Kanal des Lieblingsjüngers Jesu, des Johannes, und anderer spiritueller Meister fühlt? Zeigt sich in diesem Empfinden eine besondere Nähe zum neutestamentlichen Glauben oder doch eher wieder ein unkritisches Ja zum esoterischen Channeling? Für den westlichen christlichen Beobachter wirkt die Verpackung der Daskalos-Erkenntnisse christlich, der Inhalt theosophisch oder esoterisch. Auch wenn keinem Menschen, der bewusst Christ sein will, dieses Christsein einfach abgesprochen werden sollte, so darf doch festgestellt werden, dass Daskalos der unverwechselbar biblischen und christlichen Tradition, die den Menschen nicht in Gott auflöst und auf den Glauben an Reinkarnationsreihen und an Theosis mit gutem Grund verzichtet, fern steht. Zu offenkundig versteht er sich als ein Mystiker in theosophisch-anthroposophisch-esoterischer Tradition. Beobachter in der Tradition des östlichen, orthodoxen Christentums können aber Daskalos weit milder beurteilen. Theosis, «Vergottung», Gottverwirklichung oder wenigstens das Gottähnlichwerden des Menschen gehört seit den griechischen Kirchenvätern zu ihrem Verständnis des Gottmenschen Jesu, der diesen Prozess initiierte. Der Erlösungsprozess ist in ihrer Sicht Seinsmetamorphose. Die Theosis der Orthodoxen lässt die Theosis des Daskalos christlich denkbar erscheinen. Überdies war Daskalos nach eigener Überzeugung in einem früheren Leben selber der Kirchenvater Origenes. Wir Westler aber können nicht vergessen, dass es der Theosoph Leadbeater war, der die Geburt des Daskalos angekündigt haben soll und dass sich*

Daskalos dank seiner eigenen unmittelbaren Kenntnis der geistigen Welt zeitlebens mit Rudolf Steiner im Gespräch fühlte. Trotzdem – Daskalos sah sich bei aller Übernahme esoterischer Perspektiven und aller Offenheit gegenüber anderen Religionen zeitlebens und betont als Christ.
1994 traf ein Schlaganfall den Meister und lähmte ihn halbseitig. Kritiker fragten nun, warum der Heiler sich selbst nicht heilt. Daskalos deutete sein Leiden als Willen Gottes. Er verstarb am 26. Aug. 1995 bei klarem Bewusstscin.
Verschiedene lose organisierte Daskalos-Gruppen, einzelne lehrende Schüler und Freunde, die Kurse anbieten, verbreiten die Spiritualität des Meisters weltweit, ohne allerdings nur Daskalos nachzueifern. Ohnehin wollte der ebenso bescheidene wie selbstbewusste Meister von einer eigentlichen Daskalos-Bewegung unter Verwendung seines Namens nichts wissen. Sein Werk wird seither von seiner Tochter Panayiota Theotoki-Atteshlis weitergeführt.

Statistik: D: 43 G / A: 8 G / CH: 23 G.
Adressen: Panayiota Theotoki-Atteshlis, Smyrnis 5, Strovolos, Zypern. – Haus Aull, Auf der Schanz 14, D-71640 Ludwigsburg, Tel. 07141 87 01 57. – Günther Schumacher, Neuackerstrs.33, CH-5408 Ennetbaden.
www.theosis.com

Ein Kurs in Wundern (EKIW) / A Course in Miracles (ACIM) / Foundation for Inner Peace (FIP)

1975/1982
Helen Cohn Schucman, Psychologie-Dozentin an der Columbia Universität in New York, jüdscher Abstammung, Atheistin, hörte im September 1965, mitten in einem unlösbaren Konflikt mit ihrem Vorgesetzten, Prof. Bill Thetford, eine Stimme, die ihr dauernd sagte: «Dies ist ein Kurs in Wundern. Bitte schreib ihn dir auf.» Bill Thetford riet ihr, der Stimme zu gehorchen. Die Stimme begann ihr während sieben Jahren ein Buch zu diktieren, anschliessend noch zwei andere Bücher, eines mit Übungen für jeden Tag des Jahres für Studenten und ein Handbuch für Lehrer. Die Stimme gab sich nach einiger Zeit als Jesus Christus zu erkennen.
Verständlicher wird das Phänomen dieser Botschaften, wenn wir bedenken, dass Helen seit ihrer Kindheit von religiösen Fragen bedrängt wurde, dass sie auch mit dem Gedanken einer Konversion zum Christentum gespielt hatte, dass ihr Gatte und ihr Vorgesetzter esoterisch interessiert waren, dass sie schon vor September 1965 von auffallenden Lichtträumen heimgesucht worden war und dass sie zusammen mit Prof. Thetford die Gesellschaft für Forschung und Erleuchtung in Virginia Beach, geleitet vom Sohn des berühmtesten amerikanischen Trance-Mediums, Edgar Cayce, besucht hatte. (Cayce wirkte allerdings als Hellsehmedium, das vor allem die Zukunft deutet, nicht als Channel, der neue Heilsbotschaften übermittelt.) War vielleicht die Stimme Jesu, die Helen Schucman hörte, ein bisher unterdrückter oder zu wenig wahrgenommener Teil ihrer Seele?
Als auf Drängen von Freunden 1975 der Kurs in Wundern – bald in mehreren Sprachen – publiziert wurde, wurden die Namen von Helen Schucman und Prof. Bill Thetford zuerst verschwiegen. Beide wollten ihren Ruf als Wissenschaftler nicht aufs Spiel setzen. Sofort bildeten sich Hunderte von Studiengruppen, die heute den inneren Kreis der «Stiftung für inneren Frieden» («Foundation for Inner Peace FIP») und der Stiftung «A Course in Miracles» (gegründet 1982) bilden. Viele dem New Age nahestehende Psychologen griffen den Kurs in Wundern auf und interpretierten ihn auf ihre Weise. Eine breite Sekundärliteratur reihte sich an den Kurs an. Zentren wurden errichtet, die Kurse zum Kurs anbieten. Der Kurs selbst ist als ein Selbststudienkurs in spiritueller Psychologie gedacht. Nach dem Tod von Schucman (1981) und Thetford (1988)

interpretiert vor allem Kenneth Wapnick den Kurs auf seine Weise und betont den Gegensatz zu jeder christlichen Tradition. Alles in allem hat das in der zweiten Hälfte des 20. Jahrhunderts in der Esoterikszene überaus populäre Channeling selten zu einer so umfassenden Schau des Menschen und seiner Welt geführt wie beim EKIW.

Gott, unpersönlicher Geist, dehnte sich in die Welt aus. Dadurch entstand die Welt. Wir alle sind ein Teil des einzigen Sohnes Gottes, der von Gott nicht getrennt werden kann. Der Sohn hatte im Traum den Wunsch gespürt, selbst Gott werden zu wollen. (Dabei ist er ja gar nicht von Gott getrennt.) Dieser verhängnisvolle Traum, der ein Ich entstehen lässt, wird vom Sohn auf die illusionäre, physische Welt übertragen, in der nun Tausende von Egos sich auch mit ihrem physischen Sein identifizieren und sich von Gott getrennt wähnen. Gott lässt aus sich selbst den Heiligen Geist entstehen, der den Sohn und die zahlreichen Egos aus ihrem verhängnisvollen Trennungs-Traum wecken und ins Erleben der Einheit zurückführen sollen. Alles Leiden dieser Welt entstammt diesem falschen Glauben, von Gott getrennt zu sein, und ist immer ein Teil des einzigen Traumes des Sohnes Gottes. Besonders in Familienbeziehungen wirkt sich dieser Traum verhängnisvoll aus. Alle seelischen Bedürfnisse des Menschen gehen von der Illusion des Ego aus und können deshalb nicht befriedigt werden. Nur das Erwachen befreit den Menschen. Wer erwachen will, muss verzeihen, aber nicht in dem Sinn, dass er anderen Schuld vergibt, sondern indem er erkennt, dass Sünde und Schuld nie real waren, sondern nur Konsequenzen des eingebildeten Ichs. Jesus – selber auch nur ein Teil des einzigen, alle Menschen umfassenden Sohnes Gottes – ist der erste, der erkannt hat, dass er Sohn Gottes ist. Andere Söhne Gottes, die ihr Gottessohnsein noch nicht wahrhaben wollten oder konnten, haben diesen erwachten Gottessohn aus der Welt geschafft. Aber sein Tod am Kreuz existiert wie alle Negativität nicht wirklich, sondern nur auf der Ebene der eingebildeten Egos. Es gibt weder Übel noch Tod, sondern nur den Glauben ans Übel und an den Tod. «Dieser Kurs kann daher ganz einfach so zusammengefasst werden: Nichts Wirkliches kann bedroht werden. Nichts Unwirkliches existiert. Hierin liegt der Frieden GOTTES.»

In dieser seiner Grundlinie erinnert Ein Kurs in Wundern an die Christliche Wissenschaft, in der Bill Thetford aufgewachsen war. Im Unterschied zur Christlichen Wissenschaft sind die Wunder nun aber vor allem psychische Veränderungen, nicht körperliche Heilungen – die Leitgestalten des Kurses waren Psychologieprofessoren.

Der Kurs verbindet in esoterischer Weise gnostische Grundlinien mit biblischen Vorstellungen, wobei nicht die Bibel dazu beiträgt, Esoterik besser zu verstehen, sondern umgekehrt: Biblische Vorstellungen werden gnostisch-esoterisch umgedeutet.

In den letzten Jahren haben sich zwei Richtungen entwickelt, die einen bieten den autorisierten Kurs an, wie er vom Greuthof Verlag in Deutschland herausgegeben wird, die andern, die «Wilden», lehren den Kurs unautorisiert, wie Ruth Frei in der Schweiz oder die Endeavor Academy in Deutschland.

Zeitschrift: Miracles Monthly.

Adressen: Community Miracles Center, 2269 Market Street, San Francisco, CA 94114, Tel. 415-621-2556. – Greuthof Verlag, Herrenweg 2, D-79261 Gutach i. Br., Tel. 07681 6025, Fax -6027. – Neue Christliche Akademie Endeavor Academy e.V., Mühlenstr. 1a, D-14789 Wusterwitz, Tel. 0338 39 60 901. – Ruth Frei, Nägelistr. 5, CH-5430 Wettingen, Tel. 056 426 68 15 (nicht autorisiert).

www.EndeavorAcademy.de

www.acim.de

www.facim.org (autorisiert)

www.endeavoracademy.de (unautorisiert)

Findhorn

Die Findhorn Gemeinschaft wurde 1962 von Eilen und Peter Caddy sowie Dorothy Mclean nahe dem Fischerdorf Findhorn im Nordosten Schottlands gegründet.
Zuerst wurde Findhorn bekannt durch die Arbeit mit Pflanzen und die Kommunikation mit der Natur. Die Gemeinschaft sprach mit den sog. Devas, den Seelen oder Geistwesen, die z.B. auch im Gemüse anwesend sind, und war überzeugt, dass dies das Wachstum fördere. Im Lauf der Zeit entwickelte sich Findhorn zu einem Zentrum für spirituelle und ganzheitliche Erziehung. Heute ist Findhorn eines der bekanntesten spirituellen Zentren der Welt.
Die Findhorngemeinschaft bietet verschiedene Erfahrungskurse an, welche von einer Woche bis zu einem Jahr dauern können. Themen sind ökologische Lebensführung, Kunst, Gesundheit und Heilen, persönliches und spirituelles Wachstum sowie Gemeinschaftsleben. Alle Kurse sind getragen vom Glauben, dass die Menschheit in eine evolutionäre Ausweitung des Bewusstseins eingebunden ist, die neue Zivilisationsmuster und eine planetarische Kultur schafft, beeinflusst von spirituellen oder spiritualistischen Werten.

Statistik: Z.Zt. hat die Findhorngemeinschaft etwa 100 feste M und wird jährlich von ca. 4000 bis 5000 Menschen besucht.
Adresse: The Findhorn, Findhorn Foundation, The Park, Findhorn, Forres, IV36 3, TZ, Scotland, Tel. 0044 1309 69 0311, Fax -1301.
www.findhorn.org

Heide Fittkau-Garthe

Heide Fittkau-Garthe und ihre Gemeinschaft auf der kanarischen Insel Teneriffa traten im Januar 1998 ins grelle Licht der Öffentlichkeit, als die spanische Polizei unter dem Eindruck der Sonnentempler-Tragödien einen Massensuizid der Gruppe befürchtete und deren Mitglieder deshalb präventiv in Haft nahm. Tatsächlich vertrat Heide Fittkau-Garthe eine Weltend-Botschaft, die sie im Anschluss an die Weltzyklenlehre der Gemeinschaft Brahma Kumaris formulierte und vor allem durch einen immensen Anspruch der eigenen Person ergänzte. Von Absichten zum Massensuizid war aber auch engsten Vertrauten nichts bekannt.
Heide Garthe wurde 1941 in Berlin geboren und absolvierte nach dem Abitur eine Ausbildung zur Diplompsychologin, die sie 26-jährig mit dem Doktorat abschloss. Garthe heiratete den Psychologieprofessor Bernd Fittkau und unterrichtete Bewusstseins- und Verhaltenstraining. Im Jahr 1980 schloss sich Heide Fittkau-Garthe den aus Indien stammenden Brahma Kumaris an und wurde Spitzenfunktionärin dieser Gemeinschaft in Deutschland. Ihre Ehe wurde geschieden. Anfangs der 90er Jahre begründete Fittkau-Garthe in Teneriffa ihre eigene Gemeinschaft, die sich noch weitgehend an den Vorgaben der Lehre der Brahma Kumaris orientierte. Sie lehrte wie diese eine Abfolge von sich stets identisch wiederholenden Weltzyklen mit einer Dauer von rund 40 000 Jahren. Jeder Zyklus beginnt mit einem paradiesischen Idealzustand, der aber nach 30 000 Jahren zu zerfallen beginnt. Leid und Gewalt treten auf. Am Ende steht ein als Weltenbrand gedachter Weltuntergang, der einen neuen Eintritt in den Idealzustand ermöglicht. Die einzelne Seele zieht über ihre Reinkarnationen immer wieder durch diese Zyklen hindurch und spielt dabei stets dieselben, von Ewigkeit her festgelegten Rollen. Ein Ausstieg aus dem Rad der Wiedergeburt ist nicht möglich. Da der Ablauf der Zyklen immer wieder derselbe ist, wird er «das Drama» genannt, das für ewig in identischer Weise aufgeführt wird. Das Drama ist nicht sinnvoll, es ist faktisch. Innerhalb des Dramas besteht Sinn darin, dass die einzelne Seele ihre Zugehörigkeit zum paradiesischen Idealzustand erkennt. Offen-

bart wird das Wissen um das Drama von der Gottheit, beim Brahma Kumaris-Gründer Lekh Raj wird sie «Shiv Baba», bei Fittkau-Garthe «Baba» oder «Shivar» genannt. Die Offenbarung geschieht durch Channeling, «Baba» resp. «Shivar» spricht aus Fittkau-Garthes Mund.

Bis hierhin folgte Fittkau-Garthe den Lehrvorgaben der Brahma Kumaris. Zunehmend ergänzte sie dieses Gedankengut aber durch eigene Ideen: Das strikte Zölibatsgebot der Brahma Kumaris ersetzte sie durch die Empfehlung von Sex mit wechselnden Partnern unter Ausschluss fester Beziehungen, wobei aber bei jedem Sexualkontakt sie selbst als Partnerin wahrzunehmen sei. Den Ereignisablauf beim kurz bevorstehenden Weltenbrand ergänzte Fittkau-Garthe durch eine Anleihe bei der Ashtar-Command-Bewegung: Raumschiffe – sog. «Space Shuttles» – würden vor diesen apokalyptischen Ereignissen sie selbst und ihre Getreuen auf einem paradiesischen Planeten in Sicherheit bringen. Ein weiterer Unterschied betrifft die Wertung des Verstandes: Während die Brahma Kumaris ihre Weltanschauung für rational verstehbar halten, lehnt Fittkau-Garthe das rationale, verstandesmässige Denken als Hauptübel der Menschheit ab. Dem rationalen Denken setzt sie das «Denken im Fluss», d.h. in Einheit mit ihren eigenen Lehren gegenüber.

Die bedeutendste Umstellung betrifft aber die Position Fittkau-Garthes selbst. Hier steigert die Diplompsychologin ihre Ansprüche ins Unermessliche: Heide Fittkau-Garthe ist, so lehrt sie es ab 1993, niemand Geringeres als Gott selbst, ja sie ist gar das Einzige, was existiert. Alles andere ist Nichts, ihre Anhänger gelten fortan als «Spiegelnichtse», in welchen sich Fittkau-Garthe selbst spiegelt. Die Idee des Dramas wird aber durch diesen monistischen Ansatz nicht aufgehoben. Obwohl das Drama eigentlich Fittkau-Garthe selbst ist, behält es für die einzelne Seele seine Faktizität und Unvermeidlichkeit. Das Ziel des Dramas wird nun aber so gefasst, dass es darum gehe, dass Heide Fittkau-Garthe immer wieder neu erkennen kann, dass sie Gott und Alles ist. Innerhalb des Dramas tritt sie als Krishna, Buddha, Jesus, Muhammad, Meister Eckhart und Guru Nanak auf, weshalb für sie klar ist, dass deren Lehren mit ihren eigenen im Grunde identisch sein müssen.

Bei ihren verschiedenen Inkarnationen wurde Fittkau-Garthe von ihren engsten Angehörigen begleitet, die ihr dabei aber oft Übles antaten, weil dies im Drama so vorgesehen ist. Diese vergangenen Konstellationen, «Systeme» genannt, wurden in stunden- oder gar tagelangen Sitzungen durchdiskutiert, in der Erwartung, dass die dadurch herbeigeführte «Lösung» des Systems die Probleme der Welt mindere und den Zyklus voranbringe (beides zugleich, obwohl der Zyklus in eine Vermehrung der Probleme der Welt bis zum Untergang münden muss – dies ein Widerspruch, der dank der Ablehnung des rationalen Denkens nicht aufgelöst werden musste). Das einzelne Mitglied erfuhr sich so zugleich als Übeltäter an der Gottheit Fittkau-Garthe, als einen der wichtigsten Darsteller im kosmischen Drama und als Wohltäter an der Menschheit.

Innerhalb des engsten Kreises wurde die Erwartung des Weltenbrandes auf Anfang 1998 sehr ernst genommen, irdische Bindungen wie Liegenschaften, Mobiliar und finanzielle Rücklagen wurden aufgegeben.

Um diesen inneren Kreis herum bestand ein äusserer Kreis von Interessenten, der in die Weltzyklen-Lehren kaum eingeweiht war und unter dem Namen «Trainingszentrum zur Freisetzung der Atma-Energie» mit Angeboten der alternativen Psychoszene bedient wurde.

Was Heide Fittkau-Garthe um sich herum aufbaute, ist ein typisches Beispiel einer radikal meistergebundenen Kleingruppe: Die Ansprüche bezüglich der eigenen Person kennen kein Mass mehr. Die Meisterin ist das Höchste, ja eigentlich Alles. Sonst ist nichts. Für die Anhänger wechseln sich Erhöhung und Erniedrigung ab – ja sie erfolgen zur gleichen Zeit. Immer aber bleibt die Selbstwahrnehmung und der Rang in der Gruppe von den unter Umständen täglich wechselnden Zuschreibungen der Meisterin abhängig. Die Entwicklung eines kohärenten Selbstbildes ist nicht möglich. Insofern waren die Befürchtungen der spanischen Polizei nicht ganz unverständlich. Die Gemeinschaft um Fittkau-Garthe erfüllte viele der Voraussetzungen, welche bei den Gemeinschaften, die in einen Massensuizid gingen, gegeben waren. Was Sektenhaftigkeit in einer Extremform bedeutet, kann der Geschichte der Gemeinschaft um Fittkau-Garthe jedenfalls entnommen werden, ebenso die Tatsache, dass kleinere Gruppen für solche Radikalisierungen weit anfälliger sind als grössere Gemeinschaften.

Jasmuheen

Jahsmuheen, eine «kosmische Telepathin», mit bürgerlichem Namen Ellen Grave, und gebürtige Australierin, lebt nach eigenen Angaben seit 1993 nur noch von Licht. Sie ist Mitglied einer Gruppe von Menschen, die auf dem speziellen Gebiet der Prana-Ernährung und den Energiefeldern des Körpers Pionierarbeit geleistet und sie angeblich erfolgreich umgesetzt haben. 1996 erschien ihr Buch «Lichtnahrung», in welchem sie den 21-Tage-Prozess vorstellt, während dem man sich soweit wie möglich von der Aussenwelt zurückziehen soll. In der ersten Woche gibt es nichts zu trinken oder zu essen. Ab der zweiten Woche ist Flüssigkeit mit 25 Prozent Fruchtgehalt erlaubt, ab der dritten Woche mit 40 Prozent Fruchtgehalt. Nach 21 Tagen brauche man, um sich zu ernähren oder um sich mit der nötigen Energie zu versorgen, keine Nahrung mehr. Die Ernährung und Energie kämen dann vom Licht oder von Gott. Auch im deutschsprachigen Raum gibt es verschiedene Personen, welche dieses Programm durchlaufen haben. *Sie berichteten – wen wunderts? – von Visionen und mystischen Erfahrungen, jedoch auch von extremen Belastungen. Von Seiten der Ärzte wurden Stimmen laut, welche vor dem Programm u.a. wegen eventuellen Nierenschäden warnten.* Weltweit sollen über 5000 Personen die 21 Tage durchlaufen haben. Jasmuheen unternimmt regelmässig Vortrags- und Seminarreisen im deutschsprachigen Raum, ebenso gibt es Personen, welche den 21-Tage-Prozess durchlaufen haben und nun andere Menschen darin begleiten.

Adresse: Koha Verlag, Almstr. 4, D-84424 Burgrain, Tel. 08083 1443, Fax -9416.
www.selfempowermentacademy.com.au

Kawwana – die «Kirche des Neuen Aeon» des Thorwald Dethlefsen

Wie schon 1997 angekündigt, schritt Thorwald Dethlefsen, bisher vor allem als erfolgreicher esoterischer Schriftsteller und Kursleiter bekannt, im Jahr 1999 zur offiziellen Gründung einer neuen Kirche, «Kawwana» genannt, ein Begriff, den Dethlefsen in der Kabbala fand und den er mit «Ziel» oder «Inbrunst» übersetzt. Andere Worte wie Gott, Einheit und Licht sind ebenfalls gültige Begriffe für dieses Ziel, das Dethlefsen zum Teil mit überlieferten, zum Teil auch mit selber kreierten Ritualen anstrebt. Diese Rituale werden nicht erklärt. Sie müssen nicht verstanden, sie müssen erlebt werden. Die neue Kirche ist notwendig geworden, weil es nur ihr gelingt, das neue Zeitalter, das Wassermannzeitalter, zu gestalten und – was seit den antiken Mysterienkulten niemand mehr vermochte – Menschen rituell in die nächste höhere Welt hinüberzuführen. Die Lehre der neuen Kirche ist in ihren Grundlinien gnostisch konzipiert: Gott hat einen Teil seines Selbst in der Schöpfung verloren. Diese verlorene Hälfte Gottes muss nun wieder in die göttliche Einheit zurückgeführt werden, was nicht so einfach ist, weil sich ein Heer von negativen Wesen, die die niederen Welten bevölkern, dieser «Rückholung» widersetzt. Die neue Kirche ist der erste Teil der erlösten Welt. Aber die ganze Welt soll neue Kirche werden. Im Verlauf dieses Erlösungs- oder Heilungsprozesses erreichen die Menschen die Möglichkeit, sich nicht mehr reinkarnieren zu müssen. Mit seiner Kirchengründung kritisiert Dethlefsen auch heftig den unverbindlichen Esoterikmarkt. Mit seinem Rückgriff auf die Kabbala und seiner Kirchengründung wendet er sich an Esoteriker, die der Unverbindlichkeit müde geworden sind und sich gerne verbindlicher engagieren.

Dethlefsen sieht sich als von höchster Stelle berufen und vergleicht seinen Offenbarungsempfang mit dem Gespräch des Mose mit Gott. Was Gott eingibt, ist nun aber sehr deutlich durch die Kabbala des Isaak Luria (1534–1572) vorgezeichnet. Ari, der Löwe, wie Luria auch genannt wird, lebt nach Auffassung von Dethlefsen immer noch und leitet von fernsten Welten her zusammen mit anderen Persönlichkeiten die neue Kirche. Dethlefsen ist nur ihr irdischer «Vicarius».

Sektenhafte Züge sind schon in der Gründungsphase von Kawwana nicht zu übersehen: die überhöhte Gründerfigur mit unbefragter Autorität, das elitäre Selbstverständnis der Gruppe und das dualistische Weltbild, das Kritik von aussen als Einwirkung dunkler Mächte verstehen kann. So könnte die Kirche des neuen Aeons Gefahr laufen, sich uralten, sattsam bekannten Mustern anzugleichen.

Adresse: Kawwana – Kirche des Neuen Aeons, Gönnerplatz 1, D-80469 München, Tel. 089 2023 92 82, Fax -84, Email: 1166145@kawwana.de.
www.kawwana.de

Komaja

Die Gemeinschaft Komaja wurde begründet vom aus Mostar stammenden Kroaten *Franjo Milicevic*. Im Jahr 1953 geboren und katholisch erzogen, interessierte sich Milicevic während seines Studiums in Zagreb für östliche spirituelle Wege. Er wurde Mitbegründer der jugoslawischen Sektion der Transzendentalen Meditation Maharishi Mahesh Yogis und 1978 Initiator der «Kundalini Lodge» in Zagreb, die der Theosophischen Gesellschaft Adyar angehörte. Milicevics eigene Interpretation der Theosophie führte aber bald zu Spannungen mit der Leitung der jugoslawischen Theosophischen Gesellschaft, so dass sich Milicevic mit seinen Anhängern von der Theosophie trennte. Milicevic nennt sich seither *Aba Aziz Makaja*, als Name der Gemeinschaft wurde das Wort Komaja gewählt. 1987 zog Makaja in die Schweiz, er lebt in Mittelurmi oberhalb Gersau.

Die Lehre der Komaja speist sich aus den biographischen Einflüssen Makajas, dem katholischen Christentum, der Transzendentalen Meditation und der Theosophie. Ziel des Menschseins ist es, sich durch tägliche Meditation und ethische Lebensführung zum «Übermenschen» zu entwickeln und Gott, der personal und unpersönlich gleichzeitig gedacht wird, ähnlich zu werden.

Wichtig auf diesem Weg ist Makaja insbesondere die Liebe, diejenige zum andern Geschlecht ebenso wie die Liebe zu allem Sein. Die Sexualität findet im Rahmen der Komaja auf zwei Wegen Beachtung: demjenigen der Askese und demjenigen des Auslebens der sexuellen Bedürfnisse.

In diesem Zusammenhang sind die polygamen Lehren Makajas zu sehen, so das Konzept der «Zajedna», einer Mehrehe in gegenseitiger Absprache und gemeinsamer Verantwortung für die Kinder. Ziel der Zajedna ist es, über die Beschränktheit der

Zweierbeziehung hinauszuwachsen und sich über sexuelle Beziehungen zu mehreren Partnern hin zur Allliebe zu entwickeln. Daneben werden tantrische Rituale geübt.
Komaja ist in ihrer Wertung recht umstritten. Während manche Kritiker in Komaja eine «Sex-Sekte» im frühen Osho-Bhagwan-Stil sehen, gilt Komaja anderen als valable Fortentwicklung der Theosophie. Komaja kann als utopische Gemeinschaft angesprochen werden, die es unternimmt, ein alternatives Modell des Zusammenlebens zu entwickeln und zu leben. Wie bei jeder utopischen Gemeinschaft besteht die Gefahr, dass die Abhängigkeit der Mitglieder von der Gruppe und die Abgrenzung von der «Normalgesellschaft» im einzelnen beträchtlich sein kann.

Statistik: 300 regelmässige Kursbesucher, rd. 50 Bewohner der Z in Gersau/CH und Gottmadingen/D. Meditations- und Lesegruppen in verschiedenen Städten Ds und der CH.
Adressen: Komaja Meditationsschule, Mittelurmi, CH-6442 Gersau. – Komaja Gesellschaft für Gesundheit und Erkenntnis, D-78244 Gottmadingen, Johann-Georg-Fahr-Str. 20.
www.access.ch/komaja

Miracle of Love (MOL)

Gott lässt den Menschen in seinen Problemen nicht verkommen. Vor allem den fast endlosen Kreislauf immer wieder neuer Inkarnationen könnte der Mensch von sich aus kaum beenden, käme nicht Gott dem Menschen zu Hilfe, erleuchtete ihn mit seiner göttlichen Liebe, befreite ihn aus weltgebundenen und selbstvergessenen Illusionen und zeigte ihm die eigene innerste Geistigkeit und Göttlichkeit. In dieses göttliche Liebes- und Befreiungswerk eingebunden wurden David Swanson, 1950–1995, seine Frau Kalindi La Gourasana und deren Freundin «The Lady». Von 1987 bis zu dessen Tod 1995 manifestierte sich Gott, «The Golden One» oder «Lord Gourasana» genannt, in physischer Form in David Swanson. In dieser irdischen Inkarnation schenkte Gott den Menschen das rechte Wissen zur Befreiung aus dem Kreislauf der Geburten, die rechte Meditationsmethode, die dem Menschen ermöglicht, sich mit der göttlichen Liebe und dem eigenen innersten Wesen zu verbinden und die Begleiterinnen der göttlichen Inkarnation, in deren Worten und Gegenwart noch heute die göttliche Liebe und die Auflösung von Illusion erlebt werden kann. Die Witwe des Gründers ist noch heute mit ihrem verstorbenen Gatten und dem höchsten göttlichen Wesen eng verbunden. Auch deren Freundin, «The Lady», schon lange Zeit erste Schülerin von Kalindi La Gourasana, spricht in der Überzeugung der Gemeinschaft die Wahrheit so klar, dass alle den Weg zu Befreiung finden können. Eine herausragende Rolle spielen auf diesem Befreiungsweg die von MOL angebotenen Kurse, vor allem ein im Zentrum in Kalifornien angebotener Intensivkurs, bei dem die Grundlagen der GMP, der Gourasana-Meditations-Praxis, angeboten werden. Der Kursbesucher soll die reine Liebe Gottes unmittelbar erleben lernen. Um Illusionen abzubauen werden Übungen angeboten, ähnlich denjenigen der Osho-Bewegung (s.d.), die in einer Art kathartischer Gruppenerfahrung persönliche Blockaden durchbrechen helfen und ekstatisch erlebbare Gottesnähe vermitteln.
MOL deutet, ähnlich wie hinduistische und buddhistische Mystiker, die Welt als Quelle kaum endender Illusionen und das menschliche Leben als leidvolle Kette immer wieder neuer Geburten. Auch die Inkarnationsvorstellung – Gott erscheint im Menschen, um den Menschen wieder mit sich zu verbinden – erinnert mehr an die hinduistische Avatar-Theologie als an den ähnlichen christlichen Inkarnationsglauben. Gott inkarniert sich nach hinduistischer Überzeugung wann immer die Welt seiner rettenden Gegenwart in besonderer Weise bedarf. Die an Osho, die New-Age-Bewegung oder analoge esoterische Angebote erinnernde

Meditation und Transformation macht MOL zu einer typischen spirituellen Bewegung des zeitgenössischen Kaliforniens: Mystische Impulse aus den verschiedensten Kulturen verbinden sich mit therapeutischen Ansätzen zu einer Kursorganisation, die dem Menschen intensive eigene spirituelle Erfahrung verspricht. Die Anbieter erscheinen – wie dies auch andernorts üblich ist – eingehüllt in transzendentes Licht, ewige Liebe und reine Göttlichkeit.

Kritiker weisen darauf hin, dass MOL nachhaltiger als andere Organisationen bei jedem Vertragsabschluss mit Gottsuchern sich durch detaillierte Bestimmungen vor jeder möglichen Schadensforderung zu schützen sucht. Grosse finanzielle Verluste, die jeder Kursorganisation bei negativem Erfolg nach amerikanischem Recht drohen, und wahrscheinlich auch negative Erfahrungen mit einzelnen Kursteilnehmern erklären dieses auf den europäischen Betrachter bizarr wirkende Absicherungsbedürfnis.

Adresse: International Center, 5663 Balboa Ave, 92111 San Diego Ca, USA, Tel. 001 (858)627-0200, Fax 001 (858)279-6744. – Europe Center (Germany), Tel. 0(049) 89 793 69 782, Fax 0(049) 89 793 75 22, Email: europe@miracle.org.
www.miracle.org

Schöpferisches Zentrum Oase

Das Schöpferische Zentrum Oase wurde 1981 von Johannes Heinz Löffler, einem ehemaligen Künstler, gegründet. Ziel war es, mit einer Gemeinschaft aus Individualisten im Einklang mit der Schöpfung zu leben. Nach Johannes Löffler lernen die Menschen im Zentrum, das Leben als einen Schöpfungsakt zu erleben.

Das Zentrum bietet verschiedene Schöpferische Seminare an, zudem gibt es für Besucher die Möglichkeit, an Meditationsgruppen zur Entwicklung schöpferischen Bewusstseins teilzunehmen. Im Sommer 1998 fiel das Zentrum einem Brandanschlag zum Opfer, inzwischen ist ein neues Zentrum aufgebaut worden.

Im Zentrum selbst leben nur der Gründer, seine Lebenspartnerin und ein anderes Paar. Knapp 40 Personen haben sich in der Umgebung angesiedelt und kommen jeweils für Meditationen und Kurse ins Zentrum. Der Förderkreis zählt 80 Mitglieder, zudem besteht ein grösserer Freundeskreis von etwa 1200 Menschen. In Hamburg existiert eine Gruppe für Schöpferische Entwicklung, welche mit Johannes Löffler verbunden ist.

Adresse: Schöpferisches Zentrum Oase, Scharrweg 70, D-2370 Neustadt-Rettin, Tel. 04561 74 71.

Spiritual Human Yoga (SHY)

1989

Spiritual Human Yoga will in Kursen auf sechs Stufen den interessierten Menschen die Möglichkeit geben, mittels einer «universellen Energie» alle Krankheiten heilen und gar Naturkatastrophen beheben zu können.

Begründet wurde Spiritual Human Yoga (SHY) vom Vietnamesen Luong Minh Dang, welcher sein Wissen von einem Schüler eines Srilankischen Meisters namens Dasira Narada empfangen haben will. 1985 emigrierte Luong Minh Dang nach St. Louis in den USA, wo er 1989 Spiritual Human Yoga begründete.

Essentiell fürs Heilen mit Spiritual Human Yoga ist die Vorstellung einer Universellen Energie, die auf physischer Ebene mit der Sonne verbunden sei und dieselbe Energie darstelle, die im Reiki wirkt. Allerdings sei Dangs Heilmethode schneller und wirksamer als Reiki. Die Universelle Energie wirkt über die sog. Chakren, Energiezentren des Körpers in indischer Tradition, auf den Menschen ein. Das Öffnen der Chakren für die Universelle Energie wird auf den unteren Stufen der SHY-Ausbildung gelernt.

Die dadurch gewonnene Offenheit für die Universelle Energie ermöglicht Heilung durch Handauflegen. Schon auf den ersten beiden Stufen sollen bereits alle Krankheiten ausser Geisteskrankheit, Drogensucht, unbekannte Viren, Blutkrebs und AIDS geheilt werden können. Die höheren Stufen ermöglichen dann die Heilung auch dieser Krankheiten (inkl. Krebs und AIDS).
Absolventen der Stufe 5 sind zu Massenheilungen im Stande, Stufe 5.1 befähigt gar zu Massenheilungen auf Distanz, dazu tritt mit Stufe 5.2 eine Nutzung der Universellen Energie im Bereich Umwelt und Katastrophen. Wer die Stufe 6 geschafft hat, kann in besonderem Mass zur planetarischen Heilung und zur Katastropheninintervention beitragen. Heilungen geschehen hier nur noch als Fernheilungen. Kurse der Stufen 1–4 werden von verschiedenen Lehrern, diejenigen ab Stufe 5 nur vom Meister Dang persönlich geleitet.
Nach Aussage von Kritikern soll Luong Minh Dang schon öfter Katastrophen vorhergesagt haben, die dann allerdings von ihm und den Seinen mit Universeller Energie abgewendet worden seien.
Die Inanspruchnahme von Heilung bei SHY, die auch übers Internet geschehen kann, ist gratis, für die Kurse sind Gebühren zu entrichten.
Das Spiritual Human Yoga treibt die Wundererwartung im Bereich Esoterik auf die Spitze. Durch den Besuch von ein paar Kursen soll der Mensch auf einen Stand gebracht werden, auf welchem kaum etwas mehr unmöglich ist. Während manche diese Übersteigerung des Wunderglaubens als Karikatur erleben, werden andere Menschen – insbesondere handelt es sich um Personen, die sich für Reiki interessieren – davon durchaus beeindruckt.
Immer problematisch sind Versprechungen der Heilung von bisher unheilbaren Krankheiten. Hier wird mit dem Ernst der Krankheit für die Betroffenen und ihren verständlichen Hoffnungen auf eine allfällige Alternative zum negativen Verdikt der Schulmedizin Schindluderei getrieben.

www.freehealing.com
www.shynews.com
www.societe.ch/euswiss

Stamm Füssen Eins / Stamm von Likatien

Die Lebensgemeinschaft «Stamm Füssen Eins» oder (nach dem Namen eines Volksstammes, der einmal im Allgäu siedelte) «Stamm von Likatien», gegründet 1974 durch das «Stammesoberhaupt» Wolfgang Wankmiller, sieht sich als Gemeinschaft «ohne künstliche Hierarchien und künstliche Autoritäten», aber mit Sinn für «natürliche Hierarchien und Autoritäten», verwirklicht in «matriarchalischen Machtstrukturen», verpflichtet dem Konsensprinzip, wonach wichtige Entscheidungen einstimmig gefällt werden müssen. Modell der Organisation ist die Stammesorganisation unserer Vorvorfahren, die eine einzigartige Lebendigkeit der Gemeinschaft garantiert, eine andere Wahrnehmung der Wirklichkeit und ein spirituelles Weltbild erschliesst und durch ein «numinoses Erfassen der Welt die Beziehung zu sich selbst und zur Welt harmonisiert (Heilung), kulturspezifische Kommunikationsmöglichkeiten schafft (z.B. eigene Sprache) und adäquate Möglichkeiten lebendiger Entfaltung erkundet und zu leben ermöglicht.» Diese im Stamm sich entfaltende Kultur beschäftigt sich «mit Träumen, Trancen, Beziehungen, Erotik, Macht, Aggressionen, Therapieformen, Ernährung, Erziehung, Hinterfragen von Moral und Tabus, Philosophien, Revolutionierung der Lebensweise etc.» «Global gesehen» versteht sich die Gemeinschaft «als einen Beitrag zum Totalausstieg aus einem Irrweg der Menschheit und zum Totaleinstieg in eine Menschheits-Zukunft». Eigene Betriebe sorgen für die nötigen Einkünfte

des Stammes und sorgen für eine möglichst grosse wirtschaftliche Autarkie der Gemeinschaft. Ihre Mitglieder sind in eigenen Betrieben tätig (u.a. 2 Verlage, Druckerei, Werbeagentur, Messe- und Marktveranstaltungsbetrieb, Unternehmensberatung, Computerladen, Arztpraxis, Rechtsanwaltskanzlei, Heilpraktikerschule, Esoterikläden, Sprachschule). Diese Betriebe sorgen für möglichst weit gehende wirtschaftliche Autarkie und Krisenunabhängigkeit der Gemeinschaft. Wer vom Totalausstieg spricht, organisiert sich möglichst unabhängig und baut seine Gemeinschaft zur Gegenwelt aus. Freundschaftliche Beziehungen pflegt er nur mit Gleichgesinnten aus ähnlichen Gemeinschaften oder Stämmen. Der Stamm Füssen/Likatien hat in gemeinsamen Treffen Bande zu ZEGG und Damanhur (s.d.) geknüpft. Die Stammes-Mitglieder besitzen z.Zt. so viele Häuser und Betriebe in Füssen/D, dass sie in ihrer engeren Heimat zu einem Wirtschaftsfaktor geworden sind.
Wolfgang Wankmiller (geb. 1957) – die folgenden Angaben zu seiner Person spiegeln die Optik der Kritiker – trat mit 14 Jahren aus der katholischen Kirche aus, besuchte eine Fachoberschule, war zeitweilig als Hausmeister tätig, trat 1976 der CSU bei, wo er Ehrenvorsitzender der Jungen Union wurde. Als er sich mit dem Vorwurf der Sektiererei konfrontiert sah, trat 1982 zur Bayernpartei über und sass für diese Partei zeitweilig im Füssener Stadtrat. Wankmiller versteht sich nach Aussagen von Aussteigern als Wiedergeburt von 40 Personen, darunter Jesus, Ludwig II. und Albert Einstein. Die in letzter Zeit durch die Boulevard-Presse bekannt gewordenen Aussteigerbekenntnisse sprechen von Gruppenbesäufnissen, sexuellen Übergriffen gegenüber Jugendlichen, Sex-Orgien, wirtschaftlicher Ausbeutung der Mitglieder, Vernachlässigung der in der Gemeinschaft lebenden Kinder. Nach Angaben von Kritikern versucht der Stamm mit seiner klaren Hierarchie – Lebemensch, Spurmensch und Schwurmensch – einen Staat im Staat aufzubauen. Als Lebemensch arbeite man im Stamm noch gegen symbolischen Stundenlohn. Als Spurmensch engagiere man sich gegen Taschengeld. Die Schwurmenschen würden ihr gesamtes Hab und Gut der Gemeinschaft übereignen. Schwurmenschen versprächen, den Stamm nie mehr zu verlassen und wenn nötig unter Einsatz ihres Lebens die Ziele der Likatier zu verfolgen und den Stamm zu verteidigen. Eine Schutztruppe (Schu-Tru-Tru = Schutz- und Trutz-Truppe) sei im Aufbau begriffen. Der Stamm habe eine eigene Währung, eigene Briefmarken und eine Zeitrechnung eingeführt, die mit der Stammesgründung beginnt. Das Leben der Stammesmitglieder werde mit einem sog. Stammeskalender detailliert überwacht. Wankmiller suche sich Frauen aus, die mit ihm schlafen dürften. Wenn diese Angaben zutreffen, dann hat sich der Stamm Füssen Eins aus einer alternativen Gemeinschaft esoterischer Ausrichtung zu einer dramatisch sektenhaften Gegenwelt entwickelt.

Statistik: 130 M.
Adresse: Wolfgang Wankmiller, Magnusplatz 6, D-87629 Füssen, Tel. 08362 389 93, Fax 08362 64 18, Email: likatien@neuschwanstein.com.
www.netzkraftbewegung.de/adressen
www.sektenausstieg-allgäu.de (kritisch)

Studienkreis für Gesundheit und Persönlichkeitsentfaltung (Gordon Freeman Fraser)

Gordon Freeman Fraser, 1914 in San Francisco/USA, geboren, studierte in den 30er Jahren in Deutschland, kehrte nach dem Krieg nach Deutschland zurück und entwickelte mit grossem Sendungsbewusstsein eine eigene Gesundheitslehre, Psychologie und Kosmologie. Nach Aussagen ehemaliger Anhänger sieht sich Fraser dazu berufen, die Menschheit auf eine höhere Entwicklungsstufe zu führen. Er selbst repräsentiert die eine Hälfte der göttlichen Dualität (den Heiligen Geist), und kann den Entwicklungsstand jeder Seele beurteilen. Er sei gar in der Lage, einem Menschen die Seele wegzunehmen und nur den biologischen Körper zurückzulassen. Bei öffentlichen Auftritten präsentiert sich Fraser als erfolgreicher Ernährungsforscher und Lebensberater. Die Kosmologie Frasers sieht Gott, der vor 53 Millionen Jahren entstanden sei, als in sich dual (männlicher Gottvater und weiblicher Heiliger Geist). Gott habe vor 1,25 Millionen Jahren die 23 Milliarden menschlicher Seelen erschaffen, die durch Höherentwicklung auch Gott werden, resp. sich mit Gott vereinen können. (Jesus hat als erster dieses Ziel erreicht.) Jeder Tag ist ein Schritt auf diesem Weg. Fraser kennt die Aufstiegsregeln. Der Umgang mit dem eigenen Körper ist von zentraler Bedeutung. Viele Menschen haben keine Seele und werden nur durch Gott gesteuert. Gott prüft mittels der seelenlosen Menschen die Aufstiegsbereiten, die allmählich zu einer kosmischen Elite werden. Die Aufstiegsleiter kennt klar vorgezeichnete Stufen – total 100 Punkte auf der unteren Skala, darüber Gottheit, Gottheit plus und Gott. Auf dieser höchsten Stufe kann eine Seele Avatar werden, d.h. zur Rettung anderer auf die Erde zurückkehren. Im innersten Kreis um Fraser leben solche Avatare, Verkörperungen von Jesus, Goethe usw. Die sehr detaillierten Ernährungsregeln befördern den Aufstieg der Seele z.B. durch Entgiftung des Körpers. Nach Aussagen von Aussteigern kann das Einhalten dieser Regeln durch Kalorienmangel zu Gewichtsverlust führen. Die Ernährungslehre wird in Kursen Neueinsteigern angeboten. Ältere Mitglieder werden zum Teil selber auch Ernährungsberater. Der einige Tausend Mitglieder umfassende Kreis um Fraser – vorwiegend im Rentenalter – trifft sich nur zum Teil in kleineren, monatlich sich versammelnden lokalen Studienkreisen; er wird hauptsächlich durch den «Studienkreis für Gesundheit und Persönlichkeitsentfaltung e.V.» in Meschede/D mit Schriften Frasers bedient.

Aussteiger kritisieren die ständige Bereitschaft der Mitglieder zur Selbstbeobachtung und Selbstzensur, selbst bei Kleinigkeiten im Lebensvollzug, die Angst, auf der Skala nicht genügend Punkte zu erreichen, und die Arroganz befördernde Vorstellung, die meisten Menschen hätten keine Seele. Diese retten zu wollen wäre demnach absurd. Auch die Vorstellung, dass Aussteiger ihre Seele ebenfalls verlieren, wirkt auf Insider bedrohlich. Andere Aussteiger, die Fraser und seinen Kreis in seinem Haus auf der Insel Ischia bei Neapel besuchten, sprechen von einer seltsamen Hitlerverehrung und Deutschtümelei Frasers. (Er will Hitler in München getroffen haben. Hitler sei ein Engel gewesen, seine Opfer allesamt Menschen ohne Seelen.) Andere Aussteiger werfen Fraser vor, dass er den Kreis jüngerer Männer um ihn herum sexuell seinen eigenen Neigungen entsprechend instruiere. Körpernähe zwischen Männern befördere die seelische Höherentwicklung, während unter heterosexuellen Paaren ein etwas grösserer Abstand dieser Entwicklung dienlich sei.

Adresse: Verein für Gesundheit und Persönlichkeitsentfaltung e.V., Eitenbergstrr. 31, D-59872 Meschede, Tel. 02903 41 107.

Vereinigung der Seth-Freunde

Jane Roberts (1929–1984) studierte englische Literatur, heiratete den Maler Robert Butts, schrieb Lyrik und SF-Romane, entdeckte ihre Medialität und wurde zum bekanntesten Channel in der zweiten Hälfte des 20. Jhdts. Seit September 1963 experimentierte sie in ihrem Haus in Elmira bei New York zuerst mit automatischem Schreiben, dann mit dem Oujia-Brett, später hörte sie Stimmen, die sie aufschrieb, zuletzt wurde sie Trancemedium. Die Wesenheit, die sich durch Jane Roberts meldete, nannte sich zuerst Frank Whiters, dann Seth, wobei aber alsbald deutlich wurde, dass Seth in sich verschiedene Wesenheiten als Teilaspekte trägt und auch selbst nur ein Teil einer anderen grösseren Wesenheit ist. Um die Sache noch geheimnisvoller zu machen erklärte Seth, er sei auch ein Teil in Jane Roberts Unbewusstem, in welchem er schwimme wie ein Fisch im Wasser. Jane Roberts hingegen meinte auch, Seth könnte eine Personifizierung einer überbewussten Fortsetzung ihres normalen Selbst sein. Neben Seth channelte Jane Roberts z.B. auch den Maler Paul Cézanne und den amerikanischen Philosophen William James. Für die Folgezeit wesentlich wurden aber die Texte von Seth, deren Studium eine ganze Reihe von Seth-Freunde-Gruppen pflegt.

Seth spricht über fast alles und jedes, über den Menschen, seinen Geist, die Reinkarnation, das Leben nach dem Tod, das Universum, die Antimaterie usw. Grundlinien dieser Weltschau sind: 1. Die Überlegenheit des Geistigen über das Materielle. Die Seele kann Gedanken und Gefühle in physische Realität verwandeln. 2. Jede sichtbare Person ist nur ein kleiner Teil einer multidimensionalen Persönlichkeit, ein Bruchteil eines Ursprungsselbst. 3. Zeit als lineare Abfolge von Vergangenheit-Gegenwart-Zukunft ist eine Illusion. Auch alle unsere verschiedenen Leben in der Reinkarnationsreihe existieren gleichzeitig. 4. Das im Traum erlebte Universum ist so real wie das physische Universum. 5. Tod ist kein Ende, sondern Verwandlung innerhalb der immer schon multidimensionalen Persönlichkeit. 6. Gott ist die Summe aller Lebensenergie.

Selbstverständlich haben im Anschluss an die im Buchhandel äusserst erfolgreiche Jane Roberts auch andere Channels angefangen, Seth-Botschaften zu übermitteln. Dass diese Ausführungen viele Menschen mit spirituellem Orientierungsbedarf ansprechen, verwundert niemanden. Seth ist ein Reiseführer durch die gegenwärtige, allzu unbegreifliche, in die andere, kaum zu erahnende Welt, und hilft den Seth-Freunden, mit beiden vertraut zu werden und sie mutiger zu betreten. *Andererseits ist die selbst eingestandene enge Verbindung von Seth mit Jane Roberts' Psyche zusammen mit vielen mystisch hochstilisierten Plattitüden für den Kritiker Grund genug, diesem leicht diffusen Reiseführer durch die beiden Welten skeptisch zu begegnen.*

Adressen: Vereinigung der Seth-Freunde, Postfach 2308, CH-8031 Zürich. – seth.verlag, Stadtstr. 38, CH-6204 Sempach / LU, Tel. 079 348 16 43.
www.sethfreunde.org
www.sethverlag.ch

Weisser Lotus

1984

Das 1984 vom Ehepaar Monika («Satisha») und Burkhardt («Buddha») Kiegeland gegründete und nach der Scheidung vom «Herzmeister» Burkhardt allein weitergeführte Zentrum für spirituelle Therapie oder für Selbsterfahrung versteht sich als «Abenteuerreise», als «Schleudersitz für den Kopf, Schmelzofen für das Herz und Auftaustation für den Bauch». 1990 wurde eine verlassene Schuhfabrik in Ostermiething, ca. 40 km von Salzburg entfernt, gekauft und zum neuen Zentrum umgebaut. Burkhardt Kiegeland, geb. 1944, arbeitete zuvor als Autor und Lektor in einem Verlag, fand dann über die Humanistische Psychologie zur «Spirituellen Therapie», war zeitweilig Schüler von Bhagwan Shree Rajnesh/Osho (s.d.), später Schüler beim Osho-Schüler und Energy-World-Meister Michael Barnett, der öfters in Kiegelands Zentrum eigene Kurse durchführt. Der Verein Weisser Lotus bietet nicht nur Meditationskurse und Selbsterfahrungsgruppen an, er betrieb oder betreibt auch ein Fachgeschäft für Modelleisenbahnen («Lotus-Lok-Station»), Produktion und Vertrieb von CDs («Lotus-Records»), eine Tontöpferei, eine Biolandwirtschaft, eine Holzwerkstätte, einen Weinhandel, eine Firma zur Herstellung und zum Vertrieb von transportablen Grossbildkameras («Lotus-View-Camera»), einen Internet-Provider («Lotus-Intergate») usw. Wer Dauerbewohner im Zentrum werden will, muss unternehmerischen Geist zeigen. Im Seminar- und Meditationszentrum leben und arbeiten einige Dutzend Menschen, auch Familien, z.T. als Stammbesetzung, z.T. als bezahlende Gäste. Auch Osho verstand zusammen leben und arbeiten als Therapie. Therapienmöglichkeiten – auch dies ein Osho-Erbe – werden in einer bunten Vielfalt angeboten: Lotus-Herz-Projekt, Rebalancing, Unterwasser-Rebirthing, Healing der Grundangst, Healing der Schuld, NLP, Lotus Sieben Herz, Flugübungen für Herzen, Mann-Frau-Gruppen, Ayurveda usw. Wie Osho greift Kiegeland Vorstellungen aus der Orgontherapie von Wilhelm Reich auf. Orgon (wurzelverwandt mit Organ und Orgasmus) ist die Grundenergie im Körper, die frei fliessen muss, wenn der Mensch gesunden will. Blockierungen, die diese Energie hemmen, müssen beseitigt werden, damit der Mensch, aus seinen ihm aufgedrängten Blockaden befreit, entspannt und glücklich in sein Selbst finden kann.

Das Leben im Zentrum bietet «verkopften» Mitmenschen die Möglichkeit, Gefühle und Energie in einer warmen Atmosphäre freizusetzen und zu leben. Vor allem körperbezogene Übungen lösen starke Gefühle aus. Zwei Dinge scheint Kiegeland nicht ausstehen zu können: Besserwisserei und Kritik. Publizierte Meister-Schüler-Gespräche zeigen – dem Meister und dem Schüler wahrscheinlich nicht bewusst – wie direktiv der Meister den Schüler in vorgezeichnete Bahnen schiebt. Der Meister kennt den Weg, nicht der Schüler. Ähnlich autoritär reagiert Kiegeland auf die Kritik der sog. Sektenberatungsstellen. Diese Einrichtungen seien ein «Tummelplatz von Paranoikern», finanziert von «Grosssekten» wie der katholischen und evangelischen Kirche, die nichts anderes im Schilde führten, als religiösen Minderheiten ans Bein zu pinkeln.

Adresse: Weisser Lotus, Zentrum für Meditation, Ernsting 31–32, A-5121 Ostermiething, Tel. 062 78 7900. www.weisserlotus.co.at

New Age

Die Förderungsgemeinschaft zur Gründung einer Friedensuniversität (FGF)

Die FGF präsentiert sich zum heutigen Tag als Verein – eingetragen in Berlin –, der sich die Gründung einer Bildungsstätte zum Ziel setzt. Sie versteht sich selbst als Basisverein, der allen Interessierten offen steht. Geleitet wird dieser von einem elfköpfigen Vorstand, der die Programme ausarbeitet und koordiniert, in den aber nach eigener Darstellung alle Mitglieder ihre Ideen einbringen können.

Ins Leben gerufen wurde die FGF im Dezember 1991 als gemeinnützige Institution. 1995 musste sich die Institution in «Das Internationale Friedenskolleg Berlin» umbenennen, da private Organisationen den Namen Universität nicht tragen dürfen. Trägerin des Kollegs ist die FGF (die sich nach wie vor so nennt und in Erscheinung tritt). Die Studiengänge der FGF sollen die verschiedenen Disziplinen der Wissenschaften unter dem Aspekt der Friedensschaffung und -erhaltung zusammenführen. Darunter werden aber nicht nur die Natur- und Geisteswissenschaften verstanden, sondern auch Kunst und «spirituelle Erkenntnis» sollen eine umfassende Erweiterung des Denkens fördern. Die Kurse der Friedensuniversität sollen grundsätzlich allen Menschen offenstehen, ungeachtet ihrer Herkunft, Bildung oder religiösen Zugehörigkeit, denn jeder Mensch wird als individueller Kulturträger und potentieller Kulturschaffender verstanden.

Das Programm der Friedensuniversität umfasst hauptsächlich Seminare und Hearings, die jeweils unter einem bestimmten Thema stehen und von einer auf ihrem Gebiet wohlbekannten Persönlichkeit geleitet werden. 12 Nobelpreisträger, unter ihnen der 14. Dalai Lama, Desmond Tutu, Nelson Mandela, Rigoberta Menchu und Betty Williams, um nur einige zu nennen, fungieren als gemeinsame Schirmpersonen der FGF. Als wissenschaftlicher Leiter ist Prof. Dr. Ervin Laszlo, Mitbegründer des Club of Rome, sehr engagiert. Auf der Unterstützungs-Liste der FGF finden sich so namhafte Leute wie Luise Rinser, Yehudi Menuhin oder Johann Galtung. Einer Institution, die derart prominent unterstützt wird, kann es an Überzeugungskraft nicht fehlen, ganz abgesehen davon, dass es sich beispielsweise Friedensnobelpreisträger schwerlich leisten könnten, einer dem Frieden verpflichteten Organisation ihre Unterstützung zu versagen. Die FGF ist der Ansicht, dass die Mitarbeit dieser Personen deshalb von Bedeutung sei, weil sie über ein grösseres Netzwerk von Beziehungen und Einflüssen verfügten als andere. Ob sie der Basisverein FGF letztlich nicht doch nur als Aushängeschilder zur Kaschierung eigener inhaltlicher Leere gebraucht, wird sich weisen müssen. Die Zahl derjenigen, die sich bisher bereit fanden, über blossen Besuch von Veranstaltungen hinaus etwa Lehrveranstaltungen der FGF durchzuführen, ist geringer als die lange Liste bekannter Namen.

Statistik: rd. 1000 M aus über vierzig Ländern.
Adresse des Schweizer Zweigs: Schweizerische Fördergemeinschaft für die Internationale Friedensuniversität, Mainaustr. 15, Postfach 3370, CH-8021 Zürich, Tel. 01 272 62 44.
www.peace-university.net

Die Beaulieu-Bewegung

Die Beaulieu-Gruppe traf sich erstmals im Jahr 1985. Die ersten Zusammenkünfte fanden in Bern im Restaurant Beaulieu statt, das der Bewegung den Namen gab. 1991 wurde die Internationale Vereinigung Beaulieu in Hauterive bei Freiburg/CH gegründet. Gründungsmitglieder waren zwei Frauen und acht Männer; die meisten von ihnen hatten schon langjährige Erfahrung in der Entwicklungszusammenarbeit. Dazu gehören ein Agronom, eine Ethnologin, ein Philosoph, eine Ökonomin, ein Lehrer, ein Soziologe und ein Theologe.
Mitglied der Beaulieu-Bewegung kann werden, wer den Jahresbeitrag von 50 Franken bezahlt und sich mit den Grundgedanken der Bewegung einverstanden erklären kann; eine Mitarbeit ist nicht Bedingung. Den Statuten der Vereinigung ist eine «Orientierung für den Alltag» beigelegt, welche die Mitglieder bei der persönlichen Lebensgestaltung begleiten soll und in welchem z.B. Achtung für alle Religionen, aber auch Einschränkung des Gesamtkonsums gefordert wird.
Für Beaulieu ist es klar, dass der Mensch heute einen wichtigen Teil seiner selbst verdrängt: Seine Körpergefühle, seine Visionen, seine Religiosität und seine Kreativität. Das hinterlässt in ihm eine tiefe Traurigkeit und Unzufriedenheit. Der unglückliche Mensch entwickelt irrationale psychische Bedürfnisse. Er wird zu einem Gefangenen in einem Teufelskreis von Ersatzhandlungen. Dazu gehört unser Konsumverhalten: immer neue, meist nutzlose Anschaffungen, übermässiger Gebrauch von Genussmitteln und Drogen. Darin liegt auch die Quelle der menschlichen Aggressivität und Destruktivität. Beaulieu zeichnet das Bild einer Zivilisation des Egozentrismus, in der Beziehungen verarmen und der Einzelne einsam seiner inneren Leere ausgesetzt ist.
Der Mensch hat aber ein angeborenes Bedürfnis, sich zu entfalten. Menschen brauchen auch ein religiöses Orientierungssystem. Das Göttliche und das Spirituelle wohnen überall, auch in jedem Menschen. Gerade deshalb aber darf sich der Mensch nicht

überschätzen. Es geht darum, dem Menschen wieder den richtigen Platz zuzuweisen: als einem unendlich kleinen Teil der Schöpfung, der nicht im Zentrum steht, als Randerscheinung der Natur, die auch ohne den Menschen weiterleben wird.

Für Beaulieu ist Gottes Atem überall, alles Geschaffene ist göttlich. Er hat nicht nur die Erde geschaffen, sondern das gesamte Universum. Gott könnte man ein allem zugrunde liegendes Prinzip nennen. Beaulieu rechnet nicht mit dem erlösenden Eingreifen einer Macht, die Macht ist in uns selber.

Für Beaulieu spielt auf dem Weg der Veränderung die Spiritualität eine grosse Rolle. Die Stille, die Besinnung und Meditation müssen Platz finden im menschlichen Leben. Spiritualität ist kein Theoriegebilde, sie liegt im persönlichen Erfahrungsbereich. Es geht aber nicht darum, Religion zu privatisieren, sondern darum, Kraft zu schöpfen, um nach aussen wirksam zu werden. Der Mensch ist ein spirituelles Wesen, steht aber immer in einem gesellschaftlichen Zusammenhang. Ziel der Spiritualität ist das Bewusstmachen des eigenen Kontextes.

Statistik: 350 M.

Rainbow Familiy of Living Light

Die Rainbow Family of Living Light ist aus der Hippie-Bewegung der 70er Jahre herausgewachsen und wirbt für einen naturschonenden und gewaltlosen Lebensstil. Typisch für die Organisation ist der Verzicht auf jede (offizielle) Hierarchie und deren Substitution durch ein Konsens-System (Entscheidungen werden so lange diskutiert, bis kein Teilnehmer mehr einen Widerspruch anmeldet).

Die Rainbow Family stellt über diese Grundanliegen hinaus keine geschlossene weltanschauliche Organisation dar. Ihre Mitglieder vertreten deshalb sehr verschiedene Positionen, die von einem liberalen Christentum über Esoterik und Buddhismus bis zu einem expliziten Atheismus reichen können. Die Gatherings stellen deshalb oft einen Jahrmarkt der Spiritualität dar, insofern jeder Rainbow-Aktivist seine eigenen Workshops einrichten kann. Grundlegend ist eine Scheidung in eher politisch motivierte und in eher spirituell engagierte Rainbow-Anhänger.

Die zentrale Aktivität der Rainbow Family stellen die sog. Gatherings dar, die jeweils einmal jährlich in den USA und in Europa stattfinden und bewusst naturschonend geplant und durchgeführt werden. Ziel ist das friedliche Zusammenleben. Harte Drogen und Alkohol werden nicht gerne gesehen, Cannabis-Konsum ist allerdings die Regel. Soziologisch gesehen entstammt ein grosser Teil des Rainbow-Publikums der alternativen Szene, viele sind, z.T. freiwillig, ohne festen Wohnsitz.

www.rainbowinfo.org

XI UFO-Bewegungen

Wenn Mythen jene Geschichten sind, die der menschliche Geist der eigenen Seele so lange erzählt, bis die Seele meint das Woher und Wohin dieses Lebens und dieser Welt verstanden zu haben – wenn überhaupt, so kann nur die Seele dieses Geheimnis wirklich verstehen –, dann sind die Theorien der neuen Ufogemeinschaften die vielleicht spannendsten Mythen der Gegenwart. Kein anderer Mythos verbindet derart genial uralte religiöse Hoffnung mit den Vorstellungen der modernen, technikfreudigen Welt. Wie seit Urzeiten ist der Himmel die der Erde überlegene Welt. Und immer noch findet die verirrte Erde zurück auf gute Wege nur dort, wo der Himmel eingreift und diese guten Wege lehrt. Nur finden die neuen Weltenretter mit technischen Geräten zu uns. Aus welcher Galaxie stammen die Retter? Diese Frage findet in den verschiedenen Ufogemeinschaften je verschiedene Antworten. Aber immer sind die Ufonen, die Wesen aus dem All, uns fast grenzenlos überlegen, und immer lieben sie die sich selbst gefährdende Menschheit.

Worin unterscheiden sich eigentliche Ufogemeinschaften von «normalen» Ufostudienzirkeln? Im Unterschied zu den hier besprochenen religiösen Ufogemeinschafen mit oft bedeutsamer, das weitere Schicksal der Erde bestimmender Botschaft interessieren sich die übrigen Ufostudienzirkel mehr für die Glaubwürdigkeit einzelner Sichtungen. In der religiösen Ufogemeinschaft interessiert weniger das Faktum der Landung, sondern die Botschaft der Ufonen.

Gemeinsam ist allen Ufogemeinschaften, dass Erich von Dänikens Theorie einer vorzeitlichen Landung höherer Kulturbringer auf unserem Planeten in veränderter Gestalt in den neuen Gemeinschaften weiterwirkt. Was bei Erich von Däniken Geschichte ist, ist hier Gegenwart und Zukunft. *Gemeinsam ist überdies auch der kaum begreifbare Umstand, dass sich die Ufonen nur an sehr wenige, auserwählte sog. «Kontaktler» wenden, was diesen eine einzigartige Machtposititon verleiht. Ob diese Auserwählten nun ihre Erfahrungen mit den Ufonen, die bis zu Besuchen auf den Herkunftsplaneten der rettenden Wesen reichen, bewusst ersinnen oder unwillkürlich erschauen, die Grenze zwischen geschäftstüchtiger Fiktion und unfreiwilliger Vision lässt sich manchmal kaum ziehen, vor allem dann nicht, wenn wir die Personen kaum kennen. Die Menschen aus der nächsten Umgebung allerdings, solange sie selber noch Gläubige sind, beschreiben die «Kontaktler» als ehrliche Vermittler unfreiwilliger Erfahrungen. Als abgesprungene Ex-Mitglieder aber sprechen sie von talentierten Komödianten oder gar von hemmungslosen Scharlatanen.*

Ancient Astronaut Society (AAS)

1973
Die Ancient Astronaut Society (AAS) ist in den USA gegründet worden und hat nach Angaben im Einladungsschreiben von Erich von Däniken Mitglieder in 50 Ländern. Die deutschsprachige Sektion hat ihren Sitz in CH-4532 Feldbrunnen.

Zeitschrift: Ancient Skies. Official Logbook of the Ancient Astronaut Society (deutsche Ausgabe).

FIGU (Freie Interessengemeinschaft für Grenzwissenschaften und Ufologie)

«Billy» Eduard Albert Meier, auch Billy oder BEAM genannt, wurde am 3.2.1937 in einfachen Verhältnissen in Bülach/CH geboren. Schon mit fünf Jahren will er UFOs gesichtet haben. Später suchten sich die Plejadier Billy Meier als ihren Propheten und Kontaktmann auf unserem Planten aus. Billy, der in früheren Existenzen in weiter entwickelten Welten gelebt hatte, war für diese Aufgabe prädestiniert. Die Plejadier, Ufonen vom Planeten Erra, Hunderte von Lichtjahren von der Erde entfernt, aber dank ihrer Technik der Raum-Zeitverschiebung innert kürzester Zeit auf unserem Planeten angelangt, führten Billy in ihre Geistlehre ein, erklärten ihm in Hunderten von persönlichen Begegnungen oder telepathischen Kontakten die Natur dieses Kosmos, die Probleme der gegenwärtigen Menschheit – ein Hauptproblem ist die Überbevölkerung – und die nötigen Schritte auf dem nun dringend anstehenden weiteren Weg der Evolution. Ab 1975 sammelte BEAM in der FIGU und in seinem sog. Semjase-Silver-Star-Center in Hinterschmidrüti/CH eine kleine, aber engagierte Gruppe von Menschen um sich, die bereit waren, sich der neuen Geisteslehre zu öffnen und ihre Freizeit dem Semjase-Silver-Star-Center zu opfern. (Semjase ist eine 350 Jahre alte, aber noch jugendlich frisch wirkende Plejadierin, die BEAM besonders häufig aufgesucht hat, die allerdings in Hinterschmidrüti 1977 auch verunfallte, worauf die Plejadier sie zur Heilung auf ihren Planeten zurückgeführt haben.) Andere sog. Kontaktler, wie sie z.B. die Raël-Bewegung oder das sog. Ashtar-Command kennen, sind – darauf bestanden die Plejadier – Pseudokontaktler und Betrüger. Betrüger sind auch jene Kritiker, welche die sog. Beweise, die BEAM für seine Kontakte vorlegte (Photos, Tonbandaufnahmen, Videos, Metallstücke von den Ufonen überreicht) einer zum Teil vernichtenden Kritik unterwarfen. Nicht weniger deutlich äussern sich BEAM und die Plejadier über ehemalige Mitglieder der FIGU und Familienangehörige von BEAM, die jetzt auch die Echtheit der Botschaften und der sog. Beweise bestreiten. Der Glaube an Gott im christlichen Sinne und alle Religionen im allgemeinen Verständnis sind nach BEAM Hindernisse auf dem Weg einer notwendigen weiteren Evolution des menschlichen Geistes. Die Geisteslehre aber, von den Plejadiern durch BEAM übermittelt, führt den Menschen über die Nöte seiner Existenz und die Probleme der Gegenwart hinaus. Der in der Schweiz immer relativ enge Kreis um BEAM hat in den letzten Jahren unter dem allgemein an Ufologie interessierten Publikum in den USA und im näheren europäischen Ausland diverse idealistisch gesinnte Anhänger gefunden. Bei aller Offenheit für Ufologiefans gilt aber das beim Eingang zum Semjase-Silver-Star-Center warnende Schild: «Rechtschaffene Besucher/Interessenten sind uns willkommen. Neugierige Gaffer, Sektierer, Rassisten, Fremdenhasser sowie sonstige Irre und Anormale sind unerwünscht und werden ersucht, dem Center fernzubleiben.»

Adressen: FIGU Süddeutsche Studiengruppe, Postfach 85, D-88140 Wasserburg/Bodensee. – Semjase-Silver-Star-Center, CH-8495 Hinterschmidrüti ZH.

www.figu.org
www.billymeier.com
www.figu-sdsg.de

Raël

Claude Vorilhon alias Raël wurde am 30.9.1946 in Vichy geboren als unehelicher Sohn einer katholischen Mutter und eines unbekannten Vaters, der ein jüdischer Flüchtling gewesen sein soll.
Mit neun Jahren beschloss Claude, Autorennfahrer zu werden und lernte fortan nichts mehr, was nicht diesem Ziel diente. Die Mutter brachte ihn in Internaten unter, bis er mit fünfzehn nach Paris flüchtete. Er schlug sich als Chansonnier durch, heiratete, wurde Vater, und erst etwa 1970 sah er seine Träume erfüllt: Dank der Gründung einer eigenen Automobilsport-Zeitschrift konnte er mit neuen Wagen probefahren und an Rennen teilnehmen.
Entscheidend wurde für ihn ein Spaziergang im Vulkangebirge über Clermont-Ferrand im Jahr 1973. Vor seinen Augen landete eine fliegende Untertasse, der ein kleiner Mann mit Namen «Jahwe» entstieg. Er beauftragte Vorilhon, den er «Raël» nannte (von «Israel»?), seine Botschaft als letzter Prophet, als Prophet der Religion der Religionen, weiterzuverbreiten.
Der Fremde gab sich als einer der «Elohim» zu erkennen, was nicht mit «Gott», sondern mit «der vom Himmel Gekommene» zu übersetzen sei. Die Elohim sind Wesen, deren Wissenschaft und Technik sehr viel weiter fortgeschritten sind als diejenige der irdischen Menschen. Es gelang ihnen daher vor 22 000 Jahren, auf einem andern Planeten Menschen herzustellen – ähnlich wie auch sie selbst erschaffen wurden und wie die Irdischen es einmal tun werden. Zuerst bildeten die «Elohim» auf der Erde mit gewaltigen Sprengungen Kontinente, danach Pflanzen, Tiere und die Menschen. Als die wissenschaftlichen Fortschritte der Menschen ihren Schöpfern gefährlich zu werden drohten, vernichteten diese mit Nuklearwaffen das Leben auf der Erde. Nur Noah rettete seine Haut und eine Zelle jeder Art in einer Rakete. Aus den Zellen wurden dann nach «wissenschaftlicher» Beseitigung der Radioaktivität die Geschöpfe maschinell wiederhergestellt.
«Jahwe» erzählte von den paradiesischen Zuständen auf seinem Planeten: Arbeit wird von Robotern erledigt, Lernen ist überflüssig, da Wissen chirurgisch beigebracht wird, und weil Ärzte regelmässig die Gehirne überprüfen, gibt es keine Kriminalität.
Raël fand schnell Anhänger seiner Lehre. Zur «religiösen Praxis» der Raëliten gehört es, täglich für sich und einmal pro Woche in der Gruppe zu meditieren. Der ursprüngliche Sinn des Gebets ist die telepathische Verbindung mit den Elohim. Einmal im Leben sollen sich alle vom Propheten oder einem von ihm Beauftragten die Hand auflegen lassen, um dem überwachenden Computer der «Elohim» den Zellplan zu übermitteln. So kann der Gläubige nach seinem Ableben wiederhergestellt werden. Dieser späteren Wiederherstellung dient auch ein Stückchen Schädelknochen, aus der Stirn gebrochen, das nach dem Tod der Organisation eingesandt und von dieser bis zu dem Moment aufbewahrt wird, wo durch eine Art Klonen die Wiederherstellung glückt.
Um die erwähnten Handauflegungen, eine Art «Taufe», zu vollziehen, finden im Jahr vier Zusammenkünfte statt.
Einmal jährlich werden Kurse in «Sinnlicher Meditation» abgehalten. Die «Elohim» tragen den Menschen nämlich auf, die Sinne und auch die Geschlechtsorgane uneingeschränkt zur Freude einzusetzen. Sexueller Lust ist nachzugeben, sofern das Objekt der Wünsche nichts dagegen hat. Kinder sollen nur gezeugt werden, wenn dies von beiden Elternteilen gewünscht wird und wenn beide schon «entfaltet» sind. Ansonsten ist es besser abzutreiben. Zur Kindererziehung braucht eine Mutter keinen Mann,

auch keine feste Beziehung – personaler Umgebungswechsel ist im Gegenteil immer positiv für ein Kind.
Eines der Hauptziele der Gemeinschaft ist der Bau eines Botschaftsgebäudes, in dem die Elohim, die im Jahr 2035 (zusammen mit dem bei ihnen wohnenden Jesus) erwartet werden, gebührend empfangen werden können und das bis dahin dem Führer der Führer als Residenz dient. Bevorzugtes Territorium dafür wäre Israel. Die Botschaft muss exterritorial sein, mehr als 347 Hektaren Land umfassen und in angenehmem Klima, aber so nah wie möglich bei Jerusalem liegen.
Sowohl die christliche Kirche als auch östliche Heilslehren werden von der Gemeinschaft abgelehnt, denn man brauche nun nicht mehr an mystische Ideen zu glauben, da jetzt die Religion da sei, die mit der Wissenschaft übereinstimme.
Vorilhon will mit Mythen aufräumen, setzt aber unwillentlich einen neuen Mythos in die Welt, in den er zum Ideal stilisierte biographische Elemente und im Einzelfall sehr offenkundige persönliche Wünsche projiziert. Als exklusiver «Kontaktler» zu den Elohim geniesst er in der Raël-Bewegung absolute Autorität.
Die Hoffnung auf ein Klonen verkennt, dass jedes geklonte Wesen nicht die Fortsetzung seines Ursprungswesens ist, sondern nur dessen eineiiger Zwilling. Wer geklont wird, lebt nicht als individuelle Seele weiter, sondern nur als körperliche Kopie. Die Hoffnung auf ein Weiterleben dank Klontechnik führt aber unter den Raëlisten zum forschen Willen, so bald wie möglich Menschen zu klonen. Ende 2002 traten die Raëlianer mit der Behauptung an die Öffentlichkeit, sie hätten drei Kinder erfolgreich geklont. Eine unabhängige wissenschaftliche Überprüfung haben sie bisher nicht zugelassen.

Statistik: Nach eigenen Angaben weltweit in 84 Ländern über 55 000 M / CH: ca. 200.

Adressen: International Headquarters: Raelian Movement, P.O.Box 225, CH-1211 Geneva 8, Tel. 076 373 36 66. – Deutsche Raël-Bewegung, Postfach 1252, D-79372 Müllheim, Tel. 07631 16 48 9. – Mouvement Raëlien Suisse, Case Postale 176, CH-1926 Fully, Tel. 079 690 68 41.
www.rael.org
www.rael.ch

Ashtar Command

Der Ashtar Command – mehr eine Strömung, getragen von gemeinsamen Hoffnungen und Ideen, als eine einheitliche oder gar einheitlich geführte Organisation – geht zurück auf die (theosophische) I AM-Bewegung (s.o. Kap. 10). Diese wurde von Guy Ballard als theosophische Gemeinschaft gegründet, welche durch den Gründer selbst Botschaften sog. «Aufgestiegener Meister» erhielt, die den Eintritt eines Neuen Zeitalters und die Weiterentwicklung der Menschheit zum Inhalt hatten und zu Lichtmeditationen, «Lichtarbeit», als Vorbereitung auf diesen Entwicklungsschritt aufriefen. Nach dem Tod von Ballard empfingen verschiedene Medien durch automatisches Schreiben oder durch Trance-Durchsagen Botschaften der «Meister», was zu einer Aufsplitterung der I AM-Bewegung in zahlreiche kleine Gemeinschaften von «Lichtarbeitern» führte. In manchen dieser Lichtarbeiter-Gruppen meldeten sich anfangs der 50er Jahre neben den «Aufgestiegenen Meistern» plötzlich auch Besatzungen von Ufos. Diese Ufos würden, so die Botschaften, um die Erde kreisen, um die «Meister» bei der bevorstehenden Reinigung der Erde zu unterstützen. Als Anführer dieser Ufonen gab sich ein «Ashtar Sheran» oder «Commander Ashtar» zu erkennen, der einem «Sananda» oder «Jesus-Sananda» unterstellt sei.
Die um die Erde kreisenden Ufo-Besatzungen würden von verschiedenen, im Vergleich mit der Erde höher entwickelten Planeten stammen, die zu einer interplanetaren «Föderation» resp. «Allianz» zusammengeschlossen seien. Im Rahmen dieser Allianz

würde den «Santinern», Bewohnern eines Planeten in der Nähe von Alpha Centauri, eine besondere Bedeutung zukommen, welcher Name deshalb als Bezeichnung für alle Ufonen dienen könne. Nur seien die Ufos, deren Tausende im Moment (seit den 50er Jahren) die Erde umkreisen, nur beschränkt sichtbar, da sie höheren Dimensionen resp. einer höheren Schwingungsfrequenz angehören würden. Manchmal würden sich die Ufos allerdings als Ufo-förmige Wolkenformen zu erkennen geben. Die Gesamtzahl der Besatzungen dieser Ufos geht in die Millionen. Dazu kommen allerdings noch «Aussenteams» auf der Erde. Diese haben sich in irdische Körper inkarnieren lassen, um ihre Genossen in den Ufos durch «Lichtarbeit» zu unterstützen. Allerdings müssen sich diese Mitglieder der Aussenteams erst ihrer ausserirdischen Herkunft bewusst werden und sich einer «Lichtarbeiter»-Gruppe anschliessen. (Die Angehörigen der «Ashtar Command»-Bewegung empfinden sich folglich als Mitglieder dieser «Aussenteams», also als Ausserirdische in menschlichen Körpern.) Haben die «Aussenteam»-Mitglieder einmal ein Bewusstsein ihrer Funktion gewonnen, können sie mit den Ufonen in telepathischen Kontakt treten und Botschaften empfangen. Zum Beispiel: Diese Weltzeit geht zu Ende. Es stehen apokalyptische Ereignisse bevor: Die Erdachse wird sich verschieben. Grosse Meteorite werden auf die Erde prallen, Kontinente sich verschieben, Erdteile überschwemmt werden. Das monetäre System wird zusammenbrechen. (Dies alles sollte sich nach ursprünglicher Prognose zwischen 1984 und 1996, spätestens 1999 ereignen.) Doch die ausserirdischen Zivilisationen werden uns mit ihren Mutterraumschiffen, die die Erde umkreisen, und mit kleinen Kugelraumschiffen, die auf der Erde landen werden, so lange evakuieren oder gar auf ihrem Planeten aufnehmen, bis diese Erde wieder bewohnbar wird. In dieser Zeit werden die Evakuierten von den Ufonen Grundregeln einer neuen, höheren Zivilisation lernen. Sie sind bereit, die gereinigte, umgepolte Erde wieder zu betreten.

Doch nur diejenigen Menschen können diese Rettungsraumschiffe besteigen, die sich schon hienieden um ihre Reinigung bemüht haben. Diese Reinigung besteht, hier sind sich die verschiedenen Ashtar-Kanäle einig, in einem gereinigten Verhalten. Worin dieses besteht, darüber bestehen unterschiedliche Ansichten, ebenso darüber, wie weit diese Vorschriften bereits praktisch umgesetzt sein müssen. Genannt werden etwa als Vorschriften:

– Regelmässige Lichtmeditation
– Vegetarismus, z.T. unter Bevorzugung von Rohkost
– Verzicht auf Geschlechtsverkehr, der nicht der Zeugung von Kindern dient (dies ein Erbe der I AM-Bewegung)
– allenfalls gar ein Verzicht auf mündliche Kommunikation (dies bei einer Ashtar-Gemeinschaft, die im Zusammenhang mit dem Kometen Hale-Bopp den Weltuntergang erwartete).

Das Ausbleiben der immer wieder neu vorausgesagten Ereignisse wurde dann jeweils so erklärt, dass die Ufonen den Zusammenbruch der Erde noch etwas aufzuhalten vermocht hätten. Neuerdings haben gewisse Ashtar-Medien eine neue Lehre entworfen: Den Ufonen um Ashtar sei es gelungen, die Reinigung der Erde ohne Weltuntergang einzuleiten. Der Übergang in die gereinigte, paradiesische Zeit wird also ein allmählicher sein, der Weltuntergang wird unnötig.

Literatur
– Christallina, Kontakte zu Ausserirdischen, Verlag Pegasos LIGHT, Extertal 1995.
– Dies.: Zurück zum Ursprung, zur Quelle, Verlag Pegasos LIGHT, Extertal 1995.
– Fraude, C.-Alfred (Hrsg.): Ashtar – Stimmen von oben, Selbstverlag, Zürich 1988.
– Gauch-Keller, W. und Th.: Aufruf an die Erdbewohner, Selbstverlag, Ostermundigen 1992.

Heavens Gate

Marshall Herff Applewhite (Do), Co-Gründer der Gemeinschaft und ihr Führer auf dem Weg in die «Nächste Ebene» durch kollektiven Suizid, wurde 1931 geboren, war Musiklehrer, litt persönlich und beruflich unter seinen homosexuellen Neigungen, empfand diese als Krankheit und wollte sich heilen lassen. Er traf als Patient in der psychiatrischen Klinik auf Bonnie Lu Trusdale Nettles (Ti), Psychiatrieschwester, mit der er nach Klinikaustritt durch die Lande zog im Dienste ihrer gemeinsamen neuen Heilslehren. Beide waren in platonischer Liebe miteinander verbunden. Die Gemeinschaft ging später in ihrer Angst vor der Sexualität noch viel weiter: Manche Mitglieder liessen sich kastrieren. Do und Ti wussten, dass die Endzeit angebrochen ist. Ziel des Menschen ist es, von dieser irdischen Ebene in die nächsthöhere zu gelangen. Diese wird vorgestellt als Welt von Ufonenwesen, unserer momentanen Seinsweise weit überlegen. Die Ufonen durchkreuzen mit fliegenden Untertassen den Weltraum. Eine Gemeinschaft schloss sich in engster Abhängigkeit dem platonisch lebenden Paar an. 1976, nachdem das prognostizierte Ende der Welt nicht eingetreten war und die Medien über die Gemeinschaft spotteten, verliessen viele die Gruppe. Die verbleibenden 80 Mitglieder schlossen sich noch enger zusammen. Immer offenkundiger wurde diese Erde nur als Schulzimmer zur Vorbereitung auf die nächste Ebene verstanden. 1985 starb Ti an Leberkrebs. Do isolierte sich mit seiner Gemeinschaft noch mehr. Die Gemeinschaft lebte nun in Wohngemeinschaften, in grösster Distanz zur Welt, betrieb aber seit 1996 die Internet-Provider-Firma «Higher Source». Der Übergang in die nächste Ebene wurde zuerst so gedacht, dass ein Raumschiff die Gemeinschaft abholt. Im UFO würden dann die Menschen das alte Kleid oder den alten Container (Körper) weglegen und ein neues Kleid anziehen. Weil das UFO ausblieb, entschied sich die Gruppe, den alten Container schon auf dieser irdischen Ebene wegzulegen. Nachdem Do und verschiedene Glieder der Gemeinschaft ihren Entschluss den Angehörigen in Videoaufnahmen erläutert hatten, gingen sie 1997 gemeinsam in den Tod. Auf diesen Bändern behaupten die demnächst Sterbenden u.a., dass in Wirklichkeit nicht sie sich umbringen werden, sondern die Verwandten und Angehörigen, die sich diese Videos anschauten und dann in der miserablen gegenwärtigen Welt weiterdarbten. Die Begriffe sind gemessen an der Sprache der Aussenwelt völlig ausgetauscht: Tod ist Leben und Leben ist Tod.

XII Jüdische Gemeinden

Obwohl sich das Judentum als das Volk Israel der hebräischen Bibel versteht, kann von Judentum als ausgeprägtem religiösem Willen erst seit der Rückkehr der Reste dieses Volkes, oder genauer seiner Südstämme, aus dem babylonischen Exil in seine frühere Heimat gesprochen werden. Die Grundfrage seiner Vorfahren wurde seither zur Leitfrage jüdischer Geschichte: Wie kann das jüdische Volk mit anderen Völkern zusammenleben ohne seine Identität zu verlieren? Die exklusive Verehrung des einzigen Gottes, das Wissen um die besondere Beziehung dieses Gottes zu seinem Volk, die zunehmende Bedeutung des göttlichen Gesetzes (Thora) und dessen Interpretation (Talmud) für den jüdischen Alltag und die sich in messianischen oder zionistischen Bewegungen äussernde Hoffnung auf eine ewige Identität von göttlichem Heilswillen und weltlicher Ordnung gaben dem Judentum auch in der späteren Zerstreuung über fast die ganze damals bekannte Welt die Chance, in allem Zusammenleben mit anderen Völkern, Glaubensweisen und Kulturen Judentum zu bleiben. Fast ebenso bedeutend für den Erhalt jüdischer Identität waren wahrscheinlich die intensiven Strömungen jüdischer Mystik (vor allem Kabbala und Chassidismus). Zu all diesen traditionellen Strömungen und Grundanliegen des Judentums gesellte sich in Europa seit der Aufklärung das sog. liberale Judentum, das dem göttlichen Gesetz neue möglichst menschliche und menschennahe Interpretationsmöglichkeiten beigesellte und die jüdische Identität in bisher kaum bekannter Offenheit gegenüber der Welt der Andersgläubigen lebte. Umso einschneidender wirkte auf das um seine Identität immer besorgte Judentum der Judenhass, der im 20. Jhdt. ausgerechnet in Mitteleuropa, in einem Land mit ausgeprägter liberaler jüdischer Tradition, mit grauenhafter Leidenschaft aufflammte. War das die Antwort auf die neue jüdische Anpassungsfähigkeit und Offenheit? Heute würden sich bei entsprechenden Umfragen wahrscheinlich die grosse Mehrheit der mitteleuropäischen Juden dem liberalen Judentum zuzählen. In religiösen Gemeinden indes ist davon nur ein kleiner Bruchteil integriert worden. Die orthodoxen und konservativen Gemeinden – die letzteren auf halbem Weg zwischen liberalem und orthodoxem Judentum stehend – sorgen sich weniger um weltnahen Glauben. Sie leben mit grösseren Zahlen religiös aktiver Juden ihr auffallendes und pointiertes Verständnis jüdischer Identität.

Eine relativ neue Bewegung innerhalb des Judentums ist der Zionismus, der zur Gründung des Staates Israel führte und der sich heute in seiner Liebe und seiner Treue zu dieser alten, neuen Heimat dokumentiert – wobei die Meinungen, wie jüdisch oder wie gesetzeskonform dieser Staat zu ordnen sei, bei aller Liebe zu

Israel, im Einzelnen beträchtlich divergieren. *Die Liebe zu einem Staat und einer Nation muss allerdings – vermutet der kritische Beobachter aller Nationalismen – überall dort bedenkliche Züge annehmen, wo dieser Staat zur Hauptsache und zum Ziel in sich selber wird. Vor dieser düsteren Möglichkeit ist Israel wie jeder Staat nie ganz gefeit.*

Eine kleine, aber aktive neue Gruppierung innerhalb des Judentums, vor allem, aber nicht nur in Israel, nennt sich «messianische Juden». Aufgrund der Mission evangelikal-christlicher Kreise entstanden, sehen sie das biblisch verstandene Christentum als Erfüllung des Judentums.

Im Zusammenhang des Gesprächs zwischen Juden und Christen lernten in den letzten Jahren nicht nur Christen die jüdischen Wurzeln ihres christlichen Glaubens neu kennen und schätzen, innerhalb des Reformjudentums wird auch der Einfluss des Christentums auf das Judentum – während ihrer zweitausend Jahre alten über weite Strecken auch gemeinsamen Geschichte – wahrgenommen und zur Debatte gestellt.

Jüdische Gemeinden in der Schweiz

Bereits zur Römerzeit gelangten vermutlich die ersten Juden in das Gebiet des heutigen Deutschland und der Schweiz. Sie lebten im Mittelalter vor allem in den Städten. In der Schweiz wurden sie zur Pestzeit (1348/49) verfolgt oder verjagt, dann wohl wieder befristet aufgenommen, aber schliesslich im Laufe des 15. Jhdt.s vertrieben. Im Verlaufe des Dreissigjährigen Krieges entstanden die «Judendörfer» Lengnau und Endingen (im Surbtal, Kanton Aargau). Hier und nur hier konnten während rd. zweier Jhdt.e Juden offiziell im Gebiet der heutigen Schweiz Heimat finden. Das 19. Jhdt. brachte nach und nach die Aufhebung der einschränkenden Bestimmungen sowie die Niederlassungsfreiheit auch für die Juden (1866). Die Judenverfolgungen in der Nazizeit führten zu einem – wie heute schmerzlich bewusst wird – eingeschränkten, zeitweilig offiziell verbotenen Zuzug von Menschen jüdischer Abstammung in die Schweiz. Heute sind die meisten von ihnen Schweizer Bürger. Die schweizerischen Juden der Gegenwart bezeichnen sich mehrheitlich als liberal, einige nennen sich «konservativ». Drei bis vier Gemeinden gelten als vorwiegend strenggläubig, «orthodox» (z.B. die Israelitische Religionsgesellschaft Zürich, IRG). In Genf und Zürich gibt es liberale Gemeinden (s.u.). 1904 ist als Dachorganisation der jüdischen Gemeinden der *Schweizerische Israelitische Gemeindebund (SIG)* gegründet worden.

Zeitschriften: Tachles. Das jüdische Wochenmagazin / Revue Juive.

Statistik: CH: SIG Mitglieder: 18 G, 17 914 M (Volkszählung 2000).

Adressen: Schweizerischer Israelitischer Gemeindebund, Postfach 564, Gotthardstr. 65, CH-8027 Zürich, Tel. 01 201 55 83. – Israelitische Gemeinde Basel, Leimenstr. 24, CH-4051 Basel, Tel. 061 279 98 50, Fax 061 279 98 51. Briefadresse: Postfach, CH-4003 Basel. – Communauté Israélite Genève, 10 rue St Léger, CH-1205 Genève, Tel. 022 317 89 00, Fax 022 317 89 90. – Israelitische Kultusgemeinde Zürich (ICZ), Lavaterstr. 33, CH-8002 Zürich, Tel. 01 201 16 59/60, Briefadresse: Postfach 282, CH-8027 Zürich, Fax 01 202 22 87. – Israelitische Religionsgesellschaft Zürich (IRG), Manessestr. 10, CH-8003 Zürich, Tel. 01 241 80 57, Fax 01 241 82 14.
www.hagalil.com/schweiz
www.swissjews.org
www.icz.org
www.irgz.ch
www.juden.ch

Or Chadasch

1978

Anfang 1978 gründeten die liberalen Juden in der deutschsprachigen Schweiz ihre eigene Gemeinde «Or Chadasch» («Neues Licht») mit Zentrum in Zürich. In Genf besteht seit 1970 eine liberale Gemeinde. Entsprechende Gemeinden gibt es in Frankreich, England und den USA.

Das liberale Judentum – im englischen Sprachraum wird auch vom progressiven Judentum gesprochen – hält bewusst am jüdischen Gedankengut fest, möchte es aber lernend weiterpflegen. Thora und Talmud werden als Grundlage des Glaubens nach wie vor ernst genommen, aber nicht als absolut verpflichtend betrachtet. Gott teilt seine Lehre zu allen Zeiten durch inspirierte Menschen mit. Die Beschneidung gilt ebenso wie für alle andern Juden. Innerhalb des liberalen Judentums wird, anders als im orthodoxen Judentum, den Frauen die gleiche Stellung und Verantwortung wie den Männern zuerkannt. Sie nehmen am Sabbat an den gottesdienstlichen Riten teil und sitzen mit den Männern und Kindern zusammen im Gottesdienst. Die Einhaltung der Speisegesetze wird dem Einzelnen überlassen; an den Veranstaltungen in der Synagoge werden sie eingehalten.

Der Anschluss an den SIG ist bis jetzt nicht gelungen. «Or Chadasch» ist Mitglied der *Vereinigung für religiös-liberales Judentum* in der Schweiz und der *World Union for Progressive Judaism*.

Zeitschriften: Luchot / Tradition und Erneuerung.

Statistik: World Union for Progressive Judaism: über 2,5 Mio M / CH: 2 G, rd. 300 erwachsene M / je eine kleine G

in Wien u. Hamburg.
Adressen: Jüdische Liberale Gemeinde Or Chadasch, Fortunagasse 13, CH-8001 Zürich, Tel. 01 221 11 53 / 01 221 34 33. – Or Chadasch, Prof. Th. Much, Preyerstr. 9, A-2500 Baden b. Wien.

Jüdische Gemeinden in Deutschland

Die Geschichte der Juden in Deutschland ist ebenfalls geprägt von Zeiten der Duldung, des Aufschwungs und der heftigen Bedrängnis. Die schrecklichste Judenverfolgung brach nach der Machtübernahme der Nationalsozialisten (1933) aus. Damals sind in Deutschland und in den von den Deutschen besetzten Gebieten Europas innerhalb weniger Jahre über sechs Millionen Männer, Frauen und Kinder umgebracht worden. Dadurch wurde die Zahl der Juden in Deutschland auf einen Bruchteil des früheren Bestandes reduziert.
Die Gemeinden sind in Landesverbände zusammengefasst und diese dem *Zentralrat der Juden in Deutschland* angeschlossen.

Zeitschrift: Allgemeine jüdische Wochenzeitung.
Statistik: D: 80 G, ca. 43 000 in einer offiziellen Gemeinde eingetragene M.
Adresse: Zentralrat der Juden in Deutschland, Sekretariat, Rungsdorferstr. 6, D-53173 Bonn (Bad Godesberg), Tel. 0228 35 70 23.
www.zentralratjuden.de
www.hagalil.com/deutschland

Jüdische Gemeinden in Österreich

Die ersten Juden gelangten bereits z.Zt. der Römer nach Wien. Um 900 werden Juden, die nach Österreich kamen, in einer Zollordnung erwähnt. Im Jahre 1204 bestanden in Wien eine Synagoge und an einigen Orten Judengemeinden. Jahrhundertelang wechselten Zeiten der Duldung mit Perioden der Bedrängnis. Ausgedehnte Verfolgungen brachten u.a. die Jahre 1421 und 1670. Eine tiefgreifende Änderung schuf erst das Toleranzedikt Josephs II. im Jahre 1781. Aber weitgehende Gleichberechtigung erlangten die Juden Österreichs erst mit der Revolution von 1848. 1867 wurden schliesslich alle Einschränkungen aufgehoben. Nun entstanden auch in verschiedenen kleinen Städten jüdische Gemeinden. Aus ihren Reihen beteiligten sich etliche bedeutende Männer am wissenschaftlichen und politischen Leben. Verfolgungen in den 30er und 40er Jahren unseres Jahrhunderts, d.h. z.Zt. des deutschen Nationalsozialismus, trieben die österreichischen Juden ins Exil oder in den Tod. Heute bestehen jüdische Kultusgemeinden in Wien, Graz, Innsbruck, Linz und Salzburg, Baden und Badgastein. Sie sind in dem 1958 gegründeten *Bundesverband der Israelitischen Kultusgemeinden Österreichs* zusammengeschlossen. Schätzungsweise ein Drittel der jüdischen Bevölkerung sind Mitglieder.

Zeitschrift: Die Gemeinde.
Statistik: rd. 8000 M.
Adresse: Israelitische Kultusgemeinde, Seitenstettengasse 4, A-1010 Wien.
www.hagalil.com/austria

XIII Islam und aus dem Islam hervorgegangene Vereinigungen

Mohammed

Islam («Unterwerfung», «Hingabe») begann, zuerst als jüdisch-christliche Reformbewegung und dann als eigenständige Religion, mit Mohammed (ca. 570–632 n.Chr.), oder genauer, mit den Offenbarungen oder Botschaften, die den Propheten seit seinem vierzigsten Lebensjahr in kürzeren oder längeren Abständen ergriffen. Zuerst als Halbwaise, dann als Waise in verschiedenen Familien und in ärmlichen Verhältnissen aufgewachsen, begleitete der junge Mohammed Karawanen zwischen Südarabien und Syrien und lernte viele Juden, christliche Nestorianer und Manichäer kennen. Manche Elemente ihres Glaubens flossen später in den Koran mit ein. Mit 25 Jahren heiratete er die reiche, 40-jährige Kaufmannswitwe Chadidscha, die ihm zwei (oder drei) Söhne, die früh sterben sollten, und vier Töchter schenkte. Sie wurde später in der Zeit der Anfeindung seines Prophetentums in Mekka zu seiner besten Stütze. Mit etwa 35 Jahren zog er sich immer mehr in die Einsamkeit der kahlen Berge zurück, wo ihm die ersten Offenbarungen (zumeist Auditionen, seltener Visionen) zuteil wurden. Eine Gestalt (später als Engel «Gabriel» gedeutet) drängte ihn, die Menschen in Mekka aufs nahe jüngste Gericht und die ihm folgenden Höllenstrafen und Paradiesesfreuden hinzuweisen und sie zum Glauben an den einzigen Gott zu verpflichten. Diese Offenbarungen erreichten ihn später auch in der Öffentlichkeit. Augenzeugen berichteten, dass er, wenn eine Offenbarung nahte, umfiel und sich zudecken liess. Unter der Decke hörte man ihn stöhnen und röcheln. Nachher war er schweissgebadet, aber zumeist – nicht immer – von neuen Gottesworten erfüllt. *Wie immer wir diese Hinweise zum Offenbarungsgeschehen deuten wollen, jedenfalls ist nicht anzunehmen, dass sich Mohammed selbst in Trance hineinsteigerte und, vergleichbar einem heute populären Channeling-Stil, sich göttliche Erkenntnisse eingab.* Diese Gottesworte konnten zuerst nur wenige überzeugen. Vor allem das Verbot der Verehrung vieler Götter verletzte das Empfinden und den Geschäftssinn mancher Mekkaner, war doch Mekka seit alters ein arabischer Wallfahrtsort und die Kaaba eine Stätte der Verehrung nicht nur für Allah, sondern auch für dessen Töchter. Mohammed wurde derart angefeindet, dass er gerne dem Wunsch der Leute aus Jathrib (dem späteren Medina) folgte, die ihn einluden, zu ihnen zu kommen, und die ihn nicht nur als Propheten, sondern auch als politischen und militärischen Führer akzeptierten. Diese Übersiedlung («Flucht») nach Medina im Jahr 622 gilt als Ausgangspunkt für die islamische Zeitrechnung. Mit der neuen Wirkungsstätte änderten sich auch der Inhalt und die Form der Offenbarungen. Sprachen die frühen Offenbarungen in poetischer Dichte vom nahen Gericht, von Himmel und Hölle und dem Glauben an den einzigen Gott, so wurden die Offenbarungen der Medina-Zeit immer mehr zu langen Prosaabhandlungen, die alle Aspekte eines neuen, von Gott durch seinen Propheten geordneten Staates betrafen. Auch die Familienverhältnisse des Propheten änderten sich: Nach dem Tod seiner ersten und bis dahin einzigen Gattin heiratete Mohammed mit der Zeit neun Frauen und zwei Nebenfrauen. (Nur ihm als Propheten wurde es durch eine Offenbarung erlaubt, mehr als vier Frauen zu heiraten.) Es folgten nun kampfreiche Auseinandersetzungen mit seiner Vaterstadt Mekka und mit jüdischen Stämmen in der Umgebung von Medina, die sich mit den Mekkanern verbündet hatten, ein Kampf, der mit der vollständigen und zuletzt kampflosen Übergabe Mekkas an den Propheten und seine Anhänger endete. In dieser Zeit handelten manche Offenbarungen von der Notwendigkeit der kriegerischen Ausbreitung des Glaubens, vom sog. «heiligen Krieg» (Dschihad). Zu den Auseinandersetzungen mit Juden und der Vernichtung jüdischer Stämme kam es, weil Mohammed, der sich als treuer Prophet in der Linie der biblischen Propheten verstand, erkennen musste, dass die Juden den Islam nicht annahmen und manche seiner Offenbarungen, biblische Gestalten betreffend, nicht akzeptierten. Konsequenz der Auseinandersetzungen mit den Juden war die Entstehung des Islams als eine eigene neue Religion. Bisher hatte Mohammed in Richtung Jerusalem gebetet und sich nahtlos als Prophet in der Tradition biblischer Propheten verstanden. Nun richtete er sich beim Beten nach Mekka aus, erklärte die Kaaba in Mekka als das von Abraham begründete älteste Gebetshaus und stellte die jüdische und christliche Bibel als von den betreffenden Glaubensgemeinschaften später verfälschte Offenbarung dar. Im Koran, in den Offenbarungen an den Propheten, wird nach islamischer Überzeugung die ursprüngliche Offenbarung wieder von ihren Verzerrungen befreit. Mohammed starb 632 als erfolgreicher Gottesbote und Oberhaupt eines dynamischen, expandierenden Staatswesen, aber ohne einen männlichen Erben zu hinterlassen.

Sunniten und Schiiten

Sunniten halten vor allem die ersten vier Kalifen («Nachfolger») für die rechtmässigen Nachfolger Mohammeds, die Schiiten akzeptieren nur Ali, den Vetter und Schwiegersohn des Propheten als legitimen Erben. Ihm habe Mohammed vor seinem Tod ein spezielles Wissen übergeben, das seine die Nachfolge antretenden

Nachkommen, die Imame, weitertragen. Die Schiiten, die Partei des Ali und dessen Nachkommen, mussten erleben, wie die aus ihrer Sicht legitimen Erben nicht nur aus dem Amt gedrängt, sondern z.T. auch umgebracht wurden. Vor allem der Tod des Prophetenenkels Hussain und seiner Familie bei Kerbela im Jahr 680 prägte den Glauben und das Empfinden der Schiiten über alle Jahrhunderte hinweg.
Den Sunniten (83% der Moslems), die sich vor allem auf die Sunna, die Überlieferung aus dem Leben Mohammeds ausserhalb des Korans, berufen, gelang es, die rasch expandierenden moslemischen Reiche und das in ihnen gültige Recht in der für sie bezeichnenden Einheit von Religion und Staat zu ordnen. Der sunnitische Islam kennt vier Rechtsschulen (Hanefiten, Malikiten, Schafiiten, Hanbaliten). Sie dürfen nicht mit den christlichen Konfessionen verglichen werden. Sie unterscheiden sich durch oft geringfügige verschiedene Interpretationen des islamischen Rechts, nicht jedoch in den wesentlichen Punkten des islamischen Glaubens, und anerkennen sich gegenseitig als rechtgläubig.
Die Schiiten sehen die Imame, die rechtmässigen Nachfolger Mohammeds, nicht nur als besondere Offenbarungsträger, sondern zum Teil sogar als «Inkarnationen», als göttliche Funken in Menschengestalt, eine Auffassung, der die Mehrheit der Moslems heftig widerspricht: Gott inkarniert sich nie in Menschen. Auch Jesus war nicht sein Sohn. Gott schenkt nur Propheten sein Wort.

Islam der Gegenwart

Die Dynamik des Islams in der Politik der Gegenwart gründet vor allem in der Rückbesinnung auf die Kraft und das Selbstbewusstsein des Islams im 19. Jhdt., eine Reaktion auf Jahrhunderte der Stagnation, verursacht durch die Vorherrschaft europäischer Kolonialmächte. Diese Rückbesinnung führte einerseits zur Idee eines panislamischen Staates und andrerseits zu manchen Versuchen einer Wiederherstellung urislamischer Kultur und Rechtsordnung. Im Moment lassen sich behelfsmässig folgende, in der Realität mannigfach ineinander verwobene Strömungen innerhalb des Islams der Gegenwart unterscheiden:

1. Die Fundamentalisten suchen mit ihrer kämpferisch antiwestlichen Grundhaltung eine neue und für das ganze Staatswesen verbindliche Einheit von Religion und Staat auf Grundlage frühislamischer Traditionen, die ohne Abstriche übertragen werden auf unsere Zeit. Oft sehen die Fundamentalisten diese alte und zugleich neue Ordnung als Modell für die ganze zukünftige Welt.
2. Die Traditionalisten (z.B. in Saudi-Arabien) halten an derselben Einheit von Religion und Staat fest, ohne dadurch in antiwestliche Aussenpolitik zu gleiten. Was für die islamische Welt gilt, gilt nicht für den Rest der Welt.
3. Die Säkularisten (sie bestimmen weitgehend die Politik z.B. in der Türkei) und die Liberalen engagieren sich für einen laizistischen Staat und für einen Islam

ohne islamische Staatsform. Säkularisten verweisen auf die ethischen, jedoch nicht unbedingt juristischen und politischen Implikationen des Korans. In der politisch und kulturell aktiven islamischen Welt und im Islam des Westens finden sich viele Säkularisten. Engagierte liberale Moslems, d.h. solche, die nicht nur aus pragmatischer Anpassung an westliche Mentalität Säkularisten sind, sondern aus persönlicher gläubiger Überzeugung, sind in der religiösen Gegenwart der westlichen Welt allerdings eine Minderheit.

4. Die Dschihadisten, die Akteure eines «heiligen» Kampfes, kämpfen mit allen, auch mit terroristischen Mitteln, für den Islam gegen die westliche Welt – und gegen Israel, die letzte sog. «Kolonie» in der arabischen Welt. Eigentliche Dschihadisten, sind weltweit eine zahlenmässig verschwindend kleine, aber – wie die Ereignisse vom 11. Sept. 2001 gezeigt haben – eine äusserst gefährliche politisch-religiöse Gruppe.

Neben diesen durch ihr je verschiedenes Verhältnis zum Staatswesen sich unterscheidenden Gruppen oder Strömungen treten in der Gegenwart immer zahlreichere durch bestimmte Gründergestalten und spezielle Glaubenseinsichten geprägten Bewegungen.

In allen Religionen finden sich Fundamentalisten. Die Frage, warum denn gerade der Islam der Gegenwart augenfälliger und öfter als jede andere Religion durch Demonstrationen reaktionärer Gewalt von sich reden macht, beantwortet sich zum einen mit dem Hinweis auf das brisant kritische Verhältnis des islamischen Fundamentalismus zur modernen westlichen Zivilisation und seiner «USA-Leitkultur». Kein Fundamentalismus steht in derart leidenschaftlicher Opposition zur gegenwärtigen westlichen Zivilisation wie der islamische. Zum anderen sind die grossen Schwierigkeiten zu bedenken, die sich säkular gesinnten Moslems in ihren eigenen Reihen in den Weg stellen, wenn sie versuchen, den Graben zwischen moderner Welt und islamischer Tradition zu überbrücken. Auf auch für Traditionalisten überzeugende Weise hat noch niemand moderne Welt und islamische Tradition versöhnt. Solange dies aber nicht gelingt, verwandelt sich Traditionsbewusstsein mancherorts in Reaktion und die moderne Welt sieht sich mit verzweifelt reaktionären Programmen und oft auch verzweifelt irrationalen Aktionen konfrontiert.

Sufismus

Schon in der frühen Zeit, als sich der Islam vor allem durch seine militärischen Erfolge rapide ausbreitete, litten einzelne Gläubige an der mit der Ausbreitung verbundenen Veräusserlichung des Glaubens. Zum Teil zweifellos auch angeregt von der Askese und Mystik christlicher Mönche und später von den Trance-Techniken der indischen Yogis, suchten sie auf mystischem Weg die Nähe Gottes und sogar – für die übrigen Moslems unvorstellbar – die Vereinigung mit ihm. Mit der Zeit entstanden Orden, die verschiedene Meditationstechniken entwickelten. Allen ist gemeinsam, dass sie davon ausgehen, dass sich der Mensch auf einer Reise befindet, deren Ziel die Vereinigung mit dem Geliebten (Gott) ist. Diese Vereinigung wird als ein Zustand der Reinheit, der Ganzheit oder der Vollkommenheit beschrieben. Um das zu erreichen, muss das Ego, der eigenmächtige Trieb (nafs), bekämpft und überwunden werden. Das zentrale Organ hierfür ist das Herz, welches in Liebe zu Gott entbrennen soll. Das Herz erkennt, dass nur Gott existiert und alle Dinge in ihm bestehen (göttliche Einheit: tawhid). Die Vielfalt der Erscheinungen ist eine Illusion. Es gibt viele verschiedene geistige Pfade (tariqa) zu Gott, doch lassen sie sich grob in zwei Gruppen teilen:

1. Die einen gehen eher einen emotionalen Weg, um die Vereinigung mit Gott zu erlangen. Diese Orden pflegen Sama' (Anhören oder Singen von Sufi-Liedern und das Tanzen in rhythmischen Bewegungen) sowie Zikr (oder Dhikr geschrieben), wo Namen Gottes und heilige Formeln während längerer Zeit wiederholt werden. Jeder Orden hat eigene Techniken, die sich von Orden zu Orden mehr oder weniger stark unterscheiden. Während die einen bei ihren Zusammenkünften still im Kreis sitzen und jeder für sich die Gebete oder Formeln nur innerlich spricht, pflegen andere diese laut und oft von Körperbewegungen begleitet zu wiederholen. Manchmal kommen Atemübungen dazu, manchmal «tanzen» Sufis, wie z.B. die «Wirbelnden Derwische» von Konya.

2. Andere Orden, die eher intellektuell ausgerichtet sind, vermitteln eine Instruktion, eine Wegleitung zur Erreichung des höchsten Bewusstseins (tawhid), die stärker die Erkenntnisfähigkeit des Menschen anspricht.

Allen Richtungen gemeinsam sind manche Merkmale der Vermittlung. Der Schüler (murid=«Strebender») steht in einer engen Verbindung mit dem Meister (murschid=«Führer»), das heisst mit dem Oberhaupt des Ordens (Scheikh). Der Meister gibt portionenweise das notwendige Wissen dem Schüler weiter und begleitet ihn als «Beichtvater» auf seinem ganzen Weg. Das genaue Methoden-Wissen ist in der Regel esoterisch und wird von den Ordensmitgliedern nicht öffentlich preisgegeben. Der Schüler leistet grundsätzlich dem Scheikh, den er als Repräsentant Mohammeds verehrt, unbedingten Gehorsam. Trotzdem kann in der Praxis das Verhältnis zum Scheikh recht locker sein. Wichtig und symbolreich ist der Einweihungsritus. Die Bedeutung der Ordensmeister zeigt sich nicht zuletzt in der Sukzessionsreihe, in der sie stehen. Der gegenwärtige Scheikh bildet das letzte Glied einer spirituellen Kette (silsila), die bis zum Gründer zurückreicht. Es gibt Orden, die ihre Traditionskette bis zu Ali (Schwiegersohn des Propheten), Abu Bakr oder Mohammed selbst zurückführen, welche das Wissen um die Vereinigung mit Gott am reinsten kannten.

Der Sufismus gründet in der islamischen Offenbarung. Die Sufis halten das Gesetz, sie halten sich an die fünf Säulen des Islams (Glaubensbekenntnis, Gebet,

Fasten im Fastenmonat, Almosensteuer und Wallfahrt nach Mekka) und verehren Mohammed als den letzten Propheten. Trotzdem sehen andere Muslime bei den Sufis eine, historisch kaum bestreitbare, Tendenz, ausserislamische Elemente aufzunehmen. Deshalb werden sie oft argwöhnisch beobachtet.
Manche Sufi-Orden erreichten einen grossen Einfluss auf die Gesellschaft und die Politik. Dies war einer der Gründe, warum die Tariqat in der Türkei verboten wurden. Deshalb treten türkische Sufis kaum öffentlich in Erscheinung.
Die meisten Sufi-Gruppen wirken im Verborgenen. Sie missionieren kaum und laden höchstens Aussenstehende gelegentlich zu einem Vortrag ihres Scheikhs ein. Sufismus leitet sich höchstwahrscheinlich vom arabischen «suf» (Wolle) ab, «suf» wurde das weisse Wollkleid genannt, das die ersten Mystiker als Zeichen der Demut trugen. Eine andere Möglichkeit ist auch die Herleitung von arab. «safu» (Reinheit), da die Sufis die spirituelle Reinheit erstreben.
Vom Sufismus deutlich zu unterscheiden sind die Neo-Sufis. Vertreter von neosufischen Organisationen behaupten, es bestehe nur eine zufällige historische Verbindung von Sufismus und Islam, man könne Sufi sein ohne Muslim zu sein. Mit dieser Sicht neigen sie dazu, den Sufismus auf seine vorislamischen und ausserislamischen Wurzeln zu reduzieren. Ihrer Meinung nach ist der Sufismus eine uralte Weisheit (Sufismus wird vom griech. Wort Sophia=Weisheit abgeleitet), die den Menschen bereits vor der Zeit der heutigen Religionen bekannt war. *Mit ihrer Vision des Sufismus betreten die Neo-Sufis im Zeitalter der Globalisierung spirituell vielleicht einleuchtende, aber historisch völlig spekulative Pfade.*

Islam im deutschen Sprachraum

Im deutschsprachigen Raum geben etwa 2,5 Mio Menschen unter Religion «Islam» an. Trotz der vordergründigen Einheit kann aber nicht von einer einheitlichen Religionsgemeinschaft gesprochen werden; dafür sind die einzelnen Formen gelebten Islams zu heterogen. *(Verglichen mit der Vielfalt christlicher Gemeinschaften und Gruppen oder gar der Buntheit buddhistischer Wege wirkt der Islam in Europa aufs Ganze gesehen allerdings immer noch recht homogen.)* Bei der Darstellung des Islams in Europa bestehen mehrere Probleme. Eines der grössten ist die sprachliche Verständigung. Im Gegensatz zu den grossen Kirchen, die über Jahrhunderte gewachsen sind, ist der Islam hierzulande geprägt von eingewanderten Muslimen mit meist eher geringer Bildung, die sich zuerst in einer ihnen fremden Kultur zurechtfinden müssen, bevor sie daran denken können, sich zu organisieren. Theologisch lässt sich der Islam in vier unterschiedlich grosse Gruppen unterteilen. Die (geschätzten) Verhältniszahlen weichen von den weltweiten Zahlen stark ab: Sunniten 70–75 %, Schiiten 4–5 %, Aleviten 20–25 %, Ahmadiyya 0,5 %.

Die Sufi-Gemeinschaften brauchen statistisch nicht dazugezählt zu werden, weil sie entweder Sunniten oder Schiiten sind und damit in den Verhältniszahlen inbegriffen sind.

Da die Aleviten theologisch und mehrheitlich auch sozial von den Muslimen nicht anerkannt werden und sich selber nicht dazu zählen, werden sie separat behandelt.

Die folgenden Ausführungen beziehen sich auf Sunniten und Schiiten.

Der Organisationsgrad ist unterschiedlich. Die Mehrheit gehört auf dem Papier dem Islam an, ohne bei irgend einem der vielen Vereine angeschlossen zu sein und meist auch ohne den Islam zu praktizieren. Zu den «Konfessionslosen» gehören jene, die aus christlichen Kirchen ausgetreten sind, aber auch eine grosse Zahl von «Muslimen», die dem säkularistischen Lager zuzuordnen sind. Laut Berechungen islamischer Zentren dürften höchstens 25% der in Europa lebenden Muslime als praktizierend gelten. Praktizierend heisst, dass sie gelegentlich oder sogar regelmässig die Pflichtgebete verrichten und im Fastenmonat Ramadan fasten.

Wer das Glaubensbekenntnis («Ich bezeuge, dass es keinen Gott gibt ausser Gott! Ich bezeuge, Mohammed ist der Gesandte Gottes!») mit Überzeugung ausspricht, gilt als Muslim. Eine Mitgliedschaft in irgend einer muslimischen Organisation ist damit nicht verbunden.

Immer noch ist die Mehrheit der Muslime türkischer Abstammung, ein grosser Teil von ihnen schon in zweiter oder dritter Generation. Bedingt durch den Krieg sind viele bosnische und albanische Muslime in den deutschsprachigen Raum gekommen. Die Zahl arabischsprachiger Muslime aus Algerien, Marokko, Tunesien, Ägypten, Syrien etc. ist im Vergleich zu Frankreich sehr klein.

Weitere Minderheiten haben ihre Heimat in Iran, Pakistan und weiteren asiatischen Ländern.

Eine Minderheit sind deutschsprachige Muslime. Dadurch dass eine zunehmende Zahl von Muslimen seit Jahrzehnten hier wohnt und viele eingebürgert sind, steigt statistisch die Zahl der deutschen, österreichischen oder schweizerischen Muslime, ohne dass es zu einer grösseren Welle von Konversionen gekommen wäre.

1. Sunniten und Schiiten

Obwohl Sunniten und Schiiten in vergangenen Zeiten sogar gegeneinander Kriege geführt haben, sind die Gemeinsamkeiten – besonders in der Diaspora – um einiges grösser als die Unterschiede.

Eigentliche Moscheen, das heisst, Gebäude, die für diesen Zweck gebaut und von aussen auch erkenntlich sind, gibt es im deutschen Sprachraum nur einige wenige. In München wurde 1973 eine Moschee eröffnet, 1978 eine in Genf.

Die weit über 1000 islamischen Zentren sind meist in bescheidenen Räumen untergebracht, so etwa in ehemaligen Fabriken oder anderen Gewerberäumen.

Die islamischen Vereine im deutschsprachigen Raum verfolgen bei aller Verschiedenheit viele gemeinsame Ziele. Zuerst einmal bieten sie die Gelegenheit, gemeinsam die Pflichtgebete zu verrichten. Die islamischen Zentren bemühen sich, zu den Zeiten der täglichen fünf Gebete ihre Masgid (Moschee; masgid=Ort der Niederwerfung, gami=versammelnd) offenzuhalten. Die Öffnungszeiten sind abhängig von den Arbeitszeiten der Aktiven sowie von weiteren Ehrenamtlichen, die nicht (mehr) berufstätig sind.

Meist ist eine Koranschule für Kinder wie für Erwachsene eine wichtige Einrichtung. Als Lehrer wirken viele Freiwillige; in den Diyanet-Mescid (Masgid) sind es oft auch vom türkischen Staat bezahlte Imame. Das Niveau des Unterrichts ist unterschiedlich. Die Inhalte beschränken sich normalerweise auf das korrekte Lesen und Rezitieren des Korans in arabischer Schrift und Sprache. Nur ansatzweise geht der Unterricht darüber hinaus. Wenn möglich werden auch die Grundlehren des Islams vermittelt. Oft wird das Auswendiglernen des Katechismus (türkisch: Ilmihal) geübt.

Für viele Muslime – oft nur Männer – sind die Zentren soziale Treffpunkte.

Die Mescid (Masgid) sind von Männern dominiert. Frauen haben im Idealfall eigene Räume. Manche Mescid sind zu bestimmten Zeiten Frauen und Mädchen vorbehalten.

Zu jedem islamischen Zentrum gehört eine kleine Bibliothek mit wichtigen Büchern des Islams wie Koranübersetzungen und -erklärungen, Nachschlagewerken und Büchern über die Sunna. Allerdings sind normalerweise nur Bücher in der jeweiligen Landessprache vorhanden. Wissenschaftliche oder kritische Bücher fehlen meistens ganz.

Die meisten Zentren verkaufen an ihre Mitglieder islamische Kalender, Gebetsketten etc. sowie manche Artikel des täglichen Gebrauches und Halal-Fleisch aus ritueller Schlachtung.

Muslime setzen sich für die Schaffung von eigenen Friedhöfen oder Sektionen auf öffentlichen Friedhöfen ein. Einer der ältesten islamischen Friedhöfe befindet sich in Berlin. In den letzten Jahren konnten mehrere Friedhofsfelder in Betrieb genommen werden, so z.B. in Genf, Zürich und Basel. Die Mehrheit der Muslime zieht es aber vor, ihre Verstorbenen in die alte Heimat zu senden und dort zu bestatten. Dafür besteht meist eine Sterbekasse. Die bosnischen Muslime in der Schweiz haben einen Leichenwagen gekauft, mit dem die Leichen zu Selbstkostenpreisen transportiert werden können.

Ein weiteres wichtiges Anliegen ist die Versorgung der Gläubigen mit Halal-Fleisch aus ritueller Schlachtung, da in der Schweiz und in Deutschland das Schächten von unbetäubten Tieren nach wie vor verboten ist.

Die Pilgerfahrt nach Mekka (Hadsch) wird auch von islamischen Zentren organisiert, oft in Zusammenarbeit mit übergeordneten Bewegungen wie Milli Görüs.

Verband islamischer Kulturzentren (VIKZ)

Weil die Bewegung der «Islamischen Kulturzentren» von Hilmi Tunahan Süleyman (1888–1959) gegründet wurde, wird sie von Aussenstehenden «Süleymanci» genannt; eine Bezeichnung, die von den Mitgliedern abgelehnt wird, weil sie sich nicht als Verehrer eines Mannes, sondern nur als Muslime verstehen.
Die internationale Dachorganisation mit Sitz in Köln wurde 1980 gegründet und hat heute in Deutschland über 300, in der Schweiz 6 angeschlossene Mitgliedsvereine. Der VIKZ ist streng hierarchisch und zentralistisch organisiert. Alles, was die Öffentlichkeit betrifft, wird abgesprochen.

Adresse: Verband islamischer Kulturzentren.e.V., Vogelsanger Str. 290, D-50825 Köln, Tel. 0221 95 44 100. www.vikz.de

«Graue Wölfe»

Die «Föderation der Demokratischen Idealistischen Türkischen Vereine in Europa» ist eine Vereinigung von nationalistischen Türken. Landläufig sind sie nach ihrem Zeichen als «Graue Wölfe» bekannt. Ihnen werden nicht nur eine rechtslastige, rassistische Ideologie sondern auch Gewalttaten angelastet. Seit den 80er Jahren hat die Vereinigung eine gewisse Hinwendung zum Islam vollzogen. Sie sollen in Deutschland über 180 Vereine haben. In der Schweiz wurden Ende der 90er Jahre die ersten Vereine gegründet, die sich meist von weniger nationalistischen Vereinen abgespaltet haben.

Diyanet

Der türkische Staat nimmt durch das «Präsidium für Religionsangelegenheiten» Diyanet Isleri Baskanligi Einfluss auf den in Westeuropa gelebten Islam. Der DIB entsendet an Botschaften und Konsulate Räte und Attachés für Religionsdienste.
Diyanet Isleri Türk-Islam Birligi (DITIB) ist die Europa-Filiale. Sie ist rechtlich ein eingetragener Verein, ist aber ganz abhängig vom türkischen Staat und wird daher von keiner der anderen islamischen Organisationen in Deutschland anerkannt. Diyanet ernennt den Vorstand und entsendet Imame, die an deutschen Moscheen tätig sein dürfen.
Laut Angaben von DITIB ist sie die mitgliederstärkste Organisation in Deutschland.

Adresse: DITIB, Europa-Zentrale, Venloer Str. 160, D-50823 Köln, Tel. 0221 57 98 20.

Kleinere Gemeinschaften

Es gibt eine Anzahl von islamischen Gemeinschaften, die unabhängig sind oder höchstens mit einzelnen ähnlichen Vereinen zusammengeschlossen sind. Die Namen täuschen manchmal eine grössere Organisation vor, so besteht z.B. die «Föderation Islamischer Gemeinschaften» aus etwa 4 lokalen Vereinen.

Milli Görüs

Milli Görüs heisst «Nationale Sicht» und ist die Kurzbezeichnung der «Islam Toplumu Milli Görüs» (ehemals: «Avrupa Milli Görüs Teskilatlari»). Diese Vereinigung trat im Jahr 1976 zunächst unter dem Namen «Türkische Union Europa» (Avrupa Turk Birlikleri) auf, wurde in Köln registriert und ist eine unabhängige Organisation. Ihre Aufgabe sieht sie in der Förderung von Massnahmen zur Erhaltung der islamischen Identität unter Muslimen.
Im Gegensatz zu Deutschland, wo weit über 100 000 Mitglieder organisiert sind, gibt es in der Schweiz keine offizielle Struktur. Unter dem Namen Milli Görüs werden Aktionen und Sammlungen durchgeführt und Pilgerreisen organisiert.

Bosnische Kulturzentren

Die z.Zt. über 80 bosnischen Kulturzentren in Deutschland und die 12 Gemeinschaften in der Schweiz sind ähnlich aufgebaut und stehen im Gegensatz zu den türkischen Kulturzentren für alle Bereiche der Kultur offen. Die Ausübung des Glaubens (Islam) ist nur ein Bereich. Die Bosnier im Allgemeinen und die bosnischen Muslime im Speziellen sehen ihre Zentren auch als humanitäre Aufgabe. Jeder Extremismus wird abgelehnt und es gibt auch kaum eine Trennung von Frauen und Männern. Diese Zentren haben vor allem eine soziale Funktion und dienen allen Bosniern zur Pflege der Sozialkontakte und der Ausübung des islamischen Glaubens.

Adressen: VIGB, Vereinigung Islamischer Gemeinden der Bosniaken in Deutschland e.V., Haarbeckstr. 6, D-47475 Kamp-Lintfort, Tel. 02842 559 728. – Islamisch-bosnische Gemeinschaft in der Schweiz, Grabenstr. 7, CH-8975 Schlieren.

Albanische Muslime

Albanische Muslime stehen den türkischen Muslimen eher näher als die bosnischen. Sie haben zum Teil auch eigene Vereine und Lokale.

«Multinationale» Zentren

Es sind meist sprachliche Minderheiten, die sich zu national und sprachlich heterogenen Gruppen zusammengefunden haben. So gibt es in Basel an der Friedensgasse 18 die «Islamische König Faysal Stiftung», die von Saudi-Arabien finanziert, aber nach eigenen Angaben von Muslimen aus 26 Ländern besucht wird.

Deutschsprachige Muslime

Die Zahl der Muslime mit deutscher Muttersprache ist steigend. Dazu zählen nicht etwa nur Konvertierte, sondern auch Jugendliche und Erwachsene der zweiten und dritten Generation Eingewanderter. Deutschsprachige Muslime haben sich in mehreren Vereinigungen zusammengeschlossen. Wegen der zum Teil grossen Distanzen finden Treffen zu speziellen Gelegenheiten statt.

Adresse: Haus des Islam, Schillerstr. 46, D-64750 Lützelbach, Tel. 06165 91 20 19.
www.haus-des-islam.de (viele Links zum Islam in D)

Zusammenschlüsse und Dachverbände

In Deutschland nehmen mehrere Vereinigungen für sich in Anspruch, der Dachverband aller Muslime zu sein, so der «Islamrat für die Bundesrepublik Deutschland» und der «Zentralrat der Muslime in Deutschland».
In der Schweiz gab es mehrere Versuche, einen Dachverband für alle islamischen Vereine zu schaffen. Bis jetzt hatte keine dieser Initiativen Erfolg. Hingegen bestehen lokale oder regionale Zusammenschlüsse wie z.B. die «Islam-Kommission Basel».

Adressen: Zentralrat der Muslime in Deutschland, Vogelsanger Str. 290, D-50825 Köln. – Islamrat für die Bundesrepublik Deutschland, Friedrich-Ebert-Allee 26, D-53113 Bonn.

Schiiten

In der religiösen Praxis bestehen kaum Unterschiede zwischen Sunniten und Schiiten. So ist es für Schiiten kein Problem, in einem sunnitischen Zentrum zu beten.
In Deutschland bestehen mehrere schiitische Zentren, so z.B. in Hamburg und Berlin.
In der Schweiz gibt es bis jetzt kein schiitisches Zentrum. Die wenigen Schiiten in der Schweiz, die öffentlich ihre Religion leben, sind in sunnitischen Zentren anzutreffen. Eine Anzahl von Schiiten trifft sich ein- bis mehrmals jährlich in einem gemieteten Saal, um ihre speziellen Feste zu feiern.

Eine Minderheit in der Minderheit sind türkische Schiiten. Sie stehen der iranischen Schia nahe und praktizieren wie diese. Zusätzlich feiern sie die alevitischen Feiertage und damit auch die alevitischen Fastentage Matem. In Berlin gibt es einige Tausend, die sich unter dem Namen «Ehli Beyt Yolu» in mehreren Zentren versammeln.

Adressen: Islamisches Zentrum Hamburg e.V., Schöne Aussicht 36, D-22085 Hamburg, Tel. 040 22 12 20 oder 40. – Shiet Esnaashary Council of Switzerland, Präsident: Dr. med. dent. Hussein Khimji, Baumgartenstr. 20, CH-4900 Langenthal, Tel. 062 92 22 353.
www.islamic-centre-hamburg.de

2. Ahmadiyya-Bewegung des Islam

Die Ahmadiyya-Bewegung gilt für die übrigen Muslime als häretisch. Ihr Gründer, der in Qadian (Punjab, Indien) geborene Mirza Gulad Ahmad, trat anfänglich als Anwalt des Islam auf und erwarb sich damit Sympathien.
Als er aber den Anspruch erhob, der von Muslimen, Christen und Juden erwartete Mahdi oder Messias zu sein, wurde er abgelehnt. Über diesen Anspruch und in der Frage der Nachfolge kam es zur Trennung in die Mehrheit der «Qadiani» und die Minderheit der «Lahori». (Die Qadiani kennen bis heute vier Nachfolger des Gründers, die alle von den Lahoris nicht anerkannt werden.)
Die Situation in ihrem Stammland Pakistan ist für Ahmadis unhaltbar geworden. Sie werden verfolgt. Es ist ihnen bei Androhung schwerster Strafen verboten, den islamischen Friedensgruss zu sagen, auf Einladungen oder Briefen das Glaubensbekenntnis abzudrucken oder es an der Kleidung als Abzeichen zu tragen. Bedingt durch die Verfolgungen haben viele Ahmadis den Weg in den Westen gefunden. Ein grosses Problem ist dabei, dass mehrere Tausend Pakistani, die nicht Ahmadi-Muslime sind, mit gefälschten Bestätigungen ihrer Mitgliedschaft bei einer der Ahmadiyya-Bewegungen Antrag um Asyl gestellt haben und stellen.

Ahmadiyya Muslim Mission

Die als «Qadiani» bezeichnete Mehrheit der Ahmadi-Muslime hat ihr religiöses Zentrum in Rabwah (Pakistan). Das gegenwärtige Oberhaupt der Bewegung, der vierte Nachfolger des Gründers, lebt allerdings in London. Die «Ahmadiyya-Bewegung des Islam», die 1989 ihr Zentenarium feiern konnte, ist heute eine eigenständige Religionsgemeinschaft, die weltweit verbreitet ist. Sie zählt sich zwar immer noch zum Islam bzw. ihre Vertreter erheben sogar den Anspruch, die richtige Richtung des Islam zu sein. Damit erwarben sie sich die Feindschaft führender Muslime.
Durch ihren Dschihad-Begriff unterscheidet sich die Ahmadiyya-Bewegung von islamistischen Richtungen, die darunter vor allem den «heiligen Krieg» gegen alles Nicht-(streng)-Muslimische verstehen, und vom Islam der Frühzeit, der Dschihad als heiligen Kampf gegen Heiden, d.h. Götzendiener, verstand. Die Ahmadi-Muslime verstehen Dschihad als «Anstrengung» auf dem Weg Gottes. Dazu gehören für sie die rein individuellen Bemühungen, vor allem aber auch die friedliche Missionierung. Das wichtigste Mittel dabei ist die Verbreitung des Korans. Unterdessen liegen ganze oder Teil-Übersetzungen in über 50 Sprachen vor. Je heftiger die Verfolgung ist, desto eifriger werden Koranübersetzungen produziert.
Obwohl die Bewegung als Ganzes von den anderen Muslimen abgelehnt wird, benützen viele die Ahmadi-Koran-Übersetzungen, allerdings ohne den beigefügten Kommentar.
In Deutschland leben etwa 60 000 Ahmadis, die sich in 10 Moscheen und 80 Zentren

treffen. In der Schweiz wurde die bis jetzt einzige Moschee in Zürich 1962 eröffnet. Praktisch in jedem Kanton gibt es ein Zentrum oder eine Gruppe, denen die etwa 700 Ahmadi-Muslime angehören.

Adressen: Ahmadiyya Muslim Gemeinde, Babenhäuser Landstr. 25, D-60599 Frankfurt, Tel. 069 68 10 62 und 68 14 85. – Rahat Ahmad, Josef Stader-Str. 24, A-1080 Wien, Tel. 01 40 59 593. – Ahmadiyya Muslim Mission, Mahmud Moschee, Forchstr. 323, CH-8008 Zürich-Balgrist, Tel. 01 381 55 70.

Ahmadiyya-Anjuman Lahore

Eine Minderheit von Ahmadis hat ihr Zentrum in Lahore/Pakistan. Bereits 1913 wurde die erste Mission in England gegründet, 1923 in Deutschland. Ein Jahr später wurde mit dem Bau der Moschee an der Brienner Strasse in Berlin begonnen. Sie dient noch heute der kleinen Gemeinde als Versammlungslokal.

Statistik: D: Die Lahoris sind nur mit einer G vertreten.
Adresse: Die Moschee, Brienner Str. 7–8, D-10713 Berlin.
www.muslim.org

3. Sufi-Orden

Mevleviyye

Die «Mevleviyye» wurde vom 1273 in Konya/Türkei verstorbenen Mystiker und Dichter Celaleddin-i Rumi (auch Mevlana genannt) begründet. Ab dem 16. Jhdt. war dieser Orden im ganzen osmanischen Reich verbreitet. Durch das 1925 in Kraft getretene Verbot aller Bruderschaften wurde die Mevlewi in den Untergrund gezwungen.
Türkische Muslime treffen sich im geschlossenen Kreis ein- oder mehrmals wöchentlich zum Zikr (siehe Einleitung d. Kap.) in der Tradition der Mevlewi. Weil sie immer noch Repressalien durch die türkischen Behörden befürchten, werden keine Kontakte angegeben.

Naqschbandiyya

Der indische Sufi-Orden der Naqschbandiyya geht auf Baha' ad-Din Naqschband (1318–1389) zurück. Der Naqschbandiyya gilt als ein nüchterner Orden, der nichts für künstlerische Tätigkeiten übrig hat.
Er unterscheidet sich von anderen Orden durch den schweigenden Zikr. Für die Naqschbandiyya ist charakteristisch, dass sie nicht lange Perioden der Abtötung, sondern seelische Läuterung pflegen, sowie Suhbat, die intime Unterhaltung zwischen Meister und Schüler, die auf höchster geistiger Ebene geführt wird.
Im Verlauf ihrer langen Geschichte zeigte sich, dass der Orden, obwohl er mystisch ist, immer an der Politik interessiert war, weil er die Erziehung der herrschenden Klasse als seine Verpflichtung ansah.
Es gibt mehrere Gruppierungen, die sich zu den Naqschbandi zählen.
Scheikh Nazim (Muhammad Nâzim 'Adil al-Haqqânî an-Naqschiband) ist einer der heutigen reisenden Sufilehrer. Vor allem in Europa hat sich eine Schülerschaft gebildet, die von ihm regelmässig besucht wird. Normalerweise ist er einmal jährlich in der Schweiz.

www.naqschibandi.de

Ni'matullahi-Orden

(Khaniqahi Ni'matullahi)
Der Ni'matullahi-Orden wurde Ende des 14. Jhdt.s von Shah Ni'matullah gegründet. Bis in die 70er Jahre des 20. Jhdt.s war der Orden nur in Iran verbreitet. Seither haben Amerikaner und Europäer, die in Iran in den Orden eintraten, nach der Rückkehr in ihr Heimatland begonnen, Versammlungsorte des Ordens einzurichten. Das erste Versammlungshaus ausserhalb Irans wurde 1975 in San Francisco eröffnet. Mittlerweile gibt es 10 in Nordamerika, 7 in Europa, 2

in Afrika und eines in Australien. Im deutschsprachigen Raum gibt es nur ein Khaniqah (Ordenszentrum) in Köln.
Shah Ni'matullah (1330–1431) wurde als Sohn eines Sufi-Meisters (dessen Stammbaum bis zum Propheten zurückreicht) in Aleppo/Syrien geboren. Er reiste viele Jahre durch die islamische Welt, traf zahlreiche Meister und diente sieben Jahre Scheikh Abdollah Yafei, bevor er selber Meister wurde.
Die fünf grundlegenden Disziplinen des Ni'matullahi-Ordens sind: Dhikr (Gedenken an Gott im Herzen), Fekr (Versenkung und Kontemplation), Moraqebe (Meditation), Mohasebe (Selbstprüfung) und Verd (Anrufung). Ein grundlegendes Prinzip dieser Tariqa (sufischer Pfad, geistiger Weg) ist die «Abgeschiedenheit in Gesellschaft anderer»: Die Mitglieder lernen inmitten des öffentlichen Lebens den mystischen Pfad zu gehen. Der Dienst an anderen Menschen ist eine Gelegenheit der spirituellen Weiterentwicklung. Untätigkeit wird grundsätzlich abgelehnt.
Seit 1953 ist der Iraner Dr. Javad Nurbakhsh Meister des Ordens. Bis zu seinem Ruhestand war er Professor an der Psychiatrischen Abteilung der Universität Teheran. Er schrieb zahlreiche Bücher über den Sufismus, die auch auf deutsch übersetzt wurden. Seit 1991 lebt er in London.

Zeitschrift: Sufi (englischsprachig).
Statistik: D: ca. 110 M. Die Sufis treffen sich zweimal wöchentlich zur gemeinsamen Meditation.
Adresse: Khaniqahi Ni'matullahi e.V., Kölner Str. 176, D-51149 Köln.

Tidjanyyah-Orden

1781
Gegründet wurde der Tidjanyyah-Orden von Sidi Ahmad Tidjany (1738–1815) in Algerien. Tidjany soll schon mit 15 Jahren den Koran auswendig gekannt und sich im Laufe seines Lebens in viele bedeutende Sufi-Orden eingeweiht haben. Mit 43 Jahren erschien ihm zum ersten Mal Mohammed in einer Vision, der fortan sein ständiger Führer wurde und ihm die «Perle der Vollkommenheit» (heilige Gebetsformel) als sein Vermächtnis übergab. Die letzten Jahre seines Lebens verbrachte Tidjany in Fes/Algerien, wo er begraben wurde und wo sich heute der Hauptsitz des Ordens befindet.
Der Tidjanyyah-Orden ist gemäss den Offenbarungen Mohammeds an Tidjany der endgültige Sufi-Orden, so wie der Islam die abschliessende Religion ist. Wahrheiten anderer Orden sind im Tidjanyyah-Orden zusammengefasst. Er ist der letzte Orden, und der kommende Messias (Mahdi) wird ihm angehören. Die Mitglieder geben ihrem Gründer die Ehrbezeichnung «Siegel der Heiligen», analog dem Titel Mohammeds, «Siegel der Propheten».

Adresse: Regelmässige Treffen bei: Fredy Bollag, Kluserstr. 24, CH-4054 Basel.

Internationaler Sufi-Orden

Nach 1920
Der Internationale Sufi-Orden wurde nach 1920 vom Inder Hazrat (=«göttliche Gegenwart») Inayat Khan (1882–1927) in Amerika gegründet. Er selbst liess sich Pir-o-Murschid («geistlicher Meister und rechter Führer») nennen. Der Orden kennt zahlreiche Grade und Titel: Murschid, Munir, Murid u.a. Seit dem Tod Khans wird der Orden von Angehörigen seiner Familie geleitet. Geistiges Haupt ist zurzeit der Sohn des Gründers, Pir Vilayat Inayat Khan. Die administrative Leitung liegt in den Händen eines «Cooperative Council».
Der musikalisch und dichterisch begabte Hazrat Inayat Khan stammt aus Baroda/Indien und trat in den Chischtiyya-Orden ein, der Musik als sufische Technik ausübt. (Von seinem Scheikh – d.i. Oberhaupt des

Ordens – erhielt er den Meistergrad.) 1910 folgte er dem göttlichen Ruf, seine Erkenntnisse der westlichen Welt weiterzugeben und lebte fortan in Amerika oder Europa. Während des 1. Weltkrieges schuf er in London mit ein paar Schülern die ersten Grundlagen des Sufi-Ordens. 1923 fand er anlässlich eines Aufenthaltes erste Anhänger in der Schweiz. Seine Sprache ist poetisch, reich an Bildern und enthält viele Ausdrücke aus dem Hinduismus (z.B. maya, das Weltenspiel). Sein umfangreiches Schrifttum ist in dreizehn Bänden gesammelt.

Nach Auffassung des Internationalen Sufi-Ordens ist Sufismus eine Weisheit, die so alt wie die Menschheit ist. Abraham kannte sie, denn er wurde in Ägypten in die alte Mysterienweisheit eingeweiht (Gen.12,10ff). Diese innere Weisheit aller Religionen kann über verschiedene Erkenntnis- und Übungsstufen erreicht werden und ereignet sich als vollkommene, mystische Vereinigung mit dem Absoluten. Diese Weisheit wird aus den esoterischen Schulen der verschiedenen Weltreligionen zusammengetragen. Zum Beispiel werden Yoga-Übungen und Praktiken des Buddhismus, der Kabbala und der christlichen Mystik übernommen. Ziel des Ordens ist die Schaffung einer menschlichen Bruderschaft, in der alle Menschen die Weisheit des Sufismus kennen und die Vollkommenheit erlangen.

Zeitschrift: Sifat (Sufi-Zeitschrift), erscheint dreimal jährlich in Basel.
Statistik: Verschiedene Z in Europa. Zentralsekretariat in Holland (Den Haag).
Adresse: Sufi-Zentrum Zürich, Monika und Joachim Grieger, Milchbuckstr. 50, CH-8057 Zürich.

Idries Shah

Sayyid Idries Shah wurde 1924 in Sardhana/ Indien in einer hochgeachteten afghanischen Familie (sie soll vom Mohammed abstammen) geboren. Sein Vater hatte bereits in England ein Sufizentrum gegründet und erzog den jungen Idries in einem offenen sufischen Geist. In den 60er Jahren begann Idries Shah Bücher über den Sufismus zu schreiben, die in England grossen Erfolg hatten. Mittlerweile hat er über 20 Bücher publiziert. Idries Shah soll in zwei sufischen Orden als Scheikh (Ehrentitel eines islamischen Geistlichen/ Oberhaupt eines Ordens) verehrt werden: Von den Naqschbandis (s.o.) und von den Chischtis. Shah ist britischer Staatsbürger. Anhänger findet er vor allem im englischsprachigen Raum, doch gibt es sie auch im kontinentalen Europa.

Die Lehre von Shah ist stark vom Gründer des Naqschbandiyya-Ordens, Baha' ad-Din Naqschband (1318–1389) geprägt. Wie diesem ist Shah die Pflege der inneren Haltung (verbunden mit Atemtechniken und stiller Meditation) wichtiger als gemeinsames Dhikr (Andachtsübung mit Rezitationen des Gottesnamens) und Sama' (Anhören oder Singen von Sufi-Liedern und Tanzen in rhythmischen Bewegungen). Sufismus ist die Wegleitung zum Erreichen des höchsten Bewusstseins. Dazu bedarf es der aktiven Unterstützung eines Meisters. Als Vertreter des Neo-Sufismus zeichnet sich Shah dadurch aus, dass er die sufische Lehre für älter als alle Religionen erklärt. Sufismus sei darum der Schlüssel zum wahren Verständnis jeder Religion. Diese seien als lokale Ausprägungen aus dem Sufismus entstanden.

4. Aleviten

Aleviten fallen in unserer modernen Gesellschaft nicht auf, weil sie sehr anpassungsfähig sind. Sie tragen keine spezielle Kleidung oder Kopfbedeckung, die auf ihre Kultur oder Religion hinweist.

Aleviten bekennen sich zu Humanität und Demokratie, deshalb kommt ihnen unsere Staatsform entgegen. Scharia, das islamische Gesetz, lehnen Aleviten ab. Das ist der wichtigste Unterschied zu den Sunniten. Aleviten kennen keine Pflichtgebete. Aleviten brauchen zum Beten keinen besonderen Raum und keine spezielle Zeit. Jeder Alevit betet dann und dort, wo er will und auf eine Art, wie es ihm entspricht. Der Koran ist für Aleviten kein Gesetzbuch, sondern die Niederschrift von Offenbarungen, die kritisch gelesen werden dürfen. Eine wichtige Rolle spielt Haci Bektasch Veli, der im 13. Jhdt. durch seine Dichtungen und Lebensregeln entscheidende Anstösse gab. Er gilt bei Aleviten als «perfekter Mensch», wie Mohammed und Ali. Mann und Frau sind gleichberechtigt. Zu anderen Religionen, Glaubensbekenntnissen und Ideologien haben Aleviten ein sehr offenes Verhältnis. Auf eine undogmatische Weise fühlen sie sich der Humanität verpflichtet. Die Menschenrechte im Ganzen sowie die Meinungs- und Religionsfreiheit im Speziellen werden von ihnen ausdrücklich bejaht. Jedem Menschen wird ausdrücklich das Recht auf einen eigenen Glauben zugestanden.

Über die Anzahl der Aleviten gibt es nur Schätzungen. In ihrer Heimat, der Türkei, werden sie nicht als eigenständige Religionsgemeinschaft anerkannt, sondern den Sunniten zugeschlagen, deshalb sind keine offiziellen Zahlen erhältlich. Aleviten nehmen an, dass etwa 20 Mio zu ihrer Gemeinschaft gehören.

Die Aleviten haben ein ganz anderes Gottesverständnis als Muslime, Christen und Juden. Mit der Aussage, Gott sei der Schöpfer, Erhalter und Vernichter des Universums und von allem, was darin sei, ist die Gemeinsamkeit praktisch erschöpft. Gott entwickelt sich in mehreren Stufen. Die sichtbare Gestalt Gottes ist die Natur und damit auch der Mensch. Jeder Mensch ist eine Manifestation Gottes, auch der Schurke und der Gottlose; allerdings sind diese missglückte Experimente Gottes. Jeder muss selber zur Erkenntnis von Gott und Natur kommen. Jedem Menschen wird das freie Selbstbestimmungsrecht zugestanden. Er kann beliebige Rituale pflegen oder darf sogar Atheist sein, sofern er seine eigenen Ansichten nicht anderen aufzwingen will. Die sozialen Normen wie das Verbot des Tötens, des Diebstahls, der Verleumdung und des Ehebruchs gelten für Aleviten gegenüber allen Menschen. Die Frage nach dem Tod und den Jenseitsvorstellungen ist für Aleviten nebensächlich. Das Verhältnis zum Mitmenschen ist wichtig.

Aleviten sind in der Türkei eine respektable Minderheit von mindestens 15% der türkischen Bevölkerung. Sie werden unterdrückt und hatten sogar im Verlauf der letzten Jahrzehnte immer wieder Verfolgungen zu erdulden. Nur so ist es zu erklären, dass bis in die jüngste Vergangenheit auch im Ausland sehr viele ihre Glaubenszugehörigkeit nicht bekanntgeben.

Alevismus in der Praxis:

Der Cem (Kreis, Ring) ist eine religiöse und soziale Versammlung, die mindestens einmal jährlich abgehalten wird und wahrscheinlich auf uralte Formen zurückgeht. Ein Cem besteht aus verschiedenen Teilen und deckt wichtige Aspekte des religiösen und sozialen Lebens ab: Gericht und Versöhnung, Belehrung und Spiritualität. Ansprachen und Unterweisungen von Dedes (spirituellen Leitern) und von Laien, Gebete und Segnungen folgen sich im mehrere Stunden dauernden Ablauf. Semah, der kultische Tanz zu den Klängen der Saz (traditionelles Instrument, das an eine Laute erinnert und in der Türkei und in den umliegenden Ländern weit verbreitet ist) gehört als ein weiterer wichtiger Faktor dazu. Jede Person bringt nach Möglichkeit etwas Essbares mit. Das gestiftete Essen wird am Schluss der Zusammenkunft an alle Anwesenden verteilt. Ein wichtiger Unterschied zu einem sunnitischen Gebet darf nicht ausser Acht gelassen werden: die Sprache. Im Cem wird ausschliesslich die türkische

Sprache verwendet. Die beim Cem eingesetzte Saz ist ein Bestandteil der Kultur und wird von vielen Menschen gespielt. Alevismus ohne Saz ist praktisch undenkbar. Deshalb werden möglichst viele Aleviten zum Spiel dieses Instruments angeleitet.

Die Cem haben im Leben der alevitischen Vereine eine sehr wichtige Funktion, sie stehen aber nicht im Mittelpunkt. In der Diaspora gehört der Unterricht zu einem wesentlichen Bestandteil vieler alevitischer Vereine. So werden immer Semah- und Musikkurse angeboten. Daneben wird Sprach- und Computerunterricht erteilt. Es gibt auch Kurse, die sich ausdrücklich an Frauen richten wie z.B. Alphabetisierungs- und Deutschkurse. Die alevitischen Vereinslokale sind deshalb auch keine Gottesdiensträume sondern gleichen rein weltlichen Vereinslokalen.

Organisationen der Aleviten:

Von Deutschland aus begannen sich Aleviten zu organisieren. Zur Zeit gibt es dort über 90, in Österreich 7 Vereine. In der Schweiz wurde 1992 der erste Verein gegründet, heute sind es etwa 15, die Tendenz ist steigend.

Parallel zu den in den «Föderationen der Aleviten-Gemeinden» organisierten Vereinen, die sich als Aleviten-Bektaschiten bezeichnen (zu Haci Bektasch s.o.) und ihre Religion und Kultur über jede Politik stellen, entwickelte sich eine Bewegung von kurdischen Aleviten, die sich zuerst als Kurden und erst dann als Aleviten verstehen.

Manche bezeichnen sich als Alevi-Kizilbasch. Kizilbasch heisst Rotkopf und ist eine seit dem späten 15. Jhdt. vorkommende, ursprünglich eher abschätzige Bezeichnung, die u.a. für Aleviten gebraucht wurde.

Von vielen Sunniten werden alle Aleviten mit der extremen PKK (Arbeiterpartei Kurdistan) in den gleichen Topf geworfen. Dies ist aber falsch. Nur eine Minderheit gehört zur PKK.

Manche Neugründungen von Vereinen haben ihren Grund nicht in unterschiedlichen religiösen oder politischen Ansichten, sondern sind aufgrund von allgemeinen zwischenmenschlichen Problemen entstanden. So gibt es allein in einer Schweizer Stadt drei Vereine, die durch Spaltungen entstanden sind.

Adressen: Almanya Alevi Birlikleri Federasyonu / Föderation der Aleviten-Gemeinden in Deutschland e.V., Stolberger Str. 317, D-50933 Köln, Tel. 0221 94 98 560, Fax -561. – Avusturya Alevi Birlikleri Federasyonu / Föderation der Aleviten-Gemeinden in Österreich, Schererstr. 4, A-1020 Wien. – Föderation Alevitischer Gemeinden in der Schweiz, Fröschenweidstr. 10, Postfach 3017, CH-8404 Winterthur, Tel. 052 232 26 94 und 052 232 26 60.

5. Baha'i

Baha'i-Religion

Im Jahr 1844 verkündete der in Shiraz/Iran geborene Mirza Ali Muhammad, er sei der Bab («Tor») des vom schiitischen Islam erwarteten Propheten Imam Mahdi – später behauptete er, dieser selbst zu sein. Er drohte der islamischen Welt die Katastrophe an, wenn sie sich nicht zu seiner neuen Wahrheit bekehre, und führte unter seinen Anhängern den Bayan («Erklärung») ein, eine Schrift, in der manche Bestimmungen des Korans aufgehoben und durch freiere Regeln ersetzt wurden. Dem Dschihad und der Hoffnung auf einen eigenen Bahi-Staat wird im Bayan ein wichtiger Platz eingeräumt. Die Gruppe der Bab-Anhänger wurde in der Folge grausam verfolgt und der Bab 1850 erschossen. Mirza Husain Ali Nuri, der als Siebenundzwanzigjähriger Anhänger des Bab geworden war, erlebte daraufhin seine eigene Berufung und nannte sich – allerdings erst später offiziell – Baha'u'llah, d.h. «Herzlichkeit Gottes». Infolge Streitigkeiten wurde Baha'u'llah nach Akka verbannt, wo er mit seiner Familie bis zu seinem Lebensende 1892 blieb. In der

Verbannung entstanden die meisten seiner zahlreichen Schriften, mit denen er die Baha'i-Religion begründete: Die wichtigste seiner Schriften ist das heilige Buch der Baha'i, der Kitab-al-Aqdas. Bahu'u'llah sah sich als Vollender des Bayan und damit als den vom Bab angekündigten Gesandten Gottes. Er begründete eine eigenständige Baha'i-Religion, wodurch die Mission des Bab als abgeschlossen gilt.

Heute sind die Baha'i im Iran verboten. Wohl nicht zuletzt dank den verschiedenen Mehrjahresplänen Shoghi Effendis (des zweiten Nachfolgers und Urenkels des Baha'u'llah) zur Verbreitung der Baha'i-Religion gibt es heute weltweit – die Angaben sind sehr schwankend – etwa 5 Mio Baha'i.

Die von Shoghi Effendi in die Praxis umgesetzte «Verwaltungsordnung» soll Kern und Modell für eine neue Weltordnung sein. Zuoberst steht als geistiges Oberhaupt und unfehlbarer Ausleger des Wortes Gottes der sog. «Hüter der Sache Gottes». Da dieser ein direkter männlicher Nachkomme Baha'u'llahs sein muss und Shoghi Effendi keinen Sohn hatte, die übrigen in Frage kommenden Verwandten aber alle «Bündnisbrecher» geworden waren, wird das Amt seit Shoghi Effendis Tod (1957) nicht mehr besetzt.

Ausserdem gibt es neunköpfige, gewählte Gremien. Auf der untersten Ebene sind das die örtlichen geistigen Räte, die z.B. die Feste organisieren, die Armen unterstützen und den Glauben verbreiten. Über ihnen stehen die nationalen geistigen Räte, die u.a. die nationalen Besitztümer verwalten. Das oberste Verwaltungsorgan, das Universale Haus der Gerechtigkeit, hat seinen Sitz in Haifa. Es ist oberster Gerichtshof in der Rechtsprechung und erlässt Gesetze für die Gegenwart, in Ergänzung zu dem von Baha'u'llah gesetzten Recht, das als göttlich gilt.

Die Baha'i glauben an einen Gott, der allwissend, allmächtig, allgegenwärtig und absolut transzendent ist. Der Gedanke der Einheit Gottes ist zentral. Der Mensch muss Gott anerkennen und lieben. Ihn zu erkennen ist möglich durch die Schöpfung und v.a. durch sog. Manifestationen Gottes, als welche z.B. Krischna, Moses, Christus und Mohammed gelten. Ihre Offenbarungen sind göttliche Wahrheit, ihre jeweilige Form entspricht aber dem Erkenntnisvermögen der Menschen ihrer Zeit. Der Prophet für das gegenwärtige Zeitalter – aber nicht der letzte – ist Baha'u'llah. Er gilt als der Heilsbringer, den die einzelnen Religionen für die Endzeit erwarten.

Die Baha'i betonen die Aufgeklärtheit ihrer Religion. So soll jeder die Wahrheit selbst erforschen, und die Übereinstimmung, ja gegenseitige Bedingtheit von Religion und Wissenschaft wird gefordert.

Die Baha'i sind seit Abdul'l-Baha (dem ältesten Sohn und ersten Nachfolger von Baha'u'llah) zur Einehe verpflichtet und haben vor der Heirat die Zustimmung der Eltern einzuholen. Alkohol und andere Rauschmittel sind verboten. Wichtig und auch dem Grundsatz der Einheit verpflichtet ist die Forderung nach Nächstenliebe.

Das Bahai-Konferenzzentrum in Wienacht/CH über dem Bodensee entwickelte sich in den letzten Jahren zu einer kleinen Universität (Landegg International University) mit Dozenten und Studierenden aus vielen Ländern. Dem Aufbau einer neuen Weltzivilisation dienen u.a. die Studienfächer «Moral Education», Konfliktbewältigung, spirituelle Psychologie, angewandte Ethik und integratives Studium der Religionen.

Zeitschriften: 19-Tagefestbrief / One Country / Tempora.
Statistik: Weltweit ca. 5 Mio M.
Adressen: Baha'i-Sekreteriat CH, Dufourstr. 13, CH-3005 Bern, Tel. 031 352 10 20. – Landegg International University, CH-9405 Wienacht, Tel. 071 898 05 05.
www.bahai.org
www.landegg.edu

6. Weitere aus dem Islam hervorgegangene Bewegungen

Subud-Gemeinschaft

Der Ausdruck «Subud» ist die Abkürzung von drei Sanskrit-Worten (Susila, Budhi, Dharma), die dem Sinn nach die höchste menschliche Qualität, die innerste Kraft im Menschen und die Unterwerfung unter die Führung, die aus dem Innersten kommt, bezeichnen. Der Gründer der Subud-Bruderschaft, Muhammad Subuh genannt Bapak, wurde 1901 in Zentral-Java geboren. In Erlebnissen, die er als Wirken der göttlichen Kraft verstand, empfing er 1925 seine eigenen geistigen Übungen. Er nannte sie «Latihan».
Bapak Muhammad Subuhs Gedanken wurden zuerst durch Husein Rofé und durch J.G. Bennett in den Westen gebracht. Bapak hielt sich 1957 selber in England, Deutschland und andern Ländern auf. Dadurch entstanden verschiedene Anhängerkreise, die in nationalen Organisationen zusammengefasst sind.
Dem Vollzug des «Latihan» geht eine dreimonatige Wartezeit voraus, in der sich der Interessent über Subud informiert. Der Empfang der göttlichen Kraft geschieht dann in völliger innerer Ruhe und unter Verzicht auf gezielte Gedanken und Vorstellungen. Durch Latihan, in der Gruppe oder allein geübt, soll die Öffnung und Reinigung der Seele sowie der Zufluss der grossen Lebenskraft erreicht werden. Bapak Muhammad Subuh – seit seinem Tod 1987 besteht die Gemeinschaft ohne Nachfolger weiter – legte fest, dass ein erfahrener Helfer dem, der die «Latihan»-Übungen wünscht, beisteht. Solche Helfer haben sich ihrer Aufgabe in tiefer Hingabe anzunehmen.
Subud, so wird erklärt, sei keine Religion, könne deshalb mit jeder Religion vereinbart werden. Die Vorstellung von der grossen Lebenskraft beruht jedoch weitgehend auf pantheistischen Vorstellungen. Sie unterscheidet sich damit stark vom personhaften Gottesverständnis der Christen und von der Erlösungstat Jesu Christi.

Statistik: Weltweit ca. 385 G, 11 000 M / D: 460 M / A: 130 M / CH: 50 M.
Adressen: International Subud Committee Bogado 4446, 1183 Buenos Aires, Argentina, Tel. 0054 11 4832 6434. – Subud Deutschland e.V., Nordstadtstr. 26, D-38448 Wolfsburg. – Subud Österreich e.V., J. Hönigberggasse 7, A-2540 Bad Vöslau. – Subud Schweiz, Chesletenrain 4a, CH-5023 Biberstein.
www.subud.org

Meher Baba und seine Anhänger

Meher Baba (1894–1969), mit seinem bürgerlichen Namen Merwan Sheheriar Irani, gehört zur *Tradition des Sai Baba von Shirdi* (gest. 1918), eines unter Muslimen und Hindus verehrten Asketen und Wundertäters. Als Verbindungsglied zu Meher Baba wirkte Sai Babas Schüler, der Brahmane Upasani Baba.
Meher Baba, selber ein Guru und Avatar (Verkörperung des Göttlichen), vertrat eine Verbindung von islamischem Sufismus und hinduistischen Anschauungen. Er war der Sohn persischer Eltern und sprach von sich selber als einem Anhänger Zarathustras. Für ihn entscheidend waren die Begegnungen mit dem islamischen Sufismus und mit der Tradition Sai Babas von Shirdi.
Von 1925 bis zu seinem Tode verharrte Meher Baba in Schweigen. Die Verbindung mit seiner Umwelt hielt er mit einer Schreibtafel und mit Handzeichen aufrecht. 1931 reiste er zum ersten Mal in den Westen. Weitere Reisen folgten. In den USA trat er mit dem Sufi-Orden in Verbindung.
Meher Baba sprach von zehn Bewusstseinsebenen. Die zehnte ist die Ebene des Vollkommenen Meisters. Letztlich hielt er jedoch nicht seine Lehren für entscheidend; mit seinem Einsatz wollte er die Menschen wachrufen.

Obwohl Meher Baba auf die Bildung einer zentralen Organisation verzichtet hatte, bildeten sich in den USA und in den deutschsprachigen Ländern Meher Baba-Centers. Am bekanntesten sind Sufism Reoriented mit Zentrum in San Francisco und das Meher Spiritual Center in Myrtle Beach, South Carolina.

Adressen: The Meher Pilgrim Centre, Pilgrim Reservations, Avatar Meher Baba Trust Office, King's road, Post bag 31, Ahmadnagar 414001, Maharashtra, India. – Meher Baba Information, P.O. Box 1101, Berkeley, CA 94701, USA.

XIV Hinduismus und Sikhismus

Die Allgestalt Gottes

«Hinduismus» ist eigentlich ein Sammelbegriff für alle zu einem religiösen Kosmos zusammengeschmolzenen religiösen Gemeinschaften und Traditionen Indiens, die sich nicht einer anderen eindeutig bezeichneten Religion zurechnen. Hindus sind also alle die gläubigen Inder, die nicht Moslem, Christen, Sikhs, Jainas, Buddhisten oder Angehörige alter «vorhinduistischer» Stammeskulte sind. Die Hindus selbst nennen ihren religiösen Weg meist nicht Hinduismus – der Begriff ist für sie zu sehr ein Konstrukt – sondern «sanatana dharma», «ewiges Gesetz». Als Konglomerat zahlloser religiöser Einzeltraditionen entwickelt der sog. Hinduismus wie keine andere Religion die Kunst der Synthese. Im Hinduismus verbindet sich sogar das scheinbar Unvereinbare: Das eine Göttliche und die Unzahl der Gottheiten, die formlose Wahrheit und Versenkung ins eigene Selbst, die beinah zirkusreifen Askeseübungen und der mystische Genuss mit allen Sinnen, die wilde Ekstase der Feste und das jahrelange Schweigen mystischer Meister, die immensen Tempelanlagen, eigentliche Götterpaläste, und das Wissen um das eine Göttliche in allen Dingen, die fast erotische Liebe zu einem persönlich erlebbaren Gott (Bhaktimarga=Weg der liebevollen Hingabe) und die Versenkung ins göttlich Eine ohne Kontur und Gesicht (Jnanamarga=Weg der Erkenntnis). Diese einmalige Kraft zur Synthese gewinnt der Hinduismus vor allem aus seiner pantheistischen Grundstimmung. Die Bereitschaft, Gott in allem zu entdecken, relativiert nicht nur alle Unterschiede zwischen Mensch und Mensch, zwischen Tier und Mensch, zwischen diesem Gott und jenem Gott, sie verschmilzt zahllose lokale Gottheiten in immer wieder neuer Weise mit den wesentlichen Gestalten des eigenen Pantheons. Im Raum des Hinduismus wird alles und jedes zum Gesicht des Gottes mit unendlich vielen Gesichtern (Vishvarupa=Allgestalt, vgl. Bhagavadgita 11. Gesang). Selbst Gestalten, die ursprünglich dem Hinduismus völlig fern stehen, wie Buddha oder Christus, vereinigten sich im Hinduismus mit einem Hindugott und wurden zu Vishnu-Inkarnationen.
Wo immer aber indische Spiritualität Gott erlebt, neigt der indische Mystiker dazu, auch sein Ich zuletzt im göttlichen Selbst aufzulösen. Die Erkenntnis der Identität des eigenen und des universalen Selbst gehört zu einer Leitlinie indischer Frömmigkeit, differenziert vertreten z.B. in der Theologie der sog. «differenzierten Nicht-Zweiheit», radikal gefasst in der reinen «Nicht-Zweiheit», «Advaita». Zu «Dvaita», «Zweiheit», dem bleibenden Gegenüber von menschlicher Seele und

Gott, bekennen sich nur wenige Hindumeister. Gerade darin unterscheidet sich hinduistische deutlich von christlicher Religiosität. Menschliches Wesen löst sich zwar auch in Grenzerlebnissen christlicher Mystik im Göttlichen auf, nie aber in einem am biblischen Zeugnis sich orientierenden Glauben. Hier verlieren sich das menschliche Ich und das göttliche Du nie ineinander. Das menschliche Ich bleibt Ich oder wird erst richtiges menschliches Ich in seiner Liebe und seinem Gegenüber zum göttlichen Du.

Geschichte und Schrifttum

Nach traditionell hinduistischer Auffassung ist Sanskrit, die heilige Sprache des Hinduismus, die Ursprache der Menschheit. Die ältesten heiligen Schriften sollen zwischen 5000 und 1500 v.Chr. entstanden sein. In sprachwissenschaftlicher Sicht entstanden die ältesten Hinduschriften – die vier Veden – zwischen 1500 und 1000 v.Chr., bald nach der Einwanderung der Indoarier in Indien.
Wichtiger als diese ältesten Sammlungen von Opferhymnen und Ritualgebeten sind die eher philosophisch-mystisch orientierten Upanishaden, in denen – um ca. 800 v.Chr. – zum ersten Mal der Glaube an Reinkarnation und an Karma (=«Tat», d.h. der Tat-Wirkungs-Zusammenhang als schicksalsbestimmende Macht) erwogen und vorerst nicht öffentlich, sondern nur im erlesenen Kreis würdiger Wahrheitsfreunde erläutert wurde. Nicht die Götter bestimmen das Schicksal. Jedes Wesen bestimmt für die momentane und für weitere Inkarnationen sein Geschick. Die Religiosität, die sich in den Veden und Upanishaden artikulierte, wird heute in der Regel noch nicht als Hinduismus angesprochen. Man spricht meist von vedischer Religion und reserviert den Begriff Hinduismus für jene Phasen der indischen Religionsgeschichte, die durch die – provokative – Begegnung der vedischen Weltsicht und Mystik mit dem Buddhismus geprägt sind. Der Buddha – um 560 bis 480 v.Chr. – lehnte sowohl das vedische Schrifttum wie auch die altindische Kastenordnung und die in den Upanishaden beschriebene Mystik als Versenkung ins überall präsente göttliche Wesen ab.
In nachbuddhistischer Zeit entfaltete der Hinduismus in den grossen Epen, im Mahabharata, (darin eingeschlossen das berühmte Lehrgedicht des Krishna an seinen Freund Arjuna, die Bhagavadgita), im Ramayana, das die Heldentaten der Vishnu-Inkarnation Rama schildert, und in den mythenreichen Puranas, eine sowohl volksnahe als auch philosophisch reflektierte Frömmigkeit. Beide, Volksnähe und Tiefsinn hinduistischer Frömmigkeit, führten dazu, dass der Buddhismus, nach ein paar Jahrhunderten intensivster Ausbreitung, in Indien wieder an Faszination und Einfluss verlor. Im 8. Jhdt. n.Chr. reorganisierte Shankara nicht nur das hinduistische Mönchswesen. Mit seinem radikalen Monismus (Advaita-Vedanta, radikale Nicht-Zweiheitslehre) entwarf er Grundlinien einer Mystik, die vom Vielen so

radikal ins göttlich Eine führt, dass sie alle Sehnsucht der Inder nach dem befreienden Nichts des Buddhismus überstrahlte. *Aber stehen sich das Eine des Vedanta und das Nichts des Buddhismus, trotz ihres scheinbaren Gegensatzes nicht eigenartig nahe?* Der gemeinsame Grund buddhistischer und hinduistischer Spiritualität bleibt bis heute überall dort spürbar, wo sich das Interesse am spirituellen Erleben und nicht an lehrmässigen Differenzen orientiert. So ist die Welt für Buddhisten wie für Hindus Samsara, leidvoller Kreislauf von Geburten. Der Mensch sucht Befreiung vom Rad der Geburten. Im Blick auf den Weg der Befreiung – oder auf die in jeder der beiden grossen Religionen dargelegten vielen Wege der Befreiung – setzen Hinduismus und Buddhismus nicht grundsätzlich andere Wegzeichen, aber deutlich andere Akzente. Buddhismus entwickelt sich zum Weg der Überwindung jeder Gier, zum radikalen Aufgeben alles Wollens und zum Erleben der grossen Befreiung im Wegfallen aller Bindung an ein Hier oder Dort. Hinduismus führt in seiner eindrücklichsten Gestalt zum Eintauchen des menschlichen Geistes ins göttliche Ein-und-Alles und damit auf seine Weise ebenfalls zum Freiwerden jeder Bindung an ein Dies und Das. *Der befreite Buddhist verliert sein eigenes Selbst, der befreite Hindu wird eins mit dem höchsten göttlichen Selbst. In seiner Theorie gibt sich der alte Buddhismus nihilistisch. Der klassische Hinduismus präsentiert sich pantheistisch. Aber unterscheiden sich diese zwei Befreiungswege im Erleben der Befreiung wesentlich voneinander?*

Der Einfall des Islams in Indien führte nicht nur – vor allem in Nordindien – zur Zerstörung zahlloser Tempel. Der Hinduismus entwickelte gleichzeitig immer offenkundiger Bhakti, die persönliche Liebe zu einem menschennahen Gott. Seit der englischen Kolonialzeit integrierte der Hinduismus Elemente westlicher Weltsicht (Reformhinduismus). Er griff in Indien ebenso offenkundig nationale Anliegen auf, wie er im Westen missionierend sich als Universalreligion präsentierte. Bis ins 20. Jhdt. hinein war der Hinduismus noch eindeutig eine Nationalreligion: Indien ist das Land der Götter und des Dharma, der göttlichen Ordnung. Der Rest der Welt ist Adharma, Unordnung. Diese Bindung ans «heilige Land» hat sich in neuster Zeit sehr gelockert. Während im tradierten Hinduismus die Überzeugung, dass jeder Mensch für sein Karma selber verantwortlich ist, dem Engagement für sozial Benachteiligte enge Grenzen setzte – wer leidet, ist «selber schuld» –, bekennt sich der Reformhinduismus, nicht zuletzt auch als Antwort auf die christlichen Missionen, offen zu sozialem Engagement (z.B. in der sog. Ramakrishnamission). Er versucht die in vielen Jahrhunderten erstarrte Kastenordnung zwar nicht aufzuheben, aber aufzuweichen und die sog. Kastenlosen, während langer Jahrhunderte als dem Hinduismus nicht zugehörig betrachtet und in Tempeln nicht zugelassen, als Teil der Hindugesellschaftsordnung zu verstehen. Dieses Bemühen ist nur zu begreiflich, haben sich doch in neuerer und neuester Zeit nicht wenige Menschen aus niedrigen Kasten und Kastenlose dem Buddhismus, dem Islam und dem Christentum zugewandt. Im Moment (Frühling 2002) trägt eine orthodoxe Hindupartei die Regierungsverantwortung in Delhi. Der von Hindu-Fundamentalisten ausgehende Wunsch nach einer Verwandlung der säkularen indischen Union in einen Hindustaat und die ihn begleitenden neuen religiösen Auseinandersetzungen können den Stolz Indiens auf seine religiöse Toleranz zwar verunsichern, aber nicht wirklich ausräumen. Indien kann sich religiöse Intoleranz eigentlich nicht leisten. Ein Indien, das seine religiöse Toleranz aufgibt, würde als Staat zerbrechen. Obwohl in den letzten Jahren der christliche Bevölkerungsanteil wahrscheinlich nur unwesentlich gewachsen ist, allenfalls durch amerikanisch-evangelikale Missionare, die heute an vielen Orten präsent sind, wird das Christentum vom «fundamentalistischen», d.h. politisch engagierten Hinduismus z.Zt. als Bedrohung der indischen Identität empfunden.

Yoga

«Yoga» – wurzelverwandt mit dem lateinischen «iugum» und dem deutschen «Joch» – ist der Versuch, alle physischen und psychischen Kräfte unter das Joch des eigenen Erlösungswillens zu spannen. Gerade damit unterscheidet sich der indische Yoga zentral von seinen westlichen Formen. Westlicher Yoga ist immer eine Art mystisch vertiefte oder spirituell sanft verklärte Körperarbeit. Die Übenden sollen befähigt werden, ihren Körper, ihren Geist, ihren Atem – kurz, ihr Leben – bewusster, souveräner und intensiver zu erleben. Weltfreiheit und Weltlosigkeit ist nie das Ziel des westlichen, wohl aber des klassischen indischen Yoga. In den Yoga-Merksprüchen des Patanjali, d.h. im Leitfaden des sog. Raja-Yoga, sucht der klassische indische Yoga am Ende seines Weges das radikale All-Ein-Sein, das regungslose Ruhen des Geistes in sich selbst, befreit von aller Emotion und jeder Bindung an Körper und Welt. Der Geist soll zum blanken Spiegel werden, in dem sich nichts mehr spiegelt, zum glatten See, auf dem kein Wind mehr die Oberfläche kräuselt. (Spiegelglatte Seen erlauben dem Betrachter, in die Tiefe zu blicken. Indischer Yoga erlaubt dem regungslosen Geist, sich selber zu erkennen.) In diesem All-Ein-Sein, in diesem ungetrübten Ruhen-in-sich-selbst, hat der Geist den leidvollen Kreislauf der Wiedergeburten durchbrochen. Im indischen Hatha-Yoga – «Zwang»-Yoga – wird zwar oberflächlich betrachtet der Körper bejaht und geschult, so intensiv, bis der Yogin viele Körperfunktionen in ihr Gegenteil umkehren kann: Er kann auf dem Kopf stehen, Positionen einnehmen, die an Pflanzen, Bäume oder Tiere erinnern, er kann den Atem unwahrscheinlich lange anhalten, die Augen nach innen drehen, mit dem After und dem Penis im Wasser stehend Wasser aufsaugen usw. Aber all diese Umkehr-Übungen sind nur scheinbar Körpertraining. Indischer Hatha-Yoga trainiert den Körper nicht aus Körperfreude und Sportbegeisterung. Er ist, wie indischer Yoga überhaupt, immer eine Art mystische Sterbeübung. Der Körper soll zum gehorsamen Werkzeug in der Hand des Geistes werden. Und dieser Geist versucht, Lebendigkeit weitgehend zu unterbinden. Besonders das endlos lange Atemanhalten ist eine Vorübung für den Tod. *Diese scheinbar morbide Zielsetzung des indischen Yoga wirkt auf uns solange befremdlich, als wir uns nicht vor Augen halten, wie sehr das Sterben-Können und das Leben-Können zwei Seiten derselben Sache sind. Nur wer sterben kann, kann auch leben und umgekehrt.* Nichts von dieser Erlösungssucht steckt aber im westlichen Hatha-Yoga. Hier ist Yoga nicht mystische Sterbeübung, sondern Lebensschulung und Körpertraining. Analoges gilt vom sog. Kundalini-Yoga, einer tantrischen Spielform des Hatha-Yoga. Kundalini gilt als göttliche, unbewusste, weibliche Energie, die an der Basis unserer Wirbelsäule als eingerollte Schlange (Kundalini=die Geringelte) ruht. Durch entsprechende Atemübungen und Mantra-Meditationen (meditatives Wiederholen mystischer Silben) wird Kundalini geweckt und in der Vorstellung des Yogins dazu gezwungen, durch einen Kanal entlang der Wirbelsäule und durch die vielen Chakras («Kreise», Energiezentren) dieses Kanals aufzusteigen, bis sie sich im obersten Chakra – meist zwischen den Augenbrauen vorgestellt – mit der passiven, männlichen, bewussten, göttlichen Energie vereint. In diesem Erlebnis der Verschmelzung von Shakti (weibliche göttliche Kundalini-Kraft) mit Shiva (göttliches männliches Bewusstsein) erleben die Meditierenden, was sie zutiefst in allen Yoga-Formen suchen, ein Sein jenseits des Samsara, ein Glück, das von allen Bindungen an das leidvolle Dasein befreit. Auch Kundalini-Meditation wird, in den Westen übertragen, selbstverständlich zur Bereicherung und nicht zur Überwindung der eigenen körpergebundenen Existenz eingesetzt: Kundalini-Yoga soll mir helfen, alle in mir verborgenen Chakras und Kräfte zu entfalten.

Die oft diskutierte Frage, ob sich Yoga mit christlichem Glauben verbinden lasse, entscheidet sich so besehen an den Intentionen des in Frage stehenden Yogas. Ein verwestlichter Yoga, eine Art mystische Gymnastik zur Vertiefung des eigenen Wohlbefindens, widerspricht den Grundanliegen des christlichen Glaubens nur dort, wo er – wie viele Bewegungen und Schulen indischer Spiritualität – in Guruverehrung und pantheistische Einheitsmystik gleitet. Mit den Grundanliegen christlicher Existenz aber grundsätzlich nicht vereinbar ist ein indischer Yoga, der mit diesen oder anderen Mitteln die Befreiung des eigenen Geistes aus aller welthaften Bindung erstrebt. Christlicher Glaube erarbeitet sich – wie alle Konfessionen betonen – nie allein die eigene Befreiung, und wenn sie ihm geschenkt wird, ist es nicht die Befreiung von, sondern die Befreiung in der Welt. Also: Yoga lässt sich problemlos mit dem christlichen Glauben verbinden, wenn er – an seinen indischen Wurzeln gemessen – kein Yoga mehr ist.

Tantra

Tantra, wörtlich «Webstuhl», dient als Sammelbezeichnung für hinduistische, buddhistische und jainisitische Texte, die einerseits Anleitung geben, wie man in einer von geheimnisvollen Kräften erfüllten Welt sich diese durch geheimnisvolle Rituale dienstbar machen kann, und die andrerseits die Verbindung der weiblichen Kraft (Shakti) mit dem männlichen Bewusstsein (Shiva) als Grundprinzip des mystischen Erlösungsstrebens lehren. Tantra ist einerseits Magie, andererseits spezifisch Sexualmagie, in beiden Fällen aber ein okkultes Wissen und eine okkulte Praxis, die nie in der Öffentlichkeit ausgebreitet, sondern nur von Meistern im kleinen Kreis auf den Schüler übertragen werden. Als okkulte Magie und Religiosität setzt sich Tantra – wie die meisten okkulten Strömungen in allen Religionen – in bewusste Opposition zur herrschenden Religiosität und Moral. Tantra ist Liebe zum Gegenteil, zu jenen Aspekten menschlicher Existenz, die die herrschende Moral nur zu gerne ächtet. *Tabus zu brechen gehört zu den faszinierendsten Aspekten jeder okkulten Religiosität.* Als Sexualmagie sucht Tantra die Erlösung aus dem Kreislauf des Samsara in der bewussten Vereinigung des weiblichen mit dem männlichen Prinzip. Der sog. rechtshändige Tantrismus arbeitet mit sexuellen Symbolen. Der linkshändige Tantrismus begnügt sich nicht mit Symbolen. In feierlichem Ritual wecken Partnerin und Partner in sich das Bewusstsein für die im eigenen Körper und im Gegenüber präsente Gottheit und verbinden sich nach weiteren Vorübungen zur sexuell und mystisch erlebten Einheit aller Gegensätze, die aus dem Kreis des Samsara befreien soll. Diese Rituale des traditionellen linkshändigen Tantrismus verlangen vom Übenden aber ein äusserstes Mass an feierlicher Ordnung. An wilden Gruppensex denkt nur das Sexbusiness und die banale Lüsternheit. Ziel des indischen Tantra ist nie die Lust als Lust und schon gar nicht die öffentlich vermarktete Lust. Sein Ziel ist die Befreiung aus dem Kreislauf der Wiedergeburten durch Freiwerden von aller Gier. Weil die eigenen Triebe sich diesem spirituellen Ziel oft nicht unterordnen wollen und weil sich göttliche Kräfte in allem Erfahrbaren verbergen – auch das scheinbar Perverse ist von Gott erfüllt –, greift der indische Tantrismus oft zu nekrophilen Kasteiungen. Auch in Bezug auf den Tod bricht Tantra einige Tabus. So üben sich Tantriker im Extremfall in Selbstabtötung auf Kremationsplätzen, ernähren sich von im erlöschenden Kremationsfeuer noch auffindbaren Fleischresten, beschmieren sich mit Asche, malträtieren ihr Lingam (männliches Glied), oder üben sich in der Kunst, im Zusammensein mit ihrer Partnerin jeden Samenverlust zu vermeiden (Samenverlust gilt als Kraftverlust). All diese bizarr okkulten Aspekte des indischen Tantra übersieht der heute im Westen sich ausbreitende Tantramarkt mit gutem Grund. Nachdem sich in den Jahrzehnten nach dem 2. Weltkrieg zahlreiche Varianten des Yoga im Westen ausbreiteten, hat sich in den letzten Jahren vor allem Tantra auf den spirituellen Markt des Westens etabliert, allerdings ein Tantra, das, wie seinerzeit der

Yoga, den Westen nur faszinieren kann, weil es aufgehört hat, Tantra zu sein. So verschieden diese neuen Tantra-Angebote sind – sie reichen von mystisch eingefärbter Sexualtherapie bis zur spirituell notdürftig kaschierten Prostitution – gemeinsam ist ihnen, dass sie sich nicht als okkultes Geheimwissen präsentieren, sondern als öffentlich inserierte Angebote, und dass sie einem sog. Normalsex durch exotisch-mystische Ambiance neue Impulse geben möchten. Aus Frust soll wieder Lust werden, so lautet das Motto des Neo-Tantra, während das traditionelle indische Tantra als Erlösungsweg über jeden Frust und jede Lust hinaus in die Befreiung führen will. Gemeinsam ist dem indischen und westlichen Tantra die Bedeutung des Lehrers für den Schüler, der sich auf okkulte Mystik und Magie dort oder auf spirituell-sinnliche Abenteuer hier einlassen will.

Dass der Guru im Tantra noch mehr als im Yoga ein entscheidender Faktor auf diesem nicht ungefährlichen Befreiungsweg oder Selbsterkundungsweg ist, versteht sich fast von selbst. Wo der Schüler psychisch so absturzgefährdet übt und lebt, wird der Meister schlicht unentbehrlich. Nicht alle Tantra- und Neotantra-Meister verdienen aber das grenzenlose Vertrauen, das die Übenden ihnen schenken. Wo Meister-Allüren sich mit sexualmagischen Experimenten verbinden, ist sexuelle Ausbeutung die beinah unvermeidliche Folge.

In der magischen Welt des traditionellen indischen Tantra kann sich der christliche Glaube nicht wohlfühlen. Christlicher Glaube will nicht geheimnisvolle (körperliche und kosmische) Kräfte beherrschen. Neotantra muss sich vom christlichen Glauben fragen lassen, ob es Sexualität vertieft oder vermarktet. Neotantra verkommt oft zum Sexgewerbe und indisches Tantra zur okkulten Zauberei. In beiden Fällen wird der eigentlich gemeinte spirituelle Wert des Tantra durch irdische Wünsche verdrängt.

Die Gurus

Die Institution des spirituellen Meisters kennt Indien seit der Zeit der frühen Upanishaden. Je offenkundiger indische Spiritualität pantheistisch war und je deutlicher sie alle Wahrheitssucher vor die Aufgabe stellte, auf dem Grund des eigenen Wesens das wahre göttliche Selbst zu entdecken und zu entfalten, desto notwendiger brauchte der Schüler auch einen Menschen, der dieses eigene göttliche Selbst in sich schon entdeckt und entfaltet hatte. Gurus oder Gurvis (Meisterinnen) sind selbstverwirklichte Menschen, die anderen helfen können, auch ihr eigenes Selbst zu entdecken und zu entfalten.

Wie finden Wahrheitssuchende ihren wahren Meister? Schüler und Meister finden, wenn die Beziehung stimmt, in einer Art gegenseitiger, spontaner Wahl zueinander. Der Schüler weiss: Dieser ist mein Meister. Der Meister gibt dem Schüler zu erkennen, dass er schon lange auf ihn gewartet hat. Kurz: Meister und

Schüler finden zueinander durch ihr Karma, weil sie aus früheren Inkarnationen sich kennen und füreinander bestimmt sind. (Die Geheimnisse der traditionellen Meister-Schüler-Beziehung werden eindrücklich beschrieben z.B. im bekannten Werk von Yogananda, «Autobiographie eines Yogi».) Während nun aber bis ins 20. Jhdt. hinein die traditionelle Meister-Schüler-Ordnung eine relativ kleine Gruppe von Schülern in einer fast familiären Verbindung für die Jahre des Lernens mit dem Meister verband, führte das Phänomen des Massengurus im 20. Jhdt. auch zu extrem wahngefährdeten Meister-Schüler-Beziehungen und zu zahllosen ausgeprägt sektenhaften Gurubewegungen.

Der Schüler kann in der modernen Gurubewegung seinem Meister auch nie mehr wirklich begegnen. Echtes Sich-kennen-Lernen ist nicht vorgesehen. Der Meister erscheint vor Hunderten von Schülern und lässt sich von ihnen feiern. Diese sog. Darshans, Rituale des Gurukultes, geben dem Schüler zwar die Möglichkeit, seine Wünsche in den Guru hineinzuprojizieren und allenfalls noch untertänigst eine Frage zu formulieren und damit seine Lernbereitschaft zu dokumentieren. Für wirkliche Begegnung bleibt im Darshan kein Raum. Der Meister kann deshalb den Schüler auch nicht mehr auf einem schwierigen individuellen Weg der Selbstfindung persönlich begleiten. In einer tranceähnlichen Kollektivmystik gleitet das leidgebundene kleine Ich des Schülers ins selige Kollektiv der Verehrergruppe. Auf diese Weise führt aber kein Meister den Schüler zum eigenen wahren Selbst. Da im Westen viele an ihrer Selbstverantwortung zerbrechende und im eigenen Ich gefangene Wahrheitssucher gerne ihr kleines Ich wenigstens vorübergehend im grossen Selbst des Meisters und in der sich um den Meister versammelnden Gruppe auflösen, finden die modernen Massengurus in der westlichen Welt nicht wenige Anhänger. Sie versprechen wahres Menschsein und Selbstfindung und führen in wahnhafte Hörigkeit und in kollektive Trance, die jedes eigenverantwortliche Selbst vergisst.

Sikhismus

Im 16. Jhdt. entstand im Spannungsfeld von Islam und Hinduismus in Nordindien eine spirituell und bald auch politisch äusserst bedeutsame und militärisch erfolgreiche Bewegung, die Elemente des Islams – der Glaube an einen einzigen Gott, Ablehnung des Kastenwesens, Verehrung eines heiligen Buches – mit Elementen des Hinduismus verband, nämlich Reinkarnationsglaube, Meditation als Erlösungsweg, Bhakti (liebevolle Hingabe an Gott), Bedeutung des Gurus. Der Sikhismus führte von Guru Nanak (1469–1539), einem eindrücklichen Mystiker, über verschiedene Gurus, z.B. Ram Dass (1534–81), den Erbauer des goldenen Tempels von Amritsar, und Godbindh Singh (1660–1708), der ein eigentlicher Theokrat war, zur Überzeugung, dass das heilige Buch, der Adi Grant, für die später

Geborenen der wahre Guru sei. Wie ein Guru, d.h. wie eine menschliche Majestät, wird das heilige Buch in Amritsar auch verehrt. Damit hat der traditionelle Sikhismus auf spätere wegweisende Meistergestalten verzichtet. Hingegen scharen sich andere, weniger orthodoxe Strömungen seit dem 19. Jhdt. um ihre neuen, zeitgenössischen Meister. Gerade diese «heterodoxen» Sikhgruppen, vor allem die Varianten der von Shiv Dayal Singh (1818–1878) begründeten Radha-Soami-Bewegung, suchen und finden, dank ihrer faszinierenden Verbindung von meditativen Erfahrungen (Klangmystik und Farbenmystik) mit intensiven Gemeinschaftserlebnissen und bedingungslosem Meisterkult, zahlreiche Anhänger in der westlichen Welt.

Reinkarnationsglaube

Neben dem Meisterkult und der faszinierenden pantheistischen Grundstimmung wirkt der sog. Hinduismus auf einen Teil der westlichen Welt vor allem mit seinem Glauben an Karma und Reinkarnation. Auch dieses Element indischer Spiritualität hat, als es in der westlichen Welt aufgegriffen wurde, seine weltüberwindende und weltflüchtige Dynamik gegen eine eher weltfrohe und beinah weltsüchtige Perspektive ausgetauscht. Die von der Theosophie, dem New-Age und zahlreichen modernen im Westen heimischen spirituellen Bewegungen aufgegriffene Reinkarnationslehre belastet den Menschen nicht mehr mit den zahllosen vergangenen und noch anstehenden Geburten. Das mystische Indien suchte, sobald es die endlose Kette der Geburten und Wiedergeburten ins Auge fasste, sofort nach Befreiung vom Rad der Geburten. Im Westen dagegen freuen sich reinkarnationsgläubige Menschen am Ende einer Existenz auf neue, interessante Inkarnationen.

Ein an biblischem Schrifttum orientierter christlicher Glaube geht zum indischen und theosophisch-westlichen Reinkarnationsglauben auf Distanz, weil er die Einzigartigkeit und Bedeutsamkeit jedes Augenblickes und jedes Lebens anerkennt, und weil er den Reinkarnationsglauben, ein spirituelles Karrieredenken, das zur stufenweisen Selbstreinigung und Selbsterlösung auffordert, mit dem Glauben an die uns geschenkte Erlösung nicht verbinden kann. Alle Kombinationen von christlicher Gnadenlehre und Reinkarnationsglauben – verschiedene Vorschläge wurden schon vorgelegt – wirken auf den ersten Blick besehen gekünstelt und bei intensiver Betrachtung manchmal arrogant. Der reinkarnationsgläubige Mensch möchte dem Schicksal auf die Finger schauen, und erkennen, wer warum die Schicksalsfäden so seltsam spinnt. Er schiebt Vorhänge zur Seite, hinter welche die gläubige Vorsicht nie zu blicken wagt.

Die Einheit aller Religionen

Keine der grossen Weltreligionen sieht sich so offenkundig als Synthese oder Summe aller religiösen Wahrheiten wie der moderne Hinduismus. In allem, was Menschen verehren, zeigt sich ein Antlitz Gottes und jeder Weg zu Gott führt zuletzt ans gleiche Ziel. Das heisst nicht, dass in neuhinduistischem Verständnis alle Religionen gleichwertig sind. Die Religion, die diese Einheit aller am klarsten erkennt und die alle Wahrheiten der anderen bewusst bejahen und in die eigene religiöse Welt integrieren kann, steht dieser Einheit selbstverständlich am nächsten. Mit anderen Worten: Alle Religionen sind Wege zu Gott. Aber der Hinduismus erkennt Gott umfassender als alle anderen Glaubensweisen und fasziniert mit dieser seiner «elitären Offenheit» auch gebildete und weltoffene Westler.
Auch Christen, die andere Religionen nicht bekämpfen, sondern verstehen möchten, rechnen oft mit einer letzten Einheit aller Religionen. Denn niemand kann von Gott verlangen, dass er sich nur im je eigenen Glauben den Menschen zuwendet. Aus dieser nur in Gott gegebenen und uns nicht verfügbaren Einheit aller Religionen heraus wächst hie und da der Wunsch nach einer alle Religionen umfassenden und überbietenden Welteinheitsreligion. Diese Theorie, Universalreligion genannt, wird zwangsläufig jede konkrete Religion so vereinnahmen, wie der Hinduismus Elemente christlicher, islamischer und buddhistischer Spiritualität vereinnahmt hat. Also: wir dienen keinem Glauben, wenn wir ihn «globalisieren», d.h., in eine fiktive Universalreligion einfliessen lassen. Denn in der grossen religiösen Synthese verblasst jede konkrete Religion zum Schatten ihrer selbst.

1. Die ersten in Europa tätigen hinduistischen Vereinigungen

Ramakrishna Mission Vedanta – Zentrum in Genf

Ramakrishna

Ramakrishna (1839–1886), wahrscheinlich der bedeutendste Mystiker Indiens im 19. Jhdt., vermochte in der Innigkeit seiner Gottesverehrung und gleichzeitig in seiner Offenheit gegenüber allen Wegen intensiver Spiritualität die Wahrheit jedes von ihm begangenen mystischen Weges selbst zu erleben. Als Kali-Priester in Bengalen war für ihn die schwarze göttliche Mutter keine ferne göttliche Wesenheit, sondern in Visionen erlebtes dunkles göttliches Gegenüber, genau so wie er – als er christliche Wege beschritt – Christus erschaute, oder wie er auf dem Weg der Versenkung ins göttliche Eine dieses Einssein mit dem Urgrund erlebte, oder wie ihn in seiner Phase der islamischen Mystik Allahs überwältigende Gegenwart umfing. Bei all dieser selbst erlebten Wahrheit vieler spiritueller Wege blieb Ramakrishna aber Hindu und Kali-Priester. Warum Gott irgendwo die Treue aufkünden, wenn er sich nach hinduistischer Auffassung in allen Religionen dem Menschen zuwendet? Ramakrishna war in seiner visionären Begabung, seinem asketisch-mystischen Verhältnis zu seiner Frau und seinem oft seltsam-bizarren, die Umgebung verwirrenden Verhalten ein Mensch, der nach modernem westlichem Ermessen der psychiatrischen Begleitung bedurft hätte. Er wurde indes zu seinen Lebzeiten nie nach westlichen Massstäben beurteilt und behandelt. Hingegen stellte ein Gremium von Hindu-Würdenträgern einmal offiziell fest, dass er eine Inkarnation Gottes, ein Avatar, d.h. eine Harabkunft Gottes in körperliche Gestalt, sei. Ramakrishna nahm dieses Urteil kaum zur Kenntnis. Ähnlich wie Jesus als Inkarnation der göttlichen Liebe gilt, ist Ramakrishna seither für viele Hindus die Inkarnation der göttlichen Gegenwart, erlebbar in allen Religionen.

Ramakrishna hat wie wahrscheinlich kein zweiter Nichtchrist Christus erlebt und verstanden und ist – darin bleibt er ganz Hindu – durch seine Christusbegegnung hindurch wieder ins Erleben der göttlichen Allgestalt und ins Verschmelzen mit dem göttlichen Selbst zurückgekehrt.

Vivekananda

Swami Vivekananda (1863–1902) gilt als der Bedeutendste der vielen Schüler Ramakrishnas. Grundsätzlich weit intellektueller und reflektierter als der in seinem Wesensgrund doch intuitive, emotional-mystische Ramakrishna, erläuterte er die mit Ramakrishna neu erschlossene universale mystische Kraft des Hinduismus und interpretierte alle Religionen als verschiedene Wege zum gleichen Ziel. Swami Vivekananda übernahm nach dem Tod seines Meisters die Leitung einer Gruppe von Mönchen in Belur bei Kalkutta am Westufer des Ganges und gründete mit diesen Mönchen in der Nacht zum 25. Dezember 1887 den Ramakrishna-Orden. 1893 hielt er eine viel beachtete Rede am Weltparlament der Religionen in Chicago. Er blieb dann während fünf Jahren in den USA, wurde durch diesen Amerika-Aufenthalt zum ersten berühmten Verkünder östlicher Mystik in der westlichen Welt und schenkte manchen Hindus durch sein Wirken ein neues Selbstbewusstsein. *Vivekananda wurde zum Ersten einer langen Kette von modernen Hindu-Meistern, die das Wissen um die Einheit aller Religionen mit der Überzeugung verbinden, dass der Hinduismus in idealer Form diese Einheit lebt. Die elitäre Toleranz, die aus dieser Überzeugung spricht, begegnet seither in unzähligen Äusserungen des modernen Hinduismus zum Wahrheitsgehalt der anderen Religionen.*

Engagierter Hinduismus
Erst nachträglich entdeckten die Mönche des Ramakrishna-Ordens, resp. der Ramakrishna-Mission – der Orden ist das Rückgrat der Mission –, dass ihre Ordensgründung mit dem christlichen Weihnachtsfest zusammenfiel. Sie sehen in diesem scheinbaren Zufall einen Hinweis auf ihre besondere Nähe zu Christus. Ähnlich wie Christus wollen sie Spiritualität und engagierte Mitmenschlichkeit miteinander verbinden und dem Not leidenden Mitmenschen nicht bloss aus Mitleid beistehen, sondern ihm helfen, weil sie Gott in ihm erkennen. In Indien zählt der Orden heute an die 250 Mio Anhänger oder Sympathisanten. Die Mission nimmt vor allem in Indien grossen Einfluss auf das soziale Leben durch das Wirken in Schulen, Spitälern und Waisenhäusern. Einfache Lebensart, selbstloses Handeln und Offenheit gegenüber allen Religionen sind wegleitend für die Ramakrishna-Mission. Die religiösen Wurzeln liegen in der Vedanta-Tradition, die den göttlichen All-Geist weit über die einzelnen Erscheinungsbilder und Namen hinduistischer Gottheiten und Lehren stellt. In der westlichen Welt wurden verschiedene Vedanta-Zentren aufgebaut, so in den USA, in Grossbritannien, Frankreich, Holland und in der Schweiz. 1962 wurde in Genf die Vereinigung AESE gegründet (Assosiation pour l'étude du Védanta en Europe), aus der 1969 des Centre Védantique de Genève entstand. Es zählt heute ca. 60 Mitglieder und ca. 600 Sympathisanten. Es wird geleitet von Swami Amarananda, der früher das Zentrum in Frankreich geleitet hat. Das Centre in Genf fördert die Kenntnis und das Studium der Vedanta-Lehre, organisiert Tagungen und kulturelle Anlässe und fördert das Verständnis zwischen indischen Organisationen einerseits und zwischen indischer und europäischer Kultur andererseits.

Adresse: Centre Védantique de Genève, Ch. des Gravannes 9, CH-1246 Corsier/Genève, Tel. 022 751 22 24.

Krishnamurti Foundation

Jiddu Krishnamurti wurde 1895 in Südindien geboren und starb 1986 in Kalifornien. Mit 11 Jahren kam er nach Adyar, dem Hauptsitz der Theosophischen Gesellschaft, wo er im theosophischen Sinne erzogen und ausgebildet wurde. Anschliessend besuchte er die höheren Schulen in England. Seine theosophischen Lehrmeister (allen voran Annie Besant) waren überzeugt, er sei Avatar («Herabkunft»=Inkarnation einer Gottheit) und zum Weltenlehrer berufen. Sie gründeten für ihn den «Star of the East»-Orden und machten ihn zu dessen Oberhaupt. Die folgenden Jahre des Lernens, Reisens und Lehrens brachten ihm tiefgreifende Erkenntnisse und veränderten ihn völlig. 1929 löste er den Orden auf und distanzierte sich von der Theosophischen Gesellschaft. Er hielt nun Vorträge auf der ganzen Welt und gründete Schulen in England, Indien und Kalifornien. Sein Denken und Lehren kreiste um die totale innere Freiheit des Menschen, Freiheit von jeglicher Prägung durch Religion, Ideale, Dogmen und Philosophien. Erst wenn der Mensch von diesem Kreislauf der Routine frei wird, findet er ein neues, tiefes Verständnis für den Sinn des Lebens und damit inneren Frieden und Glück.
Krishnamurti regt uns zur kompromisslosen Erfahrung mit uns selbst an, mit unseren Sehnsüchten, Idealen und Ängsten. Nur auf diese Weise können wir erkennen, wie wir geprägt sind, können wir Neues entstehen lassen und aus dem ewigen Kreislauf der Routine heraus zu Ruhe, Frieden und Glück finden.
Krishnamurti sieht die Wahrheit als grenzen- und pfadloses Land, dem man sich nicht durch eine festgelegte Religion annähern kann. Mit dieser Sicht sprengt er auch die an sich schon weitgefassten Grenzen des Hinduismus. Bis zu seinem Tod sprach er zu Menschen aller Nationen. Dabei war für ihn

speziell auch der Prozess des Lernens ein zentrales Anliegen. Wer nicht mehr dazulernt, verliert das Gelernte. Von 1961 bis 1985 hielt er jeden Sommer Reden in einem grossen Konferenzzelt in Saanen bei Gstaad/CH, wo jeweils bis zu 3000 Zuhörer vieler Nationen und aller Altersgruppen seinen Worten folgten. Die meisten Vorträge und Gespräche sind in Buchform erschienen und in viele Sprachen übersetzt worden. Es gibt Krishnamurti-Schulen in Indien, Grossbritannien und den USA und Krishnamurti-Komitees und -Zentren in 38 Ländern. In England z.B. wurde anfangs der 70er Jahre in Brockwood der Krishnamurti Foundation Trust gegründet, ein grösseres Zentrum, in welchem sich auch eine Schule für Kinder befindet. Alle Schulen und Zentren suchen Krishnamurtis Lehre den Menschen zugänglich zu machen und eine Plattform für Gespräche und Diskussionen zu bilden.

Wer sich mit indischen Gurus beschäftigt, wird in Krishnamurti eine Art Antiguru entdecken, einen Menschen, der sich weigerte, den göttlichen Meister zu spielen, als den andere ihn ausersehen hatten. Diese Weigerung verdient umso mehr Beachtung, als die nach hinduistischer und buddhistischer Tradition schon in jungen Jahren zu göttlichen Wesen bestimmten Meister der ihnen zugedachten Rolle nie mehr entrinnen. Von Babaji bis zu den zahlreichen Kinderäbten des tibetischen Buddhismus wächst kaum jemand über das ihm als Kind zugedachte heilige «Skript» hinaus. Dass Krishnamurti aus seinem goldenen Käfig entfloh, verdient mehr als nur beiläufige Beachtung.

Statistik: D: 900 M, CH: 300 M.

Adressen: Krishnamurti Foundation, Vasanta Vihar Study Centre, 64 Greenways Road, Madras 600028 Tamil Nadu, India. – Krishnamurti Foundation of Amerika, P.O. Box 1560, Ojai, CA 93024, USA. – Bernd Hollstein, Zwerenberg 34, D-71560 Sulzbach, Tel. 0719 391 10 72, Fax 0719 21 53 6, Email: hollstein.bernd@t-online.de. – Frau C. Winkler, Gerstenstr. 2D, D-70599 Stuttgart. – Thomas Siefert, Wörthstr. 19, D-65185 Wiesbaden. – Helga Perke, Dorf 72, A-6134 Vomp, Tel. 0524 27 22 15. – Krishnamurti-Forum, Martin Mattli, Rietholzstr. 54, 8125 Zollikerberg, Tel. 01 392 19 53. – Giselle Balleys, 7A chemin Floraire, CH-1225 Chêne-Bourg/Genève, Tel. 022 349 66 74. – Krishnamurti Foundation Trust, Brockwood Park, Bramdean, Hampshire, SO24, OLQ, England, Tel. 0044 1962 77 15 25.
www.krishnamurti.de
www.krishnamurti.ch
www.kfa.org

2. Yoga-Bewegung

Von den vielen seit dem 2. Weltkrieg entstandenen und aktiven Yoga-Instituten oder Yoga-Schulen kann hier nur eine kleine Auswahl angeführt werden.

Berufsverband Deutscher Yogalehrer

Der im Jahre 1967 gegründete Berufsverband Deutscher Yogalehrer widmet sich der Förderung des Kontaktes zwischen den Mitgliedern, der Ausbildung, Prüfung und Weiterbildung der Yogalehrer, der Interessensvertretung und der Pflege der Verbindung auch mit ähnlichen Organisationen des Auslandes. Die Ausbildungsbestimmungen basieren auf den Richtlinien der Europäischen Yoga-Union. Die Mitglieder (ca. 1500) vertreten verschiedene Arten von Yoga.

Zeitschrift: Deutsches Yoga-Forum.

Adresse: Berufsverband Deutscher Yogalehrer e.V., Geschäftsstelle: Heinrich-Grob-Str. 48, D-97250 Erlabrunn/Würzburg, Geschäftsführung: Charlotte Bossinger, Tel. 0936 44 79 7, Fax 0936 47 20.

Deutsche Yoga Gesellschaft

1962 hat O.A. Isbert in Freudenstadt (später in Schmalnau bei Fulda) das *Deutsche Yoga-Institut für Forschung, Lehre und Praxis* gegründet und dann bis 1974 geleitet. Diese Forschungs- und Dokumentationsstelle gab den Anstoss zur Bildung zweier überregionaler Verbände: 1967 konnte der *Berufsverband Deutscher Yogalehrer* und 1968 die *Deutsche Yoga Gesellschaft*

(DYG) gegründet werden. (Zeitschrift für beide Vereinigungen wurde «Yoga und unsere Welt».) 1975 konstituierte sich als Dachorganisation der beiden Verbände die *Deutsche Yoga-Union,* sie hat sich inzwischen wieder aufgelöst.
Die Deutsche Yoga Gesellschaft steht unter der Leitung ihres Gründers Sigmund Feuerabendt. Sie führt jeweils den Deutschen Yoga-Kongress durch.

Zeitschrift: Deutsche Yoga-Post.
Adresse: Deutsche Yoga Gesellschaft, Postfach 210340, D-85049 Ingolstadt, Fax 0841 35 52 4.

Schweizerische Yoga Gesellschaft

Die Schweizerische Yoga Gesellschaft (Fédération Suisse de Yoga) setzt sich für die Interessen der Yoga-Lehrer und der Yoga-Ausübenden ein. Sie organisiert ein jährliches Wochenende, gibt ein Mitteilungsblatt heraus und schafft Aus- und Weiterbildungsmöglichkeiten. Die Ausbildung richtet sich nach dem «Minimalprogramm» der *Union européenne des Fédérations nationales de Yoga.* Deren Bestimmungen werden durch anatomische und physiologische Kurse sowie durch das Studium hinduistischer Philosophie ergänzt. Nach drei- oder vierjährigem Kursbesuch und bestandener Prüfung verleiht die Schweizerische Yoga Gesellschaft ein Yogalehrer-Diplom. Die Ausbildung zum Yoga-Lehrer – oder häufiger zur Yoga-Lehrerin – vermitteln einzelne Yoga-Schulen in verschiedenen Städten. Die *Union européenne des Fédérations nationales de Yoga*, zu deren Mitgliedern die Schweizerische Yoga Gesellschaft gehört, führt jährlich eine internationale Yoga-Woche in Zinal/CH durch.

Zeitschrift: Keine eigene Zeitschrift mehr. Zusammenarbeit mit der belgischen «Les Chemins de Yoga».
Statistik: Die Liste der anerkannten Yoga-Lehrer der Schweizerischen Yoga Gesellschaft enthält über 150 Namen.
Adresse: Schweizerische Yoga Gesellschaft, Aarbergergasse 21, CH-3011 Bern, Tel. 031 311 07 17.
www.yoga.ch

Schweizer Yogaverband, Association Suisse de Yoga

Der Schweizer Yogaverband, 1995 als ein Zusammenschluss von unabhängigen Yoga-Schulen unterschiedlicher Provenienz gegründet, will die Yoga-Lehrer der Schweiz unterstützen, indem er subsidiär diejenigen Aufgaben wahrnimmt, die die Möglichkeiten der einzelnen Yoga-Schulen übersteigen. Er sieht Yoga als ein System von ethischen Prinzipien sowie körperlichen und geistig-spirituellen Übungen, das, kontinuierlich angewendet, dem Menschen auf gefahrlose Weise ein religiöses Erleben ermöglicht. Yoga wird nicht als Konfession betrachtet und soll die Konfession der Übenden nicht tangieren.
Die Mitglieder des Schweizer Yogaverbandes bieten überall in der Schweiz Kurse, Lehrgänge und Seminare zum Erlernen des Yoga an. Die Mitglieder sind vollständig autonom, d.h. Form und Inhalt der Kurse können von Schule zu Schule in einem weiten Spektrum variieren. Der Schweizer Yogaverband hat für die angeschlossenen Lehrkräfte einen ethischen Kodex formuliert, worin u.a. festgehalten ist, dass die Persönlichkeit der Kursteilnehmer respektiert wird und weder Abhängigkeiten noch psychische oder materielle Ausbeutung erlaubt ist. Neben den Angeboten der einzelnen Schulen veranstaltet der Verband regelmässig Vorträge (ca. sechsmal pro Jahr) und Seminare (ca. viermal pro Jahr) zu verschiedenen Themen.
Im Verband sind ca. 100 Yoga-Schulen der Schweiz zusammengeschlossen. Sie repräsentieren etwa 10 000 Yoga-Praktizierende. Nach Schätzungen dürften sich etwa 50 000 Personen in der Schweiz finden, die zumindest gelegentlich Yoga ausüben. Der «Bund Deutscher Yogalehrer» wird als Schwesterorganisation angesehen. In Österreich gibt es noch keinen entsprechenden Verband.

Zeitschrift: Schweizer Yoga Journal.
Adressen: Präsident: Reto H. Zbinden, 5 Rue de la Gare, CH-2613 Villeret, Tel. 032 941 50 40, Fax 032 941 50 41. – Geschäftsstelle: Schweizer Yogaverband, Marktgasse 31, CH-3000 Bern, Tel. 031 329 54 40, Fax 031 329 55 91.

Yoga-Schule Yesudian-Haich

Selvarajan Yesudian, Sohn eines indischen Arztes, studierte in Europa Medizin und begann mit Elisabeth Haich Vorträge und Kurse über Hatha-Yoga zu halten. 1948 liessen sie sich in Zürich nieder. Die Methode Yesudian-Haich ist auch von einigen andern Yoga-Schulen übernommen worden. 1997 starb S. Yesudian. Seit Ende 1999 werden durch Rolf Heim, der auch die Sommerschule in Ponte Tresa/CH betreibt, in Zürich wieder Kurse in einem neuen Zentrum angeboten. Das alten Zentrum in Zürich offeriert keine Kurse mehr.

Statistik: CH: ca. 6 Yoga-Schulen, Sommerschule in Ponte Tresa/Tessin.
Adresse: Yoga Schule Rolf Heim, Berninastr. 53, 8057 Zürich, Tel. 01 313 00 46.

Self Realization Fellowship (SRF) und Kriya Yoga Schulen

Yogananda, mit bürgerlichem Namen Mukunda Lal Ghosh (1893–1952), trat von seinen spirituellen Neigungen geführt 1914 in einen Mönchsorden ein (Mönchsname Yogananda, «Glückseligkeit des Yoga»). Er fand in einer Erfahrung spontaner Wahlverwandtschaft seinen Guru Yuktesvar, der ihm den Titel Paramahamsa verlieh, und gründete 1917 in Ranchi eine Yoga-Schule. 1920 reiste er zu einem Kongress in die USA, wo sein Vortrag über indische Spiritualität und Wissenschaft lebhaften Beifall fand. Yogananda blieb in den USA, hielt Vorträge in grossen Auditorien, gründete 1925 in Los Angeles die Self-Realization-Fellowship (S.R.F.). 1935 reiste er über Europa nach Indien, traf sich dort u.a. mit Mahatma Gandhi und Ramana Maharshi und kehrte nach dem Tod seines Meisters Yukteshvar über England zurück in die USA, wo er in Kalifornien das Zentrum in Encinitas gründete. In den USA und Europa entstanden nun S.R.F.-Zentren, die Kriya-Yoga lehren. Yogananda starb 1952 in Kalifornien.

Kriya-Yoga, ein «Essenz-Yoga» oder «Tat-Yoga», will eine Konzentration und Kombination aller Yoga-Arten sein und bei intensiver Meister-Schüler-Beziehung stufenweise höhere Einsicht vermitteln. Spürt die individuelle Seele bei jedem Schritt die Einheit mit der allumfassenden Seele, dann befindet sie sich im Zustand des Kriya-Yoga. So wird auch gesagt, Jesus sei ein Kriya-Yogi gewesen, da er sagte: «Ich und der Vater sind Eins. Er war in jedem Augenblick und in jeder Handlung mit Gott vereint.» Die Kriya-Yoga Technik beinhaltet u.a. Atem-, Körper- und Konzentrationsübungen. Durch seine berühmte «Autobiographie eines Yogis» brachte Yogananda Hunderttausenden von Menschen die Spiritualität des Kriya-Yoga nahe. Die S.R.F. will den ursprünglichen Kriya-Yoga, wie ihn Yogananda lehrte, in sog. Lehrbriefen weitergeben. Nach zwei Jahren des Studiums kann der Schüler in den Kriya-Yoga eingeweiht werden. Zentren und Meditationsgruppen sind, ausser in Afrika, auf allen Kontinenten vertreten, auch im deutschsprachigen Raum. Jeden Sommer gibt es eine grössere Zusammenkunft in Los Angeles, welche neben Vorträgen auch Pilgertouren an die Orte, wo Yogananda gewirkt hat, anbietet, und jeweils von ca. 3000–4000 Personen besucht wird. In Nürnberg existiert eine Zweigstelle, welche u.a. auch die deutschsprachige Literatur von Yogananda vertreibt. Im deutschsprachigen Raum zählt S.R.F. etwa 18 Meditationsgruppen und Meditationskreise.

Yogananda betrachtete sich als der Letzte in der Reihe der Kriya-Yoga-Gurus. Nach seinem Tod sollte ein Präsident das Werk verwalten, eine hochentwickelte Seele, die als Kanal für Yogananda dient. Insofern kennt die SRF keine Nachfolgegurus. Nach dem Tod von Yogananda sind jedoch nach und nach eine Reihe von (neuen) Gurus aufgetreten, welche sich auf Yogananda berufen und seine Guru-Linie fortsetzen. Alle Meister in der Tradition von Yogananda haben ihrerseits einen lebenden Guru und berufen sich auf Babaji, Lahiri Mahasaya, Sri Yukteswar und Paramahansa Yogananda (mit Ausnahme von Marshall Govindan, der sich direkt auf Babaji beruft). All diese nicht mehr zum S.R.F. gehörenden Gruppen in der Tradition des Yogananda treten unter eigenem Namen auf und werden im Folgenden separat besprochen.

Adressen: Mutterzentrum: Self Realization Fellowship, 3880 San Rafael Avenue, Los Angeles, California 90065 USA. – Gemeinschaft der Selbstverwirklichung (Self Realization Fellowship), Laufamholzstr. 369, D-90482 Nürnberg. – Hannes Peroutkah, Ober-Piesting 22, A-2753 Markt Piesting, Tel. 0263 34 24 68. – Frau Erika Bush, Trottenstr. 92, CH-8037 Zürich, Tel. 01 272 95 17.
www.yogananda-srf.org

Kriya Yoga Centers

Swami Paramahansa Hariharananda Giri (geb.1907), ein direkter Schüler von Sri Yogananda und Sri Yukteswar, dem Lehrer von Yogananda, gilt bei seinen Schülern als der wichtigste jetzt noch lebende realisierte (erleuchtete) Meister des Kriya-Yogas. Das Mutterzentrum für Europa befindet sich in Österreich, von wo aus die Kriya Yoga Centers geleitet werden. Weitere Ashrams befinden sich in den USA, Holland und Indien. Hariharananda hat bis Beginn des Jahres 2001 in Österreich gelebt und hält sich seither wegen seines hohen Alters permanent im Ashram in Homestead bei Miami in USA auf. Regelmässig finden Einweihungen durch autorisierte Schüler von Hariharananda statt, so auch im deutschsprachigen Raum.

Zeitschriften: Kriya Yoga Rundschreiben / Soul culture.
Statistik: Etliche Meditationsgruppen, D: 14 / A: 2 / CH: 3.
Adressen: Michael und Gerti Rieser, Sailerstr. 21, D-80809 München, Tel. 089 308 39 39. – Kriya Yoga Zentrum, Pottendorferstr. 69, A-2523 Tattendorf, Tel. 0225 38 14 91, Fax 02253 80 462, Email: kriya.yoga.centre@aon.at. – Andrea Tharmar, Sophie-Guyer-Str. 3, CH-8330 Pfäffikon, Tel. 01 951 14 31.
www.kriya.org

Kriya Yoga

Yogi Dhirananda, 1937 als Samir Kumar Ghosh in Kalkutta geboren, widmete sich seit frühester Jugend dem Yoga. 1959 wurde er in Puri Ashram von seinem Lehrer Swami Hariharananda Giri eingeweiht. 1977 begann er im Westen zu lehren. Seit 1977 hat er ca. 30 000 Personen in den Kriya-Yoga eingeweiht. Im deutschsprachigen Raum existieren etwa ein Dutzend verschiedene Gruppen, davon die meisten in der Schweiz.

Statistik: Zwischen 700 und 1000 Praktizierende.
Adressen: Horst Brünnel, Gradebergstr. 3, D-88662 Überlingen, Tel. 0755 16 20 93. – Dhirananda S.K. Ghosh, Bregenzerstr. 51, A-6900 Bregenz, Tel. / Fax 0557 44 53 95. – Jean Pierre Wicht, Stadtbachstr. 77, CH-5400 Baden, Tel. / Fax 056 222 98 56.
www.kriya-yoga.net

Yoga für Alle

Sri Janakanda, mit bürgerlichen Namen Daniel Jenni, geb. 1964 in der Schweiz, war zu Ende der 80er Jahre kurze Zeit Schüler von Yogi Dhirananda. 1990 erlangte er die erste Stufe der Erleuchtung. 1995 gründete er mit einigen ehemaligen Schülern von Dhirananda den Verein «Yoga für Alle», seither rege Tätigkeit vor allem in der Schweiz. Auch Janakanda gilt bei seinen Schülern als verwirklichter Meister, er sieht seine Aufgabe darin, die Technik des Kriya-Yoga und das damit verbundene spirituelle Wissen in Europa zu verbreiten. Janakanda betont die Verbindung zwischen Kriya-Yoga und Christentum. Für ihn war Yogananda einer der zwei Schächer, welche neben Jesus am Kreuz starben. In Zofingen und in der Toscana bestehen ashramähnliche Häuser, in welchen neben Kriya-Yoga-Kursen auch Bibelseminare abgehalten werden.

Zeitschrift: YFA Zeitung.
Statistik: D: 5 Meditationsgruppen / CH: ca. 10 Meditationsgruppen, einige Hundert Anhänger und Freunde des Vereins.
Adressen: Yoga für Alle e.V., Niederlassung Deutschland, Lerchenstr. 32c, D-70176 Stuttgart, Tel. 0711 284 16 76, Fax 0711 284 54 97. – Center Yoga für Alle, Kunzenbadstr. 13, CH-4800 Zofingen, Tel. 062 752 40 14, Fax 062 752 40 17, Email: yfa@freesurf.ch.
www.yfa.ch

Ananda Church of Self Realization

Die Ananda Church of Self Realization wurde 1968 von Swami Kriyananda (J. Donald Walters), geb. 1926, einem direkten Schüler von Sri Yogananda, ins Leben gerufen. Mittlerweile gibt es weltweit sieben grössere Ananda Gemeinschaften (Städten des Lichts) mit etwa 700 Bewohnern, eine befindet sich bei Assisi/Italien. Nach Kriyananda, der ebenso den Kriya Yoga lehrt, gibt es nur einen Pfad zur Erleuchtung, welcher darin besteht, die Kundalini (s. Einl., S. 317) aufsteigen zu lassen, sie mit dem Sahasrara (Scheitelchakra) zu vereinen und vollkommen mit Gott zu verschmelzen. Das New Age sei nicht die Gelegenheit für den Menschen, göttliche Macht zu erlangen, sondern Gottes Gelegenheit, auf vollkommenere Weise durch den Menschen zu wirken.

Zeitschrift: Ananda Clarity.
Statistik: D: um die fünf kleinere Meditationsgruppen / CH: drei G im Tessin (Lugano, Locarno, Bellinzona). A: vereinzelte Schüler.
Adressen: Ananda Village, 14618 Tyler Foote Rd, Nevada City, California 95959, USA, Tel. 001 530 478 75 60, E-mail: ananda@ananda.org. – Gabi und Günther Kautsch, Pfaffenberg 10, D-79669 Zell i. W, Tel. und Fax 0762 5 15 69, Email: kautsch@t-online.de. – Paola Luccheti, bei Dr. Jelmini, Via Peri 9a, CH-6900 Lugano, Tel. 091 923 96 51, Fax 091 923 79 73.
www.ananda.org
www.ananda.org/Assisi/de

Babaji's Kriya Yoga

Marshall Govindan, geb. 1948 in Ohio/USA, der Autor des Buches «Babaji, Kriya Yoga und die 18 Siddhas», sieht sich als direkten Schüler von Babaji, einem legendären Heiligen und Yogi, der angeblich seit vielen Jahrhunderten im selben Körper mit seinen Jüngern die Weiten des Himalayas durchwandert. Von ihm soll er 1988 den persönlichen Auftrag bekommen haben, andere Menschen in den Kriya-Yoga einzuweihen. Seine Organisation heisst Babaji's Kriya Yoga und zählt weltweit ein paar Tausend Anhänger. Govindan kommt jährlich ein- bis zweimal für Einweihungsseminare nach Europa, so auch nach Deutschland, Österreich und in die Schweiz. In Süddeutschland ist der Aufbau eines Ashrams geplant.

Zeitschrift: Babaji Journal.
Adressen: Marshall Govindan, 196 Mountain Road, P.O. Box 90 Eastman, Quebec JOE 1 PO, Tel. 001 450 297 02 58, Fax 001 450 297 3957, Email: babaji@generation.net. – Uwe Haardt, Messingstr. 107, D-48157 Münster, Tel. 0251 24 75 77, Fax 0251 24 77 16, Email: info@babaji.de. – Willbald Kallinger, Plankenbüchlergasse 3-5/28, A-1210 Wien, Tel. 01 54 56 44, Email: kalling77@chello.at. – Andreas Vieli, Alte Betswilerstr. 2, CH-8344 Bäretswil, Tel. 01 979 15 15, Fax 01 979 15 16, Email: andreas@vieli.ch.
www.babaji.de

Divine Life Society / Swami Sivananda

Swami Sivananda Saraswati (1887–1963) war ursprünglich Arzt, wurde aber nach dem Studium indischer religiöser Schriften und der Bibel hinduistischer Mönch. 1936 gründete er mit seinen Schülern in Indien die Divine Life Society und 1948 in Rishikesh die *Yoga Vedanta Forest Academy*. Swami Sivananda blieb Zeit seines Lebens in Indien. Die Verbreitung seiner Lehren im Westen vollzog sich erst durch einige seiner (von ihm dazu beauftragten) Schüler, d.h. durch einige bedeutende aus der Akademie in Rishikesh hervorgegange Swamis.
1959 brachte *Swami Chidananda* die Divine Life Society nach Amerika, von wo sie sich auch nach Europa ausbreitete. 1963 übernahm er in Nachfolge von Swami Sivananda die Leitung der Divine Life Society in Indien.

Swami Sivananda fasste sein Programm in die vier Worte zusammen: diene, liebe, meditiere, verwirkliche. Er lehrte den «integralen Yoga», mit dem er auf harmonisierende Art den Weg der Werke (Karma-Yoga), der Erkenntnis (Jnana-Yoga), der leiblich-seelischen Schulung (Raja-Yoga) und der Praxis des Japa (sich wiederholende Rezitation eines Mantra oder eines göttlichen Namens, wodurch der Meditierende Sündenvergebung und Gottesverwirklichung findet) zusammenfasste. Swami Sivananda und die weiteren Swamis aus seiner Schule wollen geachtet, jedoch nicht als göttliche Heilsbringer verehrt werden. Ihre Lehren, auch die «Yoga-Praxis für den Westen», wurzeln im Neu- oder Reformhinduismus.
Die Divine Life Society war in Deutschland bis in die 80er Jahre vertreten (D-51145 Köln, Porz-Eil, Mülheimer Str. 13). Sivanandas Einfluss auf den Yoga des Westens bleibt durch seine Schriften und durch die vielen Schüler, die sich auf ihn berufen, auch ohne eigentliche Organisation ungebrochen.

Adressen: Sivananda Ashram, Divine Life Society, P.O. Sivanandanagar, Dist. Tehri-Garhwal 249192, India. – Divine Life Society, 6606 Hardwood Lane, Keedysville, MD 21756, USA.
www.sivanandadlshq.org/home

Sivananda Yoga-Schule

Swami Venkatesananda (1921–1984) war eng mit Swami Sivananda verbunden. Er lehrte wie sein Meister verschiedene Yoga-Wege. Sie dienen der Verwirklichung Gottes als einer Kraft im menschlichen Leben. Auf seinen Reisen fand er als «göttlicher Lehrer» zahlreiche Anhänger und innige Verehrer. In Deutschland hatte u.a. Inge Siebertz Kontakte mit ihm und lehrt noch in seinem Sinne in der Sivananda Yoga Schule.

D-51503 Rösrath-Forsbach, Auf dem Heidchen 6.

Sivananda Yoga Vedanta Zentrum

Swami *Vishnu Devananda* (geb. 1927) gehört zu den Schülern Swami Sivanandas (s.o.), die dessen Lehren seit 1957 im Westen verbreiten. Durch seine Lehr- und Reisetätigkeit sind weltweit über 40 Sivananda Yoga Vedanta Zentren entstanden (darunter auch das Zentrum in Val Morin, Quebec) und nach eigenen Angaben über 5000 Yoga-Lehrer ausgebildet worden. Er lehrt insbesondere Hatha-Yoga und Raja-Yoga. Die Zentren bieten dementsprechend Kurse an zu den Themen Körperübungen (Asanas), Atmung (Pranayama), Entspannung, Meditation, positives Denken, Ernährung.

Zeitschrift: Sivananda Yoga-Journal.
Statistik: Je ein Zentrum in München, Wien, Genf, Madrid, Paris, London.
Adressen: Sivananda Yoga Vedanta Dhanwanthari Ashram, P.O. Neyyardam, Trivandrum DT 695 576, India. – Shivananda Ashram Yoga Camp, 8th Avenue, Val Morin, Quebec JOT-2RO, Canada. – Sivananda Yoga Vedanta Zentrum, Steinheilstr. 1, D-80333 München, Tel. 089 52 44 76.
www.sivananda.org

Bihar School of Yoga (International Yoga Fellowship Movement)

Swami Satyananda Sariswati (geb. 1923) zählt zu den Schülern Swami Sivanandas. Er weilte 12 Jahre in dessen Ashram und rief dann 1956 in Rajnandgaon/Indien die International Yoga Fellowship Movement (IYFM) ins Leben. 1963 gründete er in Monghyr/Indien die Bihar School of Yoga (BSY). Für seine Schüler ist die Ausrichtung auf den Guru wichtig. Seit 1968 gründete Swami Satyananda auch in westlichen Ländern eine Reihe von Zentren. 1983 ernannte er den 1960 geborenen Paramahansa Niranjanananda zu seinem Nachfolger. 1988 löste er sich ganz von seinen Pflichten und lebte ein Jahr lang, unabhängig von den Ashrams und Institutionen, welche er gegründet hatte, das Leben eines Wandermönchs. Seither lebt er in Deoghar/Indien. 1994 wurde von Swami Niranjanananda die Bihar Yoga Bharati gegründet, die erste Universität der Welt, die ausschliesslich Yoga gewidmet ist. In Deutschland wurde 1984 in Lindau am Bodensee das Satyanda Yoga Zentrum von Swami Prakashanadana ins Leben gerufen, welches als Ziel hat, die Yoga-Lehre der Bihar School of Yoga im deutschsprachigen Raum bekannt zu machen. Später folgte ein weiteres Zentrum in Hergensweiler. In der Schweiz unterrichten etwa 8 bis 9 Personen individuell diesen Yoga, u.a. Rosemarie Herzog an der Yogaschule Lotos und Verena Keller in Morges.

Adressen: Satyam Sadhana Zentrum, Volklings 13, D-88138 Hergensweiler, Tel. / Fax 0838 84 94. – Satyananda Yoga Zentrum, Kunibertkloster 7, D-50668 Köln, Tel. 02211 393 77 50. – Yogaschule Lotos, Rütimeyerstr. 40, CH-4054 Basel, Tel. 061 281 16 46. www.satyananda.de

Chinmaya-Mission

Swami Chinmayananda (1916–1993), der Gründer des Chinmaya-Movement, in Kerala (Südindien) geboren, schloss sich zum Studium der Upanishaden und zur Meditation für zwei Jahre Swami Sivananda und für längere Zeit Swami Tapovanam an. 1951 kehrte er ins tätige Leben zurück. Seine Vorträge und sein sozialer Einsatz brachten ihm vor allem bei den gebildeten Schichten Indiens hohes Ansehen. Sein Hauptzentrum «Sandeepany Sadhanalaya» befindet sich in Bombay.

Seit 1965 begab sich Swami Chinmayananda zu Vortragsreisen in den Westen, anfangs in die USA, seit 1970 auch in die Schweiz und andere Länder. Nachfolger von Swami Chinmayananda und spirituelles Haupt der Chinmaya Mission Centers weltweit ist H.H. Swami Tejomayananda.

Die Chinmaya-Mission möchte in erster Linie den Indern die heiligen Schriften insbesondere des Vedanta wieder bekannt machen. Ihre Lehrgänge stehen aber auch Europäern offen. Chinmayanandas Lehre steht in der Tradition Shankaras, des grossen Lehrers und Reformators des Hinduismus (8./9. Jhdt. n.Chr.). Ziel des Menschen ist es, zum OM, zum Brahman, zum All-Eins-Sein vorzudringen. Als Weg dazu lehrte Swami Chinmayananda Meditation, philosophische Erkenntnis und selbstloses Handeln. Die Wiederbelebung der alten Tradition verbindet sich bei Chinmayananda auch mit politisch-nationalistischen Anliegen. Chinmayananda gehörte zu den Gründern des «Welt-Hindu-Rates» (Vishva Hindu Parishad).

Adresse: Email: info@chinmaya.org. www.chinmaya.org

Sri Aurobindo Gesellschaft

Sri Aurobindo Ghosh (1872–1950) wird in Indien einerseits zu den Helden des Nationalismus gerechnet, anderseits gilt er als einer der grossen indischen Denker dieses Jahrhunderts. Nach der klassisch-westlichen Bildung, die ihm in jungen Jahren auf Schulen in England zuteil wurde, entdeckte er nach seiner Rückkehr nach Indien die eigene indische Kultur in einer Intensität, wie dies nur nach langer Distanz möglich wird. Westlichen und östlichen Geist in einer neuen Synthese zu vereinen war seither ein Hauptanliegen seines philosophischen und mystischen Erkenntnisweges. Bevor er allerdings zu seinem Integralen Yoga fand, schloss er sich der indischen Unabhängigkeitsbewegung mit jugendlicher Leidenschaft an. Im Gefängnis hatte er ein mystisches Erlebnis, welches ihn grundlegend veränderte und das später zur Entwicklung des Integralen Yogas und zur Gründung seines Ashrams im südindischen Pondicherry führte. Das damals noch französische Pondicherry wählte er als Ort seines Wirkens, weil er dort vor weiteren Nachstellungen der englischen Kolonialbehörden sicher war. Zu den Besonderheiten seines spirituellen Weges gehörte in den letzten Jahren seines Lebens das jahrelange Schweigen. Nur noch schweigend zeigte er sich seinen immer zahlreicheren Schülern. Was er zu sagen hatte, sagten sein Schweigen, seine Schriften und die Worte seiner Gefährtin, *Mira Alfassa,* der «Mutter» (1878–1973), einer Französin mit jüdisch-arabischen Vorfahren, die nach seinem Tod die Leitung des grossen Ashrams übernahm. Sie wird als Frau mit paranormalen Fähigkeiten geschildert. Ihr Wort war im Ashram unfehlbare Autorität. Um die Ideen Aurobindos in die gesellschaftliche Praxis umzusetzen, wurde 1968 Auroville/Indien als Siedlung für die Zukunft und Ort der spirituellen Kraft gegründet.

Über Streitigkeiten nach dem Tod der «Mutter» kam es zur Abspaltung von *Auroville International* als selbständiger Organisation (s.u.). Laut Pressemeldungen musste am Ende wegen Misswirtschaft, auch auf Wunsch der Aurovillianer selbst, ein Aufsichtsbeamter der Regierung eingesetzt werden.

Auch im deutschsprachigen Europa haben sich Anhängerkreise gebildet. 1963 ist in Karlsruhe von Heinz Kappes (gest. 1988) die deutsche Sri Aurobindo Gesellschaft gegründet worden.

Heute gibt es in den deutschsprachigen Ländern Europas kaum mehr organisierte Gruppen. Durch seine Bücher finden die Gedanken Sri Aurobindos aber weiterhin Verbreitung. In Auroville leben an die 500 Anhänger, z.T. aus westlichen Ländern.

Aurobindo hat neben der Seelenwanderung und andern indischen Anschauungen auch westliche und christliche Gedanken aufgegriffen. Sein «Integraler Yoga» ist für ihn ein Weg, auf dem sich der Mensch einerseits durch eigenes Bemühen, andrerseits durch das Erleben der göttlichen Gnade über sich selbst erheben und zum Göttlichen finden kann. Bildlich gesprochen findet der Mensch, der sich zu Gott erhebt, den Gott, der sich zu ihm niederbeugt. Die Religionen sind zu überwinden. An ihrer Statt stehen die Menschen, die vom Übermenschlichen, vom Göttlichen, berührt sind.

Der noch heute in Pondicherry spürbare grenzenlose Respekt vieler Inder und Westler für Aurobindo und für die «Mutter» lässt erahnen, dass im Umfeld beider sich auch Abhängigkeiten entwickelt haben, die auf den kritischen Beobachter sektenhaft wirken.

Adresse: Sri Aurobindo Ashram, Rue de la Marine, Pondicherry, Tamil Nadu 605002, India.
www.aurobindo.org

Auroville International

(verbunden mit: Mirasangha und den Mirapuri-Freunden)

Nach dem Tod der «Mutter» kam es unter den Anhängern Sri Aurobindos (s. Sri Aurobindo Gesellschaft) zu heftigen Auseinandersetzungen. Sie führten zur Gründung von Auroville International als selbständiger Organisation.

Auroville, als Zukunftsstadt von Anfang an von jugendlicher Weltverbesserungsdynamik getragen, verwickelte sich bald in politische und juristische Debatten mit einheimischen Dorfbewohnern und Bodenbesitzern, die auf dem Territorium der geplanten Stadt lebten und die sich nicht oder nur zum Teil in die Pläne der jungen Ausländer integrieren liessen. (Einige Tamilendörfer liegen auf dem Territorium der geplanten Stadt.) Auch der Versuch, in der neuen Stadt auf die bisher üblichen Machtinstrumente wie Polizei zu verzichten, gelang nur halbwegs. Erfolgreicher realisierbar sind die Ideen zur neuen Erziehung. Die Kinder der Aurovillianer erleben alternative Gemeinschaft und Internationalismus in einem ungewöhnlichen Mass. In letzter Zeit entwickelt sich Auroville langsam aber kontinuierlich. Von der ursprünglich geplanten

grossen «Stadt des Zukunftsmenschen» erkennt der Besucher bisher einzelne architektonisch faszinierend gestaltete kleine Quartiere und das eindrückliche Zentrum mit dem während Jahrzehnten im Bau befindlichen riesigen Matrimandir («Muttertempel»). Dieser einmalige Kugel-Bau gleicht einer sich demnächst öffnenden Lotusblume und symbolisiert mit seiner langen Aufstiegsrampe den Aufstieg des Menschen zum göttlichen Licht. Von einem Spiegel gelenkt fällt das Sonnenlicht aus der Spitze der zentralen Kuppel direkt hinunter in eine geheimnisvolle Kristallglaskugel. Der Aufstieg des Menschen verbindet sich mit der Herabkunft Gottes, mit seiner Zuwendung und Gnade. Wo menschliches Bemühen und göttliche Gnade sich mystisch treffen, findet der menschliche Geist ins Ganze, angedeutet durch die wiederholte Kugelsymbolik.
Nach 1978 wurde von Auroville inspiriert in Italien der Versuch unternommen, «Mirapuri», eine europäische Stadt des Friedens und des Zukunftsmenschen aufzubauen. Mirapuri war wie Auroville als ein Ort gedacht, an dem sich ein neues Bewusstsein manifestiert. *Wenn sich schon in Indien der Plan, eine ganze Zukunftsstadt zu bauen, als überrissen erwies, so blieb die Realität bei diesem zweiten Projekt noch weiter hinter dem Traum zurück.*

Zeitschrift: Für die Zukunft.
Adressen: Auroville Visitors Center, Auroville 605101, Tamil Nadu, India. – Auroville International (AVI) U.S.A., P.O. Box 162489, Sacramento, CA 95816, USA. – Auroville International Deutschland, M. Soerensen, Bleicherstr. 60, D-28203 Bremen. – Mirapuri-Information, CP1, I-28010-Mirapuri-Coiromonte.
www.auroville.org
www.mirapuri-enterprises.com

Lebensgemeinschaft Mut und Anmut

Anderer Name: Yoga im Dasein.
Die Lebensgemeinschaft Mut und Anmut wird von Horst von Hasselbach geleitet. H. v. Hasselbach hat 1975–1978 das Deutsche Yoga-Institut für Forschung, Lehre und Praxis geleitet, darauf in Hinterwald anfangs die Zeitschrift «Yoga im Westen», dann selbständig «Yoga im Dasein» herausgegeben. Die letzte Ausgabe bildet vorläufig der 1980 erschienene Sammelband «Mut und Anmut» (mit rd. 390 Anschriften damaliger Yoga-Lehrer). Später folgten weitere Publikationen. Die Lebensgemeinschaft Mut und Anmut hat neben Yoga auch Zen und Tai Chi Chuan (Körperübungen aus China) in ihr Programm aufgenommen.

Adresse: Yoga im Dasein, H. von Hasselbach, Gartenweg 5, D-56338 Hinterwald-Braubach, Tel. 0677 65 04.

Sahaja Yoga Vereinigung

Sahaja-Yoga (SY) präsentiert sich dem Interessenten als eine Meditationstechnik, die «mühelos», «natürlich», «spontan» über die Reinigung der Chakras (der Energiezentren des tantrischen Kundalini-Yogas) die göttliche Kundalini-Kraft im Menschen weckt und zur gedankenfreien Bewusstheit führt. *Wer sich intensiver mit der Bewegung verbindet, gleitet aber nach Aussagen von Ex-Mitgliedern in eine extreme Guruverehrung und sektenhafte Hörigkeit.*
Gelehrt wird Sahaja-Yoga einerseits in der Nachfolge von Shri Ramacandra (1899–1983), dem die Reinigung des Herzchakras wichtigstes Anliegen war, andrerseits von Shri Mataji (SM) Nirmala Devi (geb. 21.3.1923), die ihrer christlichen Herkunft entsprechend die Shakti, die durch die Chakras aufsteigende Energie, mit dem Heiligen Geist gleichsetzt. Nachdem Gott als Vater seinerzeit in Krishna in der Welt präsent war, nachher als Sohn in Jesus, weilt er nun in unserer Zeit in Nirmala Devi als Heiliger Geist unter den Menschen.
Shri Mataji Nirmala Devi, in einer angesehenen, christlich-protestantischen Familie aufgewachsen, lebte als junges Mädchen in Gandhis Ashram, wobei Gandhi bei ihr manchmal spirituellen Rat gesucht haben

soll. Sie studierte dann Medizin und Psychologie und heiratete einen Regierungsbeamten und hohen UN-Funktionär. In den frühen 70er Jahren tauchte sie im Umfeld von Osho, alias Bhagwan Rajneesh auf. Osho-Jünger sehen sie als ehemalige Osho-Schülerin. SM lässt durchblicken, dass Osho ihr in diesem und in einem früheren Leben nachgestellt habe. In einem früheren Leben war sie Sita, Osho war der wilde Ravana, der Sita entführte. Wie immer man dieses Verhältnis von SM zu Osho auch deuten will, SM hat in späteren Jahren immer wieder vehement vor Osho und seinen Jüngern gewarnt. Nachdem sie wahrscheinlich schon bei Osho Shaktipat, die mystische Form der Enegieübertragung kennen gelernt hatte, widmete sie sich nun bewusst der Kundalini-Shakti – jener göttlichen Energie, die zuunterst an der Wirbelsäule darauf wartet, geweckt zu werden, um dann durch die verschiedenen Energiezentren des Körpers, die Chakras, aufzusteigen. SM erlangte auch Heilungsfähigkeiten. Schon 1970 soll das grösste spirituelle Ereignis dieses Universums stattgefunden haben, als nämlich SM auf einem Strand nördlich von Mumbai das oberste Chakra (Scheitelchakra) öffnete und damit allen Menschen die Möglichkeit schenkte, ihre Kundalini-Kraft zwanglos und in ihrer ganzen Dynamik zu erfahren und damit ihre Einheit mit dem göttlichen Selbst zu erleben. Diese neue Möglichkeit beschreibt sie als Selbstverwirklichung, von allen Religionen angestrebt, aber erst jetzt durch sie ohne Anstrengung durch Sahaja-Yoga erreichbar. Diese mühelose Selbstverwirklichung ist ihr Geschenk an die Menschheit und gleichzeitig die erste Begegnung des Menschen mit der Wirklichkeit, mit dem eigenen göttlichen Selbst. Mühelos ist die Selbstverwirklichung, weil einerseits die göttliche Mutter (SM) das Ziel erreicht und das Tor geöffnet hat, und weil SM andrerseits auch die göttliche Kraft in uns weckt. Diese göttliche Kundalini-Kraft oder dieser Heilige Geist heilt und führt über alle Sorgen hinaus in endloses Glück. Wie aber kann Kundalini in unserem Wurzelchakra an der Basis der Wirbelsäule erwachen und zwanglos aufsteigend sich entfalten? Die Hingabe an die Meisterin und eine Art mystische Gedankenfreiheit lösen gemeinsam das eigene unglückliche und wahngebundene Ego auf und lassen Reinheit, Unschuld und unser göttliches Selbst aufleuchten.

SM verdient restlose Hingabe und Verehrung, weil sie als grosse Meisterin des Kundalini-Yoga und Heilerin von einem indischen Seher schon vor 2000 Jahren angekündigt wurde. Sie werde, so heisst es in dieser Prophezeiung, durch blosse Berührung Menschen heilen und alten Menschen neue Jugend schenken. Auch im Johannes-Evangelium sieht Sahaja-Yoga SM vorausgesagt. Alles was das NT über den Heiligen Geist sagt, versteht Sahaja-Yoga (SY) zugleich auch als Aussage über Kundalini und SM. In SM ist der Geist erschienen, der uns nach Joh. 16,13 in die volle Wahrheit führt. Kein Wunder, dass SM noch höher geschätzt wird als Christus. SM gilt als Inkarnation der Adi Shakti, der ursprünglichen göttlichen Kraft, d.h. als Verkörperung der Gottheit schlechthin. Was immer in anderen Religionen als Gott verehrt wird, bündelt sich in dieser einen Gestalt der SM. So wird am Fest für Krishna SM als Krishna verehrt. SM gilt als höchster Gott und Schöpfer der Welt. Was immer mit ihr in Berührung kommt, wird heilig (z.B. das Wasser, mit dem man ihr die Füsse wusch, oder Haare aus ihrem Kamm). Ihrem Bild gebührt höchste Verehrung. Es wird mit speziellen Riten verehrt und die Jünger meditieren täglich davor. Schon kleine Kinder müssen die Bedeutung dieses Bildes kennen lernen. In den Kleinkinder-Internaten in Indien und Italien, denen die Eltern auf Weisung von SM ihre Kinder schon in frühen Jahren während Monaten oder Jahren anvertrauen, gelten Kinder, die vor dem Bild von SM schreien, als von dämonischen Mächten besetzt. Als Gottheit schlechthin hat SM – nach Aussagen von Ex-Jüngern – immer recht. Alles, was sie tut, auch wenn es grausam erscheint, tut sie aus Liebe zu ihren Jüngern. Als Gottheit kennt sie alle Menschen und weiss, was ihnen dient. SM greift deshalb mitunter massiv ins Leben ihrer Jünger ein. So werden diese oft von SM nach ihrer göttlichen Weisung zu Paaren gefügt. Manche so gefügte Ehe wird aber, wie Ex-Mitglieder berichten, nachher auf göttliche Weisung hin auch wieder getrennt. *SM weiss, was Jünger brauchen. Oder kritischer formuliert: SM spielt Schicksal, ganz wie es einer Gottheit oder besser: der Gottheit zusteht.* Selbstverständlich werden SM auch zahlreiche Wunder (vor allem Heilungen) zugeschrieben. Sie soll auch Krebs und Aids heilen können. Wenn sie will, kann sie nach der Meinung ihrer Jünger auch Kriege in Frieden verwandeln. Bilder von SM mit eigenartigen Lichteffekten zeigen angeblich das wunderbare Aufleuchten ihrer göttlichen Kraft. Auch das Wehen eines kühlen Windes gilt als wunderbares äusseres Zeichen der siegreichen Selbstverwirklichung und der erwachten Kundalini-Kraft. Selbstverständlich kann sie diese Kraft auch gegen ehemalige Jünger und Kritiker einsetzen. Austretenden hat sie nach Kritikeraussagen schon unheilbare Krankheiten prophezeit. Entsprechend schwierig wird es für Anhänger, sich aus SY zu lösen. *Kurz – ihre Allmacht führt ihre Anhänger in extreme Abhängigkeit. Gehört nur ein Teil einer Ehe zu SY, so wird nach Aussagen von Kritikern die Abhängigkeit von SM für die Partnerschaft nicht selten zur Belastung. Selbstverständlich akzeptiert keine Form von Allmacht kritische Rückfragen. Alles, was sich nicht ins Weltbild von SM fügt, scheint dämonisiert zu werden, auch Krankheiten und Homosexualität wurden schon als Zeichen dämonischer Besessenheit gedeutet. Vor allem Kritik gilt als Angriff der dämonisierten Aussenwelt, denn Kritik ist angesichts von Göttlichkeit gotteslästerlich. Wenn die eigene Gemeinschaft als göttlich geführte Gruppe nicht kritisiert werden kann, reduzieren sich die Beziehungen des einzelnen Mitglieds zur Aussenwelt manchmal auf ein Minimum. Sahaja-Yoga wirkt aufs Erste besehen als Schule für natürlichen Yoga. Was sich hinter dieser Schule verbirgt, ist aber – meint der kritische Beobachter – nur noch natürlich für denjenigen, der bereit ist, sein eigenes Empfinden und Denken einer inkarnierten Gottheit zu opfern, die besser weiss als er selbst, was er zu empfinden und zu denken hat, und die ihn in eine sektenhafte, spirituelle Gegenwelt führt, die in grosser Distanz zu den unerleuchteten, kritischen «Normalmenschen» steht.*

Statistik: Weltweit 50 000, einige Tausend davon in Europa. SM gründete neben den erwähnten Kleinkinderheimen in Italien und Indien ein Spital in Mumbai, ein Krebsforschungszentrum in Mumbai, eine Musikschule in Nagpur und ein Haus für Heimatlose in Dehli. In all diesen Institutionen soll Sahaja-Yoga den Alltag durchdringen.

Adressen: Verein Sahaja Yoga, Gärtnerstr. 17 / 10, A-1030 Wien. – Association Sahaja Yoga Suisse, 6, chemin des Cottages, CH-1260 Nyon. – Association Sahaja Yoga Suisse, Chemin de la Bellangère, CH-1290 Givrins, Tel. 022 369 26 44.

www.sahajayoga.org

www.sahaja-yoga.org (Ex-Mitglieder)

Weitere Yoga-Schulen

Neben den angeführten Yoga-Meistern und Yoga-Schulen gibt es in Deutschland, in der Schweiz und in Österreich eine grosse Zahl von Yoga-Lehrern. Yoga-Kurse werden an jedem grösseren Ort angeboten. Nur der kleinere Teil der Lehrer besitzt das Diplom einer Yoga-Gesellschaft oder eines Yoga-Lehrerverbandes.

3. Neuere aus dem Hinduismus stammende religiöse Vereinigungen

Internationale Gesellschaft für Krishna-Bewusstsein (ISKCON) (Hare Krishna-Bewegung)

Die ISKCON (International Society for Krishna Conciousness) wurde 1966 in New York von A.C. Bhaktivedanta Swami Prabhupada (abgekürzt Srila Prabhupada) gegründet. Dieser wurde 1896 unter dem Namen Abhay Charan De in Kalkutta als Sohn eines Tuchhändlers geboren. Er machte einen College-Abschluss, verweigerte aber dessen Annahme; er begegnete dem Guru Bhaktisiddhanta Sarasvatis, von dem er 1932 als Schüler eingeweiht wurde. 1952 gründete er die «League of Devotees» (Gemeinschaft der Gottgeweihten) und brach mit seiner Frau und seiner Familie. 1959 liess er sich als Guru einweihen und veröffentlichte Bücher mit Kommentaren zum Bhagavata-Purana, dem bedeutendsten Dokument indischer Krishnafrömmigkeit. 1965 reiste er fast mittellos auf einem Frachter nach New York, wo er sich niederliess, um das Krishna-Bewusstsein in der westlichen Welt zu verbreiten. Seine Bemühungen zeigten nach einem ersten schwierigen Jahr (und Auseinandersetzungen mit den dort ansässigen Yoga-Lehrern) bald grosse Früchte. 1966 gründete er die ISKCON und den ersten Tempel in New York. Bis zu seinem Tod im Jahre 1977 verbreitete er mit einer wachsenden Zahl von Schülern und Anhängern sein spirituelles Programm der Gotteshingabe in fast allen Ländern der Welt. Er etablierte in den letzten 12 Jahren seines Wirkens weltweit an die 108 Tempel und übersetzte 80 Bände der Bhakti-Literatur aus dem Sanskrit und Bengali ins Englische. Seine Bücher wurden in vier Sprachen übersetzt und werden von dem von ihm gegründeten Bhaktvedanta Book Trust (BBT) herausgegeben.

Srila Prabhupada hatte keinen direkten Nachfolger; er selbst setzte einen Führungsrat ein, den GBC (Govering Body Comission), der die Geschicke der ISKCON heute weiterführt. Dieser umfasst derzeit 35 Mitglieder und hat seinen Sitz in Mayapur (Westbengalen/Indien), dem Geburtsort des Sri Caitanya (1486–1534), auf welchen sich die Hare-Krishna-Bewegung beruft. Sri Caitanya wird als Avatar, als Herabkunft Gottes, verstanden. Der barmherzige Gott kam wieder auf die Erde, um den Menschen zu zeigen, wie sie sich ungeachtet der unglücklichen Umstände des jetzigen Zeitalters (Streit, Heuchelei etc.) im liebenden Gottesdienst und im Sinne des Bhakti-Pfades betätigen können. Sri Caitanya stimmte im ausgehenden Mittelalter mit seinen Geweihten zusammen den Hare-Krishna-Mantra an: «Hare Krishna Hare Krishna Krishna Krishna Hare Hare Hare Rama Hare Rama Rama Rama Hare Hare». Das «Chanten» (Singen, Ausrufen, Sprechen) der Namen Gottes soll auch heute den Geist läutern und die Verwirklichung als glücklichen Diener Gottes näherbringen. Da Krishna als höchste Instanz, als Lehrer des Arjuna in der Bhagavadgita – Krishna führt vor der grossen Schlacht seinen Freund Arjuna in die tiefsten Geheimnisse indischer Philosophie und Mystik ein – und als Schöpfer des Karmagesetzes gilt, ist derjenige, der sich Krishna ergibt, von allen Sünden befreit.

Diener Gottes zu sein äussert sich durch Gemeinschaft mit Gleichgesinnten, im «Chanten» der Namen Gottes, im Studium der Schriften, im Besuchen von Tempeln, in der Verehrung der Bildgestalten Gottes und durch das Befolgen der Empfehlungen Krishnas in der Bhagavadgita (Barmherzigkeit und Mitleid mit allen Lebewesen, lacto-vegetarische Ernährung, geregeltes Geschlechtsleben, gesunde Lebensführung mit Verzicht auf Rauschmittel).

In den Jahren 1974 und 1988 kam es in der Hare-Krishna-Bewegung zu Turbulenzen bis hin zu Auseinandersetzungen über Waffenbesitz und zu Prozessen wegen Freiheitsberaubung. Manche der von Praphupada ausgewählten und eingesetzten 11 Nachfolger – zuerst zuständig für je verschiedene Gebiete – erwiesen sich als schlechte Wahl. Man sieht dies heute als Jugendsünden an und glaubt daraus gelernt zu haben. Nachwirkungen der Auseinandersetzungen sind die verschiedenen kleineren und grösseren Abspaltungen von ISKCON (z.B. das ISKCON Revival Movement oder die unten erwähnte Vrinda-Bewegung). Sie berufen sich alle auf Prabhupada und unterscheiden sich vor allem in ihrem Verständnis der Bedeutung des Meisters. Frustrierende Erfahrungen mit unwürdigen Meistern haben intensives Fragen nach überzeugender Meisterschaft in Gang gesetzt.
Die ISKCON selber bemüht sich heute, von ihrem Sektenimage abzurücken. Die Einschränkung der persönlichen Freiheit werden abgebaut, der Anspruch, vedische Tradition in exklusiver Reinheit zu vertreten, wird zurückgenommen. Die Grundsätze der Bhakti-Lehre sind aber für die Bewegung unantastbar. Zudem werden die Schriften Prabhupadas zumeist noch unkritisch rezipiert, trotz der darin enthaltenen, oft stossend antiquierten Urteile z.B. über Frauen.

Zeitschriften: Back to Godhead (internationales Magazin) / Hare-Krishna World (internationale Zeitung) / ISKCON-Communication-Journal / ISKCON-Newsletter (deutsch). Nebst dem BBT-Verlag gibt es zahlreiche weitere ISKCON-Verlage, wie Govinda-Verlag, Sentinet Press, Gita Nagari Press, Krishna Institute, Vedic Library u.a.
Statistik: In Indien rechnet man mit ca. 5000 Vollzeitmitgliedern und 120 000 Gemeindemitgliedern und ca. 1 Mio Sympathisanten, weltweit ausserhalb Indiens mit 6000 Vollzeitmitgliedern und 300 000 Gemeindemitgliedern. D: rd. 250 Vollzeitmitglieder, 800 Gemeindemitglieder und etwa 7000 Sympathisanten, 6 Tempel, 1 Farm, 3 Restaurants, ca. 30 Info-Zentren / A: 50 Vollzeit-, 200 Gemeindemitglieder und ca. 800 Sympathisanten, 2 Tempel, 2 Restaurants, 1 Farm, 12 Info-Zentren / CH: 120 Vollmitglieder, 300 Gemeindemitglieder und ca. 5000 Sympathisanten.

Adressen: ISKCON, Raman Reti, Vrindaban, Mathura Dist, 281124, Uttar Pradesh, India. – ISKCON, 3764 Watseka Avenue, Los Angeles, CA 90034, USA. – Internationale Gesellschaft für Krishna-Bewusstsein (Deutschland) e.V., Sekretariat: Maiwiese 3, Postfach 1173, D-55759 Birkenfeld, Sekretär Paul Augsburger, Tel. 06782 40 53 6, Fax 06782 40 52 5. – ISKCON, Hujets-Mühle, Bäckerstr. 8, D-55767 Abentheuer. – ISKCON Köln, Taunusstr. 40, D-51105 Köln. – Vedischer Kulturtreff, Schiersteinstr. 6, D-65187 Wiesbaden. – Schweizerische Gesellschaft für Krishna Bewusstsein, Bergstr. 54, CH-8030 Zürich, Tel. 01 262 33 88, Fax 01 262 31 14. – Krishna-Tempel, Bergstr. 54, CH-8030 Zürich. – Govinda-Kulturtreff, Preyerstr. 16, CH-8001 Zürich. – Bhakti-Yoga Zentrum, St. Jakobsstr. 33, CH-4132 Muttenz. – Centro Culturale Vedico, Via Borghese 12, CH-6600 Locarno.

ISKCON-Sites:
www.iskcon.com
www.iskcon.net
www.iskcon.org
www.mayapur.org
www.chakra.org
www.Gour-Ni-Times.de
www.Iskcon.de
www.Krsna.de
www.Krishna.ch
www.govindakultur.ch

ISKCON kritisierende oder von ISKCON bewusst unabhängige Hare Krishna Sites:
www.iskcon.at
www.HareKrsna.de
www.Prabhupada.de

Vaishnava-Gemeinschaft VRINDA Institute for Vaisnava Culture and Studies

Swami B.A. Paramadvaiti, in Deutschland aufgewachsen, fand als jugendlicher Wahrheitssucher über viele Umwege in Paris zu Srila Prabhupada und zur ISKCON und wurde begeisterter Missionar des Krishna-Bewusstseins. Nach dem Tod von Prabhupda traf er auf Srila B.R. Sridhara Deva Maharaja, «dessen liebevolle und doch so klare Darlegung der Vaishnava-Lehre ihm neue Kraft und Ermutigung schenkte.» Er betreute nun Vaishnava-Gemeinschaften (Vaishnava bedeutet «dem Vishnu zugehörig») in Südamerika, später führte ihn seine Mission zurück nach Europa, wo er eigene Vaishnava-Gemeinschaften gründete. 1990 übernahm er in Vrindavana, dem heiligsten Ort der Krishna-Legenden, einen alten leerstehenden Tempel, den er zum Zentrum seiner Vaishnava-Bewegung ausbaute. Swami B.A. Paramadvaiti ist Mitglied und Mitbegründer der World Vaishnava Association (WVA), die unter den vielen Vaishnavas den Sinn für die Einheit in der Vielfalt zu wecken sucht.

Weitere Zentren bestehen heute in Indien und in den meisten Ländern Lateinamerikas, in den USA, in Deutschland und in der Schweiz. Da sich die Bewegung auch auf die vedischen Offenbarungsschriften beruft, finden wir in den Zielen viele Gemeinsamkeiten mit der ISKCON-Gemeinschaft. Die Organisation ist aber offener und bestrebt, die Fähigkeiten und Begabungen der Menschen in den Dienst Gottes zu stellen, nach der Devise «einfach leben – hoch denken». Vaishnava kennt keine religiöse Institutionalisierung, die über das hinausführt, was zur «Bewältigung der lebenspraktischen Aktivitäten» hinausgeht. Es gibt keine Dogmen und Freiwilligkeit wird hochgehalten. Es gibt keinen Auftrag zur Mitgliederwerbung, jedoch ein Bedürfnis, das philosophische Wissen und die eigenen guten Erfahrungen an diejenigen, die dafür Interesse zeigen, weiterzugeben.

Adresse: Vaishnava Gemeinschaft, Silvia Mattis, An der Halde 35, D-79183 Waldkirch, Tel. 07681 25 33 0.
www.vrindavan.org
www.bhakti-yoga.ch
www.harikatha.de

Siddha Yoga

Siddha Yoga wurde in den 70er Jahren durch den Inder Swami Muktananda (1908–1982) auf Geheiss seines Siddha-Meisters Bhagavan Nityananda in den Westen gebracht. Bereits früher besuchten viele Schüler aus der ganzen Welt Muktanandas Ashram und Nityanandas Grab in Ganeshpuri (nördlich von Mumbai, früher: Bombay, Maharastra, Indien). Swami Muktananda bereiste viele Länder und verbreitete seine Lehren vom Siddha Yoga nicht zuletzt mit Hilfe seines amerikanischen Schülers Ram Dass. Nach seinem Ableben im Oktober 1982 übernahm nach seiner Bestimmung eine junge Frau, der er den Namen Swami Chidvilasananda gegeben hatte, zusammen mit ihrem Bruder die Nachfolge. Der Bruder zog sich nach drei Jahren zurück und Swami Chidvilasananda, Gurumayi genannt, ist nun das alleinige Oberhaupt. Die Zentrale der weltweit tätigen SYDA Foundation befindet sich in South Fallsburg im Staat New York/USA.

Siddha Yoga ist ein spiritueller Weg auf der Grundlage des indischen Yoga, wie er seinerzeit vor allem in Kashmir gelehrt wurde. Wie viele Schulen indischer Mystik beruft er sich auf eine Folge von selbstrealisierten Meistern, hier «Siddhas» (Vollkommene) genannt. Die Siddha Yoga Meditation lehrt, dass in jedem Menschen eine spirituelle Energie oder Shakti in einem schlafenden Zustand bereit liegt (die Kundalini-Kraft). Durch die «Shaktipat» (Energieübertragung) genannte Einweihung kann der Siddha-Meister diese Energie erwecken, wodurch die Suchenden tiefe und erfüllende Meditationen erleben, welche ihr Leben im Innersten wandeln. *Diese Wandlung erlebt der direkt Betroffene als grossartige mystische Erfahrung (dem kritisch beobachtenden Aussenstehenden erscheint sie oft eher als Verlust der autonomen Persönlichkeit), in jedem Fall aber wird sie als «Weg des inneren Erwachens» beschrieben. Dieser Weg verbindet sich – in der Perspektive des kritischen westlichen Besuchers der Zentren – mit einer bedingungslosen Guruverehrung. Der Guru und die Gurumayi – die entsprechenden Selbstaussagen des Meisters und der Meisterin und die Verehrungsliturgie der Schüler lassen diesbezüglich keinen Zweifel offen – können im Siddha Yoga gar nicht überschätzt werden. Sie sind «Vater, Mutter, Gott.» Ihre reine göttliche*

Liebe dient in der Perspektive der Bewegung dazu, den Schüler an die göttliche Potenz in sich selbst zu erinnern. Das Erwecken der Kundalini-Kraft, der in mystische Energie zu verwandelnden Sexualkraft, verwischt aber auch – dem Meister und dem Schüler wahrscheinlich nur selten bewusst – Grenzen zwischen mystischer Schulung und erotischer oder gar sexueller Bindung. Hinweise auf erotisch-mystische Beziehungen des Meisters Muktananda zumal zu Schülerinnen verstärken den Eindruck einer guruorientierten Meditationsbewegung, der es nicht vollständig gelingt, sexuelle Energie in mystische Erleuchtung zu verwandeln. Zahlreiche Bücher von Swami Muktananda und Swami Chidvilasananda sind in deutscher Sprache im Aurum Verlag Freiburg und im Siddha Yoga Verlag München erschienen.

Adressen: Siddha Yoga Stiftung Deutschland, Eppendorfer Landstr. 10, D-20249 Hamburg, Tel. 040 477 17 6. – Siddha Yoga Österreich, Peter-Jordan-Str. 159/1/11, A-1180 Wien, Tel. 01 47 00 919. – Siddha Yoga Stiftung Schweiz, Postfach 7854, CH-3001 Bern, Tel. 031 381 93 93.

Sathya Sai Organisation

Die Sathya Sai Organisation wurde 1968 vom indischen Meister und Avatar (Gott-Inkarnation) Sathya Sai Baba gegründet. Sathya Sai Baba soll 1926 in Puttaparthi, einem kleinen südindischen Dorf geboren worden sein. Heute hat sich Puttaparthi – der offizielle Geburtsort – dank dem Sai-Baba-Tourismus und dank der Sai-Baba-Institutionen zur Kleinstadt mit eigenem Flugplatz entwickelt. Wie die Ausstellung zur Geschichte der Bewegung im riesigen Ashram in Putaparthi zeigt, ranken sich um die Geburt und die Kinderjahre des Meisters unzählige Wunder-Geschichten. Schon als Kind konnte Sai Baba Ereignisse voraussagen und Gegenstände aus dem Nichts materialisieren. Er erklärte sich bereits in jungen Jahren zum wiedergeborenen Sai Baba von Shirdi, einem 1918 verstorbenen, in Südindien in weiten Bevölkerungskreisen geachteten oder verehrten Mystiker. Seit einiger Zeit sagt er auch seine zukünftige Inkarnation als Prem Sai Baba voraus. Sathya Sai Baba sieht seine Mission darin, die Spiritualiät der Welt zu erneuern und die höchsten Prinzipien der Weisheit und die Tugenden der göttlichen Liebe und des Friedens zu lehren. Bekannt machte er sich vor allem durch seine Wundertätigkeit. So erschafft er noch heute während seiner Darshans (Begegnungen mit den um ihn versammelten Schülern, täglich jeweils etwa 20 000) heilige Asche oder andere Gegenstände «aus nichts». Er brauche, sagt er, nur an die Dinge zu denken, dann entstünden sie alle: Asche, Bildchen, Uhren, Shiva-Steine, Schmuckgegenstände usw. All diese «materialisierten» Gegenstände werden an Anhänger verschenkt und von ihnen in höchstem Mass verehrt. Die «aus nichts» erschaffene Asche wird den Jüngern bei ihrer Abreise als Allerweltsheilmittel und Wunderpulver mit auf den Weg gegeben.

Der nahe seinem Geburtsort ab 1940 entstandene Ashram ist heute einer der Grössten in Indien.

Von da aus wurden Schulen und Erziehungsprogramme für menschliche Werte entwickelt, vom Kindergarten bis zur Hochschule. Das Ziel der Organisation besteht darin, die Hindernisse zu beseitigen, welche den Menschen vom Göttlichen trennen, und die in jedem Menschen und der ganzen Schöpfung innewohnende Göttlichkeit zu erkennen und zu verwirklichen. Nicht kleinlicher Eigennutz, sondern allumfassende Liebe ist die wahre Natur des Menschen. Sathya Sai Baba sagt: Es gibt nur eine Religion, die Religion der Liebe. Sie ist deshalb offen für die verschiedensten Religionen, in der Überzeugung, dass bei allen formalen und inhaltlichen Unterschieden die Essenz der Religionen letztlich die gleiche ist. Man ist bestrebt, Angehörigen der verschiede-

nen Religionen zu mehr Ernsthaftigkeit und Hingabe bei der Ausübung ihres Glaubens zu verhelfen, wobei allerdings das konkrete Wissen Sathya Sai Babas über andere Religionen – wie seine Reden zeigen – trotz der Allwissenheit, die seine Schüler ihm zuschreiben – sehr beschränkt ist.
Die Organisation fördert in Indien soziale Projekte von weitreichender Bedeutung, wie z.B. ein grosses Spital mit einer Spezialklinik für Herzkrankheiten in Puttaparthi (mit unentgeltlicher Behandlung) und eine (in ihrer Wirksamkeit umstrittene) Trinkwasserversorgung für angeblich rd. 1000 Dörfer. Die Mitglieder arbeiten unentgeltlich und sind bestrebt, Mittel für den Dienst an der Gesellschaft beizusteuern.
Kein indischer Meister der Gegenwart hat so viel Hoffnung und Erwartungen in so grossen Menschenmassen geweckt, wie Sai Baba. Wahrscheinlich hat aber auch keiner so viele, die ihm nahe kamen, so abgrundtief enttäuscht. Diese Enttäuschten melden sich heute immer öfter zu Wort. Ihre Liebe zu Sai Baba zerbrach einerseits an ihrer Beobachtung, dass Sai Babas «Wunder» auf ziemlich unprofessionellen Tricks beruhen. Manche, die ihm nahe kamen, beschreiben, wie er die angeblich «materialisierten» Objekte vor der «Materialisation» aus seiner linken Hand in die rechte verschoben hatte. Die Asche z.B. trägt er zuerst in Pillenform in seiner linken Hand. Schwerer als diese Tricks wiegen für gläubige Jünger aber Berichte oder eine eigene Erfahrung im Zusammenhang mit Sai Babas Auserwählung junger männlicher Anhänger zum persönlichen Zusammensein. Ein Überfall ehemaliger Schüler einer Sai-Baba-Schule auf den Meister, der damit endete, dass die aufgebrachte Masse der Gläubigen die Attentäter lynchte, führte schon 1993 zu Diskussionen um Sai Babas Salbungsriten an jungen Männern. Waren homophile Neigungen im Spiel? In letzter Zeit sind Berichte über sexuellen Missbrauch von westlichen Fans und indischen Studenten der Sai-Baba-Colleges zugenommen. Sie dokumentieren tiefste Erniedrigung («einem Gott darf ich doch nichts ausschlagen») und Enttäuschung («er kann nicht Gott sein, wenn er dies von mir verlangt») –, dass der westliche Beobachter sich fragt, warum denn Sai Baba nicht schon vor indischen Gerichten erscheinen musste. Dass nun auch indische Zeitungen die Vorwürfe an Sai Baba aufgreifen, hat noch nicht verhindert, dass sich beim letzten Geburtstagsfest Sai Babas (Nov. 2000), bei dem nach Zeitungsangaben 250 000 Leute im Stadion des Ashrams den Einzug Sai Babas auf einem von Elefanten begleiteten silbernen und goldenen Thronwagen bestaunen konnten, die indische Regierung durch ihren Kulturminister vertreten liess. Sai Baba und sein Management reagieren bisher auf die massive Kritik mit der Aufforderung, nicht mehr ins Internet zu schauen, wo die Enttäuschten und Missbrauchten ihre Berichte auf einer Kritikerhomepage versammeln. Es gelte, der inneren Stimme, dem inneren Netz, zu vertrauen. Dass die indischen Justizbehörden bisher auf die Anschuldigungen noch nicht eingetreten sind, begreift jeder, der um die wirtschaftliche Bedeutung Sai Babas für Puttaparthi weiss. Eine Kleinstadt würde ihre wirtschaftliche Basis verlieren. Bis heute anerkennen immer noch Millionen von Indern und Nichtindern die Göttlichkeit ihres Meisters, seine übermenschlichen Qualitäten, seine Wunder, die sie mit den Wundern Jesu vergleichen. Dem christlichen Kritiker missfällt dieser Vergleich: Sai Babas Wunder dienen beinah zur Unterhaltung der Massen und erinnern an ein Zirkusprogramm, Jesus tat Wunder fast nur zur Linderung von augenfällig anstehender Not.

Zeitschrift: «SAI Bulletin» (CH).
Organisation und Statistik: Die Organisation der Aktivitäten gliedert sich in vier Zweige: Spiritueller Zweig, «Seva»-

Zweig (d.h. selbstloses Dienen), Erziehungszweig und Jugendzweig. Die Basis der Organisation besteht aus G (min. 3 M) und Z (min. 9 M. Weltweit über 2500 Z und geschätzte 25 Mio Anhänger). Die 4 Zweige werden auf Landesebene je von einem Zweigleiter koordiniert. In jedem der 165 Länder gibt es eine Koordinationsperson, ihr zur Seite steht ein Koordinationskomitee. International bestehen 15 Regionen (wie z.B. Nordeuropa, Südeuropa), die von einem Vorsitzenden in Mumbai (Bombay) geleitet werden. Publikationen im Verlag der deutschen Sathya Sai sowie in kommerziellen Verlagen. / D: 80 Z und G / A: ca. 10 Z und G / CH: 6 Z und 8 G.

Adressen: Prasanthi Nilayam Ashram, P.OI. Dist. Anantapur, Andhra Pradesh 515134. – Sathya Sai Book Center of Amerika, 305 West First street, Tustin, CA 92780, USA. – Landeskoordination D: Petra von Kalinowski, Eckleberg 15, D-79261 Sieglau, Tel. 0768 54 48, Fax 16 35. – A: Landeskoordination: z.Zt. im Wechsel. – Landeskoordination CH: Karl-Friedrich Schopper, Bergweg 9, CH-9621 Oberhelfenschwil, Tel. / Fax 071 374 17 80. Kontaktstelle: Heinrich Rubi, Edisriederstr. 8, CH-6072 Sachseln, Tel. / Fax 041 660 87 22.

www.sathyasai.de

www.saibabaguru.com (Kritiker)

Ananda Marga

Ananda Marga, «der Weg zur Glückseligkeit», 1955 vom Inder Prabhat Ranjan Sarkar mit dem heutigen Namen *Ananda Murti* (Idol der Glückseligkeit) gegründet, verbindet religiöse Praxis mit sozialpolitischem Einsatz. Die politischen Ideen sind in der «Progessive Utilization Theory» (PROUT) niedergelegt.

Ananda Marga pflegt tantrischen Yoga, bedingungslose Hingabe an Parampurusa (den männlichen Pol des Kosmos als höchstes Wesen) und an den Guru, dessen Erscheinungsform. Ebenso bedeutsam sind Soziallehren traditionell indischer, aber auch kommunistischer Herkunft.

Der innere Kreis der «Margis» verehrt den Gründer als Baba (höchsten göttlichen Vater) und ist straff hierarchisch organisiert. Die «16 Punkte» bestimmen als Lebensregel das Verhalten. Durch tantrische Riten und Übungen (z.B. meditatives Tanzen mit Shiva- und Kalisymbolen, Messer und Totenkopf) sollen im Meditierenden göttliche Energien geweckt werden. Meditation führt bei Ananda Marga nicht wie bei anderen Bewegungen zur inaktiven Versenkung in eine Gottheit. «Die ständig zu erlebende Realität des göttlichen Seins in uns selbst schafft die Basis für alles Handeln.» So versucht Ananda Marga mit göttlichen Energien gegen das individuelle und soziale Elend in der Welt vorzugehen. Margis deuten die Kastenordnung um und wenden sich helfend auch den Elendesten Indiens zu. Weitere Sozialbewegungen von Ananda Marga mit Einzelmitgliedern in verschiedenen Ländern sind RAWA (eine Künstler- und Schriftstellervereinigung), ERAWS (Erziehungs- und Wohlfahrtsorganisation) und AMURT als Nothilfe-Gruppe.

Schon im Sommer 1972 kam Karunananda als erster Vertreter des neuen Ordens nach Berlin. Bald entstanden auch in der damaligen BRD und den umliegenden Ländern verschiedene Gruppen.

Im deutschsprachigen Europa veranstaltet Ananda Marga Yoga-Kurse und versucht Kindergärten einzurichten.

Prabhat Ranjan Sarkar ist 1971 in die Untersuchungen wegen Mordes an abtrünnigen Mitgliedern einbezogen, mangels Beweisen aber 1978 freigesprochen worden. 1976/77, während des Ausnahmezustandes, war Ananda Marga in Indien verboten.

Die Vermischung von indischer Spiritualität und sozialpolitischer Ideologie, das Wecken göttlicher, ekstatischer Energien, die anschliessend vom Meister und der Gemeinschaft in vorgegebene Bahnen geleitet werden, die tantristische Auslieferung des Schülers an den Meister und die durchorganisierte Hierarchie lassen den kritischen Beobachter fragen, ob Ananda nicht fast zwangsläufig Merkmale einer totalitären Gemeinschaft entwickeln muss. Die Gleichung «mystisch + ideologisch = totalitär» hat sich schon mancherorts dem kritischen Beobachter aufgedrängt.

Zeitschriften: New Renaissance / Sadvipra (unregelmässig).

Statistik: D: gegen 20 Z, weniger als 300 M / CH: 3 Z, weniger als 40 M.
Adressen: Dharma-Verlag, Weisenauer Weg 4, D-55129 Mainz. – Barbara und Hansjörg Dejung, Sonnengasse 2, Haus Mandala, CH-8712 Stäfa, Tel. 01 926 80 03.
AnandaMarga.de

Divine Light Zentrum

Swami Omkarananda, der Leiter des DLZ, wurde am 25.12. 1928 in Südindien geboren. Lange Jahre lebte er als Mönch im Ashram Swami Sivananda im nordindischen Rishikesh.
1966 liess sich Swami Omkarananda auf Einladung einer Schweizerin im Brühlberg-Quartier in Winterthur/CH nieder. Er gründete und leitete das Divine Light Zentrum. Liegenschaftskäufe und die Massierung von Anhängern führten zu Spannungen mit der Umgebung. In der Folge kam es zu einer grossen Zahl vom DLZ eingeleiteter Prozesse und schliesslich 1975 zu einem von irregeleiteten Anhängern verübten Sprengstoffanschlag. Swami Omkarananda wurde als Mitverantwortlicher gerichtlich verurteilt. Ein Kreis von wenigen hundert Anhängern hat ihm auch während des Gefängnisaufenthaltes (1979–1985) und der anschliessenden Landesverweisung (bis zum Jahr 2000) ihn beinahe wie ein Gott verehrend die Treue bewahrt. Omkarananda hielt sich bis zu seinem Tod im Januar 2000 in Europa auf. Er hat Indien – und damit auch den Ashram seiner Anhänger in Rishikesh – seit 1966 nicht mehr gesehen. Das kleine Zentrum in Deutschland ist von Stühlingen (Baden) nach Büsingen, einer deutschen Exklave bei Schaffhausen, verlegt worden. Kleine Aussenstellen befinden sich auch in Höchst/A und an einzelnen anderen Orten. Die Spannungen in Winterthur sind abgeklungen.
Das DLZ widmet sich nach eigenen Aussagen der «geistig-religiösen Arbeit nach der Lehre des Evangeliums». Trotzdem bleibt jedoch die Herkunft Swami Omkaranandas aus dem Hinduismus leicht erkennbar: Der Mensch ist von und in Gott. Aufgabe ist es, das Göttliche in uns zu verwirklichen. Nach Swami Omkarananda vollzieht sich diese Verwirklichung besonders durch die Meditation, vor allem durch die Mantra-Meditation. Das Mantra ist eine heilige Silbe, z.B. OM (= Silbe für das Göttliche). Indem OM meditiert wird, verwirklicht sich OM (das Göttliche) im Menschen.
Seit der Verurteilung von Swami Omkarananda durch das Bundesgericht kämpfen seine Schüler bisher mit mässigem Erfolg für eine Rehabilitierung ihres in ihren Augen zu Unrecht verurteilten Swamis.

Zeitschrift: Divine Light (zweimonatlich).
Statistik: Innerer Kern in Winterthur rd. 50 M / D: wenige M / Leserkreis 800–1000 Personen.
Adressen: Divine Light Zentrum, Anton-Graff-Str. 65, CH-8400 Winterthur, Tel. 052 202 19 03.

Sri Chinmoy Centers

Der Inder Sri Chinmoy (= «voll des göttlichen Bewusstseins») hat längere Zeit im Ashram Sri Aurobindos (s.o.) verbracht. 1964 liess er sich in den USA nieder. Auf Reisen durch verschiedene Kontinente gründete er über 50 Centers, Mitte der 70er Jahre auch das europäische Zentrum in Zürich. Von dort aus dehnte sich die Bewegung in die umliegenden Länder aus. Hier und dort haben seine Anhänger auch kleine Geschäfte, z.B. Gesundkostläden oder einen Tofu-Betrieb eröffnet.
Sri Chinmoy sieht das menschliche Leben auf dem Hintergrund von Dharma, Karma und Seelenwanderung durch Liebe und Hingabe bestimmt. Er lehrt Yoga, durch den die göttlichen Kräfte im Menschen erweckt werden sollen. Er selber ist nach seinen Aussagen eins mit dem Göttlichen (Supreme) in sich. Daher sind die (laut eigenen Aussagen) von ihm geschaffenen 700 Bücher und über 100 000 Bilder, die «Friedenskonzerte» (an denen er als Solist auf

verschiedenen östlichen und westlichen Instrumenten Meditationsmusik spielt), die «Friedensläufe» und andere sportliche Anlässe in seinem Beisein wichtig für den Frieden in der Welt. Für seine Schüler sind diese, ungeachtet ihrer künstlerischen Qualität, Ausdruck des höchsten Bewusstseins und Brücken zur Göttlichkeit, die er selber erlangt hat. Der Sinn der Meditation besteht darin, «unser Bewusstsein zu vereinigen, auszudehnen, zu erleuchten und unsterblich zu machen. Wenn wir meditieren, treten wir in unsere eigene Göttlichkeit ein». Das ist Sri Chinmoys Idee von Frieden, wie er ihn auch in den «Friedensmeditationen» in der von ihm gemieteten UNO-Kapelle in New York vertritt. Vegetarische Lebensweise und Verzicht auf Kaffee, Nikotin, Alkohol, Rauschgift und vorehelichen Sex fördern das spirituelle Leben. *Bei der Meditation schaut der Schüler auf Sri Chinmoys transzendentales Bild. Dabei soll er gar nichts anderes denken. Da die Meditation einen breiten Raum einnimmt, ist das Resultat nicht selten eine sich mehr und mehr vertiefende Abhängigkeit.*

Statistik: Weltweit unter 3000 M / D: 13 Z und Meditationsgruppen / A: 7 Z und Meditationsgruppen / CH: 4 Z. Adresse für Europa: Sri Chinmoy Center, Bernetstr. 9, CH-8962 Bergdietikon, Tel. 01 743 40 23.

Transzendentale Meditation (TM)

Andere Namen und Zweigorganisationen: Geistige Erneuerungsbewegung (Spiritual Regeneration Movement), Internationale Meditationsgesellschaft, Gesellschaft zur Förderung der Transzendentalen Meditation, Wissenschaft der Kreativen Intelligenz, Students International Meditation Society, Weltplan Centers, MERU Maharishi European Research University und andere.
Im Jahre 1958 gründete der Inder Maharishi Mahesh Yogi, kurz: Maharishi, (geb. zwischen 1911 und 1920), Schüler von Swami Brahmananda Saraswati, in Indien das Spiritual Regeneration Movement. Bald brachte er sein Meditationssystem nach Amerika und Europa. Die Tätigkeit in der BRD begann 1960. Anfang der 70er Jahre wurde am Vierwaldstättersee (Seelisberg/CH) das europäische Zentrum eröffnet und 1975 die «Maharishi European Research University» (heutiger Schwerpunkt in Iowa/USA) gegründet und der Beginn des «Zeitalters der Erleuchtung» ausgerufen. Am gleichen Ort befindet sich auch der Sitz der 1976 gebildeten «Weltregierung für das Zeitalter der Erleuchtung», die mit den zahlreichen nationalen «Weltplanräten» in Verbindung steht. Nach 1980 hielt sich Maharishi Mahesh Yogi wieder in Indien auf, wo er – mit wenig Erfolg – das Projekt einer eigenen Stadt zu verwirklichen suchte. Seit Ende der 80er Jahre wohnt er in Vlodrop/Holland, von wo aus er mit seinen nächsten Mitarbeitern sämtliche Aktivitäten der Bewegung der TM leitet. Seit Mitte der 80er Jahre begann die TM-Bewegung weltweit Ayurveda-Kliniken aufzubauen, welche ayurvedische Kuren im Sinne von Maharishi Ayurveda anbieten, so auch im deutschsprachigen Raum. Da Maharishi Auyurveda auch die Technik der TM beinhaltet, wird den Kurgästen das Erlernen dieser Technik angeboten. 1992 haben Anhänger von Maharishi Mahesh Yogi die «Naturgesetz-Partei» gegründet. «Seine Heiligkeit» Maharishi Mahesh Yogi wird von seinen Anhängern unterwürfig verehrt. Sein Meditationssystem, die Transzendentale Meditation (TM), hat er im Laufe der Jahre immer mehr auf die Bedürfnisse der westlichen Menschen ausgerichtet.
Die Ausbildung zum TM-Lehrer und die Kurse für Schüler im allgemeinen sind zu unterscheiden. Die Ausbildung zum TM-Lehrer umfasst zwei 6–9monatige Kurse mit einem dazwischenliegenden 6–9monatigen Praktikum. Sie geschieht auf eigene Kosten. Nach Abschluss der Grundausbildung verpflichtet sich der TM-Lehrer zur

Treue gegenüber dem Meister und seiner Organisation. Er hat die Möglichkeit, weitere Kurse bis zum Invincibility-Kurs (Unüberwindbarkeits-Kurs) zu besuchen. Als besonderes Meditationsprogramm soll das sog. Siddhi-Programm die Nutzung paranormaler Kräfte und das Schweben ermöglichen.

Der TM-Lehrer führt Einführungskurse für neue Interessenten im örtlichen Center oder bei sich zu Hause durch. Die Gebühren gehen an das Zentrum (Seelisberg), das den TM-Lehrer entschädigt.

Im Einführungskurs empfängt der TM-Schüler sein Mantra. Das Mantra ist im Hinduismus ein geheimzuhaltendes, heiliges Wort. Die Silbe oder das Wort soll dauernd meditierend wiederholt werden. Diese Meditation führt, so heisst es, zu einer Bewusstseinserweiterung. Mit der TM stosse der Meditierende schliesslich zum absoluten Sein vor, zum transzendenten Urgrund und damit auch zum Ursprung des Denkens. Gleichzeitig eröffne sich ihm eine unbegrenzte Wahrnehmungsfähigkeit.

Maharishi Mahesh Yogi und die Propaganda seiner Anhänger versprechen denen, die die relativ einfache Methode der TM praktizieren, psychische und physische Gesundheit, einen Zuwachs an Lebensenergie, Intelligenz, Frieden und vor allem die volle und ganzheitliche Entfaltung des menschlichen Potentials. Bereits 1% Meditierende an einem Ort soll dort die Kriminalitätsrate senken. Die TM führt, so meinen ihre Anhänger, die Menschheit dem goldenen Zeitalter entgegen.

Wurzelt die TM in religiösen Anschauungen? Die Anhänger erklären, die TM habe das Mantra seines religiösen Gehaltes entkleidet. Sie deuten das Mantra mehr nur als ein phonetisches Gebilde, das durch seinen Klang auf den Meditierenden wirkt. Theorie und Praxis der TM sowie kultische Veranstaltungen für den innersten Anhängerkreis lassen jedoch den Zusammenhang mit Aussagen im vedisch-upanischadischen Schrifttum und damit den hinduistischen Hintergrund unschwer erkennen.

Berichte von Meditierenden sprechen von einer gewissen Entspannung und der damit verbundenen Erfrischung physischer und psychischer Kräfte. Kritiker betonen allerdings, dass diese Wirkungen auch durch andere, weniger umstrittene Meditationsarten erreicht werden können. *Ob die intensive Ausübung der TM auf verschiedenen Stufen in einzelnen Fällen zu inneren Störungen führen kann, darüber herrscht zwischen Kritikern und TM-Anhängern keine Einigkeit.*

Zeitschrift: Die TM-Zeitung.

Statistik: Der innere Kern der M und diejenigen, die lediglich einen TM-Kurs besucht haben, ohne M zu werden, sind zu unterscheiden. Weltweit 16 000 M / D: einige hundert TM-Lehrer / A: ca. 100 ausgebildete Lehrer, davon 50 aktiv / CH: rd. 50 TM-Lehrer.

Adressen: Samhila, Linda Gerken, Am Berg 13, D-49143 Bissendorf, Tel. 0540 298 21 95 / 85 59. – TM-Center, Biberstr. 22/2, A-1000 Wien. – Stiftung für das Zeitalter der Erleuchtung, CH-6377 Seelisberg, Tel. 041 825 15 00. www.tm.org

Osho Rajneesh-Bewegung

Andere Namen: Bhagwan Rajneesh-Bewegung, Neo-Sannyas-Bewegung, Rajneesh-Foundation.

Rajneesh Chandra Mohan (1931–1990) fand 1953 in einer Erleuchtung, so wird gesagt, Zugang zu einer anderen Realität. In einer der Religion der Jainas zugehörigen Familie aufgewachsen und später von tantrischen Ideen beeinflusst, wandte er sich als Dozent für Philosophie bewusstseinsverändernden Lehren und Praktiken zu und entwickelte meditative Techniken, in denen sich östliche Weisheit mit westlichen Therapieformen verband. Mit seinen unkonventionellen suggestiven Lehrmethoden spaltete er schon bald die Öffentlichkeit. Die einen verehrten ihn als Bhagwan «den Göttlichen», die anderen schalten ihn «Sexguru» und «Scharlatan». 1969 gründete er seinen ersten Ashram in Bombay, 1974 verlegte er den Ashram nach Poona. Westliche Therapeuten und Journalisten entdeckten den universal gebildeten, genialen und provokativen Meister. (Rajneesh kannte in jenen Jahren einen guten Teil der psychologischen, philosophischen und religiösen Literatur der östlichen und der westlichen Welt und interpretierte in provokativ-eindrücklicher Weise Meistertexte der Zenmeister, des alten Buddhismus, der Sufis und des Neuen Testaments.) Probleme mit den indischen Steuerbehörden waren 1981 der Anlass zur Übersiedlung nach Antelope, Oregon, USA, wo Rajneesh 1315 Tage lang nur noch schweigend lehrte. Jeden Tag zeigte er sich nun seinen Jüngern in einem seiner vielen Rolls-Royces langsam durch die im Aufbau befindliche Stadt (Rajneeshpuram) seiner Anhänger fahrend. 1983 erklärte er seine Bewegung zur Religion. Das Bekenntnis der Buddhisten zu Buddha wurde nun feierlich auch ihm, dem Buddha der Gegenwart, zugedacht.

Mit den amerikanischen Nachbarn gab es Probleme. Sie fühlten sich durch die Tausenden von zugewanderten rotgekleideten Sannyasin, Rajneesh-Jüngern, bedroht. Eine unter Ma Anand Sheela, der rechten Hand von Rajneesh, betriebene aggressive Verteidigungsstrategie der Gemeinschaft, führte 1985 zum abrupten Bruch zwischen Rajneesh und Sheela. Sheela, Inderin, aber durch Heirat Schweizerin geworden, zog, nachdem sie eine Gefängnisstrafe in den USA abgesessen hatte, in die Schweiz. Rajneesh wurde ebenfalls in den USA verhaftet und nach einigen Tagen wegen Übertretung der Einwanderungsgesetze des Landes verwiesen. Nachdem andere Länder Rajneesh und seiner Kommune ebenfalls die Einwanderung verweigert hatten, kehrte der Meister 1985 nach Poona/Indien zurück. Rajneeshpuram, die mit viel Opferbereitschaft und finanziellem Engagement errichtete «Stadt» wurde mit grossen Verlusten liquidiert. Im Jahr seiner Heimkehr dekretierte Rajneesh auch das Ende des Rajneeshismus. Die Verpflichtung, rote Kleider und die Mala, die Kette mit dem Rajneesh-Bild, zu tragen, beschränkte sich von nun an auf das Leben im Ashram. Alles Singen religiöser Bekenntnisse wurde unterlassen. Die Rajneesh-Bewegung galt nun nicht mehr als Religion. Ab 1989 wollte Rajneesh nicht mehr Bhagwan, sondern nur noch Osho genannt werden (ein Ehrentitel aus dem Zen-Buddhismus für erleuchtete Meister). Alle diese Kehrtwendungen in der jungen Geschichte der Rajneesh-Bewegung wurden von der willigen Anhängerschaft sofort mitvollzogen. Nun war Osho die Mitte eines Energiefeldes («Buddhafeldes»), das es in Poona und in den Hunderten von Oshogruppen vestreut über die ganze Welt zu erleben galt. Am 19. Januar 1990 ist Rajneesh nach der offiziellen Sprachregelung des Ashrams zwar nicht gestorben – er war das Nichts, das Nirvana, das nicht sterben kann – aber er hat an diesem Tag seine körperliche Existenz beendet. Sein Ableben wurde sofort als Märtyrertod gedeutet. Der Leibarzt von Rajneesh behauptete noch 1999, dass der Meister an den Folgen eines Giftes gestorben sei, das ihm während seines kurzen Aufenthaltes in den US-Gefängnissen eingegeben worden sei.

In vielen Städten der westlichen Welt finden sich heute Zentren, die mehr oder weniger eng der Rajneesh-Bewegung verpflichtet sind (Rajneesh Encounter Institut, Osho Rajneesh Zentrum für Spirituelle Therapie, Institut für Meditation und Spirituelles Wachstum u.a.m.). Die Zentren sind wie der Ashram in Poona selbständig organisiert und offerieren ein kleines oder grösseres Angebot an Kursen (Self-Acceptance, Intuition und Awarness, Neo-Tantra, Rajneesh Neo Astrology, Rajneesh Neo Taro, Full Moon Meditation, auch Buchläden und Zorba-the-Buddha-Restaurants). Zentrum der Bewegung ist das riesige Ashramgelände in Poona mit seinem reichhaltigen Kursangebot und seiner rigorosen Aidsprophylaxe. Nachdem der Guru des freien Sexes in den 80er Jahren die tödliche Gefahr von Aids für seine Kommune erkannt hatte und nachdem er selber schon seit Jahrzehnten unter einer eigentlichen Infektionsphobie gelitten hatte – er soll nur sterilisierte Bücher in die Hand genommen haben –, kippte der vorher laxe Umgang mit Gefahren des freien Sexes um in eine eigentliche Aidsphobie. Streicheln ist nur mit sterilen Gummihandschuhen erlaubt. Küssen ist verboten. Wer im Ashram in Poona meditieren oder Kurse besuchen will, muss sich vorher einem Aidstest unterziehen. Zeitweilig wurden in Poona aus Angst vor Ansteckung sogar die Telefonhörer nach jedem Gespräch desinfiziert. Was die lehrmässige Entwicklung der Bewegung betrifft, so war Rajneesh ein Meister, der allem und jedem, auch sich selber, mit grossem Genuss immer wieder widersprach. Das Prinzip des immer wieder neuen Widerspruchs, der alle lehrmässige Verfestigung verhindert und die Anhänger immer wieder aus der Theorie ins eigene Erleben stösst, war vielleicht das einzige Prinzip eines Meisters, der nichts von Theorien und Prinzipien hielt. Welches Erleben aber mutet Rajneesh seinen Jüngern zu? Das Ziel, die Befreiung, die Erleuchtung, liegt jenseits aller Worte und aller Konzepte. Aber auch jenseits jeden Ichs. Unser Ich muss zerbrechen, wenn die Erleuchtung uns ergreifen soll. Die Methoden, die Rajneesh und seine Kommune anwandten, um dieses Ich zu zerbrechen, waren zeitweilig ausgesprochen derb. In sog. Gruppentherapien sollten alle psychischen und physischen Barrieren durchbrochen werden. Nicht selten haben diese «Rosskuren» feinfühligere Teilnehmer überfordert. In den letzten Jahren werden in Gruppensitzungen und Meditationen sanftere Methoden eingesetzt. Der Ashram in Poona entwickelte sich zum wahrscheinlich grössten und z.Zt. erfolgreichsten spirituellen Selbsterfahrungszentrum der Welt. Rüde Schocktherapien könnten die immer breiter werdende europäische, amerikanische und japanische Kundschaft nur abschrecken. Inder und Afrikaner sind im Ashram in Poona noch immer die Ausnahme.

Auch der Kritiker kann Rajneesh weder die umfassende Bildung noch das offensichtliche poetische Talent absprechen. Osho sprach ohne Manuskript druckreif. Seine gewaltige suggestive Kraft ist auch heute noch, wo er nur in Videoaufnahmen und Büchern zu seiner Anhängerschaft spricht, fühlbar. Aber ebenso augenfällig war und ist seine Egomanie. Angeblich war er das Nichts, das nie verehrt wurde und nie Verehrung verlangte. Der kritische Beobachter erahnt in Rajneesh aber immer offenkundiger das grosse verwöhnte Kind, das völlig liebesunfähig nur noch sich selbst und seine Bedürfnisse sieht und niemand und nichts Gleichwertiges in dieser Welt entdeckt. Nachdem er sich zeitweilig Jesu und Buddha gleichgestellt hatte, entwickelte er später den Spott über die grössten Gestalten der Vergangenheit und der Gegenwart beinah zum Unterhaltungsspiel: Er mockierte sich über Jesus und Buddha wie auch über Mutter Theresa und Gandhi. Seine krankhaft wirkende Ich-Besessenheit, die er als Erleuchtung deutete, machte es ihm m.E. unmöglich, die totalitären Potenzen, die in seiner Bewegung steckten, wahrzunehmen. Seine Jünger waren in seinen Augen die freiesten Menschen der Welt, und gleichzeitig ihm kritiklos hörig. Das Ableben von Osho hat diese Hörigkeit der freiesten Menschen zwar nicht aufgehoben, aber doch sehr relativiert. Heute lebt dieser uralte Widerspruch der Osho-Bewegung in Poona noch als feierliche und inbrünstige «Nichtverehrung» weiter. Offiziell wird Osho in Poona überhaupt nicht verehrt. Tatsächlich werden aber vor allem die sog. Weissen Nächte als suggestiv-mystisches Zusammensein mit dem Meister inszeniert.

Rajneesh war, was seine Bildung und sprachliche Kraft betrifft, vielleicht der originellste indische Meister des 20. Jhdt.s, aber vielleicht auch der Eitelste. Die letzten Monate damals in Rajneeshpuram, Oregon, haben gezeigt, wie rasch eine originelle Bewegung in totalitäre Strukturen abgleiten kann.

Zeitschriften: Die Rajneesh Times / The Sannyas Raj News.
Statistik: D: 5000 M (1997).
Adressen: Osho Commune International, 17 Koregaon Park, Pune 411001, India. – Osho Verlag GmbH, Venloer Str. 5–7, D-50672 Köln, Tel. 0221 574 07 22. – Osho International Foundation, Bahnhofstr. 52, CH-8001 Zürich, Tel. 01 214 62 42. – Osho Multiversity Switzerland, Watterstr. 91, CH-8105 Regensdorf, Tel. 01 840 47 00 oder 01 840 48 44.
www.osho.org
www.sannyas.net
www.oshoverlag.de

OM Haidiyakhandi Foundation, Stiftung zur Förderung von Frieden und Haromonie, Babaji-Zentren

Der Inder Sri Babaji (auch Sri Herakhan-Bagaji und in deutschen Texten Babadschi genannt) wirkte von 1970 bis zu seinem Tod im Jahre 1984 im nordindischen Haidakhan. Er wird als Inkarnation des mystischen Maha Avantar Babaji verehrt. Sein Geburtsdatum und seine Herkunft sind unbekannt, was seine Person noch zusätzlich in ein göttliches Geheimnis tauchte. Babaji (s.o.) erscheint und verschwindet wieder – so will es der Mythos – je nach Belieben schon seit Jahrhunderten. Im Moment ist innerhalb der Bewegung noch keine neue Inkarnation des Babaji aufgetreten. Die Faszination dieses von Mythen umrankten jungen Inders ohne viel Bildung, aber mit offensichtlichem Charme, lockte eine grosse Schar indischer und westlicher Verehrer – darunter viele Verehrerinnen – nach Haidakhan, in ein kleines Dorf im nördlichen Indien, wo Babaji lebte, seinen Ashram baute und seine Schüler empfing. Deshalb tragen alle Organisationen weltweit den Namen Haidakhan oder Babaji. Weltweit gibt es einige tausend Mitglieder und ein Mehrfaches an Sympathisanten. Um 1980 sind die Organisationen in Deutschland und der Schweiz entstanden, z.B. das «Zentrum der Einheit» auf Schweibenalp im Berner Oberland. Hier werden nebst den eigentlichen Babaji-Lehren auch Kurse in verwandten Gebieten wie Naturheilkunde, Spirituelle Kunst, Geistheilen etc. angeboten, ohne Bindung an eine bestimmte Religion. Aber der hinduistische All-Eins-Gedanke bleibt für das Leben im Zentrum unverzichtbar.

Die religiöse Welt Babajis ist geprägt von der traditionellen Shiva-Spiritualität, angereichert mit der auch im Hinduismus schon lange bekannten Aussicht auf ein bevorstehendes Ende der Welt. (Dahinter steht eine Theorie von sich stetig verschlechternden Zeiten, wir leben im schlimmsten, im Kali-Zeitalter). Babaji war überzeugt von der immensen Kraft der alten Feuerzeremonie, die dem Gläubigen hilft, die Nöte der Endzeit zu lindern. Das Wissen um die Unvermeidlichkeit des Kampfes – das alte Riesenepos, das Mahabharata, ist ein einziges Bekenntnis zu dieser tragischen Einsicht – rückte Babaji in die Nähe faschistischer Kampfverherrlichung. Dass er im gleichen Atemzug sich zur Einheit aller Menschen, zum «ewigen Gesetz» der Wahrheit, Einfachheit und Liebe bekennt, verwundert nur den, der die hinduistische religiöse Welt noch nicht als Einheit aller Gegensätze verstanden hat. Das scheinbar Unvereinbare reicht sich im Hinduismus die Hand. Bhakti und Karma-Yoga, die Liebe zu Gott und die selbstlose Arbeit und der Dienst am Nächsten waren für Babaji. wegleitend. Alle Zentren pflegen die einfache Lebensführung, eingebunden in tägliche Arbeit und in den Gottesdienst mit vedischen Feuer- und Tempelzeremonien. Die Organisation ist einfach und wenig strukturiert. Der Präsident des indischen Vereins ist gleichzeitig Oberhaupt und spiritueller Leiter weltweit.

In zahlreichen Ländern der westlichen Welt gibt es heute Zentren und jedes Land hat eigene Publikationen.

Statistik: Weltweit einige 1000 M.
Adressen: OM Haidiyakhandi Foundation, Stiftung zur Förderung von Frieden und Harmonie, Brigitte Sikora, Häuslerweg 4, D-79682 Todtmoos, Tel. / Fax 07674 89 32. – Domizil: Fischmarkt 16–18, CH-4410 Liestal. – Zentren in D-51570 Rieferath, D-91365 Weilersbach, D-13581 Berlin. – Anamika Falk, Riesstr. 238, A-8010 Graz, Tel. 0316 30 19 60. – Zentrum der Einheit, CH-3855 Schweibenalp, Tel. 033 951 20 01 Fax 033 951 44 09 Hidakhan Samaj (Mitgliederverein), Fredy Bollag, Kluserstr. 24, CH-4054 Basel, Tel. 061 281 05 68.

Freundeskreis Indien/ Shantimalai Trust

Unter dem Namen eines Hilfswerkes für eine Region in Südindien besteht ein Kreis von Anhängern des offensichtlich als Meister oder Guru handelnden Paares Amma/ Appa, der aber auch als religiöse Gruppierung mit neohinduistischem Hintergrund bezeichnet werden kann. *Es ist in Indien durchaus nicht ungewöhnlich, ja steuerrechtlich sogar sehr günstig und üblich, dass sich eine religiöse Vereinigung oder ein weltanschauliches Zentrum (Ashram) karitativ betätigt und dazu eine eigene Organisation gründet, die Gelder auch aus dem Westen zu erhalten versucht.* Wurzelnd in der monistischen Mystik des *Ramana Maharshi* (1879–1950) (s.u.) und immer noch in grösster Verehrung für ihn engagiert sich das Paar Appa (Hugo Maier) und Amma (Tamil für «Vater und Mutter») gleichzeitig spirituell und sozial. *Appa/Amma* stehen in ihrer eigenen Sicht in christlicher Tradition und setzen mit synkretistischer Kombinationsfreude bedenkenlos christliche und hinduistische Begriffe gleich, z.B. «Arunachala-Maria». Arunachala ist der bekannte heilige Berg bei Tiruvannamalai in Tamil Nadu, den Ramana Maharshi als besonders intensive Form göttlicher Gegenwart, als eine Art grosses Shiva-Lingam, verehrte. Auch Shiva, der grosse Gott, die tanzende göttliche Macht Südindiens, wird ohne weiteres mit dem biblischen Gott gleichgesetzt. Es entspricht auch hinduistischer Vorstellung, wenn das Paar Appa/ Amma zum Guru-Paar wird, mit entsprechender göttlicher Würde: «Seid ewig in Amma/Appa, in dem Einen umarmt». *Wenn sich die Organisation als Hilfswerk deklariert und nicht als religiöse Gruppe, dann stellt sich die Frage, ob die Organisation nicht bewusst mit der Ahnungslosigkeit hilfsbereiter Zeitgenossen spielt.*

Adressen: Freundeskreis Indien, Dr. Marianne Fenja, D-76534 Baden-Baden. – Freundeskreis Indien, Praloug, CH-1987 Hérémence, Tel. 027 281 36 94.

Mata Amritanandamayi Mission

1981
«Amachi» Mata Amritanandamayi, «Mutter der unsterblichen Glückseligkeit», kurz: «Amma», eine junge indische Waise der heutigen Zeit, 1953 in einem Fischerdorf im südindischen Staat Kerala geboren, musste schon als Mädchen ihren kleineren Geschwistern die früh verstorbene Mutter ersetzen. *Ihr Muttersein wurde so wahrscheinlich zur Rolle ihres Lebens, eine Rolle, die sie später mystisch ausweitete.* Ungewöhnliche Verhaltensweisen und ekstatische Zustände brachten sie schon früh in Konflikt mit den Lebensanschauungen ihrer Umgebung. In den 60er Jahren hatte sie Visionen Krishnas, als dessen Medium sie zeitweise auftrat. Um auch den weiblichen Aspekt des Göttlichen zu verwirklichen, erlebte sie auch Visionen der «Universellen Mutter». Mit 17 Jahren erreichte sie den Zustand, in dem alles als einzige göttliche Essenz wahrgenommen wird. In Erschliessung «des inneren Potentials der Seele» lehrt, heilt, tröstet und singt sie, teilweise in ekstatischem Zustand, für Menschen jeglicher Herkunft.

Ein wichtiges Merkmal der Bewegung ist das in den letzten Jahren sich ausweitende soziale Engagement der Amma in Indien. Dank den vielen westlichen Schülern erweiterten sich die finanziellen Möglichkeiten der Amma, sie erstellt in Indien immer wieder neue Sozialwohnungen, Spitäler und Heime. Vor allem aber wurde das rituelle Umarmen der göttlichen Mutter zum eigentlichen Markenzeichen der Bewegung. In langen Kolonnen stehen Anhänger vor «Amma», um sich von ihr umarmen zu lassen. Amma umarmt stundenlang und mit kaum endender mütterlicher Freundlichkeit. Diese Umarmungen sind in mehrfacher Hinsicht bedeutungsvoll. Mata Amritanandamayi wirkt, im Unterschied zu anderen Meistern indischer Herkunft, weniger durch Lehren als vielmehr durch ihre Präsenz. Allein schon die Gegenwart von Amma könne die besuchende Person, so wurde versichert, in einen höheren Bewusstseinszustand erheben. Zudem hält Amma eine allzu frühe Einforderung des Gehorsams für ungeschickt: «Anfangs gibt ein Sadguru (vollkommener Meister) seinem Schüler keine strengen Anweisungen, sondern liebt ihn einfach nur. Er bindet ihn durch seine bedingungslose Liebe. Durch die Wirkung dieser Liebe verändert der Schüler sich allmählich und wird bereit, den Guru an seinen Vasanas oder geistigen Neigungen arbeiten zu lassen. Nach und nach beginnt der Guru den Schüler zu disziplinieren und seine Persönlichkeit durch strenge und doch liebevolle Anweisungen umzuformen.»

Während dieser Umarmung zeigt sich die tiefe emotionale Bindung zwischen der göttlichen Mutter und ihren «Kindern». Amma ist für viele, vor allem jugendliche Zeitgenossen, Muttererersatz. Andererseits ist Amma durchaus nicht nur zärtliche göttliche Mutter. Manchmal tritt sie mit Kali-Krone auf. Sie ist auch Inkarnation der wilden schwarzen Göttin, die erlöst, indem sie zerstört. Im Ashram in Kerala sitzt Amma in ihrem Tempel regelmässig vor ihrer ikonographischen Entsprechung, einem Bild der Kali. Die liebevoll-gütige Mutter bekennt sich offen auch zu ihren dunklen Seiten. Kleine Ammapuppen, für teures Geld im Ashram erstanden, wirken angeblich schon durch ihre Präsenz Wunder und demonstrieren den grenzenlosen Amma-Glauben der Bewegung.

Etwas von der dunklen Seite der göttlichen Mutter erahnt der Beobachter in ihren Weisungen. Ob der Schüler den Sinn der Weisungen einsieht, ist für die Notwendigkeit des Gehorsams unerheblich. Mata Amritanandamayi schreckt auch nicht davor zurück, Menschen, die ihr nicht gehorchen, mit Strafe zu drohen.

Wie viele hinduistische Schulen gestattet auch die Mata Amritanandamayi Mission durchaus, dass ein Anhänger weiterhin in seiner gewohnten Umgebung lebt, statt sich einem Ashram anzuschliessen. Er lebt dann als Grhastha, als Haushälter, der seinen eigenen Haushalt führt. Auch der Haushälter hat aber genaue Regeln zu befolgen, die dazu dienen sollen, ihn mehr und mehr aus dieser Welt herauszulösen. Die tägliche spirituelle Praxis, die Mata Amritanandamayi von ihren Schülern fordert, besteht aus zwei Elementen, dem Japa, dem Chanten des Mantras, das Amma ihren Schülern gibt, und der täglichen Meditation.

Das Japa, als innerliches Singen des Mantras ausgeführt, soll möglichst alle täglichen Beschäftigungen begleiten: «Mantras führen uns an die Schwelle der Absoluten Realität». «Kinder, versucht bei der Arbeit immer euer Mantra zu rezitieren oder andächtige Lieder zu singen.» Das Japa dient aber auch der Kontrolle der Gedanken: «Kinder, Tausende und Abertausende von Gedanken ergiessen sich in unser Gemüt. Mantra Japa ist notwendig, um uns vor den Angriffen dieser Gedanken zu bewahren. Das Mantra ist ein Werkzeug, durch das unser Gemüt rein und zu einem Tempel Gottes wird.» «Durch Mantras verhindern wir, dass schlechte Gedanken in unser Gemüt ein-

dringen.» *Weil kritische Gedanken zumeist auch schlechte Gedanken sind, empfiehlt die Bewegung die vielerorts bekannte und verhängnisvoll wirksame Selbstindoktrination: Der Gläubige wiederholt Mantras, bis alle Zweifel in ihm verstummen.* Amma empfiehlt, täglich eine bestimmte Anzahl Mantras zu singen, zu deren Zählung eine Mala, eine rosenkranzartige Kette, dienlich ist. Zudem soll auch schriftlich gechantet werden: Jeden Tag ist eine Seite eines Buches mit Mantras zu füllen, eine Praxis, die auch Kindern nahegelegt werden soll.
Meditationszeiten sind zweimal täglich zu halten: «Am Anfang genügt es, zweimal täglich zehn Minuten bis eine halbe Stunde zu meditieren – am besten morgens nach dem Aufwachen und bei Sonnenuntergang.» Diese Meditationszeiten sollte die ganze Familie gemeinsam verbringen, in einem speziell für diesen Zweck ausgeschiedenen Zimmer des Hauses. Wichtig im Rahmen dieser Meditationszeiten ist das Singen von Bhajans (gefühlsvolle Hymnen) und das Rezitieren der Namen des bevorzugten Gottes, etwa der Tausend Namen Devis.

Zeitschrift: Matruvani (vierteljärlich).
Statistik: Bhajan- und Satsanggruppen (Kontaktgruppen, die sich regelmässig zu Bhajansingen, Meditation etc. treffen) D: 16 / A: 2 / CH: 4.
Adressen: Mata Amritanandamayi Math, Amritapuri P.O., Kollam District, Kerala 690 525, India. – M.A. Center, P.O. Box 613, San Ramon, CA 94583-0613, USA. – Linzhausenstr. 82, D-53545 Linz, Tel. 02644 87 33. – Judith Binder, Lerchenfelderstr. 94–98 A-1080 Wien. – Vasante Klampfer, Lindnerfeld 1, A-6370 Kitzbühl, Tel. 01 53 67 53 37. – Amrita Vereinigung Schweiz, Wagenhalde 8, CH-8162 Steinmaur.
www.ammachi.org
www.ammachi.de
www.amma.de.
www.amma-europe.org

Sri Durgumay Ma

Sri Durgumay Ma gilt als (deutsche) spirituelle Meisterin, welche den Weg des Bhakti Yogas (Yoga der Hingabe) lehrt. In den 60er Jahren zuerst politisch aktiv, begab sie sich 1972 nach Indien zu Sri Neem Karoli Baba, dessen Schülerin sie bis zu seinem Tod 1973 war. Kurze Zeit später wurde sie Schülerin von Ma Jaya Sati Bhagavati in den USA. 1981 erlebte sie ihr Erwachen (Erleuchtung). Einem Gelübde folgend ging sie für 13 Jahre nicht an die Öffentlichkeit. Seit 1994 unterrichtet sie in Deutschland. 1999 wurde ein grösserer Ashram in Ulm erbaut, in welchem sie Darshans (Segnung eines Meisters) und Retreats gibt. Es besteht die Möglichkeit, für kürzere oder längere Zeit am Leben im Ashram teilzunehmen. Im März 2001 kam Durgumay Ma ein erstes Mal für ein Darshan in die Schweiz.

Adresse: Sri Durgumay Ma Ashram, König-Wilhelm-Str. 35, D-89073 Ulm, Tel. 0731 921 70 00 Fax -30 20, Email: info@SriDurgumayiMaAshram.de.
www.SriDurgumayiMaAshram.de

Mother Meera

Mother Meera (geb. 1960 in Indien) kam mit 14 Jahren für kurze Zeit in den Ashram von Sri Aurobindo in Pondicherry / Indien. Hier soll sie die Verschmelzung mit dem Göttlichen erfahren haben. Mit 18 Jahren begann sie selbst Darshan (Segnung eines Meisters) zu geben.
1979 besuchte Mother Meera Kanada, wo sie für einige Monate blieb und wohin sie später mehrere Male zurückkehrte. Seit ihrer Heirat mit einem Deutschen 1982 lebt sie in Deutschland. Schloss Schaumburg in der Nähe von Limburg ist wöchentlich Ziel von ein paar Hundert Menschen, welche für eine Segnung von Mother Meera hierher reisen. Mother Meera wohnt mit ein paar wenigen Anhängern in der Nähe in Thalheim. (Persönliche Fragen werden von ihr über eine Sekretärin telephonisch von Freitag bis Montag 17.00–18.00 Uhr beantwortet.)

Mother Meera, Schloss Schaumburg, D-65558 Balduinstein, Tel. 06436 23 05, Fax -23 61.
www.mothermeera.com

Avatara Devi

Avataria Devi, eine gebürtige Österreicherin, wird von ihren Anhängern als revolutionäre Avatarin (verkörperte Gottheit) der neuen Zeit bezeichnet, die als Inkarnation der kosmischen Mutter das blaue Licht auf die Erde bringt. Bei jeder Zeitenwende offenbare sich ein neues Gottesbild, so auch in unserer Zeit. Avatara Devi, eine Himmelsgöttin mit einem Gesicht weder männlich noch weiblich, trage das Licht, welches Karma abnehmen und Wunder vollbringen könne. Nach Avatara Devi ist das Patriarchat zu Ende und die Zeit des Matriarchats hat begonnen. Zur Zeit seien acht Avatarinnen inkarniert, davon eine als Avatara Devi. In Kursen ausgebildete Lichtpriester helfen mit, das Werk der Weltenmutter auf der Erde zu materialisieren. Da auf dem Weg ins «Nirwana» der Weg des Kosmischen Paradoxons (des Kosmischen Humors) gegangen werden müsse, werden von Avatara Devi auch Humor-Seminare, u.a. in der Toscana, abgehalten. Für Frauen bietet sie Seminare zu Kundalini, Tantra und Eros an.

Statistik: D/A: z.Zt. vier grössere Lichtkreise / CH: hie und da Kurse.
Adressen: Sujata Siebentritt, Zöpfliwasenweg 8, D-91710 Gunzenhausen, Tel. 09831 61 19 23. – Michaela Marschnig, Strauchergasse 13, A-8020 Graz, Tel. 0316 72 20 31, Mobil 0664 322 57 57. – Rita Iseli, Talstr. 4, CH-8134 Adliswil, Tel. 01 710 33 28.

Anandamayi Ma Sangha

An der «Glückseligen Mutter Shri Anandamayi Ma» (1896–1982) zeigten sich nach der Überzeugung ihrer Anhängerinnen und Anhänger bereits in jungen Jahren viele Merkmale der Gottverwirklichung. Sie hat kein fertiges Lehrsystem oder eine bestimmte Yogatechnik verbreitet, «sondern stand wie eine kosmische Mutter über den verschiedenen spirituellen Bestrebungen». Anandamayi gründete in Indien eine Reihe von Ashrams und wurde oft auch von Verehrern aus westlichen Ländern aufgesucht. Die Anhänger in der ehemaligen BRD besassen bis 1985 ein Haus in Stühlingen. Der Mangalam-Verlag in D-49492 Westerkappeln verbreitet Bücher von Anandamayi Ma. Eigentliche Anhängerkreise gibt es heute im deutschen Sprachgebiet keine.

www.anandamayi.org
www.anandamayi-ma.de

Brahma Kumaris World Spiritual University (BKWSU)

Der Hindu Lekh Raj, ein Juwelier aus Hyderabad (im heutigen Pakistan), begann 1937 vornehmlich Anhängerinnen um sich zu sammeln. Visionen hatten in ihm die Überzeugung geweckt, Shiva, die höchste Gottheit, habe sich in ihm als höchster Seele verkörpert, um durch ihn eine neue Welt zu erschaffen. Als Medium Shivas nannten ihn seine Anhängerinnen «Brahma Baba» («Weltenschöpfer») und «Prajapita Brahma» («Vater der Menschheit und Schöpfergott»). Sich selber nennen die Anhängerinnen «Brahma Kumaris» («Töchter Brahmas»). Seit Brahma Babas Tod (1969) lässt ein weibliches Medium seinen Anhängerinnen weiterhin das totale Wissen zukommen, das ihnen den Weg ins neue, goldene Zeitalter weist. Nach der Lehre von Brahma Baba folgt auf die heutige Welt nach einer Verwandlung ein irdisches Paradies, in dem die Menschen in Einheit und Frieden miteinander leben.
Die BKWSU versteht die Seele als die ewige, ursprüngliche, positive Identität des Menschen, die sich durch den Körper als kostbares Instrument ausdrückt und immer in einem menschlichen Körper reinkarniert. Gott wird als die höchste aller Seelen verstanden, als Elternseele, frei vom Kreislauf der Wiedergeburten, und als unbegrenzte

Quelle von Licht, Liebe und Frieden. Die Lehre erklärt, wie die Seelen und das Universum durch einen Prozess der spirituellen Degeneration und Neuschöpfung gehen. Die Wiedererschaffung einer paradiesischen Gesellschaft geschieht durch das Verinnerlichen von spirituellen Werten und – was dasselbe meint – durch das totale Wissen, das Brahma Baba seinen Anhängerinnen schenkt. Die Anhängerinnen pflegen in der Meditation (Raja-Yoga genannt) ihre Verbindung zu Shiva in Brahma Baba, d.h. zur höchsten Seele, und geben die positiven Schwingungen, die sie von Brahma Baba oder dessen Medium erhalten haben, u.a. mit dem Gruss «Om Shanti» an andere weiter. So kann jede Anhängerin das «Wissen» weiterreichen, im täglichen Arbeiten ihr Karma und Wohlergehen verbessern und ihren Beitrag leisten zur Erschaffung der neuen Welt.

Der Hauptsitz der BKWSU ist in Indien. Zentren gibt es in Indien und 71 anderen Ländern. Nebst Meditation werden Kurse u.a. in «Positivem Denken» und Stressmanagement angeboten, auch Kurse in Gefängnissen, Spitälern und für spezifische Interessengruppen. Die meisten aktiven Schüler sind Vegetarier, verzichten auf Tabak und Alkohol und leben im Zölibat. Die BKWSU führt Erziehungsprogramme durch wie «Sharing Our Values for a Better World» oder «Million Minutes for Peace», an denen bis zu 129 Länder teilnehmen.

Die Lehren und die angestrebte Praxis der Brahma Kumaris wurzeln im Hinduismus und in neuzeitlichen esoterisch-gnostischen und utopischen Ideen. (Hochschätzung des «Evangeliums des vollkommenen Lebens» von G.J. Ouseley). Hinduistische Feste werden gefeiert. Trotz «typisch hinduistischer» Toleranz gegenüber allen Religionen und Wegen gelten – auch darin durchaus kein Einzelfall in der hinduistischen Spiritualität – die eigene Lehre und die eigenen Lehrer – und nur sie – als absolut.

Zeitschrift: «Retreat», publiziert in London.

Statistik: Das erste Zentrum ausserhalb Indiens wurde 1971 in London eröffnet. Heute rechnet man weltweit mit ca. 450 000 regulären Schülern. D: 300 M (1997)

Adressen: Brahma Kumaris World Spiritual University, Post Box No.2, Mt. Abu 307501, Rajasthan, India. – Global Harmony House, 46 S. Middle Neck Rd. Great Neck, NY 11021, USA. – Brahma Kumaris, Helblinggasse 9/1 A-1170 Wien. – Brahma Kumaris, Sihlquai 257, CH-8005 Zürich, Tel. / Fax 01 273 40 34. – Brahma Kumaris, Grande Rue 46, CH-1820 Montreux

Shri Ram Chandra Mission und Sahaj Marg

Die Shri Ram Chandra Mission geht zurück auf den indischen Guru Shri Ram Chandra, (genannt Babuji), der diese Organisation bis 1983 leitete. Er lehrte den sog. Sahaj Marg («natürlicher Weg»), den er von seinem Meister Samarth Guru Mahatma Ram Chandraji Maharaj (genannt «Lalaji») gelernt hatte. 1971 gewann er die ersten Schüler aus Europa. 1972 entstand das erste Meditationszentrum in Europa, in Nizza. Im gleichen Jahr bereiste der Guru – 73jährig – Europa und die USA, 1976 noch einmal Europa. Babuji verschied 1983.

Der Kern der Lehre besteht in einer Meditationstechnik, die im Gegensatz zu andern, mit angestrengter Konzentration verbundenen Wegen, «mühelos», «natürlich» (sahaj) genannt wird. Das Bild von Körper und Seele richtet sich nach der Lehre des Kundalini-Yoga, in die naturwissenschaftlich-physiologisches Denken einfliesst.

Die sieben Energiezentren des Körpers, die sog. Chakras, müssen gereinigt werden, um so die schlummernde Energie der Zentren und Subzentren zu erwecken und die Verwirklichung des Selbst zu ermöglichen. Da das Herz durch den Kreislauf den gesamten Körper versorgt, bewirkt die Arbeit am Herz-Chakra auch Veränderungen der übrigen Chakras. Die Wirkung des göttlichen Lichtes wandert vom Herzen aus im gewissermassen «geladenen» Blut durch den ganzen Körper. Neben den eigenen Bemühungen ist die göttliche Gnade unerlässlich.

Der Guru ist der Vermittler dieser Gnade, er wird im Sahaj Marg sehr hoch bewertet. Er ist wichtiger als die Praxis und Theorie. Um ihn soll das Denken kreisen.Von ihm soll ich nicht eine Methode erwarten, die mir weiterhilft, sondern ich soll mich fragen, wie ich ihm dienen kann. Der Meister ist der unabdingbare Katalysator. Er ist Gott in menschlicher Form. Damit löst sich der scheinbare Widerspruch in den Worten des jetzt lebenden Meisters Chariji auf, wonach sich nichts zwischen Gott und den Menschen stellen darf, dass aber der Kontakt zum Göttlichen nur über einen, über den Guru, zustande kommen kann. Die Institution des Guru hat durch Chariji eindeutig eine Steigerung erfahren. *Hier zeigt sich bei aller Rhetorik nicht mehr die liebevolle Partnerschaft auf dem spirituellen Weg, sondern die Hierarchie. Diese wird gefördert durch die organisatorisch bedingte Distanz und die Überhöhung Babujis zu einem Übermenschen, so dass dessen Einfachheit, Zugänglichkeit, Bescheidenheit, Menschlichkeit kaum noch spürbar ist. Es ist ganz natürlich, dass die dem verstorbenen Meister und Vorbild zugeschriebenen Qualitäten auf den lebenden Meister Chariji abstrahlen, und dass Aussagen, die Letzterer über das Verhältnis zu seinem Meister macht, wiederum von seinen eigenen Schülern auf ihn übertragen werden.*

Statistik: ca. 100 000 M weltweit (1997).
Adresse: SRCM Deutschland: Deutsches Sahaj Marg Zentrum, Friedel Marksteiner, Sudetenstr. 20, D-82166 Gräfelfingen, Tel. 0898 54 38 65. – SRCM Österreich: Otto Kapfinger, Ölzeltgasse 1, A-1030 Wien. – SRCM Schweiz: Martine Muller, Port-des-Champs 12, CH-1073 Savigny.

Shri Shri Ganapati Saccidananda Svamiji

1966 gründete Ganapati Saccidananda Svamiji (geb. 1942) einen Ashram im südindischen Mysore, der heute der Hauptsitz des «Sri Ganapati Saccidananda Trust» mit 50 Zentren in verschiedenen Ländern und einigen sozialen Projekten ist. Seine Anhänger verehren Ganapati als Avatar, als Verkörperung göttlicher Energie, als Inkarnation des Gottes Dattatreya (eine Teilinkarnation des Gottes Vishnu, auch als Kombination der drei Gottheiten Vishnu, Shiva und Brahma verstanden) und als einen der grössten spirituellen Führer unserer Tage. Seine Aufgabe sieht er in der Wiederbelebung und der Zeit angepassten Neuinterpretation der Hindu-Tradition (sanatana dharma). Die persönliche Erfahrung des Göttlichen wird ermöglicht durch die Disziplinierung des «ich» und die Hilfe eines Guru. Brahmacarya (Enthaltsamkeit) ist von Vorteil, denn das Zurückhalten des männlichen Samens fördert das Erwachen der Kundalini-Kraft und die Entfaltung der menschlichen Gottnatur. Ganapatis Interpretation der Gottheit Dattatreya versucht Brücken zu schlagen zur christlichen Vorstellung eines dreifaltigen Gottes. Dattatreya wird in allen Zentren verehrt und gibt ihnen den Namen (Datta Yoga Center). Die Liebe Dattatreyas zu allem Sein wird als Ausdruck der Universellen Mutter verstanden, die als Raja Rajeswari verehrt wird und sich als Sri Chakra (mystisches Diagramm mit ineinander verschachtelten Dreiecken) darstellt.
Eine der bedeutsamsten Handlungen, die in den Ashrams ausgeführt wird, ist die Feuerzeremonie (Ganapati Homa). Wenn Ganapati anwesend ist, pflegt er in die Feuergrube hinabzusteigen und darin zu verweilen, ohne sich zu verbrennen. Eine kleine Menge Asche dieses heiligen Feuers sollte täglich eingenommen werden. «Wunder» sieht der Svamiji als Spiel, als Mittel zur Festigung der Beziehung seiner Freunde zu ihm.

Adressen: Avadhoota Datta Peetham, Datta Nagar, Mysore 570004, India, Tel. 0091 821 486486 480424. – D: Datta Yoga Center Germany, Secretary: Antje Fritz, Tel. 0049 541 86 95 1. – Datta Yoga Center Schweiz, John Portmann (Nagesha), Clarahofweg 5, CH-4058, Basel, Tel. / Fax 061 691 17 28.
www.dattapeetham.com

Die Gesellschaft für inneres Wachstum des Sri Sri Ravi Shankar

Die «Gesellschaft für inneres Wachstum» möchte unser «Leben zu einer Feier werden lassen.» Um dieses Ziel zu erreichen, bietet sie diverse Seminare und Lehrgänge und Kurse an: Der Kurs «Die heilende Kraft des Atmens», ist «der ideale Einstieg in die Lehren von Sri Sri Ravi Shankar» und vermag zusammen mit der Methode des sog. Sudarshan Kriya «alle Zellen mit Sauerstoff zu versorgen», negative Gefühle, «als Giftstoffe im Körper abgelagert», aufzulösen und den Geist in seiner Mitte ruhen zu lassen. Die Sahaja Samadhi Meditation führt uns zum Frieden und Glück, das wir eigentlich schon in uns tragen, «nur durch ein paar Wolken von Stress und Belastung verdeckt. Diese Wolken werden durch die Sahaja Samadhi Meditation vertrieben.» Die Fortgeschrittenenkurse der «Kunst des Lebens» führen mit Meditation, Eintauchen in die innere Stille, Tanz, Feier und Musik in jene «dynamische Frische,» die nach dem Kurs weiterwirkt als Erfolg im Leben. Abgerundet wird das Glücksverwirklichungsprogramm durch eigens organisierte Lachgruppen: «Die Kunst ist zu lachen, was Dir auch zustossen mag»; «wenn nichts da ist, worüber wir lachen können, brauchen wir nur unseren eigenen Geist zu betrachten und schon können wir lachen.» *Diese Empfehlungen wecken im Kritiker die Frage, ob die Lachgruppen ihre Kunst so weit beherrschen, dass es ihnen auch gelingt, über «Seine Heiligkeit» Sri Sri Ravi Shankar und dessen Glücksverwirklichungsprogramm zu lachen. Wenn ja, würde die Gesellschaft für inneres Wachstum alle Regeln der üblichen Gurubewegungen durchbrechen.*

Ravi Shankar wurde 1956 in Bangalore, Südindien, in einer wohlhabenden Familie geboren. Seine Jugend war – wie die Bewegung betont – geprägt durch den Geist des Jahrtausende alten vedischen Wissens und die Botschaft der christlichen Nächstenliebe. Er hat – wie man sich unter den Anhängern erzählt – schon im Alter von vier Jahren die Bhagavadgita rezitieren können und mit 8 Jahren das Studium der klassischen vedischen Literatur begonnen. Ende der 70er Jahre verbrachte er zwei Jahre (mit Unterbrüchen) in der TM-Bewegung auf dem Seelisberg in der Schweiz (s. Kap. Transzendentale Meditation). Unter seinen Schülern finden sich frühere Schüler von Maharishi Mahesh Yogi. Seit 1982 entwickelte er – «inspiriert durch eine Zeit der Stille» – die Kunst-des-Lebens-Kurse und bietet sie weltweit an. Die innert wenigen Jahren aufgebauten 12 europäischen Zentren zeigen zusammen mit dem produktiven Panchagiri Verlag mit seinen vielen Buchtiteln (z.B. «Gott liebt Spass»), *dass Ravi Shankar mit seiner Mischung aus indischem Vedanta (das Absolute ist der Wesensgrund jedes Menschen) und moderner Glücksuche und Freude am Spass eine attraktive und einträgliche Form einer zeitgenössischen Spiritualität gefunden hat.* Dass dieser Spass auch zu denen findet, die im Moment nichts zu lachen haben, dafür sorgen die verschiedenen Sevaprojekte, humanitäre Aktionen und Organisationen, vornehmlich in Indien. Das deutsche Zentrum ist in einem ehemaligen Kurhotel im Schwarzwald (mit Quellensaal!) untergebracht und bietet seit Beginn des Jahres 2000 Ayurveda-Kurse an.

Adressen: Internationale Verwaltung: Vyakti Vikas Kendra, no.19, 39. th. «A» Cross, 11th Mein Road, 4th T-Block, Jayaganar, Bangalore 560 041. – Internationales Lehrzentrum: Ved Vigman Mahavidyapeeth, 21st kam, Kanakapurna Road, Udayapura, Bagalore-Saouth 560 062, Tel. 080 664 51 06. – Europäische Lehrzentren: Dr. Eberhard Baumann, Akademie Bad Antongast, D-77728 Oppenau-Maisach, Tel. 0780 491 09 25. – Stella Dupuis, 2, Av. Pichet-de-Rochemont, CH-1207 Genf, Tel. 022 700 01 14. www.artofloving-foundation.de

MahaShanti (Erhabener Friede)

MamaPá mit bürgerlichem Namen Heinz-Peter Heer (1951), trat das erste Mal 1997 an die Öffentlichkeit. Als Schweizer repräsentiert MamaPá den «westlichen» Pfad zum Unvergänglichen und sieht sich als spirituellen Begleiter für jeden, der sich erheben will aus dem Ungemach äusserer Verstrickung. Der Name MamaPá (MutterVater) wurde gewählt, weil er einerseits liebevoll und schützend sein will wie eine Mutter, wenn es um die Suchenden selber geht, aber auch konsequent und unnachgiebig wie ein Vater, wenn es um Grundsätze und den Fortschritt derer geht, die er sowohl innerlich als auch äusserlich begleitet. In der Schweiz und in Deutschland finden regelmässig sog. Hearings statt, in denen MamaPá von Zeit zu Zeit selber anwesend ist und spirituelle Fragen aus dem Bewusstsein der Einheit heraus beantwortet und durchleuchtet.

MahaShanti ist ein Selbst-Befreiungsbund. Um die Einheit wieder zu erlangen, werden weder Meditation als herkömmliche Technik noch Yoga, Tantra oder andere für «Westler» fremdartig wirkende Techniken empfohlen. MahaShanti kann deshalb nur noch im weitesten Sinn als Bewegung mit hinduistischen Wurzeln verstanden werden. Die Suchenden sollen sich täglich mit der Wahrheit auseinandersetzen, indem sie in Büchern der Wahrheit lesen, «hingebungsvolles Unterscheiden» praktizieren, alles Vergängliche als Täuschung durchschauen und unnachgiebig am Unvergänglichen festhalten. Von MamaPá sind die Bücher «Überall» und «DU bist ES» erschienen.

Adressen: MahaShanti Verlag, Hügelstr. 9, CH-8002 Zürich, Tel. 01 201 41 00, Fax 01 201 41 05, Email: mail@mahashanti.ch. – MahaShanti Verlag BRD, Waldenbucher Str. 23, D-72135 Dettenhausen/bei Stuttgart, Tel. 0715 765 99 7, Fax -66 126.

4. Die Advaita- oder Satsang-Bewegung

Als wichtigster neuerer Vertreter des Advaita, der einflussreichsten philosophischen Richtung des Hinduismus, gilt der indische Heilige Ramana Maharshi (1879–1950), welcher zeitlebens kein Guru sein wollte. In jungen Jahren, von der westlich gefärbten Schulbildung enttäuscht, verliess er ohne Abschied seine Schule und Familie, reiste zum Berg Morgenrot (Arunachala) bei Tiruvannamalai, Tamil Nadu, und versank dort in jahrelanges Schweigen. Er sass unbeweglich wie ein Standbild in den Tempelhöfen des Shiva-Tempels von Tiruvannamalai oder in Felsnischen am Berg Morgenrot oberhalb der Stadt. Der junge Schweiger lockte durch die Kraft seiner Versenkung immer mehr Wahrheitssucher an. Als er wieder zu sprechen begann, war sein ganzes Denken durch eine einzige Erfahrung geprägt: Durch die Erfahrung des Einsseins mit dem absoluten, göttlichen Selbst in der Tiefe des eigenen Herzens. Ramana versuchte seine Besucher sachte in dieselbe Erfahrung zu führen, indem er ihnen unablässig die Frage vor Augen hielt: Wer bin ich?

Durch rechte Introspektion, d.h. durch meditative Wende nach Innen, kann jeder Meditierende erkennen, dass das Ich sich ins Selbst auflöst. Nur Eines ist wirklich. Dieses eine kann man Gott, «alles», «Selbst» oder wie auch immer nennen. Dieses Einswerden mit dem Selbst wird mit einem Erwachen aus der Maya (Illusion) verglichen und Erleuchtung genannt. So wird Advaita auch als die Lehre der Nicht-Zweiheit oder des «kein Zweites» bezeichnet. Die Begegnung mit einem derart «erwachten» Lehrer wird Satsang (von Sat = Wahrheit und Sang = Zusammenkommen) genannt. So bedeutet Satsang auch Gemeinschaft von Wahrheitsuchenden, die sich um die Wahrheit im Meister und in sich selbst versammeln.

In neuerer Zeit machen immer mehr Advaita-Lehrer von sich reden. Man kann von einem eigentlichen Advaita-Trend in der europäischen alternativen Spiritualität der Gegenwart sprechen. Die meisten der hier auftretenden Advaita-Meister berufen sich auf Ramana Maharshi. Einige hatten auch Kontakt zu Osho (früher Bhagwan) oder zu Oshos Umkreis. Ein auffallend grosser Teil der in Europa tätigen Satsang-Lehrer sind Schüler von Sri Poonja, der seinerseits als Schüler von Ramana Maharshi gilt. *(Von Ramana ist allerdings bekannt, dass er nie Schüler eingeweiht hat. Die ganze Satsang-Szene beruft sich genau besehen auf einen Nicht-Lehrer, vergisst aber in ihrer Guruliebe diese Paradoxie.)* Auch im deutschsprachigen Raum hat sich in den letzten Jahren eine eigentliche Satsang-Szene gebildet, d.h. Gruppierungen, welche sich um einem «erleuchteten» Lehrer sammeln. So gibt es Satsang mit Artur, Satsang mit Gertrud, mit Susan usw. Leader im deutschen Raum ist sicherlich OM C. Parkin, dessen Satsangs und Seminare mittlerweile von Hunderten von Personen besucht werden. Aber auch Samarpan und Dr. Awatramani haben einen gewissen Bekanntheitsgrad erreicht, letzterer besonders in der Schweiz. Dr. Awatramani gibt seine «Teachings in Silence» (Lehren in der Stille) auch in Deutschland, Kanada, USA und Indien. Erwähnenswert sind auch Eli Jackson Bear, Gangaij, Andrew Cohen und Wayne Liquorman, welche hie und da im deutschen Raum Satsang-Abende, Wochenenden und mehrtägige Retreats anbieten. Ende 1999 wurde das «advaita journal» lanciert, mit Schriften aus der Nicht-Lehre. Ebenso erwähnenswert ist auch die Zeitschrift «Was ist Erleuchtung?» Die unten erwähnten Meisterinnen, Meister und Gruppen lehren und praktizieren Advaita in verschiedener Prägung.

www.ramana-maharshi.org

Ramesh S. Balsekar

Ramesh S. Balsekar, geb. 1917 in Bombay, einer der bedeutendsten lebenden Lehrer der indischen Advaita-Vedanta-Tradition, stiess Mitte der 40er Jahre auf Bücher von Ramana Maharshi. Etwa 20 Jahre später traf er seinen Lehrer und Guru Nisargadatta Maharaj, bei welchem er «Erleuchtung erlangte» oder «erwachte.»
Ramesh S. Balsekar lebt in Indien und empfängt dort Sucher aus der ganzen Welt. Seit 1998 kommt er jährlich im Sommer für zwei Wochen nach Deutschland.

Adresse: Heiner Siegelmann, Tel. 0049 8731 329 053.
www.ramesh-balsekar.de

Advaita Fellowship

Wayne Liquorman, geb.1951 in Los Angeles, ein früherer Geschäftsmann und etliche Jahre drogen- und alkoholsüchtig, traf in den 80er Jahren seinen Lehrer Ramesh S. Balsekar. 1988 erfolgte sein Erwachen. 1996 bekam er von seinem Lehrer, nachdem er anfänglich protestiert hatte, den Auftrag, Satsang zu geben. Wayne besucht jedes Jahr auch den deutschsprachigen Raum.
Die Advaita Fellowship informiert über Advaita und organisiert Satsangs und Seminare von Wayne Liqourman. Ebenso wird – gemeinsam mit Ramesh S. Balsekar – einmal jährlich ein Seminar in Deutschland angeboten.

Adresse: D: Tel. 0049 8731 27 39. – Advaita Fellowship, PO Box 911, Redondo, Beach, CA 90277 USA. – Advaita Haus, Hannes und Indrani Fausch, Dorfstr. 122, CH-8802 Kilchberg, Tel. 01 715 38 81, Fax -89.
www.advaita.org

Gesellschaft für Selbsterkenntnis durch Meditation (Dr. Bhagwan Awatramani)

Dr. Bhagwan Awatramani, geb. 1941, verbrachte den grössten Teil seiner Kindheit in einer Schule am Fusse des Himalaya, wo er mit 22 Jahren von seinem Guru eingeweiht wurde. Danach praktizierte er 25 Jahre als Arzt in Bombay, Indien. Seit ein paar Jahren unterrichtet er Advaita, nicht nur in Indien, sondern auch in Europa, Kanada und den USA. Neben der Advaita-Vedanta-Lehre fühlt sich Dr. Awatramani auch von der Sufi-Tradition beeinflusst. Dr. Awatramanis «Teachings in Silence» werden, wie es der Name sagt, meistens schweigend abgehalten. In Matheran besteht ein ashram-ähnliches Haus, welches im Winter besonders von Schweizern besucht wird. Im Frühling und Herbst hält sich Dr. Awatramani in Zürich auf, wo er neben regelmässigen Meditationen auch Privatkonsultationen anbietet.

Adressen: International Meditation Center: Maldoonga Resort, Matheran 410102 India, Tel. 0091 21 483 0204 / 483 0399. – Dr Jürgen Pohlmann, Steingruberstr. 2, D-90480 Nürnberg, Tel. 0911 54 74 70, Fax 0911 955 35 09. – Dr. Bhagwan Awatramani, Florastr. 11, 8008 Zürich, Tel. 01 422 81 79, Fax -82 14.
ourworld.compuserve.com/homepages/awatramani

Samarpan

Samarpan, mit bürgerlichem Name Sam Golden, geb. 1941 in San Francisco, erhielt seinen Namen von Osho (Bhagwan). In einem Retreat bei Gangaji, einer Schülerin von Sri Poonja welcher wiederum Schüler von Ramana Maharshi gewesen ist, erfuhr er seine Selbstverwirklichung. Seit 1996 hält Samarpan in Europa Satsangs und Retreats ab, welche jeweils von einer Musikerin begleitet werden. Jährlich etliche Satsangs in verschiedenen Städten in Deutschland und der Schweiz.

Adressen: Samarpan, Rückerstr. 36, D-60314 Frankfurt, Tel. / Fax 069 44 48 81, Email: Samarpan-Golden@t-online.de. – CH : Pravahi, Tel. 0041 1 715 24 10.
www.samarpan.de

Eli Jaxon-Bear und Gangaji

Eli Jaxon-Bear, geb. 1947 in New York, demonstrierte in seinen jungen Jahren gegen den Vietnam-Krieg, wobei er erkannte, dass «die Wahrheit dich freigeben kann, wenn du gewillt bist, für sie zu sterben.» Später wurde er zu einem Enneagramm-Experten, praktizierte jedoch auch Zen- und tibetischen Buddhismus sowie Sufismus.

1990 vernahm Eli den Ruf, alles aufzugeben, aufzubrechen und seinen wahren Lehrer zu finden. In Indien traf er Sri Poonja und erkannte dort, dass die Wahrheit nicht von einer Tradition ausgeht, sondern von einem wahren Lehrer.

Eli gibt weltweit Seminare, auch im deutschsprachigen Raum. Er ist verheiratet mit Gangaji.

Gangaij gilt als bekannteste Satsang-Lehrerin. Sie begegnete ihrem Lehrer Sri Poonja am Ufer des Ganges, was das Ende ihrer Suche und der Beginn einer «nicht endenden» Selbstverwirklichung sein sollte. Von ihm bekam sie den Namen Gangaij. Sie gibt wie ihr Gatte Satsang in der ganzen Welt.

Kontakt: Terra Libra / Veit Lindau, Tel. 0049 30 442 26 49, Email: terralibra@aol.com.
www.terra-libra.de

OM C. Parkin

Cedric Parkin studierte 3 Jahre Psychologie und wurde später Heilpraktiker. Nach Beschäftigung mit Sufismus und Schamanismus bekam er eine mehrjährige Einweisung in die Lehren des Enneagramms (durch Eli Jaxon-Bear, s.o.). Nach einem Autounfall im Jahr 1990 war Parkin für zwei Tage klinisch tot. Als er erwachte, erkannte er, dass «ich bin» und seine Person, mit welcher er sich identifiziert hatte, nur ein Traum gewesen war. Im selben Jahr begegnete er seiner Lehrerin Gangaji, durch die er endgültig Erleuchtung erlangte. Sri Poonja aus Lucknow in Indien, welchen er später traf, gab ihm den Namen OM. Nach einer Zeit der Zurückgezogenheit in den USA begann er ab Herbst 1994, das innere Wissen in Satsangs zu teilen. 1995 gründete er mit Anhängern und Freunden die Satsang Alliance, welche ausser den Satsangs mit OM und Erwachten aus dem Umkreis von OM auch Enneagramm-Kurse veranstaltet. Sitz ist

Hamburg, Veranstaltungsorte ausserhalb des deutschsprachigen Raumes finden sich in Spanien und Frankreich.

Zeitschrift: advaita journal.
Adresse: Satsang-Alliance e.V., Maria-Louisen-Str. 57, D-Hamburg, Tel. 040 410 85 85, Fax -30, Email: satsang@satsang-alliance.de.
www.satsang-alliance.de

Andrew Cohen

Andrew Cohens Lehrer Sri Poonja war ein Schüler von Ramana Maharshi. Cohen selbst sieht sich jedoch nicht als Advaita-Lehrer, sondern als spirituellen Revolutionär. Seit seinem Erwachen 1986 gibt Cohen Seminare, in welchen er über das Potenzial der völligen Befreiung aus den Fesseln der Ignoranz, der Selbstsucht und des Aberglaubens spricht. Die Impersonal Enlightenment Fellowship (IEF) vertreibt die Bücher und Kassetten von Andrew Cohen und organisiert seine Vorträge und Retreats.

Zeitschrift: «Was ist Erleuchtung?».
Statistik: Weltweit zählt man etwa ein Dutzend Z, davon eines in Köln. In verschiedenen Städten in D treffen sich Schüler von Andrew Cohen regelmässig zur Meditation, schauen sich Videos von Andrew Cohen an und diskutieren über seine Lehre (G von 3–5 Personen). A/CH: vereinzelte Anhänger.
Adresse: Impersonal Enlightenment Fellowship (IEF), Elsasstr. 69, D-50677 Köln, Tel. 0221 310 10 40, Fax -331 94 39, Email: iefkoein@andrewcohen.de.
www.andrewcohen.org

Madhukar

Der ehemalige Fernsehjournalist Madhukar («Biene») wurde 1957 in Stuttgart geboren und lebt zur Zeit in Amsterdam. Er war weltweit als Meditations- und Yoga-Lehrer tätig und beschäftigte sich mit dem Christentum, tibetischem Buddhismus, Schamanismus, Yoga, Tantra und NLP. Ein plötzliches Erleuchtungserlebnis in den 80er Jahren erwies sich später als unvollkommen. Schliesslich begegnete er Sri Poonja, durch den er das Aufwachen im wahren Selbst erfahren hat. Madhukar wird als einfacher, jedoch radikaler Guru beschrieben. Satsang, öffentliche Gespräche und Retreats (in denen auch Musik eine Rolle spielt), werden in Europa, USA, Indien und Südostasien abgehalten. Madhukar fordert Erleuchtung im Hier und Jetzt: «Ein wahrer Lehrer will, dass Du frei bist, und zwar jetzt! Nicht in zehn Jahren, nicht im nächsten Leben, nicht im Himmel, nicht nach vielen Jahren harter Praxis. JETZT.»

Adressen: Deva B. Mahirani Gartner, Billrothstr. 83A, A-1190 Wien, Tel. / Fax 01 320 21 39, Email: ch.gartner@utanet.at. – Sudira Grüger, Tavelweg 31, CH-3006 Bern, Tel. 031 352 65 00, Email: graphicarts@freesurf.ch.
www.madhukar.org

Isaac Shapiro

Isaac Shapiro, geb. 1950 in Johannesburg (Südafrika), ist einer der ersten Satsang-Lehrer, die regelmässig nach Deutschland kamen. Shapiro wurde, wie andere auch, 1991 von Sri Poonja beauftragt, im Westen Satsang zu geben.

Kontakt: D: Deva Stadler, Tel. 0049 8139 92 05 2, Email: Premram@aol.com.

Byron Katie

Im weiteren Umfeld der Satsang-Bewegung anzusiedeln wäre auch Byron Katie. Byron Katie ist die Begründerin von «The Work», einer Fragemethode, bei welcher man die eigenen Glaubenssätze und Urteile über andere Menschen aufschreibt und sie dann auf sich selbst bezieht. So könne man erkennen, dass die Umwelt ein perfekter Spiegel von einem selbst sei. Byron Katie, welche sich nicht als Guru, Meister oder Lehrer, sondern als Freundin bezeichnet, bereist auch den deutschsprachigen Raum. Inzwischen haben sich auch hier verschiedene «The Work»-Gruppen gebildet.

Kontakt: D: Ute Morisch, Tel. 0049 7641 57 26 95.
www.thework.de

5. Sikhismus

Sant Mat

Alle im weitesten Sinn als Neo-Sikh-Gemeinschaften in diesem Abschnitt beschriebenen Gruppen (mit Ausnahme von 3HO) folgen – bei allen Gegensätzen in ihrem Bekenntnis zu diesem oder jenem lebenden Meister – einem spirituellen Grundmuster, das zumeist als «Sant Mat», «Lehre der Heiligen» bezeichnet wird. Zu diesem immer wieder neu variierten Grundmuster gehören 5 Merkmale:

1. In der Tradition der nordindischen Sants (Heilige) wie Kabir oder Guru Nanak stehend verwerfen sie Bilderverehrung und Kastenordnung, pflegen aber intensive Guruverehrung und meinen, im gegenwärtigen Kali-Zeitalter könne nur der Sant Satguru, der vollkommene wahre Meister den Menschen aus den karmischen Verstrickungen befreien. Die Verehrung des Satguru, des wahren Meisters, ist das eigentliche Zentrum der Sant Mat Spiritualität.

2. Das an die abendländische Gnosis erinnernde Bild der Welt sieht die menschliche Seele zuerst an materielle irdische Ebenen gebunden, jedoch durch entsprechende Meditationen und Meister zum Aufstieg durch die Sphären in die göttliche Welt bereit.

3. Die Religionen der Welt entsprechen immer nur einer Sphäre in einer sphärenreichen Wirklichkeit. Sie verhelfen zum Aufstieg aus dem je ihnen vorliegenden Bereich. Sant Mat allein führt über alle niederen und höheren Sphären hinaus. Sant Mat tritt in vielfacher Form für die Einheit aller Religionen ein, feiert aber immer sich selbst als Spitze oder Mitte aller Religionen.

4. Der Aufstieg in die göttliche Welt verbindet sich mit einem Abstieg ins eigentliche Wesen der eigenen Seele. Jede Seele trägt Elemente der göttlichen Wirklichkeit schon in sich. Surat Shabd Yoga, «Yoga des Klanges und des Lichtes» nennt sich dieser meditative Aufstieg, der zugleich einem Abstieg gleicht. In ihrem innersten Wesen ist Seele Lichtstrom und Tonstrom. Mit diesem Licht und diesen Tönen gilt es sich meditativ zu verbinden. Aus diesem Klangstrom heraus ist die ganze Welt entstanden. Dieser Klangstrom führt jede Seele auch wieder an ihr ureigenes Ziel. Der Abstieg in das innere Licht und den inneren Klang wird oft dadurch erleichtert, dass sich der Meditierende die Augen und Ohren mit den Fingern zuhält oder sich eine Decke über den Kopf legt oder sich die Ohren verstopft.

5. Da die Frage, wer denn der wahre Meister der Gegenwart oder dessen wahrer Nachfolger ist, immer wieder zu Kontroversen führte, spaltete sich die Sant-Mat-Bewegung in die im Folgenden nur skizzierte, auffallend vielfältige Palette spiritueller Organisationen.

Allen Sant-Mat-Varianten gegenüber fragt sich der kritische Beobachter, wie sich die hier gelebte Meisterverehrung, verbunden mit Meditationsweisen, die eher an Suggestion denn an reine Wahrnehmung erinnern, noch gegen Missbrauch zu schützen vermag. Die Christin und der Christ fragen sich überdies, ob religiöse Toleranz sich der Religion des andern bedienen darf, indem sie von einer Einheitsschau der Religionen ausgehend jede Religion der eigenen spirituellen Wahrheit zuordnet oder einverleibt. Ist Toleranz nicht auch der Respekt für die Andersartigkeit des anderen? Konkrete Religionen fügen sich – als einzelne wahrgenommen – in kein System. Wer konkrete Religionen systematisiert und der eigenen zuordnet, muss sie zum abstrakten Konzept verdünnen.

Radha Soami Satsang Beas

Die Radha-Soami-Lehre versteht sich als die vom Anfang der Schöpfung bis zu ihrem Ende unveränderliche Lehre der Heiligen

und Mystiker bzw. aller vollkommenen Meister.
Der gegenwärtige vollkommene Meister ist Maharaj Gurinder Singh Ji. Er lebt in der Nähe von Beas im nordindischen Bundesstaat Punjab, wo im Jahre 1891 der frühere vollkommene Meister Maharaj Baba Jaimal Singh ein spirituelles Zentrum, den Radha Soami Satsang Beas gegründet hat. Die Zahl seiner Schüler soll über eine Million betragen, mit Satsang-Zentren in vielen Ländern.
Die Radha-Soami-Lehre spricht von der Befreiung der Seele von Körper und Geist und ihrer Wiedervereinigung mit dem Höchsten Herrn, Gott. Dazu ist die Einweihung durch den vollkommenen Meister, einen Sohn Gottes, unbedingte Notwendigkeit. Es ist die Einweihung in den «göttlichen Klangstrom», der auch «Hörbarer Lebensstrom», «das Wort», «Heiliger Geist» genannt wird. Der lebende Meister (Sant Guru) gilt als Inkarnation dieses göttlichen Wortes.
Die Technik des *Surat Shabd Yoga* befähigt die Seele, so heisst es, den Hörbaren Lebensstrom, den Heiligen Geist, Gott, wahrzunehmen, in die höchsten Sphären aufzusteigen und dort mit der höchsten Gottheit vereinigt zu werden. Die Technik des Surat Yoga besteht u.a. in der Wiederholung des heiligen Namens «Radha Soami» sowie in der mystischen Wahrnehmung und Entfaltung des Hörbaren Lebensstromes. Bei der Einweihung, die im Auftrag des Meisters auch ausserhalb Indiens vorgenommen werden kann, verpflichtet sich der Schüler zur laktovegetarischen Lebensweise, zum Verzicht auf Alkohol, zu einem moralisch einwandfreien Leben und zu zweieinhalb Stunden täglicher Meditation ohne Vernachlässigung seiner weltlichen Pflichten gegenüber seiner Familie und der Gesellschaft.

Adressen: Radha Soami Satsang Beas, P.O. Dera Baba Jaimal Singh, Dist. Amritsar 143204, Punjab, India. – Rudolf Walberg, Postfach 1544, D-65800 Bad Soden/Ts., Tel. 06196 229 39, Fax - 236 44. – Lucia Dürr, Apollostr. 8, CH-8032 Zürich, Tel. 01 380 20 30, Fax -31.

Ruhani Satsang, Wissenschaft der Spiritualität mit Rajinder Singh (früher mit Darshan Sing) / Sawan Kirpal Ruhani Mission

Nach 1974
1948 hatte sich *Sant Kirpal Singh* (1894–1974) vom Radha Soami Satsang Beas-Zweig getrennt und 1950 den Ruhani Satsang mit Hauptsitz in Delhi gegründet. Kirpal Singh verbreitete den Ruhani Satsang auch in westlichen Ländern. Nach seinem Tod (1974) bildeten sich mindestens vier verschiedene voneinander unabhängige Richtungen, die sich alle auf Kirpal Singh berufen: «Wissenschaft der Spiritualität» mit Darshan Singh, heute mit Rajinder Singh, Ruhani Satsang mit Thakar Singh, «Unity of Man» und «Forum für die Universale Religion». Die Ursache für die vielen Spaltungen und die Bildung der vielen organisatorisch voneinander unabhängigen Gruppen liegt nicht so sehr in Lehrdifferenzen, sondern mehr im persönlichen Verhalten der Verantwortlichen und in der Bedeutung des «richtigen» vollkommenen Meisters.
Die Anschauungen der Sawan Kirpal Ruhani Mission (im deutschsprachigen Raum nennt sie sich «Wissenschaft der Spiritualität») unter der Leitung von Rajinder Singh (geb. 1946), dem Sohn des früheren Leiters Darshan Singh (1921–1989), mit Zentrum in Delhi (Indien), entsprechen in etwa denen des Radha Soami Satsang (s.o.). Er lehrt und praktiziert ebenfalls den «Surat Shabd Yoga», eine Meditation auf das innere Licht und den inneren Ton. Durch Schulung einer inneren Wahrnehmungsfähigkeit erhalten die Anhänger, so erklären sie, konkret Zugang zum transzendenten Licht und Ton (Sphärenmusik).

Zeitschrift: Die Botschaft des Meisters.
Statistik: Weltweit ca. 500 000 Initiierte (vor allem in Indien) / D: 27 Meditationsgruppen, rd. 1000 M / A: 5 Medi-

tationsgruppen, ca. 80 M / CH: 21 Meditationsgruppen, rd. 900 Initiierte
Adressen: Helga Kammerl, Am Jägerberg 21, D-82335 Berg. – Angela Seiler, Tödistr. 20, CH-8002 Zürich, Tel. 01 202 23 72.
www.sos.org
www.sos.org/german

Unity of Man – Die Einheit des Menschen

1974
Zur Entstehung von Unity of Man unter der Leitung von Harbhajan Singh (Zentrum in Amritsar), s.o.: Ruhani Satsang mit Darshan Singh, heute mit Rajinder Singh.
Auch Unity of Man beruft sich auf Sant Kirpal Singh.
Nach den Lehren von Unity of Man haben in der Vergangenheit kompetente Lehrer wie Jesus, Buddha und andere denjenigen die «Einweihung» oder «Initiation» gegeben, die ihr Leben nach den Gesetzen der Gotteskraft gestalten.
Der Mensch ist nicht Körper, er ist nur Bewohner des Körpers. Sant Kirpal Singh hat über alle «-ismen», Sekten und Ideologien hinaus gezeigt, «wie jeder eine bewusste Rückverbindung zur höchsten inneren Kraft erhalten kann, und wie er unter ihrer direkten Führung das Mysterium des Todes lösen und schliesslich zum Ursprung des Lebens zurückkehren kann». Unity of Man glaubt, damit die wahre Religion zur Vereinigung aller Menschen zu verbreiten.
In Indien eröffnete Unity of Man nach eigenen Angaben ein Zentrum für die «Heranbildung zum Menschen», zum Dienst am Menschen und Dienst am Land, sowie ein Krankenhaus. Projektiert sind ein Teich mit einem Gebäude (Tempel), das die Symbole aller grossen Weltreligionen tragen soll, eine Schule und anderes. Es soll ein Ort sein, an dem keine Religion gepredigt, jedoch jede Religion respektiert wird.
Dr. Harbhajan Singh ist 1995 verstorben, die Leitung liegt nun bei seiner Witwe Kurinder Kaur.

Zeitschrift: Worte von Sant Kirpal Singh.
Statistik: D/A: Einzelne G / CH: verschiedene Anhänger.
Adressen: Unity of Man, Hauptzentrum, Dr. Harbhahjan Singh, Amritsar (India), 361 Mall Road. – Unity of Man, Zentrum für den Westen, Steinklüftstr. 34, A-5340 Gilgen. – Bert Krapfenbauer, Karl Stamm-Weg 6, CH-8820 Wädenswil, Tel. 01 780 65 88.
www.unity-of-man.org

Kirpal Ruhani Satsang Society mit Thakar Singh (und Holosophische Gesellschaft)

Thakar Singh, geb. 1926 in einer armen Sikh-Familie im Punjab, Indien, arbeitete 26 Jahre lang als Wasserbauingenieur im Staatsdienst und empfing 1965 die Einweihung durch Sant Kirpal Singh (s.o.). Nach dem Tod seines Meisters 1974 sah er sich bald einmal als dessen Nachfolger. Seit 1976 hält er sich für den einzigen legitimen Nachfolger. Intensive Missionstätigkeit führt ihn in manche westlichen Länder.
Wer die Mentalität und Spiritualität Thakar Singhs nachzuzeichnen sucht, muss in deutlichen Farben malen: Das gegenwärtige «eiserne Zeitalter», von negativer Macht beherrscht, verlangt nach eindeutiger, bedingungsloser Hingabe an Gott, gegenwärtig im Meister, und meditativ erfahrbar als Klang und Licht. Exklusiv wirkende Aussagen lassen darauf schliessen, dass nur der Weg des Thakar Singh den Menschen sicher führt. In einer radikal eingeforderten und gelebten Hingabe wird der Jünger zum Leuchtturm in der finsteren Gegenwart. Wer den Weg entschieden geht, braucht offenbar auch ein rechtes Mass an Unerbittlichkeit. Scheinbar natürliche Rücksichten werden unbedeutend. Gott, dem Meister und seiner Bewegung gehört erste Priorität. Auch Kinder gehören in erster Linie Gott und dem Meister, nicht ihren natürlichen Eltern. In speziellen Lichtheim-Schulen wurden (auch in Europa) oder werden (in Indien) schon Kleinkinder zur Meditation angehalten. Sie werden auf dem Weg meditativer Schulung «Gott von innen», «Engel

von aussen», «Leuchttürme», «Retter der Menschheit». Auch erwachsene Anhänger werden deutlich gefordert: Sie sollen möglichst sexuell enthaltsam (auch in der Ehe), ohne Alkohol und vegetarisch leben und zur Gewissensprüfung ein spirituelles Tagebuch schreiben, das dem Meister vorgelegt wird. Tägliche Meditation mit dem Ziel, das göttliche Licht und den göttlichen Ton zu erleben, dazu Simran, das Singen der fünf göttlichen kraftgeladenen Namen.
Konkurrenz unter den verschiedenen Sant Mat Gruppen und öffentlich geäusserte Erfahrungen ehemaliger Anhänger Thakar Singhs verdüstern seit 1984 sein Bild und das seiner Bewegung. Für 1984 soll Thakar Singh eine Weltkatastrophe vorausgesagt haben. Das Getreide, das er vorsorglich einkaufte, habe er nach Ausbleiben der Katastrophe mit Verlust abstossen müssen. Öffentlich wurde später über sexuellen Missbrauch von Anhängerinnen durch den Meister diskutiert. Andere Vorwürfe betrafen Exorzismen an psychisch Belasteten. Weitere Kritiker ereiferten sich über die Art und Weise, wie sich Thakar Singh nach dem Tod seines Meisters gegenüber dessen Sohn als Nachfolger habe durchsetzen wollen. Am meisten gerieten aber die pädagogischen Ansichten und Institutionen des Meisters in Verruf. Schon Kleinkinder seien gezwungen worden, mit verbundenen Augen und einem Silikonstöpsel in den Ohren angeblich bis zu 19 Stunden pro Tag zu meditieren. Das verstopfte rechte Ohr fördere das Hören auf den inneren, göttlichen Ton. Ähnlich wirken die Augenbinden: Auch Kinder sollen lernen, das innere, göttliche Licht zu sehen. Wer einzuschlafen drohte, wurde wachgerüttelt. Nahrung wurde nur kümmerlich angeboten. Diese äusserst problematischen Anweisungen gehörten zum spirituellen Erziehungskonzept des Meisters. Kritische Berichte sprachen von «Meditationsfolter.» Die durch diese und ähnliche Berichte ausgelösten Skandale führten dazu, dass die Bewegung um Thakar Singh in Europa ihre Lichtheimschulen aufgab und sich 1992 unter dem weniger vorbelasteten Namen «Holosophische Gesellschaft» neu organisierte.

Die Skandale, die den Meister und die Bewegung bisher umgaben, sind m.E. nicht nur begründet in der Eifersucht und Konkurrenz anderer Sant Mat Gruppen. Kaum ein Meister zeichnet ein derart düsteres Bild der gegenwärtigen Welt und fordert eine derart totale Hingabe an den Meister und seinen Weg. Totale Hingabe wird aber fast automatisch dort zur Hörigkeit, wo die Kritikfähigkeit des einzelnen Anhängers nicht mehr akzeptiert und gefördert wird. Thakar Singh wäre aber kein indischer Meister mehr, würde er die Kritikbereitschaft seiner eigenen Schüler gegenüber dem Meister positiv ansprechen und fördern. Indische Meister neigen wie abendländische göttliche Autoritäten dazu, Kritik am Meister als Gotteslästerung zu deuten. Unter diesen Umständen wandelt sich totale Hingabe fast zwangsläufig in totalitäre Hörigkeit.

Statistik: Z in 26 Ländern / D: einige tausend Anhänger.
Adressen: Lothar Schmitt, Dr.-Otto-Meyer-Str. 29, D-86169 Augsburg. – Heinz Urban, Eichenstr. 14, D-87487 Wiggensbach. – Ulla Pfannmüller & Christoph Hornik, Siebensterngasse 16a/5, A-1070 Wien, Info-Tel. 01 526 02 05 12, Info-Email: austria@santmat.net. – Holosophische Gesellschaft der Schweiz, Postfach 15, CH-8127 Forch, Tel. 01 312 74 29.
www.santmat.net

Forum für die universale Religion

Durch Soami Divyanand, geb. 1932 in Indien, ursprünglich Hindu, dann Schüler von Sant Kirpal Singh, kam es 1981 in Deutschland zur Gründung des Forums für universale Religion, das, wie die anderen Sant Mat-Gruppen, den Surat Shabd Yoga mit inneren Klang- und Licht-Erfahrungen lehrt. Einweihung schenkt der vollkommene Meister.

Adressen: Divyanand Spiritual Foundation, Sägestr. 37, D-79737 Herrischried, Tel. 07764 93 97 0, Fax -73 9. – Sylvia Schwarzenbach, Junkerngasse 48, CH-3011 Bern, Tel. 031 311 31 74.

Divine Light Mission, Verein Evolution

1960
1966, nach dem Tod des Gründers der Divine Light Mission (DLM), Sri Hans Ji Maharaj, Schüler des Sikh-Meisters Hazur Baba Sawan Singh, übergab dessen Witwe die Verantwortung für das Werk dem Sohn Guru Maharaj Ji (oder Maharaji) Prem Rawat Singh, (geb. 1957). Dieser dehnte die Tätigkeit mit grossem Erfolg in den Westen aus, entfernte sich dabei aber von den moralischen Massstäben seines Vaters. 1975 wurde er daher von seiner Mutter abgesetzt. Die Bewegung spaltete sich in einen östlichen Zweig (geleitet vom älteren Bruder Bal Bhagwan Ji – vertreten im Westen durch Spiritual Life Society) und einen westlichen Zweig unter Guru Maharaji Prem Rawat Singh, der aber auch in Indien (Hauptzentrum: Delhi) wieder eine bedeutende Anhängerschar gewonnen hat. Die Prem Rawat Foundation bietet heute weltweit in 60 Sprachen Schriften, Bücher und Kurse an. Daneben verwaltet die Divine United Organization (DUO) vor allem in den USA eine Reihe von Handelsfirmen.
Die Lehre der DLM besteht in einer stark vereinfachten Version der Wahrnehmung des Göttlichen Klangstromes. Dabei werden hinduistische Grundanschauungen mit biblischen Aussagen und naturwissenschaftlichen Ideen vermischt. Entscheidend wichtig ist der Empfang von *knowledge* durch den Guru, der als universeller Heilsbringer wie ein Gott verehrt wird.

Zeitschrift: Inspiration (unregelmässig).
Statistik: Weltweit vielleicht 100 000 Anhänger? / D: vielleicht 300 M / A/CH: vielleicht einige Dutzend M. Gelegentlich geschlossene Grossveranstaltungen.
Adresse: The Prem Rawat Foundation, P.O. Box 241498, Los Angeles, CA 90024, Tel: +1 (310) 392-5700. – René Kümmerli, Juliastr. 5, CH-8032 Zürich, Tel. 01 383 67 42.
www.maharaji.net
www.maharaji.org
www.tprf.org

Eckankar

1965
«Eckankar – Religion von Licht und Ton Gottes» versteht sich gleichzeitig als «natürlichen Weg zurück zu Gott» und als «uralte genaue Wissenschaft der Seelenreise», als «die älteste aller Lehren» und als «ursprünglicher Quell, aus dem alle Glaubensrichtungen entstammen.» Dieses dem Hinduismus entlehnte Konzept von der noch unveränderten Urwahrheit, die durch alle Jahrtausende hindurch jeweils von einem lebenden Meister auf den nächsten übertragen wird, fand ins Bewusstsein von Eckankar auf dem Umweg über die Self-Realization-Fellowship und über Kirpal Singhs Ruhani Satsang (s.o.), zu denen der Begründer von Eckankar, der Amerikaner Paul Twitchel zeitweilig gehört hatte. Später verstand sich Twitchell als der 971. Meister in einer ununterbrochenen Reihe von ECK-Meistern. Mit dieser Einordung in eine andere, fiktive, uralte Meister-Schülerreihe distanzierte sich Twitchell augenfällig von den ihn früher bestimmenden indischen Traditionen. Das Phantasiewort ECK – Anhänger halten es für ein Urwort – bezeichnet den «göttlichen Geist», den «Heiligen Geist», «den hörbaren Lebensstrom, die Lebenskraft». Licht und Ton sind die zwei Aspekte, in denen sich diese göttliche Lebenskraft in den niederen Welten offenbart. Die Seele des einzelnen Menschen, selbst ein Funke aus der göttlichen Urkraft, sucht durch Seelenreisen «Selbst- und Gottrealisation». Sie sucht – *Christen würden von einem gnostischen Erlösungsmodell sprechen* – den Weg zurück in ihren Ursprung. Seelenreisen lernt die Seele vor allem in den täglichen spirituellen Übungen, in Kursen von Eckankar, in der Hingabe an den lebenden ECK-Meister und im Studium der Eckankar-Literatur.

Die in der Literatur dargelegten Beispiele eindrücklicher Seelenreisen werden in der Eckankar-Theorie als Reisen durch spirituelle Ebenen deutlich von gewöhnlichen Imaginationen und Träumen abgehoben, erinnern aber trotzdem an Tagträume oder an Phantasiereisen zu Therapiezwecken. Der Visionär findet durch verschiedene, vor allem lichtvolle Bilder und tröstliche Ereignisse zu einem Symbol göttlichen Lichts, z.B. zu einem Leuchtturm. Angeregt werden diese imaginären Reisen durch Klangmeditationen, etwa durch das wiederholte Singen des Sufi-Gottesnamens HU (ausgesprochen: hjuu). Nach minutenlangem Singen an stillem Ort mit geschlossenen Augen stellen sich nicht selten innere Bilder oder Auditionen ein – man hört z.B. ein himmlisches Brausen, das wie ein Meer das Ohr umbrandet. All diese inneren Erfahrungen werden dann selbstverständlich als Seelenreisen und Begegnungen mit dem göttlichen ECK, dem «Heiligen Geist», verstanden. Ziel aller spirituellen Übungen ist die Gottrealisation der Seele, ein Zustand völliger Freiheit jenseits aller karmischen Beschränkungen. Zu diesem Ziel geleitet den ECK-Schüler der lebende ECK-Meister, der aber nicht körperlich anwesend zu sein braucht. Er führt ihn als Traummeister auch durch Träume. Träume dienen dazu, «den einzelnen näher an Licht und Ton Gottes zu bringen.» Ohne dass der Träumer dies spürt, sind seine Träume so etwas wie der erste Schritt auf dem Eckankar-Weg. Dem ECK-Schüler wird empfohlen, seine Träume aufzuschreiben und sich so Rechenschaft zu geben über seinen spirituellen Weg. Der ECK-Meister wird respektiert, aber – *so will es die Theorie* – nicht verehrt. Von 1971 bis 1981 war lebender ECK-Meister Sri Darwin Gross. Ihm folgte der Amerikaner Sri Harold Klemp. Unter seiner Leitung wurde auch das ECK-Heiligtum in Chanhassen, Minnesota, USA errichtet: «Der ECK-Tempel ist der Startplatz für den Traum der Seele, die Gott erreichen will.» (Sri Harold Klemp). *Die Seele braucht geeignete Orte und Lehrmeister, wenn sie auf Seelenreise gehen will.*

Statistik: D: 31 Z / A: 5 Z / CH: 5 Z.
Adressen: ECKANKAR Spiritual Center, P.O.Box 27300 Minneapolis MN 55427 USA. – Eckankar Center, Nymphenburger Str. 135, D-80636 München. – Eckankar Center, Münzgasse 3/3, A-1030 Wien. – Eckankar Gesellschaft Schweiz, Kurvenstr. 17, Postfach 3516, CH-8021 Zürich, Tel. 01 350 60 90.
www.eckankar.org
www.eckankar.de

Kontemplative Studien / Ancient Teachings Of The Masters (A.T.O.M.)

Nach heftigen internen Auseinandersetzungen wurde Darwin Gross, von 1971 bis 1981 geistiger Führer von Eckankar, 1983 all seiner Ämter enthoben und musste Eckankar verlassen. Ab 1984 führte Gross gelegentliche Veranstaltungen über die Lehren der alten Meister in den USA, Kanada, Europa und Australien durch. Daraus entstand die heutige Gemeinschaft A.T.O.M., im deutschen Sprachraum «Kontemplative Studien» genannt. 1996 kam Darwin Gross für eine grössere Konferenz nach Brunnen/CH. Die Lehre ist etwa die von Eckankar. A.T.O.M. beruft sich wie Eckankar auf Paul Twitchell und eine Reihe früherer Meister, ähnlich den anderen Sant Mat Gruppen. Die Gemeinschaft ist klein, im deutschsprachigen Raum treffen sich regelmässig einzelne Gruppen.

Adressen: Be Good To Your Self, PO Box 95551, Las Vegas, NV 89193- 5551, USA, Tel. 001 702 391 4197. – Kontemplative Studien Schweiz, Lagerstr. 11, CH-8910 Affoltern a.A., Tel. 01 761 00 12, Fax -41 71, Email: neoprop@echo.ch.
www.atom1.org

Sikh Dharma / Happy-Healthy-Holy-Organisation (3HO)

1969
Yogi Bhajan, Priester einer Richtung der im 16. Jhdt. entstandenen Sikh-Religion Nord-

indiens, kam 1968 in die USA. Seine Lehren sind eine Kombination sikhistischer und hinduistischer Gedanken, verbunden mit den New Age-Ideen über das Wassermann-Zeitalter.

Kundalini-Yoga, weisses Tantra-Yoga, Mantra-Singen, Körperübungen und intensives Atmen erwecken die Lebenskraft und sollen den Menschen mit den «kosmischen Kräften» in Einklang bringen. Der Schüler lebt vegetarisch. Die Zeit der Sonnenwende verbringt er in Meditation.

Yogi Bhajan betrachtet sich sehr betont als Oberhaupt des westlichen Sikh Dharma.

Statistik: 3HO ist im deutschsprachigen Raum hauptsächlich in Deutschland tätig, besonders im süddeutschen Raum. 1 Z in Hamburg, und etliche sog. Arbeitsgruppen.
A/CH: vereinzelte Personen, welche Kundalini-Yoga im Sinne der 3HO unterrichten.
Adressen: 3H Organisation Deutschland, Breitenfelderstr. 8, D-20251 Hamburg, Tel. / Fax 040 47 90 99. – Sukmani Singh, Laupenstr. 55, 3008 Bern, Tel. 031 381 15 14, E-mail: interwerk@smile.ch.
www.3HO.de
www.3HO.org

XV Buddhismus

Ausgangspunkt und Mitte des Buddhismus ist ein Geschehen, durch das Siddharta Gautama, aus dem Lokaladelsgeschlecht der Shakyas im 6. Jhdt. v.Chr. zum «Buddha», d.h. zum «Erleuchteten» oder «Erwachten» wurde. Bis heute ist genuiner, sich selbst treu bleibender Buddhismus der Versuch, allen dieses Erwachen suchenden Menschen auf ihrem Erleuchtungsweg beizustehen. Wo der Buddhismus – was auch immer wieder geschah und geschieht – dieses Erleuchtungserleben vergisst und sich anderen, unwesentlichen Lehren oder Erfahrungen zuwendet, wo er sich in magischem Ritualismus oder in metaphysischen Spekulationen verliert, wo die Verehrung irgendwelcher Formeln, heiliger Institutionen, göttlicher Kinderäbte oder himmlischer Wesenheiten zum Selbstzweck wird, da verkommt genau besehen der Buddhismus zum hölzernen Eisen, zum Widerspruch in sich selbst.
Selbstverständlich werden uns sehr unterschiedliche Deutungen dieses Erleuchtungserlebnisses vorgelegt. Auch wenn der Buddha wahrscheinlich meinte, dass Erleuchtung auf dem einen ewig gleichen Wege erreicht werden kann, und viele buddhistische Meister später ihre Deutung des Erleuchtungsweges als ewig gleichen Weg verstanden, die Geschichte und die Ausbreitung des Buddhismus in die verschiedensten Kulturkreise hinein hat diese Ansicht gründlich überholt.

Theravada

Der Buddhismus der alten Schule (als lebendige Tradition vor allem in Sri Lanka, Thailand, Burma, Kambodscha präsent), der sog. Theravada («Lehre der Alten»), steht nach üblichem westlichem Verständnis dem historischen Buddha weit näher als das ca. 500 Jahre nach Buddha sich entfaltende sog. «grosse Fahrzeug» (=«Mahayana»). Die Bezeichnung «Hinayana»-Buddhismus, «kleines Fahrzeug», wird heute nicht mehr gerne gehört. Zum «kleinen Fahrrzeug» wurden die alten Schulen mit dem Theravada, ihrem einzigen überlebenden Zweig, erst durch die Optik des Mahayana, das sich selbst als «grosses Fahrzeug» gegenüber den alten Schulen aufwertete. Es trfft allerdings zu, dass der Buddhismus des grossen Fahrzeuges zahllose Philosophien, mystische Praktiken und Rituale kennt, die allesamt dem alten Buddhismus und dem Theravada fremd sind. Theravada ist Buddhismus nahe bei den historischen Wurzeln und damit Buddhismus nach klarer, alter, nüchterner Manier. Theravada sieht die Erleuchtung begleitet von vier Einsichten, den sog. Vier edlen Wahrheiten, die als Zusammenfassung und Leitlinie für alle altbuddhistischen Lehren gelten dürfen. Jede dieser Einsichten erschliesst uns wesentliche Aspekte altbuddhistischer Spiritualität.

1. *Die Einsicht, dass menschliches Leben in allen seinen Aspekten leidvoll ist.*
Leben ist Bindung. Negative Bindung (z.B. Hass) ist leidvoll in sich. Positive Bindung (z.B. das wunderbare Leben als Prinz, das der junge Siddharta Gautama genossen haben soll) enthüllt sich in seiner Leidgebundenheit, sobald es gilt, von diesem Glück Abschied zu nehmen.
2. *Die Einsicht, dass Lebensgier oder Durst die Ursache ist für alles Leiden.*
Wir leiden nur, solange wir wünschen, solange wir ja und nein sagen, solange wir lieben und hassen, uns sehnen und uns ärgern. Die Lebensgier, das ständige Nach-etwas-Verlangen oder Etwas-Bekämpfen, führt uns endlos in positive und negative Bindungen und treibt uns endlos durch den Tod in neue Geburt und von der neuen Geburt ins Altern und Sterben und in wieder neue Geburt. Samsara, Kreislauf des Geborenwerdens und des Sterbens, nennt der Buddhismus diese Wiedergeburtsreihen oder Reinkarnationsketten. (Von der Seelenwanderung im eigentlichen Sinn des Wortes ist im alten Buddhismus nie die Rede, weil keine eindeutige geistige Identität, keine Seele, das eine Leben mit dem nächsten verbindet. Nur der bisher noch nicht gelöschte Lebensdurst, verbunden mit karmischen Kräften, d.h. mit das eigene Schicksal bestimmenden positiven oder negativen Nachwirkungen der Taten aus den vergangenen Leben, drängt über das momentane Leben hinaus und ins nächste hinein. Nur ein heilloser Impuls schiebt sich ins nächste Leben, keine heimatlose, körperlose Seele).
3. *Die Einsicht, dass das radikale Loslassen jeder Gier, das Aufgeben jeden Wollens und Nichtwollens, das Freiwerden von jedem Lebensdurst Befreiung, Erlösung oder Erleuchtung bedeutet.*
Wer dieses Freiwerden schon in diesem Leben erfährt, ist – falls er aus eigenem Antrieb heraus zur Erleuchtung fand – ein Buddha, falls er sich durch einen Buddha inspirieren und zur Erleuchtung weisen liess – ein sog. Arhat. In jedem Weltzeitalter wird ein Buddha geboren, Arhats finden sich im Umfeld des jeweiligen Buddhas viele. Heute rechnet die alte Schule – falls sie nicht ins postmoderne Meditationsbusiness einsteigt und allen Absolventen ihrer Kurse nach ein paar Wochen meditativer Schulung ein Nirvana-Testat überreicht – mit wenigen wirklich Erleuchteten. Alle anderen – vor allem die meisten Laien – erwarten überhaupt nicht, dass sie in diesem Leben zur Erleuchtung finden. Sie hoffen auf gute, heilsame Wiedergeburt in einem nächsten Leben und vielleicht zu guter Letzt, nach noch ein paar heilsamen Leben, auf den Eingang in die grosse Befreiung, ins «Nirvana» («Erlöschen»). Nirvana ist das Erlöschen jeden Lebensdurstes. Weil unser Menschsein durch unsere Gier bestimmt wird – ohne Durst oder Gier hätten wir

nicht in dieses Leben gefunden, und ohne Wollen ist auch im westlichen Verständnis des Menschen kein Menschsein denkbar – löst das Nirvana, verstanden als Freiwerden von jedem Durst, unser Menschsein auf. Wir sind nicht mehr. Im Nirvana ist kein Ich und kein Du, keine Welt, keine Zeit, keine Gemeinschaft, kein Personsein. Nirvana ist befreiendes Nichts.

4. *Die Einsicht, dass ein durch moralisches Verhalten und meditative Übung geprägtes Leben (der sog. Achtgliedrige Pfad: «Rechtes Glauben, rechtes Entschliessen, rechtes Wort, rechte Tat, rechtes Leben, rechtes Sterben, rechtes Denken, rechtes Sichversenken») zur Aufhebung des Leidens und zum Nirvana, zum grossen Erlöschen führt.*

Die Moral des alten Buddhismus differenziert sich je nach den unterschiedlichen Zielsetzungen für das eigene Leben. Es gibt die Mönchsmoral mit relativ rigiden Regeln für ein möglichst harmonisches, von Bindungen freies Zusammenleben der Mönche und Nonnen. Zu den Mönchsregeln des alten Buddhismus gehören z.B. das Essen nur vor Sonnenhöchststand, das Liegen auf harten Betten, das Vermeiden jeden Gesprächs mit Frauen und der Verzicht auf künstlerische Betätigung (Kunst, Tanz, Musik). Die Laienethik dagegen legt ihren Hauptakzent auf «Metta», «Güte», ein Wohlwollen, das der fromme Laienbuddhist in seiner Morgenmeditation nach allen Seiten hin zu verbreiten versucht, um so den Alltag mit möglichst viel harmonischer Freundlichkeit auszuleuchten. Die meditative Schulung beginnt nach den Anleitungen des Buddha mit Atem-Achtsamkeit (bei ruhigem Sitzen beachtet man den eigenen Atemfluss) und Achtsamkeit beim Gehen, Essen, Sprechen, sie führt weiter über Betrachtungen der Vergänglichkeit (Betrachtung eines schimmligen Essens oder eines zerfallenden Körpers) bis zum Erleben des Abfallens jeder Bindung in der Erleuchtung. Der Buddha ist auf diesem meditativen Pfad keine Heilandsgestalt und kein Gott, den ich anrufe und von dem ich Hilfe erwarte. Er führt mich nur durch sein Beispiel auf seinem heilsamen Weg. Niemand trägt mich oder geht für mich und an meiner Statt den Weg in die grosse Befreiung. Theravada lehrt eine Art Selbsterlösung ohne Selbst: Ich muss meinen Weg selber gehen, aber das Ich, das diesen Weg gehen muss, existiert nur, solange Durst da ist. In der Erlösung ist kein Ich mehr.

Mahayana

500 Jahre nach Gautama, dem Buddha blühte unter dem Einfluss der pantheistisch orientierten hinduistischen Philosophie und unter dem Eindruck einer zunehmenden Erstarrung und Dogmatisierung der alten Lehre das sog. grosse Fahrzeug (Mahayana) auf. Das grosse Fahrzeug verdankt seine Entstehung einerseits der nüchternen Erkenntnis, dass die Erleuchtung auf alten Pfaden beinah nicht mehr zu erreichen war, und andrerseits der Überzeugung, die doktrinäre Enge der erstarr-

ten alten Schulen und ihr Elitemönchtum könne sich nur zum Teil auf den Buddha berufen. Buddha habe – so hiess es nun – seinen Schülern zusätzlich zur Lehre der alten Schulen noch eine zugleich höhere und tiefere Erkenntnis vorgelegt. Zahllose Lehrreden, sog. Mahayana-Sutren, Lehrreden des grossen Fahrzeuges – alle mit dem historischen Buddha sicher nur fiktiv verbunden, nachträglich ihm oder seinen Schülern in den Mund gelegt – verbreiteten sich nun in kurzer Zeit im buddhistischen Indien. Haupterkenntnis dieses für westliches Empfinden in seiner sich mystisch überschlagenden Argumentationsweise, in seiner Purzelbaumlogik nicht ganz einfachen Schrifttums – vor allem die «Lehre von der Leere», Shunyatavada, kennt solche Gedanken-Akrobatik – ist die Einsicht, dass sich Nirvana und Samsara, das befreiende Ziel und die Welt des Leidens, nicht grundsätzlich, sondern nur graduell – erkenntnisgebunden – voneinander unterscheiden. Der Unerleuchtete erkennt nur Samsara, Kreislauf des Leidens. Der Erleuchtete erkennt die Identität von Samsara und Nirvana. Erleuchtung oder, wie das grosse Fahrzeug am liebsten formuliert, «Shunyata» («Leere»), ist das verborgene Wesen aller Dinge. Wir alle sind Buddha. Wir erkennen dies nur noch nicht. Während originaler Theravada-Buddhismus nüchtern-atheistisch-nihilistisch wirkt, besticht Mahayana mit seiner faszinierenden Mischung von Nihilismus und Pantheismus, von Weltlosigkeit und Weltnähe. Die Frage, wie denn das noch unerleuchtete Bewusstsein zur Erkenntnis der eigenen inneren Leere oder Buddhaschaft durchdringe, beantwortet das grosse Fahrzeug mit einer beinah grenzenlosen Vielfalt spiritueller Wege, Richtungen, Schulen und Rituale, wobei jede Mahayanaschule dazu neigt, den eigenen, besonderen Weg als höchste und hilfreichste Belehrung des Buddha zu werten. Wo immer das grosse Fahrzeug sich ausbreitete (vor allem in Zentralasien, China, Korea und Japan) nahm es in seinen Kosmos hilfreicher göttlicher Wesen zahllose Gottheiten aus vorbuddhistischen Religionen auf. Diese Helfer, vor allem die sog. Bodhisattvas, werden zu einem Hauptmerkmal der Mahayana-Spiritualität. Der Durchbruch zum eigenen innersten Wesen geschieht nicht zuletzt mit aktiver Unterstützung dieser hilfreichen Wesen. Der alte Buddhismus als Weg der Selbsterlösung verwandelt sich in einzelnen Schulen des Mahayana, vor allem im sog. Amidabuddhismus, in den sog. Schulen des reinen Landes, zur ausgeprägten Gnadenreligion. Im Zenbuddhismus, der im Westen bekanntesten Variante der Mahayana-Spiritualität, haben sich zwei Richtungen bis in unsere Zeit hinein erhalten: Soto-Zen pflegt vor allem Zazen, ein stundenlanges, beinah unerbittlich regungsloses Sitzen vor der leeren Wand. Zazen soll das normale Ichbewusstsein aufbrechen und das Wesentliche, das Buddhawesen, erleben lassen. (Die Radikalität des Soto-Zen wird im westlichen Umfeld oft zur hilfreichen Entspannungsübung, zu einer den Geist erfrischenden Innenschau. Originaler Zen erfrischt den Geist nicht, sondern zerbricht ihn.) Im sog. Rinzai-Zen werden neben dem Zazen auch Koans eingesetzt. Koans sind meditative Denkaufgaben, an denen unser normales Bewusstsein scheitert. Koans zerbrechen – wenn sie intensiv genug, d.h. bis zur Verzweiflung – durchmeditiert wurden, das normale Ich wie Axtschläge eine verschossene Tür.

Vajrayana

Durch die Renaissance der hinduistischen Mystik und Philosophie zahlenmässig geschwächt und durch den Einfall der Moslems und die Zerstörung der verbleibenden buddhistischen Klöster in seinem Lebensnerv getroffen, starb der Buddhismus in Indien vor 1000 Jahren beinah aus. Bevor er aber in Bedeutungslosigkeit versank, hatte er, wie gleichzeitig der Hinduismus, zahllose tantristische Elemente in sich aufgenommen. Vajrayana – d.h. tantrischer Buddhismus – kann so besehen als der letzte Versuch des indischen Geistes verstanden werden, in der Nachfolge des Buddha Erleuchtung zu erlangen. Tantrismus generell betrachtet – in seiner hinduistischen und seiner buddhistischen Variante – ist der Versuch, Hindernisse in Wege zu verwandeln. «Steige durch das auf, was dich niederreisst. Mache dir deinen Widersacher zum Freund. Verwandle Dämonen in Engel.» So oder ähnlich lauten die tantristischen Grundregeln. Die aus dem nun islamisch beherrschten Nordindien fliehenden buddhistischen Mönche suchten vor allem in Tibet eine neue Wirkungsstätte. In Tibet fand sich reichlich Möglichkeit, Hindernisse in Wege und vorbuddhistische heidnische Dämonen in hilfreiche Hüter der Lehre (Dharmapalas) zu verwandeln. Auch Sexualität und Aggression, auch Angst und Tod sind Mächte, die der Tantriker durch seine gleichzeitig magischen und mystischen Rituale für sich und seinen Erleuchtungsweg nutzen möchte. Hauptsymbol dieser tantrischen Richtungen des Mahayana wurde der Diamant (Vajra) oder der Donnerkeil. Der Diamant ist Sinnbild der Leere, die als Essenz alles Wirklichen kraftvoller ist als alle andere Realität. Der Diamant ritzt alles und wird von nichts geritzt. Weil aber die magisch-mystische Verwandlung die intensive Begleitung durch einen Lama oder spirituellen Lehrer voraussetzt – wer ohne Meister den Dämonen befiehlt, der gleicht Goethes Zauberlehrling – wird dieses Diamantfahrzeug (Vajrayana) auch Lamaismus genannt. Der Natur dieser engen Meister-Schüler Beziehung entsprechend entfalteten sich innerhalb des Vajrayana zahlreiche verschiedene Schulen, von denen die wichtigsten heute alle in der westlichen Welt in faszinierenden und dem westlichen Publikum angepassten Varianten vertreten sind. Der Lamaismus wirkt auf westliche Besucher geheimnisvoll, magisch, mystisch, formenreich, gegensätzlich. Er ist bei aller Vielfalt der Bilder doch nur einer einzigen letzten «Wirklichkeit», der «Leere», «Shunyata», verpflichtet. Der Versuch, das Negative ins Positive zu verwandeln, macht aus lamaistischen Tempeln Mysterienräume voller innerer Bilder und geheimnisvoller Wesenheiten und aus lamaistischer mystischer Philosophie einen Reigen hellsichtiger Einsichten durchsetzt mit abgründigen Ahnungen. Aus religionsgeschichtlicher

Perspektive hat sich, verglichen mit der klaren Nüchternheit des alten Buddhismus, des Theravada, dieser faszinierende Kosmos geistiger Wesenheiten und meditativer Erfahrungen meilenweit von der rigiden Lehre des historischen Buddha entfernt. Das heisst nicht, dass die Ausweitung des alten Buddhismus zum Mahayana und dann zum Vajrayana der buddhistischen Mystik nur geschadet hätte. Aber je weiter sich das Feld buddhistischer Erfahrungen und Vorstellungen ausweitete und je mehr tantristische Esoterik in den Buddhismus einfloss, desto leichter konnte und kann die in sich klare und geschlossene Lehre des alten Buddhismus übersehen werden.

Spezieller Erläuterung bedarf noch die Institution der tibetischen Tulku-Reihen. Wenn ein reinkarnierter Abt stirbt, wird in vielen bedeutenden und weniger bedeutenden Klöstern sein Nachfolger unter Knaben gesucht, die einige Zeit nach seinem Tod geboren wurden. Träume aus der Umgebung des früheren Abtes, schriftlich niedergelegte Voraussagen des Verstorbenen, durch Orakel gewonnene Hinweise, spontane Äusserungen kleiner Kinder, nicht selten aber auch familiäre oder politische Vorlieben – man suchte und sucht die Wiedergeburt nicht selten in bedeutenden Familien die schon Tulkus hervorgebracht haben – führen die zur Aufsuchung der Inkarnation bestimmte Delegation in diese oder jene Gegend und oft in ahnungsvoll ausgewählte Häuser. Die mögliche Inkarnation, das kleine Kind, soll dann Gegenstände aus seinem früheren Leben erkennen. Manchmal bestimmt aber auch die Erklärung eines Kindes, dass es diese oder jene Inkarnation sei, das Auswahlverfahren. Die so gefundene Inkarnation wird dann in dem ihm zustehenden Kloster entsprechend ausgebildet und als neuer Abt eingesetzt. Diese im Vergleich mit der Geschichte des Buddhismus recht junge Tulku-Tradition entstand in Tibet wahrscheinlich angeregt durch die hinduistische, in der Region des Himalaya schon lange präsente Vorstellung einer sich immer wieder neu in Menschen inkarnierenden Gottheit. So gilt Babaji (Vgl. Kap.14) als in immer neuer Menschengestalt erscheinendes göttliches Urwesen. Auf jeden Fall fügt sich die tibetische Tulku-Vorstellung weit besser in die hinduistische Avatar-Vorstellung vom immer wieder neu herabkommenden, in der Welt erscheinenden Gott als in eine genuin buddhistische, gottferne Erleuchtungslehre. Tibet gewinnt aber aus der Tulku-Vorstellung für seine Meister einen mythenfrohen Nimbus von Göttlichkeit, der im übrigen Buddhismus seinesgleichen sucht. *Dass diese tantristischer Tradition verpflichteten Meister in ihrer grenzenlosen Bedeutung für den Schüler sich diesen Nimbus gerne gefallen lassen, liegt auf der Hand. Auch dass den kindlichen Meistern in der westlichen gefühlsarmen Zivilisation fast grenzenlose Liebe entgegenschlägt, kann nicht verwundern. Offen bleibt die Frage, wie sich Adepten und Kritiker das nicht seltene gleichzeitige Auftreten zweier Inkarnationen derselben Gestalt erklären wollen oder sollen. Der in der Kagyü-Tradition in den letzten Jahren aufgetretene scharfe Disput um die zwei sich konkurrenzierenden 17. Inkarnationen des Karmapa, Orgyen Trinkley Dorje und Thaye*

Dorje, ein Disput, der bisher noch zu keiner Lösung fand, lässt sich m.E. nicht dadurch lösen, dass die Anhänger des einen Karmapa das Auswahlverfahren der anderen als willkürlich, politisch, gruppenegoistisch, unsorgfältig, oder gar als machtbesessen und gewalttätig bezeichnen, oder dass sie darauf hinweisen, der Karmapa der anderen könne gar nicht der rechte Karmapa sein, weil Orgyen Trinkley Dorje vor dem Tod des 16. Karmapa geboren sei. Auch alle Hinweise auf die angebliche Unfähigkeit des anderen Karmapa berühren eher peinlich. (Zum Streit um den rechten 17. Karmpa vgl. Tonnek Lehnert, Rüpel in Roben, 1999.) Ebensowenig überzeugt der Vorschlag des Dalai Lama, beide – allerdings mit unterschiedlicher Wertigkeit – als Inkarnationen desselben Vorgängers zu verstehen. Vielmehr wäre mindestens unter westlich gebildeten Buddhisten zu fragen, ob denn ein kleines Kind durch irgendwelche Verfahren einfach zum zukünftigen Abt bestimmt und entsprechend erzogen werden darf. Wo bleibt da das Recht menschlicher Selbstbestimmung?

Buddhismus im Westen

Der Buddhismus verweist jeden Menschen auf seine eigenen Erfahrungen und lässt ihn nur als wahr annehmen, was sich bei eigener Prüfung als wahr erweist. *(Wie weit der Buddhismus dieses Postulat nicht nur aufstellt, sondern auch durchhält, ist eine berechtigte und durchaus offene Frage).* Der Verweis auf die eigene Erfahrung und der Verzicht auf blosses Glauben garantieren dem Buddhismus bei den kritischen Wahrheitssuchern des Westens schon seit Generationen einen Ehrenplatz. Überdies weiss der gebildete Westen – mit den dunkeln Kapiteln in der Geschichte des Christentums sattsam vertraut – kaum um die schwierigen Passagen in der Geschichte buddhistischer Tradition. Der Buddhismus gilt im Westen nur halbwegs zu Recht als die friedliche Religion par excellence. Ein an christlichen Vorstellungen und Lehren irre gewordenes und doch mystikhungriges Denken sieht sich heute fast automatisch auf buddhistische Vorstellungen und Lehren verwiesen, wobei es sich mit diesen im Westen noch unbelasteten und unverbrauchten Vorstellungen und Lehren problemlos anfreunden kann. Dieser sich vor allem unter Künstlern und Gebildeten ausbreitende Neo-Buddhismus des Westens bekennt sich zwar in seiner Selbstbezeichnung fast immer zur einen oder anderen der traditionellen buddhistischen Schulen. Der kritische Betrachter der neobuddhistischen Szene gewinnt aber den Eindruck, dass sich nach dem Theravada, dem Mahayana und dem Vajrayana in unseren Tagen ein viertes Fahrzeug in den Formen eines westlichen Buddhismus entwickelt, ein Buddhismus, für den der Weg wichtiger wird als das Ziel. «Prozessfahrzeug» oder pragmatischen Buddhismus könnten wir diese neue Form buddhistischer Spiritualität nennen. Das Nirvana, die Leere, die vollkommene Erleuchtung – all dies interessiert die Neobuddhisten wahrscheinlich nur am Rande. Auch Spekulationen über geistige Wesenheiten, über zahllose Vorleben und eventuell weitere Leben, über Buddhas anderer Zeiten und anderer Welten, kurz der ganz spirituelle Kosmos, der sich im Verlaufe der Jahrhunderte im Buddhismus entfaltete, ist Nebensache. Hauptsache: Der Buddhismus hilft mir hier und heute meinen Geist so zu schulen und zu reinigen, dass ich klarer, würdiger, gelassener, heiterer meinen Alltag bewältigen kann. Wenn ich buddhistisch meditiere, muss ich in Kürze positive Veränderungen in meinem Geist und meinem Leben spüren. Sonst schlage ich andere spirituelle Wege ein. Offensichtlich erleben zahlreiche Westler den Buddhismus als die valable, d.h. in kurzer Zeit positiv wirksame Spiritualität. Anders lässt sich die Beliebtheit buddhistischer Meditationspraktiken im Westen nicht erklären. Wo aber der Weg wichtiger ist als das Ziel, ist auch die Welt und das Hier und Jetzt wichtiger als das Nichts, als das weltlose letzte Erlöschen. Mit seiner Bewertung des Hier und Jetzt und mit seinem Ja zur Welt hat das «Prozessfahrzeug» innerhalb der Geschichte des Buddhismus nochmals völlig neue Akzente gesetzt. Das befreiende Nichts des Erlöschens verblasst in der Liebe der neuen Buddhisten zum geläuterten Leben im Hier und Heute. *Zudem hat der neue Buddhismus die spirituelle Forderungen der alten Fahrzeuge selbstverständlich auf ein für gehetzte westliche Laien erträgliches Mass reduziert. Statt jahrelanger meditativer Übung in Waldeinsamkeit bieten dem neuen Trend gegenüber aufgeschlossene Theravada-Klöster Wochenkurse mit angeblich ebenfalls phänomenaler Wirkung an. Noch drastischer zeigt sich die Reduktion des Tradierten auf das dem Westen Konforme im zeitgenössischen Zen. Die alte Unerbittlichkeit des Zenweges hat inzwischen in weiten Teilen der westlichen und östlichen Welt einem praktikablen Zenkommerz Platz gemacht. Zen für aktive Westler ohne alle mönchischen Ambitionen kann nicht dasselbe sein wie Zen für japanische Mönche. Der eine übt Zen als entspannenden Teil seines gestressten Lebens, der andere möchte sein ganzes Leben als ein Teil des Zen verstehen. Die Popularisierung des Zen in der westlichen Welt musste zwangsläufig zu seiner Verwässerung führen. Christliche Bildungshäuser sind, wenn es um die Verwässerung des Zen in der modernen Welt geht, oft an vorderster Stelle mit von der Partie. Bei dieser Verwandlung des Zen ins Angenehme leitet sie nie böse Absicht, sondern manchmal nur die eigene Ahnungslosigkeit, manchmal die echte Sorge um ihre Kursteilnehmer und immer die heute modische Liebe christlicher Meditationslehrer für östliche Meditationsformen.* Einen besonderen Stellenwert innerhalb des neuen Buddhismus des Westens nimmt das Vajrayana ein. Sein magischer Beigeschmack, der Stellenwert des Meisters für jeden Suchenden und das erschütternde, beeindruckende Schicksal des tibetischen Volkes unter der Herrschaft Chinas schenken dem Vajrayana in den Augen westlicher Wahrheitssucher eine besondere Würde. *Der leidige und wahrscheinlich für niemanden völlig durchsichtige Streit um den Dämonen oder Bodhisattva oder Buddha Dorje Shugden, in jüngster Vergangenheit unter Lamaisten im Exil mit überraschender Heftigkeit ausgetragen, kann dieser Beliebtheit keinen Abbruch tun. Die erwähnte Auseinandersetzung zeigt, wie schwierig es selbst für tantrische Mystiker ist, Dämonen in Schutzgeister zu verwandeln und durch Widerstand Freundschaft zu gewinnen. Kaum wahrgenommen wurden auch die in den letzten Jahren erschienenen kritischen Publikationen zur Stellung des Dalai Lama zur Gewalt: Die Zeit, in der der Westen alle religiösen Traditionen mit derselben kritischen Elle misst, kündigt sich erst an.*

Eine vollständige Übersicht über alle im deutschsprachigen Mitteleuropa heute aktiven buddhistischen Gruppen und Zentren ist nicht mehr möglich. So müssten in der Schweiz – so die Schätzungen – heute etwa 100 Gruppen oder Zentren erwähnt werden mit 1000 bis 3000 aktiven «Mitgliedern» und bis zu 300 000 Sympathisanten (Tendenz steigend). Die Frage, wer als Buddhist gelten kann, lässt sich nur schwer entscheiden, da buddhistische Gemeinschaften oft keine offizielle Mitgliedschaft kennen oder fordern. Unsere Auswahl versucht, die bekanntesten Gruppierungen und Organisationen zu erwähnen.

Buddhistische Sekten

In den letzten Jahren machten buddhistische oder buddhismusnahe Sekten von sich reden, allen voran die sog. Aum-Sekte des Soko Ashara (heute: Aleph) in Japan, die traurige Berühmtheit erlangte durch ihren Giftgasanschlag auf eine japanische U-Bahnstation, und die Falun Gong Bewegung, die das rotchinesische Regime mit mehr oder weniger Erfolg zu verbieten oder doch zu unterdrücken sucht. *Kenner des alten Buddhismus fragen sich, wie eine sich an persönlicher Erfahrung orientierende Spiritualität in totalitäre Meisterhörigkeit abgleiten kann. Die Antwort auf diese auch im Blick auf erlebnisorientierte christliche Frömmigkeit durchaus berechtigte Frage findet sich wahrscheinlich im Grundproblem jeder erlebnisorientierten Spiritualität: Kann der Erlebende noch beurteilen, was wirklich sein individuelles Erleben ist? Oder gleitet er unbemerkt in kollektive Erfahrungsmuster oder in ein seltsames Gemisch von Meistersuggestion und Schülerwünschen, die verhindern, dass er noch distanziert sein Erleben reflektieren und beurteilen kann, ob es sein persönliches ist. Abstrakte und isolierte Betrachtungsweise und kollektive mystische Erfahrungen verhalten sich zueinander wie Wasser und Feuer. Gerade wer sich auf seine Erfahrung beruft, kann im Sog der gläubigen Gemeinschaft zuallerletzt über seine eigene Erfahrung verfügen. Er erlebt nicht nur. Er wird erlebt. Und wo derart kollektiv erlebt wird, steht Hörigkeit vor der Tür. So wird das Undenkbare, totalitärer Buddhismus, so denkbar wie totalitäre Formen jeder anderen Religion.*

1. Buddhistische Dachverbände

Die internationalen und nationalen Dachverbände dienen nicht nur dem angesichts der grossen Vielfalt buddhistischer Traditionen nicht immer einfachen innerbuddhistischen Dialog, sie engagieren sich auch in der interreligiösen Verständigung. Mitgliedschaft in einem vor allem nationalen Dachverband gilt oft auch als ein Gütesiegel für eine gewisse Echtheit der in der Gemeinschaft gepflegten Spiritualität. *Die Absicht, nur «würdige» Mitglieder aufzunehmen, ist ehrenwert. Menschliche Rücksichten, Freundschaften und Konfliktscheu durchkreuzen aber oft die ehrenwerte Absicht. Es gelingt den Dachverbänden durchaus nicht immer, ihrem Anliegen konsequent nachzuleben.*

Internationale Dachverbände

World Fellowship of Buddhists (WFB), 616 Benjasiri Park, Medhinivit Road, 24 Sukhumvit Road, Bangkok 10110 (Thailand), Tel. 0066 661 1284 89, Fax 0066 2 661 05 55.

Die Europäische Buddhistische Union (EBU) verbindet als Dachorganisation die verschiedensten in 20 europäischen Ländern tätigen buddhistischen Schulen. Sie fördert – z.B. in den jährlichen Generalversammlungen – die Freundschaft unter den verschiedenen Richtungen und «das natürliche Wachstum» des Buddhismus in Europa; sie initiiert gemeinsame Projekte, z.B. «Buddhismus und Erziehung.» (Die EBU schätzte die Zahl der Buddhisten in Europa 1998 auf 1 bis 3 Mio)

Europäische Buddhistische Union (EBU), c/o Congregation Dachang Rimay, Val St. Hugon, F-73110 Arvillard (Frankreich), Tel. 0033 4 7925 5490, Fax 0033 4 7925 7573.

INEB (Internationales Netzwerk Engagierter Buddhisten)

1989

Das Internationale Netzwerk Engagierter Buddhisten, 1989 in Thailand gegründet, setzt sich zum Ziel, den innerbuddhistischen und interreligiösen Dialog zu fördern und den Sinn für gesellschaftlich, humanitär und ökologisch engagierten Buddhismus weltweit zu fördern. INEB will Spiritualität und soziales Engagement miteinander verbinden und sieht schon den Buddhismus des Gautama als Weg zur «umfassenden Verwirklichung des Menschen», als Befreiung vom Ich und Erleben der Buddhaschaft, und damit als eigentliche Kultur des Erwachens und als Weg zu einer besseren Welt – gerechter, gesünder, friedlicher, weiser, teilnahmsvoller. INEB unterstützt und koordiniert buddhistische Aktivitäten weltweit, die dieser gerechteren und freundlicheren Welt zustreben. Seit 1995 entwickelt INEB das «Think sangha» Programm, einen Versuch, soziale und ökologische Probleme von einem nichtideologischen, undogmatischen buddhistischen Ansatz aus anzugehen. Das heisst, dass alle gesellschaftlichen und ökologischen Konzepte, die aus anderen, ideologischer gefärbten Denkweisen stammen, zuerst in gut buddhistischer Manier «entleert» werden müssen, damit der engagierte Buddhismus daraus ein Geschichte, Politik, Familie und Spiritualität umfassendes holistisches Verständnis der Gesellchaft entwickeln kann. *(Buddhismus ist im Verständnis von INEB holistische Wahrnehmung der Welt. Analoges behauptet fast jede Form moderner Spiritualität von der je eigenen Religion.)* Drei prominente Vertreter der drei grossen Schulen des Buddhismus haben 1989 für das INEB die spirituelle Patenschaft übernommen. Der Abt und Meditationslehrer Buddhadasa Bhikkhu (Theravada), der vietnamesische Zenlehrer, Dichter und Friedensarbeiter Thich Nhat Hanh (Ma-

hayana) und der Dalai Lama (Vajrayana). Nach dem Tode Buddhadasa Bhikkhus im Jahre 1993 wurde der Friedensaktivist und Patriarch von Kambodja, Maha Ghosananda, dessen Nachfolger.
Initiator des Netzwerks ist der thailändische Sozialreformer, Sprecher der gewaltfreien Demokratiebewegung und Träger des Alternativen Nobelpreises 1995 Sulak Sivaraksa. Mitglied bei INEB ist die amerikanische Buddhist Peace Fellowship (BPF).

Zeitschrift: Seeds of Peace.
Adresse: International Network of Engaged Buddhists (INEB), P.O. Box 19, Mahadthai Post Office, Bangkok 10206 (Thailand), Tel. 0066 2 433 7169, Fax 0066 2 433 7169. – Netzwerk engagierter Buddhisten, Geschäftsstelle, c/o Litsch, Lilienthalstr. 10, D-10965 Berlin, Tel. / Fax 030 692 58 48. – Buddhist Peace Fellowship (BPF), P.O. Box 4650, Berkeley, CA 94704 ,USA, Tel. 510 655 6169.
www.buddhanetz.net

Deutsche Buddhistische Union – Buddhistische Religionsgemeinschaft (DBU)

1955/1988
Die DBU spiegelt in ihrer Mitgliederliste (mit ca. 500 Adressen) auf deutsche Massstäbe reduziert die ganze Vielfalt des weltweiten Buddhismus. Als Dachorganisation buddhistischer Gemeinschaften fusionierte die DBU 1958 mit der drei Jahre zuvor gegründeten Buddhistischen Religionsgemeinschaft (BRG), einer Gemeinschaft mit rd. 1000 Einzelmitgliedern. Die neue «Deutsche Buddhistische Union – Buddhistische Religionsgemeinschaft (DBU)» zählt also Gemeinschaften und Einzelbuddhisten zu ihren Mitgliedern. Leitendes Organ der DBU ist der Buddhistische Rat mit 11 Mitgliedern. Neben der jährlichen Mitgliederversammlung findet einmal im Jahr ein öffentlicher Buddhistischer Konvent als Forum für den Austausch unter den Mitgliedern und weiteren Interessenten statt.

Zeitschrift: Lotusblätter (weitere Zeitschriften s.o. zu den einzelnen Gemeinschaften).
Statistik: In der Mitgliederliste der DBU sind 470 G, Z und Tempel verzeichnet (Zahlen 2000). Davon gehören 40 der Theravada-Tradition an, 147 der Tibetischen Tradition (davon 30 Gelugpa, 86 Karma Kagyü, 5 Dzogchen, 26 andere) und 138 der Zen-Tradition (davon 47 Soto, 46 Rinzai und 45 verschiedene).
Adresse: Deutsche Buddhistische Union – Buddhistische Religionsgemeinschaft (DBU), Geschäftsstelle, Amalienstr. 71, D-80799 München, Tel. 089 28 01 04, Fax 089 28 10 53, Email: dbu@Dharma.de.
www.dharma.de

Schweizerische Buddhistische Union

1978
Die Schweizerische Buddhistische Union/ Union Bouddhique Suisse ist ein Dachverband verschiedener buddhistischer Vereinigungen. Mitglied sind z.Zt. in der Schweiz ca. 30 Klöster und Zentren. Die Mitgliedschaft steht Gruppen aller Richtungen offen. Die Schweizerische Buddhistische Union unterstützt die verschiedenen Vereinigungen und setzt sich für die Verbreitung des Buddhismus in der Schweiz ein.

Zeitschriften: Dhamma, Revue d'histoire et d'études bouddhiques.
Statistik: In der Mitgliederliste der Schweiz. Buddhistische Union sind 88 G/Z verzeichnet (Stand 2000).
Adresse: Schweizerische Buddhistische Union, c/o Dr. Rolf Hafner, Wiedingstr. 18, CH-8055 Zürich. – Dhamma Gruppe Schweiz, Postfach 5909, CH-3001 Bern, Tel. / Fax 031 921 68 05.
www.sbu.net

Österreichische Buddhistische Religionsgesellschaft

In Österreich sind im Laufe der Jahre eine Reihe buddhistischer Zentren und Gruppen verschiedener Richtungen entstanden (z.B. Theravada, Gelugpa, Kagyüpa, Zen, Nichiren, Jodo-Shin). 8 Zentren und 13 Gruppen resp. Schulen sind Mitglieder der Österreichischen Buddhistischen Religionsgesellschaft.

Zeitschrift: Bodhi Baum.
Statistik: 24 G, davon sind 13 von der ÖBR anerkannt (Stand 2000).
Adresse: Österreichische Buddhistische Religionsgemeinschaft, Fleischmarkt 16, A-1010 Wien, Tel. 01 51 23 719.
www.buddhismus-austria.org

2. Theravada

2.1. Theravada-Zentren und Klöster

Altbuddhistische Gemeinde (ABG)

Die ABG ist eine traditionsreiche Gemeinde für Frühbuddhismus, gegründet 1921 vom Buddhismus-Forscher Georg Grimm und dem Indologen Karl Seidenstücker. Die Buddhalehre soll sich ausschliesslich an den ältesten Teilen des sog. Pali-Kanons, den Suttas, den Lehrreden des Buddha, orientieren. Die ABG sieht sich deshalb weder dem Theravada zughörig (der sich vor allem auch auf Abhidhamma, die jüngere letzte Abteilung des Palikanons stützt) noch dem Grossen Fahrzeug (Mahayana), das sich auf noch jüngere Schriften beruft. ABG versteht Buddhismus – *vielleicht noch von einer westlich-protestantischen «ad fontes»-Maxime geleitet* – «frühbuddhistisch», möglichst quellennahe.

Zeitschrift: «Yana».
Adresse: Buddhistisches Haus Georg Grimm, Studien- und Meditationszentrum für Früh-Buddhismus, Zur Ludwigshöhe 30, D-86917 Utting/Ammersee, Tel. 0880 67 507.

Buddha-Haus in Oy-Mittelberg

1989
Das Buddha-Haus wurde 1989 durch Ayya Khema gegründet, die dort bis zu ihrem Tod im Jahr 1997 lebte und lehrte. Als gebürtige Deutsche hatte sie sich zur Aufgabe gemacht, die Lehre des Buddha in Deutschland zu verbreiten. Nebst ihrer Tätigkeit im Buddha-Haus lehrte Ayya Khema in den USA, Australien und Europa und förderte die Beziehung zwischen Christentum und Buddhismus.
Das Buddha-Haus ist heute ein Meditations- und Studienzentrum mit ca. 470 Vereins-Mitgliedern. Etwa 50 Meditationsgruppen im In- und Ausland sind dem Buddha-Haus angeschlossen. Im Buddha-Haus ist auch der Jhana Verlag ansässig, der Bücher von Ayya Khema und Übersetzungen aus dem Pali-Kanon publiziert. Ayya Khema gründete auch das buddhistische Waldkloster «Metta Vihara», in dem der «Orden der westlichen Waldklostertradition» beheimatet ist. Im Sommer bietet die Klostergemeinschaft «Kloster auf Zeit» mit Schweigen an. Auch die Buddha-Haus-Stadtzentren in München und Stuttgart, von Ayya Khema für die Stadtbevölkerung gegründet, stehen in der Theravada-Tradition.

Adressen: Buddah-Haus, Uttenbühl 5, D-87466 Oy-Mittelberg, Tel. 08376 502, Fax 08376 592. – Buddah-Haus im Stadtzentrum, Klarastr.4, D-80636 München, Tel. 089 123 88 68.
www.buddha-haus.de

Dhammapala Buddhistisches Kloster

1988
Dhammapala, das buddhistische Kloster in Kandersteg/CH, steht, wie vier Klöster in Grossbritannien sowie fünf weitere weltweit, in der Lehrtradition des thailändischen Reformmönches Ajahn Chah (1918–1992), der seit den 1960er Jahren englische und amerikanische Schüler in den Theravada-Orden aufnahm und 1975 in Thailand Wat Pah Nanachat baute, das erste Kloster, das speziell der Ausbildung ‹westlicher Mönche› diente. Leiter des schweizerischen Klosters ist Ajahn Tiradhammo (Ian Adams), der 1974 im Alter von 25 Jahren von Ajahn Chah zum Mönch geweiht wurde. Sechs Jahre lebte Ajahn Tiradhammo im thailändischen Wat Pah Nanachat. In Kandersteg geben der Abt und drei bis vier Mönche den in der Schweiz lebenden Thailändern spirituelle Führung und unterweisen auch die an Meditation interessierten westlichen Buddhisten und Gäste. Interessenten können am klösterlichen Leben, am täglichen Chanting (Sprechgesang in Pali), an Abendmeditationen und Meditationswochen

oder -wochenenden in der Schweiz, in Süddeutschland und Österreich teilnehmen. Die Mönche halten darüber hinaus Vorträge über Buddhismus und besuchen die in den 1990er Jahren in der Schweiz und in Deutschland entstandenen lokalen, dem Kloster angeschlossenen Meditationsgruppen.

Zeitschrift: Rundbrief.
Adresse: Buddhistisches Kloster Dhammapala, Am Waldrand, CH-3718 Kandersteg, Tel. 033 675 21 00, Fax 033 675 22 41.

Kambodschanisches Kulturzentrum

Das Zentrum, Anfang 1983 für die (heute) rd. 1400 in der Schweiz lebenden Flüchtlinge aus Kambodscha begründet und vom Kambodschanerverein getragen, dient der Gemeinschaftspflege unter den Kambodschanern, die im Zentrum ihre Sprache, Musik und Literatur pflegen und ihre religiösen Feste feiern. Die Leitung liegt in den Händen von ein bis zwei buddhistischen Mönchen. Ähnliche Aufgaben erfüllt das Zentrum in Heubach, BRD.

Adressen: Kambodschanisches Kulturzentrum, Adlerstr. 7/1, D-73540 Heubach, Tel. 07173 92 90 50. – Kambodschanisches Khmer Kulturzentrum, Meinradstr. 1, CH-8006 Zürich, Tel. 01 491 46 07.

Vereinigung Wat Thai

1984
Im Herbst 1984 wurde in Zürich für die Betreuung der in der Schweiz lebenden Thailänder buddhistischen Glaubens und zur Weckung des Verständnisses unter der schweizerischen Bevölkerung die Vereinigung Wat Thai gegründet, die ihrerseits 1996 die Gründung des Thai-Kloster in Gretzenbach bei Solothurn veranlasste, eine Aussenstation des Klosters Wat Benchamabopitr (Bangkok). Der Abt und die Mönche in Gretzenbach gehören zu diesem Kloster in Bangkok. Das Klostern dient den 8000–9000 Thailändern als religiöses und kulturelles Zentrum, wird aber auch von Schweizern besucht. Die Riten des Klosters faszinieren manche den christlichen Riten entfremdete Europäer.

Statistik: Rd. 1500 Vereinsmitglieder (rd. 8000 Menschen thailändischer Herkunft).
Adressen: Glärnischstr. 51, CH-8135 Langnau a.A., c/o Dr. Josef Burri, Tel. 01 713 34 66. – Wat Srinagarindravararam Buddhistisches Zentrum, Im Grund 7, CH-5014 Gretzenbach, Tel. 064 41 70 60.

Buddhistisches Kloster Wat Puttabenjapon

Wat Puttabenjapon gehört als Mönchskloster zur sog. Waldtradition des Theravada-Buddhismus. Es will sich so nahe wie in unserer Zeit und Kultur möglich an die Ordensregeln des Pali-Kanon (Vinaya) halten. Meditation, Unterweisung in buddhistischer Lehre und Lebensführung und Seelsorge sind Schwerpunkte des Klosterlebens.

Adresse: Felgenstr. 36, D-63506 Langenselbold, Tel. 06184 3615, Fax 06184 90 10 95.
www.wat-puttabenjapon.de

Haus der Besinnung, Dicken SG

Kurt Onken kaufte 1974 in Dicken, in der Nähe von St. Gallen, ein Tagungshaus, um die in der Region verstreuten Buddhisten an einem festen Ort zusammenzuführen und buddhistische Seminare anbieten zu können. Die gemeinnützige Stiftung «Haus der Besinnung», ebenfalls von Onken ins Leben gerufen, trägt das gleichnamige Haus. Das «Haus der Besinnung» pflegt die Erinnerung an Nyanaponika, jenen deutschen Musiker, der als Theravada-Mönch und Lehrer in Sri Lanka und bei den Theravadins Europas hohes Ansehen genoss. Onken hatte ihn 1970 kennen gelernt. Im Haus trifft sich einmal monatlich ein durch Onken 1972 gegründeter Studienkreis zum Studium altbuddhistischer Lehrtexte und zur Meditation.

Adressen: Haus der Besinnung, CH-9115 Dicken/SG, Tel. 071 377 17 47. – Kurt Onken, Gut Hochstr., CH-8280 Kreuzlingen, Tel. 071 672 44 47.

Gesellschaften mit «überkonfessioneller» Ausrichtung

Zahlreiche vornehmlich neuere buddhistische Vereinigungen betrachten sich als «über allen Schulen» und sind «offen für alle buddhistischen Traditionen», wobei sich manche dieser Schulen als Zusammenfassung und Steigerung all dessen sehen, was sich ansatzweise bei den anderen findet. Nicht überall geht diese «ökumenische Offenheit» aber auch so weit, dass anderen Meistern und Schulen ähnlich breiter Raum gewährt wird wie der eigenen Tradition. Die folgenden Organisationen, meist mit Theravada-Wurzeln, pflegen bewusst die Spiritualität verschiedener buddhistischer Schulen, indem sie oft Meister verschiedener Schulen Belehrung erteilen lassen. Dieses Nebeneinander der verschiedenen Schulen, wenn es nicht in versteckt missionarischer Absicht doch zur eigenen Schule als Verkörperung höchster buddhistischer Einsicht führen soll, will einem tragfähigen und alle Schulen bereichernden Miteinander dienen. Das Miteinander, das steht zu vermuten, verändert alle, die sich darauf einlassen. Interreligiöser Dialog und soziale Projekte gehören oft mit ins Programm. *In seiner Freude an «interkonfessioneller» Begegnung und seinem Willen zum sozialen Engagement gleicht der buddhistische «Ökumenismus» dem christlichen. Ökumenismus schärft den Blick für die Welt.*

Zeitschrift: «Der Mittlere Weg – majjhima-patipada». Adressen: Buddhistische Gesellschaft Berlin e.V. (BG Berlin), Wulffstr. 6, D-12165 Berlin, Tel. / Fax 030 792 85 50. – Buddhistische Gesellschaft Hamburg, Beisserstr. 23, D-22337 Hamburg, Tel. 040 631 36 96, Fax 040 631 69 0. – Buddhistischer Bund Hannover e.V., Drostestr. 8, D-30161 Hannover, Tel. 0511 86 48 71, Tel. / Fax 0511 394 17 56. – Buddhistische Gesellschaft München e.V (BGM), Amalienstr. 71, D-80799 München, Tel. / Fax 08092 85 28 40. – Buddhistischer Kreis Stuttgart e.V., Stuttgart-Vaihingen, Robert-Leicht-Str. 135a c/o Stefan Mäule, Oststr. 81, D-71638 Ludwigsburg, Tel. 07141 87 13 36. www.bghh.de
www.buddhismus-muenchen.de

2.2. Theravada – Vipassana – Meditationsgruppen

Buddhismus ist – alter Lehre in neuer Deutung entsprechend – ein Weg eigener meditativer Erfahrung, angeleitet durch die entsprechenden Anweisungen des Buddha, die vor allem im sog. Satipatthanasutta als Achtsamkeitsmeditation oder Klarsichtsmeditation (Vipassana) erläutert sind. Klarsichts- oder Achtsamkeitsmeditation beginnt in der Regel mit Atemachtsamkeit, geht über zum achtsamen Schreiten, Essen und Reden und z.B. zur Meditation einzelner Farbflächen. Auch eklige Objekte (z.B. verschimmelte Mahlzeiten) gilt es in ähnlicher Gelassenheit zu meditieren. Kurz: das radikale Loslassen jeder Bindung, um das sich Theravada-Spiritualität bemüht, beginnt mit der Reduktion der Wirklichkeit auf ein einziges Meditationsobjekt, bei dem dann der übende Geist so ruhig verharrt, bis Gier oder Abneigung in ihm überhaupt nicht mehr aufsteigen. Gelassene Betrachtung eines Objektes oder eines Geschehens ist aber nur die notwendige Vorstufe zu jenem völligen Freiwerden und Loslassen, das die alte Schule Nirvana oder (Pali) Nibbana nennt. (Nirvana ist jenseits aller Worte und Konzepte und erschliesst sich nur im eigenen Erleben).Wenn die Mehrheit der Meditierenden nach eigenem Empfinden in diesem Leben das letzte Erlöschen nicht erreichen, so wissen sie doch um die karmisch heilsame Wirkung ihrer unvollkommenen Gelassenheitsübung, die ihnen eine Fortsetzung ihrer Bemühung in der nächsten Existenz erlaubt. *D.h. genuine Vipassana-Meditation geschieht ohne Zeitdruck und ohne Erfolgszwang. Wer zwanghaft Erleuchtung sucht, hat den Weg des Buddha nicht verstanden.*

Als vorläufiger Ertrag der Meditation gewinnt der Übende einen ruhigeren Geist, ein klareres Denken und einen souveräneren Umgang mit seinen Gefühlen. Ein Übermass an Vipassana-Meditation oder die oft problematische Verbindung von Meditation und Lebenskrise führt allerdings nicht selten auch zu einer Art spirituellem Autismus, zu einer Gelassenheit, die sich aus den Problemen und Debatten des Alltags stiehlt, oder zu jener spirituellen Arroganz, die die Welt der Nichtmeditierenden nur noch bedauert. Die folgenden Gruppen sind sich in ihrer Zielsetzung und Methodik so ähnlich, dass nur der hie und da etwas spezielle äussere Rahmen besprochen wird.

Dhamma Gruppen Schweiz

Unter den gut 12 Schweizer Dhamma-Gruppen fällt die aktive Dhamma Gruppe Bern, 1978 gegründet, seit langem besonders auf. Sie wurde oder wird betreut durch die Theravada-Meditationslehrer Fred von Allmen und Mirko Fryba. Die Wege der beiden trennten sich – nicht ohne Nebengeräusche – Ende der 1980er Jahre. Fryba, Gründer und mehrere Jahre Präsident der Schweizerischen Buddhistischen Union, kehrte als gebürtiger Tscheche um 1995 nach Prag zurück. Er lehrt an der Universität und bietet Vipassana-Kurse in Tschechien an.

Adresse: Dhamma Gruppe Schweiz, Buddhistische Meditationskurse, Postfach 5909, CH-3001 Bern, Tel. 031 921 68 05.
www.spuren.ch/DGS

Theravada Schule des Buddhistischen Zentrums Wien

Theravada- und Vipassana-Kurse dieser Schule finden statt im Zentrum in Wien, im Haus der Stille in Puregg, sowie auch im Buddhistischen Zentrum Scheibbs.

Adresse: Theravada Schule, Fleischmarkt 16/1.Stock, A-1010 Wien.

Vipassana Meditationsgruppe der Buddh.Union Freiburg i.B.

Adresse: Sonnhalde 16, D-79104 Freiburg, c/o Barbara Dietz, Tel. 0761 54 22 6.

Vipassana Meditation / S.N.Goenka

Die Vipassana Meditation wie sie von S.N. Goenka gelehrt wird, hat Anhänger auch in den deutschsprachigen Ländern. Sie setzen sich mit einer gewissen Ausschliesslichkeit für ihre Meditationsart ein.

Zeitschrift: Vipassana Newsletters.
Statistik: Zentren und Kontaktadressen in 26 Ländern.
Adressen: Ina Kerschberger, Johannesstr. 76, D-78056 Schweningen. – K. und E. Arnold, Talwiesenstr. 169, CH-8055 Zürich.

Internationales Meditationszentrum IMC- Österreich und Sayagyi U Ba Khin Gesellschaft

Das Zentrum in Gurk, 1990 gegründet, und die Schweizerische Sayagyi U Ba Khin Gesellschaft (1979) stehen unter der Leitung von Mutter Sayamagyi und Sayagayi U Chit Tin, Schüler des Gründers Sayagyi U Bha Khin, 1899–1971, der in Myammar (Burma) 1951 eine «Vipassana Association» gegründet hatte. Die Zentren seiner Nachfolger lehren einen dreistufigen Pfad: 1. Sittlichkeit (Einhaltung der 5 für Laien gültigen Regeln), 2. Konzentration zur Beruhigung des Geistes und 3. die eigentliche Vipassana-Meditation, die Einsicht und Weisheit schenkt.

Adressen: Internationales Meditationszentrum, IMC-Österreich, Gurk 6, A-9064 St. Michael, Tel. 04224 28 20, Fax 04224 28 20 4. – Sayagyi U Ba Khin Gesellschaft, Sekretariat, Chutzenstr. 67, CH-3007 Bern, 031 372 98 44.
www. ubakhin.ch

3. Mahayana

Buddhistische Gemeinschaften Jodo-Shin

Nachdem der alte Buddhismus während Jahrhunderten den einzelnen Menschen vor die Aufgabe gestellt hatte, selber, nur vom Beispiel des Buddha inspiriert, den Weg der Erlösung zu gehen und nachdem sich im chinesischen und japanischen Zen-Buddhismus das eigene Erlösungsstreben bis in die Paradoxie eines weglosen Weges hineingesteigert hatte, war im Mahayana erst die Ahnung, später die gläubige Erfahrung aufgebrochen, dass jener Mensch die grosse Freiheit findet, der sich diese Freiheit schenken lässt. Denn alles eigene Bemühung um Erleuchtung ist, wie schon der alte Buddhismus wusste, auch noch ein letzter Ausdruck jener Gier, die den Menschen ewig in den Kreislauf des Leidens hineinbindet. (Kurz: Wer das Nirvana gierig sucht, wird es nie finden.) Die radikale Konsequenz aus dieser alten Erkenntnis zieht erst der Amidaglaube mit seinem Vertrauen auf die den bedrängten und hoffnungslos verlorenen Menschen rettende göttliche Macht. Innerhalb der breiten Amida-Bewegung, ursprünglich wohl auf eine vorbuddhistische Lichtgottheit zurückgehend, wird jene göttliche Liebe zum Leitbild, die niemanden im Stich lässt, der sie anruft und ihr vertraut. Amida führt alle, die ihn vertrauensvoll anrufen, nach diesem Leben in sein reines Land (eine Art paradiesische Vorstufe zum letzten Erlöschen). Innerhalb der japanischen Amida-Frömmigkeit, meist Schulen des Reinen Landes genannt, sind, was das Wissen um die Erlösungsbedürftigkeit des Menschen und die Bedeutung der göttlichen Gnade betrifft, die Shin-Gruppen die radikalsten.

Im 12. Jhdt. gründete Honen Shonin (1133–1212) die Jodo-Schule (oder Schule des «Reinen Landes»). Nach dem Tod seines Nachfolgers Shinran bildeten sich aus der neuen Bewegung verschiedene Jodo- (oder Jodoshu-) und Shinshu-Gruppen. Man trennte sich vor allem über der Frage, ob die einmalige blosse Anrufung Gottes genüge oder ob das sich Gott zuwendende Vertrauen sich noch durch andere Zeichen bestätigen müsse. Die Jodo-Shin-Gemeinschaften rufen Amida-Buddha (oder Amitabha-Buddha) an, den «unermesslichen Glanz Habenden». Alle die ihn anrufen und verehren, werden, das ist ihr Vertrauen, im «Paradies des Westens» d.h. «im reinen Land» wiedergeboren und in ununterbrochener Freude leben, bis sie schliesslich das Nirwana erreichen.

Jodo-Shinshu bedeutet «Wahre Schule des Reinen Landes» und ist die wichtigste Schule des japanischen Reines-Land-Buddhismus (oder Amidabuddhismus) Weil nur die Gnade in die Befreiung führt, kennt Jodo-Shinshu kein Mönchs- und Nonnentum, sondern nur verheiratete Priester(innen). Auf Bildung wird grosser Wert gelegt; die meisten buddhistischen Universitäten, Colleges und Mittelschulen Japans sind Gründungen von Shin-Buddhisten. *Das Wissen um die überragende Bedeutung der göttlichen Gnade führt paradoxerweise, wie im calvinistischen Christentum, nicht zu moralischer Passivität, sondern zu einem überdurchschnittlich aktiven kulturellen, resp. wirtschaftlichen Engagement. Wer keine Leistungen mehr erbringen muss, erbringt sie gerne.*

Zeitschriften: The Pure Land / Ekö und Amida.
Statistik: Anzahl der Anhänger in Japan ca. 15 Mio im Westen einige Hunderttausend. Im 20. Jhdt. sind Vertreter der Shin-Gruppen über Amerika auch nach Europa gelangt. Die Zahl der Jodo-Shin-Gemeinschaften im deutschsprachigen Europa ist nicht sehr gross. Sie sind in ihrer Mehrzahl M der 1980 in Anvers gegründeten Association amidiste européenne (European Shin Conference). In Europa finden sich G in 7 Ländern mit insgesamt ca.10 Priestern / D: G in einigen Städten (z.B. Berlin) / CH: G in Genf (mit Amida-Tempel) und in Yverdon VD.
Adressen: Buddhistische Gemeinschaft Jodo-Shinshu/Europa, Gerhard Kell, Courbièrestr. 8, D-10787 Berlin. –

Freundeskreis zur Föderung des Jodo-Shin-Buddhismus, EKO-Haus der Japanischen Kultur e.V., Brüggener Weg 6, D-40547 Düsseldorf. – Buddhistische Gemeinschaft Jodo Shinshu Deutschland, c/o Rev. Thomas Moser, Edelweissstr. 5, D-83435 Bad Reichenall, Tel. / Fax 08651 65 11 4 (unterstützt die Arbeit der Hospiz Gruppe DA SEIN in München). – Buddhistische Gemeinschaft Jodo-Shin, Friedrich Fenzl, Merianstr. 29-4-52, A-5020 Salzburg. – Société Bouddhique Suisse Jodoshinshu, Case Postale 2139, CH-1211 Genève 1, Tel. 022 347 02 21.

Hua Yen und Mook Rim

1995/2000

Dr. Hae Won Theo Strohal konvertierte 1980 zum Buddhismus (zuerst Theravada), wurde 1995 in Korea und Kalifornien als Field Reverend undMönch des Chogye Ordens in der Tradtion des Hwa Om Sa, Korea ordiniert und gründete 1995 zusammen mit der Mook Rim Gesellschaft Los Angeles die Hua Yen Schule Österreich in Wien. Von Wien ausgehend kam es im Jahr 2000 zur Gründung der Hua Yen Schule Deutschland in Solingen.

Aus dem traditionellen koreanischen Buddhismus und seiner weit verbreiteten Chogye-Schule, der bekanntesten Seon-Schule (=Zen Schule) Koreas erwachsen, öffnet sich die Mook Rim Gesellschaft («Gesellschaft des stillen Waldes») allen Traditionen. Sie pflegt eine «trans-traditionelle Linie», d.h. sie will nicht über allen anderen Schulen stehen, sondern zu einem Durchblick («trans») durch alle Schulen verhelfen. Dazu dient ihr die klassische Hua Yen Philosophie, aufgezeichnet im Avatamsaka-(«Blütengirlanden»-)Sutra, die die gegenseitige Durchdringung aller Dinge lehrt. (Koreanisch «Hwa Om», chinesisch «Hua Yen» und in Sanskrit «Avatamsaka» heisst deutsch «Blütengirlande».) Die Welt gleicht einer kreisrund aufgehängten Perlenkette, in der sich jede Perle in jeder anderen spiegelt. Dieses vor allem auch im westlichen New Age gerne aufgegriffene philosophisch-mystische Leitbild, zumeist als «holistisch» gerühmt, wurde seit dem 5.Jhdt. in Korea am Hwa Om Tempel gepflegt, wo ausschliesslich das Avatamsaka Sutra gelehrt wird. Heute wird diese gegenseitige Durchdringung aller Dinge auch als «Interkausalität» oder «kosmische Ökologie» verstanden. Möglich ist sie, weil alle Phänomene zuletzt wieder nur Spiegelungen des einen Universalbewusstseins sind. Die Mook Rim Gesellschaft hat das Waldeinsamkeitsideal des Chogye-Ordens zuerst für den Raum Los Angeles, dann für andere moderne Städte modifiziert, indem sie von ihren Ordensmitgliedern kein Zölibat und keine mönchische Distanz zum weltlichen Leben mehr fordert, aber den Willen, sich in ihrer Umgebung sozial zu integrieren und zu engagieren. (Mook Rim entwickelte also eine Art buddhistisches Weltpriestertum). Die Priester der Schule sind nur nebenamtlich als Priester tätig, da sie für ihre Priesterdienste nicht bezahlt werden dürfen. Hingegen greift die Vereinigung bewusst soziale Anliegen auf: Kinderbetreuung, Ausbildung von Studenten, Betreuung von Flüchtlingen und Obdachlosen, Sterbehilfe.

Adressen: Hua Yen Schule Österreich, Field Rev. Hae Won Theo Strohal, Wiesingerstr. 6, A-1010 Wien, Tel. 01 663 82 37 06. – HUA YEN SANGHA DEUTSCHLAND, Kyo-San Tekisui Frank Katthagen, Haslacher Str. 128, D-79115 Freiburg i. Br. – Rev. Un-San Hae Il Cremer, Spechtpfad 12, D-42657 Solingen.

Dharma Sah

Dass sich das alte buddhistische Verständnis des Lebens als Leiden im Verlauf der Jahrhunderte modifizierte, reicht nicht als Erklärung für die moderne Deutung des Buddhismus als Weg zu einer diesseitigen paradiesischen Welt. Diese Deutung lässt sich nur erklären, wenn wir den Einfluss westlicher Mentalität auf den Buddhismus der Gegenwart mit in Betracht ziehen.

«Wir sind auf die Welt gekommen, um ein Paradies zu erschaffen, und nicht, um zu leiden!», sagt die Dharma- und Energie-Meisterin Ji Kwang Dae Poep Sa Nim, die vom koreanischen Buddhismus ausgehend wirkungsvolle Übungsmethoden entwickelt, die den Menschen diesem Ziel näher bringen sollen. Dae Poep Sa Nim lehrt «Sozialen Buddhismus für das Hier und Jetzt der modernen westlichen Welt», dies aber, wie sie meint, aus den «authentischen Wurzeln des koreanischen Buddhismus» heraus. Sie leitet Seminare u.a. bei Frankfurt und München. Städtische und ländliche Zentren und Gruppen mit regelmässigen Treffen und Übungen gibt es in Frankfurt, Prien am Chiemsee, Dorsten (Rhein-Ruhr), Freiburg, Hannover, Schleswig-Holstein und Berlin.

Adresse: Lotussangha des Europäischen Sozialen Buddhismus – Dharma Sah Frankfurt e.V., Nietwiesenstr. 5, D-60431 Frankfurt, Tel. 069 51 08 74, Fax 069 51 08 75.

4. Zen

Aus dem Buddhismus des Mahayana, des «grossen Fahrzeugs» heraus und ihm immer noch zugehörig entfaltete sich Zen, nachdem der Inder Bodhidharma 526 n.Chr. nach China gekommen war. In Verbindung mit Impulsen aus der chinesischen taoistischen Mystik – der Vater des Zen ist der indische Buddhismus des grossen Fahrzeugs, die Mutter die taoistische Mystik Chinas – entwickelte sich ein Erleuchtungsweg, der wieder, wie einst der alte Buddhismus, nicht Lehrsätze oder Systeme in den Vordergrund stellte, sondern die eigene mystische Erfahrung. Allerdings ist das Hängen an Konzepten und Lehren in jeder alt gewordenen Religion oft so zäh, dass, wer neue Wege der Mystik bahnen will, zu ausgefallenen Mitteln meditativer Schulung greifen muss. Zen entwickelte schon früh massive, paradoxe Mittel, um den Schüler aus der nur gedachten Erleuchtung und nur konzeptionellen Wahrheit in die selber erlebte Erleuchtung (Satori) und in die wirkliche Wahrheit (die Buddhanatur, die Leere) zu führen. Im Detail blieb die meditative Schulung im Zen immer umstritten. Die sog. Südschule z.B. betonte – von der chinesischen Mystik angeregt – die Plötzlichkeit der Erleuchtungserfahrung, während die sog. Nordschule auf der Linie des indischen Buddhismus die durch das Sutra-Studium angeleitete allmähliche Erleuchtung lehrte. Die späteren und heute im Westen aktiven Zen-Schulen berufen sich in der Regel auf die Südschule. Verschiedene Schulen des Zen, die sich schon in China entfalteten, griffen nach Japan über. Von Japan aus – neuerdings auch von Korea oder von der koreanischen Gemeinschaft in den USA aus – verbreiteten sie sich in der zweiten Hälfte des 20. Jhdt.s in die ganze erleuchtungshungrige westliche Welt.

Zur Zen-Meditation (unter der Leitung eines Roshi, eines Zen-Meisters) gehören das oft lange, richtige Sitzen zur inneren Sammlung (Zazen), die bewusste Atmung (Tief- und Zwerchfell-Atmung) und die innere Haltung (Nichtdenken). Ziel des Zen ist die unmittelbare Erleuchtung, eine Erfahrung fern von allem Denken, die Aufhebung aller Ichbegriffe und Bindungen und schliesslich die Einheit mit dem All-Einen (Satori).

Die beiden Hauptschulen des japanischen Zen – beide mit chinesischen Wurzeln – unterscheiden sich in der unterschiedlichen Anwendung der Meditationshilfen. Soto-Zen, mit seinem berühmtesten Meister Dogen (1200–1253), hält sich ans blosse Zazen. Rinzai-Zen, mit Hakuin als prägnantestem Meister (1686–1769), setzt zusätzlich Koans als Meditationshilfen ein. Koans sind mit diskursivem Denken unlösbare Rätsel, die der Meditierende bedenkt, bis nicht mehr er das Rätsel auflöst, sondern das Rätsel ihn (berühmtes Beispiel: Wie tönt es, wenn man mit einer Hand klatscht?). Als Nebenlinie des Rinzai-Zen wurde als dritte Schule erst im Japan des 17. Jhdt.s Obaku-Zen gegründet.

Zur Verbreitung des Zen im deutschsprachigen Europa – eine offiziöse Liste umfasst heute 141 Zen-Zentren in Deutschland und je 16 in Österreich und der Schweiz – haben neben den eigentlichen Zen-Meistern auch der Jesuitenpater *Hugo M. Enomiya-Lassalle* (Japan) und *Graf K. Dürckheim* (gest. Ende 1988) beigetragen. Hugo M. Enomiya-Lassalle spricht vom Seelengrund als dritter menschlicher Fähigkeit neben Verstand und Wille. Er hat Zen-Kurse auch in katholische Kreise eingeführt. K. Dürckheim schuf in Todtmoos-Rütte (Südschwarzwald) eine «Existentialpsychologische Bildungs- und Begegnungsstätte» mit Zen-Meditationskursen.

Im Zusammenhang mit der späten aber allseits dringenden Aufarbeitung der moralischen Pendenzen aus der Zeit des 2. Weltkrieges wurde in letzter Zeit auch die zum Teil prägnant nationalistische, ja sogar militaristische Position mancher Zenmeister im kriegführenden Japan zur Diskussion gestellt. Neue Erkenntnisse hat diese Debatte allerdings kaum ans Licht gebracht. Dass jede Form von Spiritualität nicht nur missbraucht werden kann, sondern sich bei Gelegenheit auch missbrauchen lässt, wissen alle, die Religionen nicht nur lieben, sondern auch kennen.

Zentren der Association Zen Internationale (AZI)

Taisen Deshimaru, Gründer der AZI, wurde 1914 als Sohn einer alten Samuraifamilie in Japan geboren, studierte Volkswirtschaft, vermisste die spirituelle Dimension in seinem bisherigen Leben, fand zum Zenmeister Kodo Sawaki, blieb aber weiterhin berufstätig. Nach dem Tod seines Meisters verharrte er 49 Tage lang in Zazen. Zwei Jahre später, 1967, übergab er die Verantwortung für seine Familie seinem Sohn und fuhr mit der transsibirischen Eisenbahn nach Westen. In Paris lebte er zuerst im Lagerraum eines Naturkostladens, übte Zazen, lebte von Shiatsu-Massagen und hielt Vorträge über Zen. Dem Ungleichgewicht der heutigen Zivilisation konnte er nur durch Zazen und das in Zazen sich öffnende tiefere Verständnis des Lebens begegnen. Eine immer grössere Zahl von Europäern schloss sich ihm an. Er eröffnete ein Dojo und begann, Bodhisattva-Mönchs- und Nonnenordination zu geben. Die immer grösser werdende Zahl der Schüler führte zur Gründung von mehr als 100 Dojos in Europa (heute mehr als 200 weltweit). Seit 1970 besteht die Vereinigung AZI (mit der Zeitschrift «Zen» in französischer und englischer Sprache). 1979 gründete er den Tempel «La Gendronnière» ca.15 km südlich von Blois im Loiregebiet, den grössten Zen-Tempel des Westens. Taisen Deshimaru starb am 30. April 1982 in Japan. Seine Schüler sassen nach seinem Tod 49 Tage lang in völligem Schweigen. Seine Mission wurde von seinen Schülern weitergetragen, geleitet von der Überzeugung, dass die moderne Welt, die Gesellschaft und die Erziehung die Verhaltensweisen des Menschen, seine Art die Dinge zu sehen und seinen Lebensstil im Sinne einer Körper-Geist-Spaltung programmierten, dass aber die Zazenpraxis die daher rührende leidvolle Dualität aufheben, Körper und Geist wieder ins Gleichgewicht bringen und zur Einheit mit allen Dingen zurückführen könne. Meister Deshimaru und die AZI stehen eindeutig in der Tradition des Soto und verstehen Zen als lebendige Erfahrung und schöpferischen Impuls, als Quelle der Selbsterkenntnis und als Erfahrung der Einheit jenseits aller Dualität. Zen führe über alle Doktrin, alle religiösen Systeme, alle Wertvorstellungen, ja sogar über die Religion des Buddhismus hinaus, auch wenn sich Zen innerhalb des Buddhismus entwickelt hat. Zen ist nach Meister Dehsimaru «die Religion vor der Religion.» Als Erfahrung der Einheit vor aller Dualität lässt sich Zen aber auch nicht in Worten oder Schriften übermitteln, sondern nur von Mensch zu Mensch, von Meister zu

Schüler, «von meinem Geist zu deinem Geist.»
Das AZI wird durch ein «Comité» aus 24 ehrenamtlichen Mitgliedern verwaltet, in der Mehrheit Franzosen. Präsident ist der Schweizer Michel Bovay.

Statistik: Mehr als 200 Dojos und Zazengruppen weltweit (D: 22 G / A: 3 G / CH: 11 G) mit mehr als 10 000 Personen, die regelmässig in den Dojos praktizieren.
Adressen: Zen Zentrum Solingen, Florastr. 41a, D-42651 Solingen, Tel. 0212 20 03 39, Fax 0212 49 93 26. – Zen Dojo Wien, Richard Fürst, Neubaugsse 31/10, A-1070 Wien, Tel. 01 586 49 45. – Zen Dojo Zürich, Tempel Muijo, Association Zen Internationale, Michel Bovay, Rindermarkt 26, CH-8001 Zürich, Tel. 01 261 81 59.
www.zen-azi.org
www.zendojofreiburg.de
www.zendo-koeln.de
www.buddhaweg.de
www.zendojowien.at
www.zengraz.org
www.zen.ch

Andere Soto-Zen Zentren (Auswahl)

D: Zen Tempel Shoshin-ji, Zen-Dôjô Aachen, Hauptstr. 7, D-52066 Aachen, Tel. / Fax 0241 997 17 00.
Zen-Dôjô Arnsberg, Gut Bönkhausen, D-59759 Arnsberg, Andreas Hoffmann, Tel. 02935 29 08.
Zen-Tempel Shôgôzan Zenkoji, Rheinstr. 45, Eingang C, D-12161 Berlin, Contact: L. Tenryu Tenbreul, Tel. 030 851 20 73.
Zen Dojo Shobogendo, Drostestr. 8, D-30161 Hannover, Tel. 0511 86 48 71.
Zen-Zentrum Eisenbuch, Eisenbuch 7, D-84567 Erlbach, Tel. 08670 98 68 20, Fax 08670 98 68 21.

CH: Zwirneli – Ji Shu An Zendo, Choshin Capocasa, CH-9428 Lachen AR, Tel. / Fax 071 888 28 78.
Shobogendo Luzern, Renzo Ryuho Gnes, Brünigstr. 1, CH-6010 Kriens, Tel. 041 310 06 40.
Centre de Pratique Zen Sôtô, Erto Taigô Fumagalli, Via B. Bertoni 9, CH-6900 Lugano, Tel. 091 966 29 56.

Zen Institut Deutschland

Die Zenmeisterin Gesshin Prabhasa Dharma, 1931 in Frankfurt geboren, lebt seit 1976 in Kalifornien. Nach einjähriger Ausbildung als Nonne ordiniert, wurde sie 1970 Direktorin des Mt. Blady Zen-Training Centers und 1972 Rinzai-Zen-Meisterin. Seit 1983 besucht sie auch Deutschland wieder und leitet auch hier Zen-Sesshins. 1985 wurde sie die 45. Patriarchin des Vinitarucci-Zweiges innerhalb des vietnamesischen Rinzai-Zen. Ihr Zen Institut Deutschland steht in Verbindung mit dem Zen-Center im holländischen Noorder Poort und mit dem International Zen Institut of America.

Adresse: Zen-Institut Deutschland, Sibylle Nicolai, Lattenkamp 70, D-22299 Hamburg, Tel. 040 644 35 85.

Rinzai Zen Gesellschaft der Schweiz

1975 gründete in Zürich Heinrich B. Platov (1904–1990), Schüler von Sasaki Roshi, Zen-Meister und russisch orthodoxer Theologe, den «Shogen Dojo» und die «Rinzai Zen Gesellschaft in der Schweiz», deren spirituelle Leitung heute bei Eido Shimano Roshi und Yamakawa Roshi liegt.

Adresse: Rinzai Zen Gesellschaft, Shôgen Dôjo, Weinbergstr. 100, CH-8006 Zürich, Tel. 01 364 30 10.

Hakuin Zen Gemeinschaft e.V.

Hakuin-Zen-Gemeinschaft Deutschland e.V. (HZG), ein Zweig des japanischen Rinzai-Zen in der Myoshinji-Linie, mit Hozumi Gensho Roshi als geistlichem Oberhaupt, wird von Dorin Genpo Osho (H.R. Döring) betreut. Er ist langjähriger Schüler von Hozumi Gensho Roshi und hat seine traditionelle Ausbildung und Lehrerlaubnis in Japan erhalten. Neben dem Haupttempel der HZG, dem Bodaisan Shoboji, verfügt die HZG über mehrere Dojos und Zenkreise in Deutschland.

Adresse: Bodaisan Shoboji Zentempel, Burggasse 15, D-86424 Dinkelscherben, Tel. 08292 31 16, Fax 08292 33 25.
www.shoboji.de

Weitere Rinzai Zen Gemeinschaften (Auswahl)

D: Rinzai Dôjô Augsburg, Prinzregentstr. 1, D-86150 Augsburg, Contact: Dr. Klaus Röder, Tel. 0821 15 06 66, (Mitglied der Hakuin Zen Gemeinschaft Deutschland).
Rinzai-Zen-Kreis Bad Tölz, c/o Kongo Bernd Ziegler,

Sonnleitenstr. 11, D-83646 Bad Tölz, Tel. 08041 54 28, (Mitglied der Hakuin Zen Gemeinschaft Deutschland).
Zen Kreis Kiel e.V., Grasweg 30–32, D-24118 Kiel, Tel. 0431 54 71 27.
Zen Kreis Bremen e.V., Vor dem Steintor 34, D-28203 Bremen, Tel. 0421 38 19 85 oder 0421 21 82 77 1.
www.zenkreis-bremen.purespace.de/
Choka Sangha e.V., Borsteler Weg 24d, D-31595 Steyerberg, Tel.05764 94 10 19.
Hannya-Kai e.V., Grünwalder Str. 196, D-81545 München, Tel. 089 642 80 82 9.

A: Zen Gruppe Salzburg, Lehenerstr. 15, A-5020 Salzburg, Contact: Kurt Krammer, Tel.0699 107 59 774.
Buddhistisches Zentrum Scheibbs, Ginselberg 12, A-3270 Scheibbs/Neustift, Tel.074 82 42 412.
Bodhidharma Zendo Vienna, Fleischmarkt 16 / 1.Stock, A-1010 Wien.

CH: Zentrum für Zen-Buddhismus, Friedheimstr. 24, CH-8057 Zürich, Tel. 01 312 10 62.

HanMaUm Seon

Das 1996 eingeweihte HanMaUm Seon-Zentrum in Kaarst ist das bisher einzige europäische Tochterkloster des HanMaUm Seon-Klosters in Korea, das die Zen-Meisterin Dae-Haeng Keun Sunim in Anyang 1972 gegründet hatte und das seither zahlreiche Tochterklöster in Korea und Zentren in den USA, Kanada, Argentinien und Thailand ins Leben rief. Die buddhistische spirituelle Praxis, wie HanMaUm Seon sie versteht, bemüht sich, die Begegnungen, Geschehnisse und Probleme des täglichen Lebens als natürlich entstehende Hwadu (jap. Koan, unlösbare Rätsel, S. 384) zu begreifen. So verstanden sollen die Probleme Schritt für Schritt zur Wahrnehmung des Wahren Selbst und damit zur Erleuchtung führen.

Adresse: HanMaUm Seon, Broicherdorfstr. 102, D-41564 Kaarst, Tel. 02131 969 551/ -553.
www.hanmaum-zen.de

Kwan Um Zen Schule

Die Kwan Um Schule, von Zen-Meister Seung Sahn, 78. Patriarch in Korea, in den USA gegründet, nachdem er 1972 von Ostasien in die USA gekommen war, passt die Regeln des koreanischen Zen-Buddhismus an westliche Verhältnisse und Möglichkeiten an. Heute gibt es über 80 Zentren der Kwan Um Zen Schule auf allen Kontinenten mit einem umfangreichen Angebot an Meditationsseminaren. Das koreanische Zen ist weniger formal, spontaner und einfacher als das japanische und unterscheidet sich nicht nach Schulrichtungen wie Rinzai oder Soto. «Möchtest Du die Wahrheit verstehen, so musst Du Dich von Deinen Situationen und Meinungen trennen. Dann befindet sich Dein Geist vor dem Denken. Vor dem Denken ist der klare Geist». Die deutschen Gruppen betreut der Meister Dr. Roland Wöhrle-Chon.

Adressen: Kwan Um Zen Schule Zen-Zentrum Berlin, Gottschedstr. 4, D-13357 Berlin, Tel. 030 466 05 09 0. – Austria Vienna Zen Group, (Head Temple, Austria), Zen Master Wu Bong, Wiesingerstr. 6/6, A-1010 Wien, Tel. 01 470 93 90. – Weitere Gruppen in Hamburg, Köln, München, Vilseck.
www.kwanumzen.de

International Buddhist Progress Society (Fo-Guang-Shan = Buddhas Lichtberg)

Meister Hsing Yun, 1927 in China geboren, trat mit 12 Jahren ins Kloster ein und wurde später zum 48. Patriarchen der buddhistischen Ch'an-Schule Lin-Chi (Rinzai-Zen) ernannt. Die Tradition der Reformbewegung des Grossmeisters T'ai-hsu (1889–1947) weiterführend will er den Buddhismus aus seiner Weltferne und seinen Klöstern zurück zu den Menschen bringen. Denn Buddha lebte als Mensch unter Menschen. «Unsere Buddha-Natur kann nur mit und unter anderen Menschen gefunden werden». Seit 1949 lebt Hsing Yun in Taiwan und engagiert sich für die Verbreitung des Buddhismus weltweit, u.a. durch die Zeitschriften Awakening the World (Das Erwecken der Welt) und Universal Gate (Das Universelle Tor). Das Kloster Fo Guang Shan

(FGS), gegründet 1967, wurde zum Zentrum einer Bewegung, die heute weltweit 1336 Mönche und Nonnen und mehr als 100 Tempel (davon 11 in Europa) sowie 16 Buddhistische Akademien, eine öffentliche Hochschule und vier Universitäten umfasst. 1985 legte Meister Hsing Yun sein Amt als Abt von Fo Guang Shan nieder und widmet sich seither ausschliesslich der Verbreitung seines «Humanistischen Buddhismus». Buddhistische Laien sammelt er in der Buddha's Light International Association (BLIA). In seinen Tempeln werden alle wesentlichen Riten des traditionellen chinesischen Mahayana gepflegt, daneben werden als besondere Konzession an die durch Musik ansprechbare Gegenwart weltweit buddhistische Musikkonzerte durchgeführt und buddhistische Hymnen auf Tonband, CD und Video aufgenommen. Fo-Guang-Shan, nicht nur führend in der Sparte buddhistischer Musik, engagiert sich auch in Gefangenen-Betreuung und gründet Kinderheime und Altersheime. Der in all diesen Institutionen propagierte «Humanistische Buddhismus» will

- die Lehre Buddhas durch kulturelle Aktivitäten verbreiten;
- den buddhistischen Nachwuchs durch Bildung fördern;
- der Gesellschaft durch Wohltätigkeit dienen;
- die Menschen durch die Praxis der buddhistischen Lehre segnen.

Kann dieser Humanistische Buddhismus, bei aller positiv zu wertenden Menschennähe, seinem missionarischen Engagement und seiner propagandistisch wirksamen Pflege buddhistischer Musik, noch als Zen-Erleuchtungsweg angesprochen werden? Wie viele Konzessionen kann Zen machen, ohne sich selbst zu verlieren? Und ist nicht jeder missionarische Buddhismus ein Widerspruch in sich selbst? Bei aller Offenheit der IBPS gegenüber anderen Formen des Buddhismus und gegenüber anderen Religionen wirkt doch sein propagandistischer Einsatz zur Verbreitung buddhistischer Wahrheit seltsam unbuddhistisch-sektenhaft. Der Buddha lebte seine Erleuchtung, er propagierte sie nicht. Er lehrte immer nur auf Anfrage. Überdies darf bei aller Weltbejahung und Menschennähe des Reformbuddhismus nicht vergessen werden, dass der Weg des Buddha zuletzt aus dem Kreislauf der Wiedergeburten völlig befreit und deshalb völlig weltlos oder weltfrei endet. Von einem letzten neuen Himmel und einer letzten neuen Erde, wie sie der christliche Glaube anvisiert, ist bei Buddha nie die Rede. Die Weltoffenheit jedes Buddhismus stösst hier auf letzte, kaum verrückbare Grenzen.

Adressen: IBPS, International Buddhist Progress Society Rheinland e.V., Siemensstr. 36, D-40227 Düsseldorf, Tel. 0211 78 78 82, Fax 0211 78 78 83. – International Buddhist Progress Society of Switzerland, Heidegg-Str., CH-6284 Gelfingen/LU, Tel. 041 917 05 31, Fax 041 917 05 32.
www.fgs.org.tw
www.ibps.ch
www.user.berlin.de/~foguang.berlin/
www.fortunecity.de/lindenpark/lind/380/

Thich Nhat Hanh

Thich Nhat Hanh ist zweifellos eine der spirituell bedeutendsten Gestalten der buddhistischen Gegenwart. 1926 in Vietnam geboren, wurde er mit 16 Jahren Mönch in einem Rinzai-Kloster in Zentralvietnam, verzichtete später auf die Würde des Abtes und ging nach Saigon, um dort als Friedensaktivist dem sog. dritten Weg zwischen Kapitalismus und Kommunismus zu dienen. Er gründete in den frühen 60er Jahren die School of Yooth for Social Service, die lehrt, aus der Meditation die Kraft für das soziale Engagement zu schöpfen, und den buddhistischen Orden des «Einsseins» (Tiep-Hien, heute: Intersein-Sangha). Dieser ruft in der ersten seiner 14 Regeln dazu auf, keine religiöse Lehre oder Wahrheit zu vergötzen, auch die buddhistische nicht, und in der 4. Regel verlangt er, «keine Begegnung mit dem Leiden «zu vermeiden: «Verschliesse deine Augen nicht vor dem Leid.» Die proamerikanische Regierung in Saigon betrachtete ihn zunehmend als verkappten Kommunisten. So stand bald sein Leben und das Leben seiner Schüler in Gefahr. Mitten hineingeworfen in den vielleicht blutigsten Konflikt seit dem 2. Weltkrieg, lehrte er unbeirrt den Weg des gewaltlosen Dienstes und einen Buddhismus, der keine Feinde und keine politische Zielsetzung kennt. Die erschütternde Erfahrung, dass einzelne seiner Schüler in ihrem Dienst ermordet wurden oder sich aus Protest gegen die unhaltbaren Zustände selber verbrannten, liessen ihn zu jenem Dichter werden, der seither mit phänomenaler Klarsicht das Wissen um die im Moment einzig sichtbare scheinbare Abgründigkeit des menschlichen Wesens verbindet mit dem Wissen um den Buddha in jedem Menschen. Je blutiger die Konflikte wurden, desto mehr engagierte er sich für Harmonie in allen Lebensbereichen, für Ökologie, für das Verständnis unter allen Religionen Vietnams, für das kulturelle buddhistische Erbe Vietnams und für die 1964 gegründete Vereinigte Buddhistische Kirche Vietnams. Trotz seines Engagements sieht er das Ziel der Vereinigten Buddhistischen Kirche nicht politisch, aber als Auftrag, überall Hass in Verständnis zu verwandeln. Gleichzeitig plädierte er vehement für die Freiheit der buddhistischen Religionsausübung in allen Teilen Vietnams und für die Rückgabe der vom Staat konfiszierten buddhistischen Einrichtungen sowie für das Recht aller Mönche und Nonnen, ins Ausland reisen, internationale Kontakte pflegen und wieder in die Heimat zurückkehren zu dürfen. Gerade dieses letzte Recht konnte er selbst nach 1966 nicht mehr einfordern. Während einer Reise durch die USA und andere Länder musste er angesichts der Morde in Vietnam erkennen, dass auch sein Leben bedroht war. Nach der kommunistischen Machtübernahme in Saigon änderte sich für ihn die Situation kaum. War er vorher als Kommunist verschrien, so jetzt als Antikommunist, weil er sich immer geweigert hatte, für die kommunistische Seite einseitig Partei zu ergreifen. Unfähig, im Moment noch etwas für den Frieden in seiner Heimat und den Wiederaufbau zu leisten, zog er sich in seine Klause, in das von ihm so genannte Plum Village bei Bergerac, Frankreich, zurück. Aber die Wirkung seiner vielen Bücher und seine persönliche Ausstrahlung – er ist der sanfte Meister par excellence – führten und führen immer mehr Schülerinnen und Schüler zu ihm. Plum Village wuchs, in doppelter Ausführung: ein «Dorf» für Frauen und Ehepaare, ein «Dorf» für Männer entstand. Nicht nur die Zahl der Besucher nimmt stetig zu, auch der Orden Einssein (Intersein Sangha) zählt immer mehr Nonnen und Mönche. Fragt man sich, was denn an Thich Nhat Hanh und seinen Institutionen derart viele Zeitgenossen fasziniert, so ist zuerst auf die überzeugende Verbindung von Spiritualität und sozialem und politischem Engagement hinzuweisen. Thich Nhat Hanh ist eine Art Martin Luther King des zeitgenössischen Buddhismus – mit Martin Luther King war er übrigens seinerzeit als Friedensaktivist auch bestens bekannt. Im weiteren ist es sicher auch seine poetische Kraft, die ein breites Publikum zu ihm führt. Zuletzt aber, und dieser Grund mag für viele der entscheidende sein, lehrt Thich Nhat Hanh alles andere als ein rigoroses Zen. Die spirituelle Hauptaufgabe im Plum Village ist die Achtsamkeit bei allen Tätigkeiten, eine Übung, die z.B. damit beginnt, dass alle Bewohner bei irgendeinem Läuten (Telefon, Kirchenglocken usw.) sofort ihre Tätigkeit unterbrechen und für Sekunden auf ihren Atem achten. Im Plum Village ist Buddhismus alles andere als eine asketische, weltferne Erleuchtungssuche. Thich Nhat Hanh vergleicht seine Reden mit einem Regen, der auf die Erde niederrieselt, in den Boden sickert und dort die Wurzeln der Bäume erquickt. In seiner sanften Art will er das Wurzelbewusstsein beleben, die tieferen Schichten des menschlichen Geistes berühren und den Buddha wecken, der in jedem Menschen ruht. Diesen Dharma-Regen sollen die Zuhörenden einfach gedankenlos-aufmerksam in sich aufnehmen: «Denkt nicht zuviel; diskutiert und vergleicht nicht. Mit den Gedanken zu spielen ist, als versuchte man, Regen in Eimern aufzufangen. Erlaubt einfach eurem Bewusstsein, den Regen zu empfangen und aufzunehmen.» (in: «Aus der Tiefe des Verstehens die Liebe berühren, 1996, S.11). *Die sanfte Belehrung des Thich Nhat Hanh – Kritiker sprechen von einem Soft-ice-Buddhismus – darf in ihrer suggestiven Kraft nicht unterschätzt werden. Sie kann vor allem jene Menschen faszinieren, die die sanfte Erleuchtung und die lächelnde Einsicht suchen und Harmonie für das wichtigste Merkmal religiöser Wahrheit halten. Ob sich aber dieses gedankenlose Hinhören in die erste Regel der Intersein-Sangha fügt, die – wenn wir sie richtig lesen – zu einer kritischen Distanz gegenüber allen Lehren aufruft? Ob der älter werdende Thich Nhat Hanh vielleicht die erste seiner 14 Regeln langsam vergisst? Sein Orden soll und darf keine Lehre verabsolutieren – gilt dieses Verbot aber auch noch im Blick auf den Lehrer? Oder sonnt sich der Meister nicht immer offenkundiger in seiner nie zu hinterfragenden Überlegenheit? Kann eine Bewegung, die nicht die Persönlichkeit des Einzelnen, sondern das «Intersein» aufbaut, überhaupt noch kritische Wahrnehmung erwarten?* «Wir sprechen über das Dharma in der letztendlichen Dimension, schauen einander an und lächeln. Du bist ich, siehst du das nicht? Sprechen und Zuhören sind eins.» (a.a.O.S.135) *Gerade wo Ich und Du eins sind, entfällt wegen Auflösung des Personseins jede Möglichkeit zur Kritik und jeder Sinn für den unverwechselbar eigenen Weg.*

Statistik: D: 27 G / A: 2 G / CH: 1 G.
Adressen: Intersein-Zentrum – Haus Maitreya, Unterkashof 2 1/3, D-94545 Hohenau, Tel. 08558 92 02 52. – Gemeinschaft für achtsames Leben in Berlin, Muskauerstr. 50, D-10997 Berlin, Contact: Thomas Schmidt, Tel. 030 611 25 33. – Intersein Sangha, Biberstr. 9/2, A-1010 Wien, Tel. 01 983 80 29. – Thicc Nhat Hanh Sangha, Matthias Ettlin, Nussbaumweg 10, CH-4103 Bottmingen, Tel. 061 421 65 85.
www.intersein-zentrum.de
www.plumvillage.org
www.intersein.de

Sati-Zen-Sangha

Ursprünglich dem Intersein-Sangha des Thich Nhat Hanh verpflichtet, haben sich Marcel und Beatrice Geisser, Zenlehrer und Leiter des Hauses Tao in Wolfhalden in letzter Zeit immer deutlicher von Thich Nhat Hanh distanziert. Dem im Intersein-Sangha zunehmenden Meisterkult stellen sie das Postulat der Gleichwertigkeit aller Menschen gegenüber. «Eigenverantwortung, Demokratie und Gleichberechtigung bilden in der Sati-Zen-Sangha zentrale Werte.» Die Sati-Zen-Sangha versucht, asiatische, buddhistische Spiritualität mit den Werten der westlichen Welt zu versöhnen und in die moderne westliche Welt zu integrieren. Sie pflegt eine temperierte Traditionsliebe und bemüht sich um eine manche überzeugende Inkulturation buddhistischer Spiritualität in der modernen Schweiz.

Adresse: House Tao Meditation Center, Haus Tao, CH-9427 Wolfhalden, Contact: Marcel (Thay Tao) Geisser, Tel. 071 888 35 39.
www.housetao.ch

Christliche Zen-Zentren

Angesichts des spirituellen Vakuums in der westlichen Welt und damit zusammenhängend auch im verwestlichten Christentum finden nicht wenige christliche Theologen zur Zen-Praxis. Sie hoffen, dass christlicher Glaube und Zen-Praxis sich gegenseitig bereichern, vielleicht gerade weil sie das spirituelle Vakuum im modernen Christentum und in der westlichen Welt empfinden. Der Westen ist, so lautet die These, verglichen mit dem Osten spirituelles Entwicklungsland. Bei der Übernahme spiritueller Impulse aus dem Zen wird zumeist darauf geachtet, dass der westliche Mensch und Christ Westler und Christ bleiben kann, oder vielmehr, dass er durch Zen zu einem vertieften Christentum findet. *Ob diese Sorge aber immer die erhofften Früchte reifen lässt? Befruchten sich Zen und christlicher Glaube auch dort, wo Zen in modischem Hunger nach spiritueller Erfahrung weitgehend «ungetauft», d.h. ohne Verwandlung ins abendländisch-christliche Umfeld übernommen wird? Wenn aber diese Verwandlung stattfindet, ist dann ein derart verkürztes, aufs erträgliche Mass zugeschnittenes Zen noch Zen? Oder müssten nicht alle, die sich für christliches Zen engagieren, ehrlicherweise «christlich» oder «Zen» oder beide Begriffe zugleich in Anführungszeichen setzen? Unbestreitbar kann durch Zen eine Vertiefung des christlichen Glaubens erlebt werden, dennoch liegt in der Verbindung von Zen und Christentum auch die Gefahr einer gegenseitigen Aushöhlung und Entwertung. Christliches Zen ist eine mögliche, aber keine generell gültige Antwort auf den erwähnten dürftigen spirituellen Entwicklungsstand der westlichen Welt.*

Niklaus Brantschen, bis vor kurzem Leiter des Lassalle Hauses, Jesuitenpater und Zenmeister, verbindet, wie seinerzeit der Zenmeisters und Jesuitenpater Hugo M. Enomiya-Lassalle, Zenpraxis und christlichen Glauben und bindet die neu gefundene spirituelle Erfahrung ins Alltagserleben des modernen Menschen ein.

Lassalle Haus, GO UN Zendo, Bad Schönbrunn, CH-6313 Edlibach. In der Lassalle-Tradition stehen auch die Christliche Meditationsstätte Sonnenhaus Beuron – Eine Welt, D-88631-Beuron, Tel. 07466 209 und die Zen-Werkstatt Meditation u. Malerei, Allas 11, A-9843 Gross Kirchheim, Contact: Bruno Schweikert, Tel. 04825 377.

Pater Willigis Jäger, Benediktiner der Abtei Münsterschwarzach und Zen-Meister (Ko-un Roshi) der Sanbokyodan-Linie, Japan, ist Gründer des Hauses St. Benedikt in Würzburg (1983) und war sein Leiter bis 2000. Er pflegt den Weg der Kontemplation, der gegenstandsfreien Versenkung in christlich-mystischer Tradition (sozusagen die Sehnsucht Gottes in uns nach sich selbst) und den Zen Weg. Dass sich Zen und katholische Theologie nicht immer problemlos miteinander verbinden lassen, zeigt sich u.a. darin, dass die Glaubenskongregation in Rom unlängst Pater Willigis ein sog. «Bussschweigen» auferlegt hat (eine Art Vorform des Entzugs der Lehrerlaubnis), ein Bussschweigen allerdings, das Pater Willigis mit neuen öffentlichen Äusserungen bricht.

Haus St.Benedikt, St.Benedikt-Str.3, D-97072 Würzburg, Tel. 0931 305 04 10. – Sonnenhof, Holzinshaus 1, D-79677Aitern, Tel. 0767 33 72. – Meditationshaus St. Franziskus, Klostergasse 8, D-92345 Dietfurt a.d. Altmühle, Contact: Victor Löw, Tel. 08464 65 20. – Haus der Stille, Puregg Berg 12, A-5652 Dienten am Hochkönig, Tel. 0663 86 97 54.

5. Tibetischer Buddhismus Vajrayana

Alle vier bedeutenden «klassischen» Schulrichtungen des tibetischen Buddhismus haben in den letzten Jahrzehnten und Jahren in der westlichen Welt zahlreiche Zentren gegründet. Zwei dieser Schulen (Kagyüpa und Gelugpa) sind im Westen in besonders vielen verschiedenen «Zweigschulen», Abspaltungen und Varianten präsent. *Der im Vergleich zu anderen Varianten des Buddhismus überraschend grosse Erfolg des tibetischen Buddhismus in der westlichen Welt erklärt sich durch den Mythos Tibet, die zeitgenössische Tibetromantik und die Sympathie der westlichen Welt gegenüber dem unterdrückten Tibet einerseits und durch die faszinierende Esoterik des Vajrayana andererseits. Hinzu kommen die intensive Meister-Schüler-Beziehung, die orientierungslosen Westlern gleichzeitig Geborgenheit und Einsicht verspricht, die unkonventionelle Art, mit der manche Lamas Erleuchtungssuche und Lebensgenuss zu verbinden wissen, und nicht zuletzt die, trotz mancher inzwischen laut gewordenen Kritik, immer noch kaum erschütterte, überragende moralische Autorität des Dalai Lama.*

5.1. Nyingmapa

Die Nyingmapa, die «Schule der Alten», (kurz: Nyingma), die sog. Rotmützen, sind die ältesten tibetisch-buddhistischen Schulen. Sie berufen sich auf die Anfänge des tibetischen Buddhismus im 7. und 8. Jhdt., vor allem auf das Wirken und die Gestalt des indischen Tantrikers Padmasambhava, den Begründer Samyes, des ersten buddhistischen Klosters in Tibet. Padmasambhavas tibetischer Name «Rinpoche» gilt noch heute als Ehrentitel für bedeutende tibetische Meister vieler Schulen. Dzogchen, «die grosse Vollendung», auch Ati-Yoga, «aussergewöhnlicher Yoga» genannt, wird auf ihn zurückgeführt und gilt als endgültige, höchste und geheime Unterweisung des Buddha Shakyamuni. Padmasambhava brachte Dzogchen nach Tibet. Dzogchen erlaubt dem Adepten bei entsprechender Unterweisung und Einweihung die Reinheit des Geistes, die immer schon gegeben ist, auch zu erkennen und so die höchste Erleuchtung zu erlangen. Padmasambhava lehrte nicht ein neu konstruiertes System, sondern führte durch Übung und Meditation «zur Selbstnatur des eigenen Bewusstseins und so zum Frieden des Übenden mit sich selbst» (aus der Homepage Dorje Ling). Durch dieses Verständnis des Buddhismus als Weg zum eigenen Wesen wird den Westlern in manchen Gruppierungen auch keine Übernahme fremder Kulturelemente auferlegt. Jeder Mensch jeder Kultur kann in sich die Selbstnatur und damit die Erleuchtung finden.

Dzogchen wurde im 14. Jhdt. durch Longchempa und im 18. Jhdt. durch Jigme Lingpa systematisiert. «Die grosse Vollendung» ist noch heute die verbindliche Lehre der Nyingmapa.

Padmasambhava, den im Verlauf der Jahrhunderte immer mehr Legenden umrankten, pflegte auch in beispielhafter Weise die tantrische Kunst, die einheimischen Dämonen in Hüter der neuen Lehre zu verwandeln. Er geniesst bei allen Nyingmapas besondere Verehrung, fast wie ein zweiter Buddha. Er ist der Lehrer, der das Wissen übermittelt und bis zur Befreiung führt. Auch wenn der Weg eigentlich nur ins eigene Selbst führt, ist ein persönlicher Lehrer notwendig, denn nur er kann den esoterischen Sinn der Texte übertragen. *Diese Verbindung von Selbstfindung und Meisterbindung, bezeichnend für viele Formen östlicher Spiritualität, erklärt sich auch dadurch, dass das Selbst, das alle in sich finden, nicht ein individuelles Selbst sein kann und will, sondern eine universale Wirklichkeit, so ungreifbar und eigenschaftslos, dass sie anschaulich nur in der Person des Meisters erlebt werden kann. Die Persönlichkeit des Meisters schenkt der abstrakten letzten Wirklichkeit Farbe.*

Nyingmapa Zentren und Gruppen breiteten sich in jüngster Zeit vor allem in den USA, Italien, England und Frankreich aus.

Dzogchen Gemeinschaft

Die seit 1986 auch in Deutschland existierende Gemeinschaft vertritt die von Chögyal Namkhai Norbu Rinpoche inspirierte, international tätige Dzogchen Community. Mit dem Hinweis darauf, dass Dzogchen in vielen tibetisch buddhistischen Schulen gelehrt und praktiziert werde – auch Dalai Lamas waren zum Teil Dzogchen-Meister –

versteht sich die Gemeinschaft «überkonfessionell». Chögyal Namkhai Norbu Rinpoche war 1960 vom Tibetologen Prof. Giuseppe Tucci ans Institut für asiatische Kultur nach Rom eingeladen worden. Neben einer philologischen Professur in Neapel begann er zunächst in Italien, dann in verschiedenen Ländern Dzogchen, «die grosse Vollendung», oder «die vollkommene Perfektion» zu verbreiten. Die Hauptzentren der Bewegung liegen heute in Italien, den USA und Argentinien. Dzogchen soll das Wissen um den Urzustand jenseits aller Konditionierungen erschliessen. Die verschiedenen Zentren der Dzogchen Community – intern «gars» genannt – werden von «ganchis» geleitet, Gremien von drei, sechs oder neun Personen, die drei symbolisch voneinander getrennte Funktionen je ein Jahr lang übernehmen. Zur Dzogchen-Community gehört ein Verlag (Shang Shung Editions). Mit der Gemeinschaft liiert sind das Shang Shung Institut für tibetische Studien und die Association for International Solidarity in Asia (A.S.I.A.), die sich u.a. für soziale und kulturelle Projekte in der Himalaya-Region einsetzt.

Zeitschriften: The Mirror / Merigar Letter / Dzogchen Brief / Dzogchen Infopost.
Adressen: Dzogchen Europa: Comunità Dzogchen Merigar, I-58031 Arcidosso (GR), Italia, Tel. 0039 0564 966837. – Dzogchen-Gemeinschaft Deutschland e.V., c/o Helga Betz, Lindenmannstr. 12, D-40237 Düsseldorf, Tel. 0211 68 26 57. – Dzogchen-Gemeinschaft, Gschmaier 139, A-8265 Grosssteinbach, Tel. 03386 85 71. – Konaktadresse Schweiz: Monique Leguen, 12 D, chemin maison neuve, CH-1219 Chatelaine, Tel. / Fax 022 797 37 21.
www.tiscalinet.it/merigar
www.dzogchen.de

Rigpa

Sogyal Rinpoche, in Tibet geboren, Schüler des Nyingmapa-Lama und Meditationsmeisters Lamyang Khyentse Chökyi Lodrö, studierte nach dem Tod seines Meisters in Delhi und Cambridge und begann 1974 Buddhismus im Westen zu verbreiten. Sein Wirken führte in München zur Gründung des Vereins Rigpa e.V., der, wie andere ursprünglich in der Nyingmapa-Tradition wurzelnde Schulen, sich nicht an eine der vier «klassischen» Schulen gebunden fühlt. Auch Rigpa will über den konfessionellen Bindungen stehen.

Seit dem Erfolg seines Buches «Tibetisches Buch vom Leben und Sterben» (1993) nahm die Zahl seiner deutschen Anhänger und der deutschsprachigen Gruppen beträchtlich zu. (Zentren z.Zt. in München, Stuttgart und Berlin. Regionale Gruppen u.a. in Freiburg, Nürnberg, Wiesbaden, Frankfurt, Köln, Düsseldorf, Bielefeld, Kassel, Bremen, Hamburg, und Kiel). Ein zehntägiges Winterretreat mit Sogyal Rinpoche bildet jeweils den Höhepunkt im Rigpa-Programm. Erfahrene Schülerinnen und Schüler erhalten vom Meister die Lehrerlaubnis für Aufbaukurse und Wochenend-Seminare. Eine Besonderheit von Rigpa ist die spirituelle Sterbebegleitung, getreu dem Grundsatz, dass der, der recht mit dem Tod umzugehen weiss, die wichtigste Lektion des Lebens verstanden hat: mit sich selbst ins Reine zu kommen. Christine Longaker, eine amerikanische Schülerin von Sogyal Rinpoche und Hospiz-Expertin, verbindet die Einsichten ihres Meisters mit den Erfahrungen und Erkenntnissen zeitgenössischer Sterbebegleitung.

Zeitschrift: Rigpa-Rundbrief (Auflage: 3300 Exemplar).
Adressen: Rigpa e.V., Paul-Gerhardt-Allee 34, D-81245 München, Tel. 089 62 05 15. – Rigpa Schweiz, Postfach 253, CH-8059 Zürich, Tel. 01 463 33 53.
www.rigpa.org
www.rigpa.de
www.rigpa.ch

Do Ngag Choeling

Lama Ngawang Rigdzin, Franzose, wurde Nyingma-Lama in Nepal bei Trulshik Rinpoche im Kloster Thudten Chöling. Er betreut drei kleinere Nyingma-Gruppen in der französischsprachigen Schweiz.

Adresse: Silvia Engel, Vogelsang 77, CH-2502 Biel, Tel. 032 322 18 28.

5.2. Sakyapa

Nachdem sich im 8. Jhdt., in der Zeit Padmasambhavas, der tantristische Buddhismus in Tibet ausgebreitet und mit vielerlei vorbuddhistischen Vorstellungen und Riten aus der Bön-Religion verbunden hatte, wurde er zeitweilig von einheimischen Herrschern wieder zurückgedrängt und verfolgt. Um die Jahrtausendwende aber setzte eine eigentliche zweite Ausbreitung des Buddhismus ein, getragen vor allem von den nun aus Indien neu nach Tibet ziehenden – oder fliehenden? – indischen Meistern und von Tibetern, die in Indien die letzten grossen Meister des indischen tantristischen Buddhismus besucht hatten. (Es war die Zeit, in der der Islam den schon lange durch die hinduistische Renaissance geschwächten Buddhismus aus ganz Nordindien verdrängte.) In dieser Zeit der zweiten Ausbreitung liegen die Wurzeln dreier der bedeutendsten Schulen tibetischer Spiritualität: Sakyapa, Kagyüpa und Kadampa.
Das im Jahr 1073 begründete Kloster Sakya, «graue Erde», in Südtibet gelegen, von Äbten aus den Khön-Familien seit Jahrhunderten geleitet, gab der Schule Sakyapa den Namen, die sich um eine systematische Ordnung der Tantra-Lehren bemühte. Lamdre, «Weg und Ziel» nennt sich ihr Zyklus von Tantra-Lehren, die auf den indischen Mahasiddha Virupa zurückgeführt werden. Das Ziel des Weges lässt sich im Weg selbst erkennen: Samsara und Nirvana, das Leiden und die Erlösung, die Welt der Phänomene und die Leere, sind – in gut mahayanistischer Perspektive – voneinander nicht verschieden. Die Lehrer der Schule gelten als Inkarnationen des Manjushri, des Bodhisattvas der Weisheit, der mit seinem Schwert Wahrheit und Irrtum voneinander trennt.

Sakya-Zentren

Geshe Sherab Gyaltsen Amipa, geb. 1931 in Sakya, sieben Jahr Studium an der Klosteruniversität Sakya, 1960 Flucht nach Indien, Studium am Sakya Guru Monastery, nach 1967 vom Dalai Lama nach Rikon/CH gesandt als Mitglied der ersten Mönchsgruppe des Klösterlichen Tibet Institutes, Lehrer am Kloster in Rikon, wurde zum Begründer einiger Sakya-Zentren in Europa. Er verfasste Lehrbücher zum Erlernen der tibetischen Sprache, zur buddhistischen Spiritualität, zum Ursprung und zur Geschichte der Khön Linie und zur Geschichte des Landes Sakya. Er lebt heute in Rikon, aber nicht mehr im Kloster.

Statistik: CH: G in Basel, Minusio, Winterthur und Zürich. Adressen: Sakya Tsechen Ling, Ruth Feher-Benazzi, Hegibachstr. 110, CH-8032 Zürich, Tel. 01 381 82 28. – Thubten Changchub Ling, Buddhist Dharma Center, Stefano Radczuweit, Via Remorino 4, CH-6648 Minusio, Tel. 091 743 73 75. – Z in Frankreich: Sakya Tsechen Ling, 5, rd. point du Vignoble, F-67520 Kuttolsheim.

5.3. Kagyüpa

Im 11. Jhdt., zur Zeit der zweiten Ausbreitung des Buddhismus in Tibet, fanden nicht nur von neuem indische buddhistische Meister und Lehren ins Bergland. Gleichzeitig studierte der Tibeter Marpa in Indien beim Meister Naropa die auf dessen Meister Tilopa zurückgehende Mahamudra-Philosophie und übersetzte die entsprechenden Schriften – eine Leistung, die ihn als «Übersetzer Marpa» in die Geschichte eingehen liess. Mahamudra, das «grosse Siegel», eröffnet das Wissen um die Einzigkeit der Leere («Shunyata») und führt in die Freiheit von Samsara, dem Kreislauf der Geburten, und damit auch in die Freiheit von der Welt der Phänomene. Gleichzeitig lehrt Mahamudra auch die Einheit aller Erfahrungen. Die Mahamudra-Lehre wurde von Marpa seinem Schüler Milarepa, dem grössten Dichter und Yogi Tibets, anvertraut. Im Anschluss an Marpa und Milarepa entwickelten sich die verschiedenen heute auch im Westen besonders aktiven Formen der Kagyüpa, (kurz: Kagyü), der «mündlichen Überlieferungslinie». Da die Kagyüpas Erleuchtung nicht in erster Linie durch Belehrung suchen, sondern durch Meditation, ist die praktische Anleitung des Meisters von zentraler Bedeutung. Berühmt ist die Darstellung der langwierigen und unendlich schwierigen meditativen Schulung von Milarepa durch seinen Meister Marpa – Marpa prüft den Gehorsam und die Geduld des Schülers durch die scheinbar unsinnigsten Aufträge –, nachgezeichnet durch Milarepas Schüler Rechung (vgl. W.Y. Evans-Wentz, Milarepa, Tibets grosser Yogi, Weilheim 1971). Sie lässt erahnen, wie erfahrungsnah und meistergebunden Kagyü-Buddhismus von seinen Wurzeln her Erleuchtung sucht. Die Karmapa, zugleich die bedeutendste Schule unter den Nachfolgern Marpas und Milarepas und die älteste Tulku-Linie des tibetischen Buddhismus, blieb die einflussreichste Schule Tibets bis zu den kriegerischen Auseinandersetzungen mit den Gelugpas (und deren mongolischen Freunden) im 16. und 17. Jahrhunder. Seither nehmen die Gelugpas und deren Oberhaupt, der Dalai Lama, diese Stellung ein. Das Faktum, dass die Kagyü-Schule mit ihren zwei bekanntesten Tulku-Linien, den Karmapa und den Sharmapa, die sich jeweils gegenseitig als Inkarnation anerkennen mussten, ihren religiösen und politischen Einfluss an die Gelugpas abtreten mussten – 27 Kagyü-Klöster wurden im 17. Jhdt. zwangsweise Gelugpa-Klöster – machte die Karmapas zu engagierten, wenn auch wenig erfolgreichen Opponenten zum jeweiligen Dalai Lama. Auch heute noch. In der jüngsten Vergangenheit zeigte diese Opposition auch Folgen für die buddhistische Bewegung im Westen.

Nicht nur die Aktivität des 16. Karmapa, auch die Konzentration aufs meditative persönliche Erleben und der intuitive Umgang mit den Lehrschriften haben die Kagyü-Schulen zu den im Westen erfolgreichsten buddhistischen Gemeinschaften überhaupt gemacht. Die Schweiz bildet in Mitteleuropa, was die Präsenz der Kagyü-Gruppen betrifft, eine Ausnahme: wegen der beträchtlichen Zahl ehemaliger tibetischer Flüchtlinge und der Wirksamkeit des nicht nur Tibetern dienenden Klosters in Rikon/CH (s.u.), das dem Dala-Lama untersteht, sind die Gelugpa-Schulen und -Gruppen zu überdurchschnittlich grossem Einfluss gelangt.

Shambala

Von den buddhistischen Meistern, die im Westen bisher gewirkt haben, war einer der kreativsten und umstrittensten zweifellos Chögyam Trungpa, der das erste tibetische Zentrum im Westen, Samye Ling in Schottland, gegründet und später die jede Religion transzendierende Meditationsform Shambala entwickelt und zahlreiche Shambala-Zentren initiiert hat.

Chögyam Trungpa, der spätere Kagyü-Meister, Psychologe, Meister der japanischen Zen-Künste, Tantriker und Schriftsteller, wurde 1939 in einem Kuhstall im Osten Tibets geboren und als Kind als Reinkarnation des 19. Trungpa Tulku erkannt – einer Kagyü-Tulku-Linie – und als Abt inthronisiert. Er erhielt in frühen Jahren die Ausbildung in Kagyü- und Nyingmapa-Spiritualität. Nach seiner Flucht 1959 aus Tibet gelangte er zuerst nach Indien, dann nach England, wo er an der Universität Oxford Philosophie sowie Religions-, Kunst- und Sprachwissenschaft studierte. Nach ersten Versuchen, traditionellen östlichen Buddhismus im Westen zu lehren, gründete er zusammen mit einem anderen tibetischen, westlich gebildeten Tulku, Dr. Akong Tulku Rinpoche, 1967 in Schottland das Kagyü Samye Ling Tibetan Center, benannt nach dem ersten buddhistischen Kloster, das

Padamasambhava im 8. Jhdt. in Tibet gegründet hatte. Nach einschneidenden Erlebnissen – u.a. einem Autounfall, der ihn halbseitig lähmte – entschied er sich für völlig neue Wege. Er verzichtete auf die Mönchsrobe, heiratete eine Engländerin und lebte und lehrte von nun an, nicht zuletzt durch seine Schriften, eine Art buddhistischer Kontemplation, die sich nahtlos mit westlicher Freude an Aktion verband. Ähnliche Synthesen strebte er auch im Bereich Askese und Lebensgenuss an. Die grosse Resonanz, die seine neue Art Buddhismus zu lehren und zu leben vor allem in Amerika fand, veranlasste ihn, sich in den USA niederzulassen. Dort gründete er Anfang der 70er Jahre Vajradhatu als Dachorganisation verschiedener neu gegründeter Meditationszentren. *Sein Bestreben, sein ganzes Leben mit seinen Schülern zu teilen und in allen Aspekten des Lebens – in einer Art neo-tantristischer Manier – Dharma zu lehren und vorzuleben, brachte ihn und seine Bewegung bei Kritikern bald in Verruf. Asketischer gesinnte Tibeter sahen in ihm eine Art Sex-Lama.* Mit seinem Shambala Training, das auf Prinzipien menschlicher Sanftheit und Würde beruht und von keiner Religion abhängig ist, entwarf er eine «nicht-religiöse» Meditationstechnik. Auch als Gründer einer kontemplativen Universität, der Naropa-Universität, und als Künstler, Photograph und Schriftsteller wurde er zu einem der bekanntesten aber auch umstrittensten Vertreter des tibetischen Buddhismus im Westen. 1987 starb er in Halifax, Canada. Sein Sohn Sawang Rangdröl Mukpo (jetzt Sakyong Mipham Rinpoche genannt) übernahm nach seinem Tod die Leitung der weltweit heute ca. 100 Shambala-Zentren. In den Zentren bilden Vajradhatu (Meditation), Shambala-Training (spirituelle Entwicklung) und Nalanda (Kultur und Kunst) die Haupttätigkeiten.

Statistik: CH: 1 Z, 3 G.
Adresse: Shambala Zentrum, Länggassstr., CH-3012 Bern. – Kontakt: Regula Imfeld, Tulpenweg 8, CH-3004 Bern, Tel. 031 301 81 71. – Shambala Europa, Wilhelmstr.20, D-35037 Marburg, Tel. 06421 17 02 0, Fax 06421 17 02 2. – Shambala-Zentrum Freiburg i.B., Stühlingerstr.8, D-79106 Freiburg, Tel. 0761 27 64 59. – Shambala Zentrum Wien, Westbahnstr. 32-34/II/22, A-1070 Wien, Tel. 01 523 32 59. – Dechen Chöling, F- 87700 Saint Yrieux sous Aixe.

Samye Ling und Rokpa

Dr. Akong Tulku Rinpoche, der Mitbegründer des tibetischen Zentrums Samye Ling in Schottland, kümmerte sich nach Übersiedlung von Chögyam Trungpa (s. Shambala) nach Amerika mit ganzer Kraft um Samye Ling, wo 1988 ein grosser tibetischer Tempel eingeweiht wurde, und um die vielen sich nun weltweit ausbreitenden Samye Ling und Samye Zong Zentren. (Die zweiten sind Zentren ohne eigenen Grundbesitz). Gleichzeitig organisierte er Reisen tibetischer Meister (z.B. des 16. Karmapa) durch Europa und gründete ein Institut für tibetische Medizin (Tara Rokpa Therapie). Als ihm erlaubt wurde, seine alte Heimat Tibet zu besuchen, begann er eine Hilfsorganisation für Tibeter in Tibet und Nepal aufzubauen, eine Organisation, die unter dem Namen «Rokpa» bald auch in anderen Ländern und Kontinenten humanitäre Hilfe leistete. Samye Ling und Rokpa sind durch ihren Gründer miteinander vielfach verbunden.

Statistik: 21 Z weltweit.
Adressen: Kagyu Samye Ling Tibetan Centre, Eskdalemuir, Nr Langholm, Dumfriesshire, Scotland, DG13 0QL, Tel. 0044 013873 73232, Fax 0044 013873 73223. – Samye Dzong Zürich, Lea Wyler, Sonnenhof 5, CH-8121 Benglen, Tel. 01 826 07 07.
www.rokpa.org

Buddhistische Gemeinschaft Longchen

Chögyam Trungpa Rinpoche (s. Shambala) gründete 1975 die englische Longchen Foundation als Dzogchen-Übermittlung (s. Nyingmapa) in der tibetischen Kagyü-Nyingma-Tradition und betraute seinen Schüler Rigdzin Shikpo (Michael Hookham), Engländer, Naurwissenschaftler und Computerspezialist, mit der Leitung. Rigdzin Shikpo will die buddhistische Lehre historisch kritisch betrachten und westlich-alltagsnahe weitergeben. Die vier edlen Wahrheiten des Buddha werden in dieser alltagsnahen Neuinterpretation oder Neufassung zum sog. Herzessenz-Programm, das zusammen mit anderen Übungen zu unserem wahren Wesen, «zum grundlegenden Gutsein der Buddhanatur», zur «unzerstörbaren Herznatur» zurückführt. Die Buddhistische Gemeinschaft Longchen e.V. in Deutschland besteht seit 1994 und bietet die Lehren der Longchen-Foundation im deutschsprachigen Raum an.

Adresse: Buddhistische Gemeinschaft Longchen e.V. c/o Silvia Stadelmann, Zur Mittleren Brücke 14, D-73614 Schorndorf, Tel. 0173 827 75 90.
www.longchen.de

Diamant-Weg

Das Wirken und die häufigen Reisen des 16. Karmapa, Rangjung Rigpe Dorje (1924–1981), der wie der Dalai Lama auch 1959 aus Tibet fliehen musste und seither in seinem neuen Kloster Rumtek in Sikkim residierte, und die einzigartige «missionarische» Aktivität seines dänischen Schülers Lama Ole Nydahl hatten zur Folge, dass mittlerweile gegen 300 westliche Kagyü-Gruppen und Zentren entstanden sind. Diese immer noch anhaltende Faszination des gebildeten westlichen Publikums für die Kagyü-Spiritualität gründet nicht zuletzt in der Gestalt von Lama Ole Nydahl. In Kopenhagen aufgewachsen, früh wegen Drogendelikten in Konflikt mit dem Gesetz geraten, begegnete er auf seiner Hochzeitsreise mit seiner Frau Hannah in Nepal dem 16. Karmapa. Der wendige Intellektuelle, Draufgänger und Lebemensch machte sich in radikaler Erlebnisbereitschaft und Erleuchtungshoffnung die langwierigen Übungen und für westliches Empfinden komplizierten Lehrinhalte der Kagyü-Mystik zu eigen. Die Radikalität seines spirituellen Engagements veranlasste den 16.Karmapa, den jungen Dänen mit der Gründung der ersten Kagyü-Zentren in der westlichen Welt zu beauftragen. Lama Ole Nydahl kommt diesem Auftrag mit einem Engagement nach, das seinesgleichen sucht. Ständig unterwegs, einmal mit seiner Frau Hannah, ein andermal mit seiner Gefährtin Caty, gründet und besucht er Zentrum um Zentrum. *In seinen Auftritten besticht er vor allem das jüngere, gebildete westliche Publikum. Die Mischung von Ehrfurcht gegenüber den buddhistischen Meistern der eigenen Schule und unverfroren intuitiver Deutung ihrer Lehren ist so nur ihm eigen. Nydahl verbindet Mystik und Abenteurertum, Hektik und Gelassenheit, Mönchstitel und Lebenslust, Buddhalächeln und Rotznasigkeit. Buddhismus, auch wenn er in endlosen Wiederholungen alter Mantren und Lehren besteht, wirkt bei Lama Ole Nydahl wie eine Einladung zu einem Bungeesprung aus einer Seilbahn. Mit diesem Sprung und anderen Abenteuern testet Lama Ole die Wahrheit der höchsten buddhistischen Überlieferung der Kagyüpa, des Mahamudra. Kurz: Mit dem Buddhismus von Lama Ole stürzen sich westliche Adepten voll hinein ins bunte Leben und erreichen dabei doch, so lautet das stets gegenwärtige Versprechen, höchste Erleuchtung in der Begegnung mit der absoluten Wirklichkeit, immer präsent in der Welt der Erscheinungen. Wer möchte da nicht gerne mitspringen?*

Umstritten ist Lama Ole nicht nur wegen seiner unkonventionellen Verbindung von buddhistischer Tradition und eigener Intuition. Auch seine Hektik, sein Humor, sein offenkundig «tantristischer» Umgang mit Frauen – Lama Ole lebt allerdings offiziell mit seinen zwei Frauen «monogam» – fordern Kritik heraus. Überdies trugen ihm seine oft derben Sprüche den Vorwurf ein,

ein Rassist zu sein. Wenn man ihm allerdings die weitherum diskutierten, ihm zugeschriebenen rassistischen Aussagen über Moslems, die Afrikaner etc. und die nicht weniger rassistischen Hinweise auf sein erleuchtetes Wikingertum oder die Arierverwandtschaft der Tibeter zur kritischen Kommentierung vorlegt, verliert sich der Eindruck einer vom ihm angestrebten rassistischen buddhistischen Ideologie. Nicht ideologische Positionen, sondern viel eher das ab und zu lockere Mundwerk und die Liebe zu derben Randbemerkungen – gerade ein intellektuelles Publikum lässt sich von derben Sprüchen oft besonders faszinieren – trugen dem wahrscheinlich erfolgreichsten buddhistischen «Missionar» in der heutigen westlichen Welt die erwähnten Vorwürfe ein. (Den Titel «Missionar» weist er natürlich weit von sich. Denn im Unterschied zum Christentum und zum Islam «missioniert» der Buddhismus nach offizieller Lesart nie. Er breitet nur auf Anfrage hin vor wahrheitshungrigen Menschen seine Erkenntnisse aus.)

Unverkennbar ist die vom Diamant-Weg selten lauthals verkündete aber immer wieder hörbare Absage an alle spirituellen Führungsansprüche des Dalai Lama. Diese Haltung hat Tradition. Schon der 16.Karmapa liess sich zwar vom geflohenen Dalai Lama mit anderen tibetischen Meistern in eine politische Allianz aller Tibeter im Exil einbinden, den spirituellen Führungsanspruch des Dalai Lama über alle tibetischen Schulen hat er aber immer von sich gewiesen. Der 16. Karmapa hat unter verschiedenen Nicht-Gelugpa-Autoritäten in dieser Hinsicht auch reichlich Unterstützung erhalten. Diesem Beispiel folgend sprechen Lama Ole Nydahl und der von ihm inspirierte Diamant-Weg von einer eigentlichen generationenlangen Unterdrückung der Karma Kagyüs durch den Dalai Lama.

Neuerdings zeitigte dieser halb verdeckte, halb offene Gegensatz auch institutionelle Folgen. Der Tod des 16.Karmapa (1981 auf einer seiner Reisen in den USA) führte bald zu Gründung eines Komitees von vier Rinpoches, einschliesslich des 14. Sharmapa, der eine Neffe des 16.Karmapa war. Die vier sollten die Reinkarnation des 17. Karmapa aufsuchen. 1984 trat der Sharmapa, in der Auffindungsfrage sicher die bedeutendste Autorität, aus dem Komitee aus, weil er darin Macht-Missbrauch und Politisierung der Nachfolgefrage ortete. Er führte die Suche nach der Reinkarnation nun allein weiter und fand 1991 in Tibet Thaye Dorje, einen Sohn des 3. Mipham Rinpoche der Nyingma-Schule, 1983 in Lhasa geboren. 1994 floh Thaye Dorje mit seiner Familie nach Indien, wo er seither die ihm gebührende Schulung erhält. 1986 wurde er zum Mönch geweiht und erhielt den Namen «grenzenloser Diamant» (Thaye Dorje). Im Jahr 2000 kam der nun 17-Jährige zum ersten Mal nach Europa und wurde hier von seiner grossen Gemeinde mit grösster Ehrfurcht und Liebe umsorgt.

Zeitschrift Kagyü Life.
Statistik: Ein internationales Netz von über 270 Diamant-Weg / Karma Kagyü-Z oder -G in 35 Ländern, davon in D: 84 / A: 6 / CH: 6 (mit insgesamt ca. 300 M).
Adressen: Karma-Kagyü-Dachverband (KKD), Hinterschwarzenberg 8, D-87466 Oy-Mittelberg, Tel. 0172 830 40 08, Fax 08366 98 38 18. Der KKD umfasst 7 Regionalvereine. – Karma Kagyü Österreich, Buddhistisches Zentrum, Fleischmarkt 16, A-1010 Wien, Tel. / Fax 01 876 54 34. Z oder G in Graz, Linz, Salzburg, Innsbruck, Bregenz, Wien. – Buddhistisches Zentrum Zürich, Hammerstr. 9a, CH-8008 Zürich, Tel. 01 38 20 875, Fax 01 38 00 144. Z oder G in Basel, Bern, Luzern, Schaffhausen, St.Gallen, Zürich.
www.diamantweg.de
www.buddhismus.at
www.buddhismus.org

Karma Kagyü Verein (KKV)

Der KKV, 1978 gegründet, also vor dem durch die Auffindung zweier 17. Karmapas entstandenen Schisma, ist die repräsentative Vertretung der Karmapa-Linie des Kagyü-Buddhismus in Deutschland. Er hält sich nun an Orgyen Trinley Dorje, an jene 17.

Inkarnation des Karmapa, die in Tsurphu, im tibetischen Stammkloster der Kagyüpa, erzogen wurde und Ende 1999/Anfang 2000 nach Indien floh. (Vgl. Jean-Paul Ribes, Die Flucht des lebenden Buddha, München 2000.) Spirituelles Zentrum des Vereins in Deutschland ist das Kamalashila Institut für buddhistische Studien, bis 1999 auf Schloss Wachendorf in der Eifel, seither im Eifelkloster Langenfeld bei Mayen.
Unter dem Dach des Institutes soll «buddhistische Ökumene» gelebt werden. Im KKV sind die Stadtzentren Berlin, Hamburg, Bremen, Frankfurt, Heidelberg und München zusammengeschlossen, die von Ringu Tulku Rinpoche betreut werden. (Auch das Diamant-Weg Zentrum in Zürich (s.o.), obschon durch das erwähnte Schisma vom KKV getrennt, nennt sich immer noch Karma Kagyü Verein).

Adresse: Tibetisch-Buddhistische Religionsgemeinschaft und Kamalashila Institut für buddhistische Studien: Kloster Langenfeld, Kirchstr. 22a, D-56729 Langenfeld, Tel. KKV: 02655 93 90 30, Tel. Kamalashila: 02655 93 90 40. www.karma-kagyu-verein.de

Kündröl Ling

Das Zentrum Kündröl Püntsok Ling gehört zur Karma-Kagyü-Schule des tibetischen Buddhismus und folgt dem 17. Karmapa Thaye Dorje. Es wird von fünf Dharmalehrern und -lehrerinnen des Klosters Dhagpo Kündröl Ling in Frankreich geleitet, das von dem Mahamudra-Meister Gendün Rinpoche 1992 gegründet wurde.

Adresse: Buddhistisches Zentrum Kündröl Püntsok Ling, Holzhamer Str. 5, Jägerndorf, D-94424 Arnstorf, Tel. 08723 23 96.
www.dhagpo-kundreul.org

Drikung Kagyü Linie

Milarepa, Hauptschüler von Marpa, war zwar durch seine Praxis radikaler Entsagung und seine spirituelle Poesie zur Leitgestalt der frühen Kagyü-Linie geworden (s. Einleitung Kagyüpa). Aber erst der Hauptschüler dieses grössten tibetischen Poeten und Yogis, der Mönch Gampopa systematisierte die Kagyü-Lehren und gründete das erste Kagyü-Kloster. Gampopa gilt als Meister einer den Fähigkeiten des Schülers angepassten Lehrweise. So übermittelte er Mahamudra auch ausserhalb des tantristischen Systems und verhalf vielen Schülern zur schnellen Verwirklichung. Genau diese Qualitäten buddhistischer Lehrweise möchte auch die Drikung-Linie der Kagyü-Tradition den Schülern anbieten, jene Linie, die ein Enkelschüler von Gampopa initiiert hat, Jigten Gönpo (1143–1217), der auch das Drikung Thil, das Stammkloster der Drikung-Linie nordöstlich von Lhasa gründete. Sein Nachfolger war ein Mitglied des Familienclans der Kyuras, einer Familie, die bis ins 17. Jhdt. alle Leiter der Linie stellte. Zwei Brüder leiteten damals die Schule, der länger lebende Bruder fand im 17. Jhdt. die Inkarnation seines verstorbenen Bruders. Diese Inkarnation suchte sich ihrerseits wieder die Inkarnation des letzten Abtes aus der Familie der Kyuras. Seither wird die Drikung-Linie von den jeweiligen zwei Inkarnationen des «älteren und des jüngeren Bruders», den Chetsang und den Chungtsang Rinpoches, geleitet.
Der gegenwärtige 37. Chetsang Rinpoche (geb. 1946) lebt in Indien, der 36. Chungtsang Rinpoche (geb. 1942) in Tibet. Drikung pflegt auch im Westen, wie jede Kagyü-Schule, die mündliche Überlieferung und direkte Übertragung des Meisters auf den Schüler. Nach der Drikung-Kagyü-Tradition werden in Intervallen von jeweils zwölf Jahren, in den Schweine-, Schlangen- und Affenjahren, besondere Belehrungen erteilt, um die gesamte Lehrtradition mündlich an die nächste Generation weiterzugeben. Auch Europäer, die im Schlangenjahr 2000–2001 an diesen Belehrungen teilnehmen konnten, reisten zu Chetsang Rinpoche nach Dehra Dun, Indien. Drikung lehrt den

«fünffachen Pfad des Mahamudra», der alle Lehren Buddhas umfassen soll: 1. Die Entwicklung des Erleuchtungsgeistes, 2. Yidam, Meditation auf eine eigene Meditationsgottheit, 3. Guru-Yoga, Meditation auf den Lama, 4. Mahamudra, das Geheimnis der grossen Vollendung, 5. Das Opfer des angesammelten Verdienstes an alle Wesen. Innerhalb dieser meditativen Schulung spielt Phowa, die von Naropa gelehrte und von Marpa nach Tibet gebrachte meditative Technik, die das Bewusstsein im Moment des Todes in ein reines Buddhaparadies übersetzt, eine besondere Rolle.

Statistik: D: 22 Z und Organisationen.
Adressen: Drikung Ngadön Chöling, Auf'm Rain 13, D-59964 Meledon, Tel. 02982 16 67. – Drikung Kagyü Orden, Buddhistisches Zentrum Wien, Tel. 01 512 30 37. www.drikung.de

5.4. Kadampa und Gelugpa

Atisha, der indische Meister, auf den sich besonders Kadampa und Gelugpa berufen, lebte in dem für den tibetischen Buddhismus so entscheidenden 11. Jhdt. Ursprünglich ein indischer Gelehrter aus königlichem Geschlecht, verbrachte er die letzten 12 Jahre seines Lebens (gest. 1055) in Tibet, führte das Zölibat der Mönche ein, drängte auf überzeugende Mönchs-Moral und lehrte und praktizierte vor allem die verschiedenen Methoden des Bodhicitta, der Erzeugung des Erleuchtungsgeistes. Stufenweise entfaltet der Schüler in sich das grenzenlose Erbarmen für alle leidenden Wesen, die meditativen Kräfte und Mittel, die ihm helfen, der Erlösung aller Wesen zu dienen und den endgültigen Erleuchtungsgeist in der Einsicht in das wahre Wesen (d.h. in die «Shunyata», «Leere») aller Phänomene. Atisha begründete die Schule der Kadampas, der «mündlichen Unterweisung». Durch seinen Einfluss auf Tsongkhapa, den Begründer der Gelugpas, der «Gelbmützen», wurde Atisha zu einer massgeblichen Autorität für die Mehrzahl der tibetischen Buddhisten.

Wenn die Schulen, die sich auf Marpa und Milarepa berufen, als «halbreformiert», angesprochen werden können, darf Tsongkhapa (1357–1419) als eigentlicher Reformator des tibetischen Buddhismus und die von ihm begründete Gelugpa, «Schule der Tugendhaften», als reformiert angesprochen werden. Tsonghkapa, in der Tradition der Kadampa stehend, legte Wert auf Einhaltung der Mönchsregeln und gründliches Studium der autoritativen Texte, inkl. der wichtigsten Grundrichtungen buddhistischer Philosophie. Zwei der für die sog. Gelbmützenschule massgeblichen Texte hat Tsonghkapa selber verfasst, Lamrim Chenmo, «Stufenweg zur Erleuchtung» und Nagagrim Chenmo, «Grosse Darlegung des geheimen Mantras». Tsongkhapa gründete auch die grössten Klöster Tibets: Drepung, Sera und Ganden. Durch die Institution des Dalai Lama, «Lehrer der Weisheit so gross wie der Ozean», die zurückgeht auf einen 1578 vom Mongolenfürsten Altan Khan dem dritten Oberhaupt der Gelugpas und gleichzeitig der dritten Inkarnation dieser bekanntesten Tulku-Reihe Tibets verliehenen Titel, wurden die Gelugpas seit dem 17. Jhdt. zur politisch und geistig bedeutendsten Schule Tibets.

Der jetzige 14. Dalai Lama, Tenzin Gyatso mit Mönchsnamen, wurde am 6. Juli 1935 in einer Bauernfamilie in der tibetischen Provinz Ambo geboren. Als Zweijähriger wurde er von einer Suchexpedition als Inkarnation des 13. Dalai Lama erkannt. Mit 5 Jahren wurde er offiziell zum Dalai Lama ausgerufen. Die volle Staatsgewalt – der Dalai Lama war seit Jahrhunderten im Gelupga-«Kirchenstaat» Tibet weltliches und politisches Oberhaupt – übernahm er am 1. Nov. 1950. Am 17. März 1959, eine Woche nach dem Ausbruch des Aufstandes gegen die chinesische Besatzung, floh er nach Indien, wo er seither in Dharamsala mit seiner tibetischen Exilregierung residiert. Er gilt als Verkörperung des Avalokiteshvara, des Bodhisattvas der Barmherzigkeit.

In den Jahrzehnten seit der Flucht wurde die schon seinerzeit in Tibet gegebene hervorragende Stellung der Gelugpas und ihres Oberhauptes innerhalb der Schulen des tibetischen Buddhismus noch verstärkt. Dies liegt nicht allein an der inspirierenden und als spirituelle Autorität unzählige vor allem auch westliche Zeitgenossen überzeugenden Gestalt des Dalai Lama. Die spirituelle Führung innerhalb aller buddhistischen Schulen Tibets wurde vom Dalai Lama und seiner Umgebung auch systematisch angestrebt und zum Teil auch eingefordert, so z.B. dort, wo der Dalai Lama 1996 die unter Gelugpas populäre, traditionsreiche Verehrung des «Geistwesens» oder der Schutzgottheit Dorje Shugden verbot und dieses Verbot auch mit Hausdurchsuchungen und Entlassungen durchsetzte. Der Dalai Lama wollte mit diesem Verbot, wie er selber erklärte, zum einen Buddhisten daran erinnern, dass sich Buddhismus nicht in Geisterverehrung erschöpft, zum andern wollte er den Dorje Shugden, der – einst eine historische Gestalt – zu seinen Lebzeiten ein vehementer Verfechter des Machtanspruchs der Gelugpas war, demonstrativ aus dem Verehrungskreis der Gelugpas entfernen, um damit die Einheit unter allen tibetisch-buddhistischen Schulen zu stärken. Es gelte, alle Traditionen des tibetischen Buddhismus gleichermassen zu pflegen, zu lehren und zu praktizieren, im Gegensatz zur Shugden-Verehrung, die Belehrung durch andere Schulen ausschliesse. Shugden, so der Glaube seiner Verehrer, strafe jeden, der auch Belehrungen aus anderen Schultraditionen akzeptiere. Das sei sektiererisch und schade der Einheit der Tibeter, befand der Dalai Lama. Die inzwischen zur Verteidigung der Religionsfreiheit unter Tibetern und zur Erhaltung der Shugden-Verehrung in Indien gegründete Shugden-Gesellschaft erklärt sich die Vehemenz des Dalai Lama in dieser Sache allerdings mit einem zunehmenden Einfluss der ihn umgebenden und für ihn bedeutsamen verschiedenen Orakel, die in Dorje Shugden und dessen Orakel zunehmend eine Konkurrenz erkannten. Nach einer Konsultation des Shugden Orakels nämlich soll der Dalai Lama 1959 aus Tibet geflohen sein. Wie dem auch sei, der Streit um die Dorje-Shugden-Tradition führte unter Gelugpas zu leidvollen, zum Teil sogar blutigen Auseinandersetzungen. *Der Beobachter fragt sich, ob der Dalai Lama, der mit der Verdammung Shugdens den Weg zur spirituellen Führung aller tibetisch-buddhistischen Schulen ebnen wollte, nicht den Bogen überspannt und durch seine Aktion bewirkt hat, dass im Zweifelsfalle nicht einmal alle Gelugpas seinen spirituellen Weisungen folgen wollen.*

Neue Kadampa Tradition (NKT)

Geshe Kelsang Gyatso, der Gründer der NKT, 1931 in Tibet geboren, studierte am Kloster Sera. Anschliessend verbrachte er 18 Jahre in meditativer Zurückgezogenheit im Norden Indiens und im Himalaya, bevor er 1977 als Lehrer an das Manjushri Mahayana Buddhist Centre in England eingeladen wurde. In vielen Publikationen suchte er die Lehren Buddhas den Bedürfnissen der heutigen Gesellschaft entsprechend darzulegen und gründete als «Spiritueller Direktor» der Neuen Kadampa-Tradition zahlreiche Zentren weltweit. Seine Schriften gelten als die umfassendsten Erläuterungen des buddhistischen Erleuchtungsweges, die in einer westlichen Sprache erhältlich sind. Wie schon die ältere Kadampa-Linie beruft sich NKT gerne auf Atisha und seine Wege der Unterweisung und Meditation. Innerhalb der NKT wird Dorje Shudgen immer noch als Schutzgottheit verehrt. Damit steht NKT im Widerspruch zum Dalai Lama, der Shugden als zerstörerische Kraft ablehnt.

Wegen dieses Zwistes kam es z.B. zum Ausschluss des Mamaki Zentrums für NKT in Freiburg i.B. aus der Buddhistischen Union und zu kontroversen Fernsehsendungen. In Zürich baut z.Zt. (2002) das Vajradhara-Zentrum der NKT einen eigenen Tempel.

Statistik: Weltweit 381 Z / D: 23 Z / A: 2 Z / CH: 12 Z.
Adressen: Uma Zentrum, Leopoldstr. 43, D-80802 München, Tel. 089 300 62 46. – Tathagata-Zentrum, Sambeckgasse 49, A-1140 Wien, Tel. 01 911 18 41. – Vajradhara Zentrum für Buddhismus, Im Tiergarten 13, CH-8055 Zürich, Tel. 01 461-33 88.
www.uema.de
www.buddha.at
www.meditation-wien.at
www.vajradhara.ch
wwew.tharpa.ch
www.buddhismus.net

Das Klösterliche Tibet-Institut/Rikon

Im1968 in Rikon (Tösstal/CH) gegründeten Klösterlichen Tibet-Institut sind Mönche der Gelugpa-, der Sakyapa- und seit 1993 der Nyingmapa-Kagyüpa-Tradition vertreten. Sie haben die Aufgabe, ihre Landsleute im Exil geistlich zu betreuen und die Verbindung zu westlichen Freunden Tibets und des tibetischen Buddhismus aufrecht zu erhalten. Das Kloster steht unter der Schirmherrschaft des Dalai-Lama, der es auf seinen Europatourneen regelmässig besucht.
Der erste Abt war Geshe Ugyen Tseten Phulotshang. 1914 in Dagyab/Kham geboren, studierte er 25 Jahre im Staatskloster Sera, anschliessend am Gyudme Tantric College in Lhasa. 1959, nach der Flucht nach Indien, unterrichtete er in Buxar Philosophie. 1967 ernannte ihn der Dalai Lama zum ersten Abt des Klösterlichen Tibet-Institutes in Rikon. Von 1974 bis 1977 war er Abt des Tantric College in Hunsur/Indien. Er lebt seit 1977 im Retreat in Rikon oder in Indien.
Seit 1996 leitet der vierte Abt Geshe Phuntsok Tashi Phunyang, geb. 10. März 1936 in Kham/Osttibet, das Kloster, ein Geshe, der, bevor er in die Schweiz kam, massgebend am Aufbau des Exilklosters Drepung in Mundgod/Südindien beteiligt war. Nach dem erklärten Willen des Dalai Lama sollen die Lamas am Kloster nach rd. 5 Jahren wieder nach Indien zurückkehren, damit sie durch langen Aufenthalt in Europa nicht zu sehr «Schweizer» werden.

Adresse: Tibet Institut, CH-8486 Rikon, Tel. 052 383 17 29.
www.tibet-institut.ch

Mit dem Tibet-Institut verbunden ist Thubten Dhargye Ling – Tibetisch-buddhistischer Lhakang, ein Tempel und ein Zentrum, die in der sog. Rime-Tradition stehen und im Sinne des Dalai-Lama allen tibetischen Schulen und auch allen anderen Richtungen des Buddhismus offen stehen.

Adresse: Thubten Dhargye Ling – Tibetisch-buddhistischer Lhakang e.V., Sallerweg 15, D-81476 München, Tel. 089 755 46 68.

Rabten Choeling / Mont Pélerin

Ausgehend vom Tibet-Institut Rikon und im Auftrag des Dalai Lama wurde 1977 am Rande von Le Mont Pélerin in der Nähe von Lausanne das Tharpa Choeling Zentrum für Höhere Tibetische Studien gegründet. Sein Leiter, Geshe Rabten (1920–1986), persönlicher Berater des 14. Dalai Lama, hatte schon seit den frühen 1970er Jahren westliche Schüler in Dharamsala (Nordindien) unterrichtet. Seit 1974 lehrte er in der Schweiz und kam 1975 auf Dauer in die Schweiz, wo er zuerst als Abt des monastischen Instituts Rikon fungierte. Tharpa Choeling wurde als Studienzentrum speziell zur Unterweisung westlicher Schüler konzipiert und zur Ausbildung westlich-tibetischer Mönche und Nonnen zum Geshe (hoher Titel in der Gelug-Tradition). Der von Geshe Rabten konzipierte Ansatz scheiterte jedoch. Die Gemeinschaft löste sich nach und nach auf. In der Schweiz liess sich nicht eine Miniausgabe des tibetischen Sera-

Klosters errichten. Das mangelnde Interesse an ausgefeilten Lehrdebatten und an letztlich nur als Dogmen akzeptierbaren Lehrsätzen unter Westlern war zu offenkundig. Tharpa Choeling wurde nach dem Tod von Geshe Rabten umbenannt in Rabten Choeling. Das Zentrum kümmert sich seitdem unter seinem Abt Gonsar Rinpoche, dem engsten Schüler von Geshe Rabten, vor allem um in der Schweiz lebende Tibeter und um zahlreiche Belehrung suchende europäische Laien. Im Kloster lebten Ende 1997 sechs Lamas, zehn tibetische Mönche, neun europäische Mönche und Nonnen sowie elf europäische Studenten und Studentinnen. Das Hochschul-Institut für Studien des Buddhismus, wie es sich auch nennt, bietet darüber hinaus Wochenendseminare und Meditationswochen an sowie einen siebenjährigen Buddhismusstudienkurs. 1998 bestanden acht lokale affiliierte Ritual- und Meditationsgruppen in der Schweiz (in La-Chaux-de-Fonds, Onex-Genève, Basel, Bern, Winterthur und Zürich). Darüber hinaus betreuen Gonsar Rinpoche und der ebenfalls in Le Mont Pélerin lebende Geshe Thubten Gruppen in Italien (Mailand), Österreich (Feldkirch, Zirl) und Süddeutschland (Markoberdorf, München).

Gonsar Rinpoche hat sich deutlich gegen das Verbot der Shugden-Verehrung gewandt und die vom Dalai Lama auch von den in der Schweiz tätigen Lamas geforderte Unterschrift unter das entsprechende Edikt verweigert.

Rabten Tulku Rinpoche die Reinkarnation von Geshe Rabten Rinpoche und das zukünftige Oberhaupt der Bewegung, ist 1987 geboren.

Adressen: Rabten Choeling, Centre de hautes études tibétaines, CH-1801 Le Mont Pèlerin, Tel. 021 921 36 00. – Tashi Rabten Dharma Center, Letzehof, A-6800 Feldkirch, Tel. 05522 7 06 11.
www.rabten.ch

Gemeinschaft Tibetisches Zentrum Hamburg

Dieses Zentrum steht unter der spirituellen Leitung des Lama Geshe Thubten Ngawang und befolgt die Gelugpa-Tradition. Es wurde 1977 – wie Rabten Chöling/Mont Pélerin – von Geshe Rabten Rinpoche, dem damaligen persönlichen Berater des Dalai Lama gegründet. Das Zentrum steht – wie Rikon und Mont Pélerin – unter der Schirmherrschaft des Dalai Lama. Im Zentrum werden Philosophie und Meditation gelehrt, religiöse Feiern und Andachten angeboten, sowie der Aufbau eines Ordens in Deutschland angestrebt. Ein «Systematisches Studium des Buddhismus» ist berufsbegleitend auf sieben Jahre angelegt.

Zeitschrift: Tibet und Buddhismus.
Adressen: Tibetisches Zentrum e.V., Herrmann-Balk-Str. 106, D-22147 Hamburg, Tel. 040 644 35 85, Fax 040 644 35 15. – Semkye Ling / Buddhistisches Meditationshaus des Tibetischen Zentrums e.V., Lünzenerstr. 4, D-29640 Schneverdingen, Tel. / Fax 05193 52 51 1.

Stiftung zur Erhaltung der Mahayana-Tradition (FPMT)

Die FPMT ist ein weltweites Netzwerk Tibetisch-Buddhistischer Zentren der Gelugpa-Tradition, gegründet von Lama Thubten Yeshe. Das Zentrum in München steht z.Zt. unter der spirituellen Leitung von Lama Thubten Sopa Rinpoche und bietet Meditation und diverse Lehrveranstaltungen an.

Adresse: Aryatara Institut, Barerstr. 70 Rgb., D-80799 München, Tel. 089 2781 72 27, Fax 089 2781 72 26.

Chödzong Zentrum

Loden Sherap Dagyab Rinpoche, der IX. Kyabgön von Dagyab, seit 1984 spiritueller Leiter des Chödzong, gilt als die neunte Wiedergeburt in einer Reihe reinkarnierter tibetischer Lamas, die der Gelugpa-Schule angehörten und vom 17. bis zum 20. Jhdt.

die geistlichen und weltlichen Oberhäupter und «Schutzherren» (Kyabgöns) der Region Dagyab in Osttibet waren. Die wichtigsten Etappen in seinem bisherigen Leben sind: Studium an der Klosteruniversität Drepung bei Lhasa, Flucht aus Tibet, weitere Studien tibetisch-buddhistischer Lehren, seit 1966 Tibetologe an der Universität Bonn, später auf Wunsch des Dalai Lama als buddhistischer Lehrer im Westen tätig, Initiator des Fördervereins für die Region Dagyab, Osttibet, Verfasser mehrerer Bücher zu tibetischer Kultur und Spiritualität, Mitglied des Herausgeberkreises der Zeitschrift «Dialog der Religionen», verheiratet und Vater von zwei erwachsenen Kindern. Obwohl er eine möglichst kulturneutrale Darlegung der buddhistischen Lehre im Westen anstrebt, ist er doch kompromisslos im Blick auf das, was er den «roten Faden» nennt. Auch wenn man nicht Buddhist sein müsse, um von den buddhistischen Erklärungen und Methoden profitieren zu können, müssten diejenigen, die sich für den buddhistischen Weg entschieden haben, «sich ihn ganz und gar zu eigen machen». Mit dieser Entschiedenheit und dem Einsatz für die Heimatregion Dagyab steht der Verein zu seinem Namen Chödzong (=buddhistische Burg). Der 1993 gegründete Förderverein für die Region Dagyab unterstützt die medizinische Versorgung, das Schulwesen und den Wiederaufbau von Klöstern. Eine Gruppe von derzeit elf westlichen Schülerinnen und Schülern aus verschiedenen Regionen in Deutschland wurden von Rinpoche zu Dharmareferenten ernannt und mit der Vermittlung der Grundlagen des Buddhismus betraut. Die gut 15 Chödzong-Gruppen (oder Lamrim-Gruppen) an ca. 12 Orten Deutschlands studieren u.a. Lamrim (Stufenweg), Geistestrainings (Lo-jong) und buddhistischen Tantra (Vajrayana).

Zeitschrift Chökor.

Adresse: Chödzong Buddhistisches Zentrum, Königswarterstr. 22, D-90762 Fürth, Tel. 0911 743 36 08 sowie 0170 693 80 66. – Dagyab e.V. – Förderverein für die tibetische Region Dagyab, Dr. Peter Hessel (1. Vorsitzender und Geschäftsstelle), Bergische Landstr. 276a, D-40629 Düsseldorf, Tel. 0221 28 42 92.
www.choedzong.de

Orden Arya Maitreya Mandala (AMM)

1933/1952

Der Orden AMM lässt sich nur mit Vorbehalt einer eindeutigen buddhistischen Schulrichtung zuordnen. Schon seine Leitgestalt, Lama Anagarika Govinda, hatte Impulse aus verschiedenen Traditionen in seiner Spiritualität vereint; in seinem Sinne strebt der Orden bewusst einen Buddhismus an, der sich dem Raum und der Zeit anpasst, in denen er sich ausbreitet.

Im Jahre 1928 begab sich der aus Deutschland stammende Ernst Lothar Hoffmann (1898–1985) nach Indien. Er studierte zuerst Theravada, anschliessend das Vajrayana und erhielt von seinem Lehrer, dem Mystiker Tomo Geshe Rinpoche (1864–1936), einem Lama der Gelugpa-Tradition, die erste lamaistische Weihe. Tomo Geshe Rinpoche wurde von der Vision eines Buddhismus geleitet, der zukunftsgerichtet enge Fixierungen an traditionelle Denkweisen aufgibt. Auch Tradition erkannte er zu Recht als eine Art von Verhaftung. 1933 gründete Hoffmann nun unter dem Namen Lama Anagarika Govinda das Arya Maitreya Mandala. Durch seine Initiative und mit Hilfe von westlichen Ordensmitgliedern und Ordensfreunden erfolgte 1952 in Deutschland die Gründung des westlichen Zweiges des AMM.

Der Orden AMM ist auf den kommenden Buddha Maitreya ausgerichtet. Wer in den Orden eintreten möchte, gibt in der Regel seinen angestammten Beruf nicht auf. Er erhält die rote Robe des Lamas und einen Sanskritnamen und gilt nachher als Geistlicher analog den Priestern und Geistlichen der christlichen Kirchen. (Als Geistliche bemühten sich Ordensmitglieder auch um Freistellung vom Militärdienst). Der Ordensaufnahme voraus gehen drei bis sieben Jahre meditativer und wissensorientierter Schulung. Dem Orden AMM ist die buddhistische Religionsgemeinschaft AMM angegliedert, eine Vereinigung von Laien, die sich in die Lehren Lama Govindas vertiefen.

Zeitschrift: Der Kreis.
Statistik: Einzelne Kreise in D, knapp 100 Ordensmitglieder und ca. 200 Laien / verschiedene G in Italien.
Adressen: Sekretariat AMM, Rev. S. Thielow, Zum Rebösch 26, D-88662 Überlingen / AMM, Weissdornweg 4, D-72076 Tübingen, Tel. 07071 63 28 0.
www.lama-govinda.de

6. Weitere buddhistische Vereinigungen

Soka Gakkai Internationale (SGI) und Nichiren Shoshu

1930
SGI versteht sich als die diesseitig orientierte Heilslehre der Nichiren Shoshu, deutsche Schreibweise: Nitschiren Schoschu. Nichiren (1222–1282) war ein buddhistischer Reformer. Er schuf unter Berufung auf Aussagen des Lotus Sutra einen Buddhismus der Mantra-Rezitation, der national-japanischen Gesinnung und zeitweilig der vehementen Missionsmethode. Im Zentrum des Nichiren-Glaubens, der nicht den Ausstieg aus dem Rad der Wiedergeburten, sondern ein glückliches Leben im Kreislauf der Geburten sucht, steht die Überzeugung, dass Nichiren der Buddha unserer Zeit ist. Shakyamuni war als Buddha seiner Zeit dessen Vorläufer. Nichiren wird vor allem verehrt im Gohonzon (=«das absolut Verehrungswürdige»), ein von Nichiren beschriebenes Papierblatt, dessen korrekte Verehrung unabdingbar ist. Jedes Mitglied von Soka Gakkai besitzt eine Kopie des Gohonzon. Das Original wird im Taiseki-Tempel, im Zentralheiligtum, aufbewahrt. Der Titel des Lotus Sutra, «Nam Myoho Renge Kyo», wird als Mantra in grossem Tempo täglich wiederholt. Von Shakubuku, «Einschüchterung bis zur Unterwerfung», der traditionellen aggressiven Missionsmethode, hat sich Soka Gakkai in letzter Zeit distanziert. Immer noch präsent ist die alte Verbindung von Buddhismus und japanischem Nationalismus. Soka Gakkai wirkt mit ihrer Verbindung zur Komeito-Partei auch politisch und sozial. SGI wurde unter ihrem Präsidenten Ikeda auch zu einer wirtschaftlichen Macht, erlebte nach dem 2. Weltkrieg einen bedeutenden Aufschwung und beteiligte sich mit ihrem politischen Flügel an der aktiven Parteipolitik.
Das ausgeprägte Selbstbewusstsein der Gemeinschaft ist unüberhörbar: Nur SGI kann Menschen wirklich glücklich machen. Ohne grossen doktrinären Ballast, mit einfachsten spirituellen Rezepten, mit praktikablen Riten und in ihrer völligen Diesseitsorientierung wurde SGI in den letzten Jahrzehnten in Japan und Übersee zur Massenbewegung. Andere buddhistische Schulen und die Nichiren-Bewegung insgesamt haben sich von SGI mit massiven Vorwürfen distanziert. Die zeitweilig massiven Missionsmethoden standen im Zentrum der Kritik.

Zeitschrift: Forum.
Statistik: D: 6 Z, 2500 M / A: 1 Z, 300 M / CH: 2 Z.
Adressen: SGI-Europa Zentrale 64, Rue du Lycée BP, No.4, F-92332 Sceaux, Tel. 0033 1 4660 1176. – SGI-Deutschland, Kulturzentrum Waldorf, D-64546 Mörfelden-Waldorf, Nordenstr. 38, Tel. 06105 40 910. – Österreich Kulturzentrum, Linzerstr.452, A-1140 Wien, Tel. 01 979 18 36. – Centre culturelle Suisse, 108 Route de Suisse, CH-1290 Versoix, Tel. 022 950 98 10.
www.sgi-d.org

Naikan-Zentren

Ca. 1965
Naikan (Innenschau) ist vom Japaner Ishin Yoshimoto, einem Laien aus dem Bereich des Jodoshin Buddhismus (s. Buddhistische Gemeinschaft Jodo-Shin), gegründet wor-

den. In den Zentren wird die von ihm bereits Mitte der 40er Jahre ausgedachte, auf der meditativen Kultur Ostasiens und auf westlichen Erkenntnissen beruhende Meditation angeboten. Naikan ist keiner buddhistischen Richtung angeschlossen. Innenschau meint Betrachtung der bisherigen Lebensführung, besonders in Bezug auf die eigenen mitmenschlichen Beziehungen. Die Meditierenden sollen dadurch zu ihrem «ursprünglichen, liebevollen, gütigen Grundwesen» zurückfinden. Von grundlegender Bedeutung ist die Ausrichtung auf den Naikan-Leiter. Die Kommunikation mit der Aussenwelt hat während der mindestens 7 Tage dauernden Kurse zu unterbleiben. Während dieser ganzen Zeit ist der Naikan-Leiter die einzige Bezugsperson. 1980 führte Akira Ishii im Buddhistischen Zentrum Scheibbs (A) ein erstes Naikan-Seminar im deutschen Sprachgebiet durch. Seit 1992 wird Naikan auch in der Schweiz gelehrt.

Zeitschrift: Naikan Report.
Statistik: D: 1 Z, A: 2 Z.
Adresse: Euro Naikan Center, A-2821 Lanzenkirchen, Triftstr. 81, Tel. 02627 45102, Email: nwi@naikan.com.
www.naikan.com
www.euronaikan.com

Buddhistische Gemeinschaft Navayana

1985
Mit der Gründung der Buddhistischen Gemeinschaft Navayana gab Francesco Ficicchia (geb. 1946) den Anstoss zur Bildung eines eigenständigen westlichen Buddhismus. Die Botschaft des Buddha soll, ohne ihre asiatische Herkunft zu verleugnen aber ausgehend von den geistig-kulturellen Voraussetzungen des Abendlandes, im Westen integriert werden. Navayana («Neues Fahrzeug») als für den Westen passende Ausprägung der Lehre Buddhas greift auf beide Hauptströmungen des Buddhismus (Mahayana = Grosses Fahrzeug und Hinayana = Kleines Fahrzeug) zurück. Geplant ist jedoch die Weiterarbeit an einem eigenen auch auf die praktische Lebensbewältigung ausgerichteten System. Navayana war einmal als eine Gemeinschaft mit Laien und Ordensmitgliedern gedacht. Sie ist noch immer nur lose organisiert (Interessentenkreis).

Statistik: 30.
Adresse: Francesco Ficicchia, Giebeleichstr.20, CH-8152 Glattbrugg, Tel. 01 810 82 92.
www.navayana.ch

Aleph

Früher: Aum Shinrikyo
Shoko Asahara, mit bürgerlichem Namen Chizuo Matsumoto, Begründer und Meister der Bewegung «Aum – höchste Wahrheit» (in den ersten Jahren der Bewegung «Aum-Gemeinschaft der Magier vom Berge» genannt), wurde 1955 im Süden Japans geboren, wuchs in ärmlichen Verhältnissen auf, besuchte wegen seiner starker Sehbehinderung eine Blindenschule. Trotz seiner Intelligenz scheiterten Studienpläne. Erfolgreich verkaufte der junge Chizuo aber selbstentwickelte «Wundermedikamente» und gründete mit nicht weniger Erfolg eine Yoga-Schule. Seine Kurse sollten dem Schüler die magischen Fähigkeiten schenken, denen sich Chizuo als Meister selber auch rühmte: vor allem die Kunst des Gedankenlesens, die Gabe, in die Zukunft zu sehen und die Fähigkeit, während der Meditation zu schweben. Als Mitglied der buddhistischen sektenähnlichen Gemeinschaft «Agonshu» erlebte Chizuo hautnah, wieviel Opferbereitschaft eine totalitäre Gemeinschaft im einzelnen Menschen wecken konnte. Er gründete seine eigene Gemeinschaft «Aum», reiste zu indischen und tibetischen Meistern, wurde auch verschiedentlich vom Dalai-Lama empfangen und fühlte sich von ihm beauftragt, den in Ritualen erstickten Buddhismus Japans spirituell zu erneuern.

Seine Lehrreden orientierten sich zuerst an der traditionellen Mahayana-Mystik, vermehrt um Anweisungen und Vorstellungen aus dem Kundalini-Yoga und dem tibetischen tantrischen Buddhismus. Das blinde Vertrauen der Anhänger hob das Selbstbewusstsein des Meisters ins Grenzenlose. Erst plante er für sich und seine Bewegung eine politische Karriere und die Herrschaft über Japan und dann über die Welt. Nach einem Fiasko seiner Bewegung in den Parlamentswahlen 1990 mischten sich immer mehr apokalyptische Vorstellungen aus buddhistischen, hinduistischen und christlichen Quellen in seine Lehrverlautbarungen. (Buddhismus und Hinduismus kennen chaotische Weltauflösung am Ende jeder Weltschöpfung). Inzwischen in Allmachts- und Verfolgungswahn völlig gefangen, kam es zu den ersten Morden an einem austrittswilligen jungen Mitglied und in der Folge am Anwalt der ihn anklagenden Elternorganisationen und an dessen Frau und Kind. Der Verdacht, Urheber dieses zweiten Verbrechens zu sein, fiel bald auf den Meister und seine Organisationen. Der Meister verband vor dem inneren Anhängerkreis nun die buddhistische Predigt von der völligen Gewaltlosigkeit offen mit der Predigt vom heilsamem Mord: Wer Menschen mit schrecklichem Karma durch den Tod in eine höhere Sphäre entlasse, erweise ihnen einen Bodhisattvadienst. Er befördere letztlich ihre Erleuchtung. Weil der schreckliche Zustand der Welt nicht nur auf eine Beförderung einzelner, sondern vieler in höhere Sphären drängt, experimentierten Anhänger des Meisters auf sein Geheiss hin mit biologischen und chemischen Kampfstoffen und versuchten, in den Besitz von Raketen mit Atomsprengköpfen zu gelangen. Dieser letzte Plan misslang zum Glück. Ein Giftgasangriff auf eine U-Bahn-Station in Tokio (20.3.1995) forderte aber 12 Menschenleben, 5500 Personen wurden verletzt. Der Anschlag führte zur Verhaftung des Meisters. Asahara und der innere Kreis seiner Anhänger sitzen seither in japanischen Gefängnissen. Ausserhalb Japans besass die Bewegung Zentren in Moskau, Bonn und Sri Lanka. Die Anhängerzahl schmolz von 10 000 Mitgliedern vor dem Anschlag auf 1000 danach. Die Leitung ging an die Söhne von Asahara über. Aum Shinrykyo kündigte im Sept. 1999 an, die Organisation stelle nach aussen hin alle religiösen Aktivitäten ein; seither bietet die neue Organisation Aleph Fortgeschrittenen-Kurse, Texte des Meisters und Informationen aus ihrer Sicht zu Ereignissen rund um die Tragödie von 1995 an.

www.aleph.to

Falun Gong («Rad des Gesetzes»)

Nach Jahrzehnten kommunistischer Herrschaft und offiziell verordneter Verachtung allen religiösen Lebens lechzt wahrscheinlich die chinesische Seele geradezu nach religiösen Erfahrungen. Falun Gong, vor ihrer Verfolgung durch das Pekinger Regime die sog. «grösste Sekte der Welt» – ist der deutlichste Ausdruck dieser uralten und neu aufgebrochenen chinesischen Sehnsucht nach Spiritualität.

Die besondere Position des Meisters Li Hongzhi und die Eigenart seiner Bewegung spiegelt sich vor allem im Lebenslauf des Meisters, der schon früh so von Legenden umrankt wurde, dass die historische Wahrheit sich oft nur noch erahnen lässt. 1951 in einer Akademikerfamilie in der Provinz Jilin geboren, war der spätere Meister Li Hongzhi ein auffallend mitleidvolles und spirituell interessiertes Kind. Schon mit vier Jahren wurde Li von Meister Quanjue in den sog. Kultivierungsweg (Wahrhaftigkeit, Barmherzigkeit und Nachsicht) eingeführt, eine Andachtsform, die vor allem durch Wiederholen von Gebetsformeln die Grundtugenden der Bodhisattvas, der Erleuchtungswesen im grossen Fahrzeug des

Buddhismus, im Übenden weckt und einübt. Schon im Kindesalter meldeten sich auch übernatürliche Kräfte. Li konnte sich beim Versteckenspielen unsichtbar machen und beim Laufen in die Luft erheben. All diese Fähigkeiten verstand Li später als «Kultivierungsfunktionen» und nahm selbstverständlich an, dass sie jedermann zugänglich sind. Mit 12 Jahren rettete er einen viel grösseren, erwachsenen Menschen vor dem Tod durch Ertrinken. Im gleichen Jahr verliess er den ersten Meister. Der zweite Meister brachte ihm vor allem taoistische Übungen bei. Diese machten seinen Körper «so weich wie Baumwolle und so hart wie Stahl». Auch der dritte Meister (ab 1972) war ein taoistischer Meister, darauf folgte eine buddhistische Meisterin (ab 1974).

Das eigentliche Ziel seiner «Kultivierung», seiner spirituellen Übung, ist aber nicht das übernatürliche Beiwerk, sondern schlichtweg das Ziel aller Ziele, das Absolute, verborgen im Vorläufigen und Bedingten, die Wahrheit, versteckt hinter der vergänglichen Täuschung. Li selbst sieht sich als einen, der im Absoluten ruht, also als Vollkommenen. Sogar der Buddha Shakyamuni, der Begründer des Buddhismus, hat vergängliche und revisionsbedürftige Erkenntnisse weitergegeben. Erst Li verkündigt die ewige Erkenntnis schlechthin. Das Absolute, die Buddhanatur, erschliesst sich erst durch und mit ihm.

Während das kommunistische Regime die Bewegung zuerst tolerierte und zum Teil sogar offen begrüsste, scheint der ausserordentliche Erfolg der Bewegung in China, wahrscheinlich in Verbindung mit der unübersehbaren Meisterautorität, die Regierung zu einem radikalen Kurswechsel veranlasst zu haben. Die Bewegung wurde verboten, als Grund werden offiziell Verbrechen angegeben, die Falun Gong Anhänger begangen haben sollen. Der Hinweis, dass im weiten Raum einer spirituellen Massenbewegung Suizide und wahnhafte Aggressivität auftreten können, vermag die für religiöse Angelegenheiten zuständigen Beamten Chinas nicht (oder noch nicht) zu überzeugen. Zu offenkundig wird Falun Gong noch als antichinesische Bewegung erlebt. Falun Gong betont in seinem Abwehrkampf seine völlig unpolitische Natur, das offizielle Fehlen jeder internen Hierarchie und Organisationsstruktur und die relativ unscheinbare Position, die Meister Li innerhalb der Bewegung einnimmt. *Vor allem die letzten Beteuerungen überzeugen manche Kritiker kaum. Falun Gong ist, der Tradition buddhistischer und taoistischer spiritueller Bewegungen entsprechend, autokratisch strukturiert und lehrt meisterbezogen. Meister Li darf mit seiner Lehre innerhalb der Bewegung von niemandem interpretiert werden, er interpretiert sich selbst. Anhänger deuten deshalb die Lehre des Meisters nicht, sie repetieren sie.*

Durch zahllose Publikationen, Reisen und Kurse und vor allem durch seine noch rechtzeitig organisierte Übersiedelung in die USA hat Meister Li seine Bewegung weltweit verbreitet. Durch ihre sanften Übungen, die sie auf Strassen und Plätzen in den Städten der westlichen Welt inszeniert, tritt Falun Gong augenfällig ins Bewusstsein der westlichen Welt. *Das Martyrium der Bewegung in China sicherte Falun Gong sofort ein grosses Mass an Mitgefühl. Das Schicksal von Falun Gong in China wird in der westlichen Welt nicht ohne Absicht und Grund mit dem Martyrium der Christen im Römerreich verglichen.*

Mit seiner Mischung von Buddhismus und Taoismus, von unfehlbarer Lehre und einfachen und allgemein ansprechenden Meditationsübungen, von Meistergehorsam und sanfter, aber intensiver Gruppenbindung, von verhaltenem Elitegefühl und offener Opferbereitschaft entspricht Falun Gong auch spirituellen Sehnsüchten mancher westlicher Menschen.

Statistik: Weltweit nach eigenen Angaben 100 Mio / CH: 10 G, 600 M.
Adresse: Swiss Falun Gong Association, Frau G. Chablais, Tel. 022 736 96 85.
www.falundafa.de

FWBO (The Friends of Western Buddhist Order)

FWBO (The Friends of Western Buddhist Order, Freunde des Ordens westlicher Buddhisten) ist eine der am schnellsten wachsenden religiösen Organisationen Englands und expandiert auch fast unaufhaltsam in Indien und in fast allen anderen Ländern der westlichen Welt. Das Geheimnis dieses augenfälligen Erfolgs liegt einerseits im kaum mehr zu überbietenden Selbstbewusstsein der Gruppe, zum andern in ihrer effizienten Organisationsstruktur, in ihren Lebenshilfeangeboten, ihrer Beschäftigung von Arbeitslosen in den eigenen Betrieben, in ihrem völlig eklektischen Umgang mit buddhistischer Tradition und wahrscheinlich auch in der zwar skandalumwitterten, aber trotzdem oder gerade deshalb irgendwie charismatischen Persönlichkeit des Gründers. Der Gründer der Bewegung, Dennis Lingwood, genannt Sangharakshita, geb. in London 1925, diente offenbar in der britischen Armee in den Jahren unmittelbar nach dem 2. Weltkrieg. Er kehrte dann aber nach dem Rückzug der Briten aus Indien nicht in die Heimat zurück, sondern soll als Wanderasket in Indien alle bedeutenden Wege des Buddhismus studiert haben. Er will als initiierter Mönch der Theravada-Tradition den alten Buddhismus südlicher Richtung ebenso gründlich nicht nur studiert, sondern erlebt haben wie später als lernwilliger Schüler grosser Meister den Zenbuddhismus und die Mysterien des tibetischen Buddhismus. *Westliche und östliche Anhänger der betreffenden Richtungen bezweifeln allerdings die Seriosität dieser Angaben.* 1964 kehrte Lingwood nach England zurück und wurde dort für kürzere Zeit Lehrer am renommierten English Sangha Trust (EST) im buddhistischen Kloster Hampstead. Vorwürfe seinen Lebenswandel betreffend und Meinungsverschiedenheiten führten bald zum Bruch mit dem EST. Ein bereits existierender Western Buddhist Order, dem Lingwood beigetreten war, wurde nun ganz auf die Ideen und Impulse des neuen Leiters ausgerichtet und zum FWBO umfunktioniert, zu einer Organisation, die nicht nur alle Wahrheiten aller anderen Richtungen des Buddhismus in sich vereinen will, sondern auch alle anderen religiösen Wege, auch alle anderen buddhistischen, verwirft. Das eigentliche Anliegen des Buddhismus ist nach Lingwood die Befreiung des Menschen aus den leidvollen Bedingungen seiner Existenz und der Durchbruch zu einem neuen, wahren Bewusstsein und damit zu einem neuen Menschsein. Zu den zu überwindenden Bedingungen menschlicher Existenz zählen Lingwood und seine Umgebung auch die heterosexuelle Orientierung des Menschen. Homosexuelle Praktiken kehren diese Grundbedingungen um und wirken so verstanden befreiend. *Ob sich aber alle Schulen des Buddhismus, wie dies Lingwood will, überhaupt in eine Lehre zusammenbinden lassen? Und ob sich sexuelle Erfahrungen auf dem Weg zu höherem Bewusstsein als Befreiungshilfe einsetzen lassen? Die meisten buddhistischen Schulen ausser den tantrischen würden dies bezweifeln. Der Weg des Buddha, wie er in den Schriften des alten Buddhismus sichtbar wird, kennt jedenfalls weder eine Mystik heterosexueller noch homosexueller Erfahrungen. Der alte Buddhismus möchte alles Wollen überwinden und jede Form des Bewusstseins transzendieren. Die FWBO drängt Wahrheitssucher nicht nur in ein höheres Bewusstsein, sondern, nach Aussagen ehemaliger «Freunde», auch in eine innere Schranken ignorierende Auslieferung an die Organisation.*

Statistik: Weltweit etwa 70 Z, D: 3 Z.
Adressen: FWBO Germany, Buddhistisches Zentrum Essen, Herkulesstr. 13, D-45127 Essen, Tel. 0201 23 01 55. – FWBO Minden, Obermarktstr. 23, D-32423 Minden, Tel. 0571 87 47 6. – FWBO Berlin, Hessische Str. 12, D-10115 Berlin, Tel. 0302 85 98 13 9.
www.fwbo.de

XVI «Kleine» Religionen

Unter dem Stichwort «Kleine Religionen» werden hier zwei Arten von religiösen Gruppierungen zusammengefasst: Einerseits Gemeinschaften nicht-westlicher religiöser Traditionen, die meist durch Migranten und Migrantinnen in den Westen gekommen sind, und andererseits religiöse Neuschöpfungen, basierend auf älteren, in diesem Buch aber nicht besprochenen Traditionen. (Nicht alle der traditionellen nichtchristlichen Religionen sind in der mitteleuropäischen religiösen Gegenwart präsent). Beide Arten von Gruppierungen passen ihren Lehrinhalt mehr oder weniger den religiösen Bedürfnissen und Anforderungen der heutigen westlichen Gesellschaft an und modernisieren so überlieferte ältere Traditionsstränge. Oftmals kommt es dabei zu einer selektiven Aufnahme von Elementen aus anderen religiösen Kontexten. Dieses Miteinander oder Ineinander verschiedener religiöser Ansätze und Traditionen, das wir Synkretismus nennen, kann entweder zu einer Verwässerung aller Traditionen, oder aber zu originellen neuen Synthesen führen. Alle Synkretismen versuchen, verschiedene Kulturkreise und oft auch verschiedene Jahrhunderte so miteinander zu verbinden, dass aus dem ursprünglich kaum Verbundenen ein neues Ganzes wird. Dies gelingt allerdings nicht immer. Die folgenden Beschreibungen von «Kleinen Religionen» sind natürlich keineswegs vollständig, sondern es wurden die Gruppierungen ausgewählt, welche unseres Wissens bei Informationsstellen zu den häufigsten Anfragen führten.

Yezidi

Yezidi – die Ableitung des Namens liegt ebenso im Dunkeln wie die Wurzeln ihrer Religion – nennen sich die nach eigenen Angaben ca. 800 000 Kurden vor allem aus dem Nordirak, die nach eigenem Empfinden immer noch der «Urreligion» Irans, dem Mithraskult, anhängen. Nach westlichem Empfinden handelt es sich aber um eine Religion eigener Art, die sich aus altiranischen, gnostischen, jüdischen, christlichen, mandäischen und islamischen Elementen entwickelt hat. Ihr gemässigter Dualismus und ihr Lichtkult verbindet sie mit dem alten Iran, ihre Verehrung der Gestirne als Engel mit dem alten Mesopotamien, ihr Brauch der Beschneidung und ihre Verehrung islamischer Heiliger mit dem Islam und ihre «Taufe» mit den Christen und den Mandäern, einer heute nur noch sehr kleinen, alten gnostischen Gemeinschaft im Süden Iraks und in der iranischen Provinz Huzistan, in deren heiligen Schriften Johannes der Täufer eine bedeutende Rolle spielt. Ihre Speiseverbote hingegen erinnern an das Judentum. Zentrum der Religion war und ist das Grabheiligtum des Scheich Adi in Lalish bei Mossul. Zu den wesentlichsten Elementen ihres Glaubens gehört die dualistische Interpretation der Welt. «Teufelsanbeter» wurden die Yezidi genannt, weil der böse Geist als Teil des Weltplanes Gottes und als alles wirkender und alles wissender Herr der Welt höchste göttliche Ehren geniesst. Er erscheint auch als Melek Taus, «Engel Pfau» – als Bronzevogel wird er im Grabheiligtum in Lalish aufbewahrt – und heisst auch «Saitan», Satan. (Doch diesen Namen und alles, was an ihn anklingt, wagen Yezidis nicht auszusprechen.) Die meisten ehemaligen Yezidi bekehrten sich im Verlauf der Jahrhunderte unter islamischem Druck zum Islam. Einige der Übriggebliebenen sind in den letzten Jahrzehnten nach Europa emigriert, wo ihnen der Flüchtlingstatus zuerkannt wurde. In Deutschland leben z.Zt. etwa 30 000 Yezidi. Sie pflegen ihr geistiges Erbe seit 1993 in ihrer neuen Zeitung Denge Ezidiyan, Stimme der Yezidi, die in kurdischer, deutscher und türkischer Sprache erscheint und durch Beiträge von Forschern und Freunden der Yezidi zum ersten Mal eine bisher weitgehend verborgene und nur in Umrissen bekannte Religion ins Licht des modernen Bewusstseins bringt. Parallel mit diesem Bemühen um Präsentation eines bisher «geheimen», d.h. verpönten Kultes geht das Bestreben nach Eindeutigkeit und Einsichtigkeit yezidischer Theologie und Praxis. *Im Westen wird sich – dies deutet sich bereits an – der bis vor kurzem kaum reflektierte Glaube und die oft nur den oberen Hierarchien vertraute rituelle Praxis der Yezidi so weit verwandeln, dass sich auch diese Kleinreligion bald einmal dem modernen Betrachter mit einfühlsamen Riten und einer einleuchtenden Botschaft präsentieren wird.*

Zeitung: Denge Ezidiyan.
Statistik: Weltweit um die 800 000 M, in D etwa 30 000.
Adresse: EZiA, Vahrenwalderstr. 10, D-30163 Hannover, Tel. 0511 3384943, Email: ezia@yezidi.net.
www.yezidi.de
www.yezidi.org

Mazdaznan-Bewegung

1890

Die Mazdaznan-Bewegung beruft sich auf Zarathustra, benutzt diese Gestalt aber nach eigenem Gutdünken. Zarathustra diente schon oft als Projektionsfläche für eigene Vorstellungen und Wünsche. Er gilt als ältester Prophet der Menschheit und Überbringer einer Urwahrheit, die später nie mehr überboten wurde. Aber die historische Gestalt des Zarathustra ist fast nicht mehr zu erkennen. Aus den 17 ihm zugeschriebenen Hymnen (Yasna 28–34 und 43–53) in den heiligen Schriften der Parsen lässt sich der historische Zarathustra nur noch in Umrissen erraten. Wahrscheinlich wusste sich Zarathustra – gleichzeitig Priester und Prophet – vom höchsten Gott Ahura Mazda in einer Vision beauftragt. Unzweifelhaft kreiste sein Denken um die göttlichen Zwillinge, den freundlichen Geist von Mazda und die zerstörerische Macht des Angra Mainyu. Zwischen diesen beiden muss sich jeder Mensch entscheiden. Das ewige Schicksal des Menschen wird durch diesen Entscheid bestimmt. Das heisst aber auch: Jeder Mensch trägt Verantwortung für sein ewiges Schicksal. Offensichtlich erfuhr Zarathustra viel Ablehnung durch andere Priester und durch seine Verwandtschaft. Er musste seine ostiranische Heimat verlassen, gewann aber im Westen Irans einen Fürsten und Gönner für seinen Glauben, der sich später durch Übernahme zahlreicher älterer und neuerer Vorstellungen zum sog. Parsismus weiterentwickelte. Zarathustra selber ist im Verständnis seiner späteren Anhänger, der Parsen, weit mehr als nur ein Prophet. Er ist als Überbringer der Uroffenbarung und Bekämpfer des Bösen selbst eine Manifestation des Gottes, also – christlich gesprochen – beinahe eine Inkarnation.

Dr. Otoman Z. A. Hanish (1844–1936), der Begründer der Mazdaznan-Bewegung, war angeblich unbekannter Herkunft, aber wahrscheinlich der Sohn des damaligen russischen Botschafters in Teheran und seiner deutschen Frau. Mit drei Jahren soll er in ein tibetisches Kloster gegeben worden sein, wo er in der sog. Gemeinschaft der Auserwählten während vieler Jahre die Lehre Zarathustras studiert und praktiziert haben will. Als junger Mann stieg er freiwillig aus den Bergeshöhen in die Niederungen der Menschen herunter, um ihnen die Botschaft von Zarathustra mitzuteilen. Als Doktor im umfassendsten Sinne des Wortes, als «Arzt, Priester, Dichter und Schriftsteller, Gärtner, Vorleser und Lehrer und ein oberster und weiser Lehrer der Menschheit», gründete er später in Kalifornien die «Reorganized Mazdaznan Temple Association of Associates of God». Der Name «Mazdaznan» stammt aus dem Mittelpersischen und heisst etwa «Meister des Gottesgedankens» oder «meisterlich konzentriertes Denken». Auch starke Anfeindungen vermochten Hanish nicht zu erschüttern. Unentwegt diente er seiner Sendung. Er glaubte, im Gegensatz zur Meinung der Historiker, aber in Übereinstimmung mit der Meinung der Parsen, dass Zarathustra viele Jahrtausende vor Christus gelebt und seine Religion von der höchsten Gottheit empfangen habe. Diese Religion gilt als Urreligion, die sich später als Lichtreligion über die ganze Welt verbreitet habe. Sie wird heute in der Mazdaznan-Bewegung wieder verkündet, als «harmonisches umfassendes System der Selbstentfaltung» mit Atemübungen, Diätvorschriften, Gesangsübungen, Körperübungen, Gesundheitspflege, Rezepten für die Heilung verschiedenster Krankheiten usw. Der Mensch wird auf den Pfad der Selbstentwicklung verwiesen. Entscheidend ist die zarathustrische Aufforderung: Gutes denken, Gutes reden, Gutes tun. Umfassende Körperpflege, eine auf ein zweites, in den Lungen befindliches Lebenszentrum ausgerichtete Atmung, Waschungen und Ernährungsvorschriften (vegetarische Nahrung) sind dabei von entscheidender Bedeutung. Die Anhänger halten die Mazdaznan-Lehren auch zur Heilung von Kranken geeignet. Bei den Zusammenkünften werden Ansprachen mit Körperübungen verbunden.

Zarathustra und seine Lehre dienten Hanish als Projektionsfläche für seine eigenen Eingebungen. Doch nicht nur Zarathustra erscheint in kaum mehr erkennbarer intuitiver Deutung. Auch die Gestalt Jesu präsentiert sich in eigener Perspektive: Yessu, so wird gesagt, ist am 23. Mai des Jahres 749 nach der Gründung Roms geboren und von essenischen Lehrern ausgebildet worden. Reisen führten ihn nach Ägypten, Griechenland und Indien. Er wurde schliesslich nach seiner Verurteilung noch lebend vom

Kreuz genommen und durch einen Geheimgang aus dem Grabe gerettet. Im Grunde genommen war er ein neuer Zarathustra.
Die eifrigen Mitarbeiter David und Frieda Ammann, beide schweizerischer Herkunft, brachten die neue Bewegung 1907 nach Deutschland und in die Schweiz. David Ammann, 1914 aus Sachsen ausgewiesen, gründete 1915 in Herrliberg am Zürichsee die Mazdaznan-Siedlung «Aryana» mit angeschlossener internationaler Mazdaznan-Schule. Die Siedlung hatte etliche Jahre Bestand. Leiter, «Elektor», der Mazdaznan-Bewegung ist heute Alfonso Rodriguez Calderon.

Statistik: D: G in verschiedenen Städten / CH: 2 G.
Adressen: Mazdaznan Temple Association, 4364 Bonita Road, 617, Bonita, CA 91902, Tel. 001 858 546-4400. – Deutsche Mazdaznan-Bewegung, Kurstr. 4, D-34549 Edertal-Bringhausen. – Heinz Kihm, Hinterbergstr. 106, CH-8044 Zürich, Tel. 01 261 49 62.
www.mazdaznan.de
www.mazdaznan.org

Mahikari

Die Mahikari-Bewegung (Mahikari = «das wahre Licht») präsentiert sich in der Optik des Aussenstehenden als synkretistische Erlösungsreligion mit Elementen aus der taoistischen Metaphysik, aus shintoistischer Sprach- und Heilungsmagie, aus biblischem Eklektizismus und aus dem japanischen Buddhismus. Sie betrachtet sich selbst als Organisation, in der sämtliche Weltreligionen vereint sind. Gründer der Bewegung ist Kotama Okada (1901–1974). 1959 hatte er während einer fünftägigen Bewusstlosigkeit eine Vision der «astralen Welt», die er als Offenbarung des Schöpfergottes SU interpretierte. Gott befahl ihm in dieser Vision, die gesamte Welt durch spirituelle Reinigung zu retten. Ziel der Rettung ist die Aufrichtung einer gleichzeitig materiellen und spirituellen Zivilisation. Die Menschen haben zwar Wissenschaft, Technik und materielle Welt geschaffen, aber sie haben sich mehr und mehr von ihrem Schöpfer entfernt und die Entwicklung einer spirituellen Zivilisation vernachlässigt. Die jetzige Menschheitsperiode geht darum einer göttlichen Reinigungs-«Feuertaufe» entgegen. Bevor es so weit kommt, bietet Gott den Menschen jedoch durch Kotama Okada eine Reinigung durch *Mahikari*, das spirituelle Licht, an.
Durch diese spirituelle Methode des Mahikari lässt sich spiritueller und karmischer Mangel beheben. Die Irrungen aus der Reihe verschiedener Leben werden kompensiert. Der Mensch wird zu Gott geführt und die neue spirituelle Zivilisation vorbereitet. Lehren und Riten unterstehen der Geheimhaltepflicht. Zur Einführung genügt ein dreitägiger Kurs, der auch 45minütige «Reinigungen» mit einschliesst. Auf den Kurs folgt für diejenigen, die sich dazu bereit erklären, die Einweihung.
Sukuinushisama (= «Erlöser») Kotama Okada ist 1974 gestorben. Nach seinem Tod erfolgte eine Spaltung der Gruppe in die von Okadas Adoptivtochter Sachiko (Pseudonym Oshienushi Keijusama) geleitete Organisation Sûkyô Mahikari («Su-Gemeinschaft, die sich auf das grosse Licht beruft») mit Hauptquartier in Takayama und in die vom treueren Okada-Anhänger Sekiguchi Sakae (Pseudonym Oskienushill) geführte Sekai Mahikari Bummei Kyôdam («weltweite wahre Lichtvereinigung») mit Hauptsitz in Nakaizu. In letzter Zeit zeigen sich wieder Bestrebungen, beide Zweige zu vereinen.
Mahikari-Zentren gibt es auch in verschiedenen Städten Europas, u.a. in Genf. Sakralsprache ist japanisch.

Zeitschriften: Mahikari / Oshienushisama Gokyoji / Sukyo Mahikari.
Statistik: Sûkyô Mahikari: weltweit um die 800 000 M, 1200 Z. – Sekai Mahikari: um die 100 000 M / D: beide Gruppierungen zusammen ca. 100 M / CH: 350 M, 2 Z.
Adressen: Europäisches Zentrum für Sûkyô Mahikari im Schloss Ansembourg in Luxemburg. – Mahikari Deutschland e.V., Dorfstrs. 20, D-28207 Bremen, Tel. 0421 498

6211. – Jean Claude Kolly, Mahikari, 49, avenue Blanc, CH-1202 Genf, Tel. 031 9812 06 93. – Mahikari, via alla Valletta 4, CH-6900 Lugano, Tel. 091 993 27 56. www.mahikari.org

Ogamisama-Bewegung

nach 1944
Eigentlicher Name: Tensho Kotai Jingu Kyo.
Im Jahre 1943 erlebte die japanische Bäuerin Kitamura Sayo, die «Prophetin von Tabuse» (1900–1967), mitten in ihrem Gebet im Sinne einer Berufung plötzlich die Innenstimme Gottes als «Selbstaussprache des ewigen Wortes». Sie wurde zu einer charismatischen Führerin mit der Gabe der Heilung. Ihre Anhänger verehren sie bis heute als «Ogamisama» (= «die Göttliche»). Im Schintoismus, der alten japanischen Staats- und Naturreligion, gilt sie als Göttin. Ihr wird höchste Macht zuerkannt. Ihre Art der Befreiung vom Bösen übertrifft alles, was andere Welterlöser gebracht haben. Auch ihre Nachfolgerin, Himegamisama, wird als göttlich verehrt. Ogamisama hat in Tabuse (Japan) einen grossen Tempel des Friedens errichtet. Auf ihrer Europareise im Jahre 1964 gewann sie auch in Deutschland und den umliegenden Ländern etliche Anhänger.
Nach den Lehren der Ogamisama-Bewegung lebt der Mensch der Gegenwart in der Finsternis seines moralischen Tiefstandes. Will er daraus heraus und ins Licht finden, muss er sich seiner Seele bewusst werden und alle widerstrebenden Kräfte in ihr reinigen und einigen. Er muss Shinko praktizieren (d.h. sich Gott nähern). Nicht die historischen Religionen, die von Ogamisama alle abgelehnt werden, sondern Ogamisamas von Gott empfangene Anweisungen verhelfen dazu, dass schliesslich Gottes Reich auf Erden und die Harmonie mit dem unendlichen, absoluten Gott verwirklicht werden.

Statistik: Weltweit über 300 000 M / im deutschen Sprachgebiet keine organisierten G, aber vereinzelte Anhänger und gelegentliche Missionsbemühungen.
Adressen: International Headquarters, Tabuse-cho, Yamaguchi-ken, 742-15 Japan. – T. Schramm, A-1120 Wien, Malfattigasse 20/22, Tel. 01 8106911.

XVII Neuheidentum

Seit den 70er Jahren haben sich in Europa und in den USA, vornehmlich in Grossbritannien und im deutschen Sprachgebiet, Vereinigungen gebildet, die alten vorchristlichen, germanischen und keltischen Glaubensinhalten nachzuleben suchen. Dieser neu erwachten Liebe zum Keltentum und Germanentum bei Gruppen west- oder nordeuropäischer Provenienz entspricht in den USA die Suche nach urreligiösen Wurzeln in den Resten tradierter Stammeskulturen Amerikas, angeblich original erlebbar immer noch im Umfeld indianischer Schamanen. Im amerikanischen und europäischen Raum wurden und werden die sog. Hexen als Schamaninnen europäischer Prägung zu Leitfiguren einer eigentlichen neuen Hexenbewegung. Wer männliche oder weibliche Hexe wird oder in sich die Hexe entdeckt, muss nicht in anderen Kulturen nach archaischer Religiosität suchen. Auf den Spuren der Indianer sieht sich der Europäer immer irgendwie als Jünger zweiter Ordnung. Als neuer Kelte, neuer Germane oder neue Hexe steht er in seinen Augen auf eigenem Grund und Boden und wandelt durch die Tiefen der eigenen Seele. Im übrigen ist die folgende Gliederung der neuheidnischen Szene in **Neo-Schamanen**, **Neo-Kelten**, **Neo-Germanen** und **Neo-Hexen** in weiten Bereichen eine rein behelfsmässige. In der intuitiven Spiritualität und mystischen Abenteuerlust der neuen Heiden vermengt sich oft alles mit allem. Mischformen neuheidnischer Spiritualität sind beinahe schon die Regel, Indianerträume entschlüsseln germanische Mythen, und Voodoo-Magie öffnet die Tore in die Hexenmagie
Die akademische Frage, ob sich Heidentum, zumal schamanistisches, germanisches und keltisches, und sog. Hexentum aus historisch zuverlässigen Quellen oder Resten lebendiger Tradition so weit erschliessen lassen, dass eine einigermassen überzeugende Kopie heidnischen Glaubens und heidnischer Kultur möglich wird, und die Frage, ob denn der Mensch des beginnenden 21. Jhdt.s mit seinen Denkmustern und seinen emotionalen Grundstrukturen in der Lage wäre, ein solches rekonstruiertes Heidentum überhaupt authentisch zu leben, interessieren die neoheidnischen Gruppierungen entweder nicht oder sie werden sofort mit dem Hinweis auf authentische Meistertradition oder persönliche mystische Erfahrungen zweifelsfrei bejaht. Wer sich dieser Zweifel nicht so rasch entledigen kann, wird fairerweise im Blick auf das neue Heidentum nie von Kelten, Germanen, Schamanen und Hexen sprechen. Der Respekt vor den vor- und ausserchristlichen Traditionen und das Wissen um die historische Differenz zwingt ihn, konsequent Neo-Heiden, Neo-Schamanen, Neo-Kelten, Neo-Germanen und Neo-Hexen anzusprechen, wobei er die Frage, wo Alt und Neu sich in diesen Bewegungen be-

rühren oder gar decken, im Einzelnen bewusst nicht beantwortet. Wir sprechen den neuen Heiden nicht den Willen ab, altes Heidentum authentisch zu rekonstruieren. Wir bestreiten nicht einmal die Möglichkeit, dass dies ansatzweise auch gelingt. Wir bezweifeln nur alle umfassenden, angeblich authentischen Rekonstruktionen. Neu-Heiden überspringen nicht Jahrtausende. Sie kehren nicht in die Bronzezeit zurück. Heidentum ist heute postmoderne Sinnsuche. Heidentum ist für Neuheiden alles, was sicher nicht kirchlich-christlich oder modern-aufgeklärt, sondern archaisch-naturmystisch, matriarchal-magisch oder nicht selten auch rassisch rein und urgermanisch oder ureuropäisch wirkt, und was sich dem neuheidnischen Gemüt in eigenen Ahnungen und Erfahrungen als geheimnisvolle Präsenz naturnaher göttlicher Kräfte erschliesst.

Zutiefst fragwürdig wird das neue Heidentum, wo es nicht nur in neuromantische Deutschtümelei und inszenierte Kirchenfeindschaft, sondern in esoterische Wurzelrassenmystik und eine nur schlecht kaschierte Neuauflage rassistischer Weltbetrachtung und nationalistischer Blut- und Bodenmythen mündet. Zuviel hat sich in den vielen Jahrhunderten europäischer Geschichte zugetragen. Der blosse «edle» Wille einer Rückkehr ins Heidentum räumt die Missbräuche auf dem Weg zurück nicht aus.

Neuheiden leben – wie könnte es angesichts dieser intuitiven Rekonstruktion des Heidentums anders sein? – ihre Spiritualität und Weltanschauung in einer Vielzahl von Varianten und nicht selten auch in kleineren Gruppierungen, die sich gerne und wild mit anderen Neuheidengruppen streiten. Trotzdem lassen sich für viele – nicht für alle – Varianten des Neuheidentums doch vier gemeinsame Merkmale ausmachen:

1. Gemeinsam ist allen Gruppierungen, die sich selbst als heidnisch oder neuheidnisch bezeichnen, die Überzeugung, dass in der Zivilisationskrise der Gegenwart, im gebrochenen Verhältnis des Menschen zur Natur, in der zunehmenden Durchmischung der europäischen Bevölkerung mit Nichteuropäern und im immer offenkundigeren Hang zu einer Welteinheitskultur nur die Rückkehr zu den eigenen Wurzeln dem Menschen noch überzeugende Identität schenken könne. Diese Liebe zum vorchristlichen Europa impliziert ein prononciertes Nein zum kirchlichen Christentum, dessen aggressive Missionspolitik seinerzeit – so meinen die Neuheiden – die für Europa wahre und wirklich geeignete Religion, das Heidentum, ausgerottet hat. Das Christentum gilt als Unglück für Europa, als europafremder und das europäische Erbe verfälschender orientalischer Import.

2. Am meisten wird diesem in seinen Wurzeln jüdischen Christentum angekreidet, dass es nach aussen hin eine Moral der Rücksicht auf alle Schwachen, eine anscheinend alle Menschen umfassende Nächstenliebe und sogar die sog. Feindesliebe predige, während es im Verlauf seiner Geschichte belegt habe, dass sich diese Maximen nicht in den Alltag übertragen lassen. Das Heidentum aber, wie immer es unter Neoheiden verstanden wird, lehrt die Freundschaft gegenüber den

Freunden und die Feindschaft gegenüber den Feinden, die Rücksicht auf Artgenossen und Clanbrüder und die nicht demonstrativ gesuchte, aber nicht selten fröhlich begrüsste Rücksichtslosigkeit gegenüber Mitgliedern anderer Volksgruppen oder Clans. Nicht zufällig wird wieder der Wolf zum Leitbild menschlicher Moral – oder vielmehr das Verhalten, das man in den Wolf projiziert. Die Wolfsmoral verlangt restlose Treue und Opferbereitschaft gegenüber dem eigenen Rudel und rabiates Zähnefletschen gegenüber allen rudelfremden Elementen. Der Fremde wird in dieser «Wolfsperspektive» grundsätzlich zum Eindringling, der das eigene Revier bedroht.

3. Ein grosser Teil der Neuheiden, vor allem in Deutschland, will sich mit Vehemenz und Nachdruck von allen rechtsextremen Gruppierungen distanzieren. Dies vor allem seit 1996, als ein 27-jähriger Rechtsradikaler aus dem Sauerland fünf Morde gestand und vom Germanengott Odin den Auftrag zum Töten erhalten haben wollte. Neuheidentum präsentiert sich politisch zumeist nicht nationalistisch, aber ökologisch-national. Die Natur – als Mutter Erde verehrt – ist für die meisten Gruppierungen nicht nur heilig, sondern Quelle jeder göttlichen Kraft. Neuheidentum gibt sich im allgemeinen betont erdgebunden, durchaus nicht himmels- oder jenseitsorientiert. Der Mensch wird bewusst nur als ein kleiner Teil und niemals als Herr der allseits belebten und von göttlicher Dynamik durchdrungenen Natur verstanden. In ihrer romantisch verklärten Naturfreundschaft und ihrer mythisch überhöhten Naturnähe zeigen neuheidnische Gruppierungen oft bewusstes ökologisches Engagement. *Kritiker sprechen nicht ohne Grund von grün-braunen Gemeinschaften.* Kernpunkt dieser doch häufig leicht grünbraunen Weltsicht ist vor allem die von niemandem zu bestreitende Tatsache, dass die rasante zahlenmässige Zunahme der Menschheit nicht nur das ökologische Gleichgewicht, sondern vielleicht sogar das Überleben aller Menschen auf diesem Globus bedroht. Die vorher skizzierte Moral führt unter den Neuheiden zur Erkenntnis, dass die Treue gegenüber der eigenen Gruppe gebiete, alle Massnahmen einzustellen, die das Überleben der viel zu vielen Fremden gewährleiste. Hungersnöte, Kriege, Katastrophen, Seuchen sind – solange sie die eigene Gruppe verschonen – für manche Neuheiden kein Anlass zur Sorge, ganz im Gegenteil. Ähnliche Überlegungen machen sich heute selbstverständlich nicht nur Neuheiden. *Das Neuheidentum gibt manchen Menschen mit Rudeloptik nur die willkommene Gelegenheit, als inhuman verpönte Ansichten mit Gleichgesinnten zu teilen.*

4. Was die Glaubensinhalte der neuheidnischen Bewegungen betrifft, so wird in allen die Überzeugung gelebt, vorheidnische Gottheiten, die zumeist als der Natur immanente Dynamik, als personifizierte Naturkräfte oder sogar als Archetypen unseres kollektiven Bewusstseins gedeutet werden, liessen sich durch die ihnen entsprechenden Riten kontaktieren und in ihrer teils wilden, teils zärtlichen Dynamik für die neuheidnische Gemeinschaft gewinnen. Als Freundinnen und Freunde ihrer Gottheiten setzen die Neuheiden dann die so mobilisierten göttli-

chen Wesenheiten oder Kräfte rituell oder magisch zur Erfüllung eigener Wünsche, zum Schutz des Lebens oder zum Schaden der Gegner ein. Zwischen der neuheidnischen Gemeinschaft und ihren göttlichen Wesen entsteht nicht selten ein Kampf- und Freundschaftsbund, wie ihn in ähnlicher Weise vielleicht auch die alten Germanen erlebten, wenn sie sich ihren Göttern zuwandten.

5. Rituale und Feste gehören zu den Naben, um die sich die Räder neuheidnischer Gemeinschaften drehen. Sie werden oft an romantischen Orten – sog. altheidnischen Kraftplätzen – und an durch den altkeltischen Festkalender vorgegebenen Daten inszeniert. Sie wirken alles andere als steif oder heilig-ernst. Als eigentliche Happenings verbinden sie Momente mystischen Schweigens, z.B. im gemeinsam erlebten Sonnenaufgang, mit Pfadfinderromantik (Zeltlager, Tänze ums Feuer, Gesang), mit viel Kumpanei und ausgelassener Gruppenherzlichkeit. Die neuheidnischen Feste sind Freiräume für Aspekte des Menschseins, die in der unromantischen Normalwelt kaum mehr gelebt werden können. *Wer das aufziehende Neuheidentum als Bedrohung empfindet, dürfte nicht nur gegen die Neuheiden und ihre Gruppenmoral antreten. Er müsste wie sie – wo und wann immer auch – Feste feiern können, die menschlich nicht weniger bieten als ihre eigenen Happenings. Neuheiden feiern das wilde, gute Leben. Sollen Christen dies ihnen grundsätzlich verbieten?*

Das Neuheidentum – nun auf seine einzelnen Strömungen hin besehen – lässt sich behelfsmässig in vier Hauptrichtungen unterteilen:

1. Die **neuen Kelten** mit geographischem Schwerpunkt in Frankreich und Grossbritannien. Im religiösen Leben der Kelten spielten die Druiden als Priester und Hüter der Überlieferungen eine wichtige Rolle. Deshalb wird die keltische Religion in alter und rekonstruierter Variante auch als Druidismus bezeichnet.

2. Die **neuen Germanen** mit Schwerpunkten in Deutschland, Skandinavien und den USA, mit ihrer oft betonten Rudel-Moral und kämpferischen Varianten heidnischer Spiritualität.

3. Die Bewegung der **Neuen Hexen** mit ihrer spezifischen magischen Spiritualität, basierend auf dem Glauben, dass alles in der Natur einen Geist besitze und eine Erscheinungsweise der Gottheit darstelle. Die Auffassung, dass spirituelle Einsicht und emotionale Weisheit, die Leitwerte einer gleichzeitig uralten und nun wieder anbrechenden neuen Welt, angeblich vor allem durch Frauen verkörpert werden, macht Hexen, Seherinnen und Heilerinnen zu Vorbotinnen einer neuen, menschlichen und naturnahen Kultur. Dieser neuen Hexenbewegung wird manchmal nachgesagt, dass sie sexuelle Rituale liebe. Sexuelle Rituale im Sinne einer «Heiligen Hochzeit» zwischen Göttin und Gott, vertreten durch Priesterin und Priester, sind aber beileibe nicht überall die Regel. Jeder Coven (Hexengruppe, von conventus, Zusammenkunft) pflegt seine eigenen Gebräuche. Bezeichnend für die neue Hexenbewegung ist überdies, dass viele Hexen sich nur lose oder überhaupt nicht organisatorisch einbinden lassen. Fern von den unten angeführten He-

xenbünden inszenieren einzelne Frauen («Solohexen» oder «Familienhexen») ihre Rituale und bieten ihren Zauber an. Familienhexen wollen von einem älteren Familienmitglied, manchmal der Grossmutter, ihren Hexenberuf erlernt haben.

4. Die **neuen Schamanen**, die vor allem indianische Spiritualität und Lebensweisheit aufgreifen möchten, scharen sich selbstverständlich vor allem um ihre Zentren im Westen der USA, verbreiten aber ihre Erfahrungen und Einsichten in Zirkeln, Freundeskreisen und Bildungsstätten, wo immer die moderne Zivilisation nach spirituellen, postmodernen Alternativen sucht. Schamanismus spezieller Prägung pflegt die Göttin-Bewegung: sie setzt die Göttin Mutter Erde ins Zentrum einer betont mitweltbewussten, neuheidnischen Spiritualität. Erdkult und Naturmystik erfreuen sich nicht zuletzt im Neuheidentum der USA grosser Beliebtheit. Als sog. **Gaia-Schamanismus** oder **Gaia-Bewegung** spricht dieses erdzentrierte neue Heidentum auch in Europa zivilisationskritische Naturmystiker an.

Die zahlenmässige Stärke der neuheidnischen Bewegungen ist trotz der grossen Zahl der Gruppen, Kreise und Zentren auf dem europäischen Kontinent bis heute eher bescheiden, aber es ist nicht zu verkennen, dass neuheidnische Spiritualität zunehmend in der Populärkultur und der Esoterikszene Eingang findet. Die Esoterik, immer auf der Suche nach Quellen traditioneller Spiritualität, die der nur allzu rasch versiegenden individuellen Mystik neue Lebendigkeit zufliessen lassen, entdeckt in letzter Zeit neben dem grossen Fahrzeug des Buddhismus und dem Schamanismus in Ost und West auch das sog. europäische Hexenwesen als wild sprudelnde Quelle magischer Experimentierfreude und mystischer Intuition. Auch im Gedankengut von Rechtsintellektuellen finden sich mehr als nur Anknüpfungspunkte ans sog. europäische Heidentum. Die Liebe zum eigenen Grund und Boden, zum eigenen Herkommen, ja sogar zum eigenen Stamm treibt in einer Zeit grenzenloser Globalisierung im neuen Heidentum und im Neonazitum verführerisch duftende Blüten. Zudem treffen sich rechtsradikale und neuheidnische Gesinnung, bei aller lauten Distanzierung vieler neuer Heiden von den Neonazis, in der gemeinsamen Liebe zum mystisch erlebten Hier und Jetzt. Nicht das Paradies im Jenseits wird hüben und drüben angestrebt, sondern eine Welt im Diesseits, in der die Menschen ihre Götter oder doch ihre höchsten Werte und lebensgestaltenden Kräfte in ihrem eigenen Wesen und in ihren eigenen (z.B. germanischen) Wurzeln entdecken. *Das Neuheidentum beantwortet auf seine Weise die Frage nach kultureller und religiöser Identität in einer Zeit der Globalisierung und stellt eine Herausforderung dar für alle, denen Demokratie und Christentum und die Zukunft unserer Gesellschaft ein Anliegen sind.*

Aus der Sicht eines universalreligiösen Glaubens, wie das Christentum ihn vertritt, werden damals wie heute diese heidnischen und neuheidnischen Gottheiten in ihrer Bindung an ethnische Gruppierungen und nationale oder nationalistische Gemeinschaften vor allem dort zum Problem, wo die entsprechende Gemeinschaft auf Gemeinschaften stösst, die nicht zur eigenen Nation oder Rasse gezählt wer-

den können. Da bedroht die Wolfsmoral die moderne Gesellschaft. Das Argument, dass wir durch das Christentum zu zahmen Hunden wurden, und dass es nun gilt, wieder die Wolfsnatur in uns zu entfalten, zeigt die Stossrichtung mancher Formen neuen Heidentums. Da werden die heidnischen Götter zu himmlischen Protagonisten nationaler oder rassischer Gegensätze. Sie gingen schon in vorchristlicher Zeit ihren Freunden im Kampf voran und nahmen sie, wenn sie im Kampf fielen, direkt in Walhalla auf. Natürlich heisst das nicht, dass alle Bewegungen neuen Heidentums sich damit schon der rassistischen Szene zurechnen lassen. Manche wehren sich vehement gegen rassistische Übertreibungen. Aber im Grenzbereich zwischen nationaler Identitätssuche und nationalistischem und rassistischem Gedankengut bewegen sich viele neuheidnische Gruppen. Denn der Einwurf, dass die Nationalsozialisten seinerzeit auch neugermanische Organisationen verboten hätten, dass Neonazis und Neuheiden von ihren Wurzeln her Gegner seien, verkennt die Gründe für das seinerzeitige Verbot: Die Nazis haben Neuheidenorganisationen offenkundig nicht nur als Gesinnungsverwandte, sondern auch als Konkurrenz erlebt. Sie liessen sich ihre weltanschauliche Monopolstellung auch von Neuheiden nicht in Frage stellen.

Viele neuheidnische Kreise sind sehr personenzentriert organisiert. Bei Wegzug der bestimmenden Gestalten verliert oder verschiebt sich oft auch der Kreis. Adressen sind manchmal, kaum veröffentlicht, bereits wieder überholt. Nicht selten finden sich Freunde und Freundinnen neuheidnischer Spiritualität dank dem Internet. Eine Website oder ein Webring mit Zugang zu unterschiedlichen Varianten neuheidnischer Spiritualität wird zum eigentlichen Kristallisationspunkt mancher neuheidnischer Gemeinschaften. Beispiele neuheidnischer Foren und Treffpunkte sind:

www.heidenspass.net
www.derhain.de
www.dersteinkreis.de
www.hagazussa.net

1. Neue Kelten

Die unbestrittene Bedeutung der Kelten für die Geschichte Westeuropas und das Fehlen von genauen schriftlichen Überlieferungen sind dazu angetan, die Phantasie anzuregen und eine unwiderruflich vergangene Welt neu zu inszenieren. In der keltischen Religion spielten die Druiden als Priester, Magier, Seher, Dichter, Ärzte und Hüter der mündlichen Überlieferungen von Versen, Beschwörungen, Zaubersprüchen und Mythen eine wichtige Rolle.

Im 20. Jhdt. entstanden in Europa Druidenorden, welche druidisches Wissen lehren, keltische Gottheiten (meist weibliche) verehren und an sog. Kraftplätzen an altkeltisch vorgezeichneten Tagen neokeltische Rituale vollziehen. Damit soll zu den Ursprüngen des europäischen Geistes zurückgefunden und dieser damit auch erneuert werden.

Es gibt an die 300 Namen von keltischen Göttinnen und Göttern, zahlreiche Rituale, einen keltischen Kalender, keltische Baumorakel und am Lauf der Jahreszeiten sich orientierende Festtage. Die wenig aufschlussreichen Quellen der Überlieferungen sind meist römische historische Schriften. Sie liefern die Stichworte, um die herum die neuen Kelten ihre religiösen Dramen inszenieren. Zumeist treten dabei Erde, Meer und Himmel gleichwertig auf, im Gegensatz zu anderen neuheidnischen Traditionen, bei welchen die Göttin-Mutter-Erde dominiert. Immer wieder wird von Mitfeiernden die Nähe der Anderswelt an den heiligen Orten zu den festgelegten Zeiten erlebt. Es ist als ob die Wand, die die sichtbare und die unsichtbare Welt trennt, im neokeltischen Ritual hauchdünn würde.

In Mitteleuropa verbinden sich manchmal nahtlos neokeltische mit neogermanischen Vorstellungen und Ritualen. Die Vorfahren der mitteleuropäischen Neokelten waren wohl auch eher Germanen. Wenn man sich – wie unter Schweizer Neuheiden üblich – dennoch lieber zum keltischen Heidentum bekennt, so hat dies auch taktische Gründe. Das neukeltische Heidentum ist historisch weit weniger vorbelastet als das neugermanische. Inhaltlich ändert sich aber mit dieser mitteleuropäischen Präferenz für neues Keltentum wahrscheinlich wenig.

Für den kritischen Beobachter der neokeltischen Szene stellt sich die Frage, warum es den Kirchen zusammen mit der modernen westlichen Bildung so selten gelingt, der Religiosität im modernen Bewusstsein Raum zu geben, oder anders gefragt, warum auch moderne Menschen oft zu religiösen Erfahrungen erst dort finden, wo die archaischen Ebenen ihres Bewusstseins angesprochen werden. Sind moderne Wege erlebnisnaher christlicher Spiritualität zu elitär, zu künstlich, zu seelenfern, verglichen mit den offenbar gleichzeitig erdnahen und himmelsnahen neuheidnischen Ritualen?

Unbestreitbar ist auch der gewisse kulturelle Wert des Neokeltismus. Vor allem der Versuch, altkeltische Musik zu rekonstruieren samt ihren Instrumenten, z.B. dem berühmten grossen Bronzehorn Carnyx, fasziniert auch Menschen, die anderweitig dem Neoheidentum nichts abgewinnen können. Im Sinn einer Suche nach eigener kultureller Identität in einem Zeitalter zunehmender Globalisierung drängen sich Kulturreisen in die eigene, auch vorchristliche Vergangenheit förmlich auf.

Jeder weitere Kommentar aber erübrigt sich angesichts der auf der Homepage der deutschsprachigen Neokelten geführten Debatte, ob es nicht typisch keltisch sei, sich darüber zu freuen, dass Hunger, Seuchen, Kriege und Katastrophen im Sinne einer heilsamen Dezimierung der Menschheit Menschen dahinrafften.

Europäisch Keltische Gemeinschaft

Im angelsächsischen Raum gibt es zahlreiche neokeltische Organisationen, wie z.B. die OBOD (Orden of Bards, Ovates and Druides) mit Sitz in Sussex (England), ADF (A Druid Fellowship) oder die IMBAS-Organisation in den USA. Auf dem europäischen Kontinent bemüht sich die 1998 gegründete Europäisch Keltische Gemeinschaft (EKG/ECC) um möglichst überzeugende Wiederbelebung keltischer Kultur und Spiritualität. Sie will «einen Gegenpol anbieten; ein informatives Gegengewicht zu all den haltlosen Behauptungen, Fehlinformationen, Halbwahrheiten und handfesten Lügen, welche im Zuge der Esoterik- und New Age-Welle über die Kelten generell und die druidischen Lehren im speziellen verbreitet wurden und werden... Die EKG/ECC widmet sich respektvoll der Wiederentdeckung, Erhaltung, Verbreitung und – wenn erforderlich – Neugestaltung dessen, was uns allgemein verloren gegangen ist: Wissen, Magie, Geschichte, Bräuche und Natur-Spiritualität unserer keltischen Vorfahren.»

www.euro-celts.com

Gemeinde vom Alten Volk/Der Orden der Kraft

Das Alte Volk möchte die Religion und Kultur der Kelten aufgreifen und sieht in den gegen die Hexerei gerichteten Beschlüssen unter Papst Innozenz VIII. im Jahre 1487 einen entscheidenden Einschnitt in die europäische Kultur. Bis dahin sei es möglich gewesen, die alten Rituale zu pflegen, später nicht mehr, weil dann die Hexen als Gralshüterinnen keltischer Weisheit verfolgt worden seien.

1996 hat eine Gruppe von Anhängern der keltischen Tradition in der Art eines Geheimbundes beschlossen, durch Gründung der «Bruderschaft vom Alten Volk» ihr Wissen auszutauschen. Die Gründung erfolgte durch die Initiative von Amohi Raphael Bastian, der seit 1980 nach einer Erkrankung auf der Suche nach einem religiösen Weg war. Er suchte ihn u.a. bei Osho (Chandra Mohan Rajneesh, früher «Bhagwan» genannt, s. Kap.14), wandte sich dann aber der Verwirklichung dieser Bruderschaft zu, die sich als Zusammenschluss von keltischen Priestern in Zentraleuropa sieht und deren Sprecher er ist. Sitz der Gemeinde ist Kerschenbach (Eifel), wo sich ein alter Kraftplatz und eine Schwitzhütte am höchsten Punkt des Dorfes befinden, die in die Praxis der Riten einbezogen werden.

Anhänger und Sympathisanten der Gemeinschaft finden sich auch in Österreich und der Schweiz. Im März 1998 kam es unter Federführung von Amohi Bastian zu einem «Zusammenschluss aller keltischen Priesterinnen und Priester» Zentraleuropas. Als Orden der Kraft verlangen die 42 letzten Priesterinnen und Priester, die – so lautet ihr Anspruch – in ungebrochener mündlicher Überlieferung keltisches Wissen und keltische Spiritualität weitergeben, vom Papst Wiedergutmachung für erlittenes Unrecht während der Zeit der Christianisierung und der späteren Hexenverfolgung. So möchte der Orden in allen Kirchen, die an alten keltischen Kultstätten errichtet wurden, auch seine Rituale durchführen können. *Das Bild der keltischen Kultur und Geschichte, das im Orden kolportiert wird, wirkt so romantisch verklärt und so phantasievoll überzeichnet, dass der Orden selbst sein Geschichtsbild ehrlicherweise eine «Sage» nennt.*

Adresse: Keltisches Kulturinstitut, Ormonter Str. 17a, D-54589 Kerschenbach, Tel. 06597 3802, Fax 06597 3826. www.orden-der-kraft.de

Keltenhof Kärnten

Möglichst lebensnahe keltische Kultur und Spiritualität will der Verein «Das Dorf» mit seinem Keltenhof in «sonnigsten Dorf von

Österreich, in Diex, Kärnten», rekonstruieren. Das Keltendorf wird getragen von einem «Verein zur Förderung traditioneller und zukünftiger Lebensweise». Konkretere Vereinsziele sind: «Bewahrung, Pflege und Förderung alter Traditionen, Kultur, Kunst, Handwerk und Brauchtum volkskundlicher Natur. Erforschung und Wiederbelebung verlorengegangener Traditionen und Kulturgüter, Verbreitung des Gedankens vom Schutz der Natur und der Landschaft. Aktive Pflege und Schutz von Natur und Landschaft auf allen Ebenen. Förderung und Propagierung von naturentsprechender Tierzucht und landwirtschaftlicher Anbau- und Verarbeitungsmethoden.» Diese naturnahe Lebensweise und Spiritualität sieht sich deshalb als Erbin keltischer Kultur, weil die keltischen Gottheiten nicht, wie vorgeblich die griechischen Götter, Wesen ausserhalb der Natur seien, sondern Kräfte in der Natur, die es wahrzunehmen und zu respektieren gelte, z.B. durch «Wiederbelebung und Erforschung von Naturheiligtümern» und durch ein «spirituelles Verständnis der belebten Natur». Druiden sorgen als Hüter des Gleichgewichts für diese unauflösbare Verbindung von Spiritualität und Naturnähe. Das Musterdorf gilt als «Kultur- und Zukunftsprojekt unter Einbeziehung von traditioneller, umweltangepasster, energiesparender, ergonomischer Architektur im Einklang mit der Natur». 1. Direktorin im Verein «Das Dorf» ist die Druidin Evelyn Grandner, geb. 1959 in Salzburg, die ihre Liebe zum Keltentum mit ihrem Sinn für indianisch-schamanistische Vorstellungen und Traditionen verbindet.

Gerade der Nachdruck, mit dem diese und ähnliche Gemeinschaften auf authentische Rekonstruktion des alten sog. naturnahen Keltentums pochen und dabei doch auch Impulse aus anderen Kulturen und Traditionen aufgreifen, zeigt, dass die neuen Kelten postmodernen Träumen nachhängen. Religion und Spiritualität lassen sich nie rekonstruieren und authentisch reanimieren, kaum bekannte Religion am allerwenigsten.

www.keltenhof.org
www.bungi.com

Avalon Schwesternschaft

Avalon ist in der keltischen Mythologie das «Gefilde der Seligen», der Ort, wo verstorbene Könige und Helden weilen. In der Artusdichtung wird Avalon als Feeninsel bezeichnet, auf die der sagenumsponnene britannische König Artus (König Arthur) nach seiner Verwundung entführt wurde. Die Avalon Schwesternschaft oder die Priesterinnen von Avalon wirken als Lehrerinnen, Heilerinnen, Musikerinnen und Geschichtsüberlieferinnen. Sie sind so etwas wie Schwestern der Druiden. Ihr Sinnbild ist der Apfelbaum, als Gegenbild zur Eiche der Druiden. Nach ihrer Lehre gehen Mann und Frau in der Lebensphilosophie von Natur aus unterschiedliche Wege. Wer den eigenen weiblichen Weg sucht, kann ihn in der Schwesternschaft Avalon finden. Keltische Zeremonien, Mondriten und andere Überlieferungen werden gepflegt.

Das Buch «Die Nebel von Avalon» von Marion Zimmer Bradley bildet ein literarisches Grundwerk und eine Orientierung für die Avalon-Tradition. Darin sind der Wandel von der Göttinnenreligion zum Christentum, der Übergang vom Matriarchat zum Patriarchat, der Sagenkreis um König Artus und die Gralssagen miteinander verwoben.

Die Gruppe ist vorwiegend im angelsächsischen Raum tätig. In Deutschland kam es zur Gründung einer Gruppe «Newavalon», die ihre Begeisterung für keltische Kultur, Lebensart, Speisekultur und Religion mit weiblichem Sinn für geheimnisvolle Spiritualität und erdnahe Kultur verbindet.

New Avalon unterstützt die Aktion «Heiden gegen Nazis».

www.newavalon.de

Weitere Keltenkreise und -zentren

www.silures.de

Tua Thré Zentrum, Keltische und einheimische europäische Traditionen, Mühlegasse 14, CH-8001 Zürich, Tel. 01 262 75 79.

Anhang: Deutscher Druiden-Orden und International Grand Loge of Druidism

Im 18. Jhdt. sahen aufgeklärte und allem sog. Natürlichen verbundene Geister in den Druiden Symbolfiguren für geistigen Fortschritt, Gelehrsamkeit, Naturnähe und freie, undogmatische Lebensgestaltung. 1717 traf sich John Toland in London mit britischen, irischen und französischen Druiden.

Am 28. November 1781 gründete Henry Hurle in London den Ancient Order of Druids (AOD), eine Herrengesellschaft, die neben freimaurer-ähnlicher sozialer und liturgischer Aktivität auch schon in Stonehenge und an anderen heiligen Orten Druidenfeiern inszenierte.

Der Deutschen Druiden-Orden VAOD (Vereinigter Alter Orden der Druiden) begann 1872 mit der Gründung der Dodona-Loge in Berlin. Heute finden sich Druiden-Orden ausser in England und Deutschland in Australien, Neuseeland, Dänemark, Norwegen, Island, Schweden, der Schweiz und den USA. Sie sind seit 1908 zusammengeschlossen in der International Grand Lodge of Druidism (IGLD). Grossen Stellenwert in der Logenarbeit haben Themen wie «Freiheit, Gerechtigkeit und Menschlichkeit, ... Hinwendung zu Kultur, Wissenschaft und Schöngeistigem sowie das allgemeine und persönliche Eintreten für Frieden und Freundschaft unter den Völkern». Eine Stiftung «Druidenhilfe» engagiert sich karitativ. Die Druiden-Logen sind immer noch reine Männerbünde. Die Gründung von Damenlogen, sog. Birgitta-Logen, wird gefördert.

Berühmtester Ordensbruder war bisher Winston Churchill, der 1908 Mitglied des englischen Ordens wurde.

Der Druidenorden bemüht sich in seinen verschiedenen Zweigen und Logen seit der Zeit seiner Gründung um Humanität im Sinn der Aufklärung. Er steht damit der Freimaurerbewegung weit näher als den meisten Zirkeln des gegenwärtigen neuen Heidentums. *Der aufgeklärte Geist taucht zwar gerne in mystische Rituale. Auch wenn manche Logen versuchen, altes Keltenritual in neuer Form zu inszenieren, so präsentieren sie sich in ihrer Grundhaltung doch nicht als intuitive oder gar nationalistische Neuheiden, sondern als kosmopolitische Bruderschaft, als eine Art «Freimaurer» mit besonderer Vorliebe für naturnahe keltische oder angeblich keltische Symbolik.*

Statistik: D: 59 Logen / CH: 15 Logen mit 396 M.
Adressen: International Grand Lodge of Druidism (IGLD), Hans Dürrenberger, Gellertstr. 181, CH-4052 Basel, Tel. / Fax 061 311 27 31. Email: hduerrenberger@tiscalinet.ch. – Druiden-Orden Schweiz, Landes-Grossloge, Solothurnerstr. 76, CH-4053 Basel.
www.igld.org
www.deutscherdruidenorden.de
www.vaod.de
www.suelfmeister-loge.de
www.loge-sd.de

2. Neue Germanen

Die grosse Zahl neugermanischer Zirkel und Gruppen in Deutschland und das unklare Verhältnis mancher Gruppierung zum Neonazitum könnten den Eindruck erwecken, rassistische oder nationalistische Formen neuheidnischer Religiosität fänden sich gehäuft in der BRD. Dieser Eindruck entspricht nicht unbedingt der neuheidnischen Wirklichkeit. Eine gewisse Einseitigkeit in der Beurteilung der neuheidnischen Gruppen ist aber bereits derart zur Gewohnheit geworden, dass sie sich auch in der nun folgenden Präsentation nicht vermeiden lässt: Die deutschen Gruppierungen werden fast durchgängig in Sachen Rassismus, Nationalismus und Nazinähe mit einem viel strengeren Mass gemessen als ähnliche Gruppierungen in anderen westeuropäischen Ländern. Das heisst nicht, dass in der BRD die Rechtslastigkeit auch religiöser Gruppierungen weniger rigoros geprüft werden sollte, oder dass die anderen westeuropäischen Staaten sich in ihrem Umgang mit z.T. schwierigen oder gar extremen Gruppierungen der deutschen Gangart anpassen müssten. Man kann als kritischer Beobachter der rechtslastigen Szene mit guten Gründen die Meinung vertreten, dass ein zu forsches Rufen nach Verboten die Szene anheizt. Der Hinweis auf die unterschiedliche Beurteilung soll nur der sonst leicht aufkommenden Meinung wehren, auf den Heiden des deutschen neuen Heidentums würden sich lauter schwarze Schafe tummeln, währenddem im französischen, belgischen, holländischen, dänischem und schweizerischen oder US-amerikanischen Heidenland lauter weisse Lämmer harmlos vor sich hindösten.

Rabenclan Arbeitskreis der Heiden in Deutschland

Der Rabenclan, 1994 gegründet, vereint Germanen, Hexen, Zauberer, Kelten und Druiden, die sich von jedem Rassismus distanzieren und fern von allen Naziparolen europäische Naturreligion wiederbeleben wollen. Der Rabenclan engagiert sich für alle Strömungen des neuen Heidentums, aber auch für Mischformen neuheidnischer Spiritualität. Etwa 25% der Mitglieder beschäftigen sich explizit mit germanischer Kultur. Diesseitsorientiert will dieses variantenreiche neue Heidentum sein, nicht jenseitsgerichtet. Und «basisdemokratisch» soll das Vereinsleben gestaltet werden, nicht guru-orientiert.

Um sich ein ähnliches Schicksal zu ersparen, will der Rabenclan die historischen und ideologischen Wurzeln anderer Neuheidengruppen untersuchen, mit dem nicht überraschenden Ergebnis: Neuheidentum hat seine wahren Wurzeln oft in der Ariosophie, dem aufkeimenden Rassismus des frühen 20. Jhdt.s, und in der Theosophie, die seit Anbeginn rassistischen Vorstellungen zuneigte, nicht aber im Heidentum der vorchristlichen Zeit. Wenn der Rabenclan die im Blick auf andere Gruppierungen konsequenten kritischen Analysen auch auf sich selbst anwenden könnte, würde er dann – fragt sich der Kritiker der Kritiker – zu einem grundsätzlich anderen Ergebnis kommen?

In den letzten Jahren suchte der Rabenclan «eine undogmatische Annäherung an die Praxis der Magie mit dem Ziel eines umfassenden ‹Magielehrganges›, das jedem den eigenen Zugang zur Magie und die eigene Erfahrung damit ermöglichen soll». Eine Frucht dieser Bemühung ist die sog. Magung, ein jährlich stattfindender magischer Kongress mit Einstiegsmöglichkeiten für Anfänger, Austausch für Fortgeschrittene und Beschäftigung mit einem bestimmten Themenbereich.

In Fernsehdebatten zum Thema Neuheidentum profiliert sich der Rabenclan mit Erfolg als neuheidnischer Kritiker des Neuheidentums, eine Rolle, die all jenen einleuchtet, die archaische Naturmystik begrüssen und gleichzeitig Neonazitum bekämpfen.

Zeitschrift: Heiden-Arbeit.
Adresse: Rabenclan, Pressestelle, Duke Meyer, Helmstr. 9, D-90762 Fürth, Tel. 0177 533 69 96.
www.rabenclan.de

Armanen-Orden

Der Armanen-Orden (AO), 1976 gegründet, gilt als Nachfolgeorganisation der Guido-von-List-Gesellschaft (gegründet 1908), die Rassismus und Antisemitismus mit Esoterik verband. List selbst war u.a. Mitglied in der «Thule-Gesellschaft», die mit anderen Organisationen zusammen geistig dem Nationalsozialismus den Weg bahnte. Der AO sieht sich als hierarchische Organisation, auf Regeln und Ritualen aufgebaut. Die Vorsitzenden des AO, Adolph und Sigrun Schleipfer, sind zugleich «Grossmeister/in» des Ordens.

Die Armanen waren – im Verständnis des Armanen-Ordens – die geistigen Führer der Germanen. Germanische Götter werden als Naturgewalten und übersinnliche Kräfte verstanden. Die Menschen, die sich laufend inkarnieren, sind Teile oder Zellen der Götter. Seelen reinkarnieren immer wieder neu, wobei jede Seele – wie Ordensmitglieder betonen – eine eindeutige völkische Identität hat und sich in einem gemischtrassigen Körper nicht mehr zurechtfinden würde. Völkervermischung ist also zutiefst inopportun. Nach Ansicht des Ordens steht der Mensch heute am Beginn eines neuen Zeitalters. Das ablaufende Zeitalter litt unter der Zivilisation, den Umweltschäden und dem Mangel an Einfluss der weiblichen Kräfte. Der Orden will dem Menschen die Wurzeln der Tradition des eigenen Volkes und des eigenen Lebensraums bewusst machen und den weiblichen Rechten und dem weiblichen Einfluss wieder den Platz gewähren, der ihnen gebührt. Die Rollen von Mann und Frau sollen aber ihren Eigenheiten entsprechen. Die Frau ist ausgerichtet auf Heim und Herd.

Der Orden ist weniger eine Plattform für die Masse, sondern so etwas wie eine Mysterienschule für Eingeweihte. Er versucht auch Einfluss auf andere Organisationen des Neuheidentums zu nehmen.

Die Attraktivität des Ordens und seiner Ziele für die heutigen Menschen gründet wohl in erster Linie in den ökologischen und frauenfreundlichen Postulaten und wahrscheinlich auch im Umstand, dass eine religiöse Vereinigung Ideen vertreten kann, die in einer politischen Gruppierung zum Verbot führen würden. Im Armanen-Orden findet – diesen Eindruck gewinnen kritische Beobachter – das ansonsten aus begreiflichen Gründen weitgehend zum Schweigen verurteilte Neonazitum seine Sprache. Wenn die NPD nun in der BRD verboten werden soll, werden Organisationen wie der Armanen-Orden noch mehr Zulauf erhalten. Zur Religion wird, was nicht mehr politisches Programm sein darf.

Zeitschriften: «Irminsul – Stimme der Armanen» / Den internen Mitgliederkreis informiert das Blättchen «Der Urdbrunnen».
www.armanen-orden.de

Arbeitsgemeinschaft Naturreligiöser Stammesverbände Europas (ANSE)

Sigrun Schleipfer, die Mitbegründerin des Armanen-Ordens, gründete 1990 auch ANSE, nachdem sie sich von Adolf Schleipfer getrennt hatte und sich seither Sigrun von Schlichting nennt. Die ANSE ist ein Netzwerk von Heidengruppen in Europa, geprägt durch die Aktivität der Gründerin. ANSE gibt sich politisch unbedenklich und neutral, indem die Arbeitsgemeinschaft z.B. den Mitgliedern empfiehlt, keine in politischen Bewegungen üblichen Abzeichen während der ANSE-Veranstaltungen zu tragen. *Welche Abzeichen diese Empfehlung aber meint, liegt auf der Hand.* Wie ANSE sich um die abendländische Naturreligion sorgt, demonstriert das Programm: «Da unsere überlieferte Götterkraft im Abendland nur durch uns Abendländer fortbesteht, muss sie auch von uns Abendländern bewusst angenommen und gepflegt werden. Diese Aufgabe kann uns keine kulturkreisfremde Konfession und kein Nichtabendländer abnehmen. Solche europafernen Lehren müssen wir aus bitterer Erfahrung als Vertreibung aus unserem eigenen Heil einstufen.» ANSE möchte auch vermehrt in grün-alternativen Kreisen Fuss fassen und bedauert natürlich das Abdriften der Grünen nach links ins multikulturelle Lager. *Unter kritischen Beobachtern gilt ANSE immer noch als öffentlicher Arm des Armanen-Ordens.*

Zeitung: Huginn und Muninn.
www.anse.org

Heidnische Gemeinschaft e.V. (Berlin)

Diese gemeinnützige Religionsgemeinschaft wurde Ende der 80er Jahre vom Diplom-Designer Geza von Neményi gegründet, früher Mitglied des Armanen-Ordens. Die Heidnische Gemeinschaft wendet sich – anders als der Armanen-Orden – bewusst gegen rechtsextreme Neigungen und fordert von ihren Mitgliedern, dass sie sich auch von Faschismus und Rassismus distanzieren.

In ihren zum Teil mit kitschigen Jugendstilbildern dekorierten Publikationen fordert die Gemeinschaft

1. Naturgemässes Leben: Heute leidet die Natur in vielen Belangen. Schuld daran sind die jetzt herrschenden Glaubensgemeinschaften, die auf das Jenseits spekulieren und die Welt (Natur) zum Jammertal verkommen lassen. Die Kelten und Germanen hatten ein ganz anderes, positives Verhältnis zu Erde und Natur.
2. Mehr Mitbeteiligung in der Demokratie und weniger totalitäre Obrigkeit: Viele Götter zu verehren entspricht dieser Haltung. Eingottglaube befördert, so verstanden, die Diktatur.
3. Gleichberechtigung von Mann und Frau, so wie dies in der keltischen und germanischen Kultur und Götterwelt – im Gegensatz zur christlichen Welt – gegeben war. Die Gemeinschaft anerkennt weibliche Priester und auch Frauen, die als Heilerinnen oder Hexen wirken.
4. Pflege der überlieferten Kultur: Jeder Mensch soll sich sein eigenes Weltbild machen, die Überlieferung bildet die gemeinsame Grundlage. Hinter den vielfältigen Kräften der Natur stehen, heidnisch-traditionell betrachtet, Gottheiten. Diese werden u.a. mit Opfern verehrt. Feste des Jahres und des Lebenskreises werden im Freien gefeiert und zwar an traditionellen Kraftorten, mit oder ohne Priester/in der Gemeinschaft. Feuerlaufen, Visionssuche, Wahrsagerei, Zauber gehören mit ins Programm, ebenso die Ausbildung zur Hexe, zum Runensteinmeister, zum Thul (Schamane), zu Priester/in (Gode), Heilpraktiker/in und Psychotherapeut/in (!). Hinzu kommt der Verkauf von Schmuck und Kultgegenständen.

Zeitschrift: «Der Runenstein» (vierteljährlich).
Adresse: Heidnische Gemeinschaft, Postfach, D-12114 Berlin-Steglitz, Tel. 030 859 29 86.
www.heidnische-gemeinschaft.de
www.freenet.de/Runenstein

Germanische Glaubensgemeinschaft (GGG)

1913 / 1991
Meinungsverschiedenheiten innerhalb der Heidnischen Gemeinschaft führten 1991 zu Gründung oder Neugründung der GGG, die einerseits in einem Rechtsstreit mit der AG GGG (s.u.) sich als rechtmässige Nachfolgerin einer schon 1913 von Ludwig Fahrenkrog gegründeten GGG durchsetzte, andrerseits sich doch von der alten GGG Fahrenkrogs absetzt. Ziel heidnischer Religion sei, den Menschen wieder in Einklang mit Natur und Göttern zu bringen. Polytheismus schaffe dazu die Voraussetzung: «Ein Gott schafft Einfalt, viele Götter schaffen Vielfalt.» Daneben plädiert die GGG für weitgehend instinktgeleitetes Handeln. Der Instinkt ist dem Verstand übergeordnet. *Er entscheidet – diesen Eindruck gewinnt der kritische Beobachter – sozialdarwinistisch, unter Berufung auf die sog. alten Germanen: Ein nicht lebensfähiges Kind wollte man damals nicht am Leben erhalten. GGG grenzt sich – mit unsicherem Erfolg – gegen die völkische Szene ab.*

Statistik: ca. 250 M.

Yggdrasil-Kreis

Dieser Kreis um den Vorsitzenden Volkert Volkmann steht der Heidnischen Gemeinschaft nahe. Seine Tätigkeit umfasst Seminare, Aktivitäten in der Natur, Feiern und Förderung der eigenen Spiritualität. Volkert Volkmann, vom Rabenclan wegen seiner mangelnden Abgrenzung gegenüber ANSE angegriffen, begründete seine Auftritte in ANSE und bei Armanen-Veranstaltungen mit seinem Bestreben, auch dort für ursprüngliches, d.h. nichtrassistisches Heidentum zu wirken. Volkmann sieht sich, anders als die Rabenclan-Leitung, auch als Vermittler zwischen den verschiedenen neuheidnischen Strömungen.

Ob sich aber die vielfältigen Verbindungen zwischen Neo-Heidentum und Rechtslastigkeit neo-heidnisch überhaupt auflösen lassen? Heidentum ist gerade in seiner Naturverbundenheit meist stammesverbunden, clanorientiert, völkisch engagiert. Kann völkische Gesinnung Nationalismen überwinden?

Zeitschrift: Abraxas.
Adresse: Yggdrasil-Kreis, Postfach 112006 414, D-60055 Frankfurt a.M., Tel. 061 729 975 76.
www.yggdrasil-gmbh.de
www.keltia.de

Die Artgemeinschaft – Germanische Glaubens-Gemeinschaft (AG GGG)

1951 gegründet, schloss sich diese nach eigenen Worten «grösste heidnische Gemeinschaft Deutschlands» 1983 mit den schon 1924 gegründeten Nordungen zusammen. Die AG GGG sieht sich auch als Nachfolgegemeinschaft der 1913 von Ludwig Fahrenkrog gegründeten und 1957 aufgelösten Germanischen Glaubensgemeinschaft und als älteste neuheidnisch-germanische Glaubensgemeinschaft mit durchgängigem Wirken. *Dieses Traditionsbewusstsein verbindet sich in der Perspektive des Kritikers mit der stolzen und deshalb auch kaum verhüllten Rechtslastigkeit der Gemeinschaft.*

Die AG GGG pflegt «ein reges Gemeinschaftsleben auf den regelmässig wiederkehrenden Gemeinschaftstagen». Sie ediert die Nordische Zeitung, zwei Schriftenreihen, eine Buchreihe sowie Einzelschriften. In ihren Publikationen steht sie vehement für ihr Artbekenntnis ein und setzt sich vor allem vom Judentum und Christentum ab. Wieland Hopfner skizziert in der nordischen Zeitung Grundlinien eines nordisch-germanischen Heidentums, indem er z.B. dem christlichen Kreuz als Todessymbol die Vielzahl lebensbejahender Zeichen und Symbole (z.B. den Thorhammer) des nordisch-germanischen Heidentums entgegensetzt. Nur «nordentstammte» Menschen, die das Artbekenntnis bejahen, können der AG GGG beitreten. «Wenn Sie keiner Bekenntnis- oder Religionsgemeinschaft angehören und sich neu binden wollen, das Artbekenntnis und das Sittengesetz unserer Art voll bejahen sowie überwiegend nordische Menschenart verkörpern, können Sie Antrag auf Aufnahme als Mitglied in der Artgemeinschaft stellen. Sie bezahlen einen Monatsbeitrag (nach Selbsteinschätzung) in Höhe von mindestens 1% des Nettoeinkommens.» Im Artbekenntnis und in anschliessenden erläuternden Texten heisst es u.a.:

«1. Alles Leben wirkt nach Naturgesetzen. Uns offenbart sich das Göttliche in diesen ewigen, ehernen Gesetzen, gegen die zu verstossen widersinnig ist.
Wir bekennen uns zu einem Leben im Einklang mit den Naturgesetzen.
2. Kampf ist Teil des Lebens; er ist naturnotwendig für alles Werden, Sein und Vergehen. Jeder einzelne von uns wie unsere gesamte Art stehen in diesem Ringen.
Wir bekennen uns zu diesem nie endenden Lebenskampf.
3. Die Menschenarten sind verschieden in Gestalt und Wesen. Diese Verschiedenheit

ist sinnvolle Anpassung an die unterschiedlichen Naturräume.
Wir bekennen uns zur Erhaltung und Förderung unserer Menschenart als höchstem Lebensziel, denn auch sie ist eine Offenbarung des Göttlichen. (...)
12. Der Mensch ist unsterblich in den Nachkommen und Verwandten, die sein Erbe teilen. Nur sie können unsere von den Ahnen erhaltenen Anlagen verkörpern. Wir bekennen, dass der höchste Sinn unseres Daseins die reine Weitergabe unseres Lebens ist.»
Der nordische Heide weiss, dass es ein ganz besonderes Glück ist, schöne und tüchtige Kinder zu haben, und dass er in seinen Nachkommen weiterlebt. Heidnische Familien sind daher oftmals «kinderlieb» und «kinderreich» – «was unseren Einfluss in unserem Volk eines Tages erheblich verbessern wird».
Hohe germanisch-heidnische Festtage sind Weihnachten, Ostern, Sommersonnwende und Erntedank. Daneben gibt es noch eine ganze Reihe von Einzelfeiertagen wie die Tag- und Nachtgleichen im Frühjahr und Herbst. An das frühere Verbundensein mit der Natur und ihren Geschöpfen knüpfen die heutigen Heiden an. Ein geflügeltes Wort in der AG-GGG lautet: «Ökologisch denken – naturgemäss leben – artgemäss glauben.»
Vorsitzender der AG GGG ist seit 1988 der Hamburger Rechtsanwalt Jürgen Rieger.
Die AG GGG wird – wie z.B. www.nazi.de zeigt – der Neonaziszene zugerechnet.

Statistik: D: 120 M.
Adresse: Redaktion Nordische Zeitung, Jürgen Rieger, Auguste Baur Str. 22, D-22587 Hamburg.
www.nordische-zeitung.de
www.asatru.de

ASATRU – Gemeinschaften

Die Asen und die Vanen sind zwei germanische Göttergenerationen. Zu den Asen gehören Götter wie Odin, Baldur, Thor, Tyr und Ostara, zu den Vanen Zwillingsgottheiten wie Freyja und Freyr. Der mythische Krieg zwischen Asen und Vanen kennt keine Sieger und keine Besiegten und wird mit einem Friedensschluss besiegelt.
«Asatru» verbindet «Asa» mit «Tru», «Treue». Diese Treue gilt in der Regel den Asen und Vanen, d.h. den altnordischen und altgermanischen Gottheiten schlechthin. Wenn einem Neo-Germanen dieser grosszügig-pauschale Umgang mit alten Namen nicht behagt, setzt er Vanatru als spezielle Verehrung der erdnah gedachten Vanen als notwendige Ergänzung neben Asatru, die Verehrung der Asen.
Die Asatru-Gemeinschaften wollen die alte, vorchristliche Germanenreligion wieder aufleben lassen. Wegleitend sind die Überlieferungen der germanischen Volksstämme und der späteren Wikinger *(oder das, was als altgermanische oder nordische Überlieferung gilt),* vor allem die Edda (die eindrücklichste Sammlung heidnisch-germanischer Texte aus der Übergangszeit ins Christentum, die in altisländischer Sprache überliefert ist), Islandsagas, archäologische Funde und Runeninschriften (Runen = altes germanisches Alphabet).
Asatru bildet sog. «kinreds», das sind kleinere Gruppen oder Sippschaften. Man trifft sich zu gemeinsamen Unternehmungen und Ritualen, um die Götter zu ehren. Blot ist ein traditionelles Opferritual, heute praktiziert mit Speis- und Trankopfer und anschliessendem Festmahl. Sumbel ist eine Form der rituellen, religiösen Trinksprüche, die einer Göttin oder einem Gott zugesprochen werden. Zur naturreligiösen Philosophie, in der diese Rituale gründen, meint Asatru:
«Ásatrú enthält ... naturreligiöse Elemente. So sind natürliche Vorgänge weder positiv noch negativ. Die allgemein verbreitete Einteilung in Gut und Böse hat im Ásatrú keine Bedeutung. Leben entsteht und vergeht. Alles bewegt sich in einem ewigen Kreislauf,

der in den natürlichen Vorgängen um uns herum wiederzufinden ist (Jahreskreis und Lebenskreis). Göttlichkeit wird als in der Natur enthalten aufgefasst. Die Gottheiten einer Naturreligion sind keine allmächtigen, weit entfernten Herrschergötter, sondern mit den Kreisläufen der Welt verbunden und stellen in der Natur wiedererkennbare Konzepte dar. Dem Menschen bekannte Konzepte wie Fruchtbarkeit, Aggression, Liebe und Gerechtigkeit werden durch eigene Gottheiten verkörpert, die ebenso wie die Natur in einem eigenen Gleichgewicht stehen. Der Mensch ist Teil des Gleichgewichts, steht nicht ausserhalb, nicht darüber. Die wiederkehrenden Zyklen der Natur werden bewusst als solche erkannt und in den Jahresfesten verehrt, denn in ihnen ist die Harmonie unserer Welt erkennbar.»

Es gibt Asatru-Gruppen in Deutschland, Skandinavien, Island und in den USA. In den USA sind die zahlreichen kinreds in der Asatru Alliance eingebunden, die regional und national die Asatru-Anliegen fördert. Den sozialen Bindungen kommt in den Asatru-Gemeinschaften hohe Bedeutung zu, denn sie sind die wesentlichen Träger der moralischen Ordnung im Sinne der Sippenlehre. Asatru versucht sich – *m.E. mit zweifelhaftem Erfolg* – von rechtsradikalen Standpunkten und Kreisen zu distanzieren. In Deutschland meldet sich Asatru vor allem unter der Domain «Wolfshalle». Asatru und AG GGG (s.o.) präsentieren sich in Deutschland z.T. unter denselben Website-Adressen.

Adressen: Asatru Alliance, P.O.Box 961, Payson, Arizona 85547 USA. – Asatru Folk Assembly, P.O. Box 445, Nevada City, CA 95959, USA.
www.runestone.org
www.ciak.org
www.irminsul.org
www.asatru.de
www.wolfshalle.de
www.artglaube.de

Odinismus, Odinic Rite (OR)

Der von den Gründern des OR England geprägte Ausdruck «Odinismus» (Odinism, Odinic Religion oder Odinic Rite) ist fast gleichbedeutend mit dem oben erwähnten «Ásatrú». Das germanische Heidentum als Ganzheit soll wiederbelebt werden. Odinisten sehen sich oft auch als Asatruar und umkehrt. Einzig die spezielle Bedeutung, die Odin im Götterhimmel der Germanen einnimmt, wird im Odinismus besonders akzentuiert. Odin, der Allvater, gilt als Vater aller Wesen. Auch die Menschen stammen von ihm ab. In sich entdecken und entfalten seine Getreuen Odins Wesen. Das heisst, dass sie sich auf einen Weg permanenter Transformation begeben. Denn Odin ist vor allem der Gott der Einweihung und Wandlung. Als Gott der Dichter, Seher und der Weisheit ist er nicht von Anfang allwissend, ja nicht einmal umfassend kundig. Er erringt sich seine Erkenntnis auf langem, dornenvollem Weg. Eines seiner Augen opfert er, um aus der Quelle Mimirs am Fuss des Weltenbaums Yggdrasil Weisheit trinken zu können. Seither heisst er «der Blinde». (Sein leeres Auge, das er unter dem breitkrempigen Hut verbirgt, schaut jetzt nach innen.) Der im Krieg der Asen gegen die Vanen abgetrennte Kopf des weisen Riesen Mimir gibt ihm noch weiterhin Rat. Odin reitet auf dem achtbeinigen Hengst Sleipnir, begleitet von zwei Wölfen, Geri und Freki, und umflattert von den zwei Raben Huginn und Muninn, die ihm erzählen, was sie auf ihren Reisen durch die Welt beobachtet haben. Zu seinem Gefolge gehören die 13 Geisterkriegerinnen, die Walküren, und die Seelen der auf dem Kriegsfeld gefallenen Helden. Doch noch mehr als der Krieg und der Tod beschäftigt ihn die erwähnte Suche nach Erkenntnis und Weisheit. Er wird Seher, Dichter und Runenmeister. Die Runen kann nur er allein finden, aber auch er nur, indem er stirbt und im Sterben höhere Erkenntnis er-

langt. Er hängt sich am Weltenbaum auf und bleibt dort hängen, bis er herunterfällt und dann auf der Erde die Runen findet und sie lesen kann. Diese höchste Einweihung macht ihn zum «Gott der Gehenkten» und stellt ihn in eine gewisse Nähe zu Christus am Kreuz. Er stirbt allerdings nicht, wie Christus, um zu sühnen. Er stirbt, um Weisheit zu gewinnen. Alles in allem ist Odin ein göttliches Leitbild menschlicher Wandlung und spiritueller Transformation, das manchen Wanderer auf Pfaden alternativer Mystik anzusprechen vermag.
Die Runen sind ein Alphabet, das die Geheimnisse Odins in sich birgt, mit dessen Hilfe neuheidnische Magier und Schamanen über göttliche Kräfte verfügen, allerdings nur, wenn sie zur angedeuteten Transformation bereit sind.
Ob aber Odin als Leitbild auf mystischen Pfaden nicht manchen transformationsbereiten Gottsucher überfordert? Je radikaler mystische Pfade den einzelnen Menschen fordern, desto schwerer wiegt die Verantwortung auf der Gruppe der Gläubigen.
Odinic Rite Deutschland e.V. (ORD) ist eine heidnische Gemeinschaft, die sich dem authentischen Geist des germanischen Heidentums verpflichtet fühlt. Sie will ausschliesslich religiöse, keine politischen Ziele verfolgen. Magie will sie mit Mass betreiben. Odin ist nicht das einzige Leitbild auf dem spirituellen Pfad. Manche Aspekte Odins wirken auch auf die Angehörigen des ORD befremdlich.
Kurz – reine Odinreligion gab es nie und wird es nie geben, trotz allem Bemühen um authentisches germanisches Heidentum.

Adressen: Odinic Rite Deutschland, Volker G. Kunze, Heimbergweg 18, D-58642 Iserlohn. – Odinic Rite Österreich, Email: odinicaustria@geocities.com. – Odinic Rite, BCM Runic, London, WC1N 3XX.
www.odinic-rite.de

Weitere Heidenkreise

D: Der Steinkreis – Pagan Network e.V. c/o Simone Neblich-Spang, Unter'm Buch 11, D-87477 Sulzberg.
Der Urda-Clan, c/o Leif-Thorsten Kramps, Klippchen 8a, D-58093 Hagen-Holthausen.
Deutschgläubige Gemeinschaft e.V., Postfach 1340, D-26160 Bad Zwischenahn.
Heidenkreis Hamburg e.V., Postfach 630317, D-22313 Hamburg.

Skandinavien: Regintroth (Der Nördliche Weg)
www.midhnottsol.org

3. Neue Hexen

WICCA-Vereinigungen

«Wicca», altenglisch «Hexe», nennt sich der vom Engländer Gerald B. Gardner begründete – oder durch ihn überlieferte? – Hexenkult. Gardner will 1939 von einer Hexe namens Dorothy Lutterbuck in den Hexenkult initiiert worden sein. Sein Buch «Witchcraft to-day» aus dem Jahre 1965 bildet so etwas wie die Grundlage des englischen Wicca-Kultes.
Der Kult verehrt «die grosse Göttin», Mutter Erde und dreifache Mondin. Die zentrale «Göttin» (oft Aradia oder Cerridwen genannt) verfügt über alle Kräfte des Weiblichen. Ihr zur Seite steht der gehörnte männliche Gott (Cerunnos oder Herne genannt). Im Ritual vertreten Priesterin und Priester nach dem überall wirksamen Prinzip der schöpferischen Polarität die Göttin und den Gott. Priesterin und Priester sind im Ritual «Götter zum Anfassen».
Magie gilt als Kunst und als eine natürliche menschliche Fähigkeit, die in unserer heutigen Gesellschaft weitgehend brach liegt. Wenn im deutschsprachigen Raum die Hexenreligion seit der Christianisierung dem Satanismus zugesellt wird, so entspricht das nicht der Wicca-Ideologie. Der Teufel gehört nach Ansicht der Wicca-Anhänger in das Szenario des Christentums, nicht aber zur Wicca-Religion. Ziel aller Rituale ist die

Harmonie des Menschen mit den göttlichen Kräften in der Natur und in sich selber. (Wicca-Vertreterinnen nennen ihre Götter und Kräfte auch Archetypen). Man glaubt an Wiedergeburt der menschlichen Seele, zurückreichend bis ins Steinzeitalter, und an ein Zusammenleben mit dem Kosmos. Die Bewegung «feiert acht wichtige Feste, die man Sabbats nennt. Vier davon sind Sonnenfeste: Die Tag- und Nachtgleichen und die Sonnenwenden; vier andere sind keltische Feste: Imbolc (2. Februar), Walpurgisnacht/Beltane (1.Mai), Lammas/Erntedankfest (1. August), Winteranfang/Samhain (1. November).» In der Hexentradition gehören zur Feier Tanzen, Singen, Essen, Trinken und festliche Heiterkeit. «Wie schon unsere Vorfahren, glauben auch wir, dass wir diese rituellen Feste mit unseren Göttern teilen. Darum wird immer ein Teil der Mahlzeit als Opfer dargebracht.» Magie wird offiziell definiert als «die Kunst, Veränderungen in der materiellen Welt oder im Bewusstsein des Ausübenden zu erwirken. Dies geschieht durch den Gebrauch der Willenskraft und subtiler mentaler Energien, in Übereinstimmung mit den göttlichen Kräften des Universums.» In der Regel geben Wiccas zu, dass die Magie in der äussern Wirklichkeit mindestens oft das gesetzte Ziel nicht erreicht. Ausgefeilte Initiationen führen Mitglieder in die höheren Grade ein und verschaffen der Bewegung eine gewisse Hierarchie.

1975 wurde in Kalifornien die Convenant of the Goddess (COD) gegründet, die weltgrösste religiöse Organisation von neuheidnischen Hexen. In den Thesen dieser Organisation kommen die Anliegen der Hexenreligion wie folgt zum Ausdruck:

– Anstatt zu beten, erreichen Hexen die Interaktion mit dem Göttlichen durch Magie. Die Naturkräfte werden dabei durch den gebündelten Willen angesprochen, und man/frau erreicht das Ziel (z.B. Heilen), wenn durch diese Bündelung der Wille des Göttlichen zum Zuge kommt. Wenn dieser Wille dagegen spricht, hat man/frau keinen Erfolg.

– Hexen brauchen kein Glaubensbekenntnis. Ihre Erfolge sind Tatsachen, sie brauchen nicht zu glauben.

– Hexen brauchen keine Kirchen. Ihre Stätten sind Felder, Berge, Steine, Wind, Wald und die ganze Natur, die der Körper ihrer Mutter ist.

– Hexen sind ihre eigenen Prophetinnen und Führerinnen. Sie brauchen keine Gurus und keine Hierarchie. Sie finden Gott, indem sie in sich und in die Natur blicken.

– Hexen kennen keine Erlösung. Sie glauben an Inkarnation und wollen dem Kreislauf nicht entgehen und gerne wieder auf die schöne Erde zurückkommen.

– Hexen stehen zum Wort «Hexe», schon aus Respekt für die vielen Vorfahren, die sterben mussten, weil sie Hexen waren (d.h. mit diesem Namen behaftet wurden).

In England hat die Hexenbewegung schon so viel öffentliches Ansehen erreicht, dass die bekannte Hexe Susan Leybourne an der Universität Leeds als offizielle heidnische Seelsorgerin eingesetzt werden konnte.

Neben ausgeprägt feministischen Covens (Hexengruppen, in der Regel auf 13 Mitglieder beschränkt), die nur die Göttin verehren, und den gemischten Covens etablierten sich auch schwule Covens, die nur den Gott verehren. Manche Covens verbinden alteuropäische Hexentradition (oder was als solche gilt) mit schamanistischen Traditionen aus anderen Kulturkreisen. Ein Regenbogendrachen-Coven aus Süddeutschland z.B. empfiehlt sich mit einer kreativen Mischung aus Hexerei und Eskimoschamanismus (www.wicca.de).

Gerald B. Gardner war Nudist. Nacktheit und Natürlichkeit waren für ihn eng verbunden. Traditionelle Wicca-Covens verlangen deshalb rituelle Nacktheit, modernere Covens sind von dieser Forderung z.T. abgerückt. Aber auch andere rituelle Bräuche («Heilige Hochzeit», magische Arbeit) können zartfühlende Menschen überfordern. Angesprochen auf die Gefahr, dass vor allem junge Interessentinnen und Interessenten bei ihrem Eintritt in eine Hexengruppe Schaden erleiden könnten, verweist die Bewegung auf ihre Ethik, die von allen verlangt, anderen nicht zu schaden und fügt bei: «... wie in vielen anderen Religionen auch könnten sich gewissenlose Menschen als spirituelle Lehrer ausgeben um Suchende auszubeuten.» Offen bleibt die Frage, wie Wicca mit ihrer lockeren Organisationsstruktur in Gruppen, die alle nach aussen hin zur Geheimhaltung verpflichtet sind, diese gewissenlosen Hexen eruieren und ihnen die weiteren Priesterfunktionen verbieten will.

Die grosse Zahl der Publikationen aus dem Umfeld der Wicca-Bewegung zeigt, dass die Bewegung nicht mehr als Splittergruppe bezeichnet werden kann. Weltweit wird die Zahl der in Covens gebundenen Wiccas auf einige Zehntausend geschätzt, in Deutschland sollen es ein paar Hundert bis ein paar Tausend sein.

www.wicca.de
wicca.ch
www.wicca.org

Pagan Federation (PF)

Die Pagan Federation, 1971 gegründet, erreicht mit ihrer Zeitschrift Pagan Dawn vierteljährlich eine Leserschaft von mehr als 10 000 Menschen und ist damit wahrscheinlich eine der grössten und ältesten neuheidnischen Organisationen. Hauptanliegen der PF war zuerst der Kampf gegen Vorurteile und Intoleranz, neuerdings sorgt PF vor allem für Kontakt und Gedankenaustausch unter den vielen Neuheiden der verschiedenen westlichen Nationen. Als loser Dachverband verpflichtet die PF die Mitglieder nur auf drei Grundsätze:

1. Liebe und Verbundenheit mit der Natur, Respekt gegenüber den Kräften des Lebens und dem ewigen Kreislauf von Leben und Tod.
2. «Solang du andern nicht schadest, tue was du willst» als Grundsatz einer positiven Moral mit individueller Verantwortung zur Entfaltung der eigenen Natur in Harmonie mit der Umwelt und Gesellschaft.
3. Verehrung des Göttlichen, ohne Unterdrückung der männlichen oder weiblichen Aspekte der Gottheiten.

Ihrer englischen Heimat entsprechend ist die Pagan Federation vor allem durch die englische Wicca-Bewegung geprägt, auch wenn bewusst der Kontakt unter allen Neuheiden gesucht und gefördert wird.

Die Pagan-Federation D.A.CH (Deutschland-Österreich-Schweiz) bemüht sich, die umfangreichen Informationsseiten der englischen Mutterorganisation zu Fragen des Heidentums, vor allem auch zur Wicca-Bewegung, deutschen Lesern zugänglich zu machen.

Als Dachverband mit loser Struktur publiziert die PF eine Liste von Hexen- und Heidenstammtischen. Besser als jede gebündelte Organisationsform oder gar Hierarchie entspricht dem intuitiven und freiheitsdurstigen neuen Hexenwesen die lose Gemeinschaft der Hexen- und Heidenstammtische, die Gleichgesinnte zusammenführen, ohne den einzelnen Kreis zu normieren. Konsequenz dieser losen Organisationsform ist das breite, ja sogar das völlig uneingeschränkt weite Spektrum der einzelnen Gruppen. Die z.Zt. offizielle Liste aller organisatorisch nicht andernorts eingebundenen Stammtische erwähnt vierzig Gruppen in Deutschland, zwei in Österreich und einen in der Schweiz.

Zeitschrift: Pagan Dawn.
Adressen: International Coordinator, Morgana, PO Box 473, NL-3700 AL Zeist. – International District Administrator, os Pittoors, Hovestraat 33/1, B-2650 Egedem. – PF-D.A.CH, Theo Erlemann, Puntheide 21, D-33619 Bielefeld.
www.pagan-federation.de
www.paganfed.org

juergen@pagan-federation.de
Tel. 0049 6763 96 00 28

Hexen-Online

Noch loser als alle anderen überregionalen Hexenverbindungen wirkt die Hexengruppe, die sich hinter der Adresse Hexen-Online verbirgt.
«Versuche Kontakt zu Gleichgesinnten zu finden. Du musst Dich nicht einem Konvent anschliessen oder einen gründen. Du kannst auch alleine ‹vor dich hinhexen›. Vielleicht reicht Dir auch der Kontakt zu anderen Hexen via Email. Vielleicht möchtest Du Dich auch irgendwann einem Konvent anschliessen. Ich persönlich möchte mich keinem anschliessen, mich nicht ‹beeinflussen› lassen, meinen eigenen Weg gehen.»
Trotz diesem Bekenntnis zum Solo-Hexentum wird auch vor den Gefahren dieser einsamen magischen Wege gewarnt:
«Es kann passieren, dass Du Dich durch einen ungeheuren Energieschub, den Du vorher nicht kanntest, allmächtig fühlst ... Die Magie hat ihre Grenzen und wird Dich eines besseren belehren. Gerade dann wenn Du jemandem helfen möchtest kann es passieren, dass Deine Magie nicht den gewünschten Erfolg bringt. Habe keine Schuldgefühle.
Ich persönlich sehe die grösste Gefahr darin, den Sinn für die Realität zu verlieren. Achte darauf, dass Du Deinen gesunden Menschenverstand beibehältst und nicht ‹abhebst›!» (nach Zsuzsanna Budapest)
Wer so konkret warnt, kennt die eigene Hexenszene, deren Allmachtsspiele und deren Versuch, magisch die Welt so lange zu verändern, bis sie sich in unsre Wünsche fügt. Alles in allem präsentiert sich online der «Treffpunkt für deutschsprachige Hexen» als «virtuelles Zuhause», das mit überraschend realitätsnahen Überlegungen auf Eigenständigkeit bedachte ungebundene Hexen auf ihrem gefährlichen Weg zu begleiten sucht. Fragt sich nur, ob virtuelle Begleitung genügt, wenn Menschen versuchen, Realität magisch zu verändern.

www.hexen-online.org

Weitere Hexenkreise

www.hexenwerk.de
www.hexen-heiden.de
www.hagazusssa.de
www.paganismus.de
www.derSteinkreis.de
www.pagan.at

Heidenstammtische
D: 44 Kreise / A: 2 Kreise / CH:1 Kreis
www.heidenstammtische.de

4. Neue Schamanen

Schamanismus gilt als das älteste bekannte Heilungssystem, als Erfahrungsschatz vieler Generationen, als Wissen um die in der Natur verborgenen Kräfte und um die hinter der sichtbaren Wirklichkeit verborgene Anderswelt. Der Schamane kennt diese Kräfte und Anderswelten nicht nur vom Hörensagen. Er tritt in seiner Trance oder Ekstase mit den verborgenen Kräften (Geistern) in Kontakt und durchwandert die Anderswelten. Er tut dies allerdings nicht aus blosser Neugier oder aus der Sehnsucht nach eigener spiritueller Bereicherung. Der Schamane oder Medizinmann der Stammeskulturen Sibiriens, Afrikas oder des alten Amerika wandert im Dienst seines Stammes durch die verborgene Wirklichkeit. Da er auf seinen Trancereisen manche Gefahren zu bestehen hat, denkt er nicht daran, andere z.B. zu eigenen Unterweltreisen zu ermuntern. Die Anderswelt wird im tradierten Schamanismus nicht mit Workshop-Gruppen durchwandert. Auch Kursgebühren erschliessen traditionellerweise niemandem das Tor zur Anderswelt. Von eigenen bedrohlichen Träumen dazu berufen, macht der angehende Schamane eine Lehre. Der ältere Schamane hilft ihm, seine inneren Erfahrungen so zu durchleben, dass er fortan mit seiner Kenntnis der verborgenen Kräfte seinem Stamm dienen kann.

Was immer die neuen Schamanen den spirituellen Wahrheitssuchern der Gegenwart anbieten mögen, in diesem einen Punkt trennen sie Welten vom tradierten Schamanismus: Aus der gefahrvollen Reise des einsamen und bedrohten Schamanenlehrlings durch Anderswelten sind Gruppenreisen für fast jedermann und jedefrau in die tieferen Schichten der individuellen und der kollektiven Psyche geworden. Denn der moderne Wahrheitssucher – wer könnte ihm dies verargen? – will sich den Weg zu den geheimnisvollen Kräften und Welten nicht bloss erzählen lassen. Er möchte sozusagen als Schamane in eigener Sache selber sehen, erleben und erkennen.

Die Zahl der regionalen Schamanismus-Kreise und -Zentren ist vor allem deshalb kaum mehr zu überblicken, weil die oft sehr kleinen Zentren und Gruppen zumeist nicht nur neuschamanistischen Wegen folgen, sondern auch andere neuheidnische, sowie buddhistische und allgemein esoterische Pfade einschlagen. Nicht selten bieten esoterische Zentren und Zirkel sog. Schamanismus im Beiprogramm an.

Foundation of Shamanic Studies (FSS)

Das wiederbelebte Schamanentum verdankt einen guten Teil seiner Dynamik und Popularität dem Anthropologen Michael Harner, der um 1970 begann, die universalen Grundmuster des Schamanismus aufzudecken und dem zivilisationskritischen Zeitgenossen als persönlichen spirituellen Weg anzubieten. Schamanismus habe, meint Harner, während Jahrtausenden weltweit Menschen geholfen, ihr spirituelles Potential zu entwickeln und gesundheitliche und psychische Probleme zu lösen. Die Schamanen unserer Vorfahren führten durch Bewusstseinsveränderung (meditatives Trommeln) in verborgene Welten. Diese Welten voller hilfreicher Kräfte öffnen sich bei entsprechender Anleitung auch dem modernen Menschen. Harner gründete in Kalifornien die Foundation for Shamanic Studies (FSS), schrieb Bestseller zum Thema und erreicht mit seinen Kursen weltweit mehr als 5000 Personen pro Jahr.

Sein Schamanismus ohne Bindung an eine spezifische Stammeskultur ist wahrscheinlich ein Widerspruch in sich selbst. Schamanismus ist Stammeskultur und Stammesreligion und ist vom konkreten Stamm nicht zu abstrahieren. Was immer aber Harner als sog. Schamanismus anbietet, seine Offenheit für die Experimentierfreude und die spirituellen Nachholbedürfnisse der Gegenwart und seine Liebe zum eingängigen Ritual und zum vieldeutig schillernden Symbol stellen ein eigentliches spirituelles Erfolgsrezept dar. Andere Schamanismuskreise mögen traditionsbewusster und authentischer arbeiten. Ohne Michael Harner hätte der sog. Schamanismus nie die heute sichtbare Bedeutung erlangt.

Adresse: Foundation for Shamanic Studies, PO Box 1939, Mill Valley, CA 94942, Tel. 001 415 380 8282, Email: info@shamanicstudies.com.
www.shamanism.org

Bärenstamm

Der Bärenstamm, mit Mitgliedern über den ganzen deutschen Sprachraum verteilt, möchte «erdverbundenes Wissen und Zeremonien der Heilung (für uns selbst und die ganze Schöpfung)» erlernen und weitergeben. Der Stamm beruft sich auf den 1992 verstorbenen Ojibway-Medizinmann Sun Bear und die von ihm gegründete Bear Tribe Medicine Society in den USA. Die einzelnen Mitglieder des Stammes bieten ihr erdverbundenes, zeremonielles Wissen mit persönlichem Akzent an. Alle versuchen, unterstützt durch den Bärenstamm e.V. als Trägerorganisation, Pfade der Kraft zu finden. «Gearbeitet wird unter anderem mit:

– Methoden, die durch die Lebensenergie der Erde uns selbst in Verbindung mit unserer Lebenskraft bringen.
– Dem Medizinrad und den Elementen.
– Heilungszeremonien für uns selbst und unseren Planeten.
– Der Kraft von männlicher und weiblicher Energie.
– Der heiligen Schwitzhütten- und Pfeifenzeremonie.
– Der Kraft der Träume.
– Der Kraft der Vision (Lebenstraum).
– Wildnistraining und Selbstversorgung.
– Geschichte, Philosophie und Lebensarten der Naturvölker und deren Verhältnis zu gegenwärtigen Lebensformen.»

Die in die Vollkommenheit des Universums eingebettete Weltanschauung der Naturvölker vermittelt «kraftvolle Erfahrungen, um im Gleichgewicht mit der Schöpfung zu leben».

Der in ihren Zivilisationsnöten erstickenden Welt werden einmal mehr die romantisch verklärten und hier auch amerikanisch-individualistisch überzeichneten Naturvölker als Wegweiser in eine lebbare Zukunft vor Augen gestellt.

«Sun Bear ... hat immer betont, wie wichtig es naturnah lebenden Völkern ist, dass sich jeder Einzelne nach seinen Möglichkeiten entfaltet, um so sich selbst und der Gemeinschaft eine kraftvolle Hilfe zu sein.» *Aus den Widersprüchen der modernen Gesellschaft führt auch dieser Rückgriff auf frühgeschichtliche Zivilisationen nicht hinaus. Die neuheidnische Leitkultur ist ein romantisches Konstrukt.*

Zeitschrift: RauchZeichen.
Adresse: Bärenstamm e.V., Schönhagener Ring 8, D-32699 Extertal, Tel. 05262 99 21 33.
www.baerenstamm.de
www.lebenskreise.de

Vision Hill

Das «Zentrum für schamanische, naturmystische Kunst und Spiritualität», ein altes Pfarrhaus «auf einem Kraftplatz», will ein Ort «der kreativen, spirituellen Selbst-Entfaltung», «ein Hügel der Visionen, ein Hügel des weiten Himmels, über den ein Traumpfad verläuft» und «ein Haus der Göttin, der (tibetischen) Weissen Tara, der Grünen Tara, ein Haus von Mutter Erde» sein. Der Versuch, auf das zu hören, was Mutter Erde sagt, verbindet sich mit Elementen schamanisch indianischer, buddhistisch-tantrischer und anderer Spiritualität. (Tibetisch-tantrischer Buddhismus wird als schamanischer Buddhismus verstanden.) Diese erdnahe und doch unendlich weite Spiritualität – «kreativ, transkonfessionell, ökologisch, lebensbejahend, vielseitig» – will unabhängig von allen Organisationen, Kirchen und Meistern «nichts Altes imitieren, weder die Sioux noch die Tibeter, sondern etwas völlig Neues entwickeln».

Adresse: Wolf E. Matzker, Vision Hill, D-38170 Uehrde, Email: WolfEMatzker@aol.com.
www.visionhill.de

Gaia-Schamanismus

In einer Welt, in der aus Kultur Zivilisation wurde, in der der analysierende menschliche Geist nicht mehr ganzheitlich zu erkennen vermag, das «Menschlich-Wesentliche verkümmert», Ungleichgewicht die alte Harmonie verdrängt und das verirrte Leben sich selbst bedroht, fasziniert die Vorstellung von der Erde als einer alten und immer noch lebendigen Gottheit (griechisch: Gaia), einem lebendigen, denkenden Wesen. Amerikanische und zunehmend auch europäische mitweltbewusste, spirituell suchende Zeitgenossen sind davon angetan: Die Erde ist keine tote Steinkugel, – auch Materie gilt als lebendig und aktiv –, sondern ein einziger grosser Organismus, «der sich genau die Umgebung schafft, die er braucht».

Diese Vorstellung der Erde als eines lebendigen und intelligenten Organismus, die von James Lovelock nach einem Vorschlag des Schriftstellers und Nobelpreisträgers William Golding den Namen Gaia bekam, verändert das Denken und Leben des Menschen. Der Mensch kann sich nicht mehr als Herr und Meister der Natur fühlen. Er ist nur ein Teil einer Ganzheit, in das er sich einfügen muss, wenn er als Spezies nicht verschwinden will.

In Deutschland entwickelte 1990 Helmut Christof, ein «schamanischer Lehrer», den «GAIA-Einweihungsweg, eine Serie von Initiationen und Trainings, in denen die Teilnehmer mit GAIA, dem Geist der Erde, kommunizieren lernen». Christof befasste sich in jüngeren Jahren mit tantrischen und taoistischen Lehren, mit afro-brasilianischen Ekstasekulten und indianischem Schamanismus. Sein GAIA-Schamanismus will mit seinen Ritualen archaische Bewusstseinsebenen berühren, «wie sie heute vielleicht nur noch einige Naturvölker kennen» und damit «einen Körper, Geist und Seele umfassenden Reinigungs- und Erneuerungsprozess» einleiten. Schwitzhüttenzeremonien, Kommunikation mit Pflanzen, Trancetechniken, Ekstasetänze, Kachinatanz (Kachina sind Geistwesen der Hopi-Indianer), Kristallarbeit, Heilkreiszeremonien, Körperbemalung, GAIA-Sommer-Tipi-Camps, Einführung ins Medizinradwissen u.a.m. dienen als Etappen auf dem Weg zurück in die verlorene Ganzheit. Wer mit GAIA zurück in die Harmonie gefunden hat, kann bei entsprechender Schulung über alle kulturellen Schranken hinweg selbst zum heilenden Schamanen werden. «Wir zeigen Dir Methoden und Techniken, mit denen Du für Dich und für andere die Verbindung zum Geist der Erde erneuern kannst.»

So einleuchtend dieses Suchen nach neuer und lebenserhaltender Erdnähe und Naturverbundenheit klingt, der Beobachter fragt sich doch, ob Wochenendmystik mehr als nur suggerierte Ganzheit vermittelt und ob ein spiritueller Mix aus den unterschiedlichsten Kulturen tiefere Ebenen des Bewusstseins erreicht als traditionsgebundene meditative Pfade.

Adresse: GAIA-NET Jan Pellens, Boeckelterweg 77, D-47608 Geldern, Email: Sunwalker@gaia-net.de.
www.gaia-net.de

Weitere schamanistische Zentren und Kreise

www.shamanic-web-ring.de
www.schamanismus.net
www.reisen-zum-selbst.de
www.schamanen.net

D: umane-Institut, D-31171 Adensen, Tel. 05044 98 274.
www.umane.de

A: MT-Kosmos, Lacknergasse 13, A-8570 Voitsberg, Tel. 03142 2 55 48.

CH: Schamanistische Heilmethoden und Trance Arbeit, H. und F. Biedermann-Reitebuch, Gemeindestr. 3, CH-8032 Zürich, Tel. 01 262 20 20.
Stardreamer Lodge für Schamanistische Zeremonialmedizin, Christine Holmén, Byfangweg 28, CH-4051 Basel, Tel. 061 281 87 28.
Quetzalcoatl, Zentrum für Schamanisches Wissen, Barbara Schweizer/Robert Weiss, Via Ciseri 3, CH-6622 Ronco Tel. 091 792 29 20.
www.quetzalcoatl.ch

www.spiritdance-drumming.ch
www.vision-quest.ch
www.winwinkel.ch
www.womenandearth.ch

XVIII Okkultismus / Satanismus

Wissenschaft und Magie

Seit ihren Anfängen in der griechischen Philosophie bahnt sich Wissenschaft einen Weg der möglichst rationalen Erkenntnis und der möglichst präzisen Unterscheidung durch das verwirrende Dickicht der Wirklichkeit. Wissenschaft stellt damit hohe Ansprüche an sich selbst. Sie spricht so weit wie möglich in klar definierten Begriffen und müht sich um eine möglichst differenzierte Weltbetrachtung, die unterscheidet, wo Unterscheidung sich dem geübten Erkennen aufdrängt, und die nur verbindet, was vernünftigerweise zusammengehört. Die Kunst rationaler Unterscheidung wird auch von der christlichen Theologie, der Adoptiv-Tochter westlicher Wissenschaftlichkeit, seit Jahrhunderten gepflegt. Wissenschaft stellt aber auch hohe Ansprüche an die Wirklichkeit, die sie erforscht. Sie erwartet von ihr dass sie vernünftig einsehbar, in Begriffen erfassbar und in ihren Grundstrukturen rational durchsichtig sei. Wer diesen doppelten Anspruch ans eigene Erkennen und an die ihn umgebende Wirklichkeit stellt, lebt zuletzt in einer Welt, in der jedes Ding an seinen ihm gebührenden Platz rückt. Jedes Hier und Dort, jedes Oben und Unten, jedes Vorher und Nachher, jede Ursache und jede Folge fügen sich jetzt in eine nicht restlos durchschaubare, aber doch in ihren Grundlinien einleuchtende Weltordnung.
Vorbei sind die Zeiten der Magie, die geheimnisvoll alles mit allem verband und die ganze Welt von Geistwesen oder ansprechbaren geheimnisvollen Kräften erfüllt sah. Magie erkannte intuitiv Zusammenhänge, wo der wissenschaftliche Geist später nur mitleidig lächelte. Die Sonne geht in der Zeit der Wissenschaft nicht mehr auf, weil ein Priester ihr opfert. Und die Krankheit verlässt einen Patienten nicht mehr, weil ein Medizinmann mit ihr spricht. War Magie zuerst ein Gespräch der Seele mit der Seele in allen Dingen, oder, wenn die Wesenheiten sich gar widerborstig zeigten und dem sanften Zureden des Magiers nicht gehorchen wollten, ein mit Kraftworten gespickter Disput, so erschliesst sich nun dem wissenschaftlich geschulten Geist eine weitgehend apersonale, kühle Wirklichkeit, frei von allen sanften oder widerborstigen Wesenheiten. Wie die Geisterfreude und Geisterangst des Magiers sich mit einer von Wesenheiten erfüllten Welt verband, so verbindet sich nun die Vernunft des Wissenschaftlers mit einer grundsätzlich vernünftigen Welt.

Okkultismus – die Magie der Neuzeit

Okkultismus ist in seiner Grundlinie die Rückkehr des modernen Geistes in die vorwissenschaftliche Weltsicht der Magie. Okkultisten sind irgendwie immer von der Wissenschaft enttäuscht. Sie haben versucht, in der rationalen Welt der Wissenschaft zu leben. Aber dieser Versuch misslang. Nun führen sie ihre Intuition und ihr Erkenntnisdrang zurück in die Gefilde magischer Weltsicht und intuitiver Weltdeutung. Das heisst nicht, dass der Okkultismus ein direkter Erbe der originalen, vorwissenschaftlichen Magie ist. Wer nach Jahrhunderten eingeübter Rationalität wieder in magische Welten taucht, taucht eher in die in seiner Seele verborgene Magie als in die Magie der heidnischen Vorfahren. Er bleibt in mancher Hinsicht ein moderner Geist, auch wenn die moderne Vernunft ihm bleiern anhängt und er alle moderne Vernünftelei so rasch wie möglich wegzaubern möchte. Er bleibt ein Mensch seiner Zeit, auch wenn er jetzt altheidnische Rituale imitiert und magische Formeln flüstert. Oft ist er gar ein so rettungslos der wissenschaftlichen Systematik verhafteter Geist, dass er seine neue Magie zur detaillierten Pseudowissenschaft aufpoliert, zu einer ausgefeilten und durchorganisierten Geheimniskrämerei, zu einer irrationalen Schwester der modernen Wissenschaft und der rational reflektierenden Theologie. Dieses quasiwissenschaftliche Gehabe mancher Okkultisten zeigt aber nur die tiefe Problematik moderner Magiesuche. Okkultisten haben alles Vertrauen in die rational geordnete Welt der wissenschaftlich geschulten Vernunft verloren. Die Welt ist nicht so, wie die Wissenschaft sie postuliert und beschreibt. Sie ist nicht rationale Ordnung. Sie ist bodenloses Chaos. Und der Mensch ist nicht so, wie ihn schon die Griechen und Römer sahen, ein animal rationale, ein vernunftbegabtes Lebewesen. Der Mensch ist ein Bündel irrationaler Kräfte, ein Abgrund wirrer Empfindungen und Triebe. Die Vernunft ist die manierlich geordnete Schauseite des menschlichen Geistes, nur die Geschäftsauslage, aber nicht das sich dahinter verbergende Geschäft, und von der umgebendem Wirklichkeit zeigt sie uns nur die nette Fassade, nur die Frontseite der Häuserreihe, nicht ihren Hinterhof. Die Rückseite sieht hier und dort völlig anders aus. Deshalb schlägt, der Okkultist einen der modernen Vernunft widersprechenden Weg ein. Er bahnt sich einen Weg durch alle Hinterhöfe der Wirklichkeit und schaut der Rückseite aller Dinge in einer seltsamen Verbindung von Ehrfurcht, Lüsternheit und Entsetzen tapfer ins Gesicht. Ja, er pflegt zum Teil die rückseitige Weltbetrachtung mit einer Inbrunst, die jedem Philosophen in seiner Bemühung um die vernünftige Welt wohl anstehen würde. Die meisten Okkultisten lockt nicht das gute Geschäft mit den faszinierenden Schrecken, sondern sie fühlen sich als Berufene und überzeugen alle jene, die der Berufung mehr trauen als jedem Beruf. Die irrationale und dunkle Seite der Wirklichkeit fordert ihr Recht. Der Okkultist hat ihren Ruf vernommen und opfert den Schatten, was den Schatten gebührt: Zuerst seine Freizeit, seine Imagination und Phantasie, dann seine wissenschaftliche und oft auch seine persönliche Reputation, hie und da sogar auch seine bisherigen Beziehungen und seine berufliche Position. Okkultisten sind immer Outsider in der modernen Welt, gerade auch dort, wo sie eine wackere Schar von Adepten um sich sammeln. Am Rande der modernen Gesellschaft aber ist das Leben kein Sonntagsspaziergang. Da lebt es sich gefährlich. Manchmal opfert der Okkultist den ihn bedrängenden Schatten vorübergehend oder unwiderruflich sogar die Klarheit seines Bewusstseins und damit auch die Fähigkeit zu vernünftiger Kommunikation. Er wird eins mit der Rückseite aller Dinge. Er ist – wie er selber gerne sagt – «Gott geworden». *Der Aussenstehende aber steht vor einem Menschen, den dieses Gottsein völlig überfordert. Mit seiner Gottwerdung verlässt der Okkultist den Raum kommunikationstauglicher Mitmenschlichkeit und verliert sich in der Einsamkeit eines gnadenlosen Wahns.*

Protest-Okkultismus

Auch wenn der Protest-Okkultismus nur an die Schwelle zum okkulten Schattenreich führt und in den Schulungen der eigentlichen okkulten Zirkel langsam erstickt, so verdient er als Anfänger-Okkultismus doch unsere besondere Beachtung. Oberflächlich betrachtet könnte man denken, dass die Kirchenmüdigkeit und die weitherum herrschende permissive Moral der Gegenwart kein geeignetes Feindbild abgeben, gegen das der Protest-Okkultismus antreten möchte. Trotzdem – auch die permissivste Werteskala und die kaum mehr sichtbaren Normen können noch als Toleranzgesäusel, als liberaler Selbstbetrug und als Flucht des Menschen vor seinem wahren wilden, anarchischen Menschsein verstanden werden. Gerade eine Umwertung der kaum mehr sichtbaren Werte hat ihren besonderen, die liberale Gesellschaft provozierenden Reiz. Gerade in der diffusen Moralität der Gegenwart wird der Protest-Okkultist zum Propheten, der einer verlogen braven Gesellschaft das anarchische Spiegelbild vor Augen hält. Wie wenn Christlichkeit und bürgerliche Moral austauschbare Begriffe wären, dient dabei die Umwertung alles Christlichen der Unwertung alles Bürgerlichen und Braven. Das umgekehrte Kreuz, das rückwärts buchstabierte Unser Vater und satanistische Symbole schenken dem jungen Möchtegern-Satanisten die Möglichkeit, seiner Umgebung Angst einzujagen und damit auch besonderen Respekt einzufordern. Wer Furcht einflösst, wird wahrgenommen. Und wer Tabus bricht, findet angeblich sich selbst. Schliesst sich der Möchtegern-Satanist dann einer satanistischen Gruppe an, so helfen ihm Ekelübungen, genau das zu tun, was er bisher verabscheute, und weisen ihm den Weg in eine Freiheit, in der alle Bande anerzogener Moral und bürgerlicher Ordentlichkeit zerreissen. Alkohol und andere Drogen helfen dem Adepten, den eigenen Ekel auszublenden. Rauschhaft wird die erste und von Crowley (s.u.) meisterhaft formulierte satanistische Regel eigene Erfahrung: Tu was du willst, das ist das einzige Gesetz. *Dass diese Anarchie sogleich in bedingungslose Hörigkeit gegenüber den Leitern des Kultes mündet, gründet nicht nur in den Allmachtsgelüsten der Kultführer, sondern auch in den Ohnmachtserfahrungen des Adepten. Ein von allen anerzogenen und bisher vertrauten Werten und Vorstellungen entblösstes und in seinem bewusst unterdrückten Ekel seiner inneren Führung entrissenes Ich wird willenlos verformbar. Die völlig Freien werden zu willigen Opfern allmachtshungriger Magie und sadistisch gefärbter Verfügungsfreude.*

«Tantrischer» Okkultismus

Der Protest gegen eine zu hell und rational gezeichnete Welt und gegen eine heuchlerisch ordentliche Moral verliert bald einmal sein Faszinosum und anschliessend auch sein Recht, wenn er sich darauf beschränkt, am Gegenteil zur modernen Weltsicht festzuhalten. Alle ausgefeilteren okkulten Rituale und Vorstellungen führen über den blossen Protest hinaus. Sie lieben die Nacht nicht, weil sie dem Tag widerspricht. Sie versuchen Tag und Nacht miteinander zu versöhnen und zu verbinden. Sie dienen nicht dem Chaos, um die Ordnung zu vergessen. Sie möchten Chaos und Ordnung, Vernunft und Unvernunft, Gott und Gegengott, Engel und Dämon zu einer neuen, lebendigen und überzeugenden Einheit verbinden. Sie denken nicht kämpferisch dualistisch, sondern versöhnlich pantheistisch und tantrisch. Nicht zufällig inspiriert sich ein Teil des westlichen Okkultismus am indischen Tantra (s. Kap. 14). Man will hier wie dort in jene Einheit finden, in der allein Gott erschaut und eigene Göttlichkeit erlebt werden kann. Erst wenn der Tantriker die Einheit der Gegensätze erschaut, erkennt er auch das Wesen des eigenen Geistes und das Wesen dieser Welt.

Im 19. Jhdt. entfaltete sich, nicht zuletzt als Reaktion auf die aufblühende Wissenschaftsgläubigkeit, eine eigentliche Liebe zu einem Initiationsweg, in dem sich Gegensätze, die das Wachbewusstsein nie zusammenfügen kann, zu einer ganzheitlichen Erfahrung verbinden. Licht und Finsternis, Gott und Gegengott, Wahn und Wirklichkeit, Liebe und Tod, Himmel und Erde, Niedriges und Hohes, Ekel und Ehrfurcht, Traum und Realität, Mannsein und Frausein, Sexualität und Heiligkeit, Askese und Lust, Sünde und Moral, Harmonie und Entsetzen erwarten den Wanderer durchs Reich der Schatten als geheimnisvoll gebündelte Erfahrung. Das Wachbewusstsein und die offiziellen Religionen trennen und ordnen, Okkultisten verbinden. Okkultisten wandern durch das Reich der Mitternachtssonne, des schwarzen Lichts.

Vom Protest-Okkultismus zum tantrischen Okkultismus

Auch tantrischer Okkultismus beginnt zumeist als Protest. Die Lust zu Schattenreisen wird vor allem dort intensiv gespürt, wo die landläufige Wissenschaftsgläubigkeit als Vernünftelei, die offizielle Religion als Vergewaltigung der eigenen Seele und die offizielle Moral als Heuchelei verstanden wird. Der aufbrechende Okkultismus tritt im Namen eines «wahren Menschen» in allen Bereichen der modernen Zivilisation gegen einen Menschen an, der sich über sein eigenes wirkliches Menschsein hinweglügt. Die Heuchelei der offiziellen Kultur schenkt seiner «Okkultur» nicht nur die Zielrichtung, sondern auch die die nie ermüdende kämpferische Energie und den unverhüllten Willen zur Perversion, d.h. zur Umkehrung dessen, was in der offiziellen Kultur als Norm, als Ideal, als Wert oder gar als heilig gilt. Diese Unmoral (beispielhaft präsent in den okkulten Ekelübungen, d.h. bewusst das zu machen, wovor ich mich als gesitteter Mensch ekle) und diese Umkehrreligion (beispielhaft präsent in der in der sog. Schwarzen Messe inszenierten Perversion des katholischen Sakramentes) sind aber nur selten Selbstzweck. Es geht nur vordergründig darum, den Gott der Christen durch Satan, den Gegenspieler Gottes, ebenbürtig zu ersetzen. Auch sexuelle Perversion soll in der okkulten Unmoral nicht zur Dauernorm erhoben werden. Der Okkultist will zuletzt immer verbinden, was die offizielle Kultur und Moral trennen. Sein Gott ist nicht der Satan der Christen, sondern eine Macht, die teuflische Dynamik und göttliche Erhabenheit und Weisheit miteinander verbindet. Okkultistische Zirkel und Organisationen entwerfen – nicht selten von Freimaurerei, Rosenkreuzertum, Theosophie und Anthroposophie inspiriert – Einweihungspfade, die vom Adepten fast endlose spirituelle Schulung verlangen. Die Freude am wilden jugendlichen Protest muss nun, falls noch vorhanden, in der symbolbeladenen und theoriereichen Geheimniskrämerei der okkultistischen Zirkel völlig ersticken.

Okkultismus = Satanismus?

Dass das Schattenreich der Okkultisten in den Augen eines dualistisch denkenden Christentums eher der Hölle als dem Himmel gleicht, kann niemanden verwundern. Heisst dies aber schon, dass alle okkulten Schattenwanderer als Satanisten angesprochen werden dürfen? Einzelne nennen sich in provokativem Stolz «Satanisten», betonen aber gleichzeitig, dass ihr Gott nicht der einseitig schwarze, dämonische Satan der Christen, sondern der Gott oder die Göttin schlechthin sei, das Ineinander von heller und dunkler Energie. Andere Okkultisten sprechen ihre göttliche Wesenheit nie als Satan an und fühlen sich völlig missverstanden, wenn andere sie satanistisch deuten. Sie sehen sich als eine etwas dunklere Variante theosophischer, freimaurerischer oder rosenkreuzerischer Spiritualität. Wieder andere sehen sich selbst zwar als Satanisten, sprechen aber andere Satanisten nur als Pseudosatanisten an, weil ihnen deren Verständnis des Satans zu dürftig, zu harmlos und zu bieder scheint. Kurz – wer unbestritten als echter Satanist gelten darf, ist im Einzelfall nicht leicht auszumachen. Als Okkultisten aber dürfen alle gelten, die von erfahrenen Reiseleitern geführt ins Reich jener Schatten aufbrechen, in der sich alles im Bewusstsein Unvereinbare zu geheimnisvoller Einheit verbinden soll.

Imaginierter Satanimus

Es ist wohl der Präsenz des Themas Satanismus in den Medien zuzuschreiben, dass die Sektenberatungsstellen immer häufiger Berichte von satanistischen Ritualen erreichen, die wahrscheinlich nur in der Vorstellung angstgetriebener Zeitgenossen stattgefunden haben. Satanismus wird zur offenen Bühne für alle bisher verdrängten Schreckbilder, einer Bühne, welche die bedrängte Phantasie, durch angebliche Berichte legitimiert, ohne selbstkritische Vorbehalte betritt. Die Satansfurcht eines dualistisch gläubigen Christentums, das den Glauben an Gott notwendigerweise mit dem Glauben an den Teufel verbindet, trägt das Ihre dazu bei, dass imaginierter Satanismus nicht als Traumwelt erkannt wird. Oft fällt es aber selbst Journalisten und Sektenexperten schwer, den imaginierten Satanismus als Einbildung zu erkennen.

Mediensatanismus und Do-it-yourself-Satanismus

Die Film- und Musikszene hat schon seit Jahren den Unterhaltungswert satanistischer Vorstellungen und Riten für ein bedeutendes Publikumssegment entdeckt. Die Homepages verschiedener Satanistenzirkel streuen die dunkle Bilderwelt durch die ganze Welt. Dass junge und nicht mehr ganz junge Zeitgenossen sich durch diese breit zugängliche satanistische Ideenbörse anregen lassen und sich mit satanistischen Symbolen und Vorstellungen ihren eigenen Satanismus kreieren, erstaunt den nicht, der das Protestpotential mancher jungen Leute kennt. Alle Anzeichen von selbstkreiertem Jugendsatanismus sollte die Umgebung weder übersehen – als Zeichen verweisen sie auf eine Stimmungslage – noch überbewerten. Das Spiel mit Fragmenten aus der Welt der Satanisten wird umso attraktiver, je mehr Entsetzen es bei der braven oder scheinbar braven Umgebung auslöst.

Okkulte Orden und Gruppierungen

Die zahlreichen Orden mit bewusst symbolträchtigen Namen – wir erwähnen sie im Folgenden nur in Auswahl – könnten den Eindruck erwecken, dass die westliche Welt überall von satanistischen Gruppen unterwandert sei. Bei allen Gruppen ist aber zu bedenken, dass okkulte Zirkel in der Regel nur eine kleine überschaubare Zahl eingeweihter Mitglieder umfassen – idealerweise treffen sich 13 in einem satanistischen Zirkel –, dass manche Okkultisten gleichzeitig verschiedenen Orden angehören oder angehörten, dass einzelne Orden zwischenzeitlich keine Aktivitäten anbieten, bis sich wieder ein Meister präsentiert, der, angeblich in der direkten Nachfolge der früheren Meister, den Orden reaktiviert. Die fürs eigene schwache Selbstbewusstsein heilsame Vorstellung, in der Meisternachfolge der berühmtesten Okkultisten zu stehen, führt hie und da zum Spiel mit Jüngern und Ritualen, die weitgehend oder ausschliesslich in der eigenen Vorstellung existieren. So sind okkulte Orden, die sich auf ihren Websites eindrücklich präsentieren, eventuell nur virtuelle Gemeinschaften. Ob sich hinter einem grossartig-diabolisch klingenden Namen auch eine einigermassen ansehnliche Okkultistengruppe verbirgt oder nicht, vermag der Aussenstehende oft kaum zu entscheiden. Die Schweigepflicht gegenüber Aussenstehenden wird meistens eingehalten. Genaue Zahlen für die einzelnen Orden sind also auch dort, wo Gruppen effektiv Menschen an sich binden, nicht beizubringen. Beobachter der Szene gewinnen den Eindruck, dass der Einfluss von Crowley auf die okkulte Szene Mitteleuropas etwas zurückgetreten ist, während das offenkundige Interesse auch europäischer Okkultisten an LaVey und am Temple of Seth zugenommen hat.

Golden Dawn

1888 in England gegründet, pflegte dieser seinerzeit einflussreichste okkulte Orden alle Formen tradierter Hermetik (Magie, Alchemie, Astrologie und Kabbala). Er griff aber auch Elemente östlicher und theosophischer Mystik auf. Crowley (s.u) war ein – wegen seiner bi- und homosexuellen Neigungen sehr umstrittenes – Mitglied des Ordens. Der Geheimbund zersplitterte nach dem Austritt Crowleys in verschiedene Gruppen. Einzelne Gruppen sehen sich noch heute in Tradition des Golden Dawn. Es scheint, dass Crowley dem Golden Dawn – trotz seiner späteren harschen Kritik an dieser Organisation – manche Impulse verdankte.

Ordo Templi Orientis (O.T.O.)

1906 sprachen im Anschluss an schon früher erwogene OTO-Gründungen die geistigen Erben des Industriellen und Okkultisten Carl Kellner (gest. 1905) von einer ihrer Logen als OTO. 1912 wurde von Theodor Reuss, Sänger, Agent, Drogist und Zeitungskorrespondent, der OTO neu konstituiert. Zuerst der Symbolik des Kundalini-Yoga verpflichtet und als eine Art elitärer westlicher Form östlicher Mystik konzipiert, wurde OTO später dank seiner sexualmagischen Ausrichtung und seinem Rückgriff auf angebliche Traditionen des im Hochmittelalter zerschlagenen Templerordens, dank seiner ausgefeilten Hierarchie der Einweihungsgrade und dank seiner ebenso bunten wie andeutungsschwangeren Ritualkunst zum populärsten Okkultorden des 20. Jhdt. 1905 hatte Rudolf Steiner, später der Begründer der Anthroposophie, der sich damals für verschiedene Geheimgesellschaften interessierte, sich in den ebenfalls von Reuss verwalteten Orden Memphis Misraim einweihen lassen und sich einen entsprechenden Ordensrang zukommen lassen. Der Briefwechsel zwischen Reuss und Steiner zeigt aber auch eine deutliche Distanz zwischen den beiden. Memphis Misraim war in mancher Hinsicht eine Art Vorläuferorden zum OTO. Steiner gehörte aber nie zum OTO.

Aleister Crowley als «Bruder Baphomet» seit 1912 im englischen OTO aktiv, von Reuss 1921 aus dem Orden verstossen, ernannte sich 1925, zwei Jahre nach dem Tod von Reuss selbst zum weltweiten Oberhaupt des OTO. Einige Ordensmitglieder akzeptierten diese «Selbsternennung». Crowley führte seinen OTO bis zu seinem Tod 1947. Daneben bestand in Deutschland bis 1956 unter Heinrich Tränker ein von Crowley unabhängiger OTO. Crowley bestand in seinem Teil des Ordens – als «Anarchist mit Diktatorallüren» – auf rigider Hierarchie und Unterordnung unter die Ordensleitung. Crowley, der durch seinen jeder Norm abholden Lebensstil mit Erfolg sein Image als «das grosse Tier 666» pflegte, prägt den OTO bis heute vor allem als Ritualkünstler. Seine detaillierten Angaben zu den einzelnen Einweihungsstufen in die vielen Grade des OTO – sie entsprechen der absteigenden Reihe der Chakras der Kundalini-Meditation – und zur sog. gnostischen Messe der sog. gnostisch-katholischen Kirche sind für alle Teile des OTO noch immer wegleitend. Den OTO verbindet weniger eine einheitliche Ideologie oder Dogmatik als eine gemeinsame rituelle Praxis, besonders die sog. gnostische Messe. Dieses Ritual folgt in seiner Grundstruktur der katholischen Messe. Alle Teile der Messe werden aber – in traditionell christlicher Perspektive gesehen – «pervertiert», d.h. in ihr Gegenteil verwandelt, in gnostischer Perspektive werden sie ihrem wahren, ganzheitlich-gnostischen Sinn zugeführt. Sexualmagische Symbolik (eine Priesterin und ein Priester fungieren als Paar, Lanze und Kelch erzeugen in ihrer Verbindung neue mystische Wirklichkeit), okkultes Wissen um die Einheit von Licht und Finsternis (ein weissgekleidetes «positives» und ein schwarzgekleidetes «negatives» Kind assistieren bei der Messe), esoterische Freude an altägyptischer und freimaurerischer Symbolik und am Auferstehungsgeheimnis antiker Mysterien (der Priester steigt aus einem Sarg, das Ritual führt durch den Tod in neues Leben). Pantheistisches Empfinden für die Göttlichkeit aller Dinge, nicht zuletzt für die Göttlichkeit der Zelebrierenden, führen schrittweise zur magisch angestrebten Verwandlung der ganzen Wirklichkeit. Die mit symbolischen Anklängen überfüllte Messe endet im Wunsch, dass für alle Beteiligten sich in diesem Leben und darüber hinaus erfüllen möge, was immer sie sich wünschen. Ein konkretes allgemein akzeptiertes Diesseits- und Jenseitsbild wird nicht anvisiert. *Das Ritual wird zur mystischen Auswahlsendung. Jeder und jede findet in ihm, was sie in ihm finden und erleben möchten. In der gnostischen Messe werden u.a. folgende geistigen Väter und Autoritäten der gnostisch-katholischen Kirche als «Söhne des Löwen und der Schlange» angerufen:* Laotse, Buddha, Krishna, Moses, Dionysos, Mohammed, Hermes, Pan, Herakles, Orpheus, Odysseus, Vergil, Rabelais, Simon Magus, Pythagoras, Parzival, Karl der Grosse, Friedrich von Hohenstaufen, Christian Rosenkreuz, Papst Alexander der Sechste, Paracelsus, Goethe, Wagner, Nietzsche, Gauguin, Carl Kellner, Theodor Reuss, Aleister Crowley.

Nach Crowleys Tod – eine einzige aktive Loge in Kalifornien hatte den 2. Weltkrieg überdauert – stritten sich eine englische, eine brasilianische und eine schweizerische Gruppe und die OTO-Gruppe in Kalifornien um die rechte Nachfolge. Schon Crowley hatte seine möglichen Nachfolger «Caliphen» genannt, auch in einem Wortstpiel mit der Abkürzung für Californien (Calif). Vom «Caliphat» in Kalifornien ausgehend breitete sich der Orden in den letzten Jahrzehnten über 17 Länder aus. Seit 1985 ist Frater Hymenaeus (bürgerlich William Breeze) sog. OHO (Outer Head of Order) und «Caliph».

Ausser in den USA hat sich der Orden in Kontinentaleuropa in mehreren Logen etabliert. Das Internationale Hauptquartier des OTO ist erreichbar über eine Adresse in Berlin.

Getrennt vom «Caliphat», d.h. der kalifornischen Version des OTO und dessen Verbreitung entwickelte sich die Schweizer Gruppe. Sie wurde bis zu seinem Tod 1990 vom ehemaligen Bäcker, Hypnotiseur und Exkommunisten Hermann-Joseph Metzger geleitet. Metzger gründete die *Abtei Thelema* in Stein/CH, benannt nach dem «Kloster der Lebensbejahung», das Crowley seinerzeit auf Sizilien gegründet hatte. Metzger war aber kein unkritischer Crowley-Jünger. Er hat sich immer deutlich von der Person Crowleys und dessen Sexualmagie distanziert. In der Abtei werden Kurse über Philosophie, Alchimie, Psychologie und Magie angeboten. Im Archiv lagern viele mehr oder weniger geheime Schriften Crowleys. Ein Tempelraum dient Eingeweihten für ihre entsprechenden Rituale. Am gleichen Ort hat auch die sog. gnostisch-katholische Kirche ihren Sitz, eine Art liturgische Schwesterorganisation zum O.T.O. *Die jetzige Leitung betont, sie hätten mit «hartem Satanismus» nichts zu schaffen. Dem Erbe Crowleys aber bleibt die Abtei treu.*

Statistik: Weltweit ca. 3000 M / USA: 46 Logen des «Caliphats» / D: 6 Logen des «Caliphats».
Adressen: Ordo Templi Orientis («Caliphat»), International Headquarters, PO Box 33 20 12, D-14180 Berlin. – Ordo Templi Orientis Deutschland («Caliphat»), Box 42 01 39 c/o Hörster, D-12061 Berlin.
www.otohq.org
www.oto.de

Fraternitas Saturni (FS) und die Eismagie

Wer ins Licht finden will, muss mit der Finsternis ringen. Wer mit den Schatten richtig kämpfen will, der lernt sie auch zu lieben. Der Saturngnostiker erkennt im Saturnprinzip das Dunkel, das uns das Licht bringt, den Schatten, der als Lucifer, als Lichtbringer, auf keinem Erleuchtungsweg überspielt werden darf. Saturn/Lucifer, «der mystische Bruder der Sonne» will beachtet werden und unter rechter Anleitung zum Erlösungswerk beitragen.

«Der bewusste Dienst am höheren Saturnprinzip ... bringt tiefste Erkenntnis. ‹Luzifer› als Morgenstern ... ist nicht nur der gefallene grosse Engel Luzifer, sondern auch der Bruder von Christus. Saturn in seiner höheren Oktave ist verkörpertes tiefstes Wissen um die Reife durch das Leid. Auch hinter seinem dunklen Tore steht die Erlösung. Saturnus – der Hüter der Schwelle – leuchtet dann im milden Lichte – verzeihender, jupiterhafter Güte, denn sein Symbol hat sich dann gedreht im Spiegelbild.» (Grosche, Blätter 48, 1954).

Nach Meinungsverschiedenheiten innerhalb des Crowley-unabhängigen OTO Heinrich Tränkers gründete der Berliner Buchhändler und Okkultist Eugen Grosche 1928 die bekannteste Form eines Saturn-Ordens, die Fraternitas Saturni. Sie verehrt und beschwört aber bei weitem nicht nur Saturn/ Lucifer, sondern in der Tradition verschiedener Okkultgruppen alle möglichen Mächte und Kräfte. Der Adept kann sich – wie bei den meisten, ausser den englischen OTO-Versionen – über 33 Grade, die alle mit entsprechenden Vorleistungen, Übungen und ritueller Einweihung verbunden sind, auf der Logenhierarchie hocharbeiten. Mitgliedschaft ist ein lebenslanger Aufstiegsprozess. Die eigene Entwicklung wird von stufenhöheren Mitgliedern kontrolliert und begutachtet. Ziel des langen Aufstiegs- und Einweihungsprozesses ist – analog zu Crowleys mystischer Egomanie – das Erleben der eigenen Göttlichkeit, «die Verehrung und Anbetung des Göttlichen Ich».

Die FS, die ihre sexualmagischen Praktiken vor der Öffentlichkeit nicht ausbreitet, aber auch nicht verleugnet, nennt ihre noch heute da und dort sich versammelnden Gruppen «Studienkreise» zur «Erhaltung und Verbreitung einer wahren, menschenbezogenen Kultur». Sexualmagie war aber nie das Zentrum oder gar das einzige Anliegen der FS.

Nach Grosches Tod 1964 kam es zu Meinungsverschiedenheiten innerhalb der FS, zum Austritt hochgradiger Mitglieder und zu Abspaltungen kleinerer Kreise. Aus diesem Umfeld wuchsen neue Gruppierungen, z.B. ein Ordo Saturni.

Neuerdings finden sich FS-Vertreter, die sich von Crowleys Vorgaben noch deutlicher als ihre Vorgänger distanzieren. Eine satanistische Antireligion oder Antikirche z.B. wäre für ihr Empfinden – nicht ohne Grund – eine Einladung zu fremdbestimmter Existenz. FS will alle derartigen Einladungen ausschlagen.

Nur in loser Verbindung zur FS steht das z.Zt. wahrscheinlich bekannteste Mitglied einer neuen Auflage der FS (die alte FS existiert seit dem Tod von Grosche am 5.1.1964 nicht mehr), der in Belgien wohnhafte deutsche Schrifsteller Ralph Tegtmeier, alias Frater V.D. Er war zeitweilig Vertreter der sog. Chaos-Magie des Engländers Pete Carroll. Er beliefert den Büchermarkt und das okkulte Kurswesen mit immer wieder neuen Entwürfen und Angeboten. Seine neuesten magischen Rezepte nennt er Eismagie. Sie soll den Menschen befähigen, unter extremen Bedingungen ähnlich denjenigen in polaren Zonen nicht nur zu überleben, sondern in «unüberwindlichen und gnadenlosen» Umständen unvergleichliche magische Fähigkeiten zu entwickeln. Eismagie versucht gleichzeitig «hochgradig intelligent» und betont nüchtern zu sein. Sie weiss um die enormen Fehlerquoten anderer magischer Experimente. Aus ihrem nüchternen Urteil zum fast durchgängigen

Versagen magischer Arbeit gewinnt sie ihre Effizienz. Diese Effizienz und Nüchternheit geht so weit, dass Tegtmeier Formeln für die Wahrscheinlichkeit eines Erfolgs einer magischen Handlung präsentiert. Wenn Magie sich Ziele setzt, die sowieso häufig eintreffen, wird sie erfolgreicher arbeiten. Auch Anstösse zur Selbstfindung werden reichlich ins Konzept der Eismagie eingebunden. Der Eismagier soll sich freier, ungezwungener, sozial ungebundener fühlen, kurz: er überschreitet souverän den engen «konventionellen Horizont magischer Hoffnungen und Bemühungen». Frater V.D. verwandelt so die herben Enttäuschungen, die die meisten Magier in ihrer Arbeit schon einstecken mussten, in neue Hoffnungen. *Mindestens ein paar finanzielle Wünsche des Erfinders wird das teils klevere, teils banale Konzept Eismagie sicher erfüllen.*

www.fraternitas.de
www.saturnarbeiter.de
www.eismagie.de

Die Communitas Saturni (CS)

Die Communitas Saturni (CS) wurde 1993 in Kaiserslautern gegründet. Die CS arbeitet mit den Ritualen von Grosche nach dem freimaurerischen Grad-System des Alten und Angenommenen Schottischen Ritus (d.h. nach dem traditionellen freimaurerischen Grad-System). Die Saturngnosis wird wieder in deutlicher Anlehnung an Crowley gedeutet: Grosches «Saturngnosis» gilt als kosmologisches Konzept, das den Menschen als Mikrokosmos versteht. In diesem Mikrokosmos spiegeln sich alle schöpferischen Kräfte des Universums. «Jeder Mann und jede Frau ist ein Stern» (Crowley). Wer dies erkennt und sein schöpferisches Potential aktiviert, wird zum Schöpfer seiner eigenen Welt und folgt dem Gesetz von Thelema: «Tue was Du willst, ist das ganze Gesetz! Es gibt kein Gesetz über: Tue was Du willst!» (Crowley). Die Communitas will bewusst nicht eine blosse Fraternitas sein, indem sie auch Frauen in den Orden aufnimmt. In Wiesbaden und Mannheim versammeln sich Zweiggruppen der CS.

Adresse: Communitas Saturni e.V., Postfach 100 907, D-68009 Mannheim.
www.communitas-saturni.de

EG-Thelema / MDEs Immortalisten-Site

Früher: Netzwerk Thelema
Eine Crowley-Nachfolge eigener Prägung pflegt Michael D. Eschner, geb. 1949 in Berlin (MDE). Er versteht sich als Crowley-Inkarnation und gründete 1982 den «Thelema-Orden des Argentum Astrum», eine Art Ordensgemeinschaft, in welche die Eintretenden ihr ganzes Vermögen einbrachten. *Nach Aussagen ehemaliger Mitglieder führten Ekeltraining, meditative Parforceleistungen, übermässiger Alkoholgenuss und sexualmagische Übungen bei Mitgliedern zu einer weitgehenden Zerstörung der eigenen Person. Eschner versteht diese «restlose Konditionierung» der Mitglieder als Durchbruch zum eigenen wahren Ich und zum eigenen wahren Willen. Das Motto «Tu, was du willst» verbindet sich – diesen Schluss ziehen Kritiker – mit der permanenten Verunsicherung darüber, was wirklich eigener Wille wäre, und führt in den radikalen Gehorsam gegenüber Eschner und seiner Gemeinschaft.* Nach Problemen mit der Justiz verlegte Eschner seine Gemeinschaft 1985 aus Berlin nach Bergen an der Dumme in der Lüneburger Heide. Auch dort blieb er aber nicht von Nachforschungen der Justiz verschont. *Eine Ursache für diese nicht endenden Probleme liegt vielleicht in der Überzeugung Eschners, dass das Liber Al vel Legis (das wesentlichste Werk von Crowley) als Gesetz für Thelemiten über dem staatlichen Gesetz steht.* Die Thelemiten versuchten in ganz Deutschland ein Netz

von Zirkeln aufzubauen. Sie boten Kurse in Magie und Meditation an verschiedenen Orten in Deutschland an. Seit einem Gefängnisaufenthalt tritt MDE mit seinen Initiativen nicht mehr unter dem Namen Netzwerk Thelema auf. Im MDE-Net wirbt er aber weiterhin für seinen Weg zum Übermenschentum, immer noch inspiriert durch Nietzsches «Zarathustra» und angeleitet durch Crowleys «Liber Al».

Zeitschrift: AHA, Zeitschrift für das Neue Äon: Esoterik, Magie und Lebenskunst.
mde-net.de

Church of Satan (CoS)

Die Kirche Satans wurde 1966 in Kalifornien vom ehemaligen Musiker, Privatdetektiv und Zirkusdompteur Howard Leve begründet, der sich als Schriftsteller, Schauspieler und Begründer der Satanskirche «Anton Szandor LaVey» nennt. In Roman Polanskis berühmtem Film «Rosmaries Baby» spielte er den Teufel, der die weibliche Hauptfigur schwängert. (*Ein Jahr nach Fertigstellung des Films wurde Polanskis Frau Sharon Tate ein Opfer der satanistischen Charles Mansons-Clique.) Obwohl oder gerade weil LaVey weder an einen Teufel noch an einen Gott als Person glaubt und sich geleitet von der Chiffre «Sqtan» nur für das absolute, göttliche Ich engagiert, lesen sich seine Empfehlungen fürs menschliche Verhalten wie eine Aufforderung zu rücksichtslosem Kampf gegenüber dem, der die eigenen Bedürfnisse einschränkt.* Vielleicht weil LaVey den im Grunde doch mystisch-metaphysischen Crowley-Satanismus auf harte Empfehlungen und beinah brutal nüchterne Riten reduzierte, fand die Satanskirche – nach Schätzungen – zeitweilig weltweit bis zu 20 000 Mitglieder. Unter diesen vielen Mitgliedern finden sich allerdings auch manche, die sich nie mit anderen zu gemeinsamen Riten versammeln. Beitreten kann jeder, der ein Aufnahmegesuch und das entsprechende Entgelt an die Zentrale in San Francisco sendet. Unbestreitbar ist der Einfluss LaVeys auf die satanistisch interessierte Jugend. Die «Satanic Bible» LaVeys wurde neben dem «Liber Al vel Legis» von Crowley beinahe zum satanistischen Standard-Werk.

Temple of Seth (ToS)

1969 trat Michael A. Aquino, Offizier in der Gegenspionageabteilung des US Heeres, der Church of Satan bei. In kurzer Zeit wurde er nicht nur die Nummer zwei in der Satanskirche. Sein Einfluss, sein okkultes Charisma und sein Ansehen wurden so gross, dass LaVey sich in seiner Stellung bedroht fühlte. 1975 trennten sich die Wege und Aquino gründete mit einer feierlichen Anrufung Satans den Temple of Seth. Im Unterschied zu LaVey glaubt Aquino an die personale Existenz Satans. Satan offenbarte allerdings Aquino, dass er unter dem Namen des alten ägyptischen Gottes «Seth» verehrt werden möchte. Aquino versteht sich als das von Crowley verheissene «zweite Tier 666» und verbindet in seinen auch in Europa sich verbreitenden satanistischen Gruppen, sog. «Pylons», den pantheistischen Individualismus von Crowley mit der antimystischen Ausrichtung LaVeys. Auch Aquino wurde, wie seinerzeit LaVey, von Mitgliedern der Bewegung wegen seines autoritären Führungsstils kritisiert. Er zog sich darauf zurück und überliess die Leitung des Tempels dem texanischen Englisch-Professor Stephen Flowers. In Kalifornien wurde der Temple of Seth 1975 als gemeinnützige «Kirche» anerkannt und steuerbefreit.

«Black Order oft the Trapezoid» und der «Schwartze Orden von Lucifer»

In der Walpurgisnacht 1994 gründeten Anhänger von LaVey unter der Leitung des

«Satanspriesters Fra Satorius» (alias Wehrli) in der Zentralschweiz den «Black Order of the Trapezoid», der versucht, LaVeys «satanistische Philosophie» im deutschsprachigen Raum weiterzuentwickeln. Satorius beschäftigte sich intensiv mit Runen und altgermanischer Magie, bevor er seine eigene satanistische Organisation gründete. Satorius kritisierte nun an LaVey, was er früher an ihm lobte, das Faktum nämlich, dass LaVey Satan nur als Symbol für menschliche psychische Energien, nicht als ausserpsychische Macht versteht. Der «Black Order» verschmolz in der Folge mit dem «Totenkopfgrotto» in Deutschland, einer deutschen LaVey-Anhängergruppe. Schwierigkeiten mit einzelnen Mitgliedern, mit sog. «Scheiss-Unruhestiftern» führten in der Walpurgisnacht 1999 dazu, dass der «Black Order» von einer neuen Organisation «elitärer Satanisten» abgelöst wurde, von der «Satanischen Ritterschaft», alias «Schwartzer Orden von Lucifer». Die Satanische Ritterschaft will in der Entwicklung der schwarzen Künste neue Massstäbe setzen, sie sieht sich in der Tradition der mittelalterlichen Tempelritter als Geheimorden, der «untadeligen Männern und Frauen von teuflischem Rang und Namen» offen steht. Der Orden will sich als «Speerspitze Satans» über den gesamten europäischen Raum ausdehnen und gegen alle offensichtlich auch unter Satanisten verbreitete Korruption und «nichtssagenden Gradsysteme» ankämpfen. *Der kritische Beobachter fragt sich, ob die «Satanistische Ritterschaft» sich nicht Unmögliches vornimmt. Ist das Konzept eines «Edel-Satanismus» nicht ein hölzernes Eisen, ein Widerspruch in sich selbst?*

Statistik: 200 M, CH: 50.
www.schwartzeorden.org

In Nomine Satanas I.N.S

Unter den sich anbietenden Satanisten-Gruppen und Grüppchen fällt I.N.S auf durch ein rigoroses und klar konzipiertes Ritualprogramm.

Das Versprechen der Schlange an Adam und Eva – «Ihr werdet sein wie Gott» – ist in den meisten Satanistenkreisen seit Crowley das Initiationsprogramm. Satanische Initiationen sind Stufen zur Gottwerdung. Bei I.N.S. werden dem mindestens 18 Jahre alten und vorher geprüften Novizen vier Stufen, die den vier Himmelsrichtungen entsprechen, angeboten, wobei der Initiand während der Initiation immer die Chance hat, etwa durch Vorzeigen einer vorbereiteten schriftlichen Notiz den Ritus abzubrechen. *Ob diese Notbremse in der Dynamik des Rituals eine wirkliche Option bleibt, ist allerdings mehr als nur fraglich.* Die Luzifer-Initiation (im Osten) befreit von der Sklaverei des Christengottes, die Satan-Initiation (im Süden) konfrontiert mit der «ungeschminkten Körperlichkeit», «mit ungelebten Möglichkeiten im Hier und Jetzt», die Leviathan-Initiation (im Westen) befreit die Meeresschlange Leviathan, die bisher im Dunkel des kollektiven Bewusstseins ruhte und die nun übers Diesseits hinaus in «traumhafte Bewusstseinszustände» führt. Die Belial-Initiation (im Norden) schenkt das letzte Stadium der Gottwerdung, die Unsterblichkeit. «Die unsterblichen Geschöpfe der Nacht, Vampire und Werwesen tauchen auf.» Adepten müssen der Loge keine Beiträge entrichten. Beim Ritual anfallende Kosten werden geteilt. Die schwarze Robe mit Kapuze muss jeder Adept sich selber beschaffen. Logenmitglieder sind zum Schweigen verpflichtet und zu geschwisterlicher Solidarität gegenüber Gruppenmitgliedern. *Der Weg aus dem «Diesseitsbereich in die Gefilde der Transzendenz», den I.N.S. anbietet, will zwar von allen Zwängen einer verlogenen Zivilisation befreien, präsentiert sich aber schon in seinem Grundkonzept als Einladung zu rituell angestrebten paranoiden Erfahrungen.*

www.people.freenet.de/I.N.S.

Akron und sein Templum Baphomae

In den letzten Jahren hat Carl-Friedrich Frey aus St. Gallen, besser bekannt unter seinem Pseudonym Akron, zunehmend die Aufmerksamkeit der Medien gefunden. Für dieses Interesse ist nicht nur Akrons beachtlicher Erfolg auf dem Buchmarkt verantwortlich. Es sind vielmehr seine Gewandtheit im Umgang und seine in esoterischen Kreisen leider nicht selbstverständliche historische und philologische Bildung, die ihn zum gefragten Gesprächspartner in Medienproduktionen zu okkulten Themen machen.

Carl-Friedrich Frey wurde am 1. Mai 1948 in Münsterlingen als Sohn eines Zollbeamten geboren. Nach Abschluss der Sekundarschule strebte er eine Laufbahn in der Wirtschaft an und machte eine kaufmännische Ausbildung, allerdings gewann die musische Richtung schliesslich die Oberhand. Frey wurde mit 19 Jahren Schlagzeuger in der Band Amondüül, die durch die Nähe zum Okkultismus von sich reden machte. Daneben stieg er in den Journalismus ein und schrieb in verschiedenen Ostschweizer-Tageszeitungen über kulturelle Ereignisse, mit einigem Erfolg, nicht zuletzt wegen seiner hohen sprachlichen Begabung.

In den 80er Jahren eröffnete sich Akron ein neues Feld: der Esoterik-Buchmarkt. Akron legte verschiedene Bücher zur Astrologie und zum Tarot vor. Sein meistverkauftes Buch, das Werk über den Crowley-Tarot, erreichte bis heute eine Auflage von 200 000 Exemplaren.

Die Liegenschaft, auf der er sein astrologisch-okkultistisches Zentrum einrichtete, nannte Frey «Akron». Ein Versehen des Verlegers beförderte bei der Edition eines Buches diesen Namen an die Position des Autors. Seither trägt Frey diesen Namen selbst.

Etymologisch leitet Akron seinen Namen von «achronos» = zeitlos ab. Der Zeitlose, Unzeitgemässe oder Überzeitliche zu sein, dies ist es, was Akron in seinem Namen programmatisch vorgegeben sieht.

Akron ist ein Autodidakt. Sein beachtliches philosophisches, psychologisches und historisches Wissen hat er sich angelesen. Dies gilt auch für den Bereich des Okkultismus: Akron ist nirgendwo spirituell «in die Schule gegangen», er kennt keinen Lehrer oder Vorläufer.

Wahrheit ist, so wurde Akron klar, relativ. Sie hängt vom Standpunkt des Betrachters ab. Der Beobachter projiziert sich und seine Voraussetzungen in die Welt hinaus. Was er dort sieht, ist somit nur das Spiegelbild dessen, was er in sich selber trägt. Damit wird objektive Wahrheit unmöglich. Akrons eigener Orden, das Templum Baphomae, der Tempel der Baphoma, entsprang der Idee, Leser seiner Werke an ihren jeweiligen Wohnorten zusammenzuführen, damit diese sich gegenseitig kostenlos unterstützen können, statt auf u.U. lange Anreisen und kostenpflichtige Beratung Akrons angewiesen zu sein. Der Name Baphoma geht zurück auf Baphomet, das angebliche Kultobjekt der mittelalterlichen Tempelritter, Akrons liebstes Schatten-Symbol. Baphoma stellt eine feminine Wendung des zwar androgyn gedachten, aber doch grammatikalisch maskulin bezeichneten Baphomet dar.

Das Publikum des Templum Baphomae besteht zu einem grossen Teil aus Akademikern, mit einem deutlichen Schwergewicht bei in therapeutischen Berufen Tätigen. Junge Menschen sind nur spärlich vertreten, was Akron bedauert. Tatsächlich passt Akrons binnenpsychisches Verständnis des Bösen nicht zum typischen jugendlichen Satanisten, und der theoretische Hintergrund seiner Schattenarbeit mögen ihm zu komplex sein.

Adresse: Carl Friedrich Frey, Ruhbergstr. 20, CH-9000 St.Gallen, Tel. 071 278 96 66.
www.akron.ch

Die Hexenmacht

Unter den im Internet werbenden zahlreichen Okkultgruppen fällt eine Gruppe besonders auf, mit ihrer gekonnten Mischung aus klarem Angebot und dunkler Andeutung, aus laut proklamierter Lebensbejahung, ekstatischer Triebhaftigkeit und magischer Angstbewältigung: die «Hexenmacht». Ein ungenannter «extrem fähiger Lehrmeister» (Kurt Krause) lässt mit Hilfe seiner von ihm ausgebildeten Lehrer alle alten Künste auferstehen, die den Menschen befähigen sollen, seine eigenen verborgenen magischen und ekstatischen Möglichkeiten zu entdecken. Ritualistik, Kabbalah, Elementenmagie, Astral- und Mentalreisen «und vieles vieles mehr» sollen dem wahrscheinlich vor allem jugendlichen Interessenten helfen, «alle Seiten unseres Selbst zu akzeptieren ... ganz besonders die unterdrückten tierischen». In den Ritualen – die klassischen Hexensabbath-Feste zusammen mit den Feiern zu Vollmond und Neumond fügen sich wie in manchen anderen Hexenzirkeln zu einem eigentlichen Festkalender – wird der Kontakt zu den alten Göttern, «die vor langer Zeit für Freude, Lebenslust, Fruchtbarkeit und Ekstase standen», hergestellt. Wer diesen Göttern begegnen will, muss sich «in die Dunkelheit» wagen, auch in die Dunkelheit des eigenen Wesens. Bilder von nackt daliegenden Frauen als Altar für die Rituale zeigen, dass die «Hexenmacht», auch wenn sie Gewalt und Blut verpönt, dem Grundmuster schwarzer Messen folgt. Auf dem Weg durch die Dunkelheit lässt sich die «Hexenmacht» durch die sexualmagisch und schwarzmagisch ausgefeilten Werke von Crowley und LaVey leiten. Schutz gegen angebliche und wirkliche Feinde verspricht die detailliert erläuterte schwarze, d.h. strafende Magie. Mit weisser Magie – d.h. mit blossem Schutzzauber – mit «Nächstenliebe-Zauberei, mit Gurus und gottgegebener Erleuchtung» will die «Hexenmacht» nichts zu tun haben. Zaubermaterialien für die verschiedenen Rituale – von der «Hexenmacht» zu beachtlichen Preisen angeboten – befähigen den magisch interessierten Kunden, missliebige Mitmenschen wirksam und folgenschwer zu verfluchen, resp. «unschädlich zu machen», frei nach dem Motto: «Wenn dir jemand auf die linke Wange schlägt, dann zertrümmere ihm das Gesicht!» Entdeckt ein Jünger dieser schwarzen Magie allerdings, dass er selber schwarzmagisch verflucht wurde – etwa indem er auf eine ihm geltende sog. Hexenflasche, ein Schadenszauberutensil ‹mit Verfalldatum›, stösst – genügen seine eigenen Hexenkünste nicht mehr. Er muss Experten in schwarzer Magie zu Rate ziehen. *Weil aber die schwarzmagische Angstbewältigung und die rituelle sexualmagische Triebbefreiung oft in den Abgrund geistiger Verwirrung treiben, wird der Jünger vor allem eines immer notwendiger gebrauchen: Das teure Hilfsangebot der «Hexenmacht». Wenn es zum Wesen sektenhafter Religiosität gehört, unterwegs zur grossen Befreiung und zu angeblich grenzenloser Macht in noch grössere Abhängigkeit und Ohnmacht zu führen, so entspricht das Angebot der «Hexenmacht» weitgehend diesem bekannten Grundmuster.* Das intensiv besuchte Hexenmacht-Forum im Internet zeigt, wie erfolgreich diese und andere analog werbende Okkultgruppen die unterdrückte sog. tierische Seite im Menschen und seine magischen Allmachtswünsche anzusprechen vermögen.

www.hexenmacht.de.

R.A.U.R.

1995 gründete eine Gruppe ritualfreudiger und okkulter Erkenntnissuchender aus dem Umfeld des OTO des «Caliphats» den «Reformierten Alten Universellen Ritus» (R.A.U.R.). Die schwarze Rose und das dunkle Licht sind Leitbilder auf dem Erkenntnisweg eines Ordens, der in alter geheimbündlerischer Manier sich sogleich mit manchen Parallelbünden und Unterorganisationen verband (Pansophische Gesellschaft, Academia Sub Rosa Nigra, Aquarius Society). In allen diesen Organisationen zeigte sich Axel M. Gruner (Frater Absalom Pendragon) als treibende Kraft. Spannungen innerhalb der Gruppe führten zu einer «zweiten und erweiterten Manifestation des Ordens», die sich von anderen ehemaligen Mitgliedern des Ordens, die sich immer noch als Vertreter des R.A.U.R. sehen, distanziert. Der Orden versteht sich als Glied in einer alten Kette von Gemeinschaften, die alle durch Einweihungen der Evolution der Menschheit dienten. Der Orden arbeitet mit Symbolen und Sagen «des Westlichen Weges», betont die Bedeutung und Individualität jedes einzelnen Mitgliedes für den Orden – auch in unteren Graden ist jedes Mitglied Sprachrohr des Ordens – und legt grossen Wert auf die «Mysterien der Weiblichkeit», die in der profanen Welt nur «unzureichend entwickelt» werden. Mann und Frau sollen auf je eigene Weise «sich selbst erkennen und erforschen», Adeptschaft erlangen und «ihre eigenen ererbten und erlernten Fähigkeiten und Künste» erkennen, vervollkommnen und «für sich selbst und für die Menschheit nutzen». Die Adepten beschäftigen sich u.a. mit Kabbalah, Astrologie, Mystik, ritueller Magie und Divination. Der Orden tritt ein für die «Universelle Geschwisterschaft der Menschheit».

www.raur.de

Dragon Rouge

Dragon Rouge, «roter Drache», ein «magischer Orden», versteht den Drachen als Symbol innerpsychischer und kosmischer Kraft. Alle lebensbejahenden Religionen, meint der Orden, sehen im roten Drachen das Leitbild der ursprünglichen Lebenskraft. Erst in «lebensabweisenden Religionen» werde der Drache zum Dämon verfremdet. Durch Traumkontrolle, Imaginationsübungen, «magische Treffen und dionysische Festlichkeiten» wird versucht, den inneren mit dem äusseren Drachen zu vereinen. Wo dies gelingt, da könne der Magier mit seinem blossen Willen die äussere Welt verändern. Von rechtslastigen Extremismen distanziert sich dieser in Stockholm (Schweden) domizilierte Orden mit Zweiggruppen in verschiedenen europäischen Ländern. Ebenso wenig will er sich in die Nähe der Teufelsanbetung oder des Satanismus rücken lassen. Der Orden will niemanden und nichts verehren. Er will nur praktisch-pragmatisch magisch arbeiten. Wer eintreten will, braucht nur eine jährliche Mitgliedergebühr zu zahlen. Aufwendungen für Kurse, die ihm die Tür zu höheren Graden öffnen, fallen zusätzlich an.

www. dragonrouge.net
www.thagirion.de

Voodoo/ Macumba/ Candomblé

«Voodoo», ein Begriff aus dem östlichen Togo, der ursprünglich «Schutzgeist» oder «Gott» bedeutet, wurde in Amerika zum Sammelbegriff für die ekstatisch-magischen Riten afrikanischer Provenienz, gepflegt unter den schwarzen Sklaven. Weil die Sklaven verschiedenen afrikanischen Stämmen und Kulturen entstammten und weil sich im Verlauf der Jahrhunderte diese ursprünglich afrikanische Religiosität mit zahlreichen Elementen christlicher Volksfrömmigkeit mischte – vornehmlich spanisch-katholischer resp. portugiesisch-katholischer Prägung – ist Voodoo heute alles andere als eine einheitliche oder gar institutionell und lehrmässig fixierte Religion. Schon die Bezeichnung der Kulte variiert von Land zu Land und zum Teil auch innerhalb der einzelnen Länder. Allein in Brasilien spricht man von Macumba, Umbanda, Xango, Candomblé, Batuque usw. Die unter den jeweiligen Lokalbegriff fallenden zumeist kleinen kultischen Zentren – es sind jeweils zehntausende – sind ihrerseits, was die Namen der Gottheiten, die genaue Durchführung der Riten und ihre Nähe zum Spiritismus oder zum katholischen Christentum betrifft, deutlich voneinander unterschieden. In New Orleans, wo es heute zahlreiche Voodoo-Zentren gibt, hat sich seinerzeit französischer Katholizismus und Okkultismus mit afrikanischer Religiosität verbunden. In dem heute auch in Europa propagierten Voodoo fügen sich die aus dem schwarzen Amerika importierten Vorstellungen und Praktiken den Anforderungen des modernen Esoterikmarktes. Der «Kunde» sucht möglichst rasche und sichtbare Erfüllung seiner oft sehr materiellen oder doch sehr persönlichen Wünsche. Im zeitgenössischen europäischen Voodoo ist Voodoo fast ausschliesslich konkret angewandte Magie. Trotz der fast unüberschaubaren Vielfalt des Voodoo lassen sich drei Aspekte erkennen, die für die meisten Formen bezeichnend sind. 1. Noch immer haftet am Voodoo der Geruch der Sklaven-Spiritualität, ja sogar der verbotenen Protestreligion. Voodoo ist «geheim», verrucht, «verboten», nur denen zugänglich, die sich vor «primitiven» Erfahrungen und Gottheiten nicht fürchten. 2. Voodoo denkt animistisch-dämonistisch. Die Welt ist voller positiver und negativer göttlicher und halbgöttlicher Wesenheiten. Die sichtbare Welt der Menschen und die unsichtbare der Geistwesen sind nur durch die dünne Wand des Alltagsbewusstseins getrennt. In der – meist durch Trommeln initiierten – Ekstase bricht diese Wand ein und die geistigen Wesenheiten nehmen von den sog. «Pferden», den Medien, Besitz. Diese göttlichen Wesenheiten sind zum Teil heilsame Schutzgottheiten, zum Teil wilde und gefährliche Kräfte. Mit beiden richtig umzugehen, ist die Kunst, die in der Regel allein der erfahrene Priester, resp. die Priesterin, beherrscht. Dieser ekstatisch-mystische Aspekt des Voodoo erklärt vielleicht auch den grossen Erfolg des charismatischen Christentums gerade in den Stammlanden des Voodoo. Die christliche Ekstase-Mystik ersetzt z.T. die synkretistisch afrikanisch-christliche ekstatische Voodoo-Religiosität. 3. Voodoo als praktische Lebenshilfe sucht und findet für alle Probleme des menschlichen Alltags magische Lösungen. Heilungen, Liebeszauber, Schadenzauber, Schutzzauber – in der Welt der Voodoo-Magie ist nichts unmöglich. Sehr beliebt sind auch in Europa Voodoo-Puppen: Ein Feind wird durch Nadelstiche an der entsprechenden Stelle der Puppe magisch zum Leiden verurteilt oder ins Jenseits befördert. Die magischen Versprechen machen Voodoo vor allem für bedrängte Menschen und für die untersten Klassen der Gesellschaft und im modernen Mitteleuropa für junge, noch wenig einflussreiche Menschen äusserst attraktiv. Die Ohnmacht des eigenen Alltags verbindet sich fast «organisch» mit den Allmachtsvorstellungen der Voodoo-Magie, es sei denn, es gelinge einer charismatischen Spiritualität, die Allmacht der Voodoo-Gottheiten durch die Allmacht des Heiligen Geistes zu ersetzen.

XIX Freidenkerbewegung und Freireligiöse Vereinigungen

Spuren freireligiöser und freigeistiger Anschauungen lassen sich schon in früheren Jahrhunderten nachweisen. Gründe, sich innerlich und, falls gefahrlos möglich, auch äusserlich von den Lehren der jeweils herrschenden Kirche zu distanzieren, fanden sich in den Zeiten obrigkeitlich gebotener Kirchenzugehörigkeit mehr als genug. Erst nach den leidigen Erfahrungen mit konfessionellen Zänkereien und nach den sog. Konfessionskriegen und im Zuge der zunehmenden Individualisierung in der westlichen Welt, wurde die Autonomie des einzelnen Menschen in Glaubensfragen eine zuerst intuitiv antizipierte, dann nach dem Erringen der Religionsfreiheit eine in den Verfassungen festgeschriebene moderne «Selbstverständlichkeit». Dass diese Forderung nach persönlicher Autonomie in Glaubensfragen zusammen mit dem Protest gegen jedwelchen Glaubenszwang und kirchliche Bevormundung des eigenen Denkens, oftmals verbunden mit dem Vertrauen in die grenzenlosen Möglichkeiten der autonomen Vernunft, zu eigenen Gemeinschaften führte, liegt vor allem daran, dass religionsgeschichtlich betrachtet keine Vergangenheit blosse Vergangenheit ist. Was immer einmal war, könnte unter neuen Vorzeichen wieder einmal werden. Und wenn im 19. und 20. Jhdt. die Priester und Pastoren das Denken und Leben der Menschen immer weniger zu bestimmen vermochten, so waren es im 20. Jhdt. die Mullahs und die Ideologen der totalitären Weltanschauungen, welchen es trotz aller offiziell deklarierten Religionsfreiheit gelang, Wahrheit gnadenlos verbindlich vorzuschreiben. Die Inquisitionsbehörden der modernen Totalitarismen haben sicher nicht weniger Opfer gefordert als die entsprechenden kirchlichen Gerichte der Vergangenheit.
All dies wäre Grund genug, die Fahne des selbstverantworteten Glaubens und Denkens am Anfang des 21. Jhdt.s nochmals mit besonderer Inbrunst in den Wind zu halten. Wenn trotz der Aktualität ihres Anliegens die eigentliche Blütezeit der Freidenkerbewegung und der freireligiösen Gemeinden schon lange der Vergangenheit angehört, so mag dies daran liegen, dass die Freidenker anders als die Unitarier der Reformationszeit und die mystizierenden Naturphilosophen der beginnenden Neuzeit – beide gehören zu ihren geistigen Ahnen – sich zum Teil mit einem überhöhten Verständnis der autonomen Vernunft verbunden haben, ein Leitbild, das heute obsolet, beinah mythisch wirkt. Dem Mythos von der Vernunft, die konsequent angewandt, alle Formen des Glaubens erübrigt, folgen vielleicht doch eher nur die Menschen, die Vernunft nie wirklich vernünftig zu bedenken wagen. Auch

die Verbindung von freidenkerischen Anliegen mit atheistischer, marxistischer Ideologie hat einem Teil der Bewegung nicht nur Freunde verschafft.
Die eigentliche Bewegung der Freireligiösen und Freidenker begann im deutschsprachigen Europa im 19. Jhdt. Die frühesten **Freireligiösen Gemeinden** sind 1844/45 aus einer deutsch-katholischen Protestbewegung gegen die Ausstellung des «Heiligen Rockes» zu Trier entstanden. Sie erhielten Zuzug aus liberalen protestantischen Gemeinden der «Lichtfreunde». Die besagten katholischen wie die protestantischen Kreise liessen sich von den Gedanken der Aufklärung leiten. Als seitens der Kirchen Bedenken und Ablehnung geäussert wurden und es auch zu Entlassungen in der Pfarrerschaft kam, bildeten sich in wenigen Jahren etwa 380 freie Gemeinden. Mit ihnen entstand eine neue allgemein religiöse Religionsbewegung mit eigenen Grundsätze und Gebräuchen.
Während in der freireligiösen Bewegung eine allgemein religiöse Grundeinstellung durchaus ihren Platz hat, bekennt sich die **Freidenkerbewegung** in der Regel zum Atheismus. Das Freidenkertum entwickelte sich im 17. Jhdt., im 18. Jhdt. und auf breiterer Basis im 19. Jhdt. Der Anstoss dazu kam von Anhängern eines mechanistischen oder eines materialistischen Weltbildes. Im einen Fall hielt man durch die wissenschaftliche Welterklärung jede Religion für überholt. Im andern Fall baute man auf die von Karl Marx stammende Lehre des dialektischen Materialismus, in der Religion als «Opium für das Volk» galt. Der unterschiedliche Ansatzpunkt führte im letzten Jahrhundert zur Bildung von zwei getrennten Freidenker-Vereinigungen. Beide Richtungen setzten sich jedoch für die Förderung von Kirchenaustritten und für die Trennung von Kirche und Staat ein. Nach den beiden Weltkriegen hat – wie erwähnt – die Freidenkerbewegung jedoch längst nicht mehr die gleiche Ausdehnung und Bedeutung behalten wie im 19. Jhdt. In letzter Zeit verbinden einzelne Organisationen freireligiöse und freidenkerische Anliegen zu einem gemeinsamen Plädoyer für möglichst vernunftgemässe Weltbetrachtung und für religiöse und weltanschauliche Toleranz. *Der in diesem Plädoyer eingeschlossene Protest gegen kirchlichen Machtmissbrauch und religiöse Heuchelei überzeugt als kritisches Korrektiv auch hellhörige Kirchenchristen. Penibel kurzsichtig wirkt allerdings die immer wieder aufbrechende Neigung, die mystische Dimension jeder lebendigen Religiosität kurzerhand als Unvernunft zu deuten. Hier stösst die laut beschworene Toleranz auf ihre offenkundigen Grenzen. Wenn das Freidenkertum sich zuerst weigert, Religion zu verstehen, überzeugt die anschliessende Abrechnung mit jeder Art von Religion im Grunde nur die Ahnungslosen.*

1. Freireligiöse Organisationen und Gemeinden

Bund Freireligiöser Gemeinden Deutschlands K.d.ö.R.

Die freireligiöse Bewegung hat ihre Ursprünge im 19. Jhdt. Zu dieser Zeit entstanden innerkirchliche Gruppierungen, die sich gegen die Machtausübung aus Rom wendeten. Der Liberalismus breitete sich aus. Dies führte dazu, dass sich eine christliche Reformbewegung bildete, die für einen republikanischen Nationalstaat eintrat und die Ideen der Aufklärung und des Christentums zu verbinden versuchte. Um 1845 fand die erste Versammlung von deutschkatholischen Gemeinden statt, welche die freireligiöse Bewegung begründete. Zur selben Zeit entstanden auch im protestantischen Umfeld kirchenkritische Organisationen. Zunehmend entfernten sich die freien Gemeinden allerdings von der christlichen Tradition und die Vernunft als Erkenntnisprinzip trat in den Vordergrund. Freireligiös bedeutete zunehmend die Befreiung von kirchlichen Dogmen und das Finden einer eigenen Religiosität, was zu einer Annäherung der protestantischen und katholischen Gemeinden führte. 1859 wurde der Bund Freireligiöser Gemeinden Deutschlands (BFGD) gegründet, wobei es durch die verschiedenen Ausrichtungen der Gemeinden schon bald zu internen Uneinigkeiten kam, so dass 1875 als minimaler Grundsatz die Ablehnung von verordneten Bekenntnissen festgesetzt wurde. Der BFGD wurde 1930 verboten, wobei allerdings einige Gemeinden mit völkischen Ausrichtungen weiter existierten. 1950 kam es zur Neugründung des BFGD. Heute hat der Bund ungefähr 25 000 Mitglieder, welche sich in drei Landesgemeinden gliedern. Er ist Mitglied des «Dachverbandes Freier Weltanschauungsgemeinschaften» (DFW) und der «International Humanist and Ethical Union» (IHEU).

Der BFGD ist ein organisatorischer Zusammenschluss freireligiöser Gemeinden, um deren Interessen gegenüber Politik und Gesellschaft vertreten zu können. Er setzt sich für die Weltanschauungsfreiheit und die Gleichberechtigung von Weltanschauungs- und Glaubensgemeinschaften ein. Ein personifiziertes Gottesbild wird vom BFGD abgelehnt. Er stellt das selbstverantwortliche Denken und Handeln in den Vordergrund und steht für Toleranz und Achtung der Menschenwürde ein.

Der BFGD vereint in sich die unterschiedlichsten Positionen, wodurch seine Leitlinien sehr allgemein bleiben. Im Zentrum stehen die Dogmenfreiheit und der Grundsatz der Toleranz. Dennoch konnte der BFGD nicht verhindern, dass in den letzten zwanzig Jahren viele Gemeinden, u.a. solche, die sich zunehmend atheistisch orientierten, ausgetreten sind.

Statistik: ca. 25 000 M.
Adresse: Bund Freireligiöser Gemeinden Deutschlands K.d.ö.R., Wörthstr. 6a, D-67059 Ludwigshafen, Tel. 0621 62 87 98, Fax 0621 62 66 33.

Deutsche Unitarier Religionsgemeinschaft

Der Name der Unitarier leitet sich vom lateinischen unitas ab, worunter meist die Einheit von Gott, Natur und Mensch verstanden wird. Die Ursprünge für das unitarische Denken finden sich in der Kritik der kirchlichen Trinitätslehre und der Annahme einer Einheit Gottes. Für die Deutsche Unitarier Religionsgemeinschaft ist die Tradition der freireligiösen Gemeinden massgebend, welche schon im 19. Jhdt. in Deutschland existierten. Diese ursprünglich christlich ausgerichteten Gemeinden, welche sich aber von Rom loslösten und sich gegen die Kirchen richteten, unterlagen einem Wandel hin zu einer pantheistischen und atheistischen Orientierung.

In der Zeit der Neugründungen nach dem 2. Weltkrieg entstand 1950 die Deutsche Unitarier Religionsgemeinschaft in Rheinhessen. Die DUR ist ein demokratisch organisierter Verein, welcher sich in regionale Gemeinden gliedert und parteipolitisch unabhängig ist. Sie hat z.Zt. rd. 2000 Mitglieder, wobei es sich vorwiegend um ältere Menschen handelt. Die DUR steht im Austausch mit dem Bund Freireligiöser Gemeinden Deutschlands und ist Mitglied des Dachverbands Freier Weltanschauungsgemeinschaften und der International Associationen for Religious Freedom (IARF).

Die DUR ist pantheistisch orientiert. Sie geht wie andere freidenkerischen und freireligiösen Organisationen von der Selbstbestimmung des Menschen, der Befreiung des Menschen von Dogmen und dem vernunftgeleiteten Denken aus. Daneben versteht sie aber Religiosität als sinngebend und als Grundbestandteil menschlichen Seins. Die religiöse Erfahrung ist allerdings diesseitsbezogen, da die göttlichen Kräfte, der Mensch und die Natur letztendlich identisch sind und dem Kreislauf von Entstehen und Vergehen unterliegen. Ein persönlicher Gottesbegriff und die Vorstellung eines Jenseits wird somit abgelehnt.

Die DUR unterhält eine eigene Sozialhilfeeinrichtung, das «Hilfswerk». Zudem betreibt sie die Jugend- und Bildungsstätte Klingberg, wo Seminare und Tagungen abgehalten werden, die aber auch der Freizeitgestaltung dient. Die Unitarische Akademie bietet Seminare zu Themen der Religion, Weltanschauung und Familie an. Es besteht ein Bund Deutsch-Unitarischer Jugend, welcher 1956 als eigener Verband gegründet wurde, aber im engen Kontakt mit der DUR steht. Auf regionaler Ebene, in den Gemeinden werden unterschiedliche Aktivitäten angeboten. In allen werden aber Feste des Lebenslaufs und der Jahreszeiten gefeiert.

Die DUR versteht sich als eine Alternative zu religiösen Organisationen. Sie verfügt über eine eigene Kosmologie, womit allerdings die Dogmenfreiheit in Frage gestellt wird. Es existieren allerdings neben den allgemeinen Grundsätzen wie die der Toleranz, des Umweltschutzes und der Hilfeleistung an bedürftige Personen keine konkreten, allgemein verbindliche Verhaltensregeln.

Adresse: Deutsche Unitarier Religionsgemeinschaft e.V., Geschäftsstelle, Wartenau 13, D-22089 Hamburg, Tel. 040 254 22 48, Email: info@unitarier.de.
www.unitarier.de

Dachverband freier Weltanschauungsgemeinschaften e.V.

Der Dachverband Freier Weltanschauungsgemeinschaften (DFW) wurde 1991 als Nachfolgeorganisation des 1949 gegründeten «Deutschen Volksbundes für Geistesfreiheit» ins Leben gerufen. Er versteht sich als bundesweiter Zusammenschluss freigeistiger, humanistischer, freidenkerischer und freireligiöser Religions- und Weltanschauungsgemeinschaften, gegründet, um deren gemeinsame Interessen besser vertreten zu können. Die Mitgliederverbände des DFW bleiben weitgehend selbständig, delegieren allerdings einen Teil ihrer Öffentlichkeitsarbeit an den Dachverband. Die Leitgedanken werden von den Mitgliederorganisationen per Mehrheitsbeschluss festgelegt. Der DFW hat sich zum Ziel gesetzt, einziger Dachverband für alle freien Religions- und Weltanschauungsgemeinschaften Deutschlands zu sein.

Der DFW setzt sich für die Trennung von Kirche und Staat und die Wahrung der Glaubens- und Gewissensfreiheit ein. Der Glaube an übernatürliche Mächte wird verworfen. Der Mensch hat das Recht, selbstbestimmt zu leben, was verbunden wird mit der Pflicht, Selbstverantwortung zu übernehmen. Der DFW wendet sich gegen intolerante Ideologien, Dogmen und autoritäre Strukturen. Gewaltanwendung und -androhung lehnt er ab und befürwortet den friedlichen Dialog. Es wird ein solidarisches und gleichberechtigtes Zusammenleben von Menschen nach dem Grundsatz der Toleranz angestrebt, wobei auch die Natur geschützt werden soll. Sonderrechte von einzelnen Personen oder Gruppen müssen abgeschafft und die Menschen- und Grundrechte, insbesondere von benachteiligten Personen, bewahrt werden.

Der DFW versucht, humanistisches Gedankengut auf politischer und gesellschaftlicher Ebene durchzusetzen. Dazu unterhält er einen eigenen Pressedienst, der die Zusammenarbeit mit den Medien verbessern soll. Er fördert humanistische Publikationen, unterstützt die Feier- und Festkultur der Mitgliederverbände und hält Seminare, Tagungen und Kongresse ab. Zudem bietet er juristische Unterstützung für Personen, die aufgrund ihrer Weltanschauung diskriminiert werden.

Obwohl der DFW für eine Trennung von Kirche und Staat eintritt, sind auch freireligiöse Organisationen, wie z.B. der «Bund freireligiöser Gemeinden Deutschlands», welcher für einen Privilegiengewinn von humanistischen Organisationen eintritt, Mitglieder des DFWs, was zu Streitereien innerhalb des DFWs geführt hat. Der DFW schafft es offensichtlich nicht, alle freireligiösen und freigeistigen Interessen zu vertreten, was sein Ziel, einziger Dachverband Deutschlands zu sein, in Frage stellt.

Adresse: Dachverband Freier Weltanschauungsgemeinschaften, Ringstr. 14, D-14612 Falkensee, Tel. 03322 20 59 41, Fax 03321 45 07 47.
www.dfw-dachverband.de

Die Humanistische Union

Die Humanistische Union wurde 1961 vom Münchner Publizisten Gerhard Szczesny gegründet. Anlass war die Besorgnis über den Versuch der Kirchen, auch nichtreligiösen Menschen ihre Normen aufzuzwingen. Im Mittelpunkt steht die Befreiung des Menschen aus obrigkeitsstaatlicher und klerikaler Bindung und die Auseinandersetzung mit der Dominanz der Kirchen in Erziehung, Kultur und Politik. Die Humanistische Union fordert die Freiheit des Menschen zur Selbstgestaltung und Selbstbestimmung seines Lebens. Szczesny wandte sich mit seinem Anliegen an Persönlichkeiten der Politik, Wirtschaft und der Kultur, so dass die Humanistische Union linksliberale Intellektuelle in bedeutenden Positionen als Mitglieder anwerben konnte. Dies führte dazu, dass die Humanistische Union, obwohl eine kleine Organisation, einige gesellschaftliche Einflussmöglichkeiten erhielt, was bis heute so geblieben ist.

Die Humanistische Union ist eine juristisch orientierte Organisation, deren Arbeitsschwerpunkte im Strafrecht liegen. Dabei stehen Tatbestände im Vordergrund, welche sich auf Moral und Sitte berufen und deren Nichteinhaltung nicht unmittelbar Andere oder den Staat gefährden. Die Humanistische Union setzt sich für den Schwangerschaftsabbruch und die gesetzliche Verankerung des Diskriminierungsverbots für Frauen und Minderheiten ein. Aber auch die Bedrohung der Grund- und Freiheitsrechte durch die Staatssicherheit ist seit den 70er Jahren ein zentrales Anliegen, was in einer Zeit des Linksterrorismus politisch brisant war. Heute engagiert sich die Humanistische Union für die Abschaffung der Geheimdienste und wendet sich gegen die «Bürger- und Bürgerinnenbelauschung». Andere Themenkreise sind die Selbstbestimmung beim Sterben, die Berufsverbote, die Garantie demokratischer Mitwirkungsrechte, die Humanisierung der Lebensbedingungen von Menschen in Gefängnis und Psychiatrie und die Sicherung der Rechte von Flüchtlingen und Asylbewerbern. Neben diesem breiten Spektrum an Themen ist das ursprüngliche Anliegen der Trennung von Kirche und Staat im Rahmen eines Arbeitskreises erhalten geblieben. Die Humanistische Union veranstaltet zur Verbreitung und Durchsetzung ihrer Ziele Diskussionsveranstaltungen, reicht Klagen und Verfassungsbeschwerden ein, entwirft Petitionen und Stellungsnahmen und leistet Presse- und Öffentlichkeitsarbeit. Zudem ist sie an vorparlamentarischen Anhörungen anwesend.

In der Humanistischen Union spielen Überlegungen zur Aufgabe und Ausprägung einer humanistischen Weltanschauung nur eine begrenzte Rolle. Zentral hingegen ist die Ausweitung und Bewahrung der Bürgerrechte.

Statistik: rd. 2000 M.
Adresse: Humanistische Union, Haus der Demokratie und Menschenrechte, Greifswalder Str. 4, D-10405 Berlin, Tel. 030 204 50 256, Fax 030 204 50 257, Email: hu@ipn-b.de. www.humanistische-union.de

2. Freidenkerbewegung

Deutscher Freidenker-Verband

Der Deutsche Freidenker-Verband (DFV) mit Sitz in Dortmund hat seine Ursprünge im Verein der Freidenker für Feuerbestattung, welcher 1905 in Berlin gegründet worden war. Dieser Verein, welcher sozialistisch orientiert war, bot eine Alternative zur christlichen Bestattung und verfügte über eine Sterbeversicherung. Der Verein der Freidenker für Feuerbestattung schloss sich mit der Gemeinschaft Proletarischer Freidenker zusammen und nannte sich ab 1930 Deutscher Freidenker-Verband. Ab 1933 verboten, wurde der DFV 1951 neu gegründet. Obwohl von da an parteipolitisch unabhängig, blieb die sozialistische Ausrichtung erhalten. Der DFV steht in der Tradition des historischen Materialismus, den er allerdings in eigener Deutung vertritt. Der DFV ist Mitglied der «World Union of Freethinker» (WUF).

Der DFV versteht sich als Interessens- und Weltanschauungsgemeinschaft für konfessionslose Menschen und ist somit atheistisch orientiert. Er setzt sich für freies Denken ein, womit ein Denken befreit von Dogmen und Tabus gemeint ist. Der Mensch soll selbstbestimmt leben, aber auch die Verantwortung für das Wohl der Menschheit übernehmen. Durch die kritische Reflexion von sich selbst und der Welt kann dem eigenen Leben Sinnhaftigkeit verliehen und ein realistisches Bild der Welt gewonnen werden. Der DFV strebt eine freie, tolerante, gerechte und solidarische Gesellschaft an.

Der DFV setzt sich für die Trennung von Kirche und Staat und für die weltanschauliche Selbstbestimmung der Menschen ein. Er sucht aber dennoch den Dialog mit gläubigen Menschen, die ebenfalls humanistisch ausgerichtet sind, da er sich nicht gegen gläubige Menschen, sondern gegen den Klerikalismus, den Missbrauch religiöser Gefühle von Menschen und gegen steuerliche und politische Vorteile der Kirchen wendet. Zudem verurteilt er den Totalitarismus des Kapitalismus, welcher das Weltgeschehen beherrsche und die humanistischen Grundsätze der Freiheit und Gleichheit unterlaufe. Die kapitalistische Produktionsweise verursache Ungleichheit, welche sich auf die sozialen, politischen und geistigen Lebensprozesse auswirke und das freie Denken gefährde. Der DFV propagiert allerdings kein bestimmtes alternatives Gesellschaftsmodell, da auch Gesellschaftsordnungen dem Wandel unterworfen sind. Dennoch hat der DFV eine stark gesellschaftspolitische Ausrichtung. So setzt er sich für die Gleichstellung der Frau und von Minderheiten ein. Er fordert eine Friedenspolitik, welche die Auflösung der stehenden Heere beinhaltet, die Gewährleistung der sozialen Sicherung und eine Politik, die dem Umweltschutz Rechnung trägt. Rassismus, Intoleranz, Faschismus sowie Gewaltanwendung werden abgelehnt.

Der DFV verknüpft die humanistische mit einer politischen Orientierung, wodurch das Konzept der Selbstbestimmung eingeschränkt wird. Obwohl vermieden wird, ein alternatives Gesellschaftsmodell zu entwerfen, werden in der Kritik am Kapitalismus implizit dennoch neue Werte gesetzt, womit auch neue Tabus entstehen. Die Möglichkeit, einen eigenen Sinn im Leben zu finden, wird in einer solchen Organisation stark eingeschränkt, da die Reflexion über gesellschaftliche Verhältnisse im Vordergrund steht.

Statistik: rd. 4000 M.
Adresse: Deutscher Freidenker-Verband, Starkenburgring 4, D-63069 Offenbach, Tel. / Fax 069 83 58 50.
www.freidenker.de
www.freidenker.org

Freidenkerbund Österreichs

Der Freidenkerbund Österreichs (FBÖ) versteht sich als Interessenvertretung für Konfessionslose. Er wurde 1867 unter dem Namen «Verein für Konfessionslose» gegründet und 1893 in «Verein der Freidenker» umbenannt. Er war schon damals als Interessenvertretung konzipiert und setzte sich für die Aufhebung des Religionsunterrichts an öffentlichen Schulen wie auch des kirchlichen Eherechts ein. Zudem wendete er sich gegen die staatliche Unterstützung von Religionsgemeinschaften. Er war eng mit der Arbeiterbewegung und der Sozialdemokratie verbunden. 1921 erhielt der «Verein für Freidenker» den Namen «Freidenkerbund Österreichs». Zu dieser Zeit wurden Ortsgruppen gebildet und es entstand eine freidenkerisch-sozialistische Festkultur. 1933 wurde der FBÖ aufgelöst und 1948 neu begründet, allerdings büsste er an gesellschaftlichem Einfluss ein. Er ist parteipolitisch unabhängig und Mitglied der «World Union of Freethinker» (WUF) und der «International Humanist and Ethical Union» (IHEU).

Der FBÖ vertritt eine atheistische, an Wissenschaft und individueller Erfahrung orientierte Weltanschauung in der Tradition des Humanismus. Im Mittelpunkt steht das soziale Individuum, welches sich frei von Dogmen, Mythen und Aberglauben entfalten können soll. Der Mensch soll durch freies und kritisches Denken dem Leben Sinn verleihen. Das freie Denken impliziert die Toleranz gegenüber anderen Erfahrungen. In diesem Sinne wendet sich der DBÖ gegen Faschismus, Ausländerfeindlichkeit, Rassismus und Sexismus. Er fordert Demokratie in allen Bereichen des Staates, der Wirtschaft und der Wissenschaft sowie die Trennung von Kirche und Staat.

Der FBÖ bezieht sich bei der Beurteilung von religiösen Weltanschauungen auf psychologische Konzepte. Religion wird als eine infantile Regression beurteilt, welche die Reifung der Persönlichkeit verhindert. Religiöse Lehren hätten ihren Ursprung in der Angst der Menschen vor einer möglichen Sinnlosigkeit der Welt und der eigenen Existenz.

Obwohl viele Ziele, genannt werden, beschränkt sich der FBÖ auf zwei Themenbereiche, welche nach seiner Einschätzung Chancen auf Umsetzung haben: die Einführung eines Lebenskundeunterrichts als Alternative zum konfessionellen Religionsunterricht und die Abschaffung des Gotteslästerungsparagraphen.

Der Freidenkerbund Österreichs bleibt in der Kirchen- und Religionskritik verhaftet, wobei sich bei dieser die Frage nach der Differenziertheit stellt. Zudem ist es fragwürdig, inwieweit noch von Toleranz die Rede sein kann, wenn gläubige Personen unter dem Aspekt der kindlichen Regression beurteilt werden.

Zeitschrift: «Der Freidenker – Geist und Gesellschaft».
Statistik: rd. 500 M.
Adresse: Freidenkerbund Österreichs, Institut für wissenschaftliche Weltanschauung, Geigergasse 2, A-1050-Wien.
www.freidenker.at

Freidenker Vereinigung der Schweiz

Die Freidenker-Vereinigung der Schweiz (FVS) wurde im Jahre 1908 in Zürich gegründet. Sie ist Mitglied der «World Union of Freethinker» (WUF) und der «International Humanist and Ethical Union» (IHEU). Die FVS ist eine atheistisch und teilweise agnostisch orientierte Organisation in der Tradition des Humanismus. Sie setzt sich für die Selbstbestimmung der Menschen ein, welche auf freiem und kritischem Denken beruhen soll. In diesem Sinne wendet sich die FVS gegen Tabus und Dogmen und tritt ein für die Meinungs- und Glaubensfreiheit. Durch kritisches Denken gewonnene Erkenntnisse sollen religiöse Moralvorschriften ersetzen. Da die FVS auch für die Toleranz eintritt, lehnt sie intolerantes Verhalten wie den Anspruch, im Besitz der absoluten Wahrheit zu sein, und jegliche Art von Fundamentalismen und Fanatismen ab. Aufgrund desselben Grundsatzes anerkennt sie aber auch, dass einige Menschen die Sinnhaftigkeit in religiösen Vorstellungen suchen. Auf staatlicher Ebene fordert sie die Gleichberechtigung aller Glaubens- und Weltanschauungsgemeinschaften und die strikte Trennung von Kirche und Staat.
Gemäss Programmatik der FVS darf sich die Freidenkerbewegung nicht darauf verlegen, ihre Anliegen auf die religiöse Thematik zu beschränken. Die Selbstbestimmung des Menschen und die damit verbundene Pflicht, Verantwortung zu übernehmen, muss auf alle Bereiche ausgedehnt werden. Mitmenschlichkeit und Kommunikationsfähigkeit sind zentrale Anliegen der FVS. Die FVS setzt sich für den Schutz der Umwelt und für die Förderung des Weltfriedens ein. Zudem ruft sie die Wirtschaft dazu auf, gesellschaftliche Verantwortung und Verpflichtungen zu übernehmen.
Die FVS veranstaltet auf Wunsch Namensgebungs-, Hochzeits- und Trauerfeiern für Personen, die keine kirchlichen Dienste beanspruchen wollen. Es finden Seminare, Vortagsreihen und Diskussionsabende statt und die FVS verbreitet Informationsmaterial zum Kirchenaustritt.
Die Freidenker-Vereinigung der Schweiz verfügt nicht über genügend Mittel, um ihre erweiterte Programmatik umzusetzen. Ihre Aktivitäten sind weitgehend auf die Thematik der Trennung von Kirche und Staat und auf die Gleichberechtigung von Weltanschauungsgemeinschaften beschränkt, so dass das Konzept der Verantwortung nicht vollumfänglich ausgearbeitet ist.

Zeitschrift: Der Freidenker.
Statistik: rd. 2500 M.
Adresse: Freidenker-Vereinigung der Schweiz, Postfach 14, CH-8454 Rickenbach ZH, Tel. 052 337 22 66, Fax 052 337 22 20, Email: info@freidenker.ch.
www.freidenker.ch

Bund für Geistesfreiheit Bayern

Der Bund für Geistesfreiheit Bayern (BFGB) tritt ähnlich wie andere freidenkerische Organisationen im Namen einer aufklärerisch verstandenen Vernunft gegen ein weitgehend für vernunftfern oder unvernünftig gehaltenes Christentum an. Er bekämpft alle kirchlichen und religiösen Machtansprüche, propagiert den Kirchenaustritt und vertritt ein Ethos, das in den Menschenrechten und in den Postulaten der aufgeklärten Toleranz Richtungsanzeigen in eine freiere und menschlichere Welt erkennt. Das dem BFGB nahestehende Humanistische Bildungswerk Bayern (HBB) dient den gleichen Zielen. Der BFGB ist Mitglied des Dachverbandes Freier Weltanschauungsgemeinschaften (DFW, s.o.) Zur Zeit gehören 7 lokale Gruppen oder Kreise mit unterschiedlich intensivem Vereinsleben zum BFGB.

Adresse: Bund für Geistesfreiheit Bayern K.d.ö.R., Alexanderstr. 14, D-90762 Fürth, Tel. 0911 77 73 03, Fax 0911 741 66 37.
www.bfgb.de
www.hbb.de

The International Humanist and Ethical Union (IHEU)

Die seit 1952 bestehende «International Humanist and Ethical Union» (IHEU) ist eine internationale Organisation, die die Interessen atheistischer, agnostischer oder pantheistischer Organisationen vertritt. Sie hat in über dreissig Ländern ungefähr hundert Mitgliedsorganisationen, so dass sie rd. fünf Millionen Menschen vereint.

Die IHEU vertritt eine atheistische, beziehungsweise agnostische Weltanschauung und beruft sich auf klassisch humanistische Werte wie die individuelle Freiheit und die Verpflichtung, Verantwortung für das eigene Leben und die Umwelt zu übernehmen. Sie lehnt den Glauben an eine personifizierte Gottheit ab und steht für die Dogmenfreiheit ein. Das kritische Denken soll an der wissenschaftlichen Erkenntnis orientiert und von Toleranz geleitet sein. In diesem Sinne setzt sich die IHEU für universelle Menschenrechte und für das Recht der Religionsfreiheit ein, was aber auch die Freiheit von religiösen Vorschriften bedeutet. Die IHEU fordert die Trennung von Kirche und Staat und strebt eine von Verhandlung und Kompromiss geleitete Demokratie an. Intoleranz und Diskriminierungen werden verurteilt. Weitere Anliegen der IHEU sind der Natur- und Tierschutz und die Bewahrung der Bürgerrechte. Durch Altruismus, Integrität, Ehrlichkeit, Wahrheit und Verantwortung soll eine humanere Welt errichtet werden.

Die IHEU hat Berater-Mandate in der UNO, der UNESCO, der UNICEF sowie in der EU. Sie verbreitet ihre humanistischen Grundsätze durch Publikationen wie z.B. ihre vierteljährlich erscheinende Zeitschrift «International Humanist News», und unterstützt humanistische Organisationen und Projekte. Zudem übernimmt sie die Koordination zwischen den Mitgliederverbänden und veranstaltet regelmässig Kongresse.

Die IHEU vertritt auf internationaler Ebene Organisationen mit verschiedenen Ausrichtungen. Obwohl die IHEU atheistisch und agnostisch orientiert ist, zählen auch Organisationen, welche der religiösen Erfahrung Wichtigkeit beimessen, zu ihren Mitgliedern. *Somit wird die IHEU auch unterschiedlich kritisiert: den einen ist sie zu stark auf einen Privilegiengewinn von humanistischen Organisationen, den anderen hingegen zu stark auf die Trennung von Kirche und Staat ausgerichtet.*

Adresse: International Humanist and Ethical Union, 47, Theobalds Road, London WC1X8SP, United Kingdom, Tel. 0044 171 831 48 17, Fax 0044 171 404 86 41.

World Union of Freethinker

Die World Union of Freethinker (WUF) wurde 1880 unter dem Namen «Internationale Vereinigung der Freidenker» von bürgerlichen Vertretern des Humanismus gegründet; sie wurde anfangs des Jahrhunderts in «Weltunion der Freidenker» umbenannt. Während der Machtergreifung des Nationalsozialismus schloss sie sich mit den «Internationalen Proletarischen Freidenkern» zusammen. Seither vereint die WUF das sozialistische und bürgerliche Freidenkerspektrum. Heute sind Freidenker-Vereinigungen aus 15 Ländern Vollmitglieder und aus elf Ländern assoziierte Mitglieder der WUF.

Die Weltunion der Freidenker ist ein loser Zusammenschluss, welcher eine Plattform für Informationsaustausch zwischen den Mitgliedern bieten möchte. Die WUF bekennt sich zum kritischen Denken, welches von der Vernunft geleitet wird. Das Individuum hat das Recht, sein Leben selbst zu gestalten. Religiöse, politische und gesellschaftliche Dogmen werden abgelehnt und eine Gleichberechtigung verschiedener Weltanschauungen angestrebt, da kein System über dem anderen stehe. Die WUF fordert die Trennung von Kirche und Staat und

steht für Demokratie, Gerechtigkeit und Toleranz ein.
Die WUF bestärkt durch Erfahrungsaustausch die ihr beigetretenen Freidenkervereinigungen, für die Ideale des Freidenkertums einzustehen und die Interessen ihrer Mitglieder zu vertreten. Ihr in den Statuten festgeschriebener Zweck ist demnach, «zwischen den Freidenkern, ihren Organisationen, ihren Freunden und Sympathisanten feste Bande wirksamer Freundschaft, Solidarität und Brüderlichkeit zu schaffen». Zudem übernimmt die WUF die Koordination zwischen den Mitgliederverbänden.
Die WUF ist als Plattform für den Erfahrungsaustausch konzipiert und fällt somit politisch nicht ins Gewicht.

Adresse: World Union of Freethinker, Case Postale 198, L-2011 Luxemburg.

Humanistischer Verband Deutschlands

Der Humanistische Verband Deutschlands (HVD) wurde 1993 als Zusammenschluss verschiedener freidenkerischer und freigeistiger Organisationen in Berlin gegründet. Ihm gehören neben dem Deutschen Freidenker-Verband u.a. auch der Bund für Geistesfreiheit Nürnberg und Verbände aus den neuen Bundesländern an. Heute hat der HVD ca. 10 000 Mitglieder. Er ist Mitglied der «International Humanist and Ethical Union» (IHEU).
Der HVD versteht sich als bundesweite Interessenvertretung weltlicher Humanisten und ist atheistisch und agnostisch ausgerichtet. Der HVD steht für das Recht und die Freiheit des Individuums, sein Leben selbst zu bestimmen, ein. Die Freiheit soll allerdings verknüpft sein mit der Übernahme von Verantwortung und Achtung vor Mensch und Natur. Toleranz, Gleichheit und Gerechtigkeit sind zentrale Anliegen des HVD. Gemäss dem Grundsatz der Selbstbestimmung werden Dogmatismus und der damit verbundene absolute Wahrheitsanspruch abgelehnt. Der HVD wendet sich somit gegen die Dominanz der christlichen Kirchen und fordert eine Gleichstellung von religiösen und nicht-religiösen Organisationen. Er setzt sich für die Trennung von Kirche und Staat ein.
Der HVD bietet seinen Mitgliedern zahlreiche Dienstleistungen an, die ein solidarisches, humanistisch geprägtes Zusammenleben erfahrbar machen sollen. Obwohl er sich selbst als Interessenvertretung atheistischer Menschen bezeichnet, liegt sein Schwerpunkt auf dem Gemeinschaftsleben und weniger auf gesellschaftspolitischen Aktivitäten. So werden vom HVD Feiern mit weltlicher Ausrichtung durchgeführt, Jugendweihen beispielsweise, die modern und bunt gestaltet sind. Zudem betätigt sich der HVD im Bildungs- und Sozialbereich, indem er Mobilitätshilfedienste, Kontakt- und Beratungsstellen sowie Selbsthilfegruppen betreibt und Lebenskundeunterricht an Schulen anbietet.

Statistik: rd. 10 000 M.
Adresse: Humanistischer Verband Deutschlands, Wallstr. 61–65, D-10179 Berlin, Tel. 030 613 90 40, Fax 030 613 90 450, Email: hvd@humanismus.de.
www.humanismus.de
www.humanist.de

Internationaler Bund der Konfessionslosen und Atheisten

Der Internationale Bund der Konfessionslosen und Atheisten (IBKA) wurde 1982 gegründet und versteht sich als politischer Interessenverband konfessionsloser, atheistischer oder agnostischer Menschen. Der IBKA ist die Nachfolgeorganisation des «Internationalen Bundes der Konfessionslosen» (IBdK), welcher im Jahr 1976 ins Leben gerufen wurde. Seit der Umbenennung des IBdK in «Internationaler Bund der Konfessionslosen und Atheisten» ist nebst der

Trennung von Kirche und Staat die Religionskritik ein neuer Arbeitsschwerpunkt. Der IBKA ist Mitglied der «International Humanist and Ethical Union» (IHEU), wobei sein Verhältnis dazu kritisch ist.
Der IBKA steht in der Tradition des Humanismus und tritt für die Menschenrechte, für das vernunftgeleitete Denken, für individuelle Selbstbestimmung und Toleranz ein. Der IBKA fordert die strikte Trennung von Kirche und Staat. Zudem ist die Aufklärung über Wesen, Funktion, Strukturen und Herrschaftsansprüche von Religionen und ihren Institutionen ein zentrales Betätigungsfeld. Der IBKA vertritt die Meinung, dass Religionen mit ihrem absoluten Wahrheitsanspruch massgeblich für die Unmenschlichkeit verantwortlich seien, da sie religiös motivierte Gewalt, Intoleranz und Fundamentalismus hervorbringen. Der IBKA kritisiert weiter, dass unmündige Kinder durch Taufe in eine Zwangsmitgliedschaft von Kirchen geführt und danach religiös indoktriniert würden. Der IBKA wendet sich gegen die Privilegien der Kirchen durch das Steuerrecht und gegen Zuschüsse von staatlicher Seite.
Obwohl der IBKA für die Meinungsfreiheit und somit auch für das Recht auf religiöse Glaubensäusserung eintritt, ist es ein zentrales Anliegen des IBKA, durch Aufklärung den Kirchenaustritt zu bewirken. Glauben sei letztlich in einem Irrtum begründet, welchen es zu beseitigen gelte.
Der IBKA versucht, seine Ziele durch Rundbriefe, Seminare und politische und juristische Initiativen durchzusetzen. Er übt beraterische Tätigkeiten bei der Durchsetzung der Grundrechte von Konfessionslosen, bei Kirchenaustritten und bei Kriegsdienstverweigerungen aus und unterstützt soziale Projekte auf nicht-religiöser Basis in Indien, Deutschland und der Türkei.
Obwohl sich der IBKA laut Satzung für die Durchsetzung der allgemeinen Menschenrechte und Förderung der Völkerverständigung auf der Grundlage von Religions- und Weltanschauungsfreiheit einsetzt, bleibt er in der Religionskritik verhaftet. Die angeführten Argumentationslinien erscheinen dabei undifferenziert, wie beispielsweise beim Versuch, die christlichen Kirchen für die Überbevölkerung verantwortlich zu machen. Die Indoktrinationsvorwürfe an die Kirchen und der Begriff der Zwangsmitgliedschaft bei religiösen Gemeinschaften durch das elterliche Sorgerecht werfen Fragen der Möglichkeit und Grenzen der Selbstbestimmung auf, welche aber nicht weiter diskutiert werden.

Zeitschrift: «MIZ – Materialen und Informationen zur Zeit» (vierteljährlich).
Statistik: Ca. 400 M und 10 V als korporative M.
Adresse: IBKA, Internationaler Bund der Konfessionslosen und Atheisten, Postfach 1745, D-58017 Hagen, Email: info@ibka.org.
www.ibka.org

Humanistische Aktion

Die Humanistische Aktion wurde 1994 mit dem Ziel gegründet, sich mit der Förderung der Menschlichkeit zu befassen. Die Reflexion über die geistigen Grundlagen von humanistischer Lebensführung steht im Zentrum der Aktion. Die HA ist Mitglied der IHEU.
Die Humanistische Aktion ist atheistisch orientiert und möchte einen alternativen Sinnentwurf anbieten. Es wird ein verantwortliches Menschentum angestrebt, welches beinhaltet, dass Menschen durch die Verinnerlichung und Reflexion ethischer und humanistischer Grundsätze Verantwortung für sich selbst und für die Umwelt übernehmen. Dabei meint Umwelt Mitmenschen und Natur. Glaubensvorstellungen werden als kindlich abgelehnt, da sie die Entwicklung zur Mündigkeit einschränken, wobei Mündigkeit als kritische Distanz zu sich selbst und zur Umwelt verstanden wird. Dennoch tritt die Humanistische Aktion für Religions- und Glaubensfreiheit und für den

Dialog mit religiösen Menschen ein, wobei allerdings ein kritisches Hinterfragen möglich sein sollte. Das verantwortungsvolle Menschentum sei nur über das Individuum erreichbar, das ethische Grundsätze in sein Handeln und Denken einfliessen lasse. Die persönliche Umsetzung der Grundsätze ist ein zentrales Anliegen.

Die Humanistische Aktion versteht sich als sinngebende, sinnstiftende Organisation. Dabei wird der Verpflichtung und Verantwortung mehr Bedeutung zugemessen als der Selbstbestimmung. Das «richtige» Verhalten und Denken steht im Vordergrund, was auf eine Exklusivität hindeutet und mitunter dogmatisch wirken kann.

Statistik: ca. 60 M, die in einer Form eines Arbeitskreises miteinander verbunden sind.
Adresse: Humanistische Aktion, Artillerstr. 10, D-80636 München, Tel. / Fax 089 129 35 30.

XX Sog. Psycho-, Marketing- und Politgruppen

(Gemeinschaften und Bewegungen mit primär nichtreligiöser Orientierung)

Weshalb führen manche psychologische Schulen und Gemeinschaften, Marketinggemeinschaften und Gemeinschaften mit politischem Programm zu Anfragen bei Sektenberatungsstellen, wie wenn es sich bei ihnen um ausgeprägte Sekten handeln würde?
Jede menschliche Gemeinschaft und Organisation kann sich selber überschätzen. Die Selbstüberschätzung aber drängt eine Gemeinschaft auf sektenhafte Bahnen. «Secta», abgeleitet von «sequi» (= nachfolgen) nannte man im Rom des Römerreiches die philosophischen Schulen mit eindeutiger Meisternachfolge, also z.B. die Neuplatoniker, die Epikuräer, die Stoiker usw. Obwohl grundsätzlich einem wissenschaftlichen Ansatz verpflichtet – Philosophie war und ist vor allem seit Sokrates der Versuch, kritisch erwägend nicht nur die Welt sondern auch das kritisch erwägende Denken selber zu verstehen – fühlten sich diese Schulen der einmal gewonnen Schau und ihrem Meister derart verpflichtet, dass das kritische Befragen im Blick auf die Meistertheorien einem blossen «Nach-Denken» oder «Nach-Beten» wich.
Entsprechend voreingenommen verhielten sich diese Schulen dann anderen philosophischen Schulen gegenüber. Kurz – es entwickelten sich eigentliche Schulen oder Sekten, eine Art Innenwelten der Erkenntnis mit deutlichen Grenzen zur Aussenwelt des Irrtums. Dieses auch im modernen Verständnis ansatzweise sektenhafte Verhalten der alten philosophischen Schulen begegnet uns in der Welt der modernen Wissenschaft unter völlig anderen Umständen, aber mit ähnlicher Ausprägung, nicht zuletzt in psychologischen Schulen und Richtungen. Auch hier verbindet sich ein grundsätzlicher wissenschaftlicher Ansatz mit mehr oder weniger ausgeprägter Meisternachfolge – wir sprechen von Jungianern, Freudianern, Adlerianern usw. – und der Wille zur Abgrenzung der eigenen Erkenntnis gegenüber allen andern, die sich auch mit dem Geist und der Seele des Menschen wissenschaftlich befassen, ist in vielen dieser Schulen wahrscheinlich nicht weniger ausgeprägt als dies in den philosophischen Schulen der alten Welt der Fall war. Mit anderen Worten: Viele – vielleicht sogar die meisten – der psychologischen Schulen der Gegenwart und der jüngsten Vergangenheit sind Sekten im alten, klassischen Sinne des Wortes. Wenn wir nun im folgenden allerdings nur diejenigen Schulen und Lerngemeinschaften besprechen, die dieses latent sektenhafte Grund-

muster psychologischer Schulen augenfällig aktualisieren, so deshalb, weil diese und ähnliche Schulen und Gruppierungen immer wieder Gegenstand besorgter Anfragen bei sog. Sektenberatungsstellen sind.
Die Aktualisierung des sektenhaften Grundmusters führt erstens dazu, dass der wissenschaftliche Ansatz der betreffenden Schule fast völlig von ideologischem, dogmatischem Festhalten an Meisterlehren verdrängt wird. Wissenschaftlich sind diese Schulen in ihrer Meistergläubigkeit nur noch scheinbar. Der Meister oder die Meisterin übermitteln die wahren Erkenntnisse in kaum mehr zu hinterfragender Unfehlbarkeit. Eine zweite Folge dieser aktualisierten Sektenneigungen zeigt sich in der fast grenzenlosen Ausweitung des sog. psychologischen Erkenntnisbereichs. Wissenschaftliche Psychologie beschäftigt sich mit den geistig-seelischen Aspekten des Menschseins und sucht dem Menschen zu helfen, sich selbst und andere besser zu verstehen. Die ausgeprägt ideologischen psychologischen Schulen und Gemeinschaften verwandeln ihre Psychologie oder Psychotechnik zur eigentlichen Heilslehre. Wer ihre Erkenntnisse anwendet, verwandelt nicht nur sich selbst, sondern zuletzt auch die Kultur, den Staat, die Welt. Wie es sich für ausgeprägte Heilslehren gehört, bekennen sich manche dieser Gemeinschaften auch zur Überzeugung, dass ohne ihre Erkenntnisse die menschliche Zivilisation demnächst in den Abgrund der Selbstzerstörung gleite, dass sie sich aber mit ihren Erkenntnissen auf eine völlig neue, beinah paradiesische Stufe heben lasse.
Die dritte und für alle Kritiker schwierigste Konsequenz dieser Verwandlung eines an sich psychologisch-wissenschaftlichen Ansatzes in Ideologie und Heilslehre zeigt sich in der Abgrenzung zur Aussenwelt und im mehr als harschen Umgang mancher dieser Schulen mit ihren Kritikern. Wer diese «Psychologien» kritisiert, hat sie erstens nicht verstanden, zweitens ist er, weil er ja den Heilsweg für alle Menschen verspottet, ein Menschenfeind, ein Wesen, das den Untergang der Menschen beschleunigt, und drittens kann es, wenn das Heil der Menschen auf dem Spiel steht, demjenigen gegenüber, der dieses Heil öffentlich diffamiert, kein Pardon mehr geben. Jede wissenschaftliche Erkenntnisweise und Lehre muss und wird sich Kritik gefallen lassen, weil sie um den Wert kritischer Selbstbesinnung weiss. In den Augen von Nachfolgern einer Heilslehre aber wird die Aufforderung zur kritischen Rückbesinnung oft zu eigentlicher Blasphemie. Die entsprechende Reaktion der sog. psychologischen Schule zeigt, wie weit die Gemeinschaft ihren wissenschaftlichen Ansatz bereits schon verloren hat.

Ähnlich wie die psychologisch definierten Gruppierungen verhalten sich auch gewisse politisch-ideologische Gemeinschaften, hier zusammengefasst unter dem Namen «Politgruppen». Im Unterschied zu den landläufigen politischen Parteien und Gruppierungen werden in der Politgruppe die Ideen, die politischen Programme zu einer Heilslehre «aufgebläht», die sich als solche der üblichen politischen Diskussion entzieht. Fast zwangsläufig wird das Gruppenoberhaupt zur Führergestalt, wenn nicht zum Welterlöser unserer Zeit. Die Aussenwelt wird in dualistischer Weise abgewertet und zum Feindbild stilisiert. Umgeben von Gegnern werden die Mitglieder einerseits an die Gemeinschaft gebunden, andererseits wird so die Wichtigkeit der Gruppe betont. Auch Politgruppen reagieren in der Regel vehement auf Kritik von aussen, und auch sie bieten fast keinen Raum mehr für Individualismus und Willensfreiheit.

Scientology Church

Im Jahre 1950 erschien in Amerika das Buch «Dianetics – The modern Science of Mental Health». Verfasser war L. Ron Hubbard (1911–1986), der zuvor schon als Science Fiction Autor bekannt war. Er gründete im gleichen Jahr die Hubbard Dianetics Research Foundation, Los Angeles. 1952 wurde die Hubbard Association of Scientologists International gegründet, 1954 gründeten Anhänger von Hubbard die erste Scientology Kirche. L. R. Hubbard hat 1966 die Leitung der Kirche abgegeben. Heute steht ein dreiköpfiger Vorstand an der Spitze der streng hierarchisch organisierten Church of Scientology International. Etwa 1970 begann die Tätigkeit der Scientology Church in Deutschland und bald auch in der Schweiz.

«Dianetics», abgeleitet vom griechischen «dia» (durch) und «nous» (Seele), bezeichnet in der Deutung der Scientologen das, «was die Seele dem Körper via Verstand antut». «Scientology» bedeutet «Lehre vom Wissen». L. R. Hubbard hat seine geistige Technik dem Religious Technology Center vermacht, einer eigenständigen Körperschaft, die für die korrekte Anwendung seiner Lehre einsteht. Das Religious Technology Center steht «innerkirchlich» über der Church of Scientology International, übernimmt aber keine Führungsaufgaben. Von den Mitarbeitern auf den verschiedenen Stufen wird weitreichende Ein- und Unterordnung verlangt.

Scientology versteht sich als angewandte religiöse Philosophie. *Anleihen beim Buddhismus, bei anderen Religionen, bei der Psychoanalyse, bei der Psychiatrie und verschiedenen populären Philosophien sind augenfällig.* Der Mensch, so wird unter Verwendung selbstgebildeter Ausdrücke gelehrt, ist ein Geistwesen, ein Thetan, das einen Verstand und einen Körper hat. Dieses, sein eigentliches Wesen ist jedoch vielfach getrübt. Die meisten Menschen befinden sich im Zustand des «Preclear» (vielleicht könnte man übersetzen: im Zustand eines «ungeklärten Wesens»). Es ist wichtig und nötig, dass sie sich von Geschehnissen, die mit Schmerz und Bewusstlosigkeit (oder mit Schmerz und reduziertem Bewusstsein) verbunden sind oder waren, von den sog. «Engrammen», befreien. Damit öffnet die Scientology nach ihren eigenen Aussagen den Weg zur Befreiung. Ziel ist zunächst der «Clear» (der gänzlich «geklärte» Mensch) bzw. auf höherer Stufe der Operating Thetan (OT).

Um ihre Lehren an die Leute zu bringen, investiert die Scientology Church viel Zeit und sehr viel Geld für eine unermüdliche Werbung (Ansprechen auf der Strasse, Einladen zu einem «Persönlichkeitstest», Literaturverkauf, Inserate, Flugblätter). Das Angebot für Interessenten und Mitglieder setzt sich vor allem aus einem für Aussenstehende komplizierten System von einigen Dutzend oft recht teuren Kursen zusammen. Zum Kursbesuch gehört das sog. «Auditing», eine Art Gespräch zwischen dem «Auditor» (Lehrenden) und dem «Preclear» (Schüler). Als Hilfsgerät dient der «Hubbard-Elektro-Meter». Dieses Gerät sei dazu geeignet, so wird gesagt, beim Menschen Strömungen (elektrische Energien) geistiger Art und damit die inneren Widerstände auf dem Weg zum Ziel des «Clear» zu messen. Hat jemand durch viel Einsatz, durch Kursbesuche und «Auditing» den Stand des «Clear» erreicht, so ist er noch nicht am Ziel. Er wird zum Weiterschreiten auf «der Brücke zur völligen Freiheit», d.h. zum Besuch weiterer Kurse aufgefordert. Oberhalb des Zustandes Clear kann das Mitglied sich weitere sog. OT-Stufen erarbeiten. (OT ist «Operating Thetan»; der Thetan beginnt sich seiner wahren Fähigkeiten bewusst zu werden und sie wahrzunehmen.)

Ein «Clear» wird in der Sprache der Scientology von seinem reaktiven Mind, d.h.

dem Teil des Verstandes, der Erlebnisse mit Schmerz und Bewusstlosigkeit speichert, nicht mehr negativ beeinflusst. Der OT erlangt in scientologischer Sicht seine eigene Persönlichkeit vollständig zurück. Seine Fähigkeiten werden rehabilitiert. Er wird frei vom endlosen Kreislauf von Geburt und Tod und gewinnt einen Zustand vollkommener Bewusstheit als geistiges Wesen. Kurz – OTs müssen sich, ähnlich wie die Erleuchteten im Buddhismus, nicht mehr inkarnieren. Aber sie verkörpern sich wie die Bodhisattvas freiwillig und gerne wieder in dieser Welt.

Scientology sieht sich als Kirche, aber nicht im christlichen Sinn. «Sonntagsandachten» werden – nach Angaben der Scientology – in jeder Kirche wöchentlich angeboten, spielen aber keine zentrale Rolle. Eigentliche Gottesdienste kennt Scientology nicht. In den Andachten wird Scientology erläutert, nicht Gott verehrt. Geistlicher kann jeder Auditor werden, der den mehrwöchigen Minister-Kurs absolviert hat und der bestimmte ethische Kriterien erfüllt. (In der Schweiz wirken z.Zt. ca. 15 ordinierte «Geistliche».) Im Umfeld der Scientology Church bestehen verschiedene eigenständige Vereine und Organisationen, in deren Vorstand teilweise Scientologen mitarbeiten und die sich an die Techniken (Methoden) L. Ron Hubbards halten. (Die Scientology Church lehnt die hier und dort dafür gebrauchte Bezeichnung «Tarnorganisation» ab. Im Mai 1988 entschied der Zürcher Audienzrichter, dass im Blick auf ZIEL von einer «Tarnorganisation» gesprochen werden darf. Scientologen, die den Begriff «Tarnorganisation» als Unsinn ablehnen, weisen darauf hin, dass jede ihrer Gruppierungen gehalten ist, offen zu ihrer Verbindung zu Scientology zu stehen.) Es sind vor allem folgende Vereine und Organisationen (Auswahl):

– Narconon als Drogenrehabilitations-Organisation, z.Zt. mit Rehabilitationsstätten in Bex bei Lausanne und Itzehoe, Deutschland, sowie einem Infozentrum in Zürich.

– ZIEL = Zentrum für individuelles und effektives Lernen – zur Einführung in die Hubbard Studiermethode. Mitglieder von ZIEL führen auch eine Privatschule in Zürich.

– Bürgerkommission für Menschenrechte, in Deutschland bekannt unter dem Namen Kommission für Verstösse der Psychiatrie gegen Menschenrechte.

– WISE = World Institute of Scientology Enterprises mit Sitz in Los Angeles, vermittelt zahlreichen Firmen, auch in der Schweiz, in Deutschland und Österreich, Information und Beratung zum Thema Verwaltung aus der Sicht Hubbards.

– Verein verantwortungsbewusster Geschäftsleute.

– Die New Era Publications publiziert die Werke L.R. Hubbards.

Bei kaum einer anderen in diesem Buch besprochenen Organisation klaffen Selbstwahrnehmung der Gruppe und Aussenwahrnehmung so weit auseinander wie bei Scientology. Sieht sich Scientology als Speerspitze der Humanität und als Brücke zu menschlicher Souveränität und Freiheit, so ist für manche Kritiker vor allem im deutschsprachigen Raum Scientology die Sekte par excellence, das Beispiel einer Organisation, die ihre Mitglieder mit ihrer Psychotechnik indoktriniert und ausbeutet. Weshalb diese Diskrepanz von Selbstwahrnehmung und Aussenwahrnehmung? Ein paar persönliche Erwägungen können diese Frage vielleicht wenigstens teilweise beantworten:

1. L. Ron Hubbard, in kritischer Selbsteinschätzung vielleicht nicht besonders talentiert und ein Leben lang in seinen jugendlichen Genieträumen befangen, scheint im Verlauf seines innerhalb seiner Organisationen sehr erfolgreichen Lebens zu grosser Selbstüberschätzung gelangt zu sein.

Aus dem jugendlichen Genietraum wird innerhalb der ihn bedingungslos bewundernden Organisation und sicher abgeriegelt gegenüber allen Urteilen aus der Aussenwelt eine Genialität zugesprochen völlig jenseits der üblichen gesellschaftlich-wissenschaftlich-künstlerischen Realität. Nirgends habe ich eine grössere Sammlung von Ehrenbezeugungen und Auszeichnungen – alle einem einzelnen Menschen zugeeignet – gesehen als im Welt-Zentrum der Scientology in Los Angeles. Ähnliches demonstrieren die unten erwähnten verschiedenen Websites, die alle einen besonderen Aspekt des grenzenlosen Genies L. Ron Hubbard feiern. Dabei hat es ihm wahrscheinlich nie zu einem normalen Studienabschluss gereicht.

2. Hätte er seine Leistungen als Naturwissenschaftler, Dichter, Musiker, Philosoph und Welterneuerer mit den in der menschlichen Normalwelt üblichen Massstäben gemessen, hätte er vielleicht nicht an sich selbst, aber zweifellos an der Wirksamkeit seiner Psychotechnik zweifeln müssen. Die Selbstschätzung musste L. Ron Hubbard sich aber in jedem Fall erhalten. Aussenwahrnehmungen werden als Angriff auf die Organisation verstanden und mit entsprechender Härte bekämpft. Diese fast panische Reaktion auf Kritiken scheint als Erbe des Gründers noch heute innerhalb der Organisation üblich zu sein.

3. In der Psychotechnik der Scientology gehört, so vermute ich, die zunehmende Unfähigkeit zu kritischer Selbstwahrnehmung und die Abschottung gegen Urteile der Aussenwelt paradoxerweise zum Befreiungsprozess des menschlichen Geistes aus seinen inhärenten und sozial vorgegebenen Bindungen. Die Freiheit, zu der Scientology stufenweise führt, und das «Übermenschentum», das sie anbietet, lassen sich in Massstäben der Normalwelt nicht ausmessen. Übermenschen sind darauf angewiesen, dass die Normalwelt sich über sie nicht mehr äussert. Überdies befreit die Psychotechnik der Scientology nach Meinung Aussenstehender vor allem von imaginierten Leiden. Der Kursbesucher muss das Ausmass seiner schon erreichten Befreiung vor allem anhand seines Selbstwertempfindens überprüfen. Je besser er sich fühlt und je mehr er über sich und die ihn befreiende Organisation staunen lernt, desto mehr hat er erreicht. Dass mit diesem Verfahren zur Überprüfung geistig-seelischen Fortschritts der Konsument in immer verzerrtere Selbstwahrnehmung gleitet, ist nicht auszuschliessen. Ebenso einleuchtend ist auch, dass wer nach Befreiung aus geistiger Dürre und seelischer Enge lechzt, sich bei lange ausbleibender Befreiung gerne ein neues, geniales Selbst einredet. Jeder und jede könne ein zweiter Einstein werden, verspricht ein gängiges Scientology-Plakat, und L. Ron Hubbard behauptet allen Ernstes, der IQ des Menschen liesse sich mit Scientology in schwindelnde Höhen anheben.

4. Eine unkritische Selbstwahrnehmung des Gründers und der Wunsch nach einem neuen Selbst des Anhängers prägen auch viele andere spirituelle Gemeinschaften. Wie kaum einer anderen Organisation gelingt es nun aber der Scientology, den Genietraum des Meisters mit dem Geniewunsch des Schülers gewinnbringend zu verknüpfen. Wer noch alles aus sich machen möchte, findet zu dem, der schon alles aus sich gemacht hat. Zur kritischen Selbstwahrnehmung bleibt innerhalb der Organisation bei dieser Verknüpfung von Kundenwunsch und Meistertraum kein Raum mehr. Wer an der Psychotechnologie der Scientology zu zweifeln beginnt, bedroht gleichzeitig das System und das Geschäft. Ohne Möglichkeit zu echtem Zweifel und Offenheit für Aussenperspektive kann niemand und nichts mehr die Genieträume eindämmen. Scientology und Scientologe gleiten im gleichen Boot übers weite Meer der grenzenlosen Möglichkeiten, mit dem einzi-

gen Unterschied, dass der eine Teil den Kurs bestimmt und der andere die Fahrt bezahlt.

Zeitschriften: Ursprung (München) / Theta (Zürich) / Brücke (Wien). Einige grössere Zentren haben ihre eigenen lokalen Magazine. Ferner: Freiheitsspiegel (Deutschland seit 1973) / Freiheit (Schweiz seit 1989) / Freedom (USA) / Advance (USA) / The auditor (Zeitschrift der weiterführenden Organisationen in Kopenhagen und in East Grinstead GB).
Statistik: Die offiziellen Angaben der Scientology Church weichen wesentlich von den inoffiziellen Angaben von kritischen Beobachtern ab. Wir setzen die Schätzungen der Kritiker im Folgenden in Klammern. Weltweit ca. 700 Kirchen, Missionen, G (100 000 M) / D: 10 Kirchen, 10 Missionen, ca. 700 hauptamtliche M ca. 30 000 (5000) Anhänger / A: 2 Kirchen, 2 Missionen, ca. 100 hauptamtliche M / CH: 5 Kirchen, 3 Missionen, ca. 300 hauptamtliche M, ca. 5000 (800) Anhänger.
Adressen: Church of Scientology of California, 210 South Fort Harrison Av., Clearwater, FL 33516, USA. – Scientology Kirche Deutschland, Beichstr. 12, D-80802 München. – Church of Scientology of Austria, Schottenfeldgasse 13–115, A-1070 Wien, Tel. 01 52 23 618. – Scientology Kirche Zürich, Freilagerstr. 11, CH-8047 Zürich Tel. 01 405 91 11. – Eglise de Scientologie, rte des Acacias 12, CH-1227 Les Acacias.
www.scientology.org
www.europe.scientology.org
www.lronhubbard.org
www.ronthephilospher.org
www.ronthepoet.org
www.ronthemusicmaker.org

Freie Zone (Reformbewegung freier Scientologen)

Wer der Optik der Freien Zone folgend die Entstehung dieser Bewegung nachzuzeichnen sucht, der gewinnt etwa folgendes Bild: Nach einem Machtwechsel innerhalb der Scientology Kirche wurden in den Jahren 1982/83 viele der Scientologen, welche mit dem Gründer L. Ron Hubbard zusammengearbeitet hatten oder innerhalb der Organisation eine wichtige oder hohe Stellung einnahmen, durch ein neues Management aus der Scientology Kirche ausgestossen, oder verliessen diese auf eigenen Wunsch. Ein Grossteil dieser Scientologen formierte sich dann neu in der sog. «Freien Zone», einem weltweiten Netzwerk, welches sich ebenfalls auf L. Ron Hubbard beruft und nach dessen Technologie arbeitet.

Ziel der freien Zone und der Reformbewegung freier Scientologen ist es nicht nur, Interessierten zu erschwinglichen Preisen Scientology Kurse und Auditing (geistige Beratung) bis zu den höchsten Stufen anzubieten, sondern vor allem auch die Öffentlichkeit über die Hintergründe zu informieren, die zu der Spaltung 1982/83 geführt haben. Ein anderes Ziel ist es, weitere Personen bei ihrem Schritt aus der Scientology Kirche heraus zu unterstützen und ihnen eine Rückkehr in die Normalität des Gesellschaftslebens zu ermöglichen, ohne dass sie deshalb ihre spirituellen Ziele aufgeben müssten. Aus der Sicht der Freien Zone steht die Scientology Kirche schon seit längerer Zeit nicht mehr im Einklang mit den Ideen und Visionen ihres Gründers L. Ron Hubbard. Im Gegensatz zu L. Ron Hubbard, der sich in den Dienst der Menschheit gestellt habe, stehe in der Scientology Kirche der Mensch im Dienste der Organisation, die ihn mit der Aussicht auf Erlangung der angeblichen Freiheit bei Laune halte oder gegebenenfalls erpresse. Die jetzige Preispolitik sei ebenfalls nicht im Sinn des Gründers. Während vordergründig Hubbard noch immer verehrt werde, habe sich die Anwendung seiner Prinzipien so verändert, dass mittlerweile die Praxis oft das Gegenteil der Theorie sei.

Ausser aus ehemaligen Mitgliedern der Scientology Kirche besteht die Freie Zone auch aus Personen, welche die Philosophie erstmals in der Freien Zone, «ohne Druck und authentisch», kennen gelernt haben. In den deutschsprachigen Ländern existieren verschiedene kleinere Zentren und Gruppen – z.T. unter dem Namen «Ron's Org» –, ebenso zahlreiche Einzelpraxen von zum Teil während Jahrzehnten trainierten und erfahrenen Scientology-Auditoren (Beratern). Einmal im Jahr gibt es ein grosses Zusammentreffen, eine sog. Convention, bei der sich Freie Scientologen aus der ganzen Welt treffen.

Adresse: Freie Zone e.V., Postfach 1215, D-83524 Haag i. Obb., Tel. 08967 45 03, Fax -48 03, Email: fz-de@freezone.org. – A: Email: fz-at@freezone.org. – CH: E-mail: fz-ch@freezone.org. – International Viewpoints, Postbox 78, DK-2800 Lyngby, Denmark, Email: ivy@post8.tele.dk.
http://home8.inet.tele.dk/ivy/ (mit vielen Links zur freien Zone allgemein, alternativen Gruppen und der freien Scientology)
www.fza.org
www.freezone.de

Amway

Amway (abgekürzt aus «American Way») ist von Hause aus keine weltanschauliche Gemeinschaft, sondern ein industrielles Unternehmen mit Hauptsitz in Ada, Michigan, USA, das Reinigungsprodukte, Kosmetika u.a. produziert. Zu Anfragen bei Sektenberatungsstellen kommt es wegen des Vertriebswegs von Amway, ein Direct Marketing, d.h. ein Vertretersystem unter Umgehung des Zwischenhandels. Die Amway-Vertreter sind dabei meist in sog. Vertreter-«Organisationen» eingebunden, die z.T. durch recht weit gehende motivatorische Beeinflussung und zeitliche Inanspruchnahme ihrer Mitglieder auffallen. Dieses von Aussenstehenden mitunter als sektenähnlich empfundene System wird von Amway offenbar zumindest geduldet, auch wenn Auswüchsen in letzter Zeit gewehrt wurde.
Begründet wurde das Unternehmen im Jahr 1959 durch Rich de Voss und Jay van Andel, deren Familien die Firma noch heute besitzen. Von allem Anfang an war Amway auf den Direktvertrieb über Vertreter festgelegt; die Produkte sind in Geschäften nicht erhältlich. Ein Direktvertriebssystem ermöglicht der Herstellerfirma durch den Wegfall der Margen des Zwischenhandels einen guten Absatzpreis bzw. der Kundschaft einen günstigen Einkaufspreis und den Vertretern eine prozentuale Beteiligung an den von ihnen umgesetzten Produkten zu bieten. Die meisten Vertreter – bei Amway «Berater» genannt –, üben ihre Tätigkeit nebenberuflich aus und bauen sich, oft unter ihren Bekannten, einen Kundenstamm auf, welchen sie regelmässig mit Amway-Produkten versorgen. Dabei steigt der prozentuale Anteil des einzelnen Beraters im Verhältnis zu seinem gesamten Verkaufsvolumen, so dass bei höherem Umsatz ein überproportional höherer Gewinn entsteht. Dieses Faktum kann dazu führen, dass Amway-Berater einen vergleichsweise hohen Anteil der ihnen zur Verfügung stehenden (Frei-)Zeit für Verkaufsgespräche aufwenden.
Sehr bald gehen die meisten Amway-Berater aber dazu über, nicht nur Kunden für den Absatz der Produkte zu gewinnen, sondern auch weitere Berater zu rekrutieren, die sich wiederum einen eigenen Kundenstamm aufbauen und ihrerseits später andere Berater anwerben. Der Grund für diese Tatsache liegt darin, dass die Amway-Berater nicht alle auf derselben Stufe stehen, sondern im Sinne eines sog. Multilevel-Marketingsystems organisiert sind. Ein solches beinhaltet, dass der einzelne Berater nicht nur an seinen eigenen Verkäufen, sondern auch an denen der von ihm angeworbenen und betreuten Berater prozentual beteiligt ist. Viele Amway-Berater sehen aus diesem Grund in der Schulung und Motivation der ihnen untergeordneten Vertreter eine besondere Aufgabe, die sich für alle Beteiligten finanziell auszahlen soll.
Zu Schulung und Motivation eines solchen gestuften Netzwerkes einander untergeordneter Berater existieren die sog. «Organisationen», die jeweils aus einem langjährigen Berater und dem diesem untergeordneten Berater-Netzwerk bestehen. Diese Organisationen tragen zum Teil eigene Namen, bekannt im deutschen Sprachraum sind insbesondere die «Worldwide Diamonds» mit Müller-Meerkatz an der Spitze. Das Tun und Lassen dieser Organisationen liegt in der Verantwortung der Organisation selbst, die Firma Amway führt hier keinerlei Aufsicht, gibt aber gewisse Regeln vor (so sind

ausdrückliche Gewinnversprechen verboten). Der Aufwand der Organisationen zur Schulung und Motivation der einzelnen Berater ist unterschiedlich, kann aber recht weit gehen und den Verkauf von Schulungsmaterial wie Motivationskassetten beinhalten. In diesem Zusammenhang kann eine Wirksamkeit als Amway-Vertreter eine weltanschauliche Komponente erhalten, insofern in derartigen Schulungen dem finanziellen Erfolg ein sinnstiftendes Element gegeben wird. Weiter kann das Eintreten dieses Erfolgs mit einer Änderung der Persönlichkeit oder zumindest des persönlichen Verhaltens in Zusammenhang gebracht werden.

Zu Anfragen bei Beratungsstellen gibt Amway und die zugehörigen Berater-«Organisationen» Anlass wegen den nicht selten zu beobachtenden Umstellungen im Leben neuer Berater. Das System prozentual progressiver Beteiligung am Umsatz kann in Verbindung mit Motivations- und Schulungskursen zu einem grossen zeitlichen Engagement unter Vernachlässigung bisher wichtiger sozialer Kontakte führen. Erfolgsberichte gestandener Amway-Berater können an Heilshoffnungen grenzende Erwartungen bezüglich des eigenen finanziellen Gewinns wecken. Diese Hoffnungen bestätigen sich aber in vielen Fällen nicht. Die meisten Menschen, die einen Beratervertrag bei Amway unterzeichnet haben, erfuhren keinen Durchbruch zum Reichtum, sondern arbeiteten zu einem vergleichsweise bescheidenen Stundenlohn. Hier werden – auch wenn ausdrückliche Gewinnversprechen nicht abgegeben werden – m.E. Hoffnungen ausgenutzt. Ob die Beteuerungen von Amway, die «Organisationen» in dieser Hinsicht stärker kontrollieren zu wollen, da Abhilfe schaffen, bleibt abzuwarten.

Adresse: Amway (Switzerland), Inc., Industriestr. 444, CH-4703 Kestenholz, Tel. 062 389 50 50. www.amway-ch.com

AAO (Aktionsanalytische Organisation)

Die Aktionsanalytische Organisation wurde 1972 von dem aus dem österreichischen Burgenland stammenden Aktionskünstler und Bürgerschreck *Otto Muehl* gegründet. Der im Jahr 1925 geborene ehemalige Hauptschullehrer Muehl wurde bekannt durch seine blutigen Kunst-Happenings. Er sammelte Leute aus der linken Wiener 68er-Szene um sich, zog Kommunen auf in Wien und später in einem zerfallenen Gehöft, dem Friedrichshof am Neusiedler-See. Zentrale Anliegen waren die Abschaffung des Privateigentums, das «Ende der Zweierbeziehung» und der «verbrecherischen» Kleinfamilie, was durch «freie Sexualität» und «gemeinsames Kinderaufwachsen» erreicht werden sollte. Kahlgeschorene Köpfe und Latzhosen galten als ihr Markenzeichen. Muehl sah sich nach einer abgebrochenen Psychoanalyse befähigt, ritualisierte Exorzismen zu leiten, die er «Aktionsanalyse», später «Selbstdarstellung», nannte.

Mit Kursen, der Gründung von AAO-Filialen (z.B. in Berlin, Paris, Zürich, Amsterdam und Oslo), mit «Kulturzentren» und Dienstleistungs- sowie Handwerksbetrieben brachte es die Gruppe zu ansehnlichem Vermögen. Mitte der 80er-Jahre zog Muehl für sein «Jahrtausend-Experiment» mit 200 Anhängern auf die kanarische Insel La Gomera. Darauf heiratete er seine «erste Frau», die Schweizerin Claudia Weissensteiner, deren Sohn als «Thronfolger» bestimmt wurde. Es schlichen sich zunehmend hierarchische und feudalistische Strukturen ein. Das «Recht auf die erste Nacht» wurde dem Übervater Muehl denn auch zum Verhängnis. 1991 wurde er verhaftet und wegen Drogendelikten, Unzucht mit Minderjährigen und Missbrauch eines Autoritätsverhältnisses verurteilt. Die Kommune auf dem Friedrichshof wurde zu einer Genossenschaft. Nach seiner Haftentlassung 1997 zog Muehl mit einer Gruppe von Getreuen nach Portugal.

Die AAO versteht sich prinzipiell als unreligiös, als «Lebenspraxis der biologischen Grundbedürfnisse», als «neuen Humanismus». Die Lehre der AAO speist sich aus Ideen des Marxismus, angereichert mit Rousseau, Psychodrama, Rebirthing, Wilhelm Reichs Theorie der Charakterpanzerung und Janovs Urschreitherapie. Die gesellschaftlichen Zustände werden auf die (Kleinfamilien-) Schädigung der Menschen zurückgeführt. Die so entstandene Charakterpanzerung soll durch die Methode der «Selbstdarstellung» aufgebrochen werden: In einem mit Trommeln und Klavierspiel des Meisters untermalten schauspielähnlichen Unterwerfungsakt, in einem durch Schreien, Tanzen und Erbrechen erreichten trancehaften Zustand sollen möglichst sämtliche Angst-, Scham-, Ekel- und Tabuschranken radikal durchbrochen werden. Die dadurch ermöglichte «echte Wiedergeburt» führt zu einem neuen Menschsein mit höchstem «AA-Bewusstsein». Die (angeblich) unverfälschte Natur komme zum Vorschein, und ein neues Gesellschaftsmodell, eine «Weltbewegung» werde damit ausgelöst.

Die AAO wagte es, als romantisch-utopische Gemeinschaft radikale alternative Lebensmodelle auszuprobieren. Otto Muehl selbst bezeichnet das Experiment als gescheitert. Er lehnt inzwischen die «Kommuneideologie» samt «freier Liebe» ab, weil sie die wirklichen menschlichen Bedürfnisse negiere, und propagiert eine kleine Gruppe, da sie besser überblickbar und gefühlsmässig erfassbar sei. Die Abhängigkeit der Mitglieder von der Gruppe und der Führerpersönlichkeit, totale Kontrolle, gegenseitige Bespitzelung, die Abkapselung von der Umwelt und der Glaube an die Machbarkeit des «neuen Menschen» erwiesen sich als problematisch. Weil Lebensgemeinschaft und Therapie eine Einheit bilden sollten, waren auch keine konkreten Therapieziele und damit auch kein Ende der Therapie mehr erkennbar. Psychische Schädigungen blieben denn auch nicht aus, da das Kollektiv immer über das Wohl des Einzelnen ging und die angestrebte Befreiung zu neuen Abhängigkeiten führte. Sozialisationsschäden bei den Kindern waren zu befürchten. Dass sich Menschen als Material für ein gesellschaftliches Experiment, ein Kunstwerk, missbrauchen liessen und insbesondere ihre Kinder diesem aussetzten, ist bedenklich.

Statistik: Zu ihren besten Zeiten gehörten der Bewegung über 500 Leute an. Die G haben sich mittlerweile grösstenteils aufgelöst oder verselbständigt. Es verbleibt ein harter Kern von 20 Leuten um Muehl.

ZEGG (Zentrum für experimentelle Gesellschaftsgestaltung)

Der 1942 geborene Dieter Duhm, Soziologe und Diplompsychologe und wichtiger Denker der 68er-Bewegung, der durch seinen Bestseller «Angst im Kapitalismus» eine gewisse Bekanntheit erreicht hat, findet durch seine Begegnung mit der AAO (s.o.), mit Osho Bhagwan (s. Kap. 14), mit Taizé und Zen und durch eigene Studien der Psychologie von Wilhelm Reich, der Theologie von Teilhard de Chardin, der Anthroposophie von R. Steiner und des indianischen Schamanismus zu einem eigenen Konzept einer den ganzen Menschen befreienden Psychologie.

Duhm war 1979 das letzte Mal auf dem «Friedrichshof» (AAO) und distanzierte sich anschliessend wegen unvereinbarer geistiger Positionen für immer von der AAO. Er forderte jetzt eine Überwindung von Kollektivismus, Hierarchie und Gruppengehorsam. Trotz dieser Kritik hat Duhm wesentliche Anliegen der AAO übernommen (und weiterentwickelt): z.B. die kommunitäre Lebensweise, die «freie Sexualität» und die «Selbstdarstellung» (heute «Forum» genannt).

ZEGG entstand 1991 in Belzig bei Berlin. Vorläufer des ZEGG war das von Duhm initiierte offene Netzwerk MEIGA (Modell einer internationalen gewaltfreien Alternative). Das Projekt MEIGA seinerseits wurzelt in der sog. «Bauhütte», einem 1978 im Umfeld der gescheiterten Neuen Linken und der beginnenden Ökologiebewegung in Herrenberg bei Tübingen von Duhm und der Theologin Sabine Lichtenfels (damals noch Kleinhammes) gegründeten und 1983–1986 in Schwand/Schwarzwald sich entfaltenden Gemeinschaftsexperiment.

Die Trägergruppe des ZEGG besteht vorwiegend aus Menschen, die schon beim «Bauhütte»-Experiment dabei waren. Duhm und Lichtenfels, die beide nicht mehr im ZEGG wohnen, bleiben dem ZEGG in freundschaftlichem Kontakt verbunden und halten Vorträge an Festivals, Camps und Seminaren.

Mit dem Netzwerk lose verbunden sind oder – da z.T. nicht mehr existierend – waren: die Künstlergruppe «Sexpeace», die humanitäre Hilfsorganisation «Aktion Perestroika», die von Lichtenfels 1991 begründete wandernde spirituelle Schule «Wüstencamp», der nach einer Idee von Duhm 1992 von Frieda Radford gegründete Urlaubs-Treffpunkt für Eros und Kultur «La Massilia» auf Lanzarote (dieser soll als Thinktank und Erlebnisort für das Verhältnis zwischen den Geschlechtern dienen) sowie das 1993 gebaute Forschungsschiff «Kairos» für Delphin- und Meeresforschung.

In Zukunft sollen Internationale Lebenszentren als Keimzellen einer neuen Kultur einen Beitrag zur Heilung von Mensch und Erde leisten. Ein solches Zentrum ist das «planetarische Heilungsbiotop 1» in Portugal mit dem «Institut für Globale Friedensarbeit (IGF)», mit Kinderdorf, Jugend- und Friedensschule, Künstlerkolonie, Orakelplatz, Lustgarten und Kraftplätzen (1995 unter dem Namen «Tamera. Zentrum für Humanökologie» von Lichtenfels und Duhm mitbegründet und geleitet). Zur Vision gehört auch eine möglichst weit reichende Autarkie in den Bereichen Ernährung, Wasser, Energie und Medizin für einige hundert Menschen.

Das ZEGG selbst versteht sich, wie der Name schon sagt, nicht als religiöse Gemeinschaft, sondern als Forschungs- und Bildungszentrum mit eigener Gemeinschaft. Den Raum für Erfahrung und Experiment bieten eine Sommeruniversität, Kunstwerkstätten und -ateliers und ökologische Projekte für die Entwicklung einer Kultur ohne Angst und Gewalt. Hier können, unter Einbezug der ökologischen Forschung, der Grenzbereiche der Physik und demjenigen von Ureinwohnern gewaltfreie, alternative, selbstbestimmte, ökologische und basisdemokratische Lebensstrukturen erprobt und gelebt werden. Die dadurch erzielten Basisveränderungen im emotionalen, sexuellen und geistigen Bereich sollen langfristig Um- und Innenwelt schützen, erhalten und verbessern und die Zerstörung von Leben auf unserem Planeten verhindern.

Das ZEGG wird kontrovers bewertet: Die Skala reicht vom harmlosen Campleben bis zum gefährlichen Psychokult. Die Gruppe ist sehr bemüht, vom Image der Nachfolgeorganisation der AAO und der «Sex-Sekte» mit Endzeitvision loszukommen. Es erstaunt, dass nach dem gescheiterten Experiment der AAO nach wie vor die «freie Sexualität» als Heilslehre propagiert wird; Kritik an der Kleinfamilie wird noch immer geübt, Zweierbeziehungen sind aber erlaubt, die Notwendigkeit einer festen Bezugsperson und von Privatbesitz wird nicht mehr bestritten. Die Kinder leben in den Wohngruppen ihrer Eltern und nutzen das «Kinderhaus» als täglichen Treffpunkt. So wurde auch das regelmässig stattfindende «Forum», die ritualisierte Selbstdarstellung der AAO, demokratisiert und erweitert. Inwieweit die nicht therapeutisch ausgebildeten Forums-

leitenden die aufgebrochenen Emotionen auffangen können, ist fraglich. Der (Gruppen-)Druck zur Selbstentblössung und die Beschneidung der privaten Intimsphäre kann psychische und materielle Abhängigkeiten, ja sogar die Bewusstseinskontrolle fördern. Moniert werden manchmal auch die Werbung durch Sex sowie der Missbrauch der «working guests» als billige Arbeitskräfte.

Statistik: Im ZEGG lebt eine Gemeinschaft von ca. 75 Erwachsenen und etwa 20 Jugendlichen und Kindern, dazu kommen jährlich ca. 600 Gäste. Tamera hat z.Zt. rd. 25 feste Mitarbeiter und mehrere hundert engagierte Gäste.
Adressen: ZEGG Zentrum für experimentelle Gesellschaftsgestaltung, Rosa-Luxemburgstr. 89, D-14806 Belzig. – Tamera – Zentrum für Humanökologie, Monte Cerro, P-7630 Colos, Portugal. – La Massilia, Charco del Palo, E-35542 Mala-Haria, Lanzarote.
www.zegg.de
www.tamera.org

Quadrinity

Hoffman Quadrinity Centers bieten weltweit, im deutschen Sprachraum seit Mitte der 80er Jahre, unter verschiedenen Namen eine Kurzzeittherapie namens «Quadrinity Prozess» an. Das Grundkonzept dieser Therapieform hat der aus San Francisco stammende, 1926 geborene und 1997 verstorbene Herrenschneider Bob Hoffman im Jahr 1967 entwickelt. Der ursprünglich während 13 Wochen mit wöchentlich zwei dreistündigen Sitzungen durchgeführte Prozess wird seit 1986 in einem Stück absolviert, wobei die Gesamtstruktur und der Inhalt im wesentlichen gleich geblieben sind. Die achteinhalb Tage dauernde, rd. hundert Stunden Arbeit umfassende Intensiv-Kurzzeittherapie hat sich als die wirksamere Form erwiesen. Sie verbindet in einer Art Initiations-Ritual Elemente aus der Gestalt-, Gesprächs- und kognitiven Verhaltenstherapie, aus NLP und Bioenergetik mit Formen des intuitiven Schreibens und Malens, mit Psychodrama, aktiver Imagination, Trance und Visualisierung.

Der Name «Quadrinity-Prozess» geht auf ein von der Transpersonalen Psychologie inspiriertes vierteiliges Menschenbild zurück: Der Körper sowie das emotionale, das intellektuelle und das spirituelle Selbst sollen durch einen therapeutisch geführten Selbsterfahrungs- und Bewusstwerdungsprozess zu einer Ganzheit finden: Negative Verhaltensmuster, die elterlichen Prägungen entstammen und die seelische Gesundheit sowie die Lebens- und Schaffensqualität beeinträchtigen, sollen durch Schritte der Anklage, Verteidigung und schliesslich der Versöhnung mit sich selbst verwandelt werden. Eine optimale Integration des «Quadrinity Prozesses» im Alltag wird aber erst durch die täglich zu erfolgende ca. fünfminütige Übung der vermittelten Techniken erreicht. In der Schweiz wurden bisher bei Bedarf therapeutische Einzelsitzungen und Gespräche, «Stärkungsabende», ein weiterer achttägiger «B-Prozess», ein «Tages-» und ein zweitägiger «Nachprozess» oder eine (auch auswärtige) Nachbetreuung angeboten.

Beim Konzept der Kurzzeittherapie wird eine möglichst schnelle Abnabelung angestrebt. Ob die Leitungspersonen genügend qualifiziert sind und wie rigide und autoritär die Strukturen in diesem geschlossenen und für alle gleichen System der Therapie sind, bleibe dahingestellt. Die Intensität und Kürze birgt jedenfalls die Gefahr in sich, dass gewisse Muster verstärkt statt verwandelt werden, oder dass zu viel in zu kurzer Zeit aufbricht. Dies alles erschwert während des Prozesses eine kritische Distanzierung, die wohl auch nicht erwünscht ist. Schliesslich wecken die beträchtlichen Kurskosten entsprechend grosse Erwartungen.

Statistik: CH: vorläufig nur ein exklusives Angebot, weltweit ca. 30 Institute.
Adresse: IAK Institut für Angewandte Kurzzeittherapie GmbH, St. Galler Str. 1, CH-9470 Buchs SG.
www.quadrinity.com/switzerland

VPM (Verein zur Förderung der psychologischen Menschenkenntnis, Zürich)

Friedrich Liebling, die geheimnisvolle Gründergestalt der sog. Zürcher Schule, deren geistiges und zum Teil auch materielles Erbe später der VPM antrat, wurde als Sohn jüdischer Eltern am 25. Okt. 1893 geboren, kam 1913 nach Wien, diente bis 1918 in der österreichischen Armee, legte nach dem 1. Weltkrieg seinen Vornamen Salomon ab, war in verschiedenen vor allem kaufmännischen Berufen tätig und studierte wahrscheinlich als Autodidakt, ohne je einen Studienabschluss oder ein offizielles Universitätszugangszeugnis zu erlangen, philosophische, politische und psychologische Schriften. Seine Kenntnis der grossen Anarchisten und der Psychologie Adlers (Individualpsychologie) und seine atheistisch-linkssozialistisch-religionskritische Grundhaltung zeugen von einem selektiven und trotzdem intensiven Selbststudium. (Dass nicht zuletzt auch anarchistisch-utopische Denker ihn beeinflusst haben, spiegelt sich später in seiner Überzeugung von der grenzenlosen Lernfähigkeit des Menschen.) 1938 floh er vor den Nazis in die Schweiz und verbrachte die Kriegsjahre als jüdischer Emigrant in Schaffhausen, wo er sich im Selbststudium in der Stadtbibliothek intensiv weiterbildete. Er schrieb Artikel für die «Schaffhauser Arbeiterzeitung» und fühlte sich durch seine damalige politische Gesinnung Walter Bringolf und dem linken Flügel der Arbeiterbewegung verbunden. In den frühen 50er Jahren zog er nach Zürich, wo er 1955 zusammen mit seinem Pflegesohn die «Psychologische Lehr- und Beratungsstelle Zürich» gründete, die Basis für die später von ihm selbst so benannte «Zürcher Schule.» Überzeugt davon, dass seine Psychologie dazu bestimmt sei, das Leben der einzelnen Menschen und der Gesellschaft wesentlich oder gar grundsätzlich zu verändern, gewann er – wahrscheinlich weniger durch die Originalität seiner Ideen als durch seine charismatische Persönlichkeit und sein Sendungsbewusstsein – zahlreiche Anhänger, zuerst unter den politisch links stehenden Arbeitern und Intellektuellen, im Verlaufe der Jahre auch immer mehr unter der Jugend des sog. Zürcher Establishments. Seine Veranstaltungen hatten einen so grossen Zulauf, dass er als Therapieform auch die Grossgruppe verwendete, Versammlungen von 50 und mehr Ratsuchenden, in denen persönliche Erlebnisse und Bekenntnisse Einzelner – ähnliche Prozesse sind aus religiösen Grossgruppen bekannt – einzigartig «seelennahe» Gemeinschaftserfahrungen auslösten. Zum Teil wurden solche «Bekenntnisse» via Lautsprecher sogar in andere Räume übertragen. Das Gemeinschaftsgefühl – in der therapeutischen Gruppe beispielhaft erlebt – wurde nicht nur zum Mittel, sondern geradezu zum Massstab seelischer Gesundung, ein Konzept, das Liebling der Adlerschen Psychologie entlehnte, allerdings ohne sich einzugestehen, dass Alfred Adler wahrscheinlich kaum an strukturierte Gruppen ähnlich der Zürcher Schule oder dem VPM gedacht hat. Die intensive Stimmung in Lieblings Therapiegruppen und die suggestive Kraft seiner Persönlichkeit erlaubten es ihm manchmal, – wie glaubwürdige Zeugen versichern – in wenigen kurzen Gesprächen bisher nicht kurierbare seelische Belastungen aus dem Weg zu räumen. Zahllose unsichere Studenten verdankten ihm und seinen Gruppen ihren Studienabschluss. Ob Liebling so weit ging, seinen Schülern zu empfehlen, angesichts der schwierigen Elternaufgaben und der drohenden Überbevölkerung auf eigene Kinder zu verzichten und sich einer Vasektomie zu unterziehen, ist eine umstrittene Frage. Deutlich erkennbar war die fast grenzenlose Loyalität der Schüler gegenüber ihrem «Meister». Der persönliche Erfolg Lieblings wurde von entsprechenden Einkünften begleitet. Als Friedrich Liebling am 28.2.1982 starb, hinterliess er Hunderte von eingeschriebenen Mitgliedern seiner Zürcher Schule und Villen am Zürichberg. Im Streit um das geistige und finanzielle Erbe, der nicht lange nach seinem Tod ausbrach, gelang es dem 1985 gegründeten sog. VPM, die meisten der ehemaligen Liebling-Schüler um sich zu scharen. Die führende Gestalt und fachliche Leiterin in diesem VPM war Annemarie Buchholz-Kaiser, geb. 1939, aufgewachsen in Dussnang, Thurgau, wo ihr Vater Verwalter der Dorfbank war. Nach einer kaufmännischen Lehre und einer Abendmatur in Zürich kam sie in Kontakt mit Friedrich Liebling, studierte Geschichte und im zweiten Nebenfach Psychologie. 1976 doktorierte sie mit einer Arbeit über das Gemeinschaftsgefühl bei Alfred Adler. Im Unterschied zu Liebling wirkt sie zurückhaltend, wenig suggestiv. Unter ihrer Leitung verstärkte sich der schon früher zu beobachtende, fast grenzenlose Respekt hilfesuchender Vereinsmitglieder gegenüber der Autorität der fachlichen Leitung und die heftige Reaktion der Leitung auf Kritiken und sog. Sektenvorwürfe von Aussenstehenden und ehemaligen Mitgliedern. In den frühen 90er Jahren weiteten sich die Auseinandersetzungen mit Kritikern im Raum Zürich zur eigentlichen Prozesslawine aus. In eigenartigem, aber nur den Kritikern auffallenden Gegensatz zu Friedrich Liebling begann der VPM vor der linken Unterwanderung des Erziehungswesens und der Gesundheitspolitik zu warnen. In Sachen Drogenpolitik entwickelte der VPM – aus Perspektive seiner Kritiker – rechtsbürgerliche Positionen. In den «Mut zur Ethik»-Tagungen verbanden sich VPM-Psychologen mit ausgeprägt konservativen Christen. In Sachen Aidsprophylaxe glitt der VPM – so betonten Kritiker – beinah in eine Aidshysterie. (Aids lasse sich – dies scheint die Annahme zu sein – auch durch kleine Speichelspuren übertragen.)

Anfang März 2002 hat sich der VPM offiziell aufgelöst. Der Verein habe seine Ziele erreicht. Über die Gründe für diese Auflösung kann nur spekuliert werden: Zum einen möchten die Mitglieder sicher nicht mehr laufend mit dem VPM in Verbindung gebracht werden und deswegen berufliche Nachteile erleiden. Zum anderen sind die VPM-Mitglieder, nun bereits in mittleren und älteren Jahren, inzwischen wahrscheinlich auch etwas kampfesmüde. Der Verein hat so viele Prozesse geführt, dass auch die finanziellen Ressourcen wahrscheinlich keine grossen juristischen Auseinandersetzungen mehr erlaubten. Die VPM-nahen Organisationen haben sich offenbar nicht oder noch nicht aufgelöst.

Kritiker erklären die wechselvolle Geschichte des VPM und vor allem die dem VPM selbst nicht bewusste Wende von den religionskritischen, anarchistisch-linkssozialistischen Anfängen zu den rechtsbürgerlichen, religiös-konservativen Positionen der späteren Zeit mit der ausgeprägten Autoritätsgläubigkeit der Zürcher Schule und des späteren VPM. Der Weg, den die Leitung einschlägt, ist der rechte Weg für alle. Solange es eine Liebling-Schule und einen VPM gab, zeichnete das hohe Sendungsbewusstsein alle aus: das Wissen um die einzigartige Bedeutung der eigenen psychologischen Erkenntnisse und der psychotherapeutisch wirksamen Methoden. Von diesen Erkenntnissen und Methoden wollte man ein Leben lang profitieren. Die Therapie wurde nie wirklich abgeschlossen. Die Bindung an den Therapeuten und an den VPM wurde zur Grundstruktur der eigenen Existenz. Der Vorwurf, «Endlostherapie» zu betreiben, hat allerdings nicht nur dem VPM gegenüber seine Berechtigung. Anderen psychologischen Schulen fehlt es ebenso oft auch an der Möglichkeit oder am Willen, eine therapeutische Bindung sinnvoll und wirksam wieder aufzulösen. Dass Beobachter der modernen therapeutischen Angebote bei solchen «Endlostherapien», verbunden mit dem in jeder therapeutischen Beziehung notwendigen Vertrauen in den Therapeuten, auf den Verdacht sektenhafter Bindung kommen, verwundert nicht.

Dianova

Früher: Association Le Patriarche
Gründer der Dianova-Organisation und geistiger Vater der Dianova-Zentren war Lucien J. Engelmajer (geb. am 27. November 1920 in Frankfurt). Er arbeitete als Lehrbeauftragter an der Universität Toulouse (F) auf den Gebieten Psychopathologie, Kontaktschwierigkeiten und Drogensucht. Schon bald begann er Lösungen für das Problem der Drogensucht zu suchen. 1974 gründete er zur Durchführung seines therapeutischen Ansatzes, der auf der Betreuung von Drogenabhängigen durch ehemalige Drogenabhängige beruht, in Frankreich den Verein Le Patriarche. Im selben Jahr entstand die erste Therapiestation im Château de La-Motte-Les-Bains (Grenoble). Ende der 90er Jahre hat sich die Organisation Le Patriarche/Dianova von ihrem Gründer getrennt, nicht zuletzt um gegen das inzwischen in Frankreich bekannte Sektenimage der Organisation anzutreten. Gleichzeitig wurde die Organistaion dezentralisiert und umstrukturiert.

Heute ist Dianova ein international ausgebautes Drogenrehabilitationswerk mit rd. 300 Therapiezentren in verschiedenen Ländern. In der Schweiz verfügt Dianova über 7 Kontaktstellen. Ein Therapiezentrum gibt es noch nicht. Schweizer Drogenabhängige werden in ausländischen Zentren untergebracht.

Die ca. 6000 bis vor kurzem noch drogenabhängigen Mitglieder in den Zentren von Lucien Engelmajer wurden ausschliesslich von ehemaligen Drogenabhängigen betreut, da diese – nach Engelmajers Überzeugung – die Probleme der Abhängigen besser als jeder andere verstehen. Die enge Verbindung von Herzlichkeit und Konsequenz garantiere für einen hohen Heilungserfolg. Man sprach im Werk von 40–80% dauernd Geheilten nach einer Therapie von zwei Jahren. Dianova bemüht sich heute um Professionalismus der Mitarbeiter und zieht auch Fachleute bei. Nach wie vor ist Dianova aber nicht nur der Name einer Therapie, sondern ein Programm. Der ehemalige Drogenabhängige soll zu seinem eigenen inneren Meister, zum Patriarchen in sich finden, damit er nach etwa zwei Jahren Aufenthalt im Werk seinen eigenen Weg gehen kann.

Das Werk Dianova ist ein kostengünstig arbeitendes und auf einfachster Philosophie aufgebautes Anti-Drogen-Imperium mit anscheinend hohen Erfolgsquoten.

Kritische Fragen weckte die bei Le Patriarche zu beobachtende Tendenz, den Gründer Engelmajer als guruähnliche Figur zu verehren. Diese Verehrung für Lucien Engelmajer scheint als therapeutischer «Trick» eingesetzt worden zu sein. Durch die ständige Konfrontation prägten sich Bild und Gedanken von Lucien Engelmajer, auch wenn keine kultischen Handlungen um die Person des Gründers angeboten wurden, dem Drogenabhängigen sehr tief ein und schenkten ihm ein neues Bild väterlicher Autorität. Engelmajer war bis 1998 ein omnipräsenter idealisierter Vater.

Weitere kritische Fragen löste die undurchsichtige Finanzverwaltung von Le Patriarche aus. Dianova bemüht sich nun auch in finanziellen Belangen um Transparenz.

Statistik (2000): 77 Z in 14 Ländern (Europa und Amerika), 1584 Therapieplätze.
Adresse: Dianova International Headoffice, rue Centrale 15, cp 2647, CH-1002 Lausanne, Tel. 021 324 24 24.
www.dianova.org

Avatar

Avatara oder avatar als Begriff entstammt dem Hinduismus und benennt göttliche Inkarnationen. In vielen hinduistischen Gruppierungen wird der jeweilige Meister als der erwartete zehnte Avatar verehrt.

An diese hinduistische Tradition knüpft auch der 1944 geborene Harry Palmer an, wenn er sein 1987 begründetes Kurssystem Avatar nennt. Ziel seiner ca. neuntägigen Kurse ist eine Selbstentwicklung, die auf den von ihm postulierten Bewusstseinsprinzipien beruht und ermöglichen soll, das Leben im Einklang mit dem persönlichen, selbstgeschaffenen Lebensplan zu gestalten.

Ein für Harry Palmer bedeutendes Ereignis war seine Begegnung als junger, unzufriedener Ingenieurstudent Anfang der 60er Jahre mit einem indischen Guru «Swami Ananda» (= sanskr. «Herr der Seligkeit»), eine Begegnung, die zum Abbruch seines Ingenieurstudiums führte. Nach einem Studium in Englisch, Geschichte, Philosophie erlebte er in den frühen 70er Jahren einmal ein unendlich gelassenes «Ausser-sich-selbst-sein». Zu dieser Zeit war Harry Palmer bereits ein fortgeschrittener Scientologe. Auch er war der Meinung, Vergangenheit und Zukunft beeinflussten einem nur so lange, wie man es zulasse. Entscheidend sei die Erfahrung und Verantwortung im Hier und Jetzt. Zunehmend begann Harry Palmer, Leute zu beraten, und er entwickelte dabei Techniken, die seine Erfahrungen und Erkenntnisse illustrieren. Als Hilfsmittel setzte er den Samadhi-Tank ein, eine mit körperwarmem Salzwasser gefüllte, schallisolierte Badewanne mit Deckel, die zu einer völligen Reizdeprivation führt.

Ende 1986 begann Palmer schliesslich, seine Avatar-Techniken und -Kurse anzubieten. Das Erlebnis im Samadhi-Tank beschreibt Harry Palmer als eine Auflösung der Trennung in Erkennendes und Erkanntes, als ein unbeschreibliches Gewahrsein in einem zeitlosen Jetzt, in das sich das Bewusstsein auflöse, beziehungsweise aus dem es und auch die Welt entstehe. Palmer sieht sich damit nicht nur als Geschöpf, sondern – indem aus Vermutung Überzeugung und aus Überzeugung Erfahrung wird – auch als Schöpfer. Der Schöpfergedanke ist zentral, weswegen Palmer seine Philosophie denn auch «Kreativismus» (Lehre vom Schöpfertum) nennt. Auch der menschliche Körper wird, wie die ganze physische Welt, als ein Produkt von Überzeugung angesehen. Die Kunst, bewusst zu leben, bestehe darin, an jenen Ursprung zu gelangen, von dem aus die eigenen Überzeugungen veränderbar seien. Verantwortung bedeutet dementsprechend, sich nicht von der Vergangenheit steuern zu lassen, sondern in jedem Augenblick «Ursprung zu sein».

Die Glaubenslehren der letzten Jahrtausende werden als Misserfolge abgetan. Avatar versteht sich als Neuauflage der Veden. Auf welche der Veden dabei Bezug genommen wird, wird nicht angegeben.

Das Kurswesen von Avatar gliedert sich in drei Teile. Im ersten Teil wird der Verstand angesprochen. Dazu existiert ein Handbuch namens «Resurfacing» (engl. = wiederauftauchen), das allein oder in Gruppen, mit oder ohne Anleitung benutzt werden kann. Wahrnehmungsübungen sollen einen spielerisch leichten Umgang mit der Aufmerksamkeit erlernen lassen. Gewohnheitshandeln soll sich in bewusstes Handeln verwandeln. Projektionen eigener Schwächen sollen zurückgenommen werden, wodurch Mitgefühl und eine bessere Welt entstehe. Eigene Überzeugungen und Ziele sollen überprüft werden.

Das Übungsmaterial der Teile 2 und 3 wird nicht veröffentlicht. Es muss von einem Master angeleitet werden und bleibt bei diesem, um eine seriöse Durchführung zu gewährleisten. Teil 2 umfasst Kreationsübungen und erkundet «unerforschte Bewusst-

seinsgebiete». Teil 3 vermittle die Fähigkeit, Körperempfindungen, Beziehungskonflikte und Abhängigkeiten zu transformieren und Verantwortung zu übernehmen. Das Ganze gelinge innerhalb einiger weniger Tage in spielerischer Art und Weise.
Avatar will das Denken zur Ruhe kommen lassen, was von vielen Absolventen als willkommene Entlastung und Entspannung empfunden wird. Palmer distanziert sich implizit von der scientologischen «Engramm»-Theorie und der darauf aufbauenden «Auditing»-Technik, indem er den Einfluss der Vergangenheit auf die Gegenwart für nichtig erachtet. Er distanziert sich aber nicht prinzipiell von Scientology. Er übernimmt z.B. die Idee der Lenkbarkeit durch den Geist oder das Ideal der entspannten Konzentration und nennt seine Bewusstseinstechniken ebenfalls «Rundowns». Durch seine diesbezüglich vagen Stellungnahmen kann Palmer die häufig geäusserte Vermutung, Avatar sei eine Folgeorganisation von Scientology, kaum entkräften.
Viele der von Harry Palmer publizierten Gedanken finden sich in der Geistesgeschichte schon vor ihm und werden nun zu Avatar-Erfindungen.
Ob Avatar die beanspruchte integrative Potenz der Weltreligionen hat, um das Ziel einer neuen planetarischen Zivilisation zu erreichen, darf jedenfalls mit Fug bezweifelt werden. Ausserdem sind die Kürze und der Preis der Kurse nicht unproblematisch. Die Reizdeprivation ist kein automatischer Pfad zur Glückseligkeit, auch unbeabsichtigte, problematische Folgen können sich einstellen.

Statistik: Weltweit über 2500 autorisierte Avatar-Lehrer (Master), ca. 50 000 Kursabsolventen.
Adresse: Geschäftssitz: Star's Edge International Inc., 237 N. Westmonte Drive, Altamonte Springs, Florida, 32714, USA, Email: avatar@avatarhq.com oder: starsedge@aol.com.
www.starsedge.com

Landmark Education (LM)

1971 / 1985 / 1991
Verwandte Bezeichnungen: FORUM, est.
Der Gründer von Landmark Education wurde 1935 in Philadelphia als John Paul Rosenberg geboren. Im Jahr 1960 verliess Rosenberg seine Frau und seine vier Kinder und nannte sich fortan Werner Erhard (nach dem Physiker Werner Heisenberg und Ludwig Erhard, dem Vater des deutschen Wirtschaftswunders). In der Folge arbeitete Erhard als Händler von Gebrauchtwagen und als Verkaufsmanager für Enzyklopädien. Daneben beschäftigte er sich mit diversen spirituellen Richtungen und Praktiken wie Hypnose, Yoga, Mind-Techniken, Zen und Scientology. Intensiven Kontakt hatte er mit Mind Dynamics, einem Bewusstseinstraining unter Verwendung von Selbsthypnose, das die Kontrolle und Effizienzsteigerung des Bewusstseins anstrebt. 1971 erlebte Erhard in seinem Auto eine Art Erleuchtung, die ihn zur Erkenntnis führte: «Was ist, das ist, und was nicht ist, das ist nicht.» Noch im selben Jahr stellte Erhard in San Francisco Seminare mit dem Titel «est-Training» der Gesellschaft «Erhard Seminar Trainings (EST)» vor. Die hohe Nachfrage – es wird von insgesamt 500 000 Absolventen des est-Trainings aus 132 Ländern berichtet – liess ihn 1981 eine eigene Firma Werner Erhard & Associates gründen. Im Jahr 1985 bot diese Firma das FORUM an, das 1991 an Erhards Mitarbeiter unter dem neuen Firmennamen Landmark Education Corp. mit Hauptsitz in San Francisco verkauft wurde. Landmark selbst beschreibt sich als internationales Bildungsunternehmen und verspricht «Einblick in die grundlegenden Vorstellungen und Hypothesen, die unser Leben gestalten und steuern, Einblick in die eigentlichen Strukturen, die unser Denken und Handeln, unsere Werte und unser Sein bestimmen». So sollen z.B. negative Muster und Lösungsstrategien analysiert werden.

Ziel ist der «Durchbruch», eine Erleuchtungserfahrung, die mehr erlebt als erklärt werden soll.

Bekanntester Landmark-Kurs ist das FORUM, das an einem Wochenende absolviert wird und insgesamt 50 Stunden dauert. Die Absolventen des FORUM werden motiviert, im Anschluss an den Kurs unter ihren Bekannten für den Kurs zu werben, was auch oft geschieht. Weitere Kurse (FORUM in Aktion, Fortgeschrittenenkurs) folgen auf das FORUM, werden aber nicht von allen FORUMs-Teilnehmern besucht. Gruppenbildung im Sinne einer weltanschaulichen Gemeinschaft besteht nicht. In religiösen Fragen will Landmark Education bewusst neutral sein.

Ende 1999 musste Landmark seine Büros in Zürich und München schliessen. In Deutschland existieren noch Büros in Frankfurt und Berlin. Schweizer besuchen Kurse dort oder in einem LM Zentrum in Frankreich.

Werner Erhard ist mit seinem ursprünglichen est-Training auf harte Kritik gestossen. Die Tatsache, dass private Probleme in der Grossgruppe diskutiert wurden, das direktive Verhalten der Trainer und die Marathonsitzungen mit knapp bemessener Erholungszeit wurden als Merkmale unseriöser und manipulativer Psychokurse kritisiert. Der 1985 neugestaltete Kurs FORUM versucht, einige dieser Kritikpunkte aufzunehmen, so wurden etwa die Pausen vermehrt.

Noch immer stellt aber das FORUM eine eingreifende Erfahrung dar – Menschen mit labiler Persönlichkeit oder manifesten psychischen Problemen werden deshalb von vorneherein von einer Teilnahme ausgeschlossen.

Die Behauptung Landmarks, nicht (Populär-)Psychologie, sondern Philosophie zu lehren, wird von Aussenstehenden in Frage gestellt. Die Themen der Kurse sind zumeist Fragestellungen der Psychologie, nicht der Philosophie.

Auffällig bei Landmark ist einerseits die Verankerung der Organisation in der amerikanischen Alternativ-Psycho-Szene, die massivste Veränderungen der Persönlichkeit in kürzester Zeit erwartet. Aus der Sicht eines Aussenstehenden werden hier (wie bei allen vergleichbaren Organisationen und Angeboten) Erwartungen hochgeschraubt, aber letztlich kaum befriedigt. Nicht selten zeigen FORUM-Absolventen in den ersten Wochen nach dem FORUM einen euphorischen Zustand, der aber nach einiger Zeit abklingt, ohne dass nachhaltige Veränderungen sichtbar würden.

Zum zweiten fällt Landmark auf durch den enormen missionarischen Impetus, den viele Absolventen des Forums in der euphorischen Phase nach dem Kurs an den Tag legen. Dieses Phänomen führt Landmark einerseits laufend neue Interessenten zu, ist aber andererseits auch dafür verantwortlich, dass Landmark von Aussenstehenden mitunter als sektenähnlich wahrgenommen wird und sich auf der «Hitliste» der Nachfragen bei Beratungsstellen in den obersten Regionen wiederfindet.

Statistik (nach eigenen Angaben): Weltweit ca. 58 Büros. Einnahmen der Gesellschaft im Jahr 2000: 58,5 Mio Dollar. Von 1985 bis 2000 haben 600 000 Menschen am Kurs teilgenommen (pro Jahr z.Zt. 125 000 Kursbesucher). Der Kurs wird in über 100 Städten angeboten.

Adressen: Landmark Education Corporation, 353 Sacramento Street Suite 200, San Francisco, CA 94111, Tel. (415) 981-8850, Fax (415) 616-2411. – Landmark Education GmbH, Rheinstr. 29, D-60325 Frankfurt, Tel. 069 975 86 00, Fax 069 974 72 70.
www.landmarkeducation.com

Yamagishi-Vereinigung

1953

Die Yamagishi-Vereinigung ist eine sog. utopische Bewegung japanischer Herkunft. Yamagishi entwirft eine psycho-politische Idealwelt, die auf Aggressionen und Geld verzichten kann und versucht, diese Konzeption in Lebens- und Produktionsgemeinschaften, den sog. «Dörfern», umzusetzen.

Die Yamagishi-Vereinigung wurde vom japanischen Reisbauern Miyozo Yamagishi (gest. 1961) begründet und 1953 in Japan offiziell eingetragen. 1958 entstand das erste «Dorf». Seit den 80er Jahren ist Yamagishi auch im deutschen Sprachraum aktiv.
Yamagishi ortet die Probleme der Menschheit vor allem im Bereich der Aggression und des Geldes. Der einführende Kurs «Tokkoh» und die daran anschliessenden «Kensan»-Treffen (kensan = eine Sache genau anschauen) sollen über eine Analyse des eigenen Verhaltens einen Verzicht auf Aggression ermöglichen. Ziel ist der «ittai»- oder «Einkörper»-Zustand, ein Einssein mit allem, das zu einer mit «heiter, heiter» beschriebenen Gemütshaltung führen soll.
Geldlosigkeit wird innerhalb der «Dörfer» und bei den sog. «Gratisfesten», die auf gegenseitigem Sich-Beschenken beruhen, geübt. Das Zusammenleben im «Dorf» ist kommunitär organisiert, auf Privateigentum wird verzichtet. Finanziert werden die «Dörfer» über den Verkauf ihrer Produkte. Über die stetige Ausbreitung der «Dörfer» soll am Ende das Ziel einer friedlichen und geldlosen Gesellschaft erreicht werden.
Eine religiöse Lehre entwirft Yamagishi nicht. Umstritten bleibt hierbei, ob Yamagishi eine bewusst atheistische Weltanschauung zugrunde liegt. Absolventen des Tokkoh berichten von diesbezüglichen Argumentationsreihen.
Die von der Yamagishi-Bewegung vertretene Heilslehre ist, obwohl immanent-irdisch gedacht, nicht frei von religiösen Zügen, gleiches gilt für die Vorgehensweise; so kann der «Tokkoh» nur einmal besucht werden und erinnert deshalb an einen Initiationsritus.
Angemahnt wird von kritischer Seite – gerade beim Tokkoh – die Anwendung von Methoden, die aus problematischen Psychokursen bekannt sind.
Die Utopie der Aggressionslosigkeit scheint hoch gegriffen, die Frage stellt sich hier, ob diese Maximalforderung nicht zu Verdrängung führt und damit bescheidenere, aber praktikablere und somit wirksamere Ziele wie das Erlernen eines sinnvollen Umgangs mit der Aggression verhindert.

Statistik: D: verschiedene Gruppen / A: einzelne Anhänger / CH: Schweiz 7 Regionalgruppen (bis anhin rd. 800 Kursbesucher aus allen drei Ländern).
Adressen: Yamagishi Vereinigung (Schweiz) Seelmatten, CH-8488 Turbenthal, Tel. 052 385 37 77. – Yamagishism Gesellschaftspraxis, CH-8523 Hagenbuch, Tel. 052 364 15 28.
www.Yamagishi.ch

EAP (Europäische Arbeiterpartei) und Schiller-Institut, Vereinigung für Staatskunst e.V.

Das Schillerinstitut und die ihm nahestehende EAP (früher auch «Patrioten für Deutschland», «Bürgerrechtsbewegung Solidarität» genannt), strebt eine gerechte Weltwirtschaftsordnung, basierend auf den Prinzipien der «physischen Ökonomie» des amerikanischen «Politikers und Wirtschaftswissenschaftlers» Lyndon H. LaRouche Jr., an. Leitlinien seiner Ideologie sind u.a. die Überzeugung, dass es «dem Menschen mit seiner kreativen Vernunft stets möglich ist, die vorhandenen oder drohenden Konflikte zu lösen». Wichtig ist das Postulat einer universellen Bildungs- und Erziehungspolitik, die jedem Kind die Entfaltung seiner kreativen Möglichkeiten erlaubt, im weiteren die Vision eines «Neuen Bretton Woods», eines neu ausgehandelten Finanzsystems, einer «Eurasischen Landbrücke», einer Wiederbelebung der historischen Seidenstrasse als Entwicklungskorridore des eurasischen Wirtschaftsraumes und schliesslich die Idee einer «kulturellen Renaissance», einer Art Zukunft orientiert an der Vergangenheit der humanistischen Tradition und des humanistischen, «klassischen» Menschenbildes eines Friedrich Schiller oder eines Wilhelm von Humboldt. Kritisch betrachtet verbindet LaRouche radikale Weltveränderungswünsche (das Erbe aus der trotzkistischen Jugend des Gründers) mit einem ausgeprägt konservativen Menschenbild und Kulturprogramm.

Lyndon H. LaRouche Jr., geb. 1922 in Rochester, New Hampshire, USA, studierte in Boston, diente am Ende des 2. Weltkrieges in der US-Armee, und sah sich in jungen Jahren als überzeugten Marxisten. So war er bis 1966 Mitglied der trotzkistischen «Socialist Worker Party», gewann durch Publikationen und Seminare zahlreiche Anhänger unter linken Intellektuellen und kandidierte fünf Mal (völlig aussichtslos) in den amerikanischen Präsidentschaftswahlen. Mit seiner Gattin Helga Zepp-LaRouche gründet er «The Club of Life» (1982) und das «Schiller Institut» (1984). Umstrittenes Finanzgebaren führte zuerst seine Anhänger, dann ihn selber in Konflikt mit den Justizbehörden. LaRouche wurde 1989 zu einer mehrjährigen Haftstrafe verurteilt.

Kritiker fällt in den Organisationen LaRouches und seiner Gattin vor allem die intensive Bindung der Anhänger an die Organisation auf, die sektenhaftes Ausmass annehme. In die gleiche Richtung weise der ausgeprägte Dualismus der Bewegung. Überall werden Feinde geortet, die in bizarr anmutenden Verfolgungs- und Verschwörungstheorien miteinander verbunden sein sollen. Selbst die höchste Garde amerikanischer Politik und Administration habe sich die Zerstörung der LaRouche-Organisationen zum Ziel gesetzt. (Sektenhafte Gemeinschaften gewinnen nicht selten aus Verschwörungstheorien jene Bestätigung für die grenzenlose Bedeutung ihrer Gruppe, die ihnen der öffentliche Alltag versagt.) Auch die eigenartige Wende von linkslastigen zu rechtslastigen Perspektiven entspricht einer hie und da (z.B. auch beim VPM) zu beobachtenden inneren Logik: Das linksextreme Weltveränderungsprogramm kann sein Leitbild, seine Utopie, wenn die Zukunft ewig Zukunft bleibt, von der Zukunft in die Vergangenheit verlegen. Die marxistisch-revolutionäre wird so zur konservativ-revolutionären Ideologie. Im Blick auf die Beurteilung der Gegenwart und aufs eigene Sendungsbewusstsein ändert sich wenig. Die Gegenwart gilt weiterhin als radikal veränderungsbedürftig.

Statistik: Vorläuferin der (europäischen) EAP war LaRouches amerikanische US-Labour-Party. Der EAP und dem Schillerinstitut zugeordnete Organisationen sind: Club of Life, Antidrogen Koalition e.V., Cusanus Stadt, Christliche Mitte Patrioten für Deutschland, Deutsch-französisches Kommitee zur Verteidigung der Kernenergie, European Labour Committees (ELC), Fusions Energie Forum (FEF), Private Akademie für humanistische Studien, Executive Intelligence Review, Nachrichtenagentur (EIRNA) usw. Geschätzte Anhängerzahl in D: 800.

Adresse: Schiller-Institut, Vereinigung für Staatskunst e.V., Postfach 121 380, D-30866 Laatzen, Tel. 0511 868625.

www.schiller-institut.de

Die Humanistische Bewegung

Die Humanistische Bewegung präsentiert sich heute als weltumspannende Organisation mit Aktionen und Mitgliedern in über sechzig Ländern. Eine erstaunlich weiträumige Ausbreitung, bedenkt man, dass die Anfänge der Humanistischen Bewegung erst auf das Jahr 1966 zurückgehen. Eine erste Studiengruppe der Humanistischen Bewegung organisierte sich in jenem Jahr im argentinischen Mendoza um den (ausserhalb der Humanistischen Bewegung wenig bekannten) Dichter und Schriftsteller Mario Luis Rodriguez Cobos. Schon damals trat er bevorzugt unter seinem Pseudonym «Silo» auf.

Silo wurde am 6. Januar 1938 in Mendoza geboren. Er wirkte bereits vor der Gründung der Humanistischen Bewegung in einer vergleichbaren Gruppierung mit, aus deren Trennung dann aber die erwähnte Gründungszelle der Humanistischen Bewegung hervorging. Silos Hauptinteresse lag schon in seinen ganz frühen Schriften in einer Bestandesaufnahme des Zustandes der Menschheit, im Aufzeigen menschlicher und struktureller Defizite in der weltweiten Situation und im Präsentieren neuer Wege aus der sich verstärkenden Krise. Es schien ihm von Beginn an klar, dass er sich mit seinen Sympathisanten in Gruppen organisieren musste, einerseits des grösseren Potentials wegen, anderseits auch um die Aufnahme seiner Ideologie im Kreise von Gleichgesinnten zu ermöglichen.

Die Geschichte der Humanistischen Bewegung ist geprägt von zwei Hauptmerkmalen. Zum einen fällt auf, dass sie im Zuge ihrer Verbreitung immer grossen Wert darauf gelegt hat, bei den jeweils der Zeit entsprechenden wichtigen Themen mitzureden, ihre eigenen Ansichten und ihre Lösungsansätze zu präsentieren. Dass die Humanistische Bewegung dabei ein konkretes Handlungsmuster, eine konsequente Ausrichtung oder ein bestimmtes Zentralthema bisweilen vermissen lässt, ist durchaus auch Programm.

Die Humanistische Bewegung prangert das herrschende System grundsätzlich an und versucht alle Aktivitäten, die diesem herrschenden System eine neue Richtung geben wollen, unter dem Dach der Humanistischen Bewegung zu vereinen.

Die Humanistische Bewegung präsentiert sich heute als eine weltweit bestehende Gruppe von Menschen, die verbunden sind durch drei hauptsächliche Gemeinsamkeiten. Zum einen liegt ihnen – wie bereits erwähnt – an der Adaption und der Verbreitung des Gedanken- und Schriftgutes ihres Gründers Silo. Zum andern zeichnen sich die Mitglieder der Humanistischen Bewegung alle durch einen oft unglaublich anmutenden Aktionismus aus. Hält man sich nur die Menge der vorhandenen Flugblätter, Prospekte, Standpunktpapiere, Quartier- und Regionalzeitungen vor Augen, die in der Schweiz im Umlauf sind, lässt sich erahnen, mit welchem persönlichen Engagement und welchem Zeitaufwand ein Mitwirken in der Humanistischen Bewegung verbunden ist. Zum dritten haben die Mitgliedern der Humanistischen Bewegung ein grosses Interesse an deren weiteren Ausbreitung. Sie «wollen die Menschen wieder vereinen und die Gesellschaft in die Richtung des Aufbaus der ersten Universellen Menschlichen Nation orientieren».

Die Humanistische Bewegung hat sich zum Ziel gesetzt, «eine Bewegung aufzubauen, die fähig ist, in jedem Umfeld und Interessensgebiet einzugreifen: in die politischen Aktivitäten, im Dialog zwischen den Kulturen, in den konkreten Aktionen in den Stadtteilen, in den Arbeits- und Studienplätzen».

Ein ehrgeiziges Ziel, wenn man bedenkt, dass in der Schweiz gegenwärtig – nach Angaben der Humanistischen Bewegung – nur rd. 500 Mitglieder aktiv sind.

Abgesehen von den Lehren, welche die Humanistische Bewegung vertritt, und den Praktiken, die sie pflegt, ist die oft ungreifbare konkrete Botschaft sicherlich der Grund, warum sich die Humanistische Bewegung heute unter dem permanenten Zwang sieht, sich zu rechtfertigen. Es ist denn auch gern gebrauchtes Argument ihrer Exponenten, die derzeitige Stagnation der Humanistischen Bewegung in der Schweiz und in Deutschland mit der teils harschen Kritik an der Gruppe zu erklären.

Statistik: Weltweit zählt die Humanistische Bewegung z.Zt. zwischen 30 000 und 50 000 M, Tendenz steigend / CH: etwa 500 M aktiv.

Adresse: Humanistisches Zentrum der Kulturen, Dienerstr. 15, 8004 Zürich.

www.mindpower.com/humanisten

Weltanschauungsgemeinschaft Bund für Gotterkenntnis (Ludendorff)

1930

Bald nach dem 1. Weltkrieg trat Dr. med. Mathilde von Kemnitz (1877–1966), seit 1926 verheiratet mit General a.D. Erich Ludendorff (gest. 1937), mit Werken zu einer neuen «Deutschen Gotterkenntnis» hervor. Diese enthält eine philosophische Weltanschauung, die Kants Erkenntniskritik und Schopenhauers Intuition von der Welt als objektiviertem Willen einschliesst und sich, nach der Überzeugung ihrer Anhänger, mit naturwissenschaftlichen und seelenkundlichen Erkenntnissen in Einklang befindet. Nach den grundlegenden philosophischen Werken der «Gotterkenntnis» erschien 1931 für Leser, die sich vom Christentum lossagen wollten, «Erlösung von Christo» (1931). Nach den Vorläuferorganisationen «Tannenbergbund» (1925–1933), und «Deutschvolk e.V.». wurde 1937 die «Vereinigung für Deutsche Gotteserkenntnis (L)» gegründet, die 1951 in «Bund für Gotterkenntnis (BfG)» unbenannt wurde. Der Bund erlebte seine grösste Ausdehnung vor dem 2. Weltkrieg. Damals wurde auch der Kampf gegen das Christentum lautstark geführt. Nach dem Krieg zählte der Bund noch rd. 4000 Mitglieder. Ein 1961 von den Innenministerien der Länder der damaligen BRD ausgesprochenes Verbot wegen antisemitischer Äusserungen aus der Zeit des Ehepaars Ludendorff wurde 1976 letztinstanzlich aufgehoben.

Der BfG möchte nun die Gotterkenntnis aufgrund der 12 massgebenden philosophischen Werke, die Mathilde Ludendorff zwischen 1921 und 1962 verfasst hat, verbreiten. Das von einem unpersönlichen göttlichen Wesen durchseelte Weltall tut sich in allen Wesen kund. Der Mensch kann sich dieses göttlichen Wesens bewusst werden. Ein persönlicher Gott, Götter, Engel und Dämonen sind Fiktionen, «Fehlgriffe» der menschlichen Vernunft.

Die Sorge ums reine Rassenerbe verband sich bei den Ludendorffs mit der Liebe zum eigenen, «arteigenen Gotteserleben». Durch Rassenmischung verliere der Mensch die Instinktsicherheit.

Die Philosophie der Gotterkenntnis gründet auf dem sog. Vernunftserkennen und auf dem Gotterleben des Ichs. Danach deckt das Vernunftserkennen die Erscheinungswelt und ihre Gesetze in naturwissenschaftlicher Art auf. Das Icherleben hat Anteil am Wesen der Erscheinung (an Gott, dem Göttlichen, dem Jenseits, dem Transzendenten, dem Absoluten). Ziel der Schöpfung ist «Gottesbewusstheit» und «Gotteinklang» der Seele. Auf religiöses Brauchtum wie Kulte und Riten kann diese Weltanschauung verzichten. Hingegen wurden Mitglieder des Bundes dazu angehalten, Kinder durch Lebenskundeunterricht im Sinne der Gotteserkenntnis Ludendorffs zu erziehen. Das religionsphilosophische Schrifttum von Mathilde Ludendorff und weitere Publikationen des BfG erscheinen im Verlag Hohe Warte in D-82396 Pähl bei Weilheim.

Adresse: Ludendorff-Gedenkstätte, Mühlfeldstr. 2, D-82327 Tutzing, Tel. 08158 6317.

Neue Akropolis

1957

Die Neue Akropolis bezeichnet sich als kulturelle Vereinigung. Ihr Gründer, Prof. Dr. Jorge A. Livraga Rizzi (1930–1991), geb. in Buenos Aires, studierte daselbst Philosophie, Literatur, Geschichte und Kunstgeschichte. In seinen zahlreichen Publikationen hebt er die Bedeutung der alten Kulturen hervor und sucht sie durch Integration neu zu beleben. Er gründete 1957 die Neue Akropolis. Seit 1978 haben sich unter dem Namen «Kulturverein Neue Akropolis – Schule der Philosophie» auch in Österreich und Deutschland Zentren gebildet.

Die Neue Akropolis bezeichnet sich als überkonfessionelle, überparteiliche und unpolitische, internationale Organisation. Sie beschäftigt sich nach eigenen Angaben mit dem vergleichenden Studium der antiken und modernen Wissenschaften wie Archäologie, Medizin, Philosophie und Kunst. Damit lässt sie neue, «aktive und geläuterte Menschen entstehen, die fähig sind, sich selbst zu erkennen». Denn jeder Mensch sollte auf seinen «inneren Berg» steigen, auf den «Gipfel unseres wahren Ichs». Dort müssten wir «unsere Stadt» bauen (so wird «Akropolis», griech. = die «hohe Stadt», symbolisch gedeutet). Im weiteren geht es der Neuen Akropolis darum, einen Kern universeller Brüderlichkeit zu bilden und die ungeklärten Naturgesetze sowie latente Kräfte im Menschen zu erforschen. Organisation, Zusammenhalt der Gruppe, Arbeitsweise und Pflichten der Mitglieder werden durch nur intern bekannte Schriften geregelt. Die Mitglieder sind in eine streng hierarchisch gegliederte Führungsstruktur eingefügt.

Die Neue Akropolis veranstaltet Vorträge und Kurse und spricht auch von internen Mysterienfesten. Aussenstehende Beobachter sehen in ihr so etwas wie eine Schule der Mysterien oder eine theosophische Schule, in der neben philosophischen ebenso religiöse Gedanken zur Geltung kommen. Zum Programm gehören auch «Einführungskurse in esoterische Lehren». Elemente vieler Religionen werden verflochten – die altägyptischen Götter Osiris und Isis sowie die Sonne finden grosse Beachtung. Gnostische Gedanken haben im Synkretismus der Neuen Akropolis ebenso ihren Platz. Sie bilden nach ihrer Auffassung den Weg zur Versöhnung von Glauben und Wissen, bzw. zum befreienden Wissen und zum Aufstieg aus der Materie zum Geist. Nicht zu übersehen ist das Streben nach einer Neuordnung des politischen Zusammenlebens in einem von einem «väterlichen» Regenten geführten Staat.

Zeitschrift: Neue Akropolis.
Statistik: Niederlassungen in ca. 40 Ländern. D: 3 G / A: 5 G.
Adressen: Neue Akropolis in Deutschland, D-80336 München, Landwehrstr. 2, Tel. 089 542 85 85. – Neue Akropolis, A-1010 Wien, Esslinggasse 17/3, Tel. 01 53 30 079. – Nouvelle Acropole, Place du Tunnel 14, CH-1005 Lausanne, Tel. 021 312 15 65.
www.neueakropolis.org
www.acropolis.org

Register

Hauptartikel sind **halbfett**, Zeitschriften *kursiv* gesetzt.

A.T.O.M. 364
AAO 479
AAORRAC 258
AAS 284
Aba Aziz Makaja 272
Abd-ru-shin 219
Abdul'I-Baha 309
ABG 378
Abraxas 430
Abtei Thelema 449
Abu Bakr 297
Academia Sub Rosa Nigra 456
ACD 129
Action Biblique 106
Action Biblique unterwegs 107
ADF 424
Adler, Alfred 483, 484
Adullam 111
Advaita Fellowship 356
advaita journal 358
Advaita-Bewegung 355
Advance 477
Adventecho 165
Adventisten 163
Adventistische Gruppen, Weitere 167
Adventistische Pressedienst, Der 165
Aeberhard, Ueli 226
AEM 74
AESE 324
Agape Bibelschule 147
Agape Brief, Der 147
Agape Christliche Vereinigung 147
Agape-Gemeinschaft München 151
AG GGG 430
Aglow International 125
Agni Yoga 252, 253
Agni-Arbeitsgemeinschaft Salzburg 252
Agnus Dei 46
Agonshu 406
AHA, Zeitschrift für das Neue Äon: Esoterik, Magie und Lebenskunst 452
Ahmad, Mirza Gulad 303
Ahmadiyya Muslim Mission 303
Ahmadiyya-Anjuman Lahore 304
Ahmadiyya-Bewegung des Islam 303
Airaudi, Oberto 264
Airport Vineyard Gemeinde 158
Aïvanhof, Omraam Mikhaël 253
Ajahn Chah 378
Ajahn Tiradhammo 378
AK 125
Akasha-Chronik 250
AKI 151
Akira Ishii 406
Akon Tulku Rinpoche 396
Akron 454
Aktion Perestroika 481
Aktionsanalytische Organisation 479
Aktionskomitee für Verfolgte Christen 129
Albanische Muslime 302
Albrecht, Jakob 97
Aleph 406
Alevi-Kizilbasch 308
Aleviten 299, 306
Aleviten-Bektaschiten 308
Alexander, H.E. 106
Alfassa, Mira 332
Ali 294, 295, 297
Allgemeine Christliche Apostolische Mission 180
Allgemeine jüdische Wochenzeitung 292
Allianz-Forum 75
Allianz-Mission 106
Allianzspiegel 75
Allmen, Fred von 381

Altbuddhistische Gemeinde 378
Alte geheime Orden vom Kreuz der roten und goldenen Rose, Der 258
Altes und Neues aus der Schatztruhe des Schwertbischofs 52
Altevangelisch Taufgesinnte 84
Altkatholische Kirchen 35, **40**
Altkatholische Kirchenzeitung 41
Altnazarener 233
Altorientalische Kirchen 57
Altpreussische Union 70
Alttäufer 84
Am Lagerfeuer 165
Amarananda, Swami 324
Ambassador-College 172
American Baptist Churches in the USA 87
American Baptist Convention 87
American Segye Times 231
American Way 478
Amida-Bewegung 382
Amis Sans Frontières 171
Amische Mennoniten 86
AMM 404
Amma 348
Ammann, David und Frieda 414
Ammann, Jakob 86
AMORC 255
Amritanandamayi, Mata 348
AMURT 341
Amway 478
Anagarika Govinda 404
Ananda Church of Self Realization 329
Ananda Clarity 329
Ananda Marga 341
Ananda Murti 341
Anandamayi Ma Sangha 351
Ancient Astronaut Society 284
Ancient Order of Druids 426
Ancient Skies 284
Ancient Teachings Of The Masters 364
Andel, Jay van 478
Andreae, Valentin 241
Angelina, John 147
Angelina, John und Mirjana 149
Angelus 54
Anglikanische Kirchengemeinschaft 72
Anglikanischen Kirchen 62
Angst im Kapitalismus 480
ANSE 428
Anskar Kirche International 151
Anskar-Kolleg 151
Anthroposophie 240, 241, **249**, 261
Anthroposophische Gesellschaft 243
Anthroposophische Vereinigung 249
Antiquus Mysticus Ordo Rosae Crucis 255
Antonianer 233
Anzeiger des Reiches der Gerechtigkeit 171
AO 428
AOD 426
AoG 129
Apokalyptische Erwartungen 161
Apostelamt Jesu Christi 183, **184**
Apostelamt Juda 183
Apostelamt Simeon in Jakobs Geschlecht 184
Apostolic Christian Church (Nazarean) 86
Apostolic Church 125
Apostolic Faith Mission 140, 145
Apostolisch Genootschap 184
Apostolische Bewegung von Schönstatt 41
Apostolische Geloofsgemeenschap 182
Apostolische Gemeinde 184
Apostolische Gemeinde des Saarlandes 185
Apostolische Gemeinde Essen 186
Apostolische Gemeinschaft in Deutschland 183
Apostolische Glaubensgemeinde 103
Apostolische Kirche – Urchristliche Mission (AK) 125, 133, 179
Apostolische Sendungskirche in Deutschland 185
Apostolische Urgemeinde 186
Apostolke Kirke 126
Applewhite, Marshall Herff 288
APR – Adventist Public Relations 167
Apropos 99
APU 70
Aquarius Society 456

Aquino, Michael A. 452
Aramäer 58
Arbeitsgemeinschaft der Christengemeinden Deutschlands 129
Arbeitsgemeinschaft Evangelikaler Gemeinden in Österreich 109
Arbeitsgemeinschaft Evangelikaler Missionen 71, 74
Arbeitsgemeinschaft Mennonitischer Gemeinden in Deutschland 84
Arbeitsgemeinschaft Naturreligiöser Stammesverbände Europas 428
Arbeitskreis für evangelikale Theologie 74
Arbeitskreis für Geistliche Gemeinde-Erneuerung in der Evangelischen Kirche 120
Arche, Die 52
Arganaraz, Ricardo 49
ArgeGÖ 109
Arguello, Kiko 43
Arkanschule 245
Armanen-Orden 427, 429
Armenische Apostolische Kirche 60
Armenische Kirche 58
Armstrong, Garner Ted 172, 174
Armstrong, Herbert W. 172, 173
Arn, Werner 111
Artgemeinschaft, Die – Germanische Glaubens-Gemeinschaft 430
Arya Maitreya Mandala 404
ASATRU – Gemeinschaften 431
Asbury, Francis 97
Ashtar Command 286
Ashtar-Command-Bewegung 239, 286
A.S.I.A. 393
Aslaksen, Elias 101
Assemblée de Dieu 92
Assemblée des Frères 92
Assemblies of God 126, 129, 130, 155
Assembly of the World's Religions 231
Association for International Solidarity in Asia 393
Association Le Patriarche 485
Association of Vineyard Churches 158
Association Suisse de Yoga 326
Association Zen Internationale 385
Assosiation pour l'étude du Védanta en Europe 324
Äthiopisch-orthodoxe Kirche 58, **59**
Atisha 400, 401
A.T.O.M. 364
Atteshlis, Stylianos 265
auditor, The 477
Auf Sein Wort 152
Aufbruch-Verlag 148
Auftrag 155
Augustat, Willy 252
Aum Shinrikyo 406
Aum-Sekte 375
Aurobindo 331, 342
Auroville International 332
Avalon Schwesternschaft 425
Avatamsaka-Sutra 261
Avatar 486
Avatar (Universale Kirche) 248
Avatara Devi 351
AVC 158
Avila, Theresa von 46
Avrupa Turk Birlikleri 301
Awakening the World 387
Awatramani, Dr. Bhagwan 356
Ayya Khema 378
AZI 381
Azusa-Street-Mission 117
Baba, Meher 310
Babadschi 347
Babaji 329, 347
Babaji Journal 329
Babaji-Zentren 347
Babaji's Kriya Yoga 329
Babuji 352
Back to Godhead 337
Baha' ad-Din Naqschband 304, 306
Baha'i-Religion 308
Baha'u'llah 308, 309
Bailey, Alice Ann 238, 244–246, 248
Baker, George 218
Bal Bhagwan Ji 363
Ballard, Edna 247
Ballard, Guy 247, 286
Balsekar, Ramesh S. 356
Baltisberger, Walter 183

Bapak 310
Baptist Union of Great Britain and Ireland 87
Baptisten 80, 129
Baptistenkirchen 87
Baptistischer Weltbund 87
Barbour, N.H. 168
Barclay, Robert 95
Bärenstamm 437
Barnett, Michael 263, 278
Barratt, T.B. 101, 117, 118
Basileia-Gemeinde Bern 159
Basler, Hans 147
Bastian, Amohi Raphael 424
Bates, Joseph 165
Batuque 457
Bauhütte 481
Breyer, Jacques 257
Bayerische Missionswerk, Neuendettelsau 66
Bazuin Sions, De 182
BBT 336
BEAM 284
Bear Tribe Medicine Society 437
Beaulieu-Bewegung, Die 280
BEFG 129
BEG 108, **109**
Bemmel, Martinus van 185
Benedicite 226
Bennett, Dennis J. 120
Bennett, J.G. 310
Bennot, Bill 153
Berg, David 212
Berg, Maria 212
Berger, Emma 175
Berger, Fritz 102, 103
Berliner Erklärung 118
Bernard, Raymond 257
Berneuchner 77
Bernhardt, Oskar Ernst 219
Beröa Bibelschule 129
Bertschinger Eicke, Eberhard 214
Bertschinger, Erika 213
Berufsverband Deutscher Yogalehrer 325
Besant, Annie 243, 324
Beste Freund, Der 93
Beste Fundament, Das 90
Bewegung 42
BewegungPlus 125, **126**, 133, 144
BFCG 136
BFP 129
BGG 151
Bhagwan (=Osho Bhagwan) 242, 261, 278, 344, 424, 480
Bhagwan Awatramani, Dr. 356
Bhagwan Rajneesh-Bewegung 344
Bhagwan Shree Rajnesh 278
Bhaktvedanta Book Trust 336
Bibel Baptisten Gemeinde 88
Bibelforscher 168
Bibelgemeinden 164
Bibelschule Agape 147
Bibelschule Beröa 129
Bibelschule der Gemeinde Gottes in Fritzlar 100
Bibelschule Kehrsatz 109
Bibelschule Kirchberg 109
Bibelschule und Missionswerk Wiedenest 93
Bieberauer Schule 222
Biblische Glaubens Gemeinde Stuttgart 151
Biblische Intensiv-Seelsorge Bruno Schär 127
Bigger, Leo und Susanne 154
Bihar School of Yoga 330
Bihar Yoga Bharati 331
Billy (Eduard Albert Meier) 284
Birgitta-Logen 426
Bischoff, J.G. 181, 183, 184
Bitsch, Jakob 185
Bittlinger, Arnold 120
Bittner, Jobst 157
Black Order oft the Trapezoid 452
Blaskò, Georg 54
Blaurock, Georg 84
Blavatsky, Helena Petrowna 235, 237, 239, 243, 261
BLIA 388
BKWSU 351
Bô Yin Râ 232

Bodaisan Shoboji 386
Bodhi Baum 377
Bodhidharma 384
Böhme, Jacob 233
Böhmisch-Mährischen Brüderkirche 96
Bölsterli, Matthias 154
Bonnke, Reinhard 140
Booth, William 98
Bosnische Kulturzentren 302
Boston Church of Christ 90
Boston-Movement 90
Bote der letzten Tage, Der 104
Botschaft aktuell 167
Botschaft des Meisters, Die 360
Botschaft vom Reich 174
Botschafter der Kephas-Gemeinde 156
Bovay, Michel 386
BPF 130
Bplus 125, 126, 133, 144
Brahma Baba 351
Brahma Kumaris 269, 270
Brahma Kumaris World Spiritual University 351
Branchdavidian 163
Brandstätter, Leopold 252
Branham Bewegung 164
Branham, William Marrion 128, 137, 164
Branham-Gemeinden 128
Bratlie, Sigurd 101
Breeze, William 449
Breyer, Jacques 256
Bridgeport University 231
Bright, Bill 211
Broad Church 72
Brockhaus, Carl 92, 93
Brockhaus, Ulrich 108
Brücke 85, 477
Brücke zur Freiheit 247
Bruder Baphomet 448
Brüder-Unität der Böhmischen Brüder 96
Brüderbewegung 80, **92**
Bruderer, Werner 148
Brüdergemeine 96
Bruderhand, Die 109
Bruderschaft der Menschheit 247
Bruderschaft Salem 175
Brunner, Beatrice 225
Bruno Gröning 218
Buchholz-Kaiser, Annemarie 484
Budapest, Zsuzsanna 436
Buddha Shakyamuni 392
Buddha-Haus in Oy-Mittelberg 378
Buddhadasa Bhikkhu 376
Buddhas Lichtberg 387
Buddha's Light International Association 388
Buddhistische Dachverbände 376
Buddhistische Gemeinschaft Longchen 396
Buddhistische Gemeinschaft Navayana 406
Buddhistische Gemeinschaften Jodo-Shin 382
Buddhistische Religionsgemeinschaft 377
Buddhistische Union Freiburg i.B. 381
Buddhistische Vereinigungen, Weitere 405
Buddhistisches Kloster Wat Puttabenjapon 379
Buddhistisches Zentrum Wien 381
Bühlmann, Martin 159
Bulgarisch-orthodoxe Kirche 57
Bulletin d'Information 253
Bund der Baptistengemeinden in der Schweiz 88
Bund der Gemeinden Evangelisch Taufgesinnter 86
Bund Deutsch-Unitarischer Jugend 462
Bund Evangelikaler Gemeinden in Österreich 109
Bund Evangelisch Freikirchlicher Gemeinden 129
Bund Evangelisch-Freikirchlicher Gemeinden in Deutschland 88, 92
Bund Evangelischer Gemeinden 108
Bund Freier Christengemeinden 136
Bund freikirchlicher Christen 92
Bund Freikirchlicher Pfingstgemeinden 126, **129**
Bund Freireligiöser Gemeinden Deutschlands K.d.ö.R 461

Bund für Geistesfreiheit Bayern 466
Bund Pfingstlicher Freikirchen der Schweiz 130
Bund der Evangelischen Kirchen in Italien 73
Bundgemeinde Neues Jerusalem 229
Bürgerrechtsbewegung Solidarität 489
Butts, Robert 277
Byron Katie 358
Caddy, Eilen und Peter 269
CAI 130
Caitanya, Sri 336
Calvary-Chapel-Gemeindeverband 158
Calvary-Chapel-Verband 158
Calvin, Johannes 61, 62, 68
Campbell, Thomas und Alexander 89
Candomblé 456
Capps, Charles Emmitt 121
Care Center Uzwil 127
Carlyle 180
Carroll, Pete 450
Catta, Martine 49
Cayce, Edgar 263, 264
CCR 152
CE-Infodienst 48
Celaleddin-i Rumi 304
Centre de Pratique Zen Sôtô 386
Centre Védantique de Genève 324
CfaN 140
CfaN-Missionsreportage 141
cft 113
CGV 143
Chadidscha 293
Chakra 353
Chalmers, Thomas 74
Ch'an-Schule Lin-Chi 387
Chapuis, J.-P. 134
Chariji 353
Charismatische Bewegung 39
Charismatische Gemeindeerneuerung 47
Chetsang Rinpoche 399
Chidananda, Swami 329
Chidvilasananda, Swami 338
Chiesa Evangelica di lingua italiana 73
Chinmaya-Mission 331
Chinmayananda, Swami 331
Chinmoy 342
Chischtis 306
Cho, Yonggi 121, 131
Chödzong Zentrum 403
Chögyal Namkhai Norbu Rinpoche 392, 393
Chögyam Trungpa 395, 396
Chogye-Schule 383
Chökor 404
Chrischona-Gemeinden 104, 106
Chrischona-Magazin 104
Christadelphian Gemeinde 91
Christadelphians 164
Christen 101
Christen für die Wahrheit 113
Christen heute 41
Christen im Beruf 138
Christen unserer Zeit 185
Christengemeinde 130
Christengemeinschaft, Die 251
Christ for all Nations 140
Christian Assemblies International 130
Christian Church 89
Christian Science Journal 204
Christian Science Monitor, The 204
Christian Union 138
Christians for Truth 113
Christkatholische Fakultät der Universität Bern 40
Christkatholische Kirche 35, **40**
Christkatholisches Kirchenblatt 41
Christliche Allgemeine Zeitung 152
Christliche Gemeinde Köln 152
Christliche Gemeinde Volketswil 157
Christliche Gemeinden 89
Christliche Gemeinschaft 131, *143*
Christliche Gemeinschaft Charlottenburg 131
Christliche Gemeinschaft Hirt und Herde 219
Christliche Mission Freiamt 148
Christliche Missionsgemeinschaft 131
Christliche Osten, Der 55
Christliche Television 109
Christliche Verlagsgesellschaft Dillenburg 93

Christliche Versammlungen 92
Christliche Warte 171
Christliche Wissenschaft 203
Christliche Zen-Zentren 390
Christliche Zentrum Buchegg 145
Christliche Vereinigung ernster Forscher von Diesseits und Jenseits, wahrer Anhänger christlicher Kirchen 222
Christlicher Gemeinschaftsverband Mülheim an der Ruhr 142, 143
Christlicher Informationsdienst Wattwil 111
Christlicher Studenten-Weltbund 74
Christlicher Verein Junger Männer 74
Christliches Zentrum Aarau 148
Christliches Zentrum Berlin 131
Christliches Zentrum Wesel 152
Christliches Zentrum Zürich 131
Christof, Helmut 439
Christsein heute 106
Christus Centrum Ruhrgebiet 152
Christus für alle Nationen 140
Christus im Brennpunkt 103
Chungtsang Rinpoche 399
Church of Christ 190
Church of Christ (Fetting) 197
Church of Christ (Temple Lot) 196
Church of God (Cleveland) 138, 140
Church of God (Seventh Day) 167
Church of God International 174
Church of God of Prophecy 139
Church of God, the Eternal, The 173
Church of Satan 452
Church of Scotland 68
Church of the Nations 132
Church Universal and Triumphant 239
Churches of Christ 80
Churches of God in North America (General Eldership) 99
Churchill, Winston 426
Cilwik, Rolf 152
Clemens XV. 53
Club of Life, The 490
C-Magazin 48
cMv – adventbotenmission 167
COA 53
Cobos, Mario Luis Rodriguez 490
Coenen, Inge 222
Cohen, Andrew 358
Collin, Michel 53
Communitas Agnus Dei 46
Communitas Saturni 451
Concerned Christians 211
Congregational Church of England and Wales 79
Conseil oecuménique des Eglises 75
Consejo Mundial de Iglesias 75
Convenant of the Goddess (COD) 434
Copeland, Kenneth 121
Corpus Operis Angelorum 53
CoS 452
Coué 226
Course in Miracles, A 267
Cranmer, Thomas 62, 72
Creme, Benjamin 245
Croissant, Ephraim 48
Cross Continental Mission 131
Crowley, Aleister 443, 448–452, 455
Crux Rosae 256
CS 451
Cunningham, Loren 155
Cursillo 42
CVJM 74
CZB 131
D.A.CH 159
Dä Wääg 131
Dachverband freier Weltanschauungsgemeinschaften e.V. 462
Dae-Haeng Keun Sunim 387
daheim und draussen 96
Dalai Lama 377, 400, 401
Damanhur 264
DAN Infos 265
DAN Institut 265
Dang, Luong Minh 274, 275
Daniel, Paul 153
Darby, John Nelson 92–94
Darbysten 92, 129
Darshan Sing 360
Dasira Narada 274
Daskalos 265
Dass, Ram 320, 338

Datta Yoga Center 353
Davis, Andrew Jackson 209
DBU 377
De, Abhay Charan 336
de Petri, Catharose 255
de Voss, Rich 478
Dehmel, Siegfried 183
Denge Ezidiyan 412
Denkel, Johann 86
Der Mittlere Weg – majjhima-patipada 380
Desmond, Shaw 210
Dethlefsen, Thorwald 271, 272
Deutsche Buddhistische Union 377
Deutsche Diözese der Russischen Orthodoxen Kirche 56
Deutsche Evangelische Kirche 71
Deutsche Grossloge R & C Seraphim zu den vier Rosen 258
Deutsche Inland-Mission 108
Deutsche Neue Kirche 228
Deutsche reformierte Kirche 99
Deutsche Unitarier Religionsgemeinschaft 461
Deutsche Volksmission 136
Deutsche Yoga Gesellschaft 325
Deutsche Yoga-Union 326
Deutsche Yoga-Post 326
Deutscher Druiden-Orden 426
Deutscher Evangelischer Kirchenausschuss 71
Deutscher Evangelischer Kirchenbund 71
Deutscher Evangelischer Missions-Tag 71
Deutscher Freidenker-Verband 464
Deutscher Neugeistbund 202
Deutscher Volksbund für Geistesfreiheit 462
Deutsches Yoga-Forum 325
Deutschsprachige Muslime 302
Deutschvolk e.V. 492
Devananda 330
Devi, Nirmala 333
Dhamma 377
Dhamma Gruppen Schweiz 381
Dhammapala Buddhistisches Kloster 378
Dharma Sah 383
Dhirananda 328
Di Mambro, Joseph 256–258
Diamant-Weg 397
Dianetics – The modern Science of Mental Health 474
Dianova 485
Die Bieberauerschule-Kundgaben der ewigen Liebe Gottes 222
Dienende Brüder 92
Dienende Evangelisation 123
Díez, Miguel 143
DIM 108
DIM Informationen 108
Dippl, Peter 131
Disciple, The 89
Disciples of Christ 80, **89**, 189
Disciples of Jesus 101
DITIB 301
Divine Life Society 329
Divine Light 342
Divine Light Mission 363
Divine Light Zentrum 342
Divine United Organization 363
Divyanand, Soami 362
Diyanet 301
Diyanet Isleri Türk-Islam Birligi 301
Djwhal Khul 245
DLZ 342
Do Ngag Choeling 393
Doctrine and Covenants 190
Dogen 384
Domino-Servite-Schulen 113
Don Sebastian Gaya 42
Doorly, John W. 204, 205
Doorly-Bewegung 204
Dorin Genpo Osho 386
Döring, H.R. 386
Dorje Shugden 401
Dragon Rouge 456
Draves, August 197
Drei, Die 250
Dreiecksarbeit (Lucis Trust) 245
3HO 364
Drews, August 197
Drikung Kagyü Linie 399

Dritter Franziskanischer Orden 247
Drollinger, Christof 126
Druid Fellowship, A 424
Druidenhilfe 426
Drummond 180
Dudde, Bertha 211
Duhm 481
Duhm, Dieter 480
Dunkmann, Ernst 183
DUO 363
Dura, Andreas 166
Dürckheim, Graf K. 385
Dzogchen Brief 393
Dzogchen Gemeinschaft 392
Dzogchen Infopost 393
EA 74
EAP 489
ECHO 109
Eckankar 363
Ecole Biblique de Genève 107
Ecumenical Review, The 76
Eddy, A.S. 203
Eddy, Mary Baker 200, 201, 203–205
Edson, Hiram 165
EG-Thelema 451
Eglise apostolique évangélique romande 133
Eglise apostolique romande 133
Eglise Réformée de Neuchâtel 133
Eglise universelle du Royaume de Dieu 149
Eglises Evangéliques de Réveil 133
EHD 134
Ehli Beyt Yolu 303
Eido Shimano Roshi 386
Ein Kurs in Wundern 267
Einheit des Menschen, Die 361
Einheitskonferenz 130
Eisenacher Konferenz 71
Eismagie 449
EKD 62, **71**
ELKiB 66
EKIW 267
Ekö und Amida 382
EKU 62, **70**
Elaion-Verlag 114
Elim Foursquare Gospel Alliance 133
Elim-Gemeinden 129
Elisabeth I. 62
Ellen G. White 167
Emerson, R.W. 199, 202
Emma Berger und ihre Gemeinschaft 175
Endeavor Academy in Deutschland 268
Energy-World 263
Engel, Leopold 224
Engel des Herrn, Der 171, 172
Engelmajer, Lucien J. 485
Engelwerk 53
Enomiya-Lassalle, Hugo M. 385, 391
ERAWS 341
Erhabener Friede 354
Erhard Seminar Trainings 487
Erhard, Werner 487
Erlösung von Christo 492
Ermunterung und Ermahnung 93
Erneuerte Kirche 53
Erneuerung aus dem Geist Gottes der katholischen Kirche in der deutschen Schweiz 47
Erneuerung im Heiligen Geist 47
Ernste Bibelforscher 168
Erntefeld, Das 146
Erste Weltmissionskonferenz 76
Erwachet! 170
Erweckung in Wales 118, 125
Erzbischof Makarios 266
Erzdiözese Konstanz 52
Erziehungskunst 251
Eschenmoser, Otto 136
Eschner, Michael D. 451
Escriva, Josemaria 45
Esoterik 241, 259
Esoterische Gemeinschaft der Rosenkreuzer Sivas 258
Esoterische Gemeinschaft Siegen 258
Esoterische Gemeinschaften 263
est 487
ETG 86
Ethische Gesellschaft für Fortschritt und Welternerung 252
Europäisch keltische Gemeinschaft 424
Europäische Arbeiterpartei 489

Europäische Baptistische Union 87
Europäische Buddhistische Union 376
Europäische Mennonitische Bibelschule Bienenberg 84
European Christian College 90
European Evangelist, The 89
European Nazarene Bible College 100
Evangelical and Reformed Church 100
Evangelical Mennonite Conference 85
Evangelical United Brethren Church 97
Evangelical World 75
Evangelisations-Team 142
Evangelisch Freikirchliche Gemeinden 93
Evangelisch Johannische Kirche nach der Offenbarung St. Johannis, Die 221
Evangelisch Taufgesinnte 87
Evangelisch-altreformierte Kirche in Niedersachsen 70
Evangelisch-Lutherische [altlutherische] Kirche 67
Evangelisch-Lutherische Bekenntniskirche 67
Evangelisch-Lutherische Freikirche 67, **68**
Evangelisch-Lutherische Kirche in Baden 66
Evangelisch-lutherische Kirchen 62, **65**
Evangelisch-lutherische Kirchenzeitung für Österreich 66
Evangelisch-Lutherische Volkskirche in Dänemark 65
Evangelisch-Lutherischer Volkskalender 68
Evangelisch-methodistische Kirche 97
Evangelisch-reformierte Kirche 62, **68**
Evangelisch-reformierte Kirche in Nordwestdeutschland 69
Evangelische Allianz 74
Evangelische Allianz intern 75
Evangelische Gemeinde Ländli 104
Evangelische Gemeinschaft 97
Evangelische Internationale Kirche 103
Evangelische Kirche A.B. 66
Evangelische Kirche der Union 62, **70**
Evangelische Kirche H.B. 66
Evangelische Kirche in Deutschland 62, **71**
Evangelische Kirchen in Österreich 66
Evangelische Mennonitengemeinden 85
Evangelische Michaelsbruderschaft 77
Evangelische Missionsdienst 86
Evangelische Sabbat-Mission 167
Evangelische Täufergemeinden 86, **87**
Evangelischer Brüderverein 102, 103, 131
Evangelischer Hausgemeindedienst 134
Evangelisches Missionswerk 71
Evangelium Offensiv 129
Evangeliums-Rundfunk 74
Evangeliumsgemeinde Menorah 133
Evangeliumsposaune 100
Evangeliumszentrum Maranatha 153
Evangeliumszentrum München 153
Evans, W.H. 200
Ewing, Robert 156
Exclusive oder geschlossene Brüder 92
Fahrenkrog, Ludwig 429, 430
Falun Gong 375, **407**
Familie, Die 212
Familie der Liebe 212
Father Divine 218
FCGB 134
Federation for World Peace 231
Federation of Spiritual Churches and Associations 209
FEG 105
FEGW 137
FEGW-Aktuell 137
Fetting, Otto 196, 197
Feuer und Licht 48
Feuerabendt, Sigmund 326
FGBMFI 137
FGF 279
Fiat Lux 209, **213**
Ficicchia, Francesco 406
Fidesco (Entwicklungshilfe-organisation) 49
FIGU 284
Fillmore, Myrtle 202
Findhorn 269
Finnische Evangelisch-Lutherische Kirche 65

FIP 267
First Church of Christ, Scientist 203
Fischer, Julius 183, 184
Fischer, Paulus 135
Fittkau, Bernd 269
Fittkau-Garthe, Heide 269
Fitzgerald, Tony 132
Fix, Karl 136, 146
Flowers, Stephen 452
Fo-Guang-Shan 387
Föderation der Demokratischen Idealistischen Türkischen Vereine in Europa 301
Föderation Islamischer Gemeinschaften 301
Fokolar-Bewegung 44
Folge mir nach 93
Förderungsgemeinschaft zur Gründung einer Friedensuniversität, Die 279
Forthsquare Gospel 151
FORUM 487, 488
Forum 232, 405
Forum für die Universale Religion 360, **362**
Foundation for Inner Peace 267
Foundation of Shamanic Studies 437
Fox, George 95
Fox, John 209
FPMT 403
Francke, August Hermann 81
Frank, Ewald 137
Frank, Gerard 52
Franz, Frederik Wiliam 168
Fraser, Gordon Freeman 276, 277
Fraser, Mara 145
Frater Absalom Pendragon 456
Frater Hymenaeus 449
Frater V.D. 450, 451
Fraternitas Sacerdotalis Sancti Pii decimi 50
Fraternitas Saturni 449
Fraternité Chrétienne 134
Freedom *477*
Frei, Ruth 268
Freidenker, Der 465, 466
Freidenker Vereinigung der Schweiz 466
Freidenkerbewegung 464
Freidenkerbund Österreichs 465
Freie Apostelgemeinden 178
Freie Bibelgemeinde 171
Freie Brüderversammlungen 93
Freie Bürgergemeinde 93
Freie Christengemeinde Buttikon 134
Freie Christengemeinde Filadelfia 136
Freie Christengemeinde Rotkreuz 148, 157
Freie Christengemeinden 136, 145
Freie Christengemeinden der Ostgebiete 129
Freie Christengemeinden in Österreich 136
Freie christliche Gemeinschaften 106
Freie Christliche Versammlungen 93
Freie Evangelisch-Lutherische Gemeinde 151
Freie Evangelische Gemeinden 105
Freie Interessengemeinschaft für Grenzwissenschaft 284
Freie Siebenten-Tags-Adventisten-Organisation 166
Freie Volksmission Krefeld 137
Freie Zone 477
Freier Brüderkreis 92, **93**
Freies Blaues Kreuz des Kantons Bern 102
Freiheit 477
Freiheitsspiegel 477
Freikirche der Siebenten-Tags-Adventisten 165
Freikirchen mit Charisma 126
Freikirchliche Gemeinde Tulpengasse 106
Freikirchliches Evangelisches Gemeindewerk 137
Freiwillige Volksmission Zion 166
Freuet Euch 86
Freund 139
Freunde 101
Freundeskreis Bruno Gröning 216
Freundeskreis Indien 348
Freunde Smiths 101
Frey, Carl-Friedrich 454
Freytag, Alexander 171, 172
Friedens-Mission 218

Friedensbote 88
Friedensbotschaft 102
Friedenskirche 132
Friedenskirche Zürich 127
Friedenstaube 93
Friedrich Wilhelm III. 62, 67, 70
Friends of Western Buddhist Order, The 409
Friends World Committee 95
Frohe Botschaft 185
Fröhlich, Samuel Heinrich 86, 87
Fröhliche Nachrichten 139
Fröhlichianer 86
Frontlinien 155
Frühere Messias-Gemeinden 233
Fry, Elisabeth 95
Fryba, Mirko 381
FS 449, 450
FSS 437
FSSPX 50
Full Gospel Business Men's Fellowship International 125, **137**
Fulton, Bob 158
Fundament für Höheres Geistiges Lernen 247
Für die Zukunft 333
Für heute *98*
Furlong, Mark und Janet 153
FWBO 409
G12 154
Gaia 439
Gaia-Schamanismus 438
Gaidies, Eduard 186
Gallati, Maria 226
Gampopa 399
Gangaji 357
Ganz, Jakob 233
Gardner, Gerald B. 433, 434
Gassmeyer 183
Gassner, Paula 151, 152
Gauntlett, R. 244
Gaya, Don Sebastian 42
Gefährdetenhilfe Bern 109
Gegenwart, Die 251
GeGo 138
Geheimlehre, Die 243
«Gehet hin!» 68
Gehring, Werner 106
Geisser, Marcel und Beatrice 390
Geistchristliche Gemeinschaft 226
Geisterwelt 235
Geistige Erneuerungsbewegung 343
Geistige Loge Zürich 225
Geistige Sonne 225
Geistige Welt 226
Geistiges Leben 224
Geistliche Gemeindeerneuerung 47
Geistliche Gemeinde-Erneuerung in der Evangelischen Kirche 151
Geistliche Kriegführung 123
Geist und Gesellschaft 465
Gelugpa 400
Gemeente van Apostolische Christenen 182
Gemeinde auf dem Weg 121, 147, **148**, 152
Gemeinde der Christen, Ecclesia 139
Gemeinde der Jünger Jesu 185
Gemeinde, Die 88, **94**, *292*
Gemeinde Evangelisch Taufgesinnter 87
Gemeinde für Urchristentum 126, 179
Gemeinde Gottes 138, **140**
Gemeinde Gottes (Anderson) 99
Gemeinde in Uzwil 127
Gemeinde vom Alten Volk 424
Gemeinde von Christen 139
Gemeinde-Gaben-Dienste 120
Gemeindeaufbau-Bewegung 126
Gemeindebote 88
Gemeinden Christi 89, 189
Gemeinschaft der Seligpreisungen 48
Gemeinschaft der Siebenten-Tags-Adventisten 165
Gemeinschaft der Übrigen 167
Gemeinschaft des göttlichen Sozialismus 183
Gemeinschaft Emmanuel 49
Gemeinschaft entschiedener Christen 142
Gemeinschaft Hirt und Herde 218
Gemeinschaft in Christo Jesu 219
Gemeinschaft Johannes der Täufer 49

Gemeinschaft Proletarischer Freidenker 464
Gemeinschaft Tibetisches Zentrum Hamburg 403
Gemeinschaft um den Schwertbischof 52
Gendün Rinpoche 399
General Conference of Mennonite Brethren Churches 85
General Conference of the New Church 228
Genfer Bibelgesellschaft 106
Genfer Bibelschule 106
Gereformeerde Kerken in Nederland 70
Germanische Glaubensgemeinschaft 429
Geschäftsleute des vollen Evangeliums Internationale Vereinigung 138
Geschäftsmann und Christ 107
Geschlossene Brüder 92
Gesellschaft für inneres Wachstum des Sri Sri Ravi Shankar, Die 354
Gesellschaft für Selbsterkenntnis durch Meditation 356
Gesellschaft zur Förderung der Transzendentalen Meditation 343
Gesellschaft zur Vereinigung des Weltchristentums 230
Gesellschaften mit «überkonfessioneller» Ausrichtung 380
Geshe Kelsang Gyatso 401
Geshe Phuntsok Tashi Phunyang 402
Geshe Rabten Rinpoche 403
Geshe Sherab Gyaltsen Amipa 394
Geshe Thubten 403
Geshe Thubten Ngawang 403
Geshe Ugyen Tseten Phulotshang 402
Gesprächsforum Leben + Glauben 107, **108**
gesprochene Wort, Das 137
Gesshin Prabhasa Dharma 386
GfU 126
GGE 120, 151
GGG 429
Ghosh, Mukunda Lal 327
Ghosh, Samir Kumar 328
Giri, Swami Paramahansa Hariharananda 328
Glaube in der 2. Welt 55
Glaubensbasis der Evangelischen Allianz 82
Glover, G.W. 203
Go-Preachers 101
Godbindh Singh 320
Goenka, S.N. 381
Goetheanum 249
Goetheanum, Das 250
Golden Dawn 448
Golden, Sam 357
Golden Way Foundation 256
Golding, William 439
Goldsmith, Joel 203
Gonsar Rinpoche 403
Gospel Life Center 147, **149**
Gospel News 109
«Gott ist für uns» 68
Gottesstaat 230
Göttliche Prinzipien, Die 230
Goursat, Pierre 49
Govinda, Anagarika 404
Govindan, Marshall 329
Graf, Max 103
Grafe, Hermann Heinrich 105
Graham, Billy 106
Gralsbewegung 219
Gralsbotschaft 221
Gralswelt 221
Grandner, Evelyn 425
Grant, Adi 320
Grasshoff, Carl Louis Fredrik 254
Graue Wölfe 301
Grave, Ellen 271
Greater World Christian Spiritualist Association 221
Greater World Christian Spiritualist League 221
Greater World Healing Fellowship, The 221
Grebel, Konrad 84
Gregor XVII. 51, 52
Gregori, Bill und Marilyn 147
Gregorianische Kirche 60

Gregorius 60
Gregorius XVII. 51, 52
Grenzbote, Der 70
Grete Häusler-Verlag 217
Griechisch-Orthodoxe Kirche von Antiochien (rum-orthodox) 56
Griechisch-Orthodoxe Kirche von Deutschland 56
Grill, Heinz 251, 252
Grimm, Georg 378
Gröning, Bruno 216
Grosche, Eugen 450, 451
Gross, Darwin 364
Grosse Weisse Universelle Loge 256
Grossheim, Antonie 224
Grundenberger, Herbert 46
Gruner, Axel M. 456
Guggenbühl, Ad. 107
Guido-von-List-Gesellschaft 427
Gulliksen, Ken 158
Gürbüz, Mor Dionysius Isa 59
Guru Nanak 320, 359
Guru Yuktesvar 327
Gurumayi 338
Gute Nachricht 142
Gütinger, Otto 181, 182
Güttinger, Ernst 183
Haci Bektasch Veli 307
Hae Won Theo Strohal 383
Hagin, Kenneth E. 121, 148, 150
Haich, Elisabeth 327
Hain, August Hermann 218
Hakuin 384
Hakuin Zen Gemeinschaft e.V. 386
Hales, J.S. 93
Halte fest 93
Han Mun 232
Hanish, Dr. Otoman Z. A. 413
HanMaUm Seon 387
Happy-Healthy-Holy-Organisation 364
Harbhajan Singh 361
Hare Krishna-Bewegung 336
Hare-Krishna World 337
Harfe-Verlag 147
Harmon, Ellen G. 165
Harner, Michael 437
Hartmann, Franz 243
Hartmann, Hans Jakob 135
Hasler, Peter 147, 150
Hasselbach, Horst von 333
Haus der Besinnung, Dicken SG 379
Haus der Bibel 106
Haus des Islam 302
Hauskirchenbewegung 111
Häusler, Grete 217
Hazrat 305
HBB 466
Heavens Gate 288
Heer, Heinz-Peter 354
Heiden gegen Nazis 425
Heiden-Arbeit 427
Heidnische Gemeinschaft e.V. (Berlin) 429
Heilig-Geist-Gesellschaft zur Vereinigung des Weltchristentums 230
Heiligungsbewegung 117, 118
Heilsarmee 98, 126
Heim, Rolf 327
Heimholungswerk Jesu Christi 228
Heindel, Max 254, 255
Heinrich VIII. 62
Hempelmann, Reinhard 141
Hendrick, Granville 196
Hentzschel, Johanna 224
Herakhan-Bagaji 347
Herald of the Morning 168
Hermann, Harold 131
Hernandez, Carmen 43
Herold, Der 183
Herold der Christlichen Wissenschaft 204
Herold der Reformation 166
Herrnhut 81, 96, 111
Herrnhuter Bote 96
Herrnhuter Brüdergemeinde 81
Hersteld Apostolische Zendingkerk 185
Hertel, Dr. H.U. 249
Herzog, Eduard 40
Heubach, Walter 184
Hexen-Online 436
Hexenmacht, Die 455
High Church 72
Hilfe für Brüder 74

Hilfe und Nahrung 93
Himegamisama 415
Hinckley, Gordon B. 194
Hinn, Benny 122
His People Christian Ministries 153
3HO 364
Hoffman, Bob 482
Hoffmann, Christoph 174
Hoffmann, Ernst Lothar 404
Höfig, Ekkehard 155
Hofmann, Melchior 84
Hofmann, Walter 228
Holic, Gottfried 112
Holic-Gruppen 112
Holosophische Gesellschaft 361
Homberg Brüder 93
Honen Shonin 382
Hong, Nansook 232
Hookham, Michael 396
Hopfner, Wieland 430
Horn, Friedemann 228
Hotel New Yorker 231
Hozumi Gensho Roshi 386
Hsing Yun 387
HTL 193
Hua Yen 383
Hubbard Association of Scientologists International 474
Hubbard Dianetics Research Foundation 474
Hubbard, L. Ron 474, 475, 477
Huginn und Muninn 429
Humanistische Aktion 469
Humanistische Bewegung, Die 490
Humanistische Bildungswerk Bayern 466
Humanistische Union, Die 463
Humanistischer Verband Deutschlands 468
Hunziker, Adolf 133
Hurle, Henry 426
Hussain 295
Hutten, Kurt 210
Hutter, Jakob 86
Hutterische Brüder 86
Hybels, Bill 154
Hymenaeus, Frater 449
I AM-Bewegung 240, **247**
IBdK 468
ICCC 76
ICF 109, 124, **154**
ICF Church Zürich 109, 124, **154**
ICF-Bewegung 109, 124, **154**
ICF-Movement 109, 124, **154**
ICOC 90
Icordo 214
idea Magazin 74
idea spektrum 75
Idries Shah 306
IEF 77, 358
IEF-Rundbrief 77
IGF 481
IGL 226
Ignatius IV. 56
Igreja Universal do Reino de Deus 121
Igreja Universal do Reino de Deus 149
IHEU 467
Il Hwa Chonma Soccer Team 231
Il Hwa Ginseng 231
Im Licht der Wahrheit 221
IMBAS-Organisation 424
Immanuel-Gemeinde 155
Immer fröhlich 107
Impersonal Enlightenment Fellowship 358
Impuls 106
In Nomine Satanas I.N.S 453
Inayat Khan 305
INEB 376
Information 205
Information interchange 75
Informationsblätter 85
innere Licht, Das 248, 249
Innerplanetarische Kirche 53
Innocente, Geraldine 247
Inspiration 363
Institut für Bibelwissenschaften und Kirchengeschichte e.V. 167
Institut für Globale Friedensarbeit 481
Institut zur Erforschung des Urchristentums 89
Institute for Vaisnava Culture and Studies 337

INTA 202
Inter-Religious Federation for Peace 231
Interessengemeinschaft Geistige Loge 226
International Buddhist Progress Society 387
International Christian Fellowship 109, 124, **154**
International Church of the Foursquare Gospel 137
International Churches of Christ 90
International Conference on the Unity of Sciences 231
International Congregational Council 79
International Convention of Christian Churches 89
International Ecumenical Fellowship 77
International Grand Loge of Druidism 426
International Highway Project 231
International Humanist and Ethical Union, The 467
International New Thought Alliance 202
International Protestant Church of Zurich 73
International Review of Mission 76
International Security Council 231
International Yoga Fellowship Movement 330
Internationale Dachverbände (Buddhismus) 376
Internationale Friedenskolleg Berlin, Das 279
Internationale Gemeinden Christi 90
Internationale Gesellschaft für Krishna-Bewusstsein 336
Internationale Jesus-Gemeinde 139
Internationale Kirchliche Zeitschrift 41, 55
Internationale Meditationsgesellschaft 343
Internationale Missionsgesellschaft der STA 166
Internationale Proletarische Freidenker 467
Internationale Protestantische Kirche Zürich 73
Internationale Schule des Goldenen Rosenkreuzes 254
Internationale Schule für Bildung und Evangelisation 49
Internationale Vereinigung Christlicher Geschäftsleute 107, 138
Internationale Vereinigung der Ernsten Bibelforscher 164
Internationale Vereinigung der Freidenker 467
Internationale Weltloge der Bruderschaft zum Rosen 258
Internationaler Bund der Konfessionslosen und Atheisten 468
Internationaler Rat christlicher Kirchen 76
Internationaler Sufi-Orden 305
Internationales Meditationszentrum IMC- Österreich 381
Internationales Netzwerk Engagierter Buddhisten 376
Intersein-Sangha 388–390
Irminsul – Stimme der Armanen 428
Irvine, William 101
Irving, Edward 180
Isaak Luria 272
ISBE 49
Isbert, O.A. 325
Ishii, Akira 406
Ishin Yoshimoto 405
Ishvara 253
Isis entschleiert 243
ISKCON 336
ISKCON Revival Movement 337
ISKCON-Communication-Journal 337
ISKCON-Newsletter 337
Islam Toplumu Milli Görüs 301
Islam-Kommission Basel 302
Islamische König Faysal Stiftung 302
Islamrat für die Bundesrepublik Deutschland 302
Isländische Nationalkirche 65
Issues in Science 205
IURD 149
IVCG 107, 138
J.G. Oncken-Verlag 88

Ja, Zeitschrift der Unity-Bewegung 202, 203
Jaacks, C. 166
Jäger, Pater Willigis 391
Jakobsmühlen, Hermann zur 97
Jakoby, L.S. 97
Jane Roberts 277
Janov 480
Japanese Segye Times 231
Jardin, James 101
Jasmuheen 271
Jaxon-Bear, Eli 357
Jeffreys, George 133
Jehovas Zeugen 162, 164, **168**
Jemeal 46
Jenni, Daniel 328
Jhana Verlag 378
Ji Kwang Dae Poep Sa Nim 384
Jigme Lingpa 392
Jigten Gönpo 399
JMEM 155
Joachim von Fiore 162, 227
Jodo-Shin 382
Johannes Paul II. 39, 43
Johannes XXIII. 43, 50
Johannische Kirche 221
Jones, Terry D. und Lisa 152
Joseph II. 66
Jouret, Luc 256–258
Judenchristliche Gemeinde 174, *175*
Judge, William Quan 243
Jüdische Gemeinden in der Schweiz 291
Jüdische Gemeinden in Deutschland 292
Jüdische Gemeinden in Österreich 292
Jüdische Wochenmagazin, Das 291
Jugend 184
Jugend aktiv 100
Jugend mit einer Mission 155
Jugend- und Bildungsstätte Klingberg 462
Jugendbote, Der 70
Jugendbund für entschiedenes Christentum 74
Jugendzeitung 85
Jung, C.G. 261
Junge Gemeinde 85
junge schar, die 106
Jünger Jesu 101
Kabir 359
Kächele, J. 97
Kadampa 400
Kagyü Life 398
Kagyüpa 394
Kairos 481
Kamalashila Institut für buddhistische Studien 399
Kambodschanisches Kulturzentrum 379
Kampf gegen Satan 52
Kappeler, Max 205
Kappeler-Institute 205
Kappes, Heinz 332
Karma Kagyü Verein 398
Karmapa 397
Karrenberg, Otto 146
Karunananda 341
Katholische Kirchen 39
Katholisch-apostolische Gemeinden 177, **180**
Katie, Byron **358**
Kaur, Kurinder 361
Kawwana 271
Keller, Angelika 222
Kellner, Carl 448
Keltenhof Kärnten 424
Kemnitz, Mathilde von 491
Kentenich, Joseph 41
Kenyon, Essek William 121
Kephas-Gemeinde 156
KGS 52
Khaniqahi Ni'matullahi 304
Khul, Djwhal 245
Kibbuz Beth-El 176
Kiegeland 279
Kiegeland, Monika und Burkhardt 278
Kiko-Familien 43
Kinder Gottes 212
Kinder-Gebets-Sturm 52
Kinderzeitung 88
Kinderzeitung, Die 98, 106
Kindler, Erwin 183
King, R. 244
King's Kids International 155

Kirche, Die 244
Kirche Christi mit der Elias-Botschaft 187, **196**
Kirche der Glorie 53
Kirche des Nazareners 100
«Kirche des Neuen Aeon» des Thorwald Dethlefsen 271
Kirche des Reiches Gottes 171
Kirche im Osten 55
Kirche Jesu Christi der Heiligen der Letzten Tage 187, 192, **193**
Kirche und Welt 98
Kirche Universal vom Reich Gottes 149
Kirche von England 72
Kirche von Schweden 65
Kirchenblatt der Evangelisch-Lutherischen Kirche in Baden 67
Kirpal Ruhani Satsang Society 361
KKV 398
Klammer, Christian 156
Klammer, Erhard 172
Klar und Wahr 173
Kleine Herde 171
Kleine Herde-Gemeinden 94
Kleine Rosenkreuzer-Vereinigungen 258
Kleinere Gemeinschaften (Islam) 301
Kleinste Abspaltungen von der Neuapostolischen Kirche 185
Kleks 98, 99
Klemp, Harold 364
Klösterliche Tibet-Institut/Rikon, Das 402
Knorr, Nathan Homer 168
Knox, John 68
Koch, Kurt E. 113
Kodo Sawaki 385
Koinonia Giovanni Battista 49
Komaja 272
Kommunikationszentrums Jemeal 46
Konferenz bekennender Gemeinschaften in den evangelischen Kirchen Deutschlands 72
Konferenz der Mennoniten der Schweiz (Alttäufer) 84
Kontemplative Studien 364
Konzil von Chalcedon 57, 60
Konzil von Ephesus 58
Konzil von Konstantinopel 58
Konzil von Nicäa 58
Konzil, I. Vatikanisches 35, 39, 40
Konzil, II. Vatikanisches 39, 43, 50
Kopfermann, Wolfram 123, 151
Koptische Kirche in Ägypten 58
Koptische Orthodoxe Kirche 59
Korean-Japanese Security Seminars 231
Koresh, David 163
Korff, A.J. 185
Korff, L.J. 185
Korinth, Bernd 167
Krause, Kurt 455
Krebs 185
Kreis «bundesfreier Brüderversammlungen» 93
Kreis, Der 405
Kreis für geistige Lebenshilfe 217
Kreis um Bertha Dudde 211
Kriegsruf 99
Krishnamurti 243, 324
Krishnamurti Foundation 324
Krishnamurti, Jiddu 324
Kriya Yoga 328
Kriya Yoga Centers 328
Kriya Yoga Rundschreiben 328
Kriya Yoga Schulen 327
Kriyananda, Swami 329
Kron, Manfred R. 131
Krüger, Heinz 167
Krüger, Hermann 184
Kück, Siegfried und Heidi 148
Kuhlen, Peter 183
Kuhn, Paul 226
Kulenkampff, Christel 222
Kulturverein Neue Akropolis – Schule der Philosophie 492
Kündröl Ling 399
KURG 149
Kurinder Kaur 361
Kurs in Wundern, Ein 267
Kwan Um Zen Schule 387
Kwasizabantu 113
Kyriacos 266
Kyung-bok Elementary School 231

La Gendronnière 385
La Gourasana, Kalindi 273
La Massilia 481
Lack, Hans 147
Ladner, Johannes 224
Lady, The 273
Lahori 303
Laing, R.D. 263
Lalaji 352
Lama Govinda 405
Lama Ole Nydahl 397
Lambeth-Konferenz 72
Lämmle, M. 214
Lamyang Khyentse Chökyi Lodrö 393
Landegg International University 309
Landmark Education 487
Lange, Paul 166
Lange, Siegfried 109
LaRouche Jr., Lyndon H. 489, 490
Laszlo, Ervin 280
Lausanner Erklärung 74, 82
Lauster, Herman 138
LaVey, Anton Szandor 447, 452, 453, 455
LCA-Kassettenverlag 127
Leach-Lewis, Peter William 247, 248
Leadbeater, Charles Webster 243, 244, 266
League of Devotees 336
Leben 45
Lebendiges Wohl 134
Lebensbotschaft 137
Lebensgemeinschaft Hujetsmühle 222
Lebensgemeinschaft Mut und Anmut 333
Lectorium Rosicrucianum 241, **254**
Leene, Henk 255, 258
Leene, Jan 254, 255
Leene, Z.Wim 254, 255
Lefebvre, Marcel 50
Lehre von den Sieben Gemeindezeitaltern 128
Leitgedanken 182
Lekh Raj 270, 351
Lenser 183
Leo I. 34
Leobrand 252
Les Amis de l'Homme 171
Les Chemins de Yoga 326
letzte Posaune, Die 142
Leuchter-Verlag 129
Leuenberger Konkordie 71
Leve, Howard 452
Lewis, H. Spencer 255
Lexington (Boston) Church of Christ 90
Leybourne, Susan 434
Li Hongzhi 407
Liahona 194
Liber Al vel Legis 451, 452
Liberalkatholische Kirche 244
Lichtenfels, Sabine 481
Lichtkreis Christi 223
Lichtkreis des Herrn 223
Lichtnahrung 271
Lichtquell Bethanien 214
Liebling, Friedrich 483, 484
Lieth, Norbert 110
Lifewave 253
Limmatgemeinde 154
Ling, Gottlob 146
Lingwood, Dennis 409
Link, C. 97
Lippische Landeskirche 69
Liquorman, Wayne 356
Little Angels 231
Living Stream Ministry 94
Loden Sherap Dagyab Rinpoche 403
Löffler, Johannes Heinz 274
Longaker, Christine 393
Longchempa 392
Lorber, Jakob 209, 222, **223**, 224
Lorber-Kreise 223
Lorenz, Hermann 219
Lorenzianer 219
Lotusblätter 377
Lou (Louwrens Voorhuizen) 234
Lovelock, James 439
Low Church 72
Löwe von Juda und das geopferte Lamm, Der 48
Lubich, Chiara 44
Luchot 291
Lucis Trust 244
Lucis Verlag 245

Ludendorff, Erich 491, 492
Ludendorff, Mathilde 492
Luong Minh Dang 274
Luria, Isaak 272
Luther, Martin 61, 62, 65
Lutherische Gemeindebriefe 68
Lutherische Kirche 61, 62, *68*
Lutherische Stunde 67
Lutherische Theologie und Kirche 68
Lutherische Theologische Hochschule 67
Lutherischer Weltkonvent 65
Lutherischer Weltbund 65
Lutterbuck, Dorothy 433
Ma Anand Sheela 345
Ma Jaya Sati Bhagavati 350
Macedo, Edir 149, 150
Macher, Manfred 105
Macumba 456
Madame Guyon 233
Madhukar 358
Maha Avantar Babaji 347
Maha Ghosananda 377
Maharaj Baba Jaimal Singh 360
Maharaj Gurinder Singh Ji 360
Maharaj Ji 363
Maharaji Prem Rawat Singh 363
Maharishi Mahesh Yogi (Maharishi) 228, 343
Maharshi, Ramana 348
MahaShanti 354
Mahasiddha 394
Mahayana 261, 382
Mahikari 414
Mährische Kirche 96
Maier, F. 88
Maile, Gottlob 130
Maitreya 246
majjhima-patipada 380
Makarios, Erzbischof 266
Malgo, Wim 110
MamaPá 354
Mangalam-Verlag 351
Mann, Ernst 97
Mansons, Charles 452
Manz, Felix 84
Marahadja, Srila B.R. Sridhara Deva 337
Maranatha 185
Maranatha Campus Ministries 153
Maranatha-(Schriften-)Mission 140
Maranatharuf 140
Margies, Wolfhard 121, 147, 148
Maria-Ruth 223
Marianischer Brief 53
Mariapoli 44
Markides, C. 266
Marpa 394, 395, 399, 400
Mata Amritanandamayi Mission 348
Mataji 333
Matruvani 350
Matsumoto, Chizuo 406
Matthew, Arnold Harris 244
Mayerhofer, Gottfried 224
Mazdaznan-Bewegung 412
Mazedonisch-orthodoxe Kirche 57
MC Zürich 225
McIntire, Carl 76
McKean, Thomas (Kip) 90, 91
McMurray, Grant 194
McPherson, Aimee Semple 137
MDEs Immortalisten-Site 451
Meeting Center 225
Meetings for Korean People Overseas 231
Meher Baba und seine Anhänger 310
Meher Spiritual Center 311
Meier, «Billy» Eduard Albert 284
MEIGA 481
Memphis Misraim 448
Mennoniten 80, **84**, 111
Mennonitische Brüdergemeinde 85
Mennonitische Geschichtsblätter 85
Mennonitische Heimatmission 85
Mennonitisches Jahrbuch 85
Menschen in Verantwortung 107
Menschenfreundliche Versammlung 171
Menschenfreundliches Werk 171
Merigar Letter 393
MERU Maharishi European Research University 343
Merwan Sheheriar Irani 310
Mesmer, F.A. 199, 200
Méssager évangélique, Le 93
Messias-Gemeinden 233

Methodismus 82, **97**, 111
Methodist Church of Great Britain 97
Methodist, Der 98
Methodistische Bischöfliche Kirche 97
Metro Vineyard 158
Metta Vihara 378
Metzger, Hermann-Joseph 449
Mevlana (Celaleddin-i Rumi) 304
Mevleviyye 304
Meyer, Bruno 134
Meyer, Wolfgang 166
Michaelsvereinigung 226
Michel, Ernst 146
Milarepa 394, 395, 399, 400
Milicevic, Franjo 272
Militia Christi 182
Miller, Monte Kim 211
Miller, William 163–165
Milli Görüs 301
Mink, Paul Gerhard 140
Miracle of Love 273
Miracles Monthly 268
Mirapuri-Freunde 332
Mirasangha 332
Mirror, The 393
Mirza Ali Muhammad 308
Mirza Husain Ali Nuri 308
Mission 7 167
Mission Evangelisch-Lutherischer Freikirchen 67
Mission Kwasizabantu 113
Missionsbrief 167
Missionsbund zur Ausbreitung urchristlichen Evangeliums 140
Missionsgemeinden amerikanischer Mennoniten in Deutschland 85
Missionsgesellschaft zur Erhaltung und Förderung adventistischen Glaubensgutes e.V. 167
Missionshaus Hahnenhof 167
Missionswerk «Christus für alle Nationen» 140
Missionswerk «Die Bruderhand» 109
Missionswerk «Gute Nachricht» 142
Missionswerk Karlsruhe – Der Weg zur Freude 142
Missionswerk Mitternachtsruf 109, 110
Missionswerk St. Michael 226
Missionswerk und Freikirche «Stimme des Glaubens» 132, **142**
Missouri-Synode 67
Mitteilungen aus der anthroposophischen Bewegung 250
Mitteilungen für die interessierte Öffentlichkeit 258
Mitternachtsruf 109, *110*
Mitternachtsruf weltweit 110
Mittlere Weg, Der 380
MIZ – Materialen und Informationen zur Zeit 469
Mo (Moses David) 212
Modell einer internationalen gewaltfreien Alternative 481
Mohammed 293, 297
MOL 273
Moll, Klaus 222
Möller, Helen 224
Montanus 162
Montfort, Louis Marie Grignion de 48
Montfort-Schwestern 48
Mont Pélerin 402
Mook Rim 383
Mor Dionysius Isa Gürbüz 59
Mormonen 179, 193
Moser, Daniel 156, 157
Moses David (David Berg) 212
Mother Divine 218
Mother Meera 351
Mount Ecclesia 254
Movimenti 41
Moyes, Winifred 221
Mstyslav 57
Muehl, Otto 479
Muhammad Nâzim 'Adil al-Haqqânî an-Naqschiband 304
Muhammad Subuh genannt Bapak 310
Muktananda, Swami 338
Mukunda Lal Ghosh 327
Mulford, Prentice 199, 202
Mülheimer Verband freikirchlich-evangelischer Gemeinden 142
Müller, Erwin 142

Müller, Frieda 222
Müller, Gottfried 175
Müller, Grete 222
Müller, Josephine 222
Müller, Siegfried 142
Müller-Meerkatz 478
«Multinationale» Zentren 302
Mumford, Catherine 98
Mun, Han 232
Mun, Sun Myung 230
Mun-Bewegung 230
Munies 230
Museion 2000 226
Mut und Anmut, Lebensgemeinschaft 333
Mutter Sayamagyi 381
MV 142
Nachfolge 173
Nachrichten aus Israel 110
Naikan Report 406
Naikan-Zentren 406
Namenlose 101
Nanak, Guru 320
Naqschbandiyya 304, 306
Narada, Dasira 274
Naropa-Universität 396
National Association of Evangelicals 75
Naturgesetz-Partei 343
Nazarener 86
Nazarener-Gemeinden 233
Neem Karoli Baba 350
Neményi, Geza von 429
Neo-Sannyas-Bewegung 344
Neo-Sufis 298
Neobuddhismus 373
Neokatechumenale Bewegung 43
Nettles, Bonnie Lu Trusdale 288
Netzwerk Thelema 451
Neuapostolische Gemeinde Schötmar 186
Neuapostolische Kirche 164, 177, **180**
Neuchristen 52
Neue Akropolis 492
Neue Akropolis 493
Neue Aktivität 230
Neue Bibel, Die 223
Neue Germanen 426
Neue Hexen 433
Neue Kadampa Tradition 401
Neue Kelten 423
Neue Kirche 227
Neue Mitte 230
Neue Schamanen 436
Neue Stadt 45
Neue-Welt-Übersetzung (Bibelübersetzung) 168
Neuer Wein 147
Neues Land 148
Neufeld, Abe 106
Neugeist-Bewegung 121
Neukirchenblatt 228
Neulichtfreunde 223
Neunazarener 233
Neuoffenbarer-Bewegungen 187
Neuoffenbarungen in der Tradition Jakob Lorbers 224
Neusalemsbund 223
Neutäufer 80, 86
Neutestamentliche Gemeinde 156
New Age 279
New Renaissance 341
New-Age-Bewegung 242
newlife international 109
Newlife international 108
Newsletter 74
Neyrand, Joseph 172
Ngawang Rigdzin 393
Ngo Dinh, Pierre M. 51
Nichiren 405
Nichiren Shoshu 405
Niedersächsische Missionswerk, Hermannsburg 66
Nielsen, Jytte 125
Ni'matullahi-Orden 304
Nippert, Ludwig 97
Niranjanananda, Paramahansa 330
Nisargadatta Maharaj 356
Nityananda, Bhagavan 338
NK 43
NKT 401
Nordelbisches Missionswerk, Hamburg 66
Nordische Zeitung 430
Nordungen 430
Northern Baptist Convention 87

Northrup, Donald O. 152
Norweger Bewegung 101
Norwegische Kirche 65
Notes of meetings 94
Noticias del Mundo 231
Novalis 251
Nurbakhsh, Dr. Javad 305
Nyanaponika 379
Nydahl, Ole 397
Nyffenegger, Tony 127
Nyingmapa 392
OA 53
Obadja 114
Obaku-Zen 384
OBOD 424
OCG 114
Odinic Religion 432
Odinic Rite 432
Odinic Rite Deutschland e.V. 433
Odinismus 432
Oelbaum, Der 115
Offene Brüder 92, 93
Offene Tore 228
Offiziersforum 99
Ogamisama-Bewegung 415
Okada, Kotama 414
Okada, Sachiko 414
ÖKR 75
Ökumenische Konzilien 58
Ökumenische Michaelsvereinigung 226
Ökumenische Rundschau 76
Ökumenischer Rat der Kirchen 75
Ökumenisches Patriarchat von Konstantinopel 56
Old Order Amish Church 86
OM C. Parkin 357
OM Haidiyakhandi Foundation 347
Oncken, J.G. 88
One Country 309
One Way 131
Onelife GmbH Company 263
Onken, Kurt 379
Ons Maandblad 184
Oosbree, J.H. van 184
Operation Mobilisation 108
Opus Angelorum 53
Opus Dei 45
OR 432
Or Chadasch 291
ORD 433
Orden Arya Maitreya Mandala 404
Orden der Karmeliter 52
Orden der Kraft, Der 424
Orden der Regularkanoniker vom Heiligen Kreuz 54
Orden der westlichen Waldkloster-tradition 378
Orden des «Einsseins» 388
Orden of Bards, Ovates and Druides 424
Orden vom Rosenkreuz 255
Ordo Saturni 450
Ordo Templi Orientis 448
Ordre Rénové du Temple (ORT) 257
Organische Christus-Generation 114
Orgyen Trinley Dorje 398
Origans, Julien 257
Orthodoxe Kirche von Rumänien (Patriarchat von Bukarest) 57
Orthodoxe Kirchen 35, 55
Orthodoxe Rundschau 55
Orthodoxe Stimme 55
Orthodoxie heute 55
«Ortsgemeinden» 94
Oshienushi Keijusama 414
Oshienushisama Gokyoji 414
Osho Bhagwan 242, 261, 278, 344, 424, 480
Osho Rajneesh-Bewegung (=Bhagwan Rajneesh-Bewegung) **344**
Oskienushill 414
Ossebaar, D.W. 185
Ost-West Perspektiven 232
Österreichische Buddhistische Religionsgesellschaft 377
Ostkirche 34
Ostkirchliche Studien 55
O.T.O. 448
Ozman, Agnes 47
Padmasambhava 392, 394
Pagan Dawn 435
Pagan Federation 435
Pagan-Federation D.A.CH 435

Pahls, Wilhelm 109
Palmarianisch-katholische Kirche 51
Palmer, Harry 486, 487
Panchagiri Verlag 354
Panorama-Zentrum 114
Pansophische Gesellschaft 456
Paramadvaiti, Swami B.A. 337
Paramahansa Niranjanananda 330
Parkin, Cedric 357
Parli, Hermann 133
Parolo, Judith und Urs 265
Pasteur de Siebenthal 134
Pater Fernando 51
Patmos-Verlag 175
Patrioten für Deutschland 489
Paul VI. 41, 51
Penn, William 95
Pentagramm 255
Pentecostal Herald, The 146
People not Psychiatry 263
Perspektive 85
Petri, Catharose de 255
Petrus Valdes 73
PF (Pagan Federation) 435
Pfingstbewegung 39, 47
Pfingstgemeinden 126
Philadelphia-Bewegung 176
Philadelphia-Briefe 176
Philadelphia-Gemeinde 148, 153
Philanthropisches Werk 171
Phowa 400
Pir Vilayat Inayat Khan 305
Pius XII. 50
Plain Truth 173
Planetarisches Heilungsbiotop 1 481
Platov, Heinrich B. 386
Plymouth Brüder Nr. 4 93
Plymouth-Brüder 92
Pohlmeier, Wilhelmine 105
Polish National Catholic Church 40
Poljak, Abram 174, 175
Positives-Denken-Bewegung 121
Prabhupada, A.C. Bhaktivedanta Swami 336
Prabhupada, Srila 337
Prakashanadana, Swami 331
Prälatur vom Heiligen Kreuz 45
Präsenz und Zeugnis (Zusammenschluss Berufstätiger) 49
Prediger- und Missionsseminar St. Chrischona 104
Prem Rawat Foundation 363
Prem Rawat Singh 363
Presbyterian Church (USA) 68
Presbyterianische Kirche 61, 62, **68**
Presbyterianismus 68
Prestele, Anton 53
Priesterbruderschaft St. Pius X 50
Pro Beatrice 225
Professors World Peace Academy 231
Prometheus 258
Propheten-Bewegung 123, 157
Prosveta-Verlag 253
Protestant Episcopal Church 72
Prüfet Alles 91
Psychologische Lehr- und Beratungsstelle Zürich 483
PUNKT 106
Pure Land, The 382
Qadiani 303
Quadrinity 482
Quäker 81, **95**
Quanjue 407
Quien, Rudolf 185
Quimby, Phineas Parkhurst 199, 200, 202, 203
R & C 258
R.A.U.R. 455
Rabenclan Arbeitskreis der Heiden in Deutschland 427
Rabten Choeling 402
Rabten Tulku Rinpoche 403
Rad des Gesetzes 407
Radford, Frieda 481
Radha Soami Satsang Beas 359
Radha-Soami-Bewegung 321
Radio-Réveil / Radio Erweckung 133
Raël 285
Rainbow Familiy of Living Light 281
Raiser, Konrad 76
Raj, Lekh 351
Rajeswari 353

Rajneesh 242, 261, 278, 424, 480
Rajneesh Chandra Mohan 242, 261, 278, 344, 424, 480
Rajneesh Times, Die 347
Rajneesh-Foundation 344
Ram Dass 320
Ramacandra 333
Ramakrishna 323
Ramakrishna Mission Vedanta 323
Ramakrishna-Mission 324
Ramakrishna-Orden 323, 324
Ramana Maharshi 348, 355, 356, 357, 358
Ramesh S. Balsekar 356
Rangjung Rigpe Dorje 397
Rappard, Carl Heinrich 104
RauchZeichen 438
Raven, F.E. 93
Ravensche Brüder 93
Ravi Shankar 354
RAWA 341
Rechung 395
Record of the Nephites, The 197
Reformation Review, The 77
Reformbewegung freier Scientologen 477
Reformed World 69
Reformierte Kirche 61, 62
Reformierter Bund 69
Reformierter Weltbund 68
Reformiertes Kirchenblatt 66
Rehabilitationsarbeit Samachja 109
Reich, Wilhelm 245, 279, 480
Reichelt, Gottlieb 219
Reichenbach, Charles 139
Reichsbruderschaft Jesu Christi 174
Reinkens, Joseph-Hubert 40
Reisegenossenschaft Surprise 109
Religiöse Gesellschaft der Freunde 95
Religious Technology Center 474
Remar 143
Rencontre 232
Reorganisierte Kirche Jesu Christi der Heiligen der letzten Tage 187, 192, **194**
Reorganized Church of Jesus Christ of Latter Day Saints 194
Reorganized Mazdaznan Temple Association of Associates of God 413
Restauration Movement 189
Restoration Movement 80
Retreat 352
Reuss, Theodor 448
Revival Centers International 130
Revue d'histoire et d'études bouddhiques 377
Revue Juive 291
Rieger, Jürgen 431
Riehle, Georg 224
Riforma 73
Rigdzin, Ngawang 393
Rigdzin Shikpo 396, 397
Rigpa 393
Rigpa-Rundbrief 393
Rijckenborgh, Jan van 254, 258
Rim, Mook 383
Ringu Tulku Rinpoche 399
Rinzai Zen Gesellschaft der Schweiz 386
Rinzai-Zen 384
Rinzai Zen Gemeinschaften 387
Rittelmeyer, Friedrich 251
Rizzi, Jorge A. Livraga 492
Roberts, Jane 278
Robin, Martha 48
Rockenfelder, Hermann Gottfried 184
Röckle, Christian 176
Rodt, Carl von 105
Roerich, Helena Iwanowna 252
Rofé, Husein 310
Rohde, Waldemar 184
Rokpa 396
Romana 46
Römisch-katholische Kirche 39
Root-finding Association 231
Rosae Crucis 258
Rosedale Mennonite Mission 85
Rosenberg, John Paul 487
Rosenkreutz, Christian 241, 254
Rosenkreuzer 254
Rosenkreuzer-Gemeinschaft 254
Rosenkreuzertum 241
Roshi, Eido Shimano 386

Roshi, Yamakawa 386
Rosin, Ingeborg 222
Rougemont, Fritz de 133
Ruff, Richard 131
Ruhani Satsang 360
rum-orthodox 56
Rumtek 397
Rundbrief 137, 146, 379
Rundbrief des Zentralkomitees 75
Rundbrief für charismatische Erneuerung in der katholischen Kirche Schweiz Bulletin 48
Runenstein, Der 429
Russell, Charles Taze 164, 168, 171
Russisch-Orthodoxe Kirche 56
Rutherford, Joseph Franklin 168, 171
RWB 68
Ryden, Vassula 234
Saat 66
Saat und Ernte 93
Sabbatruhe-Advent-Gemeinschaft 166
Sabbatwächter 166
Sadvipra 341
SAFE-Nachrichten 74
Sahaj Marg 352
Sahaja Yoga Vereinigung 334
Sahn, Seung 387
Sai Baba von Shirdi 310
SAI Bulletin 340
Saint Germain, Graf 247
Sakae, Sekiguchi 414
Sakya-Zentren 394
Sakyapa 394
Sakyong Mipham Rinpoche 396
Salem-Hilfe, Die 175
Saliby, Gabriel 56
Salutist 99
Samarpan 357
Samarth Guru Mahatma Ram Chandraji Maharaj 352
Samir Kumar Ghosh 328
Samuel (Rockband) 49
Samye Ling 396
Samye Zong 396
Samye (Kloster) 392
Sänger, Albert 146
Sangharakshita 409
Sannyas Raj News, The 347
Sant Kirpal Singh 360, 361, 362
Sant Mat 359
Sarasvatis, Bhaktisiddhanta 336
Saraswati, Swami Sivananda 329
Sariswati, Swami Satyananda 330
Sarkar, Prabhat Ranjan 341
Sartre, Lydie 172
Sasek, Ivo 114
Satanic Bible 452
Satanischen Ritterschaft 453
Satanspriester Fra Satorius 453
Sathya Sai Baba 339
Sathya Sai Organisation 339
Sati-Zen-Sangha 390
Satsang Alliance 357
Satsang-Bewegung 355
Satyanda Yoga Zentrum 331
Sawan Kirpal Ruhani Mission 360
Sawang Rangdröl Mukpo 396
Sayagayi U Chit Tin 381
Sayagyi U Ba Khin Gesellschaft 381
Sayamagyi, Mutter 381
Sayerce, Bernard 172
Sayo, Kitamura 415
Sayyid Idries Shah 306
Schalom 139
Schär, Bruno 127, 128
Scheffbuch, Kurt 107, 108
Scheich Adi 412
Scheikh Abdollah Yafei 305
Scheikh Nazim 304
Schiiten 294, 300, **302**
Schiller-Institut, Vereinigung für Staatskunst e.V. 489
Schlafende Prophet, Der (Edgar Cayce) 263
Schläpfer, Max 144, 145
Schleipfer, Adolph und Sigrun 428
Schleipfer, Sigrun 428
Schlichting, Sigrun von 428
Schmid, Otto 101
Schmidli, J. 97
Schmidt, Herbert 185
Schmidt, K.O. 202

Schmidt, Ortwin 185
Schneider, Ferdinand 219
Schneider, Fritz 131
Schneider, Nikolaus 52
Schneider, Rosemarie 202
Schneiderfranken, Anton 232
Schönemann, Friedrich 132
Schönstattbewegung 41
Schönstattfamilie 41
Schönstattwerk 41
School of Yooth for Social Service 388
Schöpferisches Zentrum Oase 274
Schucman, Helen Cohn 267
Schule für Metaphysik 205
Schultze, Erich 167
Schwartzer Orden von Lucifer 452, 453
Schweizer Yogaverband 326
Schweizerische Buddhistische Union 377
Schweizerische Bund der Neuen Kirche 228
Schweizerische Missionsgemeinde 147
Schweizerische Pfingstmission SPM 126, 129, 133, 134, 136, **144**
Schweizerische Schallplattenmission 103
Schweizerische Yoga Gesellschaft 326
Schweizerischer Evangelischer Kirchenbund 69
Schwester Yvette 53
Scientology Church 474
Season 75
666 Eine neue Weltordnung 167
Seeds of Peace 377
Segye Ilbo 231
Seidenstücker, Karl 378
Sekai Mahikari Bummei Kyôdam 414
Sekai Nippo 231
Selbständige Evangelisch-Lutherische Kirche (SELK) 67
Self Realization Fellowship 327
SELK-Informationen 68
Sellers, Ernest William 103
Seltmann, Max 224
Serbisch-Orthodoxe Kirche (Patriarchat Belgrad) 57
Sergij von Eukarpien 57
Seth-Freunde 277
Seung Sahn 387
Seventh Day Baptist General Conference 89
Seventh Day Baptist World Federation 89
Sexpeace (Künstlergruppe) 481
SGI 405
Shah Ni'matullah 304, 305
Shakarian, Demos 138
Shakyamuni 405, 408
Shambala 395
Shang Shung Editions 393
Shang Shung Institut für tibetische Studien 393
Shankara 314, 331
Shantimalai Trust 348
Shapiro, Isaac 358
Share International 245, *246*
Sheela, Ma Anand 345
Sheldon, Ed 167
Shenouda III. 59
Shin-Gruppen 382
Shinran 382
Shiv Dayal Singh 321
Shobogendo Luzern 386
Shoghi Effendi 309
Shoko Asahara 406
Shri Anandamayi Ma 351
Shri Ram Chandra 352
Shri Ram Chandra Mission 352
Shri Shri Ganapati Saccidananda Svamiji 353
SHY 274
Siddha Yoga 338
Sidi Ahmad Tidjany 305
Sieben Rosen-Zentrale 259
Siebenten Tags Baptisten 89
Siebenten-Tags-Adventchristen 167
Siebenten-Tags-Adventisten 163, **165**
Siebenten-Tags-Adventisten, Erweckungsbewegung, Hamburg 166
Siebenten-Tags-Adventisten, Reformationsbewegung 166
Siebenthal, Pasteur de 134
Siebertz, Inge 330
Siena, Katharina von 46

Sifat 306
Sikh Dharma 364
Sikhismus 359
Silent Unity 202
Silo 490, 491
Simons, Menno 80, 84
Simson, Wolfgang 111
Singh, Godbindh 320
Singh, Harbhajan 361
Singh, Thakar 361, 362
Sivananda, Swami 329, 330
Sivananda Yoga Vedanta Zentrum 330
Sivananda Yoga-Journal 330
Sivananda Yoga-Schule 330
Slok, J.L. 184
SM 334
SMI (Spätregen-Mission International) 145
Smith, Aksel 101
Smith, Chuck 158
Smith, Emma 195
Smith, Joh. Oscar 101
Smith, John 87
Smith, Joseph 187–191, 193–197
Smith, Joseph III. 192, 194
Smithianer 101
Smiths Venner 101
Smyrna Stimmen 180
Snow, Lorenzo 193
Soami Divyanand 362
Societas Sororum a Cruce 54
Sogyal Rinpoche 393
Soka Gakkai Internationale 405
Soko Ashara 375
Soldaten des Kreuzes Christi 103
Soltan, Peter 153
Sonnentempler, Die 239, **256**
Soto-Zen 384, 385
Soto-Zen Zentren (in Auswahl) **386**
Soul culture 328
Southern Baptist Convention 87
Spätregen-Mission International 145
Spener, Philipp Jakob 81
Sphère, La 172
Spiritual Human Yoga 274
Spiritual Life Society 363
Spiritual Regeneration Movement 343
Spiritual World 226
Spittler, Christian Friedrich 104
Spitzer, Volkhard 131
SPM 126, 129, 133, 134, 136, **144**
Springer, Baron Albert von 174
Spurling, Richard G. 138
SRF 327
Sri Aurobindo Gesellschaft 331
Sri Aurobindo Ghosh 331
Sri Babaji 347
Sri Chinmoy Centers 342
Sri Darwin Gross 364
Sri Durgumay Ma 351
Sri Ganapati Saccidananda Trust 353
Sri Hans Ji Maharaj 363
Sri Harold Klemp 364
Sri Janakanda 328
Sri Poonja 357, 358
Sri Sri Ravi Shankar 354
Sri Yukteswar 328
Srila Prabhupada 336
STA 165
St. Michaelsbruderschaft 52
St. Michaelsvereinigung 226
St.-Michaelvereinigung in Dozwil 53
Stamm Füssen Eins 275
Stamm von Likatien 275
«Star of the East»-Orden 324
Steele, Ron 141
Steen, Georg 136
Steffen, Albert 249
Stegen, Erlo 113
Steiner, Rudolf 238, 243, 249, 250, 251, 254, 261, 267, 448
Stenzel, A. 166
Stephan, Peter 222
Stettler, E. 105
Stiftung für ganzheitliche Menschenlehre 265
Stiftung für inneren Frieden 267
Stiftung Quellenhof 139
Stiftung Weltweite Kirche Gottes in Deutschland 173
Stiftung zur Erhaltung der Mahayana-Tradition 403

Stiftung zur Förderung von Frieden und Haromonie 347
Stimme 138
Stimme der Orthodoxie 56
Stimme der Wahrheit 139
Stimme des Glaubens 132, 142
Stimme des Herrn, Die 223
Stok-Huizer, Henriette 255
Stone, Barton 89
Stössel, Harald 223
Strahlen vom Rosenkreuz, Die 254
Strupler, Heinz 109, 154
Students International Meditation Society 343
Studiengruppen Joel Goldsmith 203
Studienkreis für Gesundheit und Persönlichkeitsentfaltung 276
Stuttgarter Gebetskreise des vollen Heils 152
Subud-Gemeinschaft 310
Sufi-Orden 304
Sufism Reoriented 311
Sufismus 296
Sukyo Mahikari 414
Sulak Sivaraksa 377
Süleyman, Hilmi Tunahan 301
Süleymanci 301
Summit Council for World Peace 231
Sun Bear 437
Sun Moon University 231
Sun Myung Mun 230
Sun-hwa Arts Middle and High School 231
Sun-jung Women's Middle and High School 231
Surat Shabd Yoga 360, 362
Swami Omkarananda 342
Swami Paramahansa Hariharananda Giri 328
Swami Sivananda 329, 330
Swanson, David 273
Swedenborg, Emanuel 209, 223, **227**
Swedenborg-Gesellschaft 228
Syrische Orthodoxe Kirche (Syrisch Orthodoxes Patriarchat von Antiochien) 58, 59
Szczesny, Gerhard 463
Taboriten 162
Tachles 291
Tafel, Immanuel 227
Täfflers, Philipp 103
19-Tagefestbrief 309
tägliche Wort, Das 203
T'ai-hsu 387
Taisen Deshimaru 385
Tamera. Zentrum für Humanökologie 481
Tannenbergbund 492
Tapovanam, Swami 331
Tara Rokpa Therapie 396
Tara-Center 245
Täuferregiment 162
Taylor, James 93
TEENS 107
Tegtmeier, Ralph 450
Tejomayananda 331
Tempelgesellschaft 174
Temple of Seth 447, **452**
Templum Baphomae 454
Tempora 309
Tensho Kotai Jingu Kyo 415
Tenzin Gyatso 400
Tersteegen, Gerhard 233
Texte aus der VELKD 66
Thakar Singh 360, **361**, 362
Tharpa Choeling 402
Thaye Dorje 398, 399
«The Lady» 273
Theis, Erich 142
Thelema-Orden des Argentum Astrum 451
Theologische Handreichung und Information 68
Theosophical Society 235
Theosophie Adyar 243
Theosophische Gesellschaft in Deutschland 243
Theosophische Gesellschaft Pasadena 243
Theosophische Gesellschaft Point Loma Covina 243
Theosophische Gesellschaften 243
Theosophische Korrespondenzbriefe 244
Theosophische Pfad, Der 244

Theotoki-Atteshlis, Panayiota 267
Theravada 378
Theravada Schule des Buddhistischen Zentrums Wien 381
Theresa von Avila 46
Theta 477
Thetford 267
Thetford, Bill 267
Thich Nhat Hanh 376, **388**
Thomas, John 91
Thomaskirche 58, 59
Thubten Dhargye Ling 402
Thubten Sopa Rinpoche 403
Thubten Yeshe 403
Thule-Gesellschaft 427
Tibet und Buddhismus 403
Tibetisch-buddhistischer Lhakang 402
Tibetischer Buddhismus Vajrayana 391
«Tibetisches Buch vom Leben und Sterben» 393
Tidjanyyah-Orden 305
Tiep-Hien 388
Tiridates 60
Tkach, Joseph W. 173
Tkach, Joseph W. jr. 173
TM 343
TM-Zeitung, Die 344
Toland, John 426
Tomlinson, A.J. 140
Tomlinson Church of God 140
Tomo Geshe Rinpoche 404
Toronto-Segen 123
TOS 157
ToS 447, **452**
Totenkopfgrotto 453
Tradition und Erneuerung 291
Tramp-Preachers 101
Tränker, Heinrich 448, 450
Transmissions-Gruppen 245
Transzendentale Meditation 343
Treffpunkt 232
Trine, R.W. 202
Trippler, Wilhelm 171
Trubach, Albert 184
True Jesus Church 147
Trulshik Rinpoche 393
Tschach, Adolf 183
Tsongkhapa 400
Tübinger Offensive Stadtmission 157
Türkische Union Europa 301
Twitchell, Paul 363, 364
Two-by-Twos 101
Überseeischen Missions-Gemeinschaft 104
Ukrainisch Autokephale Orthodoxe Kirche in der Emigration 57
UL 228
Ulonska, Reinhold 129
Ultimas Noticias 231
Umbanda 457
Unierte Kirche 62
Unierte Kirchen (Orthodox) 56
Unification Church 230
Unification Theological Seminary 230, 231
Union européenne des Fédérations nationales de Yog 326
Union pour le Réveil 133
Union von Utrecht 40
Unitarische Akademie 462
Unitas Fratrum 96
United Methodist Church 97, 98
United Pentecostal Church International 146
Unity 202
Unity of Man 360, **361**
Universal Ballet 231
Universal Gate 387
Universale Kirche 247
Universelle Weisse Bruderschaft 253
Universelles Leben 228
Universitas Esoterica für Rosenkreuzmeditation 259
Unsere Familie 182
Unter dem Kreuz 105
Unternährer, Anton 233
Unterwegs 98
Up-Date 69
Upasani Baba 310
Urchristen-Gemeinde 91
Urdbrunnen, Der 428
Urgemeinde Neues Jerusalem 229
Uriella 209, 213, 215, 239

Ursprung 477
Utah-Mormonen 193
UWB 253
Vaishnava-Gemeinschaft VRINDA 337
Vajradhatu 396
Vassula Ryden 234
I. Vatikanisches Konzil 35, 39, 40
II. Vatikanisches Konzil 39, 43, 50
VBG 127, 156
VELKD 65
VELKD-Informationen 66
Venkatesananda, Swami 330
Verband der Gemeinden für Urchristentum 132
Verband deutscher Mennoniten-Gemeinden 84
Verband islamischer Kulturzentren 301
Verborgene Schätze 102
Verein der Freidenker 465
Verein der Freidenker für Feuerbestattung 464
Verein der Pfingstgemeinden in Kirchheim/Teck 130
Verein Evolution 363
Verein für Bibelstudium in Israel 110
Verein für Konfessionslose 465
Verein zur Förderung der psychologischen Menschenkenntnis, Zürich 483
Verein zur Förderung seelisch-geistiger und natürlicher Lebensgrundlagen in Deutschland 216
Verein zur Förderung traditioneller und zukünftige Lebensweise 425
Vereinigte Buddhistische Kirche Vietnams 389
Vereinigte Evangelisch-Lutherische Kirche Deutschlands 65
Vereinigte Familien 230
Vereinigte Missionsfreunde 146
Vereinigte Pfingstkirche 146
Vereinigten Bibelgruppen 156
Vereinigung Apostolischer Christen Schweiz 182
Vereinigung Apostolischer Gemeinden Europa 178, **182**
Vereinigung Christians for Truth 113
Vereinigung der Apostel der Apostolischen Gemeinde 178
Vereinigung der Deutschen Mennonitengemeinden 84
Vereinigung «Der Engel des Herrn» 171, 172
Vereinigung der Seth-Freunde 201, **277**
Vereinigung Freier Missionsgemeinden 102, **103**
Vereinigung für Deutsche Gotteserkenntnis (L) 492
Vereinigung für Evangelisation und Erweckung 142
Vereinigung Islamischer Gemeinden der Bosniaken in Deutschland e.V. 302
Vereinigung selbständiger evangelisch-lutherischer Kirchen 68
Vereinigung Wat Thai 379
Vereinigungskirche 230
Vereinigungskirche aktuell 232
Vereinigungskirche heute 232
Verlag Hohe Warte 492
Verlag Urachhaus 251
Versammlungen von Fritz Schneider 131
VFMG 103
Vietheer, Heinrich 129
VIGB 302
VIKZ 301
Vineyard Christian Fellowship 157
Vineyard-Bewegung 123, 132, 158
Vipassana Meditation 381
Vipassana Meditationsgruppe der Buddh.Union Freiburg i.B. 381
Vipassana Newsletters 381
Virtue, Ray 88
Vision Hill 438
Vitaly, Metropolit 56
Vivekananda, Swami 323
Voce Evangelica 73
Voice 138
Voice of Joy, The 198
Volkmann, Volkert 430
Volksblatt 105
Volksmission entschiedener Christen 129
Volksmission entschiedener Christen in der Schweiz 147

Volksmission entschiedener Christen in Deutschland 146
Volksmissionar, Der 147
Vom Minus zum Plus 140, 141
Voodoo 456
Voorthuizen, Louwrens 234
Vorilhon, Claude 285
Voss, Rich de 478
VPM 483
Vrinda-Bewegung 337
Wachtturm, Der 168, 169, *170*
Wagner, Charles Peter 122, 123
Wagner, Richard 254
Wahre Christen 101
Wahre Jesus Gemeinde 147
Wahrheit 185
Wahrheit, Die 53, *167*
Wahrheitskunde 184
Waldenser-Kirche 62, **73**, 111
Waldorf-Schulen 249
Walters, J. Donald 329
Wankmiller, Wolfgang 275, 276
Wapnick, Kenneth 268
Warner, Daniel S. 100
Warte des Tempels, Die 174
Warter, Kurt 214
Washington Times 231
Was ist Erleuchtung? 358
Wasserzug, S. u. G. 110
Wat Benchamabopitr 379
Wat Pah Nanachat 378
Wat Puttabenjapon 379
Wat Thai 379
Watch Tower Bible and Tract Society 168
Wattenwyl, Friedrich von 96
WCC-News 76
WEA 75
Weber, Adolph 169
Wedgwood, J.I. 244
WEF 75
Weg der Verwirklichung 203
Weg und Ziel 222
Weg zur Freude, Der 142
Wegener, Wolfgang 259
Wegweisung, Die 93
Weigert, Frank 151
Weissenberg, Joseph 221
weisse Pferd, Das 230
Weisser Lotus 278
«Welt von Morgen» 172
Welt-Spirale 252, *253*
Weltanschauungsgemeinschaft Bund für Gotterkenntnis 492
Weltblick 232
Weltbund der Christlichen Vereine Junger Töchter 74
Weltbund der Methodistenkirchen 97
Weltkonferenz für Praktisches Christentum 76
Weltkonferenzen für Glaube und Kirchenverfassung 76
Weltplan Centers 343
Weltumfassender Guter Wille 244, *245*
Weltweite Evangelische Allianz 75
Weltweite Kirche Gottes 172
Weltweiter Einsatz für Christus 103
Weltweiter Evangelisations-Kreuzzug 103
Wenz, Peter 152
Wesley, Charles und John 72, 81, 97
Westkirche 34
White, James 165
White Lie, The 165
Whitefield, George 82, 97
WICCA-Vereinigungen 433
Widmann, Johannes 224
Widmer, Johann 126
Wie du lebst, wenn du gestorben bist 210
Wiederhergestellte Apostolische Missionsgemeinde 185
Wild Goose 263
Wille und Wahrheit 224
Willenegger, Robert 126
Williams, Scott 130
Willow Creek Community Church 154
Wimber, John 123, 157, 158
Winebrenner, John 100
Winterwerber, Johann 185
Wirz, Johann Jakob 233
Wissenschaft der Kreativen Intelligenz 343
Wissenschaft der Spiritualität mit Rajinder Singh 360

Witness Lee 94
Wittek, Gabriele 214, 228, 239
Wittek, Willi 184
WKG 172
Wöhrle-Chon, Dr. Roland 387
Wolf, Anita 224
Women's Aglow Fellowship International 125
Women's Federation for Peace in Asia 231
Women's Federation World Peace 231
Woodhouse 180
Woolman, John 95
Work, The 358
World Alliance of Reformed Churches 68
World and I 232
World Collegiate Association for the Research of the Principle 232
World Council of Churches 75
World Culture and Sports Festival 232
World Evangelical Alliance 75
World Evangelical Fellowship 75
World Fellowship of Buddhists 376
World Media Conference 231
World Rally for Korean Freedom 232
World Relief 75
World Union of Freethinker 467
World Vaishnava Association 338
Worldwide Diamonds 478
Wort, Das 224
Wort des Glaubens – Christliches Zentrum 149
Wort des Herrn, Das 197
Wort des Lebens 148
Wort für heute, Das 93
Wort und Geist 125, 129, 130, 136, 145, 147
Wort und Tat 185
Wort und Werk 88
Worte von Sant Kirpal Singh 361
Wright, Frederic T. 166
Würzel 68
Wüstencamp 481
WVA 338
Wycliff-Bibelübersetzer 103
Wyssen, Hans 136
Xango 457
Yamagishi-Vereinigung 488
Yamakawa Roshi 386
Yana 378
Yarr, John 253
Yen, Hua 383
Yesudian, Selvarajan 327
Yezidi 412
YFA-Zeitung 329
Yggdrasil-Kreis 430
Yoga für Alle 328
Yoga im Dasein 333
Yoga und unsere Welt 326
Yoga Vedanta Forest Academy 329
Yoga-Bewegung 325
Yoga-Schule Yesudian-Haich 327
Yoga-Schulen, Weitere 335
Yogananda 327, 328
Yogaschule Heinz Grill 251
Yogi Bhajan 364
Yonggi, David Cho 121
Yoshimoto, Ishin 405
Young, Brigham 192–194, 196
Youth Federation World Peace 232
Youth Seminar on World Religions 232
Yuktesvar, Guru 327
Yvette, Schwester 53
Z.U.K.U.N.F.T J.E.T.Z.T. 167
Zahnd, Ulrich 222
Zaiss, Clara 139
Zaiss, Hermann 139
Zakka, Ignatius 58
Zarathustra 161, 412
ZEGG 480
Zeichen der Zeit 165
Zeitschrift des B. Gröning-Freundeskreises 218
Zeitung, Die 99
Zeitung für alle 171
Zeitzeichen 65, 66, 69
Zellengemeinde 123
Zen 384
Zen Dojo Shobogendo 386
Zen Institut Deutschland 386
Zen Tempel Shoshin-ji 386

Zen-Dôjô Arnsberg 386
Zen-Tempel Shôgôzan Zenkoji 386
Zen-Zentren, Christliche 390
Zen-Zentrum Eisenbuch 386
Zentralrat der Muslime in Deutschland 302
Zentren der Association Zen Internationale 385
Zentrum der Einheit 347
Zentrum für experimentelle Gesellschaftsgestaltung 480
Zentrum für schamanische, naturmystische Kunst und Spiritualität 438
Zepp-LaRouche, Helga 490
Zeugen Jehovas 162, 164, **168**
Ziel, Das 106
Zimmer Bradley, Marion 425
Zinzendorf, Nikolaus Ludwig Graf von 96
Zion's Watch Tower and Herald of Christ's Presence 168
Zodiac 221
Zoe Evangelistischer Verein 147, **150**
Zoe Gospel Center 150
Zoe-Gemeinden 148
Zürcher, Peter 103
Zürcher Schule 483
Züri-Chile 104
Zusammenschlüsse und Dachverbände (Islam) **302**
Zwingli, Huldrych 61, 62, 68
Zwirneli – Ji Shu An Zendo 386

Aktualisierte Adressen

Post- und Web-Adressen von religiösen und weltanschaulichen Gemeinschaften wechseln – besonders in den Bereichen Okkultismus und Neuheidentum – erfahrungsgemäss sehr schnell. Deshalb bietet die Herausgeberschaft des Handbuches auf ihrer Website im Rahmen ihrer Möglichkeiten eine Liste mit aktualisierten Adressen an. Sollte eine im Handbuch verzeichnete Adresse nicht mehr zutreffen, konsultieren Sie deshalb bitte das File: www.relinfo.ch/handbuch.html